Mesleki Terimler Sözlügu

Fachwörterbuch

Türkçe - Almanca   Türkisch - Deutsch
Almanca - Türkçe   Deutsch - Türkisch

Dr. Hasan Coşkun

Hukuk	✻	Rechtswissenschaft
Ekonomi	✻	Wirtschaft
Bankacılık	✻	Bankwesen
Avrupa Topluluğu	✻	Europäische Union
Gümrük Birliği	✻	Zollunion
Borsa	✻	Börse
Muhasebe	✻	Buchführung
Eğitbilim	✻	Erziehungswissenschaft
Dilbilim	✻	Sprachwissenschaft

Hacettepe TAŞ

© COŞKUN

Her hakkı saklıdır. Bu yayının tümü ya da bir bölümü yazarından önceden izin almaksızın hiç bir biçimde çoğaltılamaz, basılıp yayınlanamaz.

Alle Rechte, insbesondere das Recht der Vervielfältigung vorbehalten. Kein Teil des Werkes darf in irgendeiner Form (durch Fotokopie, Mikrofilm, oder ein anderes Verfahren) ohne schriftliche Genehmigung des Autors reproduziert werden.

Bilgen, Birsen ve Aysel'e

ISBN: 975 – 7731 – 46 – 3

Genel Dağıtım:
Hacettepe - Taş Kitapçılık Ltd. Şti.
Adnan Saygun Cad. 10/3
06410 Sıhhiye - ANKARA
Tel: 0 312 - 431 06 91
Fax: 0 312 - 431 15 43

Dizgi: A. *Fuat ÖZAN*
         Coşkun Tercüme Müş. ve Tic. Ltd. Şti.
         Atatürk Bulvarı 105 / 202
         Kızılay - ANKARA
         Tel: 0 312 - 425 05 57
         Fax: 0 312 - 425 63 06

Baskı: Feryal Matbaası
         Tel: 0 312 - 229 36 96

Ankara, 1998

Vorwort zur 1. Auflage

Das vorliegende türkisch-deutsche/deutsch-türkische Fachwörterbuch, das Begriffe aus den Bereichen Rechtswissenschaft, Wirtschaft, Bankwesen, Europäische Union, Zollunion, Börse, Buchführung, Erziehungswissenschaft und Sprachwissenschaft enthält, ist vor allem für den Fachübersetzer ein unentbehrliches Nachschlagewerk, gereicht aber auch dem akademischen Personenkreis, der sich über heutzutage gebräuchliche Termini der o.e. Bereiche einen kurzen Überblick verschaffen will, zum Nutzen. Schließlich wendet sich das Wörterbuch auch an den Studenten, bei dessen Arbeit es ein Helfer sein will.

Angesichts der weltweiten Verflechtungen in unserem Jahrhundert, besonders auf den Gebieten des Rechts und der Wirtschaft, bedürfen die Fachsprachen stärken denn je der internationalen Verständigung. Ein besonderer Platz gebührt dabei den historischen Freundschaftsbanden zwischen Deutschland und der Türkei, die eine nochmalige Verstärkung durch die Aufnahme vieler vor den Nationalsozialisten geflüchteter deutscher Wissenschaftler erfuhren. Das türkische Rechtswesen und die Einführung neuer Fachtermini auf diesem Gebiet sind in nicht unerheblicher Weise durch das Wirken dieser Wissenschaftler geprägt worden.

Aufgrund der so verschiedenen Strukturen beider Sprachen ist es schwierig, den jeweiligen Fachterminus in der Ausgangssprache auf eine adäquate Weise in der Zielsprache zum Ausdruck zu bringen. Deswegen sind in der Praxis erworbene Kenntnisse der Terminologie beider Sprachen eine fast unentbehrliche Voraussetzung für die korrekte Handhabung dieses Wörterbuchs. Hilfreich und zugleich unverzichtbar für jeden Deutschlernenden ist aber die Hinzufügung des jeweiligen Artikels hinter jedem Substantiv, da nur der richtige Gebrauch des Artikels eine besonders in der juristischen Fachsprache unbedingt erforderliche flüssige Übersetzung garantiert.

Für den türkischen Wortschatz ergab sich die Schwierigkeit, daß durch den Austausch arabischer Wörter und Begriffe mit neuen türkischen Fachausdrücken Forschungen besonders auf dem Gebiete sprachvergleichender Wissenschaften bei der Abfassung dieses Wörterbuchs hinzugezogen werden mußten. Für die Ausräumung von Ungereimtheiten bezüglich des Schriftbildes besonders der juristischen Termini arabischen Ursprungs sind Kenntnisse dieser Sprache und des Persischen, für die Ersetzung derselben durch neutürkische Begriffe Kenntnisse der alttürkischen Sprache vonnöten, um nur solche Termini aufzunehmen, die durch Anwendung in Wissenschaft und Praxis inzwischen allgemein anerkanntes Sprachgut geworden sind.

Das vorliegende Wörterbuch enthält etwa 60.000 Stichwörter. Durch seine prägnante Kürze ist ein ständiger Gebrauch gegeben, und der Benutzer wird in ihm ein jederzeit bereites Hilfsmittel entdecken. In der Reduzierung auf das Wesentliche liegt der Reiz dieses Nachschlagewerkes; in dieser Hinsicht stellt es eine leicht zu handhabende Ergänzung zu anderen kompakten Fachwörterbüchern dar.

Für Hinweise betreffs Zusätzen und Berichtigungen ist der Verfasser den Benutzern zu Dank verpflichtet.

Ankara, im September 1997   Dr. Marina Atila

ÖNSÖZ

Dünya'da her şey baş döndürücü bir hızla değişiyor. Gelişmeleri izlemek bir taraftan zorlaşırken diğer taraftan da kolaylaşmaktadır. Önemli olan dilsel ve teknolojik olanaklardan yararlanarak ülkeler arasında iletişimi sağlamaktır. Ülkelerarası iletişimi sağlamak uygar insanın konumu gereği zorunlu, yurttaş olarak gerekli, iş ve meslek açısından çok önemlidir. Yabancı dil öğreniminde özellikle alan terimlerinin başlı başına bir sorun olduğunu görmekteyiz. Bu açıdan bakınca;

"Mesleki Terimler Sözlüğü / Fachwörterbuch"

adlı bu sözlük, Türkçe ve Almanca konuşulan ülkeler arasında mesleki iletişimi sağlayanların gereksinimlerini büyük bir oranda karşılayacaktır. 32 yıldır Almanca öğretmenliği yapmış, yıllarca Almanca Öğretmeni yetiştirmiş ve Almanca yayın alanında deneyim kazanmış birisi olarak, böyle bir sözlüğün şimdiye kadar hazırlanmamış olmasını büyük bir eksiklik olarak görüyor, bu açıdan bu girişimi yürekten kutluyorum.

Yıllarca bu konularda eğitbilim ve Almanca öğretimi alanlarında uğraş vermiş sayın Dr. Hasan Coşkun'a bu girişiminden dolayı kendim, Almanca öğrenenler ve öğretenler adına içten teşekkür ediyor ve kendisini kutluyorum. Almanca Temel Bilgiler herhangi bir şekilde edinilebilir. Almanca Dilbilgisi, Almanca Okuma, Yazılı Anlatım, Çeviri gibi konularda kaynak bulmak, bilgi edinmek, kendini geliştirmek herhangi bir şekilde olanaklıdır. Ancak mesleki iletişimde böylesine işi kolaylaştırıcı biçimde HUKUK, EKONOMİ, BANKACILIK, AVRUPA TOPLULUĞU, GÜMRÜK BİRLİĞİ, BORSA, MUHASEBE, EĞİTBİLİM ve DİLBİLİM alanlarında alan terimlerine ulaşmak pek kolay değildir. Bu sözlük bu olanağı sağlıyor. Bu nedenle sözlüğün çok geniş yankı bulacağına ve çok yararlı olacağına inanıyorum.

Ankara, 06.09.1997   Tahir Deveci

TEŞEKKÜR YAZISI

Bu yapıt Almanca'nın eğitimi ve öğretimi ile çeviri alanında edindiğim 25 yıllık deneyimlerin bir ürünüdür. Yapıtın bugünkü şekli almasına birçok kişi ve kurum katkıda bulunmuştur. Kavramların derlenmesinde önemli katkıları olan;

* Lüneburg Öğretmen Yüksek Okulu (Almanya),
* Hacettepe Üniversitesi
* Merkez Bankası
* Orta Doğu Teknik Üniversitesi
* Gazi Üniversitesi'nde verdiğim derslere katılan öğrenci ve kursiyerlere teşekkürü bir borç bilirim.

Kavramların genel eleştirisi profesyonel çevirmen olarak çalışan Dr. Marina Atila tarafından yapılmıştır. Dilbilim kavramları Araş. Gör. Tevfik Ekiz tarafından gözden geçirilmiştir. Bilgisayar destekli bilgi bankası ise Almanca öğretmeni Ali Fuat Özan tarafından oluşturulmuştur.

Yukarıda adı geçen meslektaşlarıma ve yapıtın bugünkü duruma gelmesinde sağladıkları katkılarından dolayı Coşkun Tercüme Bürosu çalışanlarına teşekkür ederim.

Ankara, Eylül 1997   Dr. Hasan Coşkun

Mesleki Terimler Sözlüğü

A

abartma • Hyperbel f
abece • Alphabet n
abece öğretimi • Anfangsunterricht m; Fibelunterricht m
abece yöntemi • Alphabet-Methode f
abide • Denkmal n; Monument n
abluka • Blockade f; Seesperre f; Sperre f
ablukaya almak • blockieren
abone • Abonnement n; Abonnent m; Bezug m
abone olma • Abonnement n; Subskription f
abone olmak • abonnieren; zeichnen
abone şartları • Bezugsbedingungen pl. f
abone ücreti • Abonnementpreis m; Bezugspreis m
abonelik • Abonnement n
abonman • Abnehmer m; Zeichner m
acele • dringend; dringlich; umgehend
acele itiraz • sofortige Beschwerde f
acele satış • Zwangsverkauf m
acele satışta elde edilebilecek değer • Zwangsverkaufswert m
acele sipariş • Eilbestellung f
acemi • unerfahren
acente • Agent m; Agentur f; Debitant m; Handelsagent m; Handelsvertreter m; Handlungsagent m; Stelle f; Traktande f; Vertreter m; Vertretung f
acentelik • Agentur f
acı • Schmerz m
acı çekmek • leiden
acımak • beklagen; schmerzen
acil durumlarda yapılan sözlü vasiyet • Nottestament n
acil ihtiyaç • Spitzenbedarf m
acil kredi • Stützungskredit m
acil sipariş • Stossauftrag m
acil talep • Stossbedarf m
acil yardım • Nothilfe f; Soforthilfe f
aciliyet • Not f
aciliyet durumu • Notfall m
aciz • insolvent; Insolvent m; Insolvenz f; machtlos; Unvermögen n; zahlungsunfähig
aciz belgesi • Besserungsschein m

aciz hali • Insolvenz f; Zahlungsunfähigkeit f
aciz vesikası • Besserungsschein m; Verlustschein m
acizlik • Machtlosigkeit f; Zahlungsunfähigkeit f
acyo • Agio n; Aufgeld n
acyotaj • Agiotage f
açığa alınan memura ödenen maaş • Wartegeld n
açığa çıkarma • Versetzung f in den einstweiligen Ruhestand m
açığa imza • Blankounterschrift f
açığını kapatmak • decken
açık • Abgang m; ausdrücklich; Ausfall m; Defizit n; deutlich; eindeutig; Fehlbestand m; Fehlbetrag m; klar; konkret; laufend; Manko n; Minus n; nackt; offen; offenbar; öffentlich; Schere f; Unterbilanz f; Unterdeckung f; unverkennbar
açık artırma • Auktion f; öffentliche Versteigerung f; Verauktionierung f; Versteigerung f; Gant f; Vergantung f
açık artırma ile satış • Verkauf m durch Versteigerung f; Verkauf m im Wege m der Versteigerung f
açık artırma ile satış yapmaya yetkili kişi • Auktionator m; Versteigerer m
açık artırma ile satmak • verauktionieren
açık artırmada en yüksek teklif • Meistgebot n
açık artırmada en yüksek veren • Meistbietender m
açık artırmada pey süren • Bieter m
açık artırmaya çıkarmak • auktionieren; versteigern
açık artırmaya fesat karıştırmak • Abhalten n vom Bieten n bei öffentlichen Versteigerungen pl. f
açık bono • Blankett n; Wechselblankett n
açık ciro • Blanko-Indossament n
açık çek • Barscheck m; Blankoscheck m; offener Scheck m
açık deniz • hohe See f; offenes Meer n
açık devir • Blankotransfer m

Fachwörterbuch

açık duruşma • öffentliche Verhandlung f
açık eksiltme • Auktion f; Gant f;
  öffentliche Submission f; Vergantung f
açık emanet hesabı • offenes Depot n
açık fikir ayrılığı • offener Dissens m
açık finansman • Defizitfinanzierung f
açık hesap • offene Rechnung f;
  ungedecktes Konto n; Unterbilanz f
açık hesap esasına dayanan ticaret • open
  account trading
açık ipotek • offene Hypothek f
açık iş • freie Stelle f
açık işler • Stellenangebot n
açık kabul • Blankoakzept n;
  Blankoannahme f
açık kapı bırakmak • Spielraum m lassen
açık keşide • blanko Trassierung f
açık kredi • Blankokredit m; Buchkredit m;
  offener Kredit m; ungedeckter Kredit m;
  ungesicherte Forderung f
açık kredi hesabı • offenes Kreditkonto n
açık kredi sağlayan cari hesap • offenes
  Kreditkonto n
açık krediler toplamı • Akzeptumlauf m
açık lise • Ferngymnasium n
açık maaşı • Wartegeld n
açık madde • Passivposten m
açık olmayan • undeutlich
açık oturum • Paneldiskusion f;
  Forumsdiskussion f
açık piyasa • Offenmarkt m
açık piyasa işlemleri • Offenmarktpolitik f
açık piyasa politikası • Offenmarktpolitik f
açık piyasa siyaseti • Offenmarktpolitik f
açık poliçe • Blankowechsel m; offene
  Police f
açık pozisyon • offene Position f
açık seçik • eklatant
açık sigorta poliçesi • Blankopolice f
açık şehir • ausländische Konzessionen pl.
  f; offene Stadt f
açık teminat • ausdrückliche Garantie f
açık temlik • Blankozession f
açık uçlu fon • offener Anlagefond m
açık uçlu yatırım ortaklığı •
  Investmentgesellschaft f mit variabler
  Anzahl f von Anteilen pl. m
açık verme eğilimi • Passivierungs-
  tendenz f
açık vermek • Defizit n aufweisen
açık yüksek öğretim •
  Fernhochschulstudium n
açıkça • ausdrücklich
açıkça belirtme • Offenlegung f
açıkça olmayan • stillschweigend;
  mehrdeutig; undeutig
açıkhava okulu • Freiluftschule f
açıkla kapanan bilanço • Unterbilanz f
açıklama • Aufschluss m; Beschreibung f;
  Bezeichnung f; Buchungstext m;
  Darlegung f; Deutung f; Erklärung f;
  Erläuterung f; Erläuterungsschrift f;
  Erörterung f; Klärung f; Offenlegung f;
  Preisgabe f; Publizität f
açıklama yazısı • Beschriftung f
açıklama yöntemi • erklärende Methode f
açıklamak • enthüllen; erhellen; erklären;
  erläutern; klären; manifestieren;
  promulgieren; quotieren; verkünden
açıklamalar sayfası • Merkblatt n
açıklamama • mangelnde Offenlegung f
açıklanan değer • erklärter Wert m;
  festgesetzter Wert m
açıklanan sermaye • Grundkapital n
açıklanan yedekler • offene
  Rücklagen pl. f
açıklanmamış • ungeklärt
açıklanmış • sichtbar
açıklayan • Erklärer m
açıklık • Öffnung f; Deutlichkeit f;
  Öffentlichkeit f; Publizität f
açıklık derecesi • Öffnungsgrad m
açıklık ilkesi • Klarheitsprinzip n
açıklık kavramı • Klarheitsprinzip n
açıklık prensibi • Öffentlichkeitsprinzip n
açıköğretim • Fernstudium n;
  Fernuniversität f
açıktan satış • Fixen n; Leerverkauf m
açıktan satış yapan • Blankoverkäufer m;
  Fixer m
açılış • Eröffnung f
açılış bakiyesi • Eröffnungssaldo m;
açılış bilançosu • Eröffnungsbilanz f
açılış emri • Eröffnungsbefehl m
açılış fiyatı • Anfangskurs m;
  Eröffnungskurs m
açılış kaydı • Eröffnungsbuchung f
açılma • Öffnung f

Mesleki Terimler Sözlüğü

açımlama • Kommentar m; Paraphrase f; Umschreibung f
açımlamalı dönüşüm • Paraphrasierungstransformation f
açmak • anstrengen; einleiten; enthüllen; eröffnen
ad • Name m; Titel m; Gegenstandswort n; Nomen n; Substantiv n
ad çekimi • Deklination f
ad değişmesi • Namensänderung f
ad gövdesi • Nominalstamm m
ad koymak • nennen; benennen
ad kökü • Nominalwurzel f
ad tümcesi • Nominalsatz m
ad üzerindeki hak • Namensrecht n
adaba aykırı • sittenwidrig; unsittlich
adaba aykırı davranma • Sittenverstoss m
adaba aykırılık • Verstoss m gegen die guten Sitten pl. f
adabı umumiye aleyhine suçlar • Sittlichkeitsverbrechen n
adalet • Gerechtigkeit f; Recht n
adalet bakanı • Justizminister m
Adalet Bakanlığı • Justizministerium n
adalet mahkemeleri • ordentliche Gerichte pl. n
adaletsiz • unbillig
adaletsizlik • Unbilligkeit f
adam kaldırma • Entführung f; Menschenraub m
adam öldüren • Totschläger m; Mörder m
adam öldürme • Mord m; Mordtat f; Totschlag m; Tötung f
adam öldürmek • morden; totschlagen
adam/saat • Arbeiterstunde f
adap • Sitten pl. f
adat • Zinsnummer f; Zinszahl f
aday • Anwärter m; Bewerber m; Kandidat m; Stellenanwärter m
aday listesi • Wahlliste f
aday memur • Beamtenanwärter m
aday öğrenci • Schulbewerber m; Studienbewerber m
adaylığını koymak • kandidieren
adaylık • Anwartschaft f; Bewerbung f; Kandidatur f
adbilim • Onomasiologie f
adçekme • Auslosung f; Ziehung f
addan türeme biçim • Denominativum n
addetmek • erachten
ademi itimat • Misstrauensvotum n
ademi kabul • Akzeptanzverweigerung f; Annahmeverweigerung f; Meldung f über Nichtakzeptieren n; Nichtannahme f
ademi kabul protestosu • Annahmeprotest m; Beurkundung f zur Annahme f; Protest m mangels Annahme f
ademi merkezi • dezentral
ademi merkeziyet sistemi • Dezentralisation f; Selbstverwaltung f
ademi merkeziyetçilik • Dezentralisation f
ademi mesuliyet • Haftungsausschluss m; Nichthaftung f; Nichtverantwortlichkeit f; Unverantwortlichkeit f
ademi müdahale • Nichteinmischung f
ademi tediye • Meldung f über Nichtzahlung f; Nichtzahlung f; Unterlassung f der Zahlung f; Zahlungsverweigerung f
ademi tediye protestosu • Protest m mangels Zahlung m; Protest m über Nichtzahlung f; Zahlungsprotest m
adet • Anzahl f; Brauch m; Handelsbrauch m; Stück n; Ziffer f
adeta • quasi
adı geçen • betreffend
adıl • Pronomen n
adıllaşma • Pronominalisierung f
adıllaştırma • Pronominalisierung f
adın değişmesi • Namensänderung f
adın gaspı • Namensanmassung f
adın himayesi • Namensschutz m
adına • im Auftrag m; im Namen m von; nominell
adına gönderilen • Empfänger m
adına kaydettirmek • zuschreiben
adını gizleme • Inkognito n
adını gizleyerek • inkognito
adi • einfach; gewöhnlich
adi akreditif • festes Akkreditiv n
adi alacak • einfache Konkursforderung f
adi alacaklar • Konkursforderungen pl. f
adi alacaklı • Generalgläubiger m
adi emanet hesabı • offenes Depot n
adi garanti • einfache Bürgschaft f
adi genel kurul • ordentliche Generalversammlung f

Fachwörterbuch

adi genel kurul toplantısı • ordentliche Generalversammlung f
adi hisse senedi • Stammaktie f
adi icar • Miete f
adi iflas • einfacher Konkurs m; gewöhnlicher Konkurs m
adi iflastan alacak • einfache Konkursforderung f
adi itiraz • einfache Beschwerde f
adi kaza • ordentliche Gerichtsbarkeit f
adi kaza yolu • ordentlicher Rechtsweg m
adi kefil • einfacher Bürge m
adi kira • Miete f
adi komandit şirket • einfache Kommanditgesellschaft f
adi muhakeme usulü • ordentliches Prozessverfahren n
adi mürüru zaman • ordentliche Ersitzung f
adi ortaklık • einfache Gesellschaft f; gewöhnliche Gesellschaft f
adi senet • einfacher Wechsel m; Privaturkunde f; Wechsel m
adi senetli alacaklı • handschriftlicher Gläubiger m
adi şirket • einfache Gesellschaft f; Gesellschaft f des bürgerlichen Rechtes n; gewöhnliche Gesellschaft f
adi umumi heyet • ordentliche Generalversammlung f
adi yargılama usulü • ordentliches Prozessverfahren n
adil • billig; gerecht
adil fiyat • richtiger Preis m
adil vergisi • gerechte Steuer f
adilane • billigermassen
adlandırma • Benennung f; Nennung f
adlandırmak • benennen; heissen
adlaşma • Nominalisierung f
adlaştırıcı • Nominalisierungssuffix n
adlaştırma • Nominalisierung f
adli • gerichtlich; richterlich
adli amir • Gerichtsherr m
adli harçlar • Gerichtsgebühren pl. f
adli hata • irrtümliches Urteil n; Justizirrtum m
adli hata sonucu verilen ölüm cezası • Justizmord m
adli karar • richterliche Entscheidung f

adli kovuşturma • Strafverfolgung f
adli merci • Justizbehörde f
adli muamele • Prozesshandlung f
adli muamele yapabilme ehliyeti • Prozessrechtsfähigkeit f
adli muamele yapabilme kabiliyeti • Parteifähigkeit f; Prozessrechtsfähigkeit f
adli müzaheret • Armenrecht n
adli müzaheret belgesi • Armenrechtszeugnis n
adli sicil • Strafregister n
adli subay • Gerichtsoffizier m
adli tabip • Gerichtsarzt m
adli tabip raporu • gerichtsärztliches Gutachten n
adli tahkikat • gerichtliche Untersuchung f
adli tahkikat yapmak • gerichtlich untersuchen
adli takibat • gerichtliche Verfolgung f
adli takibat yapmak • gerichtlich verfolgen
adli tasfiye • gerichtliche Liquidation f; Vergleichsverfahren n zur Abwendung f des Konkurses m
adli tatil • Gerichtsferien pl.
adli tıp • gerichtliche Medizin f; Gerichtsmedizin f
adli tıp soruşturması • gerichtsmedizinische Untersuchung f
adli yardım • Armenrecht n; Rechtshilfe f
adli yıl • Justizjahr n
adliye mahkemeleri • ordentliche Gerichte pl. n
adliye memuru • Justizangestellter m
Adliye Vekaleti • Justizministerium n
adres • Adresse f; Anschrift f
adres değişikliğini bildirme zorunluluğu • Meldepflicht f
adres değiştirme • Ortsveränderung f
adres değiştirmek • umadressieren
adres kitabı • Adressbuch n
adres yazmak • adressieren
adrese teslim • Lieferung f ins Haus n
adresini ikametgah bildirim dairesine kaydettirmek • sich beim Einwohnermeldeamt n melden
adresli poliçe • Domizilwechsel m; Zahlstellenwechsel m
adresten ayrılacağını bildirme • Abmeldung f

Mesleki Terimler Sözlüğü

adsayma • Antonomasie f
af • Begnadigung f; Erlass m; Erlassung f; Gnadenakt m; Verzeihung f
affedilen vergi miktarı • Steuernachlass m
affetmek • begnadigen; entschuldigen; erlassen
afiş • Anschlag m; Plakat n
afiş yapıştırmak • anschlagen
Afrika Kalkınma Bankası • Afrikanische Entwicklungsbank f
agami • Agamie f
ağaç • Baumdiagramm n
ağaç işleri • Holzarbeiten pl. f
ağaçlandırma • Aufforstung f
ağaçlandırma planı • Aufforstungsplan m
ağır • grob; hoch; schwer
ağır basan • schwerwiegend
ağır basmak • überwiegen
ağır ceza • hohe Strafe f; schwere Strafe f
ağır ceza işleri • Kapitalsachen pl. f; schwere Strafsachen pl. f
ağır ceza konusu olan • kriminell
ağır ceza mahkemesi • Kriminalgericht n; Schwurgericht n
ağır gelmek • lasten (auf)
ağır hapis • Zuchthaus n
ağır hapis cezası • Zuchthausstrafe f
ağır harp malulü • Schwerkriegsbeschädigter m
ağır hasar • erheblicher Schaden m
ağır hasta • schwerkrank; Schwerkranker m
ağır hırsızlık • schwerer Diebstahl m
ağır hıyanet • Hochverrat m
ağır hizmet • Zwangsarbeit f
ağır ihmal • grobe Fahrlässigkeit f
ağır iş • Schwerarbeit f
ağır işçi • Schwerarbeiter m
ağır kabahat • schwere Verfehlung f
ağır kusur • grobe Fahrlässigkeit f; grobe Pflichtverletzung f
ağır mağduriyet durumu • Härtefall m
ağır mağduriyet şartı • Härteklausel f
ağır mağduriyeti önleyici özel hüküm • Härteparagraph m
ağır malul • schwerbehindert; schwerbeschädigt; Schwerbeschädigter m
ağır öğrenen (çocuk) • langsamer Lerner m
ağır piyasa • schwerer Markt m
ağır suç • Kapitalverbrechen n; schweres Verbrechen n; Verbrechen n
ağır suç işleyen çocuk • jugendlicher Verbrecher m
ağır suç konusu • Kriminalsache f
ağır suçlu • Schwerverbrecher m
ağır şüphe • dringender Verdacht m
ağır yaralanma • schwere Verletzung f
ağır yaralı • schwerverletzt; schwerverwundet; Schwerverwundeter m
ağırbaşlı • ernsthaft
ağırlama giderleri • Bewirtungskosten pl.
ağırlaşmak • sich massieren
ağırlaştırmak • erschweren
ağırlık • Schwerpunkt m
ağırlık noksanı • Untergewicht n; Schwerpunkt m
ağırlık ünitesi değeri • Gewichtswert m
ağırlık yeri • Schwergewicht n
ağırlıklı ortalama • gewogene Mittel pl. n
ağız • Lokalsprache f; Mundart f; Sondersprache f
ağız boşluğu • Mundhöhle f; Mundraum m
ağızsıl • oral
ağnam vergisi • Kleinviehsteuer f
ağrı • Schmerz m
ağrımak • schmerzen
ahali • Bevölkerung f
ahali mübadelesi • Bevölkerungsaustausch m
ahde vefa • pacta sunt servanda
ahdi tarife • Konventionaltarif m
ahenksiz • chaotisch
ahenksizlik • Chaos n
ahkamı şahsiye • Personalstatut n
ahlak • Moral f; Sitten pl. f; Sittlichkeit f
ahlak bilimi • Moral f
ahlak düşüklüğü • Unmoral f
ahlak eğitbilimi • ethische Pädagogik f; Sittenpädagogik f
ahlak gelişimi • ethische Entwicklung f
ahlak kaidesi • ethische Norm f; Moralregel f; Regel f der Sittlichkeit f
ahlak kuralı • Anstandsregel f; Sittenregel f
ahlak olgunluğu • moralische Reife f
ahlak prensibi • Moralprinzip n

Fachwörterbuch

ahlak suçu işleyen • Sittlichkeitsverbrecher m
ahlak ve adap • gute Sitten pl. f
ahlak zabıtası • Sittenpolizei f
ahlaka aykırı • sittenwidrig; unsittlich; unzüchtig
ahlaka aykırı davranış • unsittliches Verhalten n
ahlaka aykırı davranma • Sittenverstoss m
ahlaka aykırı hukuki muamele • sittenwidriges Rechtsgeschäft n
ahlaka aykırılık • Verstoss m gegen die guten Sitten pl. f
ahlakbilim • Ethik f
ahlakcılık • Moralismus m
ahlakçı • Moralist m
ahlaken çökertmek • korrumpieren
ahlaki • ethisch; moralisch; sittlich
ahlaki görev • sittliche Pflicht f
ahlaksız • lasterhaft; unmoralisch
ahlaksızlık • Unsittlichkeit f
ahval ve şerait • Verhältnisse pl. n
ahvali şahsiye memuru • Personenstandsbeamter m; Zivilstandsbeamter m
ahvali şahsiye sicili • Personenstandsregister n; Zivilstandsregister n
ahzukabz • Einkassierung f; Einziehung f; Empfang m; Inkasso n
ahzukabz vekaletnamesi • Inkassovollmacht f
aidat • Beitrag m; Einlage f; Mitgliedsbeitrag m; Zuschuss m
aidiyet • Zugehörigkeit f
aile • Familie f
aile bilgisi • Familienkunde f
aile bütçesi • Haushaltsrechnung f; Haushaltung f; Haushaltungsbudget n
aile çiftliği • Familienwirtschaft f
aile doktoru • Hausarzt m
aile eğitimi • Familienerziehung f
aile ferdi • Familienangehöriger m
aile hukuku • Familienrecht n
aile hukukuna dayanan intifa hakkı • Nutzniessung f
aile işletmesi • Familienbetrieb m
aile katılım programları • Familienintegrationsprogramme pl. n

aile malları • Familienvermögen n
aile meclisi • Familienrat m
aile reisi • Familienoberhaupt n; Haushaltungsvorstand m
aile şirketi • Familiengesellschaft f; Familiengründung f
aile şirketi malları • Gemeinderschaft f
aile vakfı • Familienstiftung f
aile ve ev idaresi • Hausstand m
aile vesayeti • Familienvormundschaft f
aile yardımcısı • Ernährer m; Unterhaltspflichtiger m; Unterstützungspflichtiger m; Versorger m
aile yardımı • Familenbeihilfe f; Familienfürsorge f; Familienzulage f
aile yurdu • Heimstätte f
ailede baba hakimiyeti • Vaterrecht n
ailelerin birleştirilmesi • Familienzusammenführung f
Ailelerin Birleştirilmesi Kanunu • Familienzusammenführungsgesetz n
ailenin geçimini sağlayan kişi • Unterstützungspflichtiger m
ailenin yanında ikamet eden • Hausgenosse m
ailesinden uzak kalan işçiye ödenen tazminat • Trennungsentschädigung f
ailevi • familiär; heimisch
ait • angehörig; gehörig; zugehörig
ait olmak • angehören; gehören; zugehören; zustehen
ajan • Agent m; Handlungsagent m; Staatskommissar m; Vertreter m
ajanda • Kladde f; Notizbuch n
akademi • Akademie f
akademik hazırlık • akademische Vorbereitung f
akademik yıl • Studienjahr n
akademik zeka • akademische Intelligenz f
akalliyetler hakları • Minderheitsrecht n
akalliyetler hukuku • Minderheitsrecht n; Minoritätenrechte pl. n
akalliyetlerin temsili • Proportionalwahlrecht n; Reststimmenverwertung f
akalliyetlerin temsili sistemi • Proporzsystem n
akarsular • natürlicher Wasserlauf m
akaryakıt endüstrisi • Kraftstoffindustrie f
akaryakıt tüketim vergisi • Erdölsteuer f

Mesleki Terimler Sözlüğü

akçe • Fonds m
akde aykırı • vertragswidrig
akdetme • Schliessung f
akdetmek • abschliessen; eingehen; kontrahieren; schliessen; stipulieren; tätigen
akdi • vertraglich
akdi faiz • vereinbarter Zins m; vertraglicher Zins m
akdi ihlal • Kontraktbruch m
akdi müddetle sınırlamak • Vertrag m befristen
akdi şart • Vertragsbedingung f
akdi yedek akçe • freiwillige Reserven pl. f
akdin butlanı • Nichtigkeit f eines Vertrages m
akdin icra edilmemiş olması • Einrede f des nichterfüllten Vertrages m
akdin ihlali • Vertragsbruch m; Vertragsverletzung f
akdin inikadı • Vertragsschluss m
akdin teşekkülü • Vertragsschluss m
akdin zatında hata • Geschäftsirrtum m
akıbet ihbarı • Benachrichtigung f
akıbeti meçhul • abgängig
akıcı • Liquida f
akıl • Vernunft f
akıl hastalığı • Geisteskrankheit f
akıl zayıflığı • Geistesschwäche f; Schwachsinn m
akılcılık • Rationalismus m
akım • Richtung f; Strömung f
akım şeması • Flusschema n
akış • Fluktuation f
akışma • Euphonie f
akide • Dogma n
akit • Abkommen n; Abmachung f; Abschluss m; Einigung f; Kontrahent m; Kontrakt m; Übereinkunft f; Vereinbarung f; Vertrag m; Vertragsgegner m; Vertragspartei f
akit maddesi • Vertragsartikel m
akit mecburiyeti • Kontrahierungszwang m
akit serbestisi • Vertragsfreiheit f
akit taraf • Vertragspartei f; Vertragspartner m
akit yapıldığı anda imkansızlık • anfängliche Unmöglichkeit f

akit yapıldıktan sonra hasıl olan imkansızlık • nachträgliche Unmöglichkeit f
akit yapılırken işlenen kusur • Verschulden n beim Vertragsschluss m
akit yapma • Vertragsabschluss m; Vertragsschliessung f
akit yapma mecburiyeti • Kontrahierungszwang m
akit yapma vaadi • Vertragsversprechen n; Vorvertrag m
akit yeri kanunu • lex loci actus; Recht n des Vertragsabschlussortes m
akitten doğan borçlar • Schuldverhältnisse pl. n aus Verträgen pl. m; vertragliche Schuldverhältnisse pl. n
akitten doğan mükellefiyet • vertragliche Verpflichtung f
akitten rücu • Rücktritt m vom Vertrag m
akla aykırı • anstandswidrig
akla uygun • vernünftig
aklama • Entlastung f
aklamak • entlasten
akli • geistig
akli dengesizlik • Geistesstörung f
akli melekeleri zayıf • schwachsinnig
akma • Run m
akont • Akontozahlung f
akort ücret sistemi • Akkordlohn m; Leistungslohn m
akraba diller • verwandte Sprachen pl. f
akraba evliliği • Verwandtenehe f
akreditif • Akkreditiv n; Kreditauftrag m; Kreditbrief m
akreditif alacağının devri • Abtretung f des Akkreditiverlöses m
akreditif amiri • Akkreditiv-Auftraggeber m
akreditif ihbarı • Avisierung f des Akkreditivs n
akreditif kuvertürü • Deckung f
akreditif lehtarı • Begünstigter m
akreditif talimatı • Akkreditivauftrag m
akreditifi açan banka • eröffnende Bank f
akreditiften para çekme • Akkreditivziehung f
aksam • Komponente f
akseptans • Akzept n; Annahme f von Wechseln pl. m
aksesuar • Zubehör n

7

Fachwörterbuch

aksi • Gegensatz m; Gegenteil n; gegenteilig; umgekehrt; widrig
aksilik • Tücke f; Widrigkeit f
aksine • entgegen; gegensätzlich; gegenüber
aksini iddia etmek • bestreiten
aksini ispat etmek • entkräften; widerlegen
aksiyoner • Aktionär m
akşam okulu • Abendschule f
aktarıcı • Translativ m
aktarım • Entlehnung f; Lehngut n
aktarma • Entlehnung f; Lehngut n; Lehnwort n; Translation f; Umladung f; Umschlag m; Umsteigen n; Überladung f; Übertragen n; Übertragung f; Verlagern n
aktarma eşyası • Transitgüter pl. n; Transitwaren pl. f
aktarma hesabı • Durchgangskonto n
aktarma istasyonu • Umschlagsbahnhof m
aktarma navlunu • Durchfracht f
aktarma sözcü • Lehnwort n
aktarma yapmak • umsteigen; überladen
aktarmacı firma • Umschlagsfirma f
aktarmak • umladen
aktif • aktiv; Aktiva pl.; Aktivkapital n; Aktivvermögen n; mobil
aktif bankacılık işlemleri • Aktivgeschäft n
aktif değer • Substanzwert m
aktif dolanım • Banknotenumlauf m
aktif olarak görev almayan ortak • stiller Teilhaber m
aktif olmayan ortak • stiller Gesellschafter m
aktif tahvil • active bond; aktive Obligation f
aktif toplam • Aktivsumme f
aktif ve pasiflerin sunulduğu bilanço • Bilanz f in Staffelform f
aktifler • Aktivvermögen n
aktifler toplamı • Aktivvermögen n
aktifleştirilmiş giderler • aktivierte Aufwendungen pl. f
aktifleştirilmiş maliyet • kapitalisierte Kosten pl
aktifleştirme • Aktivierung f; Kapitalisierung f
aktifleştirme oranı • Aktivierungsrate f

aktin diğer tarafı • Vertragspartner m
aktin ifası • Erfüllung f
aktin ilgili olduğu şeyde hata • Identitätsirrtum m
aktüel • effektiv
aktüel ücret • Effektivlohn m
aktüer • Aktuar m; Versicherungsfachmann m; Versicherungsmathematiker m; Versicherungsstatistiker m
aktüerya hesabı yapan kişi • Versicherungsrechner m
alacağı güvenceye alınmış kişi • gesicherter Gläubiger m
alacağın dava edilememesi • Unklagbarkeit f
alacağın devir ve temliki • Abtretung f der Forderung f; Übertragung f der Forderung f
alacağın devri • Zession f
alacağın devri karşılığı avans • Zessionskredit m
alacağın haciz emri • Forderungspfändungsbeschluss m
alacağın ibrası • Erlass m der Forderung f
alacağın intikali • Forderungsübergang m
alacağın kanuni temliki • Übergang m der Forderung f kraft Gesetzes n
alacağın muaccel olduğu zaman • Fälligkeitstermin m
alacağın tebdili • Auswechselung f der Forderung f
alacağın tehiri • Prolongation f einer Forderung f
alacağın temliki • Abtretung f von Forderungen pl. f; Forderungsabtretung f; Zession f
alacak • Anspruch m; Forderung f; Forderungsrecht n; Geldforderung f; Guthaben n; Haben n; Schuldforderung f
alacak bakiyesi • Habensaldo m; Kreditsaldo m; Nettoguthaben n
alacak davası • Forderungsklage f; Schuldforderungsklage f
alacak dekontu • Gutschriftanzeige f
alacak geçirme • Vergütung f
alacak geçirmek • vergüten
alacak karşılığı gönderilen poliçe • Rimesse f
alacak kaydetmek • gutschreiben

Mesleki Terimler Sözlüğü

alacak kaydı • Habenbuchung f
alacak senedi • Gutschein m
alacak senetleri • Aktivwechsel m; Besitzwechsel pl. m; einzulösender Wechsel m
alacak senetlerinin kaydedildiği defter • Wechselbuch n
alacak üzerinde intifa hakkı • Forderungsniessbrauch m
alacak üzerinde rehin hakkı • Forderungspfandrecht n
alacak ve borcun birleşmesi • Vereinigung f von Schuld f und Forderung f
alacaklar • Aktivschulden pl. f; Aussenstände pl. m; Forderungen pl. f; Guthaben pl. n
alacakların devredilmesi • Factoring n
alacakların dönme çabukluğu • Umschlagsgeschwindigkeit f der Forderungen pl. f
alacakların iskonto ettirilmesi • Diskontierung f der Forderungen pl. f
alacakların rehnedilmesi • Pfändung f von Forderungen pl. f
alacakların satılması • Factoring n
alacaklı • Begünstigter m; Benefizient m; Empfänger m; Forderer m; Forderungsberechtiger m; Gläubiger m; Kreditor m
alacaklı bakiye • Habensaldo n; Kreditsaldo n
alacaklı faizi • Habenzins m
alacaklı hesap • Aktivsaldo n; Bilanzüberschuss m; Kreditkonto n
alacaklı nezdinde ödenmesi gereken borç • Bringschuld f
alacaklı toplantısı • Gläubigerversammlung f
alacaklı ülke • Gläubigerland n
alacaklı ve borçlu sıfatının birleşmesi • Konfusion f
alacaklılar • Gläubigerschaft f
alacaklılar hesabı • Debitorenkonto n
alacaklılar toplantısı • Gläubigerversammlung f
alacaklıların yaşlandırılması tablosu • Terminliste f; Verfallsliste f
alacaklılarla anlaşma • Gläubigerabkommen n; Gläubigervereinbarung f; Vergleichsurkunde f
alacaklının avantajlı duruma getirilmesi • Gläubigerbegünstigung f
alacaklının borçluya tanıdığı ek müddet • Nachfrist f
alacaklının temerrüdü • Annahmeverzug m; Gläubigerverzug m; Verzug m des Gläubigers m
alacaklıya halef olmak • Subrogation f
alacaklıya merhundan istifade hakkı sağlanması • Antichrese f
alacaktan vazgeçme • Schuldnachlass m
alaka • Anteilnahme f; Zusammenhang m
alamet • Merkmal n; Symbol n
alameti fabrika • Fabrikmarke f; Fabrikzeichen n
alameti farika • Handelsmarke f; Hausmarke f; Kennzeichen f; Markenzeichen n; Schutzmarke f; Warenzeichen n; Zeichen n
alameti farika hukuku • Markenrecht n
alameti farika sicili • Markenregister n
alan • Bereich m; Nehmer m; Revier n; Sektor m; Sparte f; Spielraum m; Area f; Branche f; Fachbereich m; Feld n
alan araştırması • Feldstudie f
alan etüdü • Feldstudie f
alan incelemesi • Felduntersuchung f
alan kuramı • Feldtheorie f
alaşım • Legierung f
alçak ünlü • niedriger Vokal m; tiefer Vokal m
aldatıcı • betrügerisch
aldatıcı delil • Scheinbeweis m
aldatıcı evlilik • Scheinehe m
aldatıcı kar • Scheingewinn m
aldatıcı marka • täuschendes Warenzeichen n
aldatıcı sebep • Scheingrund m
aldatma • Betrug m; List f; Täuschung f; Treubruch m; Trug m
aldatmak • betrügen; schwindeln; täuschen; trügen
aldatmak niyetiyle taklit etmek • fälschen
aldığı borç karşılığı rehin veren • Pfandgeber m; Verpfänder m
alelade • gemein
alelade ikame • Ersatzerbeneinsetzung f
alelhesap ödeme • Akontozahlung f

Fachwörterbuch

alenen ilan etmek • ausschreiben
alenen mükafat vaat etmek • ausloben
aleni • offen; öffentlich; publik
aleni artırma • Auktion f; Gant m; öffentliche Versteigerung f; Vergantung f
aleni eksiltme • Auktion f; Gant m; öffentliche Versteigerung f; Vergantung f
aleni mükafat vaadi • Auslobung f
aleni müzayede • öffentliche Versteigerung f
aleni satış • öffentlicher Verkauf m an den Meistbietenden m
aleni tevbih • öffentliche Rüge f
aleniyet • Öffentlichkeit f; Publizität f
aleniyet prensibi • Öffentlichkeitsprinzip n; Publizitätsprinzip n
alet • Instrument n; Werkzeug n
alet edevat • Werkzeuge pl. n
aleyhinde dava temyiz olunan kimse • Berufungsbeklagter m
aleyhinde ifade vermek • belastende Aussagen pl. f machen
aleyhine • gegen; zuungunsten
aleyhine konuşmak • lästern
aleyhine oy kullanmak • dagegen stimmen
aleyhte • ungünstig
aleyhte oy kullanmak • gegen etwas stimmen
alfa • Alpha n
alfabe • Alphabet n
algı • Wahrnehmung f
algılama • Wahrnehmen n
algılama aygıtı • Tachistoskop n
alıcı • Abnehmer m; Adressat m; Aufnehmer m; Destinatär m; Einkäufer m; Empfänger m; Erwerber m; Frachtempfänger m; Käufer m; Kaufinteressent m; Konsignatar m; Kunde m; Nehmer m
alıcı kredisi • Käuferkredit f
alıcı memleket • Einkaufsland n
alıcı piyasası • Käufermarkt m
alıcılar • Käuferschicht f
alıcının fiyatı • Nachfragepreis m
alıcının keşif ve muayene külfeti • Untersuchungspflicht f des Käufers m
alıcının mala belli bir kira süresi uyguladıktan sonra sahip olması • Mietkauf m

alıcının seçimi • Wahl f des Käufers m
alıcıya belli bir indirim sağlayan kuponlar • Rabattmarken pl. f
alıcıyı gizlemek amacıyla verilen adres • Deckadresse f
alıkoyma • Entziehung f; Rückbehaltung f
alıkoyma süresi • Aufbewahrungsfrist f
alıkoymak • einbehalten; entziehen; verhalten; zurückbehalten
alım • Eingang m
alım komisyonu • Einkaufskommission f
alım parası bakiyesi için konulan ipotek • Restkaufgeldhypothek f
alım parasının bakiyesi • Restkaufgeld n
alım satım • Kauf m
alım satım akdi • Kaufvertrag m
alım satım bilançosu • Umsatzbilanz f
alım satım bordrosu • Schlussnote f; Schlussschein m;
alım satım opsiyonu • Stellageschäft n
alım satım sözleşmesi • Kaufvertrag m
alınan faiz • Aktivzins m; Zinserträgnis n
alınan kredinin ödenmesi • Kredittilgung f
alınan net faiz • Zinsmehrertrag m'
alınan siparişler endeksi • Bestell-Index m
alındı • Beleg m; Beweisstück n; Empfangsschein m; Gutschein m; Quittung f
alındığını tasdik etmek • quittieren
alınma • Entnahme f
alış • Einkauf m; Kauf m;
alış defteri • Einkaufsbuch n
alış fiyatı • Ankaufspreis m; Geldkurs m; Kaufkurs m; Kaufpreis m
alış iadeleri • Rückwaren pl. f
alış iskontosu • Einkaufskonto n
alış kuru • Geldkurs m; Kaufkurs m
alışagelmiş • gängig; gebräuchlich; gemein; gewohnheitsmässig; gewöhnlich; konventionell; üblich; Brauch m
alışkanlık • Gewohnheit f
alışkanlık • Angewohnheit f; Süchtigkeit f
alışlar hesabı • Einkaufskonto n
alışmak • sich angewöhnen
alıştırma • Übung f; Einubung f. Gewöhnung f
alıştırma kitabı • Übungsbuch n; Übungsheft n

Mesleki Terimler Sözlüğü

alıştırmak • angewöhnen
alışveriş • Handelsverkehr m;
  Kaufhandel m
ali asker şura • Hoher Wehrrat m
alivre mal satışı • Warentermingeschäft n
alivre satın alma • Terminkauf m
alivre satış • Fixen; Leerverkauf m;
  Lieferungskauf m; Terminkauf m;
  Terminverkauf m; Zeitkauf m
alivre satış mukavelesi •
  Vorverkaufsvertrag m
alivre satış yapan • Blankoverkäufer m;
  Fixer m
alkol iptilası • Trunksucht f
alkolik • trunksüchtig
alkollü içkiler • alkoholische
  Getränke pl. n
alkollü maddeler tekeli •
  Branntweinmonopol n
Allah • Gott m
alma • Bezug m; Empfang m;
  Entgegennahme f; Entnahme f; Erhalt m;
  Inkasso n; Rezeption f
almak • bekommen; beziehen; einholen;
  empfangen; entgegennehmen;
  entnehmen; erhalten; hereinnehmen;
  nehmen
Alman Bankalar Birliği • Bundesverband
  m Deutscher Banken pl. f
Alman Borsaları Birliği •
  Arbeitsgemeinschaft f der deutschen
  Wertpapierbörsen pl. f
Alman Endüstri Normları • Deutsche
  Industrie-Normen pl. f
Alman Endüstri Standardı • Deutsche
  Industrienorm f; Deutscher
  Industriestandard m
Alman Endüstri ve Ticaret Kongresi •
  Deutscher Industrie- und Handelstag m
Alman Hukuk Enstitüsü • Deutsches
  Institut n für Rechtswissenschaft f
Alman parası • Mark f
Alman Sendikalar Birliği • Deutscher
  Gewerkschaftsbund n
Alman Sosyal Sigortalar Kanunu •
  Bundesversicherungsordnung f
Almanya Federal Cumhuriyeti •
  Bundesrepublik f Deutschland
almaşma • Abstufung f; Alternation f;
  Lautwechsel m

alonj • Allonge f; Anhang m;
  Wechselanhang m
alt hesap • Unterkonto n
alt katılım • Unterbeteiligung f
alt taraf • Unterseite f
altanlamlı • hyponym
altanlamlılık • Hyponymie f
alternatif • alternativ; subsidiär
alternatif borç • Alternativobligation f;
  Wahlschuld f
alternatif maliyet • alternative Kosten pl.
altgeçit • Tunnel m
altın • Gold n
altın ankesi • Goldreserven pl. f;
  Goldvorrat m
altın havuzu • Goldpool m
altın kambiyo standardı •
  Golddevisenwährung f
altın karşılığı • Golddeckung f
altın kaydı • Goldklausel f
altın kıymeti şartı • Goldwertklausel f
altın külçe standardı • Goldkernwährung f
altın madeni şirketleri hisse senetleri •
  Goldminenaktien pl. f
altın noktaları • Goldpunkt m
altın opsiyonu • Goldoption f
altın para şartı • Goldmünzklausel f
altın paraşüt • golden parachute
altın primi • Goldprämie f
altın rezervi • Goldreserven pl. f;
  Goldvorrat m
altın sikke standardı • Goldmünz-
  währung f
altın standardı • Goldstandard m;
  Goldwährung f
altın şartı • Goldklausel f
altın ve döviz ihtiyatı • Währungsreserve f
altın ve döviz olarak • valutarisch
altın ve döviz rezervleri • Gold- und
  Devisenreserven pl. f
altını çizmek • unterstreichen
altını mühürlemek • siegeln
altkatman • Substrat n
altkültür • Subkultur f
altsoy • Abkömmling m; Deszendent m;
  Nachkomme m
altsoydan olan hısımların tümü •
  Nachkommenschaft f
altulam • Subkategorie f

Fachwörterbuch

altyapı • Infrastruktur f; Unterbau m
alüvyon • Alluvion f
ama • Blinder m
amaca tahsis edilen servet • Zweckvermögen n
amaca uygun • sachlich; zweckmässig
amaca yönelik • zielgerichtet
amaca yönelik ayrılan para • Fonds m
amaca yönelik makbuz • zweckgebundene Quittung f
amaca yönelik nakit • zweckgebundener Geldstand m
amacıyla • zwecks
amaç • Ziel n; Zielsetzung f; Zweck m
amaç birliği • Zielübereinstimmung f
amaçlı öğrenme • intentionales Lernen n
ambalaj • Packung f; Verpackung f
ambalaj kağıdı • Packpapier n
ambalajcı • Packer m
ambalajlama • Verpackung f
ambalajlamak • verpacken
ambalajsız • lose
ambar • Depot n; Laderaum m; Lager n; Lagerhaus n; Magazin n; Niederlage f; Ablage f; Silo m; Speicher m
ambar makbuzu • Lagerschein m
ambar memuru • Lagerverwalter m; Magazinverwalter m
ambar mevcudu • Lagerbestand m; Vorrat m; Ware f auf Lager n
ambar müdürü • Magazinverwalter m
ambar senedi • Lagerschein m
ambar ücretleri • Lagergebühren pl. f; Lagergeld n
ambargo • Beschlagnahme f; Embargo n; Sperre f
ambargo koymak • sperren
ambarlama • Einlagerung f
amenajman • Forsteinrichtung f
Amerikalararası Kalkınma Bankası • Interamerikanische Entwicklungsbank f
Amerikan Menkul Kıymetler Borsası • American Stock Exchange
Amerikan usulü yevmiye defteri • amerikanisches Journal n
amil • Faktor m; veranlassende Ursache f
amir • Auftraggeber m; Chef m; Übergeordneter m; Vorgesetzter m; zwingend

amir hükümler • zwingende Vorschriften pl. f; zwingendes Recht n
amiri mücbir • Drohender m; Erpresser m; Furchterreger m
amme davası • öffentliche Klage f
amme davasına iltihak • Nebenklage f
amme hakkı • öffentliches Recht n
amme hakları • Grundrechte pl. n
amme hizmeti • öffentlicher Dienst m
amme hukuku • öffentliches Recht n; Staatsrecht n
amme hükmi şahısları • juristische Personen pl. f des öffentlichen Rechts n; Körperschaften pl. f des öffentlichen Rechts n
amme hükmi şahıslarının malları • öffentliche Sachen pl. f; öffentliches Eigentum n
amme idaresi • Verwaltung f
amme iktidarı • öffentliche Gewalt f; Staatsautorität f
amme itimadı • öffentlicher Glaube m; öffentliches Vertrauen n
amme menfaati • Gemeinnutz m; Gemeinwohl n; öffentliches Interesse n; Staatswohl n
amme menfaatleri • gemeiner Nutzen m
amme müesseseleri • öffentliche Anstalten pl. f
amme nizamı • ordre public; öffentliche Ordnung f; Vorbehaltsklausel f
amme sigortası • öffentliche Versicherung f
amme şahidi • Belastungszeuge m
amorti etmek • amortisieren
amortisman • Ablösungssumme f; Abschreibung f; Amortisation f; Tilgung f
amortisman ayırma yöntemi • Abschreibungsverfahren n
amortisman birimi • Abschreibungseinheit f
amortisman cetveli • Abschreibungstabelle f
amortisman fonu • Amortisationsfonds m
amortisman gideri • Abschreibungsaufwand m
amortisman karşılığı • Abschreibungsreserve f; Abschreibungsrücklage f; Entwertungsrücklage f;

Mesleki Terimler Sözlüğü

Wertberichtigung f
amortisman kaydetme yöntemi •
Abschreibungsverfahren n
amortisman oranı • Abschreibungssatz m
amortisman sandığı • Amortisationsfonds
m; Amortisationskasse f;
Tilgungsfondskasse f
amortisman sigortası •
Hypothekentilgungsversicherung f
amortisman yöntemi •
Abschreibungsmethode f;
Amortisationsmethode f
amortismana tabi birim •
Abschreibungseinheit f
amortismana tabi varlık •
abschreibungsfähiges Vermögen n
amortismanlar • Abschreibungen pl. f
amortizasyon • Tilgung f
amortizasyon için ödenecek meblağ •
Tilgungssoll n
amortize etmek • amortisieren
an • Zeitpunkt m
ana anlaşma • Rahmenabkommen n
ana baba okulları • Elternschulen pl. f
ana bankacılık merkezi • Hauptplatz m
ana borç • Hauptschuld m
ana borçlu • Hauptschuldner m
ana bütçe • Gesamtbudget n
ana faiz oranı • primärer Zinssatz m
ana firma • Stammfirma f
ana hesap • Hauptbuchkonto n;
Hauptbuchsammelkonto n; Kontrollkonto
n; Sammelkonto n
ana hesaplar • Kostenzentren pl. n
ana hizmet birimi •
Hauptdienstleistungsabteilung f
ana ihtiyat fonu • Hauptrücklage f
ana kanun • Rahmengesetz n
ana komite • Hauptausschuss m
ana kural • Hauptregel f
ana kütük • Stammregister n
ana meblağ • Hauptsumme f
ana mesele • Suggestivfrage f
ana nokta • Quintessenz f;
Schwergewicht n
ana para • Hauptsumme f; Kapital n;
Nominalbetrag m
ana rahmindeki çocuk • Leibesfrucht f
ana sanayi • Schlüsselindustrie f

ana sermaye • Grundkapital n;
Stammkapital n
ana sözleşme • Gesellschaftsvertrag m;
Satzung f
ana şirket • Holdinggesellschaft f;
Muttergesellschaft f; Obergesellschaft f;
Stammgesellschaft f
ana şirket muhasebesi •
Muttergesellschaftsrechnungswesen n
ana şube • Hauptstelle f
ana teçhizat • Ausstattung f
ana temayül • Hauptzug m
ana veya baba • Elternteil m
ana-baba eğitimi • Elternbildung f
anadil • Ursprache f
anadili • Muttersprache f
Anadolu Öğretmen Lisesi • Anadolu-
Lehrer-Gymnasium n
anahtar • Schlüssel m
anahtar sözcük • Schlüsselwort n
anahtar yerlerindeki personel •
Schlüsselkräfte pl. f
Analığın Korunması Kanunu •
Mutterschutzgesetz n
analık • Mutterschaft f
analık parası • Mutterschaftsgeld n
analık sigortası •
Mutterschaftsversicherung f
analık yardımı • Wochenhilfe f
analiz • Analyse f; Aufgliederung f
analiz etmek • terminieren
analiz sertifikası • Analysenzertifikat n
anamalcılık • Kapitalismus m
anane • Brauchtum n; Herkommen n; Sitte
f; Tradition f; Überlieferung f
anaokulu • Kindergarten m; Vorschule f
anarşi • Anarchie f; Gesetzlosigkeit f;
Rechtlosigkeit f; Regierungslosigkeit f
anarşizm • Anarchismus m
anatümce • Matrixsatz m
anavatan • Mutterland n; Vaterland n
anayasa • Grundgesetz n; Konstitution f;
Verfassung f; Verfassungsgesetz n
anayasa değişikliği • Verfassungs-
änderung f
anayasa esasları • Verfassungs-
grundsätze pl.
anayasa hukuku • Staatsrecht n;
Verfassungsrecht n

Fachwörterbuch

anayasa ihlali • Verfassungsbruch m
anayasa ile teminat altına almak • in der Verfassung f verankern
Anayasa Mahkemesi • Verfassungsgericht n
anayasal • verfassungsmässig
anayasal devlet • Verfassungsstaat m
anayasal düzen • verfassungsmässige Ordnung f
anayasal düzenin korunması • Verfassungsschutz m
anayasal organ • Verfassungsorgan n
anayasaya aykırı • verfassungswidrig
anayasaya aykırı davranış • verfassungswidrige Handlung f
anayasaya aykırı parti • verfassungswidrige Partei f
anayasaya aykırılık • Verfassungswidrigkeit f
anayasaya bağlılık • Verfassungstreue f
anayasaya göre • verfassungsmässig
anayurt limanı • Heimathafen m
andırış • Analogie f
angaje etmek • engagieren
angajman • Engagement n
angarya • Angarie f; Ausbeutung f; Fronarbeit f; Frondienst m
anıklık • Eignung f
anıklık testleri • Eignungstests m
anımsama • Erinnerung f
anıştırma • Allusion f
anıt • Denkmal n; Monument n
ani alım fiyatı • Preis m bei sofortiger Lieferung f
ani kuruluş • Simultangründung f
ani talep • Nachfragestoss m
ani tesir • Stosswirkung f
ani teşekkül • Simultangründung f
ankes • Barmittel n; Barreserve f; Kassenbestand m
anket • Umfrage f
anket yapmak • Umfrage f durchführen
ankonsinyasyon satış • Konsignationsgeschäft n
anlam • Bedeutung f; Sinn m
anlam daralması • Bedeutungsverengung f; Bedeutungsbeschränkung f
anlam değişimi • Bedeutungswandel m; Bedeutungswechsel m
anlam genişlemesi • Bedeutungserweiterung f
anlam ifade etmek • vorstellen
anlam kayması • Bedeutungsverschiebung f
anlamak • ermessen; fassen; verstehen
anlambilim • Bedeutungslehre f; Semantik f
anlambilimsel • semantisch
anlambirim • Monem n
anlambirimcik • Sem
anlambirimcik çözümlemesi • Semanalyse f
anlambirimcik demeti • Semem n
anlamına gelmek • bedeuten
anlamına uygun olarak • sinngemäss
anlamında olmak • lauten
anlamlama • Bedeutungszuordnung f; Signifikation f
anlamsal • semantisch
anlamsal alan • Bedeutungsfeld n; semantisches Feld n
anlamsal bileşen • semantische Komponente f
anlaşılabilirlik • Verständlichkeit f
anlaşılır • begreiflich; erklärlich; verständlich
anlaşma • Abfindung f; Abkommen n; Abmachung f; Abschluss m; Absprache f; Einvernehmen n; Einverständnis n; Konvention f; Pakt m; Übereinkommen n; Übereinkunft f; Verständigung f; Vertrag m; völkerrechtlicher Vertrag m
anlaşma hesabı • Abkommenskonto n
anlaşma ile saptanan gümrük resmi • Vertragszoll m
anlaşma imzalamak • Pakt m schließen
anlaşmak • absprechen; kontrahieren; sich besprechen; übereinkommen
anlaşmalı dövizi • Verrechnungswährung f
anlaşmalı memleket • Abkommensland n; Verrechnungsland n
anlaşmamış • uneinig
anlaşmanın kapsamı • Abkommensbereich m
anlaşmaya varmak • Vereinbarung f treffen
anlaşmaz • unverträglich

Mesleki Terimler Sözlüğü

anlaşmazlık • Kollision f; Kompromisslosigkeit f; Streitigkeit f; Uneinigkeit f; Widerspruch m
anlaşmazlık konusu • Streitfrage f
anlatan • Erklärer m
anlatım • Ausdruck m; Darstellung f
anlatım dersleri • Ausdrucksunterricht m
anlatımsal • expressiv
anlatımsallık işlevi • Ausdrucksfunktion f
anlatma • Vortrag m
anlatma yöntemi • Vortragsmethode f
anlatmak • darstellen; erklären; erzählen
anlayış • Mentalität f; Sinnesart f; Verständnis n
anlık • Intellekt n; Verstand m
anlıkçılık • Intellektualismus m; Mentalismus m
anlıksal olgunluk • intellektuelle Reife f
anlıyan • sachkundig
anma • Erwähnung f
anmak • erwähnen
anne • Mutter f
annüite • Annuität f; Leibrente f
anonim ortaklık • Aktiengesellschaft f
anonim şirket • Aktienbank f; Aktiengesellschaft f
anonim şirket halinde kurulmuş banka • Aktienbank f
anonim şirketin bütün eshamı • Mantel m
anons • Ansage f
anormal • abnorm; aussergewöhnlich; regelwidrig
anormallik • Abnormität f
ansiklopedicilik • Enzyklopädismus m
ant • Eid m; Schwur m
ant içirilme • Beeidigung f; Vereidigung f
ant içirme • Vereidigung f
ant içme • Eidesleistung f
ant içme ehliyeti • Eidesfähigkeit f; Eidesmündigkeit f
ant içmek • schwören
antika • Antiquität f
antika eserler • Antiquitäten pl. f; Altertümer pl. n
antipati • Abneigung f
antlaşma • Abkommen n; Konvention f; Pakt m; Staatsvertrag m; Vertrag m; völkerrechtlicher Vertrag m
antlaşma şartlarına uygun • konventionell

antrepo • Depot n; Entrepot m; Lager n; Lagerhaus n; Magazin n; Niederlage f Speicher m; Zollspeicher m
antrepo makbuzu • Warrant n
antrepo makbuzu karşılığında verilen kredi • Warrantkredit m
antrepo malı • Stapelgut n
antrepo senedi • Lagerschein m
antrepo ticareti • Zwischenhandel m
antropoloji • Anthropologie f
antropometri • Anthropometrie f
anüite • Annuität f; Jahresrente f; jährliche Rente f
anüiteyi alan kimse • Jahresrentenempfänger m
apel • Aufruf m; Zahlungsaufforderung f
apel hesapları • Einforderungskosten pl.
apel yapılmamış sermaye • nicht voll eingezahltes Kapital n; noch nicht eingefordertes Kapital n; noch nicht einberufenes Kapital n
apel yapılmış sermaye • eingefordertes Kapital n
apor • Apport m
ara • Mitte f
ara bilanço • Zwischenbilanz f
ara çözüm • Zwischenlösung f
ara denetim • Zwischenprüfung f
ara dividant dağıtımı • Zwischendividende f
ara faiz • Bruchzins m; Marchzins m; Pro-Rata-Zins m; Ratazins m; Stückzins m; Zwischenzins m
ara hesap • Interimskonto n; Zwischenkonto n
ara karar • Interimsbescheid m; Vorentscheidung f; Zwischenbescheid m; Zwischenentscheidung f; Zwischenurteil n
ara liman • Zwischenhafen m
ara mülahaza • Einwurf m
ara rapor • Zwischenbericht m; Zwischenfinanzbericht m
ara sıra • vereinzelt
ara sıra yapılan iş • Nebenbeschäftigung f
ara tahkikat • Eröffnungsbeschlussverfahren n
ara temettü • Abschlagsdividende f; A-conto-Dividende f; Quartalsdividende f; vorläufige Dividende f

Fachwörterbuch

ara ürünü • Zwischenprodukt n
ara verme • Hemmung f; Unterbrechung f
ara vermek • hemmen; unterbrechen
ara zaman • Interim n; Zwischenzeit f
araba • Wagen m
arabacı • Fuhrmann m
arabulucu • Friedensstifter m; Mittelsperson f; Mittler m; Schlichter m
arabuluculuk • Friedensstiftung f; Friedensvermittlung f
arabuluculuk etmek • schlichten
arabuluculuk yapmak • Frieden m stiften
aracı • Kommissionär m; Mittelsperson f; Mittelsmann m; Vermittler m; Wiederverkäufer m; Zwischenhändler m
aracı bir ülke yolu ile ihracat yapma • Switchgeschäft n
aracı bir ülke yolu ile ithalat yapma • Switchgeschäft n
aracı faizi • Zwischenzins m
aracı kurum • Börsenagent m; Börsenmakler m; Effektenhändler m
aracıdan nihai teslim yerine sevk etme • Weiterverladung f
aracılara tanınan iskonto • Händlerrabatt m
aracıların ortadan kalkması • Disintermediation f
aracılı satış • kommissionsweiser Verkauf m
aracılık • Vermittlung f
aracılık etme • Intervention f
aracılık etmek • vermitteln
aracılık rolü • Mittlertätigkeit f
aracılık yüklenimcisi • Assekuradeur m; Assekurant m; Underwriter m; Versicherer m
aracılık yüklenimi • Assekuration f; Versicherungsgeschäft n
aracılık yüklenimi anlaşması • Übernahmevertrag m
aracılık yüklenimi komisyonu • Provision f aus Konsortialbeteiligung f; Übernahmeprovision f
aracılık yüklenimi sendikası • Emissionskonsortium n; Emissionssyndikat n; Übernahmekonsortium n
aracılıktan çekilme • Disintermediation f
araç • Instrument n; Mittel n

araç durumu • Instrumentalis m
araç gereç • Werkzeug n
araç gereç donanım • Ausrüstung f; Sachmittel pl. n
aralık • Abstand m; Distanz f; Lücke f; Pause f; Zäsur f
aralıklı ölçek • Intervallskala f
aralıksız • ununterbrochen
arama • Durchsuchung f; Hausdurchsuchung f; Suche f
arama emri • Durchsuchungsbefehl f
arama ilanı • Suchmeldung f
arama yapma hakkı • Durchsuchungsrecht n
arama yapmak • durchsuchen
aramak • suchen
arananlar listesi • Suchliste f
Arap Paraları Birimi • Arab Currency Related Unit
araştırıcı • Forscher m
araştırma • Einsicht f; Erforschung f; Erhebung f; Forschung f; Nachfrage f
araştırma filmi • Forschungsfilm m
araştırma giderleri • Forschungskosten pl.
araştırma grubu • Studienkommission f
araştırma kitaplığı • Forschungsbibliothek f
araştırma raporu • Forschungsbericht m
araştırma teknikleri • Forschungsmethoden pl. f
araştırma ve geliştirme • Forschung f und Entwicklung f
araştırma ve geliştirme harcamaları • Forschungs- und Entwicklungskosten pl
araştırma ve geliştirme maliyetleri • Forschungs- und Entwicklungskosten pl
araştırma yapmak • forschen
araştırma yöntemi • Forschungsmethode f
araştırmacı • Forscher m
araştırmak • ausforschen; erforschen; forschen; nachforschen; terminieren; untersuchen
aratümce • Schaltsatz m
araya girerek kabul • Akzept n mit Intervention f
araya girerek ödeme • Zahlung f mit Intervention f
araya girmek • intervenieren
araya katma • Umschichtung f

Mesleki Terimler Sözlüğü

arayapı • Intermediärstruktur f; Zwischenstruktur f
arayı umumiye • Plebiszit n; Volksabstimmung f
arazi • Alluvion f; Besitzung f; Boden m; Gebiet n; Gelände n; Grund m; Grundstück n; Land n
arazi hukuku • Bodenrecht n
arazi iradı • Bodenrente f
arazi mülkiyeti • Landbesitz m
arazi rantı • Grundrente f
arazi sahibi • Landbesitzer m
arazi terki • Gebietsabtretung f
arazi ve arsa spekülatörü • Terrainspekulant m
arazi ve emlak vergisi • Grundsteuer f
arazi vergisi • Grundsteuer f
araziler • Liegenschaften pl. f
arazinin kayması • Bodenverschiebung f
araziyi kiralayanın kiracısı • Unterpächter m
arbitraj • Arbitrage f
arbitrajcı • Arbitrageur m; Arbitragist m
ardı sıra • nach
ardıl • Nachfolger m
ardıllık • Nachfolge f
ardından sürüklemek • nachziehen
ardiye • Aufbewahrungsstelle f; Depot n; Hinterlegungsstelle f; Lager n; Lagerhaus n; Magazin n; Ablage f; Speicher m
ardiye idarecisi • Lagerhalter m
ardiye makbuzu • Lagerschein m
ardiye sahibi • Lagerhalter m
ardiye ücreti • Liegegeld n; Lagergeld n
ardiyeci • Lagerei f; Lagerhalter m
ardiyecilik • Lagergeschäft n
argo • Argot n; Gaunersprache f
arı • rein
arıksayış • Litotes f
arındırma tesisi • Kläranlage f
arıtma • Läuterung f
arıtmak • läutern
Aristo yöntemi • Aristotalische Methode f
aristokrasi • Aristokratie f
aritmetik • Arithmetik f
aritmetik ortalama • arithmetisches Mittel n
ariyet • Gebrauchsleihe f; Leihe f
ariyet alan • Entleiher m
ariyet veren • Verleiher m
ariyet verme • Verleihung f
ariyet vermek • verleihen
arıza • Defekt m; Panne f
arızalı • defekt
arizi • nebensächlich
arizi gelir • Nebeneinkommen n
arizi gider • Nebenkosten pl.; Sonderkosten pl
arka sayfa • Rückseite f
arka taraf • Unterseite f
arka tarafta bulunan • rückseitig
arka taraftaki • rückseits
arka yüz • Rückseite f
arkada bırakmak • nachlassen
arkadan konuşma • Nachrede f
arkadaşlık • Freundschaft f
arma • Wappen n
armatör • Reeder m; Schiffseigentümer m
arpalık • Pfründe f
arsa • Baugelände n; Bauterrain n; Boden m; Gelände n; Grund m; Grundstück n; Land n; unbebauter Grund m
arsa alım satım şirketi • Grundstücksgesellschaft f
arşiv • Archiv n; Depot n; Staatsarchiv n
arşivci • Archivar m
art • hinter
art niyet • Dolus m
art niyetle himaye ve yardım etmek • Vorschub m leisten
art niyetli • dolos; hinterhältig
arta kalan • rückständig
artan • progressiv; Restbestand m; Restbetrag m; Saldo n; übrig
artan maliyet • progressive Kosten pl
artan miktar • Rest m
artan oranda vergi • progressive Steuer f
artan oranlı • fortschreitend; fortschrittlich; progressiv
artan oranlı maliyetler • progressive Kosten pl
artan oranlı vergi • Staffelsteuer f
artan oranlı vergileme • Staffelbesteuerung f
artan paylı amortisman • steigende Abschreibung f
artan verimlilik • steigende Produktivität f
artanı • Plus n

Fachwörterbuch

artarak • steigend
artdamaksıl • Gaumensegellaut m; Postpalatal m; Velar m
artgörümlü • retrospektiv
artı • plus
artık • Überrest m
artık değer • Mehrwert m; Restbuchwert m
artıkbilgi • Redundanz f
artıklık derecesi • Komparativ m
artırma • Erhöhung f; Übergebot n; Lizitation f
artırma ile satış • Auktion f; Verkauf m durch Versteigerung f
artırma ve eksiltme • Versteigerung f
artırmak • bereichern; erhöhen; erweitern; überbieten; vermehren; zuschlagen; intensivieren; verschärfen
artırmaya çıkarmak • versteigern
artış • Plus n; Zugang m
artış oranı • Zuwachsrate f
artma • Anwachsen n; Aufstockung f; Vermehrung f; Zuwachs m
artmak • anwachsen
artsürem • Diachronie f
artsüremli • diachronisch
artsüremli dilbilim • diachronische Sprachwissenschaft f
artsüremlilik • Diachronie f
arz • Angebot n; Darbietung f; Offerte f; Präsentation f
arz etmek • darbieten; unterbreiten; anbringen; aufweisen; eingeben; präsentieren
arz fazlalığı • Überangebot n
arz fiyatı • Briefkurs m
arz yönü ekonomisi • angebotsorientierte Wirtschaft f
arzda eksiklik • Unterversorgung f
arzu • Belieben n; Verlangen n; Wunsch m
arzu edilmeyen • unerwünscht
arzu edilmeyen gelişme • Fehlentwicklung f
arzu etme • Verlangen n
arzu etmek • belieben; verlangen; wünschen
arzuhal • Bittschrift f; schriftlicher Antrag m
arzuhal encümeni • Petitionsausschuss m

arzuhal hakkı • Beschwerderecht n; Petitionsrecht n
asal ses • Kardinallaut m
asaleten • in eigener Person f; persönlich
asarı atika • Altertümer pl.; Antiquitäten pl.
asayiş • Ruhe f
asgari değer • Minderwert m
asgari depozito • Mindesteinlage f
asgari fiyat • Mindestpreis m
asgari gelir • Mindesteinkommen n
asgari maliyet • Mindestkosten pl
asgari meblağ • Mindestbetrag m
asgari miktar • Minimum n
asgari oran • Mindestsatz m
asgari ödünç verme oranı • Minimum Lending Rate
asgari prim • Mindestbeitrag m
asgari rezerve meblağı • Reserve-Soll n
asgari satış fiyatı • geforderter Preis m
asgari ücret • Mindestgehalt n; Mindestlohn m; Minimallohn m
asgari ücret haddi • Mindestlohnsatz m
asgari üye sayısı • Mindestzahl f der Mitglieder pl. n
asıl • eigentlich; original; originär; Urschrift f
asıl hedef • Selbstzweck m
asıl kayıtlar • Grundbuchung f
asıl maksat • Endzweck m
asıl mesele • Hauptsache f
asıl metin • Originaltext m; Urtext m
asıl nüsha • Originaltext m
asılsız • gegenstandslos; unbegründet
asi • Meuterer m
asil • Amtsinhaber m; Amtsstelleninhaber m; Titular m
asistan • Assistent m
asker • Angehöriger m der Wehrmacht f; Angehöriger m der Streitkräfte pl.; Person f des Soldatenstandes m; Soldat m
asker kaçağı • Deserteur m
askerden arındırılmış • entmilitarisiert
askerden arındırılmış bölge • entmilitarisierte Zone f
askerden arındırma • Entmilitarisierung f
askerden arındırmak • entmilitarisieren
askeri • militärisch

Mesleki Terimler Sözlüğü

askeri adli hakim • Kriegsgerichtsrat m; Militärjustizbeamter m
askeri bölge • Militärzone f
askeri ceza hukuku • Militärstrafrecht n; Wehrstrafrecht n
askeri ceza kanunu • Militärstrafgesetzbuch n; Wehrstrafgesetz n
askeri ceza mahkemesi • Wehrstrafgericht n
askeri ceza usulü hukuku • Militärstrafprozessrecht n
askeri cezaevi • Militärgefängnis n
askeri devriye • Patrouille f; Streifwache f
askeri fesat • Meuterei f
askeri idare hukuku • Militärverwaltungsrecht n
askeri kanunlar • Militärgesetze pl. f
askeri karakol • Militärwache f
askeri lise • Militärgymnasium n
askeri mahkeme • Militärgericht n
askeri mıntıka • Militärzone f
askeri okul • Militär-Schule f
askeri sır • militärisches Geheimnis n
askeri suç • Militärdelikt n; militärisches Verbrechen n; militärisches Vergehen n
askeri suçlar • militärische Straftaten pl. f
askeri şahıs • Militärperson f
askeri temyiz mahkemesi • Militärkassationshof m; Reichsmilitärgericht n
askeri tesisler • militärische Anlagen pl. f
askeri yargı • Militärgerichtsbarkeit f
askerlik adliyesi • Militärjustiz f
askerlik dairesi • Militärbezirk m; Wehrkreis m
askerlik eğitimi • Militär-Ausbildung f
askerlik görevi • Wehrpflicht f
askerlik görevini bitirmek • Wehrdienst m ableisten
askerlik görevini tamamlamak • Wehrpflicht f ableisten
askerlik görevini yapmakla yükümlü • wehrdienstpflichtig
askerlik hizmeti • Militärdienst m; Wehrdienst m
askerlik hizmetine elverişli • wehrfähig
askerlik kanunu • Wehrgesetz n
askerlik kütüğü • Stammrolle f
askerlik mükellefiyeti • militärische Dienstpflicht f; Wehrpflicht f
askerlik ruhbilimi • Militär-Psychologie f
askerlik süresi • Militärzeit f
askerlik şubesi • Wehrkreis m
askerlik yapmaya elverişli • zum Wehrdienst m tauglich
askerlik yükümlülüğü • militärische Dienstpflicht f; Militärpflicht f
askerlikten kaçmak • desertieren
askerlikten tecrit • Entmilitarisierung f
askerlikten tecrit edilmiş mıntıka • entmilitarisierte Zone f
askıda • hängig; unerledigt
askıdaki ilan • Aushang m
askıya çıkarma • Aufgebot n
askıya çıkarmak • aushängen
aslına uygun kopya • Faksimile n
aslını araştırmak • ergründen
asli • Haupt n; hauptsächlich; originär; ursprünglich
asli ceza • Hauptstrafe f
asli dava • Hauptanspruch m; Hauptklage f
asli fail • Haupttäter m; Urheber m; Urheber m einer Straftat f
asli haklar • Grundrechte pl. n; Hauptrechte pl. n; natürliche Rechte pl. n
asli iktisap • originärer Erwerb m; ursprünglicher Erwerb m
asli maaş • Grundgehalt n
asli madde • Kernposten m
asli müdahale • Hauptintervention f
asli nüsha • Original n; Urschrift f
asli olmayan • unwesentlich
asli sebep • Urgrund m
asli tazminat • Hauptentschädigung f
asli zilyet • Eigenbesitzer m
asli zilyetlik • Eigenbesitz m; selbständiger Besitz m
asliye mahkemesi • Grundgericht n; Landgericht n
ast • Untergebener m
astsubay okulu • Schule f für Unteroffiziere pl. m
Asya Kalkınma Bankası • Asiatische Entwicklungsbank f
aşağı değerde • minderwertig
aşağıdan yukarı doğru sınıflandırma • Höhergruppierung f

Fachwörterbuch

aşağılama • Ehrenkränkung f; Ehrverletzung f; Herabwürdigung f; Injurie f; Lästerung f
aşağılamak • entwürdigen; herabwürdigen; verächtlich machen
aşağılanan • Injuriat m
aşağılayan • Injuriant m
aşağılayıcı • ehrverletzend; injuriös; pejorativ
aşama sırası • Hierarchie f
aşı • Impfung f
aşılama • Indoktrinierung f
aşınma • Abnutzung f
aşırı • extrem; grob; radikal; übermässig
aşırı bellem • Hypermnesie f
aşırı borçlanma • Überschuldung f
aşırı borçlu olmak • überschulden
aşırı değer biçme • Überbewertung f;
aşırı değerlenme • Überbewertung f
aşırı devriklik • Hyperbaton n
aşırı istihdam • Überbeschäftigung f
aşırı kapitalizasyon • Überkapitalisierung f
aşırı kazanç • Übergewinn m
aşırı suç • Faktion f
aşırı talep • Übernachfrage f
aşırı talepte bulunma • Überbeanspruchung f
aşırı talepte bulunmak • überbeanspruchen
aşırı tasarruf • Überersparnis n
aşırı yararlanma • Übervorteilung f
aşırı yüksek • übermässig hoch
aşırı yüksek fiyat • übermässig hoher Preis m
aşırı yüksek gider • übermässig hoher Aufwand m
aşikar • offensichtlich; sichtbar; unverkennbar
aşiret • Stamm m; Volksstamm m
aşkın hasar noktası • Exzedentenversicherung f
aşkın sigorta • Überversicherung f
aşma • Überschreitung f
aşmak • Überschuss m aufweisen
atama • Einsetzung f; Ernennung f
atamak • ernennen
atanma • Ernennung f
ataşe • Attaché m

atıf • Rückverweisung f; Verweis m; Verweisung f
atıf yapmak • Verweis m anbringen; verweisen
atıfta bulunmak • rückverweisen
atık su • Abwasser n
atıl hesap • umsatzloses Konto n
atıl kapasite • Leerkapazität f; Leerlaufkapazität f; ungenutzte Kapazität f
atıl para • brachliegendes Geld n; freies Kapital n; stilliegendes Geld n
atıl sermaye • totes Kapital n; unbenutztes Kapital n; untätiges Kapital n
atıl servet • Beharrungsvermögen n
atılan mallar • Treibgut n
atılımcı • dynamisch
atifet günleri • Respekttage pl. m
atölye • Werk n; Werkstatt f
Ausscheidung f; Aussonderung f; Selektion f; Unterscheidung f
av • Jagd f
av hayvanı • Wild n
av hukuku • Jagdrecht n
av kanununa karşı işlenen suç • Jagdvergehen n
av mevsimi • Jagdzeit f
aval • Aval m; Wechselbürgschaft f
aval veren • Avalist m; Wechselbürge m
aval vermek • avalieren
avans • Abschlag m; Abschlagszahlung f; Anzahlung f; Beleihung f; Darlehen n; Handgeld n; Kredit m; Lombardierung f; Vorauszahlung f; Vorlage f; Vorleistung f; Vorschuss m; Zwischenkredit m
avans garanti mektubu • Anzahlungsgarantie f
avans garantisi • Vorauszahlungsgarantie f
avans karşılığı para vermek • beleihen
avans olarak • als Vorschuss m
avansa karşılık rehin • Lombardpfand m
avarya • Havarie f; Haverei f; Seeschaden m
avarya garamesi • Havarieverteilung f
avarya hariç • frei von jedem Schaden m
avarya komiseri • Havarie-Kommissar m
avarya protokolü • Verklarung f
avarya protokolü tanzim etmek • verklaren

Mesleki Terimler Sözlüğü

avaryanın tespiti • Seeschadenberechnung f
avdet • Umkehr f; Wiederkehr f
avdet etmek • umkehren; wiederkehren; zurückkehren
avlanma bölgesi • Jagdrevier n
avlanma hakkı • Jagdrecht n
avlanma yasağı • Jagdverbot n
avlanma yetkisi • Jagdberechtigung f
avlanmanın yasak olduğu mevsim • Schonzeit f
Avrupa Ekonomik Birliği • Europäische Wirtschaftsgemeinschaft f
Avrupa Ekonomik Topluluğu • Europäische Wirtschaftsgemeinschaft f
Avrupa Ekonomik Topluluğu Bankalar Federasyonu • Banken-Föderation f der EWG f
Avrupa Gümrük Birliği • Europäische Zollunion f
Avrupa Hesap Birimi • europäische Rechnungseinheit f
Avrupa İskan Fonu • Europäischer Niederlassungsfonds m; European Reconstruction Fonds
Avrupa Konseyi • Europarat m
Avrupa Kömür ve Çelik Birliği • Europäische Gemeinschaft f für Kohle f und Stahl m; Montanunion f
Avrupa Kömür ve Çelik Birliği'ne üye ülkeler • Montanländer pl. n
Avrupa Para Birimi • europäische Währungseinheit f
Avrupa Para Fonu • europäischer Monetär-Fond m
Avrupa para piyasası • Eurogeldmarkt m
Avrupa Para Sistemi • europäisches Währungssystem n
Avrupa para yılanı • europäische Währungsschlange f
Avrupa piyasası • Euromarkt m
Avrupa Prodüktivite Merkezi • Europäische Produktivitätszentrale f
Avrupa Serbest Ticaret Birliği • europäische Freihandelszone f
Avrupa sermaye piyasası • Eurokapitalmarkt m
Avrupa Yatırım Bankası • Europäische Investitionsbank f

avukat • Advokat m; Anwalt m; Rechtsanwalt m; Sachwalter m
avukat bürosu • Anwaltsbüro n
avukatla temsil edilme zorunluluğu • Anwaltszwang m
avukatlar levhası • Rechtsanwaltsliste f
avukatlık • Anwaltschaft f
Avukatlık Kanunu • Rechtsanwaltsordnung f
ay başına ton olarak • Monattonnen pl. f
ay sonu • Monatsende n
ay sonu hesaplaşma parası • Ultimogeld n
ay sonu kapanışı • Ultimo m
ay sonu tasfiyesi için gerekli meblağ • Ultimoanforderung f
ayak satıcılığı • Wandergewerbe n
ayaklanma • Aufruhr m; Aufstand m; Meuterei f; Revolte f
ayaklanmak • meutern
ayakta tedavi • ambulante Behandlung f
ayar • Eichmass n; Feingehalt m; Feingewicht n; Feinheit f; Gewichtseinheit f; Masseinheit f
ayar bulma • Metallprobe f
ayar memuru • Münzprüfer m
ayarlama hesabı • Berichtigungskonto n
ayarlama kayıtları • Berichtigungsbuchungen pl. f
ayarlamak • adjustieren; bereinigen; regeln
ayda • monatlich
aydınlatılmamış • unaufgeklärt
aydınlatma • Aufklärung f; Aufschluss m; Klärung f
aydınlatmak • aufklären; klären
aydınlığa kavuşturmak • erhellen
ayıba karşı güvence • Gewährleistung f wegen Sachmängel pl. m
ayıba karşı sorumluluk • Mangelgewähr f
ayıba karşı tekeffül • Gewährleistung f wegen Sach- und Rechtsmängel pl. m
ayıbı ihbar külfeti • Rügepflicht f
ayıbın ihbarı • Mängelrüge f
ayıklama • Selektion f
ayın başı • Anfang m des Monats m
ayın son günü • Ultimo m
ayın son günü ödenen poliçe • Ultimowechsel m
ayıp • Fehler m; Mangel m; Sachmangel m

Fachwörterbuch

ayıp davası • Mangelgewährleistungsklage f; Minderungsklage f; Wandelungsklage f
ayıplar • Sachmängel pl. m
ayıplı • fehlerhaft; mangelhaft
ayırıcı • distinktiv
ayırıcı özellik • distinktives Merkmal n
ayırım • Abschnitt m
ayırma • Auswahl f; Ablösung f; Absonderung f; Abtrennung f; Ausscheiden n; Parzellierung f
ayırma makinesi • Sortiermaschine f
ayırmak • abschichten; absondern; abteilen; abtrennen; auseinanderhalten; ausnehmen; ausscheiden; aussondern; differieren; diskriminieren; scheiden; separieren; sichten; sortieren; trennen; unterscheiden
ayırt etm gücü • Differenzierungkraft f
ayırtman Prüfer m
aykırı • anomal; gegen; regelwidrig; wider; zuwider
aykırı davranan • Zuwiderhandelnder m
aykırı davranış • Zuwiderhandlung f
aykırı davranmak • verletzen; verstossen; zuwiderhandeln
aykırı düşen • paradox
aykırı hareket • Zuwiderhandlung f
aykırılık • Anomalie f; Kontrast m
aykırılıkçılar • Anomalisten pl. m
aylak kapasite • Leerkapazität f; ungenutzte Kapazität f
aylık • Besoldung f; einmonatig; Gehalt m; monatlich; Salär n
aylık bilanço • Einzelbilanz f
aylık dönem • Monatsabschnitt m
aylık gelir • monatliches Einkommen n
aylık kazanç • Monatsverdienst m
aylık oranı • Gehaltsansatz m
aylık süre • Monatsfrist f
aylık taksitlerle ödeme • Zahlung f in Monatsraten pl. f
aylık tesviye • Monatskompensation f
aylık ücret • Monatsgeld n; Monatslohn m
aynen eda • Naturalleistung f
aynen ödemek kaydı • Effektivklausel f
aynı anlamda • gleichbedeutend
aynı derecede olma • Ebenbürtigkeit f
aynı durumda • ebenbürtig
aynı durumdan olma • Ebenbürtigkeit f

aynı düzeyde kalan borçlar • Dauerschulden pl. f
aynı haklara sahip • gleichberechtigt
aynı haklara sahip kılmak • emanzipieren
aynı kalitede • gleichwertig
aynı kıymette • ebenbürtig
aynı kökenli olma • Ebenbürtigkeit f
aynı kökten • ebenbürtig
aynı sırada • gleichgerichtet
aynı suçun tekrar işlenmesi • Rückfall m
aynı tarzda • einheitlich
aynı türden • gleichartig
aynı yönde • gleichgerichtet
aynı zamanda • simultan; zugleich
aynılık • Identität f
ayni • dinglich; gleich; identisch; in natura; real; Sachkapital n; körperliche Sache f; Sache f; Sacheinlage f
ayni akit • dingliche Einigung f; dinglicher Vertrag m; Realkontrakt m; Realvertrag m
ayni dağıtım • Sachausschüttung f
ayni dava • dingliche Klage f; dinglicher Anspruch m
ayni değer • Naturalwert m; Sachwert m
ayni eda • Sachleistung f
ayni gelir • Naturaleinkommen n
ayni gider • Sachaufwendung f
ayni giderler • Sachausgaben pl. f
ayni hak • Sachenrecht n
ayni haklar • dingliche Rechte pl. n; Sachenrechte pl. n
ayni halefiyet • dingliche Surrogation f
ayni hukuki münasebet • dingliches Rechtsverhältnis n
ayni irat • Sachbezüge pl.
ayni işleme tabi • gleichwertig
ayni katılma ile firma kurulması • Sachgründung f
ayni kıymetler • Sacheinlagen pl. f
ayni kredi • Realkredit m; Warenkredit m
ayni malla yatırım • Sachinvestition f
ayni mallara dayanan kredi • Realkredit m
ayni masraflar • Sachausgaben pl. f
ayni mesuliyet • dingliche Haftung f; Sachhaftung f
ayni mübadele ekonomisi • Naturalwirtschaft f

Mesleki Terimler Sözlüğü

ayni olarak • Naturalform f
ayni olarak konulan sermaye • Sacheinlage f
ayni olarak ödenen ortaklık payı • Sacheinlage f
ayni olarak ödenen ücret • Naturallohn m; Sachlohn m
ayni ödeme • Sachleistung f; Sachlieferung f
ayni sermaye • Sachkapital n; sachliches Kapital n
ayni statü • Realstatut n; Sachstatut n
ayni tazmin • Naturalersatz m
ayni teminat • dingliche Sicherheiten pl. f
ayni teslimat • Sachlieferung f
ayni ücret • Sachbezüge pl.
ayni yardım • sachliche Hilfe f
ayniyat hesabı • Sachkonto n
ayniyat makbuzu • Warenlagerschein m
ayraç • Parinthese f
ayraçlama • Klammerdarstellung f; Klammerung f
ayrı • separat; speziell; unvereinbar; verschieden; besonders
ayrı menfaatler • Sonderinteressen pl. n
ayrı yaşamak • getrennt leben
ayrıcalık • Privileg n; Vorrecht n; Vorzugsrecht n
ayrıcalık hakkı • Konzession f
ayrık • diskret
ayrılacağını bildirmek • sich abmelden
ayrılık • Ehetrennung f; Trennung f; Trennung f von Tisch m und Bett n; Unterschied m; Unvereinbarkeit f
ayrılık davası • Klage f auf Trennung f; Trennungsklage f
ayrılık sebepleri • Trennungsgründe pl. m
ayrılım • Dissimilation f; Entähnlichung f
ayrılma • Abschied m; Ehetrennung f; Trennung f
ayrılma davası • Trennungsklage f
ayrılmak • abgehen; ausscheiden; sich absondern; sich trennen von
ayrılmaz parça • Bestandteil m
ayrılmazlık • Untrennbarkeit f
ayrılmış • separat
ayrımlaşma • Differenzierung f
ayrımsal • differentiell

ayrımsal dilbilim • differentielle Linguistik f
ayrımsızlaşma • Synkretismus m
ayrıntı • Detail n; Einzelheit f; Nebensache f
ayrıntı hesaplarını özetleyen hesap • Sammelkonto n
ayrıntılar • Zubehör n
ayrıntılarıyla anlatmak • ausführen
ayrıntılı • ausführlich; eingehend
ayrıntılı anlatmak • ausformulieren
ayrıntılı izah • Ausführung f
ayrıntılı muhasebe denetimi • ausführliche Buchprüfung f
ayrışık küme • heterogene Gruppe f
ayrışkan diller • isolierende Sprachen pl.f
ayyaş • trunksüchtig
ayyaşlık • Trunksucht f
az • schwach; unerheblich
az bulunan • Besonderheit f
az bulunan mal • Mangelware f
az gelişmiş ülkeler • Entwicklungsland n; unterentwickelte Länder pl. n
az gelişmiş ülkelere yapılan yardım • Entwicklungshilfe f
az miktarda tüketim malı hırsızlığı • Mundraub m
az sayıda satıcının fiyatları ayarladığı piyasa • Oligopol m
aza • Beisitzer m; Mitglied n
aza devlet • Bundesstaat m; Einzelstaat m; Kanton m; Land n
azalan • degressiv
azalan bakiyelerle amortisman yöntemi • degressive Abschreibung f
azalan oranlı vergi • regressive Steuer f
azalan tutarlar ile amortisman ayırma • fallende Abschreibung f; regressive Abschreibung f
azalan verim • verminderter Ertrag m
azalık • Mitgliedschaft f; Zugehörigkeit f
azalma • Abnahme f; Nachlass m; Rückbildung f; Rückgang m; Schwund m; Zäsur f
azalma oranı • Schwundsatz m
azalmak • abnehmen; sich zurückbilden
azaltılabilir • reduzierbar
azaltma • Abbau m; Abgang m; Abschöpfung f; Herabsetzung f; Kürzung f; Mässigung f; Minderung f;

Fachwörterbuch

Modifikation f; Nachlass m; Reduktion f; Verminderung f
azaltmak • abbauen; herabsetzen; kürzen; mässigen; mildern; modifizieren; nachlassen; reduzieren; vermindern; verringern
azami had • Maximum n
azami meblağ • Spitzenbetrag m
azami oran • Spitzenbelastung f; Spitzensatz m
azami satış fiyatı • Höchstverkaufspreis m
azami seviye • Höchstfall m
azami talep • Spitzennachfrage f
azami yük • Spitzenbelastung f
azarlama • Rüge f; Tadel m; Verweis m; Verweisung f; Vorwurf m; Zurechtweisung f
azarlamak • rügen; tadeln; verweisen; zurechtweisen
azat etmek • freimachen
azınlık • Minderheit f; Minorität f

azınlık çıkarları • Minderheitenrecht n; Minderheitsanteile pl. m; Minderheitsbeteiligung f; Minderheitsinteresse n
azınlık grubu • Minderheit f; Minorität f
azınlık hakları • Minderheitsrechte pl. n
azınlık hissesi • Minderheitenrecht n; Minderheitsbeteiligung f; Minderheitsinteresse n
azınlıklar hukuku • Minderheitenrecht n; Minoritätenrecht n
azil • Abberufung f; Absetzung f; Enthaltung f aus dem Amt n; Enthebung f; Entlassung f; Widerruf m
azledilebilir • absetzbar
azledilemez • unabsetzbar
azledilme • Entlassung f
azletmek • abberufen; absetzen; entlassen; widerrufen
azlık • Kürze f; Mangel m; Not f; Rückstand m; Verknappungserscheinung f

Mesleki Terimler Sözlüğü

B

baba • Vater m
babalığın reddi davası • Illegitimitäts- klage f
babalığın tanınması • Anerkennung f der Vaterschaft f
babalığın tespiti • Feststellung f der Vaterschaft f; Vaterschaftsbestimmung f
babalık • Vaterschaft f
babalık davası • Vaterschaftsklage f
babalık varsayımı • Vaterschaftsvermutung f
babanın velayet hakkı • väterliche Gewalt f
babası öldükten sonra doğan çocuk • Afterkind n
babaya ait • väterlich
Babıali • Hohe Pforte f
bagaj • Gepäck n; Reisegepäck n
bagaj bileti • Gepäckschein m
bağ • Anschluss m; Band n; Bund m; Zusammenhang m
bağdaşabilir • vereinbar
bağdaşık • kompatibel
bağdaşım ilkesi • Kontinuitätsprinzip n
bağdaşma • Kompatibilität f
bağdaşmaz • unvereinbar
bağdaşmazlık • Inkompatibilität f
bağımlanma • Subordination f
bağımlı • Dependenz f; abhängig; indirekt; unselbständig
bağımlı biçim • gebundene Form f
bağımlı çocuk • abhängiges Kind n
bağımlı olmama • Unabhängigkeit f
bağımlılık • Dependenz f; Abhängigkeit f
bağımsal dilbilgisi • Abhängigkeitsgrammatik f; Dependenzgrammatik f
bağımsız • frei; emanzipiert; parteilos; selbständig; unabhängig
bağımsız biçim • freie Form f
bağımsız borsa simsarı • independent broker
bağımsız çalışma • selbstständige Arbeit f
bağımsız denetici • unabhängiger Rechnungsprüfer m
bağımsız denetim • unabhängige Prüfung f

bağımsız devlet • unabhängiger Staat m
bağımsız muhasebe birimi • unabhängige Rechnungseinheit f
bağımsız muhasebe denetçisi • Wirtschaftsprüfer m
bağımsız muhasebe uzmanı • Wirtschaftsprüfer m
bağımsız muhasebeci • unabhängiger Buchsachverständiger m
bağımsız olmayan • unselbständig
bağımsız öğrenci • Autodidakt m
bağımsız sıralı tümce • juxtaposierter Satz m
bağımsız tümce • unabhängiger Satz m
bağımsızlık • Selbständigkeit f; Souveränität f; Unabhängigkeit f
bağıntı • Beziehung f; Relation f; Verbund m
bağıntılama • Konnexion f
bağıntılayan • Konnektiv n
bağıntılı • relativ
bağıntılı yapmak • schalten
bağış • Beihilfe f; Beitrag m; Einlage f; Gabe f; Schenkung f; Spende f; Stiftung f; unentgeltliche Zuwendung f; Verschenkung f; Zuschuss m
bağış akdi • Schenkungsvertrag m
bağış sözleşmesi • Schenkungsurkunde f
bağış toplama • Kollekte f; öffentliche Sammlung
bağış vergisi • Schenkungssteuer f
bağış yoluyla elde etme • Erwerb m durch Schenkung f
bağışıklık • Befreiung f; Freistellung f
bağışıklık şartı • Befreiungsklausel f
bağışlama • Schenkung f
bağışlama senedi • Schenkungsurkunde f
bağışlama vaadi • Schenkungs- versprechen n
bağışlamak • begnadigen; schenken; spenden; stiften; verschenken
bağışlanan fon • Stiftung f
bağışlayan • Spender m; Stifter m
bağışta bulunan • Schenker m
bağıt • Obligation f; Verbindlichkeit f
bağlaç • Bindewort n; Konjunktion f

Fachwörterbuch

bağlam • Kontext m
bağlama • Junktion f; Bindung f; Verknüpfung f
bağlama bağımlı • kontextsensitiv
bağlama bağlı • kontextabhängig
bağlama limanı • Heimathafen m; Registrierhafen m
bağlamak • angliedern; anschliessen; binden; schalten; verankern; verbinden
bağlamdan bağımsız • kontextfrei; kontextunabhängig
bağlamlı dizin • Konkordanz f
bağlantı • Beziehung f; Bindung f; Konnex m
bağlantı yetkisi • Bindungsermächtigung f
bağlantılı diller • agglutinierende Sprachen pl. f; anfügende Sprachen pl. f; anleimende Sprachen pl. f
bağlaşık • Korrelat n
bağlayıcı • Junktiv n; obligatorisch; verbindlich
bağlayıcı olmayan • unverbindlich
bağlayıcı olmayan ön anlaşma • Punktation f
bağlayıcı rıza beyanı • Einverständniserklärung n
bağlayıcı sözleşme • bindender Vertrag m; verbindlicher Vertrag m; verbindliches Abkommen n
bağlı • abhängig; gebunden; haftend; verbunden
bağlı değerler • noch nicht abgerechnete Leistungen pl. f
bağlı faiz • vertraglicher Zins m
bağlı kuruluş • Schwesterinstitut n; Schwesterorganisation f
bağlı kurum • Schwesterorganisation f
bağlı şirket • beherrschte Gesellschaft f; Konzerngesellschaft f; Organgesellschaft f; Schwestergesellschaft f; Tochtergesellschaft f
bağlılaşık • korrelativ
bağlılaşım • Korrelation f
bağlılaşım katsayısı • Korrelationskoeffizient m
bağlılık • Hypotaxe f; Treue f
bağlılık borcu • Treuepflicht f
bahane • Ausrede f; Lüge f
bahis • Wette f

bahis tutuşmak • Wette f abschliessen; wetten
bahse girmek • wetten
bahş etme • Zubilligung f
bahş etmek • bedenken; bewilligen; gewähren; vergeben; zubilligen; zuerkennen; zusprechen
bahşiş • Trinkgeld n
bahta bağlı mukavele • aleatorischer Vertrag m
bakan • Minister m; Staatsminister m; Staatssekretär m
bakanlar kurulu • Kabinett n; Ministerrat m
bakanlar kurulu kararı • Kabinettsbeschluss m; Ministerratsbeschluss m
bakanlar kurulu toplantısı • Kabinettssitzung f
bakanlık • Ministerium n
bakanlık müsteşarı • Staatssekretär m
bakanlık müşaviri • Ministerialrat m
bakanlıkça • ministerial
bakaya • Dienstflüchtiger m; rückständig; rückständige Steuern pl. f; Steuerrückstände pl. m
bakıcı • Wärter m
bakım • Besorgnis f; Ernährung f; Instandhaltung f; Pflege f; Sorge f; Unterhaltung f; Verpflegung f; Versorgung f; Vorsorge f; Wartung f
bakım hakkı • Sorgerecht n
bakım işi • Instandsetzungsarbeit f
bakım maliyeti • Instandhaltungskosten pl
bakım masrafı • Fürsorgelast f
bakım masrafları • Instandhaltungskosten pl.; Unterhaltskosten pl.; Verpflegungskosten pl.
bakımı üstlenilen çocuk • Pflegekind n
bakımını sağlamak • sorgen; unterhalten
bakımsız • obdachlos
bakımsız kalmak • verwahrlosen
bakış • Anblick m; Anschauung f; Ansicht f
bakiye • Guthaben n; Rechnungsvortrag m; Rest m; Restbestand m; Restbetrag m; restlich; Saldo n; Übermass n; Überrest m; Überschuss m; Überzähligkeit f; übrig
bakiye alacak • Restforderung f
bakiye beyanı • Saldoanzeige f
bakiye mal deposu • Restlager n

Mesleki Terimler Sözlüğü

bakiye meblağ • Restbetrag m; Saldobetrag m
bakiye stok • Restbestand m
bakiye ücretin ödenmesi • Lohnnachzahlung f
bakiyelerin doğrulanması • Saldenbestätigung f
bakiyenin devri • Saldovertrag m
bakiyenin ödenmesi • Restzahlung f
bakiyenin yeni hesaba nakli • Saldoübertrag m
bakiyesini çıkarmak • saldieren
bakiyeyi devretmek • übertragen; vortragen
bakiyeyi ödemek • den Restbetrag m bezahlen
bakkal • Kolonialwarenhändler m; Gemischtwarenhändler m
bakkaliye emtiası • Kolonialwaren pl. f; Gemischtwaren pl. f
bakkaliye eşyası • Materialwaren pl. f
bakkaliye malı • Materialwaren pl. f
bakma • Erhaltung f; Versorgung f
bakmak • ansehen; erhalten; pflegen; verpflegen; versorgen
baldız • Schwägerin f
balık sanayii • Fischwirtschaft f
balıkçılık hukuku • Fischereirecht n
baliğ olmak • betragen; valutieren; zählen
balon • Ballon m
baltalık hakkı • Holzrecht n; Holzungsrecht n
balya halinde satılan mal • Ballenware f
bandrol • Banderole f
bandrol kullanılarak vergilendirmek • banderolieren
bandrol usulü • Banderolensystem n
banka • Aktienbank f; Bank f; Bankhaus n; Bankinstitut n; Kreditinstitut n
banka bilançosu • Bankbilanz f
banka cirosu • Bankgiro n
banka çeki • Bankanweisung f; Bankscheck m
banka defteri • Bankbuch n; Sparkassenbuch n
banka denetçisi • Bankrevisor m
banka denetimi • Bankrevision f
banka faizi • Bankzins m

banka garantisi • Bankbürgschaft f; Bankgarantie f; Banksicherheit f
banka giderleri • Bankspesen pl
banka havalesi • Banküberweisung f; Giro n
banka hesabı • Bankkonto n; Konto n
banka hesabında bulunan para • Buchgeld n
banka hesap cüzdanı • Bankbuch n; Sparbuch n
banka hesap özeti • Bankauszug m
banka hukuk müşaviri • Bankjustitiar m
banka iskonto faizi • Bankrate f
banka iskonto haddi • Diskont m
banka iskonto haddinin yükseltilmesi • Diskonterhöhung f
banka iskonto oranı • Diskontrate f
banka iskontosu • Bankdiskont m
banka işlemleri • Banktransaktionen pl. f
banka kabulü • Bankakzept n
banka kasası • Tresor m
banka komisyonu • Bankprovision f
banka kredisi • Bankkredit m
banka likiditesi • Bankenliquidität f
banka memuru • Bankkaufmann m
banka merkezi • Hauptsitz m der Bank f
banka mevduatı • Bankeinlage f; Bankenverordnung f
banka muamelatına ait sırlar • Bankgeheimnis n
banka muameleleri • Bankgeschäfte pl. n
banka mutabakatı • Banksaldenbestätigung f
banka oranı • Bankrate f; Banksatz m
banka ödeme emri • Bankzahlungsanweisung f; Zahlungsauftrag m
banka parası • Bankgeld n; Buchgeld n; Giralgeld n
banka poliçesi • Bankanweisung f
banka sermayesi • Bankkapital n
banka sırrı • Bankgeheimnis n
banka şubesi • Bankfiliale f; Bankstelle f; Niederlassung f
banka tahsilatı • Einzugsverkehr m
banka tali şubesi • Zahlungsbüro n
banka tarafından kabul edilen poliçe • Bankakzept m
banka tasarruf hesabında alacak • Sparguthaben n

27

Fachwörterbuch

banka teminatı • Banksicherheit f
banka ücretleri • Bankgebühren pl. f
bankabl senet • bankfähiger Wechsel m; diskontierbarer Wechsel m
bankaca ciro edilmiş • bankgiriert
bankaca ihraç edilen orta vadeli borç senedi • Kassenobligation f; Kassenschein m
bankacı • Bankier m
bankacılar kongresi • Bankiertag m
bankacılık • Bankbetrieb m; Bankgewerbe n; Bankwesen n; Kreditwirtschaft f
bankacılık bölgesi • Bankbezirk m
bankacılık hizmetleri • bankbetriebliche Leistungen pl. f
bankacılık hukuku • Bankrecht n
bankacılık prensibi • Bankingprinzip n
bankacılık saatleri • Kassenstunden pl.
bankacılık sırrı • Bankgeheimnis n
bankacılık sistemi • Bankensystem n; Bankgewerbe n; Kreditwesen n
bankacılıkta kliring • Bankenclearing n
bankada muhafaza edilen hisse senetleri • Depotaktien pl. f
bankadaki vadesiz para • Bankeinlage f
bankalar • Bankwesen n
bankalar arasında ödünç para verme • Bank-zu-Bank-Ausleihungen pl. f
bankalar kanunu • Bankengesetz n
bankalar konsorsiyumu • Bankenkonsortium n; Bank-Konsortialgeschäft n
bankalar topluluğunca verilen kredi • Konsortialkredit m
bankalararası ciro sistemi • Bankgiro n
bankalararası depozit • Bank-bei-Bank-Einlage f
bankalararası kredi • Bank-an-Bank-Kredit m; Bank-zu-Bank-Kredit m
bankalarca geçerli ve iskonto için kabul edilebilir olma özelliği • bankfähig; diskontierbar
bankalarda hesaptan hesaba para nakli • Übertragung f
bankalarda mevduat bölümü • Bankdepositenabteilung f
bankalardaki hesabı aşan çek yazmak • überziehen
bankaların kapalı olduğu gün • Bankfeiertag m

bankaların mevduatlarının Merkez Bankasına yatırmakla yükümlü oldukları nispeti • Reservensatz m; Reservensoll n
bankanın ana rolü • Kassenraum m
bankanın para mevcudu • Barreserve f
bankanın şehir içindeki tali şubesi • Stadtzweigstelle f
bankanın şube teşkilatı • Filialnetz n
bankaya ibraz edilmiş çek • eingelöster Scheck m
bankaya para yatıran kimse • Deponent m; Einzahler m
bankaya para yatırarak biriktirme • Kontensparen n
bankaya verilen ödeme talimatı • Zahlungsauftrag m
bankaya verilen teminat mektubu • Patronatserklärung f
banker • Bankier m
banknot • Banknote f; Geldschein m; Note f; Papiergeld n
banknot basma yetkisi • Notenmonopol n
banknot ihracı • Banknotenausgabe f; Notenausgabe f
banknot ve madeni para • Bargeld n
banknot ve madeni para tedavülü • Bargeldumlauf m
bankomat • Bankomat m; Geldautomat m
bankonat para • Notalgeld n
bankor • Bancor
baraj • Talsperre f
baratarya • Baratterie f; Unterschleif m
barem • Rechentabelle f
barınak • Siedlung f
barınma limanı • Nothafen m
barış • Friede m; Frieden m
barış antlaşması • Friedensvertrag m
barış antlaşması maddeleri • Friedensartikel m
barış görüşmeleri • Friedensverhandlungen pl. f
barış hali • Friedenszeit f; Friedenszustand m
barış istemi • Friedenswille m
barış teklifi • Friedensvorschlag m
barış yapmak • Frieden m schliessen
barış zamanı • Friedenszeit f
barışçıl • friedlich
barışı bozan • Friedensstörer m

Mesleki Terimler Sözlüğü

barışı tehlikeye sokma • Friedensgefährdung f
barışın ihlali • Friedensbruch m
barışma • Aussöhnung f; Sühne f; Versöhnung f
barıştırmak • aussöhnen; versöhnen
bariz • offenbar
barname • Warenverzeichnis n; Zolldeklaration f
baro • Anwaltskammer f; Rechtsanwaltskammer f
basamak • Staffel f; Stufe f
basılı kağıt ve matbu evrak • gedrucktes Dokument n
basılı örnek • Formular n
basın • Presse f
basın hukuku • Presserecht n
basın hürriyeti • Pressefreiheit f
basın hürriyetine konulan sınırlamalar • Pressezwang m
basın kanunu • Pressegesetz n
basın sırrı • Pressegeheimnis n
basın suçları • Pressevergehen n
basın toplantısı • Pressekonferenz f
basın ve yayıncılık • Pressewesen n
basın yayın • Presse f
basın yayın hukuku • Presserecht n
basın yoluyla açıklama zorunluluğu • Publizitätspflicht f
basın yoluyla ilan vermek • inserieren
basiret • Bedacht m; Sorgfalt f; Umsicht f
basiretli • umsichtig
basiretli tacir • ordentlicher Kaufmann m
basit • einfach; simpel; unkompliziert
basit akreditif • einfacher Kreditbrief m; glattes Akkreditiv n; offenes Akkreditiv n
basit arbitraj • direkte Arbitrage f; einfache Arbitrage f
basit faiz • einfacher Zins m
basit faiz hesabı • vereinfachte Zinsenberechnung f
basit hırsızlık • einfacher Diebstahl m
basit ikrar • uneingeschränktes Geständnis n
basit itiraz • einfache Beschwerde f
basit muhakeme usulü • summarisches Verfahren n; vereinfachtes Verfahren n
basit ortalama • einfacher Durchschnitt m
basit yevmiye defteri • einfaches Journal n

basitleştirmek • vereinfachen
baskı • Abdruck m; Auflage f; Belastung f; Sog m; Zwang m
baskı altında tutulan enflasyon • gesteuerte Inflation f; zurückgestaute Inflation f
baskı grubu • Interessengruppe f; Machtgruppe f
baskı kümesi • Intressengruppe f
baskın • Überfall m
baskın yapmak • überfallen
baskının aslına uygun kopyası • Faksimile n eines Druckes m
basmak • abdrucken
baş eğmek • gehorchen
baş müdür • Generalbevollmächtigter m
başabaş • Gesetzesartikel m; Nennwert m; Paragraph m; pari; Pari m; zum Nennwert m
başabaş değer • Pariwert m
başabaş emisyon • Pari-Emission f
başabaş grafiği • Gewinnschwellen-Diagramm n
başabaş noktası • Gewinnschwelle f; Rentabililitätsschwelle f; toter Punkt m
başabaşın altında • unter pari
başabaşın üstünde • über dem Nennwert m; über pari
başarı • Erfolg m; Leistung f
başarı raporu • Leistungsbericht m
başarı testleri • Leistungstests pl. m
başarı yaşı • Leistungsalter n
başarılı • erfolgreich
başarısız • erfolglos
başarısızlıkla neticelenmek • scheitern
başarıya göre ücret ödeme sistemi • Akkordlohn m; Leistungslohn m
başarma • Bewältigung f
başarmak • bewältigen; bezwingen; durchsetzen
başbakan • Kanzler m; Ministerpräsident m; Premierminister m
başbakan adayı • Kanzlerkandidat m
başbakanlık • Ministerpräsidium n
başına • Pensum n
başına gelmek • erleiden
başka ad altında • inkognito
başka ad kullanma • Inkognito n
başka bir deyimle • mit anderen

Fachwörterbuch

Worten pl. n
başka bir esasa dayandırmak • umbasieren
başka bir sanayi kolu için imalat yapan sanayi • Vorindustrie f
başka bir şekle girmek • transponieren
başka bir ülkeye yerleşmek • immigrieren
başka bir yerden tahsil etme • Fernbelastung f
başka bir yere gönderilmek üzere mal alımı • Distanzkauf m
başka eserden alınan metin • Zitat n
başka hesaba devir • Umbuchung f
başka hesaba geçirmek • umbuchen
başka kıymet takdir etmek • umwerten
başka meslek için yetiştirmek • umschulen
başka şehire transfer • Fernübertragung f
başka şekilde yorumlama • Umdeutung f
başka şekilde yorumlamak • umdeuten
başka şirkete devredilen şirket • Vorgesellschaft f
başka yerde teslim edilmek üzere satış • Versendungskauf m
başka yere gönderilecek malın satımı • Versendungsverkauf m
başka yere yerleşme • Umsiedlung f
başka yere yerleşmek • umsiedeln
başkaldırma • Meuterei f
başkaldırmak • meutern
başkan • Präsident m; Vorsitzender m; Vorsteher m
başkanlık • Präsidium n; Vorsitz m
başkanlık etmek • präsidieren; vorsitzen
başkanlık makamı • Präsidium n
başkası hesabına satış • Verkauf m für Rechnung f eines anderen
başkası hesabına sigorta • Versicherung f für fremde Rechnung f
başkası için ricada bulunma • Fürbitte f
başkası için ricada bulunmak • fürbitten
başkası lehine sigorta • Versicherung f zugunsten Dritter pl. m
başkası namına işlem yapan kişi • Agent m; Vertreter m
başkasına ait mülk • Fremdgut n
başkasına yüklemek • überwälzen
başkasının fiilini taahhüt • Vertrag m zu Lasten pl. f Dritter pl. m

başkasının seviyesine çıkarmak • gleichziehen
başkasının zimmetine geçirmek • debitieren
başkent • Hauptstadt f; Regierungssitz m
başkomutan • Oberbefehlshaber m der Streitkräfte pl.
başkomutanlık • Oberbefehl m über die Streitkräfte pl.
başkonsolos • Generalkonsul m
başkonsolosluk • Generalkonsulat n
başlama • Antritt m
başlamak • anfangen; antreten; aufnehmen; beginnen; einleiten; eintreten; eröffnen
başlamalı • inchoativ
başlangıç • Anfang m; anfänglich; Aufnahme f; Beginn m; Einleitung f; Eröffnung f
başlangıç değeri • Anschaffungswert m
başlangıç görünüşü • ingressive Aktionsart f
başlangıç satışı • Erstabsatz m
başlangıç sermayesi • Stammkapital n
başlangıç zorlukları • Anlaufschwierigkeiten pl. f
başlatan • Initiator n
başlıca • hauptsächlich
başlık • Rubrum n; Titel m; Überschrift f
başmüfettiş • Oberaufseher m
başmüfettişlik • Oberaufsicht f
başöğretmen • Hauptlehrer m
başta gelen ortaklık payları • Standardaktien pl. f
baştan çıkarma • Verführung f
baştan çıkarmak • verführen; verleiten
baştan savma • Abwimmeln n
başvekalet • Ministerpräsidium n
başvurma • Ersuchen n
başvurmak • anrufen; beantragen; einkommen
başvuru • Ersuchen n
başvuru formu • Bezugsformular n; Zeichnungsschein m
başvuru kaynaklarının belirtilmesi • Quellenangabe f
başvuru kitabı • Nachschlagewerk n
Batı Alman Merkez Bankası • Bundesbank f
batıl • nichtexistent; nichtig; null und nichtig; ungültig

Mesleki Terimler Sözlüğü

batıl inanç • Aberglaube m
batma • Untergang m
bayat konşimento • abgestandenes Konnossement n
baygın • bewusstlos
baygınlık • Bewusstlosigkeit f
bayi • Lieferant m; Verkäufer m
bayrak • Fahne f; Flagge f
bayrak esası • Flaggenprinzip n; Recht n der Flagge f
bayrak tasdiknamesi • Flaggenattest n; Flaggenzeugnis n
bayram günü • Feiertag m
baytarlık hukuku • Veterinärrecht n
baz • Basis f
baz fiyat • Grundpreis m
bazı hallerde • vereinzelt
bazı yönden • teilweise
bebek • Säugling m
bebek bakımevi • Krippe f; Tagessäuglingsheim n
bebeklik çağı • Säuglingsalter n
becayiş • Ämtertausch m; Stellentausch m; Versetzung f
beceri • erfolgreiches Erledigen n; Fertigkeit f; Geschicklichkeit f
beceri dersleri • Leistungsfächer pl. n
beceriklilik • Qualifikation f
bedava • gratis; unentgeltlich
bedel • Betrag m; Entgelt n; Ertrag m; Gegenwert m; Preis m; Rendite f; Wert m
bedeli nakti • Loskaufsrecht n von der Wehrpflicht f
bedeli ödenmiş hisse senedi • voll eingezahlte Aktie f; Vollaktie f
bedelini ödemek • erstatten
bedelsiz • gegenwertlos; unfrei
bedelsiz hisse senedi • Bonusaktie f; Gratisaktie f; nennwertlose Aktie f
bedelsiz ithalat • gegenwertloser Import m; unbezahlte Ausfuhr f
bedelsiz olarak ödünç verme • Leihe f
beden • Leib m
beden cezası • körperliche Züchtigung f; Leibesstrafe f
beden eğitimi • Leibeserziehung f; Leibesübungen pl. f; Sport m
beden mükellefiyeti • Arbeitspflicht f
beden özürlü • Körperbehinderung f

beden özürlü çocuk • körperbehindertes Kind n
bedenen çalışma • Arbeitspflicht f
bedenen çalışma mükellefiyeti • Arbeitsdienstpflicht f
bedeni • körperlich
bedeni ceza • Körperstrafe f
bedeni zarar • körperliche Schädigung f; Körperverletzung f
bedensel gelişim • körperliche Entwicklung f
bedensel olgunluk • körperliche Reife f
bekar • ledig; unverehelicht; unverheiratet
bekçi • Aufseher m; Bewacher m; Feldhüter m; Hüter m; Nachtwächter m; Wärter m
bekçilik • Aufsicht f
bekleme dönemi • Wartezeit f
bekleme müddeti • Wartezeit f
bekleme süresi • Wartezeit f
beklemek • dulden; erwarten; voraussehen; vorwegnehmen; warten; zumuten
beklenen haklar • Anwartschaftsrechte pl. n
beklenilmeyen • unerwartet
beklenilmeyen hal şartı • Erschütterung f der Geschäftsgrundlage f
beklenilmeyen vaziyet • Erschütterung f der Geschäftsgrundlage f
beklenilmez • unzumutbar
beklenmedik • unvorhergesehen
beklenmedik kar • unerwarteter Gewinn m
beklenmedik zorluklar • unvorhergesehene Schwierigkeiten pl. f
beklenmeyen giderler • ausserordentliche Aufwendungen pl. f
beklenmeyen imkansızlık • zufällige Unmöglichkeit f
Belçika Şartı • Attentatsklausel f
belediye • Gemeinde f; Magistrat m; Rathaus n; Stadt f; Stadtgemeinde f; Stadtverwaltung f
belediye başkanı • Bürgermeister m; Oberbürgermeister m
belediye başkanlığı • Bürgermeisteramt n; Gemeindevorstand m
belediye binası • Bürgermeisteramt n
belediye birlikleri • Gemeindeverbände pl. m
belediye emlakı • Stadtgut n

Fachwörterbuch

belediye encümeni • Magistrat m
Belediye Gelirleri Kanunu • Gesetz n für die Einkünfte f der Stadtverwaltung f
belediye hudutları • Gemeindebezirk m
belediye hukuku • Stadtrecht n
belediye idare meclisi • Gemeindevorstand m
belediye kasası • Stadtkasse f
belediye meclis toplantısı • Ratsversammlung f
belediye meclisi • Bürgerausschuss m; Gemeinderat m; Stadtrat m; Stadtverordnetenversammlung f
belediye meclisi toplantısı • Gemeindeversammlung f; Stadtverordnetenversammlung f
belediye meclisi üyesi • Stadtrat m; Stadtverordneter m
belediye mevzuatı • Gemeindeordnung f
belediye nizamnamesi • Städteordnung f
belediye reisi • Bürgermeister m; Gemeindevorsteher m
belediye resim ve vergileri • Gemeindeabgaben pl. f
belediye resmi • Kommunalabgabe f; Stadtsteuer f
belediye sınırları • Gemeindebezirk m
belediye suçları • Übertretung f ortspolizeilicher Vorschriften pl. f
belediye zabıtası • Gemeindepolizei f; Ortspolizei f
belge • Beleg m; Bescheinigung f; Dokument n; Quittung f; Schein m; Urkunde f; Zertifikat n; Zeugnis n
belge ile ispat etmek • beurkunden
belge kaydı • Dokumentenklausel f
belge şartı • Dokumentenklausel f
belge tanzim etmek • Bescheinigung f ausstellen
belge ve kayıtların aktarılması • Übertragung f
belgeç • Epitheton n
belgelendirme sistemi • Registratursystem n
belgelere dayanarak • urkundlich
belgelere dayanarak ispat etmek • dokumentieren
belgeleri ibraz etmek • Unterlagen pl. f einreichen

belgelerle ispat etmek • durch Urkunden pl. f beweisen
belgeli kayıt sistemi • Belegsystem n
belgesel araştırma • dokumentarische Forschung f
belgesel film • Dokumentarfilm m
belgeye imzasını koyan kişi • Unterzeichner m
belgili • bestimmt
belgisiz • indefinit; unbestimmt
belgisiz adıl • unbestimmtes Fürwort n; unbestimmtes Pronomen n
belgisiz sıfat • unbestimmtes Beiwort n
belirgin • relevant; eindeutig; greiflich
belirginlik • Relevanz f
belirleme • Determination f; Identifikation f
belirlemek • bestimmen; designieren; entscheiden; festlegen; profilieren
belirlenen • Determinat n
belirleyen • Determinant m
belirli • bestimmt; konkret; definit
belirli aralıklarla gerçekleştirilen denetim • regelmässige Prüfung f
belirli aralıklarla geri ödenen tahvil • Anleihe f, die serienweise getilgt wird
belirli aralıklarla yapılan ödeme • Ratenzahlung f
belirli dönemlerde ödenecek anüite • Zeitrente f
belirli geçmiş zaman • bestimmte Vergangenheit f; Perfekt n
belirli mal vasiyeti • Legat n
belirli mantık çerçevesinde toplanan bilgi • Datensatz m
belirli mantık çerçevesinde toplanan kayıt • Datensatz m
belirli ömür • bestimmte Lebensdauer f
belirsiz • ambig; indefinit; unbestimmt
belirsiz geçmiş zaman • unbestimmte Vergangenheit f
belirsiz ömür • unbestimmte Lebensdauer f
belirsizlik • Ambiguität f; Doppelsinn m; Unbestimmtheit f; Ungewissheit f; Unsicherheit f
belirsizlik analizi • Ungewissheitsanalyse f
belirteç • Adverb n; Umstandswort n
belirteçleşme • Adverbialisierung f
belirteçleştirici • Adverbialisierungssuffix n; Adverbsuffix n

Mesleki Terimler Sözlüğü

belirteçleştirme • Adverbialisierung f
belirti • Index m; Merkmal n; Note f; Signum n; Symptom n; Vermutung f
belirtici • Indiz n
belirtilen değer • erklärter Wert m; festgesetzter Wert m
belirtili • markiert; merkmaltragend
belirtisiz • merkmallos; nicht-markiert
belirtke • Signal n
belirtme durumu • Akkusativ m
belirtme sıfatı • Bestimmungsbeiwort n
bellek • Gedächtnis n
bellek bozukluğu • Gedächtnisstörung f
bellek genişliği • Gedächtnisvermögen n
bellek yitimi • Amnesie f
belli • bestimmt; definitiv; klar; offensichtlich; unverkennbar
belli bir firmanın çıkardığı mal • Markenartikel m
belli bir ödeme vadesi verme • Zielgewährung f
belli bir sanayi kolu emrinde çalışan banka • Branchenbank f
belli bir süre için verilmiş müsaade • befristete Erlaubnis f
belli bir ticaret kolu emrinde çalışan banka • Branchenbank f
belli bir verimi sağlama ihtiyacı • Rentabilitätsinteresse n
belli çizgilerle anlatmak • profilieren
belli etmek • äussern; entgegenbringen
belli garanti karşılığında kredi • Objektkredit m
belli gün ve yerde gemi sağlamak • vorlegen
belli hat üzerinde denizcilik işletmesi • Linienschiffahrt f
belli iş zamanında ekip çalışması • Schichtarbeit f
belli maksada yöneltilmiş • zweckgebunden
belli mal vasiyeti • Vermächtnis n
belli meblağ üzerinden yapılan sigorta • Summenversicherung f
belli tür malın alım satımı • Gattungskauf m
belli zamanda yapılacak edalar • wiederkehrende Leistungen pl. f
bemolleşmemiş • nicht-tief
bemolleşmiş • tief

bencil • eigennützig; eigensüchtig
bencilce • egoistisch
bencillik • Selbstliebe f; Egoismus m; Eigennützigkeit f
beniçincilik • Egozentrismus m
benlik yitimi • Depersonalisierung f
bent • Absatz m; Deich m; Paragraph m; Ziffer f
benzemek • entsprechen
benzer • ähnlich; analog; analogisch; entsprechend
benzerlik • Ähnlichkeit f; Gleichheit f
benzeşim • Angleichung f; Assimilation f
benzetme • Angleichung f; Gleichnis n
benzetmek • angleichen; gleichstellen
beraat • Entlastung f; Freisprechung f
beraat ettirmek • entlasten
beraat kararı • Freispruch m
beraatine karar vermek • freisprechen
beraber sevk edilecek yük • Sammelladung f
bereket • Überfluss m
Berlin Eyalet Yüksek Mahkemesi • Kammergericht n
Berlin'de teslim edilmek üzere • loco Berlin
Bern Birliği • Berner Vereinigung f
berrak • lauter
bertaraf edilebilir • zu beseitigen
bertaraf edilememezlik • Unabdingbarkeit f
bertaraf etme • Wegfertigung f, Hinwegschaffen n
besin • Nahrung f
beslenme bozukluğu • Unterernährung f
beslenme eğitimcisi • Ernährungserzieher m
beslenme eğitimi • Ernährungserziehung f
beslenme standardı • Ernährungsstandard m
beş yıllık kalkınma planı • Fünfjahresplan m
beti • Figur f
betik • Text m
betikbilim • Philologie f
betiksel dilbilim • Textlinguistik f
betimleme • beschreibend; Beschreibung f; Deskription f
betimlemeli • deskriptiv

Fachwörterbuch

betimleyici • konstativ
betimleyicilik • Deskriptivismus m
betimsel • beschreibend; deskriptiv
betimsel araştırma • deskriptive Forschung f
betimsel dilbilim • beschreibende Linguistik f; deskriptive Linguistik f
bey • Fürst m
beyan • Angabe f; Anmeldung f; Aufstellung f; Auseinandersetzung f; Darlegung f; Erklärung f; Hinweis m; Kundgabe f; Kundgebung f
beyan edilen değer • deklarierter Wert m
beyan edilmemiş ihtiyatlar • stille Reserven pl. f; unsichtbare Reserven pl. f
beyan edilmiş ihtiyatlar • offene Reserven pl. f
beyan etmek • angeben; besagen; darlegen; deklarieren; kundgeben; reden
beyan işlemi • Erklärungsverfahren n
beyanda bulunmak • deklarieren
beyanın değiştirilmesini yasaklayan hukuki ilke • prozesshindernde Einrede f
beyanname • Deklaration f; Erklärung f; Erklärungsurkunde f; Kundgabe f; Manifest n; Proklamation f
beyaz ciro • Blanko-Indossament n
beyaz kadın ticareti • Mädchenhandel n; Zuhälterei f
beyaz kadın ticareti yapan • Zuhälter m
beyaz şeker değeri • Weisszuckerwert m
beyaz temlik • Blankozession f; generelle Debitorenzession f; Globalzession f
beyazperde • Leinwand f
beyi bil vefa • Wiederkauf m; Rückkauf m
beyin göçü • Abwanderung f von Fachkräften pl. f
beylik • Fürstentum n
beynelmilel • international
beynelmilelcilik • Internationalismus m
beyyine • Beweis m
beyyine başlangıcı • Indiz n
beyyine külfeti • Beweislast f
beyyine nevileri • Beweisarten pl.f; Beweismittel pl. n
beyyine sistemleri • Beweisprinzipien pl. n; Beweissysteme pl. n
bırakma • Abandon m; Abandonnierung f; Abtretung f; Aufgabe f; Überlassung f

bırakmak • abandonnieren; ablegen; aufgeben; lassen; überantworten; überlassen; verlassen
biçem • Stil m
biçembilim • Stilistik f
biçim • Form f; Morph n; Gestaltung f
biçim verme • Gestaltung f; Orientierung f
biçimbilgisi • Morphologie f
biçimbilim • Formenlehre f; Morphologie f
biçimbilimsel • morphologisch
biçimbilimsel sesbilim • Morphophonemik f; Morphophonologie f
biçimbirim • Morphem n
biçimbirimsel değişke • Allomorphe pl. n
biçimcilik • Formalismus m
biçimlendirici • Formant m
biçimleyici diller • Formsprachen pl. f
biçimsel • formal
biçimsel dilbilgisi • formale Grammatik f
biçimselleştirme • Formalisierung f
bidayet mahkemesi • Amtsgericht n; Gericht n erster Instanz f; Kreisgericht n
bidayet mahkemesi savcısı • Amtsanwalt m
Big Bang • Big Bang
bigami • Bigamie f; Doppelehe f
bilahare ödenecek borçlar • nachrangige Verbindlichkeiten pl. f
bilanço • Bestandsveränderung f; Bilanz f; Jahresabschluss m
bilanço analizi • Bilanzanalyse f
bilanço değerlemesi • Bilanzbewertung f
bilanço farkı • Bestandsveränderung f
bilanço hesabı • Bilanzkonto n
bilanço karşılaştırması • Bilanzvergleich m
bilanço kayıt tarihi • Bilanzstichtag m
bilanço likidite analizi • Liquidationsanalyse f
bilanço süsleme • Bilanzfrisur f
bilanço tarihi • Bilanzstichtag m
bilanço toplamı • Bilanzvolumen n
bilançoda açık • Unterbilanz f
bilançoda değerlendirme • Wertansatz m
bilançoda görülmeyen özsermaye unsuru • stille Reserve f
bilançoda sunulan yedekler • offene Rücklagen pl. f

Mesleki Terimler Sözlüğü

bilançoları yayınlama zorunluğu • Publizitätspflicht f
bilançonun aktifinde yer alan hesap • Aktivkonto n
bilançonun aktifinin pasifine denk olma ilkesi • Bilanzausgleichsprinzip n
bilançonun borçlar ve öz kaynakları gösteren tarafı • Passiva pl.
bilançonun daha iyi gösterilmesi • Bilanzverschleierung f
bilançonun pasif tarafında gösterilen hesap • Passivkonto n
bilançonun şişirilmesi • Bilanzverschleierung f
bilateralizm • Bilateralismus f
bildiri • Nachricht f; Ankündigung f; Bekanntmachung f; Botschaft f; Eröffnung f; Mitteilung f
bildirim • Kommunikation f; Anmeldeschein m; Anmeldung f; Anzeige f; Aufstellung f; Bekanntmachung f; Deklaration f; Kundgabe f; Mitteilung f
bildirim dairesi • Meldestelle f
bildirim formu • Meldebogen m
bildirim mektubu • Benachrichtigungsnotiz f
bildirimsiz işten çıkarma • fristlose Kündigung f
bildirişim • Kommunikation f
bildirme • Anzeige f; Benachrichtigung f; Meldung f; Übermittlung f; Verkündung f; Verständigung f
bildirme işlemi • Meldewesen n
bildirme kipi • Indikativ m
bildirme tümcesi • Aussagesatz m; deklarativer Satz m
bildirmek • anbringen; angeben; anmelden; anzeigen; ausschreiben; berichten; bescheiden; deklarieren; dokumentieren; eröffnen; mahnen; manifestieren; melden; mitteilen; quotieren; übermitteln; verkünden; verständigen
bildirmemek • hinterziehen
bilerek • absichtlich; mutwillig; mutwilligerweise; wissentlich
bileşen • Komponente f
bileşen çözümlemesi • Komponentenanalyse f
bileşik ekonomi • Verbundwirtschaft f
bileşik faiz • Zinseszins m

bileşik faiz hesabı • Aufzinsung f
bileşik faiz hesaplaması • Zinsrechnung f
bileşik faiz katsayısı • Aufzinsungsfaktor m
bileşik kayıt • Sammelbuchung f
bileşik sözcük • Kompositum n; zusammengesetztes Wort n
bileşik tümce • zusammengesetzter Satz m
bileşik yevmiye kaydı • Journal-Sammelbuchung f
bileşik zaman • zusammengesetztes Tempus n
bileştirme • Zusammensetzung f
bilet gişesi • Schalter m
bilet satan görevli • Schalterbeamte m
bilfiil üretimle uğraşmayan işçilik • Gemeinkostenlohn m; Hilfslohn m
bilgi • Erkenntnis f; Information f; Kenntnis f; Wissen n
bilgi akışı • Informationsfluß m; Informationsablauf m
bilgi alma hakkı • Auskunftsrecht n; Informationsrecht n
bilgi almak • nachfragen; sich erkundigen
bilgi bankası • Datenbank f
bilgi edinme bürosu • Informationsdienst m
bilgi işlem • Informatik f
bilgi işleme • Datenverarbeitung f
bilgi kuramı • Erkenntnistheorie f
bilgi sistemi • Informationssystem n
bilgi toplama hürriyeti • Informationsfreiheit f
bilgi toplayan kuruluş • Auskunftsbüro n
bilgi üretimi • Wissensproduktion f
bilgi verme • Avis n; Bericht m; Meldung f; Rechenschaft f
bilgi verme mükellefiyeti • Auskunftspflicht f
bilgi vermek • informieren; orientieren
bilgi yenileme eğitimi • Auffrischungsbildung f
bilgicilik • Sophismus m
bilgili • sachkundig
bilgisayar • Computer m; Datenverarbeitungsanlage f
bilgisayar donanım sistemi • Hardware f
bilgisayar yazılım sistemi • Software f
bilgisayarla tutulan muhasebe • Speicherbuchführung f

Fachwörterbuch

bilgisizlik • Unkenntnis f
bilgisizlik cezayı engellemez • Unkenntnis f schützt vor Strafe f nicht
bilgiye ulaşım • Datenzugriff m
bilim • Wissenschaft f; Kunde f
bilim dili • Wissenschaftssprache f; Fachausdruck m
bilim felsefesi • Wissenschaftsphilosophie f
bilimcilik • Scientismus m
bilimsel • wissenschaftlich
bilimsel film • wissenschaftlicher Film m
bilimsel insancılık • wissenschaftlicher Humanismus m
bilimsel kuşku • wissenschaftlicher Verdacht m
bilimsel tartışma • Kolloqium n
bilimsel usavurma • wissenschaftliches Urteilen n
bilimsel yöntem • wissenschaftliche Methode f
bilinç • Bewusstsein n
bilinçaltı • Unterbewußtsein n
bilinçdışı • Unbewußtsein n
bilinçsiz • unbewusst
bilinemezcilik • Agnostizismus m
bilinen • bekannt
bilinmeyen • fremd
bilirkişi • Experte m; Gutachter m; Sachverständiger m
bilirkişi incelemesi • Gutachten n
bilirkişi marifetiyle keşif ve muayene • Besichtigung f durch Sachverständige pl. m
bilirkişi raporu • Gutachten n; Sachverständigengutachten n
bilirkişiliği olmayan cemiyet • Verein m ohne Persönlichkeit f
biliş • Kognition f
bilişsel • kognitiv
bilişsel gelişim • kognitive Entwicklung f
bilişsel öğrenme • kognitives Lernen n
bilişsel zeka • kognitive Intelligenz f
bilmek • kennen
bilmesinlercilik • Oskurantismus m
bilmeyen • unkundig
bilmezlik • Nichtwissen n
bimetalism • Bimetallismus m; Doppelwährung f
bin sayısı • tausend

bina • Bau m; Gebäude n
bina kayıtları • Gebäudebuch n
bina vergisi • Gebäudesteuer f
bina yöneticisi • Hausverwalter m
binada değişiklik yapmak • umbauen
binada tadilat yapma • Umbau m
binalar ve donanım • Gebäude pl. n und Einrichtungen pl. f
binaya yatırım • Bauinvestition f
binde • Promille n
binişiklik • Überlappung f
bir arada nakletme • Sammeltransport m
bir araya gelme • Zusammensetzung f; Zusammentreffen n
bir araya gelmek • sich versammeln; sich zusammensetzen
bir araya getirmek • zusammenlegen; zusammensetzen
bir araya toplamak • konzentrieren
bir defalık • einmalig
bir şey emanet edilen kişi • Depositar m
bir şirkete katılma • Stammeinlage f
bir şirketin başka bir şirkete ortak olması • Schachtelbeteiligung f
bir yerde bulunma • Anwesenheit f
bir yerde oturmak • sich niederlassen
birbirini izleyen • in Reihenfolge f
birbirini tutmayan • widersprechend
birbiriyle irtibatlı olmak • zusammenhängen
birçok kimsenin ortaklaşa yaptığı iş • Partizipationsgeschäft n
birçok şubesi bulunan ticarethane • Kettengeschäft n
birden çok sigorta • vielfache Versicherung f
birden çok taşınmazı kapsayan ipotek • allgemeine Hypothek f
birden fazla hakimin karar verdiği mahkeme • Kollegialgericht n
birden fazla işlemi içeren kayıt • Sammelbuchung f
birden fazla işyerinde çalışma • Mehrfachbeschäftigung f
birden fazla kadınla evlenme • Doppelehe f
birden fazla sigortalılık • Wanderversicherung f
birden fazla taşıyıcı ile yapılan nakliye • multimodaler Transport m

Mesleki Terimler Sözlüğü

bireşim • Synthese f; Synthesis f
bireşimli • synthetisch
bireşimli diller • synthetische Sprachen pl. f
bireşimsel yöntem • synthetische Methode f
birey • Individuum n
bireycilik • Individualismus m
bireyi tanıma teknikleri • diagnostische Techniken pl. f zum Kennenlernen n des Individuums n
bireylerin gelirleri • Haushaltseinkommen n
bireylik • Individualität f
bireysel • individuell; persönlich
bireysel ayrılıklar • individuelle Differenz f
bireysel danışmanlık • individuelle Beratung f
bireysel değişke • Individuelle Variante f; Individuenvariable f
bireysel dil • Idiolekt m
bireysel finans etme sistemi • Einzelfinanzierungssystem n
bireysel görüşme • individuelles Interview n
bireysel işletme kurma • Einzelexistenzgründung f
bireysel oyun • Einzelspiel n
bireysel öğretim • Individualunterricht m
bireysel program • individuelles Programm n
bireysel ruhbilim • Individualpsychologie f
bireysel tasarruflar • Einzelersparnisse pl. n
bireysel testler • individuelle Tests pl. m
bireysel uyum • individuelle Anpassung f
bireyselleştirilmiş öğretim • individualisierter Unterricht m
bireyselleştirme • Individualisierung f
bireyselleştirmek • individualisieren
birikim • Erfahrung f; Ersparnisse pl. f
birikimli adi hisse • kumulative Stammaktie f
birikimli temettü • kumulative Dividende f
birikimsiz temettü • nicht kumulative Dividende f
birikme • Anfall m; Auflaufen n
birikme suretiyle oluşan arazi • Alluvion f; Anschwemmung f

birikmeli oylama • kumulatives Stimmrecht n
birikmiş • akkumuliert; aufgelaufen; kumulativ
birikmiş amortisman • Abschreibungsreserve f; aufgelaufene Abschreibung f; Entwertungsrücklage f; kumulative Tilgung f; Wertberichtigung f
birikmiş kar payları • kumulative Dividende f; rückständige Dividende f
birikmiş paralar • Sparmittel n
birikmiş tükenme payları • aufgelaufene Abschreibungen pl. f
biriktirilen para • Ersparnis n
biriktirme • Sparleistung f
biriktirme işlemleri • Sparverkehr m
biriktirme sandığı • Sparanlage f
biriktirme sistemi • Sparverkehr m
biriktirmek • absparen; sparen
biriktirmek için ödeme • Sparleistung f
birim • Abteilung f; Einheit f; Mass n; Stück n
birim başına • pro Einheit f; pro Stück n
birim fiyat • Einzelpreis m; Stückkosten pl.
birinci • erst
birinci borçlu • Erstschuldner m
birinci dağıtım • Primärdistribution f
birinci derece ipotek • erste Hypothek f
birinci derecede ipotek • Hypothek f ersten Ranges m
birinci derecedeki ortaklık payları • Standardaktien pl. f
birinci dereceden mirasçılar • leibliche Erben pl. m
birinci eklemlilik • erste Gliederung f
birinci garanti • Hauptsicherheit f
birinci imza sahibi • Linksunterzeichneter m
birinci piyasa • Primärmarkt m
birinci sınıf • erstrangig; Spitzenklasse f
birinci sınıf kıymetli evrak • erstklassiges Papier n; feiner Wechsel m
birinci sınıf mal • Ausstichware f
birinci sınıf mamul • Spitzenfabrikat n
birinci tertip kanuni yedek akçe • erste gesetzliche Rücklage f
birinci teslimatçı • Vorlieferant m
birinci ürün • Vormaterial n

Fachwörterbuch

birinci yasal yedekler • erste gesetzliche Rücklage f
birinin hesabına geçirmek • aufrechnen
birinin üstüne atmak • unterschieben
birisi hakkında tevkif müzakeresi çıkarmak • jemanden steckbrieflich verfolgen
birkaç teşebbüsün tek teşebbüs halinde birleşmesi • Fusion f
birlenme • Synäresis f
birleşik • verbunden; vereinigt
birleşik kayıt • Sammelbuchung f
birleşik nakliye işletmecisi • Unternehmer m des kombinierten Transports m
birleşik taşıma • kombinierter Transport m
birleşik taşıma işleticisi • Unternehmer m des multimodalen Transports m
birleşik üretim • Kuppelproduktion f
birleşik üretimde ayırım noktası • Trennpunkt m bei Kuppelproduktion n
birleşik ürün • Kuppelprodukt n
birleşim • Kombination f; Abhaltung f einer Sitzung f; Sitzung f
birleşim değeri • Valenz f; Wertigkeit f
birleşimsel değişke • kombinatorische Variante f
birleşkebilim • Synthematik f
birleşkebirim • Synthem n
birleşme • Absorption f; Einigung f; Fusion f; Konkurrenz f; Konsolidation f; Konzern m; Union f; Verbindung f; Vereinigung f; Vereinigung f von Geschäften pl. n; Verflechtung f; Verschmelzung f; Zusammenschluss m
birleşme ve karışma • Verbindung f und Vermischung f
birleşmek • sich einigen; sich vereinigen; sich zusammenschliessen
birleşmeyen işler • unvereinbare Ämter pl. n; unvereinbare Funktionen pl. f
Birleşmiş Milletler Ana Sözleşmesi • Charta f der Vereinten Nationen pl. f
Birleşmiş Milletler Güvenlik Konseyi • Sicherheitsrat m
Birleşmiş Milletler Teşkilatı • (UN) Vereinte Nationen
Birleşmiş Milletler Ticaret ve Kalkınma Örgütü • UN-Konferenz f für Handel m und Entwicklung f
birleştirilebilir • vereinbar
birleştirilmiş • vereinigt
birleştirilmiş bilanço • konsolidierte Bilanz f
birleştirilmiş sınıf • zusammengesetzte Klasse f
birleştirimci düşünce • synkretisches Denken n
birleştirimcilik • Synkretismus m
birleştirme • Konjunktion f; Aktienzusammenlegung f; Eingliederung f; Verbindung f; Verknüpfung f; Zusammenschluss m
birleştirmek • angliedern; einigen; konsolidieren; schalten; verbinden; vereinen; vereinheitlichen; vereinigen; versammeln; zusammenfassen; zusammenfügen; zusammenlegen; zusammenschliessen
birlik • Allianz f; Arbeitsgemeinschaft f; Bund m; Bündnis n; Einheit f; Einheitlichkeit f; Einigkeit f; Koalition f; Kollegium n; Korporation f; Körperschaft f; Organisation f; Union f; Verband m; Verbindung f; Verbund m; Verein m; Vereinigung f
birlikte • einmütig
birlikte çalışma • Kollektivarbeit f
birlikte dava • Streitgenossenschaft f; subjektive Klagenhäufung f
birlikte hareket etmek • zusammengehen
birlikte ikamet eden • Mitbewohner m
birlikte imzalamak • mitunterschreiben
birlikte kefil • Mitbürge m
birlikte kullanma hakkı • Mitbenutzungsrecht n
birlikte ortak • Mitinhaber m
birlikte oy kullanma hakkı • Mitbestimmungsrecht n
birlikte oyun • gemeinsames Spiel n
birlikte ölmüş sayılanlar • Kommorienten pl.
birlikte planlama • gemeinsame Planung f
birlikte sigorta • gemeinschaftliche Versicherung f
birlikte sigorta olma • Mitversicherung f
birlikte sorumlu • mitverantwortlich
birlikte sorumluluk • Mitverantwortung f
birlikte temsil • Kollektivprokura f
birlikte uğraş vermek • mitwirken

Mesleki Terimler Sözlüğü

birlikte üretilen mamullere ait ortak maliyet • gemeinsame Kosten pl
birliktelik • Konkurrenz f
birliktelik durumu • Komitativus m
bit pazarı • Ramschmarkt m
bitaraf bayrağa geçiş • Übergang m zur neutralen Flagge f
bitaraf mıntıka • neutrale Zone f
bitaraflık • Neutralität f
bitim • Endung f; Ablauf m; Ablauf m der Frist f
bitirilmiş • vollendet
bitirme • Abschluss m; Erledigung f; Schliessung f; Vollendung f
bitirme sınavı • Abschlussprüfung f
bitirmek • abschliessen; aufhören; beenden; beschliessen; erledigen; schliessen; vollenden
bitiş tarihi • Abschlussstichtag m; Abschlusstag m
bitişik • benachbart
bitişim • Agglutination f
bitişimli diller • agglutinierende Sprachen pl. f; anfügende Sprachen pl. f; anleimende Sprachen pl. f
bitişke • Konjunkt n
bitişken diller • agglutinierende Sprachen pl. f; anfügende Sprachen pl. f; anleimende Sprachen pl. f
bitişme • Agglutination f
bitmek • aufhören; enden
bitmemiş • unvollständig
bitmemişlik görünüşü • imperfektive Aktionsart f
bitmişlik görünüşü • perfektive Aktionsart f
bittavassut kabul • Ehrenannahme f
bittavassut tediye • Ehrenzahlung f
bizzat • persönlich; selbst
bizzat tanzim • persönliche Errichtung f
blok • Block m
blok halde • global
blok kredi • Rahmenkredit m
blok lisans • Gesamtgenehmigung f
blokaj süresi • Sperrfrist f
bloke etmek • blockieren; sperren
bloke hesap • blockiertes Konto n; Festkonto n; Registerkonto n; Sperrguthaben n; Sperrkonto n
bloke menkul kıymetler • Sperrstücke pl. n
bloke para • blockiertes Geld n
bloke süresi • Sperrjahr n; Sperrzeit f
boğa • Haussespekulant m; Haussier m
boğazlar • Meerengen pl. f
boğazlar rejimi • Meerengenstatut n
boğazsıl • Guttural m; Pharyngal m
boğazsıllaşma • Pharyngalisierung f
boğazsıllaştırma • Pharyngalisierung f
boğmak • erwürgen
boğuk • mild
bol bol • reichlich
bolluk • Überfluss m
bombardıman • Beschiessung f; Bombardierung f; Bombenabwurf m
bono • Bonifikation f; Datowechsel m; eigener Wechsel m; Eigenwechsel m; Obligation f; Schuldverschreibung f; Solawechsel m; trockener Wechsel m; Verpflichtungsschein m; Wechsel m
bono fonu • Dividendenfonds m
bono karşılığı kredi • Diskontkredit m
bono kırarak kredi veren banka • Diskontbank f
bono ve senet kırdırmak • diskontieren
bononun ödeneceği yer • Domizil n
bonoyu imzalamak • avalisieren
bonoyu iskonto için ibraz eden • Diskontant m
bonservis • Arbeitszeugnis n; Dienstzeugnis n; Zeugnis n
borca düşmek • verschulden
borca ilişkin yeni ödeme planı yapılması • Umschuldung f
borca karşılık önceden yapılan kısmi ödeme • Akontozahlung f
borca karşılık verilen rehin • Beitreibung f durch Pfandverwertung f
borca sokmak • mit Schulden pl. f belasten
borcu bir boçludan diğerine aktarmak • umschulden
borcu gösteren belge • Schuldschein m
borcu itfa etmek • ablösen; den Gläubiger m befriedigen
borcu kabullenme • Schuldanerkenntnis n
borcu kefil veya cirantadan isteme hakkı • Regressanspruch m
borcu olmayan • schuldenfrei

Fachwörterbuch

borcu ödemek • abbezahlen; bezahlen; Schuld f ablösen
borcu ödemek için yeniden borçlanma • Refinanzierung f zur Schuldablösung f
borcu paraya tahvil etmek • konvertieren
borcu tanıma • Schuldanerkenntnis n
borcu üçüncü şahsa devreden • Abtretender m; Übertragender m; Zedent m
borcun devri • Schuldübertragung f
borcun eda kabiliyetini iktisap etmesi • Leistungszeit f
borcun edası için tanınan süre • Leistungsfrist f
borcun gecikmesi • Leistungsverzug f
borcun iflası • Schuldentilgung f
borcun kabul edilmesi • Schuldversprechen n
borcun nakli • Erfüllungsübernahme f; Novation f; Schuldeintritt m; Schuldübernahme f
borcun nevi • Schuldenart f
borcun ödendiğine ilişkin belge • Quittung f
borcun ödeneceği zaman • Leistungszeit f
borcun ödenmesi • Bezahlung f einer Schuld f; Erlass m; Liquidation f; Liquidierung f; Löschung f einer Schuld f; Schuldentilgung f; Tilgung f der Schuld f
borcun şeklini değiştirmek • umschulden
borcun tanınması • Schuldbekenntnis f
borcun tasfiyesi • Beilegung f; Erledigung f; Schlichtung f
borcun tehiri • Moratorium n
borcun yenilenmesi • Novation f
borcun yüklenilmesi • Schuldübernahme f
borç • Anleihe f; Darlehen n; Debet n; Kredit m; Obligation f; Schuld f; Schuldigkeit f; Schuldverbindlichkeit f; Schuldverhältnis n; Soll n; Verbindlichkeit f; Verpflichtung f
borç alan • Kreditnehmer m
borç alınan sermaye • Fremdkapital n
borç alma • Anleihe f; Kapitalaufnahme f; Schuldaufnahme f
borç bakiyesi • Passivsaldo m; Sollsaldo m
borç bakiyesi üzerinden faiz • Debetzins m
borç bakiyesini ödemek • nachbezahlen

borç belgesi • Lastschriftanzeige f; Schuldschein m
borç dekontu • Lastschriftanzeige f
borç devri • Schuldüberschreibung f; Schuldverschreibung f
borç doğuran muamele • Verpflichtungsgeschäft n
borç erteleme • Schuldvertragung f; Umschuldung f
borç ertelemesi • Konsolidierung f einer Schuld f
borç faizi • Debitzinsen pl. m; Sollzinsen pl. m
borç faslı • Schuldposten m
borç için hapis • Schuldhaft f
borç ilişkisi • Obligation f
borç itfa fonu • Schuldentilgungsfonds m
borç kategorisi • Beleihungsraum m
borç kaydetmek • debitieren
borç kaydı • Lastschrift f; Lastschriftverfahren n; Sollbuchung f; Sollposten m
borç kaynakları • Entstehungsgründe pl. m der Schuldverhältnisse pl. n
borç makbuzu • Debetnota f; Lastschriftzettel m
borç miktarı • Schuldbetrag m
borç mükellefiyeti • Obligatorium n
borç münasebeti • Schuldverhältnis n
borç olmayan şeyin ödenmesi • Zahlung f einer Nichtschuld f
borç ödeme • Schuldendienst m
borç ödeme payı • Schuldendeckungsquote f
borç sebebi • Verpflichtungsgrund m
borç senedi • Schuldschein m; Schuldurkunde f; Schuldverschreibung f; Schuldwechsel m; Titel m; Verkehrshypothek f; Verschreibung f; Wechsel m
borç senetleri • fälliger Wechsel m; Obligationen pl. f; Obligationsschulden pl. f; Passivwechsel m; Schuldwechsel pl. m
borç senetlerinin kaydedildiği defter • Wechselbuch n
borç sertifikası • Schuldanerkenntnis n; Schuldverschreibung f
borç servisi • Schuldendienst m
borç tahsili • Betreibung f

Mesleki Terimler Sözlüğü

borç taksidi • Abschlagszahlung f
borç tarafına düşülen kayıt • Belastung f
borç tenzili • Schuldenstreichung f
borç vaadi • Verpflichtungsschein m; Verschreibung f
borç vecibe • Obligation f
borç veren • Ausleiher m; Kreditgeber m; Verleiher m
borç veren kişi • Kreditor m
borç veren kuruluş • Kreditor m
borç vermek • ausleihen; beleihen; leihen; verleihen
borç yapan • Schuldenmacher m
borç yönetimi • Verantwortlichkeitsführung f
borç yüklemek • mit Schulden pl. f belasten
borç yükü • Schuldenlast f
borçla ilgili vesika • Schuldurkunde f
borçlanan • Emittent m
borçlandırma • Belastung f
borçlanılan fonlar • Anleihekapital n; Darlehenskapital n
borçlanma • Geldaufnahme f; Kreditaufnahme f; Verschuldung f
borçlanma akdetmek • Anleihe f aufnehmen
borçlanma değeri • Beleihungswert m
borçlanma gücü • Kreditaufnahmefähigkeit f
borçlanma katsayısı • Verschuldungskoeffizient m
borçlanmak • entleihen; leihen
borçlanmamış • unverschuldet
borçlar • Passiva pl. eines Vermögens n; Schulden pl. f
borçlar defteri • Schuldbuch n
borçlar hukuku • Obligationenrecht n; Recht n der Schuldverhältnisse pl. n; Schuldrecht n
borçlar hukukuna dair • schuldrechtlich
borçlar kanunu • Obligationenrecht n
borçlar ve karşı borçlar • Schulden pl. f und Gegenschulden pl. f
borçlardan mesuliyet • Schuldenhaftung f
borçları ödememe durumu • Insolvenz f
borçların artması • Passivierung f
borçların ertelenmesi • Stillhalteabkommen n; Zahlungsaufschub m
borçların haczi • Schuldenpfändung f
borçların kanunla ertelenmesi • Moratorium n
borçların mevcuttan fazla olması • Überschuldung f
borçların ödeneceği fon • Schuldenfonds m
borçların tenzili • Entschuldung f
borçların vadelerini gösteren dosya • Fälligkeitsverzeichnis n
borçların yığılması • Anhäufung f von Schulden pl. f
borçlarını ödemeyecek durumda olma • insolvent; Zahlungsunfähigkeit f
borçlarını ödemeyen kimse • Zahlungsunfähiger m
borçlarını ödeyebilme gücü • Zahlungsfähigkeit f
borçlarını ödeyemeyen kimse • Insolvent m; Zahlungsunfähiger m
borçlu • Debitor m; schuldig; Schuldner m; Zahlungspflichtiger m
borçlu bakiye • Sollsaldo n
borçlu dekontu • Belastungsanzeige f
borçlu faiz oranı • Sollzins m
borçlu hesap • Debitorenkonto n; überzogenes Konto n
borçlu nezdinde tahsili gereken borç • Holschuld f
borçlu olmak • schulden; Schulden pl. f haben
borçlu olunduğunu bildiren belge • Handschuldschein m; Kassenquittung f
borçlu ülke • Schuldnerland n
borçlu varantı • Besserungsschein m
borçlu ve alacaklı faizleri arasındaki marj • Zinsspanne f
borçlu ve alacaklı ilişkisi • Schuldverhältnis n
borçlu ve alacaklı münasebeti • Kreditbeziehung f
borçlular hesabı • Kreditorenkonto n; Schuldnerskonto n
borçluluk • Verschuldung f
borçlunun aczi • Unvermögen n des Schuldners m
borçlunun cezai şartı ödemekle akitten cayma hakkı • Wandelpön f
borçlunun durumu • Schuldnerschaft f

Fachwörterbuch

borçlunun kusuru • Verschulden n des Schuldners m
borçlunun temerrüdü • Schuldnerversetzung f ; Schuldnerverzug m; Verzug m des Schuldners m
borçlusu ödemediği takdirde poliçeyi ödemeyi üstlenen • Notadresse f
borçluya çekilen poliçe • Debitorenziehung f
borçluya tanınan ek süre • Nachfrist f
borçluya zimmet olarak geçirilecek faiz oranı • Sollzins m
borçsuz • lastenfrei; schuldenfrei; unbelastet; unverschuldet
borçtan af • Erlass m
borçtan ibra • Schulderlass m
borçtan kurtarmak • entschulden
borçtan kurtulma • Schuldbefreiung f
borçtan kurtulma davası • Aberkennungsklage f; negative Feststellung f; negative Feststellungsklage f
borçtan kurtulmak • sich von einer Schuld f befreien
borda muhakeme usulü • Bordverfahren n
bordro • Bordereau m; Gehaltsliste f; Liste f; Lohnliste f; Schlussnote f; Schlussschein m; Verzeichnis n
borsa • Börse f; Warenbörse f
borsa acentesi • Börsenagent m; Börsenmakler m; Effektenhändler m; Kursmakler m
borsa açılış değeri • Anfangskurs m
borsa ajanı • Börsenagent m; Börsenmakler m; Effektenhändler m
borsa atmosferi • Börsenklima f
borsa bankeri • Börsenagent m; Börsenmakler m; Effektenhändler m
borsa değeri • Kurswert m
borsa dışı • Freiverkehr m
borsa dışı muameleler • Börsenaussengeschäfte pl. n
borsa dışı piyasa • Freiverkehrsbörse f; Telefonverkehr m
borsa emri • Börsenauftrag m
borsa faaliyetleri • Börsengeschehen n
borsa fiyat cetveli • Kursnotierung f
borsa fiyatı • Börsenkurs m; Börsenpreis m; Kurs m

borsa fiyatlarının durumu • Kursgestaltung f
borsa fiyatlarının yükselmesi • Hausse f
borsa hukuku • Börsenrecht n
borsa işleminin yapılmış olduğu fiyat • Abschlusskurs m
borsa işlemleri • Börsengeschäfte pl. n
borsa işlemleri bordrosu • Schlussnote f
borsa işlemleri vergisi • Börsenumsatzsteuer f
borsa kanunu • Börsengesetz n
borsa kapanışından sonraki işlemler • Nachbörse f
borsa karcılığı • Arbitrage f
borsa komisyoncusu • Agiateur m; Aktienhändler m; Börsenagent m; Börsenmakler m; Effektenhändler m; Grossist m; Jobber m
borsa kotasyonu • Börsennotierung f
borsa kuramları • Börsentheorien pl. f
borsa makamları • Börsenorgane pl. n
borsa makbuzu • Schlussnote f; Schlussschein m
borsa mevzuatı • Börsenordnung f
borsa muamele harcı • Börsenstempel m
borsa muamele vergisi • Börsenumsatzsteuer f
borsa muameleleri • Börsengeschäfte pl. n
borsa muhabirleri • Kollaborateurs pl. m
borsa oyuncusu • Baissespekulant m; Baissier m; Fixer m
borsa oyunu • Spekulation f
borsa öncesi ticaret • Vorbörse f; vorbörslicher Handel m
borsa raporu • Kursbericht m
borsa rayici • amtlicher Börsenkurs m; Börsenkurs m
borsa simsarı • Aktienmakler m; Börsenagent m; Börsenmakler m; Effektenhändler m; Fondsmakler m; Makler m; Sensal m; Stockmakler m
borsa sonrası piyasa • ausserbörslicher Markt m
borsa sonrası piyasa fiyatı • Nachbörsekurs m
borsa spekülatörü • Spekulant m
borsa tellalı • Börsenmakler m; Kursmakler m
borsa yasası • Börsengesetz n

Mesleki Terimler Sözlüğü

borsa yönetim kurulu üyesi • Börsenkommissar m
borsa yönetmeliği • Börsenordnung f
borsada beyan edilmiş • börsennotiert
borsada devir muamelesi • Kostgeschäft n
borsada fiyat yükselmesi • Kurssteigerung f
borsada fiyatlar • Notierung f
borsada fiyatların düşmesi • Baisse f
borsada geçerli • börsengängig
borsada kar etme • Gewinnmitnahme f
borsada kaydolunan fiyatlar • Preisnotierung f
borsada kayıtlı hisse senetleri • notierte Werte pl. m
borsada kayıtlı tahviller • notierte Werte pl. m
borsada kolaylıkla satılabilen menkul kıymetler • marktfähiges Wertpapier n; übertragbares Wertpapier n
borsada kota alabilmek için asgari şirket sermayesi • Lot n
borsada listeye alınmamış olan menkul kıymetler • unkurante Hinterlage f
borsada tahvil alım satımının yapıldığı yer • Obligationenring f
borsada tescil etmek • notieren
borsada ticaret yapılan alan • Börsenring m
borsadaki hesap dönemi içinde satın alınmış veya satılmış menkul değerlerin borsadaki hükümet temsilcisi • Government broker
borsalar yönetim kurulu • Börsenvorstand m
borsanın iç muameleleri • Börsenbinnengeschäfte pl. n
borsaya giriş • Börseneinführung f
borsaya kayıtlı hisse senedi • notierte Aktie f
borsaya kayıtlı menkul değerler • notierte Wertpapiere pl. n
borsaya kayıtlı menkul değerlere fiyat saptanması • Quotierung f
boş • frei; gegenstandslos; leer
boş alan • Leerstelle f
boş ambalaj yükü • Leergut n
boş derece • leere Pfandstelle f; Lücke f
boş gemi için tenzilat • Leerrabatt m
boş işyeri için ilan • Stellenausschreibung f
boş kapasite • Leerkapazität f; ungenutzte Kapazität f
boş zaman • Freizeit f
boş zaman eğitimi • Freizeiterziehung f
boş zaman ilgisi • Freizeitinteresse n
boş zamanlarda yapılan iş • Nebenbeschäftigung f
boşa çıkarmak • vereiteln
boşa giden zaman • Leerlaufzeit f
boşaltan • Auslader m
boşaltılmış • leer
boşaltma • Abladung f; Entladung f; Löschung f; Räumung f
boşaltma limanı • Abladehafen m; Ladehafen m; Löschungshafen m
boşaltma müddeti • Löschungszeit f; Löschzeit f
boşaltma rıhtımı • Löschplatz m
boşaltma süresi • Räumungsfrist f
boşaltmak • abladen; ausladen; leeren; löschen; räumen
boşaltmanın bitmesi • Löschende n
boşanan eşler arasında evlilik süresi içinde kazanılan hakların denkleştirilmesi • Versorgungsausgleich m
boşandırmak • scheiden
boşanma • Ehescheidung f; Scheidung f
boşanma davası • Ehescheidungsklage f; Scheidungsklage f
boşanma davası açmak • auf Scheidung f klagen; Scheidungsklage f einreichen
boşanma evrakı • Scheidebrief m
boşanma halinde malların tasfiyesinde ortaya çıkan eksiklik • Rückschlag m
boşanma kararı • Scheidungsurteil n
boşanma sebebi • Scheidungsgrund m
boşanma sebepleri • Ehescheidungsgründe pl. m
boşanma suretiyle evliliğe son vermek • Ehe f scheiden
boşanmak • sich scheiden lassen
boşanmış • geschieden
boşbirim • Kenem n
boşluk • Lücke f; Schere f
boşsözcülük • Verbalismus m
boy • Rasse f
boya üreticileri • Farbsektor m

Fachwörterbuch

boykot • Boykott m; Sperre f
boykot etmek • boykottieren
boylamsal araştırma • Längsschnitt-Forschung f
boyun eğme • Passivität f
bozgun • Panik f
bozguncu • Konspirant m
bozgunculuk • Konspiration f
bozma • Aufhebung f; Aufhebung f eines Beschlusses m; Ausstreichung f; Kassation f; Kassierung f; Kassierung f eines Urteils n; Rechtsverletzung f; Ungültigmachung f; Verschlechterung f; Zurückverweisung f des Urteils n
bozmak • annullieren; aufheben; brechen; kassieren; verschlechtern; zerrütten
bozuk para • Scheidegeld n; Scheidemünzen pl. f
bozuk ürün • Ausschussware f
bozukluk • Panne f
bozuklukları düzeltme • Wiederinstandsetzung f
bozulma • Bruch m; Verderb m; Zerrüttung f
bölge • Bezirk m; Gebiet n; Gegend f; Kreis m; Region f; Revier n; Zone f
bölge genel temsilcisi • Generalvertreter m
bölge mahkemesi • Bezirksgericht n
bölge okulu • regionale Schule f
bölge posta numarası • Postleitzahl f
bölge sigorta dairesi • Oberversicherungsamt n
bölgelere göre tespit edilen ücret • Ortslohn m
bölgesel • ländlich; lokal; örtlich; regional
bölgesel adet • Ortsüblichkeit f
bölgesel banka • Regionalbank f
bölgesel fiyat saptama sistemi • Zonen-Preissystem n
bölme • Aktienaufteilung f; Aktiensplit m; Aufteilung f; Einteilung f; Teilung f
bölmek • abteilen; einteilen; repartieren; spalten; teilen
bölüm • Abschnitt m; Abteilung f; Bereich m; Einrichtung f; Kapitel n; Stück n; Teil m; Teilsektor m; Tranche f
bölümleme • Segmentierung f
bölümlere ayırma • Untergliederung f
bölümsel öğrenme • partielles Lernen n
bölünebilir • teilbar

bölünemezlik • Unteilbarkeit f
bölünmez • unteilbar
branş • Fach n
Bretton Woods Anlaşması • Bretton Woods Abkommen n
broker • Makler m; Sensal m
brüt • brutto; roh
brüt ağırlık • Bruttogewicht n; Rohgewicht n
brüt defter değeri • Bruttobuchwert m
brüt faiz • Bruttoverzinsung f
brüt gelir • Bruttoeinkommen n
brüt getiri • Bruttorendite f
brüt hasılat • Rohertrag m
brüt kar • Bruttogewinn m; Handelsspanne f; Rohgewinn m; Umsatzgewinn m
brüt kar ve zarar • Bruttogewinn m und Bruttoverlust m
brüt milli tasarruf • Bruttoersparnis f
brüt satışlar • Bruttoumsatz m
brüt tahsilat • Roheinnahme f
brüt toplam • Bruttobestand m
brüt üste • Bruttoüberschuss m
brüt verim • Bruttoertrag m; Rohertrag m
brüt zarar • Bruttoverlust m; Rohverlust m
bu zamana kadar • zur Zeit f
bucak • Stadtbezirk m
budunbetim • Ethnographie f
budunbilim • Ethnologie f
budundilbilim • Ethnolinguistik f
bugüne kadar • bis Datio
bugünkü değer • Ertragswert m; Gegenwartswert m
bugünkü net değer • gegenwärtiger Wert m; gegenwärtiger Netto-Wert m
buhran • Krise f; Notstand m
buhran vergisi • Krisensteuer f
buhranı giderme • Therapie f
bulan • Finder m
bulaşıcı • ansteckend
bulaşıcı çocuk hastalıkları • ansteckende Kinderkrankheiten pl. f
bulaşıcı hastalıklar • ansteckende Krankheiten pl. f
bulaşma • Kontamination f
bulaştırmak • anstecken
bulgu • Befund m
bulmak • befinden; erfinden; ermitteln; finden

Mesleki Terimler Sözlüğü

bulunan • befindlich
bulunan eşya • Fund m; Fundgegenstand m; Fundsache f
bulunan malın iadesi • Herausgabe f der Fundsache f
bulunan şeyi gizleme • Fundunterschlagung f
bulunç • Gewissen n
bulunduğu yer • Fundstelle f
bulunmak • sich befinden
bulunması gereken meblağ • Soll n
bulunması gereken mevcut • Sollbestand m
bulup çıkarmak • ausfindig machen; zurückverfolgen
bulup getirene kanunen öngörülen mükafat • Finderlohn m
buluş • Entdeckung f; Erfindung f
bulyonizm • Bullionismus m
buna karşı • dagegen
buna rağmen • trotzdem
bundan dolayı • deswegen
bunun için • dafür
bununla beraber • trotzdem
burs • Erziehungsbeihilfe f; Stipendium n
burs alan öğrenci • Stipendiat m
burslu öğrenci • Stipendiat m
butlan • Nichtigkeit f; Ungültigkeit f
butlan davası • Anfechtungsklage f; Nichtigkeitsklage f
butlan kararı • Nichtigkeitserklärung f; Nichtigkeitsurteil n; Ungültigkeitserklärung f
buyrultusal • arbiträr
buyrultusallık • Arbitrarität f
buyrum kipi • Imperativ m
buyrum tümcesi • Befehlssatz m; Imperativsatz m
büfe • Kiosk m
büküm • Flexion f
bükünlü diller • flektierende Sprachen pl. f
bünye • Struktur f
büro • Büro n; Geschäftsstelle f; Kanzlei f; Kontor n; Niederlassung f; Office n; Stelle f
büro donanımı • Büroausstattung f
büro döşemesi • Büroeinrichtung f
büro giderleri • Bürokosten pl
büro için ayrılmış fon • Bürofonds m
büro malzemeleri • Büromaterialien pl. n
büro memurluğu • Büroberuf m
büro mobilyası • Büroeinrichtung f
büro teçhizatı • Büroausstattung f
büroda alışılmış çalışma süresinden daha kısa çalışma • kurze Arbeitszeit f
bürokrasi • Bürokratie f
bürokrat • Bürokrat m
bürün • Prosodie f
bürünbilim • Prosodie f
bürünbilimsel • prosodisch
bürünbirim • Prosodem n
bürünsel • prosodisch
bütçe • Anschlag m; Budget n; Etat m; Haushalt m; Haushaltsplan m; Haushaltung f; Staatshaushalt m
bütçe açığı • Budgetdefizit n; Plandefizit n; Staatsfehlbetrag m
bütçe bakiyesi • Haushaltsrest m
bütçe değerlemesi • Budgetbewertung f
bütçe denkliği • Budgetgleichgewicht n
bütçe dışı • haushaltsfremd
bütçe doğrusu • Budgetlinie f
bütçe dönemi • Budgetperiode f
bütçe farkı • Budgetabweichung f
bütçe fazlası • Budgetüberschuss m
bütçe gelirleri • Finanzaufkommen n
bütçe hesabı • Haushaltsrechnung f
bütçe hesapları • Budgetkonten pl. n
bütçe hesaplarının durumu • Haushaltslage f
bütçe kanunu • Budgetgesetz n; Haushaltsgesetz n
bütçe kesintileri • Budgetkürzungen f
bütçe kontrolü • Budgetkontrolle f
bütçe mevzuatı • Haushaltsordnung f
bütçe oylaması • Haushaltsbewilligung f
bütçe parası • Haushaltsmittel pl.
bütçe politikası • Budgetpolitik f
bütçe sonuçları • Gebarungserfolg m
bütçe tahmini • Haushaltsansatz m; Plan m; Voranschlag m; vorläufiger Staatshaushaltsplan m; Planrechnung f; Staatshaushaltsvoranschlag m
bütçe tahmini yapmak • präliminieren
bütçe tasarısı • Budgetvorschlag m
bütçede vahdet • Einheitsprinzip n
bütçeleme • Budgetierung f

Fachwörterbuch

bütçelenen satış hasılatı ile fiili satış hasılatı arasındaki fark • Umsatzabweichung f
bütçelenmiş maliyet • geplante Kosten pl
bütçenin altında • Budgetunterschreitung f
bütçenin doğruluğu ilkesi • Richtigkeitsprinzip n des Budgets n
bütçenin düyunundan ödeme • Auslaufszahlung f
bütçenin gider ve gelirlerinin denk olması ilkesi • Etatausgleichsprinzip n
bütçeye sokmak • etatisieren
bütçeye uygun olarak • etatmässig
bütün • gesamt; sämtlich; total
bütün haklar saklı kalmak şartıyla • unter Vorbehalt m aller Rechte pl. n
bütün haklara sahip hisse senedi • Vollaktie f
bütün masraflar çıktıktan sonra • netto
bütün masrafları ödenmiş • franco
bütün riskler • alle Risiken pl. n
bütün risklere karşı • gegen alle Risiken pl. n
bütünce • Korpus m
bütünleme sınavı • Nachprüfung f; Wiederholungsprüfung f
bütünleşme • Integration f
bütünleşmemiş • nicht-integriert
bütünleşmiş • integriert
bütünleyici dağılım • komplementäre Distribution f
bütünlük • Ganzheit f; Geschlossenheit f
bütünlük ilkesi • Ganzheitsprinzip n
büyük • gross; intensiv; überwiegend
büyük arazi sahibi • Grossgrundbesitzer m
büyük avarya • gemeinschaftliche Havarie f; grosse Havarie f
büyük avarya zararı • Havarie-Grosse-Schaden m
büyük avaryada zarar ve ziyanın bölüşülmesi • Dispache f
büyük avaryaya katılma • Havarie-Grosse-Einschuss m
büyük bir şirketin sahip olduğu banka • Konzernbank f
büyük defter • allgemeines Hauptbuch n; Hauptbuch n
büyük defter hesabının sağ tarafı • Guthaben n; Haben n
büyük defter hesabının sol tarafı • Belastung f; Soll n
büyük defter hesabının T harfi ile sembolize edilmiş biçimi • T-Konto n
büyük defter hesaplarını tutan • Kontenführer m
büyük devletler • Grossmächte pl. f
büyük ebeveyn • Grosseltern pl.
büyük ekseriyet • überwiegende Mehrheit f
büyük işletme • Grossbetrieb m
büyük miktardaki alımlarda yapılan iskonto • Mengenrabatt m
Büyük Millet Meclisi • Grosse Nationalversammlung f
büyük numara • grosse Nummer f
büyük satış mağazası • Kaufhaus n
büyük şirket • Konzern m
büyük şirkete bağlı şirket • Tochtergesellschaft f
büyük ünlü uyumu • Palatalharmonie f
büyükanne • Grossmutter f
büyükbaba • Grossvater m
büyükelçi • Botschafter m
büyükelçilik • Botschaft f
büyültme eki • Vergrösserungssuffix n
büyültmeli • vergrössernd
büyüme • Wachstum n; Zuwachs m
büyüme eğrisi • Wachstumskurve f
büyüme oranı • Wachstumsrate f
büyümek • aufwachsen

Mesleki Terimler Sözlüğü

C

cadde • Strasse f
caiz • angängig; statthaft; zulässig
caiz olmayan • unstatthaft; unzulässig
can sigortası • Personenversicherung f
can sıkıcı • lästig
cana kast • Lebensnachstellung f
cani • Mörder m; Schwerverbrecher m; Verbrecher m
caniyane • verbrecherisch
canlandırıcı oyun • dramatisches Spiel n
canlandırmak • darstellen
canlı • lebend; belebt; belebtes Genus n
canlıcılık • Animismus m
canlılık • Lebendigkeit f; Schwungkraft f
cansız • leblos; unbelebtes Genus n
cari • gültig; laufend
cari aktifler • kurzfristige Vermögenswerte pl. m; Umlaufvermögen pl. n
cari ay • laufender Monat m
cari borç • kurzfristige Verbindlichkeit f; laufende Verbindlichkeiten pl. f
cari değer • Tageswert m; Zeitwert m
cari dönem • laufende Periode f
cari faiz • laufende Zinsen pl. m
cari fiyat • allgemein gültiger Preis m
cari gelir • Isteinnahme f
cari getiri • laufende Rendite f; laufender Ertrag m
cari gider • Istausgabe f
cari giderler • Aufwendungen pl. f einer bestimmten Periode f
cari hesap • Girokonto n; Kontokorrent n; laufende Rechnung f; laufendes Konto n
cari hesap avansı • Kontokorrentvorschuss m
cari hesap kredisi • Kontokorrentkredit m; Kontokorrentvorschuss m; Überziehung f
cari işlemler hesabı • Leistungsbilanz f
cari işlemlerin bakiyesi • Leistungsbilanz f
cari kur • Devisenkurs m; Tageskurs m; Wechselkurs m
cari maliyet • Tageswert m
cari maliyetlerin cari hasılat ile karşılaştırılması • Kostenprinzip n

cari muhataralar ihtiyatı • Prämienüberträge pl. m
cari olmayan borçlar • nicht kurzfristige Schulden pl. f
cari oran • Liquiditätsgrad m; Liquiditätskennzahl f
cari piyasa değeri • Tagespreis m
cari ticari • Verkehrswert m
cari varlıklar • Umlaufvermögen pl. n
cari verim • Effektivzins m; laufende Rendite f; laufender Ertrag m
cari yıl • laufendes Jahr n
Carter tahvilleri • Carter Bonds pl. m; Carter-Notes pl. f
casus • Agent m; Spion m
casusluk • diplomatischer Landesverrat m; landesverräterische Begünstigung f; Spionage f
casusluk etmek • spionieren
cayma • Reue f; Rückgriff m; Rücktritt m; Widerruf m
cayma akçesi • Reuegeld n; Strafe f
cayma hakkı • Rücktrittsrecht n
cayma hakkı olan satış • Reukauf m
cayma süresi • Abstandsfrist f; Rücktrittsfrist f
cayma şartı • Rücktrittsklausel f; Sicherungsklausel f
cayma tazminatı • Reuegeld n; Strafe f
caymaca • Anakoluth n
caymak • abgehen
caymaya karşı kefil • Rückbürge m
cazip fiyat • Lockpreis m
cebir • Abnötigung f; Gewalt f; Nötigungsnotstand m; Zwang m
cebren • gewaltsam; zwangsweise
cebren açmak • einbrechen
cebren gönderme • Zwangseinweisung f
cebren ırza geçme • gewaltsame Unzucht f; Unzucht f
cebren ırza geçmek • Notzucht f
cebretmek • zwingen
cebri • zwingend
cebri artırma • Zwangsversteigerung f

Fachwörterbuch

cebri icra • Schuldbetreibung f; Zwangsbetreibung f; Zwangsvollstreckung f
cebri icra yoluyla satış • Verkauf m im Wege m der Zwangsvollstreckung f
cebri satış • Zwangsverkauf m
cehalet • Ungebildetsein n
cehil • Nichtwissen n; Unkenntnis f
celp • Berufung f; Aufruf m; Evokation f; gerichtliche Ladung f; Ladung f; Ruf m
celp etmek • aufrufen; berufen; laden; vorladen; zitieren; sistieren
celpname • gerichtliche Ladung f; Ladungsurkunde f; Vorladung f; Vorladungsurkunde f
celse • Gerichtssitzung f; Gerichtsverhandlung f; Verhandlung f
cemaat • Leute pl.; Gesellschaft f
cemaatler • Religionsgemeinschaften pl. f
cemi ianat • Kollekte f; öffentliche Sammlung f
cemiyet • Kollegium n; Korporation f; Verein m
cemiyet birlikleri • Zentralverband m
cemiyet hürriyeti • Vereinsfreiheit f
cemiyetler hukuku • Korporationsrecht n; Vereinsrecht n
cenaze yardım sandığı • Sterbekasse f
cenaze yardımı • Sterbegeld n
Cenevre Mukavelesi • Genfer Abkommen n; Genfer Konvention f
cenin • Leibesfrucht f
centilmenlik anlaşması • Vereinbarung f zwischen Ehrenmännern pl. m
cep • Tasche f
cereyan • Ablauf m; Verlauf m
cereyan etmek • verlaufen
cesaret • Mut m
ceset • Leiche f
cet • Vorfahr m
cetvel • Aufstellung f; Liste f; Massstab m; Tabelle f; Tarif m; Verzeichnis n
cevaba cevap • Duplik f; Gegenrede f; Replik f
cevaba cevap vermek • duplizieren; replizieren
cevap • Antwort f; Bescheid m; Duplik f; Erwiderung f; Klagebeantwortung f
cevap aleccevap • Duplik f; Replik f

cevap layihası • Erwiderungsschrift f; Klagebeantwortungsschrift f; Klagebeantwortungsschriftsatz m
cevap verme • Rückäusserung f; Stellungnahme f
cevap vermek • antworten; erwidern
cevaplama • Beantwortung f
cevaplandırmak • beantworten; entgegnen
cevazı istihdam kararı • Rehabilitierungsbeschluss m bei Amtsverlust m
cevher • Stoff m; Substanz f
ceza • Bestrafung f; Busse f; Strafe f; Strafmass n; Vertragsstrafe f
ceza dairesi • Strafkammer f
ceza davası • Strafprozess m; Strafverfahren n
ceza davası ile irtibatlı tazminat davası • Anschlussverfahren n
ceza davası konusu • Strafsache f
ceza dogmatiği • Strafrechtswissenschaft f
ceza faizi • Strafzins m
ceza hakimi • Strafrichter m
Ceza Heyeti Umumiyesi • Vereinigte Strafsenate pl. m
ceza hukuku • Strafrecht n
ceza kanunu • Strafgesetz n; Strafgesetzbuch n
ceza kararı • Strafurteil n
ceza kararnamesi • Strafbefehl m
ceza korkusu • Furcht f vor Strafe f
ceza kovuşturmasından vazgeçme • Niederschlagung f des Strafverfahrens n
ceza mahkemesi • Strafgericht n; Strafkammer f
ceza muhakemeleri kanunu • Strafgerichtsordnung f
ceza muhakemeleri usulü kanunu • Strafprozessordnung f
ceza muhakemesi usulü • Strafverfahren n
ceza ödemek • Busse f entrichten
ceza politikası • Kriminalpolitik f
ceza psikolojisi • Kriminalpsychologie f
ceza ruhbilimi • Kriminalpsychologie f
ceza siyaseti • Kriminalpolitik f
ceza şartı • Strafklausel f
ceza takibatından vazgeçme • Niederschlagung f des Strafverfahrens n
ceza talebi • Strafantrag m

Mesleki Terimler Sözlüğü

ceza talebinde bulunmak • Strafantrag m stellen
ceza talebini geri almak • Strafantrag m zurückziehen
ceza talebinin geri alınması • Zurücknahme f des Strafantrags m
ceza tecilinin kaldırılması • Widerruf m der Strafaussetzung f
ceza tedbirleri • Strafmassnahmen pl. f
ceza ve tehdit • Strafandrohung f
ceza ve tevkif evleri hukuku • Gefängnisrecht n
ceza verme yetkisi • Strafbefugnis f; Strafrecht n
ceza vermek • strafen
ceza vermemek • von Strafe f absehen
cezada mümaselet • Talion m; Vergeltung f
cezadan muaf • straffrei; unbestraft
cezadan muafiyet • Straffreiheit f
cezaen tayin • Strafversetzung f
cezaevi • Gefängnis n; Korrektionsanstalt f; Strafanstalt f; Zuchthaus n
cezaevi eğitimi • Zuchthauserziehung f
cezaevi müfettişi • Gefangenenaufseher m
cezaevi okulu • Zuchthausschule f
cezaevi öğretmeni • Zuchthauslehrer m
cezai düzenleme • Sanktion f
cezai ehliyet • Schuldhaftigkeit f; Strafmündigkeit f; Strafwürdigkeit f; Zurechnungsfähigkeit f
cezai ehliyete sahip • strafmündig
cezai ehliyeti olan • zurechnungsfähig
cezai eyleme teşvik ve tahrik • Aufforderung f zur strafbaren Handlung f
cezai fiil • Straftat f
cezai hüküm • Strafbestimmung f
cezai hükümler • Strafvorschriften pl. f
cezai kovuşturma • Strafverfolgung f
cezai mevzuat • Strafgesetzgebung f
cezai şart • Konventionalstrafe f; Vertragsstrafe f
cezai şartın indirilmesi • Herabsetzung f der Vertragsstrafe f
cezai takibat • Strafverfolgung f
cezai takibat yapmak • strafrechtlich verfolgen
cezai takibatın kaldırılması • Niederschlagung f des Strafverfahrens n

cezai takibatta bulunmak • strafrechtlich verfolgen
cezai yargı • Strafgerichtsbarkeit f
cezai yeterlilik • Zurechnungsfähigkeit f
cezalandırılmamış • ungestraft
cezalandırma • Ahndung f; Bestrafung f
cezalandırmak • ahnden; bestrafen; strafen; züchtigen; bestrafen
cezaların beli sistemi • Absorptionsprinzip n
cezaların cemi • Strafenhäufung f
cezaların içtimaında yutma sistemi • Absorptionsprinzip n
cezaların takdiri • Strafbemessung f
cezaların tebdili • Strafumwandlung f
cezaların tecili • Strafaufschub m; Strafaussetzung f; Strafausstand m; Zubilligung f von Bewährungsfrist f
cezaların toplanması • Strafenhäufung f
cezaların yutma sistemi • Absorptionsprinzip n
cezanın affı • Straferlass m; Straferlassung f
cezanın ağırlaştırılması • Strafverschärfung f
cezanın artırılması • Strafschärfung f; Strafverschärfung f
cezanın başka bir cezaya çevrilmesi • Strafumwandlung f
cezanın düşmesi • Erlöschen n der Strafe f
cezanın hafifletilmesi • Strafmilderung f
cezanın infazı • Strafvollstreckung f; Strafvollzug m
cezanın kademeli olarak infazı • Stufenstrafvollzug m
cezanın meşruten affı • bedingter Straferlass m
cezanın sukutu • Erlöschen n der Strafe f
cezanın tahvili • Umwandlung f der Strafe f
cezanın takdiri • Strafzumessung f
cezanın tebdili • Strafumwandlung f
cezanın tecili • Bewährung f
cezanın tecilinde cezayı kaldıran süre • Bewährungsfrist f
cezasını çekmek • büssen; verbüssen
cezasız • unbestraft; ungestraft
cezaya çarptırılacağı ihtar olunarak • unter Androhung f von Strafe f

Fachwörterbuch

cezaya çarptırmak • Strafe f verhängen; mit Strafe f belegen
cezaya ehliyet • Strafmündigkeit f
cezaya mani sebepler • Strafausschliessungsgründe pl. m
cezayı ağırlaştırıcı • strafverschärfend
cezayı ağırlaştırıcı sebepler • erschwerende Umstände pl. m; Straferhöhungsgründe pl. m; strafverschärfende Umstände pl. m; Strafverschärfungsgründe pl. m
cezayı ağırlaştırma • Straferhöhung f
cezayı ağırlaştırmak • Strafe verschärfen f
cezayı artırıcı sebepler • Strafschärfungsgründe pl. m
cezayı azaltıcı nitelikte değerlendirme • Kompensation f
cezayı gerektiren • strafbar; straffällig
cezayı gerektiren davranışlara karşı hoşgörü gösterme • Konnivenz f
cezayı gerektiren durum • Strafbarkeit f
cezayı gerektiren eylem • strafbare Handlung f
cezayı gerektiren hadise • Straffall m
cezayı hafifletici • strafmildernd
cezayı hafifletici sebepler • mildernde Umstände pl. m; strafmildernde Umstände pl. m; Strafmilderungsgründe pl. m
cezayı hafifletmek • Strafe mildern f
cezayı infaz etmek • Strafe vollziehen f
cezayı kaldıran sebepler • Strafaufhebungsgründe pl. m; Strafausschliessungsgründe pl. m
cezayı kaldırma • Strafaufhebung f
cezayı tamamen kaldırıcı nitelikte değerlendirme • Kompensation f
cezayı tecil etmek • Strafe f aufschieben
cezayı uygulama yetkisi • Strafgewalt f
cezbedici fiyat • Lockpreis m
ciddi • ernst; ernsthaft; fundamental; seriös
ciddi zarar verme • Härte f
CIF fiyat • CIF-Preis m
cihaz • Aussteuer f; Heiratsgut n; Instrument n; Mitgift f; Organ n
cihaz sigortası • Ausstattungsversicherung f; Aussteuerversicherung f
cihaz usulü • Ehesteuer-System n
cihaz usulü anlaşma • Dotalvertragssystem n

cihet • Umstand m
cilt • Band m
cilt numarası • Bandnummer f
cinayet • Mord m; Mordtat f; Verbrechen n
cinayet işlemek • Mord m begehen; morden; Verbrechen n begehen
cinayet kastı • Mordabsicht f
cinayet masası • Kriminalabteilung f; Kriminalpolizei f; Mordkommission f
cinayet masası polisi • Kriminalbeamter m
cinayete teşebbüs • Mordversuch m
cins • Genus n; Art f; Gattung f; Qualität f; Rasse f; Sorte f; Spezies f; Typ m
cins adı • Gattungsname m
cins sayısının sınırlandırılması • Typenbeschränkung f
cinsel • sexual; sexuell
cinsel ayrılıklar • sexuelle Unterschiede pl. m
cinsel eğitim • Sexualerziehung f
cinsel ilgi • sexuelles Interesse n
cinsel olgunluk • sexuelle Reife f
cinsi münasebet • Beischlaf m; Beiwohnung f; Geschlechtsverkehr m; Verkehr m
cinsi münasebet suçları • Sexualdelikte pl. n
cinsi münasebete icbar • sexuelle Nötigung f
cinsi münasebette bulunma • Beiwohnung f
cinsi münasebette bulunmak • beiwohnen; verkehren
cinsini belirtme • Spezifikation f
cinsiyet • Geschlecht n
cinsiyet suçları • Sexualverbrechen n
cinsiyetle ilgili • sexuell
cinsiyetle ilgili suçlar • Sexualdelikte pl. n
cinslere ayırma • Sortenwahl f
cinslere ayırmak • spezifizieren
ciranta • Girant m; Indossant m
ciro • Giro m; Indossament n; Umsatz m; Übertrag m; Verkaufe m
ciro eden • Girant m; Indossant m; Zedent m
ciro edilebilir • indossabel; übertragbar; verkehrsfähig
ciro edilebilir depo makbuzu • Orderlagerschein m

Mesleki Terimler Sözlüğü

ciro edilebilir poliçe • begebbarer Wechsel m
ciro edilebilir senet • begebbarer Wechsel m
ciro edilebilir ticari belgeler • Wechselpapiere pl. n
ciro edilebilir ve devredilebilir • begebbar; marktfähig; negoziierbar; übertragbar
ciro edilebilir ve devredilebilir finansal araçlar • begebbares Wertpapier n; Handelspapiere pl. n; Wechselpapiere pl. n; Wertpapiere pl. n
ciro edilemeyen devredilemeyen poliçe • Rektawechsel m
ciro edilemez • nicht negoziierbar
ciro edilemez çek • Rektascheck m; Scheck m nicht an Order f
ciro edilemiyen poliçe • Rektawechsel m
ciro edilen • Girat m; Giratar m; Indossat m; Indossatar m
ciro edilen kimse • Indossatar m
ciro edilmeden satılan poliçe • Originalwechsel m
ciro etmek • girieren; indossieren; übertragen
ciro ile • bargeldlos
ciro ile ilgili • giral
ciro kaydı • Übertragungsvermerk m
ciro komisyonu • Giroprovision f
ciro muameleleri • Girosystem n
ciroda mütenefinin adı • Order f
cirosu olanaksız kağıtlar • unübertragbare Wechsel pl. m
cirosu olanaksız senetler • unübertragbare Wechsel pl. m
ciroyu değiştirmek • umschreiben
cisim • Körper m
cismani ceza • Körperstrafe f
cismani zarar • körperliche Schädigung f; körperlicher Schaden m; Körperverletzung f
civar • Umgebung f; Umkreis m
civar hısımlığı • Seitenlinie f; Seitenverwandtschaft f; Verwandtschaft f in der Seitenlinie f
civar hısımlığında miras • Seitenerbschaft f
civar hısmı • Seitenverwandter m
civar hısmı olan mirasçı • Seitenerbe m
cober • Agiateur m; Aktienhändler m; Grossist m; Jobber m; Wertpapierhändler m; Zwischenmakler m
coğrafya • Erdkunde f
cumhurbaşkanı • Staatspräsident m
cumhuriyet • Freistaat m; Republik f
Cumhuriyet Halk Partisi • Republikanische Volkspartei f
cumhuriyetçilik • Republikanismus m
cumhuriyeti koruma kanunu • Gesetz n zum Schutz m der Republik f
currency prensibi • Currency Prinzip n; Golddeckungsprinzip n
cümle • Satz m
cünha • Vergehen n
cüppe • Talar m
cüret • Wagnis n
cürmü meşhut • frische Tat f
cürmün işlendiği yerde olmadığını ispat etmek • Alibi n nachweisen
cürmün işlendiği yerde olmama • Alibi n
cürüm • Untat f; Übeltat f; Verbrechen n; Vergehen n
cürüm işlemek • verbrechen; Verbrechen n begehen
cürüme teşebbüs • Versuch m
cüzdan • Portefeuille f
cüzi halefiyet • Einzelrechtsnachfolge f; Singularsukzession f; Sondernachfolge f

Fachwörterbuch

Ç

çaba • Anschauung f; Mühe f
çabuk • schnell
çabuklaştırma • Beschleunigung f
çabuklaştırmak • beschleunigen; forcieren
çağ • Lebensalter n
çağdaş eğitim • moderne Erziehung f
çağdaş okul • moderne Schule f
çağırma • Anruf m; Einberufung f; Ruf m
çağırmak • anrufen; berufen; einberufen; einladen; laden
çağrı • Aufruf m; Einberufung f
çağrı işlevi • Appelfunktion f; konative Funktion f
çağrışım deneyleri • Assoziationsexperimente pl. n
çağrışımcılık • Assoziationspsychologie f
çağrışımlı öğrenme • Assoziationslernen n
çağrışımsal • assoziativ
çağrışımsal alan • assoziatives Feld n
çakışma • Zusammentreffen n
çakışmak • zusammentreffen
çalınan mallar • gestohlene Sachen pl. f
çalınmış mal • Diebesgut n
çalınmış menkul kıymetlerin listesi • Oppositionsliste f
çalıntı malı gizlemek • Diebesgut n hehlen
çalışabilir • arbeitsfähig
çalışabilir durumda • erwerbsfähig
çalışabilir durumda olma • Erwerbsfähigkeit f
çalışamaz • arbeitsunfähig
çalışan • Arbeitnehmer m; erwerbstätig; tätig
çalışan aile üyeleri • Familienarbeitskräfte pl. f
çalışan ortak • aktiver Teilhaber m; tätiger Teilhaber m
çalışanlara yönelik hisse senedi • Arbeitnehmeraktie f
çalışanların birliği • Kammer f
çalışarak borcunu ödemek • abarbeiten
çalışılan saatlar • geleistete Arbeitsstunden pl. f

çalışılan zamanın saptanması • Zeitkontrolle f
çalışılmış iş saatleri • Werkstattstunden pl. f
çalışma • Anstellung f; Arbeit f; Beschäftigung f; Tätigkeit f
çalışma alanı • Tätigkeitsbereich m
çalışma alışkanlığı • Arbeitsgewohnheit f
Çalışma Bakanlığı • Arbeitsministerium n
çalışma birlikleri • Kollektiv n
çalışma esası • Arbeitsgrundlage f
çalışma grubu • Arbeitsgemeinschaft f; Arbeitsgruppe f; Arbeitskreis m; Schicht f
çalışma gücünün azalması • Erwerbsminderung f
çalışma günü • Werktag m
çalışma hayatı • Berufsleben n
çalışma hayatında hamile kadının korunması • Mutterschutz m
çalışma hürriyeti • Arbeitsfreiheit f
çalışma kağıdı • Arbeitsbogen m
çalışma kampı • Arbeitslager n
çalışma kılavuzu • Arbeitsführung f
çalışma marjı • Bedarfsspanne f
çalışma mükellefiyeti • Arbeitsdienst m; Arbeitspflicht f
çalışma müsaadesi • Arbeitserlaubnis f
çalışma müsaadesinin geçerlilik süresi • Geltungsdauer f der Arbeitserlaubnis f
çalışma postaları • Kollektiv n
çalışma primi • Prämienlohn m
çalışma saatleri • Arbeitsstunden pl. f; Betriebszeit f; Geschäftszeit f
çalışma salonu • Lesesaal m
çalışma sermayesi • Betriebskapital n
çalışma süresi • Arbeitszeit f
çalışma süresinin kısalması • Kurzarbeit f
çalışma şartları • Arbeitsbedingungen pl. f
çalışma şartlarının alt sınırı • Mindestarbeitsbedingungen pl. f
çalışma tabloları • Arbeitspapiere pl. n
çalışma ünitesi • Betrieb m

Mesleki Terimler Sözlüğü

Çalışma ve Sosyal Güvenlik Bakanlığı • Ministerium n für Arbeit f und Sozialordnung f
çalışma yönetmeliği • Arbeitsgrundlage f
çalışma zamanı • Schicht f
çalışmak • arbeiten; sich beschäftigen; sich betätigen
Çalışmayı Teşvik Kanunu • Arbeitsförderungsgesetz n
çalıştırma • Schulung f
çalıştırma cezası • Arbeitszwang m
çalıştırmak • beschäftigen
çalma hastalığı • Stehlsucht f
çalma hastası • Stehlsüchtiger m
çalmak • bestehlen; stehlen
çanta • Tasche f
çap • Katasterplan m
çapraz kur • kreuzende Wechselkurse pl. m; Umtauschverhältnis n
çapraz kur riski • kreuzende Wechselkursrisiken pl. n
çapraz toplam • Quersumme f
çapulculuk • Marodieren n
çare • Abhilfe f; Mittel n
çare bulmak • Abhilfe schaffen f
çaresiz • hilflos
çaresizlik • Hilflosigkeit f
çarpışma • Zusammenstoss m
çarpışmak • kollidieren; zusammenstossen
çarpma • Anstoss m
çarter mukavelesi • Charter-Partie f; Chartervertrag m; Raumfrachtvertrag m; Seefrachtvertrag m
çarter mukavelesine göre gemi kiralama • Charterung f
çarter-parti konşimentosu • Charter-Partie f; Konnossement n
çatal, kaşık ve bıçak sanayii • Besteckindustrie f
çatı • Diathese f, Genus n verbi
çatışma • Konflikt m; Kollision f
çatışmak • kollidieren; zusammenstossen
çatma • Schiffszusammenstoss m; Zusammenstoss m
çayır hayvancılığı • Grünlandwirtschaft f
çek • Check m; Scheck m
çek defteri • Scheckbuch n; Scheckheft n
çek hamili • Scheckinhaber m
çek hesabı • Checkrechnung f; Scheckkonto n
çek ile ödeme • Scheckzahlung f
çek iptali • Schecksentwertung f
çek karnesi • Scheckbuch n; Scheckheft n
çek kartı • Checkkarte f; Scheckkarte f
çek vermek • abgeben
çekilme • Austritt m; Demission f; Entnahme f; Niederlegung f eines Amtes n; Rücktritt m; Rücktritt m vom Amt n
çekilmek • abtreten; austreten
çekilmez • unerträglich
çekim • Deklination f; Konjugation f
çekim eki • Endung f; Flexionsendung f
çekimser • Stimmenthalter m
çekimsiz • undeklinierbar
çekin karşılıksız olduğunu belirten ifade • nicht gedeckt
çekin ödeneceği yer • Domizil n
çekinmek • meiden
çekinseme • Enthaltung f
çekirdek • Kern m; Nukleus m
çekirdek program • Kernlehrplan m
çekirdek tümce • Kernsatz m
çekişmesiz • nichtstreitig
çekiştirmek • lästern
çekle yapılan havaleler • Scheckverkehr m
çekle yapılan muameleler • Scheckverkehr m
çekle yapılan ödeme • Barauslage f
çekme • Rückgriff m; Sog m; Ziehung f
çekme gücü • Sog m
çekmece • Kassette f; Lade f
çekmek • beziehen; girieren
çekte yazılı meblağ • Scheckbetrag m; Schecksumme f
çelik alıcısı • Stahlbezieher m
çelik döküm • Stahlformguss m
çelik kasa • Tresor m
çelik kullanan sanayici • Stahlverarbeiter m
çelik kullanıcısı • Stahlbezieher m
çelik sanayiinde durum • Stahlkonjunktur f
çelik üretiminin sınırlandırılması • Stahlkontingentierung f
çelişki • Kontradiktion f; Widerspruch m
çelişkili • paradox; widersprechend
çelişkili iddia • Paradoxon n
çelişkili ifade • Paradoxon n

Fachwörterbuch

çerçeve • Rahmen m; Verbreitung f
çerçeve anlaşması • Rahmenvertrag m
çerçeve kanun • Rahmengesetz n
çeşit • Sorte f
çeşit borcu • Gattungsschuld m
çeşit sayısı • Sortenzahl f
çeşit seçimi • Sortiment n
çeşit üzerinden alım • Gattungskauf m
çeşitlendirilmiş fonlar • diverse
   Fonds pl. m
çeşitlendirme • Diversifikation f
çeşitli • verschieden
çeşitli duran varlıklar • Wertanlagen pl. f
çeşitli eşyayı aynı fiyatla satan büyük
   mağaza • Einheitspreisgeschäft n
çeşitli gelirler • sonstige Erträge pl. m
çeşitli giderler • neutrale Erträge pl. m;
   Unkosten pl.; verschiedene
   Gemeinkosten pl
çeşitli hesaplara kayıt yapılmaksızın
   belgelerin sınıflandırılarak izlendiği
   muhasebe sistemi • offene Posten-
   Buchführung f
çeşitli malı götürü satın almak • ramschen
çeşitli paralar arasında • intervalutarisch
çeşitli teşebbüslerin birleştirilmesi •
   Konzentration f
çete • Bande f
çete halinde hırsızlık • Bandendiebstahl m
çete halinde soygun • Bandenraub m
çeviri • Übersetzung f
çeviribilim • Übersetzungswissenschaft f
çevirici • Dolmetscher m; Übersetzer m
çevirme kredisi • Saisonkredit m
çevirmek • abwenden
çevirmen • Übersetzer m; Dolmetscher m
çevre • Milieu n; Bereich m; Revier n;
   Umgebung f; Umwelt f
çevre gezisi • Ausflug m
çevre incelemesi • Umweltforschung f
çevre kirlenmesi • Umweltverschmutzung
   f; Umweltbelastung f
çevre kirliliği • Umweltverschmutzung f;
   Umweltbelastung f
çevre koruma • Naturschutz m;
   Umweltschutz m
çevre kuramı • Milieutheorie f
çevre taraması • Umweltbefragung f

çevre ve temizlik vergisi • Umwelt- und
   Müllabfuhrsteuer f
çevrebilim • Ökologie f
çevresel eğitim • Umwelterziehung f
çevreye zarar verme • Umwelt-
   schäden pl. m
çevrikleme • Anagramm n
çevrim • Kreislauf m; Zyklus m
çevrimsel • periodisch
çevriyazı • Transkription f
çeyiz • Aussteuer f; Heiratsgut n; Mitgift f
çıkar • Interesse n; Nutzen m; Vorteil m
çıkar birliği • Interessengemeinschaft f
çıkar grubu • Interessengruppe f
çıkar sağlayarak seçmen iradesini
   etkileme • Wählerbestechung f
çıkarcı • eigennützig
çıkarcılık • Eigennützigkeit f
çıkarı olan • Interessent m
çıkarılan andaki satış değeri •
   Ausgabewert m
çıkarılmamış sermaye • nicht
   ausgegebenes Kapital n
çıkarılmış sermaye • ausgegebenes
   Kapital n
çıkarım fiyatı • Ausgabekurs m;
   Ausgabepreis m; Emissionskurs m;
   Emissionspreis m
çıkarım şartları • Ausgabebedingungen pl.
   f; Emissionsbedingungen pl. f
çıkarım tarihi • Ausstellungsdatum n
çıkarımcı kuruluş • Emissionsbank f;
   Emissionshaus n
çıkarların bir başkasına devri • Zession f
çıkarma yapmak • abziehen; in Abzug m
   bringen
çıkarmak • ablegen; absetzen; abziehen;
   kürzen; verabschieden
çıkış durumu • Elativ m
çıkış navlunu • Ausgangsfracht f
çıkış vizesi • Ausreisevisum n
çıkış yeri • Provenienz f
çıkma • Entnahme f
çıkma durumu • Ablativ m
çıkmak • ergehen
çıkmaz • Klemme f
çıktı • Ausgaben pl. f; Produktion f
çıktı maliyeti • Herstellungskosten pl
çıplak • nackt

Mesleki Terimler Sözlüğü

çıplak mülkiyet • nacktes Eigentum n
çırak • Lehrling m
çırak eğitimi • Lehrlingsausbildung f
çırak okulları • Lehrlingsschulen pl. f
çıraklık • Lehre f
çıraklık anlaşması • Lehrvertrag m
çıraklık eğitimi • Lehrlingsausbildung f
çıraklık mukavelesi • Lehrvertrag m
çıraklık süresi • Lehrzeit f
Çıraklık ve Meslek Eğitimi Geliştirme ve Yaygınlaştırma Fonu • Fonds m zur Entwicklung f und Ausweitung f der Lehrlings- und Berufsausbildung f
Çıraklık ve Meslek Eğitimi Kanunu • Gesetz n für Lehrlings- und Berufsausbildung f
çift döviz kredisi • Doppelwährungsanleihe f
çift eklemlilik • Doppelgliederung f
çift girişli defter tutma • doppelte Buchführung f
çift girişli muhasebe sistemi • doppelte Buchführung f
çift ikramiyeli muamele • Stellgeschäft n; Stellage f
çift kapasite • Doppelkapazität f
çift maden sistemi • Bimetallismus m
çift meclis sistemi • Zweikammersystem n
çift mikyasa dayanan para • Doppelwährung f
çift opsiyon • Doppeloption f; Doppelprämiengeschäft n; Stellagegeschäft n
çift opsiyon satışı • Stillhalten n
çift senet usulü • Zweischeinsystem n
çift taraflı defter tutma • doppelte Buchführung f
çift taraflı işlem • Stellagegeschäft n
çift taraflı kayıt yöntemi • doppelte Buchführung f
çift taraflılık ilkesi • doppeltes Buchführungsprinzip n
çiftçi • Landwirt m; Ökonom m
çiftçi birliği • Bauernverband m
çiftçilik • Ackerbau m; Agrarsektor m; Agrarwirtschaft f; Hofwirtschaft f; Landarbeit f; Landwirtschaft f; Ökonomie f
çiftdudaksıl • bilabial
çifte kayıt • Doppelbuchung f
çifte meclis sistemi • Zweikammersystem n
çifte sigorta • Doppelversicherung f
çifte standart • Doppelwährung f
çifte vergilendirme • Doppelbesteuerung f
çiftleme • Syllepse f
çiftlik • Betrieb m; Gut n; Landgut n
çiğneme • Beugung f; Übertretung f
çiğnemek • beugen; entgegenhandeln; überschreiten; übertreten
çit • Einfriedigung f; Einzäunung f; Grenzgraben m; Grenzhecke f; Grenzmauer f; Zaun m
çizelge • Aufstellung f; Liste f; Verzeichnis n
çizerek iptal etmek • ausstreichen
çizgi • Linie f; Zug m
çizgili çek • gekreuzter Scheck m; Verrechnungsscheck m
çizgisel • linear
çizgisellik • Linearität f
çizgisiz çek • offener Scheck m
çizim • Aufzeichnung f
çizmek • aufzeichnen; streichen; zeichnen
çocuğu başkasının gibi göstermek • Kind n unterschieben
çocuğu tanımak • Kind anerkennen n
çocuğu terk etmek • Kind aussetzen n
çocuğun bakımını üstlenen karı koca • Pflegeeltern pl.
çocuğun hakları • Rechte pl. n des Kindes n
çocuğun ihmali • Vernachlässigung f des Kindes n
çocuğun malları • Kindesvermögen n
çocuğun nesebini gizleme • Kindesunterschiebung f; Kindesunterschlagung f; Kindesverwechselung f
çocuğun saklı miras hissesi • Kindesteil m
çocuk • Kind n
çocuk ansiklopedisi • Kinderenzyklopädie f
çocuk bahçesi • Kindergarten m
çocuk bakımı • Kinderpflege f
çocuk değiştirme • Kindesunterschiebung f
çocuk dili • Kindersprache f
çocuk doktoru • Kinderarzt m
çocuk düşürme • Abtreibung f

Fachwörterbuch

çocuk edebiyatı • Kinderliteratur f
çocuk filmi • Kinderfilm m
çocuk gazetesi • Kinderzeitung f
çocuk gelişimi • Kinderentwicklung f
çocuk hakları • Rechte pl. n des Kindes n
Çocuk Hakları Sözleşmesi • Abkommen n über Kinderrechte pl. n
çocuk hukuku • Jugendrecht n
çocuk incelemesi • Studie f über Kinder pl. n
çocuk indirimi • Kinderermässigung f
çocuk kaçırma • Kindesentführung f; Kindesentziehung f
çocuk kampları • Kinderzeltlager n
çocuk kitabı • Kinderbuch n
çocuk kitaplığı • Kinderbibliothek f
çocuk klasikleri • klassische Werke pl. n für Kinder pl. n
çocuk mahkemeleri • Jugendgerichte pl. n
çocuk mahkemesi • Jugendgericht n
çocuk malları • Kindesvermögen n
çocuk müziği • Kindermusik f
çocuk oyunları • Kinderspiele pl. n
çocuk parası • Kindergeld n
çocuk parası kanunu • Kindergeldgesetz n
çocuk ruh hekimliği • Kinderpsychiatrie f
çocuk ruhbilim • Kinderpsychologie f
çocuk tazminatı • Kindergeld n
çocuk tiyatrosu • Kindertheater n
çocuk yardımı • Kinderbeihilfe f
çocuk zammı • Kinderbeihilfe f; Kindergeld n; Kinderzulage f; Kinderzuschuss m
çocukbilim • Pädologik f
çocukların korunması • Kinderschutz m
çocukluk çağı • Kinderzeitalter m; Kindheit f
çocukluk yaşı • Kindesalter n
çocuksu konuşma • kindliche Sprache f
çoğalma • Anwachsung f; Vermehrung f
çoğalmak • anwachsen; sich vermehren
çoğaltmak • vermehren; vervielfältigen
çoğul • Plural m
çoğunluk • Mehrheit f
çoğunluk çıkarları • Mehrheitsanteil m
çoğunluk kararı • Mehrheitsbeschluss m
çoğunluk prensibi • Mehrheitsprinzip n
çok amaçlı banka • Universalbank f

çok basamaklı gelir tablosu • Gewinn- und Verlustrechnung f
çok çeşitli iş yapan banka • Universalbank f
çok düşük fiyat • Schleuderpreis m; Spottpreis m
çok erkekle evlilik • Vielmännerei f
çok eşlilik • Bigamie f; Polygamie f
çok fazla gelir • Spitzeneinkommen n
çok fazlasıyla • reichlich
çok hatlı santral numarası • Sammelnummer f
çok hatlı telefon numarası • Sammelnummer f
çok hızlı okuma • diagonal lesen
çok işleklik • Hochbetrieb m
çok kadınla evlenme • Polygamie f
çok kadınla evlilik • Vielweiberei f
çok karılılık • Doppelehe f; Vielweiberei f
çok kısa vadeli borçlar • auf tägliche Kündigung f
çok kocalılık • Polyandrie f; Vielmännerei f
çok miktarda üretilen mallar • Massengüter pl. n
çok ortaklı şirket • Gesellschaft f mit mehreren Aktionären pl. m
çok önemli mesele • Schicksalsfrage f
çok sayıda şirkete hakim olmak için kurulan şirket • Schachtelgesellschaft f
çok sık ortaya çıkan muhasebe işlemlerinin denetimi • Verkehrsprüfung f
çok sütunlu günlük defter • amerikanisches Journal n
çok taraflı • mehrseitig
çok taraflı akit • mehrseitiger Vertrag m
çok taraflı işlemler • Ringverkehr m
çok taraflılık • Multilateralismus m; Multilateralität f
çok tehlikeli • lebensgefährlich
çok ucuza sürülen mal • Schleuderware f
çok uluslu banka • multinationale Bank f
çok yüksek ücret • Spitzenlohn m
çokamaçlı okul • Gesamtschule f
çokanlamlı • mehrdeutig; polysem
çokanlamlılık • Mehrdeutigkeit f; Polysemie f
çokbağlaçlılık • Polysyndeton n

Mesleki Terimler Sözlüğü

çokbireşimli diller • polysynthetische Sprachen pl. f
çokçuluk • Pluralismus m
çokdillilik • Multilingualismus m; Plurilingualismus m
çokluk • Mehrheit f; Menge f
çokyanlı karşıtlık • multilaterale Opposition f
çökme • Umbruch m
çöp • Abfall m
çöp tasfiyesi • Abfallbeseitigung f; Abfallentsorgung f
çözme • Dekodierung f; Ablösung f; Abnahme f; Auslösung f
çözmek • ablösen; abnehmen; auflösen; auslösen; lösen
çözüm • Auflösung f
çözümleme • Analyse f; Regelung f
çözümlemek • glattstellen; vermitteln
çözümleyici • analytisch
çözümleyici diller • analytische Sprachen pl. f
çözümsel inceleme • analytische Untersuchung f
çözümsel soru • analytische Frage f
çözümsel yöntem • analytische Methode f
çubuk halinde külçe altın • Barrengold n
çürük tahvil • Junk bond
çürütmek • entkräften; widerlegen
çürütülebilir • widerlegbar
çürütülemez • unwiderlegbar; unwiderleglich

Fachwörterbuch

D

dağ adları bilimi • Oronymie f
dağılım • Distribution f; Verteilung f
dağılımcı • Distributionalist m
dağılımcılık • Distributionalismus m
dağılımsal • distributionell
dağılımsal çözümleme • Distributionsanalyse f
dağılımsal dilbilim • distributionelle Lingustik f
dağılma • Aufkündigung f; Auflösung f; Streuung f
dağınık • diffus
dağıtılabilir kar • ausschüttungsfähiger Gewinn m
dağıtılacağı açıklanan kar payı • erklärte Dividende f
dağıtılan kar paylarından kesilen vergi • Kapitalertragssteuer f
dağıtılma • Annullierung f; Aufhebung f; Kündigung f
dağıtılmamış işletme karı • Gewinnvortrag m
dağıtılmamış kar • nicht entnommener Gewinn m; unverteilter Gewinn m; zurückbehaltener Gewinn m; einbehaltener Gewinn m
dağıtılmamış karların özel amaçla tutulması • zweckgebundene Rücklage f
dağıtılmış kar • ausgeschütteter Gewinn m
dağıtım • Aufteilung f; Ausschüttung f; Lieferung f; Verteilung f; Vertrieb m; Zuteilung f
dağıtım giderleri • Vertriebskosten pl
dağıtım merkezi • Umschlagplatz m
dağıtma • Verteilung f; Zersplitterung f; Zuteilung f
dağıtmak • austeilen; repartieren; verteilen; weiterplacieren; zuteilen
daha çok • mehr
daha fazla • mehr
daha önceki kaydı silen kayıt • Gegenbuchung f
daha uygun hale getirmek • vergünstigen
daha uzağa sevk etmek • weiterbefördern
dahil olarak • einschliesslich; inklusive

dahil olmak üzere • eingerechnet
dahili • intern
dahili gümrük resmi • Binnenzoll m
dahili harp • Bürgerkrieg m
dahili muhasebe • Organschaftsverrechnung f
dahili münasebet • Binnenbeziehung f
dahili nizamname • Geschäftsordnung f; Hausordnung f; Regulativ n
dahili sigorta karşılığı • Rückstellung f für Selbstversicherung f
dahili üretim • Eigenerzeugung f
Dahiliye Vekaleti • Innenministerium n
daima • stets
daimi • ständig; unkündbar
daimi bitaraflık • Neutralisation f
daimi borç münasebetleri • Dauerschuldverhältnisse pl. n
daimi encümen • ständiger Ausschuss m
daimi hakem divanı • ständiger Schiedsgerichtshof m
daimi ikraz • Dauerkredit m
daimi istikraz • Anleihe f ohne Tilgungsfrist f
daimi işçi • Stammarbeiter m
daimi müşteri • Dauerkunde m
daimi müşteri siparişleri • Stammorders pl. f
daimi personel • Stammpersonal n
daimi sipariş • Dauerauftrag m
daimi tarafsız • Neutralisation f
dair • betreffend; bezüglich
daire • Amt n; Bezirk m; Inspektion f; Kammer f; Kanzlei f; Office n; Organ n; Rayon f; Ressort n; Stelle f; Verwaltung f
daktilo etmek • tippen
daktilo hatası • Tippfehler m
daktiloskopi • Daktyloskopie f
dal • Zweig m
dal öğretmeni • Fachlehrer m
dalavereli iş • Schwindelgeschäft n
dalga kuramı • Wellentheorie f
dalgalama • Fluktuation f
dalgalanan borç • schwebende Schuld f

Mesleki Terimler Sözlüğü

dalgalanma • Floating n; Fluktuation f; Kursschwankung f; Preisschwankung f; Schwankung f
dalgalanma marjı • Schwankungsspitze f
dalgalı borç • schwebende Schuld f
dalgalı döviz kuru • flexibler Wechselkurs m; frei schwebender Kurs m; gleitender Wechselkurs m; labiler Wechselkurs m; schwankender Wechselkurs m
dalgalı para • veränderliche Währung f
dalgalı sigorta • laufende Versicherung f
dalgalı sigorta poliçesi • laufende Police f; offene Police f
Dalton planı • Daltonplan m
damaksıl • Gaumenlaut m; Palatal m
damaksıllaşma • Mouillierung f; Palatalisierung f
damaksıllaştırma • Mouillierung f; Palatalisierung f
damat • Schwiegersohn m
damga • Petschaft n; Siegel n; Stempel m
damga pulu • Stempelmarke f
damga resmi • Stempelabgabe f; Stempelgeld n; Stempelsteuer f
damga resmine tabi olmayan • stempelfrei
damga vergisi • Stempelabgabe f; Stempelgebühr f; Stempelsteuer f
damgalama • Prägung f
damgalamak • abstempeln; stampiglieren; stempeln
damgasını değiştirmek • umstempeln
damping • Dumping n
damping yapmak • verschleudern
danışma • Rat m
danışma kurulu • Beirat m
danışma odası • Beratungsraum m
danışman • Berater m; Fachberater m
danışman öğretmen • Beratungslehrer m
danışmanlık • Beratung f
danışmanlık etmek • beraten
danışmanlık fonu • Ausbildungsfonds m; Beratungsfonds m
danışmanlık hizmeti • Beratungsdienst m
danışmanlık programı • Beratungsprogramm n
Danıştay • Bundesverwaltungsgericht n; Oberverwaltungsgericht n; Staatsrat m
danıştay üyesi • Mitglied n des Staatsrates m
dar • eng
dar ünlü • enger Vokal m
dara • Abzug m; Leergewicht n; Tara f; Verpackungsgewicht n
dara tenzilatı • Taravergütung f
darağacı • Galgen m
daraltı • Enge f; Konstriktion f
daraltılı • Engelaut m; konstriktiv
darbei hükümet • Putsch m; Staatsstreich m
darbeyle öldürmek • erschlagen
darboğaz • Engpass m
dargınlık • Ärger m
darlaştırma • Restriktion f
darlık • Verknappungserscheinung f
darphane • Münzstätte f
darphane paritesi • Münzparität f
darülaceze • Armenasyl n
dava • Anspruch m; Beschwerde f; Fall m; Forderungsrecht n; Handel m; klagbarer Anspruch m; Klage f; Klageanspruch m; Problem n; Prozess m; Rechtsstreit m; Sache f; Streit m; Streitsache f; Verfahren n; Verhandlung f
dava açma • Bittschrift f; Klageerhebung f; Liquidationsantrag m
dava açma ehliyeti • Prozessfähigkeit f; Prozesshandlungsfähigkeit f
dava açma ehliyetsizliği • Prozessunfähigkeit f
dava açma muhtariyeti prensibi • Opportunitätsprinzip n
dava açma zorunluluğu • Verfolgungszwang m
dava açmak • erheben; Klage f einreichen; Klage f erheben; klagen; Prozess m anstrengen; Prozess m einleiten; Prozess m führen; gerichtlich einschreiten; prozessieren; Verfahren n einleiten; verklagen
dava arzuhali • Klageschrift f
dava değeri • Streitwert m
dava dilekçesi • Klageschrift f
dava dosyası • Prozessakten pl. f
dava eden • Kläger m
dava edilen • Beklagter m
dava etme • Beschwerdeführung f
dava etmek • gerichtlich belangen; klagen; streiten

Fachwörterbuch

dava hakkı • Klageanspruch m; Klagerecht n; Rechtsschutzanspruch m
dava ikamesi • Anhängigkeit f
dava ikamesi ehliyeti • Prozessfähigkeit f; Prozesshandlungsfähigkeit f
dava ikamesi mecburiyeti prensibi • Legalitätsprinzip n; Verfolgungszwang m
dava ikamesi muhtariyeti prensibi • Opportunitätsprinzip n
dava konusu • Causa f; Klagesache f; Prozesssache f; Rechtsangelegenheit f; Rechtssache f; Streitfall m
dava konusu olabilir • klagbar
dava konusu olan hak • Streitgegenstand m; Streitobjekt n
dava konusu olan mal • Streitgegenstand m; Streitobjekt n
dava konusu olma • Klagbarkeit f
dava masafları • Prozesskosten pl.
dava mevzuu • Streitgegenstand m; Streitobjekt n
dava olunan şey • Streitgegenstand m
dava takibine yetkili vekil • Prozessbevollmächtigter m
dava talebi • Klageanspruch m
dava vekaletnamesi • Prozessvollmacht f
dava vekili • Prozessagent m; Prozessvertreter m
davacı • Ankläger m; Beschwerdeführer m; Kläger m
davacı taraf • klagende Partei f; klagender Teil m
davacının davalının cevabına verdiği cevap • Triplik f
davada hasım taraflar • streitende Parteien pl. f
davada muallakiyet • Rechtshängigkeit f
davada taraf olma ehliyeti • Parteifähigkeit f
davada taraflar • Prozessparteien pl. f
davada uzlaşma • Prozessvergleich m
davadan vazgeçme • Klageverzicht m
davaların ayrılması • Klagentrennung f; Trennung f von Prozessen pl. m
davaların birleştirilmesi • Klagenverbindung f; Verbindung f mehrerer Prozesse pl. m
davaların içtimaı • Klagenhäufung f
davaların toplanması • Klagenhäufung f
davalı • Beklagter m

davalı taraf • beklagter Teil m
davalının mahkeme celbi • Evokation f des Beklagten m
davanın dinlenmemesi • Unzulässigkeit f der Klage f
davanın düşmesi • Einstellung f des Verfahrens n
davanın düzeltilmesi • Klageänderung f
davanın esasına cevap • Einlassung f zur Hauptsache f
davanın geri alınması • Zurücknahme f der Klage f
davanın hakim tarafından incelenmekte olması • Rechtshängigkeit f
davanın hızlandırılması dilekçesi • Beschleunigungsgesuch n
davanın ihbarı • Streitverkündung f
davanın ikamesi • Rechtshängigkeit f
davanın ıslahı • Klageänderung f; Klageverbesserung f
davanın müracaata kalması • Stillstand m des Prozesses m
davanın müruru zamana tabi olması • Anspruchsverjährung f
davanın nakli • Überweisung f der Sache f an ein anderes Gericht n
davanın reddi • Abweisung f der Klage f; Klageabweisung f; Prozessabweisung f
davanın rüyeti • Rechtshängigkeit f
davanın sukutu • Einstellung f des Verfahrens n
davanın üçüncü şahsa ihbarı • Streitverkündung f
davanın zamanaşımı • Klageverjährung f
davanın zamanaşımına tabi olması • Anspruchsverjährung f; Klageverjährung f
davaya cevap • Klagebeantwortung f
davaya cevap dilekçesi • Klagebeantwortungsschrift f
davaya ehliyet • Prozessfähigkeit f; Prozessstandschaft f
davaya gelmeme halinde uygulanan usul • Versäumnisverfahren n
davaya müdahale • Nebenklage f
davayı durdurmak • Prozess m niederschlagen
davayı ertelemek • Verfahren n aussetzen
davayı geri alma • Klagerücknahme f
davayı geri almak • Klage f zurückziehen

Mesleki Terimler Sözlüğü

davayı kabul • Anerkenntnis f
davayı takip eden avukat • Prozessführer m
davayı tatil etmek • Verfahren n einstellen
davayı yenilemek • Prozess m erneuern
davayla ilgili olaylar • Sachverhalt m
davet • Aufforderung f; Aufruf m; Berufung f; Einberufung f; Einberufung f einer Versammlung f; Einladung f; Evokation f; Ladung f
davet etmek • auffordern; aufrufen; einberufen; einladen; vorladen; zitieren
davetiye • Einladung f; Ladung f; Ladungsurkunde f; Vorladung f; Vorladungsurkunde f
davranış • Benehmen n; Betragen n; Haltung f; Verhalten n
davranış bozukluğu • Verhaltensstörung f
davranış örüntüsü • Verhaltensmuster n; Verhaltenspattern n
davranışçılık • Behaviorismus m; Verhaltensforschung f
davranmak • handeln; sich benehmen; sich betragen; sich verhalten; verfahren
dayanak • Anhalt m
dayandırmak • gründen; zurechnen
dayanıklı • stabil
dayanıklı mallar • haltbare Güter pl. n; langlebige Güter pl. n
dayanıklı tüketim malları • haltbare Verbrauchsgüter pl. n; Nutzungsgüter pl.
dayanıklı tüketim mallarının uzun süreli kiralanması • Leasing n
dayanıklılık • Stabilität f
dayanılacak yer • Rückhalt m
dayanışma • Solidarität f
dayanmak • basieren; beruhen; beziehen; orientieren
dealer • Dealer m
defaten geri ödeme • einmalige Rückzahlung f
defaten ödeme • Vorausleistung f
defi • Einrede f
defi ileri sürmek • einreden
defin • Beerdigung f; Bestattung f
defin teskeresi • Beerdigungsschein m
define • Schatz m
define arama • Schatzgräberei f
define bulma • Schatzfund m

deflasyon • Deflation f
defnetmek • beerdigen; bestatten
defter • Buch n
defter değeri • buchmässiger Wert m; Buchwert m; Einsatzwert m; Wertansatz m
defter karı • Buchgewinn m
defter kaydı • Buchung f; Buchungsposten m
defter kayıtlarında gözüken stok miktarı • Buchinventur f
defter nakli • Umbuchung f
defter tutma • Buchführung f; Buchhaltung f; Erbrecht n; Invantererrichtung f
defter tutma yöntemi • Buchführungsmethode f
defter tutma zorunluluğu • Buchführungspflicht f
defter tutmak • Bücher pl. n führen
defter tutmakla yükümlü mirasçı • Inventarerbe m
defter tutulmasını talep hakkı • Inventarrecht n
defter zararı • Buchverlust m
defterdar • Finanzdirektor m einer Provinz f
defterdarlık • Finanzbehörde f
deftere geçirme • Buchung f
defteri kebir • allgemeines Hauptbuch n; Hauptbuch n
defteri kebir hesabı • Konto n
defterin zimmet sayfası • Debetseite f
defterler • Bücher pl. n
defterlerde gözükmeyen varlıklar • buchungsunfähige Wirtschaftsgüter pl. n
defterlerde kayıtlı olan değer • Buchwert m
defterlere kayıt düşmek • buchen
defterlerin kapatılması • Abschluss m der Bücher pl. n
değer • Entgelt n; Gegenwert m; Geltung f; Kurs m; Valuta f; Wert m; Würdigkeit f
değer artış fonu • Neubewertungsfonds m
değer artış vergisi • Kapitalertragssteuer f; Wertzuwachssteuer f
değer artışı • Wertaufschlag m; Werterhöhung f; Wertzuwachs m
değer ayarlaması • Wertberichtigung f
değer biçen uzman • Abschätzer m
değer biçici • Abschätzer m

Fachwörterbuch

değer biçme • Aufwertung f; Bewertung f
değer biçmek • bewerten; Wert m abschätzen
değer eşitliği • Parität f
değer farkı • Wertunterschied m
değer hesapları • Sachkonten pl. n
değer ifade etmeyen fire • Abfall m; Verderb m
değer istikrarı • Wertbeständigkeit f
değer kaybı • Wertabschlag m; Wertverlust m; Wertverminderung f
değer kazanma • anziehen
değer konulmuş mektup • Wertbrief m
değer paha • angemessener Preis m; gerechter Preis m
değer tahmini • Wertschätzung f
değer tahsisi • Wertberichtigung f
değer takdiri • Höherbewertung f; Wertschätzung f
değer üzerinden alınan gümrük resmi • Wertzoll m
değer vermek • würdigen
değer yargısı • Werturteil n
değerden kaybetme • Wertverlust m; Wertverminderung f
değere göre • ad valorem; dem Wert m entsprechend; nach dem Wert m
değere ilişkin karar • Werturteil n
değerin azalması • Minderwert m
değerin azaltılması • Minderwert m
değerinden aşağıya sigortalama • Unterversicherung f
değerini düşük tutma • Unterbewertung f
değerini düşürme • Abwertung f; Minderung f
değerini düşürmek • abwerten
değerini takdir etmek • schätzen
değerini tespit etmek • valutieren
değerini yükseltmek • aufwerten
değerlendirilmemiş sigorta poliçesi • Police f ohne Wertangabe f
değerlendirilmiş sigorta poliçesi • taxierte Police f
değerlendirme • Evaluation f; Anschlag m; Bewertung f; Evaluierung f; Schätzung f; Verwertung f; Wertbestimmung f
değerlendirme kuralları • Bewertungsregeln pl. f
değerlendirme ölçeği • Bewertungsskala f

değerlendirme raporu • Bewertungsbericht m
değerlendirmek • anrechnen; evaluieren; auswerten; bewerten; kritisieren; verwerten; werten
değerler dizgesi • Wertesystem n
değerli kağıt • Titel m
değerli vesaik depozitosu • Titeldepot n
değersiz • unbrauchbar; wertlos
değersiz alacak • uneinbringliche Forderung f
değersiz alacakların tahsil edilmesi • Eingang m auf uneinbringliche Forderungen pl. f
değini • Argument n
değiş tokuş • Eintausch m; Tausch m
değişebilir • konvertibel
değişi • Permutation f
değişik • different
değişik fiillerle birden fazla cezai mevzuatın ihlali • Tatmehrheit f
değişik koşullar nedeniyle • umständehalber
değişikleme • Enallage f
değişiklik • Abänderung f; Änderung f; Modifizierung f; Revidierung f; Umbildung f; Veränderung f; Wandlung f; Wechsel m
değişiklik önergesi • Änderungsantrag m; Zusatzantrag m
değişiklik yapmak • umbilden
değişim • Kommutation f; Wandel m
değişim aracı • Tauschmittel n
değişim ayarlaması • Konversionssoulte f
değişim değeri • Tauschwert m
değişim oranı • Parität f; Wechselparität f
değişimsiz • unveränderlich
değişke • Variante f
değişken • Variable f; variabel; veränderlich
değişken değerli hayat sigortası poliçesi • fondsgebundene Lebensversicherungspolice f
değişken faiz oranlı menkul kıymet • Dividendenwert m
değişken faiz oranlı tahvil • Anleihe f mit variablem Zinssatz m
değişken fiyat • Preisgleitklausel f
değişken giderler • variable Kosten pl.
değişken giderler toplamı • Vollkosten pl.

Mesleki Terimler Sözlüğü

değişken maliyet • proportionale Kosten pl.; variable Kosten pl
değişken maliyetleme • Teilkostenrechnung f
değişkenlik • Variation f; Varibilität f
değişleme • Hypallage f
değişme • Abänderung f; Austausch m; Gegentausch m; Modifizierung f; Schwankung f; Tausch m; Umschlag m; Wechsel m
değişme alanı • Schwankungsbreite f
değişme hacmi • Schwankungsbreite f
değişmece • Figur f; Tropus m
değişmeceli • figurativ
değişmek • austauschen; sich ändern; sich verändern; sich verwandeln; tauschen; transponieren; variieren
değişmeyen giderler • fixe Aufwendungen pl. f
değişmez • fix; gleichbleibend; unabänderlich; unveränderlich
değiştiri • Permutation f
değiştirici • Modifikator m
değiştirici mekanizma • Pendelmechanismus m
değiştirilebilir • veränderbar
değiştirilebilir bütçe • veränderliches Budget n
değiştirilemez • unveränderlich; unwiderruflich
değiştirilen malın yerine alınan mal • Austauschware f
değiştirilmiş çek • gefälschter Scheck m
değiştirim • Kommutation f; Substitution f
değiştirme • Abänderung f; Austausch m; Auswechslung f; Konversion f; Modifikation f; Umbau m; Umrechnung f; Umschichtung f; Umschlag m; Umstellung f; Umtausch m; Umwandlung f; Unterschiebung f; Verfälschung f; Verlagerung f; Verwandlung f; Wandlung f; Zusatz m
değiştirme anlamına gelir • Switchgeschäft n; umschalten
değiştirme farkı • Konversionssoulte f
değiştirme fiyatı • Wandelparität f; Wandelpreis m
değiştirme hakkı • Umtauschrecht n; Wandelrecht n
değiştirme kuru • Umrechnungskurs m

değiştirme masrafları • Umstellungskosten pl.
değiştirme primi • Wandelprämie f
değiştirmek • abändern; ändern; auswechseln; konvertieren; modifizieren; umändern; umdisponieren; umrechnen; umstellen; umtauschen; umwandeln; unterschieben; verändern; vertauschen; verwandeln; wechseln
dehşet verici • furchterregend
dekan • Dekan m
dekanlık • Dekanat n
deklarasyon • Deklaration f
dekont • Avisbrief m; Kontoauszug m; Quittung f; Rechnungsauszug m
dekovil hattı • Kleinbahn f
delalet etmek • bezeichnen
delegasyon • Abordnung f; Delegation f
delege • Delegierter m
delege tayin etmek • abordnen
delil • Beweis m; Beweisstück n; Nachweis m
delil gösterme • Beweisantritt m
delil göstermek • beibringen; Beweis m antreten; Beweis m aufstellen; Beweis m führen
delil ibraz etmek • Nachweis m liefern
delil tesbiti • Erhebung f
delil ve şahit olarak göstermek • sich berufen
delil yetersizliğinden serbest bırakmak • aus Mangel m an Beweisen pl. m freisprechen
delilin dayandığı esas • Beweisgrund m
deliller • Beweismittel pl. n
delilleri ibraz etmek • Beweise pl. m liefern
delillerin ikamesi • Beweisaufnahme f
delillerin takdiri • Beweiswürdigung f
delillerin tespiti • Beweissicherung f
delillerin toplanması için tanınan süre • Beweisfrist f
delkredere komisyoncusu • Delkredereagent m; Delkrederekommissionär m
demir atmak • verankern
demir ve çelik sanayi • Montanindustrie f
demir ve çelik sanayileri • Montanbereich m

Fachwörterbuch

demir ve çelik şirketi • Montangesellschaft f
demirbaş • Inventar n
demirbaş eşya • eiserner Bestand m; Inventar n; Inventarstücke pl. n
demirbaş eşya hesabı • Mobilienkonto n
demirbaşlar • Einrichtungsgegenstände pl. m
demirleme hakkı • Ankerrecht n
demirleme yeri • Anlegestelle f
demirlemek • verankern
demiryolu konsinyasyon bordrosu • Eisenbahnfrachtbrief m
demiryolu konşimentosu • Eisenbahnverladebescheinigung f; Verladebescheinigung f der Eisenbahn f
demiryolu şebekesi • Schienennetz n
demiryolu vagonu süristarya masrafı • Wagenstandgeld n
demiryolu yük nakliyeciliği • Eisenbahnfrachtgeschäft n
demokrasi • Demokratie f; Volksherrschaft f; Volkssouveränität f
demokrat • Demokrat m
demokratik • demokratisch
Demokratik Alman Cumhuriyeti • Deutsche Demokratische Republik f
demokratik denetim • demokratische Aufsicht f
demokratik eğitim • demokratische Ausbildung f
demokratik öğretim • demokratischer Unterricht m
demokratik parlamenter sistem • Parlamentarismus m
demokratik yönetim • demokratische Verwaltung f
den imtina • Akzeptverweigerung f
denek • Informant m; Subjekt n
deneme • Musterung f; Probe f; Test m; Versuch m
deneme davası • Musterprozess m
deneme kümesi • Versuchsgruppe f
deneme okulu • Versuchsschule f
deneme sınıfı • Versuchsklasse f
deneme siparişi • Probeauftrag m; Probestellung f
deneme süresi • Probezeit f
deneme şartıyla satış • Kauf m auf Probe f; Verkauf m zur Probe f

denemek • erproben; probieren; versuchen
denetçi • Aufseher m; Kontrolleur m; Prüfer m; Rechnungsprüfer m; Rechnungsrevisor m; Revisor m; Aufsichtsperson f; Inspektor m
denetçi raporu • Prüfungsbericht m
denetçiler kurulu • Rechnungsprüfungsausschuss m
denetici • Aufseher m; Kontrolleur m; Prüfer m
denetim • Aufsicht f; Besichtigung f; Inspektion f; Kontrolle f; Prüfung f; Überwachung f
denetim dönemi • Prüfungszeitraum m
denetim elemanı • Aufsichtsbeamter m
denetim faaliyetine yardım • Prüfungsbeihilfe f
denetim görüşünün sınırlandırılması • Einschränkung f des Bestätigungsvermerks m
denetim ilke ve kuralları • Prüfungsgrundsätze pl. m
denetim kurulu • Aufsichtsrat m; Kontrollamt n
denetim kuruluşu • Wirtschaftsprüfer m
denetim programı • Prüfungsprogramm n
denetim raporu • Aufsichtsbericht m; Prüfungsbericht m; Prüfungsbestätigung f
denetim raporunun incelenmesi • Berichtskritik f; Prüfungsberichtskritik f
denetim raporunun sınırlandırılması • Einschränkung f des Bestätigungsvermerks m
denetim standartları • Prüfungsgrundsätze pl. m
denetim yardımcısı • Prüfungsgehilfe m
denetim yardımı • Prüfungsbeihilfe f
denetim yöneticisi • Prüfungsleiter m
denetleme • Aufsicht f; Kontrolle f; Rechnungsprüfung f; Überwachung f
denetleme kurulu • Aufsichtsrat m; Rechnungsprüfungsausschuss m
denetleme kümesi • Kontrollgruppe f
denetleme listesi • Kontrolliste f
denetlemek • kontrollieren
denetlenebilir maliyet • kontrollierbare Kosten pl.
denetlenemeyen maliyet • unkontrollierbare Kosten pl.

Mesleki Terimler Sözlüğü

denetlenemeyen maliyetler • nicht beeinflussbare Kosten pl.
denetlenmiş belge • geprüfter Beleg m
denetmen • Schulaufsichtsbeamter m
deney • Erfahrung f; Experiment n
deney odası • Labor nLabor
deneyim • Erfahrung f
deneyime göre yapılan değerlendirme • Bewertung f nach Erfahrungen pl. f
deneyimli • berufserfahren
deneyimsiz işçi • unerfahrener Arbeiter m
deneysel araştırma • experimentelle Forschung f
deneysel bilim • experimentelle Wissenschaft f
deneysel eğitim • experimentelle Pädagogik f
deneysel inceleme • experimentelle Untersuchung f
deneysel öğrenme • experimentelles Lernen n
deneysel yöntem • Labormethode f; Laborverfahren n
deneyselcilik • Experimentalismus m
deneyüstü ruhbilim • Metapsychologie f
deneyüstücülük • Transzendentalismus m
denge • Waage f
denge faiz oranı • Gleichgewichtszins m
denge sağlamak • abgleichen; auswiegen
dengeleme • Ausgleich m
dengeleme primi • Abschöpfungsbetrag m
dengelemek • kompensieren
dengelenmemiş hesap • nicht ausgeglichen
dengeli • ausgeglichen; gleichgewichtig
dengesizlik • Disparität f; Missverhältnis n; Ungleichgewicht n
dengi sayılabilir • vertretbar
deniz • Meer n; See f
deniz balıkçılığı • Seefischerei f
deniz boğazı • Meerenge f
deniz enkazı hırsızlığı • Strandraub m
deniz enkazının kurtarılması hukuku • Strandrecht n
deniz gemiciliği • Seeschiffahrt f
deniz gemisi • Seeschiff n
deniz gemisi seyrüseferi • Seeschiffahrt f
deniz hakem mahkemesi • Seeschiedsgericht n
deniz hasarı • Seeschaden m
deniz haydutluğu • Piraterie f; Seeräuberei f
deniz haydutu • Pirat m
deniz hukuku • Seerecht n
deniz kanunnamesi • Seegesetzbuch n
deniz kazası • Schiffbruch m; Schiffsunfall m
deniz kazazedelerine yardım hukuku • Strandrecht n
deniz konşimentosu • Marinekonnossement n
deniz limanı • Seehafen m
deniz mahkemesi • Seeamt n
deniz mili • Seemeile f
deniz muhakeme mahkemeleri • Prisengerichte pl. n
deniz muharebeleri hukuku • Seekriegsrecht n
deniz nakil vasıtaları • Seefahrzeuge pl. n
deniz nakliyat sigortası • Seeversicherung f; Seetransportversicherung f
deniz nakliyatı • Seetransport m
deniz nakliyatı indirimli tarifesi • Seeausnahmetarif m
deniz nakliyatında kiracı • Schiffsbefrachter m
deniz navlun tarifesi • Seefrachten pl. f
deniz navlunu • Seefracht f
deniz ödüncü • Bodmerei f; Hypothekengeld n auf die Schiffsladung f
deniz ödüncü alma • Verbodmung f
deniz ödüncü mukavelesi • Bodmerei f; Verbodmung f
deniz ödüncü mukavelesi akdetmek • mit Bodmerei f belasten; verbodmen
deniz ödüncü senedi • Bodmereibrief m
deniz polisi • Seepolizei f
deniz raporu • Verklarung f
deniz rizikosu • Seegefahr f; Seerisiko n
deniz savaşı • Seekrieg m
deniz savaşı hukuku • Seekriegsrecht n
deniz serveti • Schiffsvermögen n; Seevermögen n
deniz seyrüseferi • Seefahrt f
deniz sigortası • Schiffahrtsversicherung f; Seetransportversicherung f; Seeversicherung f
deniz taşıma senedi • Ladungsquittung f; Seefrachtbrief m
deniz taşımacılığı • Seetransport m

Fachwörterbuch

deniz tehlikeleri • Seegefahr f
deniz ticareti • Seehandel m
deniz ticareti hukuku • Seehandelsrecht n; Seerecht n
deniz trafiği • Seeverkehr m
deniz ulaşım araçları • Seefahrzeuge pl. n
deniz ulaştırması • Seeschiffsverkehr m; Seeverkehr m
deniz yolculuğu • Seefahrt f
deniz yolu • Seeweg m
deniz yoluyla taşıma sözleşmesi • Seekonnossement n
deniz zabıtası • Seepolizei f
denizaşırı alım satım • Überseekauf m
denizaşırı banka • Überseebank f
denizaşırı memleketler • Übersee
denizaşırı ulaştırma • Überseeverkehr m
denizaşırı ülkelerle yapılan ticaret • Überseehandel m
denizci • Seemann m
denizciler • Seeleute pl.
denizciler yönetmeliği • Seemannsordnung f
denizcileri gözetim ve koruma dairesi • Seemannsamt n
denizcilerin hastalık sigortası kurumu • Seekrankenkasse f
denizcilerin sosyal sigortalar kurumu • Seekasse f
denizcilik • Seewesen n
denizcilik konferansı • Schiffahrtskonferenz f
denizde hasar görmüş • seebeschädigt
denizde kurtarma ve yardım ücreti • Bergegeld n
denizde mal taşıma mukavelesi • Seefrachtvertrag m
denizde mal ve yolcu taşıma işleri • Seetransport m
denizde yardım ve kurtarma • Hilfeleistung f in Seenot f
denizde zabıt ve müsadere • Prisenrecht n
denize elverişlilik • Seetüchtigkeit f
denize gemiden eşya atma • Seewurf m
denizin attığı enkaz • Seewurf m; strandtriftige Gegenstände pl. m
denizin sahile attığı mallar • Strandgut n
denizlerin serbestisi • Freiheit f der Meere pl. n
denk • ausgeglichen

denk bütçe • ausgeglichenes Budget n
denk gelmek • aufwiegen
denkleştirme • Ausgleich m
denkleştirme vergisi • Ausgleichssteuer f
denkleştirmek • abrechnen; aufrechnen; aufwiegen; ausgleichen; saldieren
departman • Abteilung f; Departement n
departman genel gideri • Stellengemeinkosten pl
departman karı • Abteilungsgewinn m
departmana ait tablolar • Abteilungsberichte pl. m
departmanlara ayırma • Abteilungsgliederung f
depo • Ablage f; Depot n; Entrepot n; Lager n; Lagerhaus n; Magazin n; Niederlage f; Raum m; Speicher m
depo bankası • Depotbank f
depo eden • Deponent m
depo edilebilir • lagerfähig
depo etmek • ablagern; lagern
depo makbuzu • Lagerschein m; Niederlageschein m
depo memuru • Verwahrer m
depo senedi • Lagerschein m
depo ücreti • Depotgebühr f
depo yeri • Park m
depoda satış • Verkauf m ab Lager n
depoda teslim • frei Lager n
depodan almak • auslagern
depodan depoya aktarma • Umlagerung f
depolama • Ablagerung f; Einlagerung f; Lagerung f
depolama firması • Lagerei f
depolama maliyeti • Lagerkosten pl
depolama ve teslim • Auslieferung f; Einlagerung f; Löschung f
depor • Deport n; Deportgeschäft n; Kostgeschäft n; Kursabschlag m
depozito • Akontozahlung f; Angeld n; Aufgeld n; Depositen pl. n; Einlage f; Einsatz m; Hinterlegung f; Kaution f; Sicherheit f; Sicherungssumme f
depozito makbuzu • Depotschein m
depozito paralar • Hinterlegungsgelder pl. n
depozito toplamı • Einlagenbestand m
depozito yatırma yeri • Hinterlegungsstelle f

Mesleki Terimler Sözlüğü

depresyon • Konjunkturtief n
derebeylik • Adelsherrschaft f; Feudalismus m; Lehenswesen n
derebeylik arazisi • Domäne f
derece • Grad m; Klasse f; Rang m; Rang m eines Rechts n; Staffel f; Stufe f
derecelendirme • Bewertung f; Klassifizierung f; Schätzung f; Staffelung f
derecelendirmek • differieren; einstufen; staffeln
dergi • Zeitschrift f
derhal • prompt; sofortig; umgehend; unverzüglich
derhal kullanılabilir • ungebundene Barmittel pl. n
derhal teslim muamelesi • Promptgeschäft n
derhal verilebilecek kredi • Bereitschaftskredit m
deri fabrikası • Gerberei f
derilme • Kontraktion f; Zusammenziehung f
derin yapı • Tiefenstruktur f
derkenar • Anmerkung f; Randbemerkung f; Zusatz m
dermeyan etmek • vorbringen
derneğe üye olmak • Vereinsbeitritt m
derneğin amacı • Zweck m des Vereins m
derneğin feshi • Auflösung des Vereins f
derneğin merkezi • Sitz des Vereins m
derneğin organları • Vereinsorgane pl. n
derneğin tasfiyesi • Liquidation f des Vereins m
dernek • Verband m; Verein m; Vereinigung f
dernek hürriyeti • Vereinsfreiheit f
dernek kayıt sicilinin açıklığı • Öffentlichkeit f des Vereinsregisters n
dernek malları • Vereinsvermögen n
dernek tüzüğü • Satzung f des Vereins m
dernek üyesi • Vereinsmitglied n
dernek yasağı • Vereinsverbot n
dernek yönetim kurulu • Vereinsvorstand m
dernekler hukuku • Korporationsrecht f; Vereinsrecht n
dernekler kanunu • Vereinsgesetz n

dernekler kütüğü aleniyeti • Publizität f des Vereinsregisters n
dernekler sicili • Vereinsregister n
dernekler sicilinde kayıtlı dernek • eingetragener Verein m
dernekten ayrılma • Austritt m aus dem Verein m
dernekten ihraç etmek • aus dem Verein m ausschliessen
ders • Lektion f; Unterrichtsfach n; Fach n; Lehre f; Unterricht m
ders arası • Unterrichtspause f
ders dağılım çizelgesi • Stundentafel f
ders denetimi • Unterrichtsaufsicht f
ders dışı etkinlikler • außerschulische Aktivitäten pl. f
ders gereçleri • Lehrmittel pl. n
ders gezisi • Unterrichtsexkursion f
ders kitabı • Lehrbuch n
ders levhası • Unterrichtstafel f
ders planı • Unterrichtsplan m
ders saati • Unterrichtsstunde f; Wochenstunde f
ders ücreti • Unterrichtsgebühr f
ders vermek • lehren; unterrichten
ders yılı • Schuljahr n
derslik • Klasse f; Klassenzimmer n
dert • Leid n
desantralizasyon • Dezentralisation f
desantralize etmek • dezentralisieren
desise • Arglist f; Hinterlist f; List f
despot • Despot m
despotça • despotisch
despotluk • Despotismus m
dessas • arglistig
destek • Begünstigung f; Beihilfe f; Hilfe f; Rückhalt m; Träger f; Unterstützung f; Verbilligungszuschuss m
destek alımı • Interessenkauf m; Interventionskauf m
destek birimleri • zusätzliche Dienstleistungsstellen pl. f
destek fiyatı • Stützungspreis m
destek hizmet • flankierende Massnahmen pl. f
destek olmak • Beistand m leisten; tragen
destekleme • Intervention f; Subvention f
destekleme fiyatı • Stützungspreis m

Fachwörterbuch

destekleme satın alımı • Interventionskäufe pl. m; Stützungsangebot n; Stützungskäufe pl. m
desteklemek • befürworten; unterstützen
destekleyici banka • Patronanzbank f
destekleyici tablolar • Ergänzungsberichte pl. m
detant • Detente f
detay • Detail n; Einzelheit f
detaylandırmak • spezifizieren
detaylı beyan • Einzelnachweis m
devalüasyon • Abwertung f; Devaluation f
devalüe etmek • abwerten
devam • Anwesenheit f; Ausdauer f; Folge f; Fortdauer f; Fortsetzung f
devam etmek • andauern; besuchen; dauern; fortsetzen
devam müddeti • Dauer f
devamlı • ausdauernd; gleichbleibend; ständig; stetig
devamlı denklik yöntemi • Buchinventur f
devimsel • dynamisch
devinduyum • Kinästhesie f
devinim yitimi • Ataxie f
devinsel etkinlik • Motorik f
devinsel gelişim • motorische Entwicklung f
devinsel yetenek • motorische Fertigkeit f
devir • Abtretung f; Tradition f; Umlauf m; Übereignung f; Übertrag m; Übertragung f; Veräusserung f; Vortrag m
devir acentesi • Transfervertreter m
devir anlaşması • Abtretungsvertrag m; Übertragungsvertrag m
devir belgesi • Übertragungsurkunde f
devir hızı • Umlaufgeschwindigkeit f; Umschlagsgeschwindigkeit f; Umschlagshäufigkeit f
devir katsayısı • Umschlagshäufigkeit f
devir oranı • Umschlagshäufigkeit f
devir süresi • Umlaufzeit f
devir toplamı • Übertrag m
devir ve ferağ • Entäusserung f; Überlassung f; Überschreibung f
devir ve ferağ etmek • sich entäussern; übereignen; überlassen; überschreiben
devir ve ferağ hakkı • Entäusserungsrecht n

devir ve satış yasağı • Veräusserungssperre f
devir ve temlik • Abtreten n; Abtretung f; Auflassung f; Umschreibung f; Übertrag m; Übertragung f; Übertragung f eines Rechtes n; Zession f
devir ve temlik edilebilir • abtretbar
devir ve temlik etmek • abtreten; auflassen; einräumen; zedieren
devir ve teslim • Amtsübergabe f; Geschäftsübergabe f
devir yapmak • laufen
devirmek • umstürzen
devlet • Land n; Staat m
devlet adamı • Staatsmann m
devlet alacaklısı • Staatsgläubiger m
devlet aleyhine işlenen suç • Staatsverbrechen n
devlet anayasası • Staatsgrundgesetz n; Staatsverfassung f
devlet arşivi • Staatsarchiv n
devlet bakanı • Staatsminister m
devlet bankası • Staatsbank f
devlet başkanı • Staatsoberhaupt n; Staatspräsident m
devlet başkanının hak ve yetkileri • Präsidialgewalt m
devlet borcu • Staatsanleihen pl. f; Staatsschulden pl. f
devlet borçlanmaları • Schatzanweisungen pl. f
devlet borçlanması • Staatsanleihen pl. f
devlet borçları • Staatsschulden pl. f
devlet bütçe hesapları • Staatsrechnung f
devlet bütçesi • Etat m; Haushaltsplan m; Staatshaushalt m
devlet çıkarı • Staatsinteresse n
devlet davaları • Fiskalprozesse pl. m
devlet denetimi • Staatsaufsicht f
devlet ekonomisi • Staatsökonomie f; Staatswirtschaft f
devlet emniyeti • Staatssicherheit f
devlet finansmanı • Staatsfinanzwirtschaft f
devlet gelirleri • Staatseinkünfte pl. f; Staatseinnahmen pl. f
devlet gelirleri ile ilgili • fiskalisch
devlet güvenliği • Staatssicherheit f
devlet harcamaları • Staatsausgaben pl. f

Mesleki Terimler Sözlüğü

devlet hazine tahvilatı • Staatsobligationen pl. f
devlet hazinesi • Fiskus m; Schatzamt n; Schatzkammer f; Staatsschatz m; Tresor m
devlet hazinesi ile ilgili • fiskalisch
devlet hizmeti • Staatsdienst m
devlet hukukuyla ilgili • völkerrechtlich
devlet idaresi • Staatsverwaltung f
devlet idari makamları • Staatsverwaltungen pl. f
Devlet İhale Kanunu • staatliches Vergabegesetz n
devlet ikrazı • Staatsdarlehen n
devlet imtihanı • Staatsexamen n
devlet istikrazı • Schatzanweisungen pl. f; Staatsanleihe f; Staatspapiere pl. n
devlet işletmesi • staatliches Unternehmen n
devlet ihalatı • Staatshandel m
devlet kanunu • Staatsgesetz n
devlet komiseri • Staatskommissar m
devlet malı • Staatsgut n
devlet masrafları • Staatsausgaben f
devlet memuru • Beamter m; Staatsbeamter m
devlet memurunun emekliliği • Beamtenpension f
devlet menfaati • Wohl n des Staates m
devlet menkul kıymetleri • Staatsfonds m; Staatspapiere pl. n
devlet merkezi • Hauptstadt f; Regierungssitz m
devlet muameleleri • Staatsakte pl. m; Staatshandlungen pl. f
devlet murakabesi • Staatsaufsicht f
devlet müessesesi • Staatseinrichtung f
devlet mülkü • Staatseigentum n
devlet müsaadesi • staatliche Genehmigung f
devlet organı • Staatsorgan n
Devlet Planlama Teşkilatı (DPT) • Staatliches Planungsamt n
devlet reisi • Staatsoberhaupt n
devlet satın alması • Regierungskauf m
devlet sektörü • Staatsunternehmen n
devlet sırlarını açıklama • Preisgabe f von Staatsgeheimnissen pl. n
devlet sırrı • Staatsgeheimnis n

devlet şekli • Staatsform f
Devlet Şûrası • Staatsrat m; Oberverwaltungsgericht n
devlet tahvilatı • Staatsschuldverschreibungen pl. f
devlet tahvili • Fonds m; Schatzanweisung f; Staatsanleihe f
devlet tahvilleri • öffentliche Anleihen pl. f; Rentenanleihe f; Staatsanleihen pl. f; Staatsobligationen pl. f; Staatsschuldverschreibungen pl. f
devlet tarafından • staatlicherseits
devlet tarafından ödenen emekli aylığı • Staatsrente f
devlet tasarrufları • Staatsakte pl. m; Staatshandlungen pl. f
devlet tekeli • Staatsmonopol n
devlet teslimatı • Staatslieferung f
devlet teşkilatı • Staatsorganisation f
devlet ticareti • Staatshandel m
devlet toprağı • Territorium n
devlet tüketimi • Staatsverbrauch m
devlet varidatı • Staatseinnahmen pl. f
devlet yönetimi • Staatsführung f
devletçe • staatlich
devletçe kontrol edilen ekonomi • Zwangswirtschaft f
devletçe saptanmış fiyat • öffentlich festgesetzter Preis m
devletçe tanınmış sınıfların temsilcilerinden kurulan meclis • Stände pl. m
devletçilik • Etatismus m; Staatssozialismus m
devlete ait • staatseigen
devlete intikal etmek • in den Besitz m des Staates m übergehen
devlete kalacak durumda olan • heimfällig
devlete kalmak • heimfallen
devlete ödenen vergi ve resimler • Staatsabgaben pl. f
devletin bölünmesi • Teilung f des Staates m
devletin güvenliğini tehlikeye düşürme • Staatsgefährdung f
devletin itibarı malisini ihlal • Münzverbrechen n; Münzvergehen n
devletin miras hakkı • Heimfallsrecht n

69

Fachwörterbuch

devletin organları • Organe pl. n der Staatsgewalt f
devletin parçalanması • Teilung f des Staates m; Zerstückelung f von Staaten pl. m
devletin sorumluluğu • Staatshaftung f
devletin şahsına karşı fesat • Vorbereitung f zum Hochverrat m
devletin şahsına karşı işlenen suç • Hochverratsdelikt n
devletin teftiş ve murakabesi • parlamentarische Kontrolle f
devletin üstlendiği masraflar • Staatskosten pl.
devletin yurt dışında suç işleyen vatandaşını iade etmeyip kendi kanunlarına göre cezalandırma prensibi • Heimatprinzip n
devletler hukuku • internationales Recht n; Völkerrecht n
devletler hususi hukuku • Grenzrecht n; internationales Privatrecht n; Kollisionsrecht n; Zwischenprivatrecht n; zwischenstaatliches Privatrecht n
devletler konfederasyonu • Staatenbund m
devletler özel hukuku • internationales Privatrecht n
devletler umumi hukuku • Völkerrecht n
devletlerarası • international; zwischenstaatlich
devletlerarası antlaşma • zwischenstaatlicher Vertrag m
devletlerarası birlik • Konföderation f
devletlerarası centilmenlik • internationale Höflichkeit f
devletlerarası hakem mahkemesi • internationaler Schiedsgerichtshof m
devletlerarası hukuk • Völkerrecht n; zwischenstaatliches Recht n
devletlerarası idare hukuku • Internationales Verwaltungsrecht n; Recht n der internationalen Verwaltung f
devletlerarası ilişkiler • zwischenstaatliche Beziehungen pl. f
devletlerarası mahkemeler • zwischenstaatliche Gerichte pl. n
devletlerarası sosyal güvenlik sözleşmesi • zwischenstaatliches Sozialversicherungsabkommen n
devletlerarası tahkim • internationale Schiedsgerichtbarkeit f
devletlerarası yargı • internationale Schiedsgerichtsbarkeit f
devletlerin esas hakları • Grundrechte pl. n der Staaten pl. m
devletlerin tanınması • Anerkennung f der Staaten pl. m
devletleştirme • Expropriation f; Verstaatlichung f
devletleştirmek • exproprieren
devralan • Erwerber m; Übernehmer m
devralma • Anschaffung f
devre • Periode f; Stadium n; Turnus n; Zeitraum m
devreden • Geber m; Überlasser m; Übertragender m; Zedent m
devreden bakiye • Saldovortrag m
devreden banka • übertragende Bank f
devredilebilir konşimento • übertragbarer Ladeschein m
devredilebilir akreditif • übertragbares Akkreditiv n
devredilebilir kredi • übertragbarer Kredit f
devredilebilir poliçe • begebbarer Wechsel m
devredilebilir senet • begebbarer Wechsel m
devredilemeyen haklar • unveräusserliche Rechte pl. n
devredilemez • nicht negoziierbar; unveräusserlich
devredilen kar • Gewinnvortrag m
devredilmeyen haklar • unabtretbare Rechte pl. n
devredilmez ve vazgeçilmez hak • unübertragbares Recht n
devreler halinde • periodisch
devretme • Abtretung f; Übertrag m; Vergabe f; Vortrag m
devretmek • umschreiben; überlassen; übertragen; vergeben
devri • wiederkehrend
devri kabil • übertragbar
devri yasa hükümlerine bağlanmış hisse senedi • gebundene Aktie f
devri yönetmelik hükümlerine bağlanmış hisse senedi • gebundene Aktie f
devrikleme • Anastrophe f

Mesleki Terimler Sözlüğü

devriklik • Inversion f; Umkehrung f
devrilmek • umstürzen
devrim • Umbruch m
devrolunamayan haklar • unübertragbare Rechte pl. n
devrolunamaz • unübertragbar
deyim • Ausdruck m; Redensart f
deyiş • Stil m
deyişbilim • Stilistik f
dezenflasyon • Desinflation f
dış • extern
dış antlaşmalar • auswärtige Verträge pl. m
dış borç • auswärtige Schuld f
dış denetim • Aussenprüfung f
dış ekonomi • Aussenwirtschaft f
dış finansman • Aussenfinanzierung f
dış görünüş • Äusseres n
dış hizmet • Aussendienst m
dış ilişkiler • Auslandsbeziehungen pl. f; auswärtige Beziehungen pl. f
dış kaynaklardan alınan borç para • Fremdfinanzierungsmittel n
dış kaynaklardan alınan para ile finansman • Fremdfinanzierung f
dış kaynaklı kredi • Auslandsanleihe f
dış liman • Aussenhafen m
dış ödeme ve döviz mevzuatı • Devisenbewirtschaftung f
dış ödemeler dengesi • Aussenhandelsbilanz f
dış patlama • Explosion f
dış patlamalı • Explosiv m; Explosivlaut m; Verschlusslaut m
dış piyasa • Drittmarkt m
dış piyasalarda satış • Auslandsabsatz m
dış politika • Aussenpolitik f
dış ticaret • Auslandshandel m; Aussenhandel m
dış ticaret açığı • passive Handelsbilanz f
dış ticaret bankası • Aussenhandelsbank f
dış ticaret bilançosu • Handelsbilanz f
dış ticaret merkezi • Aussenhandelsplatz m
dış ticaret politikası • Aussenhandelspolitik f
dış ticaret tekeli • Aussenhandelsmonopol n

dış ticaret ve ödemeler • Aussenwirtschaft f
dış ticarette kur farkı • Prämie f
dış ticarette sevk vesaikine karşı açılan kredi • Rembourskredit m
dış ülkedeki ticari temsilci • Auslandsvertreter m
dış ülkelerden biri • Drittland n
dış ülkelere karşı mükellefiyet • Auslandsverbindlichkeit f
dış ülkelere yatırım • Auslandsinvestition f
dışalım • Import m; Einfuhr f
dışında • ausser
Dışişleri Bakanlığı • Aussenministerium n; Auswärtiges Amt n; Ministerium n für Auswärtige Angelegenheiten pl. f
Dışişleri Komisyonu • Ausschuss m für auswärtige Angelegenheiten pl. f
dışözeksel • exozentrisch
dışsatım • Ausfuhr f; Export m
dişi • weiblich
dişil • Femininum n
diğer bankalarda alacaklarımız • Nostroguthaben n
diğer gelirler • neutrale Erträge pl. m; sonstige Erträge pl. m; sonstige Aufwendungen pl. f
diğer taraf • Vertragsgegner m
dik kafalı • eigenwillig
dikey büyüme • vertikale Verflechtung f
dikkat • Aufmerksamkeit f
dikkat • Acht f; Achtung f; Aufmerksamkeit f; Pflege f; Umsicht f; Vorsicht f
dikkat çekme • Ermahnung f
dikkat etmek • achten auf; achtgeben; aufmerken; aufpassen; merken
dikkate alınmamış • unberücksichtigt
dikkate alma • Betracht m
dikkate almak • einrechnen
dikkate almamak • absehen; übergehen
dikkatini çekmek • hinweisen
dikkatle tetkik etmek • abwägen
dikkatli • umsichtig; vorsichtig
dikkatsiz • fahrlässig; leichtfertig; leichtsinnig; nachlässig; unvorsichtig
dikkatsizlik • Leichtsinn m; Unvorsichtigkeit f; Versehen n

Fachwörterbuch

diktatör • Diktator m; Machthaber f
diktatörlük • Autokratie f; Diktatur f; Gewaltherrschaft f
dikte • Ansage f; Diktat n
dikte ettirmek • ansagen; diktieren
dil • Sprache f
dil ailesi • Sprachfamilie f
dil atlası • Sprachatlas m
dil dışı • aussersprachlich
dil düzeyi • Sprachebene f
dil evrimi • Sprachrevolution f
dil gelişimi • Sprachentwicklung f
dil haritası • Sprachkarte f
dil öbeği • Sprachgruppe f
dil tarihlemesi • Glottochronologie f
dil tutukluğu • Anathrie f
dil ucu ünsüzü • apikal
dil üstü ünsüzü • Dorsal m
dilbilgisel • grammatisch
dilbilgisel aykırılık • Agrammatikalität f
dilbilgisel çözümleme • Satzanalyse f
dilbilgiselleşme • Grammatikalisierung f
dilbilgisellik • Grammatikalität f
dilbilgisi • Grammatik f; Sprachlehre f
dilbilgisi yitimi • Agrammatismus m
dilbilgisibirimi • Grammem n
dilbilim • Linguistik f; Sprachwissenschaft f
dilbilim dışı • ausserlinguistisch
dilbilimsel • linguistisch
dilbilimsel coğrafya • Sprachgeographie f
dilbirim • Glossem n
dilek • Begehr m; Bitte f; Petitum n
dilekçe • Ansuchen n; Antrag m; Bittschrift f; Eingabe f; Ersuchen n; Gesuch n; Liquidationsantrag m; Petition f; schriftlicher Antrag m
dilekçe hakkı • Petitionsrecht n
dilekçe komisyonu • Petitionsausschuss m
dilekçe sahibi • Antragsteller m
dilekçe veren • Bittsteller m
dilekçe verme • Bittschrift f; Liquidationsantrag m
dilekçe vermek • Antrag m stellen; beantragen; Gesuch n eingeben; Gesuch n stellen
dilek-koşul kipi • Desiderativum n
dilemek • bitten
dilenci • Bettler m

dilencilik • Bettelei f; Betteln n
dilenmek • betteln
dilsel • sprachlich
dilsel topluluk • Sprachgemeinschaft f
dilsel tutumluluk • Sprachökonomie f
dilsiz • stumm
dilsizlik • Stummheit f
dilyetisi • Sprache f; Sprachfähigkeit f
din • Bekenntnis n; Glaube m; Religion f
din bilgisi • Religionskunde f
din eğitimi • religiöse Erziehung f
din hürriyeti • Bekenntnisfreiheit f; Glaubensfreiheit f; Kultusfreiheit f; Religionsfreiheit f
din işleri • Kult m
Din Kültürü ve Ahlak Bilgisi • Religion f und Ethik f
din ve mezhep hürriyeti • Bekenntnisfreiheit f
dinamik bilanço • dynamische Bilanz f
dindarlık • Religiosität f
dini • göttlich; religiös
dini cemaat • Konfessionsgruppe f
dini dernek • religiöser Verein m
dini evlenme • kirchliche Trauung f; religiöse Trauung f
dini görüş • religiöse Anschauung f
dini hukuk • göttliches Recht n; religiöses Recht n
dini inançlara baskı yapma • Glaubenszwang m
dini nikah • religiöse Trauung f
dini vakıf • religiöse Stiftung f
dini yemin şekli • religiöse Eidesformel f
dinleme • Anhörung f; Vernehmung f
dinlemek • anhören; zuhören
dinlendirmek • ausruhen
dinlenme • Arbeitsruhe f
dinlenme süresi • Stundung f
dinlenme yeri • Aufenthaltsraum m
dinlenmek • sich ausruhen
dinleyici • Hörer m
dinleyici öğrenci • Gasthörer m
dinleyiciler • Zuhörerschaft f
dinmek • vergehen
dip koçanı • Stammabschnitt m; Talon m
diploma • Diplom n
diploma çizelgesi • Diplomliste f
diploma defteri • Diplomheft n

Mesleki Terimler Sözlüğü

diplomasi • Diplomatie f
diplomasi dokunulmazlığı • diplomatische Exemption f; diplomatische Immunität f
diplomasi imtiyaz ve muafiyetleri • diplomatische Vorrechte pl. n und Immunitäten pl. f
diplomasi masuniyeti • diplomatische Exemption f; diplomatische Immunität f
diplomasi memurları • Gesandtschaftspersonal n
diplomasi mümessilleri • diplomatische Vertreter pl. m
diplomasi temsilcileri • diplomatische Vertreter pl. m
diplomat • Diplomat m
diplomatik • diplomatisch
diplomatik dokunulmazlık • diplomatische Immunität f; Exterritorialität f der Diplomaten pl. m; persönliche Unantastbarkeit f
diplomatik ilişkiler • diplomatische Beziehungen pl. f
diplomatik masuniyet • diplomatische Immunität f; Exterritorialität f der Diplomaten pl. m; persönliche Unantastbarkeit f
diplomatik ön görüşmeler • Präliminarien pl. n
diplomatik protokol • diplomatisches Zeremoniell n
diplomatların tümü • diplomatisches Korps n
dipnot • Randbemerkung f
direkt • direkt; unmittelbar; unvermittelt
direkt alıcı • Selbstkäufer m
direkt hammadde ve direkt işçilikten oluşan maliyet • Einzelkosten pl.
direkt iskonto • Direktdiskont m
direkt işçilik • Fertigungslohn m
direkt kur verme • direkte Methode f; direkte Notierung f
direkt maliyet • direkte Kosten pl.; Einzelkosten pl.; Primärkosten pl.
direkt maliyet sistemi • Direkt-Kostenrechnung f; Grenzkostenrechnung f
direkt maliyetleme • Direktkostenrechnung f; Grenzkostenrechnung f
direkt malzeme • Fertigungsmaterial n

direkt sigorta • Erstversicherung f
direktif • Direktive f; Instruktion f; Massregel f; Richtlinie f; Verhaltungsmassregel f; Weisung f
direktörlük makamı • Direktorat n
dirilik • Lebendigkeit f
dirimbilim • Biologie f
disiplin • Disziplin f; Zucht f
disiplin ceza hukuku • Disziplinarstrafrecht n; Disziplinarrecht n
disiplin cezaları kanunu • Disziplinargesetz n
disiplin cezaları mahkemesi • Dienststrafgericht n
disiplin cezaları usulü • Disziplinarverfahren n
disiplin cezaları yönetmeliği • Disziplinarstrafordnung f
disiplin cezası • Dienststrafe f; Disziplinarstrafe f; Ordnungsstrafe f
disiplin cezası vermek • massregeln
disiplin komisyonları • Disziplinarausschüsse pl. m; Disziplinarkammern pl. f; Disziplinarkommissionen pl. f; Disziplinarräte pl. m
disiplin mahkemesi • Disziplinargericht n
disiplin yönetmeliği • Disziplinarordnung f
dispaşör • Dispacheur m
dispeç • Dispache f; Havarieaufmachung f; Havarieverteilung f; Seeschadenberechnung f
dispeçci • Dispacheur m
disponibilite • Disponibilität f; flüssige Mittel pl. n; greifbare Mittel pl. n
dişsil • dental; Interdentalis f; Zahnlaut m
dişsil-dudaksıl • Labiodental m; Lippenzahnlaut m
dışulama • Extrapolation f
dişyuvasıl • Alveolar m
dişyuvasıl-damaksıl • Alveopalatal m
dışyüz • Äusseres n
divan başkanı • Wahlvorsteher m
divan heyeti • Wahlausschuss m
divanıâli • Staatsgerichtshof m
divanıharp • Kriegsgerichte pl. n; Standgericht n
divanımuhasebat • Oberrechnungshof m; Oberrechnungskammer f; Rechnungshof m

Fachwörterbuch

dividant • Dividende f; Gewinnanteil m
diyagram • Schema n
diyalog • Dialog m
diyani tesis • religiöse Stiftung f
diyezleşmemiş • nicht spitz
diyezleşmiş • spitz
dizacyo • Abschlag m; Disagio n; Einschlag m
dizbarko • Disbargo n
dizem • Rhythmus m; Sprechtakt m; Takt m
dizge • System n
dizgesel • systemisch
dizi • Paradigma n; Reihe f; Serie f
dizibilim • Paradigmatik
dizilimbilim • Tagmemik f
dizilimbirim • Tagmem n
diziliş • Sequenz f
dizim • Syntagma n
dizimbilim • Syntagmatik f
dizimbirim • Syllemma n
dizimsel • syntagmatisch
dizimsel bağıntı • syntagmatische Relation f
dizimsel belirtici • syntagmatische Markierung f
dizimsel çözümleme • syntagmatische Analyse f
dizin • Index m
dizisel • paradigmatisch
dizisel bağıntı • paradigmatische Relation f
doçent • Dozent m
doçentlik sınavı • Habilitationsprüfung f
doğa • Natur f
doğa bilgisi • Naturkunde f
doğa bilimleri • Naturwissenschaften pl. f
doğal • normal
doğal dil • natürliche Sprache f
doğal faaliyet dönemi • natürliches Beschäftigungsjahr n
doğal kaynakların sömürülerek işletilmesi • Raubbau m
doğal varlıkların tüketilmesi • Abbau m; Substanzverzehr m
doğalcılık • Naturalismus m; Naturismus m
doğaüstücülük • Übernaturismus m
doğma • Dogma n
doğmak • herkommen

doğru • authentisch; Authentizität f; exakt; genau; korrekt; ordentlich; recht; reell; richtig; sachlich; treu; zutreffend
doğru olmak • stimmen; zutreffen
doğru olmayan • unecht
doğru olmayan haber • Falschmeldung f
doğru yöntem • direkte Methode f
doğrudan • unvermittelt
doğrudan aracılık yüklenimi • Festübernahme f
doğrudan arbitraj • direkte Arbitrage f; einfache Arbitrage f
doğrudan dava • unmittelbare Klage f
doğrudan doğruya • unmittelbar
doğrudan doğruya dava • unmittelbare Klage f
doğrudan doğruya dava hakkı • unmittelbares Klagerecht n
doğrudan doğruya satış • freihändiger Verkauf m
doğrudan doğruya zilyetlik • unmittelbarer Besitz m
doğrudan ipotek vergisi • direkter Hypothekarkredit m
doğrudan kambiyo • direkter Kurs m
doğrudan konşimento • Durchfrachtkonnossement n
doğrudan kur verme • direkte Methode f
doğrudan nakliye • Durch-Transport m
doğrudan sevkıyat • Durch-Transport m
doğrudan zilyetlik • unmittelbarer Besitz m
doğrulama • Verifikation f; Bestätigung f; Erhärtung f; Rechtfertigung f
doğrulamak • erhärten
doğrulanmamış • unbestätigt
doğrulanmış bakiye • bestätigter Saldo m
doğrulanmış hesap • bestätigter Saldo m
doğruluğu beyan etmek • bescheinigen
doğruluğu sabit olmak • sich bewähren
doğruluğunu göstermek • bewähren
doğruluğunu onaylama • Prüfung f
doğruluğunu onaylamak • attestieren; authentisieren; beglaubigen
doğruluğunu tetkik ve tasdik etme • Justifikation f;
doğruluğunu tetkik ve tasdik etmek • justifizieren

Mesleki Terimler Sözlüğü

doğruluk • Exaktheit f; Genauigkeit f; Offenheit f; Richtigkeit f; Sicherheit f
doğruluk ve inan • Treue f und Glauben m
doğrusal • linear
doğrusal programlama • lineare Programmierung f
doğru-yanlış testi • Richtig-Falsch-Antworttest m
doğum • Geburt f
doğum belgesi • Abstammungsurkunde f; Geburtsschein m; Geburtsurkunde f
doğum kontrolü • Geburtenbeschränkung f; Geburtenregelung f
doğum kütüğü • Geburtsregister n
doğum sigortası • Aussteuerversicherung f
doğum tarihi • Geburtsdatum n
doğum yardımı • Mutterschaftsgeld n
doğum yeri • Geburtsort m
doğumevi • Entbindungsanstalt f
doğumla kazanılan hak • Geburtsrecht n
doğumların sınırlandırılması • Geburtenbeschränkung f
doğumun nüfus dairesine bildirilmesi • Geburtsanzeige f
doğurmak • entbinden
doğurtuculuk • Mäeutik f
doğuştancılık • Nativismus m
dok • Dock n
dok makbuzu • Kaiübernahmebescheinigung f
dok rüsumu • Hafengebühren pl. f
dok ücreti • Hafengebühren pl. f
doktor • Arzt m; Doktor m
doktora derecesi • Doktorgrad m
doktora tezi • Dissertation f
doktorluk taslayan • Quacksalber m
doktrin • Doktrin f; Lehre f; System n
dokunmak • tangieren
dokunulamaz • unantastbar; unverletzlich
dokunulmazlık • Exterritorialität f; Immunität f; Unantastbarkeit f; Unverletzlichkeit f
dokuzuncu ayın son günü • Herbstultimo m
doküman • Dokumente pl. n; Schriftstück n; Urkunde f
dokümanlar • Unterlagen pl. f
dokümanları göndermek • Unterlagen pl. f einsenden

dolambaçlı muamele • Umweg-Transaktion f
dolambaçlı ticaret • Umweg-Verkehr m
dolandırıcı • Betrüger m; Schwindler m
dolandırıcı firma • Schwindelfirma f
dolandırıcılık • Betrug m; Betrügerei f; Schwindel m
dolandırmak • betrügen; täuschen
dolar bolluğu • Dollarüberschuss m
dolar bölgesi • Dollar-Raum m
dolar kıtlığı • Dollarknappheit f
dolaşım • Umlauf m; Zirkulation f
dolaşım belgesi • Zirkulationszertifikat n
dolaşım hızı • Umlaufsgeschwindigkeit f
dolaşımdaki kağıt paralar • Notenumlauf m
dolaşımdaki para • Geld n in der Zirkulation f
dolaşımdaki senetler • laufende Wechsel pl. m
dolaşma • Verflechtung f
dolayısıyla • kraft
dolayısıyla zilyetlik • mittelbarer Besitz m
dolaylama • Periphrase f
dolaylı • Redeerwähnung f; indirekt; mittelbar
dolaylı anlatım • indirekte Rede f; Oratio obliqua f
dolaylı arbitraj • indirekte Arbitrage f; zusammengesetzte Arbitrage f
dolaylı çıkarım • Ableitung f
dolaylı iflas • betrügerischer Bankrott m
dolaylı ipotek kredisi • indirekter Hypothekarkredit m
dolaylı işçilik • Gemeinkostenlohn m; Hilfslohn m
dolaylı kambiyo • indirekter Kurs m
dolaylı maliyet • Gemeinkosten pl.; Sekundärkosten pl.
dolaylı maliyetler • overheads
dolaylı ortak • Unteraktionär m
dolaylı tümleç • indirektes Objekt n
dolaylı vergi • indirekte Steuer f
dolaylı yöntem • rückschreitende Methode f
dolaylı zilyetlik • mittelbarer Besitz m
dolaysız • unmittelbar
dolaysız anlatım • direkte Rede f; Oratio recta f

Fachwörterbuch

dolaysız kurucu • unmittelbare Konstituente f
dolaysız maliyet • direkte Kosten pl.; Einzelkosten pl.; Primärkosten pl.
dolaysız tümleç • direktes Objekt n
dolaysız vergi • direkte Steuer f
doldurma • Ausschreibung f
doldurmak • ausfüllen; ausschreiben; füllen
dolgu • expletiv
dolma • Schwemme f
dolubirim • Plerem n
doluya karşı sigorta • Hagelversicherung f
dominyon • Dominion f
donanım • Hardware f
donanma • Flotte f; Kriegsmarine f; Schiffahrtsunternehmen n
donatan • Ausrüster m; Reeder m; Schiffseigentümer m
donatanın mesuliyeti • Reederhaftung f
donatanın sağlık yardımı yükümlülüğü • Krankenfürsorgepflicht f des Reeders m
donatanın sorumluluğu • Haftung f des Reeders m; Reederhaftung m
donatım • Aufstellung f
donatma • Ausrüstung f; Reederei f; Reedereigewerbe n; Schiffahrtsunternehmen n
donatma iştirakı • Partenreederei f; Reederei f
donatmak • ausrüsten
dondurmak • sperren
dondurulmuş hesap • blockiertes Konto n
donmuş kredi • unwidergleichbarer Kredit m
donuk • starr
donukluk • Starrheit f
dostane teşebbüs • guter Dienst m; Vermittlung f
dostluk • Freundschaft f
dostluk muahedesi • Freundschaftsabkommen n
dosya • Akte f; Ordner m
dosya işareti • Aktenzeichen n
dosya kopyası • Aktendoppel n
dosya notu • Aktennotiz n
dosya numarası • Aktenzeichen n; Geschäftszeichen n

dosya üzerinde karar verme usulü • schriftliches Verfahren n
dosyalama • Ablegen n; Einordnung f; Heften n
dosyalamak • einordnen
dosyaya takmak • abheften
dosyayı tetkik etmek • Akte einsehen
Dow Jones Endeksi • Dow Jones Index m
dökme gıda maddeleri • Massennahrungsmittel pl.
dökme kargo • Massengut n
dökme mal • Massengüter pl. n
dökme mal taşıyan gemi • Massengutschiff n
döküm halinde ambalajlanmamış yük • Loseware f; Sturzgüter pl. n
döküm halinde nakliyat • Freiladeverkehr m
döküm olarak satın alma • Massenankauf m
dökümünü yapmak • auszählen
döküntü • Abfall m; Überrest m; Verderb m
döküntü mallar • Ramschware f
dönem • Abschnitt m; Periode f; Stadium n; Turnus n; Zeitraum m
dönem başı • Anfang m des Geschäftsjahres n
dönem gideri • Betriebsaufwand m; Periodenkosten pl.
dönem giderleri • Aufwendungen pl. f einer bestimmten Periode f
dönem karı • Jahreseinkommen n; Jahresgewinn m
dönem maliyeti • Periodenkosten pl.
dönem ortası • Medio m
dönem sonu • Ende n des Geschäftsjahres n
dönem sonu sınavı • Jahresprüfung f; Semesterende-Prüfung f
dönem sonunda ödenebilir • postnumerando; zahlbar nach Ablauf m der Frist f
dönemin net geliri • Jahresüberschuss m
dönemin sonunda ödenen anüite • nachschüssige Annuität f
dönemsel • periodisch
dönemsel harcama • Aufwand m
dönemsel işletme gelir gider tablosu • Betriebsabrechnungsbogen m

Mesleki Terimler Sözlüğü

dönemsellik ilkesi • Grundsatz m der Periodenabgrenzung f; Periodenfolgsprinzip n
dönen varlıklar • flüssige Vermögenswerte pl. m; kurzfristige Vermögenswerte pl. m; Umlaufvermögen pl. n
döner akreditif • revolvierendes Akkreditiv n
döner bütçe • rollendes Budget n
döner kredi • Roll-over-Kredit m
döner sermaye • Umlaufskapital n; Umlaufvermögen n; Umsatzkapital n
döner sermaye malları • Umlaufvermögen pl. n
dönme çabukluğu • Umschlagsgeschwindigkeit f
dönme hızı oranı • Umschlagshäufigkeit f
dönmek • laufen; umkehren; zurückkehren
dönülebilir akreditif • widerrufliches Akkreditiv n
dönülemez akreditif • bestätigtes und unwiderrufliches Akkreditiv n
dönüş • Umkehr f; Wiederkehr f
dönüş navlunu • Rückfracht f
dönüş yükü • Rückfracht f
dönüşlü adıl • Reflexivpronomen n; rückbezügliches Fürwort n
dönüşlü çatı • Reflexiv n
dönüşlü eylem • reflexives Verb n
dönüşlüleşme • Reflexivierung f
dönüşlüleştirme • Reflexivierung f
dönüştürme fiyatı • Umtauschpreis m
dönüştürme kredisi • Umwandlungskredit m
dönüştürme oranı • Umstellungsverhältnis n
dönüştürüm • Transformation f; Umformung f
dönüşüm • Transformation f; Umformung f; Konvertierung f, Umwandlung f
dönüşümcü • Transformationalist m
dönüşümcülük • Transformationalismus m
dönüşümsel • transformationell
dönüşümsel bileşen • transformationelle Komponente f; Transformationsteil m
dönüşümsel dilbilgisi • Transformationsgrammatik f
dördüncü piyasa • vierter Markt m
dört büyükler • Big Four

döşeme • Möbel pl. n
döviz • ausländische Devisen pl. f; ausländische Währung f; Devise f; Fremdwährung f; Fremdwährungsforderungen pl. f; Valuta f; Währung f
döviz alışverişi • Devisenverkehr m
döviz arbitrajı • Devisenarbitrage f; Wechselarbitrage f
döviz durumu • Devisenhaushalt m
döviz hesabı • Umstellungsrechnung f
döviz ihtiyatı • Devisenbestand m
döviz işi • Valutengeschäft n
döviz karşılığı avans • Devisenlombard m
döviz kontrol dairesi • Devisenstelle f
döviz kontrolü • Devisenbewirtschaftung f; Devisenzwangswirtschaft f
döviz konularında yetki • Devisenhoheit f
döviz kredisi • Valutakredit m
döviz kurları paritesi • Währungsparität f
döviz kuru • Devisenkurs m; Währungsumtauschkurs m; Wechselkurs m
döviz kurundan aşağı bir değerde • unter Wechselkurs m
döviz limiti • Devisenplafond m
döviz muameleleri • Devisenhandel m
döviz müsaadesi • Devisengenehmigung f
döviz olarak alacak talebi • Valutaforderung f
döviz olarak ödenen avans • Devisenvorleistung f
döviz opsiyonu • Devisenbezugsrecht n; Devisenoption f
döviz permisi • Devisengenehmigung f
döviz piyasası • Devisenmarkt m
döviz poliçesi • Valutawechsel m
döviz pozisyonu • Devisenposition f
döviz rayici • Devisenkurs m
döviz rezervi • Devisenbestand m; Devisenvorrat m
döviz servisi • Währungsabteilung f
döviz spekülasyonu • Valutaspekulation f
döviz tahsisi • Devisenzuteilung f
döviz takyidatı • Devisenbeschränkungen pl. f
döviz tevdiat hesabı • Fremdwährungskonto n
döviz üzerine ambargo • Devisensperre f

77

Fachwörterbuch

dövizin tahsise tabi tutulması • Devisenkontingentierung f
dövmek • schlagen
dövüşme • Schlägerei f
dövüşmek • sich schlagen
Drago prensibi • Dragodoktrin f
drawback • Rückzoll m
duayen • Doyen m
dudaksıl • Labial m; Lippenlaut m
dudaksıl-artdamaksıl • Labiovelar m
dudaksıl-damaksıl • Labiopalatal m
dudaksıllaşma • Labialisierung f
dudaksıllaştırma • Labialisierung f
dudaktan okuma • Lippenlesen n
duhul • Zutritt m
duhul hakkı • Einreiserecht n
duhuliye resmi • Oktroi f; städtische Abgabe f
dul • verwitwet
dul aylığı • Witwenrente f
dul erkek • Witwer m
dul kadın • Witwe f
duopoli • duopolie
dur emri • Begrenzungsauftrag m
durak • Pause f
dural • statisch
dural dilbilim • statische Sprachwissenschaft f
duralama • Haltung f; Verschlussdauer f
duran varlıklar • Anlagevermögen n; feste Anlagen pl. f; Grundvermögen n; Immobiliarvermögen n; Sachanlagen pl. f; Sachanlagevermögen n
durdurma • Einhalt m; Einstellung f; Niederschlagung f; Sperre f; Stopp m; Suspension f; Unterbindung f
durdurmak • hemmen; niederschlagen; sistieren; sperren; stoppen
durdurucu • suspensiv
durgun • still
durgunluk • Stagnation f; Stockung f
durma • Pause f; Ruhen n; Stau m; Stillstand m; Stockung f; Stopp m
durmak • ruhen; stocken
durum • Kasus m; Beschaffenheit f; Gestalt f; Gestaltung f; Haltung f; Konstellation f; Lage f; Position f; Relation f; Sachlage f; Sachverhalt m; Situation f; Stand m; Status m; Stellung f; Verfassung f; Zustand m
durum dilbilgisi • Kasusgrammatik f
durum tespiti • Bestandsaufnahme f; Ist-Aufnahme f
durumda değişme • Bestandsveränderung f
durumun düzelmesi • Sanierung f
durumun kötüleşmesi • Passivierung f
durumunda • im Falle m
durumunu değiştirmek • umgliedern
duruşma • Gerichtsverhandlung f; Hauptverhandlung f; mündliche Verhandlung f; Verhandlung f
duruşma günü • Gerichtstermin m; Termin m
duruşma günü tayin etmek • Termin m anberaumen
duruşma günü tespit etmek • Termin m anberaumen
duruşma hazırlığı • Vorbereitung f der Hauptverhandlung f
duruşma talebi • Antrag m auf mündliche Verhandlung f
duruşmada aranın kesilmemesi prensibi • Nichtunterbrechungsprinzip n
duruşmada hazır bulunmak • einer Gerichtsverhandlung f beiwohnen; zu einem Termin m wahrnehmen
duruşmanın aleni olması prensibi • Öffentlichkeitsprinzip n
duruşmanın sözlü yapılması prensibi • Mündlichkeitsprinzip n; Unmittelbarkeitsprinzip n
duruşmayı açmak • Verhandlung f eröffnen
duvar gazetesi • Wandzeitung f
duvar ilanı • Anschlagzettel m
duyarlılık • Sensibilität f
duyarlılık analizi • Empfindlichkeitsuntersuchung f; Sensibilitätsanalyse f
duygu • Gefühl n
duygusal • emotional; gefühlmässig
duygusal gelişim • Gefühlsentwicklung f
duyu • Sinn m
duyum • Empfindung f
duyum yitimi • Änästhesie f
duyumculuk • Sensualismus m
duyumsal • sensorisch

Mesleki Terimler Sözlüğü

duyumsamazlık • Apathie f
düello • Duell n; Zweikampf m
düğüm • Knoten m
düğün • Hochzeit f
düğün hediyeleri • Hochzeitsgeschenke pl. n
dükkan • Laden m
dükrüvar • Delkredere n
dünya • Welt f
Dünya Bankalararası Finansal Telekomünikasyon Topluluğu • Gesellschaft f für weltweiten Telexverkehr m zwischen Interbanken pl. f
Dünya Bankası • Weltbank f
dünya barışı • Weltfriede m
dünya ekonomik sistemi • Weltwirtschaftssystem n
dünya ekonomisi • Weltwirtschaft f
dünya görüşü • Weltanschauung f
Dünya Hür Sendikalar Konfederasyonu • IBFG (Internationaler Bund Freier Gewerkschaften) m
Dünya Para Fonu • Weltwährungsfonds m
dünya piyasası hammaddeleri • Weltrohstoffe pl. m
dünya piyasası malları • Welthandelswaren pl. f
Dünya Posta Birliği • Weltpostverein m
dünya tasarruf günü • Weltspartag m
dünyanın ekonomik durumu • Weltkonjunktur f
dürüst olmayan • unlauter
düstur • Grundsatz m; Norm f; Formel f
düşen • degressiv; rückläufig
düşen konjunktür • rückläufige Konjunktur f
düşen piyasa • Baisse f; Baissemarkt m
düşkün • hilfsbedürftig
düşkün çocuk ve gençlerin devletçe bakım ve eğitimi • Jugendfürsorge f
düşkünlük • Sucht f
düşman • Feind m
düşman ile teslim mukavelesi • Kapitulation f; Übergabevertrag m
düşmanca • feindlich
düşmanca davranış • feindliches Verhalten n
düşmanlık • Feindschaft f
düşme • Fortfall m; Rückbildung f; Rückführung f; Rückgang m; Stockung f; Untergang m des Rechts n; Untergang m; Verfall m; Verfall m eines Rechtes n
düşme eğilimi • Rückentwicklung f
düşme sebepleri • Erlöschensgründe pl. m
düşmek • fallen; sich zurückbilden; verfallen
düşük • schwach
düşük değer takdir etmek • unterschätzen
düşük değerlendirme • Unterbewertung f
düşük faizle bulunabilen para • billiges Geld n
düşük fiyatla mal ihracı • Schleuderausfuhr f
düşük fiyatla satılacak mal • Ausschussware f
düşük fiyatla satmak • unter Selbstkosten pl. verkaufen
düşük fiyatlı menkul kıymetler • Kleinaktien pl. f
düşük fiyatlı spekülatif nitelikte hisse senetleri • Penny stocks
düşük gümrük tarifesi • Zollvergünstigungen pl. f
düşük tahmin etme • Unterbewertung f
düşük tutardaki giderler • kleine Ausgaben pl. f
düşük verim • schwache Leistung f
düşülerek • abzüglich
düşünce • Gedanke m; Meinung f
düşünce hürriyeti • Gedankenfreiheit f; Recht n auf freie Meinungsäußerung f
düşünce özgürlüğü • Gedankenfreiheit f; Recht n auf freie Meinungsäußerung f
düşünce şekli • Mentalität f
düşüncesiz • leichtsinnig; sorglos
düşüncesizlik • Leichtsinn m
düşünme • Denken n; Bedacht m; Überlegung f
düşünme müddeti • Bedenkfrist f
düşünmek • bedenken; denken; überlegen;
düşürmek • ablassen; fallen lassen; herabschleusen; verringern
düyunat • Passiva pl. eines Vermögens n; Schulden pl. f
düz • simpel
düz tahviller • Bezugsrecht n; Obligationen pl. f ohne Konversionsrecht n
düz ünlü • ungerundeter Vokal m

Fachwörterbuch

düz verim • laufender Ertrag m
düzanlam • Denotation f
düzdeğişmece • Metonymie f
düzdeğişmeceli • metonymisch
düzelmek • sich verbessern
düzeltici eğitim • Fürsorgeerziehung f
düzeltme • Abwicklung f; Ausbesserung f; Berichtigung f; Besserung f; Korrektion f; Korrektur f; Richtigstellung f; Sanierung f; Storno m; Therapie f; Verbesserung f
düzeltme gideri • Verbesserungskosten pl
düzeltme usulü • Heilverfahren n
düzeltmek • abgleichen; abwickeln; adjustieren; ausbessern; bereinigen; berichtigen; bessern; einräumen; reformieren; regulieren; richtigstellen; schlichten; verbessern
düzen • Disziplin f; Ordnung f; Reihe f
düzenbirim • Taxem n
düzenek • Vorrichtung f
düzenini bozmak • stören
düzenleme • Lay-out; Ausstellung f; Disposition f; Einrichtung f; Gestaltung f; Neuordnung f; Reform f; Regelung f; Schichtung f; Systematik f; Vermittlung f

düzenleme tarihi • Ausstellungstag m
düzenlemek • aufstellen; ausfertigen; disponieren; fertigen; regeln; reglementieren; statuieren; vermitteln
düzenleyici • Organisator m; organisatorisch
düzenli • ordentlich; systematisch
düzenli değişme • Pendelrhythmus m
düzenli olarak • laufend
düzenli oyun • organisiertes Spiel n
düzensiz • planlos
düzey • Ebene f; Niveau n
düzey kümesi • Niveaugruppe f
düzeyi belirli bir indekse bağlanmış ücret • gleitende Lohnskala f
düzgü • Kode m; Norm f
düzgüleme • Kodierung f
düzgülü dağılım • Normalverteilung f
düzgülü eğri • normale Kurve f
düzgün • regelmässig; regulär; seriös
düzgün hat gemisi • Linienschiff n
düzgün hat taşımacılığı • Linienschıffahrt f
düzleşme • Entrundung f
düzsöz • Lokution f

E

ebeveyn • Eltern pl.
ebeveyne ait • elterlich
ecel • Aufschub m; Befristung f; Frist f; Termin m; Zahlungsfrist f; Zeit f
ecnebi • Ausländer m; Fremder m
ecnebi şirketler • ausländische Gesellschaften pl. f
ecnebilerin hak ve vazifeleri • Fremdenrecht n
ecnebilerin memleketten çıkarılması • Ausweisung f von Ausländern pl. m; Anweisung f
ecri misil • angemessene Vergütung f; angemessener Preis m
ecri müsemma • vereinbarte Vergütung f; vereinbarter Preis m
eczacılık hukuku • Apothekenrecht n
eda • Leistung f; Vollziehung f; Zahlung f
eda davası • Leistungsklage f
eda mahalli • Leistungsort m
eda temerrüdü • Leistungsverzug m
eda yerini tutan ifa • Hingabe f an Zahlung f statt
eda zamanı • Leistungszeit f
edadan imtina • Leistungsverweigerung f
edanın imkansızlığı • Leistungsunmöglichkeit f; Unmöglichkeit f der Leistung f; Unvermögen n zur Leistung f
edanın kabulünde ihtirazi kayıt • Vorbehalt m bei Annahme f der Leistung f
edavans • Royalty
edebi mülkiyet hakları • geistiges Eigentum n
eden • Agens n
eden adı • Nomen egentis n
eden durumu • Ergativ m
edici müddet • Verwirkungsfrist f
edilgen çatı • Passiv n
edilgen eylem • Passiv n
edilgin öğrenme • passives Lernen n
edilgin sözcük dağarcığı • passiver Wortschatz m
edim • Performanz f; Erfüllung f; Leistung f
edimbilim • Pragmatik f
edimdilbilim • Pragmalinguistik f
edimsel • performativ
edimsel bileşen • pragmatische Komponente f
edimsöz • Illokution f
edinç • Kompetenz f
edinsel • erworben
efektif alım satım hesabı • effektives Kauf- und Verkaufskonto n
efektif döviz kuru • effektiver Wechselkurs m
efektif faiz oranı • effektiver Zins m
efkarı umumiye • Publikum n
egemenlik • Hoheit f; nationale Unabhängigkeit f; Souveränität f; Staatsgewalt f; Staatshoheit f
egemenlik hakları • Souveränitätsrechte pl. n
egemenlik tasarrufları • Hoheitsakte f
egoist • eigensüchtig
egoizm • Egoismus m
egzersiz • Übung f
eğilim • Linie f; Tendenz f; Trend m
eğilim gösteren • tendenziell
eğilimde temel değişme • Trendverlagerung f
eğitbilim • Erziehungswissenschaft f; Pädagogik f
eğitbilimsel • pädagogisch
eğiten • Erzieher m
eğitici • erzieherisch
eğitilebilirlik • Bildungsfähigkeit f
eğitim • Bildung f; Ausbildung f; Erziehung f; Schulung f
eğitim araştırması • Bildungsforschung f
eğitim bölümü öğrencisi • Lehramtsstudent m
eğitim dizgesi • Bildungssystem n
eğitim ekonomisi • Bildungsökonomie f
eğitim enstitüsü • pädagogisches Institut n
eğitim fakültesi • pädagogische Fakultät f
eğitim felsefesi • Erziehungsphilosophie f
eğitim filmi • Lehrfilm m

Fachwörterbuch

eğitim fonu • Ausbildungsfonds m; Beratungsfonds m
eğitim kaynakları • Bildungsinstitutionen pl. f
eğitim kredisi • Ausbildungskredit m
eğitim kurumu • Unterrichtsanstalt f; Schulgesetz n
eğitim lideri • Ausbildungsleiter m; Bildungsführer m
eğitim maliyesi • Bildungsfinanzen pl.
eğitim maliyeti • Ausbildungskosten pl.; Bildungskosten pl.
eğitim masrafları • Ausbildungskosten pl.
eğitim mecburiyeti • Schulpflicht f
eğitim özgeçmişi • persönlicher Ausbildungsweg m; persönlicher Bildungsverlauf m; persönlicher Bildungsweg m
eğitim planlaması • Bildungsplanung f
eğitim ruhbilim • pädagogische Psychologie f
eğitim sektörü • Bildungssektor m
eğitim serbestisi • Lehrfreiheit f
eğitim sineması • pädagogische Cinematographie f
eğitim sistemi • Bildungswesen n
eğitim sitesi • Bildungsanlage f; Universitätsviertel n
eğitim siyasası • Bildungspolitik f
eğitim süresi • Lehrzeit f
eğitim tarihi • Bildungsgeschichte f
eğitim teknolojisi • Bildungstechnologie f
eğitim televizyonu • Bildungsfernsehen n
eğitim tesisi • Ausbildungsstätte f; Bildungsanlage f
eğitim toplumbilim • Bildungssoziologie f
eğitim türü • Bildungsart f
eğitim yaşı • Bildungsalter n
eğitim yöneticiliği • Berufsbild n des Bildungsverwalters m
eğitim yöneticisi • Ausbildungsleiter m; Bildungsverwalter m
eğitim yönetimi • Bildungsverwaltung f
eğitimci • Erzieher m; Pädagoge m
eğitimle ilgili • erzieherisch
eğitimle ilgili tedbirler almak • erzieherische Massnahmen pl. f treffen
eğitim-öğretim iş günü • Schultage pl. f
eğitim-öğretim özgürlüğü • Lehrfreiheit f

eğitimsel • erzieherisch; Erziehung f betreffend
eğitmek • ausbilden; erziehen
eğitmen • Erzieher m
eğitsel • pädagogisch
eğitsel etkinlikler • Bildungsaktivitäten pl. f
eğitsel kılavuzluk • Schülerberatung f
eğlence resmi • Vergnügungssteuer f
eğlence vergisi • Vergnügungssteuer f
eğretileme • Metapher f
eğretilemeli • metaphorisch
ehemmiyet • Bedeutung f; Belang m; Erheblichkeit f; Wichtigkeit f
ehemmiyeti olmak • zählen
ehemmiyetle kaydederek • betonend
ehemmiyetle kaydetmek • betonen
ehemmiyetle üzerinde durma • Betonung f
ehemmiyetli • bedeutungsvoll; beträchtlich; schwer; überwiegend
ehemmiyetsiz • bedeutungslos; leicht; nicht wichtig; unerheblich; unwichtig
ehemmiyetsizlik • Bedeutungslosigkeit f
ehil • fähig
ehil kılmak • befähigen
ehlihibre • Gutachter m; Sachverständiger m
ehlivukuf • Gutachter m; Sachverständiger m
ehliyet • Befähigung f; Fähigkeit f; Quälerei f
ehliyetli • tüchtig
ehliyetname • Befähigungszeugnis n; Fahrerlaubnis f
ehliyetsiz • inkompetent; unfähig; unzuständig
ehliyetsizlik • Unfähigkeit f
ek • Affix n; Anhang m; Anlage f; Beilage f; Ergänzung f; Nachtrag m; nachträglich; Nebenleistung f; Zusatz m; Zuschuss m
ek anlaşma • Nebenabrede f
ek belge • Zusatzdokument n
ek bütçe • Nachtragshaushalt m
ek ceza • Zusatzstrafe f
ek ders ücreti • Gebühr f für Zusatzunterricht m
ek dersler • Zusatzunterricht m
ek eğitim vergisi • Zusatzbildungssteuer f

Mesleki Terimler Sözlüğü

ek fiyat • Güteaufpreis m
ek gelir • Nebenerwerb m
ek gelirler • Akzidens pl. n
ek harcama • Mehrausgabe f
ek ihracat • Mehrexport m
ek iş • Extraarbeit f; Nebenarbeit f; Nebenerwerb m
ek kar payı • Superdividende f
ek kayıt • Zusatzbestimmung f
ek kazanç • Nebenverdienst m
ek komisyon • Extrakommission f
ek kredi • Überziehungskredit m; Zustandskredit m
ek maaş ödemesi • Sondergehaltszahlung f
ek madde • Nachtragsartikel m; Nebenartikel m; Zusatzartikel m
ek mali yardım • Nachfinanzierung f
ek maliyet • Mehrbelastung f; Überladung f
ek masraf • Sonderausgabe f
ek meblağ • Auflage f
ek olarak • einliegend; zusätzlich
ek ödeme • Nachzahlung f; Nebenleistung f; Sonderzulage f; Zuschlagszahlung f
ek ödemede bulunmak • nachträgliche Zahlung f leisten
ek ödeneğin kabulü • Nachbewilligung f
ek ödenekler • Nebeneinkünfte pl. f
ek önerge • Zusatzantrag m
ek protokol • Zusatzprotokoll n
ek sermaye koyma • Nachschluss m
ek sermaye koyma mükellefiyeti • Nachschlusspflicht f
ek sigorta • Nebenversicherung f
ek sözleşme • Zusatzabkommen n
ek tablolar • Ergänzungsberichte pl. m
ek tahsisat • Zuschuss m
ek temettü • Bonus m; Extradividende f; Tantieme f; Zusatzdividende f
ek teminat verme yükümlülüğü • Nachdeckungspflicht f
ek teslimat • Nebenleistung f
ek vardiya • Überstunde f; Überschicht f
ek vergi • Nachsteuer f; Steuerzuschlag m; Zusatzsteuer f
ek verim • Mehrleistung f
ek yardım • Mehrleistung f; Nebenleistung f
ekalliyet • Minderheit f; Minorität f
ekber evlat hakkı • Erstgeburtsrecht n
ekeylem • Verbum n prädikativum; Verbum n substantivum
ekip • Mannschaft f; Schicht f
ekip çalışması • Gemeinschaftsarbeit f; Zusammenarbeit f
ekip değişmesi • Schichtwechsel m
ekleme • Adjunktion f; Beladen n; Belastung f mit Nebenkosten pl.
eklemek • addieren; anhängen; beiliegen; einliegen; einsetzen; fügen; zufügen; zusammenrechnen
eklemeler • Zusätze pl. m
eklemeli • ineinander verknüpft; modular
eklemeli eğitim • ineinander verknüpfte Ausbildung f
eklemeli eğitim programları • ineinander verknüpfte Lehrpläne pl. m
eklemleme • Artikulation f
eklemleme biçimi • Artikulationsart f; Artikulationsweise f
eklemleme bölgesi • Artikulationsort m; Artikulationsstelle f
eklemleme noktası • Artikulationspunkt f
eklemlenme • Artikulation f
eklemleyici • Artikulator m
eklemli • artikuliert
eklemlilik • Artikulation f
eklenen hak • Anwartschaftsrecht n
eklenerek • zuzüglich
eklenme • Aufstockung f
eklenmiş değer • Mehrwert m
eklenti • Adjunkt n; Mobiliar n eines Unternehmens n; Nebengebäude n; Zubehör n
ekonoma • Werkkonsum m
ekonomi • Ökonomie f; Volkswirtschaftslehre f; Volkswirtschaft f; Wirtschaft f; Wirtschaftswissenschaft f
ekonomi alanı • Wirtschaftsleben n
Ekonomi Bakanlığı • Wirtschaftsministerium n
ekonomi hukuku • Wirtschaftsrecht m
ekonomi politikası • Wirtschaftspolitik f
ekonomi sektörü • Wirtschaftszweig m
ekonomide devlet müdahaleciliği • Interventionismus m
ekonomik • ökonomisch; rationell; wirtschaftlich

Fachwörterbuch

ekonomik alan • Wirtschaftsbereich n; Wirtschaftsraum m
ekonomik alanda düzelme • Wiederaufschwung m
ekonomik alanda liderlik • Wirtschaftsführung f
ekonomik alanda öncülük • Wirtschaftsführung f
ekonomik araştırma enstitüsü • Konjunkturinstitut n
ekonomik birlik • Wirtschaftsunion f
ekonomik bütünleşme • wirtschaftliche Integration f
ekonomik çaba • Wirtschaftsleistung f
ekonomik çıkar • wirtschaftliches Interesse n
ekonomik değerin yitirilmesi • Veralterung f; wirtschaftlicher Verschleiss m
ekonomik devir sistemi • Wirtschaftskreislauf m
ekonomik durgunluk • Konjunkturflaute f; Wirtschaftsstockung f
ekonomik durum • Konjunktur f; Konjunkturlage f; Wirtschaftslage f
ekonomik durumu etkileyen faktör • Konjunkturfaktor m
ekonomik durumun çok iyi olması • Hochkonjunktur f
ekonomik düzen • Wirtschaftsordnung f
ekonomik eğilim • Konjunkturentwicklung f
ekonomik faaliyet • Wirtschaft f
ekonomik faaliyet kolu • Wirtschaftsbereich m; Wirtschaftsgruppe f
ekonomik faaliyetin bütünü • Wirtschaftsvolumen n
ekonomik faaliyetin canlanması • Wirtschaftsbelebung f
ekonomik faaliyetin eğilimi • Konjunkturverlauf m
ekonomik faaliyetin yavaşlaması • Konjunktureinbruch m; Konjunkturstockung f
ekonomik faaliyetin yönü • Konjunkturverlauf m
ekonomik faaliyetlerin durgunlaşması • Konjunkturrückgang m

ekonomik faaliyetlerin gelişmesi • Wirtschaftsanstieg m
ekonomik gelişme analizi • Konjunkturdiagnose f
ekonomik indeks • Konjunkturziffer f
Ekonomik İşbirliği Bakanlığı • Ministerium n für wirtschaftliche Zusammenarbeit f
Ekonomik İşbirliği ve Kalkınma Örgütü • Organisation f für Wirtschaftliche Zusammenarbeit f und Entwicklung f
ekonomik literatür • Wirtschaftsschrifttum n
ekonomik ömür • wirtschaftliche Lebensdauer f; wirtschaftliche Nutzungsdauer f
ekonomik politika • Wirtschaftspolitik f
ekonomik psikoloji • Wirtschaftspsychologie f
ekonomik savaş • Wirtschaftskrieg m
ekonomik sektör • Wirtschaftsbereich m
ekonomik sipariş miktarı • wirtschaftliche Losgrösse f
ekonomik siyaset • Konjunkturpolitik f
ekonomik taahhütler • Unternehmerwirtschaft f
ekonomik ürün • Wirtschaftsprodukt n
ekonomik verim • Wirtschaftlichkeit f
ekonomik vetire • Wirtschaftsablauf m; Wirtschaftsgeschehen n
ekonomik yapı • Wirtschaftsgeschehen n; Wirtschaftsstruktur f
ekonomik yardım • Wirtschaftshilfe f
ekonomik yeterlik • Wirtschaftlichkeit f
ekonominin kamu sektörü • Staatswirtschaft f
eksel dönüşüm • Verbaffigierungstransformation f
ekseriyet • Mehrheit f
ekseriyet prensibi • Mehrheitsprinzip n
ekseriyetle • meistens
eksi • minus
eksiği sağlama • Wiederbeschaffung f
eksik • Defizit n; Minus n; nichtvollendet; unvollkommen
eksik borç • Naturalobligation f; unvollkommene Verbindlichkeit f
eksik borçlar • Naturalobligation f
eksik değerlendirme • Unterbewertung f
eksik gelmek • Defizit n aufweisen

Mesleki Terimler Sözlüğü

eksik kapasite kullanımı • Unterbeschäftigung f
eksik olmak • fehlen; mangeln
eksik rapor • Teilmeldung f
eksik tahmin etme • Unterschätzung f
eksik teşebbüs • nichtvollendeter Versuch m
eksikli • defektiv
eksikliği gidermek • heilen
eksikliği tamamlama • Heilung f
eksiklik • Ausfall m; Fehlbetrag m; Fehlmenge f; Lücke f; Mangel m; Manko n; Rückstand m; Ungenauigkeit f
eksiköğeli karşıtlık • privative Opposition f
eksiksiz • perfekt
eksilme • Abnahme f
eksilmek • abnehmen
eksilti • Auslassung f; Ellipse f
eksiltili • elliptisch
eksiltme • Submission f
eksiltmek • herabsetzen; mindern
eksiz poliçe • einwandfreier Wechsel m
eksper • Begutachter m; Besichtiger m; Experte m; Fachmann m; Gutachter m; Prüfer m; Referent m; Sachkenner m; Sachkundiger m; Sachverständiger m
eksper tarafından • sachkundig
eksperlik • Sachkenntnis f; Sachkunde f
ekspertiz • Beweis m durch Sachverständigen m; Expertise f; Gutachten n
ekspertiz raporu • Inspektionszertifikat n
ekspertiz sertifikası • Inspektionszertifikat n
ekstre • Auszug m; Kontoauszug m
ekte • beiliegend
ekzarhlık • Exarchat n
el • Hand f
el basarak yemin etme • körperlicher Eid m
el becerisi • Handfertigkeit f
el çekmek • sich begeben
el çektirmek • entheben
el değiştirmek • in andere Hände pl. f übergehen
el ile yapılmış bir alamet • Handzeichen n
el işi • Handwerk n; Handwerkszweig m

el kaldırarak yemin etme • körperlicher Eid m
el koyan • Besitzergreifer m; Detentor m
el koyma • Beschlagnahme f; Requirierung f; Requisition f; Ergreifung f; Pfändung f; Besitzergreifung f; Besitznahme f; Zwangsverwaltung f
el koymak • requirieren
el sanatları • Hausindustrie f
el yazısı • Faksimile n; Schreibschrift f; Schrift f; Handschrift f
el yazısı ile • eigenhändig
el yazısı ile yazılmış • handschriftlich
el yazısının aslına uygun kopyası • Faksimile n einer Handschrift f
elçi • Gesandter m
elçilik • Legation f
elçilik binası • Botschaft f; Gesandtschaft f; Gesandtschaftshotel n
elde edilebilir • verfügbar
elde edilen değer • Werterhalten n
elde edilen sonuç • Leistung f
elde etme • Anschaffung f; Auswirkung f; Einkauf m; Erwerb m; Erwerbung f
elde etme maliyeti • Anschaffungskosten pl
elde etmek • anschaffen; auswirken; einnehmen; erlangen; erwerben; erwirtschaften; erzielen; herauswirtschaften; sich verschaffen
elde hazır nakit para • Barschaft f
elde mevcut • verfügbar
elde olmayan sebepler • höhere Gewalt f
eldeki iş • Verarbeitungsbestand m
eldeki kullanılabilir varlık • unbelasteter Vermögenswert m
eldeki nakit • Barvorrat m einer Bank f; Handgeld n; Kassenbestand m
eldeki para • Barkasse f; kleine Kasse f; Portokasse f
eldeki parasal olanaklar • flüssige Mittel pl. n; verfügbare Zahlungsmittel pl. n
eldeki siparişler • Auftragsbestand m
eldeki ve bankadaki derhal kullanılabilir para • Barliquidität f
elden çıkabilir • verfügbar
elden çıkarma • Veräusserung f
elden çıkarmak • sich entäussern
elden düşme • aus zweiter Hand f

Fachwörterbuch

elden hibe • Handschenkung f
ele alma • Vornahme f
ele almak • vornehmen
ele geçirmek • erwischen; fassen
elektrik, gaz ve su endüstrisi • Versorgungsindustrie f
elektrik akımı sağlama • Stromdarbietung f
elektrik enerjisi temini • Energieversorgung f
elektrik teçhizatı piyasası • Elektromarkt m
elektrik tüketimi • Stromverbrauch m
elektrikli hesap makinesi • Elektronenrechengerät n
elektrikli muhasebe makinelerinin delikli kartı • Daten-Lochkarte f
elektro çek • Elektroscheck m
elektronik bilgi işlem • Informatik f;
elektronik bilgi işleme • Datenverarbeitung f
eleman • Element n; Moment n
eleştiri • Kritik f
eleştirici düşünme • kritisches Denken n
eleştirimcilik • Kritizismus m
eleştirmek • kritisieren
eleştirmen • Kritiker m
eliminasyon • Eliminierung f
elinde tutma • Rückbehaltung f
elinden alma • Entziehung f
elinden almak • entziehen
elle atılan imza • eigenhändige Unterschrift f
elle yapılan iş • Handarbeit f
elverişli • tauglich; vernünftig; verwendungsfähig
elverişli olmak • taugen
elverişlilik • Tauglichkeit f
elverişsiz • ungeeignet; untauglich
elverişsizlik • Untauglichkeit f
emanet • anvertrautes Gut n; Depotgeschäft n; Gewahrsam m
emanet akdi • Hinterlegungsvertrag m
emanet alan • Verwahrer m
emanet bankası • Depotbank f
emanet bırakan • Hinterleger m
emanet bırakılan şey • Depositum n
emanet bırakma • Hinterlegung f

emanet bırakmak • anvertrauen; hinterlegen
emanet eden • Hinterleger m
emanet hakkı • Hinterlegungsvertrag m; Kaution f
emanet hesabı • Depot n
emanet yeri • Hinterlegungstelle f
emanetçi • Verwahrer m
emanetçilik • Frachtgeschäft n
emaneten • in Konsignation f
emaneten idare • Eigenregie f; Verwaltungsrecht n
emaneten tevdi • Hinterlegung f
emare • Indiz n
emarelere istinaden sübut bulma • Indizienbeweis m
emek • Arbeit f; Mühe f
emek yoğun • arbeitsintensiv; lohnintensiv
emekçi • Arbeitnehmer m
emekli • Pensionär m; Rentner m; Versorgungsempfänger m
emekli aylığı • Pension f; Ruhegehalt n
emekli maaşı • Altersrente f
emekli memur • Beamter m im Ruhestand m
emekli sandığı • Pensionskasse f
emeklilerin hastalık sigortası • Rentnerkrankenversicherung f
emeklilik • Altersunterstützung f; Pensionierung f; Rente auf Zeit f; Rente f; Ruhestand m
emeklilik aylığı • Pension f
emeklilik baremi • Ruhegeldordnung f
emeklilik fonu • Pensionsfonds m; Pensionskasse f
emeklilik fonu karşılığı • Pensionsrückstellung f
emeklilik hakları • Pensionsanspruch m
emeklilik kasası • Pensionskasse f
emeklilik maaşı • Ruhegeld n
emeklilik maaşı alan • Rentenempfänger m
emeklilik menfaatleri • Ruhegenüsse pl. m
emeklilik ödemeleri için kabul edilmiş yöntem • Pensionsplan m
emeklilik planı • Pensionsplan m
emekliye ayrılmak • in Rente f gehen; pensioniert werden
emeksiz • mühelos

Mesleki Terimler Sözlüğü

emilmiş maliyet • verrechnete Kosten pl.
emin • sicher; treu
emin olmayan • ungewiss
emir • Anordnung f; Aufforderung f; Auftrag m; Befehl m; Bestimmung f; Dienstbefehl m; Erlass m; Gebot n; Mandat n; Order f; Verfügung f; Verordnung f; Vollmacht f; Vorschrift f; Weisung f
emir limanı • Orderhafen m
emisyon • Ausgabe f; Emission f
emisyon bankası • Emissionsbank f; Notenbank f
emisyon fiyatı • Zeichnungspreis m
emisyon hakkı • Emissionsrecht n
emisyon kanunu • Emissionsgesetz n
emisyon kuruluşu • Emissionsbank f; Emissionshaus n
emisyon yetkisi • Notenmonopol n
emlak • Anwesen n; Besitzung f; Grund m
emlak komisyoncusu • Wohnungsmakler m
emlak vergisi • Immobiliensteuer f; Grundsteuer f
emme • Absorption f
emmek • absorbieren
emniyet altına alma • Sicherstellung f; Sicherung f
emniyet altına almak • bergen; sichern
emniyet müdürlüğü • Ordnungsamt n; Polizeipräsidium n
emniyet müdürü • Polizeipräsident m
emniyet sandığı • Pfandhaus n; Pfandleihanstalt f
emniyet stoku • Sicherheitsquantität f
emniyet tedbiri • Kautel f
emniyet tedbirleri • bessernde und sichernde Massregeln pl. f; Sicherheitsmassnahmen pl. f; Vorsichtsmassregeln pl. f
emniyet teşkilatı • Sicherheitspolizei f
emniyet ve asayiş kanunları • öffentliche Ordnung f und Sicherheit f
emniyete almak • sichern; sicherstellen
emniyeti kötüye kullanma sigortası • Garantieversicherung f; Veruntreuungsgarantie f
emniyeti suiistimal • Untreue f; Vertrauensbruch m; Vertrauensmissbrauch m; Veruntreuung f; Defraudation f
emniyeti suiistimal eden • Defraudant m
emniyeti suiistimal etmek • defraudieren
emniyeti umumiye nezareti altına alınmak • Stellung f unter Polizeiaufsicht f
emperyalizm • Imperialismus m; Machtpolitik f
emprime • gedrucktes Dokument n
emre değil şartı • Rektaklausel f
emre hazır • benutzbar; verfügbar
emre hazır para • Barzahlung f; sofort per Kasse f
emre muharrer çek • Orderscheck m
emre muharrer senet • eigener Wechsel m; Eigenwechsel m; Orderpapier n; Solawechsel m; trockener Wechsel m; Wechsel m
emre yazılı çek • Orderscheck m
emre yazılı konşimento • Orderkonnossement n
emre yazılı menkul kıymetler • Orderpapier n
emre yazılı senet • Eigenwechsel m; Orderpapier n; Wechsel m
emredici hüküm • Gebotsvorschrift f
emretmek • anordnen; auffordern; befehlen; verfügen; verordnen
emri altına vermek • untergeben
emrinde bulunmak • unterstehen
emrine • zugunsten
emrine kaydı • Orderklausel f
emrine ödeyiniz • zahlen Sie an die Order f
emrine verme • Unterstellung f
emrine vermek • unterstellen
emsal • massgebend; Präzedenzfall m; Vorentscheidung f; Vorgang m
emsal dava • Musterprozess m
emsal değer • Börsenwert m
emsal karar • massgebendes Urteil n
emtia • Artikel m; Gut n; Handelsware f; Ware f
emtia borsalarındaki işlem harçları • Warenbörsengebühren pl. f
emtia borsası • Handelsbörse f; Warenbörse f; Produktenbörse f
emtia fonu • Warenfonds m
emtia hesabı • Warenkonto n

Fachwörterbuch

emtia karşılığı avans • Vorschuss m auf Wertpapiere pl. n; Warenbevorschussung f; Warenlombard m
emtia maliyeti • Kosten pl. der Waren pl. f
emtia senedi • Dispositionsdokument n; Warenpapier n; Wertschrift f; Traditionspapier n
emtia stoku • Handelswarenbestand m; Vorräte pl. m
emtiayı temsil eden senetler • Traditionspapiere pl. n
en az çaba ilkesi • Prinzip n des geringsten Aufwandes m
en az yüzde beş oranında oy alan partilerin parlamentoda temsil edilebilmesi kuralı • Fünfprozent-klausel f
en ciddi sorunları olan memleketler • Schwerpunktländer pl. n
en çok veren • Meistbietender m
en düşük aidat • Mindestbeitrag m
en düşük fiyat • Minimalpreis m
en düşük maliyet • Mindestkosten pl
en düşük miktar • Minimum n
en düşük nokta • Tiefstwert m
en düşük oran • Mindestsatz m
en iyi kalite • Spitzenqualität f
en iyi mal • Ausstichware f
en küçük çift • Minimalpaar n
en önemli kısım • Schwergewicht n
en son duruma getirmek • auf den neuesten Stand m bringen
en ucuz • billigst
en üst • oberst
en yakın yuvarlak sayıya indirmek • abrunden
en yüksek • oberst
en yüksek fiyat • Höchstpreis m
en yüksek makamca verilen emir • Verfügung f von hoher Hand f
en yüksek nokta • Scheitelpunkt m
en ziyade mazharı müsaade devlet şartı • Meistbegünstigungsklausel f
en ziyade müsaade şartı • Meistbegünstigungsklausel f
encümen • Kommission f
endeks • Index m; Indexziffer f
endeks fiyatı • Indexpreis m
endeks para sistemi • Indexwährung f
endeksleme • Indexierung f
endeksleme şartı • Gleitklausel f
endeksli tahvil • Indexanleihe f
endirekt işçilik • Gemeinkostenlohn m; Hilfslohn m
endirekt maliyet • Gemeinkosten pl.; Sekundärkosten pl.
endişe • Angst f; Besorgnis f; Beunruhigung f; Furcht f; Sorge f
endişe etmek • fürchten
endişelenmek • sich beunruhigen; sich sorgen
endişeye düşürmek • beunruhigen
endüstri • Industrie f
endüstri eğitimi • gewerbliche Berufsbildung f; industrielle Ausbildung f
endüstri kooperatifi • Erwerbsgenossenschaft f
endüstri meslek lisesi • industrielles Fachgymnasium n
endüstri ressamı • Formgestalter m
endüstri ressamlığı • Formgebung f
endüstri sanatları • Industriegewerbe n
endüstri şirketinin sattığı tali mal • Handelsware f
endüstriyalizm • Industrialismus m
endüstriyel • industriell
endüstriyel literatür • Wirtschaftsschrifttum n
enerji • Schwungkraft f
enerji maddeleri piyasası • Energiemarkt m
enerji üretimi • Energiewirtschaft f
enflasyon • Geldentwertung f; Inflation f
enflasyon karı • fiktiver Gewinn m; Inflationsgewinn m; Scheingewinn m
enflasyon muhasebesi • Inflationsrechnungslegung f
enflasyon oranı • Inflationsrate f
enflasyona doğru giden • inflationsorientiert
enformasyon • Auskunft f; Information f
enfrastrüktür • Infrastruktur m
engel • Hindernis n
engel olan • hinderlich
engel olma • Hinderung f
engel olmak • behindern; hemmen; verhindern; verwehren
engelleme • Vereitelung f; Verhinderung f

Mesleki Terimler Sözlüğü

engellemek • hindern; obstruieren; vereiteln; verhindern
engelleyici sebep • Hinderungsgrund m
engelli • gehemmt
engelli öğrenci • lernbehinderter Schüler m
engelli ünlü • gedeckter Vokal m
engelsiz • ungehemmt
engelsiz ünlü • freier Vokal m
engizisyon sistemi • Inquisitionsprinzip n
enişte • Schwager m
enkaz • Abrißhaus n; herrenlose Sache f; Strandgut n; Trümmer pl.; Wrack n; Zuführung f; zugeführte Sachen pl. f
enkazın kaldırılması • Trümmerbeseitigung f
enstitü • Institut n; Institution f
enternasyonalizm • Internationalismus m
entonasyon • Intonation f
entrika • Machenschaften pl.
envanter • Aufstellung f; Bestandsaufnahme f; Inventar n; Inventur f; Vorräte pl. m
envanter alma • Inventur f
envanter almak • Bestände pl. m aufnehmen; inventarisieren
envanter değeri • Inventarkurs m; Inventarwert m
envanter formu • Erfassungsformular n
envanter kredisi • Inventarkredit m
envanter listesi • Bestandsverzeichnis n
envanter ve bilanço defteri • Inventar- und Bilanzbuch n
er • Gemeiner m; Soldat m
erek • Zweck m
erek dil • Zielsprache f
ergenlik • Adoleszens f
ergin • grossjährig; mündig; volljährig; Volljähriger m
ergin eğitim • liberale Erziehung f
ergin olmayan • minderjährig; unmündig
erginleme • Einweihung f
erginlik • Pubertät f
erginlik • Grossjährigkeit f; Mündigkeit f; Volljährigkeit f
eril • Maskulinum n
erişilebilir standart • erreichbarer Standard m
erk • Herrschaft f; Kraft f; Macht f
erkek • Mann m
erkek eş • Ehegatte m; Ehemann m; Gatte m; Gemahl m
erkek evlat • Sohn m
erkek kardeş • Bruder m
erkek torun • Enkel m; Enkelkind n
erkek yeğen • Cousin m; Neffe m
erken • früh
erken ödeme iskontosu • Barzahlungskonto n; Kassakonto n
erkincilik • Liberalismus m
erteleme • Aufschub m; Aussetzung f; Fristung f; Hinausschiebung f; Prolongation f; Prorogation f; Ruhen n; Stundung f; transitorische Abgrenzung f; Verlegung f; Verschiebung f; Vertagung f
erteleme dilekçesi • Stundungsgesuch n
erteleme kredisi • Umschuldungskredit m
erteleme müddeti • Stundungsfrist f
ertelemek • aufschieben; aussetzen; fristen; hinausschieben; prorogieren; stunden; suspendieren; verlegen; verschieben; vertagen
ertelenmiş anüite • aufgeschobene Annuität f
ertelenmiş borçlar • aufgeschobene Schulden pl. f
ertelenmiş ödeme • hinausgeschobene Zahlung f
ertelenmiş ödemeli akreditif • Deferred-Payment-Akkreditive pl. n
ertelenmiş vergiler • latente Steuern pl. f
erteleyici • suspensiv
ertesi yıla aktarılan. dağıtılmamış işletme karı • Gewinnvortrag m
esaret • Sklaverei f
esas • Abstammung f; Basis f; Fond m; Fundament n; Grund m; Grundlage f; Grundsatz m; Haupt n; Referenzjahr n; Richtlinie f; Stamm m; Wesen n
esas alınan yıl • Referenzjahr n
esas almak • zugrunde legen
esas analiz • Grundanalyse f
esas anlam • Grundbedeutung f
esas borçlu • Hauptschuldner m
esas cetvel • Richttafel f
esas davacı • Hauptkläger m
esas davayı etkileyecek ehemmiyette • präjudiziell
esas değer • Anschaffungswert m; Ursprungswert m

Fachwörterbuch

esas duruşma • Hauptverhandlung f
esas duruşma günü • Haupttermin m
esas enerji • Primärenergie f
esas faaliyetler • Primärbereich m
esas faiz oranı • Eckzins m
esas faktör • Schrittmacher m
esas firma • Stammfirma f
esas fiyat • Grundpreis m
esas hakkında görüş • Sachbemerkung f
esas iş akdi üzerinde değişiklik yapan iş akdi • Abänderungsvertrag m
esas itibariyle • grundsätzlich; prinzipiell
esas kadro • Stamm m
esas kiracı • Hauptmieter m
esas kural • Prinzip n
esas malzeme • Ausgangsmaterial n
esas meblağ • Grundbetrag m
esas mirasçı • Haupterbe m
esas mukavele • Charta f
esas mukavelenin özel sözleşme ile ortadan kaldırılamazlığı • Unabdingbarkeit f
esas nizamname • Satzung f; Statut n
esas nokta • Ziffer f
esas olan • fundamental; massgebend
esas olmak • zugrunde liegen
esas poliçe • Primawechsel m
esas pozisyon • Hauptposition f
esas rakam • Originalzahl f
esas sermaye • Aktienkapital n; Eigenkapital n; Gesellschaftskapital n; Grundkapital n; Stammkapital n
esas sicil defteri • Stammregister n
esas şart • Grundbedingung f
esas teşkilat hukuku • Staatsrecht n
esas teşkilat kanunları • Staatsgrundgesetze pl. n; Verfassungsgesetz n
esas ücret • Ecklohn m; Grundlohn m
esas ürün • Hauptprodukt n
esasa cevap • Antwortschrift f
esasa itiraz • Einrede f zur Sache f; sachliche Einrede f
esasen • ursprünglich
esaslı • elementar; wesentlich
esassız • unbegründet
esasta • zugrunde liegend
esasta kayıp • Mangel m der Hauptsache f

esbabı mazeret • Entschuldigungsgründe pl. m; Rechtfertigungsgründe pl. m
esbabı mucibe • Begründung f
eser • Werk n
eser sahibi • Urheber m eines Geisteswerks n
eseri çoğaltma hakkı • Vervielfältigungsrecht n
esham • Aktien pl. f
esham borsası • Aktienbörse f
esham piyasası • Rentenmarkt m
esham tüccarı • Aktienhändler m
esham ve tahvilat • Effekten pl. m
esham ve tahvilat borsası • Fondsbörse f
esham ve tahvilat çıkaran müessese • Emissionsgeschäft n
esham ve tahvilat işleri • Effektensektor m
esham ve tahvilat karşılığı kredi • Effektenkredit m
esham ve tahvilata yatırım yaparak tasarruf etme • Effektensparen n
esham ve tahvilatın borsa fiyatı • Kurswert m
esham ve tahvilatın rayiç ve itibarı kıymeti arasındaki fark • Disagio n
esir • Gefangener m; Sklave m
esir kampı • Gefangenenlager n
esir ticareti • Sklavenhandel m
esirgeme • Schonung f
esirgemek • schonen
esirlerin iadesi antlaşması • Auslösungsvertrag m
esirlik • Sklaverei f
eskalasyon şartı • Gleitklausel f
eski durumuna getirme • Rehabilitierung f; Wiedereinsetzung f
eski durumuna getirmek • rehabilitieren; rückgliedern; wiedereinsetzen
eski hale getirme • Naturalrestitution f; Wiedereinsetzung f in den vorigen Stand m
eski halin iadesi • Naturalrestitution f; Wiederherstellung f des früheren Zustandes m
eski haline getirme • Naturalherstellung f; Wiederherstellung f
eski haline getirmek • wiederherstellen
eski haline getirmek suretiyle tazmin • Schadenersatz m durch Naturalherstellung f

Mesleki Terimler Sözlüğü

eski halinin iadesi • Naturalrestitution f
eski sahibine geri geçme • Heimfall m; Rückfall m; Rückfallrecht n
eski tarih atmak • zurückdatieren; rückdatieren
eskicilik ticareti • Trödelhandel m
eskil biçim • Archaismus m
eskillik • Archaismus m
eskime • Abnutzung f
eskitmek • abnutzen
eskiyen ev eşyasının yenilenmesi • Hausratsersatzbeschaffung f
esnaf bankası • Gewerbebank f
esnaf cemiyeti • Innung f
esnaf cemiyetleri • Gilden pl. f; Zünfte pl. f
esnaf loncası • Gewerbekammer f
esnaf odası • Gewerbekammer f; Handwerkskammer f
esnaflık • Gewerbe n
esnek bütçe • flexibles Budget n; veränderliches Budget n
esneklik • Flexibilität f
esrar • Haschisch n
eş • Ehegatte m; Ehegattin f; Ehepartner m; Frau f; Gatte m; Gattin f
eşadlı • homonym
eşadlılık • Homonymie f
eşanlamlı • bedeutungsgleich; synonym
eşanlamlılık • Synonymie f
eşbağımlı tümce • beigeordneter Satz m; koordinierter Satz m
eşbağımlılık • Koordination f
eşbiçimli • isomorph
eşbiçimlilik • Isomorphie f
eşdeğer birim • Äquivalenzziffer f; Verrechnungseinheit f
eşdeğerde • paritätisch
eşdeğerlik • Äquivalenz f
eşdeğişirlik • Kovarianz f
eşdillilik çizgisi • isoglosse Linie f
eşdizimlilik • Kollokation f
eşelmobil • Gleitklausel f
eşelmobil ücret sistemi • gleitende Lohnskala f
eşgal tarifi • Personalbeschreibung f
eşgönderim • Koreferenz f
eşgüdüm • Koordination f; Zusammenarbeit f

eşil • Doppelform f; Dublette f
eşini aldatan • Ehebrecher m
eşini aldatmak • ehebrechen
eşit • gleich; identisch
eşit değerde • gleichlaufend; gleichzeitig; pari
eşit haklar • Emanzipation f
eşit haklara sahip olma • Gleichberechtigung f
eşit olarak • gleichwertig
eşit oranlarda paylaştırmak • gerecht verteilen
eşit paylı amortisman yöntemi • lineare Abschreibung f
eşit saymak • gleichsetzen
eşit şartlar altında • paritätisch
eşitçilik • Egalitarismus m
eşitleme • Ausgleich m
eşitlik • Einheit f; Gleichberechtigung f; Gleichheit f; Parität f
eşitlik derecesi • Äquativus m
eşitlik ilkesi • Gleichheitsgrundsatz m
eşitlik ilkesine dayanan • paritätisch
eşitlik öğretisi • Gleichheitslehre f
eşitsizlik • Disparität f; Missverhältnis n; Ungleichheit f; Unterschied m
eşkiya çetesi • Räuberbande f
eşkiyalık • Strassenraub m
eşler • Eheleute pl.
eşlerce geçerli sanılmasına rağmen batıl olan evlilik • Putativehe f
eşlere düşen karşılıklı riayet ve iffet borcu • eheliche Treue f
eşlerin birlikte hazırladığı müşterek vasiyetname • gemeinschaftliches Testament n
eşöğeli karşıtlık • äquipollente Opposition f
eşsesli • homophon
eşseslilik • Homophonie f
eşsöz • Tautologie f
eşsürem • Synchronie f
eşsüremli • synchronisch
eşsüremli dilbilim • synchronische Sprachwissenschaft f
eşsüremlilik • Synchronie f
eşyanın menşeine göre gümrük resmi • Differentialzölle pl. m
eşyazımlı • homograph

Fachwörterbuch

eşyazımlılık • Homographie f
etabli • Niedergelassener m
etıbba odası • Ärztekammer f
etiket • Ausschrift f; Auszeichnung f;
    Etikett n; Schild n
etiket fiyatı • Etikettpreis m
etiket koymak • überschreiben
etiketleme • Auszeichnung f
etiketlemek • auszeichnen
etken • Moment n
etken çatı • Aktiv n
etken eylem • Aktiv n
etken olmak • veranlassen
etki • Effekt m; Einwirkung f; Erfolg m;
    Note f; Wirkung f
etki alanı • Wirkungskreis m
etki eksikliği • Funktionsmangel m
etkilemek • behaften; tangieren
etkileşimli • interaktiv
etkileyen • wirksam
etkili • eindringlich; Einfluss m habend;
    wirksam; wirkungsvoll
etkili durumda olma • Machtstellung f
etkililik • Effektivität f
etkin okul • aktive Schule f
etkin öğretim • aktiver Unterricht m
etkin sözcük dağarcığı • aktiver
    Wortschatz m
etkincilik • Aktivismus m
etkinlik • Aktivität f; Tätigkeit f;
    Wirksamkeit f
etkinlik yöntemi • Aktivitäten-Methode f
etkisi bakımından • funktionell
etkisizlik • Unwirksamkeit f
etkisöz • Perlokution f
etmen • Faktor m
etmen çözümlemesi • Faktorenanalyse f
ettirgen çatı • faktitiv; Faktitivum n;
    Kausativ n
ettirgen eylem • Faktitiv n; Kausativ n
etüt • Studie f; Untersuchung f
Euro-çek • Euroscheck m
Euro-döviz • Eurowährung f
Euro-döviz cinsinden verilen kredi •
    Eurokredit m
Euro-kredi piyasası • Eurokreditmarkt m
Euro-tahvil • Eurobond m
Euro-takas • Euro-clear
ev • Haus n; Heim n; Siedlung f

ev eğitimi • Hauserziehung f
ev ekonomisi • Hauswirtschaftslehre f
ev eşyalarının taksimi •
    Hausratsverteilung f
ev eşyası • Haushaltsartikel m; Hausrat m;
    Mobiliar n; Umzugsgut n
ev idaresi • Haushalt m; Haushaltung f;
    Hauswirtschaft f
ev idaresi masrafları • Haushaltskosten pl.
ev inşa şirketi • Siedlùngsgesellschaft f
ev işleri • Haushalt m; Hauswerk n
ev işlerinin idaresi • Haushaltsführung f
ev kirası • Hauszins m; Miete f
ev ödevi • Hausaufgabe f
ev reisi • Familienoberhaupt n
ev reisliği • Hausgewalt f
ev sahibi • Hausbesitzer m; Hauswirt m
ev sanatları • Hausgewerbe n;
    Hausindustrie f; Heimarbeit f
ev yönetimi • Haushaltungskunde f
ev ziyareti • Hausbesuch m
eve teslim • Lieferung f ins Haus n
evinde çalışarak parça başına ücret alan
    işçi • Heimarbeiter m
evlat edinen karı koca • Adoptiveltern pl
evlat edinilen çocuk • Adoptivkind n; an
    Kindes n statt angenommen
evlat edinme • Adoption f; Annahme f an
    Kindes n statt; Kindesannahme f
evlat edinme mukavelesinden doğan
    hısımlık • Adoptivverwandtschaft f
evlat edinmek • adoptieren
evlatlık münasebetinden doğan hısımlık •
    Adoptivverwandschaft f
evlatlık münasebetinin iptali • Aufhebung
    f des Adoptionsverhältnisses n
evlendirme memuru • Standesbeamter m
evlendirmek • antrauen; trauen; verehe-
    lichen; verheiraten; vermählen
evlenme • Ehe f; Eheband n; Heirat f;
    Hochzeit f; Verheiratung f
evlenme akdi • Ehekontrakt m;
    Eheschliessung f; Ehevertrag m;
    Trauung f
evlenme cüzdanı • Heiratsurkunde f
evlenme ehliyeti • Ehefähigkeit f;
    Heiratsfähigkeit f; Heiratsmündigkeit f
evlenme ile nesebin tashihi • Legitimation
    f; Legitimation f durch nachfolgende

Mesleki Terimler Sözlüğü

Ehe f
evlenme kağıdı • Trauschein m
evlenme kütüğü • Heiratsregister n
evlenme manii • Ehehindernis n
evlenme memnuiyetini kasten gizleyerek evlenme • Ehebetrug m
evlenme mukavelesi • Ehevertrag m
evlenme müsaadesi • Eheerlaubnis f; Ehekonsens m
evlenme tellallığı • Ehemakler m; Heiratsvermittlung f
evlenme vaadi • Ehegelöbnis n; Eheversprechen n; Heiratsversprechen n
evlenme yasağı • Eheverbot n
evlenme yaşı • Ehemündigkeit f; Heiratsalter n
evlenme yaşına gelmiş • ehemündig
evlenmede eksiklikler • Mängel pl. m der Eheschliessung f
evlenmek • Ehe f eingehen; Ehe f schliessen; heiraten; sich trauen lassen; sich verehelichen; sich verheiraten
evlenmemiş • unverheiratet
evlenmemiş bayan • unverheiratete Frau f
evlenmeye aracılık etme • Ehevermittlung f
evlenmeye ehil • heiratsfähig
evlenmeye ehil olan • ehefähig
evlenmeye ehliyet belgesi • Ehefähigkeitszeugnis n
evlenmeye itiraz • Einspruch m gegen die Eheschliessung f
evlenmeye maniler • Ehehindernisse pl. n
evlenmeyle getirilen şahsi mallar • eingebrachtes Gut n
evlenmeyle kazanılan mallar • in der Ehe f erworbenes Eigentum n
evlerde yapılmak üzere verilen fabrika işi • Heimarbeit f
evli • verheiratet
evli çift • Eheleute pl.; Ehepaar n
evli çiftin ayrılması • Scheidung f; Trennung f der Ehegatten pl.
evli çiftler arasındaki şiddetli geçimsizlik • Ehekrach m
evli kadın • Ehefrau f; verheiratete Frau f
evliliğe ait • ehelich
evliliğin butlanı • Nichtigkeit f der Ehe f
evliliğin butlanı davası • Klage f auf Nichtigkeit f der Ehe f
evliliğin iptali • Aufhebung f der Ehe f
evliliğin iptali kararı • Nichtigkeitserklärung f
evlilik • Ehe f; Ehebund m
evlilik bağı • Eheband n
evlilik birliği • Ehegemeinschaft f; eheliche Gemeinschaft f; eheliche Lebensgemeinschaft f; eheliche Verbindung f
evlilik dışı • nichtehelich; unehelich; ausserehelich
evlilik görevi • Ehepflicht f
evlilik görevleri • eheliche Pflichten pl. f
evlilik hakları • eheliche Rechte pl. n
evlilik hukuku • Eherecht n
Evlilik Kanunu • Ehegesetz n
evlilik mahkemesi • Ehegericht n
evlilik öncesi • vorehelich
evlilik sadakatini bozucu • ehebrecherisch
evlilik sorunlarında danışmanlık • Eheberatung f
evlilik soyadı • Ehename m
evlilikle ilgili dava • Ehesache f
evlilikte gelir ortaklığı • Erwerbsgemeinschaft f
evlilikte mal durumu • Güterstand m
evrak • Akte f; Ausweis m; Dokument n; Urkunde f
evrak cüzdanı • Portefeuille n
evrak fişi • Laufzettel m
evrak girişi • Eingang m
evrak memuru • Urkundsbeamter m
evrak üzerinde hüküm • Entscheidung f nach Lage f der Akten pl. f
evraka giriş tarihi • Eingangsdatum n
evraka giriş tasdiki • Eingangsbestätigung f
evrakı müsbite • Beleg m; Dokumente pl. n; Legitimationspapiere pl. n; Unterlagen pl. f
evraklara konulan sevk notu • Leitvermerk m
evrakta sahtekarlık • Urkundenfälschung f
evrakta sahtekarlık yapan • Urkundenfälscher m
evrakta sahtekarlık yapmak • verfälschen
evren • Kosmos m; Universum n
evrenbilim • Kosmologie f
evrim • Entwicklung f; Evolution f; Wandel m

evrimcilik • Evolutionismus m
evrimsel • evolutiv
evrimsel dilbilim • evolutive Sprachwissenschaft f
evrişik • konvers
evrişim • Konversion f
evsaf • Beschaffenheit f
evvela • zunächst
evvelce tahmin olunamayan haller • veränderte Umstände pl. m
eyalet • Kanton m; Land n
eyalet adalet bakanı • Landesjustizminister m;
eyalet adalet bakanlığı • Landesjustizministerium n
eyalet anayasası • Landesverfassung f
eyalet hükümeti • Landesregierung f
eyalet içinde • innerstaatlich
eyalet idari mahkemesi • Landesverwaltungsgericht n
eyalet iş mahkemesi • Landesarbeitsgericht n
eyalet kanunu • Landesgesetz n
eyalet mahkemesi • Bezirksgericht n; Landesgericht n
eyalet mahkemesi hakimi • Oberrichter m
eyalet mahkemesi hukuk dairesi • Zivilkammer f
eyalet mahkemesi savcısı • Oberstaatsanwalt m
eyalet merkez bankası • Landeszentralbank f
eyalet parlamentosu • Landtag m
eyalet sosyal mahkemesi • Landessozialgericht n
Eyalet Temsilcileri Meclisi • Bundesrat m
eyalet yüksek mahkemesi • Oberlandesgericht n
eyaletlerarası • zwischenstaatlich
EYES (Eğitim, Yönetim, Enformasyon Sistemi) • Bildungs-, Vervaltungs-, Informationssystem n
eylem • Verb n; Verbum n; Zeitwort n; Akt m; Einsatz m; Einwirkung f; Handlung f; Tat f
eylem araştırması • Aktionsforschung f
eylem çekimi • Konjugation f
eylem gövdesi • Verbalstamm m
eylem kökü • Verbalwurzel f
eylem tümcesi • verbaler Satz m
eylemden türeme biçim • deverbal; Deverbativum n; Verbalabstraktum n
eylemlik • Infinitiv m
eyleyen • Aktant m
eytam sandığı • Waisenkasse f
eytişim • Dialektik f
eytişimsel yöntem • dialektische Methode f
ezbercilik • Paukerei f
ezberleyerek öğrenme • Lernen n durch Pauken n
ezgi • Melodie f
eziyet • Qual f; Quälerei f
eziyetli • mühevoll

Mesleki Terimler Sözlüğü

F

faal • tätig
faal hayat • Berufsleben n
faal idare • Verwaltung f
faal ortak • aktiver Teilhaber m; tätiger Teilhaber m
faaliyet • Aktion f; Leben n; Tätigkeit f; Werk n
faaliyet alanı • Arbeitskreis m; Spielraum m; Zentrum n
faaliyet başarısı • betriebliche Leistung f
faaliyet bazında birleşme • horizontale Unternehmenskonzentration f; horizontale Verflechtung f
faaliyet bütçesi • Betriebsbudget n
faaliyet çevrimi • Betriebskreislauf m
faaliyet dışı gelir • betriebsfremder Ertrag m
faaliyet dışı giderler • betriebsfremde Aufwendungen pl. f; Sonderkosten pl.
faaliyet dışı zararlar • Sonderverluste pl. m
faaliyet dönemi • Betriebskreislauf m
faaliyet gideri • Betriebsaufwand m
faaliyet giderleri • operationale Ausgaben pl. f
faaliyet göstermeyen şirket • ruhende Gesellschaft f; stilliegende Gesellschaft f
faaliyet hasılatı • Erlöse pl. m aus der Betriebstätigkeit f
faaliyet hesabı • Tätigkeitsrechnung f
faaliyet karı • Betriebsergebnis n; Betriebsertrag m; Betriebsgewinn m
faaliyet konusuyla ilgili olmayan giderler • betriebsfremde Aufwendungen pl. f
faaliyet maliyeti • Betriebskosten pl.
faaliyet marjı • Betriebsergebnis n
faaliyet raporu • Geschäftsbericht m; Jahresbericht m; Tätigkeitsbericht m
faaliyet sahası • Geschäftsbereich m
faaliyet sonucu • Betriebsergebnis n
faaliyet ve çıkarların birleştirilmesi • Pool m
faaliyet ve çıkarların birleştirilmesi sözleşmesi • Poolvertrag m

faaliyet yılı • Beschäftigungsjahr n; Betriebsjahr n; Geschäftsjahr n
faaliyet zararı • Betriebsergebnis n; Betriebsverlust m
faaliyete geçme maliyeti • Kosten pl. für den ersten Fertigungsdurchlauf m
faaliyete hazır • einsatzbereit
faaliyete hazır olma • Einsatzbereitschaft f
faaliyeti durdurma • Stillegung f
faaliyetin kapsayacağı alan • Verbreitung f
faaliyetini durdurmak • stillegen
faaliyetler için düzenlenen ayrıntılı gelir tablosu • Betriebsergebnisrechnung f
faaliyetler için yapılan harcamalar • Betriebsausgaben pl. f
faaliyetlere göre ayırt edilebilir maliyet • trennbare Kosten pl.
faaliyetlerin yalnızca bir kısmını denetleme • Teilprüfung f
faaliyetlerle ilgili hesaplar • Betriebskonten pl. n
faaliyetsiz dönem • Schonfrist f
faaliyetteki işletme değeri • Ertragswert m
fabrika • Betrieb m; Betriebsstätte f; Fabrik f; Werk n
fabrika gazetesi • Werkzeitung f
fabrika işçisi • Fabrikarbeiter m
fabrika işletmesi • Fabrikbetrieb m
fabrika kontrol saati • Stempeluhr f
fabrika markası • Schutzmarke f
fabrika sahası • Fabrikgelände f
fabrika sistemi • Fabriksystem n
fabrika teçhizatı • Betriebsanlage f
fabrika tesisi • Fabrikanlage f
fabrika teslim şartı • Fabrikklausel f
fabrika teslimi • Lieferung f ab Werk n
fabrika teslimi satış fiyatı • Fabriksabgabepreis m
fabrikada üretmek • fabrizieren
fabrikasyon • Fabrikation f; Fertigung f
fabrikasyon sırrı • Fabrikationsgeheimnis n
fabrikatör • Fabrikant m

Fachwörterbuch

fabrikaya ait • werkseigen
fabrikaya ait özel liman • Werkshafen m
fahiş • übermässig
fahiş cezai şart • übermässig hohe Vertragsstrafe f
fahiş faiz • unzulässiger Zins m; übermässig hoher Zins m; wucherischer Zins m; Wucherzins m
fahiş faiz alma • Zinswucher m
fahiş fiyat • ungerechter Preis m; ungerechtfertigter Preis m; übermässig hoher Preis m; übermässiger Preis m; Überpreis m
fahişelik • Prostitution f
fahri • ehrenamtlich; ehrenhalber; Titular m
fahri görev • Ehrenamt n
fahri görevli • ehrenamtlich
fahri hakim • ehrenamtlicher Richter m
fahri hemşeri • Ehrenbürger m
fahri hemşerilik hakkı • Ehrenbürgerrecht n
fahri konsolos • Ehrenkonsul m; Wahlkonsul m
fahri üye • Ehrenmitglied n
fahri üyelik • Ehrenmitgliedschaft f
fail • Täter m
faillik • Täterschaft f
faiz • Rendite f; Wucher m; Zins m
faiz alacağı • Zinsforderungen pl. f
faiz alacakları • Aktivzinsen pl. m
faiz alacakları karşılığı avans • Bevorschussung f von Zinsforderung f
faiz arbitrajı • Zinsarbitrage f
faiz borçları • Aufwandzinsen pl. m; Debitzinsen pl. m; Passivzinsen pl. m
faiz bölüşümü • Zinsspaltung f
faiz faktörü • Zinsfaktor m
faiz farklılığı • Zinsendifferenzierung f
faiz formülü • Zinsformel f
faiz gelir ve gideri • Zinserträge pl. m und Zinsaufwand m
faiz geliri • Zinserträgnis n
faiz gelirine faiz yürütülmesi • Zinseszinsen pl. m
faiz getiren • verzinslich; zinsbringend
faiz getiren tahvil • Zinspapier n
faiz getirmek • sich verzinsen; Zinsen pl. m abwerfen; Zinsen pl. m bringen
faiz getirmeyen hesap • unverzinsliches Konto n
faiz getirmeyen tahvil • unverzinsliche Schuldverschreibung f
faiz hesabı • Zinsenkonto n
faiz karşılama oranı • Rückzahlungsquotient m
faiz kategorisi • Zinstyp m
faiz kuponu • Coupon m; Zinscoupon m; Zinsschein m
faiz marjı • Zinsmarge f; Zinsspanne f
faiz nispeti • Zinsfuss m; Zinssatz m
faiz olarak hesaba geçen meblağ • Zinsgutschrift f
faiz oranı • Zinsausstattung f; Zinsfuss m; Zinssatz m
faiz oranı seviyesi • Zinsspiegel n
faiz oranları • Zinskonditionen pl. f
faiz oranlarının düşmesi • Zinsdegression f
faiz oranlarının resmi olarak tespiti • Zinsdirigismus m
faiz politikası • Kapitalzinspolitik f; Zinspolitik f
faiz sabit böleni • Zinsdivisor m
faiz şartları • Zinskonditionen pl. f
faiz tablosu • Zinstabelle f
faiz tahakkuku • Zinsveranlagung f
faiz tavanı • Plafond m der Zinsen pl. m
faiz varantı • Zinsenauszahlungsschein m
faiz ve ana paranın ödeneceği garanti edilmiş tahvil • indossierte Schuldverschreibung f
faiz ve kira bedelleri • Zinsen pl. m
faizden muaf • unverzinslich
faize faiz yürütülmesi • Anatozismus m; Zinseszins m
faizin faizi • Afterzins m; Zinseszins m
faizin hesaplanması • Zinsenberechnung f
faizini ödemek • verzinsen
faizle borç vermek • Geld n auf Zinsen pl. m geben
faizle ödünç para veren kimse • Geldverleiher m
faizli hisse senedi • Gewinnobligation f; Gewinnschuldverschreibung f
faizsiz • unverzinslich
faizsiz borç • unverzinsliche Schuld f
faizsiz hazine bonosu • unverzinsliche Schatzanweisung f

Mesleki Terimler Sözlüğü

faizsiz tahvil • Losanleihe f
fakir • arm
fakir ve sakat çocuklara devlet yardımı • Kinderfürsorge f
fakirlik • Armut f; Dürftigkeit f
fakirlik ilmühaberi • Armutszeugnis n
faks • Faksimile n
faktör • Handelsagent m; Kommissionär m
faktöring • Absatzfinanzierung f; Debitorenverkauf m; Factoring n
fakülte • Fakultät f
fakülte idaresi • Dekanat n
farazi • begrifflich; fiktiv
farazi maliyet • kalkulatorische Kosten pl.
farazi tahsilat • verrechnete Erträge pl. m
faraziye • Hypothese f
fark • Abweichung f; Differenz f; ungünstige Abweichung f; Unterschied m; Verschiebung f
fark etmek • bemerken
fark giderici vergi • Ausgleichssteuer f
fark gözetmek • diskriminieren
fark hesapları • Verrechnungskosten pl.
farkına varmak • merken; wahrnehmen
farklı • different; unterschiedlich; verschieden
farklı fiyatlar isteme • Preisdiskriminierung f
farklı olmak • differieren
farklı tarifeler • Differentialtarif m; ermässigter Zolltarif m
farklılaştırılmış gümrük vergisi • Differantialzölle pl. m
farklılık • Einschuss m; Marge f; Ungleichheit f; Verschiedenheit f
farz etmek • unterstellen; voraussetzen
fasıl • Kapitel n
fasılasız • ununterbrochen
fason • Lohnarbeit f; Lohnauftrag m
fasonaj • Lohnarbeit f; Lohnauftrag m
fatura • Faktura f; Rechnung f; Warenrechnung f
fatura bakiyesi • Fakturensaldo m; Restbetrag m einer Rechnung f
fatura defteri • Rechnungsbuch n
fatura düzenlemek • Rechnung f aufstellen
fatura edilen değer • Rechnungswert m
fatura etmek • fakturieren
fatura maliyeti • Rechnungspreis m
fatura memuru • Fakturist m
fatura tanzim etmek • fakturieren
fatura tutarı • Rechnungsbetrag m
faturalama • Rechnungsausschreibung f
fayda • Nutzen m; Nützlichkeit f; Profit m; Vorteil m; Vorzug m; Wohl n
fayda kuramı • Nutzwerttheorie f
fayda maliyet analizi • Kosten-Nutzenanalyse f
fayda sağlama • Bereicherung f
fayda sağlamak • nützen
fayda teorisi • Nutzwerttheorie f
faydalanan • Anweisungsempfänger m; Begünstigter m; Niessnutzer m
faydalanma • Nutzung f; Verwendung f; Verwertung f
faydalanma hakkı • Niessnutz m
faydalanmak • ausnutzen; niessnutzen; nutzniessen
faydalı • nutzbar; nützlich; sachgemäss; sachgerecht
faydalı masraflar • nützliche Verwendungen pl. f
faydalı model • Gebrauchsmuster n; Modell n
fazilet • Tugend f
fazla • Überfracht f; Überschuss m
fazla basınç • Überdruck m
fazla çalışma • Überstunde f
fazla çalışma saatleri • Überschicht f; Überstunden pl. f
fazla çalışma ücreti • Überstundenlohn m
fazla değer biçmek • überschätzen
fazla doldurmak • übersetzen
fazla fiyat • Überpreis m
fazla işyeri • Überbeschäftigung f
fazla kazanç • Übergewinn m
fazla likidite • Überliquidität f
fazla mal ihtiyatı • Überschussreserve f
fazla masraf • Aufpreis m
fazla masraflar • Gemeinkosten pl.
fazla mesai • Mehrarbeit f; Überschicht f; Überstunde f
fazla mesai ödemesi • Überstundenvergütung f
fazla mesai primi • Überstundenzulage f; Überstundenzuschlag m

Fachwörterbuch

fazla mesai ücreti • Mehrarbeitsvergütung f; Mehrarbeitszuschlag m; Überstundenlohn m
fazla ödeme • Überzahlung f
fazla ödemek • überzahlen
fazla para çekilmiş banka hesabı • überzogenes Bankkonto n
fazla parayı çekmek için ödünç verme • Abschöpfungsanleihe f
fazla talepte bulunmak • überfordern
fazla ücret vermek • remunerieren
fazla üretim • Überproduktion f
fazla vergileme • Übersteuerung f
fazla yıpratma • Überbeanspruchung f
fazla yük koyma • Überbeanspruchung f
fazla yük koymak • überfordern; überladen
fazla yük yükletmek • überfrachten
fazla yüklemek • übersetzen
fazladan iş • Sonderarbeit f
fazladan müracaat • Majorisierung f; Überzeichnung f
fazladan vermek • zugeben
fazlalaşma • Anwachsen f; Schwemme f
fazlalaşmak • anwachsen
fazlalık • Uberfluss m; Übermass n; Überschuss m; Überzahl f; Überzähligkeit f; Zugabe f; Zuviel n
fazlalık göstermek • einen Überschuss m aufweisen
fazlası • Plus n
Federal Adalet Bakanlığı • Bundesministerium n der Justiz f
Federal Almanya Merkez Bankası • Bundesbank f
Federal Almanya resmi gazetesi • Bundesanzeiger m
Federal Anayasa Mahkemesi • Bundesverfassungsgericht n
federal bakanlık • Bundesministerium n
federal devlet • Bundesstaat m
Federal Devlet Anayasası • Bundesverfassung f
federal devlet bakanı • Bundesminister m
federal devlet başbakanı • Bundeskanzler m
federal devlet başşehri • Bundeshauptstadt f
federal devlet cumhurbaşkanı • Bundespräsident m
federal devlet cumhurbaşkanını seçen organ • Bundesversammlung f
federal devlete bağlı eyalet • Bundesland n
federal devletin tamamında geçerli kanun • Bundesgesetz n
Federal Halk Meclisi • Bundestag m
federal hükümet • Bundesregierung f
federal hükümet tarafından ihraç edilen hükümet bonoları • Bundesschatzbriefe pl. m
Federal İdari Mahkeme • Bundesverwaltungsgericht n
Federal İş Mahkemesi • Bundesarbeitsgericht n
federal mahkeme • Bundesgericht n
federal mahkeme savcısı • Bundesanwalt m
federal mahkeme yargıcı • Bundesrichter m
federal meclis binası • Bundeshaus n
federal rezerv sistemi • Federal Reserve System
Federal Sayıştay • Bundesrechnungshof m
Federal Seçim Kanunu • Bundeswahlgesetz n
Federal Sosyal Mahkeme • Bundessozialgericht n
Federal Vergi Mahkemesi • Bundesfinanzhof m
fekketmek • abnehmen
felaket • Leid n; Unglück n
felsefe • Philosophie f
felsefe yöntemi • philosophische Methode f
fen • Technik f
fen bilimleri • Naturwissenschaften pl. f
fena • böse; Laster n; schlecht; übel
fena muamele • Misshandlung f
fenalık • Übel n
fener • Leuchtfeuer n; Leuchtturm m
fenerler resmi • Leuchtfeuergeld n
fenik • Pfennig m
feodal • feudal
feodal emlak • Lehen n
feodalite • Adelsherrschaft f; Feudalismus m; Lehenswesen n
feragat • Abstand m; Aufgabe f eines Rechtes n; Aufgabe f; Ausschlagung f eines Rechtes n; Erlass m; Rücktritt m vom Amt n; Verzicht m

Mesleki Terimler Sözlüğü

feragat bildirimi • Verzichtserklärung f
feragat edilemez • unverzichtbar
feragat etme • Verzichtleistung f
feragat etmek • fallenlassen; verzichten
feragat tazminatı • Abstandsgeld n
feragatı caiz olmayan haklar • unverzichtbare Rechte pl. n
ferağ • Schuldüberschreibung f; Schuldverschreibung f; Übertragung f; Veräusserung f
ferağ borç devri • Schuldverschreibung f
ferağ edilebilir • veräusserlich
ferağ edilebilir haklar • veräusserliche Rechte pl. n
ferağ etmek • veräussern
ferağı caiz olmayan haklar • unverzichtbare Rechte pl. n
ferdi • individuell
ferdiyet • Individualität f; Personalität f; Persönlichkeit f
ferdiyetçilik • Individualismus m
ferdiyle muayyen mal • Speziessache f
feri • akzessorisch; unwesentlich
feri ceza • Nebenstrafe f
feri dava • Nebenanspruch m; Nebenklage f
feri eda • Nebenleistung f
feri fail • Gehilfe m; Gehilfe m bei einer Straftat f
feri gelirler • Akzidens pl. n
feri hakkın tabiiyeti • Akzessorität f
feri haklar • akzessorische Rechte pl. n; angelehnte Rechte pl. n; Nebenrechte pl. n
feri iktisap • abgeleiteter Erwerb m; derivater Erwerb m
feri masraflar • Nebenkosten pl.
feri müdahale • Beteiligung f des Dritten m; Nebenintervention f; Beitritt m
feri sebep • Nebenursache f
feri zilyetlik • Fremdbesitz m; unselbständiger Besitz m
ferman • Ferman m
fermanlı muhasebe uzmanı • vereidigter Buchprüfer m
fert • Individuum n
fesat • Aufforderung f zum Hochverrat m; Komplott n; Konspiration f; Vorbereitung f zum Hochverrat m

fesat çıkarmak • konspirieren
feshedilemez • unkündbar
feshetmek • annullieren; aufheben; auflösen; lösen; wegfallen; umstossen
feshi ihbar • Kündigung f
feshi ihbar bakımından himaye • Kündigungsschutz m
feshi ihbar etmek • aufkündigen
feshi ihbar müddeti • Kündigungsfrist f
feshi kabil • kündbar
feshini ihbar etmek • kündigen
fesih • Abschaffung f; Annulierung f; Aufhebung f; Auflösung f; Kündigung f; Rückgängigmachung f; Rücktritt m; Wegfall m
fesih bildirimi • Kündigung f
fesih davası • Anfechtungsklage f; Aufhebungsklage f; Auflösungsklage f; Wandelungsklage f
fesih hakkı • Kündigungsrecht m
fesih şartı • Auflösungsklausel f; Vermeidbarkeitsklausel f
festival • Veranstaltung f
fethetmek • erobern
fetih hakkı • Eroberungsrecht n
fevkalade hal kanunu • Ausnahmegesetz n; Notgesetz n
fevkalade haller • Ausnahmezustand m; aussergewöhnliche Umstände pl. m
fevkalade ihtiyaç • Sonderbedarf m
fevkalade ihtiyatlar • ausserordentliche Rücklage f
fevkalade ikame • Nacherbeneinsetzung m
fevkalade mühlet • ausserordentliche Frist f
fevkalade müruru zaman • ausserordentliche Ersitzung f
fevkalade tahsisat • ausserordentliche Kredite pl. m
fevkalade umumi heyet • ausserordentliche Generalversammlung f
fevkalade varidat • ausserordentliche Deckungsmittel pl. n; ausserordentliche Einnahmen pl. f
fevkaladelik • Merkwürdigkeit f
fezleke • gedrängte Zusammenfassung f eines Verhörs n
FIATA birleşik nakliye konşimentosu • FIATA Konnossement n des kombinierten Transports m

Fachwörterbuch

FIBOR Alman Bankaları tarafından uygulanan interbank faiz oran • FIBOR Frankfurt Interbank Offered Rate
fıkra • Absatz m; Paragraph m
fırsat • Chance f; Gelegenheit f; Okkasion f
fırsat eşitliği • Chancengleichheit f
fırsat karı • Konjunkturgewinn m
fırsat maliyeti • Opportunitätskosten pl.
fırsat öğretimi • Gelegenheitsunterricht m
fidye • Loskaufsrecht n; Lösegeld n
fidyei necat • Lösegeld n
fihrist • Sachregister n; Tabelle f; Verzeichnis n
fiil • Akt m; Handlung f; Tat f
fiil şart • Verwaltungsakt m
fiilen çalışılan saatler • tatsächliche Arbeitsstunden pl. f
fiilen katlanılan genel imalat • Istgemeinkosten pl.
fiilen ödenen ücret • tatsächlich bezahlter Lohn m
fiilen sigorta primi ödenen süre • Beitragszeit f
fiili • de facto; effektiv; Ist n; real; tätlich; tatsächlich
fiili durum • Ist-Zustand m
fiili gerçek • de-facto
fiili irade ihzarı • Realakt m
fiili irade izharları • Realakte pl. m; Tathandlungen pl. f
fiili kıymet • Sachwert m
fiili maliyet • Ist-Kosten pl.; nachkalkulierte Kosten pl.; tatsächliche Kosten pl.
fiili malzeme kullanımı • tatsächlicher Materialverbrauch m
fiili pişmanlık • tätige Reue f
fiili şirket • de facto Gesellschaft f
fiili tanınma • Anerkennung f de facto
fiili tecavüz • Tätlichkeit f
fiili tecavüzle hareket • Realinjurie f
fiili üretim miktarı • tatsächliche Produktionsmenge f
fiili üretim miktarının üretim kapasitesine oranı • Kapazitätsausnutzungsrate f
fikir • Befinden n; Gedanke m; Idee f; Meinung f
fikir alışverişi • Gedankenaustausch m; Meinungsaustausch m
fikir ayrılığı • Kontroverse f; Meinungsverschiedenheit f
fikir beyanı • Bemerkung f
fikir derneği • Idealverein m
fikir eserini kendine mal etme • Plagiat n
fikir hürriyeti • Denkfreiheit f; Meinungsfreiheit f
fikir mücadelesi • Widerstreit m
fikir tartışması • Diskussion f
fikir vermek • raten
fikri • ideell
fikri eser • Immaterialgut n
fikri eseri kendine mal eden • Plagiator m
fikri eserler • immaterielle Güter pl. n
fikri eserlerin himaye edilme süresi • Schutzfrist f
fikri haklar • Immaterialgüterrechte pl. n; Urheberrechte pl. n
fikri içtima • Idealkonkurrenz f
fikrin izharı • Aussage f
fikrinde olmak • meinen
fikrine katılmak • beistimmen
fikrini açığa vurmak • aussagen
fikrini açıklama hürriyeti • Redefreiheit f
fikrini ifade etmek • sich ausdrücken
fiksiyon • Fiktion f
fiktif kar • fiktiver Gewinn m; Inflationsgewinn m; Scheingewinn m
fiktif kar payı • Scheindividende f
fiktif lehdar • fiktiver Zahlungsempfänger m
fiktif mevduat • Fiktivkonto n
fiktif temettü • fiktive Dividende f
filika • Rettungsboot n; Schaluppe f; Schiffsboot n
film hukuku • Filmrecht n
film şeridi • Diareihe f
filo • Flotte f; Schiffspark m
filoloji • Philologie f
filolojik tefsir • grammatikalische Auslegung f; wörtliche Auslegung f
fimansman mekanizması • Finanzwirtschaft f
finans • Finanzen pl.; Finanzwesen n
finansal analiz • Bilanzanalyse f
finansal aracılar • finanzielle Vermittler pl. m

Mesleki Terimler Sözlüğü

finansal durumdaki değişmeler tablosu • Kapitalflussrechnung f; Mittelbewegungsbilanz f
finansal işlemler • Finanzoperationen pl. f
finansal kaynak • Finanzierungsquelle f; Mittel n
finansal kiralama • Leasing n; Vermietung f
finansal muhasebe • Finanzbuchhaltung f
finansal oran • finanzwirtschaftliche Verhältniszahl f
finansal pazar • Finanzmarkt m
finansal rapor • Finanzbericht m
finansal raporlar • Jahresabschluss m
finansal tablo • Aufstellung f; Übersicht f
finansal tablolar • Finanzberichte pl. m; Jahresabschluss m
finansal tablolarda sunulan bilgilerin anlaşılır olması • Klarheitsprinzip n
finansal tabloların kamuya açıklanması • Offenlegung f
finansal tabloların yıllık denetimi • Jahresabschlussprüfung f
finansal yapı • finanzieller Aufbau m; Finanzlage f; Finanzposition f
finanse etmek • finanzieren
finanslama • Finanzen pl.; Finanzierung f; Finanzwesen n
finansman • Finanz f; Finanzierung f; Finanzwesen n; Finanzwirtschaft f
finansman bankası • Trustbank f
finansman bonosu • Handelspapier n; Warenwechsel m
finansman bütçesi • Finanzplan m
finansman evi • finance company; finance house; hire purchase company; industrial banker; secondary bank
finansman giderleri • Finanzierungskosten pl.
finansman için ilk krediyi vermek • anfinanzieren
finansman kredisi • Finanzkredit f
finansman senedi • Finanzwechsel m; Gefälligkeitswechsel m
finansman sermayesi • Finanzkapital n
finansman şirketi • Finanzierungsgesellschaft f
finansmana katılmak • mitfinanzieren
finansmanı finanse etme • Refinanzierung f
finansmanı karşılamak için finansman sağlamak • refinanzieren
finisaj • Nacharbeiten n; Zurichten n
firar • Ausbruch m; Fahnenflucht f; Flucht f
firar etmek • ausbrechen; entfliehen; flüchten
firar teşebbüsü • Fluchtversuch m
firara yardım eden • Fluchthelfer m
firara yardımcı olma • Fluchthilfe f
firari • Ausbrecher m; flüchtig
firari şüphesi • Fluchtverdacht m
fire • Ausfall m; Ausschuss m; Defizit n; Dekalo n; Fehlbetrag m; Leckage f; Mangel m; Schwund m
firma • Firma f; Sozietät f; Unternehmung f; Privatunternehmung f
firma adı • Firmierung f
firma adına imzalamak • firmieren
firma adının değiştirilmesi • Umfirmierung f
firma araştırması • Betriebsuntersuchung f
firma değeri • Firmenwert m; Goodwill m
firma finansmanı uzmanı • Betriebswirt m
firma gazetesi • Werkzeitung f
firma hastalık kasası • Betriebskrankenkasse f
firma hesabı • Kontokorrent m
firma hukuk müşaviri • Syndikus m
firma içi fiyatlama • Innenkonzern-Verrechnungspreis m; innerbetriebliche Preisfestsetzung f
firma ismi • Firmenbezeichnung f
firmalar tarafından açılan vesaik kredisi • Firmenrembourse f
firmanın genel durumu • Geschäftswert m
firmaya ait • werkseigen
fiş • Marke f
fiyat • Preis m; Taxe f
fiyat anlaşması • Preisvereinbarung f
fiyat atmosferi • Preisklima f
fiyat ayarlama ödemesi • Kostenausgleichsbetrag m
fiyat ayarlama primi • Abschöpfungsbetrag m
fiyat ayarlama zammı • Kostenausgleichszuschlag m
fiyat ayarlamak için yapılan ödeme • Abschöpfungsbetrag m

Fachwörterbuch

fiyat ayarlaması • Preisabschöpfung f
fiyat beyanı • Preisstellung f
fiyat biçme • Preisabschätzung f
fiyat dalgalanması • Preisschwankung f
fiyat değişkenleri şartı • Preisgleitklausel f
fiyat denetimi • Preisüberwachung f
fiyat düşürme • Preisunterbietung f
fiyat düzeyi • Preisniveau n
fiyat endeksi • Kursindex m; Preisindex m
fiyat faktörü • Kostenfaktor m
fiyat farkı • Differenz f; Ekart m; Preisabweichung f; Preisdifferenz f; Preisgefälle n
fiyat farklılaştırması • Preisdiskriminierung f
fiyat farklılıkları riski • Margenrisiko n
fiyat farklılıkları üzerine yapılan işlemler • Effekten-Differenzgeschäft n
fiyat fazlası • Überpreis m
fiyat ilavesi • Aufpreis m; Preisaufschlag m
fiyat indeksi • Preisindex m
fiyat indirimi • Preisabschlag m; Preisermässigung f; Preisnachlass m
fiyat indirmek • abbauen
fiyat istikrar fonu • Ausgleichsfonds m
fiyat istikrarı • Preisbindung f; Preisruhe f
fiyat kararlılığı • Preisbindung f
fiyat kazanç oranı • Kurs-Gewinn-Verhältnis n; Preisverdienst-Relation f
fiyat kontrol dairesi • Preisüberwachungsstelle f
fiyat kontrolü • Preisbindung f; Preisüberwachung f; Zwangskurs m
fiyat kotasyonu sistemi • Preisquotierungssystem n
fiyat koymak • abschätzen
fiyat lideri • Preisführer m
fiyat oluşumu • Preisbildung f; Preisgestaltung f
fiyat öncüsü • Preisführer m
fiyat politikası • Preispolitik f
fiyat saptamak • einen Preis m quotieren
fiyat saptaması • Preisquotierung f
fiyat seviyesi • Preisspiegel m
fiyat sözleşmesi • Preisvereinbarung f
fiyat şartları • Preisklima f
fiyat takdiri • Preisabschätzung f
fiyat tenzili • Preisnachlass m
fiyat tespiti • Preisbindung f; Preisfestsetzung f; Preisstellung f
fiyat teşekkülü • Preisentwicklung f; Preisgestaltung f
fiyat vermek • Offerte f
fiyat yapısı • Preisgefüge f
fiyat yükselme dalgası • Preiswelle f
fiyat yükselme eğilimi • Hausseneigung f
fiyat yükselmesine sebep olan faktör • Hausseeinfluss m
fiyata yapılan ekleme • Aufschlag m
fiyatı indirme • Verbilligung f
fiyatı indirme yardımı • Verbilligungsbeitrag m
fiyatı yükseltme • Aufschlag m
fiyatın düşürülmesi • Preisnachlass m
fiyatını artırmak • verteuern
fiyatla ilgili • preislich
fiyatlama • Preisfestsetzung f
fiyatlandırma • Preisgestaltung f; Preisstellung f
fiyatlara müdahale • Kurspflege f
fiyatlarda aşırı yükselme • Kursübersteigerung f
fiyatlarda düşme • Kurseinbruch m; Preisrückgang m
fiyatlarda istikrar • Kursbeständigkeit f;
fiyatlarda istikrar eğilimi • Preisberuhigung f
fiyatlarda mevsim dolayısıyla düşme • Saisonabschlag m
fiyatlarda ortaya çıkan artış • anziehen
fiyatlarda yükselme eğilimi • Preisauftrieb m
fiyatları aşırı olarak yükseltme • Preistreiberei f
fiyatları destekleme • Kursregulierung f
fiyatları dondurma • Bindung f; Preisstop m
fiyatları kırma • Preisunterbietung f
fiyatları tazyik eden faktör • Baissemoment n
fiyatları yükselen menkul kıymetler • haussierende Kurse pl. m
fiyatları yükselmeye zorlamak • treiben
fiyatları yükseltme • Preisanhebung f
fiyatları yükseltmek • übersteigern
fiyatların düşmekte olduğu piyasa • Baisse f

Mesleki Terimler Sözlüğü

fiyatların düşmesi • Preissenkung f; Stürzen n der Preise pl. m
fiyatların düşmesine yardım baskı • Preisdruck m
fiyatların tekrar yükselmesi • Reprise f
fiyatların yükseldikten sonra düşmeye başlaması • Rückschlag m
fiyatların yükselme durumu • Haussestimmung f
fiyatta uyuşma • Akkord m
fizibilite • Durchführbarkeit f
fizik • Physik f
fizik bilimleri • Physik f
fiziki • körperlich; physisch
fiziki denetim • formelle Buchprüfung f; materielle Buchprüfung f
fiziki envanter • körperliche Bestandsaufnahme f
fiziki miktarları gösteren bütçe • Mengen-Budget n
fiziki sayım ile kayıtlar arasındaki fark • Inventurdifferenz f
fiziki varlık • Sachanlagevermögen n
fiziki varlıklar • körperliche Wirtschaftsgüter pl. n
fiziki yıpranmalara göre ayrılan amortisman • Gebrauchsabschreibung f
fiziksel • dinglich; körperlich; physisch
fizyoloji • Physiologie f
fizyolojik gelişim • physiologische Entwicklung f
fizyolojik ruhbilim • physiologische Psychologie f
fizyolojik sınır • physiologische Grenzen pl. f
fizyolojik tekpi • physiologische Reaktion f
fizyolojik yaş • physiologisches Alter n
FOB Havalimanı • FOB Flughafen m
fob satışlar • FOB-Kauf m; FOB-Verkauf m
folyo • Blatt n; Folio n
fon • Fonds m; Geldmittel n; Kapital n; Mittel pl. n
fon hesabı • Fondskonto n
fon temini • Finanzierung f
fon yönetimi • Verwaltung f der liquiden Mittel pl. n

fonksiyon • Besorgung f; Funktion f; Tätigkeitsbereich m
fonksiyonel • funktionell
fonlar • Mittel pl. n
fonlarda azalma • Geldentzug m
fonları kullanım • Mittelverwendung f
fonların akış tablosu • Kapitalflussrechnung f; Mittelbewegungsbilanz f
fonların kaynak ve kullanım tablosu • Kapitalflussrechnung f
fonların kullanılması • Mitteleinsatz m
fonların yığılması • Mittelansammlung f
forfaiting • Forfaitierung f
form dilekçe • Antragsformular n
formalite • Formalität f
formalitesiz • informell
formül • Formblatt n; Formel f; Formular n; Schlüssel m
formüler • Formblatt n; Formular n; Vordruck m; Zettel m
formülleştirmek • formulieren
fotokopi • Ablichtung f; Fotokopie f
fotokopisini çekmek • ablichten; fotokopieren
föylerden oluşan yevmiye defteri • Loseblattsammlung f
fraksiyon • Fraktion f
franko • frei
Fransız Merkez Bankası • Banque de France
fuhşiyata tahrik • Verleitung f zur Unzucht f; Kuppelei f
fuhuş • Prostitution f
fuhuşa tahrik • Kuppelei f
fuhuşa tahrik etmek • kuppeln
fuhuşa teşvik • Verleitung f zur Unzucht f
fuzuli işgal • verbotene Eigenmacht f
fuzuli tasarruflar • Verfügungen n des Nichtberechtigten pl. m
füru • Abkömmling m; Deszendent m; Nachkomme m; Nachkommenschaft f
füzyon • Fusion f; Zusammenschluss m

Fachwörterbuch

G

gabin • Beschädigung f; Schädigung f; Übervorteilung f
gaip • Abwesender m; verschollen
gaiplerin muhakemesi • Kontumazialverfahren n; Strafverfahren n gegen Abwesende pl. m
gaiplik • Verschollenheit f
gaiplik kararı • Todeserklärung f; Verschollenerklärung f; Verschollenheitserklärung f
gaiplik usulü • Aufgebotsverfahren n
galip gelmek • bezwingen
gammaz • Verräter m
gammazlık • Verräterei f
ganimet • Beute f
ganimet hakkı • Beuterecht n
GAP (Güney Doğu Anadolu Projesi) • Südostanatolien-Projekt n
garame • Zahlungsvereinbarung f
garame hissesi • Restquote f
garameten tevzi • anteilmässige Verteilung f; Verteilung f pro rata
garanti • Bürgschaft f; Garantie f; Gewähr f; Gewährleistung f; Gewährleistungsvertrag m; Haftung f; Kaution f; Mängelgarantie f; Obligo n; Sicherheit f; Sicherstellung f; Sicherung f; Zusicherung f
garanti altına alma • Konsolidation f
garanti altına almak • konsolidieren
garanti anlaşması • Gewährleistungsvertrag m
garanti belgesi • Garantieschein m
garanti etmek • bürgen; garantieren; gewähren; gewährleisten; haften; rückdecken; sicherstellen; verbürgen; zusichern
garanti fonu • Sicherheits-Depot n
garanti gösterme • Sicherheitsleistung f
garanti karşılığı meblağ • Garantiedeckungsbetrag m
garanti kartı • Garantieschein m
garanti komisyonu • Avalprovision f
garanti mektubu • Garantiebrief m; Garantieschein m; Garantieschreiben n

garanti rezervi • Sicherheitsreserve f
garanti sermayesi fonu • Haftungskapital n
garanti süresi • Garantiefrist f; Gewährfrist f
garanti şeklindeki kredi • Bürgschaftskredit m
garanti verilmeksizin • ohne Gewähr f
garanti vermek • verbürgen; zusagen
garanti yolu ile transfer • Sicherungsübereignung f
garantileme • Zusage f
garantiyi işleten olay • Garantiefall m
garantör • Bürge m; Garant m; Gewährsmann m; Gewährsträger m
garantörden gelen gelir • Syndikat n
garaz • Hass m
garaz gütmek • hassen
gardiyan • Aufseher m; Bewacher m; Gefangenenaufseher m; Gefangenenwärter m
gareme • Zahlungsvereinbarung f
garnizon • Standort m von Truppen pl. f; Garnisonsort m
garnizon kıtaları • Besatzung f
gasp • Anmassung f; Beraubung f; Raub m
gasp etme • Ergreifung f
gasp etmek • berauben; rauben; sich anmassen
gaybubet • Alibi n
gaye • Ziel n; Zweck m
gayeye aykırı • zweckwidrig
gayret • Anstrengung f; Mühe f
gayri adli • aussergerichtlich
gayri adli muameleler • aussergerichtliche Handlungen pl. f
gayri askeri mıntıka • entmilitarisierte Zone f
gayri hakiki temettü • fiktive Dividende f
gayri kabili rücu • ohne Rückgriff m
gayri kabili rücu akreditif • unwiderrufliches Akkreditiv n
gayri kanuni • unerlaubter Wettbewerb m

Mesleki Terimler Sözlüğü

gayri kanuni rekabet • ungesetzlicher Wettbewerb m; unlauterer Wettbewerb m
gayri maddi • unkörperlich
gayri maddi mal • Immaterialgut n
gayri maddi mallar • immaterielle Güter pl. n; unkörperliche Gegenstände pl. m
gayri maddi varlıklar • immaterielle Anlagewerte pl. m; immaterielles Wirtschaftsgut n
gayri mahdut mesuliyet • unbeschränkte Haftung f
gayri menkul • Grundbesitz m; Grundeigentum n; Grundstück n; Grundvermögen n; Immobilien pl. f; Realvermögen n; unbewegliches Vermögen n
gayri menkul alım vergisi • Grunderwerbssteuer f
gayri menkul davası • Grundstücksklage f; Immobiliarklage f
gayri menkul ferağı • Grundstücksabtretung f
gayri menkul gibi işlem yapmak • immobilisieren
gayri menkul haczi • Beschlagnahme f des Grundstücks n
gayri menkul iktisabı • Grunderwerb m
gayri menkul ipoteği • unbewegliches Pfand n
gayri menkul ipoteği bankası • Rentenbank f
gayri menkul ipoteği karşılığı kredi • Grundkredit m
gayri menkul karşılığı açılan kredi • Immobiliarkredit m
gayrı menkul karşılığı avans • Kredit m gegen dingliche Sicherheiten pl. f
gayri menkul kredi müessesesi • Kreditanstalten pl. f; Kreditinstitut n
gayri menkul kredisi • Immobiliarkredit m
gayri menkul kredisi veren banka • Hypothekenbank f
gayri menkul mallar • Immobilien pl. f; Liegenschaften pl. f; unbewegliche Güter pl. n; unbewegliche Habe f; Grund m und Boden m
gayri menkul mükellefiyeti • Grunddienstbarkeit f; Grundlast f; Reallast f

gayri menkul mülkiyet hakkı • Grundeigentumsrecht n
gayri menkul mülkiyeti • Eigentum n an Grundstücken pl. n; Grundeigentum f
gayrı menkul planını çıkarma • Katasteraufnahme f
gayri menkul rehni • Grundpfand n; Immobiliarpfand n; Sicherungshypothek f
gayri menkul sahibi • Grundeigentümer m
gayri menkul sahibinin gayri menkulden taşan dal ve çalıları kesme hakkı • Überhangsrecht n
gayri menkul servet • Immobiliarvermögen n
gayri menkul üzerinde ölüme bağlı tasarruf • vermachter Besitz m
gayri menkul varlık • Immobiliarvermögen n
gayri menkul vasiyeti • vermachter Besitz m
gayri menkul yangın sigortası • Immobiliarversicherung f
gayri menkul yatırım ortaklığı • Immobilienfond m; Immobilientrust m
gayri menkule tecavüz • Eigentumsstörung f; verbotene Eigenmacht f
gayri menkuller • Grundbesitz m; Immobilien pl. f
gayri menkulleştirmek • immobilisieren
gayri menkulun el değiştirmesi • Handänderung f
gayri meşru • aussergesetzlich; rechtswidrig; ungesetzlich; illegitim; nichtehelich; unehelich
gayri meşru çocuğa nafaka ödemekle yükümlü • alimentationspflichtig
gayri meşru çocuğu meşru gibi nüfusa kaydettirme • Kindesunterschiebung f
gayri meşru çocuk • ausserehelliches Kind n; nichteheliches Kind; uneheliches Kind n
gayri meşru çocuk için nafaka ödeme • Alimentation f
gayri meşru çocuk için ödenen nafaka • Alimente pl. n
gayri meşru harp • unberechtigter Krieg m; unerlaubter Krieg m; ungerechtfertigter Krieg m
gayri meşruluk • Unehelichkeit f
gayri misli eşya • nichtvertretbare Sache f

105

Fachwörterbuch

gayri resmi • ausseramtlich; inoffiziell; nichtamtlich
gayri resmi borsa piyasası • Freiverkehr m
gayri safi • brutto
gayri safi faiz varidatı • Bruttoverzinsung f
gayri safi fazlalık • Rohüberschuss m
gayri safi hasıla • Rohertrag m; Bruttoertrag m; Roheinnahme f
gayri safi irat • Bruttoeinkommen n
gayri safi kazanç • Bruttoertrag m
gayri safi milli hasıla (GSMH) • Bruttonationalprodukt n; Bruttosozialprodukt n
gayri safi ticari kazanç • Bruttowarengewinn m
gayri safi tonaj • Bruttoregistertonnen pl. f
gayri safi yıllık varidat • Bruttorente f
gayri sahih nesep • uneheliche Abstammung f
gayri şahsi • unpersönlich
gayri tabii mukarenet • widernatürliche Unzucht f
gaz arzı • Gasdarbietung f
gazete • Zeitung f
gazete abonesiyle sigorta • Abonnentenversicherung f
gazete ilanı • Annonce f; Inserat n
gazetelere verilen doğum ilanı • Geburtsanzeige f
gebe kadın • schwangere Frau f
gebe kalma • Empfängnis f
gebe kalmak • empfangen
gebelik • Schwangerschaft f
gebelik müddeti • Empfängniszeit f
gebelik tahsisatı • Wochengeld n
gece • Nacht f
gece bekçisi • Nachtwächter m
gece görevi • Nachtdienst m
gece hizmeti • Nachtdienst m
gece kasası • Nachttresor m
gece okulu • Abendschule f
gece postası • Nachtschicht f
gece vakti • Nachtzeit f
gece vardiyası • Nachtarbeit f; Nachtschicht f
geceleme • Nächtigung f; Übernachtung f
geciken • säumig

geciken piyasa hareketliliği • Nachkonjunktur f
gecikme • Moratorium n; Rückstand m; Versäumnis n; Verspätung f; Verzögerung f; Verzug m
gecikme faizi • Verzugszins m
gecikme tazminatı • Deport m
gecikme zararı • Verspätungsschaden m
gecikmeden dolayı doğan zarar • Verzugsschaden m
gecikmek • säumen; sich verspäten; sich verzögern
gecikmiş kayıt • Nachbuchung f
geciktirme • Obstruktion f; Verschiebung f; Vertagung f; Verzögerung f
geciktirmek • obstruieren; verspäten; vertagen; verzögern
geciktirmeli hisse senedi • Nachzugsaktie f
geç ödeme • Nachzahlung f
geçen ay • Ultimo m; voriger Monat m; Vormonat m
geçerleme • Validation f
geçerli • akzeptabel; bündig; gängig; gültig; statthaft
geçerli kılmak • für rechtsgültig erklären
geçerli olmak • gelten; laufen
geçerli poliçe • diskontierbarer Wechsel m
geçerli senet • diskontierbarer Wechsel m
geçerli yapmak • validieren
geçerlik • Validität f; Geltung f; Laufzeit f
geçerlik günü • Wertstellung f
geçerliliği olmayan • null und nichtig
geçerliliğini yitirmek • ausser Kraft f sein
geçerlilik • Akzeptabilität f; Geltung f; Gültigkeit f
geçerlilik süresi • Geltungsdauer f; Gültigkeitsdauer f
geçerlilik tarihi • Verfalldatum n
geçersiz • nichtig; rechtsungültig; ungültig
geçersiz çek • verfallener Scheck m; verjährter Scheck m
geçersiz kılma • Ausstreichung f; Ungültigmachung f
geçersiz kılmak • abschreiben; umstossen
geçersizlik • Ungültigkeit f
geçici • einstweilig; interimistisch; Probe f; provisorisch; transitorisch; vorläufig; vorübergehend; zeitweilig
geçici anlaşma • vorläufiger Vertrag m

Mesleki Terimler Sözlüğü

geçici anüite • Zeitrente f
geçici belge • Interimsschein m; Zwischenschein m
geçici bilanço • Probebilanz f; vorläufige Bilanz f; Zwischenbilanz f
geçici bütçe • Notetat m; Übergangshaushalt m
geçici çare • Behelf m
geçici çözüm • Übergangslösung f
geçici durum • Interim n
geçici düzenleme • einstweilige Anordnung f
geçici fatura • Proformafaktura f; vorläufige Rechnung f
geçici finansal tablo • Zwischenfinanzbericht m
geçici fiyat • Anschlagspreis m
geçici hesap • Interimskonto n; Intriskonto n; Konto-pro-Diverse f; provisorisches Konto n; transitorisches Konto n; Vorkonto n; Zwischenkonto n
geçici hüküm • Übergangsbestimmung f
geçici ilmühaber • Interimsschein m; provisorische Police f; Zwischenschein m
geçici irat • Zeitrente f
geçici iş • Gelegenheitsarbeit f
geçici işçiler • Aushilfskräfte pl. f
geçici işgörmezlik ödeneği • Krankengeld n
geçici kanun • Übergangsgesetz n
geçici karar • Teilbescheid m; vorläufige Entscheidung f
geçici kararname • Notverordnung f
geçici kredi • Überbrückungskredit m; Zwischenkredit m
geçici lisans • Vorlizenz f
geçici madde • Übergangsartikel m
geçici mevzuat • Übergangsbestimmung f
geçici mizan • Probebilanz f vor Abschluss m der Erfolgskonten pl. n
geçici olarak açığa alma • Wartestand m
geçici olarak faaliyeti durdurma • vorübergehende Stillegung f
geçici olarak işten çıkarma • Beurlaubung f
geçici olarak işten çıkarmak • beurlauben
geçici olarak işten el çektirme • Amtssuspension f; Suspendierung f
geçici olarak işten el çektirmek • suspendieren; zur Disposition f stellen

geçici olarak yerleşmek • niederlassen
geçici ön sözleşme • Übergangsvertrag m
geçici rapor • Teilmeldung f
geçici sertifika • Interimsschein m; Lieferschein m; Zwischenschein m
geçici sigorta poliçesi • provisorische Police f
geçici sözleşme • vorläufiges Abkommen n
geçici tahliye • Haftaussetzung f; vorläufige Haftentlassung f
geçici tahsis mektubu • provisorischer Zuteilungsbrief m
geçici tahvil • vorläufige Schuldverschreibung f
geçici teminat • vorläufige Sicherheit f
geçici teminat mektubu • Bietungsgarantie f; Offertgarantie f
geçici ve aracı hesap • Clearingkonto n; Zwischenkonto n
geçici vesayet • vorläufige Vormundschaft f
geçici yardım • Überbrückung f
geçici yatırımlar • vorläufige Investitionen pl. f
geçiçi • interimistisch
gecikmiş ödemeler • rückständige Zahlung f
geçim • Lebensunterhalt m; Nahrung f
geçim masrafları • Lebenshaltungskosten pl.; Unterhaltskosten pl.
geçimini sağlama • Versorgung f
geçimini sağlamak • verpflegen; versorgen
geçimsizlik • Unfrieden m; Unverträglichkeit f
geçindirmek • ernähren
geçinme indeksi • Lebenshaltungskostenindex m
geçinmek • sich ernähren; übertragen
geçiş • Ablauf m; Übergang m
geçiş dönemi • Anlaufzeit f
geçiş hakkı • Durchzugsrecht n
geçiş ücreti • Wegegeld n
geçiş üstünlüğü • Vorfahrt f
geçişli • transitiv
geçişsiz • intransitiv
geçit • Passage f
geçit hakkı • Wegerecht n
geçkin konşimento • abgestandenes Konnossement n
geçme • Passage f; Verlauf m

Fachwörterbuch

geçmek • passieren; überholen; vergehen; verlaufen
geçmiş • zurückdatieren
geçmiş dönemlere ait ödenmemiş vergiler • rückständige Steuern pl. f
geçmiş yıl gelirleri • periodenfremde Erträge pl. m
geçmiş yıllardan nakledilen zarar • Verlustvortrag m
geçmiş zaman • Vergangenheit f
gedik • Bannrecht n; Gewerbemonopolrecht n; Zwangsrecht n
gedikli erbaş • Deckoffizier m; Unteroffizier m
gelecek • Zukunft f
gelecek ay içinde • im nächsten Monat m
gelecek zaman • Futur n
gelecekte • in Zukunft f; künftig; zukünftig
gelecekte fiyatların yükseleceği tahminiyle ve ileride teslim şartıyla menkul değer alımı • Deckungskauf m
gelecekte gerçekleşmesi beklenen kar • vorweggenommener Gewinn m
gelecekte gerçekleşmesi beklenen maliyet • vorweggenommene Kosten pl.
gelecekteki hak • Anwartschaft f
gelecekteki ihtiyaç için önceden satın alma • Voreindeckung f
gelecekteki menfaat • Anwartschaft f
gelecekteki pazar • Terminmarkt m
gelen • Einsatz m
gelen gemi • Ankunftsschiff n
gelen mallar navlunu • Eingangsfracht f
gelenek • Gewohnheit f; Sitte f; Tradition f; Überlieferung f
gelenekçilik • Traditionalismus m
geleneksel program • traditionelles Programm n
geleneksel • traditionell
gelin • Schwiegertochter f
gelin güvey • Brautpaar n
gelir • Aufkommen n; Einkommen n; Einkünfte pl. f; Einnahme f; Eintrag m; Ertrag m; Förderung f; Gewinn m; Rente f; Verdienst m
gelir açığı • Mindereinnahme f
gelir defteri • Einnahmebuch n
gelir dengelemesi • Einkommensausgleich m

gelir düzeyi • Einkommensniveau n
gelir fazlası • Übererlös m
gelir getirici • einträglich
gelir getirmeyen yatırım • totes Kapital n
gelir gider hesabı • Anschlag m
gelir grubu • Einkommensschicht f; Einkommensgruppe f
gelir hesabı • Wirtschaftlichkeitsberechnung f
gelir kademesine göre verilen komisyon • Staffelgewinnanteil m
gelir kanunları • Einnahmerecht n
gelir kapasitesi • Wirtschaftlichkeit f
gelir kaynağı • Einkommensentstehung f; Einnahmequelle f
gelir kaynakları • Mittel pl. n
gelir sağlamak • Gewinn m erzielen
gelir sağlayabilme gücü • Ertragskraft f
gelir seviyesi • Einkommensschwelle f
gelir tablosu • Gewinn- und Verlustrechnung f
gelir tablosu ve ekleri • Jahresabschluss m
gelir tahsil harcı • Finanzzoll m
gelir tahvili • Gewinnschuldverschreibung f
gelir ve kurumlar vergisi • Einkommens- und Körperschaftssteuer f
gelir vergisi • Einkommenssteuer f; Ertragssteuer f; Lohnsteuer f
gelir vergisi beyanı • Einkommenssteuererklärung f
gelir vergisi beyannamesi • Einkommenssteuererklärung f
gelir vergisi bildirimi • Einkommenssteuererklärung f
Gelir Vergisi Kanunu • Einkommenssteuergesetz n
gelirden pay alma • Ertragsbeteiligung f
gelirin dolaşımı • Einkommenskreislauf m
gelirin itfası • Rentenablösung f
gelirin nevi • Einkünfte pl.
gelirin tanınması • Ertragsrealisation f
gelirin transferi • Einkommensübertragung f
gelirler • Bezüge pl.; Einkünfte pl.; Renten pl. f; Revenuen pl. f; Staatseinkünfte pl.
gelirlerde açık • Einnahmevakuum n
gelirlerde fazlalık • Mehreinnahme f
gelirlerde hareket • Einkommensentwicklung f

Mesleki Terimler Sözlüğü

gelirlerin tabakalaşması • Einkommensschichtung f
gelişen • progressiv
gelişim • Entwicklung f
gelişim kontrolü • Fortschrittskontrolle f
gelişim ruhbilimi • Entwicklungspsychologie f
gelişme • Entfaltung f; Entwicklung f; Lauf m; Prosperität f; Trend m; Verlauf m; Wachstum n; Zuwachs m
gelişme bölgesi • Förderungsgebiet n
gelişme çizgisi • Entwicklungslinie f
gelişme durumu • Entwicklungslinie f
gelişme oranı • Fortschrittsrate f; Zuwachsrate f
gelişme yönü • Trend m
gelişmede süreklilik • Fortentwicklung f
gelişmek • laufen
geliştirme • Aufbau m; Ausbildung f; Erschliessung f
geliştirme gideri • Verbesserungskosten pl.
geliştirme maliyetleri • Entwicklungskosten pl.
geliştirmek • ausbilden
gelme • Run m
gelmeme • Versäumnis n
gelmemek • ausbleiben
gemi • Schiff n; Seeschiff n
gemi adamı • Seemann m
gemi adamları • Schiffsbesatzung f; Schiffsleute pl.
gemi alacaklısı • Schiffsgläubiger m
gemi armatörü • Schiffsreeder m
gemi bordasında teslim • Schiffsenterung f
gemi donatma • Reederei f
gemi enkazı • Wrack n
gemi evrakı • Schiffspapiere pl. n
gemi hamulesi • Schiffsfracht f; Schiffsladung f
gemi hasarı • Havarie f
gemi ile göndermek • verschiffen
gemi ile nakletmek • verschiffen
gemi ile sevkıyat • Verschiffung f
gemi inşa tezgahı • Schiffswerft f
gemi ipoteği • Schiffshypothek f
gemi ipoteği hakkı • Schiffspfandrecht n
gemi ipotek bankası • Schiffsbank f
gemi ipotek senedi • Schiffspfandbrief m

gemi işletme şirketi • Schiffahrtsgesellschaft f
gemi jurnali • Logbuch n; Schiffsjournal n; Schiffstagebuch n
gemi kaptanı • Kapitän m; Schiffer m; Schiffskapitän m
gemi kılavuzu • Pilot m
gemi kira bedeli • Schiffsmiete f
gemi kira mukavelesi • Charterpartie f
gemi kiralama • Charter m; Schiffsbefrachtung f; Schiffsvermietung f
gemi kiralama mukavelesi • Befrachtungsvertrag m
gemi kiralamak • befrachten; chartern
gemi kiralayan • Schiffsvermieter m; Verfrachter m
gemi kirası • Schiffsmiete f
gemi kiraya vermek • verfrachten
gemi komisyoncusu • Schiffsmakler m
gemi maliki • Schiffseigner m
gemi meclisi • Schiffsrat m
gemi müdürü • Korrespondenreeder m; Korrespondent m; Schiffsdirektor m
gemi mülkiyeti • Schiffseigentum n
gemi mürettebatı • Besatzung f; Schiffsbesatzung f; Schiffsleute pl.; Schiffsmannschaft f
gemi müsteciri • Befrachter m
gemi nezaretçisi • Schiffsbesichtiger m
gemi ölçümü • Schiffsvermessung f
gemi payı • Schiffspart m
gemi rehni • Schiffspfandrecht n
gemi rotası • Seestrasse f
gemi sağlama vadesi • Vorlagetermin m
gemi sahibi • Reeder m; Schiffer m
gemi sahibi firma • Reederei f
gemi seferine elverişli • schiffbar
gemi senedi • Schiffszertifikat n
gemi seyrüseferi • Schiffahrt f
gemi sicili • Schiffsmatrikel f; Schiffsregister n
gemi simsarı • Schiffsmakler m
gemi tasdiknamesi • Schiffszertifikat n
gemi teçhizatı • Schiffsrüstung f
gemi tonajı • Schiffstonnage f
gemi vesikaları • Schiffspapiere pl. n
gemi ya da yükündeki hasar • Havarie f; Seeschaden m
gemi yanaşma yeri • Anlegestelle f

Fachwörterbuch

gemi yükü • Kargo m
gemi yükünün istif edilmesi • Stauung f
gemi zabitleri • Schiffsoffiziere pl. m
gemici cüzdanı • Seefahrtsbuch n; Seepass m
gemici pasaportu • Seepass m
gemici ücreti • Heuer f
gemicilik • Navigation f; Reederei f; Schiffahrt f
gemicilik acentesi • Reedereiagent m
gemicilik ortaklığı • Partenreederei f
gemicilik şirketi • Reederei f; Schiffahrtsgesellschaft f; Schiffer m
gemicilikte rastgele yük alma • Trampfahrt f
gemide teslim • ab Schiff n
gemiden gemiye aktarma • Bord/Bord-Überladung f
gemiden kaydını sildirerek ayrılmak • abmustern
gemileri sınıflarına göre tescil şirketi • Klassifikationsgesellschaft f
gemilerin çarpışması • Schiffszusammenstoss m
gemilerin tonaj toplamı • Schiffspark m
geminin bağlı olduğu liman • Ankerplatz m
geminin belli süre için kiralanması • Zeitcharter m
geminin hamulesini boşaltmak • ausladen
geminin hareket limanı • Auslaufhafen m
geminin karaya oturması • Strandung f
geminin kayıtlı olduğu liman • Heimathafen m
geminin kısmen kiralanması • Teilcharter m
geminin limana zaruri girişi • Nothafelung f
geminin limanda bekleme süresi • Liegezeit f
geminin muayyen yerinin kiralanması • Raumcharter f
geminin rıhtımda demirleme yeri • Liegeplatz m
geminin tamamının kiralanması • Vollcharter m
geminin tehlike hali • Seenot f
geminin tespit edilen süreden fazla limanda kalması • überliegen
geminin yanında teslim şartı • Fautfracht f
geminin yevmiye defteri • Logbuch n
geminin yükleme sınırını gösteren çizgi • Ladelinie f
gemiye kaydını yaptırmak • anmustern
gemiye yükleme • Verschiffung f
gemiye yüklemek • verschiffen
gemiyi boşaltmak • löschen
gemiyi demirlemek • Schiff n verankern
gemiyi kiraya veren gemi sahibi • Verfrachter m
gemiyi kiraya vermek • verfrachten
genç • Junge m; jugendlich
genç elemanlar • Nachwuchs m
genç işçiler • Nachwuchskräfte pl. f
genç kız • Mädchen n
gençler için sosyal yardım ve bakım • Jugendhilfe f
gençlerce işlenen ağır suçlar • Jugendkriminalität f
gençlerce işlenen hafif suçlara uygulanan hapis cezası • Jugendarrest m
gençlerin ahlaki ve fiziki tehlikelere karşı korunması • Jugendschutz m
gençlerin çalışabileceği işler • Jugendarbeit f
gençlerin çalıştırılma şartlarının düzenlenmesi • Jugendarbeitsschutz m
gençlerin devlet yurtlarında ıslahı • Fürsorgeerziehung f
gençlerin işgücü koruma kanunu • Jugendarbeitsschutzgesetz n
gençliğe has • jugendlich
gençliğin eğitim ve korunması • Jugendwohlfahrtspflege f
gençliğin korunması • Schutz m der Jugend f
gençliğin korunması kanunu • Jugendschutzgesetz n
gençlik • Jugend f
gençlik ahlakını bozacak şekilde • jugendgefährdend
gençlik ceza hukuku • Jugendstrafrecht n
gençlik çetesi • Jugendbande f
gençlik hukuku • Jugendrecht n
gençlik mahkemeleri • Jugendgerichte pl. n
gençlik mahkemeleri kanunu • Jugendgerichtsgesetz n

Mesleki Terimler Sözlüğü

gençlik mahkemesi hakimi • Jugendrichter m
gençlik sosyal yardım dairesi • Jugendamt n
gençlik suçluluğu • Jugendkriminalität f
genel • allgemein; gemein; generell; universal
genel acentelik • Generalagentur f
genel acentelik anlaşması • Generalversammlungsabkommen n
genel af • allgemeiner Straferlass m; Amnestie f; Generalamnestie f
genel af çıkarmak • amnestieren
genel affedilme • allgemeiner Straferlass m; Amnestie f
genel ahlaka aykırı eylemler • Sittlichkeitsdelikte pl. n
genel ahlaka aykırı fiil • Verstoss m gegen die Sittlichkeit f
genel ahlaka karşı işlenen suçlar • Sittlichkeitsverbrechen n
genel amaçlar • allgemeine Ziele pl. n
genel asayiş • öffentliche Sicherheit f
genel avarya • grosse Havarie f
genel avarya hariç • frei von grosser Havarie f
genel bakış • Übersicht f
genel başarı • allgemeine Leistung f
genel benzerlik • Parallelität f
genel bilanço • Hauptbilanz f
genel bütçe • Gesamtbudget n
genel çerçeve koşulları • Rahmenbedingungen pl. f
genel çizgili çek • Scheck m mit einfacher Kreuzung f
genel değer • Gesamtwert m
genel denetim • allgemeine Aufsicht f
genel dilbilgisi • allgemeine Grammatik f
genel dilbilim • allgemeine Sprachwissenschaft f
genel eğitim • Allgemeinbildung f
genel eşya tarifesi • Stückguttarif m
genel fon • allgemeiner Fonds m
genel giderler • Gemeinkosten pl.
genel gözetim altında olma • unter polizeilicher Aufsicht f
genel grev • Generalstreik m
genel güvenlik • öffentliche Sicherheit f
genel hedefler • allgemeine Ziele pl. n

genel heyet toplantısı • Universalversammlung f
genel hizmetler departmanı • allgemeine Hilfsabteilung f
genel idari bölge • Generalgouvernement n
genel imalat maliyeti • allgemeine Kosten pl.
genel imalat maliyeti yükleme haddi • Gemeinkostensatz m; Zuschlag m
genel imalat maliyetleri • allgemeine Kosten pl.; Fertigungsgemeinkosten pl.
genel imalat maliyetleri • Gemeinkosten pl.
genel ipotek • allgemeine Hypothek f
genel işletme giderleri • allgemeine Betriebskosten pl.
genel itibar mektubu • Zirkularkreditbrief m
genel kabul • Vollakzept n
genel kabul görmüş • allgemein anerkannt
genel kabul görmüş muhasebe ilkeleri • Grundsätze pl. m ordnungsmässiger Buchführung f
genel kanunlar • allgemeine Gesetze pl. n
genel komite • Hauptausschuss m
genel kurul • Generalversammlung f; Hauptversammlung f; Mitgliederversammlung f; ordentliche Generalversammlung f
genel kurul toplantısı • Gesellschaftsversammlung f; Mitgliederversammlung f; Vollversammlung f
genel kültür • Allgemeinbildung f
genel menfaatlere yarar dernek • gemeinnütziger Verein m
genel merkez • Leitstelle f; Zentrale f
genel mizan • Saldenbilanz f
genel muhasebe • Finanzbuchhaltung f
genel müdür • Generaldirektor m; Intendant m
genel müfettişlik • Oberaufsicht f
genel oy hakkı • allgemeines Wahlrecht n
genel öğretim • allgemeinbildende Ausbildung f
genel poliçe • Generalpolice f
genel ruhbilim • allgemeine Psychologie f
genel satış acentesi • Generalvertrieb m
genel seçim hakkı • allgemeines Wahlrecht n

Fachwörterbuch

genel sekreter • Generalsekretär m
genel sigorta • allgemeine Versicherung f
genel sonuç • Gesamtentwicklung f
genel tatiller • Feiertage pl. m; gesetzlich anerkannte Feiertage pl. m; Sonntage pl. m
genel temayül • Gesamtentwicklung f
genel temlik • Blankozession f; generelle Debitorenzession f; Globalzession f
genel toplam • Gesamtbetrag m; Totalbetrag m; Totalsumme f
genel toplantı • Generalversammlung f; Hauptversammlung f
genel toplu iş sözleşmesi • Rahmentarifvertrag m
genel tüketim • Massenkonsum m
genel ücret artışı • allgemeine Lohnerhöhung f
genel ücret yükselmesi • Lohnrunde f
genel vali • Generalgouverneur m
genel vekalet • Gesamtprokura f
genel vekaletname • Generalvollmacht f
genel yararlanma hakkı • Gemeindebrauchsrecht n; öffentliches Gebrauchsrecht
genel yedekler • allgemeine Rücklagen pl. f; Rücklage f
genel yetenek • allgemeine Fähigkeit f
genel yevmiye defteri • Hauptjournal n
genel yönetim giderleri • allgemeine Verwaltungskosten pl.
genel yüksek öğretim • allgemeine Hochschulbildung f
genelge • Erlass m; Runderlass m; Zirkular n
genelge şeklindeki emir • Runderlass m
genelleme • Induktion f; Verallgemeinerung f
genelleşme • Generalisierung f
genellikle gemi kiralama • Befrachtung f
genetik • Genetik f
genetik ruhbilim • genetische Psychologie f
geniş • intensiv; umständlich
geniş çapta arama faaliyeti • Suchaktion f
geniş ölçüde • weitgehend
geniş ölçüde fiyat indirimi • Preiseinbruch m
geniş piyasa • breiter Markt m
geniş ünlü • breiter Vokal m
geniş zaman • Aorist m
genişleme • Ausbreitung f; Erweiterung f; Expansion f; Verbreitung f
genişlemek • sich erweitern
genişletici güç • Aufschwungskraft f
genişletmek • ausdehnen; erweitern
genizsil • Nasal m; Nasenlaut m
genizsilleşme • Nasalierung f
genizsilleştirme • Nasalierung f
gensoru • Interpellation f
geometri • Geometrie f
gerçeğe uygun • sachgerecht
gerçeğe uygun olarak • wahrheitsgemäss
gerçeğe uygunluk • Sachlichkeit f
gerçek • authentisch; Authentizität f; dinglich; echt; effektiv; eigentlich; faktisch; Faktizität f; konkret; lauter; natürlich; real; Realität f; recht; reell; rein; Tatsache f; wahr; wahrhaft; Wahrheit f; wirklich
gerçek anlam • eigentliche Bedeutung f
gerçek değer • innerer Wert m; Parität f; Realwert m; Sachwert m; Substanz f; Substanzwert m
gerçek değeri olmayan varlık • fiktive Aktiva pl.; fiktive Vermögenswerte pl. m
gerçek dışı • unwahr; wahrheitswidrig
gerçek dışı iddia etmek • vorgeben
gerçek fiyat • Effektivpreis m
gerçek gelir • Realeinkommen n
gerçek getiri • Effektivverzinsung f
gerçek kazanç • Realeinkommen n
gerçek kişi • natürliche Person f; physische Person f
gerçek kişiler • natürliche Personen pl. f
gerçek kişinin borçlarını ödeyememesi • Insolvenz f; Zahlungsunfähigkeit f
gerçek kur • Devisenkurs m; Wechselkurs m
gerçek maliyet • Nachkalkulation f; Realkosten pl.
gerçek olan • de facto
gerçek olmayan • begrifflich; unwirklich
gerçek olmayan işlem • Scheingeschäft n
gerçek olmayan kar • Scheingewinn m
gerçek olmayan kar payı • Scheindividende f
gerçek olmayan satış • Scheinverkauf m

Mesleki Terimler Sözlüğü

gerçek puan • realer Punkt m
gerçek senet doktrini • Real Bill Doktrin
gerçek ücret • Reallohn m
gerçek varlıklar • echte Vermögen pl. n
gerçek verim • Realerlös m
gerçek yedek • echte Rücklage f
gerçekçi eğitim • realistische Erziehung f
gerçekçilik • Realismus m
gerçekler • Sachverhalt m
gerçekleri tahrif etmek • Wahrheit f verfälschen
gerçekleşme • Aktualisierung f; Anfall m; Auflaufen n; Realisierung f
gerçekleşme esası • Periodenabgrenzung f
gerçekleşme esasına dayalı muhasebe • periodenechte Rechnungslegung f
gerçekleşme ilkesi • Grundsatz m der Periodenabgrenzung f; periodengerechte Ertrags- und Aufwandsabgrenzung f; Realisierungsprinzip n
gerçekleşme imkanı • Ausführbarkeit f
gerçekleşme kavramı • Grundsatz m der Periodenabgrenzung f; periodengerechte Ertrags- und Aufwandsabgrenzung f
gerçekleşmek • geschehen; sich verwirklichen
gerçekleşmemiş gelir • nicht realisierter Ertrag m
gerçekleşmiş amortisman tutarı • aufgelaufene Abschreibung f
gerçekleşmiş hasılat • realisierter Ertrag m
gerçekleşmiş kar • realisierter Gewinn m
gerçekleştirici • Aktualisator m; performativ
gerçekleştirilebilir • realisierbar; verwertbar
gerçekleştirme • Aktualisierung f
gerçekleştirmek • realisieren; verwirklichen
gerçeklik • Echtheit f; Tatsächlichkeit f; Wırklıchkeit f
gereğince • gemäss; laut
gerekçe • Begründung f; Erwägungen pl. f; Gründe pl. m; Motiv n
gerekçe gösterme • Motivierung f
gerekçe göstermek • motivieren
gerekircilik • Determinismus m
gerekli • erforderlich; notwendig; nötig
gerekli asgari depozito • Mindesteinlagensoll n
gerekli ihtiyat • Pflichtreserve f; Reserve-Soll n
gerekli marj • Bedarfsspanne f
gerekli meblağ • Sollwert m
gerekli miktar • Sollwert m
gerekli olan en az sayı • Mindestzahl f
gerekli ölçüde • Standard m
gerekli özelliğe sahip • qualifiziert
gereklilik • Erfordernis n; Not f; Voraussetzung f
gereklilik kipi • Notwendigkeitsform f
gerekmek • bedingen
gereksinim • Bedürfnis n; Notwendigkeit f
gereksiz yatırım • Fehlinvestition f
gerektiği gibi • sachgemäss
gerektirmek • erfordern
gergin • gespannt
gerginlik • Spannung f
geri alınabilir hisse senedi • rückkaufbare Aktie f
geri alınamaz • unwiderruflich
geri alınamaz akreditif • unwiderrufliches Akkreditiv n
geri alma • Abrogation f; Rückgängigmachung f; Rücknahme f; Widerruf m; Zurücknahme f
geri alma hakkı • Rückforderungsrecht n; Rückkaufsrecht n; Rücknahmerecht n; Wiederkaufsrecht n
geri alma şartıyla satış • Wiederkauf m
geri almak • zurücknehmen; zurückziehen
geri bırakma • Zurückstellen n
geri bırakmak • zurückstellen
geri çağırmak • abberufen
geri çekilme • Rückzug m
geri çekmek • abheben; entnehmen
geri çevirme • Abweisung f
geri çocuk • retardiertes Kind n
geri dönme • Rückgang f; Rückgriff m
geri dönmek • wiederkehren
geri dönülemez akreditif • unwiderrufliches Akkreditiv n
geri dönüş navlunu • Rückfracht f
geri durma • Enthaltung f
geri getirme • Wiedereinschleusung f
geri göndermek • rücksenden
geri havale • Rückersatz m
geri isteme • Rückforderung f
geri istemek • reklamieren

Fachwörterbuch

geri kalan • rückständig
geri ödeme • Amortisation f;
  Rückerstattung f; Rückzahlung f;
  Tilgung f
geri ödeme değeri • Rückzahlungswert m
geri ödeme fiyatı • Rücknahmepreis m
geri ödeme süresi • Pay-back-Periode f
geri ödeme tarihi • Rückzahlungstermin m
geri ödeme yöntemi •
  Amortisationsmethode f
geri ödemek • rückzahlen; zurückzahlen
geri ödememe • Verzug m
geri ödenebilir • ablösbar; tilgbar
geri ödenebilir tahvil • tilgbare
  Schuldverschreibung f
geri satın alma değeri • Rükkaufswert m
**geri satın alma hakkı saklı kalmak
  şartıyla satış** • Verkauf m mit
  Rückkaufsrecht n
geri satın alma sözleşmesi • Rücknahme f
geri satın alma yükümlülüğü •
  Rücknahmeverpflichtung f
geri satın almak • zurückkaufen
geri satmak • zurückgeben
geri verme • Erstattung f; Rückgabe f;
  Rückgewähr f; Zurückgabe f
geri vermek • erstatten; rückstatten;
  stornieren; zurückerstatten; zurückgeben
geri vermemek • zurückbehalten
geri yollama • Rücksendung f
gerici • rückschrittlich
gericilik • Rückschritt m
geride bırakmak • hinterlassen; überholen
geride kalan • rückständig
geridönüm • Feedback n; Rückkoppelung f
gerileme • Regression f
gerilim • Spannung f
gerilme • Spannung f
geriye akış • Rückfluss m
geriye alma • Auslösung f
geriye almak • auslösen
geriye borçlanılan sigorta •
  Nachversicherung f
geriye borçlanılan sigorta süreleri •
  Nachversicherungszeiten pl. f
geriye doğru • rückwärts
geriye dönük • rückwirkend
geriye kalan • übrig
geriye yönelik • rückgängig

geriye yönelik sigorta •
  Rückwärtsversicherung f
Geştalt (öğrenme) kuramı • Gestalt-
  Theorie f
Geştalt ruhbilimi • Gestaltpsychologie f
getiren • Überbringer m
getiri • Ertrag m; Rendite f
getirmek • vorführen
gevşek • ungespannt
gevşek standart • reichliche Vorgabe f
gevşeklik • Verflauung f
gevşeme • Ausgang m; Nachlass m
gezginci esnaf • Hausiergewerbe n;
  umherziehendes Gewerbe n;
  Wandergewerbe n
gezici eğitim • mobile Ausbildung f
gezici öğretmen • Wanderlehrer m
Gezimci Okul • peripatetische Schule f
gezimcilik • peripatetisch
gıda • Ernährung f; Nahrung f
gıda maddeleri • Ernährungsgüter pl. n;
  Lebensmittel pl. n; Nahrungsmittel pl. n
gıda maddeleri kanunu •
  Lebensmittelgesetz n;
  Nahrungsmittelgesetz n
gıda maddeleri kontrolü •
  Nahrungsmittelkontrolle f
gıda maddesinden zehirlenme •
  Lebensmittelvergiftung f
gıda sanayii • Ernährungswirtschaft f
gırtlak vuruşu • Kehlkopfverschluss m;
  Knacklaut m; Stimmlippenverschluss m
gırtlaksıl • glottal; Kehllaut m; Laryngal m
gırtlaksıllaşma • Laryngalisierung f
gırtlaksıllaştırma • Laryngalisierung f
gıyaben • in absentia; in Abwesenheit f
gıyabi hüküm • Versäumnisurteil n
gıyap • Abwesenheit f; Nichterscheinen n;
  Versäumnis n; Versäumnisverfahren n
gıyap kararı • Versäumnisurteil n
gıyap usulü • Versäumnisverfahren n
giden mallar navlunu • Ausgangsfracht f
gider • Aufwand m; Aufwendung f;
  Ausgabe f; Kosten pl.; Spesen pl.
gider bütçesi • Aufwandsbudget n
gider dağıtım planı •
  Kostenverteilungsplan m
gider göstermek • verausgaben
gider hesabı • Konto n; Kostenstelle f

Mesleki Terimler Sözlüğü

gider hesapları • Aufwandskosten pl.
gider kalemi • Ausgabenposten m
gider kategorisi • Ausgabekategorie f; Ausgabegruppe f
gider kaydetmek • anrechnen
gider merkezi • Kostenstelle f
gider payı • Kostenteil m
gider tahakkuku • Kostenveranlagung f
gider taşıyıcı • Kostenträger m
gider türü • Kostenart f
gider yansıtma hesapları • Kostenreflektierungsstellen pl. f
gider yeri • Kostenstelle f
gider yeri planı • Kostenstellenplan m; Kostenträgerplan m
giderim • Ersatz m
giderim değeri • Ersatzleistung f
giderler • Aufwendungen pl. f; Kosten pl.; Spesen pl.; Unkosten pl.
giderleri • Werbungskosten pl.
giderleri kısma • Kostenersparnis f
giderme • Beseitigung f
gidersiz • kostenfrei
gidiş • Abgang m
girdi • Input m; Zufluss m
giren ve çıkan stokun farklı değerlendirilmesinden kaynaklanan farklar • Verrechnungspreisdifferenzen pl. f
giriftleşme • Verflechtung f
giriş • Aufnahme f; Antritt m; Einführung f; Eingang m; Eintritt m; Zugang m; Zutritt m
giriş bildirimi • Beitrittserklärung f
giriş değeri • Einsatzwert m
giriş durumu • Illativus m
giriş kaydı yapmak • Eingang m buchen
giriş koşulları • Zulassungsbedingung f
giriş navlunu • Eingangsfracht f
giriş parası • Einstandsgeld n
giriş sınavı • Aufnahmeprüfung f
giriş vizesi • Einreisesichtvermerk m; Einreisevisum n
girişim • Interferenz f
girişimci • initiativ; Kapitalgeber m; Unternehmer m
girmek • eintreten
gişe • Kasse f
gişe memuru • Schalterbeamter m

gişe muameleleri • Tafelgeschäft n
gişe muamelesi • Schaltergeschäft n
gişelerin açık bulunduğu zaman • Schalterdienst m
gizlemek • decken; hehlen; unterdrücken; verbergen; verdecken; verdunkeln; verhalten; verheimlichen; verschweigen; verstecken
gizli • diskret; geheim; heimlich; still; verborgen; versteckt; vertraulich
gizli ayıp • verborgener Mangel m
gizli bilgilerin izlendiği defter • Geheimbuchführungshauptbuch n
gizli celse • geheime Sitzung f; Sitzung f unter Ausschliessung f der Öffentlichkeit f; Sitzung f unter Ausschluss m der Öffentlichkeit f
gizli cemiyet • Faktion f; Geheimbund m
gizli defter tutma • Geheimbuchhaltung f
gizli hesap • Geheimkonto n
gizli ihtiyat akçeleri • stille Reserven pl. f
gizli istihbarat servisi • Geheimdienst m
gizli oturum • geheime Sitzung f
gizli oy kullanma hakkı • geheimes Wahlrecht n
gizli seçim • geheime Wahl f
gizli terhini ciro • stilles Pfandindossament n; verdecktes Pfandindossament n
gizli tevkili ciro • stilles Prokuraindossament n; verdecktes Prokuraindossament n
gizli tutma • Geheimhaltung f
gizli tutmak • geheimhalten
gizli uzlaşmazlık • versteckter Dissens m
gizli yedek • stille Reserve f
gizli yedek akçe • stille Reserve f
gizli yedekler • stille Rücklagen pl. f
gizlice anlaşmak • kolludieren
gizlice dinlemek • abhorchen
gizlilik • Heimlichkeit f; Verborgenheit f; Vertraulichkeit f
global • global
global hale getirmek • globalisieren
global kota • Globalkontingent n
glosematik • Glossematik f
göç • Auswanderung f; Auszug m; Einwanderung f; Emigration f; Immigration f; Umsiedlung f

Fachwörterbuch

göç etmek • abwandern; auswandern; einwandern; emigrieren; immigrieren
göçebe • Nomade m
göçmen • Ansiedler m; Auswanderer m; Einwanderer m; Emigrant m; Immigrant m
göçmenlik • Auswanderung f; Einwanderung f; Wanderung f
göçüşme • Lautversetzung f; Metathese f
göl ve kanallarda yapılan gemi işletmeciliği • Binnenschiffahrt f
gömmek • beerdigen; bestatten
gömüleme • Hamstern n; Horten n; Hortung f
gönderen • Ablader m; Absender m; Abtretender m; Adressant m; Einsender m; Konsignant m; Übersender m; Übertragender m; Versender m; Zedent m
gönderen banka • Einreicher-Bank f
gönderge • Referent m
gönderge işlevi • referentielle Funktion f
göndergesel • referentiell
gönderi • Einsendung f
gönderilen • Adressat m
gönderilen mal • Sendung f
gönderilen mal hesabı • Konsignationsrechnung f
gönderilen mallar • Konsignation f
gönderilen yazı • Schriftwechsel m
gönderim • Referenz f
gönderme • Einsendung f; Sendung f; Übermittlung f; Übersendung f; Versand m; Versenden n; Versendung f; Verweisung f
gönderme belgesi • Versandanzeige f
gönderme haberi • Versandanzeige f
gönderme tarihi • Versanddatum n
göndermek • abschicken; absenden; einsenden; senden; spedieren; überbringen; übermitteln; übersenden; verschicken; versenden; verweisen
gönüllü • Freiwilliger m
gönüllü olarak üstlenme • Expromission f
göre • gemäss; laut; nach
görece • relativ
göreceli önem ilkesi • Grundsatz m der relativen Bedeutung f
görecilik • Relativismus m

görelilik kuramı • Relativitätstheorie f
görenek • Brauch m; Gewohnheit f
görev • Amt n; Arbeit f; Aufgabe f; Aufgabenstellung f; Dienst m; Dienstobliegenheit f; Funktion f; Obliegenheit f; Pflicht f; Posten m; sachliche Zuständigkeit f; Stellung f; Verpflichtung f; Verrichtung f; Zuständigkeit f
görev alanı • Sachgebiet n
görev başında olmak • sich an seinem Einsatzort m befinden
görev dışı • ausserdienstlich
görev icra etmek • versehen
görev sahası • Ressort n
görev suçu • Dienstvergehen n
görev süresi • Funktionsdauer f
görev talimatı • Arbeitsauftrag m
görev talimatnamesi • Dienstvorschrift f
görev tanımı • Arbeitsbeschreibung f; Pflichtenheft n
görev ve yetki alanı • Dezernat n
görev ve yetki ihtilafı • Kompetenzstreitigkeit f
görev ve yetki uyuşmazlığı • Kompetenzkonflikt m
görev yapmak • Dienstobliegenheiten pl. f nachgehen
görev yemini etmek • Diensteid m leisten
görev yeri • Dienststelle f
görev yetki uyuşmazlığı • Kompetenzkonflikt m
görev yüklemek • verpflichten
görevden çıkarılma • Abberufung f, Absetzung f; Entfernung f aus dem Amt n
göreve alınma • Einsetzung f
göreve aykırı • dienstwidrig
göreve aykırı davranış • Pflichtwidrigkeit f
göreve bağlılık yemini • Treueid m
göreve başlama yemini • Amtseid m
göreve başlamak • Dienst m antreten
göreve tayin etmek • bestellen
görevi devralacak kişiyi belirlemek • Nachfolger m designieren
görevi ihmal etme • Nachlässigkeit f; Untätigkeit f
görevi kötüye kullanma • Amtsdelikt n; Amtsvergehen n
görevin geciktirilmesi • Pflicht-

Mesleki Terimler Sözlüğü

versäumnis n
görevin yerine getirilmemesi • Pflichtverletzung f
görevinden alınamaz • unabsetzbar
görevini ihmal etmek • Pflicht f verletzen
görevini yapmak • funktionieren
görevlendiren • Auftraggeber m
görevlendirilen • Auftragnehmer m
görevlendirme • Beauftragung f; Mandat n
görevlendirmek • auftragen
görevli • Funktionär m
görevsel • funktional
görevsel dilbilim • funktionelle Linguistik f
görevselci • Funktionalist m
görevselcilik • Funktionalismus m
görgü şahidi • Augenzeuge m
görgücülük • Empirismus m
görgül • empirisch
görgül bilgi • empirisches Wissen n
görgüngübilim • Phänomenologie f
görme güçlüğü • Sehschwierigkeit f
görme özürü • Sehbehinderung f
görsel • visuell
görsel eğitim • visuelle Erziehung f
görsel özürlü • Sehbehinderter m
görsel tip • visueller Typ m
görsel-işitsel eğitim • audio-visuelle Ausbildung f
görüldüğünde • bei Sicht f; Sicht f
görüldüğünde ibraz edene ödenecek senet • bei Sicht f zahlbarer Wechsel m
görüldüğünde ödeme • bei Sicht f Zahlung f; Sichtzahlung f
görüldüğünde ödenecek poliçe • Sichttratte f; Sichtwechsel m
görüldüğünde ödenmek üzere keşide olunan poliçe • Sichtwechsel m
görüldüğünde ödenmesi gereken • Sichtwechsel m
görüldüğünde ödenmesi gereken poliçe • Sichttratte f
görüldüğünde ödenmesi gereken senet • Sichtpapier n
görüldükten belli bir süre sonra ödenecek olan poliçe • Nachsichtwechsel m
görüldükten sonra • auf Sicht f
görülebilen • sichtbar; übersichtlich
görülmekte olan • anhängig
görümce • Schwägerin f
görünen • sichtbar
görünen kalemler • sichtbare Posten pl. m
görüngü • Erscheinung f; Phänomen n
görüngücülük • Phänomenalismus m
görünme • Erscheinung f
görünmek • auftauchen; erscheinen; scheinen; sich zeigen
görünmeyen işlemler • unsichtbare Ausfuhren pl. f
görünmeyen kalemler • unsichtbare Posten pl. m
görüntü • Bild n; Ebenbild n
görüntüsel gösterge • Ikon n
görüntüsel yazı • Bilderschrift f
görünürdeki • scheinbar
görünüş • Aktionsart f; Aspekt m; Gestaltung f
görünüşte • scheinbar
görüş • Auffassung f; Anblick m; Anschauung f; Aussicht f; Gutachten n; Kritik f; Meinung f; Richtung f; Sicht f
görüş bildirme • Rückäusserung f; Stellungnahme f
görüşme • Auseinandersetzung f; Aussprache f; Beratung f; Besprechung f; Debatte f; Dialog m; Erörterung f; Unterredung f; Verhandlung f; Interview n
görüşmek • besprechen; debattieren; diskutieren; erörtern; konferieren; verhandeln
gösteren • Signifikant m
gösterge • Zeichen n; Indikator m; Kennzahl f; Signal n; Symptom n
göstergebilim • Semiologie f; Semiotik f
göstergebilimsel • semiologisch; semiotischsemiologisch
göstergesel • semiotisch
gösteri • Demonstration f; Kundgebung f
gösteri yapmak • demonstrieren
gösterici • Arbeitsprojektor m; hinweisender Ausdruck m; Projektor m; Demonstrant m
gösterilen • Signifikat n
gösterim • Deixis f
gösterim işlevi • referentielle Funktion f
gösterme • Vorführung f

Fachwörterbuch

gösterme adılı • Demonstrativpronomen n; Zeigefürwort n
gösterme belirteci • Demonstrativadverb n
gösterme sıfatı • Demonstrativadjektiv n
göstermek • anführen; anzeigen; aufweisen; darlegen; darstellen; deuten; dokumentieren; entgegenbringen; ergeben; erweisen; erzeigen; manifestieren; produzieren; vorführen; vorweisen; vorzeigen; zeigen
götürü • pauschal; Pauschalbetrag m; Pauschale f; Pauschalsumme f
götürü çarter • Pauschalcharter m
götürü fiyat • Akkordpreis m; Pauschalpreis m
götürü iş • Akkordarbeit f
götürü konşimento • Durchfrachtkonnossement n
götürü maliyet • Pauschalkosten pl.
götürü meblağ • Pauschalbetrag m
götürü olarak tutarı, yuvarlak meblağ • Pauschalsumme f
götürü pazar • Verdingung f
götürü pazarlık • Akkord m; Akkordvertrag m
götürü satın alma • Kauf m in Bausch m und Bogen m; Pauschalkauf m
götürü satış • Bauschkauf m; Kauf m in Bausch m und Bogen m; Pauschalkauf m
götürü tahsisat • Pauschalzuwendung f
götürü tutar • Pauschalbetrag m; Pauschale f; Pauschbetrag m
götürü ücret • Akkordlohn m
götürü vergi • Pauschalsteuer m
götürü vergileme • Pauschalbesteuerung f; Pauschbesteuerung f
gövde • Stamm m; Korpus n; Körper m
gövdeleyici diller • inkorporierende Sprachen pl. f
göz • Auge n
göz hapsi • Stubenarrest m
göz önünde bulundurmak • berücksichtigen
gözaltına alınan • Internierter m
gözaltına alınma • Internierung f
gözaltına almak • internieren
gözaltında tutma • Bewachung f
gözcü • Aufseher m
gözcülük • Aufsicht f
gözden geçirme • Durchsicht f; Revision f; Überarbeitung f; Überprüfung f
gözden geçirmek • abnehmen; einsehen; sichten
göze almak • wagen
gözetim • Aufsicht f; Überwachung f
gözetim altına alınmış krediler • supervised loans
gözetim ve denetim yükümlülüğü • Aufsichtspflicht f
gözetimci • Aufsichtsperson f
gözetimli çalışma • Arbeiten pl. f unter Aufsicht f
gözetimli dalgalanma • managed floating
gözetimli faiz • gelenkte Zinsen pl. m
gözetimli oyun • Spiel n unter Aufsicht f
gözetleme • Beobachtung f
gözetlemek • auskundschaften; beobachten
gözetme • Überwachung f
gözetme tedbiri • Überwachungsmassnahme f
gözetmek • beaufsichtigen; bewachen; überwachen
gözetmen • Aufseher m
gözlem • Beobachtung f; visuelle Erfassung f
gözlem raporu • Besichtigungsbericht m
gözlemci • Beobachter m; Beschauer m; Besichtiger m
gözlemleyici • konstativ
grafikler • Charts pl.; Tabellen pl. f
Gresham Kanunu • Greshamsches Gesetz n
grev • Arbeitseinstellung f; Arbeitsniederlegung f; Ausstand m; Streik m
grev gözcüsü • Streikposten m
grev hakkı • Streikrecht n
grev yapmak • bestreiken; streiken
grev yasağı • Streikverbot n
grev yevmiyesi • Streiklohn m
grevci • Streikender m
greve karşı sigorta • Streikversicherung f Grundschuld f; Hypothekenbrief m; Hypothekenpfandbrief m; Pfandbrief m; Schuldbrief m; Verkehrshypothek f
grup • Fraktion f; Gremium n; Gruppe f; Konzern m; Mannschaft f
grup amortismanı • Gruppenabschreibungsmethode f

Mesleki Terimler Sözlüğü

grup bankacılığı • Zusammenschluss m von Banken pl. f
grup halinde nakliyat • Sammelladung f
grup sigortası • Gruppenversicherung f; Kollektivversicherung f; Werksgemeinschaftsversicherung f
grupaj acenteleri • Sammelladungsspediteur m
gurbet • Fremde f
gücendirmek • schmerzen
güç • Kraft f; Macht f; Potential n; schwer; schwierig; Schwungkraft f
güç eğitilebilir çocuklar • lernbehinderte Kinder pl. n
güç satılan mal • Powel n
güç testleri • Krafttests pl. m
güçlendirmek • intensivieren; potenzieren
güçleştirmek • komplizieren; verschärfen
güçlük • Klemme f; Schwierigkeit f
güçsüzler yurdu • Armenasyl n
güdü • Antrieb m; Motiv n; Beweggrund m
güdüleme • Motivieren n
güdülenme • Motivation f
güdüm • Führung f; Leitung f; Lenkung f; Steuerung f
güdümbilim • Kybernetik f
güdümlü çalışma • gelenkte Arbeit f
güdümlü ekonomi • Dirigismus m
güdümlü görüşme • gelenktes Interview f
güdümlü öğrenme • gelenktes Lernen n
güdümsüz görüşme • ungelenktes Interview n
gümrüğe tabi • zollpflichtig
gümrüğe tabi mal • Zollgut n
gümrüğe tabi olmayan • zollfrei
gümrüğü ödenmemiş • unverzollt
gümrük • Zoll m; Zollamt n
gümrük ambarı • Zollager n
gümrük antrepo makbuzu • Zollbegleitschein m
gümrük antreposu • Zollager n
gümrük beyanı • Zolldeklaration f
gümrük beyannamesi • Zolldeklaration f; Zollerklärung f
gümrük bildirisi • Zollanmeldung f; Zolldeklaration f; Zollerklärung f
gümrük birliği • Zollunion f; Zollverein m
gümrük bölgesi • Zollgebiet n
gümrük cezası • Zollstrafe f

gümrük dairesi • Zollamt n; Zollbehörde f; Zollstelle f
gümrük değeri • Zollwert m
gümrük deposu • Zollager n
gümrük deposunda tutulan • unter Zollverschluss m
gümrük formalitesi • Zollabfertigung f
gümrük giriş beyannamesi • Zollanmeldung f; Zollerklärung f
gümrük giriş limanı • Eingangshafen m
gümrük giriş ve çıkış işlemleri • Freimachung f; Zollabfertigung f
gümrük hattı • Zollgrenze f
gümrük hukuku • Zollrecht n
gümrük idaresi • Zoll m; Zollamt n; Zollverwaltung f
gümrük idaresinin şubesi • Zollzweigstelle f
gümrük işlemi • Zollverfahren n
gümrük izni • Zollbewilligung f
gümrük kaçağı • Bannware f
gümrük kanunu • Zollgesetz n
gümrük kapısı • Zollstation f
gümrük komisyoncusu • Zollspediteur m
gümrük kontrolü • Zollkontrolle f
gümrük kontrolüne tabi madde • Zollgut n
gümrük limanı • Zollhafen m
gümrük makamı • Zollstelle f
gümrük memuru • Zollbeamter m
gümrük mevzuatı • Zollrecht n
gümrük mıntıkası • Freizone f
gümrük örgütü • Zolldienst m
gümrük politikası • Zollpolitik f
gümrük resmi • Zollabgaben pl. f
gümrük resmi nispeti • Zollansatz m
gümrük resmi oranı • Zollansatz m
gümrük resmi ödenmiş olarak teslim • verzollt geliefert
gümrük resmi verme • Verzollung f
gümrük resminden muaf bölge • Zollfreizone f
gümrük resmini ödemek • verzollen
gümrük resminin iadesi • Rückzoll m
gümrük suçlarını takip ve kovuşturma dairesi • Zollfahndungsstelle f
gümrük suçlarının takip ve kovuşturulması • Zollfahndung f
gümrük tahsilat dairesi • Zollkasse f

Fachwörterbuch

Gümrük Tarifeleri ve Ticaret Genel Anlaşması • Allgemeines Zolltarifs- und Handelsabkommen
gümrük tarifesi • Zolltarif m
Gümrük ve İnhisarlar Vekaleti • Ministerium n für Zölle pl. m und Monopole pl. n
Gümrük ve Tekel Bakanlığı • Ministerium n für Zölle pl. m und Monopole pl. n; Zoll- und Monopolministerium n
Gümrük ve Ticaret Anlaşması • Zoll- und Handelsabkommen n
gümrük vergisi • Zoll m; Zollgebühr f
gümrük vergisine tabi olmayan dışalım • zollfreie Einfuhr f
gümrük vergisine tabi olmayan mallar listesi • Freiliste f
gümrük vergisini ödemek • verzollen
gümrük vesaiki • Zollpapiere pl. n
gümrük, sigorta ve navlun bedelini içeren fiyat • CIF-Preis m
gümrüksüz • zollfrei
gümrükten geçmemiş mallar • unverzollte Waren pl. f
gümrükten mal kaçırmak • durchschmuggeln; einschmuggeln
gümrükten muaf • zollfrei
gümrükten muaf mal • Freigut n
gümüş ayarı • Silbergehalt m
gümüş külçe • Silberbarren m
gümüş para • Silbergeld n; Silbermünze f; Silberwährung f
gün • Datum n; Tag m; Termin m
gün başına • pro Tag m; täglich
gün başına ton olarak • Tagestonnen pl. f
gün hesabıyla • tageweise
gün içinde geçerli • börsengültig; heute gültig
gün kararlaştırmak • Termin m vereinbaren
gün olarak • tageweise
gün tespiti • Terminfestsetzung f
günah • Sünde f
güncel • auf dem Laufenden n; tagfertig
güncelik ilkesi • Aktualitätsprinzip n
güncelleştirilmiş standart • erneuerter Standard m
güncelleştirmek • auf den neuesten Stand m bringen

güncelliğini yitirme • Veralterung f
güncelliğini yitirmiş • verjährt
güncelliğini yitirmiş standart • verjährter Standard m
gündelik • Lohn m; Tagelohn m
gündelik dil • Alltagssprache f; Umgangssprache f
gündelik hesapları içeren defter • Tagebuch n
gündelik işçi • Tagarbeiter m; Tagelöhner m
gündelik ücret • Tagelohn m
gündelik ücret oranı • Tagessatz m
gündelik ve ücretler • Arbeitseinkommen n
gündem • Tagesordnung f
gündem maddesi • Tagesordnungspunkt m
gündemi tayin etmek • Tagesordnung f festlegen
gündüz işi • Tagdienst m
gündüz vardiyası • Tagesarbeit f; Tagschicht f
gündüzlü öğrenci • Externer m
günlük • Kladde f; pro Tag m; Tagebuch n; täglich
günlük alım • Tageskauf m
günlük beyan • Tagesauszug m
günlük borçlar • auf tägliche Kündigung f
günlük defter • Geschäftstagebuch n; Journal n; Kladde f; Tageberichtsbuch n; Tagebuch n
günlük fiyat • Tagespreis m
günlük fiyat ortalamaları • Eingangsdurchschnittspreise f
günlük hasılat • Losung f
günlük hesap • tägliche Rechnung f
günlük hesapların kaydedildiği defter • Tageberichtsbuch n
günlük kredi • täglich fälliges Geld n
günlük kur • täglicher Zins m
günlük para • Call-Geld n; Tagesgeld n
günlük para faizi • Tagesgeldzinssatz m
günlük plan • Tagesplan m
günlük ton • Tagtonnen pl. f
günü gününe ödenen ücret • Tagegeld n
günün kambiyo fiyatları • Tageskurs m
gürültü • Geräusch n; Störung f
gürültülü • unruhig

Mesleki Terimler Sözlüğü

güven • Vertrauen n; Vertrauensvotum n; Zuversicht f
güven mektubu • Vertrauensbrief m
güven sınırı • Sicherheitsgrenze f
güvence • Garantie f; Gewährleistung f; Versicherung f; Vertrag m
güvence altına alınmış • gesichert; sicher; versichert
güvence aramaksızın verilen kredi • Blankokredit m
güvence bağıtı • Garantievertrag m
güvence süresi • Haftfrist f
güvence veren • Bürge m; Garant m
güvence verme • Haftung f
güvence vermek • Sicherheit f geben
güvenceli tahvil • gesicherte Schuldverschreibung f
güvencesiz hesap • ungesichertes Konto n
güveni kötüye kullanmak • Unterschlagung f
güvenilir • beständig; reell; verlässlich; vertrauenswürdig; zuverlässig
güvenilir kişi • Fiduziär m; Zwangsverwalter m
güvenilir senet • erstklassiger Wechsel m
güvenilirlik • Bonität f
güvenilmez • unzuverlässig
güvenirlik • Reliabilität f; Zuverlässigkeit f
güvenli borç • gesichertes Darlehen n
güvenli hukuki muamele • fiduziarische Rechtsgeschaft n; Treuhandgeschäfte pl. n
güvenlik • Sicherheit f
güvenlik şartı • Sicherungsklausel f
güvenmek • vertrauen
güvenoyu • Vertrauensvotum n
güvensizlik • Misstrauen n; Misstrauensvotum n
güvensizlik önergesi • Misstrauensantrag m
güverte kargosu • Deckladung f
güverte yükü • Deckladung f
güvertede teslim • frei an Bord m
güvertenin altında • an Deck n; unter Deck n
güvertenin üstünde • an Deck n; über Deck n
güverteye konan yük • Deckladung f
güzelduyu • Ästhetik f
güzergah • Route f; Versandweg m
güzide • Elite f

Fachwörterbuch

H

haber • Benachrichtigung f; Bericht m; Botschaft f; Information f; Mitteilung f; Nachricht f; Report m
haber ajansı • Nachrichtenagentur f
haber alma servisi • Nachrichtendienst m
haber almak • erfahren
haber verme • Avis n; Bericht m; Meldung f; Verständigung f
haber verme müddeti • Meldefrist f
haber verme zorunluluğu • Mitteilungspflicht f
haber vermek • benachrichtigen; mahnen
haberci • Bote m
haberdar etmek • belehren; unterrichten; verständigen
haberdar olmak • Bescheid m wissen
haberleşme • Korrespondenz f
haberleşme gizliliği • Briefgeheimnis n
haberleşme sistemi • Nachrichtenwesen n
haberleşmek • korrespondieren
haberleşmenin gizliliği • Postgeheimnis n
habersiz • unkundig
hacim • Beschäftigungsgrad m; Volumen n
hacim farkı • Beschäftigungsabweichung f
hacir • Bevormundung f; Entmündigung f; Untersagen n; Verbieten n
hacir altına almak • entmündigen
haciz • Arrest m; Auspfändung f; Beschlag m; Beschlagnahme f; Beschlagnahmung f; Pfändung f; Retentionsrecht n; Zurückbehaltungsrecht n; Zwangsverwaltung f
haciz edilemez • unantastbar
haciz emri • Pfändungsbefehl m; Pfändungsbeschluss m; Sequestrationsurteil n
haciz hakkı • Pfändungsrecht n
haciz kararı • Pfändungsbeschluss m
haciz koymak • auspfänden; mit Beschlag m belegen
haciz memuru • Pfänder m
haciz muafiyeti • Pfändungsschutz m
hacizden mal kaçırma • Vollstreckungsvereitelung f

hacizli hesap • blockiertes Konto n; gesperrtes Konto n
haczedilen mal • gepfändeter Gegenstand m
haczetmek • beschlagnahmen; erheben; mit Beschlag m belegen; pfänden
haczi caiz olmayan mallar • unpfändbare Gegenstände pl. m
haczin fekki • Aufhebung f der Pfändung f; Aufhebung f des Arrestes m
haczolunamaz • unpfändbar
had • Rate f
hadım edilmiş erkek • Kastrat m
hadımlaştırma • Entmannung f; Kastration f
hadımlaştırmak • kastrieren
hadis dava • Inzidentklage f; Zwischenfeststellungsklage f
hadise • Begebenheit f; Ereignis n; Fall m; Geschehen n; Geschehnis n; Tatbestand m; Vorfall m; Vorgang m; Vorkommnis n; Zwischenfall m; Zwischenstreit m
hadise mahallinde keşif • Besichtigung f an Ort m und Stelle f
hadisenin unsurları • Tatbestand m
hadiseyi tespit etmek • Tatbestand m aufnehmen
hafi celse • geheime Sitzung f
hafif • leicht; mild
hafif hapis • Haft f
hafif kusur • leichte Fahrlässigkeit f
hafifletici sebep • Milderungsgrund m
hafifletici sebepler • mildernde Umstände pl. m
hafifletici sebeplerden yararlandırılarak • unter Zubilligung f mildernder Umstände pl. m
hafifletme • Erleichterung f
hafifletmek • entlasten; erleichtern
hafızalı kart • elektronische Zahlkarte f
hafriyat • Ausgrabung f; Grabungen pl. f
hafriyat yapmak • ausgraben
hafta tatili • Sonntagsruhe f

Mesleki Terimler Sözlüğü

haftalık çalışma saati • Wochenarbeitszeit f
haftalık ders programı • Wochenstundenplan m
hahamlık • Rabbinat n
hail • Einfriedigung f; Einzäunung f; Grenzvorrichtung f
hain • Verräter m
hak • Anspruch m; Belang m; Bezugsrecht n; Claim n; Forderung f; Recht n
hak düşürücü süre • Ausschliessungsfrist f; Ausschlussfrist f; Verwirkungsfrist f
hak iddia etmek • Anspruch m erheben; Recht n wahrnehmen
hak konusu • Rechtsgegenstand m
hak sahibi • Berechtigter m; Beteiligter m; Rechtsinhaber m; Rechtssubjekt n
hak sahibi kılmak • berechtigen
hak talep etmek • als Recht n beanspruchen
hak uyuşmazlığı • Rechtskonflikt m
hak ve alacağın başka kimseye devri • Übertragung f; Veräusserung f
hak ve menfaatler • Interesse n
hak ve selahiyeti haiz • berechtigt
hak vermek • beipflichten
hakaret • Beleidigung f; Beschimpfung f; Ehrenkränkung f; Ehrverletzung f; Herabwürdigung f; Injurie f; Lästerung f; Verleumdung f; Verunglimpfung f
hakaret davası • Beleidigungsklage f
hakaret eden • Beleidiger m
hakaret edilen • Injuriat m
hakaret etmek • beleidigen; beschimpfen; herabwürdigen; verunglimpfen
hakaret ve sövme • Verleumdung f und Beleidigung f
hakarete uğrayan • Beleidigter m
hakediş davası • Aussonderungsklage f; Herausgabeanspruch m; Rückforderungsklage f
hakem • Schiedsmann m; Schiedsrichter m; Schlichter m
hakem antlaşması • Schiedsabkommen n; Schiedsvertrag m
hakem encümeni • Schiedskommission f im Enteignungsverfahren n
hakem karar vermek • schiedsrichten
hakem kararı • Arbitrium n; schiedsrichterliche Entscheidung f; Schiedsspruch m; Schiedsurteil n
hakem kurulu • Schiedskommission f; Schlichtungsausschuss m
hakem mahkemesi • internationaler Schiedsgerichtshof m; Schiedsgericht n; Schiedsgerichtshof n
hakem muahedesi • Schiedsvertrag m
hakemce • schiedsrichterlich
hakeme dair • schiedsrichterlich
hakemlik • Arbitrage f
hakemlik hakkı • Entscheidungsrecht n
hakemlik kararı • Entscheidung f; Schiedsspruch m
hakikat • Faktum n; Realität f; Tatsache f; Wahrheit f; Wirklichkeit f
hakikat olmak • zutreffen
hakikate uygun • sachgemäss; wahrhaft
hakiki • echt; effektiv; faktisch; lauter; natürlich; original; real; regelrecht; rein; sachlich; tatsächlich; wahr; wirklich
hakiki birleşme • Realunion f
hakiki değerinin altında sigortalamak • unterversichern
hakiki değerinin üstünde sigortalamak • überversichern
hakiki içtima • Realkonkurrenz f; Zusammentreffen n strafbarer Handlungen pl. f
hakiki kıymet • Realwert m
hakiki mana • eigentliche Bedeutung f
hakiki olmayan • unecht
hakiki satış • Realkauf m
hakiki sermaye • Aktivbestand m; Aktivkapital n; Effektivbestand m; Realkapital n; Sachkapital n
hakiki sermayenin teşekkülü • Sachkapitalbildung f
hakiki şahıs • natürliche Person f
hakiki şahısların medeni haklardan istifade ehliyeti • Rechtsfähigkeit f natürlicher Personen pl. f
hakiki varlık • Effektivbestand m
hakikilik • Reinheit f
hakikilik beyyinesi • Wahrheitsbeweis m
hakim • Gutachter m; Richter m
hakim muavini • Gerichtsassessor m; Hilfsrichter m

Fachwörterbuch

hakim namzedi • Gerichtsreferendar m; Richteranwärter m
hakim olarak tayin etmek • als Richter m einsetzen
hakimin bizzat istinkafı • Ausschliessung f des Richters m; Austritt m des Richters m
hakimin davaya bakmaktan memnuiyeti • Ausschliessung f des Richters m
hakimin istinkafı • Ausschliessung f des Richters m; Austritt m des Richters m
hakimin reddi • Ablehnung f des Richters m
hakimin takdir hakkı • richterliches Ermessen n
hakimin takdiri • richterliches Ermessen n
hakimiyet • Gewalt f; Herrschaft f; Souveränität f; Staatsgewalt f; Staatshoheit f
hakimiyet hakkı • Recht n auf Unabhängigkeit f
hakimiyet muameleleri • Hoheitsakte pl. m
hakimiyet tasarrufu • Staatshoheitsakt m
hakimlerin azlolunamazlığı • Unabsetzbarkeit f des Richters m
hakimlerin kanunları murakabe hakkı • richterliches Prüfungsrecht n
hakimlerin mesuliyeti • Richterverantwortlichkeit f; Verantwortlichkeit f der Richter pl. m
hakimlik görevi • Richteramt n
hakimlik tevcih etmek • zum Richter m bestellen
hakkaniyet • Billigkeit f; Rechtlichkeit f
hakkaniyet esasları • Billigkeitsgründe pl. m
hakkaniyet üzere • billigermassen
hakkaniyete aykırı • unbillig
hakkı düşüren müddet • Präklusivfrist f; Verfallsfrist f
hakkı huzur • Anwesenheitsgelder pl. n; Sitzungsgeld n; Tagegeld n
hakkı ihlal etme • Rechtsverletzung f
hakkı ihlal etmek • Recht n beugen
hakkı kötüye kullanma • Rechtsmissbrauch m; Schikane f
hakkı nar • Fehlergrenze f; Remedium n
hakkı narateş payı • Toleranz f
hakkı olmak • Anspruch m haben; zustehen

hakkı sükut • Schweigegeld n
hakkı üçüncü şahsa devreden • Abtretender m; Übertragender m; Zedent m
hakkın başkasına geçmesi • Verfallen n
hakkın düşme süresi • Verjährungsfrist f
hakkın düşmesi • Erlöschen n; Präjudizierung f; Präklusion f; Rechtsausschluss m; Rechtsverwirkung f; Verfall m; Verfall m des Rechtes n; Verfallen n; Verwirkung f
hakkın ihlalinden dolayı dava • Beschwerde f wegen Rechtsverletzung f
hakkın ihlalinden dolayı şikayet • Beschwerde f wegen Rechtsverletzung f
hakkın intikali • Rechtsübergang m
hakkın konusu • Rechtsobjekt n
hakkın mevzuu • Rechtsobjekt n
hakkın muhtevası • Rechtsinhalt m
hakkın suiistimali • Rechtsmissbrauch m; Schikane f
hakkın sukutu • Präjudizierung f; Präklusion f; Rechtsausschluss m; Rechtsverwirkung f; Verwirkung f
hakkın yitirilmesi • Verfall m
hakkın zamanaşımı • Anspruchsverjährung f; Verjährung f des Anspruchs m
hakkına tecavüz etmek • benachteiligen
hakkında • bezüglich
hakkında takibat yapılan kişi • Verfolgter m
hakkını cebren vikaye • Selbsthilfe f
hakkını kuvvet kullanarak alma • Selbsthilfe f
haklar • Rechte pl.n
hakları kaybetmek • Rechte pl. n verwirken
hakların bir başkasına devri • Zession f
hakların birleşmesi • Anspruchskonkurrenz f; Konkurrenz f von Rechten pl. n
hakların hukuki biçimde devri • Veräusserung f
hakların içtimai • Anspruchsmehrheit f; Klagenhäufung f; Zusammentreffen n von Rechten pl. n
hakların sınırlandırılması • Beschränkung f der Rechte pl. n
hakların telahuku • Anspruchskonkurrenz f; Konkurrenz f von Rechten pl. n;

Mesleki Terimler Sözlüğü

konkurrierende Ansprüche pl. m;
konkurrierende Rechte pl. n;
Rechtsnormenkollision f
hakların toplanması • Anspruchsmehrheit f
haklarından mahrum bırakma • Entrechtung f
haklarından mahrum bırakmak • entrechten
haklı • begründet; gerecht; recht; rechtlich; rechtmässig
haklı çıkarma • Justifikation f; Rechtfertigung f;
haklı çıkarmak • justifizieren; rechtfertigen
haklı olduğunu ispat etmek • sich rechtfertigen
haklı sebebe dayanarak • berechtigterweise
haklı sebebe dayanmayan • ungerechtfertigt
haklılığını ispat etme • Rechtfertigung f
haklılık • Gerechtigkeit f
haksız • rechtlos; unberechtigt; unbillig; unerlaubt; ungerecht; unmotiviert; unrecht; unrechtmässig; widerrechtlich
haksız beklenti • Zumutung f
haksız denilecek kadar çabuk ve dikkatsiz yapılan • Abwimmeln n
haksız fesih • ungesetzliche Kündigung f
haksız fiil • Delikt n; unerlaubte Handlung f; Unrechtshandlung f
haksız fiile ehliyet • Deliktfähigkeit f
haksız iktisap • ungerechtfertigte Bereicherung f; unberechtigte Bereichung f
haksız işten çıkarılma davası • Kündigungsschutzklage f
haksız işten çıkarılmaya karşı korunma kanunu • Kündigungsschutzgesetz n
haksız itham • falsche Verdächtigung f
haksız itiraz • unberechtigter Einwand m
haksız karar • ungerechtes Urteil n
haksız kazanç • unberechtigte Bereicherung f; ungerechtfertigte Bereicherung f
haksız kullanma • Missbrauch m; missbräuchliche Verwendung f
haksız menfaat sağlamak • übervorteilen

haksız olarak alıkoymak • zu Unrecht n einbehalten
haksız olarak el koyma • rechtswidrige Beschlagnahme f
haksız olarak elde etme • sich etwas auf unrechtmässige Weise f verschaffen
haksız olarak vermeme • Vorenthaltung f
haksız olarak vermemek • vorenthalten
haksız rekabet • unerlaubter Wettbewerb m; unlauterer Wettbewerb m
haksız talep • Zumutung f
haksız tevkifen dolayı ödenen tazminat • Haftentschädigung f
haksız zilyetlik • unrechtmässiger Besitz m
haksızlık • Illegitimität f; Rechtlosigkeit f; Unbilligkeit f; Ungebühr f; Ungerechtigkeit f; Unrecht n; Widerrechtlichkeit f
hakta halefiyet • Rechtsnachfolge f
haktan feragat etmek • auf ein Recht n verzichten
haktan vazgeçme • Verzichtleistung f
haktan yararlandırmak • Recht n zubilligen; Recht n zuerkennen
hal • Befund m; Lage f; Position f; Sachlage f; Situation f; Status m; Zustand m
hal ve şartlar • Umstände pl. m; Verhältnisse pl. n
hala • Tante f
halef • Nachfolger m; Rechtsnachfolger m
halef olmak • nachfolgen
halef tayin etmek • Nachfolger m bestimmen
halefiyet • Nachfolge f; Rechtsnachfolge f; Subrogation f; Sukzession f; Surrogation f
halel getirmek • beeinträchtigen
hali • Entthronung f
halihazır değer • Barwert m; Gegenwartswert m
halihazırda • gegenwärtig; zur Zeit f
halihazırdaki çıktı • tatsächliche Produktionsmenge f
halinde • im Falle m
halis • rein
halk • Leute pl.; Öffentlichkeit f
halk egemenliği • Volkssouveränität f
halk eğitim merkezi • Volkshochschule f
halk kökenbilimi • Volksetymologie f

125

halk oylaması • Plebiszit n; Referendum n; Volksabstimmung f
halk sigortası • Volksversicherung f
halka açık okuma merkezi • öffentliches Lesezentrum n
halka açık şirket • Aktiengesellschaft f; Publikumsgesellschaft f; volksoffene Gesellschaft f
halka arz • Angebot n; Emissionsangebot n für Publikum n; Publikumsangebot n; Verkaufsofferte f
halka menkul kıymet arz eden kuruluş • Emittent m
halka menkul kıymet arz eden şirket • Emittent m
halkbilim • Folklore f; Volkskunde f
halkçılık • Volksherrschaft f
halkı kışkırtma • Volksverhetzung f
halkın reyine müracaat • Plebiszit n; Volksabstimmung f
halkın satın alma gücü • Massenkaufkraft f
halkın teşebbüsü • Volksinitiative f
halkla ilişkiler • Beziehungen pl. f zur Öffentlichkeit f; Werbung f
halktan talep • Übernahmeangebot n gegen Barzahlung f; Übernahmeangebot n mit Aktientausch m
halledilmemiş • unerledigt
halletmek • abmachen; erledigen; lösen; verrechnen
ham çelik • Rohstahl m
ham puan • roher Punkt m
ham şeker • Rohzucker m
Hamburg yönetimi • Staffelmethode f
hami • Schutzstaat m
hamil • Besitzer m; Girat m; Indossat m; Inhaber m; Träger m; Überbringer m
hamile • schwanger
hamile bırakmak • schwängern
hamile kadın • Schwangere f
hamile kadınlara sağlanan yardımlar • Schwangerenfürsorge f
hamile muharrer senetler • Inhaberpapiere pl. n
hamile muharrer sigorta poliçesi • Versicherungspolice f; Versicherungsschein m
hamile yazılı • Inhaber m; Überbringer m
hamile yazılı senetler • Inhaberpapiere pl. n
hamilelik • Schwangerschaft f
hamilelik ve doğumdan sonra yapılan yardımlar • Mutterschaftshilfe f
hamiline muharrer bono • Inhaberschuldverschreibung f
hamiline muharrer evrak • Inhaberpapier n
hamiline muharrer tahvil • Inhaberschuldverschreibung f
hamiline ödeyiniz • zahlen Sie an den Inhaber m
hamiline yazılı çek • Überbringerscheck m; Inhaberscheck m
hamiline yazılı hisse senedi • Inhaberaktie f
hamiline yazılı kıymetli evrak • Inhaberpapier n
hamiline yazılı kıymetli kağıt • Inhaberpapier n
hamiline yazılı poliçe • Inhaberwechsel m
hamiline yazılı senet • Inhaberpapier n
hamiline yazılı tahvil • Inhaberobligation f; Inhaberschuldverschreibung f
hamiline yazılı ticari senet • Inhaberpapier n
hamiline yazılmış borç senedi • Inhaberobligation f
hammadde • Rohmaterial n; Rohprodukt n; Rohstoff m; Werkstoff m
hammadde maliyeti • Rohmaterialkosten pl.; Rohstoffkosten pl.
hamule • Frachtgut n; Ladung f; Last f; Schiffsfracht f; Schiffsladung f
hamule senedi • Frachtbrief m; Konnossement n; Ladeschein m
hane • Haushalt m; Haushaltung f; Rubrik f; Spalte f
Hang Seng Endeksi • Hang Seng Index m
hangar • Magazin n
hapis • Gefängnis n; Gefängnisstrafe f; Inhaftierung f
hapis cezası • Gefängnisstrafe f; Haftstrafe f
hapis hakkı • Einbehaltungsrecht n; Pfandrecht n; Retentionsrecht n; Rückbehaltungsrecht n; Zurückbehaltungsrecht n
hapis hakkı sahibi • Pfandgläubiger m; Zurückhaltungsberechtigter m

Mesleki Terimler Sözlüğü

hapishane • Gefängnis n; Haftanstalt f; Strafanstalt f; Zuchthaus n
hapisten kaçmak • aus dem Gefängnis n entkommen
hapse atmak • gefangen setzen; ins Gefängnis n einliefern
hapse mahkum etme • Gefängnisstrafe f
hapsen tazyik • Schuldhaft f; Zwangshaft f
hapsetmek • einsperren; festsetzen; inhaftieren
harabe • Trümmer pl.
Harbiye Nezareti • Kriegsministerium n
harca tabi • gebührenpflichtig
harcama • Aufwand m; Ausgabe f; Kostenaufwand m; Verwendung f
harcama farkı • Budgetabweichung f
harcama ve tahsilat • Ausgaben pl. f und Einnahmen pl. f
harcamak • anbringen; aufwenden; ausgeben
harcırah • Reiseentschädigung f für Beamte pl. m; Reisekosten pl.; Reisekosten pl. und Tagegelder pl. n; Tagegeld n
harç • Ausgabe f; Gebühr f; Kosten pl.
harç tarifesi • Gebührenordnung f; Gebührentarif m
harçlık • Taschengeld n
harçtan muaf • gebührenfrei; lastenfrei
harçtan muaf tutma • Gebührenerlass m
hareket • Abgang m; Antrieb m; Bewegung f; Lauf m; Leben n; Umschlag m; Zug m
hareket etmek • abgehen; auslaufen; sich bewegen
hareket ettirmek • bewegen
hareket limanı • Abfahrtshafen m
hareket serbestisi • freizügig
hareket tarzı • Handlungsweise f; Verhalten n
hareket ve muamele usul ve kaidesi • Verhaltungsregel f
harekete geçiren • Initiator n
harekete geçirme • Einsatz m; in Bewegung f setzen
harekete geçirmek • anreizen; anstiften
harekete getirmek • treiben
hareketli • flexibel; beweglich; mobil
hareketli hesap • bewegliches Konto n

hareketsiz • immobil; passiv; starr; unbeweglich
hareketsiz hesap • unbewegliches Konto n
hareketsiz varlıklar • unbewegliche Vermögen pl. n
hareketsizlik • Passivität f; Ruhe f; Stockung f
harici • auswärtig; extern
haricinde • ausser; ausserhalb
Hariciye Vekaleti • Aussenministerium n; Auswärtiges Amt n
hariç ez memleket imtiyazı • Exterritorialität f
hariç ez memleket kaidesi • Exterritorialität f
hariç kılma • Ausschliessung f; Ausschluss m
hariç kılmak • ausschliessen
hariç olarak • ausschliesslich
hariçten gelip yerleşme • Zuzug m
haris • leidenschaftlich
harita okuma • Landkartenlesen n
harp • Krieg m
harp akademisi • Führungsakademie f
harp dışı olmak • Zustand m der Nichtkriegführung f
harp divanı • Kriegsgericht n; Standgericht n
harp esiri • Kriegsgefangener m
harp gemileri • Kriegsschiffe pl. n
harp görevi • Kriegsdienst m
harp görevinden kaçınma • Kriegsdienstverweigerung f
harp hali • Kriegszustand m
harp hıyaneti • Kriegsverrat m
harp hukuku • Kriegsrecht n
harp hükümleri • Kriegsgesetze pl. n
harp ilanı • Kriegserklärung f
harp kaçağı • Banngut n; Bannware f; Konterbande f
harp kanunları • Kriegsrecht n
harp kazançları vergisi • Kriegsgewinnsteuer f
harp limanları • Kriegshäfen pl. m
harp malulü • Kriegsbeschädigter m; Kriegsverletzter m; Kriegsversehrter m
harp okulu • Kriegsschule f
harp sanayii • Rüstungsindustrie f
harp sebebi • Casus m belli; Kriegs-

Fachwörterbuch

grund m
harp sigortası • Kriegsversicherung f
harp tazminatı • Kriegsentschädigung f
harp zararları • Kriegsschäden pl. m
hars • Kultur f
hasar • Benachteiligung f; Beschädigung f; Risiko f; Schaden m; Verlust m
hasar gören geminin sahibi • Havarist m
hasar görmüş • havariert
hasar görmüş gemi • havariertes Schiff n
hasar karşılığı ödenen tazminat • Schadensersatz m
hasar muhtırası • Abschreibung f
hasar tespitçisi • Dispacheur m
hasar vermek • schaden
hasara uğratmak • beschädigen; verletzen; versehren
hasarı tazmin etmek • Schaden m decken
hasarın takdiri • Schadenersatzschätzung f
hasarlı malın değeri • Krankwert m
hasarlı malın satışına izin vermek • akkomodieren
hasarlı teslim • schlechte Lieferung f
hasarsızlık indirimi • Schadensfreiheitsrabatt m
hasıl olmak • herkommen
hasıla • Einkommen n; Einkunft f; Erlös m; Ertrag m; Produktionsergebnis n
hasıla değeri • Ertragswert m
hasılat • Ausbeute f; Einkommen n; Einnahme f; Erlös m; Ertrag m; Umsatz m
hasılat icarı • Pacht f
hasılat kiracısı • Pächter m
hasılat kirası • Miete f; Pacht f; Verpachtung f
hasılat kirası bedeli • Pachtzins m
hasılat kirası ile tutmak • pachten
hasılat kirası mukavelesi • Pachtvertrag m
hasılat kirası müddeti • Pachtzeit f
hasılat kirası münasebeti • Pachtverhältnis n
hasılat kirası süresi • Pachtzeit f
hasılat kirası yoluyla kiraya vermek • verpachten
hasılat kirasına veren • Verpächter m
hasılat kirasında ikinci kiracı • Unterpächter m
hasılat kirasıyla tutma • Pachtung f

hasılat vergisi • Ertragssteuer f
hasılatın gerçekleşmesi • Ertragsrealisation f
hasılatın sağlanabilmesi için katlanılan giderler • Aufwendungen pl. f
hasım • Feind m; Gegner m
hasım taraf • Gegenpartei f; Gegenseite f; Gegner m; Widersacher m
hasım tarafa yazılan cevap • Gegenschrift f
hasım taraflar • streitende Parteien pl. f
hasmane hareket • feindliches Verhalten n
hasmane himaye ve yardım • Unterstützung f des Feindes m; Vorschubleisten n
hassasiyet • Sensibilität f
hasta • krank
hasta arabası • Krankenfahrstuhl m; Rollstuhl m
hasta olarak geçen sigortalılık süreleri • Krankheitszeiten pl. f
hastabakıcı • Krankenschwester f; Schwester f
hastalara tıbbi yardım • Krankenfürsorge f
hastalığa karşı sigorta • Krankenversicherung f
hastalığı dolayısıyla çalışamayacağını bildirmek • sich krank melden
hastalığın bildirilmesi • Krankmeldung f
hastalığın seyri • Krankengeschichte f
hastalık • Krankheit f
hastalık için ödenen sigorta parası • Krankengeld n
hastalık kasası doktoru • Kassenarzt m
hastalık kasası tarafından sağlanan yardım • Kassenleistung f
hastalık parası • Krankengeld n
hastalık raporu • Krankenbericht m; Krankheitsbericht m
hastalık sigortaları yönetmeliği • Krankenordnung f
hastalık sigortası • Krankenversicherung f
hastalık sigortası kurumu • Innungskrankenkasse f; Krankenkasse f; Ortskrankenkasse f
hastalık sigortası kurumunun kontrol doktoru • Vertrauensarzt m
hastalık sigortası merci • Krankenversicherungsträger m

Mesleki Terimler Sözlüğü

hastalık sigortası primi • Krankenversicherungsbeitrag m
hastalık sigortası tarafından ödenen ölüm yardımı • Sterbegeld n aus der Krankenversicherung f
hastalık ve analık sigortasınca ödenen emzirme yardımı • Stillgeld n
hastalıklar bilimi • Pathologie f
hastalıklı olmak • kränkeln
hastane • Krankenhaus n
hastane koğuşu • Station f
hastanede bakım • Krankenhauspflege f
hastaya sağlanan sağlık ve para yardımları • Krankenhilfe f
haşiye • Vermerk m
hat • Linie f; Zug m
hat işletmesi • Linienfahrt f
hata • Fehler m; Irrtum m; Ungenauigkeit f; Versehen n
hata etmek • irren; versehen
hata marjı • Fehlergrenze f
hatalı • fehlerhaft; ungenau
hatalı karar • Fehlspruch m
hatalı kayıt • Falschbuchung f; unrichtige Buchung f
hatalı tarih atmak • falsch datieren
hatasız • korrekt; rein; richtig
hatır • Gefälligkeit f
hatır bonosu • Gefälligkeitsakzept n; Nachsichtwechsel; Scheinwechsel m
hatır cirosu • Gefälligkeitsgiro n; Gefälligkeitsindossament n
hatır kabulü • Ehrenakzept n
hatır senedi • Gefälligkeitswechsel m; Kellerwechsel m; Wechselreiterei f
hatırdan çıkmak • entfallen
hatırı sayılır • beträchtlich; respektabel
hatırlatmak • mahnen
hava gemisi • Luftschiff n
hava harbi • Luftkrieg m
hava hukuku • Luftrecht n; Luftverkehrsrecht n
hava koridoru • Luftkorridor f
hava kuvvetleri • Luftwaffe f
hava limanı • Flughafen m
hava meydanı • Flughafen m
hava nakil vasıtaları • Luftfahrzeuge pl.n
hava nakliyatı • Lufttransport m
hava navlunu • Luftfracht f
hava posta makbuzu • Luftposteinlieferungsschein m
hava postaları • Luftpost f
hava sahası • Luftraum m
hava sigortaları • Luftversicherung f
hava sigortası • Wetterversicherung f
hava taşıma senedi • Lufttransportbrief m
hava taşımacılığı • Luftfahrt f
hava trafiği • Luftverkehr m
hava ulaşım aracı • Luftfahrzeug n
hava ulaştırması • Luftverkehr m
hava yoluyla taşınacak yük • Luftfracht f
hava zabıtası • Luftpolizei f
havadis • Nachricht f
havaların kötü gitmesinden dolayı inşaat işçileri için ödenen ücret tazminatı • Schlechtwettergeld n
havale • Abgabe f; Anweisung f; Auszahlung f; Geldanweisung f; Rembours f; Rimesse f; Transfer m; Übersendung f; Überweisung f; Vergütung f; Verweisung f; Weisung f; Zahlungsanweisung f; Zahlungsüberweisung f
havale alıcısı • Zahlungsempfänger m
havale çeki • Anweisungsscheck m
havale eden • Abtretender m; Anweisender m; Übertragender m; Zedent m
havale edilen • Angewiesener m
havale emri • Postanweisung f; Überweisungsauftrag m; Zahlungsanweisung f
havale etmek • anweisen; transferieren; überweisen; verweisen; weiterleiten
havale kaydı • Orderklausel f
havale komisyonu • Transferkommission f
havale servisi • Überweisungsabteilung f
havaleye eklenen açıklayıcı belge • Überweisungsanzeige f
havayolları • Luftwege pl. m
hayali ihracat • Scheinexport m
hayali işlem • Scheingeschäft n
hayat • Leben n
hayat boyu öğrenim • lebensbegleitendes Lernen n
hayat halinde sigorta • Erlebensfallversicherung f
hayat müddeti • Lebensdauer f
hayat sigortası • Lebensversicherung f

129

Fachwörterbuch

hayat sigortası poliçesi • Lebensversicherungspolice f
hayat standardı • Lebensstandard m; Lebenshaltung f
hayat standardı endeksi • Lebenshaltungsindex m
hayat süresi • Lebenszeit f
hayat şartları • Lebensbedingungen pl. f
hayat tecrübesi • Lebenserfahrung f
hayata kastetme • Mordanschlag m
hayati ehemmiyeti olan • lebenswichtig
hayati mesele • Lebensfrage f; Schicksalsfrage f
hayati önemi olan • lebensnotwendig
hayatta • lebendig
hayatta olan • lebend
hayatta olma şartı ile bağlanan sürekli gelir • Leibrente f
hayatta olmak • leben
haydut • Räuber m
haydutluk • Räuberei f
hayır • Wohltat f
hayır cemiyeti • wohltätiger Verein m
hayır işleriyle uğraşan • wohltätig
hayır kurumu • Wohlfahrtseinrichtung f
hayır müesseseleri • Wohlfahrtseinrichtung f; Wohlfahrtsunternehmung f
haysiyet • Ehre f; Würde f
haysiyet davaları hakimi • Ehrenrichter m
haysiyet divanı • Ehrengericht n; Ehrenrat m
haysiyete dokunan • entehrend
haysiyeti lekeleyici ceza • entehrende Strafe f
haysiyetli • ehrbar; ehrenhaft; ehrlich
haysiyetli tutum ve davranış • Ehrenhaftigkeit f
haysiyetsiz davranış • unehrenhaftes Verhalten n
haysiyetsiz ve şerefsiz bir hayat sürme • unehrenhafter Lebenswandel m
haysiyetsizlik • Unehre f; Unehrenhaftigkeit f
hayvan • Tier n; Vieh n
hayvan alım satımı • Viehkauf m; Viehverkauf m
hayvan hırsızlığı • Viehdiebstahl m
hayvan icarı • Viehpacht f; Viehverstellung f

hayvan rehni • Viehverpfändung f
hayvan ruhbilimi • Tierpsychologie f
hayvan sahibi • Tierhalter m
hayvan sahibinin mesuliyeti • Tierhalterhaftung f
hayvan satımında ayıplar • Viehmängel pl. m
hayvan satışında tekeffül • Viehgewährschaft f
hayvan sigortası • Tierversicherung f; Viehversicherung f
hayvan yetiştirici • Tierzüchter m; Tierhalter m
hayvanbilim • Zoologie f
hayvancılık • Tierzucht f; Viehwirtschaft f
hayvanın bakım ve gözetimini üstlenen kişi • Tieraufseher m
hayvanlar tarafından yapılan zararlardan mesuliyet • Tierhalterhaftung f
hayvanlar vergisi • Viehsteuer f
hayvanları koruma derneği • Tierschutzverein m
hayvanları koruma kanunu • Tierschutzgesetz n
hayvanların korunması • Tierschutz m
hazar • Friedenszeit f
hazcılık • Hedonismus m
hazine • Fiskus m; Schatz m; Schatzamt n; Staatskasse f; Staatsschatz m; Tresor m
hazine bakanlığı • Schatzministerium n
hazine bonoları • Staatspapiere pl. n; Schatzanleihen pl. f
hazine bonosu • Schatzschein m; Schatzanweisung f; Schatzwechsel m; Staatsanleihe f
hazine dairesi • Schatzamt n
hazine poliçesi • Schatzwechsel m
hazine sertifikası • Schatzschein m
hazine tahvilatı • Staatsobligationen pl. f; Staatsschuldverschreibungen pl. f
hazine tahvili • Schatzschein m
hazine üzerine çekilen bono • Staatsanweisung f
hazinei hassa • Zivilliste f
hazır • anwesend; fertig; Gegenwart f; reif; vorhanden
hazır bulunma • Anwesenheit f; Beiwohnung f; Erscheinung f
hazır bulunmak • beiwohnen; erscheinen

Mesleki Terimler Sözlüğü

hazır bulunmama • Abwesenheit f; Nichterscheinen n
hazır bulunmamak • ausbleiben; fehlen
hazır bulunmayan • abwesend; Abwesender m
hazır değerler • Bestand m
hazır ihtiyat • Bereitschaftsreserve f
hazır olmayan kişi • Abwesender m
hazır olmayan şahıs • Abwesender m
hazır para • Bargeld n; Disponibilität f
hazırlama • Abfertigung f; Disposition f
hazırlamak • abfertigen; entwerfen; fertigen; rüsten; vorbereiten
hazırlanmak • sich vorbereiten
hazırlayıcı öneğitim • Vorbildung f
hazırlık • Vorbereitung f
hazırlık eğitimi • Vorbereitungsausbildung f; Vorbereitungsunterricht m
hazırlık eğitimi sınıfı • Vorbereitungsklasse f
hazırlık maliyetleri • Vorbereitungskosten pl
hazırlık sınıfı • Vorbereitungsklasse f
hazırlık soruşturması • vorbereitendes Verfahren n
hazırlık süresi • Vorbereitungszeit f
hazırlık tahkikatı • Ermittlungsverfahren n; vorbereitendes Verfahren n; Vorbereitung f der öffentlichen Klage f; Vorverfahren n
haznedar • Leiter m der Finanzabteilung f; Schatzmeister m
heceleme yöntemi • Buchstabiermethode f
hedef • Förderungsplan m; Soll n; Ziel n; Zielsetzung f
hedef alınan miktar • Richtmenge f
hedef alınan rakam • Richtmenge f
hedef almak • zielen
hedef edinmek • bezwecken
hedefler doğrultusunda • zielgerichtet
hedging • Hedgegeschäft n; Kurssicherung f
hediye • Anstandsschenkung f; Gabe f; Geschenk n; Spende f; Verschenkung f
hediye etmek • spenden; stiften; verschenken
hediyelerin iadesi • Herausgabe f von Geschenken pl. n; Rückgabe f der Geschenke pl. n

hegemonya • Hegemonie f
hektar • Hektar n
hemen • unverzüglich
hemen emri • Immediate order
hemen nakde dönüştürülebilir fon • Barfonds m
hemfiil • Mittäter m
hemşeri • Bürger m; Mitbürger m
hemşerilik • Bürgerschaft f
henüz ihraç edilmemiş hisse senedi • nicht begebene Aktie f; Vorratsaktie f
henüz ödenmemiş • rückständig; unbezahlt
her an para çekilebilir hesap • Entnahmekonto n
her çeşit para • Zahlungsleistung f
her günkü • täglich
her hakkı mahfuzdur • alle Rechte pl. n vorbehalten
her takvim günü için • kalendertäglich
her türlü kazaya karşı yapılan sigorta • Kaskoversicherung f
her türlü mala ilişkin navlun ücreti • Fracht f aller Art f
her türlü mevcudat • Bestand m
her zaman • stets
herkesçe bilinen • offenkundig; publik
hesaba alacak geçirmek • erkennen
hesaba dahil etmek • einrechnen
hesaba eklemek • anrechnen
hesaba esas olan rakamlar • Ausgangszahlen pl. f
hesaba geçirmek • anrechnen; übertragen; verrechnen
hesaba ilave etmek • zurechnen
hesaba katılmamış • unberücksichtigt
hesaba katmak • berechnen; einkalkulieren; einrechnen
hesaba kaydetmek • aufschreiben
hesaba nakil • Kontenübertrag m; Vortrag m
hesaba ödeme • Akontozahlung f
hesaba ödemek • übertragen
hesaba yatırılan mevduat • Depositeneinlage f
hesaben ödemek • abzahlen
hesabı aşma • Kontoüberziehung f
hesabı cari • Kontokorrent n; laufende Rechnung f
hesabı cari kredisi • Buchkredit m

Fachwörterbuch

hesabı dondurmak • Konto n sperren
hesabı gözden geçirmek • überrechnen
hesabı kapatmak • Konto n abschliessen; Rechnung f abschliessen; Rechnung f begleichen; saldieren
hesabı kati kanunu • Staatshaushaltsgesetz n
hesabı ödemek • ein Konto n abrechnen
hesabı tasfiye etmek • justifizieren
hesabın alacak tarafına düşen kayıt • Gutschrift m
hesabın borç tarafına düşülen kayıt • Belastung f; Soll n; Sollbuchung f; Sollposten m
hesabın iki veya daha fazla alt hesaba bölünmesi • Kontenaufteilung f
hesabın kapatılması • Beilegung f; Erledigung f; Kontoabschluss m; Rechnungsabschluss m; Schlichtung f
hesabın kredi sınırını aşması • Kontoüberziehung f
hesabına geçirmek • zuschreiben
hesap • Abrechnung f; Konto n; Posten m; Rechnung f
hesap açığı • Rechnungsdefizit n
hesap açma • Kontoeröffnung f
hesap açma dilekçesi • Kontoeröffnungsantrag m
hesap açtırmak • Konto n eröffnen
hesap bakiyelerinin listesi • Schlussbilanz f
hesap bakiyesi • Kontensaldo m; Kontobestand m; Restant m; Saldo m
hesap bakiyesi ile çekilen poliçe • Saldowechsel m
hesap bakiyesini ödemek • saldieren
hesap bakiyesinin bankaca doğrulanması • Banksaldenbestätigung f
hesap başlığı • Kontenbezeichnung f
hesap birimi • Rechnungseinheit f
hesap cüzdanı • Kontoauszug m; Kontobuch n; Sparbuch n; Sparheft n
hesap çerçevesi • Kontenrahmen m
hesap defteri • Kontenbuch n; Rechnungsbuch n
hesap devresi • Gebarungsperiode f; Rechnungsperiode f
hesap dönemi • Abrechnungszeitraum m; Rechnungsabschnitt m

hesap döneminin tamamını kapsamayan denetim • Zwischenprüfung f
hesap durumu • Kontenstand m; Rechnungsposition f
hesap düzenlemek • Kontoaufstellung f machen; Rechnung f aufstellen
hesap ekstresi • Bankauszug m
hesap etme • Kalkulation f
hesap etmek • ausrechnen; berechnen; kalkulieren; rechnen
hesap fazlası • Rechnungsüberschuss m
hesap görmek • abschliessen
hesap grubu • Kontoklasse f
hesap hulasası • Kontoauszug m; Rechnungsauszug m
hesap ismi • Kontobezeichnung f
hesap işleri • Rechnungswesen n
hesap kartı • Kontoblatt n
hesap kartonu • Kontoblatt n; Kontokarte f
hesap kesimi • Rechnungsabschluss m
hesap kesmek • justifizieren
hesap makinesi • Rechenmaschine f
hesap memuru • Schichtmeister m
hesap müfettişleri • Abschlussprüfer m; Buchprüfer m; Bücherrevisoren pl. m
hesap nakli • Umbuchung f
hesap numarası • Kontonummer f
hesap özeti • Auszug m; Kontoauszug m; Rechnungsauszug m
hesap parası • Buchgeld n; Giralgeld n; Rechnungsgeld n; Rechnungswährung f
hesap planı • Kostenplan m; Kostenträgerplan m
hesap pusulası • Note f
hesap raporu • Rechenschaftsbericht m
hesap sahibi • Kontoinhaber m; Sparer m
hesap senesi • Rechnungsjahr n
hesap sınıfı • Kontoklasse f
hesap sınıflanması • Kontengliederung f
hesap sorumluluğu • Rechenschaftspflicht f; Rechnungslegungspflicht f
hesap şekli • Kontoform f
hesap tesviyesi • Skontration f
hesap tutan • Kalkulator m
hesap tutma • Buchhaltung f
hesap tutmak • Rechnung f führen
hesap uzmanı • Betriebsprüfer m; Wirtschaftsprüfer m

Mesleki Terimler Sözlüğü

hesap verme • Rechenschaft f; Rechnungslegung f
hesap verme yükümlülüğü • Rechenschaftspflicht f
hesap vermek • Rechenschaft f ablegen
hesap yapmak • überrechnen
hesap yılı • Geschäftsjahr n; Rechnungsjahr n; Wirtschaftsjahr n
hesaplama • Anschlag m
hesaplamak • kalkulieren; rechnen
hesaplanmış fiyat • festgesetzter Preis m
hesaplarda uyum sağlamak • Konten pl. n abstimmen
hesapları deftere geçirme • Buchung f
hesapları devretmek • skontrieren
hesapları gözden geçirme • Kontenüberprüfung f
hesapları gözden geçirmek • Konten pl. n überprüfen
hesapları sınıflandırma • Kontengliederung f
hesapların cetveli • Rechnungsübersicht f
hesapların deftere geçirilmesi • Rechnungseintragung f
hesapların geçici olarak kapatılması • Zwischenabschluss m
hesapların karşılıklı tetkiki • Gegenrechnung f
hesapların murakabesi • Rechnungsprüfung f
hesapların mutabakatı • Kontenabstimmung f
hesapların satır ve sütunlarda gösterildiği çalışma tablosu • Matrixbilanz f
hesapların sınıflandırılması • Kontenrahmen m
hesapların tahrifi • Buchfälschung f; Bücherfälschung f
hesaplaşma • Abrechnung f; Kompensation f
hesaplaşmak • abrechnen; Rechenschaft f ablegen
hesapta gözüken değer • Gegenwert m auf Konto n
hesapta olan miktardan daha fazla para çekilmiş olan hesap • überzogenes Konto n
hesapta olduğundan daha fazla para çekme • Kontoüberziehung f

hesapta para yoktur • Mangel m an Deckung f; ohne Deckung f
hesaptaki değişmeler • Kontobewegungen pl. f
hesaptaki hareketler • Kontobewegungen pl. f
hesaptaki para • Giralgeld n
hesaptan çekmek • abdisponieren
hesaptan çıkarma • Abbuchung f
hesaptan çıkarmak • abbuchen; abschreiben; ausbuchen
hesaptan düşmek • ausbuchen
hesaptan hesaba geçirmek • umbuchen
hesaptan indirmek • abrechnen
hesaptan para çekişler • Kontenentnahmen pl. f
heyecan • Emotion f; Gemütszustand m; Aufregung f; Sensation f
heyecan verici • sensationell
heyecanlandırmak • aufregen
heyecanlanmak • sich aufregen
heyet • Ausschuss m; Kommission f; Korps n; Rat m; Versammlung f; Vertretung f
heyet başkanı • Versammlungsleiter m
heyeti ittihamiye • Anklagejury f
heykel • Denkmal n
hıdiviyet • Khediviat n; Vizekönigtum n
hımhımlık • Näseln n
hırsız • Dieb m
hırsızı yakalamak • Dieb m ergreifen; Dieb m festhalten
hırsızlığa iştirak • Teilnahme f an Diebstahl m
hırsızlığa karşı sigorta • Diebstahlsversicherung f; Einbruchdiebstahlsversicherung f; Einbruchsversicherung f
hırsızlığı ortaya çıkarmak • Diebstahl m aufdecken
hırsızlık • Diebstahl m
hırsızlık etmek • Diebstahl m begehen
hırsızlık ganimeti • Diebesgut n
hırsızlık sigortası • Diebstahlsversicherung f; Einbruchsversicherung f
hırsızlıktan dolayı cezalandırmak • wegen Diebstahl m bestrafen
hırslı • leidenschaftlich
hısım • verwandt; Verwandter m
hısımlık • Verwandtschaft f

Fachwörterbuch

hısımlık derecesi • Verwandtschaftsgrad m
hışırtılı • Zischlaut m
hıyanet • Verrat m; Verräterei f
hız • Lauf m
hızlandırılmış • beschleunigt
hızlandırılmış amortisman • beschleunigte Abschreibung f; erhöhte Abschreibung f
hızlandırılmış öğrenim • Schnellkurs m
hızlandırma • Beschleunigung f
hızlandırmak • beschleunigen; verschärfen
hızlı yükleme pirimi • Prämie f für schnelle Löschung f
hibe • Beihilfe f; Dotation f; Schenkung f; Verschenkung f; Zuschuss m
hibe eden • Schenker m
hibe etmek • dotieren; schenken; verschenken
hibe resmi • Schenkungssteuer f
hibeden cayma • Widerruf m der Schenkung f
hibenin geri istenmesi • Rückforderung f der Schenkung f
hicret • Auszug m
hicri sene • Jahr n der Hedschra f
hiçbir taahhüdü tazammun etmeyerek • freibleibend
hidematı ammeden mahrumiyet • Unfähigkeit f zur Bekleidung f öffentlicher Ämter pl. n
hidematı şakka • Zwangsarbeit f
hidroelektrik enerji santrali • Wasserkraftwerk n
hidroelektrik üretimi • Wasserkrafterzeugung f
hile • Arglist f; arglistige Täuschung f; Betrug m; Dolus m; Hinterlist f; List f; rechtswidrige Absicht f; Tücke f
hile ile elde etmek • ablisten; erlisten
hilekar • arglistig; Betrüger m; hinterlistig; listig; Schwindler m; unehrlich
hilekarlık • Unehrlichkeit f; Unredlichkeit f
hileli • betrügerisch; dolos; unlauter; unredlich
hileli anlaşma • Kollusion f
hileli devir ve temlik • betrügerische Übertragung f
hileli fiyat önermesi • betrügerisches Preisangebot n
hileli iflas • betrügerischer Bankrott m

hileli itilaf • Kollusion f
hileli olmayan iflas • nicht betrügerischer Bankrott m
hileli rekabet • unlauterer Wettbewerb m
himaye • Betreuung f; Obhut f; Pflege f; Protektion f; Schutz m; Unterstützung f; Vorschub m
himaye altında devlet • Protektorat n; Protektoratsstaat m
himaye eden • Betreuer m
himaye eden devlet • Schutzstaat m
himaye etme • Versorgung f
himaye etmek • begünstigen; betreuen; patronisieren; pflegen; schützen; unterstützen
himaye gümrüğü • Schutzzoll m
himaye gümrük resmi sistemi • Schutzzollsystem n
himaye maddesi • Schutzklausel f
himaye süresi • Schutzfrist f
himaye şartı • Schutzklausel f
himayeci • Schutzzöllner m
himayeci banka • Patronanzbank f
himayecilik • Protektionismus m; Schutzzollpolitik f
himayeden mahrum • schutzlos
hiper enflasyon • galoppierende Inflation f
hipotez • Hypothese f
his • Gefühl n; Sinn m
hislerin izharı • Gefühlsäusserungen pl. f
hisse • Aktie f; Aktienwert m; Anteil m; Beitrag m; Gesellschaftsanteil m; Part m; Rate f; Teil m; Verhältnisanteil m; Wert m
hisse başına kazanç • Gewinn m pro Aktie f
hisse bölünmesi • Aktiensplit m; Aktienteilung f
hisse satın alma hakkı • Bezugsrecht n
hisse senedi • Aktie f; Aktienurkunde f; Aktienwert m; Anteilschein m; Dividendenpapier n; Effekten pl. m; festverzinsliche Wertpapiere pl. n; Wertpapiere pl. n
hisse senedi alıp satan komisyoncu • Agiateur m; Aktienhändler m; Jobber m
hisse senedi alma hakkı • Bezugsrecht n; Bezugsrecht n auf Aktien pl. f
hisse senedi alma süresi • Zeichnungsfrist f

Mesleki Terimler Sözlüğü

hisse senedi başına düşen kar • Gewinn m pro Aktie f
hisse senedi biçiminde kar payı • Gratisaktie
hisse senedi çıkarma • Aktienausgabe f; Anleihenausgabe f
hisse senedi çıkarma maliyeti • Emissionskosten pl.
hisse senedi endeksi • Aktienindex m
hisse senedi getirisi • Aktienrendite f
hisse senedi ihraç premi • Emissionsaggio n
hisse senedi olarak verilen kar payı • Gratisaktie f
hisse senedi opsiyonu • Aktienoption f
hisse senedi sahibi • Aktionär m
hisse senedi satın alma varantı • Optionsschein m; Optionszertifikat n
hisse senedi sertifikası • Aktienzertifikat n; Anteilsschein m
hisse senedi ve tahvil alıp satan kişi • Wertpapierhändler m
hisse senedi ve tahvillerin alınıp satıldığı yer • Kapitalmarkt m
hisse senedi verilmesi şeklindeki kar payı • Dividende f in Form f eigener Aktien pl. f
hisse senedi verilmesi şeklindeki kar payı dağıtımı • Gratisaktie f
hisse senedi verimi • Aktienrendite f
hisse senetleri defteri • Aktienbuch n
hisse senetleri paketi • Aktienpaket n
hisse senetleri piyasası • Aktienmarkt m
hisse senetleri ve tahviller • Effekten pl. m
hisse senetlerini konsolide etme • Zusammenlegung f von Aktien pl. f
hisse senetlerinin geri satın alınması • Rücklauf m von Aktien pl. f
hisse senetlerinin iptali • Kaduzierung f
hisse senetlerinin izinsiz devredilememesi • Vinkulation f
hisse senetleriyle değiştirilebilir tahvil • Wandelobligation f; Wandelschuldverschreibung f
hisse senetli sermaye • Aktienkapital n
hisse sermayesi • Aktienkapital n
hisse temettü • Stockdividende f
hissedar • Aktieninhaber m; Aktionär m; Anteilseigner m; Beteiligter m; Gesellschafter m; Mitbeteiligter m; Teilhaber m
hissedar alakadar • Anteilhaber m
hissedar olma • Beteiligung f
hissedar olmak • teilhaben
hissedarlar defteri • Aktienbuch n
hissedarlar sicili • Aktienbuch n; Aktienregister n
hissedarlardan ödenmesi istenen sermaye • eingefordertes Kapital n
hisseler • Valoren pl.
hisselere dağıtılan kar • Dividende f
hisseleri paylaştırmak • quotisieren
hissesine düşmek • entfallen
hissesini ayırmak • bemessen
hisseye göre • pro rata
hitam • Beendigung f
hitap • Anrede f
hitap etmek • anreden; ansprechen
hiyerarşi • Dienstweg m; Hierarchie f
hiyerarşiye riayet ederek halletmek • auf dem Dienstweg m erledigen
hiyerarşiye riayet etmek • sich an den Dienstweg m halten
hizip • Faktion f
hizmet • Arbeit f; Dienst m; Dienstleistung f
hizmet akdi • Dienstvertrag m
hizmet arzı • Dienstleistungsgeschäft f
hizmet birimine göre amortisman yöntemi • Abschreibung f auf Basis f der erbrachten Leistung f
hizmet derecesi • Dienstgrad m
hizmet dışı bekleyen gemi • Lieger m
hizmet ederek ödemek • abdienen
hizmet endüstrisi • Dienstleistungsgewerbe f
hizmet etmek • abfertigen; bedienen; beitragen
hizmet içi eğitim • berufsbegleitende Ausbildung f; Fortbildung f; Weiterbildung f
hizmet ilişkisi • Dienstverhältnis n
hizmet karşılığı alınan ücret • Gehalt n; Verdienst m
hizmet karşılığı kazanmak • abverdienen
hizmet kusuru • Amtspflichtverletzung f
hizmet mukavelesi • Dienstvertrag m
hizmet münasebeti • Dienstverhältnis n

Fachwörterbuch

hizmet ömrü • Nutzungsdauer f
hizmet süresini doldurmak • ausdienen
hizmet ücreti • Dienstlohn m
hizmet verme • Abfertigung f
hizmet yılı • Berufsjahr n
hizmet yönetmeliği • Dienstanweisung f
hizmetçi • Dienstpersonal n
hizmetin bedeli • Vergütung f
hizmetin maliyeti • Kosten pl. einer Dienstleistung f
hizmetlerin verilmesi • Dienstleistungen pl. f
hizmetli • Angestellter m; Angewiesener m
hizmetlilerin sosyal sigortası • Angestelltenversicherung f
hizmette bulunmak • dienen
hizmetten almak • aus dem Betrieb m nehmen
holding • Stock m
holding şirket • Dachgesellschaft f; Holdinggesellschaft f; Muttergesellschaft f; Stammgesellschaft f
holding ve finansman şirketlerinin hisse senetleri • Trustpapiere pl. n
homojen • einheitlich; homogen
hor görmek • verachten
horlayıcı • injuriös
hoş • gut
hoşgörülü • konnivent
hububat stoku • Ernteeinlagerung f
hububat ticareti • Getreidewirtschaft f
hudut • Abgrenzung f; Grenze f
hudutsuz sigorta • unbegrenzte Versicherung f
hukuk • Jura pl.; Recht n
hukuk bilgisi • Rechtskunde f
hukuk danışmanı • Rechtsbeistand m; Rechtsberater m
hukuk davalarında davalı taraf • Beklagter m
hukuk davası • Zivilklage f
hukuk davası konusu • Zivilsache f
hukuk devleti • Rechtsstaat m
hukuk düzeni • Rechtsordnung f
hukuk eğitimi görmüş memur • Justizbeamter m
hukuk fakültesi • juristische Fakultät f; rechtswissenschaftliche Fakultät f
hukuk felsefesi • Rechtsphilosophie f

Hukuk Heyeti Umumiyesi • vereinigte Zivilsenate pl. m
hukuk ilmi • Rechtswissenschaft f
hukuk işi • Rechtssache f
hukuk kaidesi • Rechtsnorm f; Rechtssatz m
hukuk kuralı • Rechtsnorm f; Rechtssatz m
hukuk mahkemeleri • Gerichte pl. n für bürgerliche Rechtsstreitigkeiten pl. f
hukuk mahkemesi • Zivilgericht n
hukuk mahkemesi hakimi • Zivilrichter m
hukuk muhakemeleri usulü • Zivilprozess m
hukuk muhakemeleri usulü hukuku • Zivilprozessrecht n
hukuk muhakemeleri usulü kanunu • Zivilprozessordnung f
hukuk müşaviri • Justitiar m; Justizrat m; Rechtsbeirat m; Rechtsberater m; Syndikus m
hukuk müşavirliği • Rechtsabteilung f
hukuk nizamı • Rechtsordnung f
hukuk sistemi • Rechtssystem n
hukuk süjesi • Rechtssubjekt n
hukuk şinas • Jurist m
hukuk tarihi • Rechtsgeschichte f
hukuka aykırı • widerrechtlich
hukuka aykırılık • Rechtswidrigkeit f; Unerlaubtheit f; Widerrechtlichkeit f
hukuka mugayeret • Unerlaubtheit f; Widerrechtlichkeit f
hukuka uygunluk • Rechtsgültigkeit f
hukukçu • Jurist m
hukuken • rechtens
hukuken geçerli • rechtsgültig
hukuken haklı • gerechtfertigt
hukuken hükümsüz olan • rechtsungültig
hukuken kesinleşmiş • rechtskräftig
hukuki • juristisch; rechtlich; Rechtsgeschäft n
hukuki ayıplar • Rechtsmängel pl. m
hukuki bir meseleyi avukata vermek • Rechtssache f dem Rechtsanwalt m übergeben
hukuki bir yanılgıya dayanan • putativ
hukuki bütünlük • Rechtsgesamtheit f; Rechtsinbegriff m
hukuki danışma • Rechtsauskunft f; Rechtsanwalt m

Mesleki Terimler Sözlüğü

hukuki değeri olmayan • nichtig
hukuki durum • Rechtslage f; Rechtsstellung f; Rechtszustand f; Status m
hukuki ehliyet • Rechtsfähigkeit f
hukuki ehliyeti olan dernek • rechtsfähiger Verein m
hukuki ehliyeti olmayan • nichtrechtsfähig
hukuki ehliyetsizlik • Rechtsunfähigkeit f
hukuki eşitlik • Emanzipation f; Gleichstellung f; Rechtsgleichheit f
hukuki eylem • juristische Handlung f; Rechtshandlung f
hukuki fiil • juristische Handlung f; rechtlich erhebliche Tatsache f; Rechtshandlung f; Rechtstatsache f
hukuki geçerlik • Rechtsgültigkeit f
hukuki hadise • rechtlich erhebliche Tatsache f; Rechtstatsache f
hukuki hadisenin tahkiki • Rechtstatsachenforschung f
hukuki hata • Rechtsirrtum m
hukuki himaye • Rechtsschutz m
hukuki içtima • Strafverschärfung f; Verhängung f einer Gesamtstrafe f
hukuki ilişki • Rechtsverhältnis n
hukuki imkan hakkı • Gestaltungsrecht n
hukuki işlem yapabilme ehliyeti • Rechtsfähigkeit f
hukuki işlem yeteneği • Geschäftsfähigkeit f
hukuki ittisal • rechtlicher Zusammenhang m
hukuki kaide • Rechtssatz m
hukuki kavram • Rechtsbegriff m
hukuki konularda bilgi verme • Rechtsbelehrung f
hukuki mesele • Rechtsangelegenheit f; Rechtsfall m; Rechtsfrage f; Rechtssache f; Rechtsstreit m
hukuki meselede uyulması gereken şekil • Formvorschrift f
hukuki muamele • Rechtsgeschäft n
hukuki muamele ile ilgili • rechtsgeschäftlich
hukuki muameleyi istihdaf eden irade tezahürleri • rechtsgeschäftliche Willensäusserungen pl. f
hukuki müessese • Rechtsinstitut n
hukuki münasebet • Rechtsverhältnis n
hukuki müsavat • Gleichheit f vor dem Gesetz n; Rechtsgleichheit f
hukuki neden • Rechtsgrund m
hukuki netice • Rechtsfolge f; Rechtswirkung f
hukuki prensip • Rechtsgrundsatz m
hukuki rapor • Rechtsgutachten n
hukuki sebep • Klagegrund m; Titel m
hukuki sonuç • Rechtsfolge f
hukuki statü • Rechtsform f
hukuki taahhüt • Rechtsverbindlichkeit f
hukuki tağyir • Verarbeitung f
hukuki talep • Rechtsanspruch m
hukuki tanınma • juristische Anerkennung f
hukuki tasarruflar • rechtsgeschäftliche Verfügung f
hukuki tasarrufta bulunmak amacıyla yapılan irade beyanı • rechtschaftliche Willensäusserung f
hukuki tasarrufta bulunmaya yetkili olmayan dernek • nichtrechtsfähiger Verein n
hukuki tefsir • juristische Auslegung f
hukuki temsilci • Rechtsvertreter m
hukuki vaziyet • Rechtslage f
hukuki yardım sigortası • Rechtsschutzversicherung f
hukuki yardım talebi • Requisition f
hukuki yardım talep etmek • requirieren
hukuki yorum • juristische Auslegung f
hukuki zorlama • Rechtszwang m
hukuksal temel • juristischer Grund m
Hukuku Beşer Beyannamesi • Erklärung f der Bürgerrechte pl. n; Erklärung f der Menschenrechte pl. n: Menschenrechtserklärung f; Bürgerrechtserklärung f
hukukun ihlali • Rechtsverletzung f
hukukun kaynakları • Rechtsquellen pl. f
hulasa • Abriss m; Auszug m
hunharca • sadistisch
hurda • Schrott n
hurda değeri • Schrottwert m
hurda mallar • Ramschware f
hurda satış değeri • Schrottwert m
husule gelmek • entstehen

Fachwörterbuch

husumet • Feindschaft f;
Prozessführungsbefugnis f;
Prozessführungsrecht n
husumet ehliyeti • Legitimation f;
Parteifähigkeit f; Sachbefugnis f;
Sachlegitimation f
husus • Ding n; Punkt m; Umstand m;
Belang m
hususi • eigenartig; extra; privat; sonder;
speziell
hususi adet • spezieller Brauch m
hususi af • Begnadigung f; Einzelstraferlass
m durch Gnadenakt m
hususi avarya • besondere Havarie f
hususi beyyine • Beweis m durch
Privaturkunden pl. f
hususi çizgili çek • besonders gekreuzter
Scheck m
hususi eşgal • Personalien pl. f
hususi hal • Besonderheit f
hususi hukuk • Privatrecht n
hususi hüküm • Klausel f
hususi imtiyazlar vermek • bevorrechten
hususi kanunlar • Sondergesetz n
hususi mahkeme • Sondergericht n;
Spezialgericht n
hususi mamelek • Sondervermögen n
hususi mülkiyet • Privateigentum n
hususi şirket • stille Gesellschaft f
hususi vekaletname • Sondervollmacht f;
Spezialvollmacht f
hususilik • Eigenart f
hususiyet • Besonderheit f; Eigenschaft f;
Wesen n
hususiyle • insbesondere
huy • Temparamen n
huy • Charakter m
huzur • Ruhe f
huzur hakkı • Sitzungsgeld n
huzursuz • unruhig
huzursuzluk • Beunruhigung f; Unruhe f
hücre • Zelle f
hücre hapsi • Alleinhaft f; Einzelhaft f;
Zellenhaft f
hücre hapsi sistemi • Einzelhaftsystem n;
Zellenhaftsystem n
hükmen tasarruftan mahrum etme •
Abjudikation f

hükmetmek • befinden; beschliessen;
bestimmen; regieren
hükmi şahıslar • juristische Personen pl. f
hükmi şahısların ikametgahı • Sitz m
**hükmü şahısların medeni haklardan
istifade ehliyeti** • Rechtsfähigkeit f
juristischer Personen pl. f
hükmün ilanı • Eröffnung f eines Urteils n
hükmünü kaybetmek • erlöschen;
rückgängig gemacht werden
hüküm • Ausspruch m; Befehl m; Befinden
n; Bescheid m; Beschluss m;
Bestimmung f; Entscheid m;
Entscheidung f; Erkenntnis f; Kritik f;
Rechtssatz m; Rechtsvorschrift f;
Richterspruch m; Spruch m; Urteil n;
Urteilsspruch m; Vorschrift f; Votum n;
Wirkung f
hüküm fıkrası • Urteilsform f;
Urteilsformel f
hüküm gerekçesi • Urteilsgrund m
hüküm giydirmek • verurteilen
hüküm ilanı • Eröffnung f eines Urteils n
hüküm sebepleri • Entscheidungsgründe
pl. m; Urteilsgründe pl. m
hüküm sürmek • ausschlaggebend sein;
vorherrschen
hüküm vermek • beurteilen; entscheiden;
Urteil n aussprechen; Urteil n fällen
hükümdar • Herrscher m
hükümden düşme • Erlöschen n; Verfall m
hükümet • Regierung f; Staat m;
Staatsregierung f
hükümet darbesi • Putsch m;
Staatsstreich m
hükümet darbesi girişiminde bulunmak •
putschen
hükümet değişikliği • Wechsel m der
Regierung f
hükümet değişmesi • Regierungs-
wechsel m
hükümet merkezi • Hauptstadt f;
Regierungssitz m
hükümet muameleleri • Regierungs-
akte pl. m
hükümet müşaviri • Regierungsrat m
hükümet politikası • Fiskalpolitik f
hükümet programı • Regierungs-
erklärung f
hükümet sözcüsü • Regierungssprecher m

Mesleki Terimler Sözlüğü

hükümet şekli • Regierungsform f; Regime n
hükümet tarafından sunulan kanun tasarısı • Regierungsvorlage f
hükümet tasarrufları • Regierungsakte pl. m
hükümete gensoru vermek • interpellieren
hükümete verilen güvensizlik oyu • Misstrauensvotum n
hükümetin çekilmesi • Staatsstreich m
hükümetin güvenoyuna müracaatı • Vertrauensfrage f
hükümetin icra kuvveti • Regierungsgewalt f
hükümetsizlik • Regierungslosigkeit f
hükümlerin tavzihi • Urteilsberichtigung f
hükümlü • Verurteilter m
hükümlüyü gözeten kişi • Bewährungshelfer m
hükümran idare • Hoheitsverwaltung f
hükümranlık • Hoheit f
hükümsüz • kraftlos; nichtig; null und nichtig; ungültig; unwirksam
hükümsüz kılma • Kassation f; Kassierung f; Kraftloserklärung f; Ungültigkeitserklärung f
hükümsüz kılmak • für ungültig erklären
hükümsüzlük • Nichtigkeit f; Nichtigkeitserklärung f; Rechtsungültigkeit f; Ungültigkeit f; Unwirksamkeit f
hümanizm • Humanismus m

hür irade • Handlungsfreiheit f; Willensfreiheit f
hür iradeyi gerçek dışı iddialarla etkileme • Wahlbeeinflussung f
hürmet • Achtung f; Respekt m
hürmet etmek • ehren; respektieren
hürmete değer • respektabel
hürriyet • Freiheit f
hürriyet aleyhine suç • Freiheitsdelikt n
hürriyet gaspı • Freiheitsberaubung f
hürriyete tecavüz • Beeinträchtigung f der persönlichen Freiheit f
hürriyeti bağlama • Freiheitsentziehung f
hürriyeti bağlayıcı ceza • Freiheitsstrafe f
hüsnühal • Unbescholtenheit f
hüsnühal şahadetnamesi • Leumundszeugnis n
hüsnüniyet • guter Glaube m
hüsnüniyetle • gutgläubig
hüviyet • Identität f
hüviyet cüzdanı • Ausweis m; Identitätskarte f; Kennkarte f; Personalausweis m
hüviyet tespiti • Identifikation f; Identifizierung f
hüviyet varakası • Legitimationskarte f
hüviyeti ispat eden belgeler • Ausweispapiere pl. n
hüviyetin ispatı • Identität f
hüviyetini ispat etmek • sich ausweisen; sich legitimieren; identifizieren

Fachwörterbuch

I

ırk • Rasse f
ırk düşmanlığına tahrik • Aufstachelung f zum Rassenhass m
ırk eşitliği • Gleichberechtigung f der Rassen pl. f
ırki • ethnisch
ırklar arasında kin duygusu • Rassenhass m
ırmak • Binnenschiffahrt f
ırmak ve kanal gemi yolu • Binnenwasserstrasse f
ırza geçmek • gewaltsame Unzucht f
ırza tasaddi • unzüchtige Handlung f
ırza tecavüz • Notzucht f; Sittlichkeitsverbrechen n; unzüchtige Handlung f; Vergewaltigung f
ırzına geçmek • vergewaltigen
ıskat • Aberkennung f; Verwirkungsfrist f
ıskat edici • Präjudizierungsfrist f
ıskat edici müddet • Ausschliessungsfrist f; Ausschlussfrist f; Präklusivfrist f; Verwirkungsfrist f
ıskat etmek • aberkennen; absprechen
ıskat müruru zamanı • Buchversitzung f; Extinktivverjährung f
ıskat şartı • Verwirkungsklausel f
ıskat zamanaşımı • Buchversitzung f; Extinktivverjährung f

ıslah • Änderung f von Parteihandlungen pl. f; Berichtigung f; Korrektion f; Läuterung f; Reform f; Verbesserung f
ıslah amacı ile verilen ceza • Besserungsstrafe f
ıslah etme • Veredelung f
ıslah etmek • läutern; reformieren; verbessern
ıslah tedbirleri • Besserungsmassregeln pl. f
ıslah ve bakımevi • Bewahranstalt f
ıslahevi • Arbeitshaus n; Besserungsanstalt f; Korrektionsanstalt f
ıslahevinde hapis cezası • Jugendstrafe f
ıslahevinde tutma • Bewahrung f
ıslıklı • Sibilant m
ısrar • Beharren n; Beharrung f
ısrar etmek • beharren; bleiben; dringen
ısrarla iddia ve temin etme • Beteuerung f
ısrarla iddia ve temin etmek • beteuern
ıstırap • Qual f
ıstırap çekmek • quälen
ıstırar hali • Notstand m; Zwangslage f
ıztırar hali • Notstand m; Verteidigungsnotstand m

İ

iade • Auslieferung f; Erstattung f; Herausgabe f; Restitution f; Rückerstattung f; Rückgabe f; Rückgewähr f; Rücklieferung f; Rücksendung f; Rückvergütung f; Storno f; Wiedereinräumung f; Wiedergabe f; Zurückerstattung f; Zurückgabe f
iade edilebilme şartıyla satış • Verkauf m mit Rückkaufsrecht n
iade edilen mallar • Rückwaren pl. f

iade edilmiş çek • zurückgewiesener Scheck m
iade etmek • ausliefern; restituieren; rückerstatten; rücksenden; vergüten; wieder einräumen; wiedergeben; zurückerstatten; zurückgeben
iade hesabı • Rückerstattungskonto n; Rückrechnung f
iade kartı • Rückschein m
iade mal • Ausschussware f

Mesleki Terimler Sözlüğü

iade mükellefiyeti • Ausgleichspflicht f; Herausgabepflicht f
iade primi • Rückprämie f
iade ve indirimler • Rücklieferungen pl. f und Abzüge pl. m
iade yükümlülüğü • Herausgabepflicht f
iadeli taahhütlü • Einschreiben n mit Rückschein m
iadesini talep etmek • zurückfordern
iane toplama • öffentliche Sammlung f
iaşe • Ernährung f; Verpflegung f
iaşesi kendisine ait olma • Selbstbeköstigung f
ibadethane • Gotteshaus n; Kultbauten pl. m; Tempel m
ibra • Aufhebung f einer Schuld f durch Übereinkunft f; Dechargeerteilung f; Entbindung f; Entlassung f; Erlass m;
ibra etmek • entlasten; erlassen
ibraname • Quittung f
ibraz • Präsentation f; Vorlage f; Vorlegung f; Vorzeigung f
ibraz bankası • vorlegende Bank f
ibraz eden • Einreicher m; Präsentant m
ibraz etmek • einreichen; nachweisen; produzieren; vorlegen; vorweisen; vorzeigen
ibraz sertifikası • Vorlagebescheinigung f
ibraz süresi • Präsentationsfrist f; Vorlegungsfrist f
ibrazda ödenecek poliçe • Avistawechsel m
ibrazında • bei Sicht f
ibrazında ödenebilir • bei Sicht f zahlbar; zahlbar bei Präsentation f
ibrazında ödenecek bono • Sichtwechsel m
ibrazında ödenecek havale • Sichtanweisung f
ibrazında ödenecek poliçe • Sichtwechsel m
ibrazında tediyeli poliçe • Sichtwechsel m
icabı ihtilaf • positiver Kompetenzkonflikt m
icap • Angebot n; Antrag m; Offerte f
icap etmek • erfordern; offerieren
icar bedeli üzerinde önceden tasarruf • Vorausverfügung f über Pachtzins m
icar değeri • Pachtwert m
icara vermek • abvermieten
icasi ihtilaf • positiver Kompetenzkonflikt m
icat • Erfindung f
icat etmek • erfinden
icazet • Genehmigung f; nachträgliche Zustimmung f
icazet vermek • genehmigen
icbar • Druck m
icbar etmek • forcieren; nötigen
icmal • Kassenklade f; Primanota f
icra • Ausführung f; Betreibung f; Durchführung f; Exekution f; Leistung f; Verrichtung f; Vollstreckung f; Vollziehung f; Vollzug m; Zwangsvollstreckung f
icra başlangıcı • Beginn m der Ausführung f
icra dairesi • Betreibungsamt n; Vollstreckungsamt n; Vollstreckungsbehörde f
icra eden idare • vollziehende Verwaltungsbehörde f
icra edici • exekutiv
icra edilebilir • durchführbar
icra edilemeyen • unausführbar
icra edilmemiş • unvollstreckt
icra emri • Vollstreckungsbefehl m; Vollstreckungsauftrag m
icra etmek • ausüben; betätigen; betreiben; bewerkstelligen; durchsetzen; exekutieren; handhaben; leisten; tätigen; üben; verrichten; vollbringen; vollstrecken; vollziehen; vornehmen
icra fiyatı • Bezugspreis m
icra gideri • Verwaltungskosten pl.
icra hukuku • Betreibungsrecht n; Zwangsvollstreckungsrecht n
icra kararı • Vollstreckungsurteil m
icra kuvveti • ausübende Gewalt f; Exekutive f; vollziehende Gewalt f
icra makamı • Obrigkeit f
icra memuru • Betreibungsbeamter m; Exekutor m; Gerichtsvollzieher m; Vollstreckungsbeamter m
icra memuruna karşı koyma • Widerstand m gegen Vollstreckungsbeamte pl. m
icra mevkiine koyma imkansızlığı • Unausführbarkeit f
icra mevkiine koymak • treffen
icra organı • Willensorgan m

İ
i

Fachwörterbuch

icra senedi • Schuldtitel m
icra takibi • Betreibung f
icra tatbik • Ausübung f
icra ve iflas hukuku • Betreibungs- und Konkursrecht n
icra vekilleri heyeti • Ministerrat m
icra yolu ile satış • Zwangsverkauf m
icraat • Handlung f
icraata yönelik öneriler • handlungsorientierte Empfehlungen pl. f
icrai haciz • Vollstreckungspfändung f
icrai karar • Verwaltungsverfügung f; vollstreckbarer Verwaltungsakt m
icrai suçlar • Begehungsdelikte pl. n
icranın iadesi • Rückgängigmachung f der Betreibung f der Zwangsvollstreckung f; Rückgängigmachung f der Zwangsvollstreckung f
icranın tehiri • Aufschub m der Vollstreckung f
icrası mümkün • vollstreckbar
icrası mümkün olma • Vollstreckbarkeit f
icrası mümkün olmayan • unerfüllbar; unvollstreckbar
icrayı durduran temyiz • suspensives Rechtsmittel n
icrayı durdurucu etki • Suspensiveffekt m
icrayı engelleme • Vollstreckungsvereitelung f
iç • intern
iç borç • interne Schuld f
iç borçlanma • Eigenfinanzierung f; Selbstfinanzierung f
iç borçlanma gücü • Innenfinanzierungspotential n
iç ekonomi bakımından • binnenwirtschaftlich
iç finansman gücü • Innenfinanzierungspotential n
iç harp • Bürgerkrieg m
iç hukuk • internes Recht n; nationales Recht n
iç karlılık • interne Verzinsung f
iç kontrol • interne Kontrolle f
iç kredi • Inlandanleihe f
iç liman • Binnenhafen m
iç patlama • Implosion f
iç patlamalı • implosiv

iç pazar • Binnenmarkt m
iç piyasa • Binnenmarkt m
iç piyasa fiyatı • Inlandspreis m
iç piyasa satışları • Inlandsabsatz m
iç piyasa siparişi • Inlandsbestellung f
iç politika • Innenpolitik f
iç raporlama sistemi • internes Berichtswesen n
iç satışlar • Zwischenumsatz m
iç savaş • Bürgerkrieg m
iç sular • Binnengewässer pl. n; Binnenwasserstrasse f
iç sular konşimentosu • Binnenwasserkonnossement n
iç sularda taşımacılık • Binnenschiffahrt f
iç ticaret • Binnenhandel m; Inlandshandel m
iç ulama • Interpolation f
iç üretim • Inlandsproduktion f
iç verim oranı • interner Zinsfuss m; Rendite f; Verzinsung f
içdeniz • Binnenmeer n
içebakış • Selbstbeobachtung f
içedönüş • Introversion f
içek • Infix n
içekapanık çocuk • autistisches Kind n
içekapanış • Autismus m
içerik • Inhalt m
içerik çözümlemesi • Inhaltsanalyse f
içerik dersleri • Hauptfächer pl. n
içeriye getirilmiş olan • eingebracht
içermek • enthalten
içgücü eğitimi • moralische Erziehung f
içgüdü • Instinkt m
içgüdüsel • instinktiv
içgüvey girme • Einheirat f; einheiraten
için • für
içinde bulunulan ay • der laufende Monat m
içinde oturan • Insasse m
içindekiler • Inhalt m
içindelik durumu • Inessivus m
içişleri bakanı • Minister m des Inneren n
İçişleri Bakanlığı • Innenministerium n; Ministerium n des Inneren n
içki resmi • Schanksteuer f
içki satan dükkan • Schankgeschäft n
içkin • immanent
içkinlik • Immanenz f

Mesleki Terimler Sözlüğü

içlem • Intension f; Verständnis n
içözeksel • endozentrisch
içsel • inhärent
içsel değer • innerer Wert m; Substanzwert m
içsel güdülenme • innerliche Motivation f
içses • Inlaut m
içses düşmesi • Ausstossung f; Synkope f
içten gelen • Insider m
içtepi • Impuls m
içtihadi zamanaşımı • regelmässige Verjährungsfrist f
içtihadi zamanaşımı başlangıcı • regelmässiger Verjährungsbeginn m
içtihat birleştirme kararı • Entscheidung f der Vereinigten Senate pl. m; Plenarentscheidung f
İçtihat Birleştirme Kurulu • Plenum n
içtima • Generalversammlung f; Hauptversammlung f; Sitzungsperiode f; Tagung f; Versammlung f; Zusammentreffen n
içtima etmek • sich versammeln
içtima hürriyeti • Versammlungsfreiheit f; Versammlungsrecht n
içtimai sigorta • Sozialversicherung f
içtimai sıhhat ve muavenet hukuku • soziales Fürsorgerecht n; soziales Gesundheitsrecht n
içtüreme • Einschub m; Epenthese f
içtüzük • Geschäftsordnung f; Hausordnung f; Regulativ n; Satzung f; Statuten pl. n
ida • Aufbewahrung f; Verwahrung f
idam cezası • Todesstrafe f
idam cezasının infazı • Hinrichtung f
idam etmek • erhängen; hinrichten
idam kararı • Todesurteil n
idam sehpası • Galgen m
idare • Geschäftsleitung f; Pflege f; Regierung f; Verwaltung f
idare amiri • übergeordnete Verwaltungsbehörde f; vorgesetzte Verwaltungsbehörde f; Vorgesetzter m
idare edenler • Regierende pl. m; Regierung f als Träger m der Verwaltung f
idare edilenler • Regierte pl. m; Untertanen pl. m
idare etme • Verwaltung f
idare etmek • führen; regieren; verwalten

idare heyeti • Verwaltungsrat m; Vorstand m
idare hukuku • Verwaltungsrecht n
idare kanunları • Verwaltungsgesetze pl. n
idare komitesi • Verwaltungsausschuss m
idare makamları • Verwaltungsbehörden pl. f
idare meclisi • Direktorium n; Verwaltungsrat m; Vorstand m
idare merkezi • Hauptniederlassung f; Hauptverwaltung f; Verwaltungssitz f
idare teşkilatı • Verwaltungsorganisation f
idareci • Leiter m; Manager m; Verwalter m
idareli • ökonomisch; sparsam; wirtschaftlich
idareli kullanma • Schonung f; Sparsamkeit f
idareli kullanmak • schonen
idareli olma • Sparsamkeit f
idarenin mesuliyeti • Haftung f der Verwaltung f; Syndikatshaftung f
idari • behördlich
idari bölge • Departement n; Distrikt m; Verwaltungsbezirk m
idari ceza • Ordnungsbusse f
idari cezalar • Polizeistrafen pl. f
idari dava • Verwaltungsklage f
idari fiil • Verwaltungshandlung f
idari harç • Verwaltungsgebühr f
idari ihtilaf • Verwaltungsstreitigkeit f
idari irtifak • öffentlich rechtliche Eigentumsbeschränkungen pl. f
idari işlem • Verwaltungsverfahren n
idari kanun • Verwaltungsgesetz n
idari kararlar • Verwaltungsentscheide pl. m
idari kaza • Verwaltungsgerichtsbarkeit f
idari kontrol • Verwaltungsaufsicht f
idari mahkeme • Verwaltungsgericht n
idari makam • öffentliche Hand f; Verwaltungsbehörde f
idari makamlarca verilen ceza kararı • Strafbescheid m
idari masraflar • Verwaltungskosten pl.
idari mıntıka • Verwaltungsbezirk m
idari muamele • Verwaltungsakt m; Verwaltungsverfügung f
idari murakabe • Verwaltungsaufsicht f

Fachwörterbuch

idari örf ve adet • Verwaltungsbrauch m
idari tahsis • Indienststellung f; Widmung f
idari tasarruf • Verwaltungsakt m; Verwaltungsverfügung f
idari teamül • Verwaltungsbrauch m; Verwaltungsübung f
idari teamüller • Observanzen pl. f
idari teşkilat • Verwaltungsorganisation f
idari uyuşmazlık • Verwaltungsstreitigkeit f
idari vesayet • Staatsaufsicht f
idari yargı • Verwaltungsgerichtsbarkeit f
idari zabıta • Verwaltungspolizei f
iddet müddeti • Wartefrist f; Wartezeit f
iddia • Anforderung f; Anklage f; Anspruch m; Behauptung f; Claim n; Moment n; Postulat n
iddia etme • Geltendmachung f
iddia etmek • behaupten; geltend machen; vorbringen
iddia ileri sürmek • Behauptung f aufstellen
iddia makamı • Anklagebehörde f
iddia makamı olarak ileri sürmek • plädieren
iddia olunan şey • Klageanspruch m; Klagebegehren n; Streitgegenstand m
iddia sistemi • Anklageprinzip n;
iddianame • Anklageschrift f; Plädoyer n
iddianın aksini ispat etmek • Behauptung f widerlegen
ideal • Ideal n
ideal standart • Optimalstandard m
idealist • Idealist m
idealizm • Idealismus m
idem sonans kuralı • rule of idem sonans
idrak • Verstand m; Verständnis n
idrak etmek • begreifen; verstehen
idrak kabiliyeti • Vernunft f
ifa • Ausführung f; Durchführung f; Erfüllung f; Vollziehung f
ifa etme • Gewährung f
ifa etmek • ableisten; effektuieren; erfüllen; vollbringen
ifa günü • Erfüllungstag m
ifa karinesi • Erfüllungsvermutung f
ifa mahalli • Erfüllungsort n
ifa tarihi • Erfüllungsdatum n; Erfüllungstag m

ifa vadesi • Erfüllungszeit f
ifa yeri • Erfüllungsort m; Zahlungsort m
ifa yerine kabul • Annahme f als Erfüllung f
ifa zamanı • Erfüllungstag m; Erfüllungszeit f
ifade • Angabe f; Ausdruck m; Aussage f; Äusserung f; Rede f
ifade almak • einvernehmen; verhören
ifade etmek • angeben; äussern; aussprechen; bekunden; bemerken; besagen; lauten; reden; sprechen
ifade tarzı • Ausdrucksweise f
ifade vermek • aussagen
ifade vermekten kaçınma • Aussageverweigerung f
ifade vermeyi reddetmek • Aussage f verweigern
ifadesi alınabilir durumda • vernehmungsfähig
ifadesinde çelişkiye düşmek • sich widersprechen
ifadesinde sadık kalmak • bei einer Aussage f bleiben
ifadeyi tasdik etmek • Aussage f bestätigen
ifadeyi teyit eden yemin • Bekräftigungseid m
ifanın ispatı • Beweis m der Erfüllung f
iffete tecavüz • unzüchtige Handlung f
iffetsizlik • unzüchtiger Lebenswandel m
iflas • Bankrott m; Falliment n; Fallissement n; Gant f; Insolvenz f; Konkurs m; Zahlungsunfähigkeit f
iflas alacaklısı • Konkursgläubiger m
iflas bakiyesinin dağıtımında öncelik • Konkursprivileg f
iflas bilançosu • Status m; Vermögensaufstellung f
iflas bildirmek • Konkurs m anmelden; Konkurs m erklären
iflas borçlusu • Konkursschuldner m; Gläubigerausschuss m
iflas dairesi • Konkursamt n
iflas etmek • Bankrott m machen; bankrottieren; in Konkurs m gehen; Konkurs m machen
iflas etmiş • bankrott
iflas hukuku • Gantrecht n; Konkursrecht n
iflas hukuku ile ilgili • konkursrechtlich

Mesleki Terimler Sözlüğü

iflas idaresi • Konkursverwaltung f
iflas ihbarı • Konkursanmeldung f
iflas ilanı • Bankrotterklärung f
iflas kanunu • Konkursordnung f
iflas kararı • Konkurserklärung f
iflas komisyonu • Debitkommission f
iflas mahkemesi • Konkursgericht n
iflas masası • Konkursmasse f; Masse f
iflas masası alacakları • Masseforderungen pl. f
iflas masası başkanı • Konkursverwalter m; Masseverwalter m
iflas masası borçları • Masseschulden pl. f
iflas masası memuru • Bevollmächtigter m; Konkursverwalter m; Syndikus m
iflas masasına borçlu olan • Masseschuldner m
iflas masasından imtiyazlı alacaklı • Massegläubiger m
iflas masasının borçları • Schuldenmasse f
iflas muamelesi • Debitverfahren n; Konkursverfahren n
iflasa ait ceza hükümleri • Konkursstrafrecht n
iflası idare eden • Konkursverwalter m
iflasın açılması • Konkurseröffnung f
iflasın ilanı • Bankrotterklärung f; Konkurserklärung f
iflasın kaldırılması • Aufhebung f des Konkurses m; Konkursverfahren n
iflasın kapanması • Beendigung f des Konkursverfahrens n
iflasın tasfiyesi • Liquidation f des Konkurses m
iflasta adli tasfiye • Vergleichsverfahren n
iflasta alacaklar • Konkursforderungen pl. f
iflasta iptal davası • konkursrechtliche Anfechtungsklage f
ifrat • Exzess m; Zuviel n
ifraz • Parzellierung f
ifraz etmek • parzellieren
ifşa • Geheimnisverrat m; Preisgabe f
ifşa etmek • enthüllen; offenbaren; preisgeben; verraten
ifta meblağı • Ablösungssumme f
iftira • falsche Anschuldigung f; üble Nachrede f; Verleumdung f
iftira eden • Verleumder m
iftira etmek • verleumden
iğfal • Täuschung f; Trug m
iğfal etmek • betrügen; täuschen; trügen; vergewaltigen
iğne ile iliştirmek • anstecken
ihale • Auftragserteilung f; Ausschreibung f; Zuschlag m
ihale etmek • zuschlagen
ihale garantisi • Beitungsgarantie f
ihale sistemi • Tendersystem n
ihale teminatı • Ausschreibungsgarantie f; Beitungsgarantie f
ihale yolu ile satış • Tenderanleihen pl. f
ihaleye çıkarmak • ausschreiben
ihanet • Treubruch m; Verrat m
ihanet etmek • verraten
ihbar • Andienung f; Ankündigung f; Anzeige f; Avis m; Benachrichtigung f; Bescheid m; Kundgabe f; Mitteilung f; Notifikation f
ihbar adresi • Notadresse f
ihbar bankası • avisierende Bank f
ihbar etme • Avis n; Bericht m; Meldung f
ihbar etmek • anzeigen; bescheiden; melden; mitteilen
ihbar külfeti • Mitteilungspflicht f
ihbar mecburiyeti • Mitteilungspflicht f
ihbar mektubu • Avisbrief m
ihbar mükellefiyeti • Anzeigepflicht f
ihbar süresi • Anmeldefrist f; Kündigungsfrist f
ihbar süresi bir ay olan mukavele • Vertrag m mit monatlicher Kündigung f
ihbarda bulunmak • ankündigen; avisieren
ihbarda ödenecek mevduat • Sichteinlage f
ihbarı gerekli • meldepflichtig
ihbarı zorunlu olan bulaşıcı hastalık • meldepflichtige Krankheit f
ihbarın yapılacağı son gün • Kündigungstermin m
ihbarlı bono • vorzeitig rückkaufbare Schuldverschreibung f
ihbarlı mevduat • Kündigungsgeld n
ihbarsız banka mevduatı • Sichtguthaben n
ihbarsız mevduat • Kreditoren pl. m auf Sicht f
ihdas hakkı • Gestaltungsrecht n

Fachwörterbuch

ihkakı haktan çekinme • Rechtsverweigerung f
ihkakı haktan imtina • Rechtsverweigerung f
ihlal • Störung f; Verstoss m
ihlal etme • Beugung f; Übertretung f; Verletzung f
ihlal etmek • beugen; durchbrechen; stören; überschreiten; übertreten; verletzen; verstossen
ihmal • Culpa f; Fahrlässigkeit f; Nachlässigkeit f; Nichtbefolgung f; Unterlassung f; Vernachlässigung f; Versäumen n; Versäumnis n; Versäumung f
ihmal etme • Verletzung f
ihmal etmek • unterlassen; verletzen; vernachlässigen; versäumen; verwahrlosen
ihmal hadisesi • Unterlassungsfall m
ihmal suçu işlemek • Plagiat n begehen
ihmalkar • fahrlässig; nachlässig; sorglos
ihracat • Ausfuhr f; Export m
ihracat bildirimi • Ausfuhrerklärung f
ihracat birliği • Exportgruppe f
ihracat danışma servisi • Exportberatungsstelle f
ihracat eşyasına ait gümrük resmi • Ausfuhrzoll m
ihracat finansmanı • Exportfinanzierung f
ihracat kredisi • Ausfuhrkredit m; Exportkredit m
ihracat lisansı işlemi • Ausfuhrlizenzverfahren n
ihracat mümessili • Exportagent m
ihracat permisi • Ausfuhrbewilligung f
ihracat piyasası • Drittmarkt m
ihracat primi • Ausfuhrprämie f; Exportbonus m
ihracat resmi • Ausfuhrzoll m
ihracat riski garantisi • Garantie f für Exportrisiken pl. n
ihracat vergisi • Ausfuhrzoll m
ihracat vesaiki karşılığı avans • Vorschuss m gegen Exportdokumente pl. n
ihracatçı • Auftraggeber m; Ausfuhrhändler m; Exporteur m
ihracatçı memleket • Herkunftsland n
ihracatçı poliçesi • Export-Tatte f

ihracatçılar klubü • Club m der Exporteure pl. m
ihracatçılık • Ausfuhrhandel m; Exportwirtschaft f
ihracatı artırıcı proje yatırımı • Exportinvestition f
ihracatın teşviki • Ausfuhrförderung f; Exportförderung f
ihracatın yapıldığı memleket • Exportland n
ihracatta artış • Mehrexport m
ihraç • Ausfuhr f; Ausgabe f von Wertpapieren pl. n; Bann m; Emission f; Entfernung f; Export m
ihraç edilebilir • ausführbar
ihraç edilmemiş hisse senedi • nicht ausgegebenes Aktienkapital n; nicht ausgegebene Aktie f
ihraç edilmiş hisse senetli sermaye • ausgegebenes Aktienkapital n
ihraç etmek • ausführen; ausstossen; emittieren
ihraç fiyatı • Ausgabekurs m; Ausgabepreis m; Emissionskurs m; Emissionspreis m
ihraç prospektüsü • Emissionsprospekt m
ihraç tarihi • Ausstellungsdatum n; Ausstellungstag m
ihraç yasağı • Ausfuhrverbot n
ihraz • Aneignung f
ihraz etmek • sich aneignen
ihtar • Androhung f; Anzeige f; Aufforderung f; Mahnung f; Rüge f; Verwarnung f; Verweisung f
ihtar cezası • Verwarnung f; Verweis m; Warnung f
ihtar cezası vermek • Verweis m erteilen; verweisen
ihtar etmek • androhen; auffordern; ermahnen; mahnen; verwarnen; warnen
ihtar grevi • Warnstreik m
ihtar mahiyetinde kesilen para cezası • Verwarnungsgeld n
ihtar mektubu • Ermahnungsschreiben n; Mahnbrief m
ihtarname • Mahnschreiben n
ihtibar • gerichtsärztliches Gutachten n
ihticaca salih olma • Glaubwürdigkeit f; Echtheit f

Mesleki Terimler Sözlüğü

ihtikar • Preiswucher m; Sachwucher m; Schiebung f; Spekulation f; Warenwucher m; Wucher m
ihtilaf • Kollision f; Konflikt m; Prozess m; Rechtsfall m; Sache f; Streit m; Streitfall m; Streitigkeit f; Uneinigkeit f; Unstimmigkeit f; Verständigung f; Zwist m
ihtilaf mahkemesi • Kompetenzkonfliktsgerichtshof m
ihtilaf mevzuu • Streitfall m
ihtilafı • Prozess m
ihtilafı mesele • streitig
ihtilaflı • umstritten
ihtilaflı malın idaresi için görevlendirilen kişi • Sequester m
ihtilafsız • nichtstreitig; unstreitig
ihtilafsız kaza • freiwillige Gerichtsbarkeit f; nichtstreitige Gerichtsbarkeit f
ihtilal • Revolution f; Umsturz m
ihtilalci • Umstürzler m
ihtilas • Unterschlagung f; Veruntreuung f
ihtilas sigortası • Veruntreuungsversicherung f
ihtimal • Eventualität f; Möglichkeit f; Mutmassung f; Wahrscheinlichkeit f
ihtimal vermek • mutmassen; vermuten
ihtimale dayanan sübut • Wahrscheinlichkeitsbeweis m
ihtimali hesap • Wahrscheinlichkeitsrechnung f
ihtimali talep • Eventualantrag m
ihtimaliyet numunesi • Zufallsstichprobe f
ihtimam • Besorgnis f; Pflege f; Sorge f; Sorgfalt f; Vorsorge f; Wartung f
ihtimam ve takayyüt • Sorgfalt f
ihtira beratı • Erfindungspatent n; Patent n
ihtira beratı verme • Patentgewährung f
ihtira beratlarının korunması • Patentschutz m
ihtira sırları • Erfindungsgeheimnis n
ihtiras • Leidenschaft f
ihtirazi kayıt • Clausula f; Reservat n; Vorbehalt m
ihtisas • Sachkenntnis f; Sachkunde f; Spezialfach n
ihtisas bankaları • Spezialbanken pl. f
ihtisas eğitimi • Fachausbildung f

ihtiva etmek • beinhalten; enthalten; verkörpern
ihtiyaca salih olma • Glaubwürdigkeit f
ihtiyacı olmak • bedürfen; benötigen
ihtiyaç • Bedarf m; Bedürfnis n; Not f
ihtiyaç hali • Notlage f
ihtiyaçtan fazla menkul kıymet alan • Prämienjäger m
ihtiyar • freies Ermessen n; Freiheit f der selbständigen Wahl f; Willensbestimmung f
ihtiyar meclisi • Ältestenrat m
ihtiyari • fakultativ; freibleibend; freiwillig; nichtzwingend; wahlweise
ihtiyari artırma • freiwillige Versteigerung f
ihtiyari hacir • Entmündigung f auf eigenes Begehren n
ihtiyari hükümler • dispositive Rechtsnormen pl. f; nachgiebige Rechtsnormen pl. f; nichtzwingende Rechtsnormen pl. f
ihtiyari olarak • fakultativ
ihtiyari sigorta • freiwillige Versicherung f
ihtiyari tasfiye • freiwillige Liquidation f
ihtiyari yedek akçe • freiwillige Reserven pl. f
ihtiyarlık sigortası • Altersversicherung f
ihtiyat • Bedacht m; Kapitalreserve f; Reserve f; Rückhalt m; Rücklage f; Rückstellung f; Umsicht f; Vorrat m; Vorsicht f
ihtiyat akçesi • Reservefonds m; Rücklage f
ihtiyat fonuna ayırma • Reservestellung f
ihtiyat fonuna tahsis • Reservestellung f
ihtiyat hesabı • Rücklagekonto n
ihtiyat kaydı • Kautel f; Vorbehalt m
ihtiyat olarak saklamak • reservieren
ihtiyat para • Disponibilität f
ihtiyat paralar • Rücklage f
ihtiyat payı • Marge f
ihtiyaten emniyet altına alma • Sicherheitsarrest m
ihtiyati • präventiv; Subsidiär m; vorbeugend; vorsorglich
ihtiyati haciz • Arrest m; Beschlagnahme f; dinglicher Arrest m; dinglicher Sicherheitsarrest m; Sequestration f

Fachwörterbuch

ihtiyati haciz kararı • Arrestbefehl m
ihtiyati haciz koymak • arretieren; mit Arrest m belegen
ihtiyati payı • Toleranz f
ihtiyati sermaye • Rücklagen pl. f
ihtiyati tedbir • einstweilige Verfügung f; Präventivmassnahme f; vorläufige Verfügung f
ihtiyati tedbir kararı vermek • einstweilige Verfügung f erlassen
ihtiyati tedbirler • Sicherheitsmassregeln pl. f; vorsorgliche Massregeln pl. f
ihtiyati tevkif • persönlicher Sicherheitsarrest m; Präventivhaft f; Schutzhaft f; Sicherungsverwahrung f
ihtiyatlar • Deckungsmittel pl. n; Reserven pl. f; Rücklagen pl. f
ihtiyatlarda artış • Reservenerhöhung f
ihtiyatlı • umsichtig; vorsorglich
ihtiyatsız • unvorsichtig
ihtiyatsızlık • Unvorsichtigkeit f
ihzar • Kundgebung f
ihzar etmek • kundgeben
ihzari hareketler • Vorbereitungshandlungen pl. f
ikame • Einleitung f; Ersatz m; Surrogation f; Unterschiebung f
ikame edilemez • unersetzlich
ikame etmek • einreichen; unterschieben
ikame mal • Surrogat n
ikame mirasçı • Ersatzerbe m
ikamet • Aufenthalt m; Niederlassung f
ikamet antlaşması • Niederlassungsabkommen n
ikamet beyannamesi • polizeiliche Anmeldung f
ikamet eden • wohnhaft
ikamet etmek • bewohnen; domizilieren; einwohnen; leben; wohnen
ikamet hakkı • Heimatberechtigung f; Niederlassungsrecht n
ikamet muahedesi • Niederlassungsabkommen n
ikamet tezkeresi • Aufenthaltsgenehmigungsurkunde f
ikamet yeri • Wohnort m
ikametgah • Aufenthalt m; Domizil n; Quartier n; Sitz m; Unterkunft f; Wohnsitz m; Zahlstelle f; Zahlungsort m

ikametgah amacıyla kullanılan bina • Wohngebäude n
ikametgah dairesine adresini bildirmek • sich polizeilich anmelden
ikametgah değişikliği • Wohnsitzwechsel m
ikametgah değişikliğini bildirme • Ummeldung f
ikametgah kayıt dairesi • Einwohnermeldeamt n
ikametgah kayıt mercii • Einwohnermeldestelle f
ikametgahı polise kaydettirme yükümlülüğü • Anmeldepflicht f
ikametgahlı çek • Domizilscheck m
ikametgahlı poliçe • Domizilwechsel m
ikaz • Hinweis m
ikaz etmek • ermahnen; hinweisen
ikaz levhası • Warnschild n
iki bağımsız şirket arasındaki ilişki • Organschaft f
iki dereceli atıf • Rückverweisung f
iki dilde eğitim • bilinguale Erziehung f
iki el uzluğu • Beidhändigkeit f
iki malın birbiriyle karışması • Vermischung f
iki malın birbirleriyle karışma ve birleşmesi • Verbindung f und Vermischung f
iki memleket arasında karşılıklı ticaret esası • Bilateralität f
iki seçenekli • alternativ
iki taraf • Parteien pl. f; Prozessparteien pl. f; Vertragsparteien pl. f
iki tarafın muvafakatı • Übereinstimmung f
iki taraflı • bilateral; zweiseitig
iki taraflı akit • zweiseitiger Vertrag m
iki taraflı hukuki muamele • zweiseitiges Rechtsgeschäft n
iki taraflı sözleşme • wechselseitig verpflichtender Vertrag m
iki yanlılık • Bilateralismus f
iki yıllık zamanaşımı süreleri • zweijährige Verjährungsfrist f
ikicilik • Binarismus m
ikidillilik • Bilingualismus m; Diglossie f; Zweisprachigkeit f
ikil • Dual m
ikilem • Dilemma n

Mesleki Terimler Sözlüğü

ikileme • Gemination f; Reduplikation f; Verdoppelung f
ikilenme • Diärese f
ikili • binär
ikili anlaşma • gegenseitiger Kontrakt m
ikili bölü • Dichotomie f
ikili karşıtlık • binäre Opposition f
ikili öğretim • Ganztagsschule f
ikili ünlü • Diphthong m
ikili ünlüleşme • Diphthongierung f
ikinci • sekundär
ikinci adres • Notadresse f
ikinci bir emre kadar • bis auf weitere Order f
ikinci borçlu • Zweitschuldner m
ikinci defa gümrük resmi verdirmek • nachverzollen
ikinci derece • sekundär; akzessorisch; Subsidiär m
ikinci derecede ipotek • Nachgangshypothek f; nachstellige Hypothek f; zweite Hypothek f;
ikinci derecede kefalet • Gegenbürgschaft f
ikinci derecede kefil • Gegenbürge m
ikinci derecede olan • sekundär
ikinci derecede önemli • nebensächlich
ikinci derecede teminat • zweitrangige Sicherheit f
ikinci derecede teminatlı tahvil • nachstellige Obligation f
ikinci dereceden borç • Haftungsschuld f; zweitrangige Obligation f
ikinci dereceden etki • Nebenwirkung f; Sekundärwirkung f
ikinci dereceden sanayiler • Sekundärbereich m
ikinci eklemlilik • zweite Gliederung f
ikinci el teslimatçı • Weiterlieferant m
ikinci elden • sekundär
ikinci elden kiralama • Unterpacht f
ikinci imza • Mitunterschrift f
ikinci iş • Nebenarbeit f
ikinci kaptan • Steuermann m
ikinci kaptan makbuzu • Bordempfangsschein m
ikinci kiracı • Aftermieter m; Nachmieter m; Untermieter m
ikinci meslek • Nebenberuf m

ikinci müstecir • Untermieter m
ikinci müteahhit • Zulieferer m
ikinci nüsha • Doppel n; Duplikat n; Zweitausfertigung f
ikinci nüsha defter • Durchschreibebuch n
ikinci öğretim • doppelte Abhaltung f des Lehrbetriebs m (nicht nur vormittags wie bisher)
ikinci piyasa • Sekundärmarkt m
ikinci satıcı • Weiterlieferant m; Wiederverkäufer m
ikinci sevkıyat için yükleme • Weiterverladung f
ikinci sınıf hisse senetleri • Nebenwerte pl. m
ikinci sınıf papa elçisi • Internuntius m
ikinci temettü • Superdividende f
ikinci temyiz • Revision f
ikinci vasi • Mitvormund m; Nebenvormund m
ikincil amaç • sekundäres Ziel n
ikincil banka • Sekundärbank f
ikincil dağıtım • Sekundärdistribution f
ikincil güdüler • sekundäre Motive pl. n
ikincil haklar • akzessorische Rechte pl. n; angelehnte Rechte pl. n
ikincil kaynak • sekundäre Quelle f
ikincil kredi • nachrangige Anleihe f
ikincil menkul kıymetler • nachrangige Anleihen pl. f
ikiyanlı karşıtlık • bilaterale Opposition f
ikiz hisse senetleri • Zwillingsaktien pl. f
ikiz ünsüz • Doppelkonsonant m
ikizleme • Zweideutigkeit f
ikmal • Nachschub m; Vervollständigung f
ikmal etmek • ergänzen; vervollständigen
ikna edici • glaubhaft
ikna etmek • bereden; überzeugen
ikna etmeye çalışmak • zureden
ikrah • Bedrohung f; Drohung f; Furchterregung f
ikrah ve tehdit • Drohung f; Furchterregung f; Nötigung f
ikram • Nachlass m
ikramiye • Abfindungssumme f; Belohnung f; Bonus m; Extradividende f; Gratifikation f; Prämie f; Sonderzulage f; Tantieme f
ikramiye vermek • abfinden; prämieren

Fachwörterbuch

ikrar • Anerkenntnis n; Bekenntnis n; Geständnis n; Zugeständnis n
ikrar etmek • bekennen; gestehen
ikrar ve tehdit • Nötigung f
ikrar ve yemin • Geständnis n und Eid m
ikraz • Darlehen n; Kredit m
ikraz alan kimse • Darlehensnehmer m
ikraz etmek • darleihen
ikraz müessesesi • Leihhaus n; Darlehenskasse f; Kreditanstalt f
ikraz sandığı • Darlehenskasse f
ikraz sözleşmesi • Darlehensvertrag m
ikraz vaadi • Darlehensversprechen n
ikrazat muamelesi • Darlehensgeschäft n
ikrazatçı • Darlehensgeber m
ikrazcı • Ausleiher m
iktibas etme • Rezeption f
iktibas etmek • anführen; entlehnen; entnehmen
iktibas kaynaklarının belirtilmesi • Quellenangabe f
iktidar partisi • Regierungspartei f
iktidarı elinde bulunduran • Machthaber f
iktidarsızlık • Machtlosigkeit f; Unvermögen n
iktisabi müruru zaman • Acquisitivverjährung f; Tabularersitzung f; Ersitzung f
iktisabi zamanaşımı • Acquisitivverjährung f
iktisaden kendi kendine yetme • Autarkie f
iktisadi • ökonomisch; wirtschaftlich
iktisadi amaçlı dernek • wirtschaftlicher Verein m
iktisadi faaliyet • Wirtschaftsleben n
iktisadi gelişim yönü • Wirtschaftsablauf m
iktisadi harp • Wirtschaftskrieg m
iktisadi ve ticari ilimler akademisi • Wirtschafts- und Handelsakademie f
iktisadi yeterlik • Autarkie f
iktisap • Erwerb m; Erwerbung f
iktisap eden • Erwerber m
iktisap etmek • erwerben
iktisap tarihi • Anschaffungstag m
iktisap yolları • Erwerbsarten pl. f
iktisat • Nationalökonomie; Ökonomie f; Wirtschaft f; Wirtschaftswissenschaft f

iktisat hukuku • Wirtschaftsrecht n
İktisat Vekaleti • Wirtschaftsministerium n
iktisatçı • Nationalökonom m; Wirtschaftler m
iktisatçı-mühendis • Diplom-Wirtschaftsingenieur m
iktisatlı • ökonomisch
iktisatta tüketim malları sektörü • Verbrauchswirtschaft f
il • Provinz f; Regierungsbezirk m; Stadt f
il bayındırlık müdürlüğü • Provinzdirektion f
il belediyesi • Stadtgemeinde f
il milli eğitim müdürlüğü • Provinzdirektion f für staatliche Erziehung f und Bildung f
il özel idaresi bütçesi • Provinzsonderverwaltungsbudget n
ilaç • Apothekerware f; Medikament n
ilahi • göttlich
ilahi hukuk • göttliches Recht n
ilahiyat • Religionswissenschaft f
ilahiyat fakültesi • theologische Fakultät f
ilam • Erkenntnis f; Rechtsspruch m; Titel m; Urteil n; Urteilsausfertigung f
ilamlı alacaklı • gerichtlich anerkannter Gläubiger m; Vollstreckungsgläubiger m
ilamlı borç • gerichtlich anerkannte Schuld f
ilamsız takip • Betreibung f gerichtlich nicht festgestellter Ansprüche pl. m; Mahnverfahren n; Zahlungsbefehlsverfahren n
ilamsız takip kararı • Mahnbescheid m
ilamsız takip usulü • Mahnverfahren f
ilan • Ansage f; Anschlag m; Anzeige f; Bekanntmachung f; Plakat n; Publikation f; Publizität f; Reklame f; Veröffentlichung f
ilan asmak • anschlagen
ilan etmek • ansagen; anzeigen; aushängen; bekanntmachen; verkünden
ilan mecburiyeti • Anzeigepflicht f
ilan suretiyle yapılan vaatler • Auslobung f
ilan ve reklamcılık bürosu • Annoncen-Expedition f
ilan yoluyla tebliğ • öffentliche Zustellung f

Mesleki Terimler Sözlüğü

ilave • Anhang m; Beilage f; Ergänzung f; Nachtrag m; Zubehör m; Zugabe f; Zulage f; Zusatz m
ilave etmek • addieren; beifügen; beiliegen; einfügen; hinzufügen; hinzusetzen; nachtragen; zugeben; zusammenrechnen
ilave iş • Sonderarbeit f
ilave masraf • Mehraufwand m
ilave navlun masrafı • Krisenfrachtzuschlag m
ilave sigorta • Nachversicherung f
ilaveler • Zusätze pl. m
ilavesiyle • zuzüglich
ilaveten • zusätzlich
ilaveten ödemek • nachzahlen
ilaveten satın alma ihtiyacı • Zukaufbedarf m
ilçe • Landkreis m; Distrikt m
ile • per
ileri • vorwärts
ileri derecede geri zekalılar • geistig-schwerst-mehrfach Behinderte pl. m
ileri eğitim • Fortbildung f
ileri sürmek • behaupten; geltend machen; vorbringen
ilerici • Fortschrittler m
ilerici eğitim • progressive Erziehung f
ilerici okul • progressive Schule f
ilericilik • Fortschrittlichkeit f; Progressivismus m
ileride doğabilecek borç • unvorhergesehene Schuld f
ileride yapılacak ödeme karşılığında • Zielbasis f
ilerleme • Fortschritt m; Aufstieg m
ilerleme hızı • Fortschrittestempo n
ileti • Nachricht f
iletişim • Kommunikation f
iletişim becerisi • Kommunikationsfähigkeit f
iletmek • weiterleiten
ilga • Abschaffung f; Aufhebung f; Ausserkraftsetzung f
ilga etmek • aufheben; ausser Kraft f setzen; wegfallen
ilgeç • Nachstellung f; Partikel f; Postposition f; Präposition f
ilgi • Belang m; Betreff m; Bezug m; Interesse n
ilgi adılı • Relativpronomen n

ilgi alanı • Interessengebiet n; Tätigkeitsbereich m
ilgi kümesi • Interessengruppe f
ilgi merkezi • Interessenzentrum n
ilgi öğretisi • Interessenlehre f
ilgi testleri • Interessentests pl. m
ilgiden yoksun çocuk • vernachlässigtes Kind n
ilgilendirmek • sich beziehen auf
ilgili • entsprechend; Interessent m; zugehörig
ilgili daire • Geschäftsstelle f
ilgili olma • Bezugnahme f
ilgili olmak • belangen; betreffen; beziehen; sich beziehen
ilgili yasa • anwendbares Recht n
ilgisi nedeniyle iletmek • weiterleiten
ilgisi nedeniyle sevk etme • Weitergabe f
ilhak • Annektierung f; Annexion f; Anschluss m; Einverleibung f
ilhak etmek • annektieren; anschliessen; einverleiben
ilhak politikası • Annexionspolitik f
ilim • Wissenschaft f
ilim sahası • Fach n
ılımlı • mässig
ilişikte • beiliegend
ilişki • Beziehung f; Konnex m; Konsequenz f; Konstellation f; Kontakt m; Relation f, Verhältnis n; Verflechtung f; Zusammenhang m
ilişki işlevi • phatische Funktion f
ilişki olarak • einliegend
ilişkilendirme • Zeugma n
ilişkili • konsequent
ilişkiyi kesmek • separieren
iliştirmek • beifügen; einliegen
ilk • anfänglich; erst
ilk çocukluk • Frühkindheit f
ilk değer • Ursprungswert m
ilk evliliğe ait • erstehelich
ilk evlilikten doğan çocuk • ersteheliches Kind n; Kind n aus erster Ehe f
ilk finansman • Erstfinanzierung f
ilk giren çıkar stok değerleme yöntemi • Fifo-Verfahren n
ilk hareket • Sog m
ilk hisse • Stammaktie f
ilk mahkeme • Kreisgericht n

Fachwörterbuch

ilk masraflar • Vorkosten pl.
ilk matlup • Erstgutschrift f
ilk merci • erste Instanz f
ilk mükellefiyet • Vorhaftung f
ilk olarak • zunächst
ilk satıcı • Vorlieferant m
ilk sermaye • Anfangskapital n
ilk tahkikat • gerichtliche Voruntersuchung f; Voruntersuchung f
ilk tasfiye günü • erster Liquidationstag m; Prämienerklärungstag m
ilk temettü • erste Dividende f; Vor 'ividende f; Vorzugsdividende f
ilk tesis bilançosu • Eröffnungsbilanz f
ilk tesis maliyeti • Gründungskosten pl.
ilk tesis masrafları • Anlagekosten pl.
ilk toplu temettü • Kumulativdividende f
ilk ürün • Ausgangsprodukt n; Vorprodukt n
ilke • Grundsatz m; Prinzip n
ilkel • primitiv
ilkel eğitim • primitive Erziehung f
ilkokul • Primarschule f; Grundschule f; Volksschule f
ilköğretim • Primarbildung f; Primarstufe f
ilköğretim diploması • Abschlußzeugnis n der Primarstufe f
İlköğretim Kanunu • Volksschulgesetz n
ilköğretim mecburiyeti • Grundschulzwang m; Volksschulzwang m
ilköğretim müfettişliği • Primarstufeninspektion f
ilköğretim öğretmeni • Primarstufenlehrer m
İlköğretim ve Eğitim Kanunu • Gesetz n für Primarstufenausbildung f und -erziehung f
İlköğretim Yasası • Grundschulgesetz n
ilkyardım • Erste Hilfe f
illegal • illegal; rechtswidrig; ungesetzlich; unrechtmässig
illet • Causa f; Moment n; Triebkraft f; Ursache f
illi • kausal; ursächlich
illiyet • Kausalität f; Ursächlichkeit f; Verursachung f
illiyet rabıtası • Kausalzusammenhang m; ursächlicher Zusammenhang m

ilmi • wissenschaftlich
ilmi araştırma • Abhandlung f
ilmi içtihat • Doktrin f; Jurisprudenz f; Rechtsansicht f; Rechtslehre f; Rechtstheorie f
ilmi tefsir • wissenschaftliche Auslegung f
ilmühaber • Bescheinigung f; Schein m; Urkunde f
iltibas tehlikesi • Verwechslungsgefahr f
iltica • Emigration f
iltica etmek • emigrieren
iltica hakkı • Asylrecht n
iltihak • Beitritt m
iltihak tarikiyle birleşme • Fusion f; Übernahme f
ima • Andeutung f
ima etmek • andeuten
imal • Herstellung f
imal edilecek şeyler hakkındaki satım sözleşmesi • Werklieferungsvertrag m
imal etme • Verarbeitung f
imal etmek • fabrizieren; fertigen; herstellen; verarbeiten; weiterverarbeiten
imalat • Fabrikation f; Fertigung f; Herstellung f
imalat artığı • Abfall m
imalat dışı maliyetler • betriebsfremde Kosten pl.
imalat işçiliği • Fertigungslohn m
imalat kademesi • Verarbeitungsstufe f
imalat maliyeti • Herstellungskosten pl.
imalat markası • Fabrikzeichen n
imalat masrafları • Fertigungskosten pl.; Herstellungskosten pl.
imalat sanayi • verarbeitende Industrie f
imalat sırrı • Fabrikationsgeheimnis n
imalat sürecindeki mallar • Halbfabrikate pl. n
imalat tesisi • Fertigungseinrichtung f; Verarbeitungsbetrieb m
imalat teşebbüsü • Verarbeitungsbetrieb m
imalat vergisi • Fabrikationssteuer f
imalata yüklenen genel imalat maliyeti • verrechnete Gemeinkosten pl.
imalatçı • Verarbeiter m
imalatçı firma • Weiterverarbeiter m
imalathane • Fabrik f
imalatı tamamlama işlemleri • Fertigungsbereitschaften pl. f

Mesleki Terimler Sözlüğü

imam nikahı • religiöse Trauung f; kirchliche Trauung f
imar müdürlüğü • Bauamt n
imar müdürü • Baudirektor m
imge • Bild n; Ebenbild n
imgelem • Einbildungskraft f
imgeleme • Einbilden n
imha • Unbrauchbarmachung f; Vernichtung f; Zerstörung f
imha etmek • vernichten; vertilgen; zerstören
imkan • Handhabe f; Möglichkeit f
imkan dahilinde • Eventualität f
imkansız • unmöglich
imkansızlık • Unmöglichkeit f; Unvermögen n
imparatorluk • Imperium n; Kaiserreich n; Kolonialreich n; Reich n; Weltreich n
imtihan • Prüfung f
imtihan etmek • prüfen
imtihan komisyonu • Prüfungsausschuss m
imtina • Unterlassung f
imtiyaz • Konzession f; Privileg n; Vergünstigung f; Vorrecht n; Vorzug m; Vorzugsrecht n
imtiyaz bahşetme • Bevorrechtigung f
imtiyaz sahibi • Konzessionär m
imtiyaz tanımak • privilegieren
imtiyaz verme • Bevorzugung f
imtiyaz vermek • bevorzugen; konzessionieren; privilegieren
imtiyazlı • bevorrechtigt
imtiyazlı alacaklı • Prioritätsgläubiger m
imtiyazlı gümrük resmi • Präferenzzoll m
imtiyazlı gümrük tarifesi • Konventionaltarif m
imtiyazlı hisse senedi • Prioritätsaktie f; Vorzugsaktie f
imtizaç etmek • sich verstehen
imtizaçsızlık • Unverträglichkeit f; Zerrüttung f des ehelichen Verhältnisses f
imza • Namensunterschrift f; Namenszeichnung f; Signatur f; Unterschrift f
imza defteri • Anwesenheitsnachweis m
imza ile tasdik • Unterzeichnung f
imza kartı • Unterschriftskarte f

imza makamına kaim olacak işaret • Handzeichen n
imza mühürü • Faksimilestempel m
imza spesimeni • Unterschriftsbeglaubigung f
imza tatbiki • Schriftvergleich m; Schriftvergleichung f
imza yerine kullanılan mühür • Unterschriftsstempel m
imza yetkilisi • Prokurist m
imza yetkisi • Prokura f; Unterschriftsvollmacht f
imzalama • Unterzeichnung f
imzalamak • signieren; unterschreiben; unterzeichnen; zeichnen
imzalayan • Unterzeichner m; Unterzeichneter m
imzasını inkar etmek • seine Unterschrift f verleugnen
imzasız • anonym
imzaya mukabil avans • Kredit m gegen Bürgschaft f
imzayı tasdik etmek • Unterschrift f beglaubigen
inakçı • Dogmatik f; dogmatisch
inancı kötüye kullanma • Untreue f; Vertrauensmissbrauch m; Veruntreuung f
inanç • Glaube m; Überzeugung f
inanç serbestisi • Glaubensfreiheit f
inanç ve görüşleri nedeniyle suç işleyen • Überzeugungstäter m
inandırıcı • bündig; glaubhaft; glaubwürdig; triftig
inandırıcı olmayan • unglaubwürdig
inandırıcı sebep • glaubwürdiger Grund m; triftiger Grund m
inandırıcılık • Bündigkeit f; Echtheit f; Triftigkeit f
inandırma • Glaubhaftmachung f
inandırmak • überzeugen
inanmak • glauben
inatçı • eigenwillig
ince • vordere (r, -s)
inceleme • Untersuchung f; Einsichtnahme f
inceleme grubu • Studienkommission f
inceleme mercii • Aufsichtsbehörde f
inceleme yeri • Aufsichtsbehörde f
incelemek • testen
incitmek • schmerzen

Fachwörterbuch

indeks numarası • Kennziffer f
indeks rakamına göre saptanan • Paritätspreis m
indekse bağlanmış tahvil • Indexanleihe f
indeksli tahvil • Indexanleihe f; Indexobligation f
indikatör • Gradmesser m
indirgeme • Mässigung f; Reduktion f
indirgemek • mässigen; reduzieren
indirgenebilir • reduzierbar
indirgenmiş • abgezinst; diskontiert; herabgesetzt
indirgenmiş nakit akımı • diskontierte Mittelbilanz f
indirilebilir • absetzbar
indirim • Absetzung f; Abzug m; Ermässigung f; Nachlass m; Rabatt m
indirim kuponu • Rabattmarken pl. f
indirim yapmak • absetzen; in Abzug m bringen; kürzen
indirimli satış fiyatı • Schlussverkaufspreis m
indirme • Abbau m; Abrechnung f; Abzinsung f
indirmek • abbauen; ablassen; absetzen; ermässigen; herabschleusen; herabsetzen; mindern; verringern
inen • degressiv
infak • Ernährung f
infaz • Exekution f; Vollzug m
infaz edici • exekutiv
infaz etmek • exekutieren; vollstrecken; vollziehen
infaz olunmamış • unvollstreckt
infazı kabil olmayan • unvollziehbar
infisah • Auflösung f
infisahi şart • auflösende Bedingung f; Resolutivbedingung f
informatif değer • Erkenntniswert m
İngiliz lirası • Pfund n
İngiliz Merkez Bankası • Bank of England
İngiltere'de Maliye Bakanlığı • Fiskus m; Schatzamt n; Staatskasse f
inha etmek • Bericht m vorschlagen
inhisar • Alleinberechtigung f; Monopol n
inhisar etmek • sich beschränken
inhisar maddeleri • Monopolprodukte pl. n
inhisari hak • ausschliessliches Recht n

inhisari yetki • ausschliessliche Zuständigkeit f
inikat • Abhaltung f einer Sitzung f; Abschluss m; Tagung f; Zustandekommen n eines Vertrags m
iniş • Rückbildung f
iniş durumu • Delativus m
inkar • Ableugnung f; Bestreiten n; Bestreitung f; Negation f; Verneinung f
inkar eden • Leugner m
inkar edilemez • unleugbar
inkar etmek • ableugnen; absprechen; abstreiten; bestreiten; leugnen; verleugnen
inkar kabul etmez • unbestreitbar
inkıta • Abbruch m; Hemmung f; Unterbrechung f
inkıtaya uğratmak • abbrechen
inkıza • Ablauf m der Frist f
inmek • sich zurückbilden
insafsız • ungerecht
insan başına • pro Kopf m
insan hakları • Menschenrechte pl. n
insan haklarının dokunulmazlığı • Unverletzlichkeit f der Menschenrechte pl. n
insan haysiyeti • Menschenwürde f
insan kaynakları • Arbeitskräfte-Resourcen pl.; Stellenangebot n
insan şeref ve haysiyeti • Würde f des Menschen m
İnsan Temel Hak ve Özgürlüklerinin Korunması Sözleşmesi • Konvention f zum Schutze m der Menschenrechte pl. n und Grundfreiheiten pl. f
insan ticareti • Menschenhandel m
İnsan ve Vatandaş Hakları Beyannamesi • Erklärung f der Menschen- und Bürgerrechte pl. n
insanbilim • Anthropologie f
insanca • menschlich
insancı eğitim • humanistische Erziehung f
insancıl • human; humanitär
insancıllık • Humanismus m
insangücü • Arbeitskraft f; Menschenpotential n
insani • menschlich
insaniçincilik • Anthropozentrismus m

Mesleki Terimler Sözlüğü

insicam prensibi • Kontinuitätsprinzip n
insiyatif • Initiative f
inşa • Bau m
inşa halindeki yatırımlar • Anlagen pl. f im Bau m
inşaat endüstrisi • Bauindustrie f
inşaat keşifnamesi • Baukostenanschlag m
inşaat kooperatifi • Baugenossenschaft f
inşaat kredisi • Baugeld n
inşaat masrafı • Bauwert m
inşaat masrafları • Bauaufwand m
inşaat masraflarına katılım • Baukostenzuschuss m
inşaat müdürü • Baudirektor m
inşaat müsaadesi • Baugenehmigung f
inşaat müteahhidi • Bauunternehmer m
inşaat nizamnamesi • Bauordnung f
inşaat projesi • Bauobjekt n
inşaat ruhsatı • Bauerlaubnis f; Baugenehmigung f
inşaat sözleşmesi • Bauvertrag m
inşaat ve taahhüt işleri • Bauwirtschaft f
inşaat zabıtası • Baupolizei f
inşaatçılık • Baugewerbe f
inşaatla ilgili mevzuat • Bauvorschriften pl. f
inşaatların denetimi • Bauabnahme f
Interbank kuru • Interbanksatz m
Interbank piyasası • Interbankmarkt m
intibak • Anpassung f; Assimilation f
intibak ettirme esası • Gleitklausel f
intibak ettirme şartı • Gleitklausel f
intibak ettirmek • anpassen
intifa hakkı • Benutzungsrecht n; Genussrecht n; Niessbrauch m; Niessnutz m; Nutzniessung f; Nutzungsrecht n
intifa hakkı sahibi • Niessbraucher m; Niessbrauchnutzer m; Niessnutzer m; Nutzniesser m
intifa hakkında zamanaşımı • Verjährung f beim Niessbrauch m
intifa hakkının intikali • Übergang m des Niessbrauchs m
intifa senedi • Genussaktie f; Genussschein m
intifa senedi kuponu • Gewinnanteilschein m
intifanın kaybı • Nutzungsverlust f
intihal • Plagiat n

intihap • Wahl f
intihap dairesi • Wahlkreis m
intihap devresi • Wahlperiode f
intihap ehliyeti • Wahlberechtigung f; Wahlfähigkeit f
intihap mazbataları • Wahlprotokolle pl. n
intihaplı monarşi • Wahlmonarchie f
intihar • Selbstmord m
intihar etmek • Selbstmord m begehen
intihara teşebbüs • Selbstmordversuch m
intikal • Anfall m; Erbanfall m; Rechtsübergang m von Gesetzes n wegen; Übergang m
intikal aylığı • Überbrückungshilfe f
intikal bütçesi • Übergangshaushalt m
intikal devresi • Übergangszeit f
intikal devresi hukuku • intertemporales Recht n; Übergangsvorschriften pl. f
intikal etmek • übergehen
intikal harcı • Anfallsgeld n
intikal kanunu • Überleitungsgesetz n
intikal kredisi • Überbrückungskredit f
intikal mevzuatı • Übergangsbestimmung f
intikal resmi • Anfallsgeld n
intikal ve tevarüs hakkı • Anfallsrecht n
intikal vergisi • Besitzwechselsteuer f; Erbschaftssteuer f; Schenkungssteuer f; Transfersteuer f
intikal yardımı • Überbrückung f; Überbrückungsbeihilfe f
intikam • Rache f
intizamsız • regellos; unregelmässig
intizamsızlık • Unregelmässigkeit f
inzibat komisyonları • Disziplinarausschüsse pl. m; Disziplinarkammern pl. f; Disziplinarkommissionen pl. f; Disziplinarräte pl. m
inzibati • polizeilich
inzibati tedbirler • polizeiliche Massnahmen pl. f
ipoteğe itiraz • Widerspruch m gegen die Hypothek f
ipoteği kaldırma hakkını kaybetmek • eine Hypothek f für verfallen erklären
ipoteğin kaldırılması • Aufhebung f der Hypothek f; Löschung f der Hypothek f
ipotek • Grundpfandverschreibung f; Hypothek f; Verkehrshypothek f

Fachwörterbuch

ipotek alan • Hypothekar m; Hypothekargläubiger m
ipotek bankası • Bodenkreditbank f; Hypothekenbank f; Pfandbriefanstalt f; Realkreditinstitut n
ipotek borçlusu • Hypothekenschuldner m
ipotek derecesi • Pfandstelle f
ipotek edilebilir özellikte • pfändbar
ipotek edilmiş varlık • hypothekarisch belastetes Wirtschaftsgut n
ipotek etme işlemi • hypothekarische Verpfändung f
ipotek faizi • Hypothekenzinsen pl. m
ipotek hukuku • Hypothekenrecht n
ipotek işlemleri • Hypothekenverkehr m
ipotek karşılığı avans • Grundkredit m; Hypothekenkredit m; Kredit m gegen dingliche Sicherheiten pl. f
ipotek karşılığı istikraz • Hypothekaranlage f
ipotek karşılığı kredi • Hypothekarkredit m
ipotek kredisi • Pfandbriefhypothek f
ipotek kuruluşu • Hypothekarinstitut f
ipotek senedi • Hypothekenbrief m
ipotek sertifikası • Hypothekenbrief m
ipotek sigortası • Hypothekenversicherung f
ipotek teminatlı tahvil • Pfandbrief m
ipotek tesis eden borçlu • Hypothekarschuldner m
ipotek tesis etmek • Hypothek f aufnehmen
ipotek tesisi • Hypothekenbestellung f
ipotek veren • Hypothekarschuldner m
ipotekle para alan kimse • Hypothekennehmer m
ipotekli • Verkehrshypothek f
ipotekli alacağın sahibi • Hypothekengläubiger m
ipotekli alacak • Hypothekenforderung f
ipotekli alacak sahibi • Hypothekar m; Hypothekargläubiger m
ipotekli alacaklı • Hypothekengläubiger m
ipotekli borcu olan • Hypothekenschuldner m
ipotekli borç • Hypothekarschuld f
ipotekli borç senedi • Briefhypothek f
ipotekli borsa senedi • Hypothekenbrief m
ipotekli kredi • Hypothekarkredit m
ipotekli tahvil • Hypothekenanleihe f
ipotekli varlık • hypothekarisch belastetes Wirtschaftsgut n
ipoteksiz • schuldenfrei; unbelastet; unverschuldet
ipotekte boş derece • offene Pfandstelle f
ipotekte öncelik sırası • Rang m
iptal • Aufhebung f eines Beschlusses m; Aufhebung f; Kraftloserklärung f; Nichtigerklärung f; Rückgängigmachung f; Stornierung f; Storno f; Stornobuchung f; Vernichtung f; Widerruf m
iptal davası • Anfechtungsklage f; Klage f auf Aufhebung f; Widerrufsklage f
iptal davası iflasta • konkursrechtliche Anfechtungsklage f
iptal davası mirasta • Ungültigkeitsklage f
iptal edilebilir • anfechtbar; kündbar
iptal edilinceye kadar geçerli olan borsa emri • widerrufgültiger Börsenauftrag m
iptal edilmiş çek • entwerteter Scheck m
iptal etme • Abrogation f
iptal etmek • abbauen; abbestellen; annullieren; aufheben; derogieren; entwerten; kassieren; rückgängig machen; sistieren; stornieren; streichen; vernichten; wegfallen; widerrufen
iptal hakkı • Kündigungsrecht m
iptal kararı • Nichtigkeitsurteil n
iptali kabil • anfechtbar; Vernichtbarkeit f
iptalini bildirme • Kündigung f
iptalini bildirmek • kündigen
iptidai • primitiv
iptidai itiraz • prozesshindernde Einrede f
iptila • Leidenschaft f; Sucht f
ipucu • Anhalt m; Indiz n; Spur f
irade • Wille m
irade beyanı nazariyesi • Erklärungstheorie f
irade beyanının butlanı • Nichtigkeit f der Willenserklärung f
irade dışı • unwillkürlich
irade fesadı • Willensmangel m
irade izharı • Willensäußerung f; Willenserklärung f
irade muhtariyeti • Privatautonomie f
irade tezahürü • Willensäußerung f; Willenserklärung f
iradenin bozulması • Willensmangel m

Mesleki Terimler Sözlüğü

iradenin muhtariyeti • Privatautonomie f
iradi • willkürlich
iradi olan imtina • Unterlassung f
iradi şart • Potestativbedingung f; willkürliche Bedingung f
irat • Einkommen n; Einkünfte pl.; Einnahme f; Ertrag m; Rente f
irat alacaklısı • Rentengläubiger m
irat borcu • Rentenschuld f
irat borçlusu • Rentenschuldner m
irat getiren • Rentengut n
irat getiren mülk • Rentengut n
irat getirmek • rentieren
irat olarak tahsis etmek • verpfründen
irat senedi • Gült f; Rentenbrief m; Rentenschuld f
irat sigortası • Rentenversicherung f
irat vergisi • Ertragssteuer f
iratlar • Renten pl.
irsaliye • Frachtbrief m; Versandanzeige f
irsaliye varakası • Paketbegleitadresse f
irsi • erblich
irsi hastalık • Erbkrankheit f
ırsi monarşi • Erbmonarchie f
irsiyet • Erblichkeit f
irtibat • Konnexität f; Kontakt m; Verbindung f; Verbund m; Zusammenhang m
irtibat merkezi • Vermittlungsstelle f
irtibat yeri • Vermittlungsstelle f
irtica • Rückschritt m
irticai • rückschrittlich
irtifak hakkı • Dienstbarkeit f; Grunddienstbarkeit f; Servitut n
irtikap • aktive Bestechung f; Unterschlagung f
isabet etmek • treffen
isabetli • zutreffend
isabetlilik • Bündigkeit f
isim • Name m; Titel m
isim gaspı • Namensanmassung f
isim üzerindeki hak • Namensrecht n
isimlendirmek • benennen; heissen
isimsiz çek • offener Scheck m
isimsiz hesap • anonymes Konto n
isimsiz poliçe • Blankowechsel m
iskan ettirmek • bevölkern
iskan mahalli • Siedlung f
iskelet anlaşması • Rahmenvertrag m

iskonto • Ablass m; Abzinsung f; Abzug m; Agio n; Damnum n; Diskont m; Diskontwechsel m; Kursabschlag m; Nachlass m; Preisnachlass m; Rabatt m; Skonto n
iskonto edilebilir poliçe • diskontierbarer Wechsel m
iskonto edilebilir senet • diskontierbarer Wechsel m
iskonto edilmiş nakit akışı • diskontierter Geldumlauf m
iskonto etmek • abrechnen; eskomptieren;
iskonto ettiren • Einreicher m
iskonto ettirilmiş alacak hesapları • diskontierte Forderungen pl. f
iskonto ettirilmiş alacak senetleri • diskontierte Besitzwechsel pl. m
iskonto ettirme • Diskontierung f
iskonto evleri • discount broker
iskonto geliri • Disagioertrag m
iskonto giderleri • Skonto-Aufwendungen pl. f
iskonto haddi • Ablösungszinssatz m; Diskontsatz m
iskonto kredisi • Diskontkredit f; Wechseldiskontkredit m
iskonto limiti • Diskontgrenze f
iskonto oranı • Abzinsungssatz m; Diskontsatz m; Eskontsatz m
iskonto piyasası • Diskontmarkt m
iskonto politikası • Diskontpolitik f
iskonto senetleri bordrosu • Diskontwechselliste f
iskontolu • diskontiert
İslam • Islam m
İslam hukuku • islamisches Recht n
İslamiyet • Islamismus m
İslamiyetle ilgili • islamisch
isme muharrer hisse senedi • Namensaktie f
isme muharrer senet • Namenpapier n
isme tescilli tahvil • Orderschuldverschreibung f
ismi müstear • Pseudonym n
ismin gaspı • Namensanmassung f
ismin himayesi • Namensschutz m
ismin korunması • Namensschutz m
isnat edilebilme • Zurechenbarkeit f
isnat kabiliyeti • Zurechenbarkeit f

Fachwörterbuch

ispat • Beweis m; Beweisführung f; Handhabe f; Nachweis m
ispat edici belgeler • Legitimationspapiere pl. n
ispat edici evrakı müsbite • Beweisstück n; Beweisurkunde f
ispat edici vesika • Beleg m; Beweisstück n; Beweisurkunde f; Gutschein m
ispat edilebilir • beweisfähig
ispat edilemeyen • unbeweisbar
ispat edilmemiş • unbewiesen
ispat etmek • belegen; beweisen; dokumentieren; erweisen; nachweisen; zeigen
ispat imkanı • Beweisbarkeit f
ispat kudreti • Beweiskraft f
ispat külfeti • Last f der Beweise pl. m
ispat vesikası • Beleg m; Beweisstück n; Beweisurkunde f; Material n
ispat yükümlülüğü • Beweislast f
ispatı kabil • beweisbar
ispatı mümkün • nachweisbar
ispirtolu içki vergisi • Getränkesteuer f
ispirtolu maddeler tekeli • Branntweinmonopol n
israf • Luxus m; Verschwendung f; Zersplitterung f
israf etmek • verschleudern; verschwenden; verwirtschaften
istasyon • Station f
istatistik • Erhebung f; Statistik f
istatistik açık • Rechendefizit n
istatistik numune • Repräsentativ-Erhebung f
istatistik sırları • statistisches Geheimnis n
istatistikçi • Statistiker m
istatistiki bilanço • statische Bilanz f
istatistikler • Ziffernmaterial n
istatistiklerin toplandığı ay • Erhebungsmonat m
istatistiksel • statistisch
isteğe bağlı • fakultativ; freibleibend; nichtzwingend; wahlweise
isteğe bağlı akit • Konsensualkontrakt m
isteğe bağlı akitler • formlose Verträge pl. m
isteğe bağlı ek sigorta • Höherversicherung f
isteğe bağlı hadımlaştırılma kanunu • Gesetz n über die freiwillige Kastration f

isteğe bağlı olmayan • unfreiwillig
isteğe bağlı sigorta • freiwillige Versicherung f
isteğe bağlı sosyal sigorta • Selbstversicherung f
isteğin hal ile ifadesi • konkludent
isteğin tavırla ifadesi • konkludent
istek • Anforderung f; Belieben n; Bewerbung f; Petitum n; Verlangen n; Wille m; Wunsch m
istek kipi • Optativ m
istem • Postulat n
isteme • Aufforderung f; Verlangen n
isteme kipi • Konjunktiv m; Subjunktiv m
istemeden • unvorsätzlich
istemek • anfordern; ansuchen; beanspruchen; begehren; ersuchen; fordern; verlangen; wünschen
istemeyerek • unabsichtlich; unbeabsichtigt
istemli • freiwillig
istenç • Wille m
istenç yitimi • Abulie f; Willenslähmung f
istençcilik • Voluntarismus m
istendiğinde ödenen borç • täglich kündbares Darlehen n
istendiğinde ödenen senet • Sichtwechsel m
istenildiği zaman iptal edilebilen kredi türü • unbefristeter Kredit m
istenildiğinde • auf Verlangen n
istenilen tipte mal sağlama güçlüğü • Sortenproblem n
istenilmeyen • unerwünscht
istenmemiş • nicht abgehoben; nicht beansprucht
istenmemiş ücretler • nicht abgeholte Löhne pl. m
istiap hacmi • Raumgehalt m; Tragfähigkeit f
istibdal • Konversion f
istida • Gesuch n; Petition f; schriftlicher Antrag m
istidlal • Prognose f
istif etmek • horten; stauen
istifa • Abschied m; Rücktritt m; Austritt m; Demission f; Kündigung f; Niederlegung f; Rücktritt m; Rücktritt m vom Amt n
istifa dilekçesi • Abschiedsgesuch n; Rücktrittsgesuch n

Mesleki Terimler Sözlüğü

istifa etmek • abtreten; austreten
istifa mektubu • Entlassungsgesuch n
istifa vermek • Austritt m erklären
istifade • Benutzung f; Nützlichkeit f
istifade etme • Nutzung f
istifade etmek • ausbeuten; benutzen; gebrauchen
istifade hakkı • Nutzungsrecht n
istifade hakkı veren rehin • Nutzungspfand n
istifçi • Stauer m
istihale • Konvertierung f; Umwandlung f
istihbarat • Auskunft f; Information f; Nachrichtendienst m
istihbarat birimi • Auskunftsabteilung f
istihbarat bürosu • Auskunftsbüro n
istihdam • Anstellung f; Arbeitseinsatz m; Beschäftigung f; Einsatz m; Stellenbesetzung f; Verwendung f
istihdam edilebilecek işçi rezervi • Beschäftigungsreserve f
istihdam etmek • anstellen; beschäftigen
istihdam giderleri • Arbeitskosten pl.
istihdam kategorisi • Beschäftigungsart f
istihdam mukavelesi • Arbeitsvertrag m
istihdam planı • Stellenbesetzungsplan m
istihdam seviyesi • Beschäftigtenstand m
istihdam yaratma • Schaffung f von Arbeitsplätzen pl. m
istihkak davası • Aussonderungsklage f; Herausgabeanspruch m; Rückforderungsklage f; Widerspruchsklage f
istihkak iddiası davası • Interventionsklage f
istihkak talebi • Herausgabeanspruch m
istihkakını vermek • belohnen
istihlak • Konsum m; Verbrauch m
istihlak etmek • verbrauchen
istihlak kooperatifi • Konsumgenossenschaft f; Konsumverein m
istihlak vergisi • Aufwandsteuer f; Verbrauchssteuer f
istihraç sanayii • Bergwerksindustrie f
istihsal • Produktion f
istihsal etmek • erzeugen; produzieren
istihsal kooperatifleri • Produktionsgenossenschaften pl. f; Verkaufsgenossenschaften pl. f

istihsal vergisi • Produktionssteuer f
istikamet • Richtung f
istikbal • Zukunft f
istikbalde • künftig; zukünftig
istiklal • Selbständigkeit f; Unabhängigkeit f
istikrar • Beständigkeit f; Konstanz f; Ruhe f; Stabilisierung f; Stabilität f
istikrarlı • beständig; laufend; stabil; stetig
istikrarlı duruma getirme • Stabilisierung f
istikrarlı hale gelmek • stabilisieren
istikrarlı para • stabile Währung f
istikrarlı yapma • Stetigung f
istikrarsız • inkonsequent; veränderlich
istikrarsızlık • Inkonsequenz f; Schwankung f
istikraz • Anleihe f; Kreditfinanzierung f; Lehen n; Mittelüberlassung f
istikraz etmek • entleihen; leihen
istikraz faizi • Leihzins m
istikraz masrafları • Kreditkosten pl.
istikraz paraları • Kreditmittel pl. n
istiktap • Schriftvergleichung f
istila • Invasion f
istima • Anhörung f; Vernehmung f
istimal • Gebrauch m
istimlak • Eigentumsentsetzung f; Enteignung f von beweglichen Sachen pl. f; Enteignung f von Grundeigentum n; Enteignung f
istimval • Enteignung f von beweglichen Sachen pl. f, Requirierung f
istinabe • kommissarische Beweisaufnahme f
istinabe yolu ile • im Wege m der Rechtshilfe f
istinaden • unter Bezugnahme f
istinaf • Appellation f; Berufung f; Einspruch m; Rektus m
istinaf mahkemesi • Appellationsgericht n; Berufungsgericht n
istinat etme • Bezugnahme f; basieren; Bezug nehmen auf; sich gründen
istinat etmek • beruhen
istinat ettirmek • gründen
istinkaf • Enthaltung f
istinkaf etmek • sich enthalten
istintak • Verhör n; Vernehmung f

159

Fachwörterbuch

istirahat • Ruhe f
istirdat • Rücknahme f
istirdat davası • Bereicherungsklage f; Restitutionsklage f; Rückerstattungsklage f
istirdat hakkı • Rückforderungsrecht n; Rücknahmerecht n
istismar • Ausbeutung f; Ausnutzung f
istismar etmek • ausbeuten; ausnutzen; übervorteilen
istisna • Ausnahme f; Befreiung f
istisna akti • Werkvertrag m
istisna limiti • Freigrenze f
istisna tutmak • ausnehmen
istisnai durum • Sonderfall m
istisnai hal • Ausnahmefall m
istisnai hüküm • Ausnahmebestimmung f
istisnai mahkeme • Ausnahmegericht n; Sondergericht n
istişare etmek • sich beraten
istişare hizmeti yapan şirket • Konsultationsgesellschaft f
istişari • beratend
istişari rey • beratende Stimme f
istizah • Interpellation f
İsviçre Kantonal Mahkemesi • Obergericht n
İsviçre Medeni Kanunu • Zivilgesetzbuch n
isyan • Aufruhr m; Aufstand m; Revolte f
isyana teşvik • Aufwiegelung f
isyana teşvik etmek • aufwiegeln
isyancı • Aufrührer m
iş • Amt n; Angelegenheit f; Anstellung f; Arbeit f; Beruf m; Berufsstellung f; Beschäftigung f; Betrieb m; Funktion f; Gegenstand m; Geschäft n; Handel m; Handlung f; Pensum n; Posten m; Sache f; Stelle f; Stellung f; Tätigkeit f; Werk n; Wirtschaft f
iş adamı • Unternehmer m; Wirtschaftler m
iş akdi • Arbeitsvertrag m
iş akdinin bildirimsiz feshi • fristlose Kündigung f
iş akdinin ihlali • Arbeitsvertragsbruch m
iş akışı • Arbeitsablauf m
iş anlaşmazlığı • Arbeitsstreitigkeit f
iş arkadaşı • Mitarbeiter m
iş arzı • Stellenangebot n

iş başarısı • Arbeitsleistung f
iş başında eğitim • Ausbildung f am Arbeitsplatz m
iş bilgisi • Arbeitslehre f
iş çevreleri • Wirtschaftskreise pl. m
iş değerlendirmesi • Beurteilung f der Arbeit f; Evaluation f
iş dışında eğitim • Ausbildung f außerhalb der Arbeit f
iş eğitbilim • Arbeitspädagogik f
iş eğitimi • Werkunterricht m
iş emniyeti • Arbeitssicherheit f
iş emri • Arbeitsauftrag m; Werksauftrag m
iş görevlisi • Agent m; Vertreter m
iş güç sahibi • berufstätig
iş güvenliği • Arbeitnehmerschutz m; Betriebssicherheit f; Arbeitsschutz m
iş güvenliği dairesi • Gewerbeaufsichtsamt m
iş güvenliği kontrolü • Gewerbeaufsicht f
iş hacmi • Umsatz m
iş halletmek • abwickeln
iş hayatı • Arbeitsleben n
iş hukuku • Arbeitsrecht n
iş hukukuyla ilgili • arbeitsrechtlich
iş idaresi • Geschäftsgebarung f
iş ihtilafı • Arbeitsstreitigkeit f
iş ilanı • Inserat n
İş Kanunu • Arbeitsgesetz n
iş kaza sigortası • Arbeitsunfallversicherung f
iş kazalarına yönelik ayrılan karşılık • Betriebsunfallrückstellung f
iş kazası • Arbeitsunfall m; Betriebsunfall m; Berufsunfall m
iş kazası ve meslek hastalıkları sigortaları kurumu • Berufsgenossenschaft f
iş mahkemesi • Arbeitsgericht n; Gewerbegericht n
iş mahkemesi fahri hakimi • Laienrichter m
iş meslek • Erwerbszweig m
iş muamele • Geschäft n
iş mukavelesi • Betriebsvereinbarung f
iş müddeti • Arbeitszeit f
iş münasebeti • Arbeitsverhältnis n
iş müracaatı • Stellengesuch n
iş odaları • Arbeitskammern pl. f

Mesleki Terimler Sözlüğü

iş okulu • Arbeitschule f
iş piyasası • Stellenmarkt m
iş riski tazminatı • Gefahrenzulage f
iş saatleri tüzüğü • Arbeitszeitordnung f
iş sahibi • Arbeitgeber m; berufstätig; Besteller m; Dienstherr m; Geschäftsherr m
iş sözleşmesi • Tarifvertrag m
iş şahadetnamesi • Zeugnis n; Dienstzeugnis n
iş şartnamesi • Tätigkeitsbeschreibung f
iş taahhütleri • Unternehmungswirtschaft f
iş talebi • Stellengesuch n
iş tanımı • Arbeitsbeschreibung f; Aufgabenbeschreibung f
iş tavassutu • Arbeitsvermittlung f
iş teklifi • Stellenangebot n
iş testleri • Arbeitstest m
iş uyuşmazlığı • Bestreitung f; Arbeitsstreitigkeit f
iş ünitesi • Arbeitseinheit f
iş ve işçi bulma • Arbeitsvermittlung f; Stellenvermittlung f
iş ve işçi bulma dairesi • Arbeitsamt n
İş ve İşçi Bulma Kurumu • Arbeitsamt n; Arbeitsmarktservice AMS (Öst.) m
iş vermek • beschäftigen
iş yılı • Geschäftsjahr n; Wirtschaftsjahr n
iş yükü • Arbeitsbelastung f
iş yürütmek • abwickeln
iş zamanı • Arbeitszeit f
işaa • Verbreitung f
işaatın emaneten idaresi • Eigenregie f; Verwaltungsrecht n
işalan • Arbeitnehmer m
işaret • Andeutung f; Bezeichnung f; Hinweis m; Kennzeichen n; Marke f; Merkmal n, Schild n, Signal n, Signatur f; Signum n, Zeichen n; Auszeichnung f; Symbol n
işaret etmek • andeuten; bezeichnen; deuten; registrieren, zeigen
işaret koymak • markieren
işaret vermek • auszeichnen
işaretle bildirmek • signalisieren
işaretlemek • abhaken; bezeichnen; markieren; signieren; visieren; zeichnen
işbirliği • Kooperation f; Mitarbeit f; Zusammenarbeit f
işbirliği yapan • Mitwirkender m
işbirliği yapmak • kooperieren; mitwirken; zusammenarbeiten
işçi • Arbeiter m; Arbeitnehmer m; Arbeitskraft f
işçi azlığı • Kräftemangel m
işçi borsası • Arbeitsbörse f
işçi çalıştırma • Arbeitseinsatz m
işçi derneği • Arbeiterverein m
işçi eğitimi • Arbeiterbildung f
işçi giriş çıkışları • Fluktuation f; Kündigungsrate f
işçi karnesi • Arbeitsausweis m; Arbeitsbuch n
işçi piyasası • Arbeitsmarkt m; Berufsleben n
işçi sendikası • Arbeitergewerkschaft f
işçi sigortası • Arbeiterversicherung f
işçi sınıfı hareketi • Arbeiterbewegung f
işçi sosyal sigortaları kurumu • Landesversicherungsanstalt f
işçi şirketi • Arbeitnehmergesellschaft f
işçi tasarruflarının devletçe özendirilmesi • Vermögensbildung f
işçi temsilciliği • Betriebsrat m
işçi temsilcisi • Arbeitnehmervertreter m
işçi ücreti • Arbeitslohn m; Lohn m
işçi ve iş mevzuatı • Arbeitsschutz m
işçi ve işveren kuruluşları • Tarifpartner pl. m
işçi ve işveren tarafları • Sozialpartner pl. m
işçilerin atanması • Versetzung f der Arbeiter pl. m
işçilerin himayesi • Arbeiterfürsorge f; Arbeiterschutz m
işçilerin işyeri yönetiminde söz sahibi olma hakkı • Mitbestimmungsgesetz n
işçilerin yasa ile korunması • Arbeiterschutz m
işçilerin yerlerinin belirlenmesi • Versetzung f der Arbeiter pl. m
işçilik • Arbeitslohn m; Verarbeitungskosten pl.
işçilik maliyeti • Lohnkosten pl.; Löhne pl. m
işçilik ücret farkı • Lohnsatzabweichung f
işçilik verim farkı • Arbeitszeitabweichung f
işe başlama giderleri • Anfangskosten pl.

Fachwörterbuch

işe devamsızlık • Unregelmässigkeit f
işe koyulma • Einstand m
işe memur etmek • bestellen
işe talip olma • Stellengesuch n
işe yaramak • von Nutzen m sein
işe yaramaz • unbrauchbar
işe yerleştirme • Arbeitsvermittlung f
işe yerleştirmek • anstellen; einstellen
işe yön verme • Verwaltung f
işgal • Aneignung f; Besetzung f; Invasion f; Okkupation f
işgal bölgesi • Besatzungszone f
işgal edilen mıntıka • besetztes Gebiet n
işgal edilen saha • besetztes Gebiet n
işgal etmek • besetzen; sich aneignen
işgalci • Invasor m
işgöremez • arbeitsunfähig
işgöremezlik • Arbeitsunfähigkeit f
işgören • Arbeitnehmer m
işgörmezlik durumunda işverence ödenen ücret • Regellohn m
işgücü • Arbeitskräfte pl. f
işgücü bütçesi • Lohnkostenbudget n
işgücü devri • Umschlag m der Arbeitskräfte pl. f
işgücü sözleşmesi • Arbeitsvertrag m
işgünü • Arbeitstag m; Werktag m; Alltag m
işgünü olarak • werktätig
işi bırakma • Arbeitseinstellung f; Arbeitsniederlegung f; Ausstand m
işi durdurma • Arbeitseinstellung f; Arbeitsniederlegung f
işi reddetme • Arbeitsverweigerung f
işin bedeli • Vergütung f
işin devredilmesi • Bestandsübertragung f
işin fasılaya uğraması • Betriebsunterbrechung f
işin hukuki cephesi • juristische Seite f der Angelegenheit f
işin mahiyeti • Geschäftsstruktur f
işin yapısı • Geschäftsstruktur f
işine son verildiğini ihbar etme • Kündigung f
işine son verildiğini ihbar etmek • kündigen
işine son vermek • verabschieden
işitbilim • Audiologie f
işitbilimci • Audiologe m

işitme özürü • Hörstörung f
işitsel • akustisch
işitsel öğrenim araçları • akustische Lehrmittel pl. n
işkence • Folter f; Qual f; Quälerei f
işkence etmek • foltern; quälen
işlem • Abfertigung f; Behandlung f; Geschäft n; Geschäftsgang m; Geschäftsvorfall m; Objekt n; Transaktion f; Verfahren n; Wesen n
işlem görmemiş • unausgefertigt
işlem görmeyen hesap • umsatzloses Konto n
işlem görmez konşimento • nicht negoziierbares Konnossement n
işlem sonrası denetim • Nachprüfung f
işlem tarzı • Verfahren n; Vorgang m
işlem vergisi • Verkehrssteuer f
işleme • Verarbeitung f; Veredelung f
işleme almak • behandeln
işleme kabiliyeti • Fungibilität f
işlemek • verarbeiten, weiterverarbeiten
işlememek • ruhen
işlemi bitirmek • glattstellen
işlemi kanıtlayan yazılı belge • Instrumentarium n
işlemsel süreç • Algorithmus m
işlenecek stok • Verarbeitungsbestand m
işlenen saha • Nutzfläche f
işlenme ile eklenen değer • Veredelungswert m
işlenmemiş • unkultiviert
işlenmemiş madde • Rohmaterial n
işlenmemiş tütün • Rohtabak m
işlenmiş mal • Endprodukt n
işlenmiş ürünler • Veredelungserzeugnisse pl. n
işlerin kesat olması • Geschäftsstockung f
işlerin son bulduğu tarih • Abschlusstag m
işleten • Ausrüster m
işletici • Halter m
işletilmeyen • stilliegendes Geld n
işletme • Betrieb m; Firma f; Geschäft n; Gründung f; Handel m; Unternehmen n; Unternehmung f; Verwaltung f; Wirtschaft f
işletme binası • Betriebsgebäude n

Mesleki Terimler Sözlüğü

işletme birleşmeleri • Unternehmens-Zusammenschlüsse pl. m
işletme ekonomisi • Betriebswirtschaft f
işletme ekonomisi dersi • Betriebswirtschaftslehre f
işletme faaliyetini durdurduktan sonra da devam eden masraflar • Stillstandskosten pl.
işletme faaliyetleri sonucunda yaratılmış fon • Fonds m aus Betriebsfähigkeit f
işletme fazlası • Betriebsüberschuss m
işletme fiyatı • Betriebspreis m
işletme gelir gider tablosu • Betriebsabrechnungsbogen m
işletme geliri • Betriebsertrag m
işletme haricinde bulunan bir bilgisayardan yararlanma • Service-Büro n
işletme hesabı • Betriebsrechnung f
işletme içi denetim • Innenrevision f
işletme karı • Betriebsgewinn m
işletme kaynakları • Betriebsvermögen n
işletme kredisi • Betriebskredit m; Betriebsmittel f
işletme maliyeti • Betriebskosten pl.
işletme malzemesi • Betriebsstoff m
işletme masrafları • Betriebsausgaben pl. f; Handlungsunkosten pl.
işletme mevcudu • Betriebsguthaben n
işletme muhasebesi • betriebliches Abrechnungswesen n; Betriebsbuchhaltung f
işletme oyunu • Unternehmensspiel n; Unternehmungsplanspiel n
işletme politikası • Betriebspolitik f; Geschäftspolitik f
işletme sahibinin kasadan çektiği nakit • Privatentnahmen pl. f
işletme sermayesi • Betriebskapital n; Betriebsmittel n
işletme sermayesi kredisi • Betriebskredit m
işletme tarafından yapılan nakliyat • Werkverkehr m
işletme tatili • Betriebsferien pl.
işletme tekeli • Alleinbetrieb m
işletme tüzüğü • Betriebsverfassung f
işletme üretim kapasitesi • Betriebskapazität f
işletme zayiatı • Betriebsverlust m

işletmece geri alınan hisse senedi • zurückgekaufte Aktie f
işletmeci • Ökonom m
işletmecilik • Betriebswirtschaft f
işletmede bırakılan karlar • einbehaltene Gewinne pl. m
işletmede hak ve görevleri düzenleyen kanun • Betriebsverfassungsgesetz n
işletmek • abbauen; ausbeuten; wirtschaften
işletmelerarası ilişkiler • zwischenbetriebliche Beziehungen pl. f
işletmelerarası kar • zwischenbetrieblicher Gewinn m innerhalb eines Konzerns m
işletmelerarası karşılaştırma • Betriebsvergleich m
işletmelerarası yatırımlar • zwischenbetriebliche Investitionen pl. f
işletmelerin birbirleriyle kaynaşması • Konzern m
işletmelerin birleşmesi • Unternehmenskonzentration f
işletmelerin birleşmesi sonucunda oluşan artık değer • Konsolidierungsüberschuss m
işletmelerin dikey birleşmesi • vertikale Unternehmenskonzentration f
işletmenin ayni değerleri • Sachanlagen pl. f
işletmenin başka bir işletme nezdindeki hesabı • Nostrokonto n
işletmenin borçlanılarak satın alınması • leveraged buy out
işletmenin bütün müşterileri • Kundschaft f
işletmenin erişebileceği ideal üretim düzeyi • Betriebsoptimum m
işletmenin genel analizi • Betriebsanalyse f
işletmenin idari binaları ve bağlı üniteleri • Geschäftsgebäude pl. n
işletmenin kar etmesi koşuluyla faizi ödenecek tahvil • Gewinnschuldverschreibung f
işletmenin karı • Betriebsergebnis n
işletmenin kendisinin ayırdığı sigorta karşılığı • Rückstellung f für Selbstversicherung f

Fachwörterbuch

işletmenin normal faaliyetine başlaması için bir kez katlanılan başlangıç giderleri • Anlaufkosten pl.
işletmenin tasfiye edilmesi • Liquidation f; Liquidierung f
işletmenin tüzel kişiliği • juristische Persönlichkeit f als Rechnungseinheit f
işletmenin ürettiği mal ve hizmetler • Ausgaben pl. f; Produktion f
işletmenin varlıklarının cari piyasa değeri • Substanzwert m
işletmenin zararı • Betriebsergebnis n
işletme-ruhbilimi • Betriebspsychologie f
işletmeye açma • Erschliessung f
işlev • Funktion f
işlev yitimi • Apraxie f
işlevsel • funktional
işlevsel dilbilim • funktionelle Linguistik f
işlevsel okur-yazarlık • funktionelle Alphabetisierung f
işlevsel program • funktionelles Programm n
işlevselci • Funktionalist m
işlevselcilik • Funktionalismus m
işleyebilen • fungibel
işleyebilme • Fungibilität f
işleyen faiz • laufende Zinsen pl. m
işleyici • Weiterverarbeiter m
işlik • Werkraum m; Werkstatt f
işportacılık • Strassenhandel m; Wandergewerbe n
işsiz • arbeitslos
işsizliğe karşı alınan tedbir • Arbeitsbeschaffung f
işsizliğe karşı sigorta • Arbeitslosenversicherung f
işsizlik • Arbeitermangel m; Arbeitslosigkeit f; Geschäftslosigkeit f
işsizlik oranı • Erwerbslosenquote f
işsizlik parası • Arbeitslosengeld n
işsizlik parası ödenmeyen ceza süresi • Sperrzeit f
işsizlik sigortası • Arbeitslosenversicherung f
işsizlik sigortası fonu • Arbeitsstock m
işsizlik tazminatı • Stempelgeld n
işsizlik yardımı • Arbeitslosenhilfe f; Arbeitslosenunterstützung f
işte ortak çıkarı olan • Gesellschafter m; Teilhaber m

işten atmak • hinauswerfen
işten ayrılma tazminatı • Trennungsentschädigung f
işten çıkacağını bildirme • Kündigung f
işten çıkacağını bildirmek • kündigen
işten çıkarılmaya karşı koruma • Kündigungsschutz m
işten çıkarma • Entlassung f
işten çıkarmak • abbauen; entlassen
işten el çektirme • vorläufige Untersagung f der Amtsausübung f
işten el çektirmek • entlassen
işten imtina • Arbeitsverweigerung f
işteş çatı • reziprokes Medium n
işteş eylem • reziprokes Verb n
iştigal • Beschäftigung f
iştigal mevzuu • Handelsbereich m
iştigal sahası • Handelsbereich m
iştira • Ankauf m; Negoziierung f; Rückkauf m; Wechseldiskontierung f
iştira akreditifi • Negoziierungskredit m
iştira bankası • negoziierende Bank f
iştira değeri • Rükkaufswert m
iştira hakkı • Ablösungsrecht n; Ankaufsrecht n; Erwerbsrecht n; Kaufsrecht n; Optionsrecht n; Rückkaufsrecht n
iştira kıymeti • Kaufwert m; Rückkaufswert m
iştira kuvveti • Kaufkraft f
iştira mecburiyeti • Kaufzwang m
iştirak • Anteilnähme f; Beitragsleistung f; Beteiligung f; Teilhaberschaft f; Teilnahme f; Unternehmensbeteiligung f
iştirak değeri • Beitragswert m
iştirak eden • Beitragender m; Mitwirkender m
iştirak etme • Teilnahme f
iştirak etmek • beitreten; sich beteiligen; teilnehmen
iştirak ettirmek • beteiligen
iştirak halinde mülkiyet • gemeinsamer Besitz m; Gemeinschaft f zur gesamten Hand f; Gesamteigentum n; Gesamthandeigentum n; Miterbschaft f
iştirak kredisi • Beteiligungskredit m
iştirak payı • Beitrag m
iştirak sermayesi • Einlagekapital n

Mesleki Terimler Sözlüğü

iştirak taahhüdü • Aktenzeichnung f; Subskription f; Abonnement n; Zeichnung f
iştirak taahhütnamesi • Zeichnungsschein m
iştirakler karı • Beitragsaufkommen n
iştiraklı icar • Teilpacht f
işveren • Arbeitgeber m; Dienstherr m; Geschäftsherr m; Unternehmer m
işveren birliği • Arbeitgeberverband m
işveren kuruluşu • Arbeitgeberverband m
işveren sendikası • Arbeitgeberverband m
işveren tarafından ödenen yılbaşı ikramiyesi • Weihnachtsgratifikation f
işverenler ve işçiler • Sozialpartner f
işverenlerin birliği • Kammer f
işyeri • Arbeitsplatz m; Arbeitsstätte f; Arbeitsstelle f; Betrieb m; Geschäft n; Kontor n; Arbeitsraum m; Betriebsstätte f
işyeri lojmanı • Werkswohnung f
işyeri mıntıkası • Werksgelände n
işyeri nizamnamesi • Betriebsordnung f
işyerinin tasviyesi • Geschäftsauflösung f
ita • Gewährung f
ita amiri • Ordonnateur m; Zahlungsbevollmächtigter m
ita emri • Zahlungsanweisung f
itaat • Zucht f
itaat etmek • gehorchen; sich fügen
itaatli • gehorsam
itaatsiz • ungehorsam
itaatsizlik • Ungehorsam m
itfa • Abschreibung f; Abtragung f; Amortisation f; Rückzahlung f; Tilgung f; Zahlung f
itfa edilebilir • ablösbar; tilgbar
itfa edilebilir tahvil • tilgbare Schuldverschreibung f
itfa edilen tahvillerin yok edildiğini gösteren belge • Vernichtungsprotokoll n
itfa edilmemiş tahvil • unamortisierte Schuldverschreibung f
itfa edilmiş tahviller • amortisierte Anleihen pl. f
itfa etmek • ablösen; abschreiben; amortisieren; befriedigen; löschen; tilgen
itfa fiyatı • Rücknahmepreis m
itfa fonu • Ablösungsfonds m; Amortisationsfonds m; Tilgungsfonds m

itfa fonu karşılığı • Tilgungsrücklage f
itfa fonu tahvilleri • Ablösungsanleihe f
itfa getirisi • Einlösungsrendite f; Obligationenrendite f
itfa için ayrılan yedek akçe • Tilgungsrücklage f
itfa kabiliyetli istikraz • Tilgungsanleihe f
itfa meblağı • Ablösungssumme f
itfa olunamaz • untilgbar
itfa ödemesi • Tilgungsleistung f
itfa parası • Tilgungsbetrag m
itfa planı • Tilgungsplan m
itfa primi • Aufgeld n; Rückkaufprämie f
itfa senedi • Tilgungsschein m
itfa tarihi • Rückzahlungstermin m
itfa vadesi • Tilgungsfälligkeit f
itfa verimi • Einlösungsrendite f; Obligationenrendite f
itfası mümkün • tilgbar
itfası mümkün olmayan tahvil • nicht rückzahlbare Schuldverschreibung f; unkündbare Obligation f; untilgbare Schuldverschreibung f
itfaya tabi öncelikli hisse senedi • ablösbare Vorzugsaktie f; rückzahlbare Vorzugsaktie f
itfaya tabi tahvil • kündbare Obligationen pl. f; rückzahlbare Obligationen pl. f
ithaf etmek • zueignen
ithal • Einführung f; Import m
ithal edilmiş enflasyon • importierte Inflation f
ithal etmek • einführen; importieren
ithal fiyatı ile iç fiyatlar arasındaki fark • Abschöpfungsbetrag m
ithal hakkı • Einfuhranrecht n
ithal konşimentosu • Importkonnossement n
ithal kotası • Einfuhrquote f
ithal lisansı • Einfuhrbewilligung f; Einfuhrfreigabe f
ithal malı • Einfuhrartikel m; Importartikel m
ithal malının ünitesi • Einfuhreinheit f
ithal müsaadesi • Einfuhrbewilligung f; Einfuhrgenehmigung f
ithal permisi müracaatı • Importbewilligungsantrag m
ithal primi • Einfuhrprämie f
ithal resmi • Einfuhrzoll m

Fachwörterbuch

ithal tarifesi • Einfuhrtarif m
ithal yasağı • Einfuhrverbot n
ithal yasağı devresi • Importschonfrist f
ithalat • Einfuhr f; Import m
ithalat akreditifi • Importakkreditiv n
ithalat bildirimi • Einfuhrerklärung f
ithalat eşyasına ait gümrük resmi • Einfuhrzoll m
ithalat gümrük resmi • Einfuhrzoll m
ithalat kapasitesi • Einfuhrpotential n
ithalat kotası • Einfuhrquote f
ithalat kredisi • Importkredit m
ithalat lisansı • Einfuhrbewilligung f; Einfuhrerlaubnis f
ithalat memnuiyeti • Einfuhrverbot n
ithalat rejimi • Einfuhrregelung f
ithalat resmi • Einfuhrzoll m
ithalat rüsumu • Einfuhrgebühren pl. f; Einfuhrzoll m
ithalat sınırlaması • Einfuhrbeschränkung f; Einfuhrdrosselung f
ithalat vergisi • Einfuhrabgabe f; Einfuhrsteuer f; Einfuhrzoll m
ithalat yasağı • Einfuhrsperre f; Einfuhrverbot n
ithalata ihtiyacı olan memleket • Zuschussland n
ithalatçı • Importeur m
ithalatçı belgesi • Einfuhrerlaubnis f
ithalatçı memleket • Abnehmerland n; Absatzland n
ithalatçılık • Einfuhrhandel m
ithalatın sınırlandırılması • Einfuhrbeschränkung f
ithalatta liberasyonun kaldırılması • Deliberalisierung f
itham • Anklage f; Anschuldigung f; Beschuldigung f; Beschwerde f; Bezichtigung f; Verdächtigung f
itham eden • Beschuldiger m
itham etmek • anklagen; anschuldigen; beschuldigen; bezichtigen; inkriminieren; unter Anklage f stellen; verdächtigen
ithamdan kurtarmak • vom Verdacht m entlasten
iti • Trieb m
itibar • Achtung f; Ansehen n; Geltung f; Kredit m; Respekt m; Rücksicht f
itibar emri • Kreditauftrag m
itibar etmek • achten

itibar mektubu • Kreditbrief m
itibar sigortası • Kreditversicherung f
itibari • Nennwert m; nominal; nominell
itibarı amme kağıtları • Wertpapiere pl. n öffentlichen Glaubens m
itibari değer • Nennwert m; Nominalbetrag m; Nominalwert m
itibari hisse senedi • Nennwertaktie f
itibari iade edilmemiş olan müflis • unrehabilitierter Konkursschuldner m
itibari kar • nicht realisierter Gewinn m
itibari kıymet • Nennwert m; Nominalwert m
itibari meblağ • Nennbetrag m; Nominalbetrag m
itibari para • Scheidemünze f; Treuhandgeld n; Zeichenmünze f
itibari sermaye • Nominalkapital n
itibari varlık • fiktive Aktiva pl.; fiktive Vermögenswerte pl. m
itibarın yerine gelmesi • Rehabilitation f des Gemeinschuldners m
itibarını geri almış olan müflis • rehabilitierter Konkursschuldner m
itibarını sarsma • Kreditgefährdung f
itibariyle • Stichtag m
itibarsız • kreditunwürdig
itici • Schwungkraft f
itici güç • Triebkraft f
itidalsiz • unmässig
itilaf • Entente f
itilaflı kaza • streitige Gerichtsbarkeit f
itilaflı mesele • Streitsache f
itimada dayanan hukuki muamele • Treuhandgeschäft n
itimada müstenid hukuki muamele • fiduziarische Rechtsgeschäft n; Treuhandgeschaft n
itimadı kötüye kullanma • Untreue f; Vertrauensmissbrauch m; Vertrauensbruch m; Vertrauen n missbrauchen
itimat • Vertrauen n; Vertrauensvotum n; Zuversicht f
itimat edilir • redlich; seriös; verlässlich; vertrauenswürdig; zuverlässig
itimat edilmez • unzuverlässig
itimat etmek • glauben; trauen; vertrauen
itimatname • Beglaubigungsschreiben n
itimatsızlık • Misstrauen n; Skepsis f

Mesleki Terimler Sözlüğü

itina • Pflege f
itiraf • Bekenntnis n; Eingeständnis n; Geständnis n
itiraf etmek • bekennen; eingestehen; Geständnis n ablegen; gestehen
itiraz • Anfechtung f; Beanstandung f; Behelf m; Beschwerde f; Bestreitung f; Einrede f; Einspruch m; Einwand m; Einwendung f; Einwurf m; Entgegensetzung f; Gegenrede f; Opposition f; Protest m; Rechtsvorschlag m; Rektus m; Verwaltungsbeschwerde f; Veto n; Vorstellung f; Widerrede f; Widerspruch m
itiraz eden • Leugner m
itiraz etmek • absprechen; abstreiten; anfechten; beanstanden; bestreiten; Einwand m erheben; einwenden; Einwendung f vorbringen; entgegenhalten; entgegensetzen; entgegenstellen; leugnen; Protest m erheben; protestieren; Verwahrung f einlegen
itiraz hakkı • Anfechtungsrecht n; Einspruchsrecht n; Widerspruchsrecht n
itiraz ileri sürmek • Einspruch m erheben
itiraz kaydı • Reservat n
itiraz müddeti • Anfechtungsfrist f
itiraz süresi • Einspruchsfrist f; Rügefrist f
itiraza karşı çıkma • Verwahrung f
itiraza uğramamış • unangefochten
itirazatı iptidaiye • prozesshindernde Einreden pl. f
itirazda bulunmak • Einspruch m erheben; widersprechen
itirazı kabil • bestreitbar
itirazı reddetmek • Einspruch m zurückweisen; Einwand m zurückweisen
itirazsız • unbeanstandet; unbedenklich; unstreitig; widerspruchslos
itirazsızlık vesikası • Unbedenklichkeitsbescheinigung f
itiyadi suç • Gewohnheitsverbrechen n
itiyat • Angewohnheit f
itmek • treiben
ittiba • Folgeleisten n
ittifak • Allianz f; Bündnis n; Koalition f; Komplott n; Verabredung f zur Begehung f eines Verbrechens n; Verbindung f
ittifak kurma • Schliessung f eines Bündnisses n
ittifak muahedesi • Bündnisvertrag m
ittihat • Union f
ivaz • Entgelt n; Gegenleistung f
ivazlı • entgeltlich
ivazlı akit • entgeltlicher Vertrag m
ivazlı iktisap • entgeltlicher Erwerb m
ivazlı sözleşme • lästiger Vertrag m
ivazsız • ohne Gegenleistung f; unentgeltlich
ivazsız akit • unentgeltlicher Vertrag m
ivazsız iktisap • unentgeltlicher Erwerb m
ivazsız sözleşme • unentgeltlicher Vertrag m
ivazsız tasarruf • unentgeltliche Verfügung f
ivedi • dringend; dringlich; sofortig
ivedi görüşme kararı • Dringlichkeitsbeschluss m
ivedi görüşme teklifi • Dringlichkeitsantrag m
ivedi itiraz • sofortige Beschwerde f
ivedilik kararı • Dringlichkeitsbeschluss m
ivedilik şartı • Verfallsklausel f
ivme kazandırma • Beschleunigung f
iyelik eki • Possesivsuffix n
iyelik öğesi • Possesiv n
iyi • gut
iyi hal belgesi • Führungszeugnis n
iyi hal kağıdı • Leumundszeugnis n
iyi niyet • guter Glaube m; Gutwilligkeit f; Unbescholtenheit f
iyi niyetli • gutgläubig; Gutgläubiger m; gutwillig; unbescholten
iyi niyetli hamil • gutgläubiger Besitzer m; gutgläubiger Inhaber m
iyi örnek • Schulbeispiel n; Schulfall m
iyi yönetilmiş • seriös
iyice yararlanmak • ausnutzen
iyileşme • Besserung f
iyileştirme gideri • Verbesserungskosten pl.
iyileştirmecilik • Reformismus m
iyileştirmek • bessern; heilen; sanieren
iyilik • Wohl n; Wohltat f
iz • Eindruck m; Spur f
izafi • relativ
izafi haklar • relative Rechte pl. n

Fachwörterbuch

izafi hükümsüzlük • relative Unwirksamkeit f
izah • Auseinandersetzung f; Darlegung f; Erklärung f
izah edilebilir • erklärlich
izah etme • Erklärung f
izah etmek • darlegen; deuten; erklären; erläutern
izahname • Emissionsprospekt m
izale • Beseitigung f
izale etmek • beseitigen
izalei şüyu davası • Teilungsklage f
izcilik • Pfadfinderei f
izdiham • Zulauf m
izdivaç • Ehebund m; Heirat f; Verheiratung f
izdüşüm kuralları • Projektionsregeln pl. f
izhar • Äusserung f
izhar müzekkeresi • Vorführungsbefehl m
izin • Bewilligung f; Einwilligung f; Erlaubnis f; Erlaubnisschein m; Ermächtigung f; Ferien pl.; Genehmigung f; Lizenz f; Urlaub m; Zulassungsschein m; Zulassung f; Zustimmung f
izin belgesi • Urlaubsbescheinigung f; Zulassungsschein m
İzin Kanunu • Urlaubsgesetz n
izin mektubu • Erlaubnisbrief m
izin parası • Urlaubsgeld n
izin süresi için verilen ücret • Urlaubsgeld n
izin süresini aşmak • Urlaubsüberschreitung f
izin verme • Beurlaubung f
izin vermek • beurlauben; dıspensieren; erlauben; ermächtigen; sanktionieren; stattgeben; zulassen
izinsiz silah bulundurma • unerlaubter Waffenbesitz m
izleme araştırması • Folgestudie f
izlemek • ausfindig machen; zurückverfolgen
izole • partiell

Mesleki Terimler Sözlüğü

J

J Eğrisi • J-Kurve f
Jamaika Anlaşması • Jamaika-Abkommen n
jandarma • Gendarm m
jimnastik • Gymnastik f; Turnen n
jimnastik salonu • Turnhalle f
jübile • Jubiläum n
jübile ikramiyesi • Jubiläumsgabe f
jübile primi • Jubiläumsgabe f

jüri • Geschworene pl. m; Geschworenenbank f; Jury f
jüri azası • Beisitzer m
jüri kararı • Geschworenenspruch m
jüri mahkemesi • Schöffengericht n
jüri üyeliğine seçilebilir • schöffenbar
jüri üyesi • Geschworener m; Schöffe m
jürili ağır ceza mahkemesi • Schwurgericht n

K

kaasırlık • Mündelstand m
kaba inşaat • Rohbau m
kaba tahmin • grobe Schätzung f
kabaca tahmin etme • überschlägige Berechnung f
kabahat • Sünde f; Übertretung f; Verfehlung f
kabahatli • schuldig
kabahatsiz • schuldlos
kabare işletme • Schenkwirtschaft f
kabil • möglich
kabile • Stamm m
kabili ciro depo makbuzu • Orderlagerschein m
kabili iptal • anfechtbar
kabili rücu • widerruflich
kabili rücu akreditif • widerrufliches Akkreditiv n
kabiliyetsiz • untüchtig
kabine • Gesamtministerium n; Kabinett n
kabotaj • Kabotage f; Küstenschiffahrt f
kabul • Abhaltung f; Abnahme f; Akzept n; Anerkenntnis f; Annahme f; Aufnahme f; Bezug m; Eingeständnis n; Empfang m; Entgegennahme f; Konsens m; Sanktion f; Schuldanerkenntnis f; Übernahme f; Zulassung f
kabul bankası • akzeptierende Bank f
kabul beyanı • Annahmeerklärung f

kabul eden • Abnehmer m; Akzeptant m; Übernehmer m
kabul edilebilir • akzeptabel; annehmbar; vertretbar
kabul edilemez • unannehmbar; unzulässig
kabul edilen bono • Akzept n
kabul edilen poliçe • Akzept n
kabul edilmemiş akreditif • unbestätigtes Akkreditiv n
kabul edilmemiş poliçe • notleidender Wechsel m; Retourwechsel m; unbezahlter Wechsel m
kabul edilmiş akreditif • bestätigtes Akkreditiv n
kabul edilmiş hesap • abstimmendes Konto n; bestätigter Saldo n
kabul edilmiş poliçe • akzeptierter Wechsel m
kabul etme • Anerkenntnis f
kabul etmek • abnehmen; akzeptieren; annehmen; approbieren; aufnehmen; billigen; eingestehen; empfangen; entgegennehmen; hereinnehmen; nehmen; sanktionieren; stattgeben; übernehmen; verbriefen; vorwegnehmen; zulassen
kabul etmeme • Akzeptanzverweigerung f; Akzeptverweigerung f; Nichtakzeptierung f; Nichtannahme f

Fachwörterbuch

kabul etmeme ihbarı • Meldung f über Nichtakzeptierung f
kabul etmeme protestosu • Beurkundung f zur Annahme f
kabul etmeme şerhi • notieren
kabul etmemek • ablehnen; absagen; leugnen; nicht akzeptieren ; nicht bezahlen; nicht honorieren; verneinen
kabul ettirmek • durchsetzen
kabul fiyatı • Übernahmepreis m
kabul garantisi • Abnahmegarantie f
kabul için ibraz • Präsentation f zum Akzept n; Vorlage f zum Akzept n
kabul ihbarı • Akzeptmeldung f
kabul kredisi • Akzeptkredit m; Trassierungskredit m
kabul mektubu • Akzeptbrief m
kabul müsaade • Approbation f
kabul poliçesi • Bankakzept n
kabul süresi • Annahmefrist f
kabul şartına bağlı senet • Tratte f
kabul şartları • Übernahmebedingungen pl. f
kabul şerhi • Wechselakzept n
kabulden imtina • Nichtannahme f
kabullenme • Anerkenntnis n
kabulü gerekli olan esas • Postulat n
kabulün temerrüdü • Verzug m der Annahme f
kabza salahiyet • Inkassovollmacht f
kaçak • Ausbrecher m; flüchtig; Flüchtling m
kaçak eşya • Schmuggelware f
kaçak işçi • illegaler Arbeiter m
kaçak mal • Schleichware f; Schmuggelware f; Bannware f
kaçak yapılan iş • Schwarzarbeit f
kaçakçılık • Zollhinterziehung f
kaçakçılık etmek • defraudieren
kaçakçı • Schleichhändler m; Schmuggler m
kaçakçılık • Hinterziehung f; Schleichhandel m; Schmuggel m; Schmuggelei f; Steuerhinterziehung f; Zollhinterziehung f
kaçakçılık yapmak • schmuggeln
kaçamak maddesi • Notklausel f
kaçan sermaye • Fluchtkapital n
kaçınılabilir maliyet • vermeidbare Kosten pl.
kaçınılabilir sabit maliyetler • vermeidbare Kosten pl.
kaçınılmaz • unanfechtbar; unumstösslich; unvermeidbar; unvermeidlich
kaçınılmaz durum • höhere Gewalt f
kaçınılmaz maliyet • unvermeidbare Kosten pl.
kaçınma • Verweigerung f
kaçınmak • vermeiden; verweigern
kaçırılma • Entführung f
kaçırma • Entführung f; Hinterziehung f; Versäumung f; Verschleppung f
kaçırmak • entführen; verschleppen
kaçma • Ausbruch m; Flucht f
kaçma şüphesi • Fluchtverdacht m
kaçmak • ausbrechen; entfliehen; entkommen; flüchten
kademeli faizli ikraz • Staffelanleihe f
kadastro • Kataster m
kadastro dairesi • Katasteramt n
kadastro kütüğüne kaydetmek • katastrieren
kadastro memuru • Katasterbeamter m
kademe • Staffel f; Stufe f
kademelendirme • Staffelung f
kademelere ayırmak • staffeln
kademeli faiz hesabı • Staffelzinsrechnung f
kademeli iskonto • Stufenrabatt m
kadın • Frau f
kadın eğitimi • Frauenausbildung f
kadın eş • Ehefrau f; Ehegattin f; Gattin f; Gemahlin f
kadın işçileri koruyucu özel tedbirler • Frauenschutz m
kadının evlenmeden önceki soyadı • Mädchenname m
kadının evlilik birliğini temsil yetkisi • Schlüsselgewalt f
kadınlar cezaevi • Frauengefängnis n
kadınların eşit haklara sahip olması • Frauenemanzipation f
kadınların seçme hakkı • Frauenstimmrecht n
kadro • Kader m; Planstelle f
kaelot • Ramsch m
kafatası bilimi • Phrenologie f
kafi • ausreichend
kafi gelmek • ausreichen

Mesleki Terimler Sözlüğü

kağıt • Papier n; Wertpapier n
kağıt para • Banknote f; Geldschein m; Papiergeld n
kağıt para çıkaran banka • Notenbank f
kağıt para standardı • Papierwährung f
kağıt paranın eskimesi • Verschleiss m
kağıt üzerindeki kar • Scheingewinn m
kağıt ve madeni para • Bargeld n; Stückgeld n
kahya • Ökonom m
kaide • Lehre f; Norm f; Regel f; Vorschrift f
kaide ve kurallara uygun • regulär
kaide ve nizama uygunluk • Regelmässigkeit f
kaidesiz • regellos
kaideye bağlamak • systematisieren
kakışma • Kakophonie f
kalamazo • grosses Geschäftsbuch n; Loseblatt-Ordner m
kalan • Rest m; Restbestand m; Restbetrag m; restlich; Saldo m
kaldıraç • Leverage f
kaldırma • Abnahme f; Abschaffung f; Aufhebung f; Löschung f; Rückgängigmachung f; Wegfertigung f; Zurücknahme f
kaldırmak • abbauen; ablösen; entlasten; freigeben; wegfallen; zurücknehmen
kaldırtma hakkı • Wiedereinsetzungsanspruch m
kalebentlik • Festungshaft f
kalem • Posten m
kaleme almak • anfertigen; verfassen
kalıntı • Saldo m
kalıp • Form f; Werkzeug n
kalıplı diller • analogische Sprachen pl. f
kalıtım yoluyla geçen • erblich
kalibrasyon • Eichen n
kalifiye eleman • Fachkraft f
kalifiye işçi • Facharbeiter m; gelernter Arbeiter m
kalifiye işgücü • Fachkraft f
kalifiye olma • Qualifikation f
kalifiye olmayan işçi • Hilfsarbeiter m; Hilfskraft f
kalite • Qualität f
kalite belgesi • Qualitätszertifikat n
kalite fiyatı • Güteaufpreis m

kalite ilavesi • Qualitätszuschlag m
kalite işareti • Gütezeichen n; Qualitätsbezeichnung f
kalite mallar • Standardwaren pl. f
kalite sınıfı • Güteklasse f
kalitesini bozma • Verfälschung f
kalitesini bozmak • verfälschen
kalitesini düşürme • Verschlechterung f
kalitesini düşürmek • verschlechtern
kalitesiz • minderwertig
kaliteye ve niteliğe dair • qualitativ
kalkındırma • Umbau m; Wiederaufbau m
kalkınma • Entwicklung f
Kalkınma Bankası • Entwicklungsbank f
Kalkınma Fonu • Entwicklungsfonds m
kalkınma kredisi • Aufbaukredit m; Entwicklungskredit m
kalkınma yardımı • Entwicklungshilfe f
kalkış limanı • Abgangshafen m
kalkülasyon • Kalkulation f
kalkülasyon yapmak • kalkulieren
kalkülatör • Kalkulator m
kalma durumu • Lokativ m
kalmak • bleiben
kalp para • Falschgeld n
kalpazan • Fälscher m; Falschmünzer m; Münzfälscher m
kalpazanlık • Falschmünzerei f; Münzfälschung f
kambist • Kambist m
kambiyo • Geldwechsel m; Umwechselung f; Wechsel m
kambiyo acentesi • Devisenmakler m; Wechselagent m; Wechselmakler m
kambiyo borsaları • Wechselbörsen pl. f
kambiyo bülteni • Kurszettel f
kambiyo bürosu • Wechselstelle f; Wechselstube f
kambiyo hukuku • Wechselrecht n
kambiyo istikrar fonu • Währungsstabilisierungsfonds m
kambiyo işlemleri • Devisengeschäfte pl. n
kambiyo karı • Kursgewinn m
kambiyo kaydı • Valutaklausel f; Währungsklausel f
kambiyo kontrolü • Devisenbewirtschaftung f; Devisenkontrolle f

Fachwörterbuch

kambiyo kuru • Devisenkurs m; Wechselkurs m
kambiyo muameleleri • Geldwechselgeschäfte pl. n; Wechselgeschäfte pl. n
kambiyo murakabesi • Devisenbewirtschaftung f; Devisenüberwachung f
kambiyo paritesi • Währungsparität f; Wechselkurs m; Wechselparität f
kambiyo piyasası • Devisenmarkt m
kambiyo politikası • Devisenpolitik f
kambiyo rejimi • Devisenordnung f
kambiyo senedi • kommerzieller Wechsel m; Handelswechsel m; Warenwechsel m
kambiyo senetleri • Wechselpapiere pl. n
kambiyo sınırlamaları • Devisenrestriktionen pl. f
kambiyo şartı • Fremdwährungsklausel f; Valutaklausel f
kambiyo taahhüdü • Wechselerklärung f; Wechselverbindlichkeit f
kambiyo taahhütlerine ehliyet • Wechselfähigkeit f
kamp sigortası • Camping-Versicherung f
kampanya • Kampagne f
kampanya kredisi • Kampagnekredit m
kamu • Allgemeinheit f; Öffentlichkeit f
kamu arazisi • öffentliches Gelände n
kamu bankası • öffentliche Bank f
kamu borcu • öffentliche Schuld f
kamu çıkarı • öffentliches Interesse n
kamu davası • öffentliche Klage f
kamu davası açma zorunluluğu prensibi • Legalitätsprinzip n
kamu düzeni • ordre public; öffentliche Ordnung f
kamu erki • öffentliche Gewalt f
kamu faydası • Beschluss m über Gemeinnützigkeit f; Gemeinnützigkeit f
kamu geliri ve harcamalarını yönetme bilimi • Finanz f; Finanzwesen n
kamu hakkı • öffentliches Recht n
kamu hakları • Grundrechte pl. n
kamu hizmeti • öffentlicher Dienst m
kamu hizmeti görme • Versorgungsbetrieb m
kamu hizmetleri maliyeti • Kosten pl. der Versorgungsdienste pl. m

kamu hizmetlerinden yasaklık • Aberkennung f der bürgerlichen Ehrenrechte pl. n; Entziehung f der bürgerlichen Ehren pl. n; Unfähigkeit f zur Bekleidung f öffentlicher Ämter pl. n
kamu hukuku • öffentliches Recht n; Staatsrecht n
kamu iktisadi teşebbüsleri • öffentliche Unternehmung f; staatliches Wirtschaftsunternehmen n
kamu işletmesi • gemeinwirtschaftlicher Betrieb m; öffentliche Unternehmung f; öffentlicher Betrieb m; Staatsbesitz m
kamu kaynakları • öffentliche Mittel pl. n
kamu kesimi • öffentliche Hand f
kamu kurumları • öffentliche Anstalten pl. f
kamu kurumu • Anstalt f des öffentlichen Rechts n
kamu malı • Gemeingut n; Staatsdomäne f; Staatseigentum n
kamu malları • öffentliche Sachen pl. f; öffentliches Eigentum n; Staatsgüter pl. n
kamu menfaatı • öffentliches Interesse n
kamu muhasebecisi • Wirtschaftsprüfer m
kamu mülkü • Staatsdomäne f
kamu nizamına aykırı davranış • Ordnungswidrigkeit f
kamu sektörü borçlanma gereği • Schuldenbedarf m des öffentlichen Sektors m
kamu sosyal yardım örgütü • Fürsorgeeinrichtung f
kamu suçu • Offizialdelikt n; Offizialvergehen n
kamu şirketi • Aktiengesellschaft f
kamu taşıyıcısı • gewerbsmässiger Frachtführer m
kamu teşebbüsü • öffentlicher Betrieb m
kamu tüketimi • Staatsleistung f
kamu tüzel kişileri • juristische Personen pl. f des öffentlichen Rechts n; Körperschaften pl. f des öffentlichen Rechts n
kamu tüzel kişilerinin malları • öffentliche Sachen pl. f; öffentliches Eigentum n
kamu yararı • Gemeinnutz m; Gemeinnützigkeit f; Gemeinwohl n;

Mesleki Terimler Sözlüğü

öffentliches Interesse f; Staatswohl n; Wohl n der Allgemeinheit f
kamu yararı için devletin kişisel haklara müdahale yetkisi • Notrecht n
kamu yararı üzerine verilmiş karar • Beschluss m über Gemeinnützigkeit f
kamu yararına • öffentlich-sozial
kamu yararına olan • gemeinnützig
kamu yararlı dernek • gemeinnütziger Verein m
kamu zararına olan • gemeinschädlich
kamulaştırma • Enteignung f; Enteignung f von Grundeigentum n; Enteignung f von beweglichen Sachen pl. f; Nationalisierung f; Vergesellschaftung f; Verstaatlichung f; Zwangsenteignung f
kamulaştırma hukuku • Enteignungsrecht n
kamulaştırma usulü • Enteignungsverfahren n
kamulaştırmak • enteignen; vergesellschaften; verstaatlichen
kamunun düşüncesi • öffentliche Meinung f
kamunun sahip olduğu mal • Staatseigentum n
kamuoyu • öffentliche Meinung f; Öffentlichkeit f; Volksmeinung f
kamuoyu yoklaması • Meinungsforschung f
kamusal • öffentlich
kamusal makamlar • Willensträger f
kamuya faydalı dernek • gemeinnütziger Verein m
kamuyu aydınlatma • Publizität f
kamyon • Lastkraftwagen m
kamyonda teslim • frei Lastkraftwagen m
kamyonet • Lieferwagen m
kan • Blut n
kan davası • Blutrache f
kan hısımlığı • Blutsverwandtschaft f
kan hısımlığından • leiblich
kan hısmı • Blutsverwandter m
kanaat • Überzeugung f; Votum n
kanaat verici • glaubwürdig
kanaat verici olma • Glaubwürdigkeit f
kanal • Kanal m; Leitung f
kanal resmi • Befahrungsabgaben f
kançılarya • Konsulatskanzlei f
kandırma • List f; Verführung f

kandırmak • lügen
kanıt • Beweis m; Nachweis m
kanıtlama • Glaubhaftmachung f
kanıtlamak • beweisen; nachweisen
kanonik hukuk • kanonisches Recht n ; Kirchenrecht n
kantitatif • quantitativ
kantite • Quantität f
kanton • Kanton m
kanton anayasası • Kantonsverfassung f
kanun • Bill f; Gebot n; Gesetz n; Recht n; Statut n
kanun çıkarmak • Gesetz n ergehen lassen; Gesetz n erlassen; Gesetz n verabschieden
kanun değişikliği • Gesetzesbestimmung f
kanun harici • aussergesetzlich
kanun hükmü • Bestimmung f des Gesetzes n; Rechtsvorschrift f
kanun hükmünde kararname • Dekret n; Regierungserlass m
kanun koyan • Gesetzgeber m; legislatorisch
kanun koyma • Gesetzgebung f
kanun koyma yetkisi • Gesetzgebungskompetenz f
kanun koyucu • Gesetzgeber m
kanun lafzına göre • formalrechtlich
kanun layihası • Gesetzesentwurf m
kanun maddelerinin kasten yanlış tatbiki • Rechtsbeugung f
kanun maddesi • Gesetzesartikel m; Paragraph m
kanun maddesine göre • dem Gesetzesartikel m gemäß
kanun metni • Gesetzestext m; Text m des Gesetzes n
kanun namına • im Namen m des Gesetzes n
kanun nazarında geçerli • zu Recht n beständig
kanun önünde eşitlik • Gleichheit f; Gleichheit f vor dem Gesetz n
kanun paragrafı • Paragraph m eines Gesetzes n
kanun tasarısı • Gesetzesentwurf m
kanun taslağı • Bill f
kanun teklif hakkı • Initiativrecht n; Vorschlagsrecht n

Fachwörterbuch

kanun teklifi • Gesetzesvorlage f; Gesetzesvorschlag m; Vorlage f
kanun teklifi hakkı • Initiativrecht n
kanun teklifi sunmak • Gesetzentwurf m einbringen; Gesetzesvorlage f unterbreiten
kanun teklifi teşebbüsü • Initiativantrag m
kanun vazı • Gesetzgeber m; Gesetzgebung f
kanun ve vicdana uygun olarak • nach Recht n und Billigkeit f
kanun yolları • Rechtsmittel n
kanun yorumu • Auslegung f des Gesetzes n
kanuna aykırı • gesetzwidrig; illegal; ungesetzlich; widerrechtlich
kanuna aykırı akit • gesetzwidriger Vertrag m
kanuna aykırı hukuki muamele • Rechtsgeschäft n
kanuna aykırı işler yapma • rechtswidriges Handeln n
kanuna aykırılık • Gesetzeswidrigkeit f
kanuna dayanarak • de jure
kanuna ilave • Gesetzesnovelle f
kanuna karşı • Gesetzesumgehung f
kanuna karşı gelme • Illegalität f
kanuna karşı hile • Gesetzesumgehung f; Umgehung f des Gesetzes n
kanuna riayet etmek • Gesetz n befolgen
kanuna uygun • gesetzmässig; legal; legitim
kanuna uygun olma • Legitimität f
kanunda boşluk • Gesetzeslücke f; Lücke im Gesetz f
kanundan doğan borçlar • gesetzliche Schuldverhältnisse pl. n; gesetzliche Schuldverpflichtung f; Legalobligationen pl. f
kanundışı • illegal
kanundışı ödeme • Kickback m
kanunen • von Rechts n wegen
kanunen bağlayıcı • rechtsverbindlich
kanunen öngörülmüş sosyal sigorta yardımı • Pflichtleistung f
kanuni • gesetzlich; legal
kanuni beyyine sistemi • gesetzliche Beweisregel f; Prinzip n der gesetzlichen Beweisregeln pl. f

kanuni defterler • gesetzlich vorgeschriebene Bücher pl. n
kanuni faiz • gesetzlicher Zins m
kanuni faiz nispeti • gesetzlicher Zinsfuss m
kanuni haklardan mahrum edilmiş kimse • rechtlos
kanuni haklardan mahrumiyet • Rechtlosigkeit f
kanuni hükümler • gesetzliche Vorschriften pl. f
kanuni ihtiyat nispeti • gesetzlicher Rücklagesatz m
kanuni ihtiyatlar • gesetzliche Rücklagen pl. f
kanuni ikametgah • Sitz m
kanuni ipotek • gesetzliche Hypothek f; gesetzliches Grundpfand n; Grundschuld f; Zwangshypothek f
kanuni itiraz yolları hakkında bilgi verme • Rechtsbehelfsbelehrung f; Rechtsmittelbelehrung f
kanuni karine • gesetzliche Vermutung f
kanuni karşılık oranı • Reservensatz m; Reservensoll n
kanuni karşılıklar • gesetzliche Rücklagen pl. f
kanuni mesai saatleri • gesetzlich festgelegte Arbeitszeit f
kanuni mesuliyet sigortası • gesetzliche Haftpflichtversicherung f
kanuni mirasçı • gesetzlicher Erbe m; Intestaterbe m
kanuni mirasçılar • gesetzliche Erben pl. m; Intestaterben pl. m
kanuni mümessil • gesetzlicher Vertreter m
kanuni nedenlere dayanarak karar verme • de jure Anerkennung f
kanuni olmayan • Illoyalität f
kanuni rehin hakkı • gesetzliches Pfandrecht n
kanuni sigorta • gesetzliche Versicherung f; Zwangsversicherung f
kanuni süre • gesetzliche Frist f
kanuni şartlar • gesetzliche Erfordernisse pl. n; gesetzliche Voraussetzungen pl. f; Tatbestandsmerkmale pl. n
kanuni şufa hakkı • gesetzliches Vorkaufsrecht n

Mesleki Terimler Sözlüğü

kanuni temlik • Forderungsübergang m kraft Gesetzes n; gesetzlicher Rechtsübergang m; Übergang m kraft Gesetzes n
kanuni temsilci • gesetzlicher Vertreter m
kanuni unsurlar • Tatbestandsmerkmale pl. n
kanuni yardım • gesetzliche Unterstützung f
kanuni yasal defterler • gesetzliche Bücher pl. n
kanuni yedek akçeler • gesetzliche Reserven pl. f; gesetzliche Rücklagen pl. f
kanuni yol • Rechtsmittel n
kanuniyet • Rechtmässigkeit f
kanunla düzenleme • gesetzliche Regelung f; Regelung f
kanunlar bütünü • Kodex m
kanunlar ihtilafı • Gesetzeskollision f; Gesetzeskonflikt f; Kollisionsrecht n; Statutenkollision f
kanunlar külliyatı • Kodex m
kanunlar mecmu • corpus juris n
kanunlara uygunluğu saklı tutma • Rechtsvorbehalt m
kanunlara uygunluk • Gesetzlichkeit f
kanunlara uymak • Gesetze pl. n achten
kanunlara vakıf olma • gesetzeskundig
kanunları bir külliyatta toplamak • kodifizieren
kanunları çiğneme • Gesetzesübertretung f
kanunların alınması • Rezeption f der Gesetze pl. n
kanunların anayasaya aykırılığı • Verfassungswidrigkeit f der Gesetze pl. n
kanunların çatışması • Gesetzeskollision f; Gesetzeskonflikt m; Statutenkollision f
kanunların değiştirilmesi • Gesetzesnovelle f
kanunların iktibası • Rezeption f der Gesetze pl. n
kanunların ilanı • Verkündung f der Gesetze pl. n
kanunların kodlanarak biraraya getirilmesi • Kodifikation f
kanunların mülkiliği • Territorialitätsprinzip n
kanunların neşri • Veröffentlichung f der Gesetze pl. n
kanunların şahsiliği • Personalitätsprinzip n; Personalprinzip n
kanunname • Code m; Gesetzbuch n
kanunsuz • gesetzlos; illegal
kanunsuz muameleyi kanuni yollarla örtbas etmeye çalışma • Rechtsverdrehung f
kanunsuz silah kullanma • rechtswidriger Waffengebrauch m
kanunsuzluk • Gesetzlosigkeit f; Illegalität f; Illegitimität f
kanunu bilmemek mazeret değildir • Unkenntnis f schützt vor Strafe f nicht
kanunu çiğneme • Verletzung f des Gesetzes n
kanunu çiğnemek • Gesetz n durchbrechen; Gesetz n überschreiten; sich gegen das Gesetz n vergehen
kanunu değiştiren ilave • Gesetzesnovelle f; Novelle f
kanunu muvakkat • Notverordnung f
kanunu tamamlayan ilave • Gesetzesnovelle f; Novelle f
kanunu tatbik etmek • Gesetz n üben
kanunun geçerliliği • Gesetzeskraft f
kanunun ihlali • Übertretung f des Gesetzes n
kanunun kıyasen tatbiki • analogische Anwendung f des Gesetzes n
kanunun koruyuculuğu • Schutz m des Gesetzes n
kanunun lafzı • Wortlaut m des Gesetzes n
kanunun resmen ilanı • Promulgation f eines Gesetzes n
kanunun ruhu • Geist m des Gesetzes n
kanunun ruhuna uygun olarak • im Sinne m des Gesetzes n
kanunun tatbiki • Anwendung f des Gesetzes n; Rechtsanwendung f; Subsumption f unter das Gesetz n
kanunun uygulamasını düzenleyen kanun • Einführungsgesetz n
kanunun uygulanması • Anwendung f des Gesetzes n; Rechtsanwendung f; Subsumption f unter das Gesetz n
kanunun yayınlanması • Erlass m des Gesetzes n
kanunun yeni kanunla yürürlükten kaldırılması • Abrogation f des Gesetzes n

Fachwörterbuch

kanunun yorumu • Gesetzauslegung f
kanunun yürürlükten kaldırılması •
 Aufhebung f des Gesetzes n; Derogation f
kanununu hükümsüz kılmak • Gesetz n
 für ungültig erklären
kaos • Chaos n
kap • Umschliessung f
kapalı • geschlossen; versteckt
kapalı deniz • Binnenmeer n;
 geschlossenes Meer n
kapalı mevsim • Schonfrist f
kapalı oturum • Ausschluss m der
 Öffentlichkeit f; geheime Sitzung f
kapalı oy kabini • Wahlzelle f
kapalı uçlu menkul kıymet yatırım ortaklığı • geschlossener Anlagefonds m
kapalı uçlu yatırım ortaklığı •
 geschlossene Investmentgesellschaft f
kapalı zarf usulüyle artırma • Submission
 f bei versiegeltem Angebot n
kapalılık • Schliessung f; Verschluss m
kapama • Schliessung f
kapamak • abschliessen; absperren;
 rückdecken; schliessen
kapanış • Schluss m
kapanış bilançosu • Endstand m;
 Jahresabschlussbilanz f; Schlussbilanz f
kapanış emri • at the close order
kapanış fiyatı • Schlusskurs m;
 Schlussnotierung f
kapanış kaydı • Abschlussbuchung f
kapanış protokolü • Schlussprotokoll n
kapanış sonrası mizanı • Probebilanz f
 nach Abschluss m der Erfolgskonten pl. n
kapanış tarihi • Abschlusstermin m
kapanma • Schliessung f
kapantı • Verschluss m
kapantılı • Verschlusslaut m;
 Vollverschlusslaut m
kaparo • Akontozahlung f; Angeld n;
 Draufgabe f; Handgeld n
kapasite • Beschäftigungsgrad m; Kapazität
 f; Leistungsfähigkeit f; Potential n;
 Volumen n
kapasite etkeni • Kapazitätseffekt m
kapasite farkı • Beschäftigungsabweichung
 f; Kapazitätsabweichung f; Leerkosten pl.
kapasite kullanım oranı •
 Ausnutzungsgrad m

kapasite kullanımı • Beschäftigungsgrad
 m; Kapazitätsauslastung f
kapasite maliyetleri • fixe Kosten pl.
kapasite varyansı •
 Beschäftigungsabweichung f
kapasitenin altında çalışma •
 Unterbeschäftigung f
kapasitesinden fazla kişi almak •
 überbelegen
kapasitesinden fazla yüklemek •
 überfrachten
kapatılmamış • unbezahlt
kapatılmış hesap • abgeschlossenes
 Konto n
kapatma • Sperre f
kapatmak • einschliessen, einsperren;
 festsetzen; löschen; saldieren
kapıcı • Hausmeister m
kapital • Kapital n
kapital faizi • Kapitalzins m
kapitalin sağladığı kar üzerinden alınan vergi • Kapitalertragssteuer f
kapitalizasyon • Kapitalisierung f
kapitalizasyon oranı • Aktivierungsrate f
kapitalizm • Kapitalismus m
kapitülasyon • Fremdenprivilegien pl. n
kapitülasyonlar • Kapitulationen pl.
kaplam • Extension f
kapora • Handgeld n
kapora yatırma • Anzahlung f
kapsam • Gehalt m
kapsama • Ausdehnung f
kapsamak • ausdehnen; beinhalten;
 verkörpern
kapsamına almak • einbeziehen;
 einschliessen; umfassen
kapsamlayış • Synekdoche f
kapsamlı okuma • extensives Lesen n
kapsayabilen • fungibel
kaptan • Kapitän m; Schiffer m
kaptılmamış • rückständig
kar • Ausbeute f; Gewinn m; Interesse n;
 Profit m; Überschuss m; Vorteil m;
 Wucher m
kar alma • Gewinnrealisation f
kar amaçsız işletme • gemeinnütziges
 Unternehmen n; Non-Profit-
 Organisation f
kar bırakmak • rentieren

Mesleki Terimler Sözlüğü

kar dağıtım planı • Gewinnbeteiligungsplan m
kar dağıtım politikası • Dividendenpolitik f
kar dağıtımı • Dividendenausschüttung f; Gewinnausschüttung f; Gewinnverteilung f
kar dağıtmak • ausschütten
kar grafiği • Gewinnschwellen-Diagramm n
kar hissesi • Gewinnanteil m
kar karşılığı verilen hisse • Gratisaktie f
kar komisyonu • Gewinnbeteiligung f
kar kuponu • Abschnitt m
kar marjı • Gewinnquote f; Gewinnspanne f; Handelsspanne f; Verdienstspanne f
kar merkezi • Erfolgsstelle f
kar oranı • Gewinnrate f
kar ortaklığı • Gewinnbeteiligung f
kar payı • Bonus m; Dividende f; Gewinnanteil m
kar payı birikimli öncelikli hisse senedi • kumulative Vorzugsaktie f
kar payı birikimsiz öncelikli hisse senedi • unkumulative Vorzugsaktie f
kar payı dağıtım politikası • Gewinnausschüttungspolitik f
kar payı dağıtımı • Gewinnausschüttung f
kar payı getirisi • Dividendenertrag m
kar payı kuponu • Dividendenschein m; Gewinnanteilschein m; Coupon m
kar payı ve faiz gelirinden kesilen vergi • Kapitalertragssteuer f
kar payları birikmiş hisse senedi • kumulative Aktien pl. f
kar paylarının ödenmemesi • Dividendenausfall m
kar paylaşımı • Tantieme f
kar planlaması • Gewinnplanung f
kar ve zarar • Gewinn m und Verlust m
kar ve zarar durumu • Wirtschaftlichkeit f
kar ve zarar hesabı • Erfolgsrechnung f; Ergebnisrechnung f; Ertragsrechnung f; Gewinn- und Verlustkonto n; Gewinn- und Verlustrechnung f
kar ve zarar tablosu • Gewinn- und Verlustrechnung f
kar ve zararın bölüşüldüğü bir iş • Metageschäft n
kar ve zararın bölüşüldüğü işi yapan • Metist m
kar ve zararın paylaşılması • Metageschäft n
kara • schwarz
kara bağlı tahvil • Gewinnschuldverschreibung f
kara cuma • schwarzer Freitag m
kara harbi hukuku • Landkriegsrecht n
kara iştirak • Gewinnbeteiligung f
kara iştirak payı • Tantieme f
kara iştiraklı tahvil • gewinnbeteiligte Obligation f
kara katılma • Gewinnbeteiligung f
kara katılma hakkı • Gewinnbeteiligungsrecht n
kara kuvvetleri • Heer n
kara liste • Cavete Liste; schwarze Liste f
kara nakil aracı • Landfahrzeug n
kara nakliyatı • Landfrachtgesellschaft f
kara nakliyatı navlunu • Landfracht f
kara savaşı • Landkrieg m
kara savaşı hukuku • Landkriegsrecht n
kara serveti • Landvermögen n
kara tahta • Wandtafel f
kara taşımacılığı • Strassentransport m
kara taşımacısı • Strassentransportunternehmer m
kara ticareti hukuku • Landhandelsrecht n
karaborsa • Schleichhandel m; schwarze Börse f; schwarzer Markt m; Schwarzhandel m; Schwarzmarkt m
karaborsa ticaret • Schwarzhandel m
karaborsacı • Schleichhändler m; Schwarzhändler m
karakol • Polizeiwache f; Revier n; Wache f; Wachtposten m
karakter • Beschaffenheit f; Charakter m; Natur f; Prägung f; Struktur f
karakter eğitimi • Charaktererziehung f
karakter testi • Charaktertest m
karakterbilim • Charakterologie f
karakteristik • Kennzeichen n
karakterize etmek • charakterisieren
karantina • Quarantäne f
karar • Anordnung f; Ausspruch m; Austrag m; Befinden n; Bescheid m; Beschluss m; Entscheid m; Entscheidung f; Entschluss m; Erkenntnis f; Richterspruch m; Spruch m; Urteil n;

Fachwörterbuch

Urteilsspruch m; Verfügung f ;
Verhängung f
karar ağacı • Entscheidungsbaum m
karar alabilecek çoğunluğun mevcudiyeti
• Beschlussfähigkeit f
karar alma • Beschlussfassung f;
Entschliessung f
karar bozma • Aufhebung f und
Zurückverweisung f des Urteils n
karar gerekçesi • Entscheidungsgrund m
karar için gerekli çoğunluğu haiz •
beschlussfähig
karar ittihaz eyleyen idare •
beschliessende Verwaltungsbehörde f
karar ittihazı • Beschlussfassung f
karar sureti • Urteilsausfertigung f
karar verememek • zögern
karar verme • Entscheiden n
karar verme hürriyeti •
Entscheidungsfreiheit f
karar verme süresi • Bedenkfrist f
karar vermek • beschliessen; bestimmen;
entscheiden; Entscheidung f fällen ;
Entscheidung f treffen; Entschluss m
fassen; festlegen; Recht n sprechen; sich
entschliessen; Urteil n fällen; verfügen;
verhängen
karara bağlamak • austragen; entscheiden
karara bağlanmamış dava • schwebendes
Verfahren n
karara bağlanmamış muameleler •
schwebende Geschäfte pl. n
karara bağlanmamış olmak • schweben
karara itiraz etmek • Urteil n anfechten
karara katılma • Mitbestimmung f
karara varmak • Beschluss m fassen
kararda söz sahibi olma • Mit-
bestimmung f
kararı bozma • Zurückweisung f des
Urteils n
kararı etkilemek • präjudizieren
kararı infaz etmek • Urteil n vollstrecken;
Urteil n vollziehen
kararı iptal etmek • Urteil n anfechten
kararı tefhim etmek • Urteil n verkünden
kararı temyiz etmek • gegen das Urteil n
Berufung f einlegen
kararın bozulması • Kassierung f eines
Urteils n

**kararın daha yüksek mahkeme
tarafından bozulması** • Kassation f
kararın isabetliliği • Bündigkeit f des
Urteils n
kararın tefhimi • Rechtsspruch m;
Urteilsverkündung f
kararın tenfizi • Urteilsvollstreckung f
kararlaştırılan yerde • loco citato
kararlaştırıldığı üzere •
vereinbarungsgemäss
kararlaştırılmış gün • Termin m
kararlaştırmak • abmachen; absprechen;
ausrichten; bedingen; stipulieren;
verabreden
kararlılık • Stabilisierung f
kararname • Bestimmung f; Dekret n;
Erlass m; Ministerialerlass m;
Ministerratsbeschluss m; Notverordnung
f; Regierungsbeschluss m; Verordnung f
kararname çıkarmak • Dekret n erlassen;
dekretieren
kararsız • inkonsequent
kararsız durum • Schwebezustand m
kararsızlık • Inkonsequenz f; Instabilität f
kararsızlık durumunda geçen süre •
Schwebezeit f
karasuları • Küstengewässer pl. n;
Territorialgewässer pl. n
karasuları taşımacılığı • Küsten-
schiffahrt f
karaya çıkarma • Auslieferung f;
Einlagerung f; Löschung f
karaya oturan gemilerin nizamnamesi •
Strandungsordnung f
karaya oturma • Auflaufen n; Scheitern n;
Strandung f
karaya oturmak • auflaufen; stranden
karaya oturtma • freiwillige Strandung f
karaya oturtmak • auf Strand m setzen
Karayolları Trafik Kanunu •
Strassenverkehrsgesetz n
Karayolları Trafik Nizamnamesi •
Strassenverkehrsordnung f
karayolu trafiği • Strassenverkehr m
karçınma • Unterlassung f
**kardan doğan ve ortaklarca çekilebilen
özsermaye unsuru** • Gewinnrücklage f
kardan pay alan tahvil •
Gewinnschuldverschreibung f
kardan pay alma • Gewinnbeteiligung f

Mesleki Terimler Sözlüğü

kardan pay alma hakkı • Gewinnbeteiligungsrecht n
kardeşçe • brüderlich
kardeşler • Geschwister pl.
kardeşlik • Brüderlichkeit f
kargaşalık • Unruhe f
kargo • Ladung f
kargo sigortası • Transportversicherung f
kar-hacim grafiği • G/U-Diagramm n
karı • Ehegattin f; Frau f; verheiratete Frau f
karı koca • Ehegatten pl.; Eheleute pl.; Ehepaar n
karı koca arasında menkul mallarda ortaklık • Fahrnisgemeinschaft f
karı koca mal münasebetini düzenleyen hukuk • eheliches Güterrecht n
karı koca malları hakkındaki usul • Güterrecht n
karı koca malları hakkındaki usule dair sicil • Güterrechtsregister n
karı koca mallarının idaresi usulü • ehelicher Güterstand m
karı koca mallarının idaresini düzenleyen kanun • eheliches Güterrecht n
karı koca mallarının müştereken idaresi • gemeinschaftliche Verwaltung f des Gesamtgutes n
karı kocanın müşterek malları • Gesamtgut n
karın belli amaçlar için kullanılması • Gewinnverwendung f
karın gerçekleşmesi • Gewinnrealisierung f
karın yatırımın piyasa oranı • Effektivverzinsung f
karının birliği temsil salahiyeti • Schlüsselgewalt f
karışık • chaotisch
karışık ihtiyatlar • gemischte Rücklagen pl. f
karışık kredi • Mischkredit m
karışık para sistemi • Mischgeldsystem n
karışıklık • Chaos n
karışım • Amalgam n; Verschmelzung f
karışma • Einmischung f; Einschreiten n; Vermengung f; Vermischung f
karışmak • einmischen; intervenieren; sich vermischen

karıştırma • Verwechselung f
karıştırmak • vermengen; vermischen; verwechseln
karine • Vermutung f
karine kuvvetindeki delil • mutmasslicher Beweis m
karların yeniden yatırıma aktarılması • Wiederanlage f der Gewinne pl. m
karlı • einträglich; ertragbringend; ertragreich; lohnend; nutzbar; rentabel; vorteilhaft
karlılık • Rentabilität f
karlılık indeksi • Rentabilitätsindex m
karma dil • Mischsprache f
karma eğitim • Koedukation f
karma hesap • gemischtes Konto n
karma okul • Koedukationsschule f
karma sigorta poliçesi • Reise- und Zeitpolice f
karma stok • gemischte Vorräte pl. m
karma yedekler • gemischte Rücklagen pl. f
karmaşa • Komplex m
karmaşık • komplex; kompliziert
karmaşık hale getirmek • komplizieren
karmaşık olmayan • unkompliziert
karşı • entgegen; gegen; konter; wider; widrig
karşı borç • Gegenschuld f
karşı çıkmak • einwenden; sich verwahren
karşı dava • Gegenklage f; Widerklage f
karşı davacı • Gegenkläger m; Widerkläger m
karşı davranmak • entgegenhandeln
karşı delil • Gegenbeweis m
karşı durmak • beharren; entgegentreten
karşı düşmek • entgegenstehen
karşı fikir • Gegenmeinung f
karşı gelmek • reagieren
karşı iddia • Gegenbehauptung f
karşı ifade • Gegenaussage f
karşı ihtilal • Konterrevolution f
karşı koyma • Abwehr f; Entgegensetzung f; Reaktion f; Widerstand m
karşı koymak • abwehren; entgegenarbeiten; entgegensetzen; widerstehen
karşı kusur • Mitverschulden n

Fachwörterbuch

karşı soru yönelterek bilgi isteme • Rückfrage f
karşı suçlama • Gegenbeschuldigung f
karşı şart • Gegenbedingung f
karşı taahhüt • Gegenverpflichtung f
karşı taraf • Gegenpartei f; Gegenseite f; Gegner m
karşı tedbir • Gegenmassnahme f; Gegenmassregel f; Retorsion f
karşı tedbir almak • Gegenmassregel f treffen
karşı tedbirler almak • Gegenmassnahmen pl. f ergreifen
karşı teklif • Gegenangebot n
karşıanlıkçılık • Antimentalismus m
karşılama • Befriedigung f; Empfang m; Empfangnahme f; Erhalt m; Ersatzbefriedigung f; Ersetzung f; Erstattung f; Rückdeckung f
karşılama süresi • Deckungszeit f
karşılamak • abgelten; empfangen; entgegenkommen; ersetzen; erstatten; rückdecken
karşılanabilir • ersetzbar
karşılanmayan talep • Fehlbedarf m
karşılaştırılmak üzere sanığa yazı yazdırma • Schriftvergleichung f
karşılaştırma • Komparation f; Vergleich m
karşılaştırma bazı • Vergleichsbasis f
karşılaştırmacı • Komparatist m
karşılaştırmacılık • Komparatistik f
karşılaştırmalı • komparativ
karşılaştırmalı bilanço • Vergleichsbilanz f
karşılaştırmalı dilbilgisi • vergleichende Garammatik f
karşılaştırmalı eğitim • vergleichende Erziehungswissenschaft f
karşılaştırmalı gelir tablosu • vergleichende Gewinn- und Verlustrechnung f
karşılaştırmalı maliyet • vergleichbare Kosten pl.
karşılaştırmalı rakamlar • Vergleichszahlen pl. f
karşılaştırmalı tablo • Vergleichsübersicht f
karşılaştırmalı veri • Vergleichsdaten pl.

karşılığı altınla ödenecek tahvil • Goldanleihe f
karşılığı bulunan kredi • gedeckter Kredit m
karşılığı teminat altına alınmış tahvil • collateral bond
karşılığı yoktur • Mangel m an Deckung f; ohne Deckung f
karşılığın talep edilmesi • Deckungsforderung f
karşılığında fon bulunan yedek • echte Rücklage f
karşılığında güvence verilerek açılmış hesap • gesichertes Konto n
karşılığını vermek • vergelten
karşılık • Deckung f; Entgelt n; Erwiderung f; Gegenleistung f; Gegenwert m; Kaution f; Notrücklage f; Rückstellungen pl. f; Sicherheit f; Valuta f; Vergütung f; Wechseldeckung f
karşılık azlığı • Unterdeckung f
karşılık bono • Gegenverschreibung f
karşılık esası • Gegenseitigkeitsgrundsatz m
karşılık fazlalığı • Überdeckung f
karşılık fonu • Deckungsmasse f; Deckungsmittel n
karşılık hesabı • Deckungskonto n
karşılık limiti • Deckungsgrenze f
karşılık marjı • Deckungsgrenze f
karşılık meblağ • Ersatzleistung f
karşılık oranı • Deckungsverhältnis n; Rückstellungssatz m
karşılık sigorta • Gegenseitigkeitsversicherung f
karşılık vermek • erwidern
karşılıklar • Deckungsbestand m; Reserven pl. f; Rücklagen pl. f
karşılıklardan inme • Auflösung f von Rückstellungen pl. f
karşılıklı • entgeltlich; gegenseitig; wechselseitig
karşılıklı akit • gegenseitiger Vertrag m; Gegenseitigkeitsvertrag m
karşılıklı akitlerde temerrüt • Verzug m bei gegenseitigen Verträgen pl. m
karşılıklı akreditif • Akkreditiv n auf back to back Basis f

Mesleki Terimler Sözlüğü

karşılıklı alacakların anlaşmalar gereğince birbirlerine mahsup ediimesi • Aufrechnung f; Verrechnung f
karşılıklı alacakların anlaşmalar gereğince netleştirilmesi • Verrechnung f
karşılıklı alacakların yasalar gereğince birbirlerine mahsup edilmesi • Aufrechnung f; Verrechnung f
karşılıklı alacakların yasalar gereğince netleştirilmesi • Verrechnung f
karşılıklı avans • Kredit m gegen Sicherheit f; Lombarddarlehen n; Vorschuss m gegen Sicherheit f
karşılıklı bahis • Totalisator m
karşılıklı çıkar • gegenseitiges Interesse n
karşılıklı davranış • Gegenseitigkeit f
Karşılıklı Ekonomik Yardım Konseyi • Rat m für gegenseitige Wirtschaftshilfe f
karşılıklı etki • Wechselspiel n
karşılıklı hakaret ve yaralama • wechselseitige Beleidigungen pl. f und Körperverletzungen pl. f
karşılıklı hesaplar • Spiegelbildkonten pl. n
karşılıklı iştirak • Schachtelbeteiligung f; wechselseitige Beteiligung f
karşılıklı kredi • back to back loan
karşılıklı menfaat • gegenseitiges Interesse n
karşılıklı sigorta • Gegenseitigkeitsversicherung f; Versicherung f auf Gegenseitigkeit f; wechselseitige Versicherung f
karşılıklı tasarruflar • wechselseitige Verfügungen pl. f
karşılıklı ticaret • Gegenhandel m
karşılıklılık • Gegenseitigkeit f
karşılıksız • gratis; nicht gedeckt; uneinlösbar; unentgeltlich; ungedeckt
karşılıksız avans • Blankokredit m; Blankovorschuss m; ungedeckter Kredit m
karşılıksız çek • Scheck m ohne Deckung f; ungedeckter Scheck m
karşılıksız çekle dolandırıcılık • Scheckbetrug m
karşılıksız çeklerin tedavüle sürülmesi • Umlauf m von ungedeckten Schecks pl. m

karşılıksız kabul • Blankoakzept n
karşılıksız kağıt para ihracı • ungedeckte Notenausgabe f
karşılıksız kredi • Akzeptkredit m; Blankokredit m; offener Kredit m
karşılıksız sözleşme • einseitiger Vertrag m
karşısında • gegenüber
karşısında olmak • dagegen sein; gegen sein; entgegenstehen
karşıt • konträr; Kontra n; kontradiktorisch
karşıt hareket • Wechselspiel n
karşıt poliçe • Rücktratte f
karşıtanlamlı • antonym
karşıtanlamlılık • Antonymie f
karşıtlam • Antithese f
karşıtlama • Antiphrase f; Wortironisierung f
karşıtlar • Gegnerschaft f
karşıtsal • kontrastiv
karşıtsal dilbilim • kontrastive Linguistik f
kartel • Kartell n
kartel içinde birleşmek • kartellieren
kartel mukavelesi • Kartellvertrag m
karteller meydana getirme • Kartellierung f
kartelleşmek • kartellieren
kartoteks • Kartei f; Kartothek f
kartoteks kartı • Karteikarte f
kartvizit • Visitenkarte f
karz • Darlehen n
kar-zarar hesabı • Gewinn- und Verlustrechnung f
kar-zarar tablosu • Gewinn- und Verlustrechnung f
kasa • Geldkassette f; Kasse f; Safe m; Schrankfach n; Tresor m
kasa açığı • Kassendefizit n; Kassenfehlbetrag m; Kassenmanko n; Manko n
kasa açığından sorumluluk • Mankohaftung f
kasa avansı • Kassenkreditzusage f
kasa çıkış defteri • Kassenausgangsbuch n
kasa çıkışları • Kassenausgänge pl. m
kasa dairesi • Stahlkammer f; Tresoranlage f
kasa defteri • Kassenbuch n
kasa durumu • Kassenbericht m; Kassenstatus m

Fachwörterbuch

kasa fazlası • Kassenüberschuss m
kasa fişi • Kassenbeleg m; Kassenschein m
kasa giriş defteri • Kasseneingangsbuch n
kasa giriş günlük defteri • Kasseneingangsjournal n
kasa girişi • Kasseneingang m
kasa hesabı • Kassenkonto n
kasa kolaylığı • Kassenkreditzusage f
kasa makbuzu • Kassenschein m
kasa mevcudu • Barmittel n; Bestand m; Kassenbestand m
kasa odası • Kammeranlage f
kasa sayım fazlası • Kassenüberschuss m
kasa sayım noksanı • Kassendefizit n; Kassenfehlbetrag m
kasa tazminatı • Geldersatz m
kasa tutanağı • Kassenprotokoll n
kasa yevmiyesi • Kassenbuch n
kasadar • Kassenführer m; Kassierer m; Mendant m
kasıt • Absicht f; Vorsatz m
kasıt ve kusur olmaksızın arsa sınırını aşarak inşaat yapma • Überbau m; überbauen
kasıtlı • mit Absicht; vorsätzlich
kasıtsız • absichtslos; unabsichtlich; unbeabsichtigt; unvorsätzlich
kasiyer • Kassierer m
kasko sigorta • Kaskoversicherung f
kasten • absichtlich; mutwilligerweise; wissentlich
kasten adam öldürme • vorsätzlicher Mord m
kasten kendini sakatlama • Selbstverstümmelung f
kasten yanıltmak • vortäuschen
kasten yanlış yorumlamak • missdeuten
kastetmek • bezwecken
kaşif • Entdecker m; Forscher m
karşıtlık • Opposition f
kat irtifakı tapusu • Grundbuchblatt n
kat mülkiyeti • Stockwerkseigentum n
katalog • Katalog m; Prospekt m
katalog fiyatı • Listenpreis m
katar • Zug m
katar malı • Zugartikel m
kategori • Rubrum n
kategorilere ayırmak • untergliedern
katı arbitraj • harte Arbitrage f
katı döviz • harte Währung f
katıksız hapis • Arrest m bei Wasser n und n Brot
katılan • Beitragender m
katılık • Starrheit f
katılımcı memleket • Partnerland n
katılma • Beitritt m; Eintritt m; Einverleibung f; Teilnahme f
katılma belgesi • Anlagefonds m; Anteilschein m; Beteiligungs-Genusschein m; Partizipationsschein m; Trust-Anteilschein m
katılmak • beitreten; teilhaben; teilnehmen; zustimmen
kati • absolut; ausdrücklich; bestimmt; definitiv; endgültig; entscheidend; entschieden; fest; starr; unanfechtbar; unwiderlegbar; unwiderleglich
kati defi • verzögernde Einrede f; zerstörende Einrede f
kati delil • Argument n; unanfechtbarer Beweis m; unwiderlegbarer Beweis m; vollgültiger Beweis m
kati delil göstermek • argumentieren
kati hüküm • endgültige Entscheidung f; endgültiges Urteil n
kati karar • endgültige Entscheidung f; unanfechtbare Entscheidung f
kati karine • Rechtsvermutung f; unwiderlegbare Vermutung f
kati mizan • Probebilanz f
kati netice • Endergebnis n; Schlussergebnis n
kati olmayan karine • widerlegbare Vermutung f
kati teminat • endgültige Sicherheit f
kati yemin • Läuterungseid m
katileşmiş karar • rechtskräftige Entscheidung f
katip • Sekretär m
katiplik • Sekretariat n
katiyet • Bestimmtheit f; Endgültigkeit f; Rechtskraft f; Unbedingtheit f
katkı • Beitrag m; Einlage f; Mehrwert m; Zuschuss m
katkı payı • Unkostenbeitrag m; Deckungsbeitrag m
katkı yaklaşımı • Deckungsbeitragsrechnung f

Mesleki Terimler Sözlüğü

katlanılan maliyetin herhangi bir parçası • Kostenteil m
katlanma • Duldung f
katlanmak • dulden; erleiden; ertragen
katlı opsiyon • Nochgeschäft n
katliam • Massenmord m; Völkermord m
katma • Adjunktion f; Eingliederung f
katma bütçe • Nachtragsbudget n; Nachtragshaushalt m; Zusatzbudget n
katma değer • Mehrwert m; Wertschöpfung f; Wertzuwachs m
katma değer vergisi • Mehrwertsteuer f; Wertzuwachssteuer f
katmak • anhängen; einfügen; einlegen; hinzufügen; hinzusetzen
katmansal dilbilgisi • Stratifikationsgrammaktik f
katsayı • Bemesssungsgrundlage f; Koeffizient m; Ratio f; Verhältnis n
kavga • Schlägerei f; Zwist m
kavram • Begriff m; Vorstellung f
kavramak • auffassen; begreifen; fassen
kavrambilim • Semasiologie f
kavrambirim • Semantem n
kavramsal alan • Begriffsfeld n
kavramsal yazı • Begriffsschrift f; Ideographie f
kavrayış • Auffassen n; Begriff m
kavşak • Fuge f; Junktur f
kayan yazı bandı • Ticker m
kaybetme • Verwirkung f
kaybetmek • einbüssen; verlieren; verwirken
kaybolan mallar • verlorene Gegenstände pl. m
kaybolan şeyin bulunduğu yer • Fundort m
kaybolmak • abhanden kommen; sich verlieren; vergehen; verloren gehen
kaybolmuş mallar • Treibgut n
kaybolmuş menkul kıymetlerin listesi • Oppositionsliste f
kayda bağlı • bedingt
kayda değer • bedeutsam; bemerkenswert; nennenswert
kayda değer tutar • wesentlicher Betrag m
kayda geçmek • überschreiben
kaydetme • Einzeichnung f
kaydetmek • aufzeichnen; bemerken; buchen; einschreiben; eintragen; einzeichnen; notieren; registrieren; umschreiben; übertragen; verzeichnen; vormerken
kaydı hayat şartıyla • auf Lebenszeit f
kaydı hayat şartıyla irat • Leibrente f
kaydı hayat şartıyla toprak kirası • Leibpachtrente f
kaydı hayatla irat akdi • Leibrentenvertrag m
kaydı ihtirazı • Einschränkung f
kaydın değiştirilmesi • Umschreibung f
kaydın iptali • Stornierung f; Stornobuchung f
kaydın terkini • Löschung f einer Eintragung f
kaydın yapıldığı anda yeterli bilgi bulunmaması nedeniyle geçici olarak kullanılan hesap • Interimskonto n
kaydını silmek • auslöschen
kaydırma • Katachrese f
kaydi • nominal
kaydolmak • sich einschreiben lassen
kaygan parite • crawling peg
kayın hısımlığı • Schwägerschaft f
kayınbirader • Schwager m
kayınpeder • Schwiegervater m
kayınvalide • Schwiegermutter f
kayınvalide ve kayınpeder • Schwiegereltern pl.
kayıp • abgängig; Ausfall m; Einbusse f; Schaden m; verloren; Verlust m; verschollen
kayıp eşya bürosu • Fundbüro n
kayıp mallar • verlorene Sachen pl. f
kayıplık • Verschollenheit f
kayıplık kararı • Todeserklärung f
kayırmak • eintreten
kayıt • Aufzeichnung f; Bemerkung f; Bestimmung f; Buchung f; Eintrag m; Eintragung f; Eintritt m; Klausel f; Note f; Posten m; Protokoll n; Registrierung f; Reservat n; Vertragsbedingung f
kayıt değiştirmek • umschreiben
kayıt doğruluğunun denetlenmesi • formelle Buchprüfung f
kayıt hatası • Schreibfehler m
kayıt memuru • Registerführer m
kayıt metni • Buchungstext m

Fachwörterbuch

kayıt tarihi • Buchungsdatum n
kayıt ve bildirim dairesi • Meldeamt n
kayıt ve bildirim formu •
  Anmeldeformular n
kayıt ve şartla sınırlamak •
  verklausulieren
kayıt ve tescil • Anmeldung f; Registratur f
kayıt ve tescil harcı • Anmeldegebühr n
kayıtlara esas oluşturan belge •
  Buchungsunterlage f
kayıtlarda göründüğü halde gerçekte faaliyette bulunmayan firma •
  Scheinfirma f
kayıtlarda gözüken borçlar •
  Buchschulden pl. f
kayıtlardaki stok mevcudu • Buchinventur f
kayıtları tahrif etme • Manipulation f
kayıtların denetlenmesi • Buchprüfung f
kayıtların doğruluğunun denetlenmesi •
  formelle Buchprüfung f
kayıtlı temsilci • registered representative
kayıtlı tüccar • registered trader
kayıtsız • nachlässig; unbedingt
kayıtsız şartsız • bedingungslos; uneingeschränkt
kayıtsızlık • Leichtsinn m
kayıttan çıkarma • Abbuchung f
kayıttan düşme • Löschung f einer Eintragung f
kayıttan silmek • abbuchen; abschreiben
kaymakam • Landrat m
kaymakamlık • Kreisamt n; Landratsamt n
kaynak • Fundstelle f; Geldmittel n; Herkunft f; Quelle f; Ursprung m
kaynak dil • Ausgangssprache f
kaynak gereç • Referenzmaterial n
kaynak kişi • Referenzperson f
kaynak ünite • Referenzeinheit f
kaynakça • Bibliographie f
kaynaklar • Mittel pl. n; Vermögen n
kaynakta kesilen vergi • Abzugssteuer f; einbehaltene Steuer f; Quellensteuer f; Verrechnungssteuer f
kaynaktan vergi kesme •
  Quellenbesteuerung f
kaynaşma • Fusion f
kaynaştırıcı diller • amalgamierende Sprachen pl. f

kaynaştırma eğitimi •
  Integrationsunterricht m
kayyım • Beistand m; Kurator m; Pfleger m; Testamentsvollstrecker m; Verwalter m
kayyımlık • Beistandschaft f; Pflegeschaft f
kayyımlık dairesi • Pflegeamt n
kaza • Bezirk m; Gerichtsbarkeit f; Kreis m; Landkreis m; Rechtspflege f; Unfall m; Unglück n; Unglücksfall m; unvorhergesehenes Ereignis n
kaza aylığı • Unfallrente f
kaza dairesi • Amtsbezirk m; Senat m
kaza fonksiyonu • rechtsprechende Gewalt f; richterliche Gewalt f
kaza hakkı • Jurisdiktion f; Justiz f
kaza kuvveti • rechtsprechende Gewalt f; richterliche Gewalt f
kaza mıntıka • Gerichtssprengel m
kaza sigortası • Unfallversicherung f
kaza sigortası mükellefiyeti •
  Unfallversicherungspflicht f
kaza sigortasınca ödenen geçici işgörmezlik parası • Verletztengeld n
kaza sigortasınca sigortalıya bağlanan aylık • Verletztenrente f
kaza tazminatı • Unfallentschädigung f
kaza tehlikesi • Unfallgefahr f
kaza yerinden kaçma •
  Verkehrsunfallflucht f
kaza yerini terk • Unfallflucht f
kazai • gerichtlich; richterlich
kazai hüküm • richterliches Urteil n
kazai içtihat • Jurisdiktion f; Musterprozess m; Präjudiz n; Rechtsprechung f
kazai kararlar • gerichtliche Entscheidungen pl. f; richterliche Beschlüsse pl. m; richterliche Entscheidungen pl. f; richterliche Urteile pl. n; richterliche Verfügungen pl. f
kazai mıntıka • Gerichtsbezirk m
kazai muamele • gerichtliche Handlung f; Justizakt m
kazai rüşt • Mündigkeitserklärung f; Mündigkeit f kraft Richterspruch m; Volljährigkeitserklärung f
kazai tefsir • richterliche Auslegung f
kazai temlik • Forderungsübergang m kraft Richterspruch m; gerichtlicher

Mesleki Terimler Sözlüğü

Rechtsübergang m; Rechtsübergang m kraft Richterspruch m
kazalardan korunma • Unfallschutz m
kazaları önleme tedbirleri • Unfallverhütung f
kazaların tahkiki • Unfalluntersuchung f
kazanç • Ausbeute f; Einnahme f; Erlös m; Ertrag m; Erwerb m; Gewinn m; Profit m; Profitrate f; Verdienst m; Vorteil m; Wucher m
kazanç durumu • Renditenlage f
kazanç fazlası • Überverdienst m
kazanç getirici • werbend
kazanç getirisi • Gewinnrendite f
kazanç getirmek • Nutzen m abwerfen
kazanç getirmeyen • uneinträglich
kazanç kapasitesinde azalma • Erwerbsminderung f
kazanç sağlamak • profitieren
kazanç ve zarar rakamları • Abschlussziffern pl. f
kazanç vergisi • Einkommenssteuer f; Gewinnsteuer f; Lohnsteuer f
kazanç verimi • Gewinnrendite f
kazançlı • ertragbringend; lohnend; nutzbar; rentabel; vorteilhaft
kazançlı faaliyet • Gewerbebetrieb m
kazandırıcı zamanaşımı yoluyla iktisap • Ersitzung f
kazandırıcı zamanaşımının kesilmesi • Unterbrechung f der Ersitzung f
kazandırmak • zuwenden
kazanılmamış gelir • Kapitalvermögenseinkommen n; unverdientes Einkommen n
kazanılmış • erworben; verdient
kazanılmış gelir • erarbeitetes Einkommen n
kazanılmış hak • wohlerworbenes Recht n
kazanılmış haklar • erworbene Rechte pl. n
kazanın ihbarı • Unfallanzeige f
kazanma • bestehen; Erwerb m; Erwerbung f
kazanmak • anschaffen; bestehen; einnehmen; erhalten; erlangen; erwerben; erwirtschaften; erzielen; gewinnen; herauswirtschaften; verdienen
kazaya karşı grup sigortası • Gruppenunfallversicherung f

kazaya karşı sigorta • Unfallversicherung f
kazaya uğramak • verunglücken
kazazede • Verunglückter m
kazı • Ausgrabung f
kaziyyei muhkeme • Rechtskraft f
kazmak • ausgraben
kefalet • Bürgschaft f; Garantie f; Kaution f; Obligo n; Personalgarantie f; zweitrangige Obligation f
kefalet bonosu • Bürgschaftsschein m; Bürgschaftsurkunde f; Garantieschein m
kefalet karşılığı avans • Kredit m gegen Bürgschaft f
kefalet karşılığı kredi • Bürgschaftskredit m
kefalet komisyonu • Garantieprovision f
kefalet kredisi • Avalkredit m; Kautionskredit m; Verpflichtungskredit m
kefalet mukabili avans • Vorschuss m gegen Bürgschaft f
kefalet senedi • Bürgschaftsbrief m; Bürgschaftsschein m; Bürgschaftsurkunde f; Bürgschein m; Garantieschein m; Verpflichtungsschein m
kefalete mukabil avans • Kredit m gegen Bürgschaft f
kefaletle tahliye • vorläufige Entlassung f
kefaletle tahliye etmek • gegen Kaution f freilassen
kefil • Bürge m; Garant m; Notadresse f
kefil göstermek • Bürgen m stellen
kefil olma • Haftung f; Verbürgung f
kefil olmak • avalisieren; bürgen; Bürgschaft f leisten; einstehen; haften; verbürgen
kefil olunan meblağ • Haftsumme f
kefile kefalet • Afterbürgschaft f
kefile kefil • Afterbürger m; Nachbürge m
kefilin kefili • Gegenbürge m
kefilin teminat olarak ödediği para • Garantiedepot n
kefillik yükümlülüğü • Haftungsschuld f
kekemelik • stottern
kelepir mal • Okkasion f
kelepir satın alma • Gelegenheitskauf m
kelepir ve nadir bulunan mal satıcısı • Raritätenhändler m
kelime • Wort n

Fachwörterbuch

Kellog Misakı • Briand Kellog Pakt m
kemik yaşı • Knochenalter n
kemiksel gelişim • Knochenwachstum n
kemiyet teorisi • Quantitätstheorie f
kemiyette hata • Kalkulationsirrtum m ; Quantitätsirrtum m
kenar • Rand m
kendi adına mukavele yapan taraf • Selbstkontrahent m
kendi adına ticaret yapan kimse • Properhändler m
kendi arzusu ile • freiwillig; gutwillig
kendi başına • selbständig
kendi başına satma • Selbsthilfeverkauf m
kendi geleceğini bizzat tayin etme hakkı • Selbstbestimmungsrecht n
kendi hakkını cebren vikaye • Selbsthilfe f
kendi hesabımıza yapılan iş • Nostrogeschäft n
kendi hesabına muamele • Eigengeschäft n
kendi hesabına ticaret • Eigenhandel m
kendi iradesiyle • willkürlich; eigenwillig
kendi işini kurmak • sich selbständig machen
kendi kaynaklarından finanse olmak • selbstfinanzieren
kendi kendine yeter hale gelme • Verselbständigung f
kendi kendine yeterli olma • Selbstgenügsamkeit f
kendi kendine yeterlilik • Selbstversorgung f
kendi kendine yönetme • Selbstverwaltung f
kendi kendini denetim • self regulation
kendi kendini finanse etme • Eigenfinanzierung f; Selbstfinanzierung f
kendi namına • in eigener Person f; persönlich
kendi namına borçlu • Selbstschuldner m
kendi sermayesinden yatırım • Eigeninvestition f
kendi takdirinde olmak • freistehen
kendi takdirine bırakmak • freistellen
kendiliğindelik • Spontaneität f
kendiliğinden • spontan; unaufgefordert; ungezwungen
kendine gelme • Wiederaufschwung m

kendine güven • Selbstvertrauen n
kendine has • einzigartig
kendine mal etmek • sich aneignen
kendini asarak intihar etmek • sich erhängen
kendini eğitme • Selbsterziehung f
kendini korumaktan yoksun kişi • Wehrloser m
kendini savunma • Selbstverteidigung f
kendini savunmak • sich wehren
kendini yükümlülükten kurtarmak • sich von einer Verpflichtung f freimachen
kendisi • selbst
kendisine ciro edilen • Girat m
kendisine devredilen • Erwerber m; Übernehmer m
kendisine en büyük hisse düşen mirasçı • Haupterbe m
kendisine rücu edilen borçlu • Regressat m
kendisini hasta gibi göstermek • simulieren
kendisini sakatlama • Selbstverstümmelung f
kent okulu • Stadtschule f
kesatlık • Knappheitserscheinung f
kesiklik • Zäsur f
kesilme • Abbruch m; Stockung f; Zäsur f
kesilmek • stocken
kesilmiş hesap • abgeschlossenes Konto n
kesin • definitiv; einwandfrei; endgültig; entscheidend; entschieden; genau; sicher; unanfechtbar
kesin durum • Definitivum n
kesin hesap • Endabrechnung f
kesin hesap kanunu • Staatshaushaltsgesetz n
kesin hüküm • Aburteilung f; endgültige Rechtskraft f; formelle Rechtskraft f; materielle Rechtskraft f; unanfechtbares Urteil n
kesin karar • Endurteil n; rechtskräftiges Urteil n; unanfechtbare Entscheidung f
kesin mehil • Notfrist f
kesin mizan • Probebilanz f
kesin olmayan • fraglich
kesin olmayan durumda • in dubio
kesin olmayan fiyat • Anschlagspreis m
kesin öneri • festes Angebot n
kesin sertifika • endgültige Obligation f

Mesleki Terimler Sözlüğü

kesin sonuç • Endergebnis n
kesin sözleşme • bindender Vertrag m; verbindlicher Vertrag m
kesin tahvil • endgültige Obligation f
kesin teminat • endgültige Sicherheit f
kesin teminat mektubu • Erfüllungsgarantie f
kesin zaruret • dringende Notwendigkeit f
kesinleşmiş • rechtskräftig
kesinleşmiş hüküm • rechtskräftiges Urteil n
kesinleşmiş karar • rechtskräftige Entscheidung f
kesinlik • Endgültigkeit f
kesinti • Aposiopese f; Aposiopesis
kesintili • diskontinuierlich
kesintililik • Diskontinuität f
kesirli sayı • Bruchzahl f; Bruchziffer f
kesit • Schnitt m
kesitleme • Segmentierung f
keskin • scharf
kesme • Schnitt m
kesmek • abbrechen; drosseln; unterbrechen
kestirilebilen • absehbar
kestirilemez • unabsehbar
kestirim testleri • Prognosetests pl. m
keşfetmek • entdecken
keşide • Ziehung f
keşide çeki • Anweisungsscheck m
keşide etmek • trassieren; Wechsel m ziehen
keşide tahvili • ausgeloste Obligation f; gezogene Obligation f
keşide tarihi • Ausstellungsdatum n
keşide ve tediye yeri bir olan poliçe • Platzwechsel m
keşideci • Aussteller m; Trassant m
keşif • Entdeckung f; Überschlag m
keşif ve muayene • Augenschein m; Augenscheinaufnahme f; Autopsie f; Besichtigung f; gerichtlicher Augenschein m; Ortsbesichtigung f
keşif ve muayene etmek • besichtigen
keşif ve muayene külfeti • Untersuchungspflicht f
keşif ve muayene yapmak • in Augenschein m nehmen
keşifname • Kostenanschlag m

ket vurma • Hemmung f
ketumiyet • Verschwiegenheit f
keyfi • eigenmächtig; willkürlich
keyfi davranış • eigenmächtiges Handeln n; Eigenmächtigkeit f
keyfi hareket • Willkürakt m
keyfi muamele • Willkürakt m; willkürliche Handlung f; Willkürlichkeit f
keyfilik • Willkür f
keyfiyet • Beschaffenheit f
keyif verici maddeler • Genussmittel pl. n
Keynes Planı • Keynes-Plan m
kıdem • Dienstalter n
kıdem tazminatı • Abfindungsentschädigung f; Abgangsentschädigung f; Dienstzulage f; Trennungsentschädigung f
kıdem zammı • Alterszulage f; Dienstzulage f
kıdemli uzman • Seniorexperte m
kılavuz • Lotse m
kılavuz öğretmen • Beratungslehrer m
kılavuz programı • Beratungsprogramm n
kılavuz rakam • Richtzahl f
kılavuzluk • Beratung f
kılavuzluk hizmeti • Beratungsdienst m
kılavuzluk yapmak • lotsen
kılgı • Praktik f; Praxis f
kılgın zeka • praktische Intelligenz f
kılgısal • praktisch
kılınış • Aktionsart f
kır bekçisi • Feldhüter m; Feldschützer m
kırdırılmış alacak hesapları • diskontierte Forderungen pl. f
kırdırılmış alacak senetleri • diskontierte Besitzwechsel pl. m
kırıcı • ausfallend
kırılma • Bruch m
kırkambar • Stückgütervertrag m
kırmak • brechen; einbrechen
kırmızı kayıtlı akreditif • red clause Akkreditiv n
kırmızı renkli kayıt • Buchung f in roter Tinte f
kırsal eğitim • ländliche Erziehung f
kırtasiye mağazası • Schreibwarenhandlung f

Fachwörterbuch

kırtasiyecilik • Amtsschimmel m; Bürokratie f; Bürokratismus m
kısa • kurz
kısa hapis • Arrest m
kısa konşimento • short form Konnossement n
kısa mesai • Kurzarbeit f
kısa mesai tazminatı • Ausfallvergütung f
kısa seslem • kurze Silbe f
kısa süre • kurze Arbeitszeit f; kurze Frist f
kısa sürede faydası biten varlık • kurzfristig abnutzbares Wirtschaftsgut n
kısa sürede faydası tükenen varlık • kurzfristig abnutzbares Wirtschaftsgut n
kısa süreli hapis • Arrest m
kısa süreli sözleşme • kurzfristiger Vertrag m
kısa şakacı hikaye yazımı • Anekdoteneintragung f
kısa vade • kurzfristig
kısa vadede çalışacak işçi • Aushilfskräfte pl. f
kısa vadeli • kurzfristig
kısa vadeli borç • kurzfristige Schuld f; kurzfristige Verbindlichkeit f; laufende Verbindlichkeit f; schwebende Schuld f
kısa vadeli borçların uzun vadeli borca dönüştürülmesi • Konsolidierung f der schwebenden Schulden pl. f; Konsolidation f
kısa vadeli devlet borcu • schwebende Schuld f
kısa vadeli istikraz • kurzfristige Anleihe f
kısa vadeli kredi • kurzfristiger Kredit m; Kurzkredit m
kısa vadeli poliçe • kurzfristiger Wechsel m
kısa vadeli senet • kurzfristiger Wechsel m; Wechsel m auf kurze Sicht f
kısa vadeli yatırım • kurzfristige Investition f
kısa yanıtlı test • Test m mit Kurzantwort f
kısalık • Kürze f
kısaltma • Abbreviation f; Kurzwort m; Zeichenkürzung f; Abkürzung f; Kürzung f
kısaltmak • abkürzen; kürzen; verkürzen
kısas • Talion m; Vergeltung f

kısım • Abschnitt m; Abteilung f; Bruchteil m; Part m; Sektion f; Sparte f; Stück n; Teil m; Tranche f
kısım kısım sigorta • Bruchteilversicherung f; Teilversicherung f
kısım şefi • Sachbearbeiter m; Sekretär m
kısımlara ayırmak • einteilen
kısır • unfruchtbar
kısırlaştırma • Sterilisation f; Unfruchtbarmachung f
kısıtlama • Beeinträchtigung f
kısıtlamak • entmündigen
kısıtlanma • Entmündigung f
kısıtlı • Bevormundeter m; Entmündigter m; Mündel n
kısıtlılık • Entmündigung f
kısmak • kürzen
kısmen • einigermassen; partiell; teilweise
kısmen ifa • Teilleistung f
kısmen işlenmiş ürün • Zwischenprodukt n
kısmen ödeme • Teilzahlung f
kısmen ödenmiş hisse senedi • nicht voll gezahlte Aktie f
kısmen tediye • Teilzahlung f
kısmi • teilweise
kısmi bilgiler • Teilerhebung f
kısmi borç senedi • Teilschuldschein m
kısmi butlan • teilweise Nichtigkeit f
kısmi çarter • Raumcharter m
kısmi denetim • begrenzte Prüfung f; Teilprüfung f
kısmi eda • Teilleistung f
kısmi hasar • Teilschaden m
kısmi hüküm • Teilurteil n
kısmi icra • Teilausführung f; Teilleistung f
kısmi ifa • teilweise Erfüllung f
kısmi imkansızlık • teilweise Unmöglichkeit f
kısmi ipotek • Teilhypothek f
kısmi kabul • Teilakzept n
kısmi malik • Teileigentümer m
kısmi malül • Teilinvalide m
kısmi mülkiyet • Teileigentum n
kısmi ödeme • Teilzahlung f
kısmi sevkıyat • Teilsendung f; Teilverladung f; Teilverschiffung f

Mesleki Terimler Sözlüğü

kısmi sigorta • Bruchteilversicherung f; mehrfache Versicherung f; Teilversicherung f
kısmi taahhüt • Teilhaftung f; Teilschuldverschreibung f
kısmi tasarruf • Teileigentum n
kısmi tediye • Teilzahlung f
kısmi teslimat • Teillieferung f
kısmi yükleme • Teilabladung f; Teilverschiffung f
kısmi zilyet • Teilbesitzer m
kısmi zilyetlik • Teilbesitz m
kıstas • Anhaltswert m; Richtwert m
kışın meydana gelen hasar • Auswinterungsschaden m
kışkırtan • Provokateur m
kışkırtıcı • Anstifter m; Aufhetzer m; Aufrührer m; Konspirant m
kışkırtıcı siyasi propaganda • Agitation f
kışkırtma • Aufhetzung f; Aufstachelung f; Provokation f
kışkırtmak • aufhetzen; aufrühren; aufstacheln; konspirieren; provozieren
kışlada hapis cezası • Strafarrest m
kıyas • Analogie f; Gleichnis n; Vergleich m
kıyas etmek • gleichstellen; vergleichen
kıyasıya rekabet • halsabschneiderische Konkurrenz f
kıyasla • gegenüber; im Vergleich zu
kıyaslamak • entgegenstellen; vergleichen
kıyı • Küste f; Strand m; Ufer n
kıyı balıkçılığı • Küstenfischerei f
kıyı hasarı • Landbeschädigung f; Landschaden m
kıyıların tabii afetlere karşı korunması • Küstenschutz m
kıymet • Entgelt n; Preis m; Tauschwert m; Wert m
kıymet biçmek • schätzen
kıymet takdir eden memur • Schätzer m
kıymet takdir etmek • berechnen; bewerten
kıymet takdir komisyonu • Abschätzungskommission f
kıymet takdiri • Schätzung f; Taxe f
kıymet üzerinden • nach dem Wert m
kıymet üzerinden gümrük resmi • ad valorem; Wertzoll m
kıymetini değiştirmek • umwerten
kıymetini takdir etmek • bewerten
kıymetler ve kambiyo borsaları • Fondsbörsen pl. f; Wertpapierbörsen pl. f
kıymetli bir evrakın ciro ve devri • Negoziierung f
kıymetli eşya • Kostbarkeiten pl. f; Wertsachen pl. f
kıymetli eşya mukabili avans • Bevorschussung f von Kostbarkeiten pl. f
kıymetli evrak • Aktien pl. f; begebbares Wertpapier n; festverzinsliche Wertpapiere pl. n; Handelspapiere pl. n; Papier n; Wechselpapiere pl. n; Wertpapiere pl. n
kıymetli evrak depozitosu • Wertpapierdepot n
kıymetli maden çubuğu • Barren m
kıymetli mallar • Wertsachen pl. f
kıymetli senet • Wertpapier n
kız evlat • Tochter f
kız kardeş • Schwester f
kız meslek lisesi • berufsbildendes Gymnasium n für Mädchen pl. f
kız ortaokulu • Mädchenmittelschule f
kız öğrenci • Schülerin f
kız torun • Enkeltochter f
kız yeğen • Cousine f; Nichte f
kızgınlık nöbeti • Wutanfall m
Kızıl Haç • Rotes Kreuz n
Kızılay Cemiyeti • Roter Halbmond m
Kızılhaç Teşkilatı • Rotes Kreuz n
kızlık soyadı • Mädchenname m
kibrit ve çakmak resmi • Zündwarensteuer f
kibrit ve çakmak vergisi • Zündwarensteuer f
kifayetsiz • ungenügend; unzulänglich
kilise • Kirche f
kilise hukuku • Kirchenrecht n
kilit altında muhafaza etmek • verschliessen
kilitlemek • verschliessen
kilitleyerek muhafaza altına alma • Verschliessung f; Verschluß m
kimliğin ispatı • Identitätsnachweis f
kimliğini ispat • Legitimation f
kimlik belgesi • Ausweis m; Legitimationskarte f
kimlik cüzdanı • Legitimationskarte f

Fachwörterbuch

kimlik kartı • Identitätskarte f
kimya • Chemie f
kin • Hass m
kin beslemek • hassen
kip • Modus m
kiplik • Modalität f
kipsel • modal
kipselleştirici • Modalisator
kipselleştirme • Modalisierung f
kira • Miete f; Pacht f; Rente f ; Zins m
kira anlaşmazlıkları • Mietstreitigkeiten pl. f
kira artırımı • Mietsteigerung f
kira bedeli • Leihgebühr f; Miete f; Mietpreis m; Mietzins m; Pacht f; Pachtgeld n; Pachtzins m; Rente f
kira değeri • Mietwert m; Pachtwert m
kira dışı giderler • Mietnebenkosten pl
kira fiyatlarının kontrolü • Mietpreiskontrolle f
kira geliri • Mietertrag m
kira geliri defteri • Mietsaufkommen n
kira geliri sağlayan kişi • Rentner m
kira gideri • Mietskosten pl
kira ile işletilen arazi • Pachtung f
kira ilişkisi • Mietbesitz m; Mietverhältnis n; Pachtbesitz m; Pachtverhältnis n
kira kontratı • Mietkontrakt m
kira kontrolü • Mieterschutz m
kira konusu • Mietsache f
kira mukavelesi • Mietvertrag m; Pachtvertrag m
kira mukavelesinin uzatılması • Verlängerung f des Mietvertrags m
kira münasebetinden doğan tazminat talebi • Ersatzanspruch m aus dem Mietverhältnis n
kira ödemeden • mietfrei
kira sözleşmesi • Miete f; Pacht f
kira süresi • Mietzeit f
kira şartları • Pachtbedingungen pl. f
kira üzerinde anlaşma • Mietregelung f
kira yardımı • Wohngeld n
kira yoluyla işletme • Pachtbetrieb m
kiracı • Befrachter m; Leasingnehmer m; Mieter m; Pächter m
kiracı ile ikinci kiracı arasındaki hukuki münasebet • Untermietsverhältnis n
kiracı tarafından kiralama • Untermiete f

kiracıları koruma kanunu • Mieterschutzgesetz n
kiracının ihbar mükellefiyeti • Anzeigepflicht f
kiracının kiracısı • Aftermieter m; Nachmieter m; Untermieter m
kiracının kiralaması • Untermiete f
kiracının kiraya vermesi • untervermieten; weiterverpachten
kiracının temerrüdü • Verzug m des Mieters m
kiracıyı koruma • Mieterschutz m
kiralama • Befrachtung f; Miete f; Pachtung f
kiralamak • in Pacht f nehmen; mieten
kiralama-satın alma işlemi • .Abzahlungsverkauf m; Teilzahlungsverkauf m
kiralanabilir varlık • vermietbarer Vermögensgegenstand m
kiralanan arazinin üçüncü şahsa kiralanması • Unterpacht f
kiralanan bir şeyi kiracının başka birine kiralaması • untervermieten; unterverpachten
kiralanan işçi • Leiharbeitnehmer m
kiralanan şey • Mietsache f
kiralanmış arazi ve binalar • Zinsgrundstücke pl. n
kiralanmış arsa • Pachtgrundstück n
kiralanmış çiftlik • Pacht f
kiralanmış maddi varlık • Pachtbesitz m
kiralanmış mal • Pachtbesitz m
kiralanmış varlık • Pachtvermögen n
kiralayan • Leasinggeber m; Verfrachter m; Vermieter m; Verpächter m
kiralayanın hapis hakkı • Vermieterpfandrecht n
kiralayanın temerrüdü • Verzug m des Vermieters m
kiralık kasa • Safe m; Schliessfach n
kiranın aktifleştirilmesi • Pachtaktivierung f
kirasız • mietfrei
kiraya verebilir • pachtbar
kiraya veren • Leiher m; Vermieter m; Verpächter m
kiraya veren kiracı • Untervermieter m
kiraya verilen zirai işletme • Pachtgut n
kiraya verme • Vermietung f

Mesleki Terimler Sözlüğü

kiraya vermek • abvermieten; leihen; vermieten
kirli • schmutzig
kirli dalgalanma • schmutziger float
kirli konşimento • Konnossement n mit Vorbehalt m
kisve • Amtstracht f; Robe f; Talar m
kisvet • Amtskleidung f
kişi • Person f
kişi adılı • Personalpronomen n
kişi adları bilimi • Anthroponymie f; Anthroponymik f
kişi başına • pro Kopf
kişi cari hesabı • Personenkonto n
kişi dokunulmazlığı • Unantastbarkeit f der Person f; Unverletzlichkeit f der Person f
kişi eki • Personalendung f
kişi haysiyeti • persönliche Ehre f
kişide yanılma • Personenirrtum m
kişilere ilişkin olmayan hesaplar • Sachkonten pl. n
kişiliği olmayan dernek • Verein m ohne Persönlichkeit f
kişilik • Personalität f; Persönlichkeit f
kişilik bozukluğu • Persönlichkeitsstörung f
kişilik gelişimi • Persönlichkeitsentwicklung f
kişilik testleri • Persönlichkeitstests pl. m
kişinin özel işlemlerinin izlendiği kayıt tutma sistemi • Privatbuchführung f
kişisel • privat
kişisel çıkar • Eigennutz m
kişisel çıkarına göre davranmak • aus Eigennutz m handeln
kişisel danışmanlık • persönliche Beratung f
kişisel finansman şirketi • Personal finance company
kişisel girişim • Einzelunternehmen n
kişisel görüşme • persönliches Gespräch n
kişisel hak • Individualrecht n
kişisel hesap • Personenkonto n
kişisel hürriyet • persönliche Freiheit f
kişisel hürriyete tecavüz • Beeinträchtigung f der persönlichen Freiheit f
kişisel kılavuzluk • persönliche Beratung f
kişisel kredi • Kleinkredit m; persönliches Darlehen n; Privatkredit m
kişisel mükellefiyet anlaşması • Schuldvertrag m
kişisel mülk • bewegliches Gut n; Mobilien pl.
kişisel olmayan hesap • Sachkonto n; totes Konto n
kişisel rapor • persönlicher Bericht m
kişisel sorumluluk • persönliche Haftung f
kişisel sorumluluk sigortası • Privathaftpflichtversicherung f
kişisel tasarruftaki firma • Einzelfirma f
kişisel tasarruftaki şirket • Einzelfirma f
kişisel teminat • persönliche Gewähr f; persönliche Sicherheit f
kişisel varlık • Privatvermögen n
kişisel yargılardan uzak • objektiver Wert m
kişiselcilik • Personalismus m
kişisiz • unpersönlich
KİT (Kamu İktisadi Teşekkülü) • staatliches Unternehmen n mit Handelsrecht n
kitabi hukuk • göttliches Recht n
kitap • Buch n
kitap tanıtma • Buchbesprechung f
kitap yayıncısının başka yayıncıya yaptığı tenzilat • Kollegenrabatt m
kitapçılık • Buchhandel m
kitapla iyileştirme • Bibliotherapie f
kitaplık • Bibliothek f; Bücherregal n
kitaplıkbilim • Bibliothekswissenschaft f
kitle eğitimi • Massenbildung f
kitle iletişim araçları • Massenmedien pl. n
kitle üretimi • Massenproduktion f
klan • Clan m
klasifikasyon • Gliederung f; Klassifizierung f
klasifikasyon acentesi • Klassifikationsagentur f
klasik • klassisch; konventional
klasik insancıllık • klassischer Humanismus m
klasik okul • klassische Schule f
klasik program • klassisches Programm n
klasör • Ordner m
kleptoman • Stehlsüchtiger m

Fachwörterbuch

kleptomani • Stehlsucht f
klinik ruhbilim • klinische Psychologie f
kliring • Abrechnungsverkehr m; Clearing n; Skontration f; Verrechnung f; Verrechnungsverkehr m
kliring açığı • Verrechnungsdefizit n; Verrechnungsschuld f
kliring anlaşması • Clearingabkommen n; Verrechnungsabkommen n
kliring bakiyesi • Abrechnungssaldo m; Liquidationsguthaben n; Verrechnungsbilanz f; Verrechnungsspitze f
kliring bankası • Abrechnungsbank f; Girobank f
kliring borcu • Verrechnungsschuld m
kliring bölgesi • Verrechnungsraum m
kliring dairesi • Verrechnungsstelle f
kliring doları • Verrechnungsdollar m
kliring dövizi • Verrechnungsdevise f
kliring hesabı • Verrechnungskonto n
kliring kuru • Verrechnungskurs m
kliring memleketleri • Verrechnungsausland n
kliring merkezi • Abrechnungsstelle f
kliring muameleleri • Verrechnungsverkehr m
kliring parası • Abkommenswährung f; Verrechnungsdevise f
koca • Ehegatte m; Ehemann m; Gemahl m;
koçan • Souche f; Stammabschnitt m; Talon m
kod • Code m; Schlüssel m
kod numarası • Kennzahl f; Kennziffer f
kodeks • Arzneibuch n
kodifikasyon • Kodifikation f
kodlamak • kodieren; verschlüsseln
kodlanmış • kodifiziert
kol • Bereich m; Reihe f; Unterabteilung f
kolay • leicht; mühelos; simpel
kolayca paraya çevrilemeyen varlıklar • unbewegliche Vermögen pl. n
kolaylaştırmak • erleichtern; helfen
kolaylık • Erleichterung f
kolaylık göstermek • entgegenkommen
kolej • College n
koleksiyon • Sammlung f
kolektif • gemeinschaftlich; kollektiv
kolektif çalışma • Gemeinschaftsarbeit f

kolektif çiftlik • Kolchos n
kolektif ekonomi • Gemeinwirtschaft f
kolektif emir • Sammelauftrag m
kolektif emniyet • kollektive Sicherheit f
kolektif konşimento • Gesamtkonnossement n
kolektif mülkiyet tesisi • Gemeinschaftsanlage f
kolektif sistem • Kollegialsystem n
kolektif sorumluluk prensibi • Kollegialprinzip m
kolektif şirket • Kollektivgesellschaft f; offene Handelsgesellschaft f
kolektivizm • Kollektivwirtschaft f
koli • Bündel n; Frachtstück n; Paket n; Partie f
koli müfredat listesi • Packliste f
kolluk • Polizei f
kolluk kuvveti • Polizei f
komandit ortaklık • Kommanditaktiengesellschaft f; Kommanditgesellschaft f
komandit şirket • Kommanditgesellschaft f
komandit şirketlerde sınırsız sorumlu ortak • unbeschränkt haftender Teilhaber m
komandite • komplementär; persönlich haftender Gesellschafter m; unbeschränkt haftender Teilhaber m
komandite ortak • aktiver Teilhaber m; Komplementär m; persönlich haftender Gesellschafter m
komanditer • Kommanditist m; unbeschränkt haftender Teilhaber m
komanditer ortak • Komanditär m; Kommanditist m; stiller Teilhaber m
komanditör • Kommanditär m; Kommanditist m
kombinasyon • Verknüpfung f
komekon • Comecon
komiser • Kommissar m; Regierungskommissar m
komiserce icra edilen • kommissarisch
komisyon • Ausschuss m; Differenz f; Kommission f; Kommissionsgebühr f; Maklergebühr f; Provision f; Vermittlungsgebühr f
komisyon alacakları • Provisionsguthaben n

Mesleki Terimler Sözlüğü

komisyon ile plasman • komissionsweise Plazierung f
komisyon mukavelesi • Kommissionsvertrag m
komisyon ticareti • Auftragsgeschäft n
komisyon ücreti • Kommission f; Kommissionsgebühr f
komisyon üzerine çalışan temsilci • Provisionsvertreter m
komisyona alınan mal • Kommissionsware f
komisyona verilen mal • Kommissionsware f
komisyoncu • Finder m; Handelsagent m; Kommissionär m; Wiederverkäufer m
komisyoncu malı • Kommissionärware f
komisyonculuk • Kommission f; Kommissionsgeschäfte pl. n; Streckengeschäft n
komisyonculuk ücreti • Courtage f; Maklergebühr f
komite • Arbeitskreis m; Ausschuss m; Gremium n; Kommission f
kompetan • sachkundig
komplo • Komplott n
komplo hazırlamak • komplottieren
komşu • benachbart; Nachbar m
komşu gayri menkulü taciz etme • Immission f
komşu ülke • Nachbarstaat m
komşuluk • Nachbarschaft f
komşuluk hakkı • Nachbarrecht n
komutan • Befehlshaber m; Kommandant m
komün • Gemeinde f; Stadt f
komünizm • Kommunismus m
komünler birliği • Kommunalverband m
konaklama yerleri • Beherbergungswesen n
konfederasyon • Konföderation f; Verband m
konferans • Konferenz f; Tagung f; Veranstaltung f; Vortrag m
konferans vermek • vortragen
kongre • Kongress m; Tagung f
konjonktür • Konjunktur f
konjonktür dalgalanmaları • Konjunkturschwankungen pl. f;
konjonktür hareketleri • Konjunkturbewegungen pl. f

konjonktür yüksekliği • Hochkonjunktur f
konjonktürün düşmesi • Depression f
konkordato • Konkordat n; Nachlassvertrag m; Präventivakkord m; Vergleich m; Zwangsvergleich m
konkordato alacaklılarına tanınan bakiye • Restquote f
konkordato komiseri • Vergleichsverwalter m
konsern • Konzern m
konservatuar • Konservatorium n
konsey • Rat m
konsinasyon • Konsignation f
konsinyatör • Absender m; Empfänger m; Konsignant m; Konsignator m
konsinye • Treuhandgeschäft n
konsinye mal deposu • Konsignationslager n
konsinye olarak • in Konsignation f
konsinye satış • kommissionsweiser Verkauf m
konsinye satış için mal gönderilen kimse • Konsignale m
konsinye satış için malı gönderen kişi • Konsignator m
konsinye stoku • Kommissionslager n
konsinye ticaret • Konsignationshandel m
konsolidasyon • Fundierung f der Staatsschulden pl. f; Fundierung f; Konsolidation f; Konsolidierung f; Stetigung f; Umwandlung f; Umwandlung f der Staatsschulden pl. f
konsolidasyon çalışma tablosu • Konsolidierungsbogen m
konsolidasyon kredisi • Konsolidierungskredit m
konsolide • fundiert
konsolide bilanço • konsolidierte Bilanz f
konsolide borç • feste Schuld f; fundierte Schuld f
konsolide etmek • konsolidieren; zementieren
konsolide finans tabloları • konsolidierter Jahresabschluss m; konsolidierte Finanzausweise pl. m
konsolide hesaplar • konsolidierter Jahresabschluss m
konsolide nakliyat • Sammelladung f
konsolide tahvil • konsolidierte Staatspapiere pl. n; Konsol m

Fachwörterbuch

konsolos • Konsul m
konsoloshane • Konsulat n
konsolosluk • Konsulat n
konsolosluk faturası • Konsulatsfaktur f; Konsulatsrechnung f
konsolosluk görevlileri • Corps consulaire n
konsolosluk mukavelesi • Konsularvertrag m
konsolosluk ücreti • Konsulargebühr f
konsorsiyum • Konsortium n
konsorsiyum bankaları tarafından yapılan işler • Konsortialgeschäft n
konsorsiyum kredisi • Konsortialkredit m
konşimento • Frachtbrief m; Konnossement n; Ladeschein m; Schiffsfrachtbrief m; Seefrachtbrief m; Verladungsschein m
konşimento ile yüklenen yük • Konnossementsladung f
konşimentonun ikinci nüshası • Duplikatfrachtbrief m
konşimentoya temiz imza atmak • reinzeichnen
kontango işlemi • Prolongation f im Reportgeschäft n
kontenjan • Kontingent n
kontenjan tespit etmek • kontingentieren
kontenjan usulü • Kontingentierungssystem n
kontenjana bağlama • Kontingentierung f
kontenjana bağlamak • kontingentieren
konteynir • Container m
konteynir konşimentosu • Container-Konnossement n
konteynirin tamamını dolduran yük • Voll-Containerladung f
konteynirin tamamını doldurmayan yük • Teil-Containerladung f
kontra • konter; Kontra n
kontra hesap • Gegenkonto n
kontrat • Kontrakt m; Vertrag m
kontrgaranti • Rückbürgschaft f; Rückgarantie f
kontrol • Beschau f; Bindung f; Durchsicht f; Inspektion f; Kontrolle f; Lenkung f; Prüfung f; Regie f; Stopp m; Überwachung f
kontrol alanı • Kontrollgebiet n; Willensbereich m

kontrol eden şirket • herrschende Gesellschaft f
kontrol edilebilir maliyet • beeinflussbare Kosten pl.; kontrollierbare Kosten pl
kontrol edilemeyen maliyet • unkontrollierbare Kosten pl
kontrol edilemeyen maliyetler • nicht beeinflussbare Kosten pl.
kontrol etmek • abnehmen; beaufsichtigen; bewirtschaften; kontrollieren; checken; stoppen; überprüfen; überwachen
kontrol hesabı • Hauptbuchsammelkonto n; Kontrollkonto n; Sammelkonto n
kontrol hissesi • Mehrheitsbeteiligung f
kontrol mekanizması • Führungsinstrument n
kontrol tedbiri • Lenkungsmassnahme f
kontrol tedbirleri • Bewirtschaftungsmassnahmen pl. f
kontrole tabi fiyat • Stoppreis m
kontrolör • Abschlussprüfer m; Beschauer m; Dirigent m; Inspektor m; Kontrolleur m; Rechnungsprüfer m
konu • Subjekt n; Betreff m; Gegenstand m; Objekt n; Thema n
konu hakkında yetki • sachliche Zuständigkeit f
konu üzerinde çalışma • Auswertung f
konuda fikrini açıklamak • zur Sache f Stellung f nehmen
konudil • Objektsprache f
konulaştırım • Topikalisierung f
konuşma • Sprache f; sprechen
konuşma bozukluğu • Sprachstörung f
konuşma dili • gesprochene Sprache f
konuşma eğitimi • Spracherziehung f
konuşma özürlüler • Sprachbehinderte pl. m
konuşma özürü • Sprachstörung f
konuşma özürü uzmanı • Logopäde m
konuşmacı • Redner m
konuşmak • sprechen
konuşmama • Nichteinmischung f
konuşucu • Sprecher m
konut • Wohnung f
konut dokunulmazlığı • Hausfrieden m; Unverletzlichkeit f der Wohnung f
konut dokunulmazlığını çiğneme • Hausfriedensbruch n
konut kredisi • Wohnungskredit m

Mesleki Terimler Sözlüğü

konut yapımı • Wohnungsbau m
konut zammı • Wohngeldzuschuss m
konvansiyonel • klassisch; konventionell
konvansiyonel opsiyon • conventional option
konversiyon fiyatı • Wandelparität f; Wandelpreis m
konversiyon • Konversion f
konversiyon farkı • Konversionssoulte f
konversiyon hakkı • Wandelrecht n
konversiyon primi • Wandelprämie f
konvertibilite • Konvertibilität f
konvertibl • konvertibel; konvertierbar
konvertibl olmayan • Nichteinlösbarkeit f
konvertibl öncelikli hisse senedi • konvertierbare Vorzugsaktie f
konvertibl para • konvertierbare Währung f
konvertibl tahvil • Wandelobligation f; Wandelschuldverschreibung f
kooperatif • Genossenschaft f; Verein m
kooperatif bankası • Genossenschaftsbank f
kooperatif birlikleri • Genossenschaftverbände pl. m
kooperatif ortaklarına iade edilen para • Gewinnanteil m in einer Genossenschaft f
kooperatif ortaklarına verilen para • Gewinnanteil m des Genossenschaftsteilhabers m
kooperatif sistemi • Genossenschaftswesen n
kooperatif şirketi • Genossenschaft f
kooperatifler birliği • Genossenschaftsverband m
kooperatifler sicili • Genossenschaftsregister n
koordinasyon • Einheitlichkeit f; Koordination f
koordine etmek • koordinieren
kopukluk • Asyndese f
kopya • Abbild n; Abbildung f; Duplikat n; Durchschlag m; Durchschrift f; Kopie f; Zweitausfertigung f; Zweitschrift f
kopya defteri • Kopierbuch n
kopya etmek • abbilden; reproduzieren
kopyacı • Abschreiber m
kopyacılık • spicken; abschreiben
kopyasını çıkarmak • faksimilieren

kopyayla çoğaltmak • durchschreiben
kordiplomatik • diplomatisches Korps n
korkmak • fürchten; sich ängstigen
korku • Angst f; Besorgnis f; Furcht f
korkutma vasıtası • Abschreckungsmittel n
korkutmak • abschrecken; ängstigen
korporasyon • Korporation f
korporasyonlar hukuku • Korporationsrecht n
korsan • Pirat m
korsanlık • Kaperei f; Seeräuberei f
koru • Forst m
koruma • Betreuung f; Obhut f; Protektion f; Rettung f; Schonung f; Schutz m; Verhütung f; Wahrnehmung f; Wahrung f
koruma altına almak • unterbringen, in Schutz nehmen
koruma sistemi • Protektionismus m
korumak • betreuen; fördern; patronisieren; pflegen; retten; schonen; schützen; verhüten; wahren; wahrnehmen
korunma tedbirleri • Sicherungsmassregeln pl. f
korunmasız • schutzlos
koruyan • Betreuer m
koruyan devlet • Schutzstaat m; Aufnahmestaat m
koruyucu • Hüter m
koruyucu aile • Pflegeeltern pl.
koruyucu anne • Pflegemutter f
koruyucu gümrük vergisi • Schutzzoll m
koruyucu hükümler • Schutzvorschriften pl. f
koruyucu planlı bakım • Instandhaltung f
koşaç • Kopula f
koşul durumu • Essivus m
koşullu • beschränkt; gesperrt
koşuntu • Apposition f
koşut oyun • paralles Spiel n
koşutçuluk • Parallelismus m
kot dışı pazar • quotierter Wertpapiermarkt m
kota • Kontingent n; Quote f
kota alınma • Quotierung f
kota alınmamış menkul kıymetler • unquotierte Wertpapiere pl. n
kota alınmış menkul kıymetler • Börsenwert m
kota almış kimse • Quotenträger m

Fachwörterbuch

kota sistemi • Quotensystem n
kotasyon • Notierung f; Quotation f; Quotierung f
kotasyon listesi • Kursblatt n
kotasyon ücreti • Börseneinführungsprovision f
kotaya göre • quotal
kovma • Entlassung f; Vertreibung f
kovmak • austreiben; vertreiben
kovuşturma • Verfolgung f
koymak • legen; stellen
kök • Wurzel f
köken • Etymon n; Stammwort n; Wurzel f; Ursprung m
köken yakıştırma • Volksetymologie f
kökenbilim • Etymologie f
kökenli olmak • stammen
kökten değişme • Umbruch m
köktencilik • Radikalismus m
köle • Sklave m
kölelik • Sklaverei f
kömür demir ve çelik hisseleri • Montanwerte pl. m
kömür işletmesi • Montangesellschaft f
kömür sahası • Montanbereich n
kömür sanayi • Montanindustrie f
Kömür ve Çelik Birliği • Montangemeinschaft f
köprü kredisi • Überbrückungsdarlehen n; Überbrückungskredit m; Übergangskredit m; Überbrückungskredit m
kör • Blinder m
körler okulu • Sonderschule f für Blinde pl. m
körlük • Blindheit f
kötü • böse; Laster n; schlecht; übel
kötü alışkanlık • Unsitte f
kötü hal • schlechte Aufführung f
kötü hava parası • Schlechtwettergeld n
kötü kullanma • Manipulation f
kötü muamele • Misshandlung f
kötü muamele etmek • misshandeln
kötü niyet • böser Glaube m; böser Wille m; böswillige Absicht f; schlechter Glaube m ; Verstoss m gegen Treu und Glauben; wider Treu und Glauben
kötü niyet olmaksızın • ohne böse Absicht f

kötü niyetle zorluk çıkarmak • schikanieren
kötü niyetli • böswillig
kötü niyetli olma • Böswilligkeit f
kötüleşme • Verschlechterung f
kötüleşmek • sich verschlechtern; sich verschlimmern
kötüleştirmek • verschlechtern; verschlimmern
kötüleyen • lästerlich
kötülük • Übel n
kötüye kullanma • Missbrauch m; rechtswidriges Handeln n; Untreue f
kötüye kullanmak • missbrauchen
köy • Dorf n; Landgemeinde f; Ortschaft f
köy arazisi • Flur f
köy arazisi kayıt kütüğü • Flurbuch n
köy hukuku • Landgemeinderecht n
köy idare heyeti • Dorfgemeinde f
köy muhtarı • Dorfvorsteher m; Ortsvorsteher m
köy nüfusu • Landbevölkerung f
köy okulu • Dorfschule f
krallık • Königreich n
kredi • Kredit m
kredi alma • Geldaufnahme f; Kreditaufnahme f
kredi bankası • Kreditbank f
kredi belgesi • Krediturkunde f
Kredi Birliği • Credit Union
kredi çarpanı • Kreditmultiplikator m
kredi değerliliği • Bonität f; Kreditfähigkeit f; Kreditrahmen m; Kreditwürdigkeit f
kredi değerliliğinin belirlenmesi • Krediteinschätzung f
kredi denetimi • Kreditüberwachung f
kredi deplasmanı • Kreditüberschreitung f; Kreditüberziehung f
kredi faizi • Zinsgutschrift f
kredi geri ödemesi • Kreditrückführung f
kredi hesabı • Einschusskonto n; Kreditorenrechnung f
kredi ile almak • borgen
kredi ile satın alma • Kreditkauf m
kredi ile satış • Verkauf m auf Ziel n; Zielkauf m
kredi incelemesi • Kreditüberwachung f
kredi indirimi • Kreditschnitt m

Mesleki Terimler Sözlüğü

kredi işlemleri • Kreditgeschäft n
kredi işleri • Kreditwirtschaft f
kredi kartı • Kreditkarte f
kredi komisyonu • Kreditkommission f
kredi kontrolü • Kreditdirigismus m; Kreditkontrolle f
kredi kooperatifi • Kreditgenossenschaft f
kredi kuruluşları • Kreditinstitut n
kredi limiti • Kreditgrenze f; Kreditplafond m; Kreditrahmen m
kredi marjı • Kreditgrenze f
kredi mektubu • Akkreditiv n; Kreditbrief m
kredi meydana getirme • Kreditschöpfung f
kredi müşterisi • Kreditkunde m
kredi notası • Gutschriftanzeige f
kredi özel fonu • Kreditsonderfonds m
kredi piyasası • Kreditmarkt m
kredi plafonu • Kreditplafond m
kredi protokolü • Kreditprotokoll n
kredi riski • Kreditrisiko n
kredi sağlama • Kreditversorgung f
kredi sahtekarlığı • Kreditbetrug m
kredi sigortası • Kreditversicherung f
kredi sınırı • Kreditgrenze f; Kreditlimit n; Kreditplafond m; Kreditzuwachsbegrenzung f; Rahmenkredit m; Transferkredit m
kredi sınırlaması • Kreditrestriktion f
kredi sistemi • Kreditwesen n
kredi stoku • volkswirtschaftliches Kreditvolumen n
kredi süresi • Kreditlaufzeit f
kredi taahhüdü • Kreditengagement n
kredi tahditleri • Kreditzügel pl. m
kredi tavanı • Kreditlimit n; Kreditplafond m
kredi veren kuruluş • Kreditinstitut n
kredilendirmek • anrechnen; gutschreiben
kredilerin dondurulması • Kreditrestriktion f
kredilerin durdurulması • Beleihungsstop m; Kreditsperre f
kredilerin sınırlandırılması • Kreditrestriktion f
kredili • auf Kredit m
kredili alış • Kreditkauf m
kredili çek kartı • Scheckkarte f

kredili mal satışı hesabı • Anschreibungskonto n
kredili satın alma • Kreditkauf m; Kreditverkauf m
kredili satın almak • auf Kredit m kaufen
kredili satış • Kauf m auf Kredit m; Kreditverkauf m; Verkauf m auf Kredit m; Warenterminverkauf m; Zielkauf m
kredili satmak • auf Kredit m verkaufen
kredinin ödenmesi • Abdeckung f
kredisi olan • kreditwürdig
kredisi olmayan • kreditunwürdig
kredisini aşmak • Kredit m überschreiten
kredisini sarsma • Kreditgefährdung f
kreditör • Gläubiger m; Kreditor m
krediye karşı talep • Kreditnachfrage f
krediyi geri ödeyebilme gücü ve niyeti • Bonität f
krediyi kesmek • Kredit m sperren
kreş • Kindergarten m
kriminal • kriminell
kriminal polis • Kriminalpolizei f
kriminoloji • Kriminalistik f; Kriminologie f
kriter • Richtsatz m; Richtzahl f; Schlüssel m
kritik • Kritik f
kriz • Krise f; Notstand m
kroki • Abriss m; Schema n; Skizze f
kroki çizerek göstermek • skizzieren
krokide gösterme • Skizzierung f
kudretli • mächtig
kullanan • Halter m
kullanıcı • Verbraucher m
kullanılabilecek rezerve • Dispositionsreserve f
kullanılabilir • nutzbar
kullanılabilirlik • Verfügbarkeit f
kullanılan kredi miktarı • Krediteinsatz m
kullanılma sonucu aşınma • Abnutzung f durch Gebrauch m
kullanılmadan durmak • stilliegen
kullanılmadan kalmak • stilliegen
kullanılmayan fon • unverwendbarer Fonds m
kullanılmayan kapasite • Leerkapazität f; tote Kapazität f; totes Kapital n; ungenutzte Kapazität f; unproduktives Kapital n

Fachwörterbuch

kullanılmayan varlıklar aktifler • totes Kapital n; unproduktives Kapital n
kullanılmaz • unbrauchbar
kullanılmaz hale getirme • Unbrauchbarmachung f
kullanılmış hammaddeler • verbrauchte Rohstoffe pl. m
kullanım • Sprachgebrauch m; Gebrauch m
kullanım alanı sınırlandırılmış olan fon • zweckgebundener Fonds m
kullanımı belli şartlara bağlanmış kredi • beschränkter Kredit m
kullanımı işletme yönetim organının kararına bağlı ihtiyatlar • freie Rücklage f
kullanış süresi • Nutzungsdauer f
kullanışlı • verwendungsfähig
kullanma • Benutzung f; Einsatz m; Gebrauch m; Verbrauch m; Verwendung f; Verwertung f
kullanma hakkı • Benutzungsrecht n; Gestaltungsrecht n; Grunddienstbarkeit f; Nutzungsrecht n
kullanma metodu • Einsatzform f
kullanmak • aufwenden; ausnutzen; benutzen; gebrauchen; niessbrauchen; niessnutzen; nutzniessen; nützen; verarbeiten; verwerden
kullanmaktan alıkoymak • beschlagnahmen
kullanmaz hale getiren hasar • Nutzungsschaden m
kum masası • Sandkasten m
kum oyunu • Sandspiel n
kumanda etmek • führen
kumandan • Führer m
kumar • Glücksspiel n; Spiel n
kumaş kaplı tahta • Flanneltafel f
kundakçı • Brandstifter m
kundakçılık • Brandstiftung f
kundaklamak • brandstiften
kupon • Abschnitt m; Coupon m; Dividendenschein m; Gewinnanteilschein m; Zinsschein m
kupon vergisi • Couponsteuer f
kuponsuz • ex Coupon m; ohne Coupon m
kupür • Stückelung f
kur • Kurs m; Satz m
kur arbitrajı • Devisenarbitrage f
kur farkı • Währungsdifferenz f

kur farklılıkları • Wechselkursschwankungen pl. f
kur farklılıkları riski • Margenrisiko n
kur listesi • Devisenkursliste f
kur paritesi • Währungsumtauschkurs m
kur riski • Kursrisiko n; Valutarisiko n; Währungsrisiko n
kura • Auslosung f; Los n; Ziehung f
kura çekmek • auslosen; losen
kura fiyatı • Loskurs m
kura keşidesi • Auslosung f
kura yoluyla taksim • Verteilung f durch das Los n
kural • Massregel f; Norm f; Regel f
kuralcı • normativ; präskriptiv
kurallara uymayan • regelwidrig
kurallarla ilgili ilke • Ordnungsprinzip m
kurallı • regelmässig
kuralsız • anormal; regellos; unregelmässig
kuralsızlık • Unregelmässigkeit f
kuram • Theorie f
kuramsal • theoretisch
kuramsal dersler • theoretische Fächer pl. n
kuramsal kapasite • Betriebsoptimum n
kurlarda ortaya çıkan artış • anziehen
kurma • Aufbau m
kurmak • anbringen; anlegen; aufstellen ; begründen; errichten; fundieren; gründen; konstituieren; stiften; tragen; verankern
kurs • Kurs m
kurs devresi • Lehrgang m
kursiyer • Kursteilnehmer m
kurşun mühür • Plombe f
kurşuna dizmek • erschiessen
kurşunla mühürlemek • plombieren
kurtaj • Courtage f; Maklergebühr f
kurtarma • Auslösung f; Bergung f; Rettung f
kurtarma ve yardım • Bergung f und Hilfeleistung f in Seenot f
kurtarmak • auslösen; bergen; entheben; freimachen; retten
kurtulma parası • Lösegeld n
kurtulmak • entkommen; sich freimachen
kurtuluş parası • Lösegeld n
kuru net ağırlık • netto trocken
kuru yük • Trockenladung f

Mesleki Terimler Sözlüğü

kurucu • Konstituente f; Gründer m; Kapitalgeber m; Stifter m
kurucu firma • Stifterfirma f
kurucu hisse senedi • Gründeraktie f
kurucu hisse senetleri • Apportaktie f; eingebrachte Aktie f; Gründungsaktie f
kurucu intifa senedi • Gründeraktie f
kurucu tümce • Konstituentensatz m
kurul • Ausschuss m; Kuratorium n; Rat m
kurul toplantılarında üyelere verilen tazminat • Sitzungsgeld n
kurulu • fundiert; installiert
kurulu kapasite • installierte Kapazität f
kuruluş • Gesellschaft f; Konstruktion f; Wortfügung f; Begründung f; Einrichtung f; Errichtung f; Fundierung f; Gründung f; Haushaltung f; Institution f; Niederlassung f
kuruluş giderleri • Anfangskosten pl.; Anlaufkosten pl.; Grundkosten pl.; Gründungskosten pl.; Organisationskosten pl
kuruluş maliyeti • Gründungskosten pl
kuruluş masrafları • Gründungskosten pl.
kuruluş sermayesi • Dotationskapital n
kuruluş yeri • Standort m
kuruluşun iş yaptığı banka • Hausbank f
kuruluşun kendi sermayesi • Eigenkapital n
kurum • Gesellschaft f; Anstalt f; Begründung f; Einrichtung f; Institut n; Institution f; Körperschaft f; Organisation f; Unternehmen n
kuruma • Schwund m
kurumlar vergisi • Körperschaftssteuer f
kurumlaşmak • handelsrechtliche Institutionalisierung f
kurumsal yatırımcılar • institutionelle Investoren pl. m
kurumsallaştırmak • konstituieren
kurumun vasiliği • Amtsvormundschaft f
kurye • Bote m; Kurier m
kurye kredisi • Postlaufkredit m
kusur • Culpa f; Defekt m; Fahrlässigkeit f; Fehler m; Gebrechen n; Gebrechlichkeit f; Mangel m; Schuld f; schuldhaftes Verhalten n; Verschulden n
kusur bulma • Beanstandung f
kusur işlemek • verschulden

kusurlu • defekt; fehlerhaft; gebrechlich; mangelhaft
kusurlu bulmak • beanstanden
kusurlu iflas • leichtfertiger Bankrott m
kusurlu mal • Ausschussware f
kusursuz • perfekt; regelrecht
kuşak • Generation f
kuşkuculuk • Skeptizismus m
kutu • Kassette f
kuvertür • Deckung f; Sicherheit f
kuvertür alımı • Deckungskauf m
kuvertür işlemi • Deckungsgeschäft n; Sicherungsgeschäft n
kuvertür notları • vorläufiger Versicherungsschein m
kuvvet • Gewalt f; Kraft f; Macht f
kuvvet ve itibar durumu • Machtstellung f
kuvvetlerin ayrılığı • Gewaltenteilung f
kuvvetlerin birleşmesi • Gewaltenverbindung f
kuvvetli • mächtig; stark
kuvvetli teminatlı • mündelsicher
kuvvetsiz • machtlos; schwach
kuvvetsizlik • Machtlosigkeit f
kuvvetten düşürmek • schwächen
kuzen • Cousin m
kuzin • Cousine f
küçük • Kind n; Minderjähriger m; Unmündiger m
küçük avarya • besondere Havarie f; einfache Havarie f; kleine Havarei f
küçük düşürücü • verächtlich
küçük el sanatları • Kleingewerbe n
küçük esnaf • Handwerk n; Kleingewerbe n
küçük esnafa kredi veren kuruluş • Bürgschaftsgenossenschaft f
küçük hissedar • Volksaktionär m
küçük işletme • Kleinbetrieb m; Zwergbetrieb m
küçük kasa • Bargeldkasse f; Barkasse f; kleine Kasse f; Portokasse f
küçük miktarlarda satış • Kleinverkauf m
küçük sanatlar • Handwerk n; Kleingewerbe n
küçük sanayi • Gewerbe n
küçük sebze ve meyve bahçeleri sistemi • Schrebergartensystem n
küçük sınai işletme • Gewerbebetrieb m

Fachwörterbuch

küçük tacir • Minderkaufmann m
küçük ticaret • Kleinhandel m
küçük tüccar • Minderkaufmann m
küçük ünlü uyumu • Labialassimilation f; Labialharmonie f
Küçük ve Orta Ölçekli Sanayi Geliştirme ve Destekleme İdaresi Başkanlığı (KOSGEB) • Verwaltungspräsidium n für die Entwicklung f und Förderung f industrieller Klein- und Mittelbetriebe m
küçükdil ünsüzü • Uvular m
küçültme eki • Verkleinerungssuffix n
küçültmeli • diminutiv
küfrederek toplumun huzurunu bozma • grober Unfug m
küfretmek • lästern
küfür • Lästerung f
küfürbaz • lästerlich
külçe • Barren m; Gold- und Silberbarren m
külçe altın • Stabgold n
külfet • Aufwand m; Last f; Mühe f; Obliegenheit f
külli halefiyet • Gesamtrechtsnachfolge f; Universalsukzession f
kültür • Kultur f
Kültür Bakanlığı • Kultusministerium n
kültür değişmesi • Kulturwandel m
kültür derneği • kultureller Verein m
kültür devrimi • Kulturrevolution f
kültür eksikliği • Unbildung f; Ungebildetsein n
kültür politikası • Kulturpolitik f
kültürel • kulturell

kültürel insanbilim • Kulturanthropologie f
kültürlerarası eğitim • interkulturelle Erziehung f
kültürleşme • Akkulturation f
kültürsüz • ungebildet; unkultiviert
küme • Gruppe f
küme çalışması • Gruppenarbeit f
küme danışmanlığı • Gruppenberatung f
küme davranışı • Gruppenverhalten n
küme dirikliği • Gruppendynamik f
küme kılavuzluğu • Gruppenberatung f
küme ödevi • Gruppenarbeitsaufgabe f
küme öğretimi • Gruppenunterricht m
küme tartışması • Gruppendiskussion f
küme testleri • Gruppentests pl. m
kümeyle iyileştirme • Gruppentherapie f
kümülasyon • Kumulierung f
kümülatif • kumulativ
kür • Kur f
kürek cezası • Zwangsarbeit f
kürtaj • Abtreibung f
kürtaj yaptırmak • Kind n abtreiben
küsurat • Überrest m
küsuratsız tutar • Geldbetrag m ohne Bruchteile pl. m
küşat mektubu • Akkreditiveröffnung f
küşat vergisi • Gewerbesteuer f
kütle • Masse f
kütle psikolojisi • Massenpsychologie f
kütle yığın • Masse f
kütlelerin gelirleri • Masseneinkommen n
kütük • Register n; Verzeichnis n

L

lafız • Wortlaut m
lafzi • wörtlich
lafzi tefsir • grammatikalische Auslegung f; wörtliche Auslegung f; wörtliche Interpretation f
lağıv • Abschaffung f
lağvetmek • abschaffen
Lahey Daimi Hakem Mahkemesi • Ständiger Schiedsgerichtshof m in Den Haag
Lahey Kaideleri • Haager Regeln pl. f
Lahey Milletlerarası Daimi Adalet Divanı • Ständiger Internationaler Gerichtshof m in Den Haag
Lahey Mukaveleleri • Haager Konventionen pl. f
Lahey Mukavelesi • Haager Abkommen n
Lahey Uluslararası Adalet Divanı • Weltgerichtshof m
laik • laizistisch
laik eğitim • laizistische Bildung f
laiklik • Laizismus m; Trennung f von Staat m und Religion f
lakap • Beiname m; Leumund m; Pseudonym n
lastik damga • Stampiglie f
layenazilik • Unabsetzbarkeit f
layiha • Entwurf m; Satz m; Schriftsatz m
layık olmak • gebührend; würdig sein
layık olmama • Unwürdigkeit f
layık olmayan • unwürdig
layner • Linienschiff n
layner taşımacılığı • Linienschiffahrt f
layner ticareti • Linienverkehr m
leasing • Leasing n; Vermietung f
Leeman Yasası • Leeman's Act
lehçe • Dialekt m
lehçebilim • Dialektologie f
lehdar • Begünstigter m; Benefizient m; Empfänger m; Remittent m; Wechselnehmer m; Zahlungsempfänger m
lehdar alacaklı • Forderungsberechtigter m
lehine • für; zu Gunsten f von; zugunsten
lehine akreditif açılan ihracatçı • Begünstigter m; Benefizient m; Empfänger m
lehine gayri menkul vasiyet olunan • Legatar m; Vermächtnisnehmer m
lehine mal bırakılan • Bedachter m; Legatar m; Testamentserbe m; Vermächtnisnehmer m
lehine mal vasiyet edilen • Vermächtnisnehmer m
lehine mal vasiyet olunan kimse • Bedachter m; Legatar m
lehine oy kullanmak • dafür stimmen
lehte konuşma • Fürsprache f
lehte oy kullanmak • für etwas stimmen
lehte sapma • günstige Abweichung f
leke sürmek • kompromittieren
lekeleme • Verunglimpfung f
lekelemek • verunglimpfen
lekeli • unehrenhaft
levazım anbarı • Materiallager n
levha • Schild n
liberal • liberal
liberal ticaret • Freihandel m
liberalize etmek • liberalisieren
liberalizm • Liberalismus m
liberasyon • Liberalisierung f
libre • Pfund n
lider banka • federführende Bank f
lider yönetici • Syndikatsführer m; Gewerkschaftsführer m
liderlik • Federführung f
likidasyon • Auflösung f; Liquidation f
likidite • Liquidität f
likidite azlığı • Illiquidität f
likidite edilmiş borç • liquidierte Schuld f
likidite etmek • bezahlen; liquidieren
likidite fazlalığı • Überliquidität f
likidite oranı • Liquiditätsgrad m
likidite tercihi • Liquiditätspräferenz f
likiditesi yüksek varlıklar • flüssige Mittel pl. n
likiditesi yüksek varlıkların kısa vadeli borçlara oranı • Liquiditätsgrad m

Fachwörterbuch

likit kaynakları • Liquidität f
likit varlıklar • flüssige Mittel pl. n
liman • Hafen m
liman hizmeti • Hafendienstleistung f
liman idaresi • Hafenamt n; Hafenbehörde f
liman konşimentosu • Hafenkonnossement n
liman polisi • Hafenpolizei f
liman resmi • Hafenabgabe f; Hafengebühren pl. f; Hafengelder pl. n
liman rüsumu • Ankergeld n
liman trafiği • Hafenumschlag m
limit • Grenze f; Limit n; Plafond m; Ziel n
limit emir • limitierter Börsenauftrag m; Zirka-Auftrag m
limited şirket • Gesellschaft f mit beschränkter Haftung f
limitli • beschränkt
lira • Pfund n
lisans • Universitätsabschluß m; Bewilligung f; Erlaubnis f; Erlaubnisschein m; Genehmigung f; Genehmigungsbescheid m; Lizenz f
lisans hakkının kullanılması için ödenen para • Lizenzgebühr f
lisans harcı • Lizenzgebühr f
lisans işlemi • Genehmigungsverfahren n
lisans sahibi • Lizenznehmer m
lisans üstü • Magisterniveau n
lisans vermek • lizenzieren
lisansa tabi • bewilligungspflichtig
lisansa tabi olmayan • genehmigungsfrei
lisanslı mevduat kabul eden kuruluşlar • licenced deposit taking institutions
lise • Gymnasium n
lise diploması • Abschlußzeugnis n des Gymnasiums n
lise mezunu • Abiturient m; Maturant m
liste • Aufstellung f; Liste f; Tabelle f; Verzeichnis n
liste tanzim etmek • Liste f aufstellen
listeye girme • Quotierung f
liyakat • Quälerei f; Würdigkeit f
liyakatli • tüchtig
liyakatsiz • untauglich
liyakatsizlik • Untauglichkeit f

lobi bankacılığı • Lobby banking
logaritmanın ondalık kısmı • Mantisse f
loğusa • Wöchnerin f
lokal • örtlich; teilweise
lokal grev • Teilstreik m
lokal piyasa fiyatı • Lokopreis m
lokal ticaret • Lokogeschäft n
lokal transfer • Platzübertragung f
lokal tüketim • Ortsverbrauch m
lokalize bölge • Teilgebiet n
lokalize edilmiş • partiell
lokantacı • Gastwirt m
lokavt • Aussperrung f; Aussperrung f von Arbeitern pl. m
lokavt ilan etmek • aussperren
lombard faiz oranı • Lombardzinssatz m
lombard kredisi • Lombardkredit m
lombard kredisi faizi • Lombardkreditzins m
lombard muamelesi • Lombardgesellschaft f
Lome Sözleşmesi • Abkommen n von Lome
Londra bankalararası alış kuru • London Interbank Bid Rate
Londra bankalararası satış kuru • London Interbank Offered Rate
Londra Beyannamesi • Londoner Seerechtsdeklaration f
loro hesap • Loro-Konto n
Lozan Sulh Anlaşması • Lausanner Friedensvertrag m
Lozan Sulh Muhadesi • Lausanner Friedensvertrag m
lukata • Fund m; Fundgegenstand m; Fundsache f
lukata hukuku • Fundrecht n
lukatayı bulan kişi • Finder m
lukatayı haksız surette kendine mal etme • Fundunterschlagung f
lüks • Luxus m
lüks eşyalar • Luxusgegenstände pl. m
lüks vergisi • Aufwandsteuer f; Luxussteuer f
lüks yiyecek ve keyif verici madde • Nahrungs- und Genussmittel n
lütuf olarak ödeme • freiwillige Leistung f
lüzumlu • erforderlich; notwendig

Mesleki Terimler Sözlüğü

M

maarif • Kulturministerium n
maaş • Besoldung f; Gehalt n; Salär n
maaş alacağı • Gehaltsforderung f
maaş alan • Gehaltsempfänger m
maaş artışı • Gehaltserhöhung f
maaş avansı • Gehaltsvorschuss m
maaş baremi • Gehaltstarif m
maaş bordrosu • Gehaltsliste f; Lohnliste f
maaş cetveli • Tarif m
maaş hakkı • Gehaltsanspruch m
maaş hesabı • Gehaltskonto n; Salärkonto nc
maaş hesaplaması • Gehaltsabrechnung f
maaş indirimi • Gehaltskürzung f
maaş ödeme günü • Zahltag m
maaş talebi • Gehaltsforderung f
maaş ve ücretler • Löhne pl. m und Gehälter pl. n
maaş ve ücretlere ilişkin kayıtlar • Lohn- und Gehaltsabrechnung f
maaş ve ücretlerin hesaplanması • Lohn- und Gehaltsabrechnung f
maaş vermek • besolden
maaş zammı • Gehaltsaufbesserung f; Gehaltszulage f
maaşın haczi • Lohnpfändung f
madde • Angelegenheit f; Artikel m; Gegenstand m; Masse f; Material n; Objekt n; Posten m; Punkt m; Stoff m; Stück n
madde akışı • Materialabfluss m; Mengengerüst n
madde balansı • Materialabfluss m; Mengengerüst n
madde çözümlemesi • Itemanalyse f
madde pari • Gesetzesartikel m; Paragraph m
maddecilik • Materialismus m
maddi • dinglich; gegenständlich; geldlich; körperlich; materiell; objektiv; real; sachlich; stofflich; tatsächlich
maddi bütünlük • Sachgesamtheit f
maddi değer • Sachwert m
maddi değer şartı • Sachwertklausel f

maddi delil • Sachbeweis m
maddi denetim • formelle Buchprüfung f; materielle Buchprüfung f
maddi duran varlık • Immobilien pl. f; Grundstücke pl. n; Realvermögen n
maddi duran varlıklar • Sachanlagen pl. f
maddi eda • Sachleistung f; sachliche Leistung f
maddi hasar • Vermögensschaden m
maddi hata • Tatsachenirrtum m
maddi hukuk • materielles Recht n
maddi karine • tatsächliche Vermutung f
maddi kaziyyei muhakeme • materielle Rechtskraft f
maddi mallar • körperliche Gegenstände pl. m; Sachgüter pl. m; Sachvermögen n
maddi mesele • Tatfrage f
maddi olmayan duran varlıklar • immaterielle Vermögensgegenstände pl. m
maddi olmayan varlıklar • immaterielle Aktiva pl.; immaterielle Anlagewerte pl. m; immaterielles Wirtschaftsgut n; nicht greifbare Aktiva pl.
maddi sabit aktif • Immobilien pl. f
maddi sabit varlıklar defteri • Betriebsanlagebuch n
maddi sebep • materielle Ursache f
maddi şekil • Sachform f
maddi tazminat • Ersatz m für Sachschaden m; Ersatz m für Vermögensschaden m
maddi varlık • Sachanlagevermögen n; Substanz f
maddi varlıklar • greifbare Aktiva pl.; reale Vermögensgüter pl. n; Sachvermögen pl. n
maddi yardım • Beihilfe f
maddi zarar • sachlicher Schaden m; Sachschaden m
maddi zarar ve ziyan • Sachschaden m
maddi zarara uğrayan kimse • Sachgeschädigter m
maden • Metall f
maden hukuku • Bergrecht n

Fachwörterbuch

maden imtiyazı istemi • Mutung f
maden istihsali • Bergbauproduktion f
maden işçileri birliği • Knappschaft f
maden işçilerine bağlanan sigorta aylığı •
 Knappschaftsrente f
**maden işçilerinin sosyal sigortalar
 kurumu** • Knappschaftskasse f
maden işçilerinin sosyal sigortaları •
 knappschaftliche Rentenversicherung f
maden işçisi • Untertagearbeiter m
maden işletme bölgesi • Abbaugebiet n
maden işletme hakları • Abbaurechte pl. n
maden işletmeciliği • Bergbau m
maden işletmesi • Bergbau m
maden kanunu • Berggesetz n
maden sanayi • Bergwerksindustrie f
madencilik şirketlerinin hisse senetleri •
 Kux m
madeni para • Hartgeld n; Metallgeld n;
 Münze f; Münzgeld n
madeni para çıkarma tekeli •
 Münzmonopol n
madeni paralar için çifte değer usulü •
 Doppelwährung f
madeni paranın altın ayarı • Münzwert m
madeni paranın ayarı • Feinheit f
madeni paranın gümüş ayarı • Münz-
 wert m
madeni paranın tedavülden kaldırılması
 • Demonetisierung f
maderşahilik • Matriarchat n;
 Mutterrecht n
madun • Untergebener m
mafevk • Vorgesetzter m
mağaza • Geschäft n; Handelsgeschäft n;
 Kaufhaus n; Laden m; Speicher m
mağaza tabelası • Ladenschild n
mağazada şube • Rayon f; Abteilung f
mağazanın önündeki isim levhası •
 Schrifschild m
mağdur • Verletzter m
mağduriyet • Benachteiligung f
mağduriyete sebep olma • Härte f
mahal • Lokal n; Ort m; Platz m; Sitz m;
 Stätte f
mahalle • Ortschaft f; Stadtbezirk m;
 Stadtteil m; Stadtviertel n
mahalle okulu • Bezirksschule f
mahalli • kommunal; lokal; örtlich
mahalli adet • Ortsgebrauch m

mahalli banka • Lokalbank f
mahalli döviz alışverişi •
 Devisenkassahandel m
mahalli idare • Kommunalverwaltung f;
 Lokalverwaltung f; Ortsverwaltung f
mahalli idareler •
 Selbstverwaltungskörper m
mahalli kurumlar • kommunale
 Körperschaften pl. f
mahalli para • inländische Währung f
mahalli piyasa • Lokomarkt m
mahalli polis • Ortspolizei f
mahalli seçim • Gemeindewahl f
mahalli vergi • Gemeindesteuer f
mahallinde keşif • Beweis m durch
 Augenschein m; Ortsbeschäftigung f;
 richterlicher Augenschein m
mahcur • Bevormundeter m; Entmündigter
 m; Mündel n
mahcuriyet • Entmündigung f
mahcuz • gepfänder Gegenstand m
mahdut • beschränkt
mahdut artırma • nicht-öffentliche
 Versteigerung f
mahdut ehliyet • beschränkte
 Geschäftsfähigkeit f; beschränkte
 Handlungsfähigkeit f
mahdut mesuliyet • beschränkte Haftung f
mahdut mesuliyetli şirket • Gesellschaft f
 mit beschränkter Haftung f
mahdut ortaklık • beschränkte
 Gütergemeinschaft f;
 Fahrnisgemeinschaft f
mahfuz hak • Reservat n
mahfuz hisse • Pflichtteil m
mahfuz hisse sahibi •
 Pflichtteilsberechtigter m
mahfuz hisse sahibi mirasçı •
 pflichtberechtigter Erbe m
mahfuz hisse talebi • Pflichtteils-
 anspruch m
mahfuz hisseden doğan yükümlülük •
 Pflichtteilslast f
mahfuz hissenin ikmali •
 Vervollständigung f des Pflichtteils m
mahfuz mal • Sondergut n; Vorbehaltsgut n
mahfuz tutmak • vorbehalten
mahiyet • Aufgliederung f;
 Beschaffenheit f
mahkeme • Gericht n; Gerichtshof m;
 Kammer f

Mesleki Terimler Sözlüğü

mahkeme dışı muameleler • aussergerichtliche Handlungen pl. f
mahkeme dosyası • Gerichtsakten pl. f
mahkeme emri • Gerichtsbefehl m
mahkeme giderleri • Gerichtskosten pl.
mahkeme harçları • Gerichtsgebühren pl. f
mahkeme harici ikrar • aussergerichtliches Geständnis n
mahkeme heyeti • Gerichtshof m
mahkeme huzurunda iddianameyi (savunmayı) okumak • vor Gericht n Plädoyer n halten
mahkeme huzurunda ifade verme • Einvernahme f
mahkeme huzurunda yemin etmek • vor Gericht n schwören
mahkeme kararı • gerichtlicher Beschluss m; gerichtliches Urteil n
mahkeme kararı ile kaybedilen • sachfällig
mahkeme kararı ile mahrum bırakmak • abjudizieren
mahkeme kararının icrası • gerichtliche Exekution f
mahkeme kararıyla reşit saymak • für mündig erklären
mahkeme katibi • Gerichtsschreiber m
mahkeme kuryesi • Büttel m; Gerichts-bote m
mahkeme masrafları • Gerichtskosten pl.
mahkeme önünde anlatmak • vor Gericht n darlegen
mahkeme önünde ifade vermek • vor Gericht n aussagen
mahkeme önünde ikrar • gerichtliches Geständnis n
mahkeme salonu • Gerichtshof m
mahkeme talimatı • gerichtliche Anordnung f
mahkeme üyesi • Gerichtsrat m
mahkemece • gerichtlich
mahkemece babalığa hükmedilmesi • gerichtliche Feststellung f der Vaterschaft f
mahkemece çıkartılan tutuklama emri • richterlicher Haftbefehl m
mahkemece haciz • Pfändung f
mahkemece tasdik etmek • gerichtlich bestätigen
mahkemece tayin edilen avukat • Offizialverteidiger m
mahkemece tayin edilen bilirkişi • amtlicher Sachverständiger m
mahkemece yapılan ihtar • gerichtliche Mahnung f
mahkemece yerinde keşif • gerichtlicher Augenschein m
mahkemede dava açmak • Klage f anhängig machen
mahkemede hüviyet tesbiti için yöneltilen sorular • Generalfragen pl. f
mahkemede iddia ve müdafaada bulunmak • vor Gericht n streiten
mahkemede iddia ve savunmada bulunmak • gerichtlich verhandeln
mahkemede müzakere etmek • vor Gericht n aussagen
mahkemede şahadet etmek • vor Gericht n bekunden
mahkemede şahitlik yapma ehliyeti olmayan • intestabel
mahkemeler teşkilatı • Gerichtsverfassung f
mahkemelerin dereceleri • Instanzen pl. f
mahkemelerin tatili • Gerichtsferien pl.
mahkemenin kanunu • Recht n des Prozessgerichtes n
mahkemeye başvurmak • Gericht n anrufen
mahkemeye celp etmek • vor Gericht n bescheiden
mahkemeye çağırmak • vor Gericht n zitieren
mahkemeye çıkmak • sich dem Gericht n stellen
mahkemeye davet etmek • vor Gericht n fordern; vor Gericht n laden
mahkemeye iflasını bildirmek • Konkurs m anmelden
mahkemeyi yanıltarak hüküm verilmesini engelleme • Strafvereitelung f
mahkemeyi yanıltarak hüküm verilmesini geciktirme • Strafvereitelung f
mahkemin kanunu • lex fori
mahkum • Gefangener m; Strafgefangener m; Sträfling m; Verurteilter m
mahkum etmek • aburteilen; verurteilen

Fachwörterbuch

mahkumiyet • Kondemnierung f; Verurteilung f
mahkumları koruma ve gözetme • Gefangenenfürsorge f
mahkumların himayesi • Gefangenenfürsorge f
mahmi • Protektorat n; Protektoratsstaat m
mahpus • Strafgefangener m; Sträfling m
mahpus tutmak • gefangenhalten
mahreç işaretleri • Ursprungszeichen n
mahrem • diskret; vertraulich
mahremiyet • Diskretion f; Verborgenheit f; Vertraulichkeit f
mahrum bırakma • Entziehung f; Vorenthaltung f
mahrum bırakmak • benehmen; berauben; entkleiden; entziehen; vorenthalten
mahrum etmek • aberkennen; absprechen
mahrum kalma • Verwirkung f
mahrum kalmak • verwirken
mahrum olmak • entbehren
mahrumiyet • Entbehrung f; Not f
mahsul • Produkt n
mahsuller • Erzeugnisse pl. n
mahsup • Abschreibung f; Abzug m; Anrechnung f; Eliminierung f
mahsup çeki • Verrechnungsscheck m
mahsup etme • Abschreibung f; Abziehung f; Verrechnung f
mahsup etmek • abrechnen; abschreiben; anrechnen; aufrechnen
mahsurlu • nachteilig
mahsus • eigentümlich
mahsus hak • Sonderrecht n
mahsus ihtiyat • zweckgebundene Rücklage f
mahsus kanunlar • formelle Gesetze pl. n; Gesetze pl. n im formellen Sinne m
mahsus menfaatler • Sondervorteile pl. m
mahvetmek • zerstören
mahzur • Nachteil m
mahzurlu • bedenklich
mahzursuzluk beyanı • Unbedenklichkeitserklärung f
maişet • Existenz f
makabiline şamil olan • rückwirkend
makabiline şamil olmak • rückwirken
makable şamil • Rückwirkung f
makale • Beitrag m

makam • Amt n; Behörde f; Haushalt m; Haushaltung f; Inspektion f; Organ n; Ressort n; Sitz m; Stelle f; Stellung f; Verwaltung f
makamların dereceleri • Instanzenweg m
makbuz • Beleg m; Beweisstück n; Empfangsschein m; Gutschein m; Quittung f; Schein m
makbuz koçanı • Quittungsduplikat n
makbuz senedi • Einlieferungsschein m; Lagereigentumsschein m; Lagerschein m; Rezepisse f; Lagerempfangsschein m
makbuz tutarını ödemek • Rechnungsbetrag m bezahlen
makbuz vermek • quittieren
makdu zarar ziyan • Schadensersatz m
makine sanayii • Maschinenindustrie f
makine sigortası • Maschinenversicherung f
makineler • Maschinen pl. f
makineli muhasebe • Maschinenbuchführung f
makinenin belirli bir sürede verebileceği hizmet • Produktionskapazität f
maksada uygun • rationell; sachdienlich; zweckmässig
maksada uygun olamayan • unzweckmässig
maksadıyla • zwecks
maksat • Mutwille m; Vorhaben n; Zweck m
maksatlı • mutwillig
maksimum • Maximum n
maksimum ipotek • Höchstbetrags-Hypothek f; Maximalhypothek f
maktu fiyat • Festpreis m
makul • billig; vernünftig; zweckmässig
makul değer • vernünftiger Wert m
makul ölçü • billiges Ermessen n
makuliyet • Folgerichtigkeit f
mal • Artikel m; Eigentum n; Fabrikat n; Gegenstand m; Gut n; Habe f; Rechtsobjekt n; Ware f
mal açığından sorumluluk • Mankohaftung f
mal alış avansları • geleistete Anzahlungen pl. f
mal ayrılığı • Gütertrennung f
mal başına maliyet • Stückkosten pl.
mal bedeli • Fracht f

Mesleki Terimler Sözlüğü

mal bedeli ve navlun • Kost f und Fracht f
mal beyanı • Abgabe f eines Vermögensverzeichnisses f; Angabe f der Vermögensgegenstände pl. m; Vermögenserklärung f
mal beyanında bulunmak • manifestieren
mal beyannamesi • Vermögensverzeichnis n
mal biçiminde gerçekleştirilen dış ticaret • Aussenhandel m mit Gütern pl. n
mal birliği • Güterverbindung f; Verwaltungs- und Nutzniessungsgemeinschaft f
mal borcu • Warenschuld f
mal borsası • Warenbörse f; Warenmarkt m
mal çeşitleri • Sortiment n
mal deposu • Warenlager n
mal durumu • Vermögenslage f
mal edinmek • aneignen
mal etme • Aneignung f
mal etmek • aneignen
mal fazlalıkları • Überschussgüter pl. n
mal fazlası çıkaran bölge • Überschussgebiet n
mal finansman kredisi • Umschlagskredit m
mal iktisabı • Vermögenserwerb m
mal kaçakçılığı • Baratterie f
mal kaçırma • Beiseiteschaffen n; Verheimlichen n von Vermögensstucken pl. n
mal kaçırmak • Entäusserung f von Vermögensstücken pl. n; verheimlichen
mal karşılığı avans • Vorschuss m auf Wertpapiere pl. n; Warenbevorschussung f
mal listesi • Sachverzeichnis n
mal makbuzu • Warenwechsel m
mal mevcudu • Warenbestand m
mal mukabili kredi • Warendokumentkredit m
mal mukabili ödeme • bar gegen Güter pl. n
mal müdürlüğü • Finanzbehörde f
mal nakliyatı • Warenverkehr m
mal olarak koyulan sermaye • Sacheinlage f
mal olarak ödenen ücret • Deputatlohn m
mal ortaklığı • Gütergemeinschaft f

mal ortaklığında mahfuz mallar • Vorbehaltsgut n bei Gütergemeinschaft f
mal ortaklığındaki masraflar • Verwendungen pl. f bei Gütergemeinschaft f
mal ortaklığının kaldırılması • Ausschluss m der Gütergemeinschaft f
mal ortaklığının kaldırılması davası • Klage f auf Aufhebung f der Gütergemeinschaft f
mal ortaklığının uzatılması • fortgesetzte Gütergemeinschaft f
mal sandığı • Finanzkasse f; öffentliche Kasse f
mal satış avansları • Anzahlungen pl. f von Kunden pl. m
mal sayımı • Inventur f
mal sayımı yapmak • Inventur f machen
mal sigortası • Güterversicherung f; Sachversicherung f; Warenversicherung f
mal stoku • Vorräte pl. m
mal stokuna yapılan yatırım • Vorratsinvestition f
mal tahribatı • Sachbeschädigung f
mal varlığı • Masse f; Vermögen n
mal vasiyet eden • Erblasser m; Testator m
mal ve hizmet üretimi • Leistungserstellung f
mal ve hizmetler • Güter pl. n und Dienstleistungen pl. f
mal ve hizmetlerde fazlalık • Leistungsüberschuss m
mal ve mülk sigortası • Sachversicherung f
mala el koyan • Zwangsverwalter m
mala ilişkin tekel oluşturma • Corner m
mala yapılan zarar • Sachbeschädigung f
malda kusur • Sachmangel m
maldaki ayıbın ihbarı • Mangelanzeige f; Mangelrüge f
malı alan • Destinatär m
malı bedelsiz olarak ödünç verme • Gebrauchsleihe f
malı değerinden aşağı satma • Dumping n
malı değerinden fazlaya sigorta ettirme • Mehrversicherung f
malın belli maksatlar için kullanılmaz hale getirilmesi • Denaturierung f
malın diğer bir malla değişimi • Tauschhandel m; Tau...

Fachwörterbuch

malın edinildiği tarihteki değeri • Anschaffungskosten pl
malın gönderildiği anda satışın gerçekleşmesi • Ertragsrealisation f zum Zeitpunkt m der Lieferung f
malın gönderildiği yer • Bestimmungsort m
malın kabul edilmeme riski • Übernahmerisiko n
malın özünde kayıp • Hauptmangel m
malın satıldığı memleket • Absatzland n
malın sevkedildiği memleket • Versendungsland n
malın tesellümünde bedelinin ödenmesi şartı • Nachnahme f
malın teslim alınmasından önce yapılan ödeme • Vorauszahlung f
malın yerini değiştirme • Translokation f
malını yok pahasına satan • Schleuderer m
malı teslim etmek • überliefern
mali • finanziell
mali analiz • Wertschriftenanalyse f
mali bağımsızlık • Finanzhoheit f
mali bilanço • Steuerbilanz f
mali dönem • Bilanzperiode f; Buchungszeitraum m; Finanzperiode f; Geschäftsjahr n; Rechnungsabschnitt m
mali durum • Finanzlage f; Finanzposition f
mali durumun beyanı • Status m
mali göstergeler • Finanzdaten pl.
mali grup • Konsortium n
mali güç • Finanzmacht f; Solvenz f
mali iç karlılık • interne Verzinsung f
mali imkan • Finanzierungsquelle f; Mittel n
mali işlem • Transaktion f
mali işlemler • Kapitalverkehr m
mali işler müdürü • Leiter m der Finanzabteilung f; Schatzmeister m
mali kanunlar • Budgetgesetze pl. n; Finanzgesetze pl. n
mali kaynak • finanzielle Hilfsquelle f; Finanzquelle f; Finanzierungsmittel pl. n
mali kudret • Solvenz f
mali makamlar • Fiskus m
mali merkez • Finanzplatz m
mali mesuliyet sigortası • Haftpflichtversicherung f

mali monopol • Finanzmonopol n
mali muhasebe • Finanzbuchhaltung f
mali müessese • Bankinstitut n; Geldinstitut n
mali olanak • Barfonds m
mali politika • Finanzpolitik f
mali sigorta • Haftpflichtversicherung f
mali sistem • Finanzsystem n
mali sorumluluk • Finanzkompetenz f; Rechenschaftspflicht f; Rechnungslegungspflicht f
mali sorumluluk birimi • Verantwortungseinheit f
mali tablolar • Finanzberichte pl. m
mali tahlil • Bilanzanalyse f
mali usul • Finanzsystem n
mali vaziyet • Vermögenslage f
mali vesaik • Zahlungspapiere pl. n
mali yardım • finanzielle Hilfe f
mali yasalar • Finanzgesetze pl. n
mali yıl • Etatjahr n; Finanzjahr n; Geschäftsjahr n; Haushaltsjahr n; Rechnungsjahr n
mali yılın bir kısmı • Rumpfrechnungsjahr n
mali yönden sorumlu • rechenschaftspflichtig
mali yönden sorumlu kişi • Rechenschaftspflichtiger m
malik • Eigentümer m; Hand f
malikin takip hakkı • Verfolgungsrecht n des Eigentümers m
malikinin üzerinde mutlak mülkiyeti olan mülk • freier Grundbesitz m
maliye • Finanz f; Finanzamt n; Finanzverwaltung f; Finanzwesen n
Maliye Bakanlığı • Finanzministerium n; Ministerium n für Finanzen pl. f
maliye dairesi • Finanzverwaltung f
maliye politikası • Finanzpolitik f
maliye siyaseti • Finanzpolitik f
maliye şubesi • Finanzverwaltung f
maliye uzmanı • Finanzwissenschafler m
Maliye Vekaleti • Finanzministerium n
maliye vergi dairesi • Finanzamt n
maliyeci • Finanzier m; Finanzmann m
maliyet fiyatı • Kostenpreis m
maliyet • Gestehungskosten pl.; Kosten pl.; Kostenrechnung f; Selbstkosten pl.

Mesleki Terimler Sözlüğü

maliyet akışı • Kostenfluss m
maliyet akışı kavramı •
  Kostenflusskonzept n
maliyet analizi • Kostenanalyse f
maliyet artışlarını başkasına yükletme •
  Weiterwälzung f
maliyet bilinci • Kostenersparnis f
maliyet birimi • Kostenträger m;
  Verteilungsmassstab m
maliyet bulma • Kostenerfassung f
maliyet dağıtım tablosu •
  Betriebsabrechnungsbogen m
maliyet dağıtımı • Kostenverteilung f;
  Kostenzurechnung f; Kostenzuteilung f
maliyet davranışı • Kostenverhalten n
maliyet değeri • Einstandswert m
maliyet eğrisi • Kostenkurve f
maliyet enflasyonu • Kosteninflation f
maliyet esasına göre değerleme •
  Bewertung f zu Anschaffungskosten pl.
maliyet faktörü • Kostenbestandteil m
maliyet fiyatı • Anschaffungspreis m;
  Ankaufspreis m; Einkaufspreis m;
  Einstandspreis m; Herstellungspreis m;
  Kostenpreis m; Selbstkostenpreis m
maliyet fonksiyonu • Kostenfunktion f
maliyet hesabı • Einstandsrechnung f;
  Kalkulation f
maliyet hesabı esası • Kalkulationsnorm f
maliyet hesabı standardı •
  Kalkulationsnorm f
maliyet hesaplama • Kostenerfassung f
maliyet hesapları • Kostenkonten pl. n
maliyet ile satış arasındaki fark •
  Differenz f
maliyet incelemeleri • Kostenanalyse f
maliyet katkı payı •
  Kostendeckungsbeitrag m
maliyet kontrolü • Kostenkontrolle f
maliyet masrafları • Anschaffungskosten
  pl.; Gestehungskosten pl.; Selbst-
  kosten pl.
maliyet merkezi • Kostenstelle f
maliyet muhasebecisi • Betriebsbuchhalter
  m; Kostenrechner m
maliyet muhasebesi •
  Selbstkostenrechnung f;
  Betriebsabrechnung f;
  Kostenbuchführung f; Kostenrechnung f
maliyet muhasibi • Kalkulator m

maliyet oranı • Kostenrate f
maliyet raporu • Kostenbericht m
maliyet sistemi • Kostenrechnungsystem n
maliyet standardı • Kostenstandard m
maliyet tablosu • Kostensammelbogen m
maliyet tahmini • Kostenvoranschlag m
maliyet tasarrufu • Kosteneinsparung f
maliyet unsuru • Kostenbestandteil m;
  Kostenelement n
maliyet yapısı • Kostenstruktur f
maliyete ilişkin tüm belgeler •
  Kostenunterlagen pl. f
maliyet-fayda analizi • Kosten-Nutzen-
  Analyse f; Kosten- und Ertragsanalyse f
maliyet-hacim-kar analizi • Kosten-
  Gewinn-Umsatzanalyse f
maliyeti düşürme • Kostensenkung f;
  Unterkalkulation f
maliyeti kurtarma • Kostendeckung f
maliyetin hesaplanması •
  Einstandsberechnung f
maliyetinin altında satış • Verkauf m unter
  Selbstkosten pl
maliyetleme • Kostenberechnung f;
  Kostenermittlung f
maliyetleme süreci •
  Kostenkalkulationsverfahren n
maliyetleme ve istatistik amaçlarla hesaplanan amortisman • kalkulatorische
  Abschreibung f
maliyetleri asgarileştirme •
  Kostenminimierung f
**maliyetleri olduğundan yüksek tahmin
  etme** • Überschätzung f der Kosten pl.
**maliyetlerin dönem gelirleriyle
  karşılanması** • Kostendeckung f
**maliyetlerin sorumluluk birimlerine göre
  izlenmesi** • Kostenzurechnung f nach
  Verantwortlichen pl. m
mallar • Güter pl. n; Wirtschaftsgüter pl. n
**mallar içinden seçme hakkı tanıyan
  vasiyetname** • Wahlvermächtnis n
malları gönderen • Absender m;
  Befrachter m; Versender m
malları gönderen ülke • Versandland m
**malları üzerinde alacaklının hapis hakkı
  olan borçlu** • Pfandschuldner m
malların bir arada bulunduğu stok •
  gemischte Vorräte pl. m

Fachwörterbuch

malların birbirine karışması • Vermischung f von Sachen pl. f
malların bozulma riski • eigene Mängel pl. m; inhärente Mängel pl. m
malların çalınması nedeniyle uğranılan zarar • Beraubungsschaden m
malların deniz navlunu ile birlikte deniz sigortasının da satıcı tarafından ödenmesi şartı • CIF, Kosten pl. Versicherung f Fracht f
malların idaresi • Vermögensverwaltung f
malların konteynirlere yüklenerek istif edilmesi • Beladung f eines Containers m
malların varış yeri • Bestimmungsort m
malların yedi adil tarafından idaresi • Sequestration f
malların yedi adil tarafından korunması • Sequestration f
malul • erwerbsunfähig; Invalide m; Körperbehinderter m; Versehrter m
maluliyet • Erwerbsunfähigkeit f; Invalidität f
maluliyet emekliliği • Invalidenrente f
maluliyet sigortası • Invaliditätsversicherung f
maluliyet tazminatı • Invalidenrente f
malullük • Invalidität f; Siechtum n; Versehrtheit f
malullük aylığı • Invalidenrente f
malullük sigortası • Invalidenversicherung f
malumat • Aufschluss m; Auskunft f; Belehrung f; Information f; Kenntnis f; Kunde m; Report m
malumat almak • sich informieren
malumat vermek • belehren; berichten
malzeme • Werkstoff m
malzeme deposu • Materiallager m
malzeme döküm listesi • Materialliste f; Stückliste f
malzeme fiyat farkı • Materialpreisabweichung f
malzeme fiyat sapması • Materialpreisabweichung f
malzeme için sarfiyat • Sachausgaben pl. f
malzeme kullanım farkı • Materialverbrauchsabweichung f
malzeme listesi • Materialliste f
malzeme maliyeti • Materialkosten pl
malzeme masrafları • Materialkosten pl.

malzeme nitelik ve nicelik şartnamesi • Materialaufbaubogen m
malzeme olarak sermaye • Sachkapital n
malzeme tüketimi • Materialverbrauch m
malzeme verme belgesi • Materialbezugsschein m; Materialentnahmeschein m
malzemenin cinsi • Gegenstand m
mamelek • Vermögen n
mamelek hakları • Vermögensrechte pl. n
mamelek üzerinde tasarruf • Vermögensverfügung f
mamelekin temliki • Vermögensübertragung f
mamul • Endprodukt n; Erzeugnis n; Fertigerzeugnis n; Fertigprodukt n; Produkt n
mamul • Erzeugnis n; Produkt n
mamul maddeler kontrol servisi • Werksgüterprüfdienst m
mamul maliyeti • Erzeugniskosten pl.; Stückkosten pl.
mamul mallar • Fertigerzeugnisse pl. n; Fertigfabrikate pl. n; Fertigwaren pl. f
mamul stoku • Fertigwarenbestand m
mamulat • Fabrikat n
mana • Bedeutung f; Sinn m
mana değişimi • Bedeutungswandel m
manajer • Manager m
manalı • bedeutungsvoll
manasız • bedeutungslos
manasızlık • Bedeutungslosigkeit f
manav • Obst- und Gemüsehändler m
manda • Mandat n
manevi • ideell; immateriell; moralisch
manevi baskı • Gewissenszwang m
manevi cebir • moralischer Zwang m; psychologische Einwirkung f
manevi ölüm • bürgerlicher Tod m
manevi tazminat • Ersatz m für Nichtvermögensschaden m; Genugtuung f; Schmerzensgeld n
manevi tazminat vermek • Genugtuung f leisten
manevi zarar • Busse f; ideeller Schaden m; immaterieller Schaden m
manevi zarar için tazminat • Schmerzensgeld n
manevi zorlama • moralischer Zwang m
maneviyat • Moral f

210

Mesleki Terimler Sözlüğü

mani • Hindernis n
mani olma • Einhalt m; Hinderung f; Vereitelung f; Verhinderung f
mani olmak • abhalten; abwehren; abwenden; behindern; hindern; verhindern
mani sebepler • Ausschliessungsgründe pl. m
mani teşkil eden • hinderlich
manifesto • Manifest n
manipulasyon • Manipulation f
mansup mirasçı • eingesetzter Erbe m; Testamentserbe m; Testamentserbin f
mantık • Konsequenz f; Logik f; rational
mantıki • konsequent; logisch
mantıklı bellek • logisches Gedächtnis n
mantıklı düzenleme • logischer Aufbau m
mantıklı olguculuk • logischer Positivismus m
mantıklı yöntem • logische Methode f
mantıksız • folgewidrig; inkonsequent
mantıksızlık • Folgewidrigkeit f; Inkonsequenz f
marj • Differenz f; Einschuss m; Ekart m; Grenze f; Marge f; Spanne f; Spielraum m
marjinal analiz • Grenzanalyse f; Marginalanalyse f
marjinal fayda • Grenznutzen m
marjinal gelir • Grenzertrag m
marjinal maliyet • Grenzkosten pl
marjinal ürün • Grenzerzeugnis n
marjinal verimlilik • Grenzproduktivität f
mark • Mark f
marka • Fabrikat n; Fabrikmarke f; Fabrikzeichen n; Handelsmarke f; Kennzeichen n; Marke f; Schutzmarke f; Signatur f; Stempel m; Warenzeichen n; Zeichen n
marka, patent ve benzeri varlıkları kullanma hakkı • Lizenz f
markalı ürün • Markenartikel m
Marksizm • Marxismus m
maruf • offenkundig
maruf ve meşhur • offenkundig
maruf ve meşhur olan husus • notorische Tatsache f
maslahatgüzar • Geschäftsträger m

masraf • Aufwand m; Aufwendung f; Entgelt n; Kosten pl. ; Kostenaufwand m; Spesen pl.
masraf hesabı • Anschlag m; Spesenrechnung f
masraf hesabı tutmak • kalkulieren
masraf olarak geçirme • Weiterberechnung f
masraf pusulası • Kostenrechnung f
masraf tahmini • Anschlag m; Kostenvoranschlag m
masrafa mahsuben avans • Kostenvorschuss m
masrafı karşılamak • abgelten
masraflar • Aufwendungen pl. f; Auslagen pl. f; Kosten pl.; Spesen pl.; Unkosten pl.; Verwendungen pl. f
masraflar alıcıdan tahsil edilecektir • unfrankiert ; unfrei
masraflar hariç • ohne Kosten pl.
masrafları azaltma • Unterkalkulation f
masrafları karşılamak • Kosten pl. decken
masrafları ödemek • Kosten pl. tragen
masrafları üstlenmek • Kosten pl. übernehmen
masrafları yüklemek • Kosten pl. auferlegen
masrafların artması • Anhäufung f von Kosten pl.
masrafların azaltılması • Einsparung f; Minderausgabe f
masrafların denkleştirilmesi • Lastenausgleich m
masrafların iadesi • Kostenerstattung f
masrafların tazmini • Aufwandsentschädigung f; Ersatz m von Verwendungen pl. f
masrafsız • franko; gebührenfrei; kostenfrei; kostenlos; lastenfrei; spesenfrei
masraftan kurtarmak • enthaften
masraftan muaf olma • Kostenfreiheit f
masum • unverletzlich; unschuldig
masumiyet • Unschuld f; Immunität f; Unantastbarkeit f; Unverletzlichkeit f
masuniyeti şahsiye • Unantastbarkeit f der Person f; Unverletzlichkeit f der Person f
matbaalar • Druckereien pl. f
matbu gönderi • Drucksache f
matbu makbuz • Quittungsformular n

Fachwörterbuch

matbua • Drucksache f; Druckschriften pl. f; Erzeugnisse pl. n der Buchdruckpresse f; Presseerzeugnisse pl. n
matbuat • Presse f
matbuat cürümleri • Pressevergehen n
matbuat hukuku • Presserecht n
matbuat hürriyeti • Pressefreiheit f
matematik • Mathematik f
materyal • Material n
materyalizm • Materialismus m
matlap • Randtitel m
matlup • Forderung f; Guthaben n; Gutschrift f; Habe f; Haben n; Schuldforderung f
matrah • angesetzter Steuerwert m; Bemessungsgrundlage f
matrah arttıkça oranı aynı kalan vergi • regressive Steuer f
matrah arttıkça oranı azalan vergi • regressive Steuer f
matrah saptanması • Steuerveranlagung f
matris tekniği ile kayıt tutma • Matrix-Buchhaltung f
mavna • Leichter m
mazbata • Bericht m
mazeret • Abbitte f; Ablehnungsgrund m; Ausrede f; Entschuldigung f; Hinderungsgrund m
mazeret sebepleri • Entschuldigungsgründe pl. m; Rechtfertigungsgründe pl. m
maznun • Angeklagter m; Angeschuldigter m; Beschuldigter m; verdächtig
maznuniyet hali • Anklagestand m
mazur görme • Verzeihung f
mazur görülemez • unentschuldigt
meal • Sinn m
meblağ • Betrag m; Betreffnis n; Summe f
meblağ tamamlamak • nachschiessen
meblağın bir kısmı • Teilbetrag m
mebus • Abgeordneter m
mecazi mana • bildliche Bedeutung f
mecbur etmek • erzwingen
mecburi • obligat; obligatorisch; unabweisbar; unfreiwillig; zwingend
mecburi borçlanma • Zwangsanleihe f
mecburi hizmet • Pflichtdienst m; Dienstpflicht f
mecburi idareci • Zwangsverwalter m

mecburi ilan • Pflichtbekanntmachung f
mecburi iniş • Notlandung f
mecburi istikraz • Zwangsanleihe f
mecburi karteller • Zwangskartelle pl. n
mecburi olmayan • freiwillig
mecburi ödeme • Pflichtleistung f
mecburi satış • Notverkauf m
mecburi sigorta • obligatorische Versicherung f; Pflichtversicherung f; Zwangsversicherung f
mecburi sigorta primi • Pflichtbeitrag m
mecburi stok • Pflichtlager n
mecburi teslimat • Zwangsablieferung f
mecburiyet • Verbindlichkeit f
meccanen • unentgeltlich
meclis • Ausschuss m; Kollegium n; Rat m; Tag m
Meclis Hazırlık Komisyonu • Vermittlungsausschuss m
meclis kararıyla tevcih etme • staatliche Verleihung f
meclis soruşturması • parlamentarische Untersuchung f
meclis tahkikatı • parlamentarische Untersuchung f
meclis toplantı yılı • Parlamentsjahr n; Sitzungsjahr n
meclis yılı • Sitzungsperiode f
meclislerin müşterek toplantısı • Bundesversammlung f
mecmua • Zeitschrift f
mecra • Durchleitung f; Leitung f; Wasserablauf m; Zuführung f
mecur • Mietsache f
meçhul • unbekannt
medeni • bürgerlich; kulturell
medeni ehliyet • Rechts- und Handlungsfähigkeit f
medeni haklar • bürgerliche Rechte pl. n; Ehrenrechte pl. n; Privatrechte pl. n
medeni haklardan ıskat • Aberkennung f der bürgerlichen Ehrenrechte pl. n; Ehrverlust m; Entziehung f der bürgerlichen Ehrenrechte pl. n
medeni haklardan istifade edebilir • rechtsfähig
medeni haklardan istifade ehliyeti • Rechtsfähigkeit f
medeni haklardan mahrum etmek • bürgerliche Ehrenrechte pl. n absprechen

Mesleki Terimler Sözlüğü

medeni hakları kullanma ehliyeti • Geschäftsfähigkeit f; Handlungsfähigkeit f
medeni hakları kullanma ehliyetsizliği • Geschäftsunfähigkeit f
medeni hakları kullanmaya ehil • geschäftsfähig; handlungsfähig
medeni hakları kullanmaya ehliyetsiz • geschäftsunfähig
medeni hal • Familienstand m; Personenstand m; Zivilstand m
medeni hal belgesi • Familienstandsbescheinigung f
medeni hukuk • bürgerliches Recht n; Privatrecht n; Zivilrecht n
medeni kanun • bürgerliches Gesetzbuch n
medeni kanunlar • Privatrechtsgesetzbücher pl. n; Zivilgesetze pl. n
medeni nikah • Zivilehe f
medeni ölüm • bürgerlicher Tod m
medeni semereler • bürgerliche Früchte pl. f; zivile Früchte pl. f
medeni siyasi haklar • Ehrenrechte pl. n
medeni siyasi haklardan ıskat • Aberkennung f der bürgerlichen Ehrenrechte pl. n
medeniyet • Zivilisation f
medyan • Median m; Zentralwert m
mefhum • Begriff m
mefruşat • Möbel n
mehil • Frist f; Laufzeit f; Nachfrist f; Termin m; Zeit f
mehil verme • Fristgewährung f
mehil vermek • Frist f bewilligen
mekanik • Mechanik f; mechanisch
mekanik anıklık • mechanische Eignung f
mekanik okuma • mechanisches Lesen n
mekanik yetenek • mechanische Fähigkeit f
mekanik zeka • mechanische Intelligenz f
mekanikçilik • Mechanismus m
mekanizasyon • Mechanisierung f
mekanize muhasebe • Maschinenbuchführung f
mektep • Schule f
mektuba yapılan ekleme • Postskriptum n
mektubu pullamak • frankieren
mektup • Brief m; Schreiben n; Zuschrift f
mektupla • brieflich
mektuplaşma • brieflicher Verkehr m; Korrespondenz f
mektuplaşmak • korrespondieren
memba • Quelle f
memleket • Heimat f
memleket dışına çıkarma • Ausweisung f
memleket ekonomisi ile ilgili • innerwirtschaftlich
memleket içi • Inland n; inner
memleket içi kapital kaynakları • Inlandskapitalmittel pl. n
memleketinden sürülen kişi • Vertriebener m
memlekette kullanılan para ve para birimi sistemi • Währung f
memnu hakların iadesi • Rehabilitierung f; Wiedereinsetzung f in frühere Rechte pl. n
memnu mıntıka • Militärzone f; verbotene Zone f
memnu silahlar • verbotene Waffen pl. f
memnuiyet • Untersagung f
memnuniyet • Verbot n
memorandum • Denkschrift f; Memorandum n; Protokoll n
memur • Angestellte m; Beamter m; Funktionär m
memur emekli maaşı • Ruhegehalt n
memur sicili • Personalakte f; Personalnachweise pl. m der Beamten pl. m
memur ve hizmetli maaşı • Gehalt n
memur ve hizmetlilerin emekli aylığı • Ruhegeld n
memura hakaret • Beamtenbeleidigung f
memuriyet • Amt n; Anstellung f; Dienst m; Funktion f; Posten m; Stelle f; Stellung f
memuriyet görevi • Amtspflicht f
memuriyet icraatı • Amtsführung f
memuriyet sırrı • Amtsgeheimnis n; Dienstgeheimnis n
memuriyet ve mevki nüfuzunu kötüye kullanma • Amtsmissbrauch m
memuriyet ve mevki nüfuzunu suiistimal • Amtsmissbrauch m; Missbrauch m der Amtsgewalt f; Gewaltmissbrauch m
memuriyet yapmak • amtieren
memuriyet yetkisi • Amtsbefugnis n

Fachwörterbuch

memuriyete başlarken edilen yemin • Diensteid m
memuriyete tayin etmek • Stelle f besetzen
memuriyete yerleştirme • Amtseinsetzung f
memuriyete yerleştirmek • einführen
memuriyetin gaspı • Amtsanmassung f
memuriyette bulunmak • Amt n führen
memuriyetten azletmek • vom Amt n absetzen
memuriyetten çıkarılma • Dienstentlassung f
memuriyetten ihraç • Amtsenthebung f; Dienstentlassung f; Entfernung f aus dem Amt n
memuriyetten istifa etmek • aus dem Amt n ausscheiden
memurlar üzerinde murakabe • Dienstaufsicht f
memurluktan çıkarılma • Entfernung f aus dem Amte n
memurun muhakematı usulü • Einleitung f oder Durchführung f eines Strafverfahrens n gegen Beamte pl. m
memurun sorumluluğu • Amtshaftung f
memurun şahsi kusuru • persönliches Verschulden n des Beamten m
men etmek • verbieten
menafii umumiye • Gemeinnützigkeit f
menafii umumiye kararı • Beschluss m über Gemeinnützigkeit f
menfaat • Belang m; Interesse n; Nutzen m; Wohl n
menfaat değeri altında sigorta • Unterversicherung f
menfaat grubu • Interessengemeinschaft f; Interessengruppe f
menfaat sağlama • Vorteilsgewährung f
menfaat temini • Vorteilsannahme f
menfaatine • zugunsten
menfaatine dokunmak • beeinträchtigen
menfaatleri temsil eden organ • Interessenvertretung f
menfaatlerin çatışması • Interessenkollision f
menfaatlerin temsili • Interessenvertretung f
menfaatlerini korumak • Interessen pl. n wahrnehmen

menfi • abschlägig; absprechend; negativ
menfi husumet ehliyeti • passive Legitimation f ; Passivlegung f
menfi hüküm • absprechendes Urteil n
menfi şart • negative Bedingung f
menfi zarar • negatives Vertragsinteresse n
menfi zarar ziyan • negatives Interesse n; Vertrauensschaden m
menkul davası • Mobiliarklage f
menkul değer alıp satan komisyoncu • Effektenmakler m
menkul değer ihracı • Aktien- und Anleihenausgabe f
menkul değer ihraç broşürü • Börseneinführungsprospekt m
menkul değer ihraç eden şirket • Emissionsgesellschaft f
menkul değer kredisi • Lombardkredit m
menkul değer satışından doğan zarar • Verlust m durch Effektenverkauf m
menkul değeri öncelikle satın alma hakkı • Bezugsrecht n
menkul değerler • Effekten pl. m; Wertpapiere pl. n
menkul değerler borsası • Effektenbörse f; Wertpapierbörse f
menkul değerler cüzdanı • Mobilienportefeuille n; Wertschriftenportefeuille n
menkul değerler karşılığı avans • Vorschuss m auf Wertpapiere pl. n
menkul değerler portföyü • Wertpapierbestand m
menkul değerler ticareti • Effektenhandel m
menkul değerler ticareti yapan • Effektenhändler m
menkul değerlerde büyük değerli kupürler • grosse Stückelungen pl. f
menkul değerlerden sağlanan gelir • Einkünfte pl. f aus Wertpapieren pl. n
menkul değerlere yapılan yatırım • Finanzinvestition f
menkul değerlerin borsaya kaydettirilmesi • Börsennotierung f
menkul değerlerin tümü • Portefeuille f
menkul kıymet analizi • Wertschriftenanalyse f
menkul kıymet numarası • Sortennummer f; Valorennummer f

Mesleki Terimler Sözlüğü

menkul kıymet rehni • Mobiliarhypothek f
menkul kıymet rehni karşılığı avans • Faustpfandkredit m
menkul kıymet yatırım fonu • Anlagefonds m; Wertschriftentrust m
menkul kıymet yatırım ortaklığı • Anlagegesellschaft f; Investmentgesellschaft f; Wertschriftentrust m
menkul kıymetler • Aktien pl. f; börsenfähige Wertpapiere pl. n; Börsenpapiere pl. n; Effekten pl. m; festverzinsliche Wertpapiere pl. n; Wertpapiere pl. n
menkul kıymetler birimi • Wertschriftenverwaltung f
menkul kıymetler borsası • Börse f; Effektenbörse f; Wertpapierbörse f
menkul kıymetler emanet hesabı • Depot n; Titeldepot n; Vermögensverwaltungsdepot n; Verwaltungsdepot n; Wertpapierdepot n; Wertschriftendepot n
menkul kıymetler hesap dekontu • Effektenabrechnung f
menkul kıymetler piyasası • Aktienmarkt m; Effektenmarkt m
menkul kıymetler portföyü • Mobilienportefeuille n; Wertschriftenportefeuille n
menkul kıymetler takası • Wertschriftenclearing n
menkul kıymetlerin ikinci okunuşu • Reprise f
menkul kıymetlerin takas sistemi • Effektengiroverkehr m
menkul mal • bewegliche Güter pl. n; bewegliches Vermögen n; Fahrnis f; Mobilien pl.
menkul mal mukabilinde kredi • Mobiliarkredit m
menkul mal mülkiyetinin devir ve temliki • Übertragung f des Eigentums n an beweglichen Sachen pl. f
menkul mallar • bewegliche Habe f; bewegliche Sachen pl. f; Fahrnis f; Habe f; Mobiliarvermögen n; Mobilien pl.
menkul mülkiyeti • Eigentum n an beweglichen Sachen pl. f; Fahrniseigentum n

menkul rehni • Fahrnispfandrecht n; Pfandrecht n an beweglichen Sachen pl. f
menkul sermaye iradı • Wertpapierertrag m
menkuller • bewegliche Habe f; Mobilien pl.
mensup • zugehörig
menşe • Abstammung f; Herkunft f; Provenienz f; Ursprung m
menşe işaretleri • Herkunftszeichen n; Ursprungszeichen n
menşe markası • Ursprungsbezeichnung f
menşe memleket • Herkunftsland n; Ursprungsland n; Versendungsland n
menşe şahadetnamesi • Ursprungszeugnis n
menşe ülkesi • Ursprungsland n
mera • Weide f; Weideland n
mera hayvancılığı • Grünlandwirtschaft f
merasim • Zeremonie f; Zeremoniell n
merci • Leitung f
merhun • Pfandgut n; Pfand n
merhuna temellük şartı • Verfallklausel f; Verfallsvertrag m
merhunun açık artırmaya çıkarılması • Pfandversteigerung f
merhunun paraya çevrilmesi • Pfandverwertung f
meri • bestehend; gültig
meri kanunlar • bestehende Gesetze pl. n
meri olmak • gelten
meriyet • Gültigkeit f; Kraft f; Geltung f
meriyet alanı • Geltungsbereich m
meriyet süresi sınırlı kanun • befristetes Gesetz n
meriyetsizlik • Ungültigkeit f
meriyette • In-Kraft-Sein n
merkez • Hauptniederlassung f; Hauptsitz m; Platz m; Sitz m; Zentrale f; Zentrum n
merkez bankacılığı • Notenbankwesen n; Zentralbanksystem n
merkez bankası • Emissionsinstitut n; Notenbank f; Währungsbank f; Zentralbank f
merkez bankası iskonto oranı • Bankdiskont m
merkez bankası mali yardımı • Refinanzierungshilfe f
merkez bankası reeskont işlemi • Refinanzierungsgeschäft n

Fachwörterbuch

merkez dairesi • Zentralstelle f
merkez eğilimi • zentrales Tendenzmass n
merkez muhasebesi • Bilanzabteilung f
merkez şube • Hauptfiliale f; Kopffiliale f
merkezcilik • Zentralismus m
merkezden kontrol edilen •
  zentralgesteuert
merkezden tedarik sistemine ait mağaza
  • Kettenladen m
merkezden yönetilen kontrollü ekonomi sistemi • Zentralverwaltungswirtschaft f
merkezden yönetim • zentrale
  Verwaltung f
merkezi • zentral
merkezi birlik • Spitzenorganisation f;
  Spitzenverband m
merkezi idare • Hauptverwaltung f
merkezi kur • Leitkurs m
merkezi kuruluş • Spitzeninstitut n;
  Spitzenorganisation f
merkezi makam • Zentralbehörde f
merkezi şirket • Kerngesellschaft f
merkezi tahsil • Sammelinkasso n
merkezi yönetim • zentraler
  Verwaltungsapparat m; Federführung f
merkezileştirme • Zentralisation f;
  Zentralisierung f
merkezileştirmek • konzentrieren;
  zentralisieren
merkeziyet • Einheitlichkeit f
merkeziyetçilik • Zentralismus m
mertebeler silsilesi • Hierarchie f;
  Rangordnung f
mesafe • Abstand m; Distanz f
mesafe navlunu • Distanzfracht f
mesaha şahadetnamesi •
  Schiffsvermessungsurkunde f
mesai günü • Werktag m
mesai haricinde • ausserhalb der
  Arbeitszeit f
mesai saatleri • Arbeitszeit f
mesaj • Botschaft f
mesele • Angelegenheit f; Frage f;
  Gegenstand m; Handel m; Problem n;
  Sache f
meselei müstehhire • präjudizielles
  Rechtsverhältnis n ; Vorfrage f
mesken • Aufenthalt m; Obdach n; Quartier n; Siedlung f; Unterkunft f; Wohnung f

mesken bankası • Siedlungsbank f
mesken dairesi • Wohnungsamt n
mesken inşaat şirketi •
  Wohnungsbaugesellschaft f
mesken kredisi • Siedlungskredit m;
  Wohnbaudarlehen n
mesken masuniyeti • Hausfrieden m;
  Unverletzlichkeit f der Wohnung f
mesken masuniyetini ihlal •
  Hausfriedensbruch n
mesken mülkiyeti • Wohnungseigentum n
mesken tazminatı • Wohngeld n
mesken yönetim talimatı • Hausordnung f
mesken zammı • Mietzuschuss m;
  Wohngeldzuschuss m
meskenin polis tarafından aranması •
  Hausdurchsuchung f
meskukat • gemünztes Geld n; geprägtes
  Geld n; Hartgeld n; klingende Münze f ;
  Metallgeld n; Münzgeld n
mesleğe yönelik eğitim •
  berufsvorbereitende Bildung f
mesleğini icra edemez • berufsunfähig
mesleğini icra edemezlik •
  Berufsunfähigkeit f
meslek • Beruf m; Berufsstand m;
  Gewerbegruppe f; Handwerk n; Stand m;
  Tätigkeit f
meslek adı • Berufsbezeichnung f
meslek ahlakı • Berufsethik f
meslek belgesi • Berufszeugnis n
meslek birliği • Berufsstand m;
  Berufsvertretung f
meslek edindirme • Berufsausbildung f
meslek eğitim merkezi •
  Berufsausbildungszentrum n
meslek eğitimi • Berufsbildung f
meslek eğitimi diploması •
  Berufsausbildungsdiplom n
meslek elemanı • Fachkraft f; Fach-
  personal n
meslek grubu • Berufsgruppe f;
  Wirtschaftsgruppe f
meslek hastalığı • Berufskrankheit f;
  Gewerbekrankheit f
meslek hastalıkları • Berufs-
  krankheiten pl. f
meslek hayatı • Berufsleben n
meslek kategorisi • Berufsschicht f;
  Berufsstellung f

Mesleki Terimler Sözlüğü

meslek kolu • Fach n
meslek kursu • Berufsausbildungskursus m
meslek kuruluşu • Berufsgenossenschaft f
meslek mensupları kooperatifi • Berufsgenossenschaft f
meslek nizamnamesi • Gewerbeordnung f
meslek okulu • Berufsschule f
meslek sahibi • erwerbstätig
meslek seçimi • Berufswahl f
meslek seçme hürriyeti • Freiheit f der Berufswahl f
meslek sırrı • Berufsgeheimmis n
meslek standartları • Berufsstandards pl. m
Meslek Standartları Oluşturma Kurumu • Gesellschaft f für die Aufstellung f von Berufsstandards pl. m
meslek tanımları • Berufsdefinitionen pl. f
meslek taraması • Erhebung f der Berufe pl. m
meslek topluluğu • Wirtschaft f
meslek ve sanatın tadili icrası • Berufs- und Gewerbeverbot n
meslek yüksek okulu • Berufsfachschule f; Fachhochschule f
mesleki • gewerblich; gewerbsmässig
mesleki bilgi • Fachkenntnisse pl.; Fachverband m
mesleki birlikler halinde birleşme hürriyeti • Koalitionsfreiheit f
mesleki çevreler • Fachwelt f
mesleki deneyim • Berufserfahrung f
mesleki dergi • Fachzeitschrift f
mesleki eğitim • Berufsausbildung f
mesleki eğitim almamış kişi • Laie m
mesleki eğitim merkezi • Berufsausbildungsstelle f
mesleki eğitim ve öğretim • Fachbildung f
mesleki faaliyet • berufliche Tätigkeit f; Werktätigkeit f
mesleki hastalık • Berufskrankheit f
mesleki ilgi • berufliches Interesse n
mesleki nizamname • Berufsordnung f
mesleki rehberlik • Berufsberatung f
mesleki sır • Berufsgeheimnis n
mesleki statü • Berufsordnung f
mesleki ve teknik eğitim (MEM) • Berufs- und technische Ausbildung f
Mesleki ve Teknik Eğitimi Araştırma ve Geliştirme Merkezi (METARGEM) • Forschungs- und Entwicklungszentrum n für Berufs- und technische Ausbildung f
mesleki ve teknik öğretim • Berufs- und technische Ausbildung f
mesleki yüksek öğretim • Fachhochschulstudium n
meslekleri tanıtıcı bilgiler • Berufsinformation f
meslektaş • Kollege m
mesnet • Unterlage f
mesnetsiz • unbegründet
mesul • haftbar; verantwortlich
mesul olmak • haften; Rechenschaft f ablegen
mesuliyet • Haftbarkeit f; Haftpflicht f; Haftung f; Schuld f; Verantwortlichkeit f; Verantwortung f
mesuliyet sigortası • Haftpflichtversicherung f
meşakkat • Anstrengung f
meşhut suç • frisch begangene Straftat f; frische Tat f
meşru • erlaubt; gesetzlich; legal; legitim; rechtmässig; zulässig
meşru çocuk • eheliches Kind n; legitimes Kind n
meşru müdafaa • Notstand m; Notwehr f; Verteidigung f in Notwehr f
meşru müdafaa hakkı • Notwehrrecht n
meşru talep • rechtmässiger Anspruch m
meşrubat ve gazete satan kulübe • Kiosk m
meşruiyet • Gesetzlichkeit f; Legalität f; Legitimismus m; Legitimität f; Rechtfertigung f; Rechtmässigkeit f; Zulässigkeit f
meşruluğu kabul edilmiş çocuk • ehelich erklärtes Kind n
meşrut harp kaçağı • relative Konterbande f
meşruten tahliye • bedingte Entlassung f; vorläufige Entlassung f
meşruti • konstitutionell
meşruti monarşi • konstitutionelle Monarchie f
meşrutiyet • Konstitution f; Konstitutionalismus m; Rechtmässigkeit f

Fachwörterbuch

metafizik • Metaphysik f
metal • Metall n
metal endüstrisi • Metallindustrie f
metal işkolunda çalışan işçi • Metallarbeiter m
metal para • Hartgeld n
metal sanayii • Metallindustrie f
metin • Fassung f; Schrift f; Text m; Wortlaut m
metni tahrif etme • Textfälschung f
metnin ruhu • Geist m des Gesetzes n; Sinn m des Gesetzes n
metre • Meter n/m
mevcudat • Aktiva pl.; Aktiven pl. f; Aktivkapital n; Aktivvermögen n
mevcudat ve muvazene defteri • Bestandsbuch n; Inventar- und Bilanzbuch n; Inventarverzeichnis n
mevcudiyet • Anwesenheit f; Bestand m; Dasein n; Existenz f
mevcut ile kayıtlı stok değer arasındaki fark • Inventurdifferenz f
mevcut • vorhanden; anwesend; befindlich; bestehend
mevcut borcu ödemek için hisse senedi çıkarma • Refinanzierung f
mevcut borcu ödemek için tahvil çıkarma • Refinanzierung f
mevcut durumdaki değişme • Bestandsveränderung f
mevcut liste • Bestandsverzeichnis n
mevcut olan • Faktum n
mevcut olmak • bestehen; existieren; vorhanden sein; vorkommen
mevcut para • Disponibilität f
mevcut şartlar • Sachverhalt m
mevduat • Depositen pl. n; Einlage f; Geldeinlagen pl. f
mevduat cüzdanı • Depositenheft n; Einlageheft n
mevduat çarpanı • Geldschöpfungsmultiplikator m
mevduat faizi • Depositenzins m; Depotzinsen pl. m
mevduat hesabı • Depositenkonto n; Einlagenkonto n
mevduat hesabında tasarruf • Depositen-Sparen n
mevduat işlemleri • Passivgeschäfte pl. n
mevduat kanunu • Depotgesetz n

mevduat makbuz senedi • Depositenschein m
mevduat munzam karşılık oranı • Reservesatz m
mevduat munzam karşılıkları • Mindestreserven pl. f
mevduat sahibi • Deponent m; Einzahler m
mevduat sertifikası • Einlagenzertifikat n
mevduat sigortası • Depositenversicherung f
mevduat üzerinden çalışan banka • Depositenbank f
mevhum meşru müdafaa • Putativnotwehr f
mevhume • Fiktion f
mevki • Amt n; Funktion f; Klasse f; Ort m; Platz m; Stand m; Stelle f; Stellung f
mevkuf • Arrestant m; Häftling m; Untersuchungsgefangener m; Verhafteter m
mevkuf bulundurmak • in Haft f behalten
mevkufiyet • Strafhaft f
mevsim • Saison f
mevsim dalgalanması • Saisonschwankung f
mevsim değişikliği • Saisonschwankung f
mevsim işçisi • Saisonarbeiter m
mevsim sonu satışı • Saisonausverkauf m; Saisonschlussverkauf m
mevsim tandansı • Bewegungsbild n
mevsim yılı • Saisonartikel m
mevsimden ileri gelen satış farkı • Saisonabweichung f
mevsime bağlı olan • saisonabhängig
mevsimlik iş • Saisonarbeit f
mevsimlik işçi • Saisonarbeiter m
mevsimlik işletme • Saisonbetrieb m
mevsimlik kredi • Saisonkredit m
mevsuf • qualifizierte Mehrheit f
mevsuf ekseriyet • qualifizierte Mehrheit f
mevsuf ikrar • Geständnis n mit Vorbehalten pl. m
mevsuf suçlar • qualifizierte Vergehen pl. n
mevzu • Gegenstand m; Objekt n; Stoff m; Thema n
mevzu hukuk • positives Recht n
mevzuat • Bestimmungen pl. f; Durchführungsbestimmung f; Gesetzgebung f

Mesleki Terimler Sözlüğü

mevzuata uygun durum • Regelfall m
meydana çıkaran • Entdecker m
meydana çıkarmak • entdecken; erzeigen; offenbaren
meydana çıkmak • sich einstellen
meydana gelen zararda zarara uğrayanın da kusurlu olması hali • konkurrierendes Verschulden n
meydana gelmek • erfolgen; herkommen; sich begeben
meydana getirmek • erzeugen; schaffen; stiften
meyhane işletme • Schenkwirtschaft f
mezarlık • Friedhof m
mezat malı • Ramsch m
mezatçı tarafından yapılan ilan • Ausruf m
mezhep • Bekenntnis n; Glaube m; Konfession f
mezhep hürriyeti • Bekenntnisfreiheit f; Konfessionsfreiheit f
mezheple ilgili • konfessionell
meziyet • Tugend f; Würdigkeit f
mezuniyet • Ferien pl.; Urlaub m
mezuniyet imtihanı • Abgangsprüfung f
mıntıka • Bezirk m; Region f; Zone f
mikrofilm • Mikrofilm m
mikrokart • Mikrokarte f
miktar • Anzahl f; Höhe f; Menge f; Quantität f; Ration f; Stand m; Summe f
miktar belgesi • Mengenbescheinigung f
miktar farkı • Mengenabweichung f
miktar iskontosu • Mengenbonus m; Mengenrabatt m
miktar kontrolü • Mengenkontrolle f
miktar üzerinden satış • Mengenabsatz m
miktarda hata • Kalkulationsirrtum m; Quantitätsirrtum m
miktarla ilgili • quantitativ
mikyas • Ausmass n; Massstab m
mil • Meile f
millet • Nation f; Volk n
Milletler Cemiyeti • Völkerbund m
milletlerarası hukuku • zwischenstaatliches Recht n
milletlerarası • international; internationaler Brauch m; zwischenstaatlich

Milletlerarası Atom Enerjisi Teşkilatı • Internationale Atomenergie-Organisation f
milletlerarası birlik • internationale Union f; internationaler Verband m
Milletlerarası Çalışma Teşkilatı • internationales Arbeitsamt n
Milletlerarası Demiryolu Yolcu ve Yük Nakliyatı Anlaşması • Internationales Übereinkommen n über den Eisenbahn Personen- und Gepäckverkehr m
Milletlerarası Demiryolu Yük Nakliyatı Anlaşması • Internationales Übereinkommen n über den Eisenbahn-Frachtverkehr m
milletlerarası hukuk • internationales Recht n
milletlerarası idare hukuku • internationales Verwaltungsrecht n
milletlerarası iş hukuku • internationales Arbeitsrecht n
milletlerarası mahkemeler • internationale Gerichte pl. n; zwischenstaatliche Gerichte pl. n
milletlerarası nehirler • internationale Ströme pl. m
milletlerarası örf ve adet • internationaler Brauch m
Milletlerarası Para Fonu • international Monetary Fund; internationaler Währungsfonds m
milletlerarası posta ittihadı • Weltpostverein m
milletlerarası sergi • internationale Ausstellung f; Weltausstellung f
Milletlerarası Şeker Konseyi • internationaler Zuckerrat m
Milletlerarası Tediyat Bankası • Bank f für internationalen Zahlungsausgleich m
milletlerarası ticaret hukuku • internationales Handelsrecht n
Milletlerarası Ticaret Odası • Internationale Handelskammer f
milletvekili • Abgeordneter m; Volksvertreter m
milletvekillerinin şahadetten imtina hakkı • Zeugnisverweigerungsrecht n der Abgeordneten pl. m
milletvekilliği dokunulmazlığı • parlamentarische Immunität f

Fachwörterbuch

milli • ethnisch; national; staatlich; volkstümlich
Milli Eğitim Akademisi • Akademie f für Nationale Erziehung f
Milli Eğitim Bakanlığı • Ministerium n für Nationale Erziehung f; Ministerium n für nationale Bildung f
Milli Eğitim Bakanlığı Merkez Teşkilatı • Zentralorganisation f des Ministeriums n für Nationale Erziehung f
Milli Eğitim Müdürlüğü • Direktion f für Nationale Erziehung f; Schulamt n
Milli Eğitim Personel Kanunu • Lehrpersonalgesetz n für die nationale Erziehung f
Milli Eğitim Şurası • Nationale Bildungsratsversammlung f; Nationaler Bildungsrat m
Milli Eğitim Temel Kanunu • Grundgesetz n für Nationale Erziehung f
milli ekonomi • Volkswirtschaft f
milli emlak • Staatsgut n
milli gelir • Nationaleinkommen n; Nationalsozialprodukt n; Volkseinkommen n
milli gelirin tüketime giden payı • Konsumquote f
milli hakimiyet • Souveränität f
milli hakimiyet egemenlik • nationale Unabhängigkeit f
milli hasıla • Nationalprodukt m; Sozialprodukt f
milli hukuk • internes Recht n; Landesrecht n; nationales Recht n
milli muhasebe • volkswirtschaftliche Gesamtrechnung f
milli müdafaa hukuku • Wehrrecht n
Milli Müdafaa Vekaleti • Ministerium n für nationale Verteidigung f; Wehrministerium n
milli para • Landeswährung f
milli refah • Volkswohlstand m
Milli Savunma Bakanlığı • Kriegsministerium n; Ministerium n für nationale Verteidigung f; Wehrministerium n
milli savunma hukuku • Wehrrecht n
milli servet • Staatsvermögen n; Volksvermögen n

millileştirilmiş işletme • volkseigener Betrieb m
millileştirilmiş teşebbüsü özel teşebbüse devretme • Reprivatisierung f
millileştirme • Nationalisierung f; Sozialisierung f; Verstaatlichung f
millileştirmek • nationalisieren
milliyet • Nationalität f; Volkstum n
milliyetçilik • Nationalismus m
milyar • Milliarde f
milyon • Million f
miras • Erbe n; Erbschaft f; Hinterlassenschaft f; Nachlass m; Verlassenschaft f
miras alacağı • Nachlassforderung f
miras bırakan • Erblasser m; Nachlasser m; Testator m
miras bırakma • Erblassung f
miras bırakmak • hinterlassen
miras hadisesi • Erbfall m
miras hakkı • Erbanspruch m; Nachlassanspruch m
miras hakkından feragat • Verzicht m auf Erbrecht n
miras hissesi • Anteil m am Erbe n; Erbanteil m; Erbteil n
miras hissesini ayırmak • Erbteil m abschichten
miras hukuku • Erbrecht n
miras ile intikal edebilen haklar • Erbbesitz m
miras mukavelesi • Erbvertrag m
miras olarak almak • beerben
miras olarak bırakmak • vererben
miras sebebiyle istihkak davası • Erbschaftsklage f
miras şirketi • Erbengemeinschaft f; ungeteilte Erbengemeinschaft f
miras şirketinin tasviyesi • Auseinandersetzung f der Erbengemeinschaft f
miras talebi • Erbanspruch m; Nachlassanspruch m; Nachlassforderung f
miras yoluyla intikal eden • erbfällig
miras yoluyla intikal eden borç • Erbschuld f
miras yoluyla kazanılan mal • Erbtum n
miras yoluyla kazanmak • erben; ererben
mirasa ehil • erbfähig

Mesleki Terimler Sözlüğü

mirasa ehliyet • Erbfähigkeit f
mirasçı • Erbe m; Erbin f
mirasçı adayı • Nacherbe m
mirasçı nasbı • Erbeinsetzung f
mirasçı olarak göstermek • zum Erben m einsetzen
mirasçı olmayan • erblos
mirasçı tayin etmek • Erbe m ernennen
mirasçı tayini • Erbeinsetzung f
mirasçısız ölen kimsenin mallarının devlete intikali • Heimfall m an den Staat m
mirasçısız tereke • erblos
mirası reddetmek • Erbschaft f abweisen
mirasın açılması • Eröffnung f des Erbgangs m; Testamentseröffnung f
mirasın devlete intikali • Heimfall m
mirasın iktisabı • Erbanfall m; Erbschaftsanfall m; Erwerb m der Erbschaft f
mirasın intikali • Anfall m der Erbschaft f; Erbschaftsübergang m
mirasın kabulü • Annahme f der Erbschaft f; Erbschaftsannahme f; Übernahme f der Erbschaft f
mirasın reddi • Ausschlagung f der Erbschaft f; Erbausschlagung f
mirasin taksimi • Erbteilung f; Teilung f der Erbschaft f
mirasta hak sahibi olan • erbberechtigt
mirasta hak sahibi olma • Erbberechtigung f
mirasta iade • Ausgleichung f unter Miterben pl. m; Ausgleichung f
mirasta iade mükellefiyetine tabi olan teberrular • Vorempfangenes n
mirasta ortak • Miterbe m
mirastan feragat • Erbverzicht m
mirastan feragat mukavelesi • Erbauskauf m; Erbverzichtsvertrag m
mirastan ıskat • Enterbung f
mirastan ıskat hakkı • Enterbungsrecht n
mirastan mahrum bırakılan • erbunwürdig
mirastan mahrum etme • Enterbung f
mirastan mahrum etmek • enterben
mirastan mahrumiyet • Erbunwürdigkeit f
mirastan mahrumiyet davası • Klage f auf Erbunwürdigkeit f

misal • Präzedenz f
misilleme • Repressalie f; Revanche f
misilleme tedbiri • Retorsion f
mislen eda • vertretbare Leistung f
misli şeyler • vertretbare Sachen pl. f
misliyle mukabele • Retorsion f; Vergeltung f
mizaç • Natur f
mizan • Probebilanz f; Rechnungsauszug m; Saldenbilanz f; Zwischenbilanz f
mobilya • Möbel n
mobilya vs • Umzugsgut n
modası geçmiş • verjährt
model • Typ m; Modell n
model dergisi • Musterbuch n
modül • Modul n
modüler • ineinander verknüpft; modular
modüler eğitim • ineinander modulare Ausbildung f
modüler eğitim programları • ineinander modulare Lehrpläne pl. m
monarşi • Monarchie f
monetarizm • Monetarismus m
moneter • geldlich; monetär
monogami • Einehe f
monometalizm • Monometallismus m
monopol • Monopol n
monopol hakkı • Alleinberechtigung f
monopol ticaret • Alleinhandel m
Monroe kaidesi • Monroedoktrin f
montaj firması • Montagefirma f
monte etmek • montieren
Montessori yöntemi • Montessori-Methode f
moratoryum • Moratorium n; Stillhalteabkommen n; Zahlungsaufschub m
morg • Leichenhalle f; Leichenschauhaus n
motorize etmek • motorisieren
motorlu nakil araçları vergisi • Kraftfahrzeugsteuer f
motorlu nakil vasıtası • Kraftfahrzeug n
motorlu taşıt aracı • Kraftfahrzeug n
motorlu taşıt plakası • Kraftfahrzeugkennzeichen n
motorlu taşıt ruhsatnamesi • Kraftfahrzeugbrief m
motorlu taşıt vergisi • Kraftfahrzeugsteuer f

Fachwörterbuch

mozaik testi • Mosaiktest m
muaccel • fällig; Verzug m
muaccel borç • fristgebundene Schuld f
muacceliyet • Fälligkeit f
muacceliyet şartı • Verfallsklausel f
muadil • Gegenwert m
muaf • frei
muaf tutma • Degagement n; Enthebung f
muaf tutmak • befreien; degagieren; dispensieren; entbinden; entheben; freistellen
muafiyet • Befreiung f; Dispens m; Erlass m; Franchise f; Freiheit f; Freistellung f; Immunität f
muafiyet hakkı • Dispensionsrecht n
muafiyet şartı • Befreiungsklausel f
muaflık • Selbstrisiko n
muahede • Abkommen n; Staatsvertrag m; völkerrechtlicher Vertrag m
muallak durum • Schwebezustand m
muallak tazminat ihtiyatları • Schadensreserven pl. f
muallakta durmak • schweben
muallakta olan muameleler • schwebende Geschäfte pl. n
muamele • Behandlung f; Geschäft n; Geschäftsvorfall m; Prozedur f; Rechtsgeschäft n; Verhalten n; Verkehr m; Vorgang m
muamele etmek • behandeln; verfahren; vorgehen
muamele komisyonu • Umsatzprovision f
muamele masrafı • Umsatzgebühr f
muamele resmi • Bearbeitungsgebühr f; Umsatzstempel m
muamele ve hareket tarzı • Verhaltungsart f; Verhaltungsregel f
muamele vergisi • Umsatzsteuer f; Verkehrssteuer f
muamele yapılabilir • handelbar
muamelelerde azalma • Umsatzschwund m
muamelelerde esham ve tahvilatın kliring sistemi olarak kullanılması • Effektengiroverkehr m
muavenet • Betreuung f
muavenet etmek • betreuen
muavin • Stellvertreter m
muavin şahıs • Erfüllungsgehilfe f

muayene • Beschau f; Besichtigung f; Inspektion f; Musterung f; Prüfung f; Untersuchung f; Visitation f
muayene amacıyla ziyaret • Visite f
muayene bürosu • Prüfstelle f
muayene etmek • abnehmen; beschauen; mustern; sichten; untersuchen; visitieren
muayene hakkı • Durchsuchungsrecht n
muayene izni • Zollgutbesichtigungsschein m
muayene sertifikası • Prüfattest n
muayene ve keşif ücreti • Besichtigungsgebühren pl. f
muayeneci • Durchsucher m
muayenesiz gümrükten çekme • verzollt ohne Untersuchung f
muayyen mal musalehi • Legatar m; Vermächtnis n
muayyen mal vasiyeti • Erbvermächtnis n; Legat n; Vermächtnis n
mucibince • laut
mucip olmak • herbeiführen
mucip sebep • Berechtigungsgrund m; Motiv n; Begründung f; Erwägung f; Grund m
mucit • Erfinder m
mudi • Deponent m; Einlagerer m; Einzahler m; Hinterleger m; Sparer m
mufassal • ausführlich
muhaberat • Korrespondenz f
muhaberat çeki • Korrespondenzscheck m
muhaberat sırrı • Briefgeheimnis n; Postgeheimnis n
muhabere hürriyeti • Briefgeheimnis n; Fernsprechgeheimnis n; Postgeheimnis n; Telegraphengeheimnis n
muhabir • Korrespondent m; Reporter m
muhabir banka • Korrespondenzbank f
muhaceret • Auswanderung f; Einwanderung f
muhaceret bürosu • Einwanderungsbehörde f
muhaceret kanunu • Auswanderungsgesetz n
muhacir • Ansiedler m; Auswanderer m; Einwanderer m
muhafaza • Aufbewahrung f; Erhaltung f; Obhut f; Pflege f; Schutz m; Sicherstellung f; Unterhaltung f; Verwahrung f; Vorsorge f

Mesleki Terimler Sözlüğü

muhafaza eden • Erhalter m; Verwahrer m
muhafaza etmek • aufbewahren; bewahren; einschliessen; halten; schützen; verwahren; wahren
muhafaza konşimentosu • Lagerhalterkonnossement n; Verwahrungskonnossement n
muhafaza süresi • Aufbewahrungsfrist f
muhafaza tedbiri • Erhaltungsmassnahme f
muhafaza tedbirleri • Erhaltungsmassnahmen pl. f; Sicherungsmassregeln pl. f; vorsorgliche Anordnungen pl. f; vorsorgliche Massnahmen pl. f
muhafaza ücreti • Depotgebühr f
muhafazakar • konservativ
muhafazakarlık • Konservativismus m
muhafazakarlık ilkesi • Vorsichtsprinzip f
muhafazakarlık prensibi • Vorsichtsprinzip n
muhafız • Verwahrer m
muhakemat müdürlüğü • Rechtsabteilung f einer Behörde f
muhakeme • Beurteilung f; Verstand m
muhakeme masrafları • Gerichtskosten pl.
muhakeme usulü • Gerichtsverfahren n; Prozessführung f; Prozessverfahren n; Rechtsverfahren n; Verfahren n
muhakeme usulü kanunu • Prozessordnung f
muhakemelerin aleniyeti • Öffentlichkeit f der Gerichtsverhandlungen pl. f
muhakemenin iadesi • Wiederaufnahme f des Verfahrens n; Wiederaufnahmeverfahren n
muhakemenin men'i kararı • Einstellung f des Strafverfahrens n
muhakemenin yeniden görülmesi • Wiederaufnahmeverfahren n
muhakemeyi yeniden görmek • Verfahren n wiederaufnehmen
muhakkak • natürlich; unbezweifelt; gewiss
muhakkem istikraz • konsolidierte Anleihe f
muhalefet • Opposition f; Verstoss m
muhalefet etmek • reagieren
muhalefet partisi • Oppositionspartei f
muhalefet varakası • Zahlungsverbot n

muhalif olmak • gegen etwas sein
muhalifler • Gegnerschaft f
muhalünaleyh • Angewiesener m
muhalünleh • Anweisungsempfänger m
muhammen değer • Taxwert m
muhammen fiyat • Schätzpreis m
muhammin • Abschätzer m; Schätzer m
muharebe • Schlacht f
muharip • Kombattant m; kriegführend; Mitglied n der bewaffneten Macht f
muharrik • Anstifter m
muhasamat • Feindseligkeiten pl. f
muhasamatın tatili • Einstellung f der Feindseligkeiten pl. f
muhasebe • Buchführung f; Buchhaltung f; Rechenwerk n; Rechnungsführung f; Rechnungswesen n
muhasebe bölümü • Buchhaltungsabteilung f
muhasebe çerçevesi • Kontenrahmen m
muhasebe çevrimi • Buchungskreislauf m
muhasebe dairesi • Rechnungsstelle f
muhasebe defterleri • Geschäftsbücher pl. n ; Handelsbücher pl. n
muhasebe değeri • Buchwert m
muhasebe denetimi • Prüfungswesen n; Rechnungprüfung f
muhasebe denkliği • Bilanzgleichung f
muhasebe departmanı • Buchhaltungsabteilung f
muhasebe dönemi • Abrechnungszeitraum m; Wirtschaftsperiode f
muhasebe el kıtabı • Buchführungshandbuch n
muhasebe ilkeleri • Buchführungsrichtlinien pl. f; Buchführungsgrundsätze pl. m; Grundsätze pl. m ordnungsmässiger Buchführung f; Rechnungslegungsgrundsätze pl. m
muhasebe işlemi • Geschäftsvorfall m
muhasebe kaydına ilişkin açıklama • Buchungstext m
muhasebe kaydının iptali • Stornobuchung f
muhasebe kaydının ters kayıtla iptali • Stornobuchung f
muhasebe kayıt değeri • Buchwert m
muhasebe kayıtları • Buchhaltung f

Fachwörterbuch

muhasebe kuralları • Buchführungspostulate pl. n
muhasebe kuralları istisnası • Buchhaltungsfreiheit f
muhasebe kuramı • Bilanztheorie f
muhasebe kuramı ve uygulaması • Rechnungswesen n
muhasebe makineleri • Buchungsmaschinen pl. f
muhasebe politikası • Bilanzierungspolitik f
muhasebe prensipleri • Grundsätze pl. m ordnungsmässiger Buchführung f
muhasebe prensipleri • Buchführungsgrundsätze pl. m
muhasebe raporları • Finanzberichte pl. m
muhasebe sistemi • Buchführungssystem n
muhasebe standartları • Rechnungslegungsgrundsätze pl. m
muhasebe süreci • Buchhaltungsverfahren n
muhasebe şefi • Hauptbuchhalter m
muhasebe tablosu • buchhalterische Übersicht f
muhasebe talimatı • Buchführungshandbuch n
muhasebe teorisi • Bilanztheorie f
muhasebe uygulaması • Buchhaltungspraxis f
muhasebe ve murakabe şirketi • Treuhandgesellschaft f
muhasebe verilerinin yönetime yardımcı olacak şekilde toplanması ve analiz edilmesi • Management Accounting
muhasebe yılı • Rechnungsjahr n
muhasebeci • Buchführer m; Buchhalter m; Rechnungsprüfer m
muhasebecilik • Rechnungswesen n
muhasebecinin sorumluluğu • buchhalterische Verantwortung f
muhasebede çeşitli kullanım amaçlarıyla vergisi düşülmeden saptanan gelir • Gewinn m vor Steuerabzug m
muhasebede ters kayıt işleyerek hatayı düzeltmek • stornieren
muhasip • Buchhalter m
muhatap • Abnehmer m; Akzeptant m; Bezogener m; Gesprächspartner m; Remittent m; Trassat m; Zahler m
muhatara • Risiko f

muhavere hürriyeti • Fernsprechgeheimnis n
muhayyer muamele • Nochgeschäft n
muhayyerlik • Ersetzungsbefugnis f
muhik • begründet
muhik sebep • wichtiger Grund m
muhik sebepler • rechtfertigende Gründe pl. m
muhil • Anweisender m
muhit • Kreis m; Umgebung f; Umkreis m; Umwelt f
muhtaç • bedürftig; dürftig
muhtaç olmak • bedürfen
muhtar • autonom; Gemeindevorsteher m; Ortsvorsteher m; Vorsteher m
muhtariyet • Autonomie f; Selbständigkeit f; Selbstverwaltung f
muhtasar konşimento • short form Konnossement n
muhtelif alacaklılar • diverse Gläubiger pl. m
muhtelif borçlular • diverse Schuldner pl. m
muhtelit hakem mahkemesi • gemischtes Schiedsgericht n
muhtelit hayat sigortası • verschiedene Lebensversicherungen pl. f
muhtelit ikrar • qualifiziertes Geständnis n
muhtemel • etwaig; eventuell; vermutlich; voraussichtlich; wahrscheinlich
muhtemel alıcı • Reflektant m
muhtemel müşteri • Kaufanwärter m
muhtemel zararlar için bulundurulan yedek • Notrücklage f
muhtemel zararlar karşılığı • Rückstellung f für Risiken pl. n
muhteviyat • Gehalt m; Inhalt m
muhtıra • Denkschrift f; Memorandum n
muin • Erhalter m; Ernährer m
mukabele • Retorsion f
mukabele etmek • entgegnen
mukabelede bulunmak • vergelten
mukabil • Gegenteil n
mukabil alacak • Gegenforderung f
mukabil anlaşma • Gegenvertrag m
mukabil eda • Gegenleistung f
mukabil garanti • Gegenversicherung f
mukabil hak • Gegenrecht n

Mesleki Terimler Sözlüğü

mukabil hareket • Gegenläufigkeit f
mukabil hesap • Gegenrechnung f
mukabil imza etmek • gegenzeichnen
mukabil kayıt • Storno m
mukabil muamele • Gegengeschäft n
mukabil ödeme • Gegenleistung f
mukabil poliçe • Rückwechsel m
mukabil rehin • Gegenpfand n
mukabil taahhüt • Gegenverpflichtung f
mukabil talep • Gegenforderung f
mukabil tazminat • Revers m
mukaddemei beyyine • Indiz n
mukadder • unvermeidlich
mukavele • Abkommen n; Abmachung f; Kontrakt m; Vertrag m
mukavele akdetmek • Vertrag m abschliessen
mukavele ehliyeti • Rechtsgeschäftsfähigkeit f
mukavele ile kararlaştırılmış rekabet yasağı • Konkurrenzklausel f
mukavele imzalamak • Vertrag m abschliessen
mukavele meblağı • Auftragswert m
mukavele şartı • Vertragsbestimmung f
mukavele tanzim etmek • Vertrag m ausfertigen
mukavele yapmak • Vertrag m abschliessen
mukavelede saptanan süre • Kontraktfrist f
mukavelede taraflarca kararlaştırılan yetkili mahkeme • vertraglich vereinbarter Gerichtsstand m
mukaveleden intifai meşrut olan kimse • Begünstigter m
mukavelename • Vertragsurkunde f
mukavelenin akdi • Vertragsschluss m
mukavelenin feshini ihbar etmek • Vertrag m kündigen
mukavelenin inikadı • Vertragsschluss m
mukavelenin yenisiyle değiştirilmek üzere feshini ihbar etme • Änderungskündigung f
mukaveleye bağlı faiz • vereinbarter Zins m ; vertraglicher Zins m
mukaveleye göre • laut Vertrag m
mukaveleyi bozma • Kontraktbruch m
mukaveleyi fesh etmek • Vertrag m lösen

mukavemet • Widerstand m
mukavemet etmek • widerstehen
mukayese • Vergleich m
mukayese etmek • entgegenhalten; vergleichen
mukayeseli hukuk • Rechtsvergleichung f; vergleichende Rechtswissenschaft f
mukayesesi mümkün olmayan • unvergleichbar
mukayyet ekseriyet • qualifizierte Mehrheit f
mukim • ansässig; Bewohner m; Einwohner m; wohnhaft
mukim elçi • Ministerresident m
mukriz • Darlehensgeber m; Darleiher m; Kreditgeber m
multilateralizm • Multilateralismus m
muntazam • laufend; ordentlich; regelmässig
muntazam posta seferleri • Linienschiffahrt f
munzam kesir • Steuerzuschlag m
munzam mükellefiyet • Sonderbelastung f
munzam tahsisat • Budget n ; Zusatzkredite pl. m
munzam teminat • Deckung f; Sicherheit f; zusätzliche Garantie f
munzam vergi • Ergänzungssteuer f; Steueraufschlag m; Steuerzuschlag m
murabaha • Wucher m; Zinswucher m; Zinswuchergeschäft n
murabahacı • Wucherer m
murahhas • bevollmächtigt; delegiert; Delegierter m; Unterhändler m
murahhas aza • delegiertes Mitglied n
murahhas heyeti • Abordnung f
murakabe • Aufsicht f; Kontrolle f; Prüfung f; Überwachung f
murakabe etmek • beaufsichtigen
murakıp • Auditor m; Aufseher m; Bilanzprüfer m; Kontrolleur m; Prüfer m; Rechnungsprüfer m; Revisor m
muris • Erblasser m; Nachlasser m; Testator m
murisin vasiyetnamenin icrası ile görevlendirdiği kişi • Testamentsvollstrecker m
muristen alacaklı olan • Nachlassgläubiger m

Fachwörterbuch

murtabıt suçlar • zusammenhängende Straftaten pl. f
musaleh • Bedachter m; Vermächtnisnehmer m; Legatar m
mustarip olmak • kranken; leiden
mutabakat • Übereinstimmung f
mutabakat mektubu • Richtigkeitsbefundsanzeige f
mutabakat sağlama • Abstimmung f; Übereinstimmung f
mutabık • identisch
mutabık kalmak • übereinstimmen
mutabık olmak • übereinkommen; zustimmen
mutaden • gebräuchlich ; üblich
mutalebe • Anspruch m; Forderungsrecht n
mutalebe hakkı • Anspruch m; Forderungsrecht n
mutasarrıf • Inhaber m
mutat • gängig; gebräuchlich; gewohnheitsmässig; gewöhnlich; konventionell; üblich
mutat ihtirazi kayıtla • unter üblichem Vorbehalt m
mutat olan • Üblichkeit f
mutatabbip • Kurpfuscher m; Quacksalber m
mutavassıt • Mittelsperson f; Mittler m; Vermittler m; Schlichter m
muteber • gültig
muteberiyet • Gültigkeit f; Rechtsgültigkeit f
mutemet • Fiduziär m; Gewährsmann m; Vertrauensperson f
mutlak • absolut
mutlak butlan • absolute Nichtigkeit f
mutlak butlan sebepleri • Nichtigkeitsgründe pl. m
mutlak çoğunluk • absolute Mehrheit f
mutlak değer • absoluter Wert m
mutlak ekseriyet • absolute Mehrheit f
mutlak haklar • absolute Rechte pl. n
mutlak haksız fiil • absolut unerlaubte Handlung f
mutlak harp kaçağı • absolute Konterbande f
mutlak monarşi • absolute Monarchie f
mutlak mülkiyet • Alleinbesitz m

mutlak oy çokluğu • absolute Stimmenmehrheit f; einfache Stimmenmehrheit f
mutlak temel haklar • gewisse Grundrechte pl. n
mutlakiyet • Unbedingtheit f
mutluluk • Glück n
muvacehe • Konfrontation f
muvafakat • Einwilligung f; Zugeständnis n; Zusage f; Zustimmung f
muvafakat etmek • beistimmen; zugestehen; zustimmen
muvahece • Konfrontation f
muvakkat • einstweilig; interimistisch; provisorisch; vorläufig; zeitweilig
muvakkat anlaşma • modus vivendi; vorläufiges Abkommen n
muvakkat defi • verzögernde Einrede f
muvakkat hesap • Kostenvoranschlag m
muvakkat hisse senedi • Interimsschein m
muvakkat icra • vorläufige Vollstreckung f
muvakkat ilmühaber • Interimsschein m
muvakkat karar • einstweiliger Bescheid m; vorläufiges Urteil n
muvakkat kayıt • vorläufiger Eintrag m
muvakkat makbuz • Interimsschein m
muvakkat mizan • Probebilanz f vor Abschluss m der Erfolgskonten pl. n
muvakkat sigorta ilmühaberi • Deckungszusage f; vorläufiger Versicherungsschein m; vorläufige Police f
muvakkat tedbirler • einstweilige Massregeln pl. f
muvakkat tediye • Abschlagszahlung f
muvakkat teminat • vorläufige Sicherheit f
muvakkat tescil • vorläufige Eintragung f
muvakkat ve mutavassıt hesap • Zwischenkonto n
muvakkaten durdurmak • suspendieren
muvazaa • Scheingeschäft n; Simulation f
muvazaa senedi • Gefälligkeit f
muvazaalı akit • Scheinvertrag m
muvazaalı delil • Scheinbeweis m
muvazaalı evlilik • Scheinehe m
muvazaalı fiyat teklifi • betrügerisches Preisangebot n
muvazaalı işlem • Scheingeschäft n
muvazaalı satış • Scheinverkauf m

Mesleki Terimler Sözlüğü

muvazene vergisi • Ausgleichssteuer f
muvazi para standardı • Doppelwährung f
muvazzaf konsolos • Berufskonsul m
muzaaf defter tutma • doppelte Buchführung f
muzaaf usulü muhasebe • doppelte Buchführung f
muzaaflık prensibi • doppeltes Buchführungsprinzip n
mübadele • Austausch m; Eintausch m; Tausch m; Umtausch m; Umwandlung f
mübadele değeri • Tauschwert m
mübadele etmek • austauschen; umtauschen; vertauschen
mübadele işlemi • Umtauschtransaktion f
mübadele vasıtası • Tauschmittel n
mübalağa edilmiş talep • Übernachfrage f
mübaşir • Gerichtsdiener m; Gerichtsweibel m; Weibel m
mübayaa • Einkauf m
mübayaa etmek • einkaufen
mübayaa vergisi • Kaufsteuer f
mübayaat komisyonu • Einkaufskommission f; Einkaufskommissionsausschuss m
mübayenet • Unvereinbarkeit f; Widerspruch m
mücamele • Courtoisie f; Gefälligkeit f; internationale Höflichkeit f
mücbir sebep • höhere Gewalt f; zwingender Grund m
mücerret • abstrakt
mücerret alacak • abstrakte Forderung f
mücevher • Juwel m
mücevherat • Bijouteriewaren pl. f; Schmuck m; Schmucksachen pl. f; Schmuckwaren pl. f
mücrim • Verbrecher m
mücrimlik • Täterschaft f
müdafaa • Abwehr f; Defensive f; Verteidigung f
müdafaa etmek • verteidigen
müdafaa hakkı • Recht n auf Verteidigung f; Verteidigungsrecht n; Verteidigungsrecht n des Angeklagten m
müdafaa vergisi • Wehrsteuer f
müdafi • Verteidiger m

müdahale • Beitritt m; Eingriff m; Einmischung f; Einschreiten n; Intervention f
müdahale alımı • Interventionskauf m
müdahale etme • Intervention f
müdahale etmek • eingreifen; einmischen; intervenieren
müdahale noktaları • Interventionspunkte pl. m
müdahale yoluyla dava • Nebenklage f
müdahalenin meni davası • Abwehrklage f; Klage f auf Unterlassung f; Unterlassungsklage f; Besitzstörungsklage f
müdahele yoluyla dava • Drittintervention f
müdahil • Nebenkläger m
müddeabih • Streitgegenstand m
müddeabihin miktarı • Streitwert m
müddei • Ankläger m; Forderer m
müddeiumumilik • Staatsanwaltschaft f
müddet • Frist f; Fristigkeit f; Laufzeit f; Präjudizierungsfrist f; Zeit f; Zeitraum m
müddet üzere çarter • Schiffsmiete f
müdeaddit sigorta • vielfache Versicherung f
müdrik • bewusst
müdrik olmak • bewusst sein
müdür • Direktor m; Generalrat m; Leiter m; Sekretär m; Vorsteher m
müdüriyet • Vorstand m; Direktion f
müdürler kurulu • Direktorium n; Generalrat m; Verwaltungsrat m; Vorstand m
müdürlük • Leitung f; Amt n
müebbet • lebenslang; lebenslänglich; erst später fällig; laufend
müeccel borç • rückgestellte Verbindlichkeiten pl. f
müellif • Urheber m eines Geisteswerks n; Verfasser m
müessese • Einrichtung f; Anstalt f; Betrieb m; Institut n; Institution f; Unternehmen n; Unternehmung f
müessir fiil • Körperverletzung f; Misshandlung f; tätlicher Angriff m
müessir olmak • auswirken
müessis • Gründer m
müessis hisse senedi • Gründeranteilschein m

Fachwörterbuch

müeyyide • Sanktion f; Sanktionierung f; Strafmassnahme f
müeyyideye bağlamak • sanktionieren
müfettiş • Kontrolleur m; Inspekteur m; Prüfer m; Revisor m; Inspektor m; Schulaufsichtsbeamter m
müflis • Bankrott m; Bankrotteur m; Gantschuldner m; Gemeinschuldner m; Konkursit m; Konkursschuldner m; Kridar m
müflis malının açık artırma ile satılması • Gant f
müflisin alacaklıları • Gemeingläubiger m
müflisin alacaklısı • Konkursgläubiger m
müflisin genel borcu • Gemeinschuld f
müfredat • Lehrplan m
müfredat defteri • Bestandsbuch n; Inventarverzeichnis n
mühendislik bürosu • Ingenieur-Büro m
mühim • bedeutend; elementar; wichtig
mühlet • Frist f; Nachfrist f; Stundung f; Termin m; Zeit f
mühlet verme • Stundung f
mühür • Amtssiegel n; faksimilierte Unterschrift f; gedruckter Namenszug m; gestempelter Namenszug m; mechanisch hergestellte Unterschrift f; Petschaft f; Siegel n; Stempel m
mühür fekki • Abnahme f des Siegels n; Lösen n des Siegels n; Siegelbruch m
mühür mumu • Siegellack m
mühürle kapatmak • verschliessen
mühürleme • Besiegelung f
mühürlemek • besiegeln; siegeln; stempeln; unter Siegel n nehmen; versiegeln
mühürlü emanet hesabı • geschlossenes Depot n
mühürlü imza • Namensstempel m
mükafat • Belohnung f
mükafat olarak verilen ücret • Remuneration f
mükafat tayin etmek • Belohnung f aussetzen
mükafatlandırmak • belohnen
mükaleme memuru • Parlamentär m; Unterhändler m
mükellef • steuerpflichtig; Haftender m; Verpflichteter m
mükellef kılan • haftbar

mükellef kılmak • verhaften
mükellef olanın içtimai vaziyetine göre tespit edilen nafaka • standesgemässer Unterhalt m
mükellef olmak • haften
mükellef taraf • Haftungsträger m
mükellefin sosyal durumuna göre tespit edilen nafaka • standesgemässer Unterhalt m
mükellefiyet • Auflage f; Belastung f; Beschwerung f; Bindung f; Gebühr f; Gestellungspflicht f; Haftung f; Last f; Pflicht f; Schuldverbindlichkeit f; Verbindlichkeit f; Verpflichtung f
mükellefiyet taşıyan • pflichtig
mükellefiyet yüklenmek • eintreten
mükellefiyetimiz • Nostroverbindlichkeit f
mükellefiyetten kurtarma • Haftungsfreistellung f
mükellefiyetten muaf tutmak • von einer Verpflichtung f entbinden
mükemmellik ilkesi • Perfektionismus m
mükerrer • mehrfach
mükerrer iskonto • Rediskontierung f
mükerrer kayıt • Doppelbuchung f
mükerrer satış • Gegenverkauf m
mükerrer sigorta • Rückversicherung f; Wiederversicherung f
mükerrer vergileme • Doppelbesteuerung f
müktesep • erworben
müktesep hak • wohlerworbenes Recht n
mülahaza • Bedacht m; Bedenken n; Berücksichtigung f; Erwägung f; Überlegung f
mülahaza etmek • ermessen; erwägen; überlegen
mülga • beseitigt
mülk • Anwesen n; bebaute Grundstücke pl. n; Besitz m; Eigentum n; Grundbesitz m; Gut n; Rentengut n; Vermögen n
mülk mevcudu • Vermögensbestand m
mülk sahibi • Grundbesitzer m; Vermögensträger m
mülkiyet • Besitz m; Eigentum n
mülkiyet hakkı • Eigentumsrecht n
mülkiyet sahibinin çıkarı • Eigentumsinteresse n
mülkiyet sahibinin hakkı • Eigentumsinteresse n

Mesleki Terimler Sözlüğü

mülkiyete tecavüz • Eigentumsstörung f
mülkiyete tecavüz fiili • Eigentumsvergehen n
mülkiyeti muhafaza kaydı • Eigentumsvorbehalt m
mülkiyeti muhafaza mukavelesi • Eigentumsvorbehalt m
mülkiyetin devir ve temliki • Eigentumsübertragung f
mülkiyetin el değiştirmesi • Eigentumswechsel m
mülkiyetin gayri ayni hakları • beschränkte dingliche Rechte pl. n
mülkiyetin hukuki biçimde devri • Veräusserung f
mülkiyetin iadesi talebi • Vindikation f
mülkiyetin kaynağının ispatı • Eigentumsnachweis m
mülkiyetin nakli • Eigentumsübergabe f
mülkiyetini iddia ve talep etmek • vindizieren
mülkiyetten gayri ayni haklar • beschränkte Rechte pl. n
mülkte ortak çıkarı olan • Gesellschafter m; Teilhaber m
mülteci • Emigrant m; Flüchtling m
mülteci kampı • Flüchtlingslager n
mümessil • Repräsentant m; Stellvertreter m; Vertreter m
mümessil işçi • Arbeitervertreter m
mümessillik • Repräsentanz f
mümessillik anlaşması • Vertretervertrag m
mümeyyiz • Prüfer m; urteilsfähig; zurechnungsfähig
mümeyyiz olmayan • unzurechnungsfähig
mümkün • angängig; möglich
mümkün kılmak • ermöglichen
Münakalat Vekaleti • Verkehrsministerium n
münakale • Übertrag m; Übertragung f
münakaşa • Streit m; Submission f; Verdingung f
münakaşa etmek • streiten
münakaşalı • umstritten
münasebet • Beziehung f; Konstellation f; Kontakt m; Relation f; Verhältnis n; Zusammenhang m
münasebetiyle • anlässlich
münasip mühlet • angemessene Frist f
münasip • angemessen
münasip süre • angemessene Frist f
münazaa • Konflikt m; Kontroverse f
münazaalı • kontrovers
münazaalı durum • Konfliktsituation f
münazaalı olmayan hususlar • unstreitige Tatsachen pl. f
münaziünfih • Streitgegenstand m
münferiden dikkate almak • individualisieren
münferit • allein
münferit hapis • Alleinhaft f
münferit mirasçı • Alleinerbe m
münferit sulh • Separatfriede m; Sonderfrieden m
münferit zilyetlik • Alleinbesitz m
münhal • frei
münhal yer • Vakanz f
münhasıran • ausschliesslich
münhasıran federal devlete ait kanun koyma yetkisi • ausschliessliche Gesetzgebung f
müntahil • Plagiator m
müphem • unaufgeklärt; unbestimmt; undeutlich
müphemlik • Unbestimmtheit f; Ungewissheit f
müptela • süchtig; Süchtigkeit f
müracaat • Antrag m; Berufung f; Ersuchen n; Wunsch m
müracaat bürosu • Meldestelle f
müracaat etmek • ansuchen; beantragen; einkommen
müracaatı işleme koymak • Antrag m bearbeiten
mürafaa • mündliche Verhandlung f
mürafaa talebi • Antrag m auf mündliche Verhandlung f
mürakip • Abschlussprüfer m; Rechnungsprüfer m
mürebbiye • Erzieher m
mürekkep devlet • zusammengesetzter Staat m; Föderation f
mürekkep faiz • Zinseszinsen pl. m
mürekkep ikrar • qualifiziertes Geständnis n
mürettebat • Schiffsmannschaft f
mürsil • Absender m; Versender m
mürteşi • Bestechungsempfänger m

Fachwörterbuch

mürur • Ablauf m; Verlauf m
mürur etmek • verlaufen
mürur hakkı • Wegerecht n
müruru zaman • Verjährung f
müruru zamana tabi olmayan hak • unverjährbares Recht n
müruru zamanın katı • Unterbrechung f der Verjährung f
müsaade • Approbation f; Befugnis f; Erlaubnis n; Genehmigung f; Konzession f; Lizenz f; Vergünstigung f; Zulassung f
müsaade almak • Erlaubnis f einholen
müsaade etme • Erteilung f
müsaade etmek • approbieren; befugen; bewilligen; einwilligen; erlauben; erteilen; genehmigen; gewähren; zugestehen; zulassen
müsabaka • Veranstaltung f; Wettbewerb m
müsadere • Aufbringung f; Beschlag m; Beschlagnahme f; Einziehung f; Konfiskation f; Wegnahme f
müsadere etmek • beschlagnahmen; einziehen; konfiszieren; mit Beschlag m belegen; wegnehmen
müsait • gut; günstig
müsait olmayan • ungünstig
müsamahakar • konnivent
müsavat • Gleichberechtigung f; Parität f
müsavat hakkı • Recht n auf Gleichbehandlung f
müsbit evrak • Belege pl. m
müsbit evrakı ibraz etmek • belegen
müsebbibi olarak görmek • zurechnen
müsebbip • Anstifter m; Stifter m
Müslüman • Muslim m
müspet • positiv
müspet hukuk • positives Recht n
müspet husumet ehliyeti • Aktiv-Legitimation f
müspet zarar • Leistungsinteresse n; Nichterfüllungsschaden m
müspet zarar ziyan • positives Interesse n; Leistungsverlust m; Vertragsinteresse n
müspet ziyan • Erfüllungsinteresse n; Nichterfüllungsschaden m
müsrif • Schuldenmacher m; Verschwender m
müstaceliyet kararı • Dringlichkeitsbeschluss m

müstahak etmek • befähigen
müstahak olma • Verwirkung f
müstahak olmak • verwirken
müstahdem • Angestellter m; Bediensteter m; Belegschaft f
müstahdem kurulu • Betriebsrat m
müstahdem sayısı • Beschäftigtenstand m
müstahdemler • Gefolgschaft f
müstahkem mevki • Festung f
müstakar • gleichbleibend
müstakil • selbständig; unabhängig
müstakil olmayan • unselbständig
müstakriz • Kreditnehmer m
müstamel • üblich
müstefit • Berechtigter m; Begünstigter m
müstehcen • pornographisch; unzüchtig
müstehcen neşriyat • unzüchtige Schriften pl. f und Darstellungen pl. f
müstehcen yayınlar • unzüchtige Schriften pl. f
müstehcen yazılar • pornographische Schriften pl. f
müstekriz • Entleiher m
müstelsil borç • Solidarobligation f
müstemleke • Kolonie f
müstenkif • Stimmenthalter m
müstesna olarak • ausnahmsweise
müsteşar • Staatssekretär m; Unterstaatssekretär m
müstevda • Depotstelle f; Verwahrer m
müstevdi • Depositar m
müşabehet • Ähnlichkeit f
müşabih • ähnlich; analog; analogisch
müşahede • Wahrnehmung f; Beobachtung f
müşahede etmek • beobachten
müşahhas • konkret
müşavir • Beirat m; Beistand m; Berater m; Rat m; Ratgeber m
müşevvik • Anstifter m; Aufhetzer m; Provokateur m; Rädelsführer m
müşkül • schwierig
müşkül • Schwierigkeit f
müşkülat • Hindernis n
müştemilat • Nebengebäude n; Zubehör n
müşterek • einheitlich; gemein; gemeinschaftlich; kollektiv; simultan
müşterek akit • gemeinsamer Vertrag m
müşterek alacaklı • Mitgläubiger m

Mesleki Terimler Sözlüğü

müşterek avarya • gemeinschaftliche Havarie f; grosse Havarie f
müşterek avarya teminatı • Havarieaktie f; Havariegarantie f
müşterek bahis • Totalisator m
müşterek borç • Gesamtschuld f; Mitschuld f
müşterek borçlu • Mitschuldner m; Mitverpflichteter m
müşterek dava • gemeinschaftliche Klage f; Gesamtklage f
müşterek davacı • Mitkläger m
müşterek depo • Gemeinschaftsdepot n
müşterek depozito • Sammeldepot n
müşterek depozito hesabı • Sammeldepotkonto n
müşterek donatan • Mitreeder m
müşterek fail • Helfershelfer m; Mittäter m; Mitverbrecher m
müşterek hak davası • gemeinschaftliche Klage f; Gesamtklage f
müşterek hakimiyet • Kondominium n
müşterek hesap • gemeinsames Konto n; Gemeinschaftskonto n; Kollektivkonto n
müşterek hisse sertifikası • Sammelstück n
müşterek idare altında birleşmiş ticari ve sınai kuruluşlar • Konzern m
müşterek ikraz • Sammelanleihe f
müşterek kefalet • Mitbürgschaft f; Solidarbürgschaft f
müşterek kusur • Mitschuld f; Mitverschulden n
müşterek malik • Miteigentümer m
müşterek mesul • mitverantwortlich
müşterek mesuliyet • Mitverantwortung f
müşterek mirasçı • Miterbe m
müşterek mülkiyet • Eigentum n nach Bruchteilen pl. m; Bruchteileigentum n; Gemeinschaft f nach Bruchteilen pl. m; Gesamteigentum n; Miteigentum n
müşterek ortak • Mitinhaber m
müşterek sahip • Mitbesitzer m; Mitinhaber m
müşterek sahiplik • Mitbesitz m
müşterek sigorta • Gesamtversicherung f; Kollektivversicherung f; mehrfache Versicherung f; Mitversicherung f
müşterek sorumluluk • Gesamtverbindlichkeit f
müşterek suçlu • Mitverbrecher m
müşterek teşebbüs • Gemeinschaftsunternehmen n; Joint-Venture
müşterek vasi • gemeinschaftlicher Vormund m
müşterek yaşam • Lebensgemeinschaft f; Zusammenleben n
müşterek zilyet • Mitbesitzer m
müşterek zilyetlik • Mitbesitz n
müştereken sahip olmak • mitbesitzen
müşterekül menfaa idare • Regieverwaltung f
müşteri • Abnehmer m; Auftraggeber m; Einkäufer m; Käufer m; Klient m; Kunde m; Nachfrager m; Nehmer m; Kundschaft f
müşteri çevresi • Kundschaft f
müşteri hesabı • Anschreibungskonto n
müşteri servisi • Kundenbetreuung f
müşteri şartnamesine göre imalat • Einzelfertigung f
müşteriler muhasebesi • Kundenbuchführung f; Mandatenbuchführung f
müşterilerden alınan avanslar • Anzahlungen pl. f von Kunden pl. m
müşterilere satılan mallar için bakım-onarım hizmetleri veren departman • Kundendienstabteilung f
mütalaa • Berücksichtigung f; Betrachtung f
mütareke • Waffenstillstand m
müteahhit • Lieferant m; Unternehmer m; Werkunternehmer m
müteahhit komisyonu • Übernahmeprovision f
müteahhit sermayesi • Unternehmungskapital n
müteahhit siparişi • Unterauftrag m
müteallik • bezüglich; gehörig
mütecaviz • Angreifer m
mütedahil vergi • rückständige Steuern pl. f; Steuerrückstände pl. m
mütedavil sermaye • Betriebskapital n; Umlaufskapital n
müteessir etmek • erschüttern
mütehaasıs • Fachmann m; fachkundig; Sachkenner m; Sachkundiger m; Spezialist m

Fachwörterbuch

mütehassıs doktor • Facharzt m
mütehassıs hekim • Facharzt m
mütehavvil fiyat • Gleitpreis m; Preisgleitklausel f
mütekabil • gegenseitig; wechselseitig
mütekabil dava • Gegenklage f; Widerklage f
mütekabil hürmet hakkı • Recht n auf gegenseitige Achtung f
mütekabil riayet hakkı • Recht n auf Achtung f
mütekabil sigorta • Gegenseitigkeitsversicherung f; wechselseitige Versicherung f
mütekabil yardım • gegenseitige Unterstützung f
mütekabiliyet • Gegenseitigkeit f
mütekabiliyet esası • Gegenseitigkeitsgrundsatz m
mütemadi suç • Dauerdelikt n; Dauerverbrechen n
mütemerrit • säumig; Zahlungsfähiger m; Verzugsschuldner m
mütemmim ceza • Zusatzstrafe f
mütemmim cüz • wesentlicher Bestandteil m; Bestandteil m
mütemmim yemin • Ergänzungseid m
müteneffi • Berechtigter m; Zahlungsempfänger m
müterakki • fortschreitend; fortschrittlich; progressiv
müterakki sistem • Progression f
müterakki vergi • progressive Steuer f; Progressivsteuer f
müterakki vergileme • Staffelbesteuerung f
mütercim • Dolmetscher m; Übersetzer m
mütereddit • bedenklich
müteselsil • fortgesetzt; gesamtschuldnerisch; solidarisch
müteselsil alacaklı • Solidargläubiger m; Gesamtgläubiger m
müteselsil borç • Gesamtschuld f; Solidarobligation f; Solidarschuld f
müteselsil borç münasebeti • Gesamtschuldverhältnis n
müteselsil borçla ilgili • selbstschuldnerisch
müteselsil borçlu • Gesamtschuldner m; Solidarschuldner m
müteselsil kefalet • Gesamthaftung f; selbstschuldnerische Bürgschaft f; Solidarbürgschaft f
müteselsil kefil • Mitbürge m; Selbstschuldner m; selbstschuldnerischer Bürge m; Solidarbürge m
müteselsil mesuliyet • Gesamthaftung f; gesamtschuldnerische Haftung f; Solidarhaftung f; solidarische Haftpflicht f
müteselsil sorumluluk • gesamtschuldnerische Haftung f; Solidarhaftung f; Gesamtverbindlichkeit f
müteselsil suç • fortgesetztes Verbrechen n; Sammelvergehen n
müteselsilen sorumlu • gegenseitig verantwortlich
müteşebbis • Unternehmer m
müteşebbisler dışındaki taraflardan biri • Nichtunternehmen n
mütevali teslim mukavelesi • Sukzessivlieferungsvertrag m
mütezayit vergi • progressive Steuer f
müttefik • Alliierter m
müvacehe • Gegenüberstellung f
müvekkil • Auftraggeber m; Kommittent m; Mandant m; Vollmachtgeber m
müzaheret • Beistand m
müzakere • Beratung f; Besprechung f; Debatte f; Diskussion f; Erörterung f; Konferenz f; Kongress m; Rat m; Rede f; Unterhandlung f; Unterredung f; Verhandlung f
müzakere etmek • abhandeln; beraten; bereden; besprechen; debattieren; erörtern; konferieren; reden; unterhandeln; verhandeln
müzakerede bulunmak • tagen
müzayaka hali • Notlage f
müzayaka halinin istismarı • Ausbeutung f der Notlage f
müzayede • Auktion f; Versteigerung f
müzayede günü • Versteigerungstermin m
müzayede ile satış • Auktion f; öffentlicher Verkauf m an den Meistbietenden m; Verkauf m durch Versteigerung f; Verkauf m im Wege der Versteigerung f
müzayede simsarı • Auktionskommissar m
müzayede yeri • Versteigerungsort m

Mesleki Terimler Sözlüğü

müzayedede artırma • Überbietung f
müzayedeye fesat karıştırmak • Abhalten n vom Bieten n bei öffentlichen Versteigerungen pl. f
müzayedeyi açış fiyatı • Anbietungspreis m

müze • Museum n
müzik • Musik f
müzik belleği • musikalisches Gedächtnis n
müzikbilim • Musikologie f; Musikwissenschaft f
müzikle iyileştirme • Musiktherapie f

N

nafaka • Alimente pl.; Existenz f; Lebensunterhalt m; Nahrung f; Unterhalt m; Unterhaltsbeitrag m
nafaka alacaklısı • Unterhaltsberechtigter m
nafaka almaya hakkı olan • unterhaltsberechtigt
nafaka davası • Unterhaltsklage f
nafaka hakkı • Anspruch m auf Unterhalt m; Unterhaltsanspruch m
nafaka hakkından hariç kılma • Ausschluss m des Unterhaltsanspruchs m
nafaka masrafları • Lebensunterhaltungskosten pl.; Unterhaltskosten pl.
nafaka mükellefiyeti • Alimentationspflicht f; Unterhaltspflicht f
nafaka ödemek • alimentieren
nafaka ödemekle mükellef • unterhaltspflichtig
nafaka talebi • Unterhaltsanspruch m
nafaka tediyesi • Auszahlung f von Unterhalt m
nafaka verme • Gewährung f von Unterhalt m
nafaka yükümlülüğü • Alimentationspflicht f
nafakasını karşılamak • unterhalten
nafia işleri • öffentliche Arbeiten pl. f
Nafia Vekaleti • Ministerium n der Öffentlichen Arbeiten pl. f
nahiye • Stadtbezirk m
nahiye müdürü • Bezirksvorsteher m
naip • beauftragter Richter m; Regent m; Richterkommissar m
nakde kolayca dönüştürülebilir olanaklar • laufende Zinsen pl. m

nakden iadesi mümkün olan • rückzahlbar
nakden ödeme • Barleistung f; Barzahlung f
nakden ödenen avans • Barvorschuss m
nakden ödenen çek • Barscheck m
nakden ödenen kar payı • Bardividende f
nakden tahsilat • Bareinnahme f
nakden yapılan ödeme • Barauslage f
nakdi alacak • Geldforderung f
nakdi borç • Geldschuld f
nakdi davalarda faiz • Prozesszins f
nakdi değer • Barwert m
nakdi hasılat • Barerlöse pl. m
nakdi kredi • Barkredit m; Geldkredit m; Währungskredit m
nakdi mükafat • Gratifikation f
nakdi ödeme • Barzahlung f
nakdi ödeme gücü • Liquidität f
nakdi teminat • Barkaution f; Barsicherheit f
nakdi ücret • Nominallohn m
nakdi yardım • Zuschuss m
nakdi zarar • Barverlust m
nakıs borç • Naturalobligation f; unvollkommene Verbindlichkeiten pl. f
nakıs karşılıklı akit • ungleichmässig zweiseitiger Vertrag m
nakıs teşebbüs • nichtvollendeter Versuch m
nakil • Übertrag m; Überweisung f; Versetzung f; Vortrag m
nakil aracı • Transportmittel n
nakil aracı sigortası • Kraftfahrzeugversicherung f
nakil araçları • Transportfahrzeuge pl. n

Fachwörterbuch

nakil vasıtası • Beförderungsmittel n; Verkehrsmittel n
nakil vasıtası • Transportfahrzeug n; Transportmittel n
nakil ve devir acentesi • Umschreibestelle f
nakit • bar ; Bargeld n; sofort
nakit akımı • Cash-Flow ; Geldstrom m; Kapitalfluss m; Mittelbilanz f; Mittelfluss m
nakit akış tablosu • cash-flow-Rechnung f; Finanzflussrechnung f
nakit akışı • betrieblicher Geldumlauf m; Bargeldstrom m; Zahlungsstrom m
nakit bütçesi • Zahlungsplan m
nakit çek • Barvermögen n
nakit çıkışı • Ausgabestrom m
nakit durumu • Barbestand m
nakit esasına göre muhasebeleştirme • Einnahmen- und Ausgabenrechnung f
nakit girişi • Einnahmestrom m
nakit hesabı • Kassenkonto n
nakit iskontosu • Barzahlungskonto n; Kassakonto n
nakit karşılığı derhal yapılan satış • Verkauf m gegen sofortige Barzahlung f
nakit kaynaklar • flüssige Mittel pl. n
nakit kullanmadan hesaptan hesaba para transferi • bargeldlos
nakit mevcudu • Barvorrat m
nakit olarak • in Geld n
nakit olarak verilen kredi • Barkredit m
nakit oranı • Liquiditätsgrad m
nakit ödeme • Barzahlung f
nakit ödeme iskontosu • Kassakonto n
nakit ödemeleri • Kassenausgänge pl. m; Kassenauszahlungen pl. f
nakit para • Hartgeld n
nakit para mevcudu • Barvorrat m
nakit tablosu • Kassenbericht m
nakit yönetimi • Verwaltung f der liquiden Mittel pl. n
nakledilebilir • transportfähig
nakledilecek yük • Frachtgut n
nakledilen yük • Fracht f
nakletme • Versenden n; Verlagerung f; Umstellung f
nakletmek • befördern; erzählen; transportieren ; umdisponieren;
umschreiben; übertragen; überweisen; weiterleiten
nakli yekun • Übertrag m; Vortrag m; Saldovortrag m
nakliyat • Beförderung f; Frachtgeschäft f; Spedition f; Transport m ; Verkehr m
nakliyat acenteliği • Speditionsbüro n
nakliyat acentesi • Spediteur m
nakliyat durumu • Transportbilanz f
nakliyat firması • Speditionsfirma f; Speditionsgeschäft n; Versandhaus n
nakliyat hizmeti • Verkehrsleistung f
nakliyat idareleri • Transportanstalten pl. f
nakliyat işletmeciliği • Verkehrsgewerbe f
nakliyat işletmesi • Verkehrsbetrieb m
nakliyat komisyoncusu • Spediteur m
nakliyat masrafları • Transportkosten pl.
nakliyat müesseseleri • Transport-anstalten pl. f
nakliyat resmi • Beförderungssteuer f; Transportsteuer f; Verkehrssteuer f
nakliyat sigortası • Transportversicherung f
nakliyat teşebbüsü • Verkehrsträger m
nakliyat vergisi • Verkehrssteuer f
nakliyatçılık • Speditionsgewerbe n; Verkehrsgewerbe n
nakliye • Beförderung f; Transport m; Verkehr m
nakliye acentesi • Beförderer m; Empfangsspediteur m; Reedereiagent m
nakliye bedeli • Fracht f
nakliye giderleri • Versandkosten pl.
nakliye güzergahı • Transportweg m
nakliye işleri • Spedition f; Transportwesen n
nakliye masrafları • Beförderungstarife pl. m; Speditionskosten pl.; Transportkosten pl.
nakliye parası • Rollgeld n
nakliye senedi • Frachtbrief m; Ladeschein m
nakliye sigortası • Transportversicherung f
nakliye sistemi • Verkehrsapparat m
nakliye ücreti • Fracht f; Frachtgebühr f
nakliye ücretinin ödendiğini beyan etme • Frankaturvermerk m

Mesleki Terimler Sözlüğü

nakliye vergisi • Beförderungssteuer f; Verkehrssteuer f
nakliye vesaiki • Transportdokumente pl. n
nakliyeci • Ablader m; Beförderer m; Frachtführer m; Fuhrunternehmer m; Spediteur m; Transporteur m; Verfrachter m; Verlader m
nakliyeci acentesi • Spediteur m
nakliyeci sıfatıyla mal taşımak • frachten
nakliyecilik • Frachtgeschäft n; Transportgeschäft n
nakzetmek • aufheben
nama yazılı hisse senedi • Namensaktie f
nama yazılı konşimento • Namenskonnossement n; nicht übertragbarer Ladeschein m
nama yazılı menkul kıymet • Namenspapier n; Rektapapier n
nama yazılı senet • Namensaktie f; Namenspapier n; Rektapapier n
nama yazılı tahvil • eingetragene Obligation f; Namensobligation f; Namensschuldverschreibung f
namı müstear • Deckname m; Pseudonym n
namına • im Namen m von; in Vertretung f; in Vollmacht f; nominell; per Prokura f
namus • Ehre f
namus ve şerefi üzerine yemin etmek • auf Ehre f und Gewissen n schwören
namusa leke süren • lästerlich
namuslu • anständig; redlich; unbescholten
namussuz • unehrenhaft; unehrlich
namussuzluk • Unehre f; Unehrenhaftigkeit f; Unehrlichkeit f
namusu ihlal • Ehrenkränkung f
namusunu lekeleme • Entehrung f;
namusunu lekelemek • entehren
namzet • Anwärter m; Beamtenanwärter m; Bewerber m; Kandidat m; Nacherbe m; Stellenanwärter m
namzet mirasçı • Nacherbe m
namzetlik • Anwartschaft f; Bewerbung f; Kandidatur f
nankörlük • Undank m
narh • Höchstpreis m; Taxe f; Taxpreis m; Zwangskurs m; Zwangspreis m
nasafet • Billigkeit f
nasafet kaideleri • Recht n und Billigkeit f

nasihat vermek • raten
naşir • Verleger m
navlun • Fracht f; Frachtgebühr f; Frachtgeld n; Frachtlohn m; Kosten pl.; Lohn m; Schiffsfracht f; Seefracht f; Versicherung f
navlun avansı • Frachtvorschuss m
navlun belgesi • Frachtzettel m
navlun faturası • Frachtfaktura f; Frachtrechnung f; Freight note
navlun fiyat ve tarifesi • Frachtrate f
navlun havalesi • Frachtüberweisung f
navlun hesabı • Frachtkonto n
navlun indirimi • Frachtnachlass m; Frachtrabatt m
navlun kazancı • Versandkostenersparnis f
navlun komisyoncusu • Spediteur m
navlun manifestosu • Manifest n
navlun mukavelesi • Befrachtungsvertrag m; Charter m; Charterpartie f; Chartervertrag m; Frachtvertrag m; Seefrachtvertrag m
navlun ödemesi • Frachtzahlung f
navlun ödenmiştir • frachtfrei bis
navlun peşin olarak ödenmiştir • Fracht f im voraus bezahlt
navlun pusulası • Freight note
navlun sözleşmesi • Befrachtung f; Charter-Partie f
navlun tarifesi • Frachtsatz m; Frachttarif m
navlun taşıma gideri • Frachttransportpreis m
navlun tespiti • Frachtabschluss m
navlun ücret haddi • Frachtsatz f
navlun ücreti • Frachtliste f
navlun varış yerinde ödenecektir • Fracht f zahlbar am Bestimmungsort m; Frachtnachnahme f; unfrei
navlun ve masraf faturası • Fracht- und Kostenrechnung f
nazara alınmayan • unberücksichtigt
nazara almak • betrachten
nazaran • laut; nach
nazari • theoretisch
nazarı dikkate almak • berücksichtigen
nazarı itibare almamak • absehen
nazariye • Doktrin f; Theorie f

Fachwörterbuch

nazım hesap • Rechnungsabgrenzungsposten m
nazım hesaplar • Posten pl. m unter dem Strich m
neden • Ursache f
nedenbilim • Ethymologie f
nedeniyle • anlässlich
nedenlerini araştırmak • Ursachen pl. f ergründen
nedenli • motiviert
nedenlilik • Motiviertheit f
nedensel • kausal; ursächlich
nedensellik • Kausalzusammenhang m; Ursächlichkeit f
nedensiz • arbiträr; unmotiviert
nedensizlik • Arbitrarität f
nedret • Knappheit f
nefer • Soldat m
nefret • Abneigung f
nefsine hakim olmak • sich bezwingen
negatif bakiye • Sollsaldo n
negatif faiz • Negativzins m
nehir gemi işletmeciliği • Flusschiffahrt f
nehir ve kanal nakliyat filosu • Binnenflotte f
nehir ve kanal nakliyat limanı • Binnenhafen m
nehyedici hükümler • Prohibitivnormen pl. f; Verbote pl. n; Verbotsvorschriften pl. f
nemalandırmak • Vergütung f
nesebi sahih çocuk • eheliches Kind n
nesebi sahih kabul edilen çocuk • ehelich anerkanntes Kind n
nesebi sahih olmayan çocuk • uneheliches Kind n
nesebin reddi • Anfechtung f der Ehelichkeit f; Anfechtung f der Ehelichkeit f eines Kindes n
nesebin reddi davası • Klage f auf Anfechtung f der Ehelichkeit f
nesebin tashihi • Ehelichkeitserklärung f
nesep • Abstammung f; Kindschaft f
nesep davaları • Kindschaftsprozesse pl. m
nesil • Generation f; Stamm m
nesne • direktes Objekt n; Gegenstand m; Ding n; Objekt n; Sache f
nesnel • objektiv
nesnel değer • Sachwert m

nesnel duyumculuk • objektiver Sansualismus m
nesnel hak • Sachenrecht n
nesnel sınav • objektive Prüfung f
nesnel sorumluluk • Sachhaftung f
nesnel yöntem • objektive Methode f
nesnelleştirme • Objektivierung f
nesnellik • Objektivität f
neşir • Verbreitung f
neşir mukavelesi • Verlagsvertrag m
neşretmek • publizieren; verbreiten
net • netto; rein
net ağırlık • Nettogewicht n; Reingewicht n
net aktif değer • innerer Wert m; Nettovermögen n; Nettoaktiva pl.; Substanzwert m
net alacak • Forderungssaldo n
net alacak bakiyesi • Guthabensaldo f
net bugünkü değer yöntemi • Kapitalwertmethode f
net çalışma sermayesi • Arbeitskapital n; Betriebskapital n; freies Umlaufvermögen n; Nettoumlaufvermögen n
net defter değeri • Nettobuchwert m; Restbuchwert m
net değer • Eigenkapital n; Gesundwert m; Nettovermögen n
net döviz durumu • Devisenbilanz f
net faiz • Nettoverzinsung f; Nettozins m
net fiyat • Ladenpreis m; Nettopreis m
net fiyat yöntemi • Nettopreisverfahren n
net gelir • Reingewinn m; Ausbeute f; Barertrag m; Nettogewinn m; Reineinkommen n
net gelir-gider tablosu • Gewinn-Verlustrechnung f
net getiri • Nettoertrag m
net hasılat • Nettoerlös m
net hata ve noksanlar hariçtir • Irrtümer pl. m und Auslassungen pl. f vorbehalten
net ıslak ağırlık • netto nass
net işletme sermayesi • Arbeitskapital n; Betriebskapital n; freies Umlaufvermögen n
net kar • Nettogewinn m; Reingewinn m
net kazanç • Nettogewinn m; Nettoverdienst m

Mesleki Terimler Sözlüğü

net milli gelir • Netto-Volkseinkommen n
net milli hasıla • Inlandseinkommen n; Nettosozialprodukt n
net ödeme • Auszahlung f
net para • Auszahlungswert m
net piyasa durumu • Marktbilanz f
net satış karı • Rohgewinn m
net satışlar • Netto-Verkaufserlöse pl. m
net sonuç • Saldo m
net ücret • Nettolohn m
net ücretle hastalık parası arasındaki farkın işverence ödenmesi • Lohnausgleich m
net üretim • Nettoproduktion f
net varlık • Eigenkapital n; Nettovermögen n
net varlık değeri • Nettovermögen n; Nettoaktiva pl.
net varlıklar • Reinvermögen n
net verim • Nettoertrag m
net yatırım • Nettoinvestition f; Reininvestition f
net yatırım değeri yöntemi • Equity-Methode f
net zarar • Reinverlust m
netice • Auswirkung f; Beschluss m; Ende n; Ergebnis n; Konsequenz f; Resultat n; Wirkung f
netice çıkarmak • vermuten
netice vermek • sich auswirken; wirken
neticelendirmek • bewältigen
neticesiz kalan cürüm • unvollendeter Versuch m
nevi • Gattung f; Sorte f; Spezies f; Typ m
nevi ile belirlenmiş satış • Spezieskauf m; Stückkauf m
nevi ile muayyen mal • Speziessache f
nevi ile tayin olunan borç • Speziesschuld f; Gattungsschuld f
New York Borsasının takma adı • Big Board
nezaret • Aufsicht f; Überwachung f
nezaret etme • Bewachung f
nezaret etmek • bewachen
nezaretçi • Besichtiger m
nezaretçi makam • Aufsichtsbehörde f
nezaretçi raporu • Besichtigungsprotokoll n
nezdinde • per Adresse f

nicel • mengenmässig
nicel dilbilim • quantitave Linguistik f
niceleyici • Quantifikator m; Quantor m
nicelik • Quantität f
nihai • schliesslich; ultimativ
nihai ağırlık beyanı • Gewichtsfinalabrechnung f
nihai alıcı • Endabnehmer m
nihai alıcıya yapılan satış • Endabsatz m
nihai bilanço • Endsaldo m; Schlussbilanz f
nihai durum • Endstand m
nihai hesap • Schlussrechnung f
nihai karar • Endurteil n
nihai kararı vermek • aburteilen
nihai merci olarak karar vermek • als die letzte Behörde f entscheiden
nihai müteneffi • Letztbegünstigter m
nihai ödeme • Abschlusszahlung f; Nachzahlung f
nihai süre • Endtermin m
nihai ürün • Endprodukt n
nihayet • Ende n; Schluss m
nikah düşmeyen yakın akrabalarla zina • Blutschande f
nikah memuru • Standesbeamter m
nikah şahidi • Trauzeuge m
nisap • Mindestzahl f zur Beschlussfassung f; Quorum n
nispet • Massgabe f; Quote f; Satz m; Verhältnis n; Frachtgebühr f; Mass n; Massgabe f
nispetinde • im Verhältnis n von
nispetle • dagegen
nispi • relativ; verhältnismässig
nispi batıl • anfechtbar
nispi butlan • Anfechtbarkeit f; relative Nichtigkeit f
nispi butlan sebepleri • Anfechtbarkeitsgründe pl. m
nispi çoğunluk • relative Mehrheit f
nispi ekseriyet • relative Mehrheit f
nispi haklar • relative Rechte pl. n
nispi haksız fiil • relativ unerlaubte Handlung f
nispi oy çokluğu • relative Stimmenmehrheit f
nispi temsil • Proportionalwahlrecht n; Proporzsystem n; Verhältniswahl f

Fachwörterbuch

nişan • Verlobung f
nişanı bozma • Verlöbnisbruch m
nişanı bozmak • Verlobung f lösen
nişanlamak • verloben
nişanlanma • Verlobung f; Verlöbnis n
nişanlanmak • sich verloben
nişanlı • Verlobte f; Verlobter m
nişanlı çift • Brautpaar n
nişanlı damat • Bräutigam m
nişanlı gelin • Braut f
niteleme belirteci • Adverb n der Art f und Weise f; Modaladverb n
niteleme sıfatı • attributives Adjektiv n; qualifikatives Beiwort n
niteliğe dair • qualitativ
niteliğini belirtmek • qualifizieren
nitelik • Eigentümlichkeit f; Qualifikation f; Qualität f; Signum n; Zug m
niteliksiz işçi • ungelernter Arbeiter m
niyabet • Regentschaft f
niyabet meclisi • Regentschaftsrat m
niyet • Absicht f; Glaube m; Mutwille m; Vorhaben n
niyetinde olmak • vorhaben
niza • Zwist m
nizam • Ordnung f
nizama aykırı • ordnungswidrig
nizama uygun • regulär
nizamname • Dienstordnung f; Durchführungsverordnung f; Rechtsverordnung f; Satzung f; Statut n; Verordnung f
nizamnameye göre • statutarisch
nizamsız • unvorschriftsmässig
nizasız • nichtstreitig
nizasız kaza • freiwillige Gerichtsbarkeit f; nichtstreitige Gerichtsbarkeit f
noksan • Defizit n; Mangel m; Manko n; Minus n
noksan ifa • Schlechterfüllung f
noksanlık • Defekt m; Fehler m; Lücke f; Mangel m; Mangellage f
noksansız • vollständig
noksansızlık • Vollständigkeit f
nokta • Punkt m
noktalama • Interpunktion f; Zeichensetzung f
nominal değeri olmayan hisse senet • nennwertlose Aktie f

nominal • nominal
nominal değer • Nennwert m; Nominalbetrag m; Nominalwert m; pari; Pariwert m
nominal değer üzerinden hesaplanan faiz • Nominalertrag m
nominal değer üzerinden hesaplanan kar • Nominalertrag m
nominal değeri 1 Sterlin olan İngiliz altın parası • Goldstück n
nominal değeri 20 Frank olan altın para • Napoleon
nominal değeri normal hisse senetlerinin yarısı kadar hisse senedi • Hälfteaktie f
nominal değeri olan hisse senedi • Aktie f mit Nennwert m
nominal değeri olmayan • Nicht-Pariwert m
nominal değeri olmayan hisse senedi • nennwertlose Aktie f
nominal değeri üzerinden ihraç edilen tahvil • Pariobligation f
nominal değerleri yazılı olmayan hisse senedi • Quotenaktie f
nominal döviz kuru • nominaler Wechselkurs m
nominal faiz oranı • nominaler Zinsfuss m
nominal fiyat • Nominalpreis m
nominal getiri • Nominalertrag m
nominal sermaye • ausgewiesenes Kapital n; autorisiertes Kapital n; genehmigtes Kapital n; Gesellschaftskapital n; Nennkapital n
nominal ücret • Nominallohn m
nominal verim • Nominalertrag m
norm • Norm f; Standard m
norm saptamak • normieren
normal • normal; ordentlich; Standard m
normal amortisman • ordentliche Abschreibung f
normal durum • Regelfall m
normal faiz • Jahreszinsen pl. m
normal gelir • ordentliches Einkommen n
normal hisse senedi • Stammaktie f
normal kapasite • Normalkapazität f
normal maliyet hesaplaması • Normalkalkulation f
normalin altında sipariş vermek • unterdisponieren
normlama • Normung f

Mesleki Terimler Sözlüğü

nostro hesap • Nostrokonto n
not • Anmerkung f; Aufzeichnung f; Bemerkung f; Merkblatt n; Nachtrag m; Note f; Postskriptum n; Vermerk m; Verweis m; Verweisung f; Zettel m; Zusatz m
not almak • merken
not etmek • anmerken; aufschreiben; aufzeichnen; notieren; schreiben; vermerken
not pusulası • Merkblatt n
not tutma • Mitschreiben n
not verme • Benotung f
nota • Note f
noter • Notar m
noter harcı • Notargebühr f
noter huzurunda tanzim edilen mukavelede hazır bulunan şahit • Beizeuge m
noter marifetiyle tanzim ve tasdik • notarielle Beurkundung f
noterden tasdikli suret • notariell beglaubigte Abschrift f
noterlik • Notariat n
noterlik kanunu • Notariatsgesetz n
noterlikçe • notariell
nöbet • Reihe f; Turnus m ; Wache f
nöbet görevi • Wachdienst m
nöbet suçu işlemek • Wachverfehlung f
nöbetçi • Schildwache f; Wachtposten m
nöbeti değişmek • Wache f ablösen
nötr bankacılık işlemi • indifferentes Bankgeschäft n ; neutrales Bankgeschäft n
nukut borsası • Wertpapierbörse f
nukut fiyatı • Geldkurs m
numara • Nummer f
numara damgası • Nummernstempel m
numaralı hesap • Nummernkonto n
numismatik • Numismatik f
numune • Ansichtsmuster n; Muster n; Probe f; Spezimen n; Stichprobe f; Vorbild n

numune alma • Stichprobe f
numune işletmesi • Musterbetrieb m
numune kolleksiyonu • Mustersammlung f
numune kontrol işlemi • Schnelltestverfahren n
numune üzerine satış • Kauf m nach Muster n; Verkauf m nach Muster n
numune vermek • bemustern
numuneye göre satın alma • Kauf m nach Probe f
numuneye göre satış • Kauf m nach Muster n
nüfus • Bevölkerung f; Einfluss m; Einwohner m; Einwohnerschaft f
nüfus aile kütüğü • Familienbuch n; Familienstammbuch n
nüfus cüzdanı • Identitätsausweis m
nüfus dairesi • Standesamt n; Zivilstandsamt n
nüfus huviyet cüzdanı • Geburtsschein m
nüfus kayıt örneği • Auszug m aus dem Personenstandsregister n
nüfus kütüğü • Geburtsregister n; Personenstandsregister n; Standesregister n; Zivilstandsregister n
nüfus memurluğunca • standesamtlich
nüfus memuru • Personenstandsbeamter m; Standesbeamter m; Zivilstandsbeamter m
nüfus müdürlüğü • Einwohnermeldeamt n; Einwohnermeldestelle f
nüfus sayımı • Volkszählung f
nüfus sayısı • Einwohnerschaft f
nüfus sicili • Zivilstandsregister n
nüfusbilim • Demographie f
nüfuz • Einwirkung f
nüfuz etmek • eindringen; einwirken
nümayiş • Demonstration f; Kundgebung f
nüsha • Abschrift f; Durchschlag m; Durchschrift f; Zweitschrift f

O

obje • Gegenstand m
objektif • objektiv; sachlich
objektif hukuk • objektives Recht n
objektif hüsnüniyet • Treue f und Glauben m
objektif imkansızlık • objektive Unmöglichkeit f
oda • Kammer f
oda hapsi • Hausarrest m; Stubenarrest m
odak • Fokus m
odaklaştırma • Fokussierung f
off shore bankacılığı • off shore banking
off shore fonları • Exotenfonds m
ofis • Büro n
oğul • Sohn m
okşamalı • hypokoristisch
okşar • Paronymon n
okşarlık • Paronymie f
oktruva • Oktroi n; städtische Abgabe f
okul • Schule f
okul aile birliği • Elternbeirat m; Schul-Eltern-Verband m
okul aile kurulu • Elternbeirat m
okul araç ve gereçleri • Schulmedien pl. n
okul çocuğu • Schulkind n
okul dizgesi • Schulsystem n
okul doktoru • Schularzt m; Schulmedizin f
okul eğitimi • Schulausbildung f; Schulerziehung f
okul gezisi • Schulexkursion f
okul içi • schulintern
okul idaresi • Schulverwaltung f;
okul karnesi • Schulzeugnis n
okul kitaplığı • Schulbücherei f
okul korkusu • Schulangst f
okul maliyeti • Schulkosten pl.
okul mimarı • Schularchitekt m
okul mimarlığı • Schularchitektur f
okul müdürü • Schulleiter m
okul müzesi • Schulmuseum n
okul müziği • Schulmusik f
okul nüfusu • Schulbevölkerung f
okul örgütü • Schulorganisation f
okul ruhbilimcisi • Schulpsychologe f

okul sosyal yardım hizmetleri • Schulsozialdienst m
okul sosyal yardımcısı • Schulsozialarbeiter m
okul şarkıları • Schullieder pl. n
okul tatili • Schulferien pl.
okul tedrisatı • Schulunterricht m
okul türü • Schultyp m
okul ücreti • Schulgeld n
okul yaşı • Schuleintrittsalter n
okul yöneticisi • Schuldirektor m; Schulleiter m; Schulverwalter m
okul yönetmeliği • Schulordnung f
okula devamsızlık • Schulversäumnis n
okula gitmekle yükümlü • Schulpflicht f
okula kayıt • Einschulung f
okula yazdırmak • einschulen
okuldan ayrılma • Schulabgang m
okuldan tart • Relegation f
okuldan tart etmek • relegieren
okuldaş • Schulkamerad m
okullaşma • Schulbesuch m
okullaşma oranı • Schulbesuchsquote f
okullu • Schüler m
okulöncesi • Vorschule f
okulöncesi çağı • Vorschulalter n
okulöncesi çocuğu • Vorschulkind n
okulöncesi eğitim • Vorschulerziehung f
okulöncesi kurumları • Vorschulinstitutionen pl. f
okulöncesi öğretmen • Vorschullehrer m
Okulöncesi Özel Eğitim Kurumları • private Vorschulerziehungs-einrichtungen pl. f
Okulöncesi Resmi Eğitim Kurumları • staatliche Vorschulerziehungseinrichtungen pl. f
okulsal • scholastisch; schulisch
okuma • Lesen n
okuma anıklığı • Leseeignung f
okuma anıklığı testi • Test m für Leseeignung f
okuma becerisi • Lesegeschicklichkeit f
okuma danışmanı • Leseberater m

Mesleki Terimler Sözlüğü

okuma film • Lesefilm m
okuma güçlüğü • Leseschwierigkeit f
okuma hazırlığı • Lesereife f
okuma hazırlığı etkinlikleri • Übungen pl.
  f zur Lesereife f
okuma hızı • Lesegeschwindigkeit f
okuma kitabı • Lesebuch n
okuma listesi • Lektürenliste f; Leseliste f
okuma ölçeği • Leseskala f
okuma salonu • Lesesaal m
okuma yaşı • Lesealter n
okuma yeteneği • Lesefähigkeit f
okuma yitimi • Alexie f
okuma yöntemi • Lesemethode f
okuma-yazma bilmemezlik •
  Analphabetismus m
okunabilirlik • Lesbarkeit f
okunaklı • leserlich
okur yazarlık • Alphabetisierung f
okuryazar olmayan • Analphabet m
okuryazar olmayanların imza yerine kullandıkları işaret • Handzeichen f
okutman • Lektor m
olabilir • vermutlich
olağan • ordentlich
olağan gelir • ordentliches Einkommen n
olağan ilerleme • normaler Fortschritt m
olağan zekalı çocuklar • normalintelligente
  Kinder pl. n
olağandışı çocuk • abnormales Kind n
olağanüstü • aussergewöhnlich;
  ausserordentlich
olağanüstü amortisman •
  ausserordentliche Abschreibung f
olağanüstü bütçe • Extraordinarium n;
  Investitionshaushalt m
olağanüstü gelir • Sondereinnahme f
olağanüstü gelirler • ausserordentliche
  Deckungsmittel pl. n; ausserordentliche
  Einnahmen pl. f
olağanüstü genel kurul • ausserordentliche
  Generalversammlung f
olağanüstü genel kurul toplantısı •
  ausserordentliche Hauptversammlung f
olağanüstü giderler • ausserordentliche
  Aufwendungen pl. f
olağanüstü kazanç ve kayıplar •
  Sondererträge pl. m und Verluste pl. m
olağanüstü maaş zammı • Sonderzulage f

olağanüstü masraf • Sonderausgabe f;
  Sonderkosten pl.
olağanüstü ödeme • Sonderabgabe f
olağanüstü ödenekler • ausserordentliche
  Kredite pl. m
olağanüstü tamirat • Sonder-
  reparaturen pl. f
olağanüstü vergi • Sonderabgabe f
olağanüstü yedek • Notrücklage f
olağanüstü yedek akçe •
  aussergewöhnliche Reserve f;
  ausserordentliche Rücklage f
olağanüstü yedekler • ausserordentliche
  Rücklage f
olağanüstü zamanaşımı •
  ausserordentliche Ersitzung f
olağanüstü zararlar yedeği •
  Gefahrensonderrücklage f
olağanüstü zararlar • Sonderverluste pl. m
olağanüstü zararlar karşılığı •
  Gefahrensonderrücklage f; Rückstellung f
  für Risiken pl. n
olası • eventuell; voraussichtlich;
  wahrscheinlich
olası borç • Eventualverbindlichkeit f
olası zararlar için bulundurulan yedek •
  Notrücklage f
olasıcılık • Probabilismus m
olasılık • Wahrscheinlichkeit f
olay • Affäre f; Ereignis n; Geschehen n;
  Phänomen n; Präzedenzfall m; Tatsache f
olay hakkında ifadesine başvurmak • zur
  Sache f vernehmen
olay mahalli • Ort m der Tat f
olay yazımı • Anekdoteneintragung f
olay yeri • Tatort m
olaydan önce • a priori
olayın açıklanması • Sacherklärung f
olayları gizleme • Verdunkelung f
oldukça • einigermassen; ziemlich
oldukça önemli • erheblich; ziemlich
  wichtig
olgu • Faktum n
olguculuk • Positivismus m
olgun • reif
olgunlaşma • reif werden; reifen; Reifung f
olgunluk • Reife f
olgunluk imtihanı • Reifeprüfung f
olgunluk sınavı • Reifeprüfung f
oligarşi • Oligarchie f

Fachwörterbuch

oligopol • Oligopol m
olmak • erfolgen
olması gereken bilanço • Sollbilanz f
olması gereken maliyet • Kostenstandard m
olmuş • reif
oluk • Kanal m
olumlu • positiv; sachlich
olumlu fark • günstige Abweichung f
olumlu geçiş • positiver Transfer m
olumlu tümce • affirmativer Satz m
olumlu uyum • positive Anpassung f
olumluluk • Affirmation f; Bejahung f
olumsuz • negativ
olumsuz bildirim • Negativerklärung f
olumsuz fark • ungünstige Abweichung f
olumsuz geçiş • negativer Transfer m
olumsuz hacim farkı • Kosten pl. der Unterbeschäftigung f; Leerkosten pl.
olumsuz ipotek şartı • negative Hypothekenklausel f
olumsuz menşe şehadetnamesi • negatives Ursprungszeugnis n
olumsuz rehin şartı • negative Verpfändungsklausel f
olumsuz tümce • negativer Satz m
olumsuz uyum • negative Anpassung f
olumsuzluk • Negation f; Negativismus m; Verneinung f
olumsuzluk öğesi • Verneinungspartikel f
olumsuzluk şartı • Negativklausel f
oluş • Vorgang m; Entstehung f
oluş durumu • Translativ m
oluşturucu • formativ
oluşturulan sermaye • eingebrachtes Grundkapital n
oluşum • Bildung f; Entfaltung f; Formation f; Gründung f
on günlük devre • Dekade f
on günlük süre • Dekade f
on line • on-line
on yıllık süre • Dezennium n; Jahrzehnt n
onama • Beglaubigung f; Bestätigung f; Genehmigung f; Gültigkeitserklärung f
onanmış • genehmigt
onarım • Reparatur f
onay • Beglaubigung f; Genehmigung f; Konsens m; Zustimmung f

onay belgesi • Attest n; Bestellungsurkunde f; Zeugnis n
onaylama • Bestätigung f; Billigung f; Genehmigung f; Gültigkeitserklärung f; Zusage f
onaylamak • bescheinigen; bestätigen; für rechtsgültig erklären; genehmigen; indossieren; ratifizieren
onaylanmamış • unbestätigt
onbeş günde bir hesap tasfiyesi • Medioliquidation f
onbeş günlük bilanço • Einzelbilanz f
oniki aylık devre • Jahreszeitraum m
onlar grubu • Zehnerklub m
onluk • Dekade f
onur • Prestige n
opsiyon • Option f
opsiyon alıcısı • option dealer
opsiyon borsası • Optionenbörse f
opsiyon satıcısı • option dealer
opsiyon sözleşmesi yapan yatırımcı • option writer
opsiyonlu tahvil • Optionsanleihe f
opsiyonun vade değeri • Zeitwert m der Option f
opsiyonun zaman değeri • Zeitwert m der Option f
optimal standart • Optimalstandard m
oran • Kennziffer f; Koeffizient m; Kurs m; Massgabe f; Quote f; Rate f; Ratio f; Satz m; Schlüssel m; Verhältnis n
oran analizi • Analyse f der Verhältniszahlen pl. f
oranında • im Verhältnis n
orantılı • prozentual; quotal; verhältnismässig
orantılı karşıtlık • proportionelle Opposition f
ordino • Bordempfangsschein m; Bordzettel m; Matesreceipt n; Steuermannsquittung f; vorläufiger Empfangsschein m
ordu • Armee f; Heer n
ordu emri • Armeebefehl m; Heeresbefehl m
organ • Gremium n; Organ n
organik • organisatorisch
organik bilanço • organische Bilanz f; organische Tageswertbilanz f
organizasyon • Einrichtung f; Organisation f

Mesleki Terimler Sözlüğü

organizasyon tedbiri • Ordnungsmassnahme f
organizatör • Ordner m; Organisator m
organize edici • organisatorisch
organize etmek • organisieren; veranstalten
organizma • Organismus m
orijinal kayıtlar • Grundbuchung f
orijinal maliyet • Anschaffungskosten pl.
orijinal nüsha • Urschrift f
orman • Forst m
orman dairesi • Forstamt n
orman hukuku • Forstrecht n
orman idaresi • Forstverwaltung f
orman işletme planı • Forstbewirtschaftungsplan m
orman suçları • Forstfrevel m
orman yangını • Waldbrand m
ormancılık • Forstwirtschaft f
ormandan istifade hakkı • Holzgerechtigkeit f; Holzungsrecht n
ornatma • Substitution f
orta • Durchschnitt m; Mitte f; mittel; Mittel n; mittlerer
orta büyüklükte ev • Mittelwohnung f
orta büyüklükte işletme • Mittelbetrieb m
orta çocukluk • Vorpubertät f
orta dereceli okul • Sekundärschule f
orta elçi • bevollmächtigter Minister m; Gesandter m
orta kademe • Mittelstufe f
orta sınıf • Mittelstand m
orta süreli • mittelfristig
orta tabaka • Mittelstand m
orta vadeli • mittelfristig
orta vadeli borç • mittelfristige Verbindlichkeit f
orta vadeli kredi • mittelfristiger Kredit m
ortaç • Partizip n
ortadan kaldırmak • beseitigen
ortadan kalkma • Fortfall m
ortadan kalkmak • fortfallen
ortak • Anteilseigner m; Beteiligter m; Geschäftsinhaber m; Gesellschafter m; Mitbeteiligter m; Mitglied n; Mitinhaber m; Partner m; Schwesterunternehmen n; Teilbesitzer m; Teilhaber m; Teilnehmer m
ortak banka • Schwesterbank f
ortak banka hesabı • gemeinschaftliches Bankkonto n
ortak dil • Gemeinsprache f
ortak etmek • beteiligen
ortak firmalar arası satış • Zwischenumsatz m
ortak girişim • Gelegenheitsgesellschaft f
ortak girişim muhasebesi • Gelegenheitsgesellschaftsbuchführung f
ortak gümrük tarifesi • gemeinsamer Zolltarif m
ortak hesap • gemeinsames Konto n; gemeinschaftliches Bankkonto n
ortak hisseler • Gemeinkapitalien pl. n
ortak maliyet • gemeinsame Kosten pl.
ortak mülkiyet • Gesamteigentum n; Miteigentum n
ortak müteneffii • Mitberechtigter m
ortak olma • Beteiligung f
ortak olmak • teilhaben; teilnehmen
Ortak Pazar • gemeinsamer Markt m
ortak satış acenteliği • Verkaufsgemeinschaft f
ortak sigorta • Gesamtversicherung f; Kollektivversicherung f; Mitversicherung f
ortak şirket • Beteiligungsgesellschaft f; Organfirma f; Tochtergesellschaft f
ortak taahhüt • Mithaftung f
ortak tarım politikası • gemeinsame Agrarpolitik f
ortaklar arasında tasfiye • Auseinandersetzung f zwischen Gesellschaftern pl. m
ortaklar cari hesabı • Privatkonto n
ortakların sermaye hesabı • Teilhaberkapitalkonto n
ortaklaşa • gemeinschaftlich
ortaklığa kabul etmek • als Teilhaber m aufnehmen
ortaklığın feshi • Auflösung f einer Partnerschaft f
ortaklığın süresi • Dauer f der Partnerschaft f
ortaklık • Assoziation f; Beteiligung f; Firma f; Gesellschaft f; Mitinhaberschaft f; Partnerschaft f; Sozietät f; Teilhaberschaft f; Unternehmung f
ortaklık sermayesi • Gesellschaftskapital n; Partnerschaftskapital n

Fachwörterbuch

ortaklık sözleşmesi • Gesellschaftsstatuten pl. n; Gesellschaftsvertrag m
ortaklık yapısı • Gesellschaftsstruktur f
ortaklıktan ayrılmak • als Teilhaber m ausscheiden
ortalama • circa; Durchschnitt m; durchschnittlich; mittlerer; rund
ortalama birim maliyet • durchschnittliche Stückkosten pl.
ortalama değer • durchschnittlicher Wert m; Durchschnittswert m; Mittelwert m
ortalama fiyat • Durchschnittspreis m; Mischpreis m; Richtpreis m
ortalama gelir • durchschnittliches Einkommen n; Durchschnittseinkommen n
ortalama hasıla • Durchschnittsertrag m
ortalama kapasite • Durchschnittskapazität f
ortalama kur • Mittelkurs m
ortalama maliyet • Durchschnittskosten pl.
ortalama ömür • durchschnittliche Nutzungsdauer f
ortalama tutar • Durchschnittsbetrag m
ortalama vade tarihi • mittlerer Verfall m
ortalama verim • Durchschnittsertrag m
ortam • Milieu n; Umwelt f
ortanca • Medianwert m
ortaokul • Sekundarstufe f; Mittelschule f
ortaöğrenim • Sekundarbildung f
ortaöğrenim sonrası eğitim • postsekundäre Bildung f
ortaöğretim kurumları • Sekundarstufeneinrichtungen pl. f
ortaya çıkan sonuçlarla nedene ulaşma • a posteriori
ortaya çıkarmak • ergründen; eruieren
ortaya çıkmak • entstehen; sich zeigen; vorkommen
ortaya koyma • Aufstellung f
ortaya koymak • aufstellen; bekunden; schaffen
ortopedik özürlüler • orthopädisch Beschädigte pl. m
Osmanlı Bankası • Ottomanbank f
otarşi • Autarkie f
otel ve lokanta işletmeciliği • Gaststättengewerbe n
otel ve lokantacılık • Gastgewerbe n
otel ve lokantalar • Gaststättenwesen n

otelci • Gastwirt m
otelcilik turizm meslek lisesi • Fachgymnasium n für Hotelwesen n und Tourismus m
otelcilikte müşteri sayısının artması • Frequenzzunahme f
otobank • Autobank f; Autoschalter m; Drive in-Schalter m
otofinansman • Eigenfinanzierung f; Selbstfinanzierung f
otokrasi • Autokratie f
otomatik denetim • automatische Kontrolle f
otomatik düzeltme • Selbstkorrektur f
otomatik para veren makine • Geldausgabeautomat m
otomatik telefon • Selbstwähler m
otomatik yükselme • Selbststeigerung f
otomobil park sigortası • Parkplatzversicherung f
otonomi • Selbstbestimmung f
otopsi • Autopsie f; Leichenöffnung f; Leichenschau f; Obduktion f; Sektion f
otopsi bulgusu • Sektionsbefund m
otopsi raporu • Sektionsbericht m
otopsi yapmak • obduzieren
otorite • Amtsgewalt f; Autorität f; Behörde f; Gewalt f; Macht f; Machtbefugnis n; Obrigkeit f; Staatsgewalt f; Zuständigkeit f
otoriter devlet • Obrigkeitsstaat m
oturan • wohnhaft
oturma • Aufenthalt m
oturma hakkı • Aufenthaltsrecht n; Heimatberechtigung f
oturma müsaadesi • Aufenthaltserlaubnis f
oturma müsaadesi vermek • Aufenthaltserlaubnis f erteilen
oturma yeri • Sitz m
oturmak • bewohnen; leben; wohnen
oturum • Session f; Sitzung f; Versammlung f
oturum parası • Sitzungsgeld n
oturuma ara vermek • Verhandlung f abbrechen
oturumu kapatmak • Sitzung f abschliessen; Verhandlung f schliessen
oy • Stimme f; Votum n
oy azlığı • Stimmenminderheit f
oy çokluğu • Stimmenmehrheit f

Mesleki Terimler Sözlüğü

oy eşitliği • Stimmengleichheit f
oy hakkı • Stimmrecht n
oy hakkına sahip üye • stimmberechtigtes Mitglied n
oy hakkından yoksun hisse senedi • Aktie f ohne Stimmrecht n; stimmrechtlose Aktie f
oy hakkından yoksun öncelikli hisse senedi • Vorzugsaktie f ohne Stimmrecht n
oy imtiyazlı hisse senedi • stimmberechtigte Aktie f; Stimmrechtsaktie f
oy kullanma bakımından imtiyazlı hisse senedi • Stimmrechtsaktien pl. f
oy kullanmak • Stimme f abgeben
oy pusulası • Abstimmungszettel m; Stimmzettel m
oy sahibi olma • Mitbestimmung f
oy sandığı • Wahlurne f
oy sayısı • Stimmenanzahl f
oy verme • Abstimmung f; Stimmabgabe f
oy verme ehliyeti • Stimmfähigkeit f
oy verme hakkı • Stimmberechtigung f; Stimmrecht n
oy verme hakkı taşıyan hisse senedi • stimmberechtigte Aktie f
oy verme hakkına sahip • stimmberechtigt
oy verme işlemi • Wahlakt m; Wahlhandlung f
oy vermek • abstimmen; stimmen; wählen
oy vermekten istinkaf • Stimmenthaltung f
oy vermeye ehil • stimmfähig
oybirliği • Einmütigkeit f; Einstimmigkeit f
oybirliği ile • einmütig
oybirliği ile karar vermek • einstimmig beschliessen
oylama • Abstimmung f
oylamak • abstimmen lassen
oylamaya katılmama • Stimmenthaltung f
oyların çoğunu alanın seçilme hakkı • Mehrheitswahlrecht n
oyların dağılımı • Stimmenteilung f
oyların sayılması • Stimmenzählung f
oynar yapraklar üzerinde tutulan muhasebe sistemi • Lose-Blatt-Buchführung f
oynar yapraklı yevmiye defteri • Lose-Blatt-Journal n
oyun • Spiel n
oyun alanı • Schulhof m
oyun araçları • Spielzeug n
oyun kümesi • Spielgruppe f
oyun odası • Spielzimmer n
oyun saati • Spielstunde f
oyunla iyileştirme • Spieltherapie f
oyunlaştırma • Dramatisierung f
oyunsal yöntemler • dramatische Methode f

Fachwörterbuch

Ö

öbek • Gruppe f
öç • Ahndung f; Rache f; Revanche f
öç almak • ahnden
ödem • Leistung f
ödeme • Abgeltung f; Abtragung f; Auszahlung f; Bezahlung f; Eingang m; Einlösung f; Einzahlung f; Erfüllung f; Ersatzleistung f; Gebühr f; Leistung f; Liquidation f; Rembours f; Rückzahlung f; Tilgung f; Zahlung f; Zahlungsleistung f; Zahlungsvorgang m
ödeme açığı • Zahlungsdefizit n
ödeme anlaşması • Zahlungsabkommen n
ödeme aracı • Zahlungsleistung f; Zahlungsmittel pl. n
ödeme belgesi • Zahlungsbeleg m
ödeme bilançosu • Aussenbilanz f; Zahlungsbilanz f
ödeme bilançosu bakiyesi • Zahlungsbilanzüberschuss m
ödeme bilançosu fazlası • Zahlungsbilanzüberschuss m
ödeme bilançosunun bir bölümü • Teilbilanz f
ödeme çağrısı yapılmış sermaye • eingefordertes Kapital n
ödeme emri • Auszahlungsanweisung f; Geldanweisung f; Vergütungsorder f; Weisung f; Zahlungsanweisung f; Zahlungsaufforderung f; Zahlungsauftrag m; Zahlungsbefehl m
ödeme emrini verip havaleyi gönderen • Remittent m; Übersender m
ödeme emrinin tebliği • Mahnverfahren n
ödeme fazlalığı • Auszahlungsüberschuss m; Einzahlungsüberschuss m; Zahlungsüberschuss m
ödeme fişi • Einzahlungsbeleg m; Einzahlungsschein m
ödeme gücü • Schuldendeckungsquote f; Solvenz f; Zahlungsfähigkeit f
ödeme gücü oranı • Zahlungsfähigkeitsverhältnis n
ödeme güçlükleri • Zahlungsschwierigkeiten pl. f

ödeme günü • Abrechnungstermin m; Fälligkeit f; Fälligkeitstermin m; Zahltag m; Zahlungstermin m
ödeme için ibraz • Präsentation f zur Zahlung f; Vorlage f zur Zahlung f
ödeme için kefil • Schiedsrichter m
ödeme ihbarı • Zahlungsbefehl m
ödeme ihtarı • Zahlungserinnerung f
ödeme istemi • Klagerecht n; Zahlungsaufforderung f
ödeme işlemi • Zahlungsvorgang m
ödeme işlemleri • Zahlungsverkehr m
ödeme kabiliyeti • Zahlungsfähigkeit f
ödeme kabiliyeti olan • zahlungsfähig
ödeme kanalı • Zahlungsweg m
ödeme kolaylığı • Zahlungserleichterung f
ödeme makbuzu • Einlieferungsschein m; Zahlungsbeleg m
ödeme müsaadesi • Zahlungsbewilligung f
ödeme planı • Tilgungsplan m; Zahlungsplan m
ödeme süresi • Zahlungsfrist f
ödeme şartı • Abdeckung f; Zahlungsbedingungen pl. f; Zahlungsmodalitäten pl. f
ödeme şartlı • Nachnahme f
ödeme şekli • Zahlungsweg m
ödeme talimatı • Auftrag m; Zahlungsanweisung f
ödeme tarihi • Abgabetermin m; Fälligkeitsdatum n; Fälligkeitstermin m
ödeme tehiri • Zahlungsaufschub m
ödeme teklifi • Zahlungsangebot n
ödeme vadesi • Verfalltag m; Zahlungsfrist f; Zahlungstermin m; Zahlungsziel n; Ziel n
ödeme vadesi gelmiş • zahlungsfähig
ödeme vasıtaları • Zahlungsmittel pl. n
ödeme ve tahsilat • Kassenverkehr m
ödeme veznedarı • Kassierer m für Auszahlungen pl. f
ödeme yeri • Domizilvermerk m; Leistungsort m; Zahlstelle f; Zahlungsort m

Mesleki Terimler Sözlüğü

ödeme yerine geçen kabul • Annahme f an Zahlungs f statt
ödeme yerine geçerli olmak üzere • an Zahlungs statt
ödeme yetersizliği • Zahlungsunfähigkeit f
ödeme yetkisi • Auszahlungsberechtigung f; Zahlungsanweisung f; Zahlungsmandat n
ödeme zamanı • Fälligkeitstermin m; Verfallzeit f; Zahlungszeit f
ödeme zamanının gelmesi • Ablauf m
ödemede bulunmak • Einzahlung f machen
ödemeden kaçınma • Zahlungsverweigerung f
ödemek • abführen; abgelten; ausfolgen; auszahlen; befriedigen; bezahlen; einlösen; einreichen; einzahlen; entgelten; entrichten; erfüllen; herauslegen; honorieren; leisten; lohnen; löschen; solvieren; tilgen; vergüten; zahlen
ödemek için kabul etmek • einlösen; erfüllen; honorieren
ödemeler • Zahlungsverkehr m
ödemeler dengesi • Zahlungsbilanz f
ödemeler için elde tutulan para fonu • Bargeldkasse f
ödemelerde fazlalık • Zahlungsüberschuss m
ödemelere ayrılan ihtiyat • Zahlungsreserve f
ödemelerin ayarlanması • Disposition f
ödemelerin tatili • Zahlungseinstellung f
ödemelerin tesviyesi • Geldausgleich m
ödemeli • Nachnahme f; unter Nachnahme f
ödemeli gönderi • Nachnahmesendung f
ödemeli irsalat • Postnachnahme f
ödememe • Nichtzahlung f
ödememe ihbarı • Meldung f über Nichtzahlung f
ödememe protestosu • Protest m über Nichtzahlung f
ödememe şerhi • notieren
ödememek • nicht akzeptieren; nicht bezahlen; nicht honorieren
ödemenin durdurulması • Suspendierung f; Zahlungseinstellung f; Zahlungssperre f
ödemenin durdurulması emri • Widerruf m der Zahlung f

ödemenin gecikmesi • Leistungsverzug m; Zahlungsverzug m
ödemenin yapılacağı memleket • Zahlungsland n
ödemenin yapılacağı yer • Domizilvermerk m
ödemesiz süre • tilgungsfreie Periode f
ödemeye davet • Abruf m
ödemeye ilişkin tanınan ek süre • Respektfrist f
ödemeye muktedir • solvent
ödemeyi alan • Zahlungsempfänger m
ödemeyi geciktirme • Zahlungsverspätung f
ödemeyi yapacak olan • Zahlungspflichtiger m
ödemezlik • Nichtbezahlung f
ödenebilir • zahlbar
ödenecek • fällig; zahlbar
ödenecek faiz • fällige Zinsen pl. m; Passivzinsen pl. m
ödenecek faizler • Aufwandzinsen pl. m; Debitzinsen pl. m; Passivzinsen pl. m
ödenecek senetler • Schuldwechsel pl. m
ödenecek tahviller • Obligationsschulden pl. f
ödenecek tazminatın sabit miktarı önceden tespit edilmiş sigorta • Summeversicherung f
ödenecek ticari senet • Schuldwechsel m
ödenecek tutar • geschuldeter Betrag m
ödeneğin sınırlandırılması • Kapitalrationierung f
ödenek • Entschädigung f; Subvention f; Budgetkredite pl. m
ödenek ayırma • Verteilung f
ödenek istemi • Geldbewilligungsantrag m
ödenekler • Ausgaben pl. f; bewilligte Gelder pl. n
ödenekler hesabı • Rückstellungskonto n
ödenemeyen borçlar • nicht rückzahlbare Schulden pl. f
ödenemez • unbezahlbar
ödenen faizler • Aufwandzinsen pl. m; Passivzinsen pl. m
ödenen sigorta aylığı • Rentenleistung f
ödenim fonu • Ablösungsfonds m; Amortisationsfonds m; Tilgungsfonds m; Tilgungsrücklage f

Ö

Fachwörterbuch

ödenmeme riski olmayan poliçe • erstklassiges Papier n
ödenmeme riski olmayan senet • erstklassiges Papier n
ödenmemiş • unbezahlt
ödenmemiş bakiye • unbezahlter Betrag m
ödenmemiş borç • Aussenstände pl. m; nicht bezahlte Schuld f
ödenmemiş çek • unbezahlter Scheck m
ödenmemiş poliçe • nicht eingelöster Wechsel m; notleidender Wechsel m; Retourwechsel m; unbezahlter Wechsel m
ödenmemiş senet • nicht eingelöster Wechsel m; unbezahlter Wechsel m
ödenmemiş sermaye • unbezahltes Kapital n
ödenmesi belirli bir süre sonuna bırakılmış borç • befristetes Darlehen n
ödenmesi gecikmiş • notleidend
ödenmesi gereken • Schuld f
ödenmesi mümkün olmayan • uneinlösbar
ödenmiş • bezahlt; eingezahlt
ödenmiş borç • bezahlte Schuld f
ödenmiş hisse senetleri • eingezahlte Aktien pl. f
ödenmiş poliçe • bezahlter Wechselbrief m; eingelöster Wechsel m
ödenmiş senet • bezahlter Wechsel m
ödenmiş sermaye • eingezahltes Gesellschaftskapital n; eingezahltes Kapital n; Einschusskapital n
ödenmiş tahviller • amortisierte Anleihen pl. f
ödenti • Beitrag m
ödeşme • Kompensation f
ödeştirmek • kompensieren
ödetimci • Zahlungsbevollmächtigter m
ödev • Schularbeit f; Pensum n; Verpflichtung f
ödevbilim • Deontologie f; Pflichtenlehre f
ödeyebilir • solvent
ödeyebilirlik • Zahlungsfähigkeit f
ödeyememe • Zahlungsunfähigkeit f
ödeyen • Bezahler m; Einzahler m; Zahlender m; Zahler m
ödeyen banka • zahlende Bank f
ödeyici acente • Domizil n
ödül • Belohnung f

ödünç • Darlehen n; Leihe f
ödünç alan • Entleiher m; Darlehensnehmer m; Aufnehmer m; Kreditnehmer m
ödünç alınmış para • Fremdkapital n
ödünç alma • Anleihe f; Darlehen n; Kreditaufnahme f; Mittelbeschaffung f
ödünç almak • ausborgen; borgen; entlehnen; entleihen; leihen; sich borgen
ödünç para • Darlehen n; Leihgeld n
ödünç para veren • Ausleiher m; Darleiher m
ödünç para verme kanunu • Leihergesetz n
ödünç para vermek • ausleihen
ödünç sözleşmesi • Darlehensvertrag m
ödünç veren • Ausleiher m; Darlehensgeber m; Geldgeber m; Kreditgeber m; Leiher m; Verleiher m
ödünç verme • Anleihe f; Mittelüberlassung f; Rückgriff m; Verleihung f
ödünç verme sınırı • Belehnungsgrenze f
Ödünç Vermede Doğruluk Yasası • Truth in Lending Act
ödünç vermek • ausleihen ; borgen; darleihen; leihen; verborgen; verleihen
ödünleme • Ausgleich m; Kompensation f
öğe • Element n
öğrenci • Student m; Schüler m
öğrenci akışı • Schülerstrom m
öğrenci derneği • Studentenverein m
öğrenci dinlenme yeri • Studentenlokal n
öğrenci evi • Pension f
Öğrenci Seçme Sınavı (ÖSS) • Universitätsaufnahmeprüfung (1. Stufe) f
öğrenci toplu dosyası • Personalakte f des Schülers m
öğrenci yaşıt kümeler • Schülerjahrgänge pl. m
Öğrenci Yerleştirme Sınavı (ÖYS) • Universitätsaufnahmeprüfung (2. Stufe) f
öğrenci yurdu • Schülerheim n; Studentenheim n
öğrencilik • Schülerschaft f; Studentenschaft f
öğrenim • Studium n
öğrenim belgesi • Zertifikat n
öğrenim değeri • Lernkredit m
öğrenim eğrisi • Lernkurve f

Mesleki Terimler Sözlüğü

öğrenim kredisi • Studienbeihilfe f
öğrenim ödencesi • Kredit m
öğrenim ücreti • Studiengebüren pl. f
öğrenme • Lernen n
öğrenme anıklığı • Lernfähigkeit f
öğrenme çevresi • Lernmilieu n
öğrenme düzlüğü • Lernplateau n
öğrenme engelli çocuklar • lernbehinderte Kinder pl. n
öğrenme gücü • Lernvermögen n
öğrenme hazırlığı • Lernbereitschaft f
öğrenme stratejisi • Lernstrategie f
öğrenmede geçiş • Lerntransfer m
öğrenmek • erfahren
öğreti • Doktrin f
öğretici • didaktisch
öğretim • Lehre f; Schulung f; Unterricht m
öğretim bilgisi • Didaktik f
öğretim birimi • Lehreinheit f
öğretim devresi • Lehrgang m
öğretim filmi • Lehrfilm m
öğretim gereci • Lehrmittel pl. n
öğretim hürriyeti • Lehrfreiheit f
öğretim ilkeleri • Unterrichtsgrundsätze pl. m
öğretim kurulu • Lehrkörper m
öğretim makinesi • Lernmaschine f; Lernmaschine f
öğretim maliyeti • Ausbildungskosten pl.
öğretim özgürlüğü • akademische Freiheit f
öğretim programı • Lehrplan m
öğretim tekniği • Unterrichtsverfahren n
öğretim üyesi • Hochschullehrer m
öğretim yılı • akademisches Schuljahr n; Schuljahr n
öğretim yöntemi • Unterrichtsmethode f
öğretim yükü • Pflichtlehrangebot n
öğretimin bireyselleştirilmesi • Individualisierung f des Unterrichts m
öğretmek • lehren; unterrichten
öğretmen • Lehrer m; Lehrerin f
öğretmen adayı • Lehramtskandidat m
öğretmen kitaplığı • Lehrerbibliothek f
öğretmen konutu • Lehrerwohnung f
Öğretmen Lisesi • pädagogisches Gymnasium n
öğretmen not defteri • Lehrernotenheft n

Öğretmen Personel Kanunu • Lehrpersonalgesetz n
öğretmen üniversiteleri • pädagogische Universitäten pl. f
öğretmen yetiştirme • Lehrerbildung f; Lehrerbildungsanstalt f
öğretmenler derneği • Lehrerverein m
öğretmenler kurulu • Lehrkörper m
öğretmenler toplantısı • Lehrerkonferenz f
Öğretmenlik Meslek Eğitimi Programları • Lehrerberufsausbildungsprogramme pl. n
öğretmen-öğrenci oranı • Lehrer-Schüler-Verhältnis n
öğüt vermek • raten
ök ödeme • Sonderzahlung f
öksüz • Waise f; Waisenkind n
öksüz ve yetim • Vollwaise f
ölçek • Skala f; Masstab m
ölçek emri • scale order
ölçme • Abmessung f; Abwägung f; Bemessung f; Messung f; Vermessung f; Leistungsmessung f
ölçme işlemi • Messungsverfahren n
ölçmek • abmessen; ausmessen; bemessen; messen; vermessen
ölçü • Metrum n; Versmass n; Ausmass n; Eichmass n; Gradmesser m; Mass n; Massgabe f; Massstab m
ölçü belgesi • Messbrief m
ölçü belirteci • Quantitätsadverb n
ölçü birimi • Masseinheit f
ölçü ve ayar mevzuatı • Mass- und Gewichtsrecht n
ölçü ve ayarlar dairesi • Eichamt n
ölçübilim • Metrik f
ölçülebilir • messbar
ölçüleri ayar edip damgalama • Eichung f
ölçüm • Messung f
ölçümleme • Vermarkung f
ölçümlemek • vermarken
ölçün • Standard m
ölçünleştirme • standardisieren
ölçünlü dil • Standardsprache f
ölçünlü puan • standardisierter Punkt m
ölçünlü sapma • Standardabweichung f
ölçünlü test • standardisierter Test m
ölçünlü yanlış • Standardfehler m
ölçüsüz • unmässig

Fachwörterbuch

ölçüsüzlük • Exzess m
ölçüt • Kriterium n
ölçüyü aşan miktar • Übermass n
öldürmek • töten; umbringen
öldürücü • tödlich
ölenin geride kalan yakınları • Hinterbliebene pl. m
ölenin geride kalan yakınlarına bağlanan sigorta aylığı • Hinterbliebenenrente f
ölenin geride kalan yakınlarına yapılan yardım • Hinterbliebenenfürsorge f
ölmek • ableben; sterben
ölmüş • tot
ölü • Leiche f; tot; Toter m
ölü dil • tote Sprache f
ölü doğan çocuk • totgeborenes Kind n; Totgeburt f
ölü doğmak • totgeboren
ölü gömme • Bestattung f; Beerdigung f
ölü para • totes Kapital n
ölü sermaye • totes Kapital n
ölü yatırım • totes Kapital n
ölü yaz mevsimi • Sommerpause f
ölüler hukuku • Totenrecht n
ölüm • Ableben n; Sterbefall m; Tod m; Todesfall m
ölüm cezası • Todesstrafe f
ölüm cezasına çarptırmak • Todesstrafe f verhängen
ölüm cezasının infazı • Hinrichtung f
ölüm hali • Sterbefall m
ölüm ilmühaberi • Sterbeurkunde f; Totenschein m
ölüm kütüğü • Sterberegister n
ölüm sebebi • Todesursache f
ölüm sebebiyle tasarruflar • letztwillige Verfügungen pl. f; Verfügungen pl. f von Todes m wegen
ölüm sigortası • Todesfallversicherung f
ölüm tarihi • Sterbedatum n; Todesdatum n
ölüm tarzı • Todesart f
ölüm tehlikesi • Lebensgefahr f
ölüm yeri • Sterbeort m
ölüm yılı • Todesjahr n
ölüme bağlı tasarruflar • letztwillige Verfügungen pl. f; Verfügungen pl. f von Todes m wegen

ölüme bağlı temliki muamele • letztwillige Zuwendung f
ölümle neticelenme • Todesfolge f
ölümle sonuçlanan yaralanma • Verletzung f mit Todesfolge f
ölünceye kadar bakma akti • Altenteilsvertrag m; Leibgedinge n; Auszugsvertrag m; Leibzuchtsvertrag m; Verpfründungsvertrag m
ömür • Leben n
ömür boyu • lebenslang; lebenslänglich
ömür boyu hapis • lebenslängliche Gefangenschaft f
ömür boyu hapis cezası • lebenslange Freiheitsstrafe f
ömür boyu intifa hakkı • lebenslänglicher Niessbrauch m
ömür boyu kiralama akti • Mietvertrag m auf Lebenszeit f; Leibrentenvertrag m
ön • vorder
ön araştırma • Testerhebung f
ön barış • Präliminarfrieden m
ön derece • Vorrang m
ön derece şartı • Vorrangseinräumung f
ön karar • Vorbescheid m
ön mesele • Vorfrage f
ön mirasçı • Vorerbe m
ön mirasçıya düşen miras • Vorerbschaft f
ön mütalaa • Vorbemerkung f
ön seçim • provisorische Sichtung f
ön taslak • Rohentwurf m
önad • Rufname m; Vorname m
önalım • Vorkauf m
önalım hakkı • Vorkaufsrecht n; Einstandsrecht n
önalıştırma • Vorübung f
önce davranmak • zuvorkommen
önceden • voraus
önceden anlaşılan • übersichtlich
önceden belirlenmiş • designatus
önceden bildirmek • ansagen
önceden elde etme • Vorenthaltung f
önceden halli lazım gelen mesele • Vorfrage f
önceden hesaplama • Vorausberechnung f
önceden kararlaştırmak • vorausbestimmen
önceden ödenmiş giderler • transitorische Aktiva pl.; transitorische Passiva pl.

Mesleki Terimler Sözlüğü

önceden ödenmiş sigorta • vorausbezahlte Versicherungskosten pl.
önceden plase etmek • vorlagern
önceden saptanan maliyet • Plankosten pl.
önceden saptanmış kurallara göre • a priori
önceden satın almak • vorausdisponieren
önceden satış • Vorverkauf m
önceden sezmek • ahnen
önceden şart koşmak • vorausbedingen
önceden şeklini belirleme • Vorbildung f
önceden tahmin edilmiş maliyet • vorkalkulierte Kosten pl.
önceden tahsil edilmiş gelirler • transitorische Passiva pl.
önceden tahsil edilmiş gelir • transitorisches Passivum n; vorausgezahltes Einkommen n
önceden tahsil edilmiş kira • vorausempfangene Miete f
önceden tasarlama • Vorbedacht m
önceden tasarruf hakkı • Vorausverfügung f
önceden yapılan iş • Vorleistung f
önceki bir tarihin verilmesi • vordatieren
önceki dönemden devredilen hesap bakiyelerinin listesi • Eröffnungsbilanz f
önceki yazı • Vorgangsschreiben n
önceki yıl gelirleri • periodenfremde Erträge pl. m
önceki yıllardan devredilmiş kar • Gewinnvortrag m des Vorjahres n
öncekinden daha düşük bir fiyatla yapılmış olan borsa işlemi • Downtick
öncekinden daha yüksek bir fiyattan yapılan borsa işlemi • Uptick
öncel • Rechtsvorgänger m; Vorgänger m
önceleme • Antizipation f
öncelik • Präferenz f; Primat n; vorrangig; Vorzug m
öncelik hakkı • Prioritätsrecht n; Vorkaufsrecht n; Vorzugsrecht n
öncelik hakkı olan alacaklı • Vorzugsgläubiger m
öncelik ihtilafı • Prioritätsstreit m
öncelikle görüşme • Dringlichkeitsdebatte f
öncelikle ödenecek borç • Prioritätsanleihe f

öncelikli hisse senedi • Prioritätsaktie f; Vorzugsaktie f; Debenture stock
öncelikli hisse senetlerine verilen kar payı • Vorzugsdividende f
öncelikli tahvil • Prioritätsanleihe f
öncelikli temettü • Vorzugsdividende f
öncellik • a priori
öncesine etki • Rückwirkung f
öncesini etkileyen • rückwirkend
öncü grup • Spitzengruppe f
öncül • Antezedens n
öndamaksıl • Vorderpalatal m
öndenetim • Vorprüfung f
önderlik • Führung f
öne almak • vorziehen
önek • Präfix n
önem • Bedeutung f; Belang m; Erheblichkeit f; Wichtigkeit f
önem vermemek • verachten
önemle vurgulamak • unterstreichen
önemli • bedeutend; bezeichnend; mächtig; schwerwiegend; signifikant; wesentlich; wichtig
önemli tutar • wesentlicher Betrag m
önerge • Antrag m; parlamentarischer Antrag m; Vorschlag m
önerge vermek • beantragen
öneri • Angebot n; Gebot n; Vorschlag m
önerilen fiyat • Nachfragepreis m
önerme • Proposition f; Satzglied n; Satzteil m
önermek • empfehlen; vorschlagen
önesığınık • proklitisch
önesürüm • Assertion f; Behauptung f
önfinansman • Vorfinanzierung f
öngörmek • designieren; vorsehen
öngörüldüğü üzere • ordnungsgemäss
öngörülmüş • designatus
öngörümlü • prospektiv
öngörüşme • Vorbesprechung f
önkoşul • Reservat n; Vorbehalt m
önlem • Massnahme f; Massregel f
önlem almak • Massnahmen pl. f ergreifen
önleme • Prolepse f; Abhaltung f; Prävention f; Unterbindung f; Verhütung f; Vorbeugung f
önleme tedbiri • Verhütungsmassregel f

Fachwörterbuch

önlemek • abhalten; abwehren; verhindern; verhüten; vorbeugen; wehren; zuvorkommen
önlemeye çalışmak • entgegenarbeiten; entgegentreten
önleyici • präventiv
önleyici tedbir • Schutzmassnahme f; vorbeugende Massnahme f; Vorkehrung f
önleyici tedbirler • Vorbeugungsmassnahmen pl. f; vorsorgliche Massregeln pl. f
önsel • a priori
önses • Anlaut m
önses düşmesi • Aphärese f
önsöz • Einleitung f; Vorbemerkung f
öntest • Vortest m
öntüreme • Prothese f
önüne geçilebilir gecikme • vermeidbare Verzögerung f
önüne geçilemez • unabwendbar
önüne getirme • Vorführung f
önvarsayım • Präsupposition f
önvasiyet • Vorausvermächtnis n
önyargılı • eingenommen
önyargılı olma • Eingenommenheit f
önyatırım • Vorleistung f
önyinelem • Katapher
örf • Brauch m; Gebrauch m; Herkommen n; Sitte f
örf ve adet • Brauch m; Brauchtum n; Gewohnheit f; Verkehrssitte f
örf ve adet hukuku • Gewohnheitsrecht n
örfen • gebräuchlich; üblich
örfi idare • Ausnahmezustand m; Belagerungszustand m; Standrecht n
örfü adet hukuku • Gewohnheitsrecht n
örgün eğitim • formelle Erziehung f
örgüt • Organisation f
örgütçü • Organisator m
örneğe göre satın alma • Kauf m nach Probe f
örnek • Beispiel n; Ansichtsmuster n; Auszug m; Exemplar n; Gliederung f; Muster n; Norm f; Präzedenz n; Probe f; Schema n; Spezimen n; Stichprobe f; Vorbild n
örnek çiftlik • Musterwirtschaft f
örnek ders • Unterrichtsbeispiel n
örnek durum • Schulbeispiel n

örnek istatistikler • Teilerhebung f
örnek işletme • Musterbetrieb m
örnek olay • Lage f
örnek uygulama • Musterprojekt n
örnek üzerine satış • Kauf m nach Muster n
örnekçe • Modell n
örneklem • Stichprobe f
örnekleme • Stichprobenerhebung f
örnekleme dağılımı • Stichprobenverteilung f
örnekleme testi • Stichprobenprüfung f
örnekleme yoluyla denetim • Stichprobenprüfung f
örnekolay • Fall m
örnekolay incelemesi • Fallstudie f
örnekseme • Analogie f
örneksemeciler • Analogisten
örtbas etme • Verdunkelung f
örtbas etmek • unterdrücken; verdunkeln
örtmece • Euphemismus m
örtmek • decken; verdecken
örtülü ihtiyatlar • stille Reserven pl. f; unsichtbare Reserven pl. f
örtülü kazanç • verdeckte Gewinnausschüttung f
örtülü sermaye • verdecktes Kapital n
öşür • Zehnt m
öteleme • Metalepse f
ötümlü • stimmhaft
ötümlüleşme • Sonorisierung f
ötümlülük • Sonoriät f
ötümsüz • stimmlos
ötümsüzleşme • Verlust m der Stimmhaftigkeit f
överek ödüllendirme • Verherrlichung f
överek teşvik etmek • verherrlichen
övünç çizelgesi • Auszeichnungsliste f
öyküntü • Lehnübersetzung f
öz • Betreff m; leiblich; Quintessenz f; Substanz f; Wesen n
öz evlat • leibliches Kind n
öz evlat mirasçı • Leibeserbe m
öz ve yabancı sermaye • Eigen- und Fremdkapital n
öz yaşam öyküsü • Autobiographie f
özad • Rufname m; Taufname m; Vorname m
özadlılık • Autonymie f

Mesleki Terimler Sözlüğü

özanlatım • Selbstausdruck m
özde birleşmek • konkurrieren
özdeğerlendirme • Selbstbewertung f
özdekçi bilgi kuramı • materialistische Epistomologie f
özdeşleme • Identifikation f
özdeşlik • Identität f
özdevimli çeviri • automatische Übersetzung f
özel • eigenartig; eigentümlich; extra; privat; separát; sonder
özel ad • Eigenname m
özel affedilme • Begnadigung f; Einzelstraferlass m durch Gnadenakt m
özel amaçlar • spezifische Ziele pl. n
özel anlaşma • Separatvertrag m
özel araştırma • Sondererhebung f
özel avarya • partikulare Havarie f; besondere Havarie f; kleine Havarie f
özel avarya hariç • frei von besonderer Havarie f
özel banka • Privatbank f
özel bankacılık • Privatbankgeschäft n
özel bir amaçla ayrılmamış fon • allgemeiner Fonds m
özel bir amaçla ayrılmış ihtiyat • zweckgebundene Reserve f
özel çekiliş hakkı • Sonderziehungsrecht n
özel çekme hakkı • Sonderziehungsrecht n
özel çıkar • Privatinteresse f
özel çıkarlar • Sondervorteile pl. m
özel çizgili çek • Scheck m mit besonderer Kreuzung f
özel defter • Geheimbuchführungshauptbuch n
özel ders • Nachhilfeunterricht m; Privatunterricht m
özel derslik • Sonderklasse f
özel dil • Sondersprache f
özel eğitim • Sonderschulunterricht m; Sonderschulwesen n
Özel Eğitim Hizmetleri • Sonderschuldienste pl. m
özel eğitim kurumları • sonderpädagogische Institution f
özel eğitim okulu • Sonderschule f
özel eğitim öğretmeni • Lehrer m für Sonderpädagogik f

Özel Eğitim Rehberlik ve Danışma Hizmetleri Genel Müdürlüğü • Generaldirektion f für psychologische Betreuung f und Beratung f im Sonderschulunterricht m
özel eğitim sınıfı • Sonderschulklasse f
özel fon • Sonderfonds m; Sondervermögen n
özel geliri ile geçinen kişi • Rentner m
özel gemicilik işletmesi • Partikulierschiffahrt f
özel gümrük tarife listesi • Zollbegünstigungsliste f
özel haklar • Sonderrechte pl. n
özel hal • Sonderfall m
özel hesap • Privatkonto n; Separatkonto n; Sonderkonto n
özel idare vergisi • Landessteuer f
özel insiyatif • Privatinitative f
özel isim • Eigenname m
özel iskonto oranı • Privatdiskontsatz m
özel iş • Privatangelegenheit f; Sonderarbeit f
özel itibar mektubu • Direktkreditbrief m
özel kanun • Sondergesetz n; Spezialgesetz n
özel katılma • spezielle Gewinnbeteiligung f
özel kayıt • Sonderniederschrift f
özel kişi • natürliche Person f; Privatperson f
özel komisyon • Sonderausschuss m
özel kota • Sonderkontingent n
özel kredi • Kleinkredit m; persönliches Darlehen n; Privatkredit m
özel kurum • Spezialinstitut n
özel mamelek • Sondervermögen n
özel mesele • Privatangelegenheit f
özel muamele • Sonderbearbeitung f; Vergünstigung f
özel muhasebe • Privatbuchführung f
özel muhasebe dönemi • Sondergeschäftsjahr n
özel mülkiyet • Privateigentum n
özel müsaade • Dispens m
özel müsaade sağlamak • Dispens m einholen
özel nüsha • Sonderausgabe f
özel okul • Privatschule f

Fachwörterbuch

özel olmakla birlikte kamu yararına çalışan işletme • quasi-öffentlicher Betrieb m
özel plasman • Privatplazierung f
özel rapor • Sonderbericht m
özel sektör • Privatsektor m; Privatwirtschaft f
özel sergi • Fachschau m
özel sözleşme • Einzelabkommen n
özel şirket • Gesellschaft f mit beschränkter Haftung f; Privatgesellschaft f
özel tahsis • Sonderkontingent n
özel tarife • Sondertarif m
özel tenzilat • Sonderermässigung f
özel teşebbüs • Privatgesellschaft f
özel teşebbüs sanayi • Privatindustrie f
özel teşebbüse devretmek • privatisieren
özel tüketim • Selbstverbrauch m
özel yedek • zweckgebundene Rücklage f
özel yetenek • spezielle Begabung f
özel yetenek testleri • Tests pl. m für spezielle Begabungen pl. f
özel yetki • Sonderermächtigung f
özeladbilim • Namenskunde m; Onomastik f
özelleşme • Spezialisierung f
özelleştirme • Privatisierung f
özellik • Eigenschaft f; Kennzeichen n; Merkmal n
özellikleri kapsayan belge • Aufstellung f; Spezifikation f
özelliklerini belirtmek • charakterisieren
özen • Sorgfalt f
özen göstermek • sorgen
özendirici • desiderat; motivierend
özendirici ücret sistemi • Leistungslohnsystem n
özendirme primi • Anspornprämie f
özerk • autonom
özerk kuruluşlar • Selbstverwaltungskörper pl. m
özerklik • Autonomie f; Selbständigkeit f; Selbstbestimmung f; Selbstverwaltung f
özerklik hakkı • Selbstbestimmungsrecht n
özet • Zusammenfassung f; Abriss m; summarisch; Übersicht f
özet bilanço • zusammengefasste Bilanz f
özet gelir tablosu • zusammengefasste Gewinn- und Verlustrechnung f
özet olarak • global
özetlenmiş bilanço • zusammengefasste Bilanz f
özgecilik • Altruismus m
özgerçekleştirim • Selbstverwirklichung f
özgünlük • Eigenart f
özgür değişke • freie Variante f
özgürlük tahvilleri • liberty bonds
özkavram • Selbstbild n
özkaynak • Eigenmittel n
özkaynak oranı • Verschuldungskoeffizient m
özkaynaklar • eigene Mittel pl. n; Eigenkapital n
özlük hakları • Sozialrechte pl. n
özlük işleri • Personalwesen n
özne • Satzgegenstand m; Subjekt n
öznel • subjektiv
öznel yanlış • subjektiver Fehler m
öznelcilik • Subjektivismus m
özsermaye • Eigenkapital n
özsermaye hesabı • Eigenkapitalkonto n
özsermaye karlılığı • Kapitalrendite f
özsermaye karlılık oranı • Kapitalrendite f
özsermaye rantabilitesi • Eigenkapital n; Rentabilität f
özsermaye toplamı • Kapitalbetrag m
özsermayedeki gelişmeler tablosu • Erklärung f über Entwicklung f des Eigenkapitals n
özseverlik • Narzissmus m
özür • Abbitte f; Ablehnungsgrund m; Entschuldigung f; Hinderungsgrund m
özür dilemek • abbitten; sich entschuldigen
özür mektubu • Entschuldigungsschreiben n
özürlü çocuk • behindertes Kind n
özürsüz konşimento • echtes Konnossement n; reines Konnossement n
özvarlık • Eigenkapital n; Eigenmittel pl. n
özvarlıklar • Substanzvermögen n; Substanzwert m
özyöneltim • Selbstorientierung f
özyönetim • Selbstverwaltung f

P

pahalı • kostspielig; teuer
pahalı para • teures Geld n
pahalılaşmak • aufschlagen
pahalılaştırmak • verteuern
pahalılık zammı • Teuerungszulage f
paket • Bündel n; Frachtstück n; Packung f; Paket n; Partie f
paket gişesi • Paketausgabe f
paket gönderme • Paketsendung f
paketlemek • verpacken
pakt • Pakt m
palamar hakkı • Ankerrecht n
pamuklu mensucat • Baumwollwaren pl. f
panayır • Jahrmarkt m; Messe f
Pandekt Hukuku • gemeines Recht n; Pandektenrecht n
paniğe kapılarak satın almak • Angstkauf m
panik • Panik f
pansiyon • Heim n
pansiyonlu okul • Internatsschule f
papağanlık • Psittakose f
papalık • Heiliger Stuhl m; Papsttum n
papanın daimi murahhası • Nuntius m
papanın fevkalade murahhası • Legat m
para • Fonds m; Geld n; Geldmittel n; Münze f; Valuta f; Währung f
para aldanması • Währungsillusion f
para arzı • Geldmenge f; Geldvolumen n
para basma • Prägung f
para basma yetkisi • Münzrecht n
para basmaya yetkili olan banka • Notenbank f
para benzeri • Quasi-Geld n
para birikimi • Geldansammlung f
para birimi • Währung f; Währungseinheit f
para birliği • Münzunion f
para borcu • Geldschuld f
para bozdurma • Geldwechsel m
para bölgesi • Zahlungsraum m
para cezası • Bussgeld n; Geldbusse f; Geldstrafe f
para cezası kararı • Bussgeldbescheid m

para cezası yerine geçen hapis cezası • Ersatzfreiheitsstrafe f
para çekişleri • Entnahmen pl. f
para çekmecesi • Geldfach n; Geldkassette f
para darlığı • Geldknappheit f
para değerinde istikrar • Geldwertstalibität f
para değiştirme • Wechsel m
para erozyonu • Geldentwertung f; Währungsabwertung f
para fazlalığı • Geldschwemme f
para havalesi gönderen • Geldübersender m
para hukuku • Geld- und Münzrecht n; Geldrecht n; Währungsrecht n
para iadesi • Rückerstattung f; Rückzahlung f
para ile ilgili • monetär
para ile kurtulmak • loskaufen
para kasası • Tresor m
para kıymetinin düşürülmesi • Devaluation f
para kuru • Kurs m
para miktarının azalması • Deflation f
para olarak mevcutlar • Geldbestand m; Geldvermögen n
para olarak sermaye • Geldkapital n
para piyasası • Geldmarkt m
Para Piyasası Fonu • Money Market Fund
para piyasası kağıtları • Geldmarktpapiere pl. n
para piyasası muamelesi • Geldgeschäft n
para politikası • Geldpolitik f; Währungspolitik f
para reformu • Geldreform f; Währungsreform f
para sağlama • Geldschöpfung f; Geldversorgung f
para sağlama hedefi güden kredi • Geldschöpfungskredit m
para sepeti • Währungskorb m
para sermayesinin teşekkülü • Geldkapitalbildung f
para sıkıntısı • knappes Geld n

Fachwörterbuch

para simsarı • finanzieller Vermittler m; Geldmakler m; Wechselmakler m
para sirkülasyonu • Geldkreislauf m
para sistemi • Geldverfassung n; Geldwesen n; Währungssystem n
para tahsil etmek • kassieren
para talebi • Geldnachfrage f
para tedavülü • Geldumlauf m
para temini • Finanz f; Finanzwesen n
para temini ve para yönetimi • Geldbeschaffung und -verwaltung f
para transfer işleri • Überweisungsverkehr m
para üzerindeki yazı • Umschrift f
para üzerinden faiz oranı • Geldzins m
para ve mal mevcudu • Fonds m
para ve paraya çevrilebilir varlıklar • Umlaufmittel pl. n
para yardımı • finanzielle Unterstützung f; Geldleistung f; Subsidien pl. f; Subvention f
para yardımı yapmak • subventionieren
para yatırma • Geldanlage f
para yatırmak • anlegen
para yönetimi • Finanz f; Finanzwesen n
para, kıymetli evrak, hak devredilen kişi • Zessionar m
paradaki kıymetli maden muhtevası • Feingehalt m
paradigma • Paradigma n
paraf • Namenszeichen n; Signatur f
paragraf • Absatz m; Paragraph m
paralar • Mittel pl. n
paralel piyasa • Parallelmarkt m
paralellik • Parallelität f
paranın bakiyesi • Restsumme f
paranın belirli kesimde toplanması • Geldsammlung f
paranın değer kaybetmesi • Abwertung f; Entwertung f; Geldentwertung f
paranın değer yitirmesi • Geldentwertung f
paranın dış değerinin düşürülmesi • Abwertung f; Devaluation f
paranın dolaşım hızı • Umlaufsgeschwindigkeit f
paranın eski kıymetini bulması • Währungsgesundung f
paranın iştira gücü • Kaufkraft f

paranın itibarını kazanması • Geldaufwertung f
paranın kanuni satın alma gücü • Legalkurs m
paranın kıymetini düşürmek • devalorisieren
paranın miktar teorisi • Quantitätstheorie f des Geldes n
paranın yabancılar için konvertibilitesi • Ausländerkonvertibilität f
parasal • finanziell; geldlich; monetär
parasal harcama gerektiren maliyet • Barauslage f
parasal karşılık • Geldeswert m
parasal taban • monetäre Basis f
parasal varlıklar • monetäre Vermögen pl. n
parasal yönden sağlama bağlamak • fundieren
parasal yükümlülükler • finanzielle Verpflichtungen pl. f
parasalcılık • Monetarismus m
parası olmak • Geld n haben
parasını teslimde almak • nachnehmen
parasız • franko; gratis; unentgeltlich
paraya çevirme • Auflösung f; Liquidation f; Pfandverwertung f; Realisation f; Versilberung f; Verwertung f
paraya çevirmek • zu Geld n machen; realisieren
paraya çevrilebilir • realisierbar; verwertbar
paraya dönüştürme • Einziehung f; Inkasso n
paraya dönüştürülebilir varlıklar • flüssige Mittel pl. n
paraya ilişkin • geldlich
paraya tahvil edilebilir • einlösbar
parayı alacak olan • Geldempfänger m
parayı bloke etmek • Geld n festlegen
parayı tedavülden çekme • Geldabschöpfung f
parça • Segment n; Bruchteil m; Stück n; Teil m
parça başına iş • Akkordarbeit f; Stückarbeit f
parça başına işçilik ücreti • Stücklohn m
parça başına ödenen ücret • Akkordlohn m
parça başına satış hasılatı • Stückerlös m

Mesleki Terimler Sözlüğü

parça başına ücret • Akkordlohn m; Stücklohn m
parça başına ücret haddi • Stücklohnsatz m
parça eşya • Stückgüter pl. n
parça listesi • Stückliste f
parça mal • Stückgüter pl. n
parça sayısı • Stückzahl f
parçalama • Aufteilung f; Zersplitterung f
parçalamak • spalten
parçalanma • Bruch m
parçalara ayırmak • aufteilen
parçasal • segmental
parçaüstü • suprasegmental
Paris Borsasının diğer adı • Parquet
Paris Deniz Harbi Hukuku Beyannamesi • Pariser Seerechtsdeklaration f
Paris resmi borsası • Côte officielle
parite • Parigrenze f; Parität f; Wechselparität f
parite fiyat sistemi • Paritätspreissystem n
parite fiyatı • Paritätspreis m
paritenin altında • unter pari
paritenin üstünde • über dem Nennwert m; über pari
park etmek • parken
park yeri • Parkplatz m
parlament • Volksvertretung f
parlamenter • Parlamentär m
parlamenter rejim • parlamentarisches Regierungssystem n
parlamento • Abgeordnetenhaus n; Parlament n; Volksvertretung f
parlamento ile ilgili • parlamentarisch
parlamento kararı • Parlamentsbeschluss m
parlamento rejimi • parlamentarisches Regierungssystem n
parlamento üyesi • Parlamentsmitglied m
parlamentoda bütçe müzakereleri • Haushaltsdebatte f
parlamentoda engelleme • Obstruktion f
parlamentolu monarşi • parlamentarische Monarchie f
parlamentonun feshi • Auflösung f des Parlaments n
parlamentonun toplantıya çağrılması • Einberufung f des Parlaments n
parmak • Finger m; Zoll m

parmak boyası • Fingerfarben pl. f
parmak izi • Fingerabdruck m
parmakla konuşma • Zeichensprache f
parmakla okuma • taktiles Lesen n
parola • Parole f
parsel • Parzelle f
parselleme • Parzellierung f
parsellemek • parzellieren
part time çalışan işçiler • Teilarbeitskräfte pl. f
part time çalışma • Kurzarbeit f
parti • Menge f; Partei f; Partie f; politische Partei f
parti kurultayı • Parteitag m
parti maliyetlemesi • Auftragskostenverfahren n
partiler halinde • in Partien pl. f
partilerüstü • überparteilich
partiye girmek • in eine Partei f eintreten
partner ülkenin tanımlanması • Kennzeichnung f des Partnerlands n
pasaport • Pass m; Reisepass m
pasaport dairesi • Passamt n; Passbehörde f
pasaport işleri • Passwesen n
pasaport vizesi • Visum n
pasavan • Passierschein m
pasbuk • Kontoauszug m; Sparbuch n; Sparheft n
pasif • passiv; Passiva pl.; Passiven pl.
pasif hesap • Passivkonto n
pasif muameleler • Passivgeschäfte pl. n
pasif mukavemet • passiver Widerstand m
pasifler • Passiva pl.; Passiva pl. eines Vermögens n
pasifte azalma • Verminderung f in Passiva pl.
pasifteki artma • Erhöhung f in Passiva pl.
passif • Schulden pl. f
patent • Erfindungspatent n; Patent n
patent hakkı • Patentrecht n; Schutzrecht n
patent hakkının çiğnenmesi • Patentverletzung f
Patent Kanunu • Patentgesetz n
patent verme • Patentgewährung f
patent vermek • patentieren
patentin korunması • Patentschutz m
patlamalı • Plosiv m
patlayıcı madde • Sprengstoff m

Fachwörterbuch

Patriklik • Amt n des Patriarchen m; Patriarchat n
patron • Inhaber m
patronaj • Gefangenenfürsorge f
pay • Anteil m; Beitrag m; Einlage f; Gesellschaftsanteil m; Part m; Rate f; Ration f; Spanne f; Teil m; Verhältnisanteil m
pay ayırmak • bedenken
pay defteri • Aktienbuch n; Aktienregister n
pay hisse • Quote f
pay olarak vermek • zuteilen
pay sahibi • Aktionär m; Anteilseigner m
pay verme • Verteilung f
paye • Würde f
paylara bölünmüş şirket sermayesi • Aktienkapital n
paylaşımcı • kooperativ
paylaştırma • Zuteilung f
pazar • Absatz m; Markt m; Wirtschaftsraum m
pazar alışverişi • Marktgeschäft n
pazar araştırması • Marktuntersuchung f
pazar düzenleyicisi • Parkettmann m
pazar fiyatı • Marktpreis m
pazar yapıcısı • Parkettmann m
pazarlama • Absatzwirtschaft f; Marketing n; Vermarktung f
pazarlama giderleri • Vertriebskosten pl.
pazarlama safhası • Handelsstufe f
pazarlanabilir menkul değerler • börsenfähige Wertpapiere pl. n
pazarlık • Feilschen n; Schachern n
pazarlık etmek • abhandeln; feilschen; schachern
pazarlık sonucu saptanan fiyat • gehandelter Marktpreis m; gehandelter Preis m
pazarlık yaparak fiyatta uyuşmak • aushandeln
pazarlık yapmak • heraushandeln
pazarlıkla elde etmek • heraushandeln
pazarlıkla satın almak • einhandeln
pazarlıkla üzerinde anlaşmaya varılmış fiyat • gehandelter Preis m
pazarlıklı alışveriş • freihändiger Verkauf m
pazarlıksız • Festpreis m

pedagojik formasyon kursu • pädagogische Kurzlehrgänge pl. m (für Absolventen pl. m anderer Studienrichtungen pl. f)
pederşahilik • Patriarchat n; Vaterrecht n
pek fena muamele • Misshandlung f und Ehrenkränkung f; schwere Misshandlungen pl. f und Ehrenkränkung f
pekiştirme • Verstärkung f
pekiştirmeli • Intensivum n
peltek • Interdentalis f
pelteklik • Sprachfehler m
pembe form • pink form
Penny bankası • Penny bank
pepemelik • stammeln; stottern
perakende • Einzelverkauf m; Kleinhandel m
perakende bankacılık • retail banking
perakende fiyatı • Einzelladenpreis m
perakende kitapçı • Sortiments-Buchhandlung f
perakende mağazası • Verteilungsstelle f
perakende satış • Detailverkauf m; Einzelverkauf m; Stückverkauf m
perakende satış muhasebe yöntemi • Buchführungsmethoden pl. f im Einzelhandel m
perakende satış yeri • Verkaufsstelle f
perakende ticaret • Einzelhandel m; Kleinhandel m
perakendeci • Einzelhändler m; Kleinhändler m
perakendecilik • Detailhandel m
performans değerlendirmesi • Erfolgsrechnung f
performans garantisi • Leistungsgarantie f
performans planı • Erfolgsplan m
periyodik • periodisch; regelmässig; wiederkehrend
periyodik denetim • regelmässige Prüfung f
periyodik gelir • regelmässiges Einkommen n
permi • Erlaubnisschein m; Genehmigung f; Genehmigungsbescheid m; Lizenz f; Zulassungsschein m; Zulassung f
permi belgesi • Zulassungsschein m
personel • Arbeitnehmer m; Belegschaft f; Gefolgschaft f; Personal n

Mesleki Terimler Sözlüğü

personel avansları • Arbeitnehmervorschüsse pl. m
personel masrafları • Personalaufwendungen pl. f
personel planlaması • Personalplanung f
personel politikası • Personalpolitik f
personel sayısı • Personalstand m
personel sayısını azaltma • Personaleinsparung f
personel sosyal yardımları • soziale Aufwendungen pl. f
pes • dunkel
peşi sıra gelme • Reihenfolge f
peşin • bar; sofort
peşin açık • Spitzenbedarf m
peşin alım satım • Barkauf m
peşin alış • Bareinkauf m
peşin avans • Kassenkredit m; Kassenvorschuss m
peşin bakiye • Barguthaben n
peşin değer • Barwert m
peşin fiyat • Barpreis m; Kassakurs m; Kassapreis m
peşin hesabı • Kassenkonto n
peşin hüküm • Vorurteil n
peşin işlem • Kassageschäft n; Komptangeschäft n
peşin muameleler • Kassageschäfte pl. n; Locogeschäfte pl. n; Sofortgeschäfte pl. n
peşin muameleler için tespit edilen fiyat • Kassakurs m
peşin olarak çekme • Barabzug m
peşin ödeme • Anzahlung f; Barablösung f; Einlage f; Kassenkredit m; Vorauszahlung f; Vorkasse f; Vorleistung f
peşin ödeme çeki • Zahlungsscheck m
peşin ödeme değeri • Barwert m
peşin ödeme karşılığında • gegen Vorauszahlung f
peşin ödemek • barzahlen; im voraus bezahlen; vorausbezahlen; vorauszahlen
peşin ödenmiş faiz • vorausbezahlte Zinsen pl. m
peşin ödenmiş giderler • transitorische Aktiva pl.
peşin ödenmiş kira • vorausbezahlte Miete f
peşin para • Bargeld n; Barzahlung f; sofort per Kasse f

peşin para ile satın alma • Barkauf m
peşin para ile satış • Barverkauf m
peşin paraya satılan mallar • Waren pl. f gegen Barzahlung f
peşin satış • Barkauf m; Barverkauf m; Kassageschäft n; Kasse f
peşin tahsilat • Bareinnahme f; Barausstattung f
peşin vergi ödemesi • Steuervorauszahlung f
peşinat • Akontozahlung f; Anzahlung f; Vorauszahlung f
peşinat vermek • anzahlen
peşine düşmek • verfolgen
peşinen • voraus
peşinen iskonto etmek • vorwegnehmen
peşinen sipariş etmek • vorausdisponieren
peştamallık • Firmenwert m; Goodwill m; Faconwert m eines Geschäftes n
Petrol İhracatçısı Ülkeler Örgütü • Organisation f der Erdölexportierenden Länder pl. n
pey • Aufgeld n; Garantieeinbehalt m
pey akçesi • Angeld n; Draufgabe f; Draufgeld; Handgeld n
pey süren • Anbieter m
pey sürme • Angebot n
pey sürmek • bieten
pilot • Pilot m
pilot tesis • Probeanlage f
piroteknik • Pyrotechnik f
pişmanlık • Reue f
pişmanlık akçesi • Reuegeld n
pişmanlık navlunu • Fautfracht f; Fehlfracht f
piyango • Ausspielvertrag m; Lotterie f
piyango bileti • Los n; Lotterie f
piyangoya koymak • ausspielen
piyasa • Absatzgebiet n; Markt m; Platz m
piyasa araştırması • Konjunktur-Test m; Marktforschung f
piyasa değeri • Börsenkurs m; Gegenwert m; Handelswert m; Kurswert m; Marktpreis m; Marktwert m; Tauschwert m; Verkaufswert m; Verkehrswert m
piyasa durumu • Absatzlage f; Konjunkturlage f; Marktlage f
piyasa ekonomisi • Marktwirtschaft f
piyasa emri • Bestensauftrag m

259

piyasa faiz oranı • Markzinssatz m
piyasa fiyatı • Börsenkurs m; Kurswert m; Marktpreis m; Marktwert m
piyasa kapitalizasyonu • Börsenkapitalisierung f; Kapitalisierung f
piyasa rayici • Kurs m; Marktpreis m; Preis m
piyasa şartları • Marktklima f
piyasa yılı • Marktjahr n
piyasa yönetmeliği • Marktordnung f
piyasada canlılık • Schwimmkraft f
piyasada durgunluk • Depression f
piyasada durgunluk belirtisi • Ermüdungserscheinung f
piyasada hareketlilik • Konjunktur f
piyasada hareketsizlik • Verflauung f
piyasada kıt olan mal • Mangelware f
piyasadaki canlılık • Hochkonjunktur f
piyasanın çözülmesi • Marktspaltung f
piyasanın darlığı • Marktenge f
piyasanın hareket durumu • Konjunkturbild n
piyasaya gelen mallar • Marktbeschickung f
piyasaya sürülebilir • verkehrsfähig
piyasaya yapılan teslimat • Marktleistung f
piyasayı destekleme • Marktpflege f
plafon • Plafond m
plaka • Nummernschild n
plan • Abriss m; Konzept n; Plan m; Projekt n
plan hedefi • Planziel n
plana göre • planmässig
plana katmak • einplanen
plana uygun • plangemäss
plana veya planlamaya uygun • plangerecht
planlama • Disposition f; Planung f; Verplanung f
planlama bakımından kabul etmek • verplanen
planlama ile sorumlu makam • Planungsinstanz f
planlama süresi • Planungszeitraum m
planlamada göz önünde bulundurmak • einplanen
planlamak • einplanen; planen; vorsehen
planlanan kapasite • Planbeschäftigung f
planlanan zimmet • Debet n

planlandığı gibi • planmässig
planlandığı şekilde • planmässig
planlı • folgerichtig; planmässig
planlı bakım • Instandhaltung f
planlı ekonomi • Dirigismus m; Planwirtschaft f; Wirtschaftslenkung f; Zentralverwaltungswirtschaft f
planlı ekonomiyi savunan kimse • Planwirtschaftler m
planör • Segelflugzeug n
plansız • planlos
plase etme • Placierung f; Vergabe f
plase etmek • vergeben
plasman • Investierung f; Placement f; Plazierung f
plebisit • Plebiszit n; Volksabstimmung f
plimsoll hattı • Höchstlademarke f
plütokrasi • Plutokratie f
polemik • Polemik f
polemik yapmak • polemisieren
poliandri • Vielmännerei f
poliçe • Abgabe f; gezogener Wechsel m; Handelswechsel m; Police f; Rimesse f; Tratte f; Versicherungspolice f; Wechsel m; Wechselabschnitt m
poliçe alacaklısı • Wechselgläubiger m
poliçe borçlusu • Wechselschuldner m
poliçe cüzdanı veya portföyü • Wechselportefeuille n
poliçe çekilen kimse • Bezogener m
poliçe çekilerek sağlanan kredi • Wechselkredit m
poliçe çekmek • abgeben; ausstellen; trassieren
poliçe davası • Wechselklage f; Wechselprozess m
poliçe düzenlenmesi • Trattenaufstellung f
poliçe hamili • Policeinhaber m; Versicherungsnehmer m
poliçe harcı ve pulu • Wechselsteuer f
poliçe kabul eden banka • Akzeptbank f
poliçe karşılığı ödeme • Zahlung f gegen eine Tratte f
poliçe karşılığı verilen krediler • Policendarlehen pl. n
poliçe keşide etmek • Wechsel m ausstellen
poliçe keşidecisi • Wechselgeber m
poliçe keşidesi • Ausstellung f eines Wechsels m; Ziehung f eines Wechsels m

Mesleki Terimler Sözlüğü

poliçe mevzuatı • Wechselrecht n
poliçe rehni karşılığı kredi • Wechselpension f
poliçe sahtekarlığı • Wechselfälschung f
poliçe sureti • Wechselabschrift f
poliçe tanzim etmek • trassieren
poliçe vergisi • Wechselsteuer f
poliçe veya bono borcu • Wechselschuld f
poliçede "emre muharrer değildir" kaydı • Rektaklausel f
poliçede ilk hamil • Remittent m
poliçedeki birinci hamil • Remittent m
poliçedeki meblağ • Wechselbetrag m
poliçeden doğan alacak • Wechselforderung f
poliçelerin birinci nüshası • eigener Wechsel m
poliçelerin ödendiği banka • Remboursstelle f
poliçelerin üçüncü nüshası • Tertiawechsel m
poliçeli kredi • Trassierungskredit m
poliçenin bedelini ödemek • Wechsel m einlösen
poliçenin çekildiği kişi • Bezogener m
poliçenin emre muharrer olmaması kaydıyla ciro edilmesi • Rektaindossament n
poliçenin ikinci kopyası • Sekundarwechsel m
poliçenin iskonto edilmesi ile alınan kredi • Wechseldiskontkredit m
poliçenin kabulü • Akzept n; Wechselakzept n
poliçenin keşide edildiği tarih ile vade tarihi arasındaki süre • Lauffrist f eines Wechsels m
poliçenin keşide ihbarı • Trattenanzeige f; Trattenavis n
poliçenin keşide tarihi • Ausstellungstag m
poliçenin ödenmesi • Wechsel m einlösen; Wechsel m honorieren
poliçenin üçüncü nüshası • Tertiawechsel m
poliçenin vadesi • Verfall m des Wechsels m; Wechselfrist f
poliçeye dayanan garanti • Wechselbürgschaft f
poliçeyi alan kişi • Begünstigter m

poliçeyi kabul • Annahme f
poliçeyi kabul eden • Akzeptant m; Annehmer m
poliçeyi kabul etmek • Wechsel m akzeptieren
poliçeyi ödemek • einlösen
poliçeyi tedavüle çıkarma • Wechselbegebung f
poliçeyi tedavüle çıkarmak • Wechsel m girieren
poligami • Vielweiberei f
polis • Polizei f
polis devleti • Polizeistaat m
polis kontrolü altında • unter polizeilicher Bewachung f
polis memuru • Polizeibeamter m
polis merkezi • Polizeirevier n
polisçe • polizeilich
polise mesken değişikliğini bildirmek • sich polizeilich ummelden
polise teslim olmak • sich der Polizei f stellen
polise veya savcılığa ihbar etme • Strafanzeige f
polisin görev bölgesi • Polizeirevier n
polisin güç kullanma yetkisi • Polizeigewalt f
politeknik • polytechnisch
politeknik okul • Polytechnikum n
politik • politisch
politik konu • Politikum n
politik olmayan • unpolitisch
politika • Kurs m; Linie f; Politik f
popüler • populär
portföy • Portefeuille n; Stock m; Wertpapierbestand m
portföy dengelemesi • Risikoausgleich m
portföy yatırımı • Portefeuilleinvestition f
pozitivizm • Positivismus m
posta • Post f; Schichtarbeit f
posta biriktirme sandığı • Postsparkasse f
posta çeki • Postscheck m
posta çeki dairesi • Postscheckamt n
posta çeki hesabı • Postscheckkonto n
posta çeki ile transfer sistemi • Postzahlungsverkehr m
posta çekleri ile ödeme veya havale • Postscheckverkehr m
posta değişmesi • Schichtwechsel m

261

Fachwörterbuch

posta havalesi • Postanweisung f; Posteinzahlung f
posta idaresi • Postverwaltung f
posta idaresi kredi mektubu • Postkreditbrief m
posta ile mal alım satımı • Postbestellung f
posta ile tahsil emri • Postauftrag m
posta kodu • Postleitzahl f
posta kutusu • Postfach n; Postschliessfach n; Schalterfach n
posta makbuzu • Posteinlieferungsschein m
posta mektup kutusu • Postbriefkasten m
posta paketi • Paket n; Postpaket n
posta pulu • Briefmarke f; Freimarke f; Marke f; Postmarke f
posta siparişi yoluyla ticaret • Katalog-Geschäft n
posta tarifesi • Posttarif m
posta ulaştırması • Postverkehr m
posta ücreti • Porto n
posta ücretinden muaf • portofrei
posta ücretleri • Postgebühren pl. f
posta ücretleri tarifesi • Portotarif m
posta vapuru • Postdampfer m
posta veya nakliye ücretini ödemek • frankieren
posta veya navlun ücretinin peşinen ödenmesi • Frankatur f
postacı • Bote m; Briefträger m; Postbeamter m
postahane • Postamt n
postaya vermek • aufgeben
postlimini • Postliminium n
postrestan • postlagernd
postulat • Postulat n
potansiyel • Potential n
pozisyon • Position f
pozisyonu değiştirme • Umlegung f
pozitif • positiv
pragmacılık • Pragmatismus m
pratik • Praxis f; sachgemäss; sachgerecht
pratik uygulama • Nutzanwendung f
pratisyen • Praktiker m
prefinansman • Vorfinanzierung f
prelevman • Ausgleichssteuer f
prens • Fürst m

prensip • Grundsatz m; Prinzip n; Richtlinie f; Richtsatz m
prensip olarak • prinzipiell
prenslik • Fürstentum n
presipü • Voraus m; Vorausvermächtnis n
prestij • Prestige n
prim • Agio n; Aufpreis m; Bonus m; Gewinn m; Kaplaken n; Prämie f; Tantieme f
prim haddi • Prämiensatz m
prim hakkından vazgeçme • Prämienfreiheit f
prim hissesi • Prämienanteil m; Prämienschein m
prim kazancı • Prämie f
prim makbuzu • Prämienquittung f
prim ödeme • Beitragsentrichtung f
prim ödemekle yükümlü • beitragspflichtig
prim ödenmeyen sigorta • prämienfrei
prim rezervi • Sicherheits-Depot n
prim sigortası • Versicherung f der Prämie f
prim tenzilatı • Prämiengutschrift f
prim vermek • prämiieren
primaj • Frachtzuschlag m
primanota • Kassenklade f; Primanota f
primden muaf • prämienfrei
primer maliyet • Einzelkosten pl.
primli işlem • Dontgeschäft n; Prämiengeschäft n; Stellagegeschäft n
primli muamele • Prämiengeschäft n
primli tahvil • Prämienanleihe f; Prämienschein m
primli tasarruf hesabı • Prämiensparvertrag m
priorite • Primat n; Priorität f; Vorrecht n
problem • Problem n
prodüktif • werbend
prodüktivite • Produktivität f; Arbeitsleistung f
profesör • Professor m; Professorin f
profesyonel tüccarlar • Berufshandel m
proforma • proforma
proforma fatura • fingierte Faktur f; Proformafaktur f; Proformafaktura f; Proforma-Rechnung f; Scheinfaktur f; Vorausrechnung f; Vorfaktur f; vorläufige Rechnung f

Mesleki Terimler Sözlüğü

proforma finansal tablolar • Proforma-Finanzberichte pl. m
proforma hesap durumu • Proforma-abrechnung f
proglamlaştırmak • programmieren
program • Programm n
program geliştirme • Curriculumentwicklung f; Curriculumforschung f; Lehrplanentwicklung f
program içeriği • Programminhalt m
program kılavuzu • Programmführer m
programa koymak • programmieren
programı yeniden düzenleme • Umprogrammierung f
Programlı Öğrenim • programmiertes Lernen n
proje • Entwurf m; Objekt n; Plan m; Projekt n
proje ekibi • Projektgruppe f
proje teklifi • Projektvorschlag m
projeksiyon • Projektierung f
proletarya • Proletariat n
propaganda • Propaganda f; Werbung f
propaganda yapmak • propagieren; werben
prosedür • Prozedur f; Verfahren n
prospektüs • Katalog m; Prospekt m
prospektüs sorumluluğu • Prospekthaftung f
Protestan • evangelisch; Protestant m
protesto • Abweisung f; Mahnbrief m; Mahnung f; Protest m; Widerspruch m
protesto eden • Protestler m
protesto etmek • Protest m einlegen; protestieren
protesto giderleri • Protestgebühren pl. f
protesto masrafları • Protestkosten pl.; Protestspesen f
protokol • Niederschrift f; Protokoll n; Zeremoniell n
protokol defteri • Protokollbuch n
protokol tanzim etmek • Protokoll n aufnehmen
protokol tanzimi • Aufnahme f eines Protokolls n
provizyon • Provision f
provizyon yeterli değildir • unzulängliche Deckung f
provizyonlu çek • durch Bank f bestätigter Scheck m
provizyonsuz çek • Scheck m ohne Deckung f; ungedeckter Scheck m
provokatör • Provokateur m
psikolojik • psychisch
psikolojik ölçme araçları • psychologische Tests pl. m
psiko-motor • psychomotorisch
puan • Punkt m
puanlamak • punktivieren; abhaken
pul • Marke f; Stempel m
pul ve benzeri kasa unsuru • Barvermögen n
pul yapıştırmak • stempeln
pullamak • abstempeln; freimachen
pullayarak yollamak • abstempeln
pulsuz • unfrankiert
pus • Zoll m
pusu • Hinterhalt m
pusula • Merkblatt n; Zettel m
pürüzsüz • simpel

Fachwörterbuch

R

rabıta • Band n
radikal • extrem; radikal
radikalizm • Radikalismus m
radyo ile eğitim • Unterricht m mit Hörfunk m
radyo ile yayın hakkı • Senderecht n
radyo istasyonu çalıştırma hakkı • Rundfunkrecht n
rağbet • Zulauf m
rahatsız etme • Störung f
rahatsız etmek • belästigen; sich beschweren; hindern; stören
rahin • Verpfänder m
rakam • Wert m
rakam • Zahl f; Ziffer f
rakamlar • Ziffernmaterial n
rakamları denetlemek • Zahlen pl. f prüfen
rakamların küsurlarını atarak aşağıya yuvarlaklaştırmak • abrunden
rakamların takdim tehiri • Zahlenverdrehung f
rakamların yer değiştirmesi • Zahlenverdrehung f
rakip • Konkurrent m
rakip ekonomi alanı • Wettbewerbswirtschaft f
rakip trafik • Parallelverkehr m
rambursman • Rembours m
rambursman bankası • Remboursbank f
rampa • Auffahrt f
randıman • Ausbeute f; Ertrag m; Leistung f; Rendement n; Rendite f
randıman değeri • Ertragswert m
rant • Rente f
rantabilite • Ertragskraft f; Rentabilität f
rantiye • Rentner m; Rentenbezieher m
rapor • Attest n; Begutachtung f; Bericht m; Gutachten n; Nachricht f; Protokoll n; Referat n; Vortrag m
rapor biçiminde • Berichtsform f
rapor sunan • Referent m
rapor şeklinde bilanço • Bilanz f in Staffelform f
rapor şeklinde sunulan finansal tablo • Finanzenstaffelform f
rapor tanzim etmek • attestieren
rapor vermek • begutachten; Bericht m erstatten; referieren; vortragen
rapordaki basılı bilgilerin grafik düzenlemesi • Listbild n
raporlama • Berichterstattung f
raporlu sigortalıyı kontrol etmek amacıyla yapılan ziyaret • Krankenüberwachung f
raportör • Begutachter m; Referent m
rastgele örnek seçimi • Zufallsauswahl f
rastgele örnekleme • Zufallsstichprobe f
rastgele yük alarak çalışma • Trampverkehr m
rastlamak • treffen; zusammentreffen
rastlantı • Vorfall m
rasyo • Koeffizient m; Ratio f; Verhältnis n
rasyonalizasyon • Rationalisierung f
rasyonalizm • Rationalismus m
rasyonel • rational; rationell
rasyonelleştirme • Rationalisierung f
rasyonelleştirmek • rationalisieren
raşi • Bestecher m
ratifikasyon • Ratifikation f; Ratifizierung f
rayiç • Geltung f
rayiç bedel • Taxe f
rayiç fiyat • laufender Kurs m; laufender Preis m
razı olma • Zustimmung f
razı olmak • einstimmen; einwilligen; zustimmen
real ücret • Reallohn m
realite • Faktizität f; Realität f; Tatsächlichkeit f; Umstand m
realize olmuş kar • realisierter Gewinn m
reasürans • Gegenversicherung f; Rückdeckung f; Rückversicherung f; Wiederversicherung f
reasürans şirketi • Rückversicherungsgesellschaft f
reçete yazmak • verschreiben

Mesleki Terimler Sözlüğü

reçeteye tabi • verschreibungspflichtig
red • Ableugnung f
reddedici mahiyette • abschlägig
reddetme • Verweigerung f; Zurückweisung f
reddetmek • ablehnen; ableugnen; absagen; abschlagen; abweisen; anfechten; ausschlagen; verleugnen; verneinen; versagen; verweigern; zurückweisen
reddi rüsum • Rückzoll m
reddolunamaz • unabweisbar
reeksport • Reexport m; Wiederausfuhr f
reel • effektiv
reel döviz kuru • realer Devisenkurs m
reel faiz oranı • Realzins m
reel gelir • Realeinkommen n
reel milli gelir • reales Volkseinkommen n; Volkseinkommen n in konstanten Preisen pl. m
reel satış • Handkauf m
reel ücret • Reallohn m
reeskont • Rediskont m; Rediskontierung f
reeskont edilebilir • begebbar
reeskont edilebilir senet veya bono • Rediskontpapier n
reeskont edilmiş bono • Rediskonttitel m
reeskont edilmiş poliçe • weitergegebener Wechsel m
reeskont etme • Rediskontierung f
reeskont etmek • rediskontieren
reeskont kredisi • Rediskontierungskredit m; Rediskontkredit m; Refinanzierungskredit m
reeskont oranı • Rediskontierungskurs m; Rediskontierungsverhältnis
reeskont taahhüdü veya kolaylığı • Rediskontzusage f
reeskont yolu ile yapılan yardım • Refinanzierungshilfe f
refah devleti • Wohlfahrtsstaat m
refakat • Geleit n; Geleitzug m
refakat etmek • geleiten
refakatçi • Begleiter m
referandum • Referendum n; Volksbefragung f; Volksentscheid m
referans • Bezugnahme f; Empfehlung f; Geschäftszeichen n; Referenz f
referans bankası • Referenzbank f
referans kuru • Richtkurs m

referans mektubu • Empfehlungsbrief m
referans numarası • Kenn-Nummer f; Kennzahl f
refiyet hakkı • Anspruch m aus Besitzentziehung f; Wiedereinsetzungsanspruch m
reflasyon • Reflation f
reform • Neuordnung f; Reform f; Sanierung f
rehabilitasyon • Rehabilitation f; Sanierung f
rehabilitasyon tasarısı • Sanierungskonzept n
rehber • Führer m
rehber öğretmen • Betreuer m; Betreuungslehrer m; Vertrauenslehrer m
rehberlik • Lenkung f
rehberlik hizmeti • (psychologischer) Betreuungsdienst m
rehberlik ve araştırma merkezi • Betreuungs- und Forschungszentrum n
rehberlik ve psikolojik danışma • psychologische Betreuung f und Beratung f
rehin • Faustpfand n; Lombard n; Pfand m; Sicherheit f; Unterpfand n; Verpfändung f; Versatz m; Versetzung f
rehin alan • Pfandgläubiger m; Pfandnehmer m
rehin alan kişi • Pfandnehmer m
rehin bırakan • Hinterleger m
rehin bırakma • Hinterlegung f
rehin bırakmak • hinterlegen
rehin borcu • Pfandschuld f
rehin borçlusu • Pfandschuldner m; Verpfänder m
rehin cirosu • Pfandindossament n
rehin etme • Verpfändung f
rehin fekki • Freigabe f des Pfandes n; Pfandlösung f
rehin hakkı • Pfandrecht n; Retentionsrecht n
rehin hakkı olan • Pfandgläubiger m; Zurückhaltungsberechtigter m
rehin karşılığı borç veren kuruluş • Versatzamt n
rehin karşılığı borç vermek • gegen Pfand n verleihen
rehin karşılığı ödünç para veren • Pfandnehmer m

Fachwörterbuch

rehin karşılığı ödünç para veren müessese • Leihhaus n
rehin karşılığı yüksek faizle ödünç para veren kimse • Pfandleiher m
rehin koymak • zum Faustpfand n geben
rehin mektubu • Verpfändungsbrief m
rehin mukabili kredi vermek • lombardieren
rehin mukabilinde ikraz ile meşgul müessese • Pfandhaus n; Pfandleihanstalt f; Versatzanstalt f
rehin olarak vermek • verpfänden; versetzen
rehin senedi • Lagerpfandschein m; Lagerschein m; Pfandschein m; Warrant m
rehin veren • Pfandschuldner m; Verpfänder m
rehin veren kişi • Pfandgeber m
rehin verilen vesaik • Verpfändungsdokument n
rehin vermek • verpfänden
rehinci • Pfandleiher m
rehinden kurtarma • Pfandfreigabe f; Pfandlösung f
rehinden kurtarmak • Pfand n einlösen
rehine • Geisel f
rehine alma • Geiselnahme f
rehine veren • Verpfänder m
rehine verilmiş varlık • verpfändetes Wirtschaftsgut n
rehine vermek • zum Faustpfand n geben; zum Pfand n einsetzen
rehinli tahvil • Pfandbrief m
rehinsiz kredi • Personalkredit m
rehneden • Verpfänder m
rehnedilebilir mallar • pfändbar
rehnedilen eşya • Pfand n
rehnedilen mal • Pfand n; Pfandgut n
rehnedilen malın satışı • Pfandverkauf m
rehnetme • Verpfändung f; Versetzung f
rehnetmek • verpfänden
rehni kaldırmak • Pfand n ablösen
rehni kurtarmak • Pfand n auslösen
rehnin iadesi • Herausgabe f des Pfandes n; Rückgabe f des Pfandes n
reis • Vorsteher m
reislik • Vorsitz m
reislik etmek • präsidieren

reislik hükümeti • Präsidialregierung f
reji • Regie f
rejim • Kur f; Regierungsform f; Regime n; System n
rekabet • Konkurrenz f; Wettbewerb m
rekabet edebilecek durumda • konkurrenzfähig
rekabet ekonomisi • Wettbewerbswirtschaft f
rekabet etmek • konkurrieren
rekabet gücü veya kapasitesi • Wettbewerbsstellung f
rekabet memnuiyeti • Konkurrenzverbot n; Wettbewerbsklausel f
rekabet şartları • Wettbewerbsbedingungen pl. f
rekabet teklifi • Kampfofferte f
rekabet yasağı • Konkurrenzverbot n
rekabetin sınırlandırılması • Wettbewerbsbeschränkung f
reklam • Publizität f; Reklame f; Werbung f
reklam acentesi • Werbungsmittler m
reklam bürosu • Reklamebüro n
reklam bütçesi • Werbebudget n
reklam fiyatı • Reklamepreis m
reklam gideri • Werbeaufwand m
reklam hediyeleri • Werbungsgeschenke pl. n
reklam için dağıtılan takvim • Reklamekalender m
reklam kampanyası • Werbeaktion f
reklam maliyeti • Werbekosten pl.
reklam müdürü veya yöneticisi • Werbeleiter m
reklam programı • Werbeplan m
reklam satışı • Reklameverkauf m
reklam yapmak • werben
reklam yayınları • Werbefunk m
reklamasyon • Beanstandung f; Reklamation f
reklamcı • Reklamemacher m
reklamcılık • Werbung f
reklame etmek • reklamieren
rekor meblağ • Spitzenwert m
rekor seviye • Höchststand m; Spitzenergebnis n
rektör • Rektor m
rencide etmek • kränken

renk körlüğü • Farbenblindheit f
rentabilite • Rentabilität f
reorganizasyon • Neuregelung f; Reorganisation f; Sanierung f; Umbildung f; Wiederaufbau m
reorganize etmek • umbilden
repor muamelesi • Kostgeschäft n; Prolongationsgeschäft n; Reportgeschäft n
resen • amtshalber; von Amts n wegen
resen hakaret usulü • Offizialprinzip n; Offizialmaxime f
resen karar • Entscheidung f von Amts wegen
resen teklif olunan yemin • richterlicher Eid m
resen yapılan senet • öffentlich beurkundetes Schriftstück n
resen yemin • richterlicher Eid m
resepise • Lagereigentumsschein m; Lagerempfangsschein m; Lagerschein m
reserv fiyatı • Mindestpreis m
reservler • Reserven pl. f; Rücklagen pl. f
resesyon • Rezession f; Rückgang m
resim • Abbildung f; Abgabe f; Aufzeichnung f; Gebühr f; Steuer f; Taxe f; Zeichnung f
resim ödemek • versteuern
resim tahsil etmek • beitreiben
resim veya matbu bir kağıdın kopyası • Faksimile n
resimden muaf • gebührenfrei
resimli çocuk kitabı • Bilderbuch n
resimli çocuk sözlüğü • bebildertes Kinderlexikon n
resimli test • Bildertest m
resmen • amtlich; offiziell
resmen bildirme • Aufgebot n
resmen bildirmek • bekanntmachen; benachrichtigen
resmen ilan • Promulgation f
resmen ilan etmek • ausrufen; proklamieren; promulgieren
resmen özür dileme • Ehrenerklärung f
resmen tanıklık etmek • attestieren; beglaubigen
resmen tanıştırmak • einführen
resmen tasdik etmek • legalisieren

resmi • amtlich; behördlich; dienstlich; ernst; formell; förmlich; offiziell; öffentlich;staatlich; staatlicherseits
resmi belge • amtliche Bescheinigung f
resmi belgeli bilirkişi • amtlich anerkannter Sachverständiger m
resmi beyyine • Beweis m durch öffentliche Urkunden pl. f
resmi bildiri • amtliche Mitteilung f; Bekanntmachung f
resmi bir borsa üyesi olmayan menkul kıymetler tüccarı • Street broker
resmi borsa rayici • amtlicher Börsenkurs m
resmi daire • amtliche Stelle f; Dienststelle f; Institution f
resmi dil • offizielle Sprache f; Staatssprache f
resmi din • Staatsreligion f
resmi döviz kuru • amtlicher Wechselkurs m; offizieller Kurs m
resmi eğitim • öffentliche Bildung f
resmi elde muhafaza • amtliche Verwahrung f
Resmi Gazete • Amtsblatt n; Bundesblatt n; Bundesgesetzblatt n; Regierungsblatt n; Staatsanzeiger m
resmi görev • öffentlicher Dienst m
resmi hizmet • öffentliche Beurkundung f
resmi ilan • Ausruf m; Proklamation f
resmi iskonto oranı • offizieller Diskontsatz m
resmi işlem • Formalität f; öffentliches Verfahren n
resmi kanal • Amtsweg m
resmi kontrol • Dirigismus m
resmi liste • official list
resmi makam • Behörde f; Regierungsstelle f; Staatsbehörde f
resmi makama adresinden ayrılacağını bildirme • polizeiliche Abmeldung f
resmi makama hakaret • Amtsbeleidigung f
resmi makama ikametgah değişikliğini bildirmek • ummelden
resmi makamlarca denetim ve gözetim • Reglementierung f
resmi makamlarca tespit edilen fiyat • Preistaxe f

Fachwörterbuch

resmi mühür • amtliches Siegel n; Amtssiegel n; Dienststempel m
resmi nikah • standesamtliche Trauung f; Zivilehe f; Ziviltrauung f
resmi noter • öffentlicher Notar m
resmi okul • staatliche Schule f
resmi olarak saptanmış en yüksek fiyat • Höchstpreis m
resmi olmayan piyasa • Markt m der unnotierten Werte pl. m
resmi olmayan test • informeller Test m
resmi senet • öffentliche Urkunde f
resmi sicil • öffentliches Register n
resmi şekil • öffentliche Beurkundung f
resmi tasdik • amtliche Beglaubigung f; öffentliche Beglaubigung f
resmi tasfiye • amtliche Liquidation f
resmi vasiyetname • öffentliches Testament n
resmi yetki • Amtsgewalt f
resmi ziyaret • Anstandsbesuch m
resmini yapmak • aufzeichnen
resülmal faizi • Kapitalzins m
reşit • grossjährig; mündig; Mündiger m; volljährig
reşit olmama • Minderjährigkeit f; Unmündigkeit f
reşit olmayan • minderjährig; unmündig
reşit olmayan kimse • Unmündiger m; Minderjähriger m
ret • Ablehnung f; Absage f; Abweisung f; Anfechtung f; Ausschlagung f; Negation f; Nichtanerkennung f; Verneinung f; Zurückweisung f
ret hakkı • Ablehnungsrecht n; Anfechtungsrecht n
ret kararı • Aufhebungsbeschluss m
ret müddeti • Ausschlagungsfrist f
ret sebebi • Ablehnungsgrund m
ret süresi • Anfechtungsfrist f
ret ve inkar yemini • Ableugnungseid m
retret • Ricambio n; Rittratte f; Rückwechsel m
revalüasyon • Aufwertung f
revalüe etmek • aufwerten
revir • Revier n
revizyon • Durchsicht f; Erneuerung f; Revision f; Überarbeitung f; Überholung f

revizyondan geçmiş nüsha • Neufassung f
rey • Befinden n; Stimme f
rey bakımından imtiyazlı hisse senedi • Stimmrechtsaktie f
rey hakkı • Stimmrecht n
rey pusulası • Stimmzettel m
rey sandığı • Wahlurne f
rey veren idare • beratende Verwaltungsbehörde f
rey verme • Abstimmung f
rey vermek • abstimmen; Stimmabgabe f
reye koyma • Abstimmung f
reyi am • allgemeines Wahlrecht n
reyon • Rayon f
rezalet • Ärgernis n; Skandal m
rezerv para • Devisenbestand m; Devisenvorrat m
rezerve hesabı • Vorratskonto n
rezistans sınırı • Widerstandsgrenze f
rıhtım • Kai m
rıhtım alındısı • Dockempfangsschein m
rıhtım aracı • Kaigebühren pl. f
rıhtım resmi • Kaigebühren pl. f
rıhtımda teslim • ab Kai m
rıza • Belieben n; Billigung f; Einigung f; Einvernehmen n; Einverständnis n; Einwilligung f; Konsens m; Wille m; Zusage f; Zustimmung f
rıza beyanı • Abgabe f einer Willenserklärung f; Willensäusserung f; Willenserklärung f
rıza beyanının yorumu • Auslegung f der Willenserklärung f
rıza göstermek • belieben; stattgeben
rıza muvafakat • Einwilligung f
rızaların birleşmesi • Übereinstimmung f; Willensübereinstimmung f
rızaya bağlı akitler • formlose Verträge pl. m; Konsensualverträge pl. m
rızaya bağlı sözleşme • freiwilliger Vertrag m
riayet • Achtung f; Beobachtung f; Rücksicht f; Schonung f
riayet etme • Rücksichtnahme f
riayet etmek • achten auf; befolgen; beobachten; einhalten; folgen; halten; schonen
riayet etmeme • Nichtbefolgung f
riayet etmemek • brechen

Mesleki Terimler Sözlüğü

riayetsizlik • Nichteinhaltung f
rica • Ansuchen n; Bitte f
rica etmek • ansuchen; bitten; ersuchen
risale • Broschüre f
risk • Gefahr f; Risiko n
risk pirimi • Risikoprämie f
risk sermayesi • Spekulationskapital n; Wagniskapital n
riske girmek • Risiko n eingehen
riski üstlenmek • Risiko n übernehmen
riskin çeşitlendirilmesi • Diversifikation f des Risikos n; Risikoverteilung f
riskin dağıtımı • Risikoverteilung f
riskin devri • Gefahrenübergang m
riskin reasüransı • Gefahrenrückversicherung f
riskli • riskant
ristorno • Ristorno n; Rückbuchung f
risturn • Ristorno n
riyazi ihtiyatlar • Deckungskapital n; mathematische Reserven pl. f; Prämienreservefonds pl. m
riziko • Gefahr f; Risiko f; Versicherungsgefahr f; Wagnis n
riziko marjı • Risikomarge f
rizikolu • gefährlich; riskant
rizikonun taksimi • Risikoausgleich m
rol yaptırma • Rollenspiel n
Ro-ro gemisi • Ro Ro-Schiff n
rota • Fahrt f; Kurs m; Route f; Seeweg m
rota emri • Kursbefehl m
rotatif akreditif • revolvierendes Akkreditiv n
royalty • Lizenzgebühr f
römork • Anhänger m
römorkaj • Schleppschiffahrt f
römorkör • Schleppschiff n
röpor • Prolongation f im Reportgeschäft n; Rücknahme f
röportaj • Reportage f
ruh • Seele f; Geist m
ruh argınlığı • Psychasthenie f
ruh çözümlemesi • Psychoanalyse f
ruh durumu • Gemüt n; Laune f; Stimmung f
ruh hali • Geisteszustand m
ruh hastalığı • Psychopathie f; seelische Störung f
ruh hastalıkları bilimi • Psychopathologie f; Seelenkrankheitslehre f
ruh hastası • Psychopath m
ruh hekimliği • Psychiatrie f
ruh ölçümcüsü • Psychometrist m
ruh ölçümü • Psychometrie f
ruh sağlığı • Psychohygiene f
ruh yazımı • Psychographie f
ruhbilim • Psychologie f
ruhbilim kliniği • psychologische Klinik f
ruhbilimci • Psychologe m
ruhbilimcilik • Psychologismus m
ruhbilimsel gerekircilik • psychologischer Determinismus m
ruhdilbilim • Psycholinguistik f
ruhi • psychisch
ruhsal çöküntü • psychologische Depression f
ruhsal engel • seelisches Hindernis n
ruhsal oyun • Psychodrama n
ruhsal testler • psychologische Tests pl. m
ruhsal-cinsel • psychosexual
ruhsallık • Psychismus m
ruhsat • Erlaubnis f; Erlaubnisschein m; Genehmigung f; Konzession f; Lizenz f; Zulassungsschein m
ruhsat sahibi • Konzessionär m
ruhsat vermeye yetkili daire • Zulassungsstelle f
ruhsatiye • Erlaubnisurkunde f; Konzessionsurkunde f
ruhsatname • Dispensionsschein m; Erlaubnisurkunde f; Konzessionsurkunde f
ruhsatsız avlanan şahıs • Wilddieb m
ruhsatsız avlanma • Wilddieberei f
rutin • Programmablauf m
ruzname • Tagesordnung f
rücu • Regress m; Regressrecht n; Rückgriff m; Rücktritt m; zurücktreten
rücu davası • Regressklage f
rücu edilemez • unabänderlich; unwiderruflich
rücu hakkı • Regressanspruch m; Regressrecht n; Rückanspruch m; Rückgriffsrecht n; Rücktrittsrecht n
rücu hakkı saklı olarak • mit Rückgriff m
rücu istemi • Regressanspruch m
rücu müddeti • Abstandsfrist f

Fachwörterbuch

rücu talebi • Regressanspruch m
rücua kefalet • Rückbürgschaft f
rücua kefil • Rückbürge m
rüçhan • Primat n; Priorität f; Vorhand f
rüçhan hakkı • Anrecht n; Ausschlussrecht n; Bezugsrecht n; Prioritätsrecht n; Privileg n; Vorkaufsrecht n; Vorzugsrecht n
rüçhan hakkı olmadan • ex Anrecht n
rüçhan hakkı olmayan hisse senetleri • Aktien pl. f ohne Bezugsrecht n
rüçhan haklarıyla birlikte • einschliesslich Bezugsrecht n
rüçhanlı • bevorrechtigt
rüçhanlı alacaklı • bevorrechtigter Gläubiger m; privilegierter Gläubiger m; Vorzugsgläubiger m
rüçhanlı borç • Prioritätsanleihe f
rüçhanlı hisse senedi ihracı • Anrecht n; Ausgabe f mit Bezugsrecht n; Teilrecht n
rüçhanlı tarife • Vorzugstarif m
rüşt • Grossjährigkeit f; Mündigkeit f; Volljährigkeit f
rüştünü elde etmiş • Volljähriger m
rüşvet • Bestechung f; Schmiergeld n
rüşvet alan • Bestechungsempfänger m
rüşvet alma • Vorteilsannahme f
rüşvet veren • Bestecher m
rüşvet verme • Beamtenbestechung f; Vorteilsgewährung f
rüşvet vermek • bestechen; korrumpieren
rütbe • Grad m; militärischer Rang m; Rang m; Stand m; Stellung f; Würde f
rüyet • Sicht f
rüyet halinde olan • anhängig

Mesleki Terimler Sözlüğü

S

saat ücreti • Zeitlohn m
sabıka • Vorstrafe f
sabıka dosyası • Vorstrafenregister n; Vorstrafenakte f
sabıka sicili • Vorstrafenregister n
sabıkalı • vorbestraft
sabıkalı suçlu • rückfälliger Verbrecher m
sabır • Ausdauer f; Duldung f
sabit • beständig; fix; immobil; ständig; stationär; unbeweglich; unveränderlich
sabit bilgiler • Stammdaten pl. n
sabit bütçe • starres Budget n
sabit değişken giderler toplamı • Vollkosten pl.
sabit döviz kuru • fester Wechselkurs m
sabit faizli Federal Alman devlet tahvilleri • Bundesobligationen pl. f
sabit faizli menkul kıymetler • festverzinsliches Wertpapier n
sabit fiyat • fester Preis m; Festpreis m; Taxpreis m
sabit gelir • fixes Einkommen n
sabit gelirli tahvil • Obligation f mit festem Ertrag m
sabit giderler • fixe Aufwendungen pl. f; fixe Kosten pl.; Fixkosten pl.
sabit harç • Grundgebühr f
sabit indirimler • fixe Abzüge pl. m
sabit kesintiler • fixe Abzüge pl. m
sabit kıymet • Sachanlagen pl. f
sabit kıymet maliyetleri • Kapazitätskosten pl.
sabit maliyet • fixe Kosten pl.; Fixkosten pl.
sabit oranda kar payı dağıtımı • fixe Gewinnausschüttung f
sabit perakende satış fiyatı • Ladenpreis m
sabit sermaye • festes Kapital n; festliegendes Kapital n
sabit tarife sistemi • Festratensystem n
sabit varlık • Anlagevermögen n; Kapitalvermögen n
sabit varlık alımı için ayrılan ödenek • Anlagevermögenfonds m
sabit varlık satış karı • Veräusserungsgewinn m
sabit varlıklar • Anlagevermögen n; feste Aktiven pl.; Investitionsgüter pl. n; Kapitalgüter pl. n; Sachanlagevermögen n
sabit varlıklar hesabı • Anlagekonto n
sabit varlıklara yapılan eklemeler • Anlagenzugänge pl. m
sabit varlıklara yapılan yatırım değeri • Kapitalwert m
sabit varlıkların amortismanları • Anlagenbuchhaltung f
sabit varlıkların hizmetten alınması • Anlageabgänge pl. m
sabit verim • fixe Rendite f
sabitleştirmek • zementieren
sabotaj • Sabotage f
sabotaj eylemi • Sabotageakt m
sabotaj faaliyeti • Sabotagetätigkeit f
sabotajcı • Saboteur m
sabote etmek • sabotieren
sabretmek • dulden
sadaka • Almosen n
sadakat • eheliche Treue f; Treue f
sadakat borcu • eheliche Treue f; Treuepflicht f
sadakat yemini • Treueid m
sadakatsız • untreu
sadakatsizlik • Treubruch m; Unredlichkeit f
sade • einfach
sadece • lediglich
sadeleştirmek • vereinfachen
sadık • treu
sadist • Sadist m
sadistçe • sadistisch
sadizm • Sadismus m
sadme • Anstoss m
saf • lauter; netto; rein
saf altın • Reingold n
saf hamule • Nutzlast f

Fachwörterbuch

safha • Stadium n
safha maliyeti sistemi • Divisionskalkulation f; Kostenrechnung f für Massenfertigung f
safi • netto
safi gelir • Nettoeinkommen n
safi hasıla • Reinertrag m; Nettoertrag m
safi kar • Reingewinn m
safi milli hasıla • Nettosozialprodukt n
safi servet • Nettovermögen n; Reinvermögen n
safi tonaj • Nettoregistertonnen pl. f
saflık • Reinheit f
safra • Ballast m
safra yükü • Ballastfracht f
sağ • lebendig
sağır • taub
sağır ve dilsiz • Taubstummer m
sağır-kör • taubblind
sağırlar okulu • Sonderschule f für Gehörlose pl. m
sağırlık • Gehörlosigkeit f; Taubheit f
sağlam • beständig; fest; fundiert; konkret; organisatorisch; sicher; stabil; stark
sağlam bilgi • Gewissheit f
sağlam bir duruma yeniden kavuşma • Sanierung f
sağlam döviz • harte Währung f
sağlam senet • erstklassiger Wechsel m
sağlam ticari senet • bankfähiges Papier n; diskontfähiges Papier n; erstklassiges Papier n
sağlama • Besorgung f; Gestellung f; Vermittlung f; Versorgung f
sağlama bağlamak • verankern
sağlamak • abwickeln; beistellen; sichern; sicherstellen; tragen; versorgen
sağlamlık • Bonität f; Konstanz f; Sicherheit f; Stabilität f
sağlanan meblağ • Bereitstellung f
sağlanan servet • Wertschöpfung f
sağlık • Heil n
sağlık bilgisi • Gesundheitslehre f; Hygiene f
sağlık dokunulmazlığı hakkı • Recht n auf körperliche Unversehrtheit f
sağlık eğitimi • Gesundheitserziehung f
sağlık karnesi • Krankenschein m

sağlık kartı • Gesundheitsattest n; Gesundheitspass m
sağlık kuruluşu • Heilanstalt f
sağlık raporu • Gesundheitsattest n
sağlık sigortası • Krankenversicherung f
sağlık sigortası sandığı • Krankenkasse f
sağlık tedbirleri • Heilmassnahmen pl. f
Sağlık ve Sosyal Yardım Bakanlığı • Ministerium n für Gesundheit f und soziale Fürsorge f
sağlık yardımı yükümlülüğü • Krankenfürsorgepflicht f
sağlık yurdu • Krankenanstalt f
saha • Bereich m; Bezirk m; Gebiet n; Kreis m; Oberfläche f; Region f; Sektor m
sahife • Seite f
sahih nesep • eheliche Abstammung f; Ehelichkeit f
sahih olmayan nesep • aussereheliches Kindesverhältnis n
sahil • Küste f; Strand m; Ufer n
sahip • Besitzer m; Eigentümer m; Halter m; Inhaber m
sahip olan • Besitzer m; Inhaber m
sahip olmak • anschaffen; besitzen; erwerben
sahiplik • Besitz m; Besitzung f; Eigentum n
sahipsiz • herrenlos
sahipsiz mal • herrenlose Sache f
sahipsiz malın mülkiyetini elde etme • Aneignung f
sahipsiz mallar • herrenlose Sachen pl. f
sahipsiz şeyler • herrenlose Güter pl. n
sahra • Feld n
sahte • angeblich; falsch; gefälscht; unecht; zum Sehein m
sahte çek • falscher Scheck m; gefälschter Scheck m
sahte çek tanzim etme • Scheckfälschung f
sahte doktor • Quacksalber m
sahte hüviyet kullanma • Ausweispapiermissbrauch m
sahte imza • falsche Unterschrift f
sahte para • Falschgeld n
sahte para basmak • fälschen
sahte senet • Reitwechsel m
sahte tavır takınma • Simulation f

sahtecilik • Fälschung f; Urkundenfälschung f
sahtekar • Fälscher m; listig
sahtekarlık • Fälschung f; Falsifikat n; Urkundenfälschung f; Verfälschung f
sahtelik • Falschheit f
sahtelik iddiası • Ableugnung f der Echtheit f einer Urkunde f; Bestreitung f der Echtheit f einer Urkunde f; Diffession f; Fälschungseinrede f; Fälschungsklage f
sahtesini yapma • Fälschung f
saik • Beweggrund m; Grund m; Motiv n
saikte hata • Motivirrtum m
sakat • behindert; gebrechlich; Invalide m; Körperbehinderter m; schwerbehindert; Versehrter m
sakat ördek • lame duck
sakatlık • Gebrechen n; Gebrechlichkeit f; Invalidität f; Versehrtheit f
sakatlık emekliliği • Invalidenrente f
sakatlık nedeniyle çalışma gücü sınırlı olan • Erwerbsbeschränkter m
sakatlık nedeniyle çalışma gücünün sınırlı olması • Erwerbsbeschränkung f
sakin • Bewohner m; Einwohner m; still
sakınılabilir • vermeidbar
sakınmak • meiden; vermeiden
saklama • Depotgeschäft n; Erhaltung f; Geheimhaltung f
saklama sözleşmesi • Verwahrungsvertrag m
saklama süresi • Aufbewahrungsfristen pl. f
saklama ücreti • Depotgebühr f
saklamak • aufbewahren; bewahren; erhalten; geheimhalten; hehlen; sich verbergen; unterschlagen; verbergen; verheimlichen; verstecken; verwahren
saklanılan yer • Versteck n
saklanmak • sich verstecken
saklı • geheim; heimlich
saklı asker • Soldat m, der sich der Dienstpflicht f entzieht
saklı mal • Vorbehaltsgut n
saklı rezervler • stille Reserven pl. f
saklı tutma • Einschränkung f; Restriktion f
saklı tutmak • ausbedingen; reservieren; vorbehalten

salahiyet • Befugnis f; Ermächtigung f; Gerichtsstand m; Macht f; örtliche Zuständigkeit f; Vollmacht f; Zuständigkeit f
salahiyet gaspı • Amtsanmassung f
salahiyet ihtilafı • Kompetenzkonflikt m
salahiyet tecavüzü • Amtsmissbrauch m; Überschreitung f der Amtsbefugnis f
salahiyet teffizi • Delegation f; Gewaltenübertragung f; Übertragung f von Befugnissen pl. f
salahiyeti ispat edici evrakı • Legitimationspapiere pl. n
salahiyetli • zuständig
salahiyetli vekil • Bevollmächtigter m
salahiyetsiz • unbefugt; unberechtigt; unzuständig
salahiyetsiz temsil • Stellvertretung f ohne Ermächtigung f; Stellvertretung f ohne Vertretungsmacht f; Vertretung f ohne Vertretungsmacht f
salahiyetsizlik • Unbefugtheit f; Unzuständigkeit f
saldırgan • aggressiv; Angreifer m; ausfallend; Invasor m
saldırganlık • Aggressivität f
saldırı • Angriff m; Anschlag m
saldırı savaşı • Angriffskrieg m
saldırmak • angreifen
saldırmazlık paktı • Nichtangriffspakt m
salhane • Schlachthaus n
salih nesep • eheliche Abstammung f
salimen muvasalat • behaltene Ankunft f
salıverme • Enthaftung f; Haftentlassung f
salıvermek • enthaften
sallantıda • schwebend
sallantıda olma • Schwebe f
salon • Saal m
salt • absolut
salt çoğunluk • absolute Mehrheit f
saltanat • Sultanat n; Sultanswürde f
saltek • Konfix
saltekleme • Konfixation f
samimi • eng vertraut
samimiyet • Offenheit f
samurai tahvilleri • Samurai-Bonds pl.
san • Rufname m
sanat • Kunst f
sanat eğitimi • Kunsterziehung f

Fachwörterbuch

sanat eserini kendine mal etme • Plagiat n
sanata yönelmiş • musisch interessiert
sanatçı • Künstler m
sanatkarlara ödenen ücret • Gage f
sanatoryum • Heilanstalt f; Sanatorium n
sanatsal eğitim • musische Erziehung f
sanayi • Gewerbe n; Industrie f; Industriewirtschaft f
sanayi bankası • Industriebank f
sanayi birliği • Berufsvertretung f
sanayi hukuku • Industrie- und Gewerberecht n
sanayi işçisi • Industriearbeiter m
sanayi işkolu sendikası • Industriegewerkschaft f
sanayi işletmelerinin çıkardığı tahviller • Industrieobligationen pl. f
sanayi işletmesi • Gewerbebetrieb m
sanayi kolu • Industriezweig m
sanayi kooperatifi • Wirtschaftsgenossenschaft f
sanayi kredisi • Industriekredit m
sanayi mamulü • Industrieerzeugnis n
sanayi müşaviri • Betriebsberater m
sanayi odası • Industriekammer f
sanayi psikolojisi • Betriebspsychologie f
sanayi sektörü • Industriewirtschaft f
sanayi sosyolojisi • Betriebssoziologie f
sanayi tesis etme • Industrieaufstellung f
sanayi tesisi • Werksanlage f
sanayi ve ticaret odası • Industrie- und Handelskammer f
sanayi ve ticaret serbestisi • Gewerbefreiheit f
sanayi vergisi • Gewerbesteuer f
sanayici • Industrieller m
sanayide gelişmemiş memleket • industrieschwaches Land n
sanayide istişare ve rehberlik • Betriebsberatung f
sanayide otomasyon • Automatisierung f
sanayileştirme • Industrialisierung f
sanayileştirmek • industrialisieren
sancak • Fahne f; Flagge f
sancak esası • Flaggenprinzip n
sandık başkanı • Wahlvorsteher m
sandık kurulu • Wahlausschuss m; Wahlvorstand m

sanığın gıyabında mahkum edilmesi • Verurteilung f des Angeklagten m in Absenz f (Abwesenheit)
sanığın suç izlerini örtbas etme tehlikesi • Verdunkelungsgefahr f
sanık • Angeklagter m; Angeschuldigter m; Beschuldigter m; Lade f
sanık lehinde şahitlik yapan • Entlastungszeuge m
sanki • quasi
sanlık • Epitheton n
sansasyon • Sensation f
sansasyonel • eklatant; sensationell
sansür • Zensur f
sansür etmek • zensieren
sansürden geçmek • Zensur f passieren
sapkın • pervers; unregelmässig
sapkınlık • Perversität f
saplantı • fixe Idee f
sapma • Abweichung f
saptama • Haushaltsbewilligung f
sarahat • Deutlichkeit f
sarahaten • ausdrücklich
sarf belgesi • Beleg m; Beweisstück n; Gutschein m
sarf edilmeyen bakiye • Ausgaberest m
sarf etmek • anbringen; aufwenden; aufzehren; ausgeben; verausgaben; verwenden
sarfiyat • Aufwendung f
sarhoşluk • Betrunkenheit f; Trunkenheit f
sari • ansteckend
sarih • ausdrücklich; deutlich
sarraf • Geldwechsler m; Sensal m
sarsılma • Zerrüttung f
sarsıntı • Erschütterung f
sarsmak • erschüttern
sathi • leichtfertig
satıcı • Debitant m; Lieferant m; Verkäufer m
satıcı grubu • Plazierungsgruppe f bei Emissionen pl. f
satıcı kredisi • Lieferantenkredit m
satıcı piyasası • Verkäufermarkt m
satıcılara verilen avanslar • geleistete Anzahlungen pl. f
satıcının henüz kendi mülkiyetinde olmayan malları satması • Leerverkauf m

Mesleki Terimler Sözlüğü

satıcının henüz kendi mülkiyetinde olmayan menkul değerleri satması • Leerverkauf m
satıh • Oberfläche f
satılabilen mallar • Wirtschaftsgüter pl. n
satılabilir • verkäuflich
satılan malın maliyeti • Gestehungskosten pl. der verkauften Ware f
satılan malın tesellümü • Abnahme f der Kaufsache f
satılığa çıkarmak • feilhalten; vertreiben
satılık • feil; verkäuflich
satılık eşya teşhiri • Auslage f
satılmayan mallar • Restant m
satılmış mallar hesabı • Verkaufsabrechnung f; Verkaufsrechnung f
satın alan • Käufer m
satın alan memleket • Käuferland n
satın alınabilir • käuflich
satın alınan malı tekrar başkasına satmak • weiterverkaufen
satın alma • Ankauf m; Anschaffung f; Einkauf m; Kauf m; Wechseldiskontierung f
satın alma aracı • Kaufmittel n
satın alma birliği • Einkaufsvereinigung f
satın alma çarter muvakelesi • Kaufcharter-Vertrag m
satın alma değeri • Kaufwert m; Rückkaufswert m
satın alma emri • Einkaufsorder f
satın alma fiyatı • Ankaufpreis m; Geldkurs m
satın alma gücü • Kaufkraft f; Kaufpotential n
satın alma gücü değişmeyen para • neutrales Geld n
satın alma gücü paritesi • Kaufkraftparität f
satın alma gücü sabit olmayan ücret • Nominallohn m
satın alma hakkı • Ablösungsrecht n; Ankaufsrecht n; Erwerbsrecht n; Kaufrecht n
satın alma hareketi • Umsatzwelle f
satın alma kooperatifi • Einkaufsgenossenschaft f
satın alma kuru • Geldkurs m
satın alma maliyeti • Einstandskosten pl.
satın alma merkezi • Einkaufszentrale f
satın alma mukayesesi • Kaufvertrag m
satın alma opsiyonu • Bezugsoption f; Kaufoption f
satın alma öncelik hakkı • Vorkaufsrecht n
satın alma piyasa bölgesi • Einzugsgebiet n
satın alma tarihi • Anschaffungstag m
satın alma teklifi • Angebot n
satın alma veya imal etme kararı • Entscheidung f über Eigenfertigung f oder Fremdbezug m
satın alma yetkisi • Einkaufsermächtigung f
satın alma yoluyla elde etme • Erwerb m durch Kauf m
satın alma yükümlülüğü • Kaufzwang m
satın almak • abkaufen; ankaufen; anschaffen; einkaufen; kaufen
satın almaları finanse için kredi • Kaufkredit m
satın almanın merkezileştirilmesi • Sammelkauf m
satıp yeniden kiralama • sale and lease back
satış • Abgang m; Absatz m; Debit m; Umsatz m; Verkauf m; Vertreibung f; Vertrieb m
satış anında elektronik fon transferi • Electronic Fund Transfer at the Point of Sale
satış bedeli • Kaufpreis m
satış bordrosu • Schussnote f; Verkaufszettel m
satış defteri • Verkaufsjournal n
satış değeri • Verkaufswert m
satış emri • Auftrag m; Verkaufsauftrag m
satış faaliyetleri nedeniyle ortaya çıkan giderler • Verkaufskosten pl.
satış farkı • Umsatzabweichung f
satış finansmanı • Absatzfinanzierung f
satış fiyatı • Briefkurs m; Nettopreis m; Verkaufspreis m
satış fiyatı değeri • Verkaufswert m
satış fiyatı ile değişken maliyet arasındaki fark • Deckungsbeitrag m
satış fiyatında yapılan indirim • Nachlass m vom Verkaufspreis m

Fachwörterbuch

satış fiyatlarının teşekkülü • Erlöspreisbildung f
satış gelirleri • Erlös m; Verkaufskosten pl.
satış giderleri • Vertriebskosten pl.
satış görüşmesi • Werbegespräch n
satış hasılatı • Umsatz m; Umsatzertrage m; Verkauf m; Verkaufserlös m
satış hasılatı üzerinden alınan vergi • Umsatzsteuer f
satış hasılatıyla maliyeti karşılama • Kostendeckung f
satış hedefi • Verkaufssollsumme
satış hesabı • Verkaufsrechnung
satış iadesi • Rücklieferung f
satış için arz • Angebot n; Publikumsangebot n; Verkaufsofferte f
satış için istenen fiyat • Angebotspreis m
satış imkanları • Absatzverhältnisse pl. n
satış indeksi • Umsatzindex m
satış iskontosu • Skonto-Aufwendungen pl. f; Verkaufskonto m
satış kapasitesi • Umsatz-Kapazität f
satış karı • Rohgewinn m; Umsatzgewinn m
satış komisyonu • Guichet-Kommission f; Verkaufskommission f
satış kooperatifi • Absatzgenossenschaft f
satış kooperatifleri • Verkaufsgenossenschaften pl. f
satış koşulları • Verkaufsbedingungen pl. f
satış kredisi • Absatzkredit m
satış kuru • Verkaufskurs m
satış memuru • Ladenangestellter m; Ladengehilfe m; Ladenverkäufer m
satış miktarı • Absatzmenge f; Mengenabsatz m
satış miktarı ile değişen, değişim oranı aynı kalmayan maliyetler • teilproportionale Kosten pl.
satış müşaviri • Verkaufsberater m
satış reklamı • Verkaufswerbung f
satış senedi • Kaufbrief m; Kaufvertrag m
satış sonuçları • Umsatzausfall m
satış sözleşmesi • Kaufvertrag m; Verkaufskontrakt m
satış süresi • Verkaufstermin m
satış şartı • Verkaufsbedingung f

satış tahmini • Absatzplan m; Absatzprognose f; Verkaufsvorschätzung f
satış tazyiki • Abgabedruck m
satış tekeli • Alleinverkauf m
satış teşkilatı • Vertriebsgesellschaft f
satış tutarı • Umsatz m
satış üzerinden alınan komisyon • Verkaufsprovision f
satış varyansı • Umsatzabweichung f
satış ve yönetim giderleri • Verwaltungsgemeinkosten pl.; Vertriebs- und Verwaltungskosten pl.
satış vergisi • Umsatzsteuer f
satışa arz yükümlülüğü • Anbietungspflicht f
satışa çıkarmak • ausbieten
satışa hazır mal stoku • Vorräte pl. m
satışçı aylıkları • Verkäufergehälter pl. n
satışlar • Umsatzerträge pl. m; Verkaufserlöse pl. m
satışlar yevmiyesi • Verkaufsjournal n
satışlarda artış • Absatzbelebung f
satışlarda artma • Umsatzwelle f
satışlarda durgunluk • Absatzflaute f
satışlarda düşme • Absatzstockung f
satışlarda miktar farkı • Verkaufsvolumenabweichung f
satışlardan çeşitli nedenlerle yapılan indirimler • Erlösschmälerung f
satışların maliyeti • Kosten pl. der verkauften Erzeugnisse pl. n
satıştan ele geçen para • Erlös m
satlığa çıkarmak • feilbieten
satma hakkı • Recht n zum Selbsthilfeverkauf m
satma opsiyonu • Andienungsrecht n; Put-Option f; Verkaufsoption f
satmak • abgeben; überlassen; verkaufen
savaş • Krieg m
savaş esiri • Kriegsgefangener m
savaş gemileri • Kriegsschiffe pl. n
savaş gemileri hakkında uluslararası sözleşme • Flottenabkommen n
savaş hali • Kriegszustand m; Mobilmachung f
savaş hiyaneti • Kriegsverrat m
savaş hükümleri • Kriegsgesetze pl. n; Kriegsrecht n

Mesleki Terimler Sözlüğü

savaş ilanı • Kriegserklärung f
savaş kanunları • Kriegsrecht n
savaş kazançları vergisi • Kriegsgewinnsteuer f
savaş kışkırtıcılığı • Kriegshetze f
savaş limanları • Kriegshäfen pl. m
savaş malulü • Kriegsbeschädigter m; Kriegsverletzter m; Kriegsversehrter m
savaş nedeni • Kriegsgrund m
savaş sigortası • Kriegsversicherung f
savaş suçlusu • Kriegsverbrecher m
savaş tazminatı • Kriegsentschädigung f; Reparation f
savaş tutsağı • Kriegsgefangener m
savaş zararları • Kriegsschaden m
savcı • öffentlicher Ankläger m; Staatsanwalt m
savcılık • Staatsanwaltschaft f
savlı tartışma • Debatte f
savunma • Defensive f; Verteidigung f; Wahrung f
Savunma Bakanlığı • Verteidigungsministerium n
savunma düzeneği • Verteidigungsmechanismus m
savunma savaşı • Verteidigungskrieg m
savunma şahidi • Entlastungszeuge m; Schutzzeuge m
savunmak • verteidigen; vertreten; wahren
savunmaya yönelik • defensiv
savunulabilir • vertretbar
savurganlık • Vergeudung f; Verschwendung f
savuşturmak • abwenden
sayfa • Seite f
sayfa numarası • Seitennummer f
sayfaları numaralama • Seitennumerierung f
saygı • Respekt m; Rücksicht f
saygı gösterme • Rücksichtnahme f
saygı göstermek • ehren; respektieren
saygıdeğer • ehrwürdig
saygıdeğer nitelik • Ehrwürdigkeit f
saygın • kreditwürdig
sayı • Numerus m; Chiffre f; Menge f; Zahl f; Ziffer f
sayı adı • Numerale n; Zahlwort n
sayı sıfatı • Zahladjektiv n
sayıbilim • Statistik f

sayılama yöntemi • statistische Methode f
sayım • Erhebung f; Inventur f
sayım farkı • Inventurdifferenz f
sayım yapmak • Bestände pl. m aufnehmen; inventarisieren
sayısal • mengenmässig
Sayıştay • Oberrechnungshof m; Oberrechnungskammer f; Rechnungshof m
sayıştay mürakibi • Rechnungsrat m
sayıyla ilgili • quantitativ
saylav • Abgeordneter m
saymaca • konventional; konventionell; nominal
saymaca değer • Nominalbetrag m
saymak • auszählen; berechnen; zählen
sayü amel • Arbeit f
sebat • Ausdauer f; Kontinuität f
sebat etmek • ausdauern
sebatlı • ausdauernd
sebebiyet vermek • herbeiführen; veranlassen; verursachen
sebebiyle • kraft
sebep • Anlass m; Anstoss m; Causa f; Faktor m; Grund m; Handhabe f; Moment n; Rechtsgrund m; Triebkraft f; Ursache f; Veranlassung f
sebep gösterme • Motivierung f; begründen; beibringen
sebep göstermek • motivieren
sebep olan • Macher m
sebep olmak • Anlass m geben; anstiften; bewirken; erregen; stiften
sebepler • Umstände pl. m
sebepsiz • unmotiviert
sebepsiz iktisap • Bereicherung f ohne Grund m; ungerechtfertigte Bereicherung f
sebepsiz zenginleşme • ungerechtfertigte Bereicherung f
sebze ve meyve hali • Markthalle f
seçerek satın alma • Auswahlkauf m
seçilebilirlik • Wählbarkeit f
seçilen • elektiv
seçilen gün • Stichtag m
seçilme ehliyeti • passive Wahlfähigkeit f
seçilme hakkı • passive Wahlfähigkeit f; passives Wahlrecht n
seçilme hakkına sahip • wählbar

Fachwörterbuch

seçilme hakkının kaybı • Verlust m der Wählbarkeit f
seçilme yaşı • Wahlalter n
seçilmek hakkı • Wahlrecht n
seçim • Wahl f
seçim bölgesi • Wahlbezirk m; Wahlkreis m
seçim çevresi • Wahlkreis m
seçim dönemi • Wahlperiode f
seçim kampanyası • Wahlkampf m
seçim kanunu • Wahlgesetz n
seçim kurulu • Wahlbehörde f
seçim mazbataları • Wahlprotokolle pl. n
seçim sonucu • Wahlergebnis n
seçim suçları • Wahlvergehen n
seçim tutanağı • Wahlprotokoll n
seçim yeterliği • Wahlberechtigung f; Wahlfähigkeit f
seçime bağlı • fakultativ
seçime katılma görevi • Wahlpflicht f
seçimin gizliliği • Wahlgeheimnis n
seçimlik dönüşüm • fakultative Transformation f
seçme • Ausscheiden n; Aussonderung f; Auswahl f; Eklektion f; Elite f; Musterung f; Selektion f
seçme hakkı • aktives Wahlrecht n; Option f; Wahlberechtigung f; Wahlrecht n
seçme hakkına sahip • wahlberechtigt
seçme hakkını kullanma • Optant m
seçme kısıtlaması • Selektionsbeschränkung f
seçme kuralları • Selektionsregeln pl. f
seçme sınavı • Auswahlprüfung f
seçme ve seçilme hakkı • Wahlrecht n
seçme ve seçilme hakkı olmayan vatandaş • Passivbürger m
seçme ve seçilme hakkına sahip olan vatandaş • Aktivbürger m
seçme ve yeterlilik sınavı • Auswahl- und Befähigungsprüfung f
seçme yaşı • Wahlalter n
seçmeci usavurma • eklektisches Urteilen n
seçmeci yöntem • eklektische Methode f
seçmecilik • Eklektizismus m
seçmek • aussondern; auswählen; wählen
seçmeli ders • Wahlfach n
seçmeli dersler • Wahlfächer pl. f

seçmen • Wähler m
seçmen grubu • Wählerschaft f
seçmen iradesi • Wählerinitiative f
seçmen listesi • Wählerliste f
seçmeni yanıltma • Wählertäuschung f
sefalet • Elend n
sefer • Feldzug m; Kriegszustand m; Transportweg m
sefer üzerine çarter • Reisecharter f
sefer ve zaman poliçesi • Reise- und Zeitpolice f
seferber hale getirmek • mobilisieren
seferberlik • Kriegszustand m; Mobilisierung f; Mobilmachung f
seferberlik ilan etmek • mobil machen; mobilisieren
sefil • elend
sehven • irrtümlich; versehentlich
sekreter • Schreiber m; Schriftführer m; Sekretär m
sekreterlik • Sekretariat n
sektör • Bereich m; Sektor m
selahiyet • Kompetenz f
selahiyet tecavüzü • Missbrauch m der Amtsgewalt f
selahiyetli • kompetent
selbi ihtilaf • negativer Kompetenzkonflikt m
selbi uyuşmazlık • negativer Kompetenzkonflikt m
selef • Rechtsvorgänger m; Vorgänger m
selenli • Sonant m
selensiz • Konsonant m
selfservis mağazası • Selbstbedienungsladen m
sembol • Bezeichnung f; Symbol n
semen • Gegenwert m; Kaufpreis m; Preis m
semere • Ausbeute f; Einkunft f; Ertrag m; Erzeugnis n; Frucht f; Nutzen m; Rendite f
semereler • Erträge pl. m; Erträgnisse pl. n; Erzeugnisse pl. n
seminer • Seminar n
semt • Gegend f; Stadtbezirk m; Stadtteil m; Stadtviertel n
senato • Universitätssenat m; Senat m
senatör • Senator m

sendika • Berufsgenossenschaft f; Gewerkschaft f; Konsortium m; Syndikat n
sendika federasyonu • Gewerkschaftsbund m
sendika üyesi • Gewerkschaftler m
sendikacılık • Gewerkschaftswesen n
sendikal • gewerkschaftlich
sendikalar birliği • Gewerkschaftsbund m
sendikasyon kredisi • Konsortialkredit m
sene • Jahr n
sene sonu hesabı • Jahresabschluss m
senedat cüzdanı • Portefeuille n; Wechselbestand m; Wertpapierbestand m
senede kefil olmak • als Wechselbürge m auftreten
senedi ciro yolu ile devralan • Begünstigter m; Benefizient m; Empfänger m
senedin emrine ödendiği kişi • Begünstigter m; Benefizient m; Empfänger m
senedin ikinci kopyası • Sekundarwechsel m
senedin iskonto edilmiş değeri • Gegenwert m eines diskontierten Wechsels m
senedin kime ait olduğunu gösteren özellik • Legitimationswirkung f
senedin vadesi • Verfalltag m eines Wechsels m
senedin yenilenmesi • Prolongation f eines Wechsels m
senet • Akt m; Beleg m; Belegschein m; Dokument n; Instrumentarium n; Schein m; Schriftstück n; Schuldschein m; Titel m; Urkunde f; Wechsel m
senet düzenleme • Wechselausstellung f
senet giderleri • Wechselspesen pl.
senet karşılığı avans • Effektenbevorschussung f; Effektenvorschuss m
senet karşılığı kredi • Wechselkredit m
senet kefaleti • Aval m
senet protestosu • Wechselprotest m
senet pulu • Quittungsstempel m
senet üzerinde yazılı olan değer • Nennwert m; Pariwert m
senetle devretmek • verschreiben
senetle temin etmek • verschreiben
senetler cüzdanı • Wechselportefeuille n
senetler defteri • Terminkalender m; Verfallbuch n; Wechselbuch n

senetler departmanı • Wechselabteilung f
senetler karşılığı avans • Wechselkredit m
senetler servisi • Wechselabteilung f
senetli kredi • Schuldscheindarlehen n; Wechselkredit m
senetsiz alacak hesapları • Debitoren pl. m; Forderungen pl. f
senetsiz borç hesapları • Kreditor m; Verbindlichkeit f
senetten doğan borç • Wechselschuld f
sentagma • Syntagma n
septik • skeptisch
serbest • emanzipiert; frei
serbest beyyine sistemi • freie Beweiswürdigung f; Prinzip n der freien Beweiswürdigung f
serbest bırakılan meblağ • Freigabe f
serbest bırakılma • Freigabe f
serbest bırakma • Befreiung f; Degagement n; Freigabe f; Freilassung f
serbest bırakmak • befreien; degagieren; entlassen; entlasten; freigeben; freilassen
serbest çalışma • freie Arbeit f
serbest çalışma kümesi • freie Arbeitsgruppe f
serbest darp • freie Münzprägung f; freie Prägung f
serbest dolaşım • Freizügigkeit f
serbest döviz • konvertierbare Währung f
serbest esham muameleleri • Nachbörse f
serbest fiyat • freier Preis m
serbest gümrük bölgesi • Freizone f
serbest gümrük bölgesi antreposu • Freilager n
serbest iktisat • Verkehrswirtschaft f
serbest irade • Gutwilligkeit f
serbest karteller • freiwillige Kartelle pl. n
serbest kota • Freigrenze f
serbest kur • flexibler Wechselkurs m; frei schwebender Kurs m; freier Kurs m; gleitender Wechselkurs m; labiler Wechselkurs m; schwankender Wechselkurs m
serbest liman • Freihafen m
serbest meslek erbabına ödenen ücret • Honorar n
serbest mıntıka • Freizone f
serbest muamele • Freiverkehr m

279

Fachwörterbuch

serbest mübadele sistemi • Tauschgemeinschaft f
serbest okuma • freie Lesung f
serbest oyun • freies Spiel n
serbest piyasa • freier Markt m
serbest piyasa rayici • Freiverkehrskurs m
serbest saat • Freistunde f
serbest teşebbüs ekonomisi gereğince • freiwirtschaftlich
serbest tevdiat • offene Verwahrung f; offenes Bankdepot n
serbest ticaret • Freihandel m; Freiverkehr m
serbest ticaret bölgesi • Freihandelszone f
serbest yedekler • freie Rücklage f
serbestçe inkişaf hakkı • Recht n auf freie Entwicklung f
serbesti • Freiheit f
serbestlik • Ersetzungsbefugnis f
serferberlik • Mobilmachung f
sergerde • Rädelsführer m
sergi • Ausstellung f; Jahrmarkt m
sergi malı • Ausstellungsgut n
sergilemek • ausstellen
seri • Reihe f; Serie f
seri fabrikasyon işçiliği veya mamulatı • Fliessbandarbeit f
seri fabrikasyon tezgahı • Fliessband m
seri halde imal edilmiş mallar • Seriengüter pl. n
seri halinde yapılan iş • Serienarbeit f
seri imalat • Serienfertigung f
seri muhakeme usulü • beschleunigtes Verfahren n; Schnellverfahren n
seri numarası • laufende Nummer f; Seriennummer f
seri tahvil ihracı • Serienanleihen pl. f
serinin ortasındaki değer • Median m; Zentralwert m
sermaye • Anlage f; Einlage f; Fonds m; Gesellschaftskapital n; Kapital n; Kapitaleinlage f; Leihgeld n; Stammkapital n; Vermögen n
sermaye akını • Kapitalzufluss m
sermaye aracılığı • Kapitalvermittlung f
sermaye artırımı • Kapitalaufstockung f; Kapitalerhöhung f; Kapitalvermehrung f
sermaye artırımından sonra hisse senedi fiyatı • Aktienpreis m nach Kapitalerhöhung f
sermaye birikimi • Kapitalansammlung f
sermaye bütçelemesi • Investitionsrechnung f
sermaye çoğunluğu • Kapitalmehrheit f
sermaye değeri • Kapitalwert m
sermaye faizi • Kapitalzins m
sermaye geliri vergisi • Kapitalertragssteuer f
sermaye giderleri • aktivierungspflichtiger Aufwand m
sermaye harcamaları • aktivierungspflichtiger Aufwand m
sermaye hareketi • Kapitaldienst m; Kapitalverkehr m
sermaye hesabı • Kapitalkonto n
sermaye ihtiyatı • Vermögensstock m; Kapitalreserve f
sermaye indirimi • Kapitalherabsetzung f; Kapitalzusammenlegung f
sermaye işlemleri bilançosu • Kapitalbilanz f
sermaye ithali • Kapitalzufuhr f
sermaye kaçırma • Kapitalflucht f
sermaye karı • Kapitalgewinn m; Vermögensvorteil m
sermaye karı veya geliri • Kapitalertrag m
sermaye karlılığı • Rentabilität f
sermaye kaybı • Veräusserungsverlust m
sermaye kazancı • Kapitalertrag m; Kapitalgewinn m; Veräusserungsgewinn m
sermaye kazançları vergisi • Kapitalertragssteuer f; Vermögenszuwachssteuer f
sermaye kısıtlaması • Kapitalrationierung f
sermaye koymak • investieren
sermaye kullanma • Kapitalumsatz m
sermaye maliyeti • Kapitalkosten pl.
sermaye malları • Investitionsgüter pl. n; Kapitalgüter pl. n
sermaye meydana getirmek • kapitalisieren
sermaye muamele vergisi • Gesellschaftssteuer f; Kapitalverkehrssteuer f
sermaye muameleleri • Vermögensbewegung f

Mesleki Terimler Sözlüğü

sermaye oluşumu • Kapitalbildung f; Vermögensbildung f
sermaye payı • Kapitalanteil m
sermaye piyasası • Finanzmarkt m; Kapitalmarkt m
Sermaye Piyasası Kurulu • Kapitalmarktausschuss m
sermaye piyasasını yönetme • Kapitalmarktdirigismus m
sermaye piyasasının durumu • Kapitalmarktklima n
sermaye projesi • Investitionsaufgabe f; Investitionsvorhaben n
sermaye sağlama • Kapitalausstattung f
sermaye sağlama ve dağıtma • Kapitalwirtschaft f
sermaye sağlayan • Kapitalaufbringer m
sermaye sigortası • Summenversicherung f
sermaye şirketi • Kapitalgesellschaft f
sermaye teklifi • Kapitalbereitstellung f
sermaye teşekkülü • Kapitalbeschaffung f
sermaye teşekkülü veya terakümü • Kapitalbildung f
sermaye üstesi • Kapitalüberschuss m
sermaye üzerine faiz oranı • Kapitalzins m
sermaye ve mevcudat • Anlagevermögen n
sermaye vergisi • Kapitalsteuer f
sermaye yapısı • Kapitalaufbau m
sermaye yapısını yeniden düzenleme • Neuaufbau m des Kapitals n
sermaye yapısının yeniden düzenlenmesi • Neukapitalisierung f
sermaye yardımı • Investitionshilfe f
sermaye yatırım faaliyeti • Investitionsvorgang m
sermaye yatırımı • Investitionsdisposition f; Kapitalinvestition f
sermayedar • Kapitalist m
sermayedarların munzam para yatırma mükellefiyeti • Nachschusspflicht f
sermayeden alınan vergi • Kapitalsteuer f
sermayeler • Mittel pl. n
sermayenin artırılması • Kapitalerhöhung f
sermayenin azalması • Kapitalminderung f
sermayenin azaltılması • Kapitalherabsetzung f; Kapitalreduzierung f; Kapitalzusammenlegung f
sermayenin birleşmesi • Verschmelzung f
sermayenin değerini hesaplamak • kapitalisieren
sermayenin dışarı kaçırılması • Kapitalflucht f
sermayenin geri ödenmesi • Kapitalrückzahlung f
sermayenin getirisi • Kapitalertrag m
sermayenin ödenmesi • Kapitalleistung f
sermayenin transferi • Kapitaltransfer m
sermayenin tutarı veya tamamı • Kapitalvermögen n
sermayenin yer değiştirmesi • Kapitalabwanderung f
sermayenin yükseltilmesi • Kapitalerhöhung f; Kapitalvermehrung f
sermayesi eshama münkasem komandit şirket • Aktienkommanditgesellschaft f; Kommanditgesellschaft f auf Aktien pl. f
sermayesi hisse senedine bölünmüş komandit şirket • Kommanditgesellschaft f auf Aktien pl. f
sermayesi paylara ayrılmış komandit şirket • Aktienkommanditgesellschaft f
sermayesi paylara bölünmüş komandit şirket • Kommanditgesellschaft f auf Aktien pl. f
sermayeye katılma • Kapitalbeteiligung f
serseri • Landstreicher m
sert • stark
sert ünsüz • Fortis f
serten • indirekte Notierung f; Mengennotierung f
sertifika • Ausweis m; Zertifikat n
sertifikasyon sistemi • Zertifikationssystem n
servet • Gut n; Reichtum m; Vermögen n
servet beyanı • Vermögenserklärung f; Vermögensnachweis m
servet durumu • Vermögensverhältnisse pl. n
servet vergisi • Besitzsteuer f; Kapitalsteuer f; Vermögensabgabe f; Vermögenssteuer f
servet yapma • Wertschöpfung f
servis-büro • Service-Büro n
ses • Laut m; Phon n; Stimme f
ses aygıtı • Sprechapparat m
ses bilgisi • Lautlehre f
ses bozukluğu • Stimmenstörung f
ses değişimi • Lautwandel m; Lautwechsel m

Fachwörterbuch

ses düşmesi • Ausstossung f; Schwund m
ses eğitimi • Stimmenerziehung f
ses örgenleri • Sprechorgane pl. n
ses yinelemesi • Alliteration f
ses yitimi • Aphonie f
ses yolu • Ansatzrohr n; Lautrohr n
sesalıcı • Tonbandgerät n
sesbenzeşimi • Paronomasie f
sesbilgisel • phonetisch
sesbilgisi • Lautlehre f; Phonetik f
sesbilim • Phonologie f
sesbilimsel • phonologisch
sesbilimsel bileşen • phonologische Komponente f
sesbilimsel çevriyazı • phonologische Transkription f
sesbirim • Phonem n
sesbirimbilim • Phonematik f; Phonemik f
sesbirimcik demeti • Bündel n distinktiver Merkmale pl. n
sesbirimcik • distinktives Merkmal n
sesbirimsel değişke • Allophon n
sesçil • phonetisch
sesçil abece • phonetisches Alphabet n
sesçil çevriyazı • phonetische Transkription f
sesçil yazı • Lautschrift f; phonetische Umschrift f
seslem • Silbe f
seslem yutumu • Haplologie f; Silbenschichtung f
seslemaltı • More f
sesleme • Lautbildung f; Phonation f
seslemleme • Syllabierung f
seslemsel • silbisch
seslemsel yazı • Silbenschrift f
seslenim • Anrede f
seslenme durumu • Vokativ m
sesli okuma • lautes Lesen n
sessiz okuma • stilles Lesen n
sessizlik • Ruhe f
sestürem • Anaptyxe f
set • Deich m
seviye • Niveau n; Stand m; Stufe f
sevk • Abfertigung f; Antrieb m; Versand m
sevk eden • Verlader m; Versender m
sevk edilen mala ait numune • Verschiffungsmuster n
sevk edilen malla birlikte verilen sevk vesaiki • Begleitpapiere pl. n

sevk edilen malla gönderilen vesaik • Warenbegleitschein m
sevk etmek • abladen; befördern; beliefern; führen; liefern; spedieren; transportieren; übersenden; verladen; verschicken; versenden; Versendung f; vorführen; einliefern
sevk ihbarı • Versandanzeige f
sevk ihbarnamesi • Versandanzeige f
sevk konşimentosu • Verschiffungskonnossement n
sevk pusulası • Begleitzettel m; Laufzettel m
sevk tarihi • Abladungstermin m; Verschiffungsdatum n
sevk tarihinde ödeme • gegen Verschiffung f
sevk ve idare • Betrieb m; Führung f; Leitung f; Management n
sevk ve idare etmek • anleiten; leiten
sevk vesaiki • Verladedokumente pl. n
sevk vesaiki ibraz edilmeden ödenen akreditif • Barakkreditiv n
sevk yeri • Bestimmungsort m
sevk yolu • Versandweg m
sevkıyat • Abladung f; Einlieferung f; Lieferung f; Sendung f; Spedition f; Versendung f
sevkıyat acentesi • Reedereiagent m; Versandhaus n
sevkıyatçı • Ablader m; Spediteur m
sevkıyatçı makbuzu • Spediteurempfangsschein m
sevkıyatçının limanda kontrolörü • Superkargo n
seyahat • Fahrt f; Reise f
seyahat acentesi • Reisebüro n
seyahat çeki • Reisescheck m; Travellerscheck m
seyahat etmek • reisen
seyahat gideri • Reise- und Aufenthaltskosten pl.
seyahat hürriyeti • Freizügigkeit f; Reisefreiheit f
seyahat için gemi kiralama anlaşması • Reisecharter m
seyahat masrafları • Reisekosten pl.
seyahat poliçesi • Reisepolice f

Mesleki Terimler Sözlüğü

seyahat sigortası • Reiseversicherung f
seyir • Ablauf m; Verlauf m
seyir diagramı • Ablaufschema n
seyri seri sevkedilen eşya • Eilgut n
seyrüsefer • Fahrt f; Schiffahrt f
seyrüsefer talimatnamesi • Fahrvorschrift f
seyyaliyet • Liquidität f
seyyar satıcı • Hausierer m
seyyar satıcılık yapmak • hausieren
seyyar temsilci veya mümessil • Reisevertreter m
seyyar ticaret memuru • Handlungsreisender m
sezgi • Intuition f
sezgicilik • Intuitionismus m
sezon • Saison f
SIBOR • SIBOR
sıcak para • heisses Geld n; vegabundierende Gelder pl. n
sıfat • Adjektiv n; Eigenschaftswort n
sıfatlaşma • Adjektivierung f
sıfatlaştırıcı • Adjektivierungsaffix n
sıfatlaştırma • Adjektivierung f
sıfır • Null f
sıfır biçimbirim • Nullmorphem n
sıfır esaslı bütçe • Budgetierung f mit Nullprinzip n
sıfır kuponlu tahvil • Null-Coupon-Bond; Zero-Bonds
sıfır sesbirim • Nullphonem n
sığınacak yer • Asyl n
sığınak • Obdach n
sığınma hakkı • Asylrecht n
sığınmak • sich flüchten
sıhhat • Gültigkeit f; Sanität f; Wohl n
Sıhhat ve İçtimai Muavenet Vekaleti • Ministerium n für Gesundheit f und soziale Fürsorge f
sıhhi • sanitär
sıhhi olmayan • unhygienisch
sıhhi temizlikle ilgili • sanitär
sıhhi yardım • Sanität f
sıhri hısım • verschwägert
sıhri hısım olmak • verschwägern
sıhri hısımlık • Schwägerschaft f; Verschwägerung f
sıhriyet hısımlığı • Schwägerschaft f
sıkı • eng

sıkı para • knappes Geld n
sıkı standart • knappe Vorgabe f
sıkılaştırmak • verschärfen
sıkıntı • Notlage f; Versorgungsnotlage f
sıkıyönetim • Ausnahmezustan' m; Standrecht n
Sıkıyönetim Kanunu • Notstandsge.·tz n
sıkıyönetimle ilgili • standre~htlich
sıklete müstenit gümrük ~i • Gewichtszoll m
sıklık • Frequenz f; Häufigkeit f
sıklık dağılımı • Frequenzverteilung f; Häufigkeitsverteilung f
sınai • gewerbsmässig; industriell
sınai borçlanmalar • Industriekredit m
sınai casusluk • Industriespionage f
sınai girişim • Industrieunternehmen n
sınai haklar • gewerbliche Schutzrechte pl. n; gewerbsmässige Schutzrechte pl. n
sınai kalkınma bankası • Bank f für Entwicklung f der Industrie f
sınai kredi • Industriekredit m
sınai maliyet • Herstellungskosten pl.; Produktionsgesamtkosten pl.
sınai müessese • Fabrikanlage f; Fabrikbetrieb m; gewerblicher Betrieb m; industrielles Werk n; Industriewerk n
sınai mülkiyet • gewerbliches Eigentum n; industrielles Eigentumsrecht n
sınama-yanılma • Versuch m und Irrtum m
sınama-yanılma yoluyla öğrenme • Lernen n durch Versuch m und Irrtum m
sınav • Examen n; Prüfung f
sınav dizgesi • Prüfungssystem n
sınav kurulu • Prüfungskommission f
sınav programı • Prüfungsprogramm n
sınıf • Art f; Gattung f; Klasse f; Schicht f; Sorte f; Stand m; Einheit f
sınıf birimi maliyeti • Kosten pl. für eine Klasseneinheit f
sınıf geçme • Klassenversetzung f
Sınıf Geçme Yönetmeliği • Klassenversetzungsverordnung f
sınıf kitaplığı • Klassenbibliothek f
sınıf maliyeti • Kosten pl. für eine Klasseneinheit f
sınıf mücadelesi • Klassenkampf m
sınıf ortamı • Klassenatmosphäre f
sınıf ödevi • Klassenaufgabe f

Fachwörterbuch

sınıf öğretmeni • Klassenlehrer m
sınıf sergisi • Klassenausstellung f
sınıf tenzili • Verminderung f der Disziplinarstrafe f; Verminderung f des Diensteinkommens n
sınıf yönetimi • Klassenleitung f
sınıfbirim • Klassem n
sınıfiçi testleri • klasseninterne Tests pl. m
sınıflama • Klassifizierung f
sınıflama ölçeği • Nominalskala f
sınıflandırma • Taxonomie f; Bewertung f; Klassifizierung f; Schätzung f; Schichtung f; Sortierung f; Untergliederung f
sınıflandırma şartları • Gliederungsvorschriften pl. f
sınıflandırmacı • taxonomisch
sınıflandırmak • differieren; untergliedern
sınıflara ayırmak • einstufen
sınıflara ayrılmış toplum • Klassengesellschaft f
sınıfsız okul • Schule f ohne Klassen pl. f
sınır • Abgrenzung f; Grenze f; Limit n; Linie f; Rand m
sınır dışı etme • Landesverweisung f; Ausweisung f; Verweisung f
sınır dışı etme emri • Ausweisungsbefehl m
sınır dışı etmek • abschieben; ausweisen; verweisen
sınır tecavüzü • Grenzverletzung f
sınır tespiti • Grenzfestsetzung f
sınır trafiği • Grenzverkehr m
sınırda teslim • gelieferte Grenze f
sınırı geçilen arsanın sahibine ödenen irat • Überbaurente f
sınırlama • Abgrenzung f; Beschränkung f; Bindung f; Derogation f; Einschränkung f; Modifikation f; Restriktion f
sınırlamak • derogieren; modifizieren
sınırlandırma • Begrenzung f; Eingrenzung f; Limitation f
sınırlandırmak • abgrenzen; beschränken; kontingentieren; limitieren; lokalisieren
sınırların işaretlenmesi • Grenzabmarkung f
sınırlayıcı • Grenzsignal n; einschränkend
sınırlı • bedingt; beschränkt; gesperrt

sınırlı aynı haklar • beschränkte dingliche Rechte pl. n
sınırlı ciro • bedingtes Indossament n; beschränktes Giro n; eingeschränktes Indossament n; Rektaindossament n
sınırlı denetim • begrenzte Prüfung f
sınırlı emir • limitierter Börsenauftrag m; Zirka-Auftrag m
sınırlı mesuliyet • beschränkte Haftpflicht f
sınırlı olarak devredilebilen nama yazılı hisse senedi • vinkulierte Namensaktie f
sınırlı ömür • begrenzte Lebensdauer f
sınırlı sorumlu • limited
sınırlı sorumlu ortak • beschränkt haftender Teilhaber m; Kommanditist m
sınırlı sorumluluk • beschränkte Haftung f
sınırsız • unbegrenzt; unbeschränkt; uneingeschränkt; unlimitiert
sınırsız emir • unlimitierter Auftrag m
sınırsız harcama yetkisi • Carte blanche
sınırsız mesuliyetli tescilli kooperatif şirket • eGmuH
sınırsız ortaklık • offene Handelsgesellschaft f
sınırsız sorumlu ortak • unbeschränkt haftender Teilhaber m
sınırsız sorumlu ortaklık • Komplementär m
sınırsız sorumluluk • unbeschränkte Haftung f
sır • Geheimnis n; Heimlichkeit f
sır saklama • Diskretion f; Verschwiegenheit f
sır saklama mükellefiyeti • Schweigepflicht f
sır saklayan • diskret; Geheimhaltender m; Geheimnisbewahrer m
sıra • Schulbank f; Ordnung f; Programm n; Rangfolge f; Reihe f; Serie f
sıra cetveli • Konkurstabelle f
sıra numarası • laufende Nummer f
sıra pasif mukavemet • passiver Widerstand m
sıralama • rangmässige Einordnung f
sıralama ölçeği • Ordinalskala f
sıralayıcı diller • anreihende Sprachen pl. f
sıralı • in Reihenfolge f
sıraya göre analiz • Sequenzanalyse f

Mesleki Terimler Sözlüğü

sıraya göre yapılan işlem • Reihenfolgeverfahren n
sıraya koymak • reihen
sızıcı • Spirans m
sızıcılaşma • Spirantisierung f
sicil • Register n; Verzeichnis n
sicil dosyası • Personalakte f
sicil kalemi • Registratur f
sicil limanı • Registrierhafen m
sicil mahkemesi • Registergericht n
sicil müdürlüğü • Registeramt n
sicil raporu • Personalbericht m
sicilli ticaret mahkemesi • Registergericht n
sif satış • CIF-Kauf m
sigorta • Assekuranz f; Fracht- und Wechselkursschwankungen pl. f; Bankgebühren pl. f; Kosten pl.; Versicherung f
sigorta acentesi • Versicherungsagent m
sigorta aylığı • Rente f
sigorta aylığı alan • Rentenempfänger m
sigorta aylığı hakkı • Rentenanspruch m
sigorta aylığı istemi • Rentenantrag m
sigorta bedeli • Versicherungsbetrag m; Versicherungssumme f
sigorta değeri • versicherbarer Wert m; Versicherungswert m
sigorta değerinin altında sigortalama • Unterversicherung f
sigorta eden • Versicherungsgeber m
sigorta edilen menfaat • versichertes Interesse n
sigorta edilen riziko • Versicherungsgefahr f
sigorta edilen rizikonun gerçekleşmesi • Versicherungsfall m
sigorta edilmemiş riskler için ayrılan karşılıklar • Selbstversicherungsreserve f
sigorta eksperi • Versicherungsfachmann m; Versicherungsverständiger m
sigorta etmek • assekurieren; versichern
sigorta etmek veya olmak • versichern
sigorta ettiren • Versicherter m; Versicherungsnehmer m
sigorta giderleri • Versicherungskosten pl.
sigorta harcı • Versicherungsbeitrag m; Versicherungsgebühr f

sigorta ilişkisi • Versicherungsverhältnis n
sigorta ilmühaberi • Versicherungszertifikat n
sigorta kurumu • Versicherungsanstalt f; Versicherungsträger m
sigorta kurumunca yapılması gereken asgari yardımlar • Regelleistung f
sigorta kuvertürü • Versicherungsdeckung f
sigorta matematiği • Versicherungsmathematik f
sigorta menfaati • versicherbares Interesse n; Versicherungsinteresse n
sigorta mukavelenamesi • Versicherungspolice f
sigorta müessesesi • Versicherungsunternehmen n
sigorta mükellefiyeti • Versicherungspflicht f
sigorta oranı • Versicherungssatz m
sigorta poliçesi • Police f; Versicherungspolice f; Versicherungsschein m
sigorta poliçesi karşılığı avans • Bevorschussung f der Versicherungspolice f
sigorta primi • Beitrag m; Versicherungsbeitrag m; Versicherungsprämie f
sigorta primi ve vergi düşüldükten sonra ödenen net ücret • Nettovergütung f
sigorta primlerinin iadesi • Beitragserstattung f
sigorta prodüktörü • Versicherungsmakler m
sigorta riziko tarifesi • Gefahrentarif m
sigorta serbestisi • Versicherungsfreiheit f
sigorta sözleşmesi • Versicherungsvertrag m
sigorta şahadetnamesi • Versicherungszertifikat n
sigorta şartları • Versicherungsbedingungen pl. f
sigorta şehadetnamesi • Deckungszusage f
sigorta şirketi • Versicherung f; Versicherungsgesellschaft f
sigorta şirketinden alınan kredi • Versicherungskredit m
sigorta şirketini dolandırma • Versicherungsbetrug m

285

Fachwörterbuch

sigorta şirketinin prim rezerv fonu • Deckungskapital n
sigorta şirketlerinin denetimi • Versicherungsaufsicht f
sigorta tazminatı • Versicherungsbetrag m; Versicherungssumme f
sigorta temsilcisi • Versicherungsvertreter m
sigorta teşebbüsleri • Versicherungswirtschaft f
sigorta uzmanı • Aktuar m; Versicherungsfachmann m
sigorta ve navlun • Fracht f; Kosten pl.; Versicherung f
sigorta vesaiki • Versicherungsdokumente pl. n
sigortacı • Assekuradeur m; Assekurant m; Versicherer m
sigortacılık • Versicherungsgewerbe f; Versicherungswesen n
sigortalanabilir • versicherbar
sigortalanabilir çıkar • versicherbares Interesse n
sigortalanan değer • Versicherungswert m
sigortalanan meblağ tutarı • Versicherungssumme f
sigortalı • Assekurat m; gesichert; sicher; Versicherter m; Versicherungsnehmer m
sigortalılık süreleri • Versicherungszeiten pl. f
sigortalının devamlı çalıştığı işyeri • Stammunternehmen n
sigortalının hasarın tazminine katılması • Selbstbeteiligung f; Selbstversicherung f
sigortalının üçüncü şahıslara verdiği zararları tazmin eden sigorta • Haftpflichtversicherung f
sigortalıya ödenecek para • Versicherungsschutz m
sigortanın dayandığı olay • Versicherungsfall m
sigortanın yaptığı ödeme • Versicherungsleistung f
sigortaya tabi • versicherungspflichtig
sikke • Münze f; Münzprägung f; Münzstempel m
silah • Instrument n; Waffe f
silah altı • unter den Fahnen pl. f; unter den Waffen pl. f
silah bulundurma • Waffenbesitz m

silah endüstrisi • Rüstungsindustrie f
silah kullanma • Waffengebrauch m
silah kullanma hakkı • Recht n auf Waffengebrauch m; Waffengebrauch m
silah ruhsatnamesi • Waffenschein m
silahla ilgili mevzuatın ihlali • Waffenvergehen n
silahlandırmak • bewaffnen
silahlanma • Rüstung f
silahlanma endüstrisi • Rüstungswirtschaft f
silahlanma tahdidi • Rüstungsbegrenzung f
silahlanma tesisi veya fabrikası • Rüstungbetrieb m
silahlanmak • sich bewaffnen
silahlarla ilgili mevzuat • Waffenrecht n
silahlı bitaraflık • bewaffnete Neutralität f
silahlı çete • bewaffnete Bande f
silahlı kuvvetler • Militär n; Streitkräfte pl.
silahsızlanma • Abrüstung f
silahsızlanmak • abrüsten
silinme • Schwächung f; Verstummen n
silme • Deletion f; Tilgung f; Ausstreichung f; Löschung f; Ungültigmachung f
silo • Silo m; Speicher m
silsile • Reihe f
simge • Symbol n
simgebilim • Symbolik f
simgecilik • Symbolismus m
simgesel • symbolisch
simgesel mantık • symbolische Logik f
simsar • Handelsmakler m; Makler m; Sensal m
simsariye • Courtage f; Maklergebühr f
simsarlık • Maklerei f; Maklergeschäft n
sinema resmi • Kinosteuer f
sinirbilim • Neurologie f
sinirceli çocuk • nervöses Kind n
sinirceli karakter • nervöser Charakter m
sinirdilbilim • Neurolinguistik f
sinyal • Signal n
sinyal vermek • signalisieren
sipariş • Auftrag m; Bestellung f; Kommission f
sipariş defteri • Orderbuch n
sipariş etme • Disposition f
sipariş etmek • bestellen

Mesleki Terimler Sözlüğü

sipariş formu • Bestellformular n
sipariş kesatlığı • Auftragsnote f
sipariş listesi • Bestelliste f
sipariş maliyeti • Auftragskosten pl.
sipariş maliyeti sistemi • Auftrags-Kostenrechnung f
sipariş mektubu • Auftragsbrief m; Bestellschein m; Orderbrief m
sipariş miktarı • Auftragsgrösse f
sipariş plase etmek • disponieren
sipariş üzerine imalat ve satış • Werklieferungsvertrag m
sipariş vermek • einen Auftrag m erteilen
siparişi alan • Auftragnehmer m
siparişi geri almak • abbestellen
siparişi iptal etmek • abbestellen; Bestellung f zurückziehen
siparişi veren • Auftraggeber m
siparişin teslim edilemeyen, arta kalan kısmı • Auftragsrückstand m
siparişin yerine getirilmesi için katlanılan satış giderleri • Auftragszusammenstellungskosten pl.
siparişte peşin ödeme • Barzahlung f bei Bestellung f
sirkülasyon • Kreislauf m
sirküler • Rundschreiben n; Zirkular n
sırrına varmak • ins Geheimnis n eindringen
sistem • Einrichtung f; Institut n; Ordnung f; Organismus m; Struktur f; System n; Systematik f; Wesen n
sistem analizi • Systemanalyse f
sistematik • systematisch
sistematize etmek • systematisieren
sisteme göre düzenlemek • kodieren
sisteme göre düzenlenmiş • kodifiziert
sisteme uygun • systemgerecht
site • Anlage f
sivil • zivil
sivil halk • Zivilbevölkerung f
siyasal bilimler • politische Wissenschaften pl. f
siyasal eğitim • politische Erziehung f
siyasal ekonomi • Volkswirtschaft f
siyasal hareket • Politikum n
siyaset • Politik f
siyasi • politisch; staatlich

siyasi eşitlik • politische Gleichberechtigung f
siyasi görüş • politische Anschauung f
siyasi haklar • bürgerliche Ehrenrechte pl. n; bürgerliche Rechte pl. n und Ehren pl. f; Ehrenrechte pl. n; politische Rechte pl. n
siyasi haklardan ıskat • Aberkennung f der bürgerlichen Ehrenrechte pl. n; Entziehung f der bürgerlichen Ehren pl. f
siyasi hürriyet • politische Freiheit f
siyasi ilimler • Staatswissenschaften pl. f
siyasi mülteci • politischer Flüchtling m
siyasi müsavat • politische Gleichberechtigung f
siyasi müsteşar • parlamentarischer Unterstaatssekretär m
siyasi parti • politische Partei f
siyasi propaganda yapmak • agitieren
siyasi suç • politisches Delikt n; politisches Verbrechen n; politisches Vergehen n
siyasi suçlu • politisch Verfolgter m
sizin hesabınız • Vostro-Konto n
skandal • Affäre f; Skandal m
skolastik • Scholastik f
slayt • Dia n
slayt göstericisi • Diaskop n
slogan • Parole f
Smithsonian Anlaşması • Abkommen n von Smithsonian
sohbet etmek • sprechen
sokak levhası • Strassenschild n
sokak piyasası • Freiverkehrsbörse f
solaklık • Linkshändigkeit f
sollama yasağı • Überholverbot n
sollamak • überholen
soluk verme • Ausatmung f; Expiration f
soluklu • Aspirata f; aspirierter Laut m
somut • gegenständlich; konkret; materiell; stofflich
somut ad • Konkretum n; Stoffname m
somut olaylara dayanarak karar verme • de facto Anerkennung f
son • Ablauf m; Abschluss m; Beendigung f; Ende n; letzt; schliesslich; Schluss m; Ultimo m
son başvurma tarihi • Abschlussstichtag m; Abschlusstag m
son çocukluk • Pubertät f

Fachwörterbuch

son giren ilk çıkar stok değerleme yöntemi • Lifo-Verfahren n
son işlem • Nacharbeiten n; Zurichten n
son kar payı • Abschlussdividende f
son mahkemenin verdiği karar • Endurteil n
son mektup • Vorgangsschreiben n
son merci • letzte Instanz f
son müddet • Endtermin m
son ödünç verme mercii • Lender of Last Resort
son soruşturma • Hauptverfahren n
son tahkikat • Hauptverfahren n
son tahkikatın açılması kararı • Eröffnungsbeschluss m
son temettü • Schlussdividende f
sona erdirmek • aufhören lassen
sona erme tarihi • Verfalldatum n
sona ermek • aufhören; enden; erlöschen
sonasığınık • enklitisch
sondaj • Bohrung f
sonek • Suffix n
sonra • nach
sonradan • nachträglich
sonradan icra edilen veya elde edilen • Nachtrag m
sonradan kayda geçme • Nachbuchung f
sonradan ortaya çıkan imkansızlık • nachträgliche Unmöglichkeit f
sonradan ödemek • nachzahlen
sonradan yapılan • nachträglich
sonraki tarihi atmak • vorausdatieren
sonses • Auslaut m
sonses düşmesi • Apokope f
sonsuz • unabsehbar; unendlich
sontüreme • Epithese f
sonu görülebilen • absehbar
sonucu vermek • nachziehen
sonucuna katlanmak • Konsequenzen pl. f tragen
sonuç • Abschluss m; Effekt m; Ende n; Erfolg m; Ergebnis n; Folge f; Resultat n
sonuç çıkarma • Konklusion f
sonuç görünüşü • resultative Aktionsart f
sonuç hesabı • Sachkonto n; totes Konto n
sonuçlandırma • Erledigung f
sonuçlandırmak • abschliessen
sonuncu • letzt
sonünlü silinmesi • Elision f

sorarak bilgi istemek • rückfragen
sorarak öğrenmek • erfragen
sorgu • Verhör n; Vernehmung f
sorgu hakimi • Untersuchungsrichter m
sorguya çekilebilir durumda • vernehmungsfähig
sorguya çekme • Abhörung f
sorguya çekmek • ausfragen; ins Verhör n nehmen; verhören; vernehmen
sormak • fragen
soru • Anfrage f; Frage f; Interpellation f
soru adılı • Fragepronomen n
soru belirteci • Interrogativadverb n
soru eki • Fragepartikel f
soru kağıdı • Fragebogen m
soru sıfatı • Fragewort n
soru sorma hakkı • Fragerecht n
soru tümcesi • Fragesatz m
sorum • Verantwortlichkeit f; Verantwortung f
sorumlu • Garant m; haftbar; haftpflichtig; kompetent; verantwortlich; zuständig
sorumlu kılmak • behaften, verhaften
sorumlu kişi veya kuruluş • Träger m
sorumlu muhasebeci • verantwortlicher Buchhalter m
sorumlu olmak • ressortieren; tragen; Verantwortung f tragen
sorumlu olmama • Haftungsausschluss m; Nichthaftung f
sorumlu ortak • Beitragender m
sorumluluğu reddetme • Ablehnung f der Verantwortung f
sorumluluğu üstlenmek • einstehen; Haftung f übernehmen; verantworten; Verantwortung f übernehmen
sorumluluğumuz dışında • ohne unsere Verantwortung f
sorumluluğun bilincinde • verantwortungsbewusst
sorumluluk • Dienstobliegenheit f; Haftbarkeit f; Haftpflicht f; Haftung f; Kompetenz f; Verantwortlichkeit f; Verantwortung f; Verpflichtung f; Zuständigkeit f
sorumluluk almadan • ohne Obligo n
sorumluluk duygusu • Verantwortungsgefühl n
sorumluluk kabul etmeyen şart • Freizeichnungsklausel f

sorumluluk muhasebesi • Abrechnung f von Kosten pl.; Abrechnung f von Leistungen pl. f; Erfassung f von Kosten pl.; Erfassung f von Leistungen pl. f
sorumluluk sigortası • Verantwortungsversicherung f
sorumluluk yüklemek • vertreten
sorumluluktan kurtulma • Entlastung f
sorumsuz • unverantwortlich; verantwortungslos
sorumsuzluk • Nichtverantwortlichkeit f; Unverantwortlichkeit f; Verantwortungslosigkeit f
sorun • Problem n
sorun çözme • Problemlösung f
sorun çözme yöntemi • Problemlösungsmethode f
sorunlu çocuk • Problemkind n; schwieriges Kind n
soruşturma • Erhebung f; Ermittlung f; Nachfrage f; Untersuchung f
soruşturma dosyası • Untersuchungsakten pl. f
soruşturma hakimi • Untersuchungsrichter m
soruşturma mahkemesi • Untersuchungsgericht n
soruşturma yargıcı • Untersuchungsrichter m
soruşturmak • ausforschen; einziehen; ermitteln; forschen; nachfragen; untersuchen
soru-yanıt yöntemi • Frage-Antwort-Methode f
sosyal • sozial
sosyal çalışma • Sozialarbeit f
sosyal davalar muhakemeleri • Sozialgerichtsverfahren n
sosyal demokrasi • Sozialdemokratie f
sosyal durumuna uygun • standesgemäss
sosyal ekonomi • Gemeinwirtschaft f
sosyal gider • Sozialleistung f
sosyal giderler • Sozialausgaben pl. f
sosyal güvenlik • soziale Sicherheit f
sosyal güvenlik antlaşması • Sozialversicherungsabkommen n
sosyal hizmetler • Sozialwesen n
sosyal hukuk • Sozialrecht n
sosyal hukuk devleti • sozialer Rechtsstaat m
sosyal ilişkiler • soziale Verhältnisse pl. n
sosyal kaza • Sozialgerichtsbarkeit f
sosyal konuların düzenlenmesi • Sozialordnung f
sosyal mahkeme • Sozialgericht n
sosyal maksatlar için yapılan giderler • Sozialaufwand m
sosyal maliyet • Sozialkosten pl.
sosyal muhasebe • Social Accounting
sosyal plan • Sozialplan m
sosyal politika • Sozialpolitik f
sosyal refah devleti • Wohlfahrtsstaat m
sosyal reform • Sozialreform f
sosyal sağlık ve yardım hukuku • soziales Gesundheits- und Fürsorgerecht n
sosyal sigorta • Sozialversicherung f
sosyal sigorta aylığı • Rente f
sosyal sigorta emeklisi • Sozialrentner m
sosyal sigorta fonu • Rentenversicherung f
sosyal sigorta kartı • Versicherungskarte f
sosyal sigorta mercii • Versicherungsträger m
sosyal sigorta primi • Sozialversicherungsabgabe f
sosyal sigorta primi işveren payı • soziale Abgaben pl. f
sosyal sigorta sicil numarası • Versicherungsnummer f
sosyal sigortalar • Rentenversicherung f; Sozialversicherung f
sosyal sigortalar kurumu • Pensionsversicherung f; Rentenversicherungs-anstalt f
sosyal sigortalar mercii • Rentenversicherungsträger m; Sozialversicherungsträger m
sosyal sigortalar primi • Sozialversicherungsbeitrag m
sosyal vergiler • Sozialabgaben pl. f
sosyal yardım • Fürsorge f; soziale Betreuung f; soziale Fursorge f; soziale Hilfeleistung f; Sozialhilfe f; Wohlfahrt f
sosyal yardım derneği • Fürsorgeverband m
sosyal yardım fonu • Fürsorgestiftung f
sosyal yardım giderleri • soziale Abgaben pl. f
sosyal yardım işleri • Fürsorgewesen n
sosyal yardım kanunu • Sozialhilfegesetz n

Fachwörterbuch

sosyal yardım kurumu • Sozialeinrichtung f
sosyal yardımla ilgili • fürsorgerisch
sosyal yardımlar • soziale Leistungen pl. f
sosyal yargı • Sozialgerichtsbarkeit f
sosyalizm • Sozialismus m
sosyalleştirme • Vergesellschaftung f
sosyalleştirmek • vergesellschaften
soy • Stamm m
soya çekim • Erblichkeit f
soyadı • Familienname m; Geschlechtsname m; Nachname m; Zuname m; Name m
soygun • Beraubung f; Raub m
soygun maksadıyla silahlı tecavüz • Überfall m
soygun yaparken cinayet işleme • Raubmord m
soygunculuk • Räuberei f
soykırım • Völkermord m
soyundan gelmek • abstammen; entstammen; stammen aus; stammen von
soyut • abstrakt; immateriell; unkörperlich
soyut ad • Abstraktum n; Begriffswort n
soyut alacak • abstrakte Forderung f
soyut zeka • abstrakte Intelligenz f
soyutlama • Abstraktion f
sökülen tesisin yeniden kurulması için verilen kredi • Remontagekredit m
sömestr • Semester n
sömürge • Kolonie f
sömürge çiftliği • Plantage f
sömürgeci • Siedler m
sömürgecilik • Machtpolitik f
sömürgelerle yapılan ticaret • Kolonialhandel m
sömürgeleştirmek • kolonisieren
söndürmek • löschen
sövme • Beleidigung f; Beschimpfung f; Verbalinjurie f; beschimpfen
söylem • Diskurs m; Rede f
söylem çözümlemesi • Diskursanalyse f
söylemek • reden
söylememek • verschweigen
söyletmek • abhören
söyleyim • Ausdrucksweise f; Redekunst f
söyleyiş • Aussprache f

söz • Sprechen n; Ausdruck m; Rede f; Wort n; Wortlaut m
söz edimi • Sprechakt m
söz konusu • fraglich
söz konusu şeyler • fragliche Sachen pl. f
söz sahibi olmak • Mitspracherecht n haben
söz uzatımı • Pleonasmus m
söz verme • Versprechung f; Zusage f
söz vermek • versprechen
söz yitimi • Aphasie f
söz zinciri • Lautkette f
sözaçmazlık • Präterition f
sözbilim • Rhetorik f
sözce • Äusserung f
sözceleme • Äusserung f
sözcü • Fürsprecher m
sözcük • Wort n
sözcük ailesi • Wortfamilie f
sözcük çağrışım testi • Wortassoziationstest m
sözcük dağarcığı • Wortschatz m
sözcük karışıklığı • Pharaphasie f
sözcük tanıma testi • Worterkennungstest m
sözcük türü • Wortart f
sözcük yapımı • Wortbildung f
sözdağarcığı testi • Wortschatztest m
sözde • angeblich; nominell
sözde peşin para • Nahezu-Bargeld n
sözdizim • Syntax f
sözdizimsel • syntaktisch
sözdizimsel bileşen • syntaktische Komponente f
sözdizimsel yadsınlık • Solözismus m
sözdüzeltim • Orthophonie f
söze bağlı • wörtlich
sözel olarak • formalrechtlich
sözel öğrenme • verbales Lernen n
sözle hakaret • Verbalinjurie f
sözleşme • Abkommen n; Abmachung f; Abrede f; Dokument n; Kontrakt m; Urkunde f; Vereinbarung f; Vertrag m; Vertragsurkunde f
sözleşme akdetmek • Vertrag m schliessen
sözleşme fiyatı • Vertragspreis m
sözleşme gereği • vertraglich
sözleşme gereği ayrılan yedek • statutarische Rücklage f

Mesleki Terimler Sözlüğü

sözleşme imzalamak • Vertrag m unterzeichnen
sözleşme koşulu • Vertragsbedingung f
sözleşme maddesi • Klausel f; Vertragsbestimmung f
sözleşme rekabeti • Tarifkonkurrenz f
sözleşme yapmak • drosseln
sözleşmeci • Kontrahent m
sözleşmeden cayma tazminatı • Reuegeld n
sözleşmelere uymama • Nichtachtung f
sözleşmeli olmak • e-n Tarifvertrag m haben
sözleşmeli taşıyıcı • vertraglicher Frachtführer m
sözleşmenin bozulması • Vertragsbruch m
sözleşmenin feshi • Vertragsanfechtung f
sözleşmenin ihlali • Vertragsverletzung f; Vertragsbruch m
sözleşmenin öngördüğü ceza • Vertragsstrafe f
sözleşmeye aykırı davranmak • einem Vertrag m zuwiderhandeln
sözleşmeye göre ücret ödenmesi • Vertragslohnzahlung f
sözleşmeye uygun olarak • vertragsgemäss; vertragsmässig
sözlü • mündlich
sözlü akit • Stipulation f
sözlü anlaşma • mündliche Vereinbarung f
sözlü dil • gesprochene Sprache f
sözlü iddianame • Anklagerede f
sözlü ifadeyi zapta geçirmek • protokollarisch vernehmen
sözlü muhakeme usulü • mündliches Verfahren n
sözlü sınav • mündliches Examen n
sözlü talimat • Geheiss n
sözlü yoklama • mündliche Prüfung f
sözlük • Lexikon n; Wortschatz m; Wörterbuch n
sözlükbilgisi • Lexikographie f
sözlükbilim • Lexikologie f
sözlükbirim • Lexem n
sözlüksel alan • Wortfeld n
sözlüksel birim • lexikalische Einheit f
sözlükselleşme • Lexikalisierung f
sözlü-yazılı anlatım • Aufsatz m
sözsöyleyiş • Orthophonie f

sözsüz iletişim • non-verbale Kommunikation f
sözsüz zeka • non-verbale Intelligenz f
sözünde durmak • Versprechen n einhalten
sözünü bitirmek • ausreden
sözyitimi • Aphasie f
spekülasyon • Spekulation f
spekülasyon piyasası • Spekulationsmarkt m
spekülatif • spekulativ
spekülatör • Boursicoteur m; Börsenspekulant m; Haussespekulant m; Spekulant m
spesifikasyon • Spezifikation f
split • Aktienaufteilung f; Aktiensplit m
spot • sofort
spot fiyat • Barpreis m; Kassakurs m; Kassenkurs m
spot işlem • Kassageschäft n; Komptangeschäft n
spot kur • Kassakurs m; Kassenkurs m
stabilizasyon • Stabilisierung f
stagflasyon • Stagflation f
staj • Praktikum n; Vorbereitungsdienst m
stajyer • Gerichtsreferendar m; Praktikant m
stajyerler • Nachwuchs m; Nachwuchskräfte pl. f
standardizasyon • Normalisation f; Normung f; Standardisierung f
standardize etmek • normieren
standart • Norm f; Richtsatz m; Standard m
standart ağırlık • Sollgewicht n
standart başarı testi • standardisierter Leistungstest m
standart değer • Richtwert m
standart fiyat • Richtpreis m
standart fiyatla fiili fiyat arasındaki fark • Preisabweichung f
standart işçilik maliyeti ile fiili işçilik maliyeti arasındaki fark • Lohnabweichung f
standart kadrosu • Standardpersonal n
standart kota veya kontenjan • Normkontingent n
standart maliyet • Plankosten pl.; Standardkosten pl.

Fachwörterbuch

standart maliyet sistemi • Plankostenrechnung f; Standardkostenrechnung f
standart mallar • Standardwaren pl. f
standart sapma • Standardabweichung f
standart tipleri tespit etmek • typisieren
standartlaştırmak • standardisieren
Stand-by Kredisi • Stand-by-Kredit m
starya • Liegetage pl. m; Löschungszeit f
statik bilanço • statische Bilanz f
statü • Ordnung f; Satzung f; Statut n
statü kararları • Körperschaftsbeschlüsse pl. m
statü nazariyesi • Statutentheorie f
statü yedekleri • gesetzliche Reserven pl. f
statüko • Status quo m
steno • Kurzschrift f
steno ile yazılmış • stenographisch
stenografi • Stenographie f
stenografik yazı • Stenogramm n
sterilizasyon • Inaktivierung f
sterilizasyon kağıtları • Sterilisierungsreskriptionen pl. f
sterlin açığı • Pfund-Lücke f
sterlin bölgesine dahil memleketler • Sterlingblock m
Sterling alanı • Sterlingzone f
stok • Inventar n; Lager n; Lagerbestand m; Pool n; Vorrat m; Ware f auf Lager n; Warenbestand m; Warenvorrat m
stok değerleme • Inventurbewertung f; Vorrätebewertung f
stok devir hızı • Lager-Umschlagshäufigkeit f
stok etme • Einlagerung f
stok etmek • einlagern; lagern
stok farkı • Inventurdifferenz f
stok için satın alma • Vorratskauf m
stok kartı • Bestandskarte f; Lagerfachkarte f; Lagerkarte f
stok kontrolü • Kontrolle f der Vorräte pl. m
stok kredisi • Inventarkredit m
stok mal • Stock m
stok maliyeti • Kosten pl. der Vorräte pl. m
stok mevcudu • Bestandszahl f; Lagerbestand m
stok poliçesi • Einlagerungswechsel m
stok sayım farkı • Inventurdifferenz f

stok sayımı • Inventur f; körperliche Inventaraufnahme f
stok sayımı yapma • Inventur f
stok yapma • Ansammlung f; Bevorratung f; Hortung f; Stockbildung f
stokastik • stochastisch
stoklama finansmanı kredisi • Einlagerungskredit m
stoklar • Vorräte pl. m
stoklara yatırım • Lagerinvestition f
stokların azaltılması • Lagerabbau m
stokların dönme çabukluğu • Lagerumschlag m
stokların fiziki olarak sayımı • körperliche Bestandsaufnahme f
stokların yığılması • Vorratsansammlung f
stopaj • Abzug m
stopaj vergisi • Abzugssteuer f; einbehaltene Steuer f
su baskınından zarar gören • Hochwassergeschädigter m
su bendi • Talsperre f
su deposu • Wasserbehälter m
su, gaz, elektrik hizmetleri veren kamu işletmeleri • Versorgungsbetriebe pl. m
sual • Anfrage f; Frage f; Interpellation f
sual listesi • Fragebogen m
sual sorma hakkı • Fragerecht n
sual varakası • Fragebogen m
suç • Delikt n; Missetat f; Schuld f; strafbare Handlung f; Straftat f; Sünde f; Übeltat f; Verbrechen n; Vergehen n
suç aleti • Corpus delicti n
suç eğilimi • Kriminalität f
suç eşyası • producta et instrumenta sceleris
suç isnadı • Anschuldigung f; Beschuldigung f
suç işlemek • sich vergehen
suç işlemeyi alışkanlık haline getirmiş olan • Gewohnheitsverbrecher m
suç işlenmesini önlemek amacıyla gözaltına alma • Vorbeugungshaft f
suç ortağı • Helfershelfer m; Komplize m; Mitschuldiger m; Mittäter m
suç ortaklığı • Mitschuld f; Mittäterschaft f
suç ortaklığı olan • mitschuldig
suç şüphesi • Tatverdacht m

Mesleki Terimler Sözlüğü

suç şüphesi altında bulunmak • unter Tatverdacht m stehen
suç tasnii • falsche Anschuldigung f
suç unsuru eşyalara yönelik cezai takibat • objektives Strafverfahren n
suça iştirak • Beihilfe f bei einer Straftat f
suçbilim • Kriminalistik f
suçbilim • Kriminalistik f; Kriminologie f
suçlama • Anklage f; Bezichtigung f; Verdächtigung f; Beschwerde f
suçlama heyeti • Anklagejury f
suçlamak • anschuldigen; bezichtigen; inkriminieren; verdächtigen
suçlandırmak • anklagen; beschuldigen
suçlayan • Ankläger m; Beschuldiger m
suçlu • Missetäter m; schuldig
suçlu bulmak • für schuldig befinden
suçlu çocuk • schuldiges Kind n
suçlu olduğunu kabul etmek • sich schuldig erklären
suçlu taraf • schuldiger Teil m
suçluların iadesi • Auslieferung f von Verbrechern pl. m
suçluların iadesi antlaşması • Auslieferungsantrag m
suçluluğuna karar vermek • schuldig sprechen
suçluluk • Straffälligkeit f
suçluluk duygusu • Schuldgefühl n
suçluluk kararı • Schuldigerklärung f
suçluya yataklık eden • Hehler m
suçluya yataklık yapmak • hehlen m
suçluyu barındırma • Personenhehlerei f
suçsuz • schuldfrei; schuldlos; unschuldig; unverschuldet
suçsuzluğunu ispat etme • Rechtfertigung f
suçsuzluk • Unschuld f
suçta iştirak • Teilnahme f an einer strafbaren Handlung f
suçu başkasına atmak • Täterschaft f zuschieben
suçu inkar etmek • Täterschaft f leugnen
suçun asli faili • Urheber m einer Straftat f
suçun bilincinde • schuldbewusst
suçun ispat edilmesi • Überführung f
suçun ispatı • Schuldbeweis m
suçun itirafı • Schuldbekenntnis n
suçunu ispat etmek • überführen
suçunu itiraf etmek • sich schuldig bekennen
suçüstü • auf frischer Tat f
suçüstü mahkemesi • Schnellgericht n
suçüstü mahkemesi hakimi • Schnellrichter m
suçüstü yakalamak • auf frischer Tat f ertappen
suçüstü yakalanmak • betreffen
suihal • lasterhafter Lebenswandel m; schlechte Aufführung f; unzüchtiger Lebenswandel m
suiistimal • Missbrauch m; Untreue f
suiistimal etmek • missbrauchen
suikast • Anschlag m; Attentat n; Mordanschlag m; Verschwörung f
suikast şartı • Attentatsklausel f
suikast tertip etmek • komplottieren
suikastçı • Attentäter m
suiniyet • schlechter Glaube m; böser Glaube m; böser Wille m; böswillige Absicht f; Verstoss m gegen Treue f und Glauben m; wider Treu und Glauben
suiniyetle terk • böswillige Verlassung f
sujesi • Rechtssubjekt n
sukut • Erlöschen n; Untergang m; Verfall m
sukut etmek • fallen; verfallen
sukut sebepleri • Erlöschensgründe pl. m
sulama • Irrigation f
sulandırılmış • verwässert
sulandırılmış sermaye • verwässertes Kapital n
sulandırma • Verwässerung f; Verwässerung f des Aktienkapitals n
sular • Gewässer pl.; Wässer pl. n; Wasserläufe pl. m
sular hukuku • Wasserrecht n
suların kendi kendine akması • natürlicher Wasserablauf m
sulh • Friede m; Frieden m; Kompromiss m; Prozessvergleich m; Sühne f; Vergleich m
sulh akdi • Friedensabschluss m; Friedensschluss m
sulh arzusu • Friedenswille m
sulh hakimi • Amtsrichter m; Friedensrichter m
sulh mahkemeleri yargılama usulü • Amtsgerichtsverfahren n

Fachwörterbuch

sulh mahkemesi • Amtsgericht n
sulh muahedesi • Friedensvertrag m
sulh olma • friedlicher Vergleich m
sulh şartları • Friedensartikel pl. m; Friedensbedingungen pl. f
sulh teklifi • Friedensantrag m
sulh teşebbüsü • Güteverfahren n; Sühneversuch m
sulh yapmak • Frieden m schliessen
sulh yargıcı • Amtsrichter m
sulh yoluyla çözüm • friedliche Lösung f; Kompromisslösung f
sulhen • friedlich
suni fiyat düşüşlerinin yaratılması • Kurstreiberei f; unlautere Marktbeeinflussung f
suni fiyat yükselişlerinin yaratılması • Kurstreiberei f; unlautere Marktbeeinflussung f
sunma • Vorlage f; Vorlegen n; Vorzeigen n
sunmak • anbieten; einbringen; eingeben; einreichen; einsenden; herantragen; offerieren; präsentieren; unterbreiten; vorlegen
sunulu tartışma • Symposium n
suret • Abschrift f; Ausfertigung f; Duplikat n; Exemplar n; Kopie f; Zweitausfertigung f
suret çıkarmak • umschreiben
suret harcı • Abschreibegebühr f
suretin doğruluğunu onaylama • Bestätigung f der Richtigkeit f einer Abschrift f
suretini çıkarmak • abschreiben
surşarj • Mehrbelastung f; Überladung f
sus payı • Schweigegeld n
suskripsiyon ödemesi • Liberierung f
suskripsiyon süresi • Zeichnungsfrist f
suskriptör • Abnehmer m; Zeichner m
susma • Stillschweigen n
susma parası • Schweigegeld n
susmak • schweigen; stillschweigen
sübjektif • subjektiv; unsachlich
sübjektif ayni haklar • subjektiv dingliche Rechte pl. n
sübjektif değer • subjektiver Wert m
sübjektif hukuk • subjektives Recht n
sübjektif hüsnüniyet • guter Glaube m

sübut bulmak • sich erweisen
sübvansiyon • Subvention f; Unterstützung f
süje • Stoff m; Subjekt n
sükna hakkı • Wohnrecht n
sükun • Ruhe f
sükut • Schweigen n; Stillschweigen n
sükut etmek • schweigen; stillschweigen
süphe altında bulunmayan • unverdächtig
sürastarya • Liegezeit f; Überliegegeld n; Überliegezeit f; Überliegetage pl. m
sürastarya parası • Überliegegeld n
sürastarya süresi • Überliegezeit f
sürastarya tazminatı • Liegegeld n
süratli • schnell
süre • Dauer f; Frist f; Laufzeit; Periode f; Termin m; Zeit f; Zeitraum m; Länge f
süre başlangıcını tespit etmek • valutieren
süre ile sınırlı sigorta aylığı • Rente f auf Zeit f
süre tayin etme • Befristung f
süre tayin etmek • befristen; Frist f bestimmen; Frist f stellen
süre üzere çarter • Zeitcharter f
süre verme • Fristbewilligung f
süre vermek • Frist f einräumen; stunden
süreç • Prozess m
süreç içerisinde • unfertig
sürek • Fortdauer f
sürekli • dauernd
sürekli • beständig; fortgesetzt; laufend; ständig; stetig
sürekli bütçe • Dauerbudget n
sürekli eğitim • ständige Weiterbildung f
sürekli envanter • permanente Inventur f
sürekli envanter yöntemi • Buchinventur f
sürekli gelir bağlanmış kimse • Jahresempfänger m; Rentenempfänger m
sürekli hükümet borcu • Rentenanleihe f
sürekli işyeri • Dauerarbeitsplatz m
sürekli karşıtlık • konstante Opposition f
sürekli olarak değişmeyen ve aynı kalan bilgiler • Stammdaten pl.
sürekli olarak yeniden gözden geçirilen bütçe • rollendes Budget n
sürekli olarak yerleşmek • niederlassen
sürekli ödeme emri • Dauerauftrag m; ständiger Auftrag m
sürekli tahvil • prolongierte Obligation f

Mesleki Terimler Sözlüğü

sürekli tutulan dosya • Dauerakte f; ständige Akte f
süreklilik • Beständigkeit f; nachhaltig
süreksiz • abrupt
süreli borç • rückgestellte Verbindlichkeiten pl. f
sürem dışı • achronistisch
sürenin başladığı gün • Valuta f
sürenin başlangıcı • Fristbeginn m
sürerlik eylemi • Verbum n durativum
sürerlik görünüşü • durative Aktionsart f
süresi içinde • binnen; termingerecht
süresi sınırlı • befristet
süresinde • fristgerecht; fristzeitig
süresiz • fristlos
süresiz vadeli • unbefristet
süreye riayet etmek • Frist f einhalten
süreyi geçirmek • Frist f versäumen
süreyi geçme • Versäumung f der Frist f
süreyi uzatmak • Frist f verlängern
sürgün • Bann m; Deportation f; Exil n; Verbannung f; Verschickung f; Zwangsverschickung f
sürgün etmek • exilieren
sürgün yeri • Verbannungsort m
sürgüne göndermek • verbannen; verschicken
sürmek • andauern; dauern; deportieren; führen

sürtüşmeli • frikativ; Reibelaut m
sürücü • Fahrer m
sürüm • Abgang m; Absatz m; Absatz m von Waren pl. f; Debit m; Umsatz m; Vertreibung f; Vertrieb m
sürüm masrafları • Absatzkosten pl.
sürüncemede • schwebend
sürüncemede bırakma • Verschleppung f
sürüncemede bırakmak • verschleppen
sürünen parite • crawling peg
sürveyan ücreti • Besichtigungsgebühren pl. f
süs • Luxus m; Schmuck m
süs eşyaları • Schmucksachen pl. f
süslemek • schmücken
süslenmek • sich schmücken
süspan hesap • Interimskonto n; Zwischenkonto n
süt çocuğu • Säugling m
süt mamullerinin süthanede satış fiyatı • Molkereiabgabepreis m
sütçülük • Milchwirtschaft f; Molkereibetrieb m
süthane • Molkerei f
sütun • Rubrik f; Spalte f
sütunlu grafik • Stabdiagramm n
süvari • Schiffer m
swap • Swap; Swapgeschäft n
symmetalizm • Symmetallismus m

Fachwörterbuch

Ş

şahadet • Bezeugung f; Zeugenbeweis m
şahadet etmek • bescheinigen; bezeugen
şahadetname • Bescheinigung f; Zertifikat n
şahadette bulunmak • bekennen; Zeugnis n ablegen
şahadetten imtina • Zeugnisverweigerung f
şahadetten imtina hakkı • Zeugnisverweigerungsrecht n
şahide davalı ve davacı taraflarca soru sorulması • Kreuzverhör n
şahıs • Person f; Subjekt n
şahıs adına olan firma • Personalgeschäft n
şahıs başına düşen miktar • Kopfquote f
şahıs başına üretim • Kopf-Produktivität m
şahıs cari hesabı • Personenkonto n
şahıs hakkında bilgiler • Personalien pl. f
şahıs kimliğinin ispatı • Legitimation f der Person f
şahıs sigortası • Personenversicherung f
şahıs şirketi • Einzelfirma f; Personalgesellschaft f
şahısta hata • Personenirrtum m
şahit • Zeuge m
şahit dinlenmesi • Anhörung f
şahit gösterme • Aufstellung f des Zeugen m
şahit ifadesi • Zeugenaussage f
şahit olarak göstermek • zum Zeugen m anrufen
şahit olarak ifade vermek • zeugen
şahit olarak mahkemede hazır bulunmak • als Zeuge m vor Gericht n erscheinen
şahite lehte ifade vermesi için tesir etme • Zeugenbeeinflussung f
şahitlerin dinlenmesi • Zeugenvernehmung f
şahitlik • Zeugenschaft f; Zeugnis n
şahsa bağlı haklar • höchstpersönliche Rechte pl. n
şahsa özel • inoffiziell

şahsen • in eigener Person f; persönlich; selbst
şahsi • persönlich; privat; subjektiv; unsachlich
şahsi beyyine • Zeugenbeweis m
şahsi birleşme • Personalunion f
şahsi borç • persönliche Schuld f
şahsi dava • Forderungsklage f; obligatorischer Anspruch m; persönlicher Anspruch m; Privatklage f
şahsi davada davacı • Privatkläger m
şahsi dosya • Personalakte f
şahsi eda • höchstpersönliche Leistung f
şahsi görüş • Eigenansicht f
şahsi hak davacısı • Nebenkläger m
şahsi hak davası • Statusklage f
şahsi hal • Personenstand m; Stand m; Zivilstand m
şahsi hal davası • Statusklage f
şahsi halefiyet • Eintritt m eines Dritten m; gesetzliche Rechtsnachfolge f; persönliche Surrogation f
şahsi haller kütüğü • Personenstandsregister n; Zivilstandsregister n
şahsi hesap • Personenkonto n
şahsi hukuki münasebet • obligationenrechtliches Rechtsverhältnis n; schuldrechtliches Rechtsverhältnis n
şahsi ihtiyaç • Eigenbedarf m
şahsi irade • Eigenwille m
şahsi irtifak hakkı • persönliche Dienstbarkeit f
şahsi ispat • Zeugenbeweis m
şahsi kredi • Personalkredit m
şahsi mallar • eingebrachtes Gut n; Frauengut n; Mannesgut n
şahsi menfaat • Eigennutz m; Privatinteresse f
şahsi menfaatler • persönliche Verhältnisse pl. n; persönliche Vorteile pl. m
şahsi servet • Privatvermögen n
şahsi sorumluluk • persönliche Haftung f
şahsi statü • Personalstatut n

Mesleki Terimler Sözlüğü

şahsi taahhütler • persönliche Verpflichtungen pl. f
şahsi teminat • Personalgarantie f; persönliche Gewähr f; persönliche Sicherheit f
şahsi yatırımcı • Einzelanleger m
şahsın hukuku • Personenrecht n
şahsın kendi sermayesi • Eigenkapital n
şahsiyet • Individualität f; Personalität f; Persönlichkeit f
şahsiyet hakkı • Persönlichkeitsrecht n
şahsiyeti olmayan cemiyet • Verein m ohne Persönlichkeit f
şaiklik • Raub m
şakavet • Raub m; Räuberei f
şaki • Räuber m
şaklamalı • Sauglaut m; Schnalzlaut m
şaklamalı diller • Schnalzlautsprachen pl. f
şambr fort • Stahlkammer f
şanj bürosu • Wechselstube f
şans • Chance f
şansölye • Bundeskanzler m
şantaj • Erpressung f; Erpressungsversuch m; Nötigung f
şantaj yapmak • erpressen
şantajcı • Erpresser m
şarj miktarı • Sollgrösse f
şarkı dağarcığı • Liederschatz m
şart • Bedingung f; Bestimmung f; Erfordernis n; Klausel f; Kondition f; Verhältnis n; Vertragsbedingung f; Voraussetzung f
şart koşmak • ausbedingen; klausulieren
şart koşulan miktar • Sollmenge f
şarta bağlı • bedingt; haftbar
şarta bağlı alacak • bedingte Forderung f
şarta bağlı borçlar • Eventualverpflichtungen pl. f
şarta bağlı ciro • bedingtes Indossament n
şarta bağlı değer • bedingter Wert m
şarta bağlı hüküm • bedingtes Urteil n
şarta bağlı kullanılabilen nakit • zweckgebundener Geldstand m
şarta bağlı olma • Bedingtheit f
şarta bağlı satış • bedingter Verkauf m
şartın tahakkuk zamanı • Zeitpunkt m des Eintritts m der Bedingung f
şartlara uygun teslim • gute Lieferung f
şartlı • beschränkt; gesperrt; schwebend

şartlı ciro • bedingtes Indossament n
şartlı çoğunluk • qualifizierte Mehrheit f
şartlı emir • Ordre-lie f; verbundener Befehl m
şartlı olarak imza etmek • freizeichnen
şartlı oy çokluğu • qualifizierte Stimmenmehrheit f
şart-muamele • Verwaltungsakt m
şartname • Aufstellung f; Lastenheft n; Pflichtenheft n; Spezifikation f; Submissionsbedingungen pl. f
şartnameye göre satın alma • Spezifikationskauf m
şartsız • unbedingt
şart-tasarruf • Verwaltungsakt m
şat • Leichter
şef • Chef m; Leiter m
şehadetname • Attest n
şehadetten imtina • Zeugnisverweigerung f
şehir • Stadt f
şehir devlet • Stadtstaat m
şehir içi çek • domizilierter Scheck m; örtlicher Scheck m
şehir idaresi • Magistrat m; Stadtverwaltung f
şehir imar planı • Stadtbauplan m
şehir planlaması • städtebauliche Planung f
şehircilik • Städtewesen n; Urbanismus m
şehirleşme • Verstädterung f
şekavet • Strassenraub m
şeker kampanyası yılı • Zuckerwirtschaftsjahr n
şeker üretimi ve tüketimi • Zuckerbilanz f
şeker ürünü • Zuckerausbeute f
şekil • Fassung f; Form f; Gestalt f
şekil çizerek göstermek • einzeichnen
şekil çizme • Einzeichnung f
şekil noksanlığı • Formmangel m
şekil noksanlığı nedeniyle butlan • Nichtigkeit f wegen Mangels m der Form f
şekil verme • Gestaltung f
şekil vermek • ausbilden
şekilde hata • Formfehler m
şekilde noksanlık • Formmangel m; Mangel m der Form f
şekle aykırı • formwidrig

Ş

Fachwörterbuch

şekle bağlı • formgebunden
şekle bağlı akitler • formgebundene Verträge pl. m
şekle bağlı olmayan • formlos
şekle tabi olmayan • informell
şekli • formal; formell; förmlich
şekli kaziyyei muhakeme • formelle Rechtskraft f
şekli suç • Formaldelikt n
şema • Schema n
şer • Übel n
şeref • Ehre f; Würde f
şeref unvanı • Ehrenname m; Ehrentitel m
şerefini düşürme • Entehrung f
şerefini düşürmek • entehren
şerefiye • Konsolidierungsüberschuss m; Wertzuwachssteuer f
şerefli • ehrbar; ehrenhaft; ehrlich
şerefsizlik • Unehrenhaftigkeit f
şerh • Erläuterungsschrift f; Vermerk m; Vormerkung f
şerh koymak • vermerken
şerh vermek • vormerken
şerhli konşimento • Konnossement n mit Vorbehalt m; unreines Konnossement n
şerik • Gehilfe m; Gesellschafter m; Mitbeteiligter m; Mitglied n; Mittäter m; Teilhaber m; Teilnehmer m
şey • körperliche Sache f
şeyin resmen tasdiki • amtliche Bestätigung f
şibih akit • Quasikontrakt m
şibih cürüm • Quasi n; Quasidelikt n
şibih intifa • Quasiusufruktus m
şiddet tedbiri • Gewaltaktion f
şiddetlendirmek • verschärfen
şiddetli • stark
şiddetli geçimsizlik • Zerrüttung f; Zerrüttung f der Ehe f
şifahi • mündlich
şifahi muhakeme usulü • mündliches Verfahren n
şifre • Chiffre f
şifrelemek • chiffrieren; verschlüsseln
şifreli • chiffriert
şifreli yazı • Geheimschrift f
şifresini çözmek • dechiffrieren
şikayet • Antrag m; Beschwerde f; Reklamation f
şikayet dilekçesi • Beschwerdeschrift f
şikayet etme • Beschwerdeführung f
şikayet etmek • reklamieren; sich beklagen; sich beschweren
şikayet hakkı • Petitionsrecht n
şikayetçi • Beschwerdeführer m
şikayetçi olmak • Beschwerde f einlegen
şikayetçi taraf • Kläger m
şikayeti yetkili makama ulaştırma imkanı • Beschwerdeweg m
şikayette bulunmak • Beschwerde f einlegen; sich beklagen
şilep • Frachtdampfer m; Frachtschiff n; Transportschiff n
şilepçi • Frachtschiffer m
şilepçilik • Trampschiffahrt f
şimdi • gegenwärtig
şimdiki • laufend
şimdiki değer • Ertragswert m; Gegenwartswert m
şimdiki zaman • Gegenwart f; Präsens n
şirket • Firma f; Gesellschaft f; Gremium n; Sozietät f; Unternehmung f; Privatunternehmung f
şirket bilgi formu • Firmenprofil n
şirket borcu • Gesellschaftsschuld f
şirket ele geçirme • Übernahme f
şirket esas sözleşmesi • Gesellschaftsvertrag m
şirket faaliyeti • geschäftliche Tätigkeit f
şirket hissesi • Gesellschaftsanteil m
şirket hukuku • Aktienrecht n
şirket ikametgahı • Sitz m einer Gesellschaft f
şirket merkezi • Gesellschaftssitz m; Sitz m der Firma f; Sitz m der Gesellschaft f
şirket mukavelenamesi • Gesellschaftsvertrag m; Statut n
şirket mukavelesi • Gesellschaftsvertrag m
şirket müdürü • Geschäftsführer m
şirket ortaklığından ihraç • Zwangseinziehung f
şirket personeline dağıtılan hisse senetleri • Mitarbeiteraktien pl. f
şirket sermayesi • Grundkapital n
şirket sigortası • Diebstahlsversicherung f; Einbruch- und Diebstahlsversicherung f
şirket sözleşmesi • Gesellschaftsstatuten pl. n; Gesellschaftsvertrag m

Mesleki Terimler Sözlüğü

şirket sözleşmesi gereği ayrılması zorunlu yedek • statutarische Rücklage f
şirket şubesi • Tochtergesellschaft f
şirket varlığı • Gesellschaftsvermögen n
şirketin adi hisse senetleri • Stammaktie f
şirketin her türlü yedekleri • Schattenkapital n
şirketin kendi nam ve hesabına tanzim ettiği hisse senedi • eigene Aktien pl. f
şirketin mevcudu • Gesellschaftsvermögen n
şirketin resmi ikametgahı • Sitz m
şirketin yıllık raporu • Geschäftsbericht m
şirketlerarası birleşmeler • Verschmelzung f
şirketlerin hisse senetlerini elde bulunduran şirket • Holdinggesellschaft f
şirketlerin ortaklaşa çıkardıkları tahvil • Joint bond
şişirilmiş sermaye • verwässertes Grundkapital n
şişkinlik • Schwellung f
şişme • Schwemme f
şive • Akzent m
şoför • Fahrer m
şoför ehliyetinamesi • Führerschein m
şoförün kaza yerinden kaçması • Fahrerflucht f
şovenist • Chauvinist m
şovenizm • Chauvinismus m
şube • Abteilung f; Einrichtung f; Feld n; Filiale f; Niederlassung f; Ressort n; Sektion f; Sparte f; Tochterinstitut n; Unterabteilung f; Zweig m; Zweigniederlassung f; Zweigstelle f
şube amiri • Dezernent m
şube hesapları • Filialkonten pl. n
şube şefi • Abteilungsleiter m
şube teşkilatı • Niederlassungsnetz n
şufa • Vorkauf m
şufa hakkı • Einstandsrecht n; Vorhand f; Vorkaufsrecht n
Şura Genel Sekreterliği • Generalsekretariat n des Bildungsrates m
şuur • Bewusstsein n
şuur bozukluğu • Bewusstseinsstörung f
şuurlu • bewusst
şuursuz • bewusstlos; unbewusst
şuursuzluk • Bewusstlosigkeit f
şuyu hali • Gemeinschaft f; Miteigentumsgemeinschaft f nach Bruchteilen pl. m; ungeteilte Gemeinschaft f
şuyuun izalesi • Aufhebung f der Miteigentumsgemeinschaft f
şüphe • Bedenken n; Verdacht m; Zweifel m
şüphe edilmez • unbezweifelt
şüphe etmek • zweifeln
şüphe uyandıran • fragwürdig
şüpheci • skeptisch
şüphecilik • Skepsis f
şüphelenmek • anzweifeln; bezweifeln
şüpheli • bedenklich; bestreitbar; ungewiss
şüpheli alacaklar • dubiose Debitoren pl. m; dubiose Forderungen pl. f; zweifelhafte Forderungen pl. f
şüpheli alacaklar için özel karşılık • Einzelwertberichtigung f
şüpheli alacaklar karşılığı • Debitorenrückstellung f; Rücklage f für zweifelhafte Forderungen pl. f; Rückstellung f; Rückstellung f für dubiose Forderungen pl. f
şüpheli halde • in dubio
şüphesiz • ausser Zweifel m; einwandfrei; gewiss

Fachwörterbuch

T

T hesabı • T-Konto n
taahhüde iştirak etmek • mithaften
taahhüde karşılık önceden yapılan kısmi ödeme • Akontozahlung f
taahhüdü tazammun etmeksizin • ohne unser Obligo n
taahhüdü yerine getirmek • abgelten; liefern
taahhüdün yerine getirilmesi için açılan dava • Leistungsklage f
taahhüt • Akzept n; Bindung f; Engagement n; Obligo n; Unternehmung f; Übernahme f; Verbindlichkeit f; Verpflichtung f; Versprechen n; Zusage f
taahhüt altına girmek • sich binden; sich festlegen
taahhüt eden kişi • Unternehmer m
taahhüt edilmiş sermaye • gezeichnetes Kapital n
taahhüt etmek • sich verpflichten; versprechen; zeichnen
taahhüt faizi • Bereitstellungszins m
taahhüt komisyonu • Bereitstellungs-Kommission f; Bereitstellungsprovision f; Kapitalbereitstellungsprovision f; Zusageprovision f
taahhütler • Passivgelder pl. n
taahhütleri kapatmak için kaynaklar • Deckungsmittel pl. n
taahhütlerini yerine getirmeye muktedir • leistungsfähig
taahhütlü • per Einschreiben n
taahhütlü gönderi • Einschreibesendung f
taahhütlü mektup • Einschreibebrief m
taahhütname • Verpflichtungsschein m; Verschreibung f
taahhütten kurtarmak • ablösen
taalluk etmek • belangen
taammüden • mit Überlegung f; vorsätzlich
taammüden adam öldürme • vorsätzlicher Mord m
taammüt • Überlegung f; Vorbedacht m
tabakhane • Gerberei f
taban • Basis f
tabela • Schild n; Tabelle f

tabetmek • abdrucken
tabı • Abdruck m
tabi • abhängig
tabi kılmak • unterwerfen; unterziehen
tabiat • Natur f
tabiata aykırı • widernatürlich
tabibi adli • Gerichtsarzt m
tabii • natürlich; organisatorisch
tabii afetler • Naturkatastrophen pl. f
tabii borç • Naturalobligation f; natürliche Verbindlichkeiten pl. f
tabii hukuk • Naturrecht n
tabii kişi • natürliche Person f
tabii mukarenet • widernatürliche Unzucht f
tabii ölüm • natürlicher Tod m
tabii semereler • natürliche Früchte pl. f
tabii ürün • Naturprodukt m
tabii zenginlikler • Naturschätze pl. m
tabiiyet • Nationalität f; Staatsangehörigkeit f
tabiiyetsiz • staatenlos
tabiiyetsizlik • Heimatlosigkeit f; Staatenlosigkeit f
tabir • Wort n
tablo • Aufstellung f; Liste f; Schema n; Tabelle f; Übersicht f; Verzeichnis n
tablolama • Tabellierung f
tabloya dökme • Tabellierung f
taburcu etmek • entlassen
tabülatör • Tabelliermaschine f
tacir • Kaufmann m; Vollkaufmann m
tacir banka • Merkantilbank f
taciz • Störung f
taciz etme • Belästigung f
taciz etmek • belästigen
tadil • Abänderung f; Änderung f; Revidierung f; Zusatz m
tadil etmek • abändern; modifizieren
tadil teklifi • Änderungsvorschlag m
tafsilatlı • eingehend; umständlich
tağşiş • Verfälschung f; Verschlechterung f; Warenfälschung f
tağşiş etmek • verschlechtern

Mesleki Terimler Sözlüğü

tahakkuk • Anfall m; Auflaufen n; Realisierung f; Veranlagung f
tahakkuk anında vergi kesilmesi • Quellenbesteuerung f
tahakkuk etmiş faiz • aufgelaufene Zinsen pl. m
tahakkuk etmiş giderler • transitorische Passiven pl. n
tahakkuk ettirilebilir • realisierbar
tahakkuk ettirilemez • unerfüllbar
tahakkuk ettirmek • realisieren
tahakkuk ilkesi • Realisierungsprinzip n
tahakkuk prensibi • Grundsatz m der Periodenabgrenzung f
tahammül edilemez • unerträglich
tahammül etmek • ertragen
tahavvül • Fluktuation f; Wandlung f
tahdidi hükümler • einschränkende Vorschriften pl. f
tahdit • Abgrenzung f; Beschränkung f; Grenzfestsetzung f; Limitation f; Restriktion f
tahdit etme • Einschränkung f
tahdit etmek • abgrenzen; limitieren; beschränken
tahdit sistemi • Sperrsystem n
tahditsiz • uneingeschränkt
tahkik etmek • eruieren; prüfen
tahkikat • Erhebung f; Ermittlung f; Untersuchung f
tahkikat dosyası • Untersuchungsakten pl. f
tahkikat hakimi • Untersuchungsrichter m
tahkikat komisyonu • Untersuchungsausschuss m
tahkikat yapmak • ermitteln; suchen; untersuchen
tahkikatı evveliye • Vorverfahren n
tahkikatın durdurulması kararı • Einstellungsbeschluss m
tahkim • Arbitrage f; Schiedsgerichtsbarkeit f; Schiedsverfahren n; Sicherung f; Vermittlung f
tahkim etmek • konsolidieren
tahkim kaydı • Schiedsklausel f
tahkim şartı • Arbitrageklausel f; Schiedsgerichtsklausel f; Schiedsklausel f
tahkim teşebbüsü • Schlichtungsversuch m

tahkim usulü • schiedsgerichtliches Verfahren n; Schiedsverfahren n
tahkimname • Schiedsabrede f; Schiedsvertrag m
tahkir • Ehrenkränkung f; Ehrverletzung f
tahkir eden • Beleidiger m; Injuriant m
tahkir edici • ehrverletzend
tahkir edilen • Beleidigter m
tahkir etmek • entwürdigen
tahlif • Beeidigung f; Vereidigung f
tahlil • Analyse f; Aufgliederung f
tahlil etmek • analysieren
tahlisiye • Bergung f
tahliye • Abladung f; Ausladung f; Entlassung f; Freilassung f; Haftentlassung f; Räumung f
tahliye davası • Räumungsklage f
tahliye edilmiş • leer
tahliye etmek • ausladen; entlassen; freigeben; freilassen; leeren; räumen
tahliye için verilen süre • Räumungsfrist f
tahliyeci • Ablader m; Auslader m
tahmil etmek • belasten
tahmil konşimentosu • Abladekonnossement n; Bordkonnossement n
tahmin • Abschätzung f; Mutmassung f; Prognose f; Schätzung f; Soll n; Taxation f; Voranschlag m; Voraussage f; Vorschau f
tahmin etmek • abschätzen; mutmassen; ahnen; einschätzen; rechnen; taxieren; veranschlagen
tahmini • proforma; ungefähr
tahmini açık • Plandefizit n
tahmini bedel • Taxwert m
tahmini bilanço • Rohbilanz f
tahmini bütçe • Voranschlag m
tahmini değer • Anschlagswert m; Schätzungswert m; Taxwert m
tahmini finansal tablolar • Proforma-Finanzberichte pl. m
tahmini fiyat • Schätzpreis m
tahmini gelir vergisi • geschätzte Einkommenssteuer f
tahmini hesap • Überschlag m
tahmini kıymet • Taxwert m
tahmini kur • Taxkurs m
tahmini maliyetler • geschätzte Kosten pl.; vorkalkulierte Kosten pl.

T

Fachwörterbuch

tahmini ömür • geschätzte Nutzungsdauer f
tahrif • Fälschung f; Verfälschung f
tahrif edilmiş çek • gefälschter Scheck m
tahrif etmek • fälschen; verdrehen; verfälschen; verzerren
tahrifat • Änderung f; Falsifikat n; Veränderung f; Verfälschung f
tahrik • Anreiz m; Anstiftung f; Anstoss m; Antrieb m; Aufhetzung f; Aufreizung f; Aufstachelung f; Provokation f; Verleitung f
tahrik eden • Anstifter m; Macher m; Provokateur m
tahrik etmek • anreizen; anstiften; aufhetzen; aufreizen; aufrühren; aufstacheln; provozieren; verleiten
tahrik ve teşvik • Anreizung f; Aufhetzung f und Anstiftung f; Aufreizung f
tahrik ve teşvik etmek • anreizen; erregen
tahrikçi • Aufhetzer m
tahrip • Zerstörung f
tahrip etmek • zerstören
tahriri beyyine • Beweis m durch Urkunden pl. f; Urkundenbeweis m
tahsil • Einforderung f; Eingang m; Einkassieren n; Inkasso n
tahsil bankası • Inkassobank f
tahsil cirosu • Vollmachtsindossament n
tahsil derecesi • Bildungsstufe f
tahsil edecek kişi • Zahlungsempfänger m
tahsil edilecek faiz • Zinsforderungen pl. f
tahsil edilecek senetler • Besitzwechsel pl. m
tahsil edilecek ticari senet • Besitzwechsel m
tahsil edilemeyen alacak • uneinbringliche Forderungen f
tahsil edilemeyen borç • uneinbringliche Forderungen f
tahsil edilemez • unwiderruflich
tahsil edilmek şartıyla • Eingang m vorbehalten
tahsil edilmemiş • unerhoben
tahsil edilmemiş alacaklar • Aussenstände pl. m
tahsil edilmemiş borç • Aussenstände pl. m
tahsil etme • Einziehung f; Inkasso n
tahsil etmek • beitreiben; einfordern; einkassieren; einnehmen; erheben; kassieren; vereinnahmen
tahsil için ciro • Inkassoindossament n
tahsil komisyonu • Einlösungskommission f; Inkassokommission f
tahsil muamelesi • Inkassogeschäft n
tahsil senetleri bordrosu • Liste f der Inkassowechsel pl. m
tahsil sürecindeki çekler • Float
tahsilat • Einkassierung f; Einnahme f; Erhebung f; Inkasso n; Kasseneingang m; Zahlungseingang m
tahsilat acentesi • Einzugsstelle f
tahsilat bürosu • Sammelstelle f
tahsilat defteri • Kasseneingangsbuch n
tahsilat giderleri • Erhebungskosten pl.
tahsilat hesabı • Sammelkonto n
tahsilat işlemi • Einzugsverfahren n
tahsilat maliyeti • Erhebungskosten pl.
tahsilat merkezi • Sammelstelle f
tahsilat poliçesi • Einzugswechsel m
tahsilat usulü • Beitreibungsverfahren n
tahsilat ve teslim alma • Erhebung f und Übernahme f
tahsilat veznedarı • Inkassobeamter m
tahsilat veznesi • Einnahmekasse f
tahsilatçı banka • Einreicher-Bank f
tahsildar • Einkassierer m; Einnehmer m; Kassenbote m
tahsildeki alacak senetleri • gegebene Besitzwechsel pl. m
tahsile verilen poliçe • Inkassopapier n
tahsile verilen senet • Einzugwechsel m
tahsile verilen senetler • Inkassopapier n; Inkassowechsel m
tahsile yetkili taraf • Inkassobeauftragter m
tahsili mümkün olmayan alacak • schlechte Forderung f; uneinbringliche Schuld f
tahsili şüpheli senet • zweifelhafter Wechsel m
tahsilin akıbeti • Stand m des Inkassos n
tahsis • Dotierung f; Stellung f; Vergabe f; Zuteilung f; Zuweisung f
tahsis etme • Aneignung f; Zuteilung f
tahsis etmek • vergeben; widmen

Mesleki Terimler Sözlüğü

tahsis kaydıyla alım satım • Spezifikationskauf m
tahsis mektubu • Verteilungsbrief m; Zuteilungsmitteilung f; Zuteilungsschein m
tahsisat • Ausgaben pl. f; bewilligte Gelder pl. n; Budgetkredite pl. m; Zuschuss m; Zuteilung f
tahsisat talebi • Geldbewilligungsantrag m
tahsisat vermek • subventionieren
tahsisatın kaldırılması • Kassierung f; Widerruf m der Widmung f
tahsisin kaldırılması • Ausreihung f; Widerruf m der Ausreihung f; Widerruf m der Kassierung f; Widerruf m der Widmung f
tahvil • Anleihen pl. f; Anleihensobligation f; Effekten pl. m; Obligation f; Schuldverschreibung f; Teilschuldverschreibung f; Umwandlung f; unkündbare Wertpapiere pl. n; Wandelung f
tahvil alacaklısı • Schuldverschreibungsgläubiger m
tahvil borcu • Obligationsschuld f
tahvil borcunu ödemek için yeniden tahvil çıkarma • Refinanzierung f zur Schuldablösung f
tahvil çıkarma • Anleiheausgabe f; Anleihenemission m
tahvil çıkarma maliyeti • Emissionskosten pl.
tahvil değerinin saptanması • Kursberechnung f der Anleihen pl. f
tahvil değiştirme • Umrechnung f
tahvil edilebilir • konvertierbar
tahvil edilebilme • Konvertibilität f
tahvil etmek • konvertieren; umrechnen; umwandeln; umwerten
tahvil fiyatı • Kurswert m; Wert m der Anleihen pl. f
tahvil fonu • Anleihenfonds m; Obligationenfonds m
tahvil getirisi • Effektivzins m
tahvil hamili • Obligationär m; Obligationsinhaber m
tahvil ihracı • Anleihenemission f; Ausgabe f von Obligationen pl. f
tahvil iskontosu • Obligationsdisagio n

tahvil itfasına esas olan değer • Preis m, der für eine vorzeitig kündbare Anleihe f zu entrichten ist
tahvil kuru • Umrechnungssatz m
tahvil oranı • Umrechnungssatz m
tahvil primi • Obligationsagio n
tahvil rayici • Umrechnungskurs m
tahvil sahibi • Obligationär m; Schuldverschreibungsgläubiger m
tahvil sertifikası • Obligationenzertifikat n
tahvil ve hisse senedi varlığı • Wertpapierbestand m
tahvil ve hisse senetleri • Effekten pl. m
tahvil yatırım ortaklığı • Obligationenfonds m
tahvilat • Obligationen pl. f; Schuldverschreibung f
tahvilat alacaklısı • Obligationsgläubiger m
tahvili düyun • Konversion f; Konvertierung f; Umwandlung f von Staatspapieren pl. f
tahvili elinde bulunduran kişi • Obligationär m
tahvillerin geri ödenmesi • Einlösung f von Obligationen pl. f
tahvillerin itfası amacıyla yeniden ihraç edilen tahvil • Tilgungsanleihe f
takaddüm • Vorrang m
takaddüm etmek • zuvorkommen
takas • Aufrechnung f; Ausgleich m; Clearing n; Kompensation f; Liquidation f; Skontration f; Tausch m; Tauschhandel m; Umtausch m; Umtauschtransaktion f; Verrechnung f
takas bankası • Abrechnungsbank f; Girobank f
takas etmek • aufrechnen; kompensieren; verrechnen
takas hesabı • Clearingkonto n
takas işlemi • Kompensationsgeschäfte n
takas muamelesi • Austauschgeschäft n; Gegenseitigkeitsgeschäft n; Kompensationsgeschäft n
takas odası • Abrechnungsstelle f; Clearingstelle f; Verrechnungsstelle f
takas ve mahsup çeki • Verrechnungsscheck m
takas yoluyla ihracat • Gegenseitigkeitsausfuhr f

Fachwörterbuch

takdim • Darbietung f; Einführung f; Vorlegen n; Vorzeigen n
takdim etmek • darbieten
takdimen müzakere • Dringlichkeitsdebatte f
takdir • Abschätzung f; Auszeichnung f; Urteil n
takdir edilen değer • Anschlagswert m; Schätzwert m
takdir edilen vergiye itiraz etme • Einspruch m gegen Steuerbescheid m
takdir edilmiş vergi • veranlagte Steuer f
takdir etme • Anerkenntnis n
takdir etmek • abschätzen
takdir etmek • abschätzen; einschätzen; ermessen; veranschlagen; werten; würdigen
takdir hakkı • Ermessen n
takdir salahiyeti • Ermessen n
takdir ve tahmin etmek • veranschlagen
takdir yetkisi • Ermessen n
takdire bağlı muamele • Ermessensakt m; Ermessenshandlung f
takdiri delil sistemi • Prinzip n der freien Beweiswürdigung f
takı • Suffix n des Kasus m
takibat • Ahndung f; Verfolgung f
takibata başlamak • Verfolgung f aufnehmen
takibatı durdurmak • Verfolgung f abbrechen
takibatın zamanaşımı • Verfolgungsverjährung f
takibatta bulunmak • ahnden
takibi şikayete bağlı suç • Antragsdelikt n; Antragsvergehen n
takım • Mannschaft f; Werkzeug n
takım araştırması • kollektive Forschung f
takım halinde satış • Serienverkauf m
takım mukavelesi • Gruppenarbeitsvertrag m
takım öğretimi • gemeinsamer Unterricht m
takip • Betreibung f; Vollstreckung f; Zwangsbetreibung f; Zwangsvollstreckung f
takip etmek • folgen; verfolgen
takip hakkı • Verfolgungsrecht n

takip hukuku • Betreibungsrecht n; Zwangsvollstreckungsrecht n
takip talebi • Bittschrift f; Liquidationsantrag m
taklit edilmiş • unecht
taklit etmek • fälschen
takma ad • Deckname m; Pseudonym n
takma uzuv • Körperersatzstück n
takmak • anstecken
takriben • circa; quasi; schätzungsweise; ungefähr
takribi • annähernd; ungefähr
takribi fiyat • Zirkapreis m
takribi hesaplama • überschlägige Berechnung f
takrir • Aussage f; parlamentarischer Antrag m; Vorschlag m
takrir vermek • auf dem Grundbuchamt n berichten; aussagen; einbringen
takse • Taxe f
takselenmiş poliçe • taxierte Police f
takselenmiş sigorta poliçesi • Police f mit Wertangabe f; taxierte Police f
taksim • Auseinandersetzung f; Teilung f; Verteilung f
taksim davası • Teilungsklage f
taksim edilemez • unteilbar
taksim edilmemiş • ungeteilt
taksim etmek • austeilen; teilen
taksimi kabil • teilbar
taksiratlı iflas • einfacher Bankrott m; leichtfertiger Bankrott m
taksirli suçlar • fahrlässige Strafen pl. f; Fahrlässigkeitsdelikte pl. n; Unvorsichtigkeitsdelikte pl. n; Verbrechen n aus Unvorsichtigkeit f
taksit • Abzahlung f; Anzahlung f; Rate f; Teilabschnitt m; Teilbetrag m; Teilzahlung f
taksit hesapları • Ratenrechnungen pl. f
taksit ve faizlerin geri ödenmesi için fon ayrılması zorunluluğu getirilmiş tahvil • Ablösungsanleihe f
taksitle alış • Kauf m auf Raten pl. f
taksitle ödeme • Abtragung f; Abzahlung f; Fristzahlung f; in Raten pl. f zahlen; Ratenbezahlung f; Ratenzahlung f; Teilzahlung f; Zahlung f in Raten pl. f
taksitle ödeme anlaşması • Ratenvereinbarung f

Mesleki Terimler Sözlüğü

taksitle ödemek • abstottern; abzahlen; in Raten pl. f bezahlen
taksitle satın alma • Mietkauf m; Rateneinkauf m; Kauf m auf Raten pl. f
taksitle satın alma kredisi • Ratenzahlungskredit m
taksitle satış • Abzahlungsgeschäft n; Abzahlungskauf m; Abzahlungsverkauf m; Kauf m auf Abzahlung f; Ratenkauf m; Teilzahlungsverkauf m; Verkauf m auf Terminzahlung f
taksitle satış kredisi • Ratenkredit m
taksitle satış muamelesi • Abzahlungsgeschäft n
taksitle satış yapan mağaza • Ratenzahlungsgeschäft n
taksitle tasarruf anlaşması • Ratensparvertrag m
taksitlerle ödenen tahviller • Anleihen pl. f mit Teilzahlungsplan m
taksitli satış • Abzahlungsgeschäft n; Abzahlungsverkauf m; Teilverkauf m
taksitli satışların finansmanı • Teilzahlungsfinanzierung f
takvim • Kalender m
takvim yaşı • chronologisches Alter n
takvim yılı • Kalenderjahr n
takvim yılının çeyreği • Kalenderquartal n
takviye etmek • potenzieren
takviye yemini • Bekräftigungseid m
talebe • Schüler m
talebin yığılması • Nachfragestau m
talebinden vazgeçmek • Ansprüche pl. m fallenlassen
talep • Anforderung f; Anfrage f; Anspruch m; Antrag m; Aufforderung f; Auflage f; Bedarf m; Begehr m; Bewerbung f; Einforderung f; Ersuchen n; Forderung f; Nachfrage f; Petitum n; Postulat n; Verlangen n
talep artışı • Nachfragebelebung f
talep baskısı • Nachfragesog m
talep dalgası • Nachfragewelle f
talep edildiğinde • auf Verlangen n
talep edildiğinde ödenebilir • zahlbar bei Sicht f
talep edilmeksizin • unaufgefordert
talep edilmeyen • unerhoben
talep enflasyonu • Nachfrageinflation f
talep etkeni • Nachfrageeffekt m

talep etme • Aufforderung f; Verlangen n
talep etmek • anfordern; auffordern; fordern; geltend machen; validieren; verlangen; begehren; einfordern; zumuten; beanspruchen; einholen; in Anspruch m nehmen
talep fazlalığı • Kaufandrang m; Überzeichnung f
talep gücü • Nachfragesog m
talep hakkı • Forderungsrecht n
talep hareketi • Nachfrageentwicklung f
talepname • Antragsformular n; Bewerbungsschreiben n
talepte ani artış • Nachfragestoss m
talepte bulunmak • nachfragen; beantragen
tali • nebensächlich; sekundär; unwesentlich
tali acente • Untervertreter m
tali defter • Nebenbuch n
tali hesap • Hilfskonto n; Nebenbuchkonto n; Unterkonto n
tali iş • Kleinarbeit f
tali iştirak • Unterbeteiligung f
tali kategori • Untertyp m
tali kazanç • Nebengewinn m
tali kredi • nachrangige Anleihe f
tali madde • Unterposition f
tali mamul • Nebenerzeugnis n
tali menkul kıymetler • nachrangige Anleihen pl. f
tali mümessil • Untervertreter m
tali pozisyon • Unterposition f
tali resim • Nebenabgabe f
tali sanayi • Nebengewerbe n
tali sebep • Nebenursache f
tali şirket • Organgesellschaft f; Tochtergesellschaft f; Untergesellschaft f
tali şube • Zahlstelle f
tali teslimatçı • Zulieferer m
tali ticaret • Nebengewerbe n
tali ürün • Nebenerzeugnis n; Nebenprodukt n
tali yedekler • sekundäre Reserven pl. f
talihsizlik • Tücke f; Unglück n
talik • Anschlag m an der Gerichtstafel f; Aufschub m; Aushang m; Aussetzung f des Verfahrens n; Ruhen n; Ruhen n des Verfahrens n; Verschiebung f; Vertagung f

305

Fachwörterbuch

talik edici • suspensiv
talik etmek • aufschieben
taliki itiraz • aufschiebende Einrede f
taliki şart • aufschiebende Bedingung f; Suspensivbedingung f
talim • Bildung f; Schulung f
Talim ve Terbiye Kurulu Başkanlığı • Amt n für Unterricht m und Ausbildung f
talimat • Anleitung f; Anordnung f; Anweisung f; Auftrag m; Belehrung f; Dienstanweisung f; Direktive f; Instruktion f; Mandat n; Order f; Richtlinie f; Verhaltungsbefehl m; Verhaltungsmassregel f; Verordnung f; Vollmacht f; Vorschrift f; Wegleitung f; Weisung f
talimat ve direktif vermek • Richtlinien pl. f erlassen
talimat vermek • anordnen; anweisen; verordnen
talimata aykırı • vorschriftswidrig
talimata aykırı davranmak • gegen eine Vorschrift f verstossen
talimata uygun • vorschriftsgemäss; weisungsgemäss
talimatlara uymak • Richtlinien pl. f beachten
talimatname • Ausführungsbestimmung f; Ausführungsverordnung f; Bestimmung f; Dienstdirektive f; Ordnung f; Reglement n; Satzung f; Verordnung f; Verwaltungsverordnung f
talip olmak • sich bewerben
talon • Bezugsschein m; Erneuerungsschein m; Talon m; Zinserneuerungsschein m
talveg hattı • Talweg m
tam • exakt; genau; perfekt; vollständig; Vollständigkeit f
tam açık adres • genaue Anschrift f
tam ciro • volles Indossament n; Vollgiro n; Vollindossament n
tam çarter • Vollcharter m
tam değer üzerinden yapılan sigorta • Vollwertversicherung f
tam denetim • lückenlose Prüfung f
tam geçerli • vollgültig
tam gün • ganztägig
tam gün çalışma • ganztägige Arbeit f; Vollbeschäftigung f
tam güvenilir • vertrauensvoll

tam hasar • Totalverlust f
tam iktidar • Machtvollkommenheit f
tam istihdam • Vollbeschäftigung f
tam istihdam durumu • Vollbeschäftigung f
tam kabul • Vollakzept n
tam karşılıklı akit • Austauschvertrag m; gegenseitiger Vertrag m; synallagmatischer Vertrag m
tam karşılıklı yardım • gegenseitiger Vertrag m
tam kasko • Vollkasko n
tam kaza davaları • Verwaltungsklagen pl. f; verwaltungsrechtliche Klagen pl. f
tam kaza davası • verwaltungsrechtliche Klage f
tam maliyet • Vollkosten pl.
tam maliyetleme • Vollkostenrechnung f
tam olmayan • ungenau; unvollkommen
tam ödeme • Vollzahlung f
tam takım konşimento • voller Satz m des Konnossements n
tam takım numune • Kollektion f
tam teşebbüs • vollendeter Versuch m
tam yetki • unbeschränkte Vollmacht f
tam yetkili • vollberechtigt
tam yetkili vekil • Generalbevollmächtigter m
tam yıl • ganzjährig
tam zamanında • rechtzeitig
tam zilyetlik • Vollbesitz m
tamalgı • Apperzeption f
tamam • fertig
tamamen finanse etme • Durchfinanzierung f
tamamen imalattan geçmiş mal • Endfabrikat n
tamamen işlenmiş mal • Enderzeugnis n
tamamen kullanma • Ausschöpfung f
tamamen ödemek • abzahlen; anzahlen
tamamen ödenmiş • voll eingezahlt
tamamen ödenmiş hisse senedi • voll eingezahlte Aktie f
tamamen ödenmiş sermaye payı • voll eingezahlte Aktie f
tamamen satmak • auskaufen
tamamı ödenmiş sermaye • voll eingezahltes Kapital n
tamamıyla • total

Mesleki Terimler Sözlüğü

tamamıyla bölmek • aufteilen
tamamlama • Vervollständigung f; Vollendung f
tamamlama programları • Ergänzungsprogramme pl. n; Nachholprogramme pl. n
tamamlamak • abwickeln; beenden; ergänzen; fügen; nachtragen; vervollständigen; vollbringen; vollenden
tamamlanma • Verfall m
tamamlanmamış • nichtvollendet; unfertig; unvollendet; unvollständig
tamamlayan • ergänzend
tamamlayıcı • nachträglich
tamamlayıcı hesap • Zusatzkonto n
tamamlayıcı kanun • Ergänzungsgesetz n
tamim • Erlass m; Runderlass m; Rundschreiben n; Verwaltungsanweisung f; Zirkular n; Reparatur f; Wiedergutmachung f
tamir etmek • reparieren
tamir işi • Instandsetzungsarbeit f
tamir kabul etmez gemi • reparaturunfähiges Schiff n
tamir maliyeti • Reparaturkosten pl.
tamir masrafları • Ausbesserungskosten pl.; Reparaturkosten pl.
tamir ve bakım giderleri • Erhaltungsaufwand m
tamirat • Reparation f
tamire değmez gemi • reparaturunwürdiges Schiff n
tamirhane • Werkstatt f
tamlama • Zusammensetzung f
tamlanan • Determinat n
tamlayan • Bestimmungswort m; Determinant m
tamlayan durumu • Genetiv m
tanık • Zeuge m
tanıkların sorguya çekilmesi • Zeugenvernehmung f
tanıklık • Zeugenschaft f; Zeugnis n
tanıklık etmek • zeugen
tanıklıktan çekinme • Zeugnisverweigerung f
tanım • Definition f; Beschreibung f; Bezeichnung f
tanıma • Wiedererkennen n; Anerkenntnis n; Anerkennung f; Billigung f; Gültigkeitserklärung f; Verleihung f; Zubilligung f
tanımak • anerkennen; einräumen; erkennen; gewähren; kennen; sanktionieren; verleihen; zubilligen; zuerkennen; zugestehen; zusprechen
tanımama • Nichtanerkennung f
tanımlama • Definition f
tanımlama üzerine satış • Verkauf m auf Beschreibung f
tanımlamak • definieren
tanımlık • Artikel m
tanınabilir • erkennbar
tanınmayan • unbekannt
tanınmaz • unkenntlich
tanınmış • bekannt
tanınmış firma • Markenfirma f
tanısal teknik • diagnostische Technik f
tanısal testler • Diagnosetest m
tanısızlık • Agnosis; Seelenblindheit f
tanıtıcı belge • Handzettel m; Werbemittel m
tanıtma • Werbung f
tanıtma broşürü • Werbezettel m
tanker ulaştırması • Tankerfahrt f
Tanrı • Gott m
Tanrıbilim • Theologie f
tanzifat vergisi • Müllabgabe f; Strassenreinigungsabgabe f
tanzim • Ausfertigung f; Ausstellung f; Disposition f; Einordnung f; Errichtung f; Fertigung f; Regelung f; Verfügung f
tanzim eden • Aussteller m
tanzim edici devlet muameleleri • rechtsetzende Staatsakte pl. m
tanzim edici devlet tasarrufları • rechtsetzende Staatsakte pl. m
tanzim edilebilir • regulierbar
tanzim edilmemiş • unausgefertigt; ungeregelt
tanzim edilmiş • dispositiv
tanzim etme • Ausschreibung f
tanzim etmek • aufstellen; ausfertigen; ausschreiben; ausstellen; einordnen; einrichten; entgelten; entschädigen; entwerfen; errichten; fertigen; kompensieren; ordnen; regeln; regulieren; sortieren; verfügen; vergüten; verordnen; hinauslegen

Fachwörterbuch

tanzim tarihi • Ausstellungsdatum n
tanzim yeri • Ausstellungsort m
tapon mal • Ramsch m
tapu dairesi • Grundbuchamt n
tapu kadastro kanunu • Katastergesetz n
tapu kaydı • Grundbuchauszug m
tapu kayıt yönetmeliği • Grundbuchordnung f
tapu senedi • Besitzurkunde f; Grundbuchauszug m
tapu sicil memuru • Katasterbeamter m
tapu sicil muhafızlığı • Katasteramt n
tapu sicili • Flurbuch n; Grundbuch n; Kataster m
tapu siciline şerh koydurmak • Eintragung f ins Grundbuch n vornehmen
tapu siciline şerh vermek • Vormerkung f ins Grundbuch n eintragen
tapu sicilinin aleniyeti • Öffentlichkeit f des Grundbuchs n
tara yöntemi • Befragungsmethode f
taraf • Partei f; Partner m; Seite f; Stelle f
taraf tutan • parteiisch
taraf tutma • Befangenheit f
taraflar • Parteien pl. f; Prozessparteien pl. f; Vertragsparteien pl. f
taraflarca kararlaştırılan ücret • vereinbarte Vergütung f
tarafları ihtiyari taaddüdü • freiwillige Streitgenossenschaft f
tarafların avukatla temsil edilmesi zorunlu olan dava • Anwaltsprozess m
tarafların mecburi taaddüdü • notwendige Streitgenossenschaft f
taraflı • befangen; parteiisch
tarafsız • neutral; objektiv; parteilos; unparteiisch
tarafsız aracı • Schiedsrichter m
tarafsız bayrağa geçiş • Übergang m zur neutralen Flagge f
tarafsız değer • objektiver Wert m
tarafsız hüküm • objektives Urteil n
Tarafsız Kredi Raporu Yasası • Fair Credit Reporting Act
tarafsız olmama • Eingenommenheit f
tarafsız ölçülere göre belirlenmiş değer • objektiver Wert m
tarafsızlık • Neutralität f; Unparteilichkeit f

taraftar • Anhänger m
taraftarlar • Anhängerschaft f
tarama araştırması • Befragung f; Erhebung f
tarama testi • Befragungstest m
tarh • Abzug m
tarh etmek • abziehen; erheben; pfänden
tarif • Begriffsbestimmung f; Beschreibung f; Bezeichnung f; Definition f; Designation f; Tarif m
tarif etme • Nennung f
tarif etmek • beschreiben; definieren
tarife • Tarif m
tarifeli gemi seferleri • Linienschiffahrt f
tarifeli sefer yapmak • verkehren
tarifeli seferler • Linienverkehr m
tarifesiz deniz taşımacılığı • Trampschiffahrt f
tarifesiz gemi • Tramp m; Trampschiff n
tarifeye göre • tariflich; tarifmässig
tarih • Geschichte f; Datum n; Tag m
tarih atmak • datieren
tarih damgası • Datumsstempel m
tarih konulmamış • undatiert
tarih koyma • Datierung f
tarihçi hukuk mektebi • historische Rechtsschule f
tarihi maliyet • Anschaffungskosten pl.
tarihsel • historisch
tarihsel araştırma • historische Forschung f
tarihsel dilbilim • historische Sprachwissenschaft f
tarihsel karşılaştırmalı dilbilim • historisch-vergleichende Sprachwissenschaft f
tarihsel yöntem • historische Methode f
tarikatlar ve mezhepler • Orden pl. m und Konfessionen pl. f
tarım • Agrarwesen n; Agrarwirtschaft f; Landbau m; Landwirtschaft f; Ökonomie f
Tarım Bakanlığı • Landwirtschaftsministerium n
tarım bankaları • Bodenkreditbank f
tarım ipotek senedi • Landwirtschaftsbrief m
tarım işçileri kaza sigortası • landwirtschaftliche Unfallversicherung f

Mesleki Terimler Sözlüğü

tarım işçisi • Landarbeiter m
tarım işletmesi • Agrarunternehmen n; landwirtschaftlicher Betrieb m
tarım kooperatifi • landwirtschaftliche Genossenschaft f
tarım kredisi • Agrarkredit m
tarım odası • Landwirtschaftskammer f
tarım politikası • Agrarpolitik f
tarım reformu • Agrarreform f
tarım satış kooperatifleri • landwirtschaftliche Absatzgenossenschaften pl. f; landwirtschaftliche Kreditgenossenschaften pl. f
tarım sektörü • Agrarsektor m
tarım sigortası • Agrarversicherung f; landwirtschaftliche Versicherung f
tarım ürünleri • Agrarerzeugnisse pl. n; Agrargüter pl. n
tarım ürünleri piyasası • Agrarmarkt m
tarım ürünlerinin fiyat teşekkülü • Agrarpreisbildung f
tarımsal • agronomisch
tarımsal kredi • Agrarkredit m
tarımsal kredi bankası • Agrarkreditbank f
tarımsal üretim • Agrarproduktion f
tarla • Acker m; Feld n
tarla ve meralar • Flur f
tarla ziraatı • Ackerbau m
tart • Ausstossung f; Ausstossung f aus dem Heer n; Bann m; Entfernung f; Verweisung f
tart etmek • verweisen; ausstossen; austreiben
tartışılmaz • unbestreitbar
tartışma • Diskussion f; Auseinandersetzung f; Debatte f; Dialog m; Kontroverse f; Polemik f
tartışma kümesi • Diskussionsgruppe f
tartışma yöntemi • Diskussionsmethode f
tartışmak • debattieren; diskutieren; polemisieren
tartışmalı • kontrovers
tartışmalı oturum • Diskussionsforum n
tartma • Abwägung f
tartmak • abmessen; abwägen
tarz • Art f; Form f; Modalität f; Weise f
tasa • Sorge f

tasaddi • Anschlag m; Attentat n
tasarı • Projekt n; Entwurf m; Satz m; Schriftsatz m
tasarı yöntemi • Projektmethode f
tasarım • Design n; Vorstellung f
tasarlamak • meinen; planen; sich etwas ausdenken; vorhaben
tasarruf • Erfahrung f; Einsparung f; Ersparnis n; Sparen n; Sparkonto n; Sparsamkeit f; Verfügung f
tasarruf bankası • Sparbank f; Sparkasse f
tasarruf bonosu • Kassenschein m
tasarruf cüzdanı • Kontoauszug m; Sparbuch n; Sparheft n; Sparkassenbuch n
tasarruf ehliyeti • Verfügungsbefugnis f; Verfügungsfähigkeit f
tasarruf etmek • absparen; einsparen; sparen
tasarruf hakkı • Verfügungsmacht f; Verfügungsrecht n
tasarruf hakkına sahip • verfügungsberechtigt
tasarruf hesabı • Sparguthaben n; Sparkonto n
tasarruf için net faiz • Nettosparzins m
tasarruf için yapılan propaganda • Sparwerbung f
tasarruf mevduatı • Spareinlage f
tasarruf mezuniyeti • Verfügungsbefugnis f
tasarruf miktarı • Sparmenge f
tasarruf muameleleri • Verfügungsgeschäfte pl. n
tasarruf mukavelesi • Sparvertrag m
tasarruf nisabı • verfügbare Quote f; Verfügungsfreiheit f des Erblassers m
tasarruf salahiyeti • Verfügungsmacht f
tasarruf sandığı • Sparkasse f
tasarruf senedi • Besitztitel m
tasarruf serbestisi • Verfügungsfreiheit f
tasarruf tedbiri • Sparmassnahme f
Tasarruf ve Kredi Birlikleri • Savings and Loan Associations
Tasarruf Yardımlaşma Bankası • Mutual Savings Bank
tasarruf yetkisi • Verfügungsmacht f
tasarruf yolu ile sermaye birikimi • Sparkapitalbildung f
tasarruflar • Sparmittel n

309

Fachwörterbuch

tasarrufların harcanması • Entspannen n
tasarruftan mahrumiyet • Aberkennung f
tasarrufu altına almak • in Besitz m nehmen
Tasarrufu Teşvik Kanunu • Vermögensbildungsgesetz n
tasarrufun esham ve tahvilata yatırılması • Effektensparen n
tasavvur • Idee f; Vorstellung f
tasavvur etmek • sich vorstellen
tasavvurun izharı • Vorstellungsäusserung f
tasdik • Attest m; Beglaubigung f; Bekräftigung f; Bescheinigung f; Besiegelung f; Bestätigung f; Beurkundung f; Bezeugung f; Billigung f; Erhärtung f; Fertigung f; Genehmigung f; Legalisation f; Ratifikation f; Ratifizierung f; Sanktion f
tasdik edilmemiş • unverbürgt
tasdik etmek • anerkennen; attestieren; beglaubigen; bekräftigen; bescheinigen; bestätigen; beurkunden; bewilligen; bezeugen; billigen; erhärten; genehmigen; indossieren; legalisieren; legitimieren; ratifizieren; sanktionieren; visieren
tasdik notu • Bestätigungsvermerk m
tasdik şerhi • Beglaubigungsvermerk m
tasdik yemini • Beglaubigungseid m
tasdikli • beglaubigt; genehmigt
tasdikli çek • durch Bank f bestätigter Scheck m
tasdikli senet • gerichtlich beglaubigte Urkunde f; notariell beglaubigte Urkunde f; öffentlich beglaubigte Urkunde f
tasdikli suret • Ausfertigung f; beglaubigte Abschrift f; legalisierte Abschrift f
tasdikli suret tanzim etmek • beglaubigte Abschrift f anfertigen
tasdikname • Attest n; Attestierung f; Bescheinigung f; Zertifikat n; Zeugnis n
tasdiksiz • unbestätigt
tasfiye • Abgeltung f; Abrechnung f; Abwicklung f; Aufhebung f; Auflösen n; Auflösung f; Auseinandersetzung f; Liquidation f; Liquidierung f; Räumung f; Tilgung f
tasfiye bürosu • Abrechnungsstelle f
tasfiye değeri • Liquidationswert m

tasfiye edilmemiş borç • nicht bezahlte Schuld f
tasfiye edilmiş borç • bezahlte Schuld f
tasfiye etmek • abwickeln; bezahlen; liquidieren; Rechnung f abschliessen; Rechnung f begleichen; saldieren; verrechnen
tasfiye formülü • Abrechnungsschlüssel m
tasfiye günü • Abrechnungstermin m; Liquidationstag m; Stichtag m
tasfiye halinde • in Liquidation f
tasfiye hesabı • Abwicklungskonto n; Liquidationskonto n; Verrechnungskonto n
tasfiye karından ortaklara verilen pay • Liquidationsanteil m
tasfiye memurları • Liquidatoren pl. m
tasfiye memuru • Konkursverwalter m; Testamentsvollstrecker m; Verwalter m
tasfiye muamelesi • Liquidationsverfahren n
tasfiye öncesi bilanço • Liquidationseröffnungsbilanz f
tasfiye planı • Zahlungsplan m
tasfiye satışı • Räumungsausverkauf m; Schlussverkauf m
tasfiye sonrası bilançosu • Liquidationsschlussbilanz f
tasfiyeyi tamamlamak • ausliquidieren
tashih • Ausbesserung f; Berichtigung f; Klageänderung f; Korrektur f; Richtigstellung f; Storno m; Verbesserung f
tashih davası • Berichtigungsklage f
tashih etmek • ausbessern; berichtigen; richtigstellen; verbessern
tashih kararı • Berichtigungsbeschluss m
tashih talebi • Berichtigungsanspruch m
taslağını çizmek • entwerfen
taslak • Schema n; Entwurf m; Konzept n; Plan m; Skizze f; Zeichnung f
taslak çizme • Skizzierung f
tasnif etme • Klassifizierung f; Sortierung f
tasnif etmek • rubrizieren; sichten; sortieren
tastik etme • Gültigkeitserklärung f
tasvip • Befürwortung f; Bewilligung f; Zusage f
tasvip etmek • beipflichten; befürworten; bewilligen

Mesleki Terimler Sözlüğü

tasvir • Abbild n; Beschreibung f; Darstellung f; Definition f
tasvir etmek • beschreiben; darstellen; definieren
tasviye • Empfehlung f; Fürsprache f
tasviye anlaşması • Regulierungsabkommen n
tasviye eden • Fürsprecher m
tasviye satışı • Inventurverkauf m; Saisonschlussverkauf m
taşeron • Subunternehmer m
taşıma • Beförderung f; Transport m
taşıma belgeleri • Transportdokumente pl. n
taşıma gideri • Fracht f
taşıma işleri • Beförderung f; Verkehr m
taşıma kabiliyeti • Tragfähigkeit f
taşıma koşulları • Beförderungsbedingungen pl. f; Frachtbedingungen pl. f
taşıma makbuzu • Ladungsquittung f; Seefrachtbrief m
taşıma maliyetleri • Transportkosten pl.
taşıma senedi • Frachtbrief m; Ladeschein m
taşıma teçhizatı • Transporteinrichtungen pl. f
taşıma ücreti • Fracht f
taşıma ücreti ödenmiş olarak teslim • frachtfrei
taşımacılığa elverişli su yolu • Wasserweg m
taşımacılık • Spedition f
taşımak • spedieren; tragen; transportieren; überbringen
taşımalı eğitim • Ausbildung f mit Transportmitteln pl. n; mobile Ausbildung f
taşınabilir mallar • Mobiliarvermögen n
taşınan mal • Fracht f
taşınır mal • bewegliche Güter pl. n; bewegliche Vermögen pl. n; Mobilien pl.
taşınır mallar • bewegliche Habe f; Mobilien pl.
taşınır menkuller • Mobilien pl.
taşınır varlıklar • Mobilien pl.
taşınma • Umzug m
taşınma masrafları • Umzugskosten pl.
taşınma tazminatı • Umzugsvergütung f
taşınmak • umziehen
taşınmaz • bebaute Grundstücke pl. n; Grundbesitz m; Grundstücke pl. n; Immobilien pl. f
taşınmaz mal • Immobilien pl. f
taşınmaz mal geliri • Einkünfte pl. f aus Nachlass m
taşınmaz mal ipoteği karşılığı kredi • durch Hypothek f gesichertes Darlehen n
taşınmaz mallar • Immobilien pl. f
taşınmaz varlık • Grundstücke pl. n; Immobilien pl. f; Realvermögen n
taşınmaz varlıklar • Immobilien pl. f
taşıt • Beförderungsmittel n; Fahrzeug n
taşıt aracı • Beförderungsmittel n; Transportmittel n
taşıt geçme yasağı • Überholverbot n
taşıt girme yasağı • Fahrverbot n
taşıt ruhsatnamesi • Fahrzeugbrief m
taşıtın boş ağırlığı • Leergewicht n
taşıyan • Träger m
taşıyıcı • Frachtführer m; Spediteur m; Verfrachter m; Verkehrsträger m
taşıyıcı gemi • transportierendes Schiff n
taşıyıcıya teslim • frei Frachtführer m
taşkınlık • Exzess m
taşra ağzı • Platt n
tatbik • Angleichung f; Anwendung f; Ausführung f; Ausübung f; Durchführung f
tatbik edilmemek • entfallen
tatbik etmek • angleichen; anwenden; ausüben; durchführen; handhaben; üben
tatbik imza • Unterschriftsbeglaubigung f
tatbik olunabilir • anwendbar
tatbik ve icra kabiliyeti • Durchführbarkeit f
tatbikat • Übung f
tatil • Hemmung f
tatil etme • Einstellung f
tatil etmek • einstellen
tatil gideri • Urlaubskosten pl.
tatil günü • Feiertag m; Ruhetag m
tatil izni • Urlaub m
tatil kampları • Ferienlager n
tatmin • Befriedigung f
tatmin etmek • abfinden; befriedigen
tavan • Plafond m
tavan fiyatı • Höchstpreis m

Fachwörterbuch

tavassut • Ehreneintritt m; gute Dienste pl. m; Intervention f; Vermittlung f; Wechselintervention f
tavassut etmek • intervenieren; vermitteln
tavır • Betragen n
tavsiye • Referenz f; Vorschlag m
tavsiye etmek • empfehlen; vorschlagen
tavsiye mektubu • Empfehlungsbrief m; Empfehlungsschreiben n
tayfa • Matrose m; Schiffsmann m; Schiffsmannschaft f
tayfa mukavelesi • Heuervertrag m
tayin • Anstellung f; Aussetzung f; Bemessung f; Benennung f; Bestellung f; Bestimmung f; Designation f; Einsetzung f; Ernennung f; Feststellung f; Ruf m; Versetzung f; Berufung f
tayin eden • Besteller m
tayin etmek • anberaumen; aussetzen; benennen; einsetzen; ernennen; festlegen; festsetzen; feststellen; fixieren; versetzen
tayin hakkı • Ernennungsrecht n
tayin tezkeresi • Ernennungsbrief m
taym çarter • Zeitcharter f
tayyare • Flugzeug n
tayyare meydanı • Flugplatz m
taze • frisch
tazelemek • erneuern
tazmin • Busse f; Ersatzbefriedigung f; Ersetzung f; Kompensation f; Rückersatz m
tazmin alacağı • Ersatzforderung f
tazmin bedeli • Ersatzsumme f
tazmin etme • Abfindung f; Entschädigung f
tazmin etmek • büssen; entschädigen; Ersatz m leisten; vergüten; genugtun
tazmin mükellefiyeti • Ersatzpflicht f; Schadenersatzpflicht f
tazmin mükellefiyetine karşı sigorta • Haftpflichtversicherung f
tazmin talebi • Regress m
tazmin talep hakkı • Befreiungsanspruch m
tazmin yükümlülüğü • Regresspflicht f
tazminat • Abfindung f; Abgeltung f; Abtrag m; Bussgeld m; Entgelt n; Entschädigung f; Ersatz m; Gewährleistungsvertrag m; Gratifikation f; Indemnität f; Prämie f; Reparation f; Schadenersatz m; Schadloshaltung f; Vergütung f; Wiedergutmachung f; Ersatzleistung f
tazminat akçesi • Abfindungssumme f
tazminat davası • Entschädigungsklage f; Schadenersatzklage f
tazminat davası açmak • auf Entschädigung f klagen
tazminat konusunun bedeli • Ersatzwert m
tazminat mektubu • Garantieschreiben n; Revers n; Rückbürgschaft f; Schadenersatzerklärung f; Schadloserklärung f
tazminat miktarı • Entschädigungssumme f
tazminat ödeme • Entschädigungsleistung f
tazminat ödemek • ausrichten; erstatten
tazminat talebi • Entschädigungsanspruch m; Entschädigungsforderung f; Ersatzanspruch m; Schadenersatzanspruch m
tazminat talep etmek • Ersatz m beantragen
tazminat tutarı • Ersatzleistung f
tazminat vermek • abfinden; ersetzen
tazminatın hafifletilmesi • Milderung f des Schadenersatzes m
teahhur • Verspätung f
teamül • Brauch m; Gebrauch m; Gewohnheit f; Konvention f; Handelsbrauch m
teamül hukuku • Gewohnheitsrecht n
teamüller • Konventionen pl. f; Handelsherkommen n
tebaa • Staatsangehöriger m; Untertan m
tebdil • Auswechslung f
tebdil etmek • auswechseln; umändern
teberru • freigiebige Schenkung f; Legat n; Schenkung f; Spende f; unentgeltliche Zuwendung f; Vermächtnis n
tebligat • Anzeige f; Zustellung f
tebligat masrafları • Kosten pl. der Bekanntmachung f
tebliğ • Ankündigung f; Anzeige f; Ausgabe f; Benachrichtigung f; Bericht m; Durchführungsverordnung f; Eröffnung f; Mitteilung f; Zustellung f
tebliğ etmek • ausgeben; bekanntmachen; eröffnen; mitteilen; zustellen

Mesleki Terimler Sözlüğü

tebliğ mazbatası • Zustellungsurkunde f
Tebliğler Dergisi • Zeitschrift f für amtliche Mitteilungen pl. F; Mitteilungsblatt n
tecavüz • Angriff m; Anschlag m; Attentat n; Beeinträchtigung f; Eingriff m; Überschreitung f; Vergewaltigung f; Verstoss m
tecavüz etmek • angreifen; eingreifen
tecavüzi • tätlich
tecavüzi hakaret • tätliche Beleidigung f
tecavüzi harp • Angriffskrieg m
tecdit • Neuerung f; Novation f
tecemmu • Auflauf m; Zusammenrottung f
tecemmuat • Auflauf m; Zusammenrottung f
tecezzi etmemek • Unteilbarkeit f
techir • Deportation f; Verschickung f
tecil • Aufschub m; Stundung f
tecil etmek • stunden
tecil süresi • Stundungsfrist f
tecilli markanın kanunla korunması • Zeichenschutz m
tecrit etmek • absperren
tecrübe • Erfahrung f; Praxis f; Probe f; Test m; Versuch m
tecrübe etmek • erfahren; probieren
tecrübesiz • unerfahren
tecrübesizlik • Unerfahrenheit f
teçhiz • Ausstattung f; Installation f
teçhiz etmek • ausstatten; montieren; rüsten; versehen
teçhizat • Aufstellung f; Ausrüstung f; Einrichtung f; Rüstung f
teçhizat için gerekli mal • Ausrüstungsgüter pl. n
teçhizat yatırımı • Ausrüstungsinvestition f
tedafui ve tecavüzi ittifak • Schutz- und Trutzbündnis n
tedafüi harp • Verteidigungskrieg m
tedafüi ittifak • Defensivbündnis n
tedahülde kalma • Rückstand m
tedarik • Anschaffung f; Beschaffung f; Besorgung f; Einkauf m; Lieferung f; Verschaffung f; Versorgung f
tedarik etmek • anschaffen; beliefern; beschaffen; besorgen; verschaffen
tedarik güçlükleri • Versorgungsklemme f; Versorgungsnotlage f

tedarik masrafları • Anschaffungskosten pl.; Bezugskosten pl.
tedavi • Behandlung f; Heilung f; Kur f
tedavi edilemez • unheilbar
tedavi etmek • behandeln
tedavi usulü • Heilverfahren n
tedavül • Kreislauf m; Umlauf m; Umsatz m
tedavül aracı • Währung f
tedavül bankası • Emissionsbank f; Notenbank f
tedavül etmek • umlaufen
tedavül gücü • Begebbarkeit f
tedavül hızı • Umlaufsgeschwindigkeit f
tedavül kabiliyeti • Begebbarkeit f; Umlaufsfähigkeit f; Zirkulationsfähigkeit f
tedavül yeteneği olmayan senet • unübertragbarer Wechsel m
tedavüldeki banknotlar • Notenumlauf m
tedavüldeki değer • Umlaufmittel n
tedavüldeki para • Umlaufsgeld n; Zirkulationsgeld n
tedavüldeki senetler • laufende Wechsel pl. m
tedavülden çekme • Abschöpfung f
tedavülden çekmek • ausser Umlauf m setzen
tedavülden kaldırma • Demonetierung f
tedavüle çıkarma • Emission f; Begebung f
tedavüle çıkarmak • emittieren
tedavüle uygun olma • umlauffähig
tedavülü mümkün • begebbar; marktfähig; negoziierbar; übertragbar
tedbir • Massnahme f; Massregel f; Vorrichtung f
tedbir alma • Prävention f; Vorbeugung f
tedbir almak • Massnahmen pl. f treffen
tedbirli • vorsichtig; vorsorglich
tedhiş • Terror m
tedhiş örgütü • terroristische Vereinigung f
tedip etmek • züchtigen
tedip hakkı • Züchtigungsrecht n
tediye • Auszahlung f; Bezahlung f; Einlösung f; Einzahlung f; Erfüllung f; Zahlung f
tediye anlaşması • Zahlungsabkommen n
tediye eden • Einzahler m; Zahler m
tediye edilmemiş • unbezahlt

Fachwörterbuch

tediye etmek • auszahlen; bezahlen; einzahlen; entrichten; solvieren; zahlen; Zahlung f leisten
tediye süresinin sonu • Ablauffrist f
tediye talebi • Zahlungsaufforderung f
tediye vadesinin uzatılması • Aufschub m der Zahlungsfrist f
tediye vasıtaları • Zahlungsmittel pl. n
tediye yerinde yapılan eda • Zahlung f erfüllungshalber
tediyeyi durdurma • Zahlungseinstellung f
tediyeyi durdurmak • Zahlung f einstellen
tedrici kuruluş • Stufengründung f
tedrici serbesti sistemi • Stufenstrafvollzug m
tedrici teşekkül • Stufengründung f; Sukzessivgründung f
tedris hürriyeti • Lehrfreiheit f
tedris yılı • Schuljahr n
tedvin • Kodifikation f
tedviren görevlendirme • Versetzung f
teessür • Erschütterung f
tefazuli maliyet • Differentialkosten pl.
tefeci • Pfandleiher m; Wucherer m
tefecilik • Kreditwucher m; Preiswucher m; Wucher m
tefecilik yapmak • wuchern
tefekkür hürriyeti • Gedankenfreiheit f; Recht n auf freie Meinungsäusserung f
teferruat • Mobiliar n eines Unternehmens n; Nebensache f; Zubehör n; Zugehörigkeitspfandrecht n
teferruatlı rapor • Einzelbericht m
tefhim • Verkündung f; Verkündung f eines Urteils n
tefhim etmek • verkünden
tefrik • Abtrennung f; Unterscheidung f
tefrik etmek • auseinanderhalten; separieren; unterscheiden
tefsir • Auslegung f; Deutung f; Erklärung f; Erläuterung f; Interpretation f; Kommentar m
tefsir davası • verwaltungsrechtliche Interpretationsklage f
tefsir etmek • auslegen; interpretieren; kommentieren
tefsir hükümleri • Auslegungsvorschriften pl. f
tefsiri hükümler • dispositives Recht n; nachgiebige Rechtsnormen pl. f
teftiş • Aufsicht f; Beschau f; Besichtigung f; Durchsicht f; Einsicht f; Inspektion f; Prüfung f; Visitation f
teftiş etmek • beschauen; mustern; visitieren
teftiş heyeti • Wahlausschuss m
teftiş kurulu • Aufsichtsrat m; Prüfungsausschuss m
teftiş raporu • Besichtigungsbericht m
teftiş ve denetim sistemi • Inspektions- und Aufsichtssystem n
teftiş ve murakabe • Beaufsichtigung f; Revision f; Überwachung f
teftiş veya müşterileri ziyaret gezisi • Rundreise f
tegayyür • Verderb m
tehdit • Bedrohung f; Drohung f; Furchterregung f
tehdit etmek • androhen; bedrohen; drohen
tehdit mektubu • Drohbrief m
tehditle seçim iradesini etkileme • Wählernötigung f
tehir • Aufschub m; Fristung f; Hinausschiebung f; Prolongation f; Verschiebung f; Vertagung f; Verzögerung f
tehir etme • Prorogation f
tehir etmek • prorogieren; aufschieben; fristen; hinausschieben; verschieben; vertagen; verzögern
tehir faizi • Prolongationsgebühr f
tehlike • Gefahr f; Risiko n
tehlike sınıfları • Grade pl. m der Unfallgefahr f
tehlikeli • gefährlich; riskant; schwer
tehlikesiz • unbedenklich
tehlikeye atma • Gefährdung f
tehlikeye atmak • wagen
tehlikeye sokmak • gefährden
tehlikeyi göze almak • riskieren
tek adam şirketi • Einmanngesellschaft f
tek anlamlı • eindeutig
tek başına işletme kuran kişi • Einzelunternehmer m
tek başlı iş ihtilafı • Einzelarbeitsstreitigkeit f
tek bilanço • Einheitsbilanz f

Mesleki Terimler Sözlüğü

tek bir konu üzerinde sigorta işlemi • Einzelversicherung f
tek durak bankacılık • one stop banking
tek elden ticaret • Alleinhandel m
tek evlilik • Einehe f
tek fiile birden fazla cezai mevzuatın ihlali • Tateinheit f
tek fiyat • einheitlicher Satz m
tek fiyat bağlantısına dayanan karteller • Preiskartelle pl. n
tek girişli muhasebe sistemi • einfache Buchführung f
tek kişilik bir işin sahibi • Alleininhaber m
tek kişilik şirket • Einmanngesellschaft f
tek kişinin yaptığı ticaret • Einzelunternehmung f
tek konşimento • Durchfrachtkonnossement n; Durchkonnossement n
tek maden sistemi • Monometallismus m
tek maden standardı • einfache Währung f
tek malik • Alleininhaber m
tek meclisli hükümet sistemi • Einkammersystem n
tek mirasçı • Universalerbe m
tek mümessil • Alleinvertreter m
tek ortaklı işletme • Einzelunternehmen n
tek öğretmenli okul • Zwergenschule f
tek prim • Einmalprämie f
tek şahıslı şirket • Einmanngesellschaft f
tek taraflı • einseitig
tek taraflı akitler • einseitig verpflichtender Vertrag m; einseitiger Vertrag m
tek taraflı hukuki muamele • einseitiges Rechtsgeschäft n
tek taraflı irade beyanı • einseitige Erklärung f
tek taraflı sözleşme • einseitig bindender Vertrag m; einseitiger Vertrag m
tek taraflı transferler • einseitige Übertragungen pl. f
tek temsilci • Alleinvertreter m
tek temsilcilik • Alleinvertretung f
tek ürün üzerinde çiftçilik • Monokultur m
tek yetkili temsilci • Alleinvertreter m
tekalifi harbiye • Requisition f
tekamül eğitimi • Fortbildung f

tekanlamlı • monosemisch
tekanlamlılık • Monosemie f
tekaüde sevk etme • Verabschiedung f
tekaüt sandığı • Pensionskasse f; Ruhegehaltskasse f
tekaütlük • Pensionierung f; Ruhestand m
tekbencilik • Solipsismus m
tekdillilik • Monolingualismus m; Unilingualismus m
tekdir • Verweis m; Vorwurf m; Zurechtweisung f
tekdir etmek • zurechtweisen
tekdüzen hesap sistemi • Kontenrahmen m
tekdüzen hesap sistemi yönetmeliği • Handbuch n für Kontenrahmen m
tekdüzen maliyetleme • Einheitskostenrechnung f
tekdüzen muhasebe • einheitliche Buchführung f
tekeffül • Gewähr f; Gewährleistung f; Haftung f
tekeffül akdi • Garantievertrag m
tekeffül etmek • einstehen; gewährleisten; verbürgen; garantieren
tekeffül süresi • Haftfrist f
tekel • Alleinberechtigung f; Monopol n; Regie f; Regiebetrieb m
tekel altına almak • monopolisieren
tekel işletmesi • Regiebetrieb m
tekel maddeleri • Monopolprodukte pl. n
tekelleştirmek • monopolisieren
teker teker • einzel
tekerrür • Rückfall m; Wiederholung f
tekerrür etmek • sich wiederholen
tekil • Singular m
tekil karşıtlık • isolierte Opposition f
tekit etmek • monieren
teklif • Andienung f; Angebot n; Antrag m; Gebot n; Offerte f; Präsentation f; Submissionsofferte f; Taxe f; Vorlage f; Vorschlag m
teklif alan • Oblat m
teklif alma ilanı • Ausschreibung f
teklif eden • Anbieter m; Antragsteller m
teklif etmek • anbieten; bieten; offerieren; präsentieren
teklif fiyatı • Ausgabepreis m
teklif isteme • Anfrage f
teklif sahibi • Antragsteller m

Fachwörterbuch

teklife ekli resim • Offertenskizze f
teklifi yapan • Offerent m
teklifsiz • familiär
teklifte bulunmak • antragen
tekmil • sämtlich
tekne sigortası • Kaskoversicherung f
teknik • Technik f; technisch
teknik analiz • technische Analyse f
teknik ihtiyatlar • technische Reserven pl. f
teknik okul • technische Schule f
teknik öğretim • technische Bildung f
teknik ömür • technische Nutzungsdauer f
teknisyenlik eğitimi • Technikerausbildung f
teknokrasi • Technokratie f
teknoloji • Technologie f
teknoloji • Technologie f
teknolojik eğitim • technologische Ausbildung f
tekrar • wieder; Wiederholung f
tekrar ciro edilme sınırlaması getiren ciro • Indossament n mit Weitergabeverbot n
tekrar devir • Wiederübertragung f
tekrar eden • rückfällig
tekrar etmek • wiederholen
tekrar evlenme • Wiederverheiratung f
tekrar gözden geçirmek • nochmals überprüfen
tekrar hesaba geçirmek • zurückberechnen
tekrar ibraz ediniz • wieder vorlegen
tekrar intikal • Rückfall m
tekrar işlenecek mamul • Vorprodukt n
tekrar kabul etme • Wiedereinschleusung f
tekrar kiraya vermek • weitervermieten
tekrar kontrol • Nachprüfung f
tekrar satın alma hakkı • Wiederkaufsrecht n
tekrar sermaye yatırmak • nachschiessen
tekrar sigorta • Rückversicherung f
tekrar sigorta ettirmek • rückversichern
tekseslemli diller • einsilbige Sprachen pl. f; Wurzelsprachen pl. f
teksir etmek • vervielfältigen
tekstil endüstrisi ve ticareti • Textilwirtschaft f

tekünlüleşme • Monopthongierung f
tekzip • Anschuldigung f der Lüge f; Dementi n
tekzip etmek • dementieren
telaffuz • Aussprache f
telaffuz etmek • aussprechen
telafi • Wiedergutmachung f
telafi çalışması • Überholungsarbeit f
telafi edilebilir • ersetzbar
telafi edilemez • unheilbar
telafi etmek • aufrechnen; ausgleichen
telafisi mümkün olmayan • unwiederbringlich
telahuk • Konkurrenz f
telahuk etmek • konkurrieren
telakki etmek • ansehen; erachten; halten
telakkinin izharı • Aussage f
telaş • Aufregung f
telef • Abfall m; Verderb m
telef olma • Verderb m
telefon • Fernsprecher m; Telefon n
telefon etme • Telefonat n
telefon etmek • anrufen
telefon haberi • Telefonat n
telefon sır saklama yükümlülüğü • Fernsprechgeheimnis n
telefonla konuşmak • telefonieren
telefonla yapılan işlemler • Telefonverkehr m
telekominikasyon • Fernmeldewesen n
teleks • Telex m
teleoloji • Teleologie f
teleolojik tefsir • teleologische Auslegung f
teleprint veya teleks • Fernschreiben n
televizyon • Fernsehen n
televizyonla eğitim • Unterricht m durch Fernsehen n
telgraf adresi • Drahtanschrift f
telgraf cevabı • Drahtantwort f
telgraf havalesi • telegraphische Auszahlung f; telegraphische Postanweisung f
telif hakkı • Copyright n; geistiges Eigentum n; Urheberrecht n
telif hakkı süresi • Schutzfrist f
telif hakkının korunması • Urheberschutz m
tellal • Ausrufer m; Makler m; Sensal m
tellal ücreti • Courtage f; Maklergebühr f

Mesleki Terimler Sözlüğü

tellallık • Kommission f; Maklerei f; Maklergeschäft n
tellallık mukavelesi • Maklervertrag m
tema • Thema n
temaruz etmek • simulieren
temas • Kontakt m
temayül • Tendenz f
temdit • Zahlungsaufschub m; Zahlungsfrist f; Fristverlängerung f; Prolongation f; Verlängerung f
temdit etmek • prolongieren; verlängern
temdit senedi • Prolongationswechsel m
temel • Basis f; Fond m; Fundierung f; Grund m; organisatorisch; Stamm m; Unterlage f
temel alınan dönem • Grundzeitraum m
temel araştırma • Grundlagenforschung f
temel beceriler • Grundfähigkeiten pl. f
temel bilimler • Grundwissenschaften pl. f
temel dersler • Hauptfächer pl. n
temel eğitim • Grundbildung f; Grunderziehung f
temel eğitim devresi öğretmeni • Grundschullehrer m
temel enerji • Rohenergie f
temel esas • Fundament n
temel gereksinimler • Grundbedürfnisse pl. n
temel haklar • Grundrechte pl. n
temel kaynak • Grundquelle f
temel kural • Grundregel f
temel madde • Grundstoff m
temel okuma kitabı • Fibel f
temel öğretim • Grundstufe f
temel sanayi • Grundindustrie f
temel sözcük dağarcığı • Grundwortschatz m
temel stok değerlendirme yöntemi • eiserne Bestandsmethode f
temel tarımsal ürün • Agrarrohstoff m
temel tümce • Hauptsatz m
temel ücret • Grundlohn m
temel üretim • Urproduktion f
temel ürün • Vormaterial n
temel veri • Grunddaten pl.
temel yanlışlık • Konstruktionsfehler m
temel yiyecek • Nahrungsmittelgrundstoff m
temelde • zugrunde
temelinden sarsmak • zerrütten
temelli • fundiert; für immer
temellük etmek • aneignen
temelsiz • unbegründet
temerküz kampı • Internierungslager n
temerrüde düşmek • säumen
temerrüde uğramış tahviller • notleidende Anleihe f
temerrüt • Verzug m; Versäumnis n
temerrüt faizi • Verzugszins m
temettü • Dividende f; Gewinn m; Gewinnanteil m; Profitrate f; Überschuss m
temettü alma hakkı ertelenmiş hisse senedi • Nachzugsaktie f
temettü blokajı • Dividendensperre f
temettü çeki • Dividendenscheck m
temettü dağıtmak • ausschütten
temettü getirisi • Dividendenertrag m
temettü hissesi • Dividende f; Gewinnanteil m
temettü ile birlikte • Cum-Dividende f
temettü karşılığı • Dividendendeckung f
temettü kuponu • Dividendencoupon m; Gewinnanteilschein m
temettü ödeme emri • Dividendenauszahlungsschein m
temettü verimi • Dividendenertrag m
temettüsüz • ohne Dividende f
temettüye hak kazanma • Jouissance
temin • Beschaffung f; Verschaffung f
temin bölgesi • Bezugsgebiet n
temin etmek • beschaffen; besorgen; liefern; sichern; verschaffen
teminat • Beitungsgarantie f; Bürgschaft f; Deckung f; Garantie f; Gewähr f; Kaution f; Mängelgarantie f; Pfand m; Sicherheit f; Sicherheitsleistung f; Sicherstellung f; Sicherung f; Zusicherung f
teminat akçesi • Depot n; Haftgeld n; Kaution f; Sicherheit f
teminat akreditifi • Stand-by-Kredit m
teminat altına almak üzere temlik • Sicherungsübereignung f
teminat anlaşması • Treuhandvertrag m
teminat fonu • Treuhandvermögen n
teminat ipoteği • Sicherungshypothek f
teminat karşılığı para vermek • beleihen
teminat karşılıkları • Sicherungsmittel pl. n

Fachwörterbuch

teminat kredisi • Avalkredit m; Kautionskredit m; Verpflichtungskredit m
teminat marjı • Sicherheitsmarge f
teminat mektubu • Garantiebrief m
teminat olarak verilen bono • Depotwechsel m
teminat senedi • Depotwechsel m; Garantieschein m; Kautionswechsel m; Sicherungswechsel m
teminat verme • Sicherheitsleistung f
teminat vermek • verbürgen
teminat vermek üzere temlik • Sicherungsübereignung f
teminat yoluyla verilen kredi • Avalkredit m
teminata dayanan kredi • Treuhandkredit m
teminatlı akreditif • Dokumenten-Akkreditiv m
teminatlı alacaklı • sichergestellter Gläubiger m
teminatlı hesap • gesichertes Konto n
teminatlı kredi • Bürgschaftskredit m; gedeckter Kredit m; Realkredit m
teminatlı tahvil • gedeckte Anleihe f; gesicherte Schuldverschreibung f; Schuldverschreibung f; versicherte Anleihe f
teminatsız • unversichert
teminatsız alacaklı • ungesicherter Gläubiger m
teminatsız borç • ungesicherte Schuld f
teminatsız borç senedi • Naked debenture
teminatsız hesap • ungesichertes Konto n
teminatsız kredi • ungedeckte Anleihe f; ungedeckter Kredit m; ungesicherte Anleihe f; ungesicherter Kredit m
teminatsız poliçe • Blankowechsel m
teminatsız tahvil • Obligation f ohne Sicherstellung f; ungesicherte Schuldverschreibung f
temiz • rein; seriös
temiz akreditif • Kreditbrief m ohne Dokumentensicherung f
temiz konşimento • echtes Konnossement n; reines Konnossement n
temiz nakliye vesikası • reine Transportdokumente pl. n

temiz poliçe • einwandfreier Wechsel m
temizleme • Läuterung f
temizlemek • läutern
temizlik • Reinheit f
temlik • Abtretung f; Übereignung f; Übertragung f; Veräusserung f; Zession f
temlik edilemeyen haklar • höchstpersönliche Rechte pl. n; unabtretbare Rechte pl. n; unveräusserliche Rechte pl. n
temlik edilmeme şartı • Veräusserungsverbot n
temlik etmek • umschreiben; übereignen; übertragen
temlik kabiliyeti • Übertragbarkeit f
temlik senedi • Abtretungsvertrag m; Übertragungsvertrag m
temliki ciro • Eigentumsindossament n
temliki muamele • Zuwendung f
temliki muameleler • Zuwendungsgeschäfte pl. n
temliki mümkün • übertragbar
temsil • Repräsentation f; Stellvertretung f; Vertretung f; Vollmachtsurkunde f
temsil erki • Vertretungsmacht f
temsil etmek • repräsentieren; vertreten
temsil kudreti • Vertretungsmacht f
temsil masrafları • Repräsentationskosten pl.
temsil olunan • Vertretener m
temsil salahiyeti • Vertretungsbefugnis f
temsil yetkisi • Vertretungsbefugnis f
temsil yetkisi verme • Delegation f
temsilci • Agent m; Bevollmächtigter m; Delegierter m; gesetzlicher Vertreter m; Mandatar m; Prozessbevollmächtigter m; Repräsentant m; Stellvertreter m; Vertreter m
temsilci tayin etmek • delegieren
temsilciler • Vertretung f
temsilciler heyeti • Abordnung f
temsilciler topluluğu • Abordnung f
temsilcilik • Repräsentanz f; Vertretung f
temşiyet muamelesi • Verwaltungsakt m
temşiyet tasarrufları • Verwaltungsverfügungen pl. f
temyiz • Berufung f; Rechtsmittel n; Rektus m; Revision f
temyiz davası • Berufungsklage f

Mesleki Terimler Sözlüğü

temyiz eden • Berufungskläger m
temyiz erki • Unterscheidungskraft f
temyiz etmek • Berufung f einlegen
temyiz kabiliyeti • Unterscheidungskraft f
temyiz komisyonu • Kassationsausschuss m
temyiz kudreti • Urteilsfähigkeit f; Urteilskraft f; Urteilsvermögen n; Zurechnungsfähigkeit f
temyiz kudretinden yoksunluk • Unzurechnungsfähigkeit f
temyiz kudretine sahip olmama • Unzurechnungsfähigkeit f
temyiz kudretini haiz • urteilsfähig
temyiz mahkemesi • Berufungsgericht n; Kassationsgerichtshof m; Revisionsgericht n
temyiz mahkemesi hakimi • Berufungsrichter m
temyiz mercii • Berufungsinstanz f
temyiz müddeti • Revisionsfrist f
temyiz usulü • Berufungsverfahren n
temyizi mümkün • revisibel
tenfiz • Vollstreckung f
tenfiz kararı • Vollstreckbarkeitserklärung f
tenkis • Ermässigung f; Herabsetzung f
tenkit • Beurteilung f
tenkit etmek • beurteilen
tenvirat resmi • Strassenbeleuchtungsabgabe f
tenzil • Abrechnung f; Abzug m; Ermässigung f; Nachlass m; Verminderung f
tenzil edilecek meblağ • Gegenrechnung f
tenzil edilmek • abgehen
tenzil etmek • ermässigen; mildern; vermindern
tenzilat • Abzug m; Damnum n; Ermässigung f; Minderung f; Nachlass m; Rabatt m; Abschlag m
tenzilat sertifikası • Verbilligungsschein m
tenzilat yapmak • abschlagen
tenzilatlı satış • Sonderverkauf m
tenzilatlı satış yoluyla bütün malı satmak • Ausverkauf m
tenzilen • abzüglich
tenzili muafiyet • Abzugsfranchise f
tenzili paha • Refaktie f

teoloji • Religionswissenschaft f
teori • Theorie f
teori ağırlıklı • mit theoretischem Schwerpunkt m
teorik • theoretisch
teorik bilanço • Sollbilanz f
teorik değer • Sollgrösse f
teorik kapasite • Betriebsoptimum n
tepedeğer • Gipfelwert m; Modus m
tepegöz • Arbeitsprojektor m
tepki • Reaktion f
tepki göstermek • quittieren
tepki yapmak • rückwirken
terakki • Aufstieg m
terazi • Waage f
terbiye • Bildung f; Erziehung f; Schulung f
terbiye etme • Zucht f
terbiye ve yetiştirme yöntemi • Zuchtmittel n
terbiyeli • anständig
terbiyesiz • lasterhaft
tercih • Elektion f; Vorzug m; Wahl f; Willensbestimmung f
tercih edilen • elektiv
tercih etme • Bevorzugung f
tercih etmek • bevorzugen; vorziehen
tercih hakkı • Option f; Recht n auf abgesonderte Befriedigung f; Vorrecht n
tercihli gümrük tarife listesi • Zollbegünstigungsliste f
tercihli hisse senedi • Vorzugsaktie f
tercihli işlem • Präferenz f
tercihli muamele • Vergünstigung f
tercüman • Dolmetscher m; Übersetzer m
tercüme • Übersetzung f
tercüme hatası • Übersetzungsfehler m
tereddüt • Bedenken n; Unentschlossenheit f; Zögern n; Zweifel m
tereddüt etmek • bedenken; zögern
tereddüt halinde • im Zweifel m
tereddütsüz • unbedenklich
tereke • Erbe n; Erblassenschaft f; Erbmasse f; Erbschaft f; Erbschaftsmasse f; Hinterlassenschaft f; Konkursmasse f; Nachlass m; Verlassenschaft f
tereke alacağında zamanaşımı • Verjährung f der Nachlassforderung f
tereke alacaklısı • Nachlassgläubiger m

Fachwörterbuch

tereke borçları • Nachlassverbindlichkeiten pl. f
tereke defteri • Inventar n; Nachlassverzeichnis n
tereke defterinin mahkemece tutulması • amtliche Inventarerrichtung f
tereke hesapları • Buchführung f über Nachlass m
tereke hissesi • Erbschaftsanteil m
tereke idare memuru • Testamentsvollstrecker m; Verwalter m
tereke idaresi • Verwaltung f
tereke kayımlığı • Nachlasspflegeschaft f
tereke listesi • Verzeichnis n des Nachlasses m
tereke mahkemesi • Nachgericht n
tereke mahkemesince mirasçıya tanınan defter tutma süresi • Inventarfrist f
tereke malı • Nachlassgegenstand m
tereke üzerinde intifa hakkı • Niessbrauch m an der Erbschaft f
tereke varlığı • Erbgut n
terekenin idaresi • Nachlassverwaltung f
terekenin idaresiyle görevlendirilen • Nachlassverwalter m
terekenin iflası • Nachlasskonkurs m
terekenin tahmini değeri • Schätzungswert m des Nachlasses m
terekenin tahriri • Erbschaftsinventar n; Nachlassinventar n
terekenin tanzimi • Nachlassregulierung f
terekenin tasfiyesi • Erbauseinandersetzung f
terekenin yazılması • Erbschaftsinventar n; Nachlassinventar n
terekeyi idare eden kayyım • Nachlasspfleger m
tereme geliri • Einkünfte pl. f aus Nachlass m
terfi • Beförderung f
terfi ettirmek • befördern; versetzen
terhin • Verpfändung f; Versatz m; Versetzung f
terhini ciro • Pfandindossament n
terhis • Demobilisierung f; Entlassung f; Entlassung f vom Militär n; Verabschiedung f
terhis etmek • entlassen
terim • Fachausdruck m; Terminus m
terimbilim • Terminologie f

terimce • Terminologie f
terk • Abandon m; Abschied m; Abwanderung f; Aufgabe f; Aussetzung f; böswilliges Verlassen n; Verlassen n
terk etme • Abandon m; Abandonnierung f; Überlassung f
terk etmek • abandonnieren; abgeben; abwandern; aussetzen; sich begeben; überlassen; verlassen
terk olunamaz • unabtretbar
terke mecbur etmek • abnötigen
terki saltanat • Abdankung f; Thronentsagung f
terkin • Löschung f
termine bağlı satış • Terminverkauf m
terör • Terror m
terör yaratmak • terrorisieren
terörist • Terrorist m
terörizm • Terrorismus m
terörle ilgili • terroristisch
ters • umgekehrt
ters bakiyeli hesap • Gegenkonto n
ters kayıt • Gegenbuchung f
ters kayıtla düzeltme • Rückbuchung f
ters yön • Gegenläufigkeit f
tersane • Schiffswerft f; Werft f
tersane işçisi • Werftarbeiter m
tersinir diller • inversive Sprachen pl. f
tersiye • Erziehung f
tertibat • Vorrichtung f
tertip • Disposition f; Emission f; Gliederung f; Ordnung f; Programm n
tertip etmek • disponieren; ordnen; sortieren; veranstalten
terzil edici • entehrend
terzil edici suç • entehrendes Verbrechen n
tesadüf • Zufall m
tesadüf etmek • finden
tesadüfe bağlı mukavele • gewagter Vertrag m
tesadüfi • informell; zufällig
tesadüfi değişken • Zufallauswahl f; zufällige Variable f
tesadüfi kazanç • Nebenverdienst m
tesadüfi olay • Eventualfall m
tesadüfi örnekleme • Zufallsstichproben-Untersuchung f
tesadüfi prosedür • zufälliges Verfahren n
tesadüfi sayılar • zufällige Zahlen pl. f

Mesleki Terimler Sözlüğü

tesadüfi süreç • zufälliges Verfahren n
tesadüfi şart • zufällige Bedingung f
tesanüt • Solidarität f
tescil • Buchung f; Eintrag m; Eintragung f; Registrierung f; Überschreibung f; Zulassung f
tescil belgesi • Gründungsurkunde f
tescil edilmiş • registriert
tescil edilmiş marka • eingetragenes Warenzeichen n
tescil edilmiş mülk • Bucheigentum n
tescil edilmiş sermaye • ausgewiesenes Kapital n
tescil edilmiş ticari marka • eingetragenes Warenzeichen n
tescil etmek • beglaubigen; eintragen; registrieren; verzeichnen; vormerken
tescil harçları • Verkehrssteuer f
tescil memuru • Registrator m
tescilli büro • Sitz m
tescilli hisse • Namensaktie f
tescilli ipotek senedi • Namenspfandbrief m
tescilli marka • Marke f; Markenartikel m; Schutzmarke f; Unterscheidungsmerkmal n; Warenzeichen n
tescilli markanın korunması • Markenschutz m
tescilli rehin • Registerpfandrecht n
tescilli tahvil • Order-Teilschuldverschreibung f
tescilli tahvil veya bono • Namensschuldverschreibung f
tescilli tonilato hacmi • Registertonnengehalt m
tesellüm • Abnahme f; Empfangnahme f; Übernahme f
tesellüm kaydı • Übernahmeregister n
tesellüm konşimentosu • Empfangskonnossement n; Konnossement n zur Verschiffung f empfangen; Übernahmekonnossement n; Verschiffungsdokument n; Verschiffungskonnossement n
tesellüm kontrolü • Abnahmekontrolle f
tesellüm makbuzu • Empfangsbescheinigung f
tesellüm şehadetnamesi • Abnahmeattest n
tesellüm teyidi • Empfangsanzeige f
tesellüm yeri • Annahmestelle f

tesellümde ödenecek meblağ • Nachnahmebetrag m
teselsül • gesamtschuldnerische Haftung f; Reihenfolge f; Solidarität f
teseyyüp • Nachlässigkeit f
teshihi karar • Revision f
tesir • Auswirkung f; Effekt m; Eindruck m; Einfluss m; Einwirkung f; Ergebnis n; Wirkung f
tesir etmek • einwirken; wirken
tesir sahası • Wirkungskreis m
tesirli • eindringlich; wirksam
tesirsiz • unwirksam
tesis • Anlage f; Begründung f; Bildung f; Errichtung f; Gründung f; Stiftung f; Werk n
tesis etmek • anbringen; anlegen; begründen; bilden; einrichten; einsetzen; errichten; fundieren; gründen; konstituieren; stiften; hinauslegen
tesis sermayesi • Anlagekapital n
tesis umumi heyeti • Gründungsgeneralversammlung f; Versammlung f der Aktienzeichner pl. m
tesis yeri • Standort m
tesisat • Anlagen pl. f; Einrichtung f
teslim • Abgabe f; Ablieferung f; Andienung f; Aushändigung f; Auslieferung f; Leistung f; Lieferung f; Tradition f; Übergabe f
teslim alan • Empfänger m
teslim alındığında ödeme • gegen Nachnahme f
teslim alma • Abnahme f; Empfangnahme f
teslim alma kaydı • Übernahmeregister n
teslim alma makbuzu karşılığında • gegen Empfangsbescheinigung f
teslim alma süresi • Bezugstermin m
teslim almak • abnehmen; empfangen; übernehmen
teslim belgesi • Lieferschein m
teslim eden • Überbringer m
teslim edilen malların değeri • Lieferwert m
teslim emri • Lieferschein m; Lieferungsschein m; Teilschein m; Übergabebescheinigung f
teslim etme • Übergabe f
teslim etmek • abgeben; abliefern; anvertrauen; ausfolgen; aushändigen;

Fachwörterbuch

ausliefern; ausrichten; einliefern;
einreichen; empfehlen; geben; liefern;
überantworten; übergeben; überliefern;
übermitteln
teslim işlemi • Liefergeschäft n
teslim makbuzu • Auslieferungsschein m
teslim makbuzu mukabilinde • gegen
Empfangsbescheinigung f
teslim müddeti • Lieferfrist f; Lieferzeit f
teslim olma • Kapitulation f
teslim süresi • Lieferfrist f
teslim şartları • Lieferbedingungen pl. f;
Lieferungsbedingungen pl. f
teslim şartlı rehin • Faustpfand n
teslim tarihi • Abladungstermin m;
Liefertermin m
teslim veya satış yerinde • Loco
teslimat • Einlieferung f; Lieferung f
teslimat bölgesi • Absatzgebiet n
teslimat garantisi • Lieferungsgarantie f
teslimat günü • Liefertermin m
teslimat makbuzu • Einlieferungsschein m;
Lieferungsschein m
teslimat mukavelesi • Lieferungsvertrag m
teslimat süresi • Lieferungszeit f
teslimat şartları • Lieferbedingungen pl. f;
Lieferungsbedingungen pl. f
teslimat tarihi • Lieferungstermin m
teslimat veya ihracat kabiliyeti •
Lieferfähigkeit f
teslimatçı • Einlieferer m; Zulieferant m
teslimatçı memleket • Bezugsland n
teslimatçı müteahhit • Lieferant m
teslimatın gecikmesi • Lieferungsverzögerung f
teslimde ödeme • bar gegen Nachnahme f;
Zahlung f bei Lieferung f
teslimde ödemek • bei Ablieferung f
zahlen; bei Auslieferung f zahlen
teslimde tahsil etme • gegen Nachnahme f
teslimi meşrut şekilde rehin • Faustpfand n
tesmin • Giftmord m
tespit • Bemessung f; Benennung f;
Bestimmung f; Festlegung f; Festsetzung
f; Feststellung f; Verhängung f
tespit davası • Feststellungsklage f
tespit edilmiş gün • Stichtag m

tespit etmek • anberaumen; benennen;
bestimmen; festlegen; festsetzen;
feststellen; fixieren; verhängen;
vorschreiben; vorsehen
test • Probe f; Test m
test maddesi • Testitem n
test planı • Testplan m
test takımı • Testbatterie f
tesviye • Ausgleich m
tesviye etmek • abführen; abgleichen;
regeln
tesviye mübayaası • Nivellierungskauf m
teşebbüs • Aktion f; Initiative f;
Unternehmen n; Unternehmung f;
Versuch m; Werk n
teşebbüs etme • Vornahme f
teşebbüs etmek • einschreiten;
unternehmen; versuchen; vornehmen
teşebbüs isteği veya şevki • Unternehmungslust f
teşebbüs karı • Unternehmungsgewinn m
teşebbüs yeteneği • unternehmerische
Fähigkeiten pl. f
teşekkül • Entstehung f
teşekkül etmek • sich bilden
teşhir • Pranger m
teşhir etmek • ausstellen
teşhis • Befund m
teşhis edememe • Verkennung f
teşhis edememek • verkennen
teşhis edilebilir • erkennbar
teşhis etmek • erkennen
teşkil • Bildung f
teşkil etmek • bilden; gestalten
teşkilat • Organisation f; Wesen n
Teşkilatı Esasiye Kanunu • Verfassung f;
Verfassungsgesetz n
teşkilatlandırıcı • organisatorisch
teşkilatlandırmak • organisieren
teşrii • gesetzgebend; legislativ;
legislatorisch
teşrii kararlar • Beschlüsse pl. m der
gesetzgebenden Körperschaft f
teşrii kuvvet • gesetzgebende Gewalt f;
Legislative f
teşrii masuniyet • parlamentarische
Immunität f

Mesleki Terimler Sözlüğü

teşrii tefsir • amtliche Auslegung f; authentische Auslegung f; Legalinterpretation f
teşrii yorum • amtliche Auslegung f
teşvik • Anreiz m; Anstiftung f; Anstoss m; Antrieb m; Aufforderung f; Aufreizung f; Beförderung f; Beweggrund m; Förderung f; Verleitung f
teşvik belgesi • Förderurkunde f
teşvik edici • Provokateur m
teşvik etmek • anreizen; anstiften; auffordern; aufreizen; befördern; fördern; verleiten; zureden
teşvik kredisi • Ankurbelungskredit m
teşvik üzerine suç işleme • mittelbare Täterschaft f
teşviki sanayi • Industrieförderung f
teşvikli ücret sistemi • Leistungslohnsystem n
tetkik • Betrachtung f; Einsichtnahme f; Erforschung f; Erwägung f; Forschung f; Prüfung f
tetkik edilmek üzere • zur Einsichtnahme f
tetkik encümeni • Wahlprüfungsausschuss m
tetkik etmek • ansehen; bearbeiten; betrachten; einsehen; erforschen; erwägen; prüfen; sichten
tetkik için vermek • zur Einsicht f vorlegen
tetkik komisyonu • Prüfungsausschuss m
tetkik mercii • Aufsichtsbehörde f
tevarüs • Erbanfall m; Erbgang m
tevarüsü kabil • vererblich
tevazün • Ausgleich m
tevazün ettirmek • saldieren
tevazün hesabı • Ausgleichskonto n; Tadel m; Verweis m
tevbih etmek • rügen; tadeln
tevbih önergesi • Tadelsantrag m
tevbih reyi • Tadelsvotum n
tevbihi adli • gerichtlicher Verweis m
tevcih etme • Verleihung f
tevcih etmek • verleihen; zuwenden
tevdi • Abgabe f; Aushändigung f; Hinterlegung f; Übergabe f; Übermittlung f
tevdi etmek • abgeben; ausfolgen; aushändigen; betrauen; geben; übergeben; überliefern; übermitteln

tevdiat makbuzu • Depositenschein m
tevdin • Gesetzgebung f
Tevhidi İçtihat Heyeti • Plenum n
tevhidi içtihat kararı • Entscheidung f der Vereinigten Senate pl. m; Plenarentscheidung f
tevhit etmek • vereinheitlichen
tevkif • Festnahme f; Gefangennahme f; Haft f; Inhaftierung f; Inhaftnahme f; Untersuchungshaft f; Verhaftung f
tevkif emri • Verhaftungsbefehl f
tevkif etmek • arretieren; einbehalten; gefangennehmen; in Haft f nehmen; inhaftieren; sistieren; verhaften
tevkif hakkı • Einbehaltungsrecht n
tevkif müzakeresiyle • steckbrieflich
tevkif müzekkeresi • Haftbefehl m; Steckbrief m
tevkif müzekkeresi çıkarmak • steckbrieflich verfolgen
tevkifat • Abzug m
tevkifhane • Haftlokal n; Untersuchungsgefängnis n
tevkil • Beauftragung f; Bevollmächtigung f; Mandat n; Prokura f
tevkil etmek • beauftragen
tevkili ciro • Inkassoindossament n; Prokuraindossament n; Vollmachtsindossament n
tevsi yatırımı • Erweiterungsinvestition f
tevsik • Beurkundung f; Bezeugung f; Nachweis m; Urkunde f
tevsik edilebilir • nachweisbar
tevsik etmek • bescheinigen; beurkunden; bezeugen; verbriefen
tevsik evrakı • Ausweispapiere pl. n
tevsik vesaiki • Notifikationsurkunde f
tevzi • Aufteilung f; Teilung f; Verteilung f; Zuteilung f
tevzi etmek • verteilen
teyakkuz • Acht f
teyidi muameleler • bestätigende Handlungen pl. f
teyit • Bekräftigung f; Besiegelung f; Bestätigung f; Billigung f
teyit eden banka • bestätigende Bank f
teyit edilmemiş • unbestätigt; unverbürgt
teyit etmek • bekräftigen; besiegeln; bestätigen; sanktionieren; verifizieren

Fachwörterbuch

teyitli akreditif • bestätigtes Akkreditiv n
teyitli gayri kabili rücu akreditif • bestätigtes unwiderrufliches Akkreditiv n
teyitsiz akreditif • unbestätigtes Akkreditiv n
tezat • Gegensatz m; Kontrast m
tezat teşkil etmek • kontrastieren
tezgah üstü piyasa • Markt m der unnotierten Werte pl. m
tıbbi • ärztlich; medizinisch
tıbbi muayene • ärztliche Untersuchung f
tıbbi rapor • ärztliches Attest n
tıbbi tedavi • ärztliche Behandlung f
tıbbi teşhis • ärztlicher Befund m
tımar • Lehen n
tını • Klangfarbe f
tını değişimi • Umlaut m
tınlatıcı • Resonator m
tıp • Medizin f
tıp fakültesi • medizinische Fakultät f
ticaret • Betrieb m; Geschäft n; Gewerbe n; Handel m; Handelsgewerbe n; Handelsverkehr m; Verkehr m; Wirtschaftsverkehr m
ticaret alemi • Geschäftswelt f
ticaret anlaşması • Handelsabkommen n; Handelsvertrag m; Warenabkommen n
ticaret ataşesi • Handelsattaché m
Ticaret Bakanlığı • Handelsministerium n
ticaret bankaları • Handelsbanken pl. f
ticaret bankası • Spezialbank f
ticaret bilimi • Handelswesen n
ticaret birliği • Kartell n
ticaret borsası • Handelsbörse f; Warenbörse f
ticaret dairesi • Handelskammer f
ticaret dengesinin bozulması • Passivierung f
ticaret donanması • Handelsmarine f
ticaret eğitimi • kaufmännische Bildung f
ticaret fuarı • Verkaufsveranstaltung f
ticaret gazetesi • Handelsblatt n
ticaret gemisi • Kauffahrteischiff n; Transportschiff n
ticaret hadleri • Austauschverhältnis n
ticaret hakkı • Recht n auf freien Handel m
ticaret hesabı • Bruttogewinnkonto n
ticaret hukuku • Handelsrecht n

ticaret hukuku ile ilgili • handelsrechtlich
ticaret iskontosu • Händlerrabatt m
ticaret işini bırakma • Abbruch m
ticaret işletmesi • Handelsgesellschaft f
ticaret kanunu • Handelsgesetz n; Handelsgesetzbuch n
ticaret kolu veya sektörü • Sparte f
ticaret kooperatifi • Handelsgenossenschaft f
ticaret kredisi • Handelskredit m
ticaret lisansı • Gewerbeberechtigung f
ticaret mahkemesi • Handelsgericht n
ticaret mahkemesi bilirkişi hakimi • Handelsrichter m
ticaret meslek lisesi • Handelsfachgymnasien pl. n
ticaret muahedesi • Handelsabkommen n; Handelsvertrag m
Ticaret Odası • Handelskammer f
ticaret panayırı • Gütermesse f
ticaret politikası • Handelspolitik f
ticaret sergisi • Leistungsschau f
ticaret sicili • Handelsregister n
ticaret sözleşmesi • Handelsabkommen n
ticaret şirketi • Handelsgesellschaft f
ticaret tellalı • Handelsmakler m
ticaret unvanı • Firmenname m; Firmentitel m; Geschäftstitel m; Gesellschaftsfirma f; Handelsfirma f; Handelsname m; Handelstitel m
ticaret unvanının himayesi • Firmenschutz m
ticaret ve sanayi hürriyeti • Handels- und Gewerbefreiheit f
ticaret vekaletnamesi • Handlungsvollmacht f
ticaret veya meslek grubu • Gewerbegruppe f
ticaret veya sanayi kolu • Branche f
ticaret veya sanayi müşaviri • Betriebswirt m
ticaret veya sanayi teşebbüsü • Wirtschaftsunternehmen n
ticaret yapma hürriyeti • Handelsfreiheit f
ticaret yapma yasağı • Handelsverbot n
ticaret yapmak • handeln; verkehren
ticaretçi memleket • Transithandelsland n
ticarete söz konusu olan mallar • Ware f

Mesleki Terimler Sözlüğü

ticarethane • Firma f; Geschäft n; kaufmännisches Unternehmen n; Unternehmen n
ticarethane çırağı • Handlungslehrling m
ticarethane levhası • Aushängeschild n; Ladenschild n
ticarethane memuru • Handlungsgehilfe m
ticarethane şubesi • Filialgeschäft n
ticarethane tabelası • Aushängeschild n
ticarethanenin işletme kısmı • Geschäftsbetrieb m
ticareti dahiliye eşyasına ait gümrük resmi • Binnenzoll m
ticaretin devlet tekelinde bulunması • Staatshandel m
ticaretin fasılaya uğraması • Betriebsunterbrechung f
ticaretin serbestleşmesi • Liberalisierung f
ticaretin sınırlandırılması • Handelsbeschränkung f
ticaretle ilgili • merkantil
ticarette hareketsizlik veya durgunluk • Flaute f
ticarette mutat olduğu şekilde • handelsüblich
ticarette sahtekarlık • Schiebung f
ticaretten men • Handelsverbot n
ticari • kaufmännisch; kommerziell; merkantil; Wirtschaftsschrifttum n
ticari abluka • Handelssperre f
ticari acente • Handelsvertreter m; Handlungsagent m
ticari adetler • Handelsbräuche pl. m; Handelssitten pl. f
ticari akitler • handelsrechtliche Verträge pl. m
ticari akreditif • Handelskreditbrief m
ticari alacak hesapları • Handelsforderungen pl. f
ticari ambargo • Handelssperre f
ticari ambargo koymak • Handelssperre f verhängen
ticari banka • Handelsbank f; Kreditbank f; Privatbank f
ticari belge • Geschäftspapier n
ticari belgeler • Handelspapiere pl. n
ticari bono • Warenwechsel m
ticari borç • Handelsschuld f
ticari borç hesapları • Handelsschulden pl. f
ticari branş • Geschäftszweig m
ticari dava • Handelssache f
ticari defter • Handelsregister n
ticari deftere veya listeye kaydetmek • buchen
ticari defterler • Handelsbücher pl. n
ticari durgunluk • Geschäftsstockung f
ticari ehliyet • Handelsfähigkeit f
ticari ehliyete sahip • handelsfähig
ticari eşya • Handelsgut n; Handelsware f
ticari fatura • Handelsrechnung f
ticari gelenekler • Handelsherkommen n
ticari gelir • Geschäftseinkommen n; Gewerbeertrag m
ticari gemi • Kauffahrteischiff n
ticari giderler • Verwaltungsgemeinkosten pl.
ticari grup • Konsortium n
ticari gübreler • Handelsdünger m
ticari haklar • gewerbliche Schutzrechte pl. n
ticari hesap • Handelskonto n
ticari ilişki • Verkehr m
ticari ilişkiler • Handelsbeziehungen pl. f
ticari isim • Markenname m
ticari iskonto • Bankdiskont m; Händlerrabatt m
ticari iş veya sanat • Handelsgewerbe f
ticari işlem • Geschäftsbesorgung f; Handelsgeschäft n; Umsatz m
ticari işlemlerin yürütülmesi amacıyla verilen vekaletname • Handlungsvollmacht f
ticari işler • Handelssachen pl. f
ticari işletme • Handelsgeschäft n; Handelsgewerbebetrieb m; kaufmännisches Unternehmen n
ticari işletme ekonomisi • Privatwirtschaftslehre f
ticari işletmede teslim • ab Werk n
ticari kabul • Handelsakzept n
ticari kar • Warengewinn m
ticari kazanç • Betriebsgewinn m
ticari kooperatif • Erwerbs- und Wirtschaftsgenossenschaft f
ticari kredi • Handelskredit m; kommerzieller Kredit m; Warenkredit m

325

Fachwörterbuch

ticari mal • Artikel m; Handelsgut n; Handelsware f; Ware f
ticari marka • Handelsmarke f; Hausmarke f; Marke f; Schutzmarke f; Signierung f
ticari markaya ilişkin yasal haklar • gewerbliche Schutzrechte pl. n; Markenrechte pl. n
ticari mesele • Handelssache f
ticari meslek • Handelsgewerbe n
ticari mevduat • Handelsdeposition f; Handelseinlage f
ticari muamele • Handelsgeschäft n
ticari muhabere veya mektuplaşma • Handelskorrespondenz f
ticari mukavele • Handelsvertrag m
ticari mümessil • Proklamation f; Handelsvertreter m; Prokurist m
ticari münasebetler • Handelsverkehr m
ticari olmayan • nichtkommerziell
ticari ortaklık • Handelsgesellschaft f
ticari örf • Handelsbrauch m
ticari örf gereğince • handelsüblich
ticari örf ve adetler • Handelsbräuche pl. m
ticari partner • Handelspartner m
ticari poliçe • Handelswechsel m
ticari radyo yayını • Werbefunk m
ticari rehin • Handelspfand n
ticari reklamcılık • Wirtschaftswerbung f
ticari sanat • Handelsgewerbe n
ticari satış • Handelskauf m
ticari senet • kommerzieller Wechsel m; Handelswechsel m; Warenwechsel m; Wechselpapier n
ticari senetler • Handelspapiere pl. n; handelsrechtliche Wertpapiere pl. n
ticari sergi • Fachschau f
ticari şart • Geschäftsbedingung f
ticari şartlar • Austauschbedingungen pl. f; Geschäftsbedingungen pl. f; Handelsbedingungen pl. f
ticari şirket • Handelsgesellschaft f; Kompanie f
ticari şirketler • Handelsgesellschaften pl. f
ticari taşıt aracı • Nutzfahrzeug n
ticari teammüller • Handelsgebräuche pl. m; Handelssitten pl. f

ticari teamül • Handelsbrauch m; kaufmännische Übung f; Usance f
ticari temsil • Prokura f
ticari temsilci • Agent m; Handelsvertreter m
ticari teşebbüs • Handelsunternehmung f
ticari vekalet • Agentur f; Handelsauftrag m
ticari vekil • Handelsagent m; Handlungsbevollmächtigter m
ticari vesaik • Handelspapiere pl. n
ticari yapılageliş • Handelsbrauch m; kaufmännische Übung f; Usance f
tim • Mannschaft f
tip • Prägung f; Typ m
tipbilimsel sınıflandırma • Typologie f
tiraj • Auflage f
titrek • Vibrant m; Zitterlaut m
titrem • Ton m
titrembirim • Tonem n
titremleme • Intonation f
titremlemebirim • Intonem n
titremsel değişke • Alloton n
titreşimli • stimmhaft
titreşimlileşme • Sonorisierung f
titreşimlilik • Sonorität f
titreşimsiz • stimmlos
titreşimsizleşme • Verlust m der Stimmhaftigkeit f
tiz • hell
tolerans • Toleranz f
tolerans payı • Toleranz f
tolerans payı bırakmak • tolerieren
tolerans sınırı • Toleranzgrenze f
toleranslı şart • Kann-Vorschrift f
ton • Tonne f
tonaj • Ladefähigkeit f; Raumgehalt m; Schiffsraum m; Tonnage f
tonaj resmi • Frachtzoll m
tonilato • Tonne f; Tonnengehalt m
tontin • Tontine f; Tontinenversicherung f
topal çift maden standardı • hinkende Währung f
toplam • Betrag m; gesamt; Gesamtbetrag m; Stand m; Summe f; total; universal
toplam devri • Vortrag m
toplam inşaat masrafı • Bausumme f
toplam maliyet • Gesamtkosten pl.
toplam meblağ • Valuta f

Mesleki Terimler Sözlüğü

toplam satış rantabilitesi • Umsatzrentabilität f
toplam sermaye • Gesamtkapital n
toplama • Einziehung f; Konzentration f; Sammlung f
toplama kampı • Internierungslager n
toplamak • addieren; beitreiben; einkassieren; einziehen; sammeln; versammeln; zusammenrechnen
toplamayı kontrol etmek • nachaddieren
toplamda değişme • Bestandsveränderung f
toplamı devretmek • übertragen; vortragen
toplamların kontrolü • Summenkontrolle f
toplanma • Konzentration f; Stau m; Versammlung f; Zusammensetzung f
toplanma hürriyeti • Versammlungsfreiheit f; Versammlungsrecht n
toplanmak • auflaufen; sich sammeln; sich versammeln; tagen
toplantı • Auflauf m; Generalversammlung f; Konferenz f; Sitzung f; Sitzungsperiode f; Tagung f; Veranstaltung f; Versammlung f; Zusammentreffen n
toplantı devresi • Session f
toplantı dönemi • Sitzungsperiode f
toplantı hakkı • Versammlungsrecht n
toplantı hürriyeti • Versammlungsfreiheit f
toplantı protokolü • Sitzungsprotokoll n
toplantı salonu • Versammlungsraum m; Aula f
toplantı yeri • Tagungsort m; Versammlungsort m
toplantı zaptı • Sitzungsbericht m
toplantıya çağırmak • Sitzung f einberufen; Versammlung f einberufen; zur Versammlung f einberufen
toplantıyı açmak • Versammlung f eröffnen
toplantıyı idare etmek • Versammlung f leiten
toplantıyı kapatmak • Versammlung f schliessen
toplu • kumulativ
toplu çalışma • Seminar n
toplu dosya • Bildungsprofil n
toplu grev • Massenstreik m
toplu ipotek • Gesamthypothek f
toplu iş ihtilafı • Gesamtarbeitsstreitigkeit f
toplu iş sözleşmelerindeki ücret grupları • Lohngruppe f
toplu iş sözleşmesi • Gesamtarbeitsvertrag m; Kollektivarbeitsvertrag m; kollektiver Arbeitsvertrag m; Manteltarif m; Tarifvertrag m
toplu iş sözleşmesi hukuku • Tarifrecht n
toplu iş sözleşmesi serbestisi • Tarifautonomie f
toplu iş sözleşmesi uyarınca • tarifmässig
toplu iş sözleşmesine göre • tariflich
toplu iş sözleşmesine göre belirlenen ücret grupları • Tarifgruppe f
toplu iş sözleşmesine göre tespit edilen ücret • Tariflohn m
toplu iş sözleşmesine iştirak eden taraflar • Tarifpartner pl. m
toplu işten çıkarma • Massenentlassung f
toplu kıyım • Massenmord m
toplu konut alanı • kollektive Wohnanlage f
Toplu Konut ve Kamu Ortaklığı • öffentliche Partnerschaftsverwaltung f für Kollektivwohnungen pl. f
toplu pazarlıkta taraflar • Tarifpartner pl. m
toplu rehin • Gesamtpfandrecht n; Gesamtgrundpfandrecht n
toplu sigorta • Gruppenversicherung f
toplu sözleşme • Tarifabkommen n
toplu sözleşme akdi • Tarifabschluss m
toplu sözleşme ücret nispetleri • Tarifansätze pl. m
toplu sözleşmeye göre ödenecek aylık • Tarifgehalt n
toplu sözleşmeye göre standart ücret • Tariflohn m
toplu taşımacılık • Verkehrsbetrieb m
toplu ücret sözleşmesi • Tariflohnvereinbarung f; Tarifvertrag m
toplu ücret sözleşmesi sistemi • Tarifwesen n
topluluk • Kommune f; Gruppe f; Korps n
topluluk adı • Kollektivum n; Sammelbegriff m
topluluk dili • Soziolekt m
toplulukla iş ihtilafı • Gesamtarbeitsstreitigkeit f

Fachwörterbuch

toplum • Gesellschaft f; Publikum n
toplum barışı • öffentlicher Frieden m
toplum barışını bozma • Landfriedensbruch m; Störung f des öffentlichen Friedens m
toplum felsefesi • Sozialphilosophie f
toplum huzurunu bozucu davranış • grober Unfug m
toplum için tehlikeli • gemeingefährlich
toplum menfaati • Interessen pl. n der Allgemeinheit f
toplum ruhbilimi • Sozialpsychologie f
toplum yararı • öffentliches Wohl n
toplum yararına yapılan iş hizmeti • Arbeitsdienst m
topluma yararlı dernek • gemeinnütziger Verein m
toplumbilim • Soziologie f
toplumculuk • Sozialismus m
toplumdilbilim • Soziolinguistik f
toplumsal • gesellschaftlich; sozial
toplumsal baskı • Sozialdruck m
toplumsal beceriler • soziale Fähigkeiten pl. f
toplumsal bilgiler • Sozialkunde f
toplumsal bilimler • Sozialwissenschaften pl. f
toplumsal çevre • soziale Umwelt f
toplumsal davranış • soziales Verhalten n
toplumsal değerler • Sozialwerte pl. m
toplumsal değişme • sozialer Wandel m
toplumsal denetim • soziale Kontrolle f
toplumsal devingenlik • soziale Mobilität f
toplumsal durum • Sozialstatus m
toplumsal eğilim • Sozialneigung f
toplumsal gereksinimler • soziale Bedürfnisse pl. n
toplumsal güdüler • soziale Motive pl. n
toplumsal ilişki çizelgesi • Soziogram n
toplumsal ilişki ölçümü • Soziometrie f
toplumsal olgunluk • soziale Reife f
toplumsal oyun • Soziodrama n
toplumsal özürlü • sozial benachteiligt
toplumsal uyum • soziale Anpassung f
toplumsal zeka • soziale Intelligenz f
toplumsallaştırma • Sozialisation f
toplumu etkileyici • publikumswirksam
toplumu tehdit eden suçlar • gemeingefährliche Straftaten pl. f

toplumun huzurunu bozan davranış • Unfug m
toplumun katlandığı maliyet • Sozialkosten pl.
topluöğretim • Gesamtunterricht m
toplutartışma • Forum n
toprağın ıslahı • Melioration f
toprak • Acker m; Boden m; Erdboden m; Gebiet n; Gelände n; Land n
toprak esası • Bodenprinzip n; Jus soli n
toprak hukuku • Bodenrecht n
toprak ipoteği karşılığında kredi veren banka • Bodenkreditbank f
toprak ıslahı • Kulturbau m
toprak rantı • Grundrente f
toprak reformu • Bodenreform f
toprak ürünleri ticareti • Produktenhandel m
toptan • Grosshandel m; pauschal
toptan çarter • Vollcharter m
toptan kredi • Rahmenkredit m
toptan olarak • global
toptan ödeme • Pauschalzahlung f; Volleinzahlung f
toptan satın alma • Massenkauf m; Pauschalkauf m
toptan satın almak • aufkaufen; zusammenkaufen
toptan sigorta • Pauschalversicherung f
toptan ticaret • Grosshandel m
toptancı • Grosshändler m; Grossist m
toptancılar • Zwischenhandel m
toptancılık • Grosshandel m; Sortimentshandel m
topyekun gelişim • Gesamtentwicklung f
topyekun halefiyet • Universalsukzession f
torun • Enkel m; Kindeskind n
totaliter • total; totalitär
totaliter devlet • Einheitsstaat m
totaliter rejim • totalitäres Regime n
totaliterizm • Totalitarismus m
töre • Sitte f
törebilim • Ethik f
töresel • ethisch
töz • Stoff m; Substanz f
trafiği tehlikeye sokma • Verkehrsgefährdung f
trafik • Betrieb m; Verkehr m; Verkehrsleistung f; Verkehrswirtschaft f

Mesleki Terimler Sözlüğü

trafik dairesi • Verkehrsamt n
trafik emniyeti • Verkehrssicherheit f
trafik hacmi • Verkehrsleistung f
trafik ikaz işareti • Warnzeichen n
trafik işareti • Verkehrszeichen n
trafik kazası • Verkehrsunfall m
trafik kuralı • Verkehrsregel f; Verkehrsvorschrift f
trafik kurallarına aykırı • verkehrswidrig
trafik kurallarına aykırı davranış • verkehrswidriges Verhalten n
trafik levhası • Verkehrsschild n
Trafik Nizamnamesi • Verkehrsordnung f
trafik polisi • Verkehrspolizei f
trafik suçları • Verkehrsdelikte pl. n
trafikle ilgili hukuki esaslar • Verkehrsrecht n
tramp gemisi • Trampschiff n
trampa • Austausch m; Gegentausch m; Tausch m; Tauschhandel m
trampa değeri • Gegenwert m; Tauschwert m
trampa etmek • tauschen
trampa mevzuu • Tauschobjekt n
trampa muamelesi • Tauschgeschäft n
trampa ticareti • Tauschgeschäft n
transfer • Transfer m; Transferierung f; Transferleistung f; Übertrag m; Übertragung f; Überweisung f; Verlagerung f
transfer edilebilir • transferfähig; transferierbar
transfer edilme • Transferierung f
transfer etme • Transferleistung f
transfer etmek • abdisponieren; transferieren; übertragen; verlagern; überweisen
transfer fiyatlaması • Innenkonzern-Verrechnungspreis m
transfer kabiliyeti • Überweisungsmöglichkeit f
transfer mütenefii • Transferbegünstigter m
transfer riski • Transferrisiko n
transfer tahdidi • Verfügungsbeschränkung f
transfer vesaiki • Überweisungsträger m
transfer yoluyla • giral

transferlerin durdurulması • Transfersperre f
transit • Durchfahrt f; Durchfuhr f; Durchreise f; Transit m
transit eşya • Durchfuhrware f
transit eşya deposu • Transitlager n
transit eşyaya ait gümrük resmi • Durchfuhrzoll m
transit fiyatı • Transitpreis m
transit gümrüğü • Durchzoll m; Transitzoll m
transit hakkı • Durchgangsrecht n
transit işleri • Durchgangsverkehr n
transit konşimentosu • Durchgangskonnossement n; Durchkonnossement n
transit mal • Durchgangsgut n; Transitgut n
transit malın gümrüğü • Durchfuhrzoll m
transit mallar • Transitgüter pl. n
transit muamelesi • Transitgeschäft n
transit tezkeresi • Durchgangsschein m
transit ticaret • Transithandel m
transit ticaret yasağı • Transitverbot m
transit ticareti • Durchfuhrhandel m; Durchgangsverkehr n; Zwischenhandel m
transit ticareti yapan • Transiteur m
transit ticareti yapan tüccar • Transithändler m
transit ulaştırması • Transitverkehr m
transit vizesi • Durchreisevisum n
transit yolu • Transitweg m
transport • Transport m
tranş • Abschnitt m; Teilausgabe f; Teilbetrag m; Tranche f
tranzituar hesap • transitorisches Konto n
trende taşınan mal • Zugartikel m
trende teslim • frei Bahn
treyler • Anhänger m
trezor • Kammeranlage f
trip çarter • Reisecharter f
triptik • Triptik n; Triptyk n
tröst • Trust m
tröst sertifikası • Trustzertifikat n
tröst şirketi • Treuhandgesellschaft f
tröst şirketinin para ve benzeri varlıkları • Treuhandfonds m
trust senedi • Treuhandvertrag m; Trustvertrag m

Fachwörterbuch

tuğla ve kiremit endüstrisi • Ziegelindustrie f
tumturak • Emphase f
Tuna • Donau f
turist bileti • Rundreisekarte f
turist merkezi • Fremdenverkehrsgemeinde f; Fremdenverkehrsort m
turist trafiği • Touristenverkehr m
turizm • Fremdenverkehr m
turizm işleri • Reisewesen n
turizm işletmeciliği • Fremdenverkehrsgewerbe n
turizm mevsimi • Reisezeit f
turizm trafiği • Reiseverkehr m
tutanak • Niederschrift f; Protokoll n
tutanak defteri • Protokollbuch n
tutanak yazmanı • Gerichtsschreiber m
tutanakları inceleme komisyonu • Wahlprüfungsausschuss m
tutar • Betrag m
tutarlı • konsequent; folgerichtig
tutarlı itirazlar • erhebliche Einwendungen pl. f
tutarlık • Triftigkeit f
tutarlılık • Kohärenz f; Folgerichtigkeit f
tutarsız • folgewidrig
tutarsızlık • Folgewidrigkeit f
tutku • Leidenschaft f
tutkulu • leidenschaftlich
tutma • Festnahme f; Haft f; Untersuchungshaft f; Verhaftung f
tutmak • betragen; halten; verhalten
tutturulmamış hesap • nicht ausgeglichen
tutucu • konservativ
tutuculuk • Konservativismus m
tutuculuk ilkesi • Vorsichtsprinzip f
tutuculuk kavramı • Vorsichtsprinzip f
tutuk yargı • Kabinettsjustiz f; vorbehaltene Gerichtsbarkeit f
tutukevi • Haftanstalt f; Untersuchungsgefängnis n
tutuklama • Gefangennahme f; Haft f; Inhaftnahme f
tutuklama emri • Haftbefehl m; Verhaftungsbefehl m
tutuklama emri çıkarmak • Haftbefehl m erlassen
tutuklama yazısı • Steckbrief m
tutuklamak • gefangennehmen; gefangensetzen; verhaften
tutuklamaya itiraz dilekçesi • Haftbeschwerde f
tutuklu • Arrestant m; Häftling m; Untersuchungsgefangener m; Verhafteter m
tutukluluk • Strafhaft f
tutukluya verilen izin • Hafturlaub f
tutukluyu salıvermek • aus der Haft f entlassen
tutum • Einstellung f
tutum • Politik f
tutum testi • Einstellungstest m
tutumlu • sparsam
tutumlu olma • Schonung f
tutumlu olmak • sparen
tutumluluk • Sparsamkeit f
tutundurma • Werbung f
tutundurma giderleri • Werbekosten pl.
tüccar • Kaufmann m
tüccar memuru • Handlungsgehilfe m
tüccar yolcunun numunesi • Reisemuster n
tüccardan sayılan işadamı • Sollkaufmann m
tükenebilen • dem Substanzverzehr m unterworfen
tükenme • Abbau m; Substanzverzehr m
tükenmek • verbrauchen
tüketici • Konsument m; Verbraucher m
tüketici eğitimi • Verbrauchererziehung f
tüketici fiyat endeksi • Verbraucherpreisindex m
tüketici grubu • Verbrauchergruppe f
tüketici kategorisi • Verbrauchergruppe f; Verbraucherschicht f
tüketici kredisi • Konsumentenkredit m; Konsumkredit m
tüketici memleket • Verbrauchsland n
tüketici veya alıcı grubu • Abnehmergruppe f
tüketicilerden gelen talep • Verbrauchsnachfrage f
tüketicilerin elinde bulunan para • Konsumentengeld n
tüketiciye satış fiyatı • Konsumentenpreis m
tüketilebilir özellikte • verbrauchbar

Mesleki Terimler Sözlüğü

tüketim • Konsum m; Konsumtion f; Verbrauch m; Verzehr m
tüketim gücü veya kapasitesi • Konsumkraft f
tüketim harcamaları • Konsum-Ausgaben pl. f
tüketim kooperatifi • Konsumgenossenschaft f; Konsumverein m; Verbrauchergenossenschaft f
tüketim kredisi • Kundenkredit m
tüketim maddeleri • Bedarfsgüter pl. n
tüketim maddeleri fiyat endeksi • Verbraucherpreisindex m
tüketim mal fiyatı • Verbrauchsgüterpreis m
tüketim malı • Gebrauchsartikel m; Konsumartikel m
tüketim malı çıkaran sanayi • Verbrauchsgüterindustrie f
tüketim malları • Bedarfsgüter pl. n; Konsumgüter pl. n; Verbrauchsgüter pl. n
tüketim masrafı • Verbrauchsausgabe f
tüketim vergisi • Konsumsteuer f; Verbrauchssteuer f
tüketime giden meblağ • Verbrauchsaufwendung f
tüketmek • aufzehren
tümce • Satz m
tümcebilim • Satzlehre f; Syntax f
tümcebilimsel • syntaktisch
tümceötesi • transphrastisch
tümcesel • phrastisch
tümdengelim • Deduktion f
tümdengelim yöntemi • deduktive Methode f
tümeller • Universalien pl. f
tümevarım yöntemi • induktive Methode f
tümleç • Ergänzung f; Objekt n
tümleyen • Angabe f
tümsürem • Panchronie f
tümsüremli • panchronisch
tümü üzerinde hak iddia etmek • absorbieren

tünel • Tunnel m
tür • Art f; Gattung f; Sorte f
tür adı • Gattungsname m
türdeş küme • homogene Gruppe f
türemiş tümce • abgeleiteter Satz m
türetme • Ableitung f; Derivation f
türev • Ableitung f; Derivat n
Türk hukuku • türkisches Recht n
Türk kanunları • türkische Gesetze pl. n
Türk mevzuatına göre • nach türkischem Recht n
Türk Milli Eğitim Sistemi • türkisches nationales Erziehungsytem n
Türk parası • türkische Währung f
Türk parasını koruma mevzuatı • Schutzgesetz n der türkischen Währung f
Türk vatandaşlığı • türkische Staatsangehörigkeit f
Türkçe • Türkisch n
Türkiye Cumhuriyeti Anayasası • türkische Verfassung f
tütün tekeli • Tabakmonopol n
tütün tekeli idaresi • Tabakregie f
tütün ticareti • Tabakhandel m
tütün ürünleri veya mamulleri • Tabakwaren pl. f
tüzelkişi • juristische Person f; Korporation f; Körperschaft f
tüzelkişiliği ilgilendiren • körperschaftlich
tüzelkişilik • Körperschaft f
tüzelkişinin borçlarını ödeyememesi • Insolvenz f; Zahlungsunfähigkeit f
tüzüğe aykırı • satzungswidrig
tüzüğe uygun • satzungsgemäss; statutarisch
tüzük • Durchführungsbestimmung f; Durchführungsverordnung f; Körperschaft f; Ordnung f; Rechtsverordnung f; Satzung f; Statut n
tüzük değişikliği • Satzungsänderung f

Fachwörterbuch

U

ucuz • billig; preisgünstig; billiges Geld n
ucuz satış • Reklameverkauf m
ucuz tasfiye satışı • Ramschverkauf m
ucuzlatma • Verbilligung f
ucuzluk • Billigkeit f
uçak • Flugzeug n
uçak hasarı • Havarie f
uçak kaçırma • Flugzeugentführung f
uçak meydanı • Flugplatz m
uçak postası • Luftpost f
ufak tefek giderler • kleine Ausgaben pl. f
ufaklık para • Scheidegeld n; Scheidemünze f; Scheidemünzen pl. f
uğrak limanı • Zwischenhafen m
uğranılmış hasar ve kayıba ödenen maddi karşılık • Schadloshaltung f; Vergütung f
uğraş vermek • sich anstrengen
ulaç • Gerundium n
ulam • Kategorie f
ulama • Anschluss m; Bindung f
ulamsal • kategorial
ulamsal bileşen • kategoriale Komponente f
ulaşma • Ankunft f
ulaşmak • eingehen
ulaştırma • Beförderung f; Verkehr m; Verkehrswirtschaft f
Ulaştırma Bakanlığı • Verkehrsministerium n
ulaştırma işleri • Verkehrswesen n
ulaştırma maliyetleri • Transportkosten pl.
ulaştırmak • transportieren
ulus • Nation f; Volk n
ulusal • national
ulusal banka • Emissionsinstitut n; Nationalbank f
ulusal bayram • Nationalfeiertag m; Nationalfest n
ulusal dil • Nationalsprache f
ulusal egemenlik • nationale Unabhängigkeit f
ulusal ekonomi • Volkswirtschaft f
ulusal muhasebe • volkswirtschaftliche Gesamtrechnung f

ulusal para • gesetzliches Zahlungsmittel n; Kurantgeld n; Landeswährung f
uluslararası • international; zwischenstaatlich
uluslararası anlaşmalar • völkerrechtliche Verträge pl. m
uluslararası antlaşma • Staatsvertrag m
uluslararası barış • Völkerfrieden m
uluslararası deniz trafiği tüzüğü • Seeordnung f
Uluslararası Deniz Trafiği Yönetmeliği • Seestrassenordnung f
uluslararası eğitim • internationale Erziehung f
Uluslararası Finansman Kurumu • Internationale Finanz-Corporation
uluslararası hakem mahkemesi • internationaler Schiedsgerichtshof m
uluslararası iş hukuku • internationales Arbeitsrecht n
Uluslararası Kalkınma Birliği • internationaler Entwicklungsverband m
uluslararası likidite • internationale Liquidität f
Uluslararası Ödemeler Bankası • Bank f für Internationalen Zahlungsausgleich m
Uluslararası Para • internationale Währung f
Uluslararası Para Fonu • internationaler Währungsfonds m
Uluslararası Posta Havalesi • Auslandspostanweisung f
uluslararası serbest ticaret • Freihandel m
uluslararası serbest ticaret sistemi • Freihandelssystem n
uluslararası sesçil abece • internationales phonetisches Alphabet n
uluslararası sözleşme • zwischenstaatliches Abkommen n
uluslararası tarafsızlık anlaşması • Neutralitätsabkommen n
uluslararası ticaret hukuku • internationales Handelsrecht n
Uluslararası Ticaret Odası • Internationale Handelskammer f

Mesleki Terimler Sözlüğü

uluslararası ticaret sözleşmesi • internationaler Handelsvertrag m
uluslararası yargı usulü • internationales Prozessrecht n
Uluslararası Yeniden Yapılanma ve Ekonomik Kalkınma Bankası • Internationale Bank f für Wiederaufbau m und Wirtschaftliche Entwicklung f
ummak • erwarten; voraussehen; vorwegnehmen; zumuten
umu düzeyi • Aspirationsniveau n
umulmadık • unerwartet
umulmayan • unvorhergesehen
umulmayan hal • unvorhergesehenes Ereignis n; Zufall m
umulmaz • unzumutbar
umuma açık yer • öffentlicher Ort m; öffentliches Lokal n
umuma bildirmek • veröffentlichen
umumi • allgemein; gemein; generell; gesamt
umumi adaba mugayir fiiller • Sittlichkeitsdelikte pl. n; Verstoss m gegen die Sittlichkeit f
umumi adetler • Verkehrssitten pl. f
umumi af • allgemeiner Straferlass m; Amnestie f
umumi çizgili çek • allgemein gekreuzter Scheck m
umumi emniyet • öffentliche Sicherheit f
umumi heyet • Generalversammlung f; Hauptversammlung f; Mitgliederversammlung f
umumi hıfzısıhha hukuku • soziales Gesundheits- und Fürsorgerecht n
umumi hukuk • allgemeines Recht n; Gemeinrecht n
umumi ihtiyatlar • allgemeine Rücklagen pl. f
umumi istifade hakkı • Gemeingebrauchsrecht n; öffentliches Gebrauchsrecht n
umumi kanunlar • allgemeine Gesetze pl. n
umumi mağaza • Lagerhaus n
umumi menfaatlere hadim cemiyet • gemeinnütziger Verein m
umumi mukavele • Gesamtarbeitsvertrag m; Kollektivarbeitsvertrag m; Tarifvertrag m
umumi müfettişlik • Generalinspektion f
umumi tarife • autonomer Tarif m; Einheitszolltarif m
umumi taşıyıcı • gewerbsmässiger Frachtführer m
umumi vekalet • Generalvollmacht f
umumi vekaletname • Allgemeinvollmacht f; Generalprokura f; Generalvollmacht f
umumi vekil • Generalbevollmächtigter m
umumi yekun • Totalbetrag m
umumiyet halk • Allgemeinheit f
umumiyetle • meistens
unsur • Begriffsmerkmal n; Element n; Merkmal n; Voraussetzung f
unutma • Vergessen n; Unterlassung f
unutmak • vergessen
us • Vernunft f
usavurma • Urteilen n
usçuluk • Rationalismus m
ussal insancıllık • rationaler Humanismus m
ussallaştırma • Rationalisierung f
usta seviyesi • Meistergrad m
ustabaşı • Meister m; Werkmeister m
usul • Art f; Aszendent m; Methode f; Modalität f; Prozedur f; Regel f; Verfahren n; Verfahrensart f; Weise f; Wesen n
usul değişikliği • Verfahrensänderung f
usul hukuku • Prozessrecht n; Verfahrensrecht n
usul ve füru hısımlığı • Verwandtschaft f in gerader Linie f
usul ve kaideye uygun • ordnungsgemäss
usul ve nizama uygun • ordentlich
usulden kan. hısımları • Vorfahr m
usule aykırı • unvorschriftsmässig
usulsüz • anormal; irregulär; regellos; regelwidrig
usulsüz tevdi • irreguläres Depot n; Summendepot n; unregelmässiger Verwahrungsvertrag m
usulsüzlük • Regelwidrigkeit f; Unregelmässigkeit f
usulü dairesinde • ordnungsgemäss
uyak • Reim m
uyaran • Stimulus m
uyarı • Warnung f
uyarlama • Anpassung f

U

Fachwörterbuch

uyarlık • Adäquatheit f; Konformität f
uyarmak • warnen
uydu • Satellit m
uydurmak • anpassen
uygarlık dili • Kultursprache f
uygulama • Anwendung f; Durchführung f; Einsatz m; Implementierung f; Praxis f; Verwendung f
uygulama anaokulu • praktischer Kindergarten m
uygulama dersi • Probestunde f
uygulama esası • Durchführungsbestimmung f
uygulama mutabakatı • Durchführungsvereinbarung f
uygulama okulu • Versuchsschule f
uygulama talimatı • Durchführungsbestimmung f
uygulama tasarısı • Durchführungskonzept n
uygulama ve geçerlik bölgesi • Geltungsbereich m
uygulamak • anwenden; durchführen; erproben
uygulamalı araştırma • angewandte Forschung f
uygulamalı dersler • angewandte Fächer pl. n; praktische Fächer pl. n
uygulamalı dilbilim • angewandte Linguistik f
uygulamalı sanatlar • praktisches Gewerbe n
uygulamalı topluçalışma • Werkstatt f
uygulanabilir • anwendbar; durchführbar
uygulanabilir yasa • anwendbares Recht n
uygulanmasındaki detaylar özel kanunlarla belirlenen geniş kapsamlı kanun • Mantelgesetz n
uygulayıcı • Praktiker m
uygun • angemessen; anständig; einig; entsprechend; günstig; recht; sachgemäss; tauglich; zurecht
uygun düşmeyen • ungeeignet
uygun fiyattan • Bestensauftrag m
uygun görmek • bewilligen
uygun illiyet rabıtası • adäquater Kausalzusammenhang m
uygun kavramı • relevante Kosten pl.
uygun maliyet • relevante Kosten pl.

uygun nafaka • angemessener Unterhalt m
uygun olarak • gemäss
uygun olmak • nahestehen
uygun olmayan • unangemessen
uygun süre • angemessene Frist f
uygun şekilde • sachgemäss
uygun zamanda • rechtzeitig
uygunluk • Konkordanz f; Übereinstimmung f
uygunsuz • anstandswidrig; ungebührlich; ungehörig
uygunsuz davranışla toplumun huzurunu bozma • grober Unfug m
uygunsuzluk • Ungebühr f; Übelstand m
uyma • Folge f leisten
uymak • entsprechen; folgen; sich anpassen; stimmen; übereinstimmen
uymayan • unstimmig
uysallık • Unterwürfigkeit f
uyum • Adaptation f; Harmonie f; Kongruenz f; Wohlklang f; Anpassung f; Einigkeit f; Übereinstimmung f
uyum sağlanmış hesap • abgestimmtes Konto n
uyumluluk • Kohäsion f
uyumsuzluk • Unstimmigkeit f
uyuşma • Abfindung f; Abmachung f; Absprache f; Akkord m; Auseinandersetzung f; Ausgleich m; Einvernehmen n; Einverständnis n; Kompromiss m; Übereinkunft f
uyuşmak • übereinkommen; zustimmen
uyuşmamış • uneinig
uyuşmaz • unverträglich
uyuşmazlık • Differenz f; Kompetenzkonflikt m; Konflikt m; Nichtachtung f; Spannung f; Uneinigkeit f; Unfrieden m; Unvereinbarkeit f; Verschiedenheit f
uyuşmazlık hali • Konfliktsituation f
uyuşmazlık mahkemesi • Kompetenzkonfliktsgerichtshof m
uyuşturucu madde • Rauschgift n
uyuşturucu madde kullanma alışkanlığı • Rauschgiftsucht f
uyuşturucu madde müptelası • Rauschgiftsüchtiger m
uyuşturucu madde ticareti • Rauschgifthandel n
uyuşturucu maddeler • Betäubungsmittel pl. n

Mesleki Terimler Sözlüğü

uzak yol ulaştırması • Werkfernverkehr m
uzaklaşma • Entfernung f
uzaklaşmak • sich entfernen
uzaklaştırma • Entfernung f
uzaklaştırmak • entfernen; vertreiben
uzaktan öğretim • Fernunterricht m
uzama • Dehnung f; Längung f
uzamsal dilbilim • Sprachgeographie f
uzatma • Fristverlängerung f; Prolongation f; Verlängerung f
uzatmak • ausdehnen; prolongieren; stunden; verlängern
uzay araştırması • Raumforschung f
uzlaşıcı • kompromißbereit
uzlaşılmış • einig
uzlaşım • Konvention f
uzlaşımsal • konventional; konventionell
uzlaşma • Abmachung f; Abrede f; Akkord m; Annäherung f; Auseinandersetzung f; Ausgleich m; Aussöhnung f; Austrag m; Einigung f; Kompromiss m; Schlichtung f; Übereinkommen n; Übereinkunft f; Vereinigung f; Vergleich m; Vermittlung f; Versöhnung f; Verständigung f
uzlaşma akdetmek • Vergleich m schliessen
uzlaşma teşebbüsü • Ausgleichsversuch m
uzlaşmak • Akkord m abschliessen; sich auseinandersetzen; sich aussöhnen; sich einigen; sich vergleichen; sich versöhnen; übereinkommen
uzlaşmaya varmak • Kompromiss m schliessen
uzlaşmaz • unvereinbar
uzlaşmazlık • Kompromisslosigkeit f
uzlaştırmak • ausgleichen; aussöhnen; einigen; Vergleich m stiften; versöhnen
uzman • fachkundig; Fachmann m; Sachverständiger m; Spezialist m
uzman muhasebeci • Buchhaltungsfachmann m
uzman olarak • fachmännisch
uzman raporu • sachkundiges Urteil n
uzmanca • sachkundig
uzmanlar havuzu • Expertenpool m
uzmanlık • Fach n
uzmanlık alanı • Fachbereich m
uzmanlık dalı • Fachgebiet n

uzmanlık hakkında • fachlich
uzmanlık kurumu • Sonderinstitut n
uzun • lang
uzun dönem için kiralamak • pachten
uzun dönemli • langfristig
uzun mesafe yük trafiği • Güterfernverkehr m
uzun mesafeden elektrik sağlama • Überlandstrom m
uzun ömürlü varlık • langlebiges Wirtschaftsgut n
uzun seslem • lange Silbe f
uzun süreli • langfristig
uzun süreli akit • langfristiger Vertrag m
uzun süreli sözleşme • langfristiger Vertrag m
uzun vadede borç ödeme günü • Deckung f des langfristigen Schuldendienstes m
uzun vadeli • langfristig
uzun vadeli borç • Dauerschuld f; fundierte Schuld f; langfristige Schuld f; langfristige Verbindlichkeit f; rückgestellte Verbindlichkeit f
uzun vadeli borçlanma • langfristige Anleihe f
uzun vadeli devrede • längerfristig
uzun vadeli hedef • Fernziel n
uzun vadeli istikraz • langfristige Anleihe f
uzun vadeli kira sözleşmesi • Pachtvertrag m
uzun vadeli kredi • langfristiger Kredit m
uzun vadeli senet veya poliçe • langfristiger Wechsel m
uzun vadeli sözleşme • langfristiger Vertrag m
uzun vadeli yatırım • Daueranlage f; langfristige Investition f
uzun vadeli yatırım yapan kimse • Daueranleger m
uzun vadeli yükümlülük • langfristige Verbindlichkeit f
uzun zaman tasarrufu altında bulundurmak suretiyle iktisap etmek • ersitzen
uzunluk • Dauer f; Länge f
uzuv • Organ n; Organismus m

Fachwörterbuch

Ü

ücret • Besoldung f; Entgelt n; Erwerb m; Gage f; Gebühr f; Gehalt n; Heuer f; Honorar n; Leistungslohn m; Lohn m; Preis m; Salär n; Verdienst m
ücret alacağı • Gehaltsanspruch m; Lohnanspruch m; Lohnforderung f
ücret alacağının rehni • Lohnverpfändung f
ücret anlaşmazlığı • Lohnauseinandersetzung f
ücret avansı • Gehaltsvorschuss m; Lohnvorschuss m
ücret ayarlaması • Lohnausgleich m
ücret bordrosu • Gehaltsliste f; Lohnabrechnung f; Lohnliste f
ücret cetveli • Tarif m
ücret denkleştirmesi • Lohnausgleich m
ücret düzeyi • Lohnniveau n
ücret grubu • Lohngruppe f
ücret haczi • Lohnpfändung f
ücret haddi • Lohnsatz m
ücret hadlerinin saptanması • Festsetzung f der Lohnsätze pl. m
ücret hakkı • Lohnanspruch m
ücret hareketleri • Lohnbewegung f
ücret hesaplamaları • Lohnabrechnung f
ücret karnesi • Lohnnachweis m
ücret karşılığı olmaksızın • ehrenamtlich; ehrenhalber; Titular m
ücret kesintisi işlemi • Lohnabzugsverfahren n
ücret ödeme günü • Lohntag m; Zahltag m
ücret tahakkuk servisi • Lohnbüro n
ücret talebi • Lohnforderung f
ücret tarifesinin ihlali • Tarifbruch m
ücret tarifesinin yükseltilmesi • Tariferhöhung f
ücret vergisi • Lohnsteuer f
ücret vergisi denkleştirimi • Lohnsteuerjahresausgleich m
ücret vergisi iadesi • Lohnsteuererstattung f
ücret vergisi kanunu • Lohnsteuergesetz n
ücret yapısı • Lohnstruktur f
ücreti ödenmemiş • unfrei
ücretin devam etmesi • Lohnfortzahlung f
ücretin haczi • Gehaltspfändung f; Lohnpfändung f
ücretini ödemek • besolden; entlohnen; löhnen
ücretini ödeyip işine son vermek • auszahlen
ücretle çalışan • berufstätig
ücretler • Löhne pl. m
ücretlerde ikramiye • Prämie f
ücretlerde yükselme eğilimi • Lohnauftrieb m
ücretlerde yükselme hareketleri • Lohnwelle f
ücretlerin indirilmesi • Tarifermässigung f
ücretlerin ödenmesi • Löhnung f
ücretli • berufstätig
ücretli izin • bezahlter Urlaub m; Ferienanspruch m; Urlaubsanspruch m
ücretli izin ödentisi • Urlaubsgeld n
ücretsiz • franko; frei; gebührenfrei; gratis; kostenfrei; kostenlos; spesenfrei; unfrankiert
ücretsiz izin • unbezahlter Urlaub m
ücretsiz muayene ve tedavi • Heilfürsorge f
ücretten vergi indirimi • Lohnsteuerabzug m
ücretten yapılan kesinti • Lohnabzug m
ücretten yapılan kesintiler • Lohnabschläge pl. m
üç aylık abone • Quartalsabonnement n
üç aylık süre • Quartal n
üç taraflı ticaret • Dreiecksgeschäft n
üçboyutlu araçlar • dreidimensionale Mittel pl. n
üçlü arbitraj • Dreiecksarbitrage f
üçlü muamele • Dreiecksgeschäft n
üçte iki çoğunluk • Zweidrittelmehrheit f
üçüncü bir tarafın hesabı • Loro-Konto n
üçüncü kişilerin varlıklarının yönetimi için yasal olarak atanmış kişi • Vermögensverwalter m

Mesleki Terimler Sözlüğü

üçüncü kişinin verdiği teminat • Deckung f; Sicherheit f
üçüncü piyasa • Parallelmarkt m
üçüncü şahıs • dritte Person f; Dritter m; Drittperson f
üçüncü şahıs hesabına sigorta • Haftpflichtversicherung f
üçüncü şahıs lehine akit • Vertrag m zugunsten Dritter pl. m
üçüncü şahıs sigortası • Haftpflichtversicherung f
üçüncü şahıslara karşı sorumluluk • Haftung f für Dritte pl. m
üçüncü şahsa eda • Leistung f an Dritte pl. m
üçüncü şahsın kusurundan doğan mesuliyet • Haftung f für Verschulden n Dritter pl. m
üçüncü şahsın mülkü • Drittvermögen n
üçüncü taraf • Dritter m
üçüncü ülke aracılığı ile bir ülkeye yapılan satış • Transitverkauf m
üçüncü ülkeler yoluyla ihracat • Transitausfuhr f
ülke • Gebiet n; Land n; Staatsgebiet n; Territorium n
ülke dışına çıkarma • Vertreibung f
ülke ile ilgili • territorial
ülke riski • Länderrisiko n
ülkeiçi poliçe • inländischer Wechsel m; Inlandwechsel m
ülkeye giriş • Einreise f
ülkeye giriş müsaadesi • Einreiseerlaubnis f
ülkeye girmek • einreisen
ülkü • Ideal n
ülkücülük • Idealismus m
ülküsel konuşucu-dinleyici • idealer Sprecher m - Horer m
ültimatom • Note f; Ultimatum n
ültimatom niteliğinde • ultimativ
ümit • Aussicht f
ündeş • Wortspiel n
üniforma • Uniform f
ünite • Einheit f; Kapitel n
ünite haline getirmek • zusammenfassen
üniversite • Universität f
üniversite • Universität f

üniversite kitaplığı • Universitätsbibliothek f
üniversite mezunu iktisatçı • Diplom-Volkswirt m
üniversite mezunu ticaret memuru • Diplom-Kaufmann m
üniversite öğrencisi • Student m
üniversite yılı • Studienjahr n
üniversiteli • Student m; Studentin f
ünlem • Ausruf m; Empfindungswort n; Interjektion f
ünlem tümcesi • Ausrufesatz m
ünlü • Vokal m; vokalisch
ünlü almaşması • Ablaut m
ünlü boşluğu • Hiat m
ünlü olmayan • nichtvokalisch
ünlü uyumu • Vokalharmonie f
ünlülerarası • intervokalisch
ünlüleşme • Vokalisierung f
ünsüz • Konsonant m; konsonantisch
ünsüz değişimi • Lautverschiebung f
ünsüz olmayan • nichtkonsonantisch
ünsüz uyumu • Konsonantenharmonie f
ünvan • Leumund m; Titel m; Überschrift f
üretici • generativ; Erzeuger m
üretici anlambilim • generative Semantik f
üretici dilbilgisi • generative Grammatik f
üretici donatım • Produktionseinrichtung f
üretici işçilik • Fertigungslohn m
üretici işletme • Produktionsbetrieb m
üretici memleket • Herstellungsland n
üretici olmayan işçilik • Hilfslöhne pl. m
üretici olmayan sermaye • totes Kapital n; unproduktives Kapital n
üretici sermaye • Produktionskapital n
üretici sesbilim • generative Phonologie f
üretici yatırım • Vermögensanlage f
üreticiden direkt satın alma • Beziehungskauf m
üretici-dönüşümsel dilbilgisi • generative Transformationsgrammatik f
üreticiler • Produzentenbereich m
üreticinin işareti veya markası • Firmenzeichen n
üreticinin ödediği üretim vergisi • Produktionssteuer f
üretilen son birimin getirdiği maliyet • Grenzkosten pl.

Fachwörterbuch

üretim • Darbietung f; Erzeugnis n; Erzeugung f; Förderergebnis n; Förderung f; Herstellung f; Produktion f; Produktionsergebnis n; Produzentenbereich m; Wirtschaftsleistung f
üretim arttıkça azalan maliyet • regressive Kosten pl.
üretim birimi • Arbeits- oder Maschinengruppe f in der Fertigung f
üretim birimi maliyeti • Stückkosten pl.
üretim birimine göre amortisman yöntemi • Mengenabschreibung f
üretim bütçesi • Produktionsbudget n
üretim cihazı • Produktionsapparat m
üretim dairelerine hizmet sağlayan yardımcı departman • Hilfsbetrieb m
üretim dışı satış • Handelsumsatz m
üretim dizisi • Typenreihe f
üretim faktörü • Produktionsfaktor m
üretim gücü • Leistungsfähigkeit f; Produktionskapazität f
üretim hareketi • Produktionsentwicklung f
üretim hattı • Produktionsstrasse f
üretim hedefi • Sollmenge f
üretim kapasitesi • Produktionskapazität f; Produktionspotential n
üretim kapasitesi rezervi • Produktionsreserve f
üretim kolu • Wirtschaftsbereich m
üretim kooperatifi • Produktionsgenossenschaft f
üretim malı • Produktionsgut m
üretim maliyeti • Herstellungskosten pl.
üretim malları sektörü • Produktionswirtschaft f
üretim miktarı • tatsächliche Produktionsmenge f
üretim miktarı ile değişen fakat değişim oranı aynı kalmayan maliyetler • teilproportionale Kosten pl.
üretim miktarına göre amortisman ayırma yöntemi • produktionsabhängiges Abschreibungsverfahren n
üretim potansiyeli • Leistungsfähigkeit f; Produktionskapazität f
üretim rakamları • Förderziffern pl. f
üretim raporu • Produktionsbericht m
üretim serisi • Typenreihe f

üretim sermayesi • Produktionskapital n; Produktivkapital n
üretim sistemi • Wirtschaftsprozess m
üretim şeklinin değiştirilmesi • Produktionsumstellung f
üretim vergisi • Produktionssteuer f
üretim vetiresi • Wirtschaftsprozess m
üretim yöntemi • Fertigungsverfahren n
üretimde artış • Mehranfall m
üretimde azalma • Förderausfall m
üretimde fazlalık • Mehrförderung f
üretimde kullanılan ekonomik varlıklar • Investitionsgüter pl. n; Kapitalgüter pl. n
üretimde kullanılan yatırım malları • Produktionsgüter pl. n
üretimin rasyonelleştirilmesi • Rationalisierung f
üretimin sınırlandırılması • Produktionsstop m
üretimin tamamlandığı anda hasılatın gerçekleşmesi • Ertragsrealisation f zum Zeitpunkt m der Fertigung f
üretimin yaygınlaşması • Produktionsentfaltung f
üretkenlik • Produktivität f
üretmek • erwirtschaften; herstellen; produzieren; schaffen
ürün • Aufkommen n; Ausbeute f; Effekt m; Ertrag m; Erzeugnis n; Frucht f; Produkt n; Produktion f
ürün çeşitliliği • Produktpalette f
ürün destekleme kredisi • Ernteststützungskredit m
ürün kalitesi • Bestandsgüte f
ürün yılı • Wirtschaftsjahr n
ürünlere göre ayırt edilebilir maliyet • trennbare Kosten pl.
üs • Stützpunkt m
üslup • Ausdrucksweise f
üst • übergeordnet; Vorgesetzter m
üst hakkı • Baurecht n; Erbbaurecht n; Überbaurecht n
üst idari mahkeme • oberes Verwaltungsgericht n
üst yönetim • Hauptverwaltung f
üstanlambirimcik demeti • Archisemem
üstanlamlı • hyperonym
üstanlamlılık • Hyperonymie f
üstdamaksıl • Retroflex m; zerebral
üstdil • Metasprache f

üstdil işlevi • metasprachliche Funktion f
üste • Mehrbetrag m; Überschuss m
üstesinden gelme • Bewältigung f
üstkatman • Superstrat n
üstlenen • Übernehmer m
üstlenilen borç • übernommene Schuld f
üstlenmek • antreten; übernehmen
üstsesbirim • Archiphonem n
üstsoy • Aszendent m
üstsözlükbirim • Archilexem n
üstün hisse senedi • Vorzugsaktie f
üstün olmak • überwiegen
üstün zekalı çocuklar • hochintelligente Kinder pl. n
üstündelik durumu • Superessivus
üstünden atmak • abschieben
üstüne atma • Unterschiebung f; Unterstellung f
üstüne atmak • unterstellen
üstünlük • Priorität f; Vorrang m
üstünlük derecesi • Superlativ m
üstünlük duygusu • Überlegenheitsgefühl n
üstünlük hakkı • Prioritätsrecht n
üstyapı • Überbau m
ütilizasyon oranı • Ausnutzungsgrad m
üvey anne • Stiefmutter f
üvey baba • Stiefvater m
üvey çocuk • Stiefkind n

üvey ebeveyn • Stiefeltern pl.
üvey erkek kardeş • Stiefbruder m
üvey kardeşler • Stiefgeschwister pl.
üvey kız evlat • Stieftochter f
üvey kız kardeş • Stiefschwester f
üvey oğul • Stiefsohn m
üveylik • Stiefverwandtschaft f
üye • Beisitzer m; Mitglied n
üye aidatı • Mitgliedsbeitrag m
üye devlet • Mitgliedsstaat m
üye memleket • Partnerland n; Unionsland n
üye olmayan memleket • Nichtteilnehmerland n
üye sayısı • Mitgliederzahl f
üyelik • Mitgliedschaft f
üzerinde bankanın adı ve imzası olan çek • beglaubigter Scheck m; gesperrter Scheck m
üzerinde çalışmak • bearbeiten
üzerinde özel şartlar yazılı tahvil • abgestempelte Anleihe f
üzerinde tahrifat yapılmış çek • falscher Scheck m; gefälschter Scheck m
üzerinde tasarruf edilebilir • verfügbar
üzerinde tasarruf etmek • verfügen
üzerine inşaat yapılmamış toprak parçası • unbebauter Grund m
üzücü • lästig

Fachwörterbuch

V

vaat • Schuldversprechen n; Versprechen n; Zusage f
vaat edilen vasıflar • zugesicherte Eigenschaften pl. f
vaat etmek • zusagen; versprechen
vacibülicra • vollstreckbar
vade • Fälligkeit f; Fälligkeitstermin m; Frist f; Laufzeit f; Termin m; Verfall m; Verfalltag m; Zahlungstermin m; Zeit f; Ziel n
vade başında ödenebilir • pränumerando
vade farkı • Zinsen pl. m der Terminverkäufe pl. m
vade gelmeden önce ödeme • vorfristige Auszahlung f
vade günü • Fälligkeitstermin m; Verfalltag m
vade hulul etmek • auslaufen
vade hululu • Fristablauf m; Ablauf m; Fälligkeit f
vade içinde • fristgerecht
vade iskontosu • Deportsatz m
vade sonu • Verfall m
vade sonundaki değer • Fälligkeitswert m
vade tarihi • Fälligkeitsdatum n; Fälligkeitstermin m; Verfalldatum n; Verfalltag m; Verfallzeit f
vade temdidi • Fristverlängerung f
vade tespit etmek • befristen; terminieren
vade tespiti • Terminfestsetzung f
vade uzatılması • Fristverlängerung f
vade uzatma dilekçesi • Fristgesuch n
vadelendirmek • terminieren
vadeli • Fixture; terminbedingt; termingebunden
vadeli alım satım işlemi • Termingeschäft n
vadeli alışveriş • Differenzgeschäft n; Lieferungsgeschäft n; Sichtgeschäft n; Termingeschäft n; Zeitgeschäft n
vadeli borç • Terminschuld f
vadeli borsa muamelesi • Termingeschäft n
vadeli çek • vordatierter Scheck m

vadeli döviz muamelesi • Devisentermingeschäft n
vadeli döviz piyasası • Devisenterminmarkt m
vadeli fiyat • Terminnotierung f; Terminpreis m
vadeli hesap • Festkonto n
vadeli iş mukavelesi • Fixgeschäft n
vadeli işlem • Termingeschäft n
vadeli işlerde prim usulü • Prämiengeschäft n
vadeli kambiyo işlemleri • Devisentermingeschäft n; Devisenterminhandel m
vadeli kur • Terminkurs m
vadeli mevduat • befristete Einlage f; Festgeld n; Termineinlage f; Termingeld n; Zeitgeld n
vadeli muamele • Lieferungsgeschäft n; Termingeschäft n
vadeli muameleler • Effekten pl. m; Termingeschäfte pl. n; Zeitgeschäfte pl. n
vadeli muamelelerden vadenin uzatılması • Prolongationsgeschäft n
vadeli olarak döviz alımı • Devisentermingeschäft n
vadeli olarak döviz satımı • Devisenterminageschäft n
vadeli opsiyon • Terminoption f
vadeli ödeme • rückgestellte Verbindlichkeiten pl. f; Terminzahlung f
vadeli pamuk piyasası • Baumwollterminbörse f
vadeli para yatırma • Festgeldanlage f
vadeli poliçe • Datowechsel m; Terminwechsel m; Zeitwechsel m
vadeli satılmış mallar • Terminwaren pl. f
vadeli satış • Lieferungsverkauf m; Terminverkauf m; Verkauf m auf Kredit m; Verkauf m auf Ziel n; Verkauf m mit Laufzeit f; Warentermingeschäft n; Warenterminverkauf m
vadeli satış piyasası • Terminmarkt m
vadeli satışlar borsası • Terminbörse f
vadeli satışlarda spekülasyon • Differenzgeschäft n

Mesleki Terimler Sözlüğü

vadeli senet • Terminwechsel m
vadeli sözleşme • Terminkontrakt m
vadeli sözleşmeler piyasası • Terminmarkt m
vadeli teslim • Termingeschäft n; Terminlieferung f
vadeli teslim muameleleri • Terminhandel m
vadeli yatırılan para • Festgeld n
vadenin bitiş günü • Verfalltermin m
vadenin geçirilmesi • Fristüberschreitung f
vadenin gelmcsi • Verfall m
vadenin kaçırılması • Fristversäumnis f
vadenin sonu • Fristautlauf m
vadenin uzatılması • Aufschub m; Fristverlängerung f; Prolongation f; Prolongation f eines Wechsels m; Verlängerung f der Frist f
vadesi geçmiş • notleidend
vadesi geçmiş çek • überfälliger Scheck m; verfallener Scheck m
vadesi geçmiş ödeme • rückständige Zahlung f
vadesi gelen • fällig
vadesi gelen borcu ödememe • Zahlungsverweigerung f
vadesi gelen matlup • Sichtguthaben n
vadesi gelen primler • fällige Beiträge pl. m
vadesi gelip ödenmemiş borçlar • Aussenstände pl. m; Rückstände pl. m
vadesi gelmek • ablaufen; fällig werden; verfallen
vadesi gelmemiş • noch nicht fällig
vadesi gelmemiş olan borç • fristgebundene Schuld f
vadesi gelmiş borç • fällige Schuld f
vadesi gelmiş faiz • fällige Zinsen pl. m
vadesi gelmiş senet • fälliger Wechsel m
vadesi gelmiş tahviller • fällige Obligationen pl. f
vadesi gereğince • termingerecht
vadesi uzatılmış senet • Prolongationswechsel m
vadesi uzatılmış tahvil • verlängerte Schuldverschreibung f
vadesi yaklaşmak • auslaufen
vadesinde • fristgerecht; fristzeitig; termingerecht
vadesinde ödeme • zahlen bei Fälligkeit f; zahlen bei Verfall m
vadesinde ödenmemiş olan poliçe • notleidender Wechsel m
vadesinden önce ödeme • vorzeitige Zahlung f
vadesinden önce ödemede bulunmak • vorziehen
vadesinden önce ödenebilen tahvil • kündbare Obligationen pl. f
vadesinden önce ödenebilir • vorzeitig rückkaufbar
vadesinin bitimine çok az kalan senet • in Kürze f fälliger Wechsel m
vadesiz • kündbar; sofort; täglich fällig; unbefristet
vadesiz banka mevduatı • Sichtgelder pl. n
vadesiz borç • täglich kündbares Darlehen f
vadesiz işlem • Kassageschäft n; Komptangeschäft n
vadesiz mevduat • Kreditoren pl. m auf Sicht f; Sichteinlagen pl. f
vadesiz senet • Sichtwechsel m
vadesiz tahvil • Anleihensobligationen pl. f ohne Fälligkeit f; Dauerschuldverschreibung f
vadeye kadar olan verim • Rendite f auf Verfall m
vadeyi uzatma • Prolongation f
vaftiz adı • Taufname m
vagon • Wagen m
vagon pusulası • Waggonzettel m
vagonda teslim • franco Lastwagen m; franco Waggon m; frei Lastwagen m; frei Waggon m
vahim • lebensgefährlich; schwer
vahimleştirmek • verschlimmern
vahşi • wild
vahşi hayvanlar • wilde Tiere pl. n
vaka • Begebenheit f; Vorfall m; Vorgang m; Vorkommnis n; Zwischenfall m
vakfetmek • dotieren; widmen
vakıa • Tatbestand m; Tatsache f; Umstand m; Vorfall m
vakıa ile ispat • Tatbestandsbeweis m
vakıalar • Sachverhalt m
vakıanın tespiti • Tatbestandsaufnahme f
vakıf • Dotation f; religiöse Stiftung f; Stiftung f

V

Fachwörterbuch

vakıf üniversitesi • Stiftungsuniversität f
vakit • Uhrzeit f
vaktinden evvel davranmak • vorgreifen
vaktinden önce • vorzeitig
vali • Gouverneur m; Oberpräsident m; Präfekt m; Regierungspräsident m; Statthalter m
valilik • Gouvernement n
valör • Abrechnungsdatum n; Valuta f; Valutierungsdatum n; Valutierungstag m; Wert m
var etmek • schaffen
var olmak • existieren
varaka • Blatt n
varant • Bezugsrecht n; Lagerpfandschein m; Lagerschein m; Optionsschein m; Warrant m
varantılı tahvil • Optionsanleihe f
vardiya • Betriebszeit f; Schicht f; Schichtarbeit f
vardiya başına verim • Schichtleistung f
vardiya işçisi • Schichtarbeiter m; Schichtlöhner m
vardiya süresi • Schichtzeit f
vardiya ücreti farkı • Schichtzuschlag m
vardiyalı çalışma • Mehrschichtenbetrieb m
vargı • Konklusion f
varidat • Einkünfte pl. f des Staates m; Staatseinkünfte pl. f
varılması bilimsel olarak saptanmış amaç • Norm f; Standard m
varılması planlanan amaca en az fedakarlıkla varılma derecesi • Leistungsfähigkeit f
varış • Ankunft f
varış durumu • Terminativus m
varış limanı • Bestimmungshafen m; Eingangshafen m
varış yeri • Bestimmungsort m
varış yerinde ödenecek navlun • Frachtnachname f
varlığı giderleştirme • Abschreiben n von Vermögen n
varlığın belirli bir tarihteki pazar değeri • Tagespreis m
varlığın değerini belirleme • Bewertung f; Wertbestimmung f
varlığın paraya dönüştürülmesi • Liquidation f; Liquidierung f

varlığın satılabileceği fiyat • Verkaufswert m
varlığın satın alındığı tarihteki maliyeti • Anschaffungskosten pl.
varlık • Aktiva pl.; Aktivvermögen n; Bestand m; Dasein n; Existenzs f; Habe f; Reichtum m; Vermögen n; Vermögenswert m; Wesen n; Wirtschaftsgut n
varlık değeri • Unternehmungswert m; Vermögenswert m
varlık değerlendirme • Vermögensbewertung f
varlık hesabı • Aktivkonto n
varlık vergisi • Vermögenssteuer f
varlıklar toplamı • Aktivsumme f
varlıkların yenilenmesi için pasifte ayrılan karşılık • Erneuerungsrückstellung f
varma limanı • Bestimmungshafen m
varoluşçu ruhbilim • Existenzpsychologie f
varoluşçuluk • Existentialismus m
varsayım • Fiktion f; Voraussetzung f
varsayımlı • hypothetisch
varsayımsal • fiktiv
varsaymak • unterstellen; Unterstellung f; voraussetzen
varyans • Abweichung f; ungünstige Abweichung f
varyans hesapları • Verrechnungskosten pl.
varyasyon • Streuung f
vasal varlık • gesetzliches Vermögen n
vasat • Durchschnitt m; mässig; mittel
vasati • durchschnittlich
vasi • Kurator m; Vormund m
vasi olmaya ehliyetsizlik • Unfähigkeit f zur Vormundschaft f
vasi olmaya liyakatsizlik • Untauglichkeit f zum Vormund m
vasi seçimi • Auswahl f des Vormundes m
vasi tarafından kabul • Übernahme f durch den Vormund m
vasi tayin etmek • zum Vormund m bestellen
vasi tayini • Benennung f des Vormundes m; Bestellung f des Vormundes m

Mesleki Terimler Sözlüğü

vasıf • Eigenschaft f; Eigentümlichkeit f; Merkmal n; Stand m; Wesen n; Beschaffenheit f
vasıflandırma • Qualifikation f
vasıflandırmak • qualifizieren
vasıflı iş gücü • gelernte Arbeitskraft f
vasıflı işçi • gelernter Arbeiter m
vasıfsız işçi • Hilfsarbeiter m; ungelernter Arbeiter m
vasiliğe tayin etmek • zum Vormund m bestellen
vasilik etme • Bevormundung f
vasilik etmek • bevormunden
vasinin ibrası • Entlastung f des Vormunds m
vasinin sorumluluğu • Haftung f des Vormunds m
vasıta • Mittel n
vasıta zilyet • Besitzdiener m
vasıtalı • mittelbar
vasıtalı vergi • Akzise f; indirekte Steuer f
vasıtasıyla • Pensum n
vasıtasız • direkt; unmittelbar
vasıtasız vergi • direkte Steuer f
vasiyet • letzter Wille m; letztwillige Verfügungen pl. f; Testament n
vasiyet eden • Erblasser m; Testator m
vasiyet etmek • testieren
vasiyet ile intikal eden mülk • Vermächtnis n
vasiyet tarikiyle tasarrufa ehliyet • Testierfähigkeit f
vasiyetçi • Erblasser m; Testator m
vasiyete miras bırakma • Erblassen n
vasiyeti tenfiz memuru • Testamentsvollstrecker m; Willensvollstrecker m
vasiyetle ilgili • letztwillig
vasiyetname • Testament n; Vermächtnis n
vasiyetname gereğince • testamentarisch
vasiyetname ile mirasçı tayin etmek • testamentarisch als Erben m einsetzen
vasiyetname ile tayin edilen mirasçı • Testamentserbe m; Vertragserbe m
vasiyetname tanzim etme ehliyeti • Testierfähigkeit f
vasiyetname tanzim etme ehliyeti olmayan • intestabel
vasiyetname tanzim etmek • testieren
vasiyetname tanzimi • Errichtung f des Testaments n
vasiyetnameden doğan hak • Anspruch m aus Vermächtnis n
vasiyetnamenin açılması • Testamentseröffnung f
vasiyetnamenin açılması için tereke mahkemesince yapılan davet • Ladung f zur Testamentseröffnung f
vasiyetnamenin geri alınması • Rücknahme f des Testaments n
vasiyetnamenin kilit altında muhafazası • Verschliessung f des Testaments n
vasiyetnamenin resmi elde muhafazası • amtliche Verwahrung f des Testaments n
vasiyetnameye yapılan ilave • Testamentszusatz m
vasiyetnameyi iptal etmek • Testament n anfechten
vassallık • Vasallenschaft f
vatan • Heimat f; Heimatstaat m
vatan haini • Hochverräter m; Landesverräter m
vatana ihanet • Landesverrat m
vatandaş • Bürger m; Mitbürger m; Staatsangehöriger m; Staatsbürger m; Untertan m
vatandaşlığa kabul • Einbürgerung f
vatandaşlığa kabul etmek • einbürgern
vatandaşlığın kaybı • Verlust m der Staatsangehörigkeit f
vatandaşlık • Bürgerschaft f; Nationalität f; Staatsangehörigkeit f
vatandaşlık görevi • Bürgerpflicht f
vatandaşlık hak ve görevleri • staatsbürgerliche Rechte pl. n und Pflichten pl. f
vatandaşlık hakları • Bürgerrechte pl. n; Staatsbürgerrechte pl. n
vatandaşlık haklarıyla ilgili • bürgerrechtlich
vatandaşlıktan çıkarılma • Ausbürgerung f
vatandaşlıktan çıkarma • Denaturalisation f
vatandaşlıktan çıkarmak • ausbürgern; denaturalisieren; Staatsangehörigkeit f aberkennen
vatani görev • Heimatdienst m
vatansız • heimatlos; staatenlos

Fachwörterbuch

vatansızlık • Heimatlosigkeit f
vazetme • Aufstellung f
vazetmek • aufstellen; legen; stellen
vazgeçemez • süchtig
vazgeçen • Überlasser m
vazgeçilebilir • widerruflich
vazgeçilemez • unabtretbar; unentbehrlich; unerlässlich; unverzichtbar
vazgeçilemez akreditif • bestätigtes und unwiderrufliches Akkreditiv n
vazgeçilmez • obligat
vazgeçirmek • ausreden
vazgeçme • Abstand m; Aufgabe f; Ausschlagung f; Entäusserung f; Niederschlagung f; Rücktritt m; Unterlassung f; Überlassung f; Verzicht m; Widerruf m; Abstand m nehmen; Aufgabe f eines Rechtes n; Ausschlagung f eines Rechtes n; Erlass m
vazgeçme belgesi • Abtretungsurkunde f
vazgeçme tazminatı • Abstandssumme f
vazgeçmek • aufgeben; abandonnieren; abgeben; ablegen; fallenlassen; lösen; niederschlagen; sich abwenden; sich entäussern; Verzicht m; verzichten; widerrufen; zurückziehen
vazife • Arbeit f; Aufgabe f; Auftrag m; Beschäftigung f; Dienstobliegenheit f; Funktion f; Obliegenheit f; Pflicht f; sachliche Zuständigkeit f; Schuldigkeit f; Verrichtung f
vazife ihtilafı • Kompetenzkonflikt m
vazife ve salahiyet ihtilafı • Kompetenzkonflikt m
vazifelendirmek • beauftragen; betrauen
vazıülyet • Besitzergreifer m; Detentor m; tatsächlicher Besitzer m; Inhaber m
vaziyet • Befund m; Haltung f; Lage f; Sachlage f; Sachverhalt m; Situation f; Status m; Stellung f; Zustand m
vazıyet • Handlegen n; Eingreifen n; Beschlagnahme f; Requisition f
vecibe • Obligation f; Schuld f
vedaname • Abberufungsschreiben n
vedia • anvertrautes Gut n; Depositum n; Depot n; hinterlegtes Gut n; Verwahrungsvertrag m
vedia akdi • Hinterlegungsvertrag m; Verwahrungsvertrag m
vedia alan • Depotstelle f; Verwahrer m

vedia veren • Hinterleger m
vediaya zarar verme • Verwahrungsbruch m
vefa hakkı • Hypothekenablösungsrecht n; Rückkaufsrecht n; Wiederkaufsrecht n
vefa mukavelesi • Rückkaufsvertrag m
vefakar • treu
vefat • Ableben n
vefat etmek • ableben; sterben
vefat ilmühaberi • Sterbeurkunde f; Totenschein m
vekalet • Auftrag m; Ermächtigung f; Gebührenvorschuss m; Mandat n; Ministerium n; Prokura f; Stellvertretung f; Stimmrechtsbeauftragung f; Vertretung f; Vertretungsvollmacht f; Vollmacht f
vekalet etmek • vertreten
vekalet senedi • Treuhanderrichtungsurkunde f
vekalet veren • Mandant m
vekalet verme • Bevollmächtigung f
vekalet vermek • autorisieren; bevollmächtigen; ermächtigen; Vollmacht f erteilen
vekaleten • in Vertretung f; in Vollmacht f; interimistisch; per Prokura f
vekaleten başkalarının işini gören şirket • Treuhandgesellschaft f
vekaleten yapılamayan • nichtvertretbar
vekaleti olmadan başkası hesabına tasarruf • Geschäftsführung f ohne Auftrag m
vekaletin sona ermesi • Erlöschen n der Vollmacht f
vekaletname • Prokura f; Vollmacht f; Vollmachtsurkunde f
vekaletnamenin iptali • Kraftloserklärung f der Vollmachtsurkunde f
vekaletten azil • Widerruf m der Vollmacht f
vekil • Agent m; Auftragnehmer m; Beauftragter m; Bevollmächtigter m; Mandatar m; Minister m; Prokurist m; Prozessbevollmächtigter m; Sachwalter m; Staatsminister m; Staatssekretär m; Stellvertreter m; Vertreter m; Vollmachtinhaber m; Vollmachtsurkunde f
vekil göndermek • abordnen

Mesleki Terimler Sözlüğü

vekil öğretmen • Ersatzlehrer m; Lehrervertreter m
vekil öğretmen kadrosu • Lehrervertreterkader m
velayet • elterliche Gewalt f; elterliche Sorge f; väterliche Gewalt f
velayet hakkı • Sorgerecht n
velayet hakkının durdurulması • Ruhen n der elterlichen Gewalt f
velayet hakkının ıskatı • Verwirkung f der elterlichen Gewalt f
velayet hakkının kötüye kullanılması • Missbrauch m der elterlichen Gewalt f
velayet hakkının kullanılması • Ausübung f der elterlichen Gewalt f
velayet hakkının taksimi • Teilung f der elterlichen Gewalt f
velayetin tevdii • Übertragung f der elterlichen Gewalt f
veli • Vormund m; elterlicher Gewaltinhaber m; Erziehungsberechtigter m; Inhaber m der elterlichen Gewalt f; Sorgeberechtigter m
veliler • Eltern pl.; Erziehungsberechtigte pl. m
veraset • Erbschaft f
veraset ilamı • Erbschein m
veraset senedi • Erbschein m
veraset sırası • Erbfolge f
veraset ve intikal vergisi • Erbanfalls- und Schenkungssteuer f; Erbanfallssteuer f
veraset vergisi • Erbschaftssteuer f; Nachlasssteuer f
Veraset Vergisi Kanunu • Erbschaftssteuergesetz n
veraset yoluyla intikal eden mülk • Erbbesitz m; Erbeigentum n
veraset yoluyla intikal etme • Vererblichkeit f
veraset yoluyla intikali mümkün • vererblich
veren • Geber m
veresiye • auf Kredit m; Zielkauf m
veresiye satın almak • auf Kredit kaufen
veresiye satış • Verkauf m auf Ziel n
vergi • Abgabe f; Gebühr f; Last f; Steuer f
vergi açısından gösterilen adres • steuerlicher Wohnsitz m
vergi açısından tanınan amortisman • steuerlich zulässige Abschreibung f

vergi avantajı • Steuervorteil m
vergi bağışıklığı • Steuerbefreiung f; Steuerfreiheit f
vergi bakımından himaye edilmiş • steuerbegünstigt
vergi başkontrolörü • Obersteuerinspektor m
vergi beyanı • Steuererklärung f
vergi beyanı mükellefiyeti • Steuererklärungspflicht f
vergi borcu • Steuerschuld f
vergi borcunun veya bir cezanın affedilmesi • Erlass m
vergi borçlusu • Steuerschuldner m
vergi cetveli • Steuertabelle f; Steuertarif m
vergi cezaları • Steuerstrafen pl. f
vergi dairesi • Einnahmestelle f; Finanzamt n; Steuerbehörde f; Steuerträger m
vergi danışmanı • Steuerberater m
vergi değeri • Steuerwert m
vergi denetimi • Betriebsprüfung f; Steuerrevision f
vergi destekleri • Steuervergünstigungen pl. f
vergi düşüldükten sonraki kar • Gewinn m nach Abzug m von Steuern pl. f; Nettogewinn m
vergi eksiklerinin ödenmesi • Nachversteuerung f
vergi gelirleri • Steueraufkommen n; Steueraufwendungen pl. f
vergi hukuku • Steuergesetzgebung f; Steuerrecht n
vergi iadesi • Steuerermässigung f; Steuerrückerstattung f; Steuerrückzahlung f
vergi için değer biçme • Steuerveranlagung f
vergi ihtilafı • Steuerkonflikt m
vergi indirimi • Steuerabzug m; Steuervergünstigung f
vergi istisnası • Steuerbefreiung f; Steuerfreiheit f; Steuervergünstigung f
vergi kaçakçılığı • Steuerhinterziehung f
vergi kaçırma • Steuerbetrug m; Steuerflucht f; Steuerhinterziehung f
vergi kaçırmak • Steuern pl. f hinterziehen
vergi kanunu • Finanzgesetz n; Steuergesetz n

345

Fachwörterbuch

vergi karnesi • Lohnsteuerkarte f
vergi kontrolü • Betriebsprüfung f; Steueraufsicht f; Steuerrevision f
vergi koymak • Steuer f erheben
vergi mahkemesi • Finanzgericht n
vergi makamı • Steuerträger m
vergi matrahı • Steuerbemessungsgrundlage f; Steuerveranlagung f
vergi memurlarının sır saklama mükellefiyeti • Steuergeheimnis n
vergi memuru • Steuerbeamter m
vergi muafiyeti • Steuerbefreiung f; Steuerfreiheit f
vergi muhasebesi • Steuerbuchhaltung f
vergi mükellefi • Abgabenpflichtiger m; Steuerpflichtiger m; Steuerzahler m
vergi mükellefiyeti • Abgabepflicht f
vergi müşaviri • Steuerberater m
vergi nispeti • Steuersatz m
vergi nizamnamesi • Steuerordnung f
vergi oranı • Steuersatz m
vergi ödeme yükümlülüğü • Steuerpflicht f
vergi ödemek • Steuer f zahlen; versteuern
vergi ödemeksizin kaçak çalışma • Schwarzarbeit f
vergi ödeyen • Veranlagter m
vergi planlaması • Steuerplanung f
vergi politikası • Steuerpolitik f
vergi sınıfı • Steuerklasse f
vergi sınırı • Besteuerungsgrenze f
vergi sistemi • Steuerwesen n
vergi sonrası • Ertrag m; Gewinn m
vergi sorumlusu • Steuerpflichtiger m
vergi tahakkuku • Steuerfestsetzung f; Steuerveranlagung f
vergi tahsil etmek • beitreiben
vergi tahsildarı • Steuerbeamter m; Steuereinnehmer m
vergi tahsili • Betreibung f
vergi taksidi • Abgaberate f
vergi tarh etmek • besteuern; Steuer f erheben
vergi tarhı • Besteuerung f; Steuererhebung f; Steuerveranlagung f
vergi tasarrufu • Steuerersparnis f
vergi tebligatı • Steuerbescheid m
vergi yansıması • Abwälzung f von Steuern pl. f

vergi yasası • Steuergesetz n
vergi yılı • Steuerjahr n
vergi yükü • Steuerbelastung f; Steuerlast f
vergi yükümlülüğü • Steuerpflicht f
vergi yükümlüsü • Steuerpflichtiger m
vergiden indirmek • von der Steuer f absetzen
vergiden kaçınma • Steuerumgehung f
vergiden muaf • abgabenfrei; lastenfrei; steuerfrei; gebührenfrei
vergiden muaf meblağ • Freibetrag m
vergiden muaf mülk • Freigut n
vergiden muaf olan kar • steuerfreier Gewinn m
vergiden muaf tutar • Steuerfreibeträge pl. m
vergiden muafiyet • Steuerbefreiung f
vergileme adaleti • Besteuerungsgerechtigkeit f
vergilendirilecek kar • steuerpflichtiger Gewinn m
vergilendirilmemiş • unversteuert
vergilendirme • Besteuerung f
vergilendirmek • besteuern
vergilenebilir gelir • steuerpflichtiges Einkommen n
vergilerin tek tek tahsili • Einzelversteuerung f
verginin emaneten idaresi • Steuerpacht f
verginin yansıması • Abwälzung f von Steuern pl. f
verginin yükümlüye tebliği • Benachrichtigung f der Besteuerung f
vergisini ödemek • versteuern
vergisiz • abgabenfrei; lastenfrei; steuerfrei
vergiye bağlamak • besteuern
vergiye tabi • steuerpflichtig; zu versteuern
vergiye tabi brüt ücret • steuerpflichtiger Bruttoarbeitslohn m
vergiye tabi değer • zu versteuernder Wert m
vergiye tabi gelir • versteuerbares Einkommen n; steuerpflichtiges Einkommen n
vergiye tabi kılmak • zur Verstenerung heranziehen
veri • Daten pl.
veri bankası • Datenbank f
verici • Sender m

Mesleki Terimler Sözlüğü

verilen iş • Pensum n
verilen kredi miktarı • Krediteinsatz m
verilen oyların kontrolü • Stimmenprüfung f
verim • Arbeitsleistung f; Aufkommen n; Ausbeute f; Ausbringung f; Ertrag m; Nutzungsgrad m; Rendite f; Produkt n
verim farkı • Leistungsgradabweichung f
verim kapasitesi • Ergiebigkeit f
verim oranı • Gewinnmarge f; Rentabilität f
verim rekoru • Produktionsspitze f
verimli • einträglich; ertragbringend; leistungsfähig; lohnend; rationell; rentabel
verimli kılmak • rationalisieren
verimli olmayan • unrentabel
verimliliğin alt sınırı • Rentabilitätsschwelle f
verimliliğin hesaplanması • Wirtschaftlichkeitsberechnung f
verimlilik • Ergiebigkeit f; Leistungsfähigkeit f; Produktivität f; Rentabilität f; Wirtschaftlichkeit f
verimlilik derecesi • Nutzungsgrad m
verimlilik faktörü • Wirtschaftlichkeitsfaktor m
verimlilik kredisi • Produktivkredit m
verimlilik sınırı • Rentabilitätsgrenze f
verimsiz • unfruchtbar
verimsiz veya gayri faal olmak • darniederliegen
verimsizlik • Uneinträglichkeit f; Unergiebigkeit f; Unproduktivität f
verme • Erteilung f; Gewährung f; Vergabe f; Zuweisung f
vermek • abliefern; ausfolgen; austeilen; einräumen; einreichen; erteilen; geben; gewähren; herantragen; herauslegen; liefern; vergeben; zusprechen
vesaik • Akte f; Urkundspapiere pl. n
vesaik akreditifi • Dokumenten-Akkreditiv n
vesaik akreditifi açış talimatı • Rembours-auftrag m
vesaik ibrazında ödenen akreditif • Dokumenten-Akkreditiv n
vesaik karşılığı avans • Vorschuss m gegen Dokumente pl. n
vesaik karşılığı çekilen poliçe için kredi • Wechselrembours m
vesaik karşılığı kabul • Dokumente pl. n gegen Akzept n
vesaik karşılığı ödeme • Bezahlung f gegen Dokumente pl. n; Dokumente pl. n gegen Zahlung f
vesaik kredisi açma yetkisi • Rembours-ermächtigung f
vesaik kredisi ihbarı • Remboursbenachrichtigung f
vesaik kredisinin borçlusu • Remboursschuldner m
vesaik poliçesi • Dokumententratte f
vesaikin orijinali • Erstschrift f
vesayet • Vormundschaft f
vesayet altına alınan • Mündel n
vesayet altına alma • Bevormundung f
vesayet altına almak • bevormunden; unter Vormundschaft f stellen
vesayet altında bulunanların paraları • Mündelgelder pl. n
vesayet altında bulunmak • unter Vormundschaft f stehen
vesayet altında olma • Mündelstand m
vesayet altındaki kimsenin paraları • Mündelgelder pl. n
vesayet altındaki kişiye ait varlıkların emniyete alınması • Mündelsicherheit f
vesayet dairesi olan asliye hukuk mahkemesi • Vormundschaftsgericht n
vesayet dairesi olan sulh hukuk mahkemesi • Vormundschaftsgericht n
vesayet hakimi • Vormundschaftsrichter m
vesayet mahkemesi • Vormundschaftsgericht n
vesayete mani sebep • Ausschliessungsgrund m bei der Vormundschaft f
vesika • Ausweis m; Beleg m; Belegschein m; Bescheinigung f; Dokument n; Papier n; Schein m; Schriftstück n; Unterlage f; Urkunde f
vesika verme • Ausfertigung f
vesikalı kabul kredisi • Rembourskredit m
vesikalı kredi • Dokumentarakkreditiv n; Dokumentenakkreditiv n; Rembourskredit m
vesikalı muamele • Remboursgeschäft n
vesikalı poliçe • Dokumentartratte f; Dokumententratte f

Fachwörterbuch

vesikalı tahsil • Dokumentarinkasso n
vesikalık fotoğraf • Passbild n
vesikanın aslı • Ausfertigung f
vesikanın düzenlenme tarihi • Ausstellungsdatum n
vesikanın kopyası • Ausfertigung f
vesikasız tahsil • einfaches Inkasso n
vesikaya bağlama • Kartenwirtschaft f; Zuteilungsverfahren n
vesile • Anlass m; Gelegenheit f; Handhabe f; Veranlassung f
vesile olmak • bewirken
veto • Veto n
veto etmek • Veto n einlegen
veto hakkı • Ablehnungsrecht n; Einspruchsrecht n; Vetorecht n
vezne • Kasse f; Zahlschalter m; Zahlstelle f
vezne saatleri • Kassenstunden pl.
veznedar • Leiter m der Finanzabteilung f; Schatzmeister m; Kassenführer m; Kassierer m; Rendant m
veznenin kapanması • Kassenabschluss m
vicahi hüküm • Entscheidung f aufgrund mündlicher Verhandlung f; kontradiktorisches Urteil n
vicdan • Gewissen n
vicdan hürriyeti • Gewissensfreiheit f
vilayet • Gouvernement n; Provinz f; Regierungsbezirk m; Stadt f
vilayet bütçesi • Provinzetat m
vilayet daimi encümeni • Provinzialausschuss m
vilayet hususi idaresi • Provinzialverwaltung f
vilayet umumi meclisi • Provinzialversammlung f
virman • Bankgiro n; bargeldlos; Übertragung f

virman hesabı • Durchgangskonto n
virman parası • Buchgeld n; Giralgeld n
virman yolu ile • bargeldlos
vize • Sichtvermerk m; Visum n
vize etmek • visieren
vizeli çek • beglaubigter Scheck m; gesperrter Scheck m
vizeli fatura • beglaubigte Rechnung f
vostro hesap • Vostro Konto n
Voyvoda • Voivode m
vuku bulmak • erfolgen; geschehen; passieren; sich begeben; vorfallen; vorgehen; vorkommen
vukua gelmek • sich ereignen
vukuf • Kenntnis f
vurgu • Akzent m; Betonung f; Druckakzent m; Intensitätsbetonung f
vurgulama • Akzentuierung f
vurgulama • Betonung f
vurgulamak • betonen
vurgulu seslem • betonte Silbe f
vurgun • Schiebung f
vurgunculuk • Preiswucher m; Sachwucher m; Warenwucher m
vurgusuz seslem • atonale Silbe f; unbetonte Silbe f
vurmak • schlagen
vusul nazariyesi • Zugangstheorie f
vusulü gerekli irade beyanı • empfangsbedürftige Willenserklärung f
vusül işar mektubu • Empfangsanzeige f; Empfangsbestätigung f
vuzuh • Bestimmtheit f
vuzuha kavuşmamış • ungeklärt
vücut • Korpus n; Körper m; Leib m
vüsuk • Authentizität f; Echtheit f

Mesleki Terimler Sözlüğü

W

Weimar Anayasası • Weimarer Verfassung f

Y

yabancı • Ausländer m; auswärtig; fremd; Fremder m
yabancı banka • ausländische Bank f
yabancı borçlar • Auslandspassiven pl.
yabancı dernek • ausländischer Verein m
yabancı devletler • ausländische Staaten pl. m
yabancı dil • Fremdsprache f
yabancı işçi • ausländischer Arbeitnehmer m; Gastarbeiter m
yabancı kanun • ausländisches Gesetz n
yabancı kaynak • Fremdkapital n; Fremdmittel n; Verschuldungskoeffizient m
yabancı kaynaklar • Fremdgelder pl. n; Fremdkapital n
yabancı mal • Fremdgut n
yabancı mamul • Fremdfabrikat n
yabancı memleket • Ausland n
yabancı memleket parası • Devise f
yabancı memleketten olan • ausländisch
yabancı menkul kıymetler • ausländische Wertpapiere pl. n; Auslandswerte pl. m; Auslandswertpapiere pl. n
yabancı ortaklıklar • ausländische Gesellschaften pl. f
yabancı öğrenci • ausländischer Schuler m
yabancı öğretmen • ausländischer Lehrer m
yabancı para • ausländische Zahlungsmittel pl. n; Devise f; Valuta f; Währung f
yabancı parada ihracat poliçesi • Valuta-Exporttratte f
yabancı paralar • Sorten pl.
yabancı paralar gişesi • Sortenkasse f

yabancı paralar üzerinde yapılan muamele • Sortenhandel m
yabancı poliçe • Auslandswechsel m; Valutawechsel m; Wechsel m in ausländischer Währung f
yabancı sermaye • Auslandskapital n; Fremdkapital n
yabancı şirket • ausländische Kapitalgesellschaft f
yabancı şube • Auslandsniederlassung f
yabancı tahvil • ausländische Schuldverschreibung f
yabancı ülke parası • ausländische Devisen pl. f
yabancı varlıklar • Auslandsaktiven pl. n
yabancı yatırım • Auslandsinvestition f
yabancılar hukuku • Fremdenrecht n
Yabancılar Kanunu • Ausländergesetz n
yabancılar polisi • Fremdenpolizei f
yabancıların elinde bulunan dış ticaret • Passivhandel m
yabancıların hak ve vazifeleri • Fremdenrecht n
yabancıların memleketten çıkarılması • Ausweisung f von Ausländern pl. m
yabancılaştırmak • entfremden
yabancının memleketten çıkarılması • Anweisung f
yaderlik • Heteronomie f
yadgerekircilik • Indeterminismus m
yağma • Plünderung f; Räuberei f
yağma etmek • plündern
yağmacılık • Plünderung f
yakalama • Festnahme f; Festsetzung f; vorläufige Festnahme f
yakalamak • erwischen; fassen; festhalten; festnehmen

349

Fachwörterbuch

yakın • Pause f
yakın dönem • Pause f
yakın emir • Zirka-Auftrag m
yakın mevsim • Pause f
yakın nesilden olan akrabalık •
  Stammverwandtschaft f
yakından ilgili olmak • nahestehen
yakınlık • Konnexität f
yakınlık durumu • Adessivus m
yakışık alırlık • Anstand m
yakışıksız • ungebührlich; ungehörig
yakışmak • gebühren
yaklaşık • annähernd
yaklaşık hesaplama • überschlägige
  Berechnung f
yaklaşık olarak • circa; schätzungsweise;
  ungefähr
yaklaşım • Annäherung f
yaklaşım politikası • Annäherungspolitik f
yaklaşmak • sich annähern
yaklaştırmak • annähern
yalan • falsch; Falschheit f; Lüge f;
  Schwindel m; unwahr
yalan beyan • falsche Angabe f; falsche
  Darstellung f; ungenaue Darstellung f
yalan ifade • Falschaussage f
yalan ifadeye tahrik ve teşvik • Anstiftung
  f zur Falschaussage f
yalan söylemek • lügen; schwindeln
yalan söyleyerek aldatmak • belügen
yalan yemine teşvik etmek • zum Meineid
  m verleiten
yalan yere şahadet • falsches Zeugnis n
yalan yere tanıklık • falsches Zeugnis n
yalan yere yemin • Falscheid m; falscher
  Eid m; Meineid m
yalan yere yemin eden • Meineidiger m
yalan yere yemin etmekten dolayı
  mahkum etmek • wegen Meineids m
  verurteilen
yalancı • Lügner m
yalancı mukavele • Scheinvertrag m
yalancı şahitlik • falsches Zeugnis n
yalandan yapmak • vortäuschen
yalanlama • Dementi n
yalanlamak • dementieren; widerrufen
yalın durum • Nominativ m
yalın fiyat • Einheitspreis m
yalın sözcük • Simplex n

yalın tümce • einfacher Satz m
yalın zaman • einfaches Tempus n
yalıtılabilir • isolierbar
yalnız • allein; ausschliesslich
yalnız anne veya babası bir • halbbürtig
yalnız anne veya babası bir olan erkek
  kardeş • Halbbruder m
yalnız anne veya babası bir olan
  kardeşler • halbbürtige Geschwister pl.
yalnız anne veya babası bir olan kız
  kardeş • Halbschwester f
yalnız hesaba geçirilmek üzere • nur zur
  Verrechnung f
yalnızca • lediglich
yalnızca gelir ve giderleri kapsayan bütçe
  • Betriebsbudget n
yan haklar • Nebenrechte pl. n
yan masraflar • Nebenkosten pl.
yan ödeme • Zulage f
yan ödemeler • Lohnnebenleistungen pl. f
yan şirket kuruluşu • Tochtergesellschaft f
yan tutma • Befangenheit f
yan ürün • Nebenerzeugnis n
yananlam • Konnotation f;
  Nebenbedeutung f
yanaşık sıralam • Parataxe f
yanay • Profil n
yangın • Brand m; Feuer n
yangın hasarı • Brandschaden m
yangın sigortası •
  Brandschadenversicherung f;
  Feuerversicherung f
yanılgı • Fehler m; Irrtum m
yanılma • Irrtum m; Versehen n;
  Verwechselung f
yanılma payı • Toleranz f
yanılmak • irren; sich täuschen;
  verwechseln
yanılsama • Illusion f; Täuschung f
yanıltıcı • irreführend
yanıt • Antwort f
yankatman • Adstrat n
yankesici • Taschendieb m
yankesicilik • Taschendiebstahl m
yankınca • Echolalie f
yanlış • falsch; Fehler m; Irrtum m;
  regelwidrig; unecht; ungenau; unrecht;
  unrichtig
yanlış beyan • unrichtige Aussage f

Mesleki Terimler Sözlüğü

yanlış değerlendirme • Verkennung f
yanlış değerlendirmek • verkennen
yanlış hesap etmek • sich verrechnen
yanlış hesaplamak • verrechnen
yanlış hüküm • Fehlurteil n
yanlış işlem • unerlaubte Handlung f
yanlış yazmak • verschreiben
yanlış yere yapılan yatırım • Kapitalfehlleitung f
yanlışları düzeltme • Verbesserung f der Fehler pl. m
yanlışlık • Irrtum m; Unrecht n; Unrichtigkeit f
yanlışlıkla • irrtümlich; versehentlich
yansıma • Lautmalerei f; Onomatopöie f; Schallnachahmung f
yansıtıcı teknik • projektive Technik f
yansıtıcı testler • projektive Tests pl. m
yansız • Neutrum n
yansızlaşabilir karşıtlık • neutralisierbare Opposition f
yansızlaşma • Neutralisierung f
yantümce • Nebensatz m
yanünsüz • Lateral m; Seitenlaut m
yap, işlet, devret ilkesi • Prinzip n: baue, betreibe, übergebe
yapan • Macher m
yapay dil • künstliche Sprache f
yapı • Aufgliederung f; Bau m; Gefüge f; Gliederung f; Struktur f; Verfassung f
yapı değişimi • Strukturwandel m
yapı geçerliği • strukturelle Gültigkeit f
yapı hatası • Konstruktionsfehler m
yapı işi • Baugewerbe n
yapı işleri • Bauwesen n
yapı kooperatifi • Baugenossenschaft f; Wohnungsbaugenossenschaft f
yapı tasarruf sandığı • Bausparkasse f
yapı tasarrufu • Bausparen n
yapıbilgisi • Morphologie f
yapılabilir • ausführbar; durchführbar; vollstreckbar
yapılabilirlik • Durchführbarkeit f
yapılagelişler • Handelsherkommen n; Konventionen pl. f
yapılan hizmetler • Dienstleistungsgeschäft n
yapılan ihbara göre • laut Avis n
yapılan işin ücretini ödemek • ablohnen

yapılan işin ünitesi • Leistungseinheit f
yapılan ödeme • Zahlungsausgang m
yapılmakta olan yatırımlar • Anlagen pl. f im Bau m
yapılması mümkün • durchführbar
yapım eki • Bildungselement n; Formans n
yapım müddeti • Fertigungsfrist f
yapısal • strukturell
yapısal dilbilim • strukturelle Linguistik f
yapısal gürünüş • Strukturbild n
yapısalcı • Strukturalist m
yapısalcılık • Strukturalismus m
yapma • Aufbau m
yapma sözleşmesi • Werkvertrag m
yapmak • anfertigen; ausführen; ausüben; bewerkstelligen; bewirken; effektuieren; einrichten; fabrizieren; fertigen; leisten; machen; tätigen; verrichten; vornehmen
yapmamak • unterlassen
yapmamasını tavsiye etmek • abraten
yaprak • Blatt n; Folio f
yaptırım • Sanktion f; Strafmassnahme f
yara • Verletzung f
yaradılış • Temparament n
yaralamak • lädieren; verletzen; verwunden
yaralanma • Verletzung f
yaramak • nützen; taugen
yarar • Nützlichkeit f
yararcılık • Utilitarismus m
yararı dokunmak • helfen
yararlanan • Niessbraucher m; Nutzniesser m
yararlandırmak • zubilligen; zuerkennen
yararlanılabilir • nutzbar
yararlanılmamış iskonto • Skontoverlust m
yararlanılmış iskonto • Skontogewinn m
yararlanma • Wahrnehmung f; Nutzung f
yararlanma hakkı • Niessbrauch m; Nutzniessung f; Nutzungsrecht n
yararlanma senedi • Genusschein m
yararlanma süresi • Nutzungsdauer f
yararlanmak • auswerten; niessbrauchen; nutzniessen; nützen; profitieren; wahrnehmen
yararlı • hilfreich; nützlich; tauglich
yaratıcı düşünme • kreatives Denken n
yaratıcı etkinlikler • kreative Tätigkeit f

Fachwörterbuch

yaratıcılık • Kreativität f
yaratılmış hak yöntemi • Equity-Methode f
yaratmak • schaffen
yardım • Begünstigung f; Beihilfe f; Beistand m; Förderung f; Fürsorge f; Hilfe f; Mühewaltung f; Subvention f; Unterstützung f; Verbilligungszuschuss m; Vorschub m; Zuschuss m
yardım alan • Unterstützungsempfänger m
yardım birimleri • zusätzliche Dienstleistungsstellen pl. f
yardım etme • Hilfeleistung f
yardım etmek • begünstigen; beitragen; fördern; helfen; Hilfe f leisten; unterstützen
yardım fonu • Stiftung f
yardım olarak ödenen emeklilik • Fürsorgerente f
yardım olarak sarfedilen paralar • Hilfeleistungen pl. f
yardım sandığı • Unterstützungskasse f
yardım teslimatı • Hilfslieferung f
yardım vazifesi • Fürsorgepflicht f
yardım yapan • Schenker m
yardıma hazır • einsatzbereit
yardıma hazır olma • Einsatzbereitschaft f
yardıma muhtaç • hilflos; hilfsbedürftig; unterstützungsbedürftig
yardıma muhtaç olma • Hilflosigkeit f; Hilfsbedürftigkeit f
yardımcı • Erhalter m; Gehilfe m; Helfer m; Stellvertreter m
yardımcı büyük defter • Nebenbuch n
yardımcı defter • Hilfsbuch n
yardımcı departman • Hilfsabteilung f
yardımcı ders kitabı • Zusatzlehrbuch n
yardımcı donatım • Hilfsausstattung f
yardımcı endüstri • Zulieferindustrie f
yardımcı eylem • Hilfsverb f
yardımcı faaliyetler • Hilfstätigkeiten pl. f
yardımcı günlük defter • Hilfsjournal n
yardımcı hakim • Beisitzer m; Hilfsrichter m
yardımcı hesap • Hilfskonto n; Unterkonto n
yardımcı hesap föyü • Lose-Blatt-Ordner m
yardımcı hesaplar mizanı • Saldenliste f
yardımcı işçi • Hilfsarbeiter m
yardımcı işçi ücreti • Hilfslohn m
yardımcı madde • Hilfsstoffe pl. m
yardımcı malzeme • Hilfsstoff m
yardımcı sanayi kolları • Zulieferungen pl. f
yardımcı teçhizat • Hilfsausstattung f
yardımcı vasi • Gegenvormund m
yargı • Gerichtsbarkeit f; Rechtspflege f; Rechtsprechung f; Schlussfolgerung f; Urteil n
yargı bölgesi • Gerichtsbezirk m
yargı erki • rechtsprechende Gewalt f; richterliche Gewalt f
yargı hakkı • Jurisdiktion f; Justiz f
yargı işlemi • gerichtliche Handlung f; Justizakt m
yargı usulü • Gerichtsverfassung f
yargıcın bitraflığından şüphe • Befangenheit f
yargıcın bizzat istinkafı • Ausschliessung f des Richters m; Austritt m des Richters m
yargıcın hukuk yapıcılığı • richterliche Rechtsfindung f
yargıcın reddi • Ablehnung f des Richters m
yargıcın takdir hakkı • richterliches Ermessen n
yargıç • Richter m
yargıçların mesuliyeti • Richterverantwortlichkeit f; Verantwortlichkeit f der Richter pl. m
yargıçların sorumluluğu • Verantwortlichkeit f der Richter pl. m
yargılama kararları • gerichtliche Entscheidungen pl. f; richterliche Entscheidungen pl. f; richterliche Verfügung f; richterlicher Beschluss m; richterliches Urteil n
yargılama usulü • ordentliches Prozessverfahren n
yargılamanın açıklığı • Öffentlichkeit f der Gerichtsverhandlungen pl. f
yargısal erginlik • Mündigkeitserklärung f; Volljährigkeitserklärung f
Yargıtay • Kassationsgerichtshof m; Revisionsgericht n
yarı değişken maliyet • teilproportionale Kosten pl.

Mesleki Terimler Sözlüğü

yarı kapantılı • Affrikata f
yarı mamul • Halbfertigprodukt n
yarı mamul madde • Halbfabrikat n
yarı mamul maddeler • Halbzeug n
yarı mamul mallar • Halbwaren pl. f
yarı mamul stoku • Halbfabrikate-Bestand m
yarı mamuller • Halberzeugnisse pl. n; Halbfabrikate pl. n
yarı resmi • halbamtlich; offiziös
yarıcılık mukavelesi • Teilpacht f
yarım gün çalışma • Halbtagsarbeit f
yarım mesai çalışma • Teilzeitbeschäftigung f
yarım uyak • Assonanz f
yarışma sınavı • Wettbewerbsprüfung f
yarıünlü • Halbvokal m; Semivokal m
yarıyıl • Semester n
yasa • Gesetz n; Recht n; Satzung f; Status m
yasadışı davranış • rechtswidrige Handlung f
yasak • Untersagung f; Verbot n
yasak bölge • Militärzone f
yasak etmek • untersagen
yasak eylem • Delikt n
yasaklama • Sperre f; Stopp m; Untersagung f;
yasaklamak • sperren; verbieten; verwehren; verweisen
yasaklanmış • verboten
yasaklanmış hakların iadesi • Rehabilitierung f
yasaklanmış haklarını iade etmek • rehabilitieren
yasaklanmış mesleklerin icrası • verbotene Berufsausübung f
yasaklayıcı • prohibitiv
yasaklayıcı hükümler • Verbote pl. n; Verbotsvorschriften pl. f
yasaklayıcı madde • Negativklausel f
yasal • gesetzlich; gesetzmässig; legal; legitim; rechtlich; rechtmässig; zulässig; erlaubt
yasal borç • gesetzliche Schuld f
yasal çerçeve gereğince konulması zorunlu sermaye • gesetzliches Grund- oder Stammkapital n
yasal denetim • Pflichtprüfung f
yasal gerekler • gesetzliche Vorschriften pl. f
yasal haklardan mahrum • rechtlos
yasal haklardan mahrumiyet • Rechtlosigkeit f
yasal hükümler • gesetzliche Bestimmungen pl. f
yasal ipotek • gesetzliche Hypothek f
yasal kılma • Legalisation f
yasal koşullar • gesetzliche Vorschriften pl. f
yasal nafaka • Regelunterhalt m
yasal olarak • rechtens
yasal olarak dağıtılması zorunlu kar payı • Gewinnpräzipuum n; Vorweggewinn m
yasal olmayan • aussergesetzlich; illegal; illegitim; rechtswidrig; ungerecht; ungesetzlich; unrechtmässig; unstatthaft
yasal olmayan işlem • unerlaubte Handlung f
yasal olmayan yollar • unerlaubte Mittel pl. n
yasal ödeme aracı • gesetzliche Kurantmünzen pl. f; gesetzliches Zahlungsmittel n
yasal sermaye • gesetzliches Grund- oder Stammkapital n
yasal sorumluluğu yerine getirmeme • Unterlassung f einer Handlung f
yasal şart • Rechtsbedingung f
yasal talep • zulässige Beanspruchung f
yasal temlik • gesetzlicher Rechtsübergang m
yasal yedek akçeler • gesetzliche Rücklagen pl. f
yasal yedek oran • gesetzlicher Rücklagensatz m
yasal yetkililerin vergi incelemesi yapma hakkı • Steueraufsicht f
yasal yol • Rechtsweg m
yasal yollar • Rechtsmittel pl. n
yasal yollara başvurarak • durch rechtliche Mittel pl. n
yasal yükümlülükten doğan borç • gesetzliche Schuld f
yasalara aykırı • rechtswidrig
yasalara karşı gelme • Gesetzesübertretung f
yasalara uygunluk • Legalität f; Legitimität f

Fachwörterbuch

yasaları ihlal eden • Rechtsbrecher m
yasaların çiğnenmesi • Rechtsbruch m; Rechtsverletzung f
yasaların öngördüğü hayat standardı • Regelbedarf m
yasallaştırma • Legalisierung f
yasallaştırmak • legalisieren; legitimieren
yasallık • Gesetzlichkeit f; Rechtfertigung f; Rechtmässigkeit f; Zulässigkeit f
yasama dokunulmazlığı • parlamentarische Immunität f
yasama erki • gesetzgebende Gewalt f; Legislative f
yasama ile ilgili • legislativ
yasama organı • gesetzgebende Körperschaft f
yasama üzerine • gesetzgebend
yasama yetkisini geçici olarak yürütme organına veren kanun • Ermächtigungsgesetz n
yasama yılı • Sitzungsjahr n
yaş • Alter n; Lebensalter n
yaş haddi • Altersgrenze f
yaşam bilgisi • Lebenskunde f
yaşam öyküsü-yöntemi • biographische Methode f
yaşam sigortası • Lebensversicherung f
yaşam tarzı • Lebensweise f
yaşama hakkı • Existenzberechtigung f
yaşama koşulunu içeren sigorta poliçesi • Lebensversicherung f auf den Erlebensfall m
yaşantı • Erlebnis n
yaşayan • lebend
yaşayan dil • lebende Sprache f
yaşlılık bilimi • Gerontologie f
yaşlılık eğitbilimi • Andragogik f
yaşlılık nedeniyle ödenen emekli aylığı • Altersrente f; Pensionierung f; Ruhegehalt n
yaşlılık sigortası • Altersversicherung f; Altersversorgung f
yataklı hastanede tedavi • stationäre Behandlung f
yataklık • Begünstigung f; Hehlerei f; Personenhehlerei f
yataklık eden • Begünstigter m
yataklık etmek • begünstigen; hehlen
yataklık etmekten dolayı mahkum etmek • wegen Begünstigung f verurteilen

yatakta tedavi • stationäre Behandlung f
yatay birleşme • horizontale Unternehmensintegration f
yatay büyüme • horizontale Unternehmenskonzentration f; horizontale Verflechtung f
yatay eksen • Abszisse f
Yatılı İlköğretim Bölge Okulu (YİBO) • Provinz-Internatsschule f für die Primarstufe f
yatılı okul • Internat n
yatılı öğrenci • Internatsschüler m; Interner m
yatıran • Deponent m
yatırılabilir paralar • Investitionsmittel pl. n
yatırılan para • Giralgeld n
yatırılan sermaye • eingesetztes Kapital n
yatırım • Anlage f; Investition f; Investment n; Kapitalanleger m; Vermögensanlage f
yatırım alanı • Investitionsbereich m
yatırım bankası • Emissionsbank f für Effekten pl. m; Investitionsbank f; Investmentbank f
yatırım bankeri • investment banker
yatırım bütçesi • Investitionsbudget n; Investitionshaushalt m
yatırım danışmanı • Anlageberater m
yatırım danışmanlığı hizmetleri • Anlageberatung f
yatırım finansmanı • Anlagefinanzierung f
yatırım fonu • Anlagefonds m; Investmentfonds m
yatırım geliri • Kapitalertrag m; Kapitalvermögenseinkommen n
yatırım gelirinin transferi • Ertragnistransfer m
yatırım gideri • Investitionsausgabe f
yatırım gideri ihtiyacı • Investitionsbedarf m
yatırım harcamaları • investive Ausgaben pl. f
yatırım hissesi için ödenen para • Einlage f
yatırım ihtiyacı • Anlagebedarf m
yatırım indirimi • Investitionshilfe f
yatırım isteği • Investitionsfreudigkeit f
yatırım isteksizliği • Investitionsmüdigkeit f

Mesleki Terimler Sözlüğü

yatırım kağıtları • Anlagepapier n; Anlagewert m
yatırım kararı • Investitionsentscheidung f
yatırım kazancı • Kapitalertrag m
yatırım kıstası • Investitionskriterium n
yatırım kolaylıkları • Investitionshilfe f
yatırım koşulları • Investitionsbedingungen pl. f
yatırım kredisi • Anlagekredit m; Investitionskredit m
yatırım kriteri • Investitionskriterium n
yatırım listesi • Anlageliste f
yatırım malı çıkaran sanayi • Investitionsgüterindustrie f
yatırım malları • Anlagegüter pl. n; Investitionsgüter pl. n; Kapitalgüter pl. n
yatırım malları için talep • Investitionsnachfrage f
yatırım mallarının uzun süreli kiralanması • Leasing n
yatırım masrafı • Investitionskosten pl.
yatırım ortaklığı • Investierungsgesellschaft f; Investmentgesellschaft f; Investmenttrust m
yatırım özendirmesi • Investitionshilfe f
yatırım planı • Investitionsprojekt n
yatırım planlaması • Investitionsrechnung f
yatırım projelerinin finansmanı • Investitionsfinanzierung f
yatırım projesi • Investitionsplan m
yatırım projesi masrafı • Investitionskosten pl.
yatırım riski garantisi • Investitionsrisikogarantie f
yatırım sermayesi • Anlagekapital n; Investierung f; Investitionskapital n
yatırım sertifikası • Investitionszertifikat n
yatırım şirketi • Finanzgesellschaft f; Investitionsgesellschaft f; Investmentgesellschaft f
yatırım teşviki • Investitionshilfe f
yatırım yapma gücü • Investitionsfähigkeit f
yatırım yapmak • anlegen; investieren
yatırım yardımı • Investitionshilfe f
yatırıma yönelmiş • investitionsorientiert
yatırımcı • Anleger m; Investor m; Kapitalanleger m; Kapitalaufbringer m
yatırımcı kişiler • Anlagekundschaft f
yatırımcılar • Kapitalmarktpublikum n
yatırımı taahhüt eden taraf • Investitionsträger m
yatırımla ilgili giderler • Investitionsaufwendung f
yatırımların kontrolü • Kapitallenkung f
yatırımların yönlendirilmesi • Kapitallenkung f
yatırma • Einlage f
yatırmak • anlegen; deponieren; erlegen
yatısız öğrenci • externer Schüler m
yatkınlık • Vertrautheit f
yavaşlama • Stockung f
yavru şirket • Tochtergesellschaft f
yaygın eğitim • Institut n für informelle Erziehung f
Yaygın Eğitim Enstitüsü • informelles Bildungsinstitut n
yaygın eğitim merkezi • informelles Bildungszentrum n
yayılım • Erweiterung f; Expansion f
yayılma • Streuung f; Verbreitung f
yayılma eğilimi • Aufschwungstendenz f
yayılma gücü • Aufschwungkraft f
yayılmak • sich massieren
yayılmasına engel • lokalisieren
yayım • Sendung f; Verbreitung f
yayımcı • Verleger m
yayımlamak • senden; veröffentlichen
Yayımlar Dairesi Başkanlığı • Amt n für Publikationen pl. f
yayın • Ausgabe f; Publikation f; Verbreitung f; Veröffentlichung f
yayın hakkı • Verlagsrecht n
yayın mukavelesi • Verlagsvertrag m
yayın serisi • Schriftenreihe f
yayın sözleşmesi • Verlagsvertrag m
yayın yasağı • Publikationsverbot n
yayınevi • Verlag m
yayınlama • Publizität f; Verlegung f; Veröffentlichung f
yayınlamak • ausgeben; ergehen; erlassen; erscheinen; publizieren; verbreiten; verlegen
yayınlanma • Erscheinung f
yayınlanmamış • unveröffentlicht
yayınlanmış • sichtbar
yaymaca • Propaganda f
yaymak • verbreiten

355

Fachwörterbuch

yaz okulu • Sommerschule f
yaz tarifesi • Sommerfahrplan m
yazaç • Buchstabe m
yazaç çevrisi • Transliteration f
yazar • Autor m; Schriftsteller m; Urheber m; Verfasser m
yazarlık • Schriftstellerei f
yazgıcılık • Fatalismus m
yazı • Beitrag m; Schreiben n; Schrift f; Schriftstück n; Zuschrift f
yazı bilirkişisi • Schriftexperte m; Schriftsachverständiger m
yazı dersi • Schreibunterricht m
yazı dili • geschriebene Sprache f; Schriftsprache f
yazı hatası • Schreibfehler m
yazı işleri müdürlüğü • Schriftleitung f
yazı işleri müdürü • Schriftleiter m
yazı sahtekarlığı • Schriftverfälschung f
yazı taklit eden • Schriftfälscher m
yazı tatbiki • Schriftenvergleich m; Schriftenvergleichung f
yazı uzmanı • Schriftexperte m
yazıbirim • Graphem n
yazıhane • Kontor n
yazılı • kodifiziert; schriftlich
yazılı belge • Material n; Dokument n; Urkunde f
yazılı beyyine • Beweis m durch Urkunden pl. f
yazılı cevap • Rückschreiben n
yazılı emir • ministerielle Anweisung f
yazılı haberleşme • schriftliche Information f
yazılı hukuk • geschriebenes Recht n; kodifiziertes Recht n
yazılı iddianame • Anklageschrift f
yazılı ispat belgesi • Urkundenbeweis m
yazılı onay • schriftliche Zustimmung f
yazılı senetler • Orderpapiere pl. n
yazılı sözleşme • Vertrag m
yazılı şekil • Schriftform f; schriftliche Fassung f
yazılı vasiyet bırakmadan ölen kimse • ohne Testament n
yazılı yoklama • schriftliche Prüfung f
yazılım • Software f
yazılma-alınma • Immatrikulation f
yazım • Orthographie f; Rechtschreibung f

yazın dili • Literatursprache f
yazın işlevi • poetische Funktion f
yazın stokların yığılması • Sommerbevorratung f
yazınbilim • Poetik f
yazınsal işlev • poetische Funktion f
yazısal değişke • Allograph n; Graphemvariante f
yazıyı taklit eden sahtekar • Schriftverfälscher m
yazıyla • brieflich
yazıyla bildirmek • schreiben
yazma • Schrift f
yazma güçlüğü • Dysgraphie f
yazma yitimi • Agraphie f
yazmak • aufschreiben; beschreiben; einschreiben; schreiben; verfassen
yeddin iadesi davası • Besitzstörungsklage f
yeddin intikatı • unfreiwilliger Besitzverlust m
yedeğe ayırmak • zurückstellen
yedek • Kapitalreserve f; Reserve f; Rücklage f; Vorrat m; Zubehör n
yedek akçe • Kapitalreserve f; Reservefonds m; Rücklage f
yedek hesabı • Rücklagekonto n
yedek mirasçı • Ersatzerbe m
yedek olarak ayrılan meblağ • Rückstellung f
yedek olarak saklanacak mallar için talep • Nachholbedarf m
yedek parça • Ersatzteil m; Zubehör n
yedek sermaye • Rücklagen pl. f
yedek teçhizat • Ersatzausstattung f; Hilfsausstattung f
yedek vasiyetname • Ersatzvermächtnis n
yedekler • Reserven pl. f; Rücklagen pl. f
yedeklerin yeterliği • Reservefähigkeit f; Rücklagenfähigkeit f
yedekte çekerek gemi işletmeciliği • Schleppschiffahrt f
yediadil • Sequester m; Treuhänder m; Zwangsverwalter m
yediadil vasıtasıyla gördürülen iş • Treuhandgeschäft n
yediadile teslim • Zwangsverwaltung f

Mesleki Terimler Sözlüğü

yediemin • Fiduziär m; Treuhand f; Treuhänder m; Vermögensverwalter m; Zwangsverwaltung f
yediemin senedi • Treuhandvertrag m; Trustvertrag m
yediemin tarafından yönetilen mallar • Treuhandvermögen n
yediemine aktarılan mal • Treugut n
yediemine teslim • Zwangsverwaltung f
yediemine teslim etmek • deponieren
yedin inkıtaı • Besitzaufgabe f; Derelikation f
yeğen • Neffe; Nichte f; Kind n des Bruders m od. der Schwester f
yeğinlik • Intensität f; Stimmverstärkung f; Tonstärke m
yeknesak gümrük • Einheitszoll m
yeknesak kurallar • einheitliche Richtlinien pl. f
yekti • Machtbefugnis n
yekûn • Betrag m; Summe f
yekûn nakli • Übertrag m; Übertragung f; Vortrag m
yekûn tutmak • betragen
yekûnu nakletmek • vortragen
yem • Futter n
yem masrafları • Futterkosten pl.
yeme içme masrafları • Beköstigungsaufwand m
yemin • Eid m; Schwur m
yemin ederek doğrulamak • eidlich erhärten
yemin etme • Eidesleistung f
yemin etme mükellefiyeti • Eidespflicht f
yemin etmek • Eid m ablegen; Eid m ableisten; Eid m leisten; schwören
yemin ettirme • Abnahme f des Eides m; Eideszuschiebung f; Vereidigung f
yemin ettirmek • Eid m abnehmen; vereidigen
yemin şekli • Eidesform f; Eidesformel f
yemin teklifi • Eideszuschiebung f
yemin tevcihi • Eideszuschiebung f
yemin yerine geçerli olmak üzere • an Eides m statt
yemin yerine kaim • eidesstattlich
yemin yerine kaim beyan • eidesstattliche Erklärung f
yeminden imtina • Eidesverweigerung f
yeminden imtina etmek • Eid m verweigern
yeminden istinkaf • Eidesverweigerung f
yeminden kaçınma • Eidesverweigerung f
yemine davet • Eideszuschiebung f
yemine ehliyet yaşı • Eidesfähigkeit f
yemini bozar tarzda • eidbrüchig
yemini bozma • Eidbruch m
yemini bozmak • Eid m brechen
yemini reddetme • Eidesablehnung f
yemini ret • Zurückweisung f des Eides m
yeminin anlamı hakkında yapılan açıklama • Eidesbelehrung f
yeminini bozan • Eidbrüchiger m
yeminini bozmak • Eid m brechen
yeminle beyan vermek • attestieren; beglaubigen
yeminle inkar etmek • abschwören
yeminle tasdik • Beschwörung f
yeminle tasdik etmek • eidlich bestätigen
yeminle teyit • Beeidigung f
yeminle teyit etme • Versicherung f an Eides m statt
yeminle teyit etmek • beeiden; durch Eid m bekräftigen
yeminle teyit ve tasdik etmek • beschwören
yeminli • beeidigt; vereidigt
yeminli bilirkişi • vereidigter Sachverständiger m
yeminli ifade vermek • unter Eid m aussagen
yeminli ifade yerine kaim beyan • eidesstattliche Erklärung f
yeminli mal beyanı • Offenbarungseid m
yeminli muhasip • Wirtschaftsprüfer m
yeminsiz • uneidlich
yeminsiz ifade • uneidliche Aussage f
yemişçi • Obsthändler m
yenge • Schwägerin f; Tante f
yeni • frisch
yeni arazi teşekkülü • Bildung f neuen Landes n
yeni bir hesaba geçirmek • auf ein neues Konto n übertragen
yeni doğan çocuğun terk edilmesi • Kindesaussetzung f
yeni hesaba devir • Übertrag m
yeni hisse senetleri • junge Aktien pl. f

Fachwörterbuch

yeni irsalat • Nachschub m
yeni kuşak • Nachwuchs m
yeni liberalizm • Neoliberalismus m
yeni menkul kıymet ihracı • Ausgabe f junger Aktien pl. f; Neuausgabe f; Neuemission f
yeni meslek için yetiştirme • Umschulung f
yeni sözcük • Neologismus m; Neubildung f
yeni şekil • Neufassung f
yeni yerleşen • Siedler m
yeni yön vermek • umleiten
yeniden • wieder
yeniden basmak • reproduzieren
yeniden başlama • Wiederaufnahme f
yeniden başlamak • wiederaufnehmen
yeniden belirtmek • umbenennen
yeniden birleştirme • Neuzusammenschluss m
yeniden değer biçme • Neuschätzung f
yeniden değerleme • Aufwertung f; Neubewertung f
yeniden değerleme karşılığı • Neubewertungsrücklage f
yeniden değerlendirme • Aufwertung f; Neubewertung f
yeniden değerlendirmek • aufwerten
yeniden devir • Wiederveräusserung f
yeniden düzenleme • Neuorganisierung f; Neuregelung f; Reorganisation f; Umdisposition f; Umstellung f; Wiederzusammenfassung f
yeniden düzenlemek • reorganisieren
yeniden elden geçirme • Wiederinstandsetzung f
yeniden elden geçirme maliyeti • Wiederinstandsetzungskosten pl.
yeniden ele almak • überarbeiten
yeniden evlendirmek • wiederverheiraten
yeniden evlenmek • sich wiederverheiraten
yeniden finansman • Refinanzierung f
yeniden finansman tahvili • Ablösungsschuldverschreibung f
yeniden gözden geçirmek • revidieren
yeniden haczetmek • wiederpfänden
yeniden hesaplama • Neuberechnung f
yeniden hesaplamak • umrechnen
yeniden hesaplaşmak • wieder abrechnen

yeniden imal etme maliyeti • Wiederbeschaffungskosten pl.
yeniden inceleme • Nachprüfung f
yeniden incelemek • nachprüfen; revidieren
yeniden inşa etme • Wiederaufbau m
yeniden iskonto • Rediskont m
yeniden iskonto etme • Rediskontierung f
yeniden isteme • Rückforderung f
yeniden kullanmak • wieder verwenden
yeniden kurma • Neuordnung f; Wiederaufbau m
yeniden kurulacak fabrika • Remontageobject n
yeniden nitelendirmek • umbenennen
yeniden oluşturum • Rekonstruktion f
yeniden organize etme • Umgründung f
yeniden ödeme • Rückführung f
yeniden örgütleme • Reorganisation f; Sanierung f
yeniden para yatırma • Nachschuss m
yeniden rehin vermek • wiederpfänden
yeniden satın alma • Rückfluss m; Wiederkauf m
yeniden seçilme • Wiederwahl f
yeniden sınıflamak • umgruppieren
yeniden sınıflandırma • Neueinteilung f
yeniden sipariş etme • Nachbestellung f
yeniden talep etmek • zurückfordern
yeniden tespit • Neufestsetzung f
yeniden teşkilatlandırma • Sanierung f
yeniden teşkilatlandırmak • sanieren
yeniden tetkik • Überprüfung f
yeniden tetkik etmek • revidieren
yeniden yapılanma • Neustrukturierung f
yeniden yapma • Umbau m
yeniden yatırım • Wiederanlage f
yeniden yatırım iskontosu • Wiederanlagerabatt m
yeniden yazım kuralları • Produktionsregeln pl. f
yeniden yetiştirme • Umschulung f
yenidilbilgiciler • Junggrammatiker pl. m
yenileme • Erneuerung f; Neuerung f; Novation f; Prolongation f
yenileme davası • Restitutionsklage f
yenileme fiyatı • Wiederbeschaffungspreis m
yenileme fonu • Erneuerungsfonds m

Mesleki Terimler Sözlüğü

yenileme fonu karşılığı • Erneuerungsrückstellung f
yenileme kuponu • Erneuerungsschein m
yenileme maliyeti • Erneuerungskosten pl.; Wiederbeschaffungskosten pl.
yenileme opsiyonu • Nochgeschäft n
yenilemek • erneuern
yenilenme davası • Aufnahme f
yenileşme • Erneuerung f
yenileştirme • Innovation f
yer • Erdboden m; Ort m; Platz m; Raum m; Sitz m; Statt f; Stelle f; Stellung f
yer adları bilimi • Toponymie f
yer algısı testleri • Raumwahrnehmungstests pl. m
yer belirteci • Adverb n des Ortes m; Lokaladverb n; Ortsadverb n
yeraltı inşaat işleri • Tiefbau m
yeraltında çalışan işçi • Untertagearbeiter m
yerbilim • Geologie f
yerdeğiştirme • Ortsveränderung f
yerdeşlik • Isotopie f
yerel • kommunal
yerel çek • domizilierter Scheck m; örtlicher Scheck m
yerel poliçe • Domizilwechsel m
yerel senet • Domizilwechsel m
yerel yönetim • Lokalverwaltung f
yerel yönetim tahvilleri • Kommunalobligationen pl. f
yeri doldurulamayan • nichtvertretbar
yeri doldurulamaz • unersetzlich
yerinde • zweckmässig
yerine • Allegorie f; anstatt; dafür; für
yerine geçme • Ersetzung f
yerine geçmek • ersetzen; folgen; nachfolgen
yerine getirilmiş yükümlülükler • erfüllte Verpflichtungen pl. f
yerine getirme • Exekution f; Leistung f; Verrichtung f; Wahrnehmung f
yerine getirmek • ableisten; ausrichten; befolgen; befriedigen; effektuieren; erfüllen
yerine getirmeme • Nichterfüllung f
yerine koyma • Wiederbeschaffung f
yerine koyma maliyeti • Wiederbeschaffungskosten pl.

yerine teslim etmek • einliefern
yerini alma • Surrogation f
yerini değiştirme • Verlagerung f; Verlegung f; Verschiebung f
yerini değiştirmek • verlagern; verlegen; umgliedern
yerleşim • Einbettung f
yerleşim planı • Aufstellungsplan m
yerleşim yeri • Ortschaft f; Siedlung f
yerleşme • Einbettung f; Niederlassung f
yerleşme hakkı • Niederlassungsrecht n
yerleşme ve seyahat etme hürriyeti • Freizügigkeit f
yerleşmek • sich ansiedeln; sich festsetzen; siedeln
yerleşmiş • ansässig
yerleştirmek • ansiedeln; bevölkern; einlegen; einsetzen; unterbringen
yerli • Eingeborener m; einheimisch; Einheimischer m; heimisch; inner
yerli halkından olan • Einheimischer m
yerli mal • inländisches Erzeugnis n
yerlileştirme • Volksetymologie f
yersiz yatırım • Fehlinvestition f
yeşil şartlı akreditif • green clause Akkreditiv n
yetenek • Begabung f; Fähigkeit f
yetenek testi • Begabungstest m
yeterli • ausreichend; fähig; zulänglich
yeterli çoğunluk • Beschlussfähigkeit f
yeterlik • Befähigung f; Fähigkeit f; Tauglichkeit f
yeterlilik • Befähigung f; Begabung f; Kompetenz f; Hinlänglichkeit f; Tauglichkeit f
yetersayı • Mindestzahl f zur Beschlussfassung f; Quorum n
yetersiz • funktionsschwach; ungenügend; untüchtig; unzulänglich; unzureichend
yetersiz karşılık • Unterdeckung f
yetersiz para • knappes Geld n
yetersizlik • Ausfall m; Fehlbetrag m; Mangel m; Rückstand m; Unfähigkeit f
yeti • geistige Fähigkeit f; Vermögen n
yetim • Waise f; Waisenkind n
yetim aylığı • Waisenrente f
yetim ve öksüz • Doppelwaise f
yetişkin • Erwachsener m
yetişkin eğitimi • Erwachsenenbildung f

Fachwörterbuch

yetişkin öğrenci • erwachsener Student m
yetişkinler eğitimi • Erwachsenenbildung f
yetişkinlik çağı • Erwachsenenalter n
yetişmek • aufwachsen
yetiştiren • Erzieher m
yetiştirici • Ausbilder m
yetiştirici öğretim • Förderunterricht m
yetiştirici sınıf • Förderklasse f
yetiştirme • Zucht f
yetiştirme yurdu • Waisenhaus n; Erziehungsanstalt f
yetiştirmek • erziehen
yetkeci öğretim • autoritärer Unterricht m
yetki • Autorität f; Befugnis f; Ermächtigung f; Forum n; Gerichtsstand m; Gewalt f; Kompetenz f; Macht f; örtliche Zuständigkeit f; Recht n; Vertretungsmacht f; Vollmacht f; Zuständigkeit f
yetki alanı • Geschäftsbereich m; Machtbereich m; Ressort n
yetki belgesi • Berechtigungsschein m; Bevollmächtigung f; Ermächtigung f; Legitimation f; Vollmachtsurkunde f; Vollständigkeitserklärung f
yetki bölgesi • Amtsbezirk m; örtliche Zuständigkeit f
yetki çerçevesi içinde • im Rahmen m der Rechte pl. n einer juristischen Person f
yetki tecavüzü • Überschreitung f der Amtsbefugnis f
yetki ve görevleri mahalli makamlara dağıtmak • dezentralisieren
yetki veren • Vollmachtgeber m
yetki verilen • Vollmachtinhaber m
yetki vermek • autorisieren; befugen; berechtigen; bewilligen; ermächtigen; legitimieren
yetkilerinin dışına çıkmak • Befugnisse pl. f überschreiten
yetkili • Beauftragter m; Berechtigter m; genehmigt; kompetent; massgebend; zuständig
yetkili banka • benannte Bank f; ermächtigte Bank f
yetkili hakim • zuständiger Richter m
yetkili hastalık sigortası kurumu • zuständige Krankenkasse f
yetkili imza • berechtigte Unterschrift f
yetkili kılmak • Befugnisse pl. f einräumen

yetkili kontrolör • Wirtschaftsprüfer m
yetkili mahkeme • Gerichtsstand m
yetkili makam • zuständige Behörde f
yetkili makamlar • Instanz f
yetkili memur • Handlungsbevollmächtigter m
yetkili murakıp • Wirtschaftsprüfer m
yetkili olmama • Inkompetenz f
yetkili olmayan • inkompetent
yetkili satıcı • Vertragshändler m
yetkili tek satıcı olma hakkı • Alleinverkaufsrecht m
yetkinin devri • Vollmachtsübertragung f
yetkisi dışına çıkmak • Befugnisse pl. f überschreiten
yetkisi olmadan mührü açma • Siegelbruch m
yetkisi olmaksızın • eigenmächtig
yetkisiz • unbefugt; unberechtigt; unerlaubt; unzuständig
yetkisiz temsil • Vertretung f ohne Vertretungsmacht f
yetkisizlik • Nichtzuständigkeit f; Unbefugtheit f; Unzuständigkeit f
yetkiyi kötüye kullanma • Amtsmissbrauch m; Gewaltmissbrauch m
yetkiyi suiistimal • Missbrauch m der Amtsgewalt f
yetmek • ausreichen
yevmiye • Lohn m; Tagelohn m
yevmiye defteri • Geschäftstagebuch n; Journal n; Kassabuch n; Kassenklade f; Memorial n; Strazze f; Tagebuch n
yevmiye defterine kaydetmek • journalisieren
yevmiye kaydı • Journalbuchung f
yevmiyenin aslı • Ecklohn m
yığılma • Aufstockung f; Kumulierung f; Massierung f; Rückstau; Stau m
yığılmak • sich massieren
yığmak • horten
yıkım maliyeti • Abbruchkosten pl.
yıl • Jahr n
yıl başına ton • Jahrtonnen pl. f
yıl sayılarının toplam amortisman yöntemi • Jahressummenabschreibung f
yıl sonu • Jahresende n
yıl sonu ayarlamaları • Rechnungsabgrenzungen pl. f

Mesleki Terimler Sözlüğü

yıl sonu bilançosu • Jahresbilanz f; Jahresschlussbilanz f
yıl sonu bilançosu ve yıllık gelir tablosu • Jahresabschluss m
yıl sonu hesapları • Jahresabschluss m
yıl sonu kapanış işlemleri • Abschlussarbeiten pl. f
yıl sonu kapanış kayıtları • Kontenabschluss m
yıl sonu kar dağıtımından önce yapılan kar payı ödemesi • Zwischendividende f
yıl sonu kar payı • Jahresdividende f
yıl sonunda hesapların kapanışı • Jahresabschluss m
yılbaşı • Anfang m des Jahres n; Neujahr n
yılbaşı günü • Neujahrstag m
yılbaşı ikramiyesi • Gratifikation f
yılın başlangıcı • Anfang m des Jahres n
yılın ikinci ve üçüncü çeyreği • Sommerhalbjahr n
yılın ortası • Medio m
yılın üç aylık dönemi • Quartal n; Vierteljahr n
yıllık • Jahrbuch n; jährlich; pro Jahr n; pro anno
yıllık amortisman gideri • jährliche Abschreibungsrate f
yıllık bilanço • Jahresbilanz f; jährliche Police f
yıllık değer • Jahreswert m
yıllık denetim • Jahresabschlussprüfung f
yıllık devre • Jahreszeitraum m
yıllık esasa indirgemek • auf Jahresbasis f umrechnen
yıllık faiz • Jahreszinsen pl. m
yıllık finansal tabloların onaylanması • Genehmigung f der Jahresrechnung f
yıllık gelir • Jahreseinkommen n
yıllık genel kurul toplantısı • Jahreshauptversammlung f
yıllık getiri • Jahresertrag m
yıllık hesap beyanı • Rechnungsabschluss m
yıllık hesap çıkarma • Jahresabrechnung f
yıllık hesap özeti • Kontenabschluss m
yıllık izin • Jahresurlaub m
yıllık kar hissesi • Tantieme f
yıllık kazanç • Jahresverdienst m
yıllık mali tabloların onayı • Bestätigung f des Jahresabschlusses m
yıllık oran • Jahressatz m
yıllık ortalama • Jahresdurchschnitt m
yıllık plan • Jahresplan m
yıllık poliçe • jährliche Police f
yıllık prim • Jahresprämie f
yıllık rant • Jahresrente f
yıllık rapor • Geschäftsbericht m; Jahresbericht m; Rechenschaftsbericht m
yıllık satışlar • Jahresumsätze pl. m; jährliche Umsätze pl. m
yıllık süre • Jahresfrist f
yıpranma • Abnutzung f; Abnutzung f durch Gebrauch m
yıpranmak • sich abnutzen
yıpranması • Verschleiss m
yıpratmak • abnutzen
yineleme • Anapher f
yinelemeli • rekursiv
yinelemesel • iterativ
yitiklik • Verschollenheit f
yiyecek • Nahrungs- und Genussmittel pl. n
yiyecek için yapılan sarfiyat • Ernährungsaufwand m
yiyecek karnesi • Lebensmittelkarte f
yiyecek maddeleri stok etme • Lebensmittelbevorratung f
yiyecek maddesi işleyen makine • Nahrungsmittelmaschine f
yiyecek üretiminde kullanılan hammadde • Nahrungsmittelrohstoff m
yiyecek ve içecek maddesi • Nahrungsmittel n
yiyicilik • aktive Bestechung f
yoğun • kompakt; intensiv
yoğun emek • arbeitsintensiv; lohnintensiv
yoğun okuma • intensives Lesen n
yoğunlaşma • Massierung f
yoğunlaştırılmış • konzentriert
yoğunlaştırma • Konzentration f
yoğunlaştırmak • intensivieren
yok etme • Zerstörung f
yok etmek • vernichten; vertilgen
yok olma • Schwund m
yok pahasına satmak • unter Selbstkosten pl. verkaufen
yokçuluk • Nihilismus m
yoklama • Einsicht f

Fachwörterbuch

yoklama cetveli • Anwesenheitsliste f
yoklama hakkı • Durchsuchungsrecht n
yoklama memuru • Durchsucher m
yoklamak • beschauen; mustern
yokluğunda • in absentia
yokluk • Not f
yokluk durumu • Abessiv m
yoksul • arm; bedürftig; elend
yoksulluk • Bedürftigkeit f; Elend n; Armut f
yoksulluk nedeniyle dolandırıcılık • Notbetrug m
yoksundurma • Versagung f
yol • Passage f; Strasse f; Weg m
yol açan • Schrittmacher m
yol kazası • Wegeunfall m
yol kesme • Strassenraub m
yol kullanma ücreti • Transportkosten pl.
yol mükellefiyeti • Wegebaulast f; Wegebaupflicht f; Wegelast f
yol ve köprü yapımı • Tiefbau m
yol verilme • Entlassung f
yol vermek • entlassen
yola elverişlilik • Reisetüchtigkeit f
yola hazır gemi • segelfertiges Schiff n
yolcu • Fahrgast m; Insasse m; Passagier m; Reisender m
yolcu eşyası • Passagiergepäck n; Reisegepäck n
yolcu gemisi • Passagierschiff n
yolcu için kredi mektubu • Reisekreditbrief m
yolcu sigortası • Insassenversicherung f
yolcu ücreti • Überfahrtsgelder pl. n
yolculuğa elverişlilik • Reisetüchtigkeit f
yolculuk • Reise f; Transportweg m
yolculuk etmek • reisen
yolculuk masrafları • Reisespesen pl.
yolculuk üzerine çarter • Reisecharter f; Reisechartervertrag m
yolculukla alakalılar • Reisebeteiligte pl. m
yolcunun yanında ücretsiz götüreceği eşya • Freigepäck n
yolda hasara uğramış • Beschädigung f während des Transports m
yoldaki mallar • Unterwegswaren pl. f
yollama • Abfertigung f; Versand m
yollamak • absenden; ausliefern; befördern

yollayan • Absender m
yolluk • Reiseentschädigung f für Beamte pl. m; Reisekosten pl. und Tagegelder pl n; Tagegeld n
yolsuz • rechtlos
yolsuzluk • Rechtlosigkeit f
yoluna koymak • statuieren
York-Anvers Kuralları • York-Antwerpener Regeln pl.
yormak • sich mühen
yorucu • anstrengend; mühsam
yorum • Rhema n; Auslegung f; Deutung f; Erklärung f; Erläuterung f; Interpretation f; Kommentar m
yorumlama • Interpretieren n
yorumlamak • auslegen; erläutern; interpretieren; kommentieren
yorumlanabilir • interpretierbar
yorumlayan • Erklärer m
yön • Linie f; Richtung f; Seite f; Tendenz f
yön verme • Umlagerung f
yönelim • Orientierung f
yöneliş durumu • Allativus m
yönelme • Anleitung f; Orientierung f
yönelme durumu • Dativ m
yöneltilmiş olma • Orientiertheit f
yöneltim • Steuerung f
yöneltme • Orientierung f
yöneltmek • orientieren
yönenme • Anrede f
yönerge • Anweisung f
yöneşme • Konvergenz f
yönetici • Regens m; Geschäftsführer m; Leiter m; Manager m; Ökonom m; Verwalter m
yönetici personel • Verwaltungskräfte pl. f
yönetim • Besorgung f; Leitung f; Regie f; Regierung f; Verwaltung f
yönetim bürosu • Geschäftsleitung f; Verwaltungsstelle f
yönetim danışmanlığı • Organisationsberatung f
yönetim düzeneği • Verwaltungsmechanismus m
yönetim giderleri • Verwaltungskosten pl.
yönetim giderleri bütçesi • Verwaltungskostenbudget n
yönetim grubu • Verwaltungsgruppe f
yönetim komisyonu • Verwaltungsgebühr f

Mesleki Terimler Sözlüğü

yönetim kurulu • Verwaltungsausschuss m; Aufsichtsrat m; Geschäftsleitung f; Verwaltungsrat m; Vorstand m
yönetim kurulu toplantısı • Verwaltungsratssitzung f
yönetim kurulu üyelerine ödenen para • Sitzungsgeld n
yönetim kurulu üyelerine verilen toplantı tazminatı • Tagegeld n
yönetim kurulu üyesi • Vorstandsmitglied n
yönetim kurulunun seçimi • Wahl f des Vorstandes m
yönetim masrafları • Bewirtschaftungskosten pl.
yönetim merkezi • Zentrale f; Zentralleitung f
yönetim örgütü • Organisation f der Verwaltung f
yönetim siyaseti • Verwaltungspolitik f
yönetim yeri • Verwaltungsstelle f
yönetim yetkisi • Verwaltungsvollmacht f
yönetimsel denetleme • Verwaltungskontrolle f
yönetme • Rektion f; Lenkung f; Orientierung f
yönetmek • administrieren; bewirtschaften; leiten; regieren; wirtschaften
yönetmeliğe göre • satzungsgemäss
yönetmeliğe uygun olarak • reglementarisch
yönetmelik • Ausführungsbestimmung f; Ausführungsverordnung f; Durchführungsverordnung f; Gesetz n; Reglement n; Satzung f; Statut n; Verordnung f; Verwaltungsverordnung f
yönetmelikle düzenlemek • reglementieren
yönetmelikte kontrol etmek • reglementieren
yönetmen • Direktor m
yöneylem araştırması • Unternehmensforschung f; Betriebsforschung f; Unternehmungsforschung f
yönlendirme çalışmaları • Orientierungskurse pl. m
yönlendirme eğitimi • Orientierungsunterricht m
yönlendirme eğitimi sınıfı • Orientierungsklasse
yönlendirmek • anleiten; orientieren
yönseme • streben
yöntem • Methode f
yöntem • Methode f; System n; Verfahren n
yöntembilim • Methodenlehre f; Methodologie f
yönünü değiştirmek • umleiten
yöresel görenek • Ortsüblichkeit f
yöresel kamu tüzel kişiliği • Gebietskörperschaft f
yöresel ücret • Ortslohn m
yukarıda belirtilmiş • rubriziert
yumruk • Faust f
yumuşak • mild
yumuşak kredi • weicher Kredit f
yumuşak para • weiche Währung f
yumuşak ünsüz • Lenis f; weicher Konsonant m
yumuşama • Erweichung f; Detente f
yumuşatmak • mildern
yurda hıyanet • Landesverrat m
yurt • Wohnheim n für Schüler pl. m bzw. Stundenten pl. m; Heim n; Heimat f
yurt dışına çıkma • Ausreise f
yurt dışına çıkmak • ausreisen
yurt dışında oturma • Auslandsaufenthalt m
yurtdışı • Ausland n
yurtdışı acentesi • Auslandsvertretung f
yurtdışı borçlanma • Auslandsverschuldung f
yurtiçi • Inland n
yurtiçi poliçe • Inlandswechsel m
yurttaş • Staatsbürger m
yurttaşlık bilgisi • Bürgerkunde f
yutma • Absorption f
yutulma • Absorption f
yuvarlak bir meblağ için lisans • Pauschal-Genehmigung f
yuvarlak hesap • global
yuvarlak hesap ödeme • Pauschsatz m
yuvarlak meblağ olarak ifade etmek • pauschalieren
yuvarlak rakam • runde Zahl f
yuvarlak ünlü • gerundeter Vokal m
yuvarlaklaşım • Rundung f
yuvarlaklaştırılmış toplam • auf- oder abgerundeter Betrag m
yuvarlaklaştırılmış tutar • Geldbetrag m ohne Bruchteile pl. m

Fachwörterbuch

Yüce Divan • Staatsgerichtshof m
yücelim işlevi • gipfelbildende Funktion f
yüceltme • Sublimierung f
yük • Belastung f; Fracht f; Frachtstück n; Gut n; Ladung f; Last f; Paket n; Schiffsladung f; Überfracht f
yük aktarması • Umladung f
yük alacaklıları • Ladungsgläubiger m
yük alma kapasitesi • Ladefähigkeit f
yük ambarı • Güterhalle f
yük fazlası • Überfracht f
yük gemisi • Frachtdampfer m; Frachtschiff n
yük hacmi • Transportraum m
yük hamalı • Packträger m
yük kapasitesi • Laderaum m
yük listesi • Warenverzeichnis n; Zolldeklaration f
yük senedi • Frachtbrief m
yük şilebi • Trampschiff n
yük taşıt aracı • Nutzlastfahrzeug n
yük taşıtları • Lastfahrzeuge pl. n
yük teslim belgesi • Dockempfangsschein m
yük treni • Güterzug m; Lastzug m
yük ulaştırma • Güterdienst m
yük vagonu • Güterwagen m
yük yeri • Frachtraum m
yüke elverişlilik • Ladungtüchtigkeit f
yükle alakalılar • Ladungsbeteiligte pl. m; Ladungsinteressenten pl. m
yükle ilgili vesaik • Ladungspapiere pl. n
yüklem • Prädikat n; Satzaussage f; Obligo n
yükleme • Ladung f; Verladung f; Verschiffung f
yükleme emri • Schiffszettel m
yükleme giderleri • Ladekosten pl.; Ladungsgebühren pl. f; Ladungskosten pl.; Verladekosten pl.
yükleme iskelesi • Laderampe f
yükleme işlemi için alınan vergiler • Ladungsgebühren pl. f
yükleme kapasitesi • Nutzlast f
yükleme konşimentosu • Abladekonnossement n; An-Bord-Konnossement n; Bordkonnossement n; Verschiffungskonnossement n
yükleme limanı • Abladehafen m; Abladungshafen m; Ausladehafen m; Entladehafen m; Ladehafen m; Ladeplatz m; Ladestelle f; Lösungshafen m
yükleme masrafları • Verladungskosten pl.
yükleme müddeti • Ladezeit f
yükleme mühleti • Ladefrist f
yükleme oranı • Verteilsatz m
yükleme rampası • Laderampe f
yükleme resmi • Ladegebühr f
yükleme senedi • Ladeschein m; Verladungsschein m
yükleme tarihi • Verschiffungsdatum n
yükleme ücreti • Aufladelohn m
yükleme ve boşaltma iskelesi • Rampe f
yükleme ve boşaltma kontrol dairesi • Abladekontrolldienstleistung f
yükleme vesaiki • Verladedokument n
yükleme yeri • Ladeplatz m; Verladestation f
yüklemek • auferlegen; aufladen; befrachten; belasten; einladen; laden; verladen; verschiffen
yüklemleme • Prädikation f
yüklenen tonaj • Ladungsaufkommen n
yüklenici • Unternehmer m
yüklenme • Übernahme f
yüklenme konşimentosu • Bordkonnossement n
yüklenmek • tragen
yükleten • Ablader m; Befrachter m; Verlader m
yükleyen adına düzenlenen ve ciro edilebilir konşimento • Orderkonnossement n
yükleyici • Auflader m
yüksek • hoch
yüksek askeri şura • Hoher Wehrrat m
yüksek faaliyet dönemi • Hochkonjunktur f
yüksek faizli para • teures Geld n
yüksek fiyat istemek • überfordern
yüksek fiyatlı hisse senetleri • schwere Papiere pl. n
yüksek idari mahkeme • Oberverwaltungs-gericht n
Yüksek İslam Enstitüsü • höheres islamisches Institut n

Mesleki Terimler Sözlüğü

yüksek istihdam seviyesi • Mehrbeschäftigung f
yüksek istinaf mahkemesi • Obergerichtshof m
yüksek konjonktür • Hochkonjunktur f
yüksek nitelikli • hochqualifiziert
Yüksek Öğretim Kurulu (YÖK) • Hochschulrat m
yüksek öğretim kurumları • Hochschuleinrichtungen pl. f
yüksek tahsil • Studium n
yüksek tahsil yapmak • studieren
yüksek tutma • Überdosierung f
yüksek ünlü • hoher Vokal m
yükseklik • Tonhöhe f; Höhe f
yüksekokul • Hochschule f
yükseköğrenim • Hochschulstudium n
yükseköğretim • Hochschulwesen n
yükselen • steigend
yükselen piyasa • Haussemarkt f
yükselme • Anstieg m; Beförderung f; Steigerung f
yükselme durumu • Sublativus m
yükselme eğilimi • Anstieg m
yükselme ihtimali • Steigerungsfähigkeit f
yükseltici • meliorativ
yükseltme • Erhöhung f; Übersteigerung f
yükseltmek • erhöhen
yükü indirmek • abladen
yükümlü olmak • haften
yükümlülüğün denkleştirilmesi • Lastenausgleich m
yükümlülük • Auflagen pl. f; Belastung f; Dienst m; Engagement n; Haftbarkeit f; Last f; Obliegenheit f; Obligation f; Schuld f; Schuldigkeit f; Verbindlichkeit f; Verpflichtung f
yükümlülük altına almak • engagieren
yükümlülük dışında • ohne Obligo f
yükümlülükten kurtarma • Entlassung f
yükümlülükten muaf tutma • Befreiung f von einer Verpflichtung f
yükümlülükten muaf tutmak • von einer Verpflichtung f degagieren
yükümsüzlük • Unverbindlichkeit f
yükün denize atılması • Überbordwerfen n der Ladung f
yükün eksik verilmesinden dolayı gemi sahibine ödenen tazminat • Fautfracht f

yürürlüğe girme • Inkrafttreten n
yürürlüğe girmek • in Kraft treten
yürürlüğe konulamayan • unausführbar
yürürlüğe koyma • Inkraftsetzung f
yürürlük • Kraft f
yürürlük günü • Wertstellung f
yürürlükte • wirksam
yürürlükte bulunan • in Kraft f
yürürlükte olmak • ausschlaggebend sein; In- Kraft-Sein n; vorherrschen
yürürlükteki cari ücret • vorherrschender Lohnsatz m
yürürlükteki kanunlara göre • nach geltendem Recht n
yürürlükteki yasalar • Gesetzgebung f
yürürlükten kaldırılmak • wegfallen
yürürlükten kaldırma • Abschaffung f; Ausserkraftsetzung f; Wegfall m
yürürlükten kaldırmak • abschaffen; aufheben; ausser Kraft f setzen; tilgen
yürürlükten kalkmış olmak • ausser Kraft f sein
yürütme • Ausführung f; Durchführung f
yürütme erki • vollziehende Gewalt f
yürütme ile ilgili • obrigkeitlich
yürütme işlemi • Verwaltungsakt m
yürütme organı • Obrigkeit f
yürütme organının güç ve nüfuzu • obrigkeitliche Gewalt f
yürütmek • betreiben; führen
yürüyen banka • Mobilbank f
yüz • Oberfläche f
yüzde • pro Hundert; Prozent n; vom Hundert
yüzde nispeti • Prozentsatz m
yüzde olarak • prozentual
yüzde oranı • Prozentsatz m
yüzde yirmi ilkesi • Zwanzig-Prozent Prinzip n
yüzdeli • prozentual
yüzdelik • Prozent m; Prozentsatz m
yüzey • Oberfläche f
yüzeysel • summarisch
yüzeysel rapor • Blitzbericht m; Schnellbericht m
yüzeysel yapı • Oberflächenstruktur f
yüzleştirme • Gegenüberstellung f; Konfrontation f
yüzleştirmek • konfrontieren

Fachwörterbuch

Z

zabıt • Niederschrift f
zabıt katibi • Gerichtsschreiber m; Protokollführer m; Schreiber m; Schriftführer m
zabıt tutmak • Protokoll führen n
zabıt varakası tanzim etmek • protokollieren
zabıta • Polizei f
zabıta cezaları • Polizeistrafen pl. f
zabıtname • Niederschrift f; Protokoll n
zahiri • scheinbar
zahiri kar • fiktiver Gewinn m; Inflationsgewinn m; Scheingewinn m
zahmet • Mühewaltung f
zahmet çekmek • sich mühen
zahmet vermek • mühen
zahmetli • mühevoll; mühsam
zahmetsiz • mühelos
zam • Aufschlag m; Zulage f; Zuschlag m; Zuschuss m
zaman • Tempus n; Zeitform f; Uhrzeit f; Zeit f; Zeitpunkt m
zaman aralığı • Zeitabstand m
zaman belirteci • Temporaladverb n; Zeitadverb n
zaman olarak • zeitlich
zaman poliçesi • zeitlich befristete Police f; Zeitpolice f
zaman tayin etmek • Zeit f bemessen
zaman tayini • Zeitbestimmung f
zaman üzerine çarter • Zeitcharter f; Zeitchartervertrag m; Zeitfrachtvertrag m
zamana bağlı • terminbedingt; zeitbedingt
zamanaşımı • ordentliche Ersitzung f; Verjährung f
zamanaşımı süresi • Verjährungsfrist f
zamanaşımı süresinin başlangıcı • Verjährungsbeginn m
zamanaşımı süresinin kısaltılması • Abkürzung f der Verjährungsfrist f
zamanaşımı süresinin uzatılması • Verlängerung f der Verjährungsfrist f
zamanaşımına tabi olmama • Unverjährbarkeit f

zamanaşımına tabi olmayan • unverjährbar
zamanaşımına tabi olmayan hak • unverjährbarer Anspruch m; unverjährbares Recht n
zamanaşımına tabi olmayan haklar • nicht der Verjährung f unterliegende Ansprüche pl. m
zamanaşımına uğramak • verjähren
zamanaşımına uğramamış • unverjährt
zamanaşımına uğramayan hak • unverjährbares Recht n
zamanaşımına uğramış • überfällig
zamanaşımına uğramış çek • verjährter Scheck m
zamanaşımına uğramış kar payları • verfallene Dividenden pl. f
zamanaşımının başlangıcı • Anfang m der Verjährung f
zamanaşımının dava yoluyla kesilmesi • Unterbrechung f der Verjährung f durch Klage f
zamanaşımının durması • Hemmung f der Verjährung f; Ruhen n der Verjährung f
zamanaşımının kesilmesi • Unterbrechung f der Verjährung f
zamanı gelmek • auslaufen
zamanı rücu • Reuegeld n
zamanın geçmesi • Verlauf m
zamanında • termingerecht
zamanında ödenmemiş faiz • rückständige Zinsen pl. m
zamanla ilgili • zeitlich
zamanla mukayyet akit • Fixgeschäft n
zamin olmak • einstehen
zan • Verdacht m
zanaat • Handwerkschaft f; Erwerbszweig m; Gewerbe n; Handwerk n; Handwerkszweig m
zanaat erbabı • Handwerk n
zanaat serbestisi • Gewerbefreiheit f
zanaat ve el sanatları hukuku • Gewerberecht n
zanaatçı • Handwerker m
zanaatçı işletmesi • Handwerksbetrieb m

Mesleki Terimler Sözlüğü

zanaatçılar kooperatifi • Handwerksgenossenschaft f
zani • Ehebrecher m
zanlı • verdächtig
zanlı olmayan • unverdächtig
zannetmek • glauben; meinen; verwechseln
zapt • Aufbringung f; Beschlag m; Beschlagnahme f; Eviktion f; Konfiskation f; Wegnahme f
zapt etme • Requisition f
zapt etmek • konfiszieren; erobern; requirieren
zapta geçirilmiş • protokollarisch
zapta geçirmek • Protokoll n aufnehmen
zapta karşı güvence • Gewährleistung f wegen Rechtsmängel pl. m
zapta karşı teminat • Gewährleistung f des veräusserten Rechts n; Rechtsmängelhaftung f wegen Eviktion f
zarar • Ausfall m; Benachteiligung f; Beschädigung f; Damnum n; Defizit n; Einbusse f; Leid n; Manko n; Nachteil m; Schaden m; Verlust m
zarar gören • Verletzter m
zarar görmüş • geschädigt
zarar hesabı • Verlustkonto n
zarar nakli • Verlustvortrag m
zarar olasılığı • Risiko n
zarar tazminatı • Schadenersatz m
zarar ve ziyan • Schaden m
zarar ve ziyan beyanı • Schadensanzeige f
zarar ve ziyan getirebilir • riskant
zarar ve ziyan hadisesi • Schadensfall m
zarar ve ziyan tespiti • Schadensfeststellung f
zarar verme • Schädigung f
zarar vermek • beeinträchtigen; behaften; lädieren; schaden
zarara karşı sigorta • Schadensversicherung f
zarara sebep olacak bir olayda ısrar etmek • diskriminieren
zarara sebep olmak • Schaden m verursachen
zarara sokmak • beschädigen
zarara uğramak • einbüssen; Schaden m erleiden; Verlust m erleiden
zarara uğramış • geschädigt
zarara uğratmak • benachteiligen
zarara uğrayan • Geschädigter m
zarara vermek • schädigen
zararı dokunmak • Schaden m anrichten; schädigen
zararı karşılama • Entschädigung f
zararı karşılamak • Verlust m ersetzen
zararı tazmin etmek • Schaden m ersetzen
zararı tazminle yükümlü • schadenersatzpflichtig
zararın geçmiş yıl karlarından mahsup edilmesi • Verlustrückertrag m
zararın gelecek yıl karlarından mahsup edilmesi • Verlustabzug m
zararın ihbarı • Schadensanzeige f
zararın tazmini • Schadenersatz m
zararına • zuungunsten
zararına iş • Verlustgeschäft n
zararla mukabele • Repressalie f; Vergeltung f
zararları karşılamak • Verluste pl. m wieder ausgleichen
zararlı • nachteilig; schädlich
zararsız gibi gösterme • Verharmlosung f
zararsız gibi göstermek • verharmlosen
zaruret • Bedarf m; Bedürftigkeit f; Dürftigkeit f; Not f
zaruret hali • Notfall m; Notstand m; Zwangslage f
zaruret halinde zarar verme • Nothilfe f
zaruri • dringend; dringlich; notwendig; nötig; unentbehrlich; unerlässlich
zaruri ihtiyaç • Notbedarf m
zaruri masraflar • notwendige Verwendungen pl. f
zaruri olmayan • entbehrlich
zati eşyalar • persönliche Effekten pl. m
zavallı • dürftig
zayi • verloren
zayıf • schwach
zayıf para • weiche Währung f
zayıflatmak • schwächen
zecir • Zwang m
zecri tedbir • Zwangsmassnahme f
zecri vasıta • Zwangsmittel n
zehir • Gift n
zehirleme • Giftmord m; Vergiftung f
zehirlemek • vergiften
zehirlemek suretiyle cinayet işleyen • Giftmörder m

Z

Fachwörterbuch

zeka • Intelligenz f
zeka bölümü • Intelligenzquotient m
zeka geriliği • Intelligenzretardierung f
zeka testleri • Intelligenztests pl. m
zeka yaşı • Intelligenzalter n
zengin • reich
zenginleşme • Bereicherung f
zenginleşmek • sich bereichern
zenginleştirmek • bereichern
zenginlik • Reichtum m; Vermögen n
zevce • Ehefrau f; Ehegattin f; Frau f
zeyil • Anhang m; Nachtrag m
zeyilname • Versicherungsnachtrag m
zıddı • gegenteilig
zıddına • gegensätzlich
zıddiyet • Kontradiktion f
zımni • stillschweigend
zımni anlaşma • stille Übereinkunft f
zımni irade beyanı • stillschweigende Willenserklärung f
zımni irade izharı • konkludente Willenserklärung f; stillschweigende Willenserklärung f
zımni sözleşme • stillschweigend geschlossener Vertrag m; stillschweigender Vertrag m
zımni temdit • stillschweigende Verlängerung f
zıt • Gegensatz m; Gegenteil n; kontradiktorisch; paradox; umgekehrt; zuwider
zıt düşmek • entgegenstehen
zıt olarak • entgegen
zıtlık • Kontrast m; Widerspruch m; Widrigkeit f
zihin • Gedächtnis n; Intellekt n; Verstand m; Geist m
zihin gücü • Denkkraft f; Geisteskraft f
zihin yetileri • Geisteskräfte pl. f
zihinsel • geistig
zihinsel çöküntü • geistiger Abbau m; geistiger Verfall m
zihinsel etkinlik • geistige Aktivität f
zihinsel gelişim • geistige Entwicklung f
zihnen çalışan işçi • Kopfarbeiter m
zihni takyit • geheimer Vorbehalt m; Geheimvorbehalt m; Mentalreservation f; stiller Vorbehalt m
zihniyet • Mentalität f

zikretme • Erwähnung f; Nennung f
zikretmek • anführen; erwähnen; nennen; zitieren
zilyedin hapis hakkı • Zurückbehaltungsrecht n des Besitzers m
zilyet • Besitzer m; Inhaber m
zilyet olmak • besitzen
zilyetinde bulundurmak • besitzen
zilyetliğe vaki müdahalenin meni davası • Besitzstörungsklage f
zilyetliğin durumu • Besitzstand m
zilyetliğin el değiştirmesi • Besitzwechsel m
zilyetliğin iadesi • Wiedereinräumung f des Besitzes m
zilyetliğin ihlali • Besitzstörung f; Störung f im Besitz m
zilyetliğin kaldırılması • Besitzentziehung f
zilyetliğin korunması • Besitzschutz m
zilyetliğin sona ermesi • Beendigung f des Besitzes m; Verlust m des Besitzes m
zilyetliğin terki • Aufgabe f des Besitzes m
zilyetliğinde bulunduran • Besitzer m; Inhaber m
zilyetlik • Besitz m; Possession f
zilyetlik davası • Besitzklage f; Besitzschutzklage f; Besitzstörungsklage f; Klage f aus dem Besitz m
zilyetlik hakkı • Besitzrecht n
zilyetlik zamanı • Besitzzeit f
zilyetlikle ilgili • possessorisch
zilyetlikte ortaklık • Mitbesitz m
zimmet • Aktiva pl.; Belastung f; Debet n; Passiva pl.; Soll n
zimmet bildirimi • Lastschriftanzeige f
zimmet kaydı • Lastschrift f
zimmete geçirme • Defraudation f; Unterschlagung f; Veruntreuung f
zimmete geçirmek • veruntreuen
zimmete kaydedilen meblağ • Debetposten m
zimmete kaydetmek • anrechnen
zimmete para geçirme • Amtsunterschlagung f
zimmete para geçirmek • Unterschlagung f im Amt n
zimmetine geçiren • Defraudant m

Mesleki Terimler Sözlüğü

zimmetine geçirme • Hinterziehung f; Unterschlagung f
zimmetine geçirmek • defraudieren; hinterziehen; unterschlagen
zina • Ehebruch m
zina işlemek • ehebrechen
zina yapmak • Ehe f brechen
zincirleme • gesamtschuldnerisch
zincirleme sorumluluk • Gesamthaftung f
zincirleme suç • Sammelvergehen n
zincirleme ticaret • Kettenhandel m
zincirleme yükümlülük • gesamtschuldnerische Haftung f
zincirlenme • Konkatenation f; Verkettung f
ziraat • Ackerbau m; Landbau m; Landwirtschaft f
Ziraat Bakanlığı • Landwirtschaftsministerium n
Ziraat Bankası • Agrarbank f; Landwirtschaftsbank f
ziraat hukuku • Ackerrecht n
ziraat odası • Landwirtschaftskammer f
Ziraat Vekaleti • Landwirtschaftsministerium n
zirai • landwirtschaftlich
zirai işletme • Agrarunternehmen n; Landgut n; landwirtschaftlicher Betrieb m; landwirtschaftliches Gewerbe n
zirai işletmenin bölünmesini önleyen miras hukuku • Anerbenrecht n
zirai işletmeyi tek başına alan mirasçı • Anerbe m
zirai kredi • Agrarkredit m
zirai sigorta • Agrarversicherung f; landwirtschaftliche Versicherung f
zirve • Höchststand m; Spitzenwert m
ziyan • Benachteiligung f; Beschädigung f; Damnum n; Schaden m; Verlust m; Untergang m
ziyaret • Besuch m
ziyaret etmek • besuchen
ziyaretçi • Besucher m; Gast m
ziynet • Schmuck m
zor • mühevoll; schwer; schwierig
zor durum • Notlage f
zor duruma düşürmek • kompromittieren
zor kullanarak açan • Einbrecher m
zor kullanarak açmak • einbrechen
zor kullanma • Gewalttätigkeit f
zor kullanmayı överek teşvik etme • Verherrlichung f von Gewalt f
zor kullanmayı zararsız gibi gösterme • Verharmlosung f der Gewalttätigkeit f
zoralım • Beschlagnahme f; Eviktion f; Konfiskation f; Wegnahme f
zorba • Despot m; Gewalttäter m
zorbaca • despotisch; gewalttätig
zorbalık • Gewalttat f; Gewalttätigkeit f
zorla • gewaltsam; zwangsweise
zorla almak • abnötigen
zorla elde etmek • abzwingen
zorla elinden almak • berauben
zorla girilerek yapılan hırsızlık • Einbruchsdiebstahl m
zorla girmek • eindringen
zorla götürme • Verschleppung f
zorla götürmek • verschleppen
zorla kabul ettirmek • aufzwingen
zorla kaçıran • Entführer m
zorla kaçırmak • entführen
zorla kırarak girme • Einbruch m
zorla satış • Zwangsverkauf m
zorlama • Abnötigung f; Druck m; Gewalt f; Zwang m
zorlama vasıtası • Zwangsmittel n
zorlamak • anstrengen; erzwingen; forcieren; nötigen; zwingen
zorlamaksızın • ungezwungen
zorlayıcı durum • Zwangslage f
zorlayıcı nedenler • zwingende Gründe pl. m
zorlayıcı tedbir • Gewaltmassregeln pl. f; Zwangsmassnahme f
zorlayıcı tedbirler • Repressmassregeln pl. f
zorluk • Hindernis n; Schwierigkeit f
zorunlu • obligatorisch
zorunlu borçlanma • Zwangsanleihe f
zorunlu değişim • Zwangskonversion f
zorunlu dersler • Pflichtfächer pl. n
zorunlu dönüşüm • Transformation f
zorunlu eğitim • allgemeine Schulpflicht f
zorunlu gider • notwendige Aufwendungen pl. f
zorunlu konversiyon • Zwangskonversion f
zorunlu ödenim • zwingende Rückzahlung f

Fachwörterbuch

zorunlu öğrenim • Schulpflicht f
zorunlu satış • Zwangsverkauf m
zorunlu seçme maddesi • Pflichtauswahl f
zorunlu sigorta • obligatorische
   Versicherung f; Pflichtversicherung f
zorunlu tasarruf • Zwangssparen n

zorunlu tasfiye • Zwangsliquidation f
zorunluluk • Zwang m
zuhur etmek • auftauchen; sich darbieten
zührevi hastalık • Geschlechtskrankheit f
zümre • Klasse f; Schicht f
zürriyet • Abkommenschaft f

Fachwörterbuch

Mesleki Terimler Sözlüğü

Türkisch - Deutsch   Türkçe - Almanca
Deutsch - Türkisch   Almanca - Türkçe

Dr. Hasan Coşkun

Rechtswissenschaft	✶	Hukuk
Wirtschaft	✶	Ekonomi
Bankwesen	✶	Bankacılık
Europäische Union	✶	Avrupa Topluluğu
Zollunion	✶	Gümrük Birliği
Börse	✶	Borsa
Buchführung	✶	Muhasebe
Erziehungswissenschaft	✶	Eğitbilim
Sprachwissenschaft	✶	Dilbilim

Hacettepe TAŞ

Fachwörterbuch

A

a posteriori • ortaya çıkan sonuçlarla nedene ulaşma
a priori • öncellik; önsel; olaydan önce; önceden saptanmış kurallara göre
ab Kai m • rıhtımda teslim
ab Schiff n • gemide teslim
ab Werk n • ticari işletmede teslim
abändern • değiştirmek; tadil etmek
Abänderung f • değişiklik; değişme; değiştirme; tadil
Abänderungsvertrag m • esas iş akdi üzerinde değişiklik yapan iş akdi
Abandon m • bırakma; terk; terketme
abandonnieren • bırakmak; vazgeçmek
Abandonnierung f • bırakma; terketme
abarbeiten • çalışarak borcunu ödemek
Abbau m • azaltma; doğal varlıkların tüketilmesi; indirme; tükenme
abbauen • azaltmak; fiyat indirmek; indirmek; iptal etmek; işletmek; işten çıkarmak; kaldırmak
Abbaugebiet n • maden işletme bölgesi
Abbaurechte pl. n. • maden işletme hakları
abberufen • azletmek; geri çağırmak
Abberufung f • azil; görevden çıkarılma
Abberufungsschreiben n • vedaname
abbestellen • iptal etmek; siparişi geri almak; siparişi iptal etmek
abbezahlen • borcu ödemek
Abbild n • kopya; tasvir
abbilden • kopya etmek
Abbildung f • kopya; resim
Abbitte f • mazeret; özür
abbitten • özür dilemek
abbrechen • inkıtaya uğratmak; kesmek
Abbreviation f • kısaltma
Abbruch m • inkıta; kesilme; ticaret işini bırakma
Abbruchkosten pl. • yıkım maliyeti
abbuchen • hesaptan çıkarmak; kayıttan silmek
Abbuchung f • hesaptan çıkarma; kayıttan silme
Abdankung f • terki saltanat

Abdeckung f • kredinin ödenmesi; ödeme şartı
abdienen • hizmet ederek ödemek
abdisponieren • hesaptan çekmek; transfer etmek
Abdruck m • baskı; tabı
abdrucken • basmak; tabetmek
Abendschule f • akşam okulu; gece okulu
Aberglaube m • batıl inanç
aberkennen • mahrum etmek; ıskat etmek
Aberkennung f • tasarruftan mahrumiyet; ıskat
Aberkennung f der bürgerlichen Ehrenrechte pl. n • kamu hizmetlerinden yasaklık; siyasi haklardan ıskat; medeni haklardan ıskat; medeni siyasi haklardan ıskat
Aberkennungsklage f • borçtan kurtulma davası
Abessiv m • yokluk durumu
Abfahrtshafen m • hareket limanı
Abfall m • çöp; değer ifade etmeyen fire; döküntü; imalat artığı; telef
Abfallbeseitigung f • çöp tasfiyesi
Abfallentsorgung f • çöp tasfiyesi
abfertigen • hazırlamak; hizmet etmek
Abfertigung f • hazırlama; hizmet verme; işlem; sevk; yollama
abfinden • ikramiye vermek; tatmin etmek; tazminat vermek
Abfindung f • anlaşma; tazmin etme; tazminat; uyuşma
Abfindungsentschädigung f • kıdem tazminatı
Abfindungssumme f • ikramiye; tazminat akçesi
abführen • ödemek; tesviye etmek
Abgabe f • havale; poliçe; resim; teslim; tevdi; vergi
Abgabe f einer Willenserklärung f • rıza beyanı
Abgabe f eines Vermögensverzeichnisses n • mal beyanı
Abgabedruck m • satış tazyiki
abgabenfrei • vergiden muaf; vergisiz
Abgabenpflichtiger m • vergi mükellefi

Mesleki Terimler Sözlüğü

Abgabepflicht f • vergi mükellefiyeti
Abgaberate f • vergi taksidi
Abgabetermin m • ödeme tarihi
Abgang m • açık; azaltma; gidiş; hareket; satış; sürüm
abgängig • akıbeti meçhul; kayıp
Abgangsentschädigung f • kıdem tazminatı
Abgangshafen m • kalkış limanı
Abgangsprüfung f • mezuniyet imtihanı
abgeben • çek vermek; poliçe çekmek; satmak; terk etmek; teslim etmek; tevdi etmek; vazgeçmek; vergi ödemek
abgehen • ayrılmak; caymak; hareket etmek; tenzil edilmek
abgeleiteter Erwerb m • feri iktisap
abgeleiteter Satz m • türemiş tümce
abgelten • karşılamak; masrafı karşılamak; ödemek; taahhüdü yerine getirmek
Abgeltung f • ödeme; tasfiye; tazminat
Abgeordnetenhaus n • parlamento
Abgeordneter m • mebus; milletvekili; saylav
abgeschlossenes Konto n • kapatılmış hesap; kesilmiş hesap
abgestandenes Konnossement n • bayat konşimento; geçkin konşimento
abgestempelte Anleihe f • üzerinde özel şartlar yazılı tahvil
abgestimmtes Konto n • uyum sağlanmış hesap
abgezinst • indirgenmiş
abgleichen • denge sağlamak; düzeltmek; tesviye etmek
abgrenzen • sınırlandırmak; tahdit etmek
Abgrenzung f • hudut; sınır; sınırlama; tahdit
abhaken • işaretlemek; puanlamak
abhalten • mani olmak; önlemek
Abhalten n vom Bieten n bei öffentlichen Versteigerungen pl. f • müzayedeye fesat karıştırmak; açık artırmaya fesat karıştırmak
Abhaltung f • kabul; önleme
Abhaltung f einer Sitzung f • birleşim; inikat
abhandeln • müzakere etmek; pazarlık etmek
abhanden kommen • kaybolmak

Abhandlung f • ilmi araştırma
abhängig • bağlı; bağımlı; tabi
abhängiges Kind n • bağımlı çocuk
Abhängigkeit f • bağımlılık
Abhängigkeitsgrammatik f • bağımsal dilbilgisi
abheben • geri çekmek
abheften • dosyaya takmak
Abhilfe f • çare
Abhilfe f schaffen • çare bulmak
abhorchen • gizlice dinlemek
abhören • söyletmek
Abhörung f • sorguya çekme
Abiturient m • lise mezunu
Abjudikation f • hükmen tasarruftan mahrum etme
abjudizieren • mahkeme kararı ile mahrum bırakmak
abkaufen • satın almak
Abkommen n • akit; anlaşma; antlaşma; muahede; mukavele; sözleşme
Abkommen n über Kinderrechte pl. n • Çocuk Hakları Sözleşmesi
Abkommen n von Lome • Lome Sözleşmesi
Abkommen n von Smithsonian • Smithsonian Anlaşması
Abkommensbereich m • anlaşmanın kapsamı
Abkommenschaft f • zürriyet
Abkommenskonto n • anlaşma hesabı
Abkommensland n • anlaşmalı memleket
Abkommenswährung f • kliring parası
Abkömmling m • altsoy; füru
abkürzen • kısaltmak
Abkürzung f • kısaltma
Abkürzung f der Verjährungsfrist f • zamanaşımı süresinin kısaltılması
Abladehafen m • boşaltma limanı; yükleme limanı
Abladekonnossement n • tahmil konşimentosu; yükleme konşimentosu
Abladekontrolldienstleistung f • yükleme ve boşaltma kontrol dairesi
abladen • boşaltmak; sevk etmek; yükü indirmek
Ablader m • gönderen; nakliyeci; sevkiyatçı; tahliyeci; yükleten

Fachwörterbuch

Abladung f • boşaltma; sevkiyat; tahliye; yükleme
Abladungshafen m • yükleme limanı
Abladungstermin m • sevk tarihi; teslim tarihi
Ablage f • ambar; depo
ablagern • depo etmek
Ablagerung f • depolama
Ablass m • iskonto
ablassen • düşürmek; indirmek
Ablativ m • çıkma durumu
Ablauf m • bitim; cereyan; geçiş; mürur; ödeme zamanının gelmesi; seyir; son; vade hûlulu
Ablauf m der Frist f • bitim; inkıza
ablaufen • vadesi gelmek
Ablauffrist f • tediye süresinin sonu
Ablaufschema n • seyir diyagramı
Ablaut m • ünlü almaşması
ableben • ölmek; vefat etmek
Ableben n • ölüm; vefat
ablegen • bırakmak; çıkarmak; vazgeçmek
Ablegen n • dosyalama
ablehnen • kabul etmemek; reddetmek
Ablehnung f • ret
Ablehnung f der Verantwortung f • sorumluluğu reddetme
Ablehnung f des Richters m • hakimin reddi; yargıcın reddi
Ablehnungsgrund m • mazeret; özür; ret sebebi
Ablehnungsrecht n • ret hakkı; veto hakkı
ableisten • ifa etmek; yerine getirmek
Ableitung f • dolaylı çıkarım; türetme; türev
ableugnen • inkar etmek; reddetmek
Ableugnung f • inkar; red
Ableugnung f der Echtheit f einer Urkunde f • sahtelik iddiası
Ableugnungseid m • ret ve inkar yemini
ablichten • fotokopisini çekmek
Ablichtung f • fotokopi
abliefern • teslim etmek; vermek
Ablieferung f • teslim
ablisten • hile ile elde etmek
ablohnen • yapılan işin ücretini ödemek
ablösbar • geri ödenebilir; itfa edilebilir
ablösbare Vorzugsaktie f • itfaya tabi öncelikli hisse senedi

ablösen • borcu itfa etmek; çözmek; itfa etmek; kaldırmak; taahhütten kurtarmak
Ablösung f • ayırma; çözme
Ablösungsanleihe f • itfa fonu tahvilleri; taksit ve faizlerin geri ödenmesi için fon ayrılması zorunluluğu getirilmiş tahvil
Ablösungsfonds m • itfa fonu; ödenim fonu
Ablösungsrecht n • iştira hakkı; satın alma hakkı
Ablösungsschuldverschreibung f • yeniden finansman tahvili
Ablösungssumme f • amortisman; itfa meblağı
Ablösungszinssatz m • iskonto haddi
abmachen • halletmek; kararlaştırmak
Abmachung f • akıt; anlaşma; mukavele; sözleşme; uyuşma; uzlaşma
Abmeldung f • adresten ayrılacağını bildirme
abmessen • ölçmek; tartmak
Abmessung f • ölçme
abmustern • gemiden kaydını sildirerek ayrılmak
Abnahme f • azalma; çözme; eksilme; kabul; kaldırma; tesellüm; teslim alma
Abnahme f der Kaufsache f • satılan malın tesellümü
Abnahme f des Eides m • yemin ettirme
Abnahme f des Siegels m • mühür fekki
Abnahmeattest n • tesellüm şehadetnamesi
Abnahmegarantie f • kabul garantisi
Abnahmekontrolle f • tesellüm kontrolu
abnehmen • azalmak; çözmek; eksilmek; fekketmek; gözden geçirmek; kabul etmek; kontrol etmek; muayene etmek; teslim almak
Abnehmer m • abonman; alıcı; kabul eden; muhatap; müşteri; suskriptör
Abnehmergruppe f • tüketici veya alıcı grubu
Abnehmerland n • ithalatçı memleket
Abneigung f • antipati; nefret
abnorm • anormal
abnormales Kind n • olağandışı çocuk
Abnormität f • anormallik
abnötigen • terke mecbur etmek; zorla almak

Mesleki Terimler Sözlüğü

Abnötigung f • cebir; zorlama
abnutzen • eskitmek; yıpratmak
Abnutzung f • aşınma; eskime; yıpranma
Abnutzung f durch Gebrauch m • kullanılma sonucu aşınma; yıpranma
Abonnement n • abone; abone olma; abonelik
Abonnementpreis m • abone ücreti
Abonnent m • abone
Abonnentenversicherung f • gazete abonesiyle sigorta
abonnieren • abone olmak
abordnen • delege tayin etmek; vekil göndermek
Abordnung f • delegasyon; murahhas heyeti; temsilciler heyeti; temsilciler topluluğu
abraten • yapmamasını tavsiye etmek
abrechnen • denkleştirmek; hesaplaşmak; hesaptan indirmek; iskonto etmek; mahsup etmek
Abrechnung f • hesap; hesaplaşma; indirme; tasfiye; tenzil
Abrechnung f von Kosten pl. • sorumluluk muhasebesi
Abrechnung f von Leistungen pl. f • sorumluluk muhasebesi
Abrechnungsbank f • kliring bankası; takas bankası
Abrechnungsdatum n • valör
Abrechnungssaldo m • kliring bakiyesi
Abrechnungsschlüssel m • tasfiye formülü
Abrechnungsstelle f • kliring merkezi; takas odası; tasfiye bürosu
Abrechnungstermin m • ödeme günü; tasfiye günü
Abrechnungsverkehr m • kliring
Abrechnungszeitraum m • hesap dönemi; muhasebe dönemi
Abrede f • sözleşme; uzlaşma
Abriss m • hulasa; kroki; özet; plan
Abrisshaus n • enkaz
Abrogation f • geri alma; iptal etme
Abrogation f des Gesetzes n • kanunun yeni kanunla yürürlükten kaldırılması
Abruf m • ödemeye davet

abrunden • en yakın yuvarlak sayıya indirmek; rakamların küsurlarını atarak aşağıya yuvarlaklaştırmak
abrupt • süreksiz
abrüsten • silahsızlanmak
Abrüstung f • silahsızlanma
Absage f • ret
absagen • kabul etmemek; reddetmek
Absatz m • bent; fıkra; paragraf; pazar; satış; sürüm
Absatz m von Waren pl. f • sürüm
Absatzbelebung f • satışlarda artış
Absatzfinanzierung f • faktöring; satış finansmanı
Absatzflaute f • satışlarda durgunluk
Absatzgebiet n • piyasa; teslimat bölgesi
Absatzgenossenschaft f • satış kooperatifi
Absatzkosten pl. • sürüm masrafları
Absatzkredit m • satış kredisi
Absatzlage f • piyasa durumu
Absatzland n • ithalatçı memleket; malın satıldığı memleket
Absatzmenge f • satış miktarı
Absatzplan m • satış tahmini
Absatzprognose f • satış tahmini
Absatzstockung f • satışlarda düşme
Absatzverhältnisse pl. n • satış imkanları
Absatzwirtschaft f • pazarlama
abschaffen • lağvetmek; yürürlükten kaldırmak
Abschaffung f • fesih; ilga; kaldırma; lağıv; yürürlükten kaldırma
abschätzen • fiyat koymak; tahmin etmek; tahmin veya takdir etmek; takdir etmek
Abschätzer m • değer biçen uzman; değer biçici; muhammin
Abschätzung f • tahmin; takdir
Abschätzungskommission f • kıymet takdir komisyonu
abschichten • ayırmak
abschicken • göndermek
abschieben • sınır dışı etmek; üstünden atmak
Abschied m • ayrılma; istifa; terk
Abschiedsgesuch n • istifa dilekçesi
Abschlag m • avans; disacyo; tenzilat
abschlagen • reddetmek; tenzilat yapmak
abschlägig • menfi; reddedici mahiyette
Abschlagsdividende f • ara temettü

Fachwörterbuch

Abschlagszahlung f • avans; borç taksidi; muvakkat tediye
abschliessen • akdetmek; bitirmek; hesap görmek; kapamak; mukavele yapmak; sonuçlandırmak
Abschluss m • akit; anlaşma; bitirme; inikat; son; sonuç
Abschluss m der Bücher pl. n • defterlerin kapatılması
Abschlussarbeiten pl. f • yıl sonu kapanış işlemleri
Abschlussbuchung f • kapanış kaydı
Abschlussdividende f • son kar payı
Abschlusskurs m • borsa işleminin yapılmış olduğu fiyat
Abschlussprüfer m • hesap müfettişleri; kontrolör; mürakip
Abschlussprüfung f • bitirme sınavı
Abschlussstichtag m • bitiş tarihi; son başvurma tarihi
Abschlusstag m • bitiş tarihi; işlerin son bulduğu tarih; son başvurma tarihi
Abschlusstermin m • kapanış tarihi
Abschlusszahlung f • nihai ödeme
Abschlußzeugnis n der Primarstufe f • ilköğretim diploması
Abschlußzeugnis n des Gymnasiums n • lise diploması
Abschlussziffern pl. f • kazanç ve zarar rakamları
Abschnitt m • ayırım; bölüm; dönem; kar kuponu; kupon; kısım; tranş
Abschöpfung f • azaltma; tedavülden çekme
Abschöpfungsanleihe f • fazla parayı çekmek için ödünç verme
Abschöpfungsbetrag m • dengeleme primi; fiyat ayarlama primi; fiyat ayarlamak için yapılan ödeme; ithal fiyatı ile iç fiyatlar arasındaki fark
abschrecken • korkutmak
Abschreckungsmittel n • korkutma vasıtası
Abschreibegebühr f • suret harcı
abschreiben • kopyacılık
abschreiben • geçersiz kılmak; hesaptan çıkarmak; itfa etmek; kayıttan silmek; mahsup etmek; suretini çıkarmak
Abschreiben n von Vermögen n • varlığı giderleştirme

Abschreiber m • kopyacı
Abschreibung f • amortisman; hasar muhtırası; itfa; mahsup; mahsup etme
Abschreibung f auf Basis f der erbrachten Leistung f • hizmet birimine göre amortisman yöntemi
Abschreibungen pl. f • amortismanlar
Abschreibungsaufwand m • amortisman gideri
Abschreibungseinheit f • amortisman birimi; amortismana tabi birim
abschreibungsfähiges Vermögen n • amortismana tabi varlık
Abschreibungsmethode f • amortisman yöntemi
Abschreibungsreserve f • amortisman karşılığı; birikmiş amortisman
Abschreibungsrücklage f • amortisman karşılığı
Abschreibungssatz m • amortisman oranı
Abschreibungstabelle f • amortisman cetveli
Abschreibungsverfahren n • amortisman ayırma yöntemi; amortisman kaydetme yöntemi
Abschrift f • nüsha; suret
abschwören • yeminle inkar etmek
absehbar • kestirilebilen; sonu görülebilen
absehen • dikkate almamak; nazarı itibare almamak
absenden • göndermek; yollamak
Absender m • gönderen; konsinyatör; malları gönderen; mürsil; yollayan
absetzbar • azledilebilir; indirilebilir
absetzen • azletmek; çıkarmak; indirim yapmak; indirmek
Absetzung f • azil; görevden çıkarılma; indirim
Absicht f • kasıt; niyet
absichtlich • bilerek; kasten
absichtslos • kasıtsız
absolut • salt; kati; mutlak
absolut unerlaubte Handlung f • mutlak haksız fiil
absolute Konterbande f • mutlak harp kaçağı
absolute Mehrheit f • mutlak çoğunluk; mutlak ekseriyet; salt çoğunluk
absolute Monarchie f • mutlak monarşi
absolute Nichtigkeit f • mutlak butlan

Mesleki Terimler Sözlüğü

absolute Rechte pl. n • mutlak haklar
absolute Stimmenmehrheit f • mutlak oy çokluğu
absoluter Wert m • mutlak değer
absondern • ayırmak
Absonderung f • ayırma
absorbieren • emmek; tümü üzerinde hak iddia etmek
Absorption f • yutulma; birleşme; emme; yutma
Absorptionsprinzip n • cezaların beli sistemi; cezaların içtimaında yutma sistemi; cezaların yutma sistemi
absparen • biriktirmek; tasarruf etmek
absperren • kapamak; tecridetmek
Absprache f • anlaşma; uyuşma
absprechen • anlaşmak; inkar etmek; itiraz etmek; kararlaştırmak; mahrum etmek; ıskat etmek
absprechend • menfi
absprechendes Urteil n • menfi hüküm
abstammen • soyundan gelmek
Abstammung f • esas; menşe; nesep
Abstammungsurkunde f • doğum belgesi
Abstand m • aralık; feragat; mesafe; vazgeçme
Abstand m nehmen • vazgeçmek
Abstandsfrist f • cayma süresi; rücu müddeti
Abstandsgeld n • feragat tazminatı
Abstandssumme f • vazgeçme tazminatı
abstempeln • damgalamak; pullamak; pullayarak yollamak
abstimmen • rey vermek
abstimmen lassen • oylamak
abstimmendes Konto n • kabul edilmiş hesap
Abstimmung f • mutabakat sağlama; oy verme; oylama; rey verme; reye koyma
Abstimmungszettel m • oy pusulası
abstrakt • mücerret; soyut
abstrakte Forderung f • mücerret alacak; soyut alacak
abstrakte Intelligenz f • soyut zeka
Abstraktion f • soyutlama
Abstraktum n • soyut ad
abstreiten • inkar etmek; itiraz etmek
Abstufung f • almaşma
Abszisse f • yatay eksen

abteilen • ayırmak; bölmek
Abteilung f • birim; bölüm; bölüm; departman; kısım; şube
Abteilungsberichte pl. m • departmana ait tablolar
Abteilungsgewinn m • departman karı
Abteilungsgliederung f • departmanlara ayırma
Abteilungsleiter m • şube şefi
Abtrag m • tazminat
Abtragung f • itfa; ödeme; taksitle ödeme
abtreiben • uzaklaştırmak
Abtreibung f • çocuk düşürme; kürtaj
abtrennen • ayırmak
Abtrennung f • ayırma; tefrik
abtretbar • devir ve temlik edilebilir
abtreten • çekilmek; devir ve temlik etmek; istifa etmek
Abtreten n • devir ve temlik
Abtretender m • borcu üçüncü şahsa devreden; gönderen; hakkı üçüncü şahsa devreden; havale eden
Abtretung f • bırakma; devir; devir ve temlik; devretme; temlik
Abtretung f der Forderung f • alacağın devir ve temliki
Abtretung f des Akkreditiverlöses m • akreditif alacağının devri
Abtretung f von Forderungen pl. f • alacağın temliki
Abtretungsurkunde f • vazgeçme belgesi
Abtretungsvertrag m • devir anlaşması; temlik senedi
Abulie f • istenç yitimi
aburteilen • mahkum etmek; nihai kararı vermek
Aburteilung f • kesin hüküm
abverdienen • hizmet karşılığı kazanmak
abvermieten • icara vermek; kiraya vermek
abwägen • dikkatle tetkik etmek; tartmak
Abwägung f • ölçme; tartma
Abwälzung f von Steuern pl. f • vergi yansıması; verginin yansıması
abwandern • göç etmek; terketmek
Abwanderung f • terk
Abwanderung f von Fachkräften pl. f • beyin göçü
Abwasser n • atık su

Fachwörterbuch

Abwehr f • karşı koyma; müdafaa
abwehren • karşı koymak; mani olmak; önlemek
Abwehrklage f • müdahalenin meni davası
Abweichung f • fark; sapma; varyans; sapınç
abweisen • reddetmek
Abweisung f • geri çevirme; protesto; ret
Abweisung f der Klage f • davanın reddi
abwenden • çevirmek; mani olmak; savuşturmak
abwerten • değerini düşürmek; devalüe etmek
Abwertung f • değerini düşürme; devalüasyon; paranın değer kaybetmesi; paranın dış değerinin düşürülmesi
abwesend • hazır bulunmayan
Abwesender m • gaip; hazır bulunmayan; hazır olmayan kişi; hazır olmayan şahıs
Abwesenheit f • gıyap; hazır bulunmama
abwickeln • düzeltmek; iş halletmek; iş yürütmek; sağlamak; tamamlamak; tasfiye etmek
Abwicklung f • düzeltme; tasfiye
Abwicklungskonto n • tasfiye hesabı
Abwimmeln n • baştan savma; haksız denilecek kadar çabuk ve dikkatsiz yapılan
abzahlen • hesaben ödemek; taksitle ödemek; tamamen ödemek
Abzahlung f • taksit; taksitle ödeme
Abzahlungsgeschäft n • taksitle satış; taksitle satış muamelesi; taksitli satış
Abzahlungskauf m • taksitle satış
Abzahlungsverkauf m • kiralama-satın alma işlemi; taksitle satış; taksitli satış
abziehen • çıkarma yapmak; çıkarmak; tarhetmek
Abzichung f • mahsup etme
Abzinsung f • indirme; iskonto
Abzinsungssatz m • iskonto oranı
Abzug m • dara; indirim; iskonto; mahsup; stopaj; tarh; tenzil; tenzilat; tevkifat
Abzugsfranchise f • tenzili muafiyet
Abzugssteuer f • kaynakta kesilen vergi; stopaj vergisi
abzüglich • düşülerek; tenzilen
abzweigen • paranın bir kısmını ayırmak

abzwingen • zorla elde etmek
achronistisch • sürem dışı
Acht f • dikkat; teyakkuz
achten • itibar etmek
achten auf • dikkat etmek; riayet etmek
achtgeben • dikkat etmek
Achtung f • dikkat; hürmet; itibar; riayet
Acker m • tarla; toprak
Ackerbau m • çiftçilik; tarla ziraatı; ziraat
Ackerrecht n • ziraat hukuku
A-conto- Dividende f • ara temettü
A-conto-Dividende f • ara temettü
Acquisitivverjährung f • iktisabi müruru zaman; iktisabi zamanaşımı
active bond • aktif tahvil
ad valorem • değere göre; kıymet üzerinden gümrük resmi
Adaptation f • uyum
adäquater Kausalzusammenhang m • uygun illiyet rabıtası
Adäquatheit f • uyarlık
addieren • eklemek; ilave etmek; toplamak
Adelsherrschaft f • derebeylik; feodalite
Adessivus m • yakınlık durumu
Adjektiv n • sıfat
Adjektivierung f • sıfatlaşma; sıfatlaştırma
Adjektivierungsaffix n • sıfatlaştırıcı
Adjunkt n • eklenti
Adjunktion f • ekleme; katma
adjustieren • ayarlamak; düzeltmek
administrieren • yönetmek
Adoleszens f • ergenlik
adoptieren • evlat edinmek
Adoption f • evlat edinme
Adoptiveltern pl. • evlat edinen karı koca
Adoptivkind n • evlat edinilen çocuk
Adoptivverwandschaft f • evlatlık münasebetinden doğan hısımlık; evlat edinme mukavelesinden doğan hısımlık
Adressant m • gönderen
Adressat m • gönderilen; alıcı
Adressbuch n • adres kitabı
Adresse f • adres
adressieren • adres yazmak
Adstrat n • yankatman
Adverb n • belirteç

Mesleki Terimler Sözlüğü

Adverb n der Art f und Weise f • niteleme belirteci
Adverb n des Ortes m • yer belirteci
Adverbialisierung f • belirteçleşme; belirteçleştirme
Adverbialisierungssuffix n • belirteçleştirici
Adverbsuffix n • belirteçleştirici
Advokat m • avukat
Affäre f • olay; skandal
Affirmation f • olumluluk
affirmativer Satz m • olumlu tümce
Affix n • ek
Affrikata f • yarı kapantılı
Afrikanische Entwicklungsbank f • Afrika Kalkınma Bankası
Afterbürger m • kefile kefil
Afterbürgschaft f • kefile kefalet
Afterkind n • babası öldükten sonra doğan çocuk
Aftermieter m • ikinci kiracı; kiracının kiracısı
Afterzins m • faizin faizi
Agamie f • agami
Agens n • eden
Agent m • acente; ajan; başkası namına işlem yapan kişi; casus; iş görevlisi; temsilci; ticari temsilci; vekil
Agentur f • acente; acentelik; ticari vekalet
Agglutination f • bitişim; bitişme
agglutinierende Sprachen pl. f • bağlantılı diller; bitişimli diller; bitişken diller
aggressiv • saldırgan
Aggressivität f • saldırganlık
Agiateur m • borsa komisyoncusu; cober; hisse senedi alıp satan komisyoncu
Agio n • acyo; iskonto; prim
Agiotage f • acyotaj
Agitation f • kışkırtıcı siyasi propaganda
agitieren • siyasi propaganda yapmak
Agnosis • tanısızlık
Agnostizismus m • bilinemezcilik
Agrammatikalität f • dilbilgisel aykırılık
Agrammatismus m • dilbilgisi yitimi
Agraphie f • yazma yitimi
Agrarbank f • Ziraat Bankası
Agrarerzeugnisse pl. n • tarım ürünleri
Agrargüter pl. n • tarım ürünleri

Agrarkredit m • tarım kredisi; tarımsal kredi; zirai kredi
Agrarkreditbank f • tarımsal kredi bankası
Agrarmarkt m • tarım ürünleri piyasası
Agrarpolitik f • tarım politikası
Agrarpreisbildung f • tarım ürünlerinin fiyat teşekkülü
Agrarproduktion f • tarımsal üretim
Agrarreform f • tarım reformu
Agrarrohstoff m • temel tarımsal ürün
Agrarsektor m • çiftçilik; tarım sektörü
Agrarunternehmen n • tarım işletmesi; zirai işletme
Agrarversicherung f • tarım sigortası; zirai sigorta
Agrarwesen n • tarım
Agrarwirtschaft f • çiftçilik; tarım
agronomisch • tarımsal
ahnden • cezalandırmak; öç almak; takibatta bulunmak
Ahndung f • cezalandırma; öç; takibat
ahnen • önceden sezmek; tahmin etmek
ähnlich • benzer; müşabih
Ähnlichkeit f • benzerlik; müşabehet
Akademie f • akademi
Akademie f für Nationale Erziehung f • Milli Eğitim Akademi
akademische Freiheit f • öğretim özgürlüğü
akademische Intelligenz f • akademik zeka
akademische Vorbereitung f • akademik hazırlık
akademisches Schuljahr n • öğretim yılı
akkomodieren • hasarlı malın satışına izin vermek
Akkord m • fiyatta uyuşma; götürü pazarlık; uyuşma; uzlaşma
Akkord m abschliessen • uzlaşmak
Akkordarbeit f • götürü iş; parça başına iş
Akkordlohn m • akord ücret sistemi; başarıya göre ücret ödeme sistemi; götürü ücret; parça başına ödenen ücret; parça başına ücret
Akkordpreis m • götürü fiyat
Akkordvertrag m • götürü pazarlık
Akkreditiv n • akreditif; kredi mektubu

Fachwörterbuch

Akkreditiv n auf back to back Basis f • karşılıklı akreditif
Akkreditivauftrag m • akreditif talimatı
Akkreditiv-Auftraggeber m • akreditif amiri
Akkreditiveröffnung f • küşat mektubu
Akkreditivziehung f • akreditiften para çekme
Akkulturation f • kültürleşme
akkumuliert • birikmiş
Akkusativ m • belirtme durumu
Akontozahlung f • akont; alelhesap ödeme; borca karşılık önceden yapılan kısmi ödeme; depozito; hesaba ödeme; kaparo; peşinat; taahhüde karşılık önceden yapılan kısmi ödeme
Akt m • eylem; fiil; senet
Aktant m • eyleyen
Akte einsehen • dosyayı tetkik etmek
Akte f • dosya; evrak; vesaik
Aktendoppel n • dosya kopyası
Aktennotiz m • dosya notu
Aktenzeichen n • dosya işareti; dosya numarası
Aktenzeichnung f • iştirak taahhüdü
Aktie f • hisse; hisse senedi
Aktie f mit Nennwert m • nominal değeri olan hisse senedi
Aktie f ohne Stimmrecht n • oy hakkından yoksun hisse senedi
Aktien pl. f • kıymetli evrak; menkul kıymetler; esham
Aktien pl. f ohne Bezugsrecht n • rüçhan hakkı olmayan hisse senetleri
Aktien- und Anleihenausgabe f • menkul değer ihracı
Aktienaufteilung f • bölme; split
Aktienausgabe f • hisse senedi çıkarma
Aktienbank f • anonim şirket; anonim şirket halinde kurulmuş banka; banka
Aktienbörse f • esham borsası
Aktienbuch n • hisse senetleri defteri; hissedarlar defteri; hissedarlar sicili; pay defteri
Aktiengesellschaft f • anonim ortaklık; anonim şirket; halka açık şirket; kamu şirketi
Aktienhändler m • borsa komisyoncusu; cober; esham tüccarı; hisse senedi alıp satan komisyoncu
Aktienindex m • hisse senedi endeksi
Aktieninhaber m • hissedar
Aktienkapital n • esas sermaye; hisse senetli sermaye; hisse sermayesi; paylara bölünmüş şirket sermayesi
Aktienkommanditgesellschaft f • sermayesi eshama münkasem komandit şirket; sermayesi paylara ayrılmış komandit şirket
Aktienmakler m • borsa simsarı
Aktienmarkt m • hisse senetleri piyasası; menkul kıymetler piyasası
Aktienoption f • hisse senedi opsiyonu
Aktienpaket n • hisse senetleri paketi
Aktienpreis m nach Kapitalerhöhung f • sermaye artırımından sonra hisse senedi fiyatı
Aktienrecht n • şirket hukuku
Aktienregister n • hissedarlar sicili; pay defteri
Aktienrendite f • hisse senedi getirisi; hisse senedi verimi
Aktiensplit m • bölme; hisse bölünmesi; split
Aktienteilung f • hisse bölünmesi
Aktienurkunde f • hisse senedi
Aktienwert m • hisse; hisse senedi
Aktienzertifikat n • hisse senedi sertifikası
Aktienzusammenlegung f • birleştirme
Aktion f • faaliyet; teşebbüs
Aktionär m • aksiyoner; hisse senedi sahibi; hissedar; pay sahibi
Aktionsart f • görünüş; kılınış
Aktionsforschung f • eylem araştırması
aktiv • aktif
Aktiv- Legitimation f • müspet husumet ehliyeti
Aktiv n • etken çatı; etken eylem
Aktiva pl. • aktif; mevcudat; varlık; zimmet
Aktivbestand m • hakiki sermaye
Aktivbürger m • seçme ve seçilme hakkına sahip olan vatandaş
aktive Bestechung f • irtikap; yiyicilik
aktive Obligation f • aktif tahvil
aktive Schule f • etkin okul
Aktiven pl. f • mevcudat

aktiver Teilhaber m • çalışan ortak; faal ortak; komandite ortak
aktiver Unterricht m • etkin öğretim
aktiver Wortschatz m • etkin sözcük dağarcığı
aktives Wahlrecht n • seçme hakkı
Aktivgeschäft n • aktif bankacılık işlemleri
aktivierte Aufwendungen pl. f • aktifleştirilmiş giderler
Aktivierung f • aktifleştirme
aktivierungspflichtiger Aufwand m • sermaye giderleri; sermaye harcamaları
Aktivierungsrate f • aktifleştirme oranı; kapitalizasyon oranı
Aktivismus m • etkincilik
Aktivität f • etkinlik
Aktivitäten-Methode f • etkinlik yöntemi
Aktivkapital n • aktif; hakiki sermaye; mevduat
Aktivkonto n • bilançonun aktifinde yer alan hesap; varlık hesabı
Aktiv-Legitimation f • müspet husumet ehliyeti
Aktivsaldo n • alacaklı hesap
Aktivschulden pl. f • alacaklar
Aktivsumme f • aktif toplam; varlıklar toplamı
Aktivum n • varlık
Aktivvermögen n • aktif; aktifler; aktifler toplamı; mevcudat; varlık
Aktivwechsel m • alacak senetleri
Aktivzins m • alınan faiz
Aktivzinsen pl. m • faiz alacakları
Aktualisator m • gerçekleştirici
Aktualisierung f • gerçekleşme; gerçekleştirme
Aktualitätsprinzip n • güncelik ilkesi
Aktuar m • aktüer; sigorta uzmanı
akustisch • işitsel
akustische Lehrmittel pl. n • işitsel öğrenim araçları
Akzent m • şive; vurgu
Akzentuierung f • vurgulama
Akzept n • akseptans; kabul; kabul edilen bono; kabul edilen poliçe; poliçenin kabulü; taahhüt
Akzept n mit Intervention f • araya girerek kabul

akzeptabel • geçerli; kabul edilebilir
Akzeptabilität f • geçerlilik
Akzeptant m • kabul eden; muhatap; poliçeyi kabul eden
Akzeptanzverweigerung f • ademi kabul; kabul etmeme
Akzeptbank f • poliçe kabul eden banka
Akzeptbrief m • kabul mektubu
akzeptieren • kabul etmek
akzeptierende Bank f • kabul bankası
akzeptierter Wechsel m • kabul edilmiş poliçe
Akzeptkredit m • kabul kredisi; karşılıksız kredi
Akzeptmeldung f • kabul ihbarı
Akzeptumlauf m • açık krediler toplamı
Akzeptverweigerung f • den imtina; kabul etmeme
akzessorisch • feri
akzessorisch • feri; ikinci derecede
akzessorische Rechte pl. n • feri haklar; ikincil haklar
Akzessorität f • feri hakkın tabiiyeti
Akzidens pl. • ek gelirler; feri gelirler
Akzise f • vasıtalı vergi
aleatorischer Vertrag m • bahta bağlı mukavele
Alexie f • okuma yitimi
Algorithmus m • işlemsel süreç
Alibi n • cürmün işlendiği yerde olmama; gaybubet
Alibi n nachweisen • cürmün işlendiği yerde olmadığını ispat etmek
Alimentation f • gayri meşru çocuk için nafaka ödeme
Alimentationspflicht f • nafaka mükellefiyeti; nafaka yükümlülüğü
alimentationspflichtig • gayri meşru çocuğa nafaka ödemekle yükümlü
Alimente pl. • gayri meşru çocuk için ödenen nafaka; nafaka
alimentieren • nafaka ödemek
alkoholische Getränke pl. n • alkollü içkiler
Allativus m • yöneliş durumu
alle Rechte pl. n vorbehalten • her hakkı mahfuzdur
alle Risiken pl. n • bütün riskler
Allegorie f • yerine

Fachwörterbuch

allein • münferit; yalnız
Alleinberechtigung f • inhisar; monopol hakkı; tekel
Alleinbesitz m • münferit zilyetlik; mutlak mülkiyet
Alleinbetrieb m • işletme tekeli
Alleinerbe m • münferit mirasçı
Alleinhaft f • hücre hapsi; münferit hapis
Alleinhandel m • monopol ticaret; tek elden ticaret
Alleininhaber m • tek kişilik bir işin sahibi; tek malik
Alleinverkauf m • satış tekeli
Alleinverkaufsrecht m • yetkili tek satıcı olma hakkı
Alleinvertreter m • tek mümessil; tek temsilci; tek yetkili temsilci
Alleinvertretung f • tek temsilcilik
allgemein • genel; umumi
allgemein anerkannt • genel kabul görmüş
allgemein gekreuzter Scheck m • umumi çizgili çek
allgemein gültiger Preis m • cari fiyat
allgemeinbildende Ausbildung f • genel öğretim
Allgemeinbildung f • genel eğitim; genel kültür
allgemeine Aufsicht f • genel denetim
allgemeine Betriebskosten pl. • genel işletme giderleri
allgemeine Fähigkeit f • genel yetenek
allgemeine Gesetze pl. n • genel kanunlar; umumi kanunlar
allgemeine Grammatik f • genel dilbilgisi
allgemeine Hilfsabteilung f • genel hizmetler departmanı
allgemeine Hochschulbildung f • genel yüksek öğretim
allgemeine Hypothek f • birden çok taşınmazı kapsayan ipotek; genel ipotek
allgemeine Kosten pl. • genel imalat maliyeti; genel imalat maliyetleri
allgemeine Leistung f • genel başarı
allgemeine Lohnerhöhung f • genel ücret artışı
allgemeine Psychologie f • genel ruhbilim
allgemeine Rücklagen pl. f • genel yedekler; umumi ihtiyatlar
allgemeine Schulpflicht f • zorunlu eğitim
allgemeine Sprachwissenschaft f • genel dilbilim
allgemeine Versicherung f • genel sigorta
allgemeine Verwaltungskosten pl. • genel yönetim giderleri
allgemeine Ziele pl. n • genel amaçlar; genel hedefler
allgemeiner Fonds m • genel fon; özel bir amaçla ayrılmamış fon
allgemeiner Straferlass m • genel af; genel affedilme; umumi af
allgemeines Hauptbuch n • büyük defter; defteri kebir
allgemeines Recht n • umumi hukuk
allgemeines Wahlrecht n • genel oy hakkı; genel seçim hakkı; reyi am
Allgemeines Zolltarifs- und Handelsabkommen • Gümrük Tarifeleri ve Ticaret Genel Anlaşması
Allgemeinheit f • kamu; umumi halk
Allgemeinvollmacht f • umumi vekaletname
Allianz f • birlik; ittifak
Alliierter m • müttefik
Alliteration f • ses yinelemesi
Allograph n • yazısal değişke
Allomorphe pl. n • biçimbirimsel değişke
Allonge f • alonj
Allophon n • sesbirimsel değişke
Alloton n • titremsel değişke
Alltag m • işgünü
Alltagssprache f • gündelik dil
Allusion f • anıştırma
Alluvion f • alüvyon; arazi; birikme suretiyle oluşan arazi
Almosen n • sadaka
Alpha n • alfa
Alphabet n • abece; alfabe
Alphabetisierung f • okur yazarlık
Alphabet-Methode f • abece yöntemi
als die letzte Behörde f entscheiden • nihai merci olarak karar vermek
als Recht n beanspruchen • hak talepetmek
als Richter m einsetzen • hakim olarak tayin etmek
als Teilhaber m aufnehmen • ortaklığa kabul etmek

Mesleki Terimler Sözlüğü

als Teilhaber m ausscheiden • ortaklıktan ayrılmak
als Vorschuss m • avans olarak
als Wechselbürge m auftreten • senede kefil olmak
als Zeuge m vor Gericht n erscheinen • şahit olarak mahkemede hazır bulunmak
Altenteilsvertrag m • ölünceye kadar bakma akti
Alter n • yaş
Alternation f • almaşma
alternativ • alternatif; iki seçenekli
alternative Kosten pl. • alternatif maliyet
Alternativobligation f • alternatif borç
Altersgrenze f • yaş haddi
Altersrente f • emekli maaşı; hastalık nedeniyle ödenen emekli aylığı; yaşlılık nedeniyle ödenen emekli aylığı
Altersunterstützung f • emeklilik
Altersversicherung f • ihtiyarlık sigortası; yaşlılık sigortası
Altersversorgung f • yaşlılık sigortası
Alterszulage f • kıdem zammı
Altertümer pl. n • antika eserler; asarı atika
Ältestenrat m • ihtiyar meclisi
Altruismus m • özgecilik
Alveolar m • dişyuvasıl
Alveopalatal m • dişyuvasıl-damaksıl
Amalgam n • karışım
amalgamierende Sprachen pl. f • kaynaştırıcı diller
ambig • belirsiz
Ambiguität f • belirsizlik
ambulante Behandlung f • ayakta tedavi
American Stock Exchange • Amerikan Menkul Kıymetler Borsası
amerikanisches Journal n • Amerikan usulü yevmiye defteri; çok sütunlu günlük defter
Amnesie f • bellek yitimi
Amnestie f • genel af; genel affedilme; umumi af
amnestieren • genel af çıkarmak
Amortisation f • amortisman; geri ödeme; itfa
Amortisationsfonds m • amortisman fonu; amortisman sandığı; itfa fonu; ödenim fonu

Amortisationskasse f • amortisman sandığı
Amortisationsmethode f • amortisman yöntemi; geri ödeme yöntemi
amortisieren • amorti etmek; amortize etmek; itfa etmek
amortisierte Anleihen pl. f • itfa edilmiş tahviller; ödenmiş tahviller
Amt n • daire; görev; iş; makam; memuriyet; mevki
Amt n des Patriarchen m • Patriklik
Amt n führen • memuriyette bulunmak
Amt n für Publikationen pl. f • Yayımlar Dairesi Başkanlığı
Amt n für Unterricht m und Ausbildung f • Talim ve Terbiye Kurulu Başkanlığı
Ämtertausch m • becayiş
amtieren • memuriyet yapmak
amtlich • resmen; resmi
amtlich anerkannter Sachverständiger m • resmi belgeli bilirkişi
amtliche Auslegung f • teşrii tefsir; teşrii yorum
amtliche Beglaubigung f • resmi tasdik
amtliche Bescheinigung f • resmi belge
amtliche Bestätigung f • şeyin resmen tasdiki
amtliche Inventarerrichtung f • tereke defterinin mahkemece tutulması
amtliche Liquidation f • resmi tasfiye
amtliche Mitteilung f • resmi bildiri
amtliche Stelle f • resmi daire
amtliche Verwahrung f • resmi elde muhafaza
amtliche Verwahrung f des Testaments n • vasiyetnamenin resmi elde muhafazası
amtlicher Börsenkurs m • borsa rayici; resmi borsa rayici
amtlicher Sachverständiger m • mahkemece tayin edilen bilirkişi
amtlicher Wechselkurs m • resmi döviz kuru
amtliches Siegel n • resmi mühür
Amtsanmassung f • memuriyetin gasbı; salahiyet gasbı
Amtsanwalt m • bidayet mahkemesi savcısı
Amtsbefugnis n • memuriyet yetkisi

Fachwörterbuch

Amtsbeleidigung f • resmi makama hakaret
Amtsbezirk m • kaza dairesi; yetki bölgesi
Amtsblatt n • Resmi Gazete
Amtsdelikt n • görevi kötüye kullanma
Amtseid m • göreve başlama yemini
Amtseinsetzung f • memuriyete yerleştirme
Amtsenthebung f • memuriyetten ihraç
Amtsführung f • memuriyet icraatı
Amtsgeheimnis n • memuriyet sırrı
Amtsgericht n • bidayet mahkemesi; sulh mahkemesi
Amtsgerichtsverfahren n • sulh mahkemeleri yargılama usulü
Amtsgewalt f • otorite; resmi yetki
Amtshaftung f • memurun sorumluluğu
amtshalber • re'sen
Amtsinhaber m • asil
Amtsinspektor m • müfettiş
Amtskleidung f • kisvet
Amtsmissbrauch m • memuriyet ve mevki nüfuzunu kötüye kullanma; memuriyet ve mevki nüfuzunu suiistimal; salahiyet tecavüzü; yetkiyi kötüye kullanma
Amtspflicht f • memuriyet görevi
Amtspflichtverletzung f • hizmet kusuru
Amtsrichter m • sulh hakimi; sulh yargıcı
Amtsschimmel m • kırtasiyecilik
Amtssiegel n • mühür; resmi mühür
Amtsstelleninhaber m • asil
Amtssuspension f • geçici olarak işten el çektirme
Amtstracht f • kisve
Amtsunterschlagung f • zimmete para geçirme
Amtsübergabe f • devir ve teslim
Amtsvergehen n • görevi kötüye kullanma
Amtsvormundschaft f • kurumun vasiliği
Amtsweg m • resmi kanal
an Deck n • güvertenin altında; güvertenin üstünde
an Eides m statt • yemin yerine geçerli olmak üzere
an Kindes n statt angenommen • evlat edinilen çocuk
an Zahlungs f statt • ödeme yerine geçerli olmak üzere

Anadolu-Lehrer-Gymnasium n • Anadolu Öğretmen Lisesi
Anagramm n • çevrikleme
Anakoluth n • caymaca
analog • benzer; müşabih
Analogie f • andırış; örnekseme; kıyas
analogisch • benzer; müşabih
analogische Anwendung f des Gesetzes n • kanunun kıyasen tatbiki
analogische Sprachen pl. f • kalıplı diller
Analogisten pl. m • örneksemeciler
Analphabet m • okur yazar olmayan
Analphabetismus m • okuma-yazma bilmemezlik
Analyse f • çözümleme; analiz; tahlil
Analyse f der Verhältniszahlen pl. f • oran analizi
Analysenzertifikat n • analiz sertifikası
analysieren • tahlil etmek
analytisch • çözümleyici
analytische Frage f • çözümsel soru
analytische Methode f • çözümsel yöntem
analytische Sprachen pl. f • çözümleyici diller
analytische Untersuchung f • çözümsel inceleme
Anapher f • yineleme
Anaptyxe f • sestürem
Anarchie f • anarşi
Anarchismus m • anarşizm
Anästhesie f • duyum yitimi
Anastrophe f • devrikleme
Anathrie f • dil tutukluğu
Anatozismus m • faize faiz yürütülmesi
anberaumen • tayin etmek; tespit etmek
anbieten • sunmak; teklif etmek
Anbieter m • pey süren; teklif eden
Anbietungspflicht f • satışa arz yükümlülüğü
Anbietungspreis m • müzayedeyi açış fiyatı
Anblick m • bakış; görüş
An-Bord-Konnossement n • yükleme konşimentosu
anbringen • arz etmek; bildirmek; harcamak; kurmak; sarfetmek; tesis etmek
andauern • devam etmek; sürmek
ändern • değiştirmek
Änderung f • değişiklik; tadil; tahrifat

Mesleki Terimler Sözlüğü

Änderung f von Parteihandlungen pl. f • ıslah
Änderungsantrag m • değişiklik önergesi
Änderungskündigung f • mukavelenin yenisiyle değiştirilmek üzere feshini ihbar etme
Änderungsvorschlag m • tadil teklifi
andeuten • ima etmek; işaret etmek
Andeutung f • ima; işaret
Andienung f • ihbar; teklif; teslim
Andienungsrecht n • satma opsiyonu
Andragogik f • yaşlılık eğitbilimi
androhen • ihtar etmek; tehdit etmek
Androhung f • ihtar
aneignen • mal edinmek; mal etmek; temellük etmek
Aneignung f • ihraz; işgal; mal etme; sahipsiz malın mülkiyetini elde etme; tahsis etme
Anekdoteneintragung f • kısa şakacı hikaye yazımı; olay yazımı
Anerbe m • zirai işletmeyi tek başına alan mirasçı
Anerbenrecht n • zirai işletmenin bölünmesini önleyen miras hukuku
anerkennen • tanımak; tasdik etmek; davayı kabul; ikrar; kabul; kabul etme; kabullenme; takdir etme; tanıma
Anerkennung f • tanıma
Anerkennung f de facto • fiili tanınma
Anerkennung f der Staaten pl. m • devletlerin tanınması
Anerkennung f der Vaterschaft f • babalığın tanınması
Anfall m • birikme; gerçekleşme; intikal; tahakkuk
Anfall m der Erbschaft f • mirasın intikali
anfallende Steuern pl. f • tahakkuk eden vergiler
Anfallsgeld n • intikal harcı; intikal resmi
Anfallsrecht n • intikal ve tevarüs hakkı
Anfang m • başlangıç
Anfang m der Verjährung f • zamanaşımının başlangıcı
Anfang m des Geschäftsjahres n • dönem başı
Anfang m des Jahres n • yılbaşı; yılın başlangıcı
Anfang m des Monats m • ayın başı

anfangen • başlamak
anfänglich • başlangıç; ilk
anfängliche Unmöglichkeit f • akit yapıldığı anda imkansızlık
Anfangskapital n • ilk sermaye
Anfangskosten pl. • işe başlama giderleri; kuruluş giderleri
Anfangskurs m • açılış fiyatı; borsa açılış değeri
Anfangsunterricht m • abece öğretimi
anfechtbar • iptal edilebilir; iptali kabil; kabili iptal; nispi batıl
Anfechtbarkeit f • nispi butlan
Anfechtbarkeitsgründe pl. m • nispi butlan sebepleri
anfechten • itiraz etmek; reddetmek
Anfechtung f • itiraz; ret
Anfechtung f der Ehelichkeit f • nesebin reddi
Anfechtung f der Ehelichkeit f eines Kindes n • nesebin reddi
Anfechtungsfrist f • itiraz müddeti; ret süresi
Anfechtungsklage f • butlan davası; fesih davası; iptal davası
Anfechtungsrecht n • itiraz hakkı; ret hakkı
anfertigen • kaleme almak; yapmak
anfinanzieren • finansman için ilk krediyi vermek
anfordern • istemek; talep etmek
Anforderung f • iddia; istek; talep
Anfrage f • soru; sual; talep; teklif isteme
anfügende Sprachen pl. f • bağlantılı diller; bitişimli diller; bitişken diller
anführen • göstermek; iktibas etmek; zikretmek
Angabe f • tümleyen; beyan; ifade
Angabe f der Vermögensgegenstände pl. m • mal beyanı
angängig • caiz; mümkün
Angarie f • angarya
angeben • beyan etmek; bildirmek; ifade etmek
angeblich • sahte; sözde
Angebot n • arz; halka arz; icap; öneri; pey sürme; satın alma teklifi; satış için arz; teklif

Fachwörterbuch

angebotsorientierte Wirtschaft f • arz yönü ekonomisi
Angebotspreis m • satış için istenen fiyat
angehören • ait olmak
angehörig • ait
Angehöriger m der Streitkräfte • asker
Angehöriger m der Streitkräfte pl. • asker
Angeklagter m • maznun; sanık
angelaufene Steuern pl. f • tahakkuk eden vergiler
Angeld n • depozito; kaparo; pey akçesi
Angelegenheit f • iş; madde; mesele
angelehnte Rechte pl. n • feri haklar; ikincil haklar
angemessen • münasip; uygun
angemessene Frist f • münasip mühlet; münasip süre; uygun süre
angemessene Vergütung f • ecri misil
angemessener Preis m • değer paha; ecri misil
angemessener Unterhalt m • uygun nafaka
Angeschuldigter m • maznun; sanık
angesetzter Steuerwert m • matrah
Angestelltenversicherung f • hizmetlilerin sosyal sigortası
Angestellter m • hizmetli; memur; müstahdem
angewandte Fächer pl. n • uygulamalı dersler
angewandte Forschung f • uygulamalı araştırma
angewandte Linguistik f • uygulamalı dilbilim
Angewiesener m • havale edilen; hizmetli; muhalünaleyh
Angewohnheit f • itiyat; alışkanlık
angewöhnen • alıştırmak
angleichen • benzetmek; tatbik etmek
Angleichung f • benzeşim; benzetme; tatbik
angliedern • bağlamak; birleştirmek
angreifen • saldırmak; tecavüz etmek
Angreifer m • mütecaviz; saldırgan
Angriff m • saldırı; tecavüz
Angriffskrieg m • saldırı savaşı; tecavüzi harp
Angst f • endişe; korku
ängstigen • korkutmak
Angstkauf m • paniğe kapılarak satın alma
Anhalt m • dayanak; ipucu
Anhaltswert m • kıstas
Anhang m • alonj; ek; ilave; zeyl
anhängen • eklemek; katmak
Anhänger m • römork; taraftar; treyler
Anhängerschaft f • taraftarlar
anhängig • görülmekte olan; rüyet halinde olan
Anhängigkeit f • dava ikamesi
Anhäufung f von Kosten pl. • masrafların artması
Anhäufung f von Schulden pl. f • borçların yığılması
anhören • dinlemek
Anhörung f • dinleme; istima; şahit dinlenmesi
Animismus m • canlıcılık
Ankauf m • iştira; satın alma
ankaufen • satın almak
Ankaufspreis m • satın alma fiyatı; alış fiyatı; maliyet fiyatı
Ankaufsrecht n • iştira hakkı; satın alma hakkı
Ankergeld n • liman rüsumu
Ankerplatz m • geminin bağlı olduğu liman
Ankerrecht n • demirleme hakkı; palamar hakkı
Anklage f • iddia; itham; suçlama
Anklagebehörde f • iddia makamı
Anklagejury f • heyeti ittihamiye; suçlama heyeti
anklagen • itham etmek; suçlandırmak
Anklageprinzip n • iddia sistemi
Ankläger m • davacı; müddei; suçlayan
Anklagerede f • sözlü iddianame
Anklageschrift f • iddianame; yazılı iddianame
Anklagestand m • maznuniyet hali
Ankunft f • ulaşma; varış
Ankunftsschiff n • gelen gemi
Ankurbelungskredit m • teşvik kredisi
ankündigen • ihbarda bulunmak
Ankündigung f • bildiri; ihbar; tebliğ
Anlage f • ek; sermaye; tesis, yatırım; site

Mesleki Terimler Sözlüğü

Anlageabgänge pl. m • sabit varlıkların hizmetten alınması
Anlagebedarf m • yatırım ihtiyacı; yatırım danışmanı
Anlageberatung f • yatırım danışmanlığı hizmetleri
Anlagefinanzierung f • yatırım finansmanı
Anlagefonds m • menkul kıymet yatırım fonu; yatırım fonu; katılma belgesi
Anlagegesellschaft f • menkul kıymet yatırım ortaklığı
Anlagegüter pl. n • yatırım malları
Anlagekapital n • tesis sermayesi, yatırım sermayesi
Anlagekonto n • sabit varlıklar hesabı
Anlagekosten pl. • ilk tesis masrafları
Anlagekredit m • yatırım kredisi
Anlagekundschaft f • yatırımcı kişiler
Anlageliste f • yatırım listesi
Anlagen pl. f • tesisat
Anlagen pl. f im Bau m • inşa halindeki yatırımlar; yapılmakta olan yatırımlar
Anlagenbuchhaltung f • sabit varlıkların amortismanları
Anlagenzugänge pl. m • sabit varlıklara yapılan eklemeler
Anlagepapier n • yatırım kağıtları
Anlagevermögen n • duran varlıklar; sabit varlık; sabit varlıklar; sermaye ve mevduat
Anlagevermögenfonds m • sabit varlık alımı için ayrılan ödenek
Anlagewert m • yatırım kağıtları
Anlass m • sebep; vesile
Anlass m geben • sebep olmak
anlässlich • münasebetiyle; nedeniyle
Anlaufkosten pl. • işletmenin normal faaliyetine başlaması için bir kez katlanılan başlangıç giderleri; kuruluş giderleri
Anlaufschwierigkeiten pl. f • başlangıç zorlukları
Anlaufzeit f • geçiş dönemi
Anlaut m • önses
anlegen • kurmak; para yatırmak; tesis etmek; yatırmak; yatırım yapmak
Anleger m • yatırımcı

Anlegestelle f • demirleme yeri; gemi yanaşma yeri
Anleihe f • borç; borç alma; istikraz; ödünç alma; ödünç verme
Anleihe f aufnehmen • borçlanma akdetmek
Anleihe f mit variablem Zinssatz m • değişken faiz oranlı tahvil
Anleihe f ohne Tilgungsfrist f • daimi istikraz
Anleihe f, die serienweise getilgt wird • belirli aralıklarla geri ödenen tahvil
Anleihekapital n • borçlanılan fonlar
Anleihen pl. f • tahvil
Anleihen pl. f mit Teilzahlungsplan m • taksitlerle ödenen tahviller
Anleihenausgabe f • tahvil çıkarma; tahvil veya hisse senedi çıkarma
Anleihenemission f • tahvil çıkarma; tahvil ihracı
Anleihenfonds m • tahvil fonu
Anleihensobligation f • tahvil
Anleihensobligationen pl. f ohne Fälligkeit f • vadesiz tahvil
anleimende Sprachen pl. f • bağlantılı diller; bitişimli diller; bitişken diller
anleiten • yönlendirme; sevk ve idare etmek
Anleitung f • yönelme; talimat
Anmassung f • gasp
Anmeldeformular n • kayıt ve bildirim formu
Anmeldefrist f • ihbar süresi
Anmeldegebühr n • kayıt ve tescil harcı; yazılma ücreti
anmelden • bildirmek
Anmeldepflicht f • ikametgahı polise kaydettirme yükümlülüğü
Anmeldeschein m • bildirim
Anmeldung f • beyan; bildirim; kayıt ve tescil
anmerken • not etmek
Anmerkung f • derkenar; not
anmustern • gemiye kaydını yaptırmak
annähern • yaklaştırmak
annähernd • yaklaşık; takribi
Annäherung f • uzlaşma; yaklaşım
Annäherungspolitik f • yaklaşım politikası

Fachwörterbuch

Annahme f • kabul; poliçeyi kabul
Annahme f als Erfüllung f • ifa yerine kabul
Annahme f an Kindes n statt • evlat edinme
Annahme f an Zahlungs f statt • ödeme yerine geçen kabul
Annahme f der Erbschaft f • mirasın kabulü
Annahme f von Wechseln pl. m • akseptans
Annahmeerklärung f • kabul beyanı
Annahmefrist f • kabul süresi
Annahmeprotest m • ademi kabul protestosu
Annahmestelle f • tesellüm yeri
Annahmeverweigerung f • ademi kabul
Annahmeverzug m • alacaklının temerrüdü
annehmbar • kabul edilebilir
annehmen • kabul etmek
Annehmer m • poliçeyi kabul eden
annektieren • ilhak etmek
Annektierung f • ilhak
Annexion f • ilhak
Annexionspolitik f • ilhak politikası
Annonce f • gazete ilanı
Annoncen-Expedition f • ilan ve reklamcılık bürosu
Annuität f • annüite; anüite
annullieren • bozmak; feshetmek; iptal etmek
Annullierung f • dağıtılma; fesih
anomal • aykırı
Anomalie f • aykırılık
Anomalisten pl. m • aykırılıkçılar
anonym • imzasız
anonymes Konto n • isimsiz hesap
anordnen • emretmek; talimat vermek
Anordnung f • emir; karar; talimat
anormal • kuralsız; usulsüz
anpassen • intibak ettirmek; uydurmak
Anpassung f • intibak; uyarlama; uyum
anrechnen • değerlendirmek; kredilendirmek; gider kaydetmek; hesaba eklemek; hesaba geçirmek; mahsup etmek; zimmete kaydetmek
Anrechnung f • mahsup
Anrecht n • rüçhan hakkı; rüçhanlı hisse senedi ihracı
Anrede f • seslenim; yönenme; hitap
anreden • hitap etmek
anreihende Sprachen pl. f • sıralayıcı diller
Anreiz m • tahrik; teşvik
anreizen • harekete geçirmek; tahrik etmek; tahrik ve teşvik etmek; teşvik etmek
Anreizung f • tahrik ve teşvik
Anruf m • çağırma
anrufen • başvurmak; çağırmak; telefon etmek
Ansage f • anons; dikte; ilan
ansagen • dikte ettirmek; ilan etmek; önceden bildirmek
Ansammlung f • stok yapma
ansässig • mukim; yerleşmiş
Ansatzrohr n • ses yolu
anschaffen • elde etmek; kazanmak; sahip olmak; satın almak; tedarik etmek
Anschaffung f • devralma; elde etme; satın alma; tedarik
Anschaffungskosten pl. • maliyet masrafları; elde etme maliyeti; malın edinildiği tarihteki değeri; orijinal maliyet; tarihi maliyet; tedarik masrafları; varlığın satın alındığı tarihteki maliyeti
Anschaffungspreis m • maliyet fiyatı
Anschaffungstag m • iktisap tarihi; satın alma tarihi
Anschaffungswert m • başlangıç değeri; esas değer
Anschauung f • bakış; görüş; çaba
Anschlag m • afiş; bütçe; değerlendirme; gelir gider hesabı; hesaplama; ilan; masraf hesabı; masraf tahmini; saldırı; suikast; tasaddi; tecavüz
Anschlag m an der Gerichtstafel f • talik
anschlagen • afiş yapıştırmak; ilan asmak
Anschlagspreis m • geçici fiyat; kesin olmayan fiyat
Anschlagswert m • tahmini değer; takdir edilen değer
Anschlagzettel m • duvar ilanı
anschliessen • bağlamak; ilhak etmek
Anschluss m • bağ; ilhak; ulama
Anschlussverfahren n • ceza davası ile irtibatlı tazminat davası

Mesleki Terimler Sözlüğü

Anschreibungskonto • kredili mal satışı hesabı; müşteri hesabı
Anschrift f • adres
anschuldigen • itham etmek; suçlamak
Anschuldigung f • itham; suç isnadı
Anschuldigung f der Lüge f • tekzip
Anschwemmung f • birikme suretiyle oluşan arazi
ansehen • bakmak; telakki etmek; tetkik etmek
Ansehen n • itibar
Ansicht f • bakış
Ansichtsmuster n • numune; örnek
ansiedeln • yerleştirmek
Ansiedler m • göçmen; muhacir
Anspornprämie f • özendirme primi
ansprechen • hitap etmek
Anspruch m • alacak; dava; hak; iddia; mutalebe; mutalebe hakkı; talep
Anspruch m auf Unterhalt m • nafaka hakkı
Anspruch m aus Besitzentziehung f • ref'iyet hakkı
Anspruch m aus Vermächtnis n • vasiyetnameden doğan hak
Anspruch m erheben • hak iddia etmek
Anspruch m haben • hakkı olmak
Anspruchskonkurrenz f • hakların birleşmesi; hakların telahuku
Anspruchsmehrheit f • hakların ictimai; hakların toplanması
Anspruchsverjährung f • davanın müruru zamana tabi olması; davanın zamanaşımına tabi olması; hakkın zamanaşımı
Ansprüche pl. m fallenlassen • talebinden vazgeçmek
Anstalt f • kurum; müessese
Anstalt f des öffentlichen Rechts n • kamu kurumu
Anstand m • yakışık alırlık
anständig • namuslu; terbiyeli; uygun
Anstandsbesuch m • resmi ziyaret
Anstandsregel f • ahlak kuralı
Anstandsschenkung f • hediye
anstandswidrig • akla aykırı; uygunsuz
anstatt • yerine
anstecken • bulaştırmak; iğne ile iliştirmek; takmak
ansteckend • bulaşıcı; sari

ansteckende Krankheiten pl. f • bulaşıcı hastalıklar
anstellen • istihdam etmek; işe yerleştirmek
Anstellung f • çalışma; istihdam; iş; memuriyet; tayin
Anstieg m • yükselme; yükselme eğilimi
anstiften • harekete geçirmek; sebep olmak; tahrik etmek; teşvik etmek
Anstifter m • kışkırtıcı; muharrik; müsebbip; müşevvik; tahrik eden
Anstiftung f • tahrik; teşvik
Anstiftung f zur Falschaussage f • yalan ifadeye tahrik ve teşvik
Anstoss m • çarpma; sadme; sebep; tahrik; teşvik
anstrengen • açmak; zorlamak
anstrengend • yorucu
Anstrengung f • gayret; meşakkat; çaba
ansuchen • istemek; müracaat etmek; rica etmek
Ansuchen n • dilekçe; rica
Anteil m • hisse; pay
Anteil m am Erbe n • miras hissesi
Anteilhaber m • hissedar alakadar
anteilmässige Verteilung f • garameten tevzi
Anteilnahme f • alaka; iştirak
Anteilschein m • hisse senedi; hisse senedi sertifikası; katılma belgesi
Anteilseigner m • hissedar; ortak; pay sahibi
Antezedens n • öncül
Anthropologie f • insanbilim; antropoloji
Anthropometrie f • antropometri
Anthroponymie f • kişi adları bilimi
Anthroponymik f • kişi adları bilimi
Anthropozentrismus m • insaniçincilik
Antichrese f • alacaklıya merhundan istifade hakkı sağlanması
Antimentalismus m • karşıanlıkçılık
Antiphrase f • karşıtlama
Antiquität f • antika
Antiquitäten pl. f • antika eserler; asarı atika
Antithese f • karşıtlam
Antizipation f • önceleme
Antonomasie f • adsayma
antonym • karşıtanlamlı

Fachwörterbuch

Antonymie f • karşıtanlamlılık
Antrag m • dilekçe; icap; müracaat; önerge; talep; teklif; şikayet
Antrag m auf mündliche Verhandlung f • duruşma talebi; mürafaa talebi
Antrag m bearbeiten • müracaatı işleme koymak
Antrag m stellen • dilekçe vermek
antragen • teklifte bulunmak
Antragsdelikt n • takibi şikayete bağlı suç
Antragsformular n • form dilekçe; talepname
Antragsteller m • dilekçe sahibi; teklif eden; teklif sahibi
Antragsvergehen n • takibi şikayete bağlı suç
antrauen • evlendirmek
antreten • başlamak; üstlenmek
Antrieb m • hareket; sevk; tahrik; teşvik; güdü
Antritt m • başlama; giriş
Antwort f • yanıt; cevap
antworten • cevap vermek
Antwortschrift f • esasa cevap
anvertrauen • emanet bırakmak; teslim etmek
anvertrautes Gut n • emanet; vedia
anwachsen • artmak; çoğalmak; fazlalaşmak
Anwachsen n • fazlalaşma; artma
Anwachsung f • çoğalma
Anwalt m • avukat
Anwaltsbüro n • avukat bürosu
Anwaltschaft f • avukatlık
Anwaltskammer f • baro
Anwaltsprozess m • tarafların avukatla temsil edilmesi zorunlu olan dava
Anwaltszwang m • avukatla temsil edilme zorunluluğu
Anwärter m • aday; namzet
Anwartschaft f • adaylık; gelecekteki hak; gelecekteki menfaat; namzetlik
Anwartschaftsrecht n • eklenen hak
Anwartschaftsrechte pl. n • beklenen haklar
anweisen • havale etmek, talimat vermek
Anweisender m • havale eden; muhil

Anweisung f • ecnebinin memleketten çıkarılması; havale; talimat; yabancının memleketten çıkarılması; yönerge
Anweisungsempfänger m • faydalanan; muhalünleh
Anweisungsscheck m • havale çeki; keşide çeki
anwendbar • tatbik olunabilir; uygulanabilir
anwendbares Recht n • ilgili yasa; uygulanabilir yasa
anwenden • tatbik etmek; uygulamak
Anwendung f • tatbik; uygulama
Anwendung f des Gesetzes n • kanunun tatbiki; kanunun uygulanması
Anwesen n • emlak; mülk
anwesend • hazır; mevcut
Anwesenheit f • bir yerde bulunma; hazır bulunma; mevcudiyet; devam
Anwesenheitsgelder pl. n • hakkı huzur
Anwesenheitsliste f • yoklama cetveli
Anwesenheitsnachweis m • imza defteri
Anzahl f • adet; miktar
anzahlen • peşinat vermek; tamamen ödemek
Anzahlung f • avans; kapora yatırma; peşin ödeme; peşinat; taksit
Anzahlungen pl. f von Kunden pl. m • mal satış avansları; müşterilerden alınan avanslar
Anzahlungsgarantie f • avans garanti mektubu
Anzeige f • bildirim; bildirme; ihbar; ihtar; ilan; tebliğ; tebligat
anzeigen • bildirmek; göstermek; ihbar etmek; ilan etmek
Anzeigepflicht f • ihbar mükellefiyeti; ilan mecburiyeti; kiracının ihbar mükellefiyeti
anziehen • değer kazanma; fiyatlarda ortaya çıkan artış; kurlarda ortaya çıkan artış
anzweifeln • şüphelenmek
Aorist m • geniş zaman
Apathie f • duyumsamazlık
Aphärese f • önses düşmesi
Aphasie f • söz yitimi
Aphonie f • ses yitimi
apikal • dil ucu ünsüzü
Apokope f • sonses düşmesi

Mesleki Terimler Sözlüğü

Aposiopese f • kesinti
Aposiopesis • kesinti
Apothekenrecht n • eczacılık hukuku
Apothekerware f • ilaç
Appelfunktion f • çağrı işlevi
Appellation f • istinaf
Appellationsgericht n • istinaf mahkemesi
Apperzeption f • tamalgı
Apport m • apor
Apportaktie f • kurucu hisse senetleri
Apposition f • koşuntu
Approbation f • kabul müsaade; müsaade
approbieren • kabul etmek; müsaade etmek
Apraxie f • işlev yitimi
Äquativus m • eşitlik derecesi
äquipollente Opposition f • eşöğeli karşıtlık
Äquivalenz f • eşdeğerlik
Äquivalenzziffer f • eşdeğer birim
Arab Currency Related Unit • Arap Paraları Birimi
Arbeit f • iş
Arbeit f • çalışma; emek; görev; hizmet; iş; sayü amel; vazife
arbeiten • çalışmak
Arbeiten pl. f unter Aufsicht f • gözetimli çalışma
Arbeiter m • işçi
Arbeiterbewegung f • işçi sınıfı hareketi
Arbeiterbildung f • işçi eğitimi
Arbeiterfürsorge f • işçilerin himayesi
Arbeitergewerkschaft f • işçi sendikası
Arbeitermangel m • işsizlik
Arbeiterschutz m • işçilerin himayesi; işçilerin yasa ile korunması
Arbeiterstunde f • adam/saat
Arbeiterverein m • işçi derneği
Arbeiterversicherung f • işçi sigortası
Arbeitervertreter m • mümessil işçi
Arbeitgeber m • iş sahibi; işveren
Arbeitgeberverband m • işveren birliği; işveren kuruluşu; işveren sendikası
Arbeitnehmer m • çalışan; emekçi; işalan; işçi; işgören; personel
Arbeitnehmeraktie f • çalışanlara yönelik hisse senedi

Arbeitnehmeranteil m am Gesamtsozialversicherungbeitrag m • toplam sosyal sigorta priminde işçinin payı
Arbeitnehmergesellschaft f • işçi şirketi
Arbeitnehmerschutz m • işgüvenliği
Arbeitnehmervertreter m • işçi temsilcisi
Arbeitnehmervorschüsse pl. m • personel avansları
Arbeits- oder Maschinengruppe f in der Fertigung f • üretim birimi
Arbeitsablauf m • iş akışı
Arbeitsamt n • iş ve işçi bulma dairesi; iş ve işçi bulma kurumu
Arbeitsaufgabe für Gruppe • küme ödevi
Arbeitsauftrag m • görev talimatı; iş emri
Arbeitsausweis m • işçi karnesi
Arbeitsbedingungen pl. f • çalışma şartları
Arbeitsbelastung f • iş yükü
Arbeitsbeschaffung f • işsizliğe karşı alınan tedbir
Arbeitsbeschreibung f • görev tanımı; iş tanımı
Arbeitsbogen m • çalışma kağıdı
Arbeitsbörse f • işçi borsası
Arbeitsbuch n • işçi karnesi
Arbeitsdienst m • çalışma mükellefiyeti; toplum yararına yapılan iş hizmeti
Arbeitsdienstpflicht f • bedenen çalışma mükellefiyeti
Arbeitseinheit f • iş ünitesi
Arbeitseinkommen n • gündelik ve ücretler
Arbeitseinsatz m • istihdam; işçi çalıştırma
Arbeitseinstellung f • grev; işi bırakma; işi durdurma
Arbeitsentgelt n • iş ücreti
Arbeitserlaubnis f • çalışma müsaadesi
arbeitsfähig • çalışabilir
Arbeitsförderungsgesetz n • Çalışmayı Teşvik Kanunu
Arbeitsfreiheit f • çalışma hürriyeti
Arbeitsführung f • çalışma kılavuzu
Arbeitsgemeinschaft f • birlik; çalışma grubu

Fachwörterbuch

Arbeitsgemeinschaft f der deutschen Wertpapierbörsen pl. f • Alman Borsaları Birliği
Arbeitsgericht n • iş mahkemesi
Arbeitsgesetz n • İş Kanunu
Arbeitsgewohnheit f • çalışma alışkanlığı
Arbeitsgrundlage f • çalışma esası; çalışma yönetmeliği
Arbeitsgruppe f • çalışma grubu
Arbeitshaus n • ıslahevi
arbeitsintensiv • emek yoğun; yoğun emek
Arbeitskammern pl. f • iş odaları
Arbeitskapital n • net çalışma sermayesi; net işletme sermayesi
Arbeitskosten pl. • istihdam giderleri
Arbeitskraft f • insangücü; işçi
Arbeitskräfte pl. • işgücü
Arbeitskräfte-Resourcen pl. f • insan kaynakları
Arbeitskreis m • çalışma grubu; faaliyet alanı; komite
Arbeitslager n • çalışma kampı
Arbeitsleben n • iş hayatı
Arbeitslehre f • iş bilgisi
Arbeitsleistung f • iş başarısı; prodüktivite; verim
Arbeitslohn m • işçi ücreti; işçilik
arbeitslos • işsiz
Arbeitslosengeld n • işsizlik parası
Arbeitslosenhilfe f • işsizlik yardımı
Arbeitslosenunterstützung f • işsizlik yardımı
Arbeitslosenversicherung f • işsizliğe karşı sigorta; işsizlik sigortası
Arbeitslosigkeit f • işsizlik
Arbeitsmarkt m • işçi piyasası
Arbeitsmarktservice AMS (Öst.) m • İş ve İşçi Bulma Kurumu
Arbeitsministerium n • Çalışma Bakanlığı
Arbeitsniederlegung f • grev; işi bırakma; işi durdurma
Arbeitspädagogik f • iş eğitbilim
Arbeitspapiere pl. n • çalışma tabloları
Arbeitspflicht f • beden mükellefiyeti; bedenen çalışma; çalışma mükellefiyeti
Arbeitsplatz m • işyeri
Arbeitsprojektor m • gösterici; tepegöz
Arbeitsraum m • iş yeri

Arbeitsrecht n • iş hukuku
arbeitsrechtlich • iş hukukuyla ilgili
Arbeitsruhe f • dinlenme
Arbeitsschule f • iş okulu
Arbeitsschutz m • iş güvenliği
Arbeitssicherheit f • iş emniyeti
Arbeitsstätte f • iş yeri
Arbeitsstelle.f • işyeri
Arbeitsstock m • işsizlik sigortası fonu
Arbeitsstreitigkeit f • iş anlaşmazlığı; iş ihtilafı; iş uyuşmazlığı
Arbeitsstunden pl. f • çalışma saatleri
Arbeitstag m • iş günü
Arbeitstest m • iş testleri
arbeitsunfähig • çalışamaz; işgöremez
Arbeitsunfähigkeit f • işgöremezlik
Arbeitsunfall m • iş kazası
Arbeitsunfallversicherung f • iş kaza sigortası
Arbeitsverhältnis n • iş münasebeti
Arbeitsvermittlung f • iş tavassutu; iş ve işçi bulma; işe yerleştirme
Arbeitsvertrag m • istihdam mukavelesi; iş akdi; iş akti; işgücü sözleşmesi
Arbeitsvertragsbruch m • iş akdinin ihlali
Arbeitsverweigerung f • işi reddetme; işten imtina
Arbeitszeit f • çalışma süresi; iş müddeti; iş zamanı; mesai saatleri
Arbeitszeitabweichung f • işçilik verim farkı
Arbeitszeitordnung f • iş saatleri tüzüğü
Arbeitszeugnis n • bonservis
Arbeitszwang m • çalıştırma cezası
Arbitrage f • arbitraj; borsa karcılığı; hakemlik; tahkim
Arbitrageklausel f • tahkim şartı
Arbitrageur m • arbitrajcı
Arbitragist m • arbitrajcı
arbiträr • buyrultusal; nedensiz
Arbitrarität f • buyrultusallık; nedensizlik
Arbitrium n • hakem kararı
Archaismus m • eskil biçim; eskillik
Archilexem n • üstsözlükbirim
Archiphonem n • üstsesbirim
Archisemem n • üstanlambirimcik demeti
Archiv n • arşiv
Archivar m • arşivci

Mesleki Terimler Sözlüğü

Area f • alan
Ärger m • dargınlık
Ärgernis n • rezalet
Arglist f • desise; hile
arglistig • dessas; hilekar
arglistige Täuschung f • hile
Argot n • argo
Argument n • kati delil; değini
argumentieren • kati delil göstermek
Aristokratie f • aristokrasi
Aristotalische Methode f • Aristo yöntemi
Arithmetik f • aritmetik
arithmetisches Mittel n • aritmetik ortalama
arm • fakir; yoksul
Armee f • ordu
Armeebefehl m • ordu emri
Armenasyl n • Darülaceze; güçsüzler yurdu
Armenrecht n • adli müzaheret; adli yardım
Armenrechtszeugnis n • adli müzaheret belgesi
Armut f • fakirlik; yoksulluk
Armutszeugnis n • fakirlik ilmühaberi
Arrest m • haciz; ihtiyati haciz; kısa hapis; kısa süreli hapis
Arrest m bei Wasser n und Brot n • katıksız hapis
Arrestant m • mevkuf; tutuklu
Arrestbefehl m • ihtiyati haciz kararı
arretieren • ihtiyati haciz koymak; tevkif etmek
Art f • cins; sınıf; tarz; tür; usul
Artikel m • emtia; madde; mal; ticari mal; tanımlık
Artikulation f • eklemleme; eklemlenme; eklemlilik
Artikulationsart f • eklemleme biçimi
Artikulationsort m • eklemleme bölgesi
Artikulationspunkt f • eklemleme noktası
Artikulationsstelle f • eklemleme bölgesi
Artikulationsweise f • eklemleme biçimi
Artikulator m • eklemleyici
artikuliert • eklemli
Arzneibuch n • kodeks
Arzt m • doktor
Ärztekammer f • etıbba odası
ärztlich • tıbbi
ärztliche Behandlung f • tıbbi tedavi
ärztliche Untersuchung f • tıbbı muayene
ärztlicher Befund m • tıbbi teşhis
ärztliches Attest n • tıbbi rapor
Asiatische Entwicklungsbank f • Asya Kalkınma Bankası
Aspekt m • görünüş
Aspirata f • soluklu
Aspirationsniveau n • umu düzeyi
aspirierter Laut m • soluklu
Assekuradeur m • aracılık yüklenimcisi; sigortacı
Assekurant m • aracılık yüklenimcisi; sigortacı
Assekuranz f • sigorta
Assekuration f • aracılık yüklenimi
assekurieren • sigorta etmek
Assertion f • önesürüm
Assimilation f • benzeşim
Assimilation f • intibak; uyum
Assistent m • asistan
Assonanz f • yarım uyak
Assoziation f • ortaklık
Assoziationsexperimente pl. n • çağrışım deneyleri
Assoziationslernen n • çağrışımlı öğrenme
Assoziationspsychologie f • çağrışımcılık
assoziativ • çağrışımsal
assoziatives Feld n • çağrışımsal alan
Ästhetik f • güzelduyu
Asyl n • sığınacak yer
Asylrecht n • iltica hakkı; sığınma hakkı
Asyndese f • kopukluk
Aszendent m • üstsoy; usul
at the close order • kapanış emri
Ataxie f • devinim yitimi
atonale Silbe f • vurgusuz seslem
Attaché m • ataşe
Attentat n • suikast; tasaddi; tecavüz
Attentäter m • suikastçı
Attentatsklausel f • Belçika Şartı; suikast şartı
Attest n • tasdik; onay belgesi; rapor; tasdikname; şehadetname
attestieren • doğruluğunu onaylamak; rapor tanzim etmek; resmen tanıklık etmek; tasdik etmek; yeminle beyan vermek
Attestierung f • tasdikname

Fachwörterbuch

attributives Adjektiv n • niteleme sıfatı
Audiologe m • işitbilimci
Audiologie f • işitbilim
audio-visuelle Ausbildung f • görsel-işitsel eğitim
Auditor m • murakıp
auf dem Dienstweg m erledigen • hiyerarşiye riayet ederek halletmek
auf dem Grundbuchamt n berichten • takrir vermek
auf dem Laufenden n • güncel
auf den neuesten Stand m bringen • en son duruma getirmek, güncelleştirmek
auf Ehre f und Gewissen n schwören • namus ve şerefi üzerine yemin etmek
auf ein neues Konto n übertragen • yeni bir hesaba geçirmek
auf ein Recht n verzichten • haktan feragat etmek
auf Entschädigung f klagen • tazminat davası açmak
auf frischer Tat f • suçüstü
auf frischer Tat f ertappen • suçüstü yakalamak
auf Jahresbasis f umrechnen • yıllık esasa indirgemek
auf Kredit m • kredili; veresiye
auf Kredit m kaufen • kredili satın almak; veresiye satın almak
auf Kredit m verkaufen • kredili satmak
auf Lebenszeit f • kaydı hayat şartıyla
auf- oder abgerundeter Betrag m • yuvarlaklaştırılmış toplam
auf Scheidung f klagen • boşanma davası açmak
auf Sicht f • görüldükten sonra
auf Strand m setzen • karaya oturtmak
auf tägliche Kündigung f • çok kısa vadeli borçlar; günlük borçlar
auf Verlangen n • istenildiğinde; talep edildiğinde
Aufbau m • geliştirme; kalkınma; kurma; yapma
Aufbaukredit m • kalkınma kredisi
aufbewahren • muhafaza etmek; saklamak
Aufbewahrung f • ida; muhafaza
Aufbewahrungsfrist f • alıkoyma süresi; muhafaza süresi; saklama süresi
Aufbewahrungsstelle f • ardiye

Aufbringung f • müsadere; zapt
Aufenthalt m • ikamet; ikametgah; mesken; oturma
Aufenthaltsbestimmungsrecht n • ikameti belirleme yasası
Aufenthaltserlaubnis f erteilen • oturma müsaadesi vermek
Aufenthaltserlaubnis f • oturma müsaadesi
Aufenthaltsgenehmigungsurkunde f • ikamet tezkeresi
Aufenthaltsraum m • dinlenme yeri
Aufenthaltsrecht • oturma hakkı
auferlegen • yüklemek
Auffahrt f • rampa
auffassen • kavramak
Auffassen n • kavrayış
Auffassung f • görüş
auffordern • davet etmek; emretmek; ihtar etmek; talep etmek; teşvik etmek
Aufforderung f • davet; emir; ihtar; isteme; talep; talep etme; teşvik
Aufforderung f zum Hochverrat m • fesat
Aufforderung f zur strafbaren Handlung f • cezai eyleme teşvik ve tahrik
Aufforstung f • ağaçlandırma
Aufforstungsplan m • ağaçlandırma planı
Auffrischungsbildung f • bilgi yenileme eğitimi
Aufgabe f • bırakma; feragat; görev; terk; vazgeçme; vazife
Aufgabe f des Besitzes m • zilyetliğin terki
Aufgabe f eines Rechtes n • feragat; vazgeçme
Aufgabenbeschreibung f • iş tanımı
Aufgabenstellung f • görev
aufgeben • bırakmak; postaya vermek; vazgeçmek
Aufgebot n • askıya çıkarma; resmen bildirme
Aufgebotsverfahren n • gaiplik usulü
aufgelaufen • birikmiş
aufgelaufene Abschreibung f • birikmiş amortisman; gerçekleşmiş amortisman tutarı; birikmiş tükenme payları
aufgelaufene Zinsen pl. m • tahakkuk etmiş faiz
Aufgeld n • acyo; depozito; itfa primi; pey

Mesleki Terimler Sözlüğü

aufgeschobene Annuität f • ertelenmiş anütte
aufgeschobene Schulden pl. f • ertelenmiş borçlar
Aufgliederung f • analiz; mahiyet; tahlil; yapı
aufheben • bozmak; feshetmek; ilga etmek; iptal etmek; nakzetmek; yürürlükten kaldırmak
Aufhebung f • bozma; dağıtılma; fesih; ilga; iptal; kaldırma; tasfiye
Aufhebung f der Ehe f • evliliğin iptali
Aufhebung f der Hypothek f • ipoteğin kaldırılması
Aufhebung f der Miteigentumsgemeinschaft f • şuyun izalesi
Aufhebung f der Pfändung f • haczin fekki
Aufhebung f des Adoptionsverhältnisses n • evlatlık münasebetinin iptali
Aufhebung f des Arrestes m • haczin fekki
Aufhebung f des Gesetzes n • kanunun yürürlükten kaldırılması
Aufhebung f des Konkurses m • iflasın kaldırılması
Aufhebung f einer Schuld f durch Übereinkunft f • ibra
Aufhebung f eines Beschlusses m • bozma; iptal
Aufhebung f und Zurückverweisung f des Urteils n • karar bozma
Aufhebungsbeschluss m • ret kararı
Aufhebungsklage f • fesih davası
aufhetzen • kışkırtmak; tahrik etmek
Aufhetzer m • kışkırtıcı; müşevvik; tahrikçi
Aufhetzung f • kışkırtma; tahrik
Aufhetzung f und Anstiftung f • tahrik ve teşvik
aufhören • bitirmek; bitmek; sona ermek
aufhören lassen • sona erdirmek
aufkaufen • toptan satın almak
aufklären • aydınlatmak
Aufklärung f • aydınlatma
Aufkommen n • gelir; ürün; verim
aufkündigen • feshi ihbar etmek
Aufkündigung f • dağılma
Aufladelohn m • yükleme ücreti
aufladen • yüklemek

Auflader m • yükleyici
Auflage f • baskı; ek meblağ; mükellefiyet; talep; tiraj
Auflagen pl. f • yükümlülük
auflassen • devir ve temlik etmek
Auflassung f • devir ve temlik
Auflauf m • tecemmu; tecemmuat; toplantı
auflaufen • karaya oturmak; toplanmak
Auflaufen n • birikme; gerçekleşme; karaya oturma; tahakkuk
auflösen • çözmek; feshetmek
Auflösen n • tasfiye
auflösende Bedingung f • infisahi şart
Auflösung des Vereins f • derneğin feshi
Auflösung f • çözüm; dağılma; fesih; infisah; likidasyon; paraya çevirme; tasfiye
Auflösung f des Parlaments n • parlamentonun feshi
Auflösung f einer Partnerschaft f • ortaklığın feshi
Auflösung f von Rückstellungen pl. f • karşılıklardan inme
Auflösungsklage f • fesih davası
Auflösungsklausel f • fesih şartı
aufmerken • dikkat etmek
Aufmerksamkeit f • dikkat
Aufnahme f • başlangıç; kabul; yenilenme davası; giriş
Aufnahme f eines Protokolls n • protokol tanzimi
Aufnahmeprüfung f • giriş sınavı
aufnehmen • başlamak; kabul etmek
Aufnehmer m • alıcı; ödünç alan
aufpassen • dikkat etmek
Aufpreis m • fazla masraf; fiyat ilavesi; prim
aufrechnen • birinin hesabına geçirmek; denkleştirmek; mahsup etmek; takas etmek; telafi etmek
Aufrechnung f • karşılıklı alacakların anlaşmalar gereğince birbirlerine mahsup edilmesi; karşılıklı alacakların yasalar gereğince birbirlerine mahsup edilmesi; takas
aufregen • heyecanlandırmak
Aufregung f • heyecan; telaş
aufreizen • tahrik etmek; teşvik etmek

Fachwörterbuch

Aufreizung f • tahrik; tahrik ve teşvik; teşvik
Aufruf m • apel; çağrı; celp; davet
aufrufen • celbetmek; davet etmek
Aufruhr m • ayaklanma; isyan
aufrühren • kışkırtmak; tahrik etmek
Aufrührer m • isyancı; kışkırtıcı
Aufsatz m • sözlü-yazılı anlatım
aufschieben • ertelemek; talik etmek; tehir etmek
aufschiebende Bedingung f • talikı şart
aufschiebende Einrede f • talikı itiraz
Aufschlag m • fiyata yapılan ekleme; fiyatı yükseltme; zam
aufschlagen • pahalılaşmak
Aufschluss m • açıklama; aydınlatma; malumat
aufschreiben • hesaba kaydetmek; not etmek; yazmak
Aufschub m • ecel; erteleme; talik; tecil; tehir; vadenin uzatılması
Aufschub m der Vollstreckung f • icranın tehiri
Aufschub m der Zahlungsfrist f • tediye vadesinin uzatılması
Aufschwungskraft f • genişletici güç; yayılma gücü
Aufschwungstendenz f • yayılma eğilimi
Aufseher m • bekçi; denetçi; gardiyan; gözcü; murakıp; gözetmen; denetici
Aufsicht f • bekçilik; denetleme; gözcülük; gözetim; murakabe; nezaret; teftiş; denetim
Aufsichtsbeamter m • denetim elemanı
Aufsichtsbehörde f • inceleme mercii; inceleme yeri; nezaretçi makam; tetkik mercii
Aufsichtsbericht m • denetim raporu
Aufsichtsperson f • denetici; gözetimci
Aufsichtspflicht f • gözetim ve denetim yükümlülüğü
Aufsichtsrat m • denetim kurulu; denetleme kurulu; teftiş kurulu; yönetim kurulu
aufstacheln • kışkırtmak; tahrik etmek
Aufstachelung f • kışkırtma; tahrik
Aufstachelung f zum Rassenhass m • ırk düşmanlığına tahrik
Aufstand m • ayaklanma; isyan
aufstellen • düzenlemek; kurmak; ortaya koymak; tanzim etmek; vazetmek
Aufstellung f • beyan; bildirim; cetvel; çizelge; donatım; envanter; finansal tablo; liste; ortaya koyma; özellikleri kapsayan belge; tablo; teçhizat; vazetme; şartname
Aufstellung f des Zeugen m • şahit gösterme
Aufstellungsplan m • yerleşim planı
Aufstieg m • ilerleme; terakki
Aufstockung f • artma; eklenme; yığılma
auftauchen • görünmek; zuhur etmek
aufteilen • parçalara ayırmak; tamamiyle bölmek
Aufteilung f • bölme; dağıtım; parçalama; tevzi
Auftrag (einen) m erteilen • sipariş vermek
Auftrag m • emir; ödeme talimatı; satış emri; sipariş; talimat; vazife; vekalet
auftragen • görevlendirmek
Auftraggeber m • amir; görevlendiren; ihracatçı; müvekkil; müşteri; siparişi veren
Auftragnehmer m • görevlendirilen; siparişi alan; vekil
Auftragsbestand m • eldeki siparişler
Auftragsbrief m • sipariş mektubu
Auftragserteilung f • ihale
Auftragsgeschäft n • komisyon ticareti
Auftragsgrösse f • sipariş miktarı
Auftragskosten pl. • sipariş maliyeti
Auftrags-Kostenrechnung f • sipariş maliyeti sistemi
Auftragskostenverfahren n • parti maliyetlemesi
Auftragsnote f • sipariş kesatlığı
Auftragsrückstand m • siparişin teslim edilemeyen. arta kalan kısmı
Auftragswert m • mukavele meblağı
Auftragszusammenstellungskosten pl. • siparişin yerine getirilmesi için katlanılan satış giderleri
aufwachsen • büyümek; yetişmek
Aufwand m • dönemsel harcama; gider; harcama; külfet; masraf
Aufwandsbudget n • gider bütçesi
Aufwandsentschädigung f • masrafların tazmini

Mesleki Terimler Sözlüğü

Aufwandskosten pl. • gider hesapları
Aufwandsteuer • lüks vergisi; istihlak vergisi
Aufwandzinsen pl. m • faiz borçları; ödenecek faizler; ödenen faizler
aufweisen • arz etmek; göstermek
aufwenden • harcamak; kullanmak; sarfetmek
Aufwendung f • gider; masraf; sarfiyat
Aufwendungen pl. f • giderler; hasılatın sağlanabilmesi için katlanılan giderler; masraflar
Aufwendungen pl. f einer bestimmten Periode f • cari giderler; dönem giderleri
aufwerten • değerini yükseltmek; revalüe etmek; yeniden değerlendirmek
Aufwertung f • değer biçme; revalüasyon; yeniden değerleme; yeniden değerlendirme
aufwiegeln • isyana teşvik etmek
Aufwiegelung f • isyana teşvik
aufwiegen • denk gelmek; denkleştirmek
aufzehren • sarfetmek; tüketmek
aufzeichnen • çizmek; kaydetmek; not etmek; resmini yapmak
Aufzeichnung f • çizim; kayıt; not; resim
Aufzinsung f • bileşik faiz hesabı
Aufzinsungsfaktor m • bileşik faiz katsayısı
aufzwingen • zorla kabul ettirmek
Auge n • göz
Augenschein m (in) nehmen • keşif ve muayene yapmak
Augenschein m • keşif ve muayene
Augenscheinsaufnahme f • keşif ve muayene
Augenzeuge m • görgü şahidi
Auktion f • açık artırma; açık eksiltme; aleni artırma; aleni eksiltme; artırma ile satış; müzayede; müzayede ile satış
Auktionator m • açık artırma ile satış yapmaya yetkili kişi
auktionieren • açık artırmaya çıkarmak
Auktionskomissar m • müzayede simsarı
Aula f • toplantı salonu
aus dem Amt n ausscheiden • memuriyetten istifa etmek

aus dem Betrieb m nehmen • hizmetten almak
aus dem Gefängnis n entkommen • hapisten kaçmak
aus dem Verein m ausschliessen • dernekten ihraç etmek
aus der Haft f entlassen • tutukluyu salıvermek
aus Eigennutz m handeln • kişisel çıkarına göre davranmak
aus Mangel m an Beweisen pl. m freisprechen • delil yetersizliğinden serbest bırakmak
aus zweiter Hand f • elden düşme
Ausatmung f • soluk verme
ausbedingen • saklı tutmak; şart koşmak
ausbessern • düzeltmek; tashih etmek
Ausbesserung f • düzeltme; tashih
Ausbesserungskosten pl. • tamir masrafları
Ausbeute f • hasılat; kar; kazanç; net gelir; randıman; semere; ürün; verim
ausbeuten • istifade etmek; istismar etmek, işletmek
Ausbeutung f • angarya; istismar
Ausbeutung f der Notlage f • müzayaka halinin istismarı
ausbieten • satışa çıkarmak
ausbilden • eğitmek; geliştirmek; şekil vermek
Ausbilder m • yetiştirici
Ausbildung f • eğitim; geliştirme
Ausbildung f am Arbeitsplatz m • iş başında eğitim
Ausbildung f außerhalb der Arbeit f • iş dışında eğitim
Ausbildung f mit Transportmitteln pl. n • taşımalı eğitim
Ausbildungsfonds m • danışmanlık fonu; eğitim fonu
Ausbildungskosten pl. • eğitim maliyeti; öğretim maliyeti; eğitim masrafları
Ausbildungskredit m • eğitim kredisi
Ausbildungsleiter m • eğitim lideri; eğitim yöneticisi
Ausbildungsstätte f • eğitim tesisi
ausbleiben • gelmemek; hazır bulunmamak
ausborgen • ödünç almak

Fachwörterbuch

ausbrechen • firar etmek; kaçmak
Ausbrecher m • firari; kaçak
Ausbreitung f • genişleme
Ausbringung f • verim
Ausbruch m • firar; kaçma
ausbuchen • hesaptan çıkarmak; hesaptan düşmek
ausbürgern • vatandaşlıktan çıkarmak
Ausbürgerung f • vatandaşlıktan çıkarılma
Ausdauer f • devam; sabır; sebat
ausdauern • sebat etmek
ausdauernd • devamlı; sebatlı
ausdehnen • genişletmek; kapsamak; uzatmak
Ausdehnung f • kapsama
ausdienen • hizmet süresini doldurmak
Ausdruck m • anlatım; deyim; ifade; söz
Ausdrucksfunktion f • anlatımsallık işlevi
Ausdrucksunterricht m • anlatım dersleri
Ausdrucksweise f • söyleyim; ifade tarzı; üslup
ausdrücklich • açık; açıkça; kati; sarahaten; sarih
ausdrückliche Garantie f • açık teminat
auseinanderhalten • ayırmak; tefrik etmek
Auseinandersetzung f • beyan; görüşme; izah; taksim; tartışma; tasfiye; uyuşma; uzlaşma
Auseinandersetzung f der Erbengemeinschaft f • miras şirketinin tasviyesi
Auseinandersetzung f zwischen Gesellschaftern pl. m • ortaklar arasında tasfiye
Ausfall m • açık; eksiklik; fire; kayıp; yetersizlik; zarar
ausfallend • kırıcı; saldırgan
Ausfallvergütung f • kısa mesai tazminatı
ausfertigen • düzenlemek; tanzim etmek
Ausfertigung f • suret; tanzim; tasdikli suret; vesika verme; vesikanın aslı; vesikanın kopyası
ausfindig machen • bulup çıkarmak; izlemek
Ausflug m • çevre gezisi
ausfolgen • ödemek; teslim etmek; tevdi etmek; vermek
ausformulieren • ayrıntılı anlatmak

ausforschen • araştırmak; soruşturmak
ausfragen • sorguya çekmek
Ausfuhr f • dışsatım; ihraç; ihracat
Ausfuhrbewilligung f • ihracat permisi
Ausfuhrerklärung f • ihracat bildirimi
Ausfuhrförderung f • ihracatın teşviki
Ausfuhrhandel m • ihracatçılık
Ausfuhrhändler m • ihracatçı
Ausfuhrkredit m • ihracat kredisi
Ausfuhrlizenzverfahren n • ihracat lisansı işlemi
Ausfuhrprämie f • ihracat primi
Ausfuhrverbot n • ihraç yasağı
Ausfuhrzoll m • ihracat eşyasına ait gümrük resmi; ihracat resmi; ihracat vergisi
ausführbar • ihraç edilebilir; yapılabilir
Ausführbarkeit f • gerçekleşme imkanı
ausführen • ayrıntılarıyla anlatmak; ihraç etmek; yapmak
ausführlich • ayrıntılı; mufassal
ausführliche Buchprüfung f • ayrıntılı muhasebe denetimi
Ausführung f • ayrıntılı izah; icra; ifa; tatbik; yürütme
Ausführungsbestimmung f • talimatname; yönetmelik
Ausführungsverordnung f • talimatname; yönetmelik
ausfüllen • doldurmak
Ausgabe f • emisyon; gider; harç; harcama; tebliğ; yayın
Ausgabe f junger Aktien pl. f • yeni menkul kıymet ihracı
Ausgabe f mit Bezugsrecht n • rüçhanlı hisse senedi ihracı
Ausgabe f von Obligationen pl. f • tahvil ihracı
Ausgabe f von Wertpapieren pl. n • ihraç
Ausgabebedingungen pl. f • çıkarım şartları
Ausgabegruppe f • gider kategorisi
Ausgabekategorie f • gider kategorisi
Ausgabekurs m • çıkarım fiyatı; ihraç fiyatı
Ausgaben pl. f • çıktı; işletmenin ürettiği mal ve hizmetler; ödenekler; tahsisat
Ausgaben pl. f und Einnahmen pl. f • harcama ve tahsilat

Mesleki Terimler Sözlüğü

Ausgabenposten m • gider kalemi
Ausgabepreis m • çıkarım fiyatı; ihraç fiyatı; teklif fiyatı
Ausgaberest m • sarfedilmeyen bakiye
Ausgabestrom m • nakit çıkışı
Ausgabewert m • çıkarılan andaki satış değeri
Ausgang m • gevşeme
Ausgangsfracht f • çıkış navlunu; giden mallar navlunu
Ausgangsmaterial n • esas malzeme
Ausgangsprodukt n • ilk ürün
Ausgangssprache f • kaynak dil
Ausgangszahlen pl. f • hesaba esas olan rakamlar
ausgeben • harcamak; sarfetmek; tebliğ etmek; yayınlamak
ausgegebene Aktien pl. f • ihraç edilmiş hisse senedi
ausgegebenes Aktienkapital n • ihraç edilmiş hisse senetli sermaye
ausgegebenes Kapital n • çıkarılmış sermaye
ausgeglichen • dengeli; denk
ausgeglichenes Budget n • denk bütçe
ausgeloste Obligation f • keşide tahvili
ausgeschütteter Gewinn m • dağıtılmış kar
ausgewiesenes Kapital n • nominal sermaye; tescil edilmiş sermaye
Ausgleich m • eşitleme; ödünleme; dengeleme; denkleştirme; takas; tesviye; tevazün; uyuşma; uzlaşma
ausgleichen • denkleştirmek; telafi etmek; uzlaştırmak
Ausgleichsfonds m • fiyat istikrar fonu
Ausgleichskonto n • tevazün hesabı
Ausgleichssteuer f • denkleştirme vergisi; fark giderici vergi; prelevman; muvazene vergisi
Ausgleichsversuch m • uzlaşma teşebbüsü
Ausgleichung • mirasta iade
Ausgleichung f unter Miterben pl. m • mirasta iade
Ausgleichungspflicht f • iade mükellefiyeti
ausgraben • hafriyat yapmak; kazmak
Ausgrabung f • hafriyat; kazı
aushandeln • pazarlık yaparak fiyatta uyuşmak
aushändigen • teslim etmek; tevdi etmek

Aushändigung f • teslim; tevdi
Aushang m • askıdaki ilan; talik
aushängen • askıya çıkarmak; ilan etmek
Aushängeschild n • ticarethane levhası; ticarethane tabelası
Aushilfskräfte pl. f • geçici işçiler; kısa vadede çalışacak işçi
auskaufen • tamamen satmak
auskundschaften • gözetlemek
Auskunft f • enformasyon; istihbarat; malumat
Auskunftsabteilung f • istihbarat birimi
Auskunftsbüro n • bilgi toplayan kuruluş; istihbarat bürosu
Auskunftspflicht f • bilgi verme mükellefiyeti
Auskunftsrecht n • bilgi alma hakkı
Ausladehafen m • yükleme limanı
ausladen • boşaltmak; geminin hamulesini boşaltmak; tahliye etmek
Auslader m • boşaltan; tahliyeci
Ausladung f • tahliye
Auslage f • satılık eşya teşhiri
Auslagen pl. • masraflar; masraf; ödeme
auslagern • depodan almak
Ausland n • yabancı memleket; yurtdışı
Ausländer m • ecnebi; yabancı
Ausländergesetz n • Yabancılar Kanunu
Ausländerkonvertibilität f • paranın yabancılar için konvertibilitesi
ausländisch • yabancı memleketten olan
ausländische Bank f • yabancı banka
ausländische Devisen pl. f • döviz; yabancı ülke parası
ausländische Gesellschaften pl. f • ecnebi şirketler; yabancı ortaklıklar
ausländische Kapitalgesellschaft f • yabancı şirket
ausländische Konzessionen pl. f • açık şehir
ausländische Schuldverschreibung f • yabancı tahvil
ausländische Staaten pl. m • yabancı devletler
ausländische Währung f • döviz

Fachwörterbuch

ausländische Wertpapiere pl. n • yabancı menkul kıymetler
ausländische Zahlungsmittel pl. n • yabancı para
ausländischer Arbeitnehmer m • yabancı işçi
ausländischer Lehrer m • yabancı öğretmen
ausländischer Schüler m • yabancı öğrenci
ausländischer Verein m • yabancı dernek
ausländisches Gesetz n • yabancı kanun
Auslandsabsatz m • dış piyasalarda satış
Auslandsaktiven pl. n • yabancı varlıklar
Auslandsanleihe f • dış kaynaklı kredi
Auslandsaufenthalt m • yurtdışında oturma
Auslandsbeziehungen pl. f • dış ilişkiler
Auslandshandel m • dış ticaret
Auslandsinvestition f • dış ülkelere yatırım; yabancı yatırım
Auslandskapital n • yabancı sermaye
Auslandsniederlassung f • yabancı şube
Auslandspassiven pl. • yabancı borçlar
Auslandspostanweisung f • Uluslararası Posta Havalesi
Auslandstätigkeitserlass m • yurt dışında çalışma müsaadesi
Auslandsverbindlichkeit f • dış ülkelere karşı mükellefiyet
Auslandsverschuldung f • yurtdışı borçlanma
Auslandsvertreter m • dış ülkedeki ticari temsilci
Auslandsvertretung f • yurtdışı acentesi
Auslandswechsel m • yabancı poliçe
Auslandswerte pl. m • yabancı menkul kıymetler
Auslandswertpapiere pl. n • yabancı menkul kıymetler
Auslassung f • eksilti
auslaufen • hareket etmek; vade hulûl etmek; vadesi yaklaşmak; zamanı gelmek
Auslaufhafen m • geminin hareket limanı
Auslaufszahlung f • bütçenin düyunundan ödeme
Auslaut m • sonses
auslegen • tefsir etmek; yorumlamak
Auslegung f • tefsir; yorum
Auslegung f der Willenserklärung f • rıza beyanının yorumu
Auslegung f des Gesetzes n • kanun yorumu
Auslegungsvorschriften pl. f • tefsir hükümleri
ausleihen • borç vermek; ödünç para vermek; ödünç vermek
Ausleiher m • borç veren; ikrazcı; ödünç para veren; ödünç veren
ausliefern • iade etmek; teslim etmek; yollamak
Auslieferung f • depolama ve teslim; iade; karaya çıkarma; teslim
Auslieferung f von Verbrechern pl. m • suçluların iadesi
Auslieferungsantrag m • suçluların iadesi antlaşması
Auslieferungsschein m • teslim makbuzu
ausliquidieren • tasfiyeyi tamamlamak
ausloben • alenen mükafat vaat etmek
Auslobung f • aleni mükafat vaadi; ilan suretiyle yapılan vaatler
auslosen • kura çekmek
Auslosung f • ad çekme; kura; kura keşidesi
auslöschen • kaydını silmek; çözmek; geriye almak
auslösen • kurtarmak
Auslösung f • çözme; geriye alma; kurtarma
Auslösungsvertrag m • esirlerin iadesi antlaşması
Ausmass n • mikyas; ölçü
ausmessen • ölçmek
Ausnahme f • istisna
Ausnahmebestimmung f • istisnai hüküm
Ausnahmefall m • istisnai hal
Ausnahmegericht n • istisnai mahkeme
Ausnahmegesetz n • fevkalade hal kanunu
Ausnahmezustand m • fevkalade haller; örfi idare; sıkıyönetim
ausnahmsweise • müstesna olarak
ausnehmen • ayırmak; istisna tutmak
ausnutzen • faydalanmak; istismar etmek; iyice yararlanmak; kullanmak
Ausnutzung f • istismar

Mesleki Terimler Sözlüğü

Ausnutzungsgrad m • kapasite kullanım oranı; ütilizasyon oranı
auspfänden • haciz koymak
Auspfändung f • haciz
ausrechnen • hesap etmek
Ausrede f • bahane; mazeret
ausreden • sözünü bitirmek; vazgeçirmek
ausreichen • kafi gelmek; yetmek
ausreichend • kafi; yeterli
Ausreihung f • tahsisin kaldırılması
Ausreise f • yurtdışına çıkma
ausreisen • yurtdışına çıkmak
Ausreisevisum n • çıkış vizesi
ausrichten • kararlaştırmak; tazminat ödemek; teslim etmek; yerine getirmek
Ausruf m • mezatçı tarafından yapılan ilan; resmi ilan; ünlem
ausrufen • resmen ilan etmek
Ausrufer m • tellal
Ausrufesatz m • ünlem tümcesi
ausruhen • dinlendirmek
ausrüsten • donatmak
Ausrüster m • donatan; işleten
Ausrüstung f • araç gereç donanım; donatma; teçhizat
Ausrüstungsgüter pl. n • teçhizat için gerekli mal
Ausrüstungsinvestition f • teçhizat yatırımı
Aussage f • fikrin izharı; ifade; takrir; telakkinin izharı
Aussage f bestätigen • ifadeyi tasdik etmek
Aussage f verweigern • ifade vermeyi reddetmek
aussagen • fikrini açığa vurmak; ifade vermek; takrir vermek
Aussagesatz m • bildirme tümcesi
Aussageverweigerung f • ifade vermekten kaçınma
ausscheiden • ayrılmak; ayırmak
Ausscheiden n • ayırma; seçme
Ausscheidung f • ayırma
ausschlagen • reddetmek
ausschlaggebend sein • hüküm sürmek; yürürlükte olmak
Ausschlagung f • ret; vazgeçme
Ausschlagung f der Erbschaft f • mirasın reddi

Ausschlagung f eines Rechtes n • feragat
Ausschlagungsfrist f • ret müddeti
ausschliessen • hariç kılmak
ausschliesslich • hariç olarak; münhasıran; yalnız
ausschliessliche Gesetzgebung f • münhasıran federal devlete ait kanun koyma yetkisi
ausschliessliche Zuständigkeit f • inhisari yetki
ausschliessliches Recht n • inhisari hak
Ausschliessung f • hariç kılma
Ausschliessung f des Richters m • hakimin bizzat istinkafı; hakimin davaya bakmaktan memnuiyeti; hakimin istinkafı; yargıcın bizzat istinkafı
Ausschliessungsfrist f • hak düşürücü süre; ıskat edici müddet
Ausschliessungsgrund m bei der Vormundschaft f • vesayete mani sebep
Ausschliessungsgründe pl. m • mani sebepler
Ausschluss m • hariç kılma
Ausschluss m der Gütergemeinschaft f • mal ortaklığının kaldırılması
Ausschluss m der Öffentlichkeit f • kapalı oturum
Ausschluss m des Unterhaltsanspruchs m • nafaka hakkından hariç kılma
Ausschlussfrist f • hak düşürücü süre; ıskat edici müddet
Ausschlussrecht n • rüçhan hakkı
Ausschöpfung f • tamamen kullanma
ausschreiben • alenen ilan etmek; bildirmek; doldurmak; ihaleye çıkarmak; tanzim etmek
Ausschreibung f • doldurma; ihale; tanzim etme; teklif alma ilanı
Ausschreibungsgarantie f • ihale teminatı
Ausschrift f • etiket
Ausschuss m • fire; heyet; komisyon; komite; kurul; meclis
Ausschuss m für auswärtige Angelegenheiten pl. f • Dışişleri Komisyonu
Ausschussware f • bozuk ürün; düşük fiyatla satılacak mal; iade mal; kusurlu mal
ausschütten • kar dağıtmak; temettü dağıtmak

Fachwörterbuch

Ausschüttung f • dağıtım
ausschüttungsfähiger Gewinn m • dağıtılabilir kar
Aussenbilanz f • ödeme bilançosu
Aussendienst m • dış hizmet
Aussenfinanzierung f • dış finansman
Aussenhafen m • dış liman
Aussenhandel m • dış ticaret
Aussenhandel m mit Gütern pl. n • mal biçiminde gerçekleştirilen dış ticaret
Aussenhandelsbank f • dış ticaret bankası
Aussenhandelsbilanz f • dış ödemeler dengesi
Aussenhandelsmonopol n • dış ticaret tekeli
Aussenhandelsplatz m • dış ticaret merkezi
Aussenhandelspolitik f • dış ticaret politikası
Aussenministerium n • Dışişleri Bakanlığı; Hariciye Vekaleti
Aussenpolitik f • dış politika
Aussenprüfung f • dış denetim
Aussenstände pl. m • alacaklar; ödenmemiş borç; tahsil edilmemiş alacaklar; tahsil edilmemiş borç; vadesi gelmiş ancak ödenmemiş olan borçlar
Aussenwirtschaft f • dış ekonomi; dış ticaret ve ödemeler
ausser • dışında; haricinde
ausser Kraft f sein • yürürlükten kalkmış olmak; geçerliliğini yitirmek
ausser Kraft f setzen • ilga etmek; yürürlükten kaldırmak
ausser Umlauf m setzen • tedavülden çekmek
ausser Zweifel m • şüphesiz
ausseramtlich • gayri resmi
ausserbörslicher Markt m • borsa sonrası piyasa
ausserdienstlich • görev dışı
ausserehelich • evlilikdışı
aussereheliches Kind n • gayri meşru çocuk
aussereheliches Kindesverhältnis n • sahih olmayan nesep
Äusseres n • dış görünüş; dışyüz
aussergerichtlich • gayri adli

aussergerichtliche Handlungen pl. f • gayri adli muameleler; mahkeme dışı muameleler
aussergerichtliches Geständnis n • mahkeme harici ikrar
aussergesetzlich • gayrimeşru; kanun harici; yasal olmayan
aussergewöhnlich • anormal; olağanüstü
aussergewöhnliche Reserve f • olağanüstü yedek akçe
aussergewöhnliche Umstände pl. m • fevkalade haller
ausserhalb • haricinde
ausserhalb der Arbeitszeit f • mesai haricinde
Ausserkraftsetzung f • ilga; yürürlükten kaldırma
ausserlinguistisch • dilbilim dışı
äussern • belli etmek; ifade etmek
ausserordentlich • olağanüstü
ausserordentliche Abschreibung f • olağanüstü amortisman
ausserordentliche Aufwendungen pl. f • olağanüstü giderler; beklenmeyen giderler
ausserordentliche Deckungsmittel pl. n • fevkalade varidat; olağanüstü gelirler
ausserordentliche Einnahmen pl. f • fevkalade varidat; olağanüstü gelirler
ausserordentliche Ersitzung f • fevkalade müruru zaman; olağan üstü zamanaşımı
ausserordentliche Frist f • fevkalade mühlet
ausserordentliche Generalversammlung f • fevkalade umumi heyet; olağanüstü genel kurul
ausserordentliche Hauptversammlung f • olağanüstü genel kurul toplantısı
ausserordentliche Kredite pl. m • fevkalade tahsisat; olağanüstü ödenekler
ausserordentliche Rücklage f • fevkalade ihtiyatlar; olağanüstü yedek akçe; olağanüstü yedekler
außerschulische Aktivitäten pl. f • ders dışı etkinlikler
aussersprachlich • dil dışı
Äusserung f • sözce; sözceleme
Äusserung f • ifade; izhar
aussetzen • ertelemek; tayin etmek; terk etmek

Mesleki Terimler Sözlüğü

Aussetzung f • erteleme; tayin; terk
Aussetzung f des Verfahrens n • talik
Aussicht f • görüş; ümit
aussondern • ayırmak; seçmek
Aussonderung f • ayırma; seçme
Aussonderungsklage f • hakediş davası; istihkak davası
aussöhnen • barıştırmak; uzlaştırmak
Aussöhnung f • barışma: uzlaşma
aussperren • lokavt ilan etmek
Aussperrung f • lokavt
Aussperrung f von Arbeitern pl. m • lokavt
ausspielen • piyangoya koymak
Ausspielvertrag m • piyango
Aussprache f • söyleyiş; görüşme; telaffuz
aussprechen • ifade etmek; telaffuz etmek
Ausspruch m • hüküm; karar
Ausstand m • grev; işi bırakma
ausstatten • teçhiz etmek
Ausstattung f • ana teçhizat; teçhiz
Ausstattungsversicherung f • cihaz sigortası
ausstellen • poliçe çekmek; sergilemek; tanzim etmek; teşhir etmek
Aussteller m • keşideci; tanzim eden
Ausstellung f • düzenleme; sergi; tanzim
Ausstellung f eines Wechsels m • poliçe keşidesi
Ausstellungsdatum n • çıkarım tarihi; ihraç tarihi; keşide tarihi; tanzim tarihi; vesikanın düzenlenme tarihi
Ausstellungsgut n • sergi malı
Ausstellungsort m • tanzim yeri
Ausstellungstag m • düzenleme tarihi; ihraç tarihi; poliçenin keşide tarihi
Aussteuer f • çeyiz; cihaz
Aussteuerversicherung f • cihaz sigortası; doğum sigortası
Ausstichware f • birinci sınıf mal; en iyi mal
ausstossen • ihraç etmek; tardetmek
Ausstossung f • tard; içses düşmesi; ses düşmesi
Ausstossung f aus dem Heer n • tard
ausstreichen • çizerek iptal etmek
Ausstreichung f • bozma; geçersiz kılma; silme

Austausch m • değişme; değiştirme; mübadele; trampa
Austauschbedingungen pl. f • ticari şartlar
austauschen • değişmek; mübadele etmek
Austauschgeschäft n • takas muamelesi
Austauschverhältnis n • ticaret hadleri
Austauschvertrag m • tam karşılıklı akit
Austauschware f • değiştirilen malın yerine alınan mal
austeilen • dağıtmak; taksim etmek; vermek
Austrag m • karar; uzlaşma
austragen • karara bağlamak
austreiben • kovmak; tardetmek
austreten • çekilmek; istifa etmek
Austritt m • çekilme; istifa
Austritt m aus dem Verein m • dernekten ayrılma
Austritt m des Richters m • hakimin bizzat istinkafı; hakimín istinkafı; yargıcın bizzat istinkafı
Austritt m erklären • istifa vermek
ausüben • icra etmek; tatbik etmek; yapmak
ausübende Gewalt f • icra kuvveti
Ausübung f • icra tatbik; tatbik
Ausübung f der elterlichen Gewalt f • velayet hakkının kullanılması
Ausverkauf m • tenzilatlı satış yoluyla bütün malı satmak
Auswahl f • ayırma; seçme
Auswahl f des Vormundes m • vasi seçimi
Auswahl- und Befähigungsprüfung f • seçme ve yeterlilik sınavı
auswählen • seçmek
Auswahlkauf m • seçerek satın alma
Auswahlprüfung f • seçme sınavı
Auswanderer m • göçmen; muhacir
auswandern • göç etmek
Auswanderung f • göç; göçmenlik; muhaceret
Auswanderungsgesetz n • muhaceret kanunu
auswärtig • harici; yabancı
auswärtige Beziehungen pl. f • dış ilişkiler
auswärtige Schuld f • dış borç

Fachwörterbuch

auswärtige Verträge pl. m • dış antlaşmalar
Auswärtiges Amt n • Dışişleri Bakanlığı; Hariciye Vekaleti
auswechseln • değiştirmek; tebdil etmek
Auswechselung f der Forderung f • alacağın tebdili
Auswechslung f • değiştirme; tebdil
Ausweis m • evrak; hüviyet cüzdanı; kimlik belgesi; sertifika; vesika
ausweisen • sınırdışı etmek
Ausweispapiere pl. n • tevsik evrakı; hüviyeti ispat eden belgeler
Ausweispapiermissbrauch m • sahte hüviyet kullanma
Ausweisung f • memleket dışına çıkarma; sınır dışı etme
Ausweisung f von Ausländern pl. m • ecnebilerin memleketten çıkarılması; yabancıların memleketten çıkarılması
Ausweisungsbefehl m • sınırdışı etme emri
auswerten • değerlendirmek; yararlanmak
Auswertung f • konu üzerinde çalışma
auswiegen • denge sağlamak
Auswinterungsschaden m • kışın meydana gelen hasar
auswirken • elde etmek; müessir olmak
Auswirkung f • elde etme; netice; tesir
auszählen • dökümünü yapmak; saymak
auszahlen • ödemek; tediye etmek; ücretini ödeyip işine son vermek
Auszahlung f • havale; net ödeme; ödeme; tediye
Auszahlung f von Unterhalt m • nafaka tediyesi
Auszahlungsanweisung f • ödeme emri
Auszahlungsberechtigung f • ödeme yetkisi
Auszahlungsüberschuss m • ödeme fazlalığı
Auszahlungswert f • net para
auszeichnen • etiketlemek; işaret vermek
Auszeichnung f • etiket; etiketleme; işaret; takdir
Auszeichnungsliste f • övünç çizelgesi
Auszug m • ekstre; göç; hesap özeti; hicret; hulasa; örnek
Auszug m aus dem Personenstandsregister n • nüfus kayıt örneği
Auszugsvertrag m • ölünceye kadar bakma akti
Autarkie f • iktisaden kendi kendine yetme; iktisadi yeterlik; otarşi
authentisch • doğru; gerçek
authentische Auslegung f • teşrii tefsir
authentisieren • doğruluğunu onaylamak
Authentizität f • doğru; gerçek; vüsuk
Autismus m • içekapanış
autistisches Kind n • içekapanık çocuk
Autobank f • otobank
Autobiographie f • öz yaşam öyküsü
Autodidakt m • bağımsız öğrenci
Autokratie f • diktatörlük; otokrasi
automatische Kontrolle f • otomatik denetim
automatische Übersetzung f • özdevimli çeviri
Automatisierung f • sanayide otomasyon
autonom • muhtar; özerk
autonomer Tarif m • umumi tarife
Autonomie f • muhtariyet; özerklik
Autonymie f • özadlılık
Autopsie f • keşif ve muayene; otopsi
Autor m • yazar
autorisieren • vekalet vermek; yetki vermek
autorisiertes Kapital n • nominal sermaye
autoritärer Unterricht m • yetkeci öğretim
Autorität f • otorite; yetki
Autoschalter m • otobank
Aval m • aval; senet kefaleti
avalieren • aval vermek
avalisieren • bonoyu imzalamak; kefil olmak
Avalist m • aval veren
Avalkredit m • kefalet kredisi; teminat kredisi; teminat yoluyla verilen kredi
Avalprovision f • garanti komisyonu
Avis n • ihbar; bilgi verme; haber verme; ihbar etme
Avisbrief m • dekont; ihbar mektubu
avisieren • ihbarda bulunmak
avisierende Bank f • ihbar bankası

Mesleki Terimler Sözlüğü

Avisierung f des Akkreditivs n • akreditif ihbarı

Avistawechsel m • ibrazda ödenecek poliçe

B

back to back loan • karşılıklı kredi
Baisse f • borsada fiyatların düşmesi; düşen piyasa; fiyatların düşmekte olduğu piyasa
Baissemarkt m • düşen piyasa
Baissemoment n • fiyatları tazyik eden faktör
Baissespekulant m • borsa oyuncusu
Baissier m • borsa oyuncusu
Ballast m • safra
Ballastfracht f • safra yükü
Ballenware f • balya halinde satılan mal
Ballon m • balon
Bancor • bankor
Band m • cilt
Band n • bağ; rabıta
Bande f • çete
Bandendiebstahl m • çete halinde hırsızlık
Bandenraub m • çete halinde soygun
Banderole f • bandrol
Banderolensystem n • bandrol usulü
banderolieren • bandrol kullanılarak vergilendirmek
Bandnummer f • cilt numarası
Bank - Konsortialgeschäft n • Bankalar konsorsiyumu
Bank f • banka
Bank f für Entwicklung f der Industrie f • sınai kalkınma bankası
Bank f für internationalen Zahlungsausgleich m • Milletlerarası Tediyat Bankası; Uluslararası Ödemeler Bankası
Bank of England • İngiliz Merkez Bankası
Bankakzept n • banka tarafından kabul edilen poliçe; banka kabulü; kabul poliçesi
Bank-an-Bank-Kredit f • bankalararası kredi
Bankanweisung f • banka çeki; banka poliçesi

Bankauszug m • banka hesap özeti; hesap ekstresi
Bank-bei-Bank-Einlage f • bankalararası depozit
Bankbetrieb m • bankacılık
bankbetriebliche Leistungen pl. f • bankacılık hizmetleri
Bankbezirk m • bankacılık bölgesi
Bankbilanz f • banka bilançosu
Bankbuch n • banka defteri; banka hesap cüzdanı
Bankbürgschaft f • banka garantisi
Bankdepositenabteilung f • bankalarda mevduat bölümü
Bankdiskont m • banka iskontosu; merkez bankası iskonto oranı; ticari iskonto
Bankeinlage f • banka mevduatı; bankadaki vadesiz para
Bankenclearing f • bankacılıkta kliring
Banken-Föderation f der EWG f • Avrupa Ekonomik Topluluğu Bankalar Federasyonu
Bankengesetz n • Bankalar Kanunu
Bankenkonsortium n • bankalar konsorsiyumu
Bankenliquidität f • banka likiditesi
Bankensystem n • bankacılık sistemi
Bankenverordnung f • banka mevzuatı
bankfähig • bankalarca geçerli ve iskonto için kabul edilebilir olma özelliği
bankfähiger Wechsel m • bankabl senet
bankfähiges Papier n • sağlam ticari senet
Bankfeiertag m • bankaların kapalı olduğu gün
Bankfiliale f • banka şubesi
Bankgarantie f • banka garantisi
Bankgebühren pl. f • banka ücretleri
Bankgeheimnis n • banka muamelatına ait sırlar; banka sırrı; bankacılık sırrı

Fachwörterbuch

Bankgeld n • banka parası
Bankgeschäfte pl. n • banka muameleleri
Bankgewerbe n • bankacılık; bankacılık sistemi
bankgiriert • bankaca ciro edilmiş
Bankgiro n • banka cirosu; bankalararası ciro sistemi; virman
Bankhaus n • banka
Bankier m • bankacı; banker
Bankiertag m • bankacılar kongresi
Bankingprinzip n • bankacılık prensibi
Bankinstitut n • banka; mali müessese
Bankjustitiar m • banka hukuk müşaviri
Bankkapital n • banka sermayesi
Bankkaufmann m • banka memuru
Bank-Konsortialgeschäft n • bankalar konsorsiyumu
Bankkonto n • banka hesabı
Bankkredit m • banka kredisi
Banknote f • banknot; kağıt para
Banknotenausgabe f • banknot ihracı
Banknotenumlauf m • aktif dolanım
Bankomat m • bankomat
Bankprovision f • banka komisyonu
Bankrate f • banka iskonto faizi; banka oranı
Bankrecht n • bankacılık hukuku
Bankrevision f • banka denetimi
Bankrevisor m • banka denetçisi
bankrott • iflas etmiş
Bankrott m • iflas; müflis
Bankrott m machen • iflas etmek
Bankrotterklärung f • iflas ilanı; iflasın ilanı
Bankrotteur m • müflis
bankrottieren • iflas etmek
Banksaldenbestätigung f • banka mutabakatı; hesap bakiyesinin bankaca doğrulanması
Banksatz m • banka oranı
Bankscheck m • banka çeki
Banksicherheit f • banka garantisi; banka teminatı
Bankspesen pl. • banka giderleri
Bankstelle f • banka şubesi
Banktransaktionen pl. f • banka işlemleri
Banküberweisung f • banka havalesi
Bankwesen n • bankacılık; bankalar

Bankzahlungsanweisung f • banka ödeme emri
Bankzins m • banka faizi
Bank-zu-Bank-Ausleihungen pl. f • bankalar arasında ödünç para verme
Bank-zu-Bank-Kredit m • bankalararası kredi
Bann m • ihraç; sürgün; tard
Banngut n • harp kaçağı
Bannrecht n • gedik
Bannware f • harp kaçağı; kaçak mal; gümrük kaçağı
Banque de France • Fransız Merkez Bankası
bar • nakit; peşin
bar gegen Güter pl. n • mal mukabili ödeme
bar gegen Nachnahme f • teslimde ödeme
Barablösung f • peşin ödeme
Barabzug m • peşin olarak çekme
Barakkreditiv n • sevk vesaiki ibraz edilmeden ödenen akreditif
Baratterie f • baratarya; mal kaçakçılığı
Barauslage f • çekle yapılan ödeme; nakden yapılan ödeme; parasal harcama gerektiren maliyet
Barausstattung f • peşin tahsisat
Barbestand m • nakit durumu
Bardividende f • nakden ödenen kar payı
Bareinkauf m • peşin alış
Bareinnahme f • nakden tahsilat; peşin tahsilat
Barerlöse pl. m • nakdi hasılat
Barertrag m • net gelir
Barfonds m • hemen nakde dönüştürülebilir fon; mali olanak
Bargeld n • banknot ve madeni para; hazır para; kağıt ve madeni para; nakit; peşin para
Bargeldkasse f • küçük kasa; ödemeler için elde tutulan para fonu
bargeldlos • ciro ile; nakit kullanmadan hesaptan hesaba para transferi; virman; virman yolu ile
Bargeldstrom m • nakit akışı
Bargeldumlauf m • banknot ve madeni para tedavülü
Barguthaben n • peşin bakiye
Barkasse f • eldeki para; küçük kasa

B

Mesleki Terimler Sözlüğü

Barkauf m • peşin alımsatım; peşin para ile satın alma; peşin satış
Barkaution f • nakdi teminat
Barkredit m • nakdi kredi; nakit olarak verilen kredi
Barleistung f • nakden ödeme
Barliquidität f • eldeki ve bankadaki derhal kullanılabilir para
Barmittel n • ankes; kasa mevcudu
Barpreis m • peşin fiyat; spot fiyat
Barren m • külçe; kıymetli maden çubuğu
Barrengold n • çubuk halinde külçe altın
Barreserve f • ankes; bankanın para mevcudu
Barschaft f • elde hazır nakit para
Barscheck m • açık çek; nakden ödenen çek
Barsicherheit f • nakdi teminat
Barverkauf m • peşin para ile satış; peşin satış
Barverlust m • nakdi zarar
Barvermögen n • nakit çek; pul ve benzeri kasa unsuru
Barvorrat m • nakit mevcudu; nakit para mevcudu
Barvorrat m einer Bank f • eldeki nakit
Barvorschuss m • nakden ödenen avans
Barwert m • halihazır değer; nakdi değer; peşin değer; peşin ödeme değeri
barzahlen • peşin ödemek
Barzahlung f • emre hazır para; nakden ödeme; nakdi ödeme; nakit ödeme; peşin para
Barzahlung f bei Bestellung f • siparişte peşin ödeme
Barzahlungskonto n • erken ödeme iskontosu; nakit iskontosu
basieren • dayanmak; istinat etmek
Basis f • baz; taban; esas; temel
Bau m • bina; inşa; yapı
Bauabnahme f • inşaatların denetimi
Bauamt n • imar müdürlüğü
Bauaufwand m • inşaat masrafları
Baudirektor m • imar müdürü; inşaat müdürü
Bauerlaubnis f • inşaat ruhsatı
Bauernverband m • çiftçi birliği
Baugelände n • arsa
Baugeld n • inşaat kredisi

Baugenehmigung f • inşaat müsaadesi; inşaat ruhsatı
Baugenossenschaft f • inşaat kooperatifi; yapı kooperatifi
Baugewerbe n • inşaatçılık; yapı işi
Bauindustrie f • inşaat endüstrisi
Bauinvestition f • binaya yatırım
Baukostenanschlag m • inşaat keşifnamesi
Baukostenzuschuss m • inşaat masraflarına katılım
Baumdiagramm n • ağaç
Baumwollterminbörse f • vadeli pamuk piyasası
Baumwollwaren pl. f • pamuklu mensucat
Bauobjekt n • inşaat projesi
Bauordnung f • inşaat nizamnamesi
Baupolizei f • inşaat zabıtası
Baurecht n • üst hakkı
Bauschkauf m • götürü satış
Bausparen n • yapı tasarrufu
Bausparkasse f • yapı tasarruf sandığı
Bausumme f • toplam inşaat masrafı
Bauterrain n • arsa
Bauunternehmer m • inşaat müteahhidi
Bauvertrag m • inşaat sözleşmesi
Bauvorschriften pl. f • inşaatla ilgili mevzuat
Bauwert m • inşaat masrafı
Bauwesen n • yapı işleri
Bauwirtschaft f • inşaat ve taahhüt işleri
Beamtenanwärter m • aday memur; namzet
Beamtenbeleidigung f • memura hakaret
Beamtenbestechung f • rüşvet verme
Beamtenpension f • devlet memurunun emekliliği
Beamter m • devlet memuru; memur
beanspruchen • istemek; talepetmek
beanstanden • itiraz etmek; kusurlu bulmak
Beanstandung f • itiraz; kusur bulma; reklamasyon
beantragen • başvurmak; dilekçe vermek; müracaat etmek; önerge vermek; talepte bulunmak
beantworten • cevaplandırmak
Beantwortung f • cevaplama

Fachwörterbuch

bearbeiten • tetkik etmek; üzerinde çalışmak
Bearbeitungsgebühr f • muamele resmi
beaufsichtigen • gözetmek; kontrol etmek; murakabe etmek
Beaufsichtigung f • teftiş ve murakabe
beauftragen • tevkil etmek; vazifelendirmek
Beauftragter m • vekil; yetkili
beauftragter Richter m • naip
Beauftragung f • görevlendirme; tevkil
bebaute Grundstücke pl. n • mülk; taşınmaz
bebildertes Kinderlexikon n • resimli çocuk sözlüğü
Bedacht m • basiret; düşünme; ihtiyat; mülahaza
Bedachter m • lehine mal bırakılan; lehine mal vasiyet olunan kimse; musaleh
Bedarf m • ihtiyaç; talep; zaruret
Bedarfsgüter pl. n • tüketim maddeleri veya malları
Bedarfsspanne f • çalışma marjı; gerekli marj
bedenken • bahşetmek; düşünmek; pay ayırmak; tereddüt etmek
Bedenken n • mülahaza; tereddüt; şüphe
Bedenkfrist f • düşünme müddeti; karar verme süresi
bedenklich • mahzurlu; mütereddit; şüpheli
bedeuten • anlamına gelmek
bedeutend • mühim; önemli
bedeutsam • kayda değer
Bedeutung f • anlam; ehemmiyet; mana; önem
Bedeutungsbeschränkung f • anlam daralması
Bedeutungserweiterung f • anlam genişlemesi
Bedeutungsfeld n • anlamsal alan
bedeutungsgleich • eşanlamlı
Bedeutungslehre f • anlambilim
bedeutungslos • ehemmiyetsiz; manasız
Bedeutungslosigkeit f • ehemmiyetsizlik; manasızlık
Bedeutungsverengung f • anlam daralması

Bedeutungsverschiebung f • anlam kayması
bedeutungsvoll • ehemmiyetli; manalı
Bedeutungswandel m • anlam değişimi; mana değişimi
Bedeutungswechsel m • anlam değişimi
Bedeutungszuordnung f • anlamlama
bedienen • hizmet etmek
Bediensteter m • müstahdem
bedingen • gerekmek; kararlaştırmak
bedingt • kayda bağlı; sınırlı; şarta bağlı
bedingte Entlassung f • meşruten tahliye
bedingte Forderung f • şarta bağlı alacak
bedingter Strafelass m • cezanın meşruten affı
bedingter Verkauf m • şarta bağlı satış
bedingter Wert m • şarta bağlı değer
bedingtes Indossament n • sınırlı ciro; şarta bağlı ciro; şartlı ciro
bedingtes Urteil n • şarta bağlı hüküm
Bedingtheit f • şarta bağlı olma
Bedingung f • şart
bedingungslos • kayıtsız şartsız
bedrohen • tehdidetmek
Bedrohung f • ikrah; tehdit
bedürfen • ihtiyacı olmak; muhtaç olmak
Bedürfnis n • ihtiyaç; gereksinim
bedürftig • muhtaç; yoksul
Bedürftigkeit f • yoksulluk; zaruret
beeiden • yeminle teyit etmek
beeidigt • yeminli
Beeidigung f • ant içirilme; tahlif; yeminle teyit
beeinflussbare Kosten pl. • kontrol edilebilir maliyet
beeinträchtigen • halel getirmek; menfaatine dokunmak; zarar vermek
Beeinträchtigung f • kısıtlama; tecavüz
Beeinträchtigung f der persönlichen Freiheit f • hürriyete tecavüz; kişisel hürriyete tecavüz
beenden • bitirmek; tamamlamak
Beendigung f • hitam; son
Beendigung f des Besitzes m • zilyetliğin sona ermesi
Beendigung f des Konkursverfahrens n • iflasın kapanması
beerben • miras olarak almak
beerdigen • defnetmek; gömmek

Mesleki Terimler Sözlüğü

Beerdigung f • defin; ölü gömme
Beerdigungsschein m • defin teskeresi
befähigen • ehil kılmak; müstahak etmek
Befähigung f • yeterlilik; ehliyet; yeterlik
Befähigungszeugnis n • ehliyetname
Befahrungsabgaben f • kanal resmi
befangen • taraflı
Befangenheit f • yan tutma; taraf tutma; yargıcın bitaraflığından şüphe
Befehl m • emir; hüküm
befehlen • emretmek
Befehlshaber m • komutan
Befehlssatz m • buyrum tümcesi
befinden • bulmak; hükmetmek
Befinden n • fikir; hüküm; karar; rey
befindlich • bulunan; mevcut
befolgen • riayet etmek; yerine getirmek
Beförderer m • nakliye acentesi; nakliyeci
befördern • nakletmek; sevk etmek; terfi ettirmek; teşvik etmek; yollamak
Beförderung f • nakliyat; nakliye; taşıma; taşıma işleri; terfi; teşvik; ulaştırma; yükselme
Beförderungsbedingungen pl. f • taşıma koşulları
Beförderungsmittel n • nakil vasıtası; taşıt; taşıt aracı
Beförderungssteuer f • nakliyat resmi; nakliye vergisi
Beförderungstarife pl. m • nakliye masrafları
befrachten • gemi kiralamak; yüklemek
Befrachter m • gemi müsteciri; kiracı; malları gönderen; yükleten
Befrachtung f • genellikle gemi kiralama; kiralama; navlun sözleşmesi
Befrachtungsvertrag m • gemi kiralama mukavelesi; navlun mukavelesi
Befragung f • tarama araştırması
Befragungsmethode f • tara yöntemi
Befragungstest m • tarama testi
befreien • muaf tutmak; serbest bırakmak
Befreiung f • bağışıklık; istisna; muafiyet; serbest bırakma
Befreiung f von einer Verpflichtung f • yükümlülükten muaf tutma
Befreiungsanspruch m • tazmin talep hakkı

Befreiungsklausel f • bağışıklık şartı; muafiyet şartı
befriedigen • itfa etmek; ödemek; tatmin etmek; yerine getirmek
Befriedigung f • karşılama; tatmin
befristen • süre tayin etmek; vade tespit etmek
befristet • süresi sınırlı
befristete Einlage f • vadeli mevduat
befristete Erlaubnis f • belli bir süre için verilmiş müsaade
befristetes Darlehen n • ödenmesi belirli bir süre sonuna bırakılmış borç
befristetes Gesetz n • meriyet süresi sınırlı kanun
Befristung f • ecel; süre tayin etme
befugen • müsaade etmek; yetki vermek
Befugnis f • müsaade; salahiyet; yetki
Befugnisse pl. f einräumen • yetkili kılmak
Befugnisse pl. f überschreiten • yetkilerinin dışına çıkmak; yetkisi dışına çıkmak
Befund m • bulgu; hal; teşhis; vaziyet
befürworten • desteklemek; tasvip etmek
Befürwortung f • tasvip
Begabung f • yetenek; yeterlilik
Begabungstest m • yetenek testi
begebbar • ciro edilebilir ve devredilebilir; reeskont edilebilir; tedavülü mümkün
begebbarer Wechsel m • ciro edilebilir poliçe; ciro edilebilir senet; devredilebilir poliçe; devredilebilir senet
begebbares Wertpapier n • ciro edilebilir ve devredilebilir finansal araçlar; kıymetli evrak
Begebbarkeit f • tedavül gücü; tedavül kabiliyeti
Begebenheit f • hadise; vaka
Begebung f • tedavüle çıkarma
Begehr m • dilek; talep
begehren • istemek; talebetmek
Begehungsdelikte pl. n • icrai suçlar
Beginn m • başlangıç
Beginn m der Ausführung f • icra başlangıcı
beginnen • başlamak

Fachwörterbuch

beglaubigen • doğruluğunu onaylamak; resmen tanıklık etmek; tasdik etmek; tescil etmek; yeminle beyan vermek
beglaubigt • tasdikli
beglaubigte Abschrift f • tasdikli suret
beglaubigte Abschrift f anfertigen • tasdikli suret tanzim etmek
beglaubigte Rechnung f • vizeli fatura
beglaubigter Scheck m • üzerinde bankanın adı ve imzası olan çek; vizeli çek
Beglaubigung f • onama; onay; tasdik
Beglaubigungseid m • tasdik yemini
Beglaubigungsschreiben n • itimatname
Beglaubigungsvermerk m • tasdik şerhi
Begleiter m • refakatçi
Begleitpapiere pl. n • sevkedilen malla birlikte verilen sevk vesaiki
Begleitzettel m • sevk pusulası
begnadigen • affetmek; bağışlamak
Begnadigung f • af; hususi af; özel affedilme
begreifen • idrak etmek; kavramak
begreiflich • anlaşılır
begrenzte Lebensdauer f • sınırlı ömür
begrenzte Prüfung f • kısmi denetim; sınırlı denetim
Begrenzung f • sınırlandırma
Begrenzungsauftrag m • dur emri
Begriff m • kavram; mefhum; kavrayış
begrifflich • farazi; gerçek olmayan
Begriffsbestimmung f • tarif
Begriffsfeld n • kavramsal alan
Begriffsmerkmal n • unsur
Begriffsschrift f • kavramsal yazı
Begriffswort n • soyut ad
begründen • kurmak; sebep göstermek; tesis etmek
begründet • haklı; muhik
Begründung f • esbabı mucibe; gerekçe; kuruluş; kurum; mucip sebepler; tesis
begutachten • rapor vermek
Begutachter m • eksper; raportör
Begutachtung f • rapor
begünstigen • himaye etmek; yardım etmek; yataklık etmek
Begünstigter m • akreditif lehtarı; alacaklı; faydalanan; lehdar; lehine akreditif açılan ihracatçı; mukaveleden intifai meşrut olan kimse; müstefit; poliçeyi alan kişi; senedi ciro yolu ile devralan; senedin emrine ödendiği kişi; yataklık eden
Begünstigung f • destek; yardım; yataklık
behaften • etkilemek; sorumlu kılmak; zarar vermek
behaltene Ankunft f • salimen muvasalat
behandeln • işleme almak; muamele etmek; tedavi etmek
Behandlung f • işlem; muamele; tedavi
beharren • karşı durmak; ısrar etmek
Beharren n • ısrar
Beharrung f • ısrar
Beharrungsvermögen n • atıl servet
behaupten • iddia etmek; ileri sürmek
Behauptung f • önesürüm; iddia
Behauptung f aufstellen • iddia ileri sürmek
Behauptung f widerlegen • iddianın aksini ispat etmek
Behaviorismus m • davranışçılık
Behelf m • geçici çare; itiraz
Beherbergungswesen n • konaklama yerleri
beherrschte Gesellschaft f • bağlı şirket
behindern • engel olmak; mani olmak
behindert • sakat
behindertes Kind n • özürlü çocuk
Behörde f • makam; otorite; resmi makam
behördlich • idari; resmi
bei Ablieferung f zahlen • teslimde ödemek
bei einer Aussage f bleiben • ifadesinde sadık kalmak
bei Sicht f • görüldüğünde; ibrazında
bei Sicht f zahlbar • ibrazında ödenebilir
bei Sicht f zahlbarer Wechsel m • görüldüğünde ibraz edene ödenecek senet
bei Sicht f Zahlung f • görüldüğünde ödeme
beibringen • delil göstermek; sebep göstermek
Beidhändigkeit f • iki el uzluğu
beifügen • ilave etmek; iliştirmek
beigeordneter Satz m • eşbağımlı tümce
Beihilfe f • bağış; destek; hibe; maddi yardım; yardım
Beihilfe f bei einer Straftat f • suça iştirak

Mesleki Terimler Sözlüğü

Beilage f • ek; ilave
Beilegung f • borcun tasfiyesi; hesabın kapatılması
beiliegen • eklemek; ilave etmek
beiliegend • ekte; ilişikte
Beiname m • lakap
beinhalten • ihtiva etmek; kapsamak
beipflichten • hak vermek; tasvibetmek
Beirat m • danışma kurulu; müşavir
Beischlaf m • cinsi münasebet
Beiseiteschaffen n • mal kaçırma
Beisitzer m • aza; jüri azası; üye; yardımcı hakim
Beispiel n • örnek
Beistand m • kayyım; müzaheret; müşavir; yardım
Beistand m leisten • destek olmak
Beistandschaft f • kayyımlık
beistellen • sağlamak
beistimmen • fikrine katılmak; muvafakat etmek
Beitrag m • aidat; bağış; hisse; iştirak payı; katkı; makale; ödenti; pay; sigorta primi; yazı
beitragen • hizmet etmek; yardım etmek
Beitragender m • iştirak eden; katılan; sorumlu ortak
Beitragsaufkommen n • iştirakler karı
Beitragsentrichtung f • prim ödeme
Beitragserstattung f • sigorta primlerinin iadesi
Beitragsleistung f • iştirak
beitragspflichtig • prim ödemekle yükümlü
Beitragswert m • iştirak değeri
Beitragszeit f • fiilen sigorta primi ödenen süre
beitreiben • tahsil etmek; toplamak; vergi ve resim tahsil etmek
Beitreibung f durch Pfandverwertung f • borca karşılık verilen rehin
Beitreibungsverfahren n • tahsilat usulü
beitreten • iştirak etmek; katılmak
Beitritt m • feri müdahele; iltihak; katılma; müdahale
Beitrittserklärung f • giriş bildirimi
Beitungsgarantie f • ihale garantisi; ihale teminatı; teminat

beiwohnen • cinsi münasebette bulunmak; hazır bulunmak
Beiwohnung f • cinsi münasebet; cinsi münasebette bulunma; hazır bulunma
Beizeuge m • noter huzurunda tanzim edilen mukavelede hazır bulunan şahit
Bejahung f • olumluluk
bekannt • bilinen; tanınmış
bekanntmachen • ilan etmek; resmen bildirmek; tebliğ etmek
Bekanntmachung f • bildiri; bildirim; ilan; resmi bildiri
bekennen • ikrar etmek; itiraf etmek; şahadette bulunmak
Bekenntnis n • din; ikrar; itiraf; mezhep
Bekenntnisfreiheit f • din hürriyeti; din ve mezhep hürriyeti; mezhep hürriyeti
beklagen • acımak
Beklagter m • dava edilen; davalı; hukuk davalarında davalı taraf
beklagter Teil m • davalı taraf
bekommen • almak
Beköstigungsaufwand m • yeme içme masrafları
bekräftigen • tasdik etmek; teyit etmek
Bekräftigung f • tasdik; teyit
Bekräftigungseid m • ifadeyi teyid eden yemin; takviye yemini
bekunden • ifade etmek; ortaya koymak
Beladen n • ekleme
Beladung f eines Containers m • malların konteynerlere yüklenerek istif edilmesi
Belagerungszustand m • örfi idare
Belang m • ehemmiyet; hak; ilgi; menfaat; önem; husus
belangen • ilgili olmak; taalluk etmek
belasten • tahmil etmek; yüklemek
belastende Aussagen pl. f machen • aleyhinde ifade vermek
belästigen • rahatsız etmek; taciz etmek
Belästigung f • taciz etme
Belastung f • baskı; borç tarafına düşülen kayıt; borçlandırma; büyük defter hesabının sol tarafı; hesabın borç tarafına düşülen kayıt; mükellefiyet; yük; yükümlülük; zimmet
Belastung f mit Nebenkosten pl. • ekleme
Belastungsanzeige f • borçlu dekontu

Fachwörterbuch

Belastungszeuge m • amme şahidi
belebt • canlı
belebtes Genus n • canlı
Beleg m • alındı; belge; evrakı müsbite; ispat edici vesika; ispat vesikası; makbuz; sarf belgesi; senet; vesika
Belege pl. m • müsbit evrak
belegen • ispat etmek; müsbit evrakı ibraz etmek
Belegschaft f • müstahdem; personel
Belegschein m • senet; vesika
Belegsystem n • belgeli kayıt sistemi
Belehnungsgrenze f • ödünç verme sınırı
belehren • haberdar etmek; malumat vermek
Belehrung f • malumat; talimat
beleidigen • hakaret etmek
Beleidiger m • hakaret eden; tahkir eden
Beleidigter m • hakarete uğrayan; tahkir edilen
Beleidigung f • hakaret; sövme
Beleidigungsklage f • hakaret davası
beleihen • avans karşılığı para vermek; borç vermek; teminat karşılığı para vermek
Beleihung f • avans
Beleihungsraum m • borç kategorisi
Beleihungsstop m • kredilerin durdurulması
Beleihungswert m • borçlanma değeri
belieben • arzu etmek; rıza göstermek
Belieben n • arzu; istek; rıza
beliefern • sevk etmek; tedarik etmek
belohnen • istihkakını vermek; mükafatlandırmak
Belohnung f • ödül; ikramiye; mükafat
Belohnung f aussetzen • mükafat tayin etmek
belügen • yalan söyleyerek aldatmak
bemerken • fark etmek; ifade etmek; kaydetmek
bemerkenswert • kayda değer
Bemerkung f • fikir beyanı; kayıt; not
bemessen • hissesini ayırmak; ölçmek
Bemesssungsgrundlage f • katsayı; matrah
Bemessung f • ölçme; tayin; tespit
bemustern • numune vermek
benachbart • bitişik; komşu

benachrichtigen • haber vermek; resmen bildirmek
Benachrichtigung f • akıbet ihbarı; bildirme; haber; ihbar; tebliğ
Benachrichtigung f der Besteuerung f • verginin yükümlüye tebliği
Benachrichtigungsnotiz f • bildirim mektubu
benachteiligen • hakkına tecavüz etmek; zarara uğratmak
Benachteiligung f • hasar; mağduriyet; zarar; ziyan
benannte Bank f • yetkili banka
Benefizient m • alacaklı; lehdar; lehine akreditif açılan ihracatçı; senedi ciro yolu ile devralan; senedin emrine ödendiği kişi
benehmen • mahrum bırakmak
Benehmen n • davranış
benennen • ad koymak; adlandırmak; isimlendirmek; tayin etmek; tespit etmek
Benennung f • adlandırma; tayin; tespit
Benennung f des Vormundes m • vasi tayini
Benotung f • not verme
benötigen • ihtiyacı olmak
benutzbar • emre hazır
benutzen • istifade etmek; kullanmak
Benutzung f • istifade; kullanma
Benutzungsrecht n • intifa hakkı; kullanma hakkı
beobachten • gözetlemek; müşahede etmek; riayet etmek
Beobachter m • gözlemci
Beobachtung f • gözlem; gözetleme; müşahede; riayet
beraten • danışmanlık etmek; müzakere etmek
beratend • istişari
beratende Stimme f • istişari rey
beratende Verwaltungsbehörde f • rey veren idare
Berater m • danışman; müşavir
Beratung f • danışmanlık; kılavuzluk; görüşme; müzakere
Beratungsdienst m • kılavuzluk hizmeti; danışmanlık hizmeti
Beratungsfonds m • danışmanlık fonu; eğitim fonu

Mesleki Terimler Sözlüğü

Beratungslehrer m • danışman öğretmen; kılavuz öğretmen
Beratungsprogramm n • danışmanlık programı; kılavuz programı
Beratungsraum m • danışma odası
berauben • gasp etmek; mahrum bırakmak; zorla elinden almak
Beraubung f • gasp; soygun
Beraubungsschaden m • malların çalınması nedeniyle uğranılan zarar
berechnen • hesap etmek; hesaba katmak; kıymet takdir etmek; saymak
berechtigen • hak sahibi kılmak; yetki vermek
berechtigt • hak ve selahiyeti haiz
berechtigte Unterschrift f • yetkili imza
Berechtigter m • hak sahibi; müstefit; müteneffi; yetkili
berechtigterweise • haklı sebebe dayanarak
Berechtigungsgrund m • mucip sebep
Berechtigungsschein m • yetki belgesi
bereden • ikna etmek; müzakere etmek
Bereich m • alan; bölüm; çevre; kol; saha; sektör
bereichern • artırmak; zenginleştirmek
Bereicherung f • fayda sağlama; zenginleşme
Bereicherung f ohne Grund m • sebepsiz iktisap
Bereicherungsklage f • istirdat davası
bereinigen • ayarlamak; düzeltmek
Bereitschaftskredit m • derhal verilebilecek kredi
Bereitschaftsreserve f • hazır ihtiyat
Bereitstellung f • sağlanan meblağ
Bereitstellungs-Kommission f • taahhüt komisyonu
Bereitstellungsprovision f • taahhüt komisyonu
Bereitstellungszins m • taahhüt faizi
Bergbau m • maden işletmeciliği; maden işletmesi
Bergbauproduktion f • maden istihsali
Bergegeld n • denizde kurtarma ve yardım ücreti
bergen • emniyet altına almak; kurtarmak
Berggesetz n • maden kanunu
Bergrecht n • maden hukuku

Bergung f • kurtarma; tahlisiye
Bergung f und Hilfeleistung f in Seenot f • kurtarma ve yardım
Bergwerksindustrie f • istihraç sanayii; maden sanayi
Bericht m • bilgi verme; haber; haber verme; ihbar etme; mazbata; rapor; tebliğ
Bericht m erstatten • rapor vermek
Bericht m vorschlagen • inha etmek
berichten • bildirmek; malumat vermek
Berichterstattung f • raporlama
berichtigen • düzeltmek; tashih etmek
Berichtigung f • düzeltme; tashih; ıslah
Berichtigungsanspruch m • tashih talebi
Berichtigungsbeschluss m • tashih kararı
Berichtigungsbuchungen pl. f • ayarlama kayıtları
Berichtigungsklage f • tashih davası
Berichtigungskonto n • ayarlama hesabı
Berichtsform f • rapor biçiminde
Berichtskritik f • denetim raporunun incelenmesi
Berner Vereinigung f • Bern Birliği
Beruf m • iş; meslek
berufen • çağrılmak; celbetmek
berufliche Tätigkeit f • mesleki faaliyet
berufliches Interesse n • mesleki ilgi
Berufs- und Gewerbeverbot n • meslek ve sanatın tadili icrası
Berufs- und technische Ausbildung f • mesleki ve teknik eğitim (MEM); mesleki ve teknik öğretim
Berufsausbildung f • meslek edindirme; mesleki eğitim
Berufsausbildungsdiplom n • meslek eğitimi diploma
Berufsausbildungskursus m • meslek kursu
Berufsausbildungsstelle f • mesleki eğitim merkezi
Berufsausbildungszentrum n • meslek eğitim merkezi
berufsbegleitende Ausbildung f • hizmetiçi eğitim
Berufsberatung f • mesleki rehberlik
Berufsbezeichnung f • meslek adı
Berufsbild n des Bildungsverwaltes m • eğitim yöneticiliği

Fachwörterbuch

berufsbildendes Gymnasium n für Mädchen pl. n • kız meslek lisesi
Berufsbildung f • meslek eğitimi
Berufsdefinitionen pl. f • meslek tanımları
berufserfahren • deneyimli
Berufserfahrung f • mesleki deneyim
Berufsethik f • meslek ahlâkı
Berufsfachschule f • meslek yüksek okulu
Berufsgeheimnis n • meslek sırrı; mesleki sır; işkazası ve meslek hastalıkları sigortaları kurumu
Berufsgenossenschaft f • meslek mensupları kooperatifi; sendika; meslek kuruluşu
Berufsgruppe f • meslek grubu
Berufshandel m • profesyonel tüccarlar
Berufsinformation f • meslekleri tanıtıcı bilgiler
Berufsjahr n • hizmet yılı
Berufskonsul m • muvazzaf konsolos
Berufskrankheit f • meslek hastalığı; mesleki hastalık
Berufsleben n • çalışma hayatı; faal hayat; işçi piyasası; meslek hayatı
Berufsordnung f • mesleki nizamname; mesleki statü
Berufsschicht f • meslek kategorisi
Berufsschule f • meslek okulu
Berufsstand m • meslek; meslek birliği
Berufsstandards pl. m • meslek standartları
Berufsstellung f • iş; meslek kategorisi
berufstätig • iş sahibi; iş, güç sahibi; ücretle çalışan; ücretli
berufsunfähig • mesleğini icra edemez
Berufsunfähigkeit f • mesleğini icra edemezlik
Berufsunfall m • iş kazası
Berufsvertretung f • meslek birliği; sanayi birliği
berufsvorbereitende Bildung f • mesleğe yönelik eğitim
Berufswahl f • meslek seçimi
Berufszeugnis n • meslek belgesi
Berufung f • celb; davet; istinaf; müracaat; temyiz; tayin
Berufung f einlegen • temyiz etmek
Berufungsbeklagter m • aleyhinde dava temyiz olunan kimse
Berufungsgericht n • istinaf mahkemesi; temyiz mahkemesi
Berufungsinstanz f • temyiz mercii
Berufungsklage f • temyiz davası
Berufungskläger m • temyiz eden
Berufungsrichter m • temyiz mahkemesi hakimi
Berufungsverfahren n • temyiz usulü
beruhen • dayanmak; istinadetmek
berücksichtigen • gözönünde bulundurmak; nazarı dikkate almak
Berücksichtigung f • mülahaza; mütalaa
besagen • beyan etmek; ifade etmek
Besatzung f • garnizon kıtaları; gemi mürettebatı
Besatzungszone f • işgal bölgesi
beschädigen • hasara uğratmak; zarara sokmak
Beschädigung f • gabin, hasar; zarar; ziyan
Beschädigung f während des Transports m • yolda hasara uğramış
beschaffen • tedarik etmek; temin etmek
Beschaffenheit f • durum; evsaf, karakter; keyfiyet; mahiyet; vasıflar
Beschaffung f • tedarik; temin
beschäftigen • çalıştırmak; istihdam etmek; iş vermek
Beschäftigtenstand m • istihdam seviyesi; müstahdem sayısı
Beschäftigung f • çalışma; istihdam; iş; iştigal; vazife
Beschäftigungsabweichung f • hacim farkı; kapasite farkı; kapasite varyansı
Beschäftigungsart f • istihdam kategorisi
Beschäftigungsgrad m • hacim; kapasite; kapasite kullanımı
Beschäftigungsjahr n • faaliyet yılı
Beschäftigungsreserve f • istihdam edilebilecek işçi rezervi
Beschau f • kontrol; muayene; teftiş
beschauen • muayene etmek; teftiş etmek; yoklamak
Beschauer m • gözlemci; kontrolör
Bescheid m • cevap; hüküm; ihbar; karar
Bescheid m wissen • haberdar olmak
bescheiden • bildirmek; ihbar etmek

Mesleki Terimler Sözlüğü

bescheinigen • doğruluğu beyan etmek; onaylamak; tasdik etmek; tevsik etmek; şahadet etmek
Bescheinigung f • belge; ilmühaber; tasdik; tasdikname; vesika; şahadetname
Bescheinigung f ausstellen • belge tanzim etmek
Beschiessung f • bombardıman
beschimpfen • hakaret etmek; sövmek
beschimpfender Unfug m • küfrederek toplumun huzurunu bozma
Beschimpfung f • hakaret; sövme
Beschlag m • haciz; müsadere; zapt
Beschlagnahme f • ambargo; el koyma; haciz; ihtiyati haciz; müsadere; vazı yed; zapt; zoralım
Beschlagnahme f des Grundstücks n • gayri menkul haczi
beschlagnahmen • haczetmek; kullanmaktan alıkoymak; müsadere etmek
Beschlagnahmung f • haciz
beschleunigen • çabuklaştırmak; hızlandırmak
beschleunigt • hızlandırılmış
beschleunigte Abschreibung f • hızlandırılmış amortisman
beschleunigtes Verfahren n • seri muhakeme usulü
Beschleunigung f • çabuklaştırma; hızlandırma; ivme kazandırma
Beschleunigungsgesuch n • davanın hızlandırılması dilekçesi
beschliessen • bitirmek; hükmetmek; karar vermek
beschliessende Verwaltungsbehörde f • karar ittihaz eyleyen idare
Beschluss m • hüküm; karar; netice
Beschluss m fassen • karara varmak
Beschluss m über Gemeinnützigkeit f • kamu faydası; kamu yararı üzerine verilmiş karar; menafii umumiye kararı
beschlussfähig • karar için gerekli çoğunluğu haiz
Beschlussfähigkeit f • karar alabilecek çoğunluğun mevcudiyeti; yeterli çoğunluk
Beschlussfassung f • karar alma; karar ittihazı
Beschlüsse pl. m der gesetzgebenden Körperschaft f • teşrii kararlar

beschränken • sınırlandırmak; tahdidetmek
beschränkt • koşullu; limitli; mahdut; sınırlı; şartlı
beschränkt haftender Teilhaber m • sınırlı sorumlu ortak
beschränkte dingliche Rechte pl. n • mülkiyetin gayrı ayni hakları; sınırlı aynı haklar
beschränkte Geschäftsfähigkeit f • mahdut ehliyet
beschränkte Gütergemeinschaft f • mahdut ortaklık
beschränkte Haftpflicht f • sınırlı mesuliyet
beschränkte Haftung f • mahdut mesuliyet; sınırlı sorumluluk
beschränkte Handlungsfähigkeit f • mahdut ehliyet
beschränkte Rechte pl. n • mülkiyetten gayri ayni haklar
beschränkter Kredit m • kullanımı belli şartlara bağlanmış kredi
beschränktes Giro n • sınırlı ciro
Beschränkung f • sınırlama; tahdit
Beschränkung f der Rechte pl. n • hakların sınırlandırılması
beschreiben • tarif etmek; tasvir etmek; yazmak
beschreibend • betimsel; betimleme
beschreibende Linguistik f • betimsel dilbilim
Beschreibung f • açıklama; tanım; tarif; tasvir; betimleme
Beschriftung f • açıklama yazısı
beschuldigen • itham etmek; suçlandırmak
Beschuldiger m • itham eden; suçlayan
Beschuldigter m • maznun; sanık
Beschuldigung f • itham; suç isnadı
Beschwerde f • dava; itham; itiraz; suçlama; şikayet
Beschwerde f einlegen • şikayetçi olmak; şikayette bulunmak
Beschwerde f wegen Rechtsverletzung f • hakkın ihlalinden dolayı dava; hakkın ihlalinden dolayı şikayet
Beschwerdeführer m • davacı; şikayetçi
Beschwerdeführung f • dava etme; şikayet etme
Beschwerdegegner m • davalı

Fachwörterbuch

Beschwerderecht n • arzuhal hakkı
Beschwerdeschrift f • şikayet dilekçesi
Beschwerdeweg m • şikayeti yetkili makama ulaştırma imkanı
beschweren • rahatsız etmek
beschwören • yeminle teyit ve tasdik etmek
Beschwörung f • yeminle tasdik
beseitigen • izale etmek; ortadan kaldırmak
beseitigt • mülga
Beseitigung f • giderme; izale
besetzen • işgal etmek
besetztes Gebiet n • işgal edilen mıntıka; işgal edilen saha
Besetzung f • işgal
besichtigen • keşif ve muayene etmek
Besichtiger m • eksper; gözlemci; nezaretçi
Besichtigung f • denetim; keşif ve muayene; muayene; teftiş
Besichtigung f an Ort m und Stelle f • hadise mahallinde keşif
Besichtigung f durch Sachverständige pl. m • bilirkişi marifetiyle keşif ve muayene
Besichtigungsbericht m • gözlem raporu; teftiş raporu
Besichtigungsgebühren pl. f • muayene ve keşif ücreti; sürveyan ücreti
Besichtigungsprotokoll n • nezaretçi raporu
besiegeln • mühürlemek; teyit etmek
Besiegelung f • mühürleme; tasdik; teyit
Besitz m • mülk; mülkiyet; sahiplik; zilyetlik
Besitzaufgabe f • yedin inkıtaı
Besitzdiener m • vasıta zilyet
besitzen • sahip olmak; zilliyetinde bulundurmak; zilyet olmak
Besitzentziehung f • zilyetliğin kaldırılması
Besitzer m • hamil; sahip; sahip olan; zilliyetliğinde bulunduran; zilyed; zilyet
Besitzergreifer m • elkoyan; vazıülyet
Besitzergreifung f • elkoyma
Besitzklage f • zilyetlik davası
Besitznahme f • elkoyma
Besitzrecht n • zilyetlik hakkı
Besitzschutz m • zilyetliğin korunması
Besitzschutzklage f • zilyetlik davası
Besitzstand m • zilyetliğin durumu
Besitzsteuer f • servet vergisi
Besitzstörung f • zilyetliğin ihlali
Besitzstörungsklage f • müdahelenin men'i davası; yeddin iadesi davası; zilyetliğe vaki müdahalenin meni davası; zilyetlik davası
Besitztitel m • tasarruf senedi
Besitzung f • arazi; emlak; sahiplik
Besitzurkunde f • tapu senedi
Besitzwechsel m • tahsil edilecek ticari senet; zilyetliğin el değiştirmesi
Besitzwechsel pl. m • alacak senetleri; tahsil edilecek senetler
Besitzwechselsteuer f • intikal vergisi
Besitzzeit f • zilyetlik zamanı
besolden • maaş vermek; ücretini ödemek
Besoldung f • aylık; maaş; ücret
Besoldungsstelle f • maaş ödeyen daire
besondere Havarie f • hususi avarya; küçük avarya; özel avarya
Besonderheit f • az bulunan; hususi hal; hususiyet
besonders gekreuzter Scheck m • hususi çizgili çek
besorgen • tedarik etmek; temin etmek
Besorgnis f • bakım; endişe; ihtimam; korku
Besorgung f • fonksiyon; sağlama; tedarik; yönetim
besprechen • görüşmek; müzakere etmek
Besprechung f • görüşme; müzakere
bessern • düzeltmek; iyileştirmek
bessernde und sichernde Massregeln pl. f • emniyet tedbirleri
Besserung f • düzeltme; iyileşme
Besserungsanstalt f • ıslahevi
Besserungsmassregeln pl. f • ıslah tedbirleri
Besserungsschein m • aciz belgesi; aciz vesikası; borçlu varantı
Besserungsstrafe f • ıslah amacı ile verilen ceza
Bestand m • hazır değerler; her türlü mevcudat; kasa mevcudu; mevcudiyet; varlık
Bestände pl. m aufnehmen • envanter almak; sayım yapmak

Mesleki Terimler Sözlüğü

beständig • güvenilir; istikrarlı; sabit; sağlam; sürekli
Beständigkeit f • istikrar; süreklilik
Bestandsaufnahme f • durum tespiti; envanter
Bestandsbuch n • mevcudat ve muvazene defteri; müfredat defteri
Bestandsgüte f • ürün kalitesi
Bestandskarte f • stok kartı
Bestandsübertragung f • işin devredilmesi
Bestandsveränderung f • durumda değişme; toplamda değişme; bilanço farkı; mevcut durumdaki değişme
Bestandsverzeichnis n • envanter listesi; mevcut liste
Bestandszahl f • stok mevcudu
Bestandteil m • ayrılmaz parça; mütemmim cüz
bestätigen • onaylamak; tasdik etmek; tasdik veya teyid etmek; teyit etmek
bestätigende Bank f • teyit eden banka
bestätigende Handlungen pl. f • teyidi muameleler
bestätigter Saldo m • doğrulanmış bakiye; doğrulanmış hesap; kabul edilmiş hesap
bestätigtes Akkreditiv n • kabul edilmiş akreditif; teyitli akreditif
bestätigtes und unwiderrufliches Akkreditiv n • dönülemez akreditif; vazgeçilemez akreditif; teyitli gayrı kabili rücu akreditif
Bestätigung f • doğrulama; onama; onaylama; tasdik; teyit
Bestätigung f der Richtigkeit f einer Abschrift f • suretin doğruluğunu onaylama
Bestätigung f des Jahresabschlusses m • yıllık mali tabloların onayı
Bestätigungsvermerk m • tasdik notu
bestatten • defnetmek; gömmek
Bestattung f • defin; ölü gömme
bestechen • rüşvet vermek
Bestecher m • raşi; rüşvet veren
Bestechung f • rüşvet
Bestechungsempfänger m • mürteşi; rüşvet alan
Besteckindustrie f • çatal, kaşık ve bıçak sanayii

bestehen • kazanmak; mevcut olmak; meri; mevcut
bestehende Gesetze pl. n• meri kanunlar
bestehlen • çalmak
bestellen • göreve tayin etmek; işe memur etmek; sipariş etmek
Besteller m • iş sahibi; tayin eden
Bestellformular n • sipariş formu
Bestell-Index m • alınan siparişler endeksi
Bestelliste f • sipariş listesi
Bestellschein m • sipariş mektubu
Bestellung f • sipariş; tayin
Bestellung f des Vormundes m • vasi tayini
Bestellung f zurückziehen • siparişi iptal etmek
Bestellungsurkunde f • onay belgesi
Bestensauftrag m • piyasa emri; uygun fiyattan
besteuern • vergi tarhetmek; vergilendirmek
besteuern • vergiye bağlamak
Besteuerung f • vergi tarhı; vergilendirme
Besteuerungsgerechtigkeit f • vergileme adaleti
Besteuerungsgrenze f • vergi sınırı
bestimmen • belirlemek; hükmetmek; karar vermek; tespit etmek
bestimmt • belgili; belirli; belli; kati
bestimmte Lebensdauer f • belirli ömür
bestimmte Vergangenheit f • belirli geçmiş zaman
Bestimmtheit f • katiyet; vuzuh
Bestimmung f • emir; hüküm; kararname; kayıt; talimatname; tayin; tespit; şart
Bestimmung f des Gesetzes n • kanun hükmü
Bestimmungen pl. f• mevzuat
Bestimmungsbeiwort n • belirtme sıfatı
Bestimmungshafen m • varma limanı; varış limanı
Bestimmungsort m • malların varış yeri; malın gönderildiği yer; sevk yeri; varış yeri
Bestimmungswort m • tamlayan
bestrafen • cezalandırmak
Bestrafung f • ceza; cezalandırma
bestreiken • grev yapmak

Fachwörterbuch

bestreitbar • itirazı kabil; şüpheli
bestreiten • aksini iddia etmek; inkar etmek; itiraz etmek
Bestreiten n • inkar
Bestreitung f • inkar; itiraz; iş uyuşmazlığı
Bestreitung f der Echtheit f einer Urkunde f • sahtelik iddiası
Besuch m • ziyaret
besuchen • devam etmek; ziyaret etmek
Besucher m • ziyaretçi
betätigen • icra etmek
Betäubungsmittel pl. n • uyuşturucu maddeler
beteiligen • iştirak ettirmek; ortak etmek
Beteiligter m • hak sahibi; hissedar; ortak
Beteiligung f • hissedar olma; iştirak; ortak olma; ortaklık
Beteiligung f des Dritten m • feri müdahale
Beteiligungs-Genusschein m • katılma belgesi
Beteiligungsgesellschaft f • ortak şirket
Beteiligungskredit m • iştirak kredisi
beteuern • ısrarla iddia ve temin etmek
Beteuerung f • ısrarla iddia ve temin etme
betonen • ehemmiyetle kaydetmek; vurgulamak
betonend • ehemmiyetle kaydederek
betonte Silbe f • vurgulu seslem
Betonung f • vurgu; vurgulama; ehemmiyetle üzerinde durma
Betracht m • dikkate alma
betrachten • nazara almak; tetkik etmek
beträchtlich • ehemmiyetli; hatırı sayılır
Betrachtung f • mütalaa; tetkik
Betrag m • bedel; meblağ; toplam; tutar; yekün
betragen • baliğ olmak; tutmak; yekün tutmak
Betragen n • davranış; tavır
betrauen • tevdi etmek; vazifelendirmek
Betreff m • ilgi; konu; öz
betreffen • ilgili olmak; suçüstü yakalanmak
betreffend • adı geçen; dair
Betreffnis n • meblağ
betreiben • icra etmek; yürütmek

Betreibung f • borç tahsili; icra; icra takibi; takip; vergi tahsili
Betreibung f gerichtlich nicht festgestellter Ansprüche pl. m • ilamsız takip
Betreibungs- und Konkursrecht n • icra ve iflas hukuku
Betreibungsamt n • icra dairesi
Betreibungsbeamter m • icra memuru
Betreibungsrecht n • icra hukuku; takip hukuku
betreuen • himaye etmek; korumak; muavenet etmek
Betreuer m • rehber öğretmen; himaye eden; koruyan
Betreuung f • himaye; koruma; muavenet
Betreuungs- und Forschungszentrum n • rehberlik ve araştırma merkezi
Betreuungslehrer m • rehber öğretmen
Betrieb m • çalışma ünitesi; çiftlik; fabrika; iş; iş yeri; işletme; işyeri; müessese; sevk ve idare; ticaret; trafik
betriebliche Leistung f • faaliyet başarısı
betrieblicher Geldumlauf m • nakit akışı
betriebliches Abrechnungswesen n • işletme muhasebesi
Betriebsabrechnung f • maliyet muhasebesi
Betriebsabrechnungsbogen m • dönemsel işletme gelir-gider tablosu; işletme gelir-gider tablosu; maliyet dağıtım tablosu
Betriebsanalyse f • işletmenin genel analizi
Betriebsanlage f • fabrika teçhizatı
Betriebsanlagebuch n • maddi sabit varlıklar defteri
Betriebsaufwand m • dönem gideri; faaliyet gideri
Betriebsausgaben pl. f • faaliyetler için yapılan harcamalar; işletme masrafları
Betriebsberater m • sanayi müşaviri
Betriebsberatung f • sanayide istişare ve rehberlik
Betriebsbuchhalter m • maliyet muhasebecisi
Betriebsbuchhaltung f • işletme muhasebesi
Betriebsbudget n • faaliyet bütçesi; yalnızca gelir ve giderleri kapsayan bütçe

Mesleki Terimler Sözlüğü

Betriebsergebnis n • faaliyet karı; faaliyet marjı; faaliyet sonucu; faaliyet zararı; işletmenin karı; işletmenin zararı
Betriebsergebnisrechnung f • faaliyetler için düzenlenen ayrıntılı gelir tablosu
Betriebsertrag m • faaliyet karı; işletme geliri
Betriebsferien pl. • işletme tatili
Betriebsforschung f • yöneylem araştırması
betriebsfremde Aufwendungen pl. f • faaliyet dışı giderler; faaliyet konusuyla ilgili olmayan giderler
betriebsfremde Kosten pl. • imalat dışı maliyetler
betriebsfremder Ertrag m • faaliyet dışı gelir
Betriebsgebäude n • işletme binası
Betriebsgewinn m • faaliyet karı; işletme karı; ticari kazanç
Betriebsguthaben n • işletme mevcudu
Betriebsjahr n • faaliyet yılı
Betriebskapazität f • işletme üretim kapasitesi
Betriebskapital n • çalışma sermayesi; işletme sermayesi; mütedavil sermaye; net çalışma sermayesi; net işletme sermayesi
Betriebskonten pl. n • faaliyetlerle ilgili hesaplar
Betriebskosten pl. • faaliyet maliyeti; işletme maliyeti
Betriebskrankenkasse f • firma hastalık kasası
Betriebskredit m • işletme kredisi; işletme sermayesi kredisi
Betriebskreislauf m • faaliyet çevrimi; faaliyet dönemi
Betriebsmittel n • işletme kredisi; işletme sermayesi
Betriebsoptimum n • işletmenin erişebileceği ideal üretim düzeyi; kuramsal kapasite; teorik kapasite
Betriebsordnung f • işyeri nizamnamesi
Betriebspolitik f • işletme politikası
Betriebsprüfer m • hesap uzmanı
Betriebsprüfung f • vergi denetimi; vergi kontrolü
Betriebspsychologie f • işletme-ruhbilimi
Betriebspsychologie f • sanayi psikolojisi

Betriebsrat m • işçi temsilciliği; müstahdem kurulu
Betriebsrechnung f • işletme hesabı
Betriebssicherheit f • işgüvenliği
Betriebssoziologie f • sanayi sosyolojisi
Betriebsstätte f • fabrika; iş yeri
Betriebsstoff m • işletme malzemesi
Betriebsunfall m • iş kazası
Betriebsunfallrückstellung f • iş kazalarına yönelik ayrılan karşılık
Betriebsunterbrechung f • işin fasılaya uğraması; ticaretin fasılaya uğraması
Betriebsuntersuchung f • firma araştırması
Betriebsüberschuss m • işletme fazlası
Betriebsvereinbarung f • iş mukavelesi
Betriebsverfassung f • işletme tüzüğü
Betriebsverfassungsgesetz n • işletmede hak ve görevleri düzenleyen kanun
Betriebsvergleich m • işletmelerarası karşılaştırma
Betriebsverlust m • faaliyet zararı; işletme zayiatı
Betriebsvermögen n • işletme kaynakları
Betriebswirt m • firma finansmanı uzmanı; ticaret veya sanayi müşaviri
Betriebswirtschaft f • işletme ekonomisi; işletmecilik
Betriebswirtschaftslehre f • işletme ekonomisi dersi
Betriebszeit f • çalışma saatleri; vardiya
Betrug m • aldatma; dolandırıcılık; hile
Betrunkenheit f • sarhoşluk
betrügen • aldatmak; dolandırmak; iğfal etmek
Betrüger m • dolandırıcı; hilekar
Betrügerei f • dolandırıcılık
betrügerisch • aldatıcı; hileli
betrügerische Übertragung f • hileli devir ve temlik
betrügerischer Bankrott m • dolaylı iflas; hileli iflas
betrügerisches Preisangebot n • hileli fiyat önermesi; muvazaalı fiyat teklifi
Bettelei f • dilencilik
betteln • dilenmek
Betteln n • dilencilik
Bettler m • dilenci
beugen • çiğnemek; ihlal etmek

Fachwörterbuch

Beugung f • çiğneme; ihlal etme
beunruhigen • endişeye düşürmek
Beunruhigung f • endişe; huzursuzluk
beurkunden • belge ile ispat etmek; tasdik etmek; tevsik etmek
Beurkundung f • tasdik; tevsik
Beurkundung f zur Annahme f • ademi kabul protestosu; kabul etmeme protestosu
beurlauben • geçici olarak işten çıkarmak; izin vermek
Beurlaubung f • geçici olarak işten çıkarma; izin verme
beurteilen • hüküm vermek; tenkit etmek
Beurteilung f • muhakeme; tenkit
Beurteilung f der Arbeit f • iş değerlendirmesi
Beute f • ganimet
Beuterecht n • ganimet hakkı
bevollmächtigen • vekalet vermek
bevollmächtigt • murahhas
Bevollmächtigter m • iflas masası memuru; salahiyetli vekil; temsilci; vekil
bevollmächtigter Minister m • orta elçi
Bevollmächtigung f • tevkil; vekalet verme; yetki belgesi
bevormunden • vasilik etmek; vesayet altına almak
Bevormundeter m • kısıtlı; mahcur
Bevormundung f • hacir; vasilik etme; vesayet altına alma
Bevorratung f • stok yapma
bevorrechten • hususi imtiyazlar vermek
bevorrechtigt • imtiyazlı; rüçhanlı
bevorrechtigter Gläubiger m • rüçhanlı alacaklı
Bevorrechtigung f • imtiyaz bahşetme
Bevorschussung f der Versicherungspolice f • sigorta poliçesi karşılığı avans
Bevorschussung f von Kostbarkeiten pl. f • kıymetli eşya mukabili avans
Bevorschussung f von Zinsforderung f • faiz alacakları karşılığı avans
bevorzugen • imtiyaz vermek; tercih etmek
Bevorzugung f • imtiyaz verme; tercih etme
bevölkern • iskan ettirmek; yerleştirmek

Bevölkerung f • ahali; nüfus
Bevölkerungsaustausch m • ahali mübadelesi
bewachen • gözetmek; nezaret etmek
Bewacher m • bekçi; gardiyan
Bewachung f • gözaltında tutma; nezaret etme
bewaffnen • silahlandırmak
bewaffnete Bande f • silahlı çete
bewaffnete Neutralität f • silahlı bitaraflık
Bewahranstalt f • ıslah ve bakımevi
bewähren • doğruluğunu göstermek
bewahren • muhafaza etmek; saklamak
Bewährung f • cezanın tecili
Bewahrung f • ıslah evinde tutma
Bewährungsfrist f • cezanın tecilinde cezayı kaldıran süre
Bewährungshelfer m • hükümlüyü gözeten kişi
bewältigen • başarmak; neticelendirmek
Bewältigung f • başarma; üstesinden gelme
bewegen • hareket ettirmek
Beweggrund m • güdü; saik; teşvik
beweglich • hareketli
bewegliche Güter pl. n • menkul mal; taşınır mal
bewegliche Habe f • menkul mallar; menkuller; taşınır mallar
bewegliche Sachen pl. f • menkul mallar
bewegliche Vermögen pl. n • menkul mal; taşınır mal
bewegliches Gut n • kişisel mülk
bewegliches Konto n • hareketli hesap
Bewegung f • hareket
Bewegungsbild n • mevsim tandanası
Beweis m • beyyine; delil; ispat; kanıt
Beweis m antreten • delil göstermek
Beweis m aufstellen • delil göstermek
Beweis m der Erfüllung f • ifanın ispatı
Beweis m durch Augenschein m • mahallinde keşif
Beweis m durch öffentliche Urkunden pl. f • resmi beyyine
Beweis m durch Privaturkunden pl. f • hususi beyyine
Beweis m durch Sachverständige n • ekspertiz

Mesleki Terimler Sözlüğü

Beweis m durch Urkunden pl. f • tahriri beyyine; yazılı beyyine
Beweis m führen • delil göstermek
Beweisantritt m • delil gösterme
Beweisarten pl. f • beyyine nevileri
Beweisaufnahme f • delillerin ikamesi
beweisbar • ispatı kabil
Beweisbarkeit f • ispat imkanı
Beweise pl. m liefern • delilleri ibraz etmek
beweisen • ispat etmek; kanıtlamak
beweisfähig • ispat edilebilir
Beweisfrist f • delillerin toplanması için tanınan süre
Beweisführung f • ispat
Beweisgrund m • delilin dayandığı esas
Beweiskraft f • ispat kudreti
Beweislast f • beyyine külfeti; ispat yükümlülüğü
Beweismittel pl. n • beyyine nevileri; deliller
Beweisprinzipien pl. n • beyyine sistemleri
Beweissicherung f • delillerin tesbiti
Beweisstück n • alındı; delil; ispat edici evrakı müsbite; ispat edici vesika; ispat vesikası; makbuz; sarf belgesi
Beweissysteme pl. n • beyyine sistemleri
Beweisurkunde f • ispat edici evrakı müsbite; ispat edici vesika; ispat vesikası
Beweiswürdigung f • delillerin takdiri
Bewerber m • aday; namzet
Bewerbung f • adaylık; istek; namzetlik; talep
Bewerbungsschreiben n • talepname
bewerkstelligen • icra etmek; yapmak
bewerten • değer biçmek; değerlendirmek; kıymet takdir etmek; kıymetini takdir etmek
Bewertung f • değer biçme; değerlendirme; derecelendirme; sınıflandırma; varlığın değerini belirleme
Bewertung f nach Erfahrungen pl. f • deneyime göre yapılan değerlendirme
Bewertung f zu Anschaffungskosten pl. • maliyet esasına göre değerleme
Bewertungsbericht m • değerlendirme raporu

Bewertungsregeln pl. f • değerlendirme kuralları
Bewertungsskala f • değerlendirme ölçeği
bewilligen • bahşetmek; müsaade etmek; tasdik etmek; tasvip etmek; uygun görmek; yetki vermek
bewilligte Gelder pl. n • ödenekler; tahsisat
Bewilligung f • izin; lisans; tasvip
bewilligungspflichtig • lisansa tabi
bewirken • sebep olmak; vesile olmak; yapmak
bewirtschaften • kontrol etmek; yönetmek
Bewirtschaftungskosten pl. • yönetim masrafları
Bewirtschaftungsmassnahmen pl. f • kontrol tedbirleri
Bewirtungskosten pl. • ağırlama giderleri
bewohnen • ikamet etmek; oturmak
Bewohner m • mukim; sakin
bewusst • müdrik; şuurlu
bewusst sein • müdrik olmak
bewusstlos • baygın; şuursuz
Bewusstlosigkeit f • baygınlık; şuursuzluk
Bewusstsein n • bilinç; şuur
Bewusstseinsstörung f • şuur bozukluğu
bezahlen • borcu ödemek; likidite etmek; ödemek; tasfiye etmek; tediye etmek
Bezahler m • ödeyen
bezahlt • ödenmiş
bezahlte Schuld f • ödenmiş borç; tasfiye edilmiş borç
bezahlter Urlaub m • ücretli izin
bezahlter Wechsel m • ödenmiş senet
bezahlter Wechselbrief m • ödenmiş poliçe
Bezahlung f • ödeme; tediye
Bezahlung f einer Schuld f • borcun ödenmesi
Bezahlung f gegen Dokumente pl. n • vesaik karşılığı ödeme
bezeichnen • delalet etmek; işaret etmek; işaretlemek
bezeichnend • önemli
Bezeichnung f • açıklama; işaret; sembol; tanım; tarif
bezeugen • tasdik etmek; tevsik etmek; şahadet etmek
Bezeugung f • tasdik; tevsik; şahadet

Fachwörterbuch

bezichtigen • itham etmek; suçlamak
Bezichtigung f • itham; suçlama
beziehen • almak; çekmek; dayanmak; ilgili olmak
Beziehung f • bağıntı; bağlantı; ilişki; münasebet
Beziehungen pl. f zur Öffentlichkeit f • halkla ilişkiler
Beziehungskauf m • üreticiden direkt satın alma
Bezirk m • bölge; daire; kaza; mıntıka; saha
Bezirksgericht n • bölge mahkemesi; eyalet mahkemesi
Bezirksschule f • mahalle okulu
Bezirksvorsteher m • nahiye müdürü
Bezogener m • muhatap
Bezogener m • poliçe çekilen kimse
Bezogener m • poliçenin çekildiği kişi
Bezug m • abone; alma; ilgi; kabul
Bezug m nehmen auf • istinat etmek
Bezugnahme f • ilgili olma; istinat etme; referans
Bezugsbedingungen pl. f • abone şartları
Bezugsformular n • başvuru formu
Bezugsgebiet n • temin bölgesi
Bezugskosten pl. • tedarik masrafları
Bezugsland n • teslimatçı memleket
Bezugsoption f • satın alma opsiyonu
Bezugspreis m • abone ücreti; icra fiyatı
Bezugsrecht n • düz tahviller; hak; hisse satın alma hakkı; hisse senedi alma hakkı; menkul değeri öncelikle satın alma hakkı; rüçhan hakkı; varant
Bezugsrecht n auf Aktien pl. f • hisse senedi alma hakkı
Bezugsschein m • talon
Bezugstermin m • teslim alma süresi
Bezüge pl. • gelirler
bezüglich • dair; hakkında; müteallik
bezwecken • hedef edinmek; kast etmek
bezweifeln • şüphelenmek
bezwingen • başarmak; galip gelmek
Bibliographie f • kaynakça
Bibliothek f • kitaplık
Bibliothekswissenschaft f • kitaplıkbilim
Bibliotherapie f • kitapla iyileştirme
bieten • pey sürmek; teklif etmek
Bieter m • açık artırmada pey süren

Bietungsgarantie f • geçici teminat mektubu
Big Bang • Big Bang
Big Board • New York Borsasının takma adı
Big Four • dört büyükler
big number • büyük numara
Bigamie f • bigami; çok eşlilik
Bijouteriewaren pl. f • mücevherat
bilabial • çiftdudaksıl
Bilanz f • bilanço
Bilanz f in Staffelform f • aktif ve pasiflerin sunulduğu bilanço; rapor şeklinde bilanço
Bilanzabteilung f • merkez muhasebesi
Bilanzanalyse f • bilanço analizi; finansal analiz; mali tahlil
Bilanzausgleichsprinzip n • bilançonun aktifinin pasifine denk olma ilkesi
Bilanzbewertung f • bilanço değerlemesi
Bilanzfrisur f • bilanço süsleme
Bilanzgleichung f • muhasebe denkliği
Bilanzierungspolitik f • muhasebe politikası
Bilanzkonto n • bilanço hesabı
Bilanzperiode f • mali dönem
Bilanzprüfer m • murakıp
Bilanzstichtag m • bilanço kayıt tarihi; bilanço tarihi
Bilanztheorie f • muhasebe kuramı; muhasebe teorisi
Bilanzüberschuss m • alacaklı hesap
Bilanzvergleich m • bilanço karşılaştırması
Bilanzverschleierung f • bilançonun daha iyi gösterilmesi; bilançonun şişirilmesi
Bilanzvolumen n • bilanço toplamı
bilateral • iki taraflı
bilaterale Opposition f • ikiyanlı karşıtlık
Bilateralismus f • bilateralizm; iki yanlılık
Bilateralität f • iki memleket arasında karşılıklı ticaret esası
Bild n • görüntü; imge
bilden • tesis etmek; teşkil etmek
Bilderbuch n • resimli çocuk kitabı
Bilderschrift f • görüntüsel yazı
Bildertest m • resimli test
bildliche Bedeutung f • mecazi mana

Mesleki Terimler Sözlüğü

Bildung f • eğitim; oluşum; talim; terbiye; tesis; teşkil
Bildung f neuen Landes n • yeni arazi teşekkülü
Bildungs-, Vervaltungs-, Informationssystem n • EYES (Eğitim, Yönetim, Enformasyon Sistemi)
Bildungsaktivitäten pl. f • eğitsel etkinlikler
Bildungsalter n • eğitim yaşı
Bildungsanlage f • eğitim sitesi; eğitim tesisi
Bildungsart f • eğitim türü
Bildungselement n • yapım eki
Bildungsfähigkeit f • eğitilebilirlik
Bildungsfernsehen n • eğitim televizyonu
Bildungsfinanzen pl. • eğitim maliyesi
Bildungsforschung f • eğitim araştırması
Bildungsführer m • eğitim lideri
Bildungsgeschichte f • eğitim tarihi
Bildungsinstitutionen pl. f • eğitim kaynakları
Bildungskosten pl. • eğitim maliyeti
Bildungsökonomie f • eğitim ekonomisi
Bildungsplanung f • eğitim planlaması
Bildungspolitik f • eğitim siyasası
Bildungsprofil n • toplu dosya
Bildungssektor m • eğitim sektörü
Bildungssoziologie f • eğitim toplumbilim
Bildungsstufe f • tahsil derecesi
Bildungssystem n • eğitim dizgesi
Bildungstechnologie f • eğitim teknolojisi
Bildungsverwalter m • eğitim yöneticisi
Bildungsverwaltung f • eğitim yönetimi
Bildungswesen n • eğitim sistemi
bilinguale Erziehung f • iki dilde eğitim
Bilingualismus m • ikidillilik
Bill f • kanun; kanun taslağı
billig • adil; makul; ucuz
billigen • kabul etmek; tasdik etmek
billigermassen • adilane; hakkaniyet üzere
billiges Ermessen n • makul ölçü
billiges Geld n • düşük faizle bulunabilen para; ucuz para
Billigkeit f • hakkaniyet; nasafet; ucuzluk
Billigkeitsgründe pl. m • hakkaniyet esasları
billigst • en ucuz

Billigung f • onaylama; rıza; tanıma; tasdik; teyit
Bimetallismus m • bimetalism; çift maden sistemi
binär • ikili
binäre Opposition f • ikili karşıtlık
Binarismus m • ikicilik
binden • bağlamak
bindender Vertrag m • bağlayıcı sözleşme; kesin sözleşme
Bindewort n • bağlaç
Bindung f • bağlama; bağlantı; fiyatları dondurma; kontrol; mükellefiyet; sınırlama; taahhüt; ulama
Bindungsermächtigung f • bağlantı yetkisi
binnen • süresi içinde
Binnenbeziehung f • dahili münasebet
Binnenflotte f • nehir ve kanal nakliyat filosu
Binnengewässer pl. n • iç sular
Binnenhafen m • iç liman; nehir ve kanal nakliyat limanı
Binnenhandel m • iç ticaret
Binnenmarkt m • iç pazar; iç piyasa
Binnenmeer n • içdeniz; kapalı deniz
Binnenschiffahrt f • göl ve kanallarda yapılan gemi işletmeciliği; iç sularda taşımacılık; ırmak
Binnenwasserkonnossement n • iç sular konşimentosu
Binnenwasserstrasse f • iç sular; ırmak ve kanal gemi yolu
binnenwirtschaftlich • iç ekonomi bakımından
Binnenzoll m • dahili gümrük resmi; ticareti dahiliye eşyasına ait gümrük resmi
biographische Methode f • yaşam öyküsü yöntemi
Biologie f • dirimbilim
bis auf weitere Order f • ikinci bir emre kadar
bis Datio • bugüne kadar
Bitte f • dilek; rica
bitten • dilemek; rica etmek
Bittschrift f • arzuhal; dava açma; dilekçe; dilekçe verme; takip talebi
Bittsteller m • dilekçe veren
Blankett n • açık bono

Fachwörterbuch

blanko Trassierung f • açık keşide
Blankoakzept n • açık kabul; karşılıksız kabul
Blankoannahme f • açık kabul
Blanko-Indossament n • açık ciro; beyaz ciro
Blankokredit m • açık kredi; güvence aramaksızın verilen kredi; karşılıksız avans; karşılıksız kredi
Blankopolice f • açık sigorta poliçesi
Blankoscheck m • açık çek
Blankotransfer m • açık devir
Blankounterschrift f • açığa imza
Blankoverkäufer m • açıktan satış yapan; alivre satış yapan
Blankovorschuss m • karşılıksız avans
Blankowechsel m • açık poliçe; isimsiz poliçe; teminatsız poliçe
Blankozession f • açık temlik; beyaz temlik; genel temlik
Blatt n • folyo; varaka; yaprak
bleiben • kalmak; ısrar etmek
Blinder m • ama; kör
Blindheit f • körlük
Blitzbericht m • yüzeysel rapor
Block m • blok
Blockade f • abluka
blockieren • ablukaya almak; bloke etmek
blockiertes Geld n • bloke para
blockiertes Konto n • bloke hesap; dondurulmuş hesap; hacizli hesap
Blut n • kan
Blutrache f • kan davası
Blutschande f • nikah düşmeyen yakın akrabalarla zina
Blutsverwandter m • kan hısmı
Blutsverwandtschaft f • kan hısımlığı
Boden m • arazi; arsa; toprak
Bodenkreditbank f • ipotek bankası; tarım bankaları; toprak ipoteği karşılığında kredi veren banka
Bodenprinzip n • toprak esası
Bodenrecht n • arazi hukuku; toprak hukuku
Bodenreform f • toprak reformu
Bodenrente f • arazi iradı
Bodenverschiebung f • arazinin kayması
Bodmerei f • deniz ödüncü; deniz ödüncü mukavelesi
Bodmereibrief m • deniz ödüncü senedi
Bohrung f • sondaj
Bombardierung f • bombardıman
Bombenabwurf m • bombardıman
Bonifikation f • bono
Bonität f • güvenilirlik; kredi değerliliği; krediyi geri ödeyebilme gücü ve niyeti; sağlamlık
Bonus m • ek temettü; ikramiye; kar payı; prim
Bonusaktie f • bedelsiz hisse senedi
Bord/Bord-Überladung f • gemiden gemiye aktarma
Bordempfangsschein m • ikinci kaptan makbuzu; ordino
Bordereau m • bordro
Bordkonnossement n • tahmil konşimentosu; yükleme konşimentosu; yüklenme konşimentosu
Bordverfahren n • borda muhakeme usulü
Bordzettel m • ordino
borgen • kredi ile almak; ödünç almak; ödünç vermek
Bote m • haberci; kurye; postacı
Botschaft f • bildiri; büyükelçilik; elçilik binası; haber; mesaj
Botschafter m • büyükelçi
Boursicoteur m • spekülatör
Boykott m • boykot
boykottieren • boykot etmek
Börse f • borsa; menkul kıymetler borsası
Börsenagent m • aracı kurum; borsa acentesi; borsa ajanı
Börsenagent m • borsa bankeri; borsa komisyoncusu; borsa simsarı
Börsenauftrag m • borsa emri
Börsenausführungsprospekt m • menkul değer ihraç broşürü
Börsenaussengeschäfte pl. n • borsa dışı muameleler; borsanın iç muameleleri
Börseneinführung f • borsaya giriş
Börseneinführungsprovision f • kotasyon ücreti
börsenfähige Wertpapiere pl. n • menkul kıymetler; pazarlanabilir menkul değerler
börsengängig • borsada geçerli
Börsengeschäfte pl. n • borsa işlemleri; borsa muameleleri

Mesleki Terimler Sözlüğü

Börsengeschehen n • borsa faaliyetleri
Börsengesetz n • Borsa Kanunu; borsa yasası
börsengültig • gün içinde geçerli
Börsenkapitalisierung f • piyasa kapitalizasyonu
Börsenklima f • borsa atmosferi
Börsenkommissar m • borsa yönetim kurulu üyesi
Börsenkurs m • borsa fiyatı; borsa rayici; piyasa değeri; piyasa fiyatı
Börsenmakler m • aracı kurum; borsa acentesi; borsa ajanı; borsa bankeri; borsa komisyoncusu; borsa simsarı; borsa tellalı
börsennotiert • borsada beyan edilmiş
Börsennotierung f • borsa kotasyonu; menkul değerlerin borsaya kaydettirilmesi
Börsenordnung f • borsa mevzuatı; borsa yönetmeliği
Börsenorgane pl. n • borsa makamları
Börsenpapiere pl. • menkul kıymetler
Börsenpreis m • borsa fiyatı
Börsenrecht n • borsa hukuku
Börsenring m • borsada ticaret yapılan alan
Börsenspekulant m • spekülatör
Börsenstempel m • borsa muamele harcı
Börsentheorien pl. f • borsa kuramları
Börsenumsatzsteuer f • borsa işlemleri vergisi; borsa muamele vergisi
Börsenvorstand m • borsalar yönetim kurulu
Börsenwert m • emsal değer; kota alınmış menkul kıymetler
böse • fena; kötü
böser Glaube m • kötü niyet; suiniyet
böser Wille m • kötü niyet; suiniyet
böswillig • kötü niyetli
böswillige Absicht f • kötü niyet; suiniyet
böswillige Verlassung f • suiniyetle terk
böswilliges Verlassen n • terk
Böswilligkeit f • kötü niyetli olma
brachliegendes Geld n • atıl para
Branche f • ticaret veya sanayi kolu; alan
Branchenbank f • belli bir sanayi kolu emrinde çalışan banka; belli bir ticaret kolu emrinde çalışan banka

Brand m • yangın
Brandschaden m • yangın hasarı
Brandschadenversicherung f • yangın sigortası
brandstiften • kundaklamak
Brandstifter m • kundakçı
Brandstiftung f • kundakçılık
Branntweinmonopol n • alkollü maddeler tekeli; isportolu maddeler tekeli
Brauch m • adet; alışagelmiş; örf; örf ve adet; teamül; görenek
Brauchtum n • anane; örf ve adet
Braut f • nişanlı gelin
Bräutigam m • nişanlı damat
Brautpaar n • gelin güvey; nişanlı çift
brechen • bozmak; kırmak; riayet etmemek
breiter Markt m • geniş piyasa
breiter Vokal m • geniş ünlü
Bretton Woods Abkommen n • Bretton Woods Anlaşması
Briand Kellog Pakt m • Kellog Misakı
Brief m • mektup
Briefgeheimnis n • haberleşme gizliliği; muhaberat sırrı; muhabere hürriyeti
Briefhypothek f • ipotekli borç senedi
Briefkurs m • arz fiyatı; satış fiyatı
brieflich • mektupla; yazıyla
brieflicher Verkehr m • mektuplaşma
Briefmarke f • posta pulu
Briefträger m • postacı
Bringschuld f • alacaklı nezdinde ödenmesi gereken borç
Broschüre f • risale
Bruch m • bozulma; kırılma; parçalanma
Bruchteil m • kısım; parça
Bruchteilseigentum n • müşterek mülkiyet
Bruchteilversicherung f • kısmi sigorta; kısım kısım sigorta
Bruchzahl f • kesirli sayı
Bruchziffer f • kesirli sayı
Bruchzins m • ara faiz
Bruder m • erkek kardeş
brutto • brüt; gayri safi
Bruttobestand m • brüt toplam
Bruttobuchwert m • brüt defter değeri
Bruttoeinkommen n • brüt gelir; gayri safi irat

Fachwörterbuch

Bruttoersparnis f • brüt milli tasarruf
Bruttoertrag m • brüt verim; gayri safi hasılat; gayri safi kazanç
Bruttogewicht n • brüt ağırlık
Bruttogewinn m • brüt kar
Bruttogewinn m und Bruttoverlust m • brüt kar ve zarar
Bruttogewinnkonto n • ticaret hesabı
Bruttonationalprodukt n • gayri safi milli hasıla
Bruttoregistertonnen pl. f • gayri safi tonaj
Bruttorendite f • brüt getiri
Bruttorente f • gayri safi yıllık varidat
Bruttosozialprodukt n • gayri safi milli hasıla
Bruttoumsatz m • brüt satışlar
Bruttoüberschuss m • brüt üste
Bruttoverlust m • brüt zarar
Bruttoverzinsung f • brüt faiz; gayri safi faiz varidatı
Bruttowarengewinn m • gayri safi ticari kazanç
brüderlich • kardeşçe
Brüderlichkeit f • kardeşlik
Buch n • defter; kitap
Buchbesprechung f • kitap tanıtma
Bucheigentum n • tescil edilmiş mülk
buchen • defterlere kayıt düşmek; kaydetmek; ticari deftere veya listeye kaydetmek
Buchfälschung f • hesapların tahrifi
Buchführer m • muhasebeci
Buchführung f • defter tutma; muhasebe
Buchführung f über Nachlass m • tereke hesapları
Buchführungsgrundsätze pl. m • muhasebe ilkeleri; muhasebe prensipleri
Buchführungshandbuch n • muhasebe el kitabı; muhasebe talimatı
Buchführungsmethode f • defter tutma yöntemi
Buchführungsmethoden pl. f im Einzelhandel m • perakende satış muhasebe yöntemi
Buchführungspflicht f • defter tutma zorunluluğu
Buchführungspostulate pl. n • muhasebe kuralları

Buchführungsrichtlinien pl. f • muhasebe ilkeleri
Buchführungssystem n • muhasebe sistemi
Buchgeld n • banka hesabında bulunan para; banka parası; hesap parası; virman parası
Buchgewinn m • defter karı
Buchhalter m • muhasebeci; muhasip
buchhalterische Übersicht f • muhasebe tablosu
buchhalterische Verantwortung f • muhasebecinin sorumluluğu
Buchhaltung f • defter tutma; hesap tutma; muhasebe; muhasebe kayıtları
Buchhaltungsabteilung f • muhasebe bölümü; muhasebe departmanı
Buchhaltungsfachmann m • uzman muhasebeci
Buchhaltungsfreiheit f • muhasebe kuralları istisnası
Buchhaltungspraxis f • muhasebe uygulaması
Buchhaltungsverfahren n • muhasebe süreci
Buchhandel m • kitapçılık
Buchinventur f • defter kayıtlarında gözüken stok miktarı; devamlı denklik yöntemi; kayıtlardaki stok mevcudu; sürekli envanter yöntemi
Buchkredit m • açık kredi; hesabı cari kredisi
buchmässiger Wert m • defter değeri
Buchprüfer m • hesap müfettişleri
Buchprüfung f • kayıtların denetlenmesi
Buchschulden pl. f • kayıtlarda gözüken borçlar
Buchstabe m • yazaç
Buchstabiermethode f • heceleme yöntemi
Buchung f • defter kaydı; deftere geçirme; hesapları deftere geçirme; kayıt; tescil
Buchung f in roter Tinte f • kırmızı renkli kayıt
Buchungsdatum n • kayıt tarihi
Buchungskreislauf m • muhasebe çevrimi
Buchungsmaschinen pl. f • muhasebe makineleri
Buchungsposten m • defter kaydı

Mesleki Terimler Sözlüğü

Buchungstext m • açıklama; kayıt metni; muhasebe kaydına ilişkin açıklama
buchungsunfähige Wirtschaftsgüter pl. n • defterlerde gözükmeyen varlıklar
Buchungsunterlage f • kayıtlara esas oluşturan belge
Buchungszeitraum m • mali dönem
Buchverlust m • defter zararı
Buchversitzung f • ıskat müruru zamanı; ıskat zamanaşımı
Buchwert m • defter değeri; defterlerde kayıtlı olan değer; muhasebe değeri; muhasebe kayıt değeri
Budget n • bütçe; munzam tahsisat
Budgetabweichung f • bütçe farkı; harcama farkı
Budgetbewertung f • bütçe değerlemesi
Budgetdefizit n • bütçe açığı
Budgetgesetz n • bütçe kanunu
Budgetgesetze pl. n • mali kanunlar
Budgetgleichgewicht n • bütçe denkliği
Budgetierung f • bütçeleme
Budgetierung f mit Nullprinzip n • sıfır esaslı bütçe
Budgetkonten pl. n • bütçe hesapları
Budgetkontrolle f • bütçe kontrolü
Budgetkredite pl. m • ödenek; tahsisat
Budgetkürzungen pl. f • bütçe kesintileri
Budgetlinie f • bütçe doğrusu
Budgetperiode f • bütçe dönemi
Budgetpolitik f • bütçe politikası
Budgetunterschreitung f • bütçenin altında
Budgetüberschuss m • bütçe fazlası
Budgetvorschlag m • bütçe tasarısı
Bullionismus m • bulyonizm
Bund m • bağ; birlik
Bundesanwalt m • federal mahkeme savcısı
Bundesanzeiger m • Federal Almanya resmi gazetesi
Bundesarbeitsgericht n • Federal İş Mahkemesi
Bundesbank f • Batı Alman Merkez Bankası; Federal Almanya Merkez Bankası
Bundesblatt n • Resmi Gazete
Bundesfinanzhof m • Federal Vergi Mahkemesi
Bundesgericht n • federal mahkeme
Bundesgesetz n • federal devletin tamamında geçerli kanun
Bundesgesetzblatt n • Resmi Gazete
Bundeshauptstadt f • federal devlet başşehri
Bundeshaus n • federal meclis binası
Bundeskanzler m • federal devlet başbakanı; şansölye
Bundesland n • federal devlete bağlı eyalet
Bundesminister m • federal devlet bakanı
Bundesministerium n • federal bakanlık
Bundesministerium n der Justiz f • Federal Adalet Bakanlığı
Bundesobligationen pl. f • sabit faizli Federal Alman devlet tahvilleri
Bundespräsident m • federal devlet cumhurbaşkanı
Bundesrat m • Eyalet Temsilcileri Meclisi
Bundesrechnungshof m • Federal Sayıştay
Bundesregierung f • federal hükümet
Bundesrepublik f Deutschland • Almanya Federal Cumhuriyeti
Bundesrichter m • federal mahkeme yargıcı
Bundesschatzbriefe pl. m • federal hükümet tarafından ihraç edilen hükümet bonoları
Bundessozialgericht n • Federal Sosyal Mahkeme
Bundesstaat m • aza devlet; federal devlet
Bundestag m • Federal Halk Meclisi
Bundesverband m Deutscher Banken pl. f • Alman Bankalar Birliği
Bundesverfassung f • Federal Devlet Anayasası
Bundesverfassungsgericht n • Federal Anayasa Mahkemesi
Bundesversammlung f • federal devlet cumhurbaşkanını seçen organ; meclislerin müşterek toplantısı
Bundesversicherungsordnung f • Alman Sosyal Sigortalar Kanunu
Bundesverwaltungsgericht n • Danıştay; Federal İdari Mahkeme
Bundeswahlgesetz n • Federal Seçim Kanunu
Busse entrichten f • ceza ödemek
Busse f • ceza; manevi zarar; tazmin

Fachwörterbuch

Bussgeld n • para cezası; tazminat
Bussgeldbescheid m • para cezası kararı
Bücher pl. n • defterler
Bücher pl. n führen • defter tutmak
Bücherfälschung f • hesapların tahrifi
Bücherregal n • kitaplık
Bücherrevisoren pl. m • hesap müfettişleri
Bündel n • koli; paket
Bündel n distinktiver Merkmale pl. n • sesbirimcik demeti
bündig • geçerli; inandırıcı
Bündigkeit f • inandırıcılık; isabetlilik
Bündigkeit f des Urteils n • kararın isabetliliği
Bündnis n • birlik; ittifak
Bündnisvertrag m • ittifak muahedesi
Bürge m • garantör; güvence veren; kefil
bürgen • garanti etmek; kefil olmak
Bürgen m stellen • kefil göstermek
Bürger m • hemşeri; vatandaş
Bürgerausschuss m • belediye meclisi
Bürgerkrieg m • dahili harp; iç harp; içsavaş
Bürgerkunde f • yurttaşlık bilgisi
bürgerlich • medeni
bürgerliche Ehrenrechte pl. n • siyasi haklar
bürgerliche Früchte pl. f • medeni semereler
bürgerliche Rechte pl. n • medeni haklar
bürgerliche Rechte pl. n und Ehren pl. f • siyasi haklar
bürgerlichen Ehrenrechte pl. n absprechen • medeni haklardan mahrum etmek
bürgerlicher Tod m • manevi ölüm; medeni ölüm
bürgerliches Gesetzbuch n • medeni kanun
bürgerliches Recht n • medeni hukuk
Bürgermeister m • belediye başkanı; belediye reisi
Bürgermeisteramt n • belediye başkanlığı; belediye binası
Bürgerpflicht f • vatandaşlık görevi
Bürgerrechte pl. n • vatandaşlık hakları
bürgerrechtlich • vatandaşlık haklarıyla ilgili
Bürgerschaft f • vatandaşlık
Bürgschaft f • garanti; hemşerilik; kefalet; teminat
Bürgschaft f leisten • kefil olmak
Bürgschaftsbrief m • kefalet senedi
Bürgschaftsgenossenschaft f • küçük esnafa kredi veren kuruluş
Bürgschaftskredit m • garanti şeklindeki kredi; kefalet karşılığı kredi; teminatlı kredi
Bürgschaftsschein m • kefalet bonosu; kefalet senedi
Bürgschaftsurkunde f • kefalet bonosu; kefalet senedi
Bürgschein m • kefalet senedi
Büro n • büro; ofis
Büroausstattung f • büro donanımı; büro teçhizatı
Büroberuf m • büro memurluğu
Büroeinrichtung f • büro döşemesi; büro mobilyası
Bürofonds m • büro için ayrılmış fon
Bürokosten pl. • büro giderleri
Bürokrat m • bürokrat
Bürokratie f • bürokrasi; kırtasiyecilik
Bürokratismus m • kırtasiyecilik
Büromaterialien pl. n • büro malzemeleri
büssen • cezasını çekmek; tazmin etmek
Büttel m • mahkeme kuryesi

Mesleki Terimler Sözlüğü

C

Call-Geld n • günlük para
Camping-Versicherung f • kamp sigortası
Carte blanche • sınırsız harcama yetkisi
Carter Bonds pl. m • Carter tahvilleri
Carter-Notes pl. f • Carter tahvilleri
Cash-Flow • nakit akımı
cash-flow-Rechnung f • nakit akış tablosu
Casus m belli • harp sebebi
Causa f • dava konusu; illet; sebep
Cavete Liste • kara liste
Chance f • fırsat; şans
Chancengleichheit f • fırsat eşitliği
Chaos n • ahenksizlik; kaos; karışıklık
chaotisch • ahenksiz; karışık
Charakter m • huy; karakter
Charaktererziehung f • karakter eğitimi
charakterisieren • karakterize etmek; özelliklerini belirtmek
Charakterologie f • karakterbilim
Charaktertest m • karakter testi
Charta f • esas mukavele
Charta f der Vereinten Nationen pl. f • Birleşmiş Milletler Ana Sözleşmesi
Charter m • gemi kiralama; navlun mukavelesi
chartern • gemi kiralamak
Charter-Partie f • navlun sözleşmesi; çarter mukavelesi; gemi kira mukavelesi; navlun mukavelesi
Charter-Partie f Konnossement n • çarter-parti konşimentosu
Charterung f • çarter mukavelesine göre gemi kiralama
Chartervertrag m • çarter mukavelesi; navlun mukavelesi
Charts pl. • grafikler
Chauvinismus m • şövenizm
Chauvinist m • şövenist
Check m • çek
checken • kontrol etmek
Checkkarte f • çek kartı
Checkrechnung f • çek hesabı
Chef m • amir; şef
Chemie f • kimya
Chiffre f • sayı; şifre
chiffrieren • şifrelemek

chiffriert • şifreli
chronologisches Alter n • takvim yaşı
CIF, Kosten, Versicherung, Fracht pl. • malların deniz navlunu ile birlikte deniz sigortasının da satıcı tarafından ödenmesi şartı
Cifkauf m • sif satış
CIF-Preis m • CIF fiyat; gümrük, sigorta ve navlun bedelini içeren fiyat
circa • ortalama; takriben; yaklaşık olarak
circulation • tedavül
Claim m • hak; iddia
Clan m • klan
Clausula f • ihtirazi kayıt
Clearing m • kliring; takas
Clearingabkommen n • kliring anlaşması
Clearingkonto n • geçici ve aracı hesap; takas hesabı
Clearingstelle f • takas odası
Club m der Exporteure pl. m. • ihracatçılar klubü
Code m • kanunname; kod
collateral bond • karşılığı teminat altına alınmış tahvil
College n • kolej
Comecon • komekon
Computer m • bilgisayar
Container m • konteyner
Container-Konnossement n • konteyner konşimentosu
conventional option • konvansiyonel opsiyon
Copyright n • telif hakkı
Corner m • mala ilişkin tekel oluşturma
Corps consulaire n • konsolosluk görevlileri
Corpus delicti n • suç aleti
corpus juris n • kanunlar mecmu
Côte officielle • Paris resmi borsası
Coupon m • faiz kuponu; kar payı kuponu; kupon
Couponsteuer f • kupon vergisi
Courtage f • komisyonculuk ücreti; kurtaj; simsariye; tellal ücreti
Courtoisie f • mücamele
Cousin m • erkek yeğen; kuzen

Fachwörterbuch

Cousine f • kuzin; kız yeğen
crawling peg • kaygan parite; sürünen parite
Credit Union f • Kredi Birliği
Culpa f • ihmal; kusur
Cum-Dividende f • temettü ile birlikte

Currency Prinzip n • currency prensibi
Curriculumentwicklung f • program geliştirme
Curriculumforschung f • program geliştirme

D

Dachgesellschaft f • holding şirket
dafür • bunun için; yerine
dafür stimmen • lehine oy kulanmak
dagegen • buna karşı; nispetle
dagegen sein • karşısında olmak
dagegen stimmen • aleyhine oy kullanmak
Daktyloskopie f • daktiloskopi
Daltonplan m • Dalton planı
Damnum n • iskonto; tenzilat; zarar; ziyan
darbieten • arz etmek; takdim etmek
Darbietung f • arz; takdim; üretim
darlegen • beyan etmek; göstermek; izah etmek
Darlegung f • açıklama; beyan; izah
Darlehen n • avans; borç; ikraz; karz; ödünç; ödünç alma; ödünç para
Darlehensgeber m • ikrazatçı; mukriz; ödünç veren
Darlehensgeschäft n • ikrazat muamelesi
Darlehenskapital n • borçlanılan fonlar
Darlehenskasse f • ikraz sandığı; ikraz müesseseleri
Darlehensnehmer m • ikraz alan kimse; ödünç alan
Darlehensversprechen n • ikraz vaadi
Darlehensvertrag m • ikraz sözleşmesi; ödünç sözleşmesi
darleihen • ikraz etmek; ödünç vermek
Darleiher m • mukriz; ödünç para veren
darniederliegen • verimsiz veya gayri faal olmak
darstellen • anlatmak; canlandırmak; göstermek; tasvir etmek
Darstellung f • anlatım; tasvir
Dasein n • mevcudiyet; varlık
Daten pl. • veri
Datenbank f • bilgi bankası; veri bankası

Daten-Lochkarte f • elektrikli muhasebe makinelerinin delikli kartı
Datensatz m • belirli mantık çerçevesinde toplanan bilgi; belirli mantık çerçevesinde toplanan kayıt
Datenverarbeitung f • bilgi işleme; elektronik bilgi işleme
Datenverarbeitungsanlage f • bilgisayar
Datenzugriff m • bilgiye ulaşım
datieren • tarih atmak
Datierung f • tarih koyma
Dativ m • yönelme durumu
Datowechsel m • bono; vadeli poliçe
Datum n • gün; tarih
Datumstempel m • tarih damgası
Dauer f • uzunluk; devam müddeti; süre
Dauer f der Partnerschaft f • ortaklığın süresi
Dauerakte f • sürekli tutulan dosya
Daueranlage f • uzun vadeli yatırım
Daueranleger m • uzun vadeli yatırım yapan kimse
Dauerarbeitsplatz m • sürekli iş yeri
Dauerauftrag m • daimi sipariş; sürekli ödeme emri
Dauerbudget n • sürekli bütçe
Dauerdelikt n • mütemadi suç
Dauerkredit m • daimi ikraz
Dauerkunde m • daimi müşteri
dauern • devam etmek; sürmek
dauernd • sürekli
Dauerschuld f • uzun vadeli borç
Dauerschulden pl. f • aynı düzeyde kalan borçlar
Dauerschuldverhältnisse pl. n • daimi borç münasebetleri
Dauerschuldverschreibung f • vadesiz tahvil

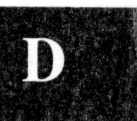

Mesleki Terimler Sözlüğü

Dauerverbrechen n • mütemadi suç
de facto • fiili; gerçek olan
de facto Anerkennung f • somut olaylara dayanarak karar verme
de facto Gesellschaft f • fiili şirket
de jure • kanuna dayanarak
de jure Anerkennung f • kanuni nedenlere dayanarak karar verme
Dealer m • dealer
Debatte f • savlı tartışma; görüşme; müzakere; tartışma
debattieren • görüşmek; müzakere etmek; tartışmak
Debenture stock • öncelikli hisse senedi
Debet n • borç; planlanan zımmet; zimmet
Debetnota f • borç makbuzu
Debetposten m • zimmete kaydedilen meblağ
Debetseite f • defterin zimmet sayfası
Debetzins m • borç bakiyesi üzerinden faiz
Debit m • satış; sürüm
Debitant m • acente; satıcı
debitieren • başkasının zimmetine geçirmek; borç kaydetmek
Debitkommission f • iflas komisyonu
Debitor m • borçlu
Debitoren pl. m • senetsiz alacak hesapları
Debitorenkonto n • borçlu hesap; alacaklılar hesabı
Debitorenrückstellung f • şüpheli alacaklar karşılığı
Debitorenverkauf m • faktöring
Debitorenziehung f • borçluya çekilen poliçe
Debitverfahren n • iflas muamelesi
Debitzinsen pl. m • borç faizi; faiz borçları; ödenecek faizler
Dechargeerteilung f • ibra
dechiffrieren • şifresini çözmek
Deckadresse f • alıcıyı gizlemek amacıyla verilen adres
decken • açığını kapatmak; gizlemek; örtmek
Deckladung f • güverte kargosu; güverte yükü; güverteye konan yük
Deckname m • namı müstear; takma ad
Deckoffizier m • gedikli erbaş

Deckung f • akreditif kuvertürü; karşılık; kuvertür; munzam teminat; teminat; üçüncü kişinin verdiği teminat
Deckung f des langfristigen Schuldendienstes m • uzun vadede borç ödeme günü
Deckungsbeitrag m • katkı payı; satış fiyatı ile değişken maliyet arasındaki fark
Deckungsbeitragsrechnung f • katkı yaklaşımı
Deckungsbestand m • karşılıklar
Deckungsforderung f • karşılığın talep edilmesi
Deckungsgeschäft n • kuvertür işlemi
Deckungsgrenze f • karşılık limiti; karşılık marjı
Deckungskapital n • riyazi ihtiyatlar; sigorta şirketinin prim rezerv fonu
Deckungskauf m • gelecekte fiyatların yükseleceği tahminiyle ve ileride teslim şartıyla menkul değer alımı; kuvertür alımı
Deckungskonto n • karşılık hesabı
Deckungsmasse f • karşılık fonu
Deckungsmittel pl. n • ihtiyatlar; karşılık fonu; taahhütleri kapatmak için kaynaklar
Deckungsverhältnis n • karşılık oranı
Deckungszeit f • karşılama süresi
Deckungszusage f • muvakkat sigorta ilmuhaberi; sigorta şehadetnamesi
Deduktion f • tümdengelim
deduktive Methode f • tümdengelim yöntemi
de-facto • fiili gerçek
defekt • arızalı; kusurlu
Defekt m • arıza; kusur; noksanlık
defektiv • eksikli
defensiv • savunmaya yönelik
Defensivbündnis n • tedafüi ittifak
Defensive f • müdafaa; savunma
Deferred-Payment-Akkreditive pl. n • ertelenmiş ödemeli akreditif
definieren • tanımlamak; tarif etmek; tasvir etmek
definit • belgili
Definition f • tanım
Definition f • tanımlama; tarif; tasvir
definitiv • belli; kati; kesin

Fachwörterbuch

Definitivum n • kesin durum
Defizit n • açık; eksik; fire; noksan; zarar
Defizit n aufweisen • açık vermek; eksik gelmek
Defizitfinanzierung f • açık finansman
Deflation f • deflasyon; para miktarının azalması
Defraudant m • emniyeti suiistimal eden; zimmetine geçiren
Defraudation f • emniyeti suiistimal; zimmete geçirme
defraudieren • emniyeti suiistimal etmek; kaçakcılık etmek; zimmetine geçirmek
Degagement n • muaf tutma; serbest bırakma
degagieren • muaf tutmak; serbest bırakmak
degressiv • azalan; düşen; inen
degressive Abschreibung f • azalan bakiyelerle amortisman yöntemi
Dehnung f • uzama
Deich m • bent; set
Deixis f • gösterim
Dekade f • on günlük devre; on günlük süre; onluk
Dekalo n • fire
Dekan m • dekan
Dekanat n • dekanlık; fakülte idaresi
Deklaration f • beyanname; bildirim; deklarasyon
deklarativer Satz m • bildirme tümcesi
deklarieren • beyan etmek; beyanda bulunmak; bildirmek
deklarierter Wert m • beyan edilen değer
Deklination f • ad çekimi; çekim
Dekodierung f • çözme
Dekret n • kanun hükmünde kararname; kararname
Dekret n erlassen • kararname çıkarmak
dekretieren • kararname çıkarmak
Delativus m • iniş durumu
Delegation f • delegasyon; salahiyet teffizi; temsil yetkisi verme
delegieren • temsilci tayin etmek
delegiert • murahhas
Delegierter m • delege; murahhas; temsilci
delegiertes Mitglied n • murahhas aza
Deletion f • silme

Deliberalisierung f • ithalatta liberasyonun kaldırılması
Delikt n • haksız fiil; suç; yasak eylem
Deliktfähigkeit f • haksız fiile ehliyet
Delkredere n • dükrüvar
Delkredereagent n • delkredere komisyoncusu
Delkrederekommissionär m • delkredere komisyoncusu
dem Gesetzesartikel m gemäss • kanun maddesine göre
dem Substanzverzehr m unterworfen • tükenebilen
dem Wert m entsprechend • değere göre
Dementi n • tekzip; yalanlama
dementieren • tekzip etmek; yalanlamak
Demission f • çekilme; istifa
Demobilisierung f • terhis
Demographie f • nüfusbilim
Demokrat m • demokrat
Demokratie f • demokrasi
demokratisch • demokratik
demokratische Aufsicht f • demokratik denetim
demokratische Ausbildung f • demokratik eğitim
demokratische Verwaltung f • demokratik yönetim
demokratischer Unterricht m • demokratik öğretim
Demonetierung f • tedavülden kaldırma
Demonetisierung f • madeni paranın tedavülden kaldırılması
Demonstrant m • gösterici
Demonstration f • gösteri; nümayiş
Demonstrativadjektiv n • gösterme sıfatı
Demonstrativadverb n • gösterme belirteci
Demonstrativpronomen n • gösterme adılı
demonstrieren • gösteri yapmak
den Gläubiger m befriedigen • borcu itfa etmek
den Restbetrag m bezahlen • bakiyeyi ödemek
Denaturalisation f • vatandaşlıktan çıkarma
denaturalisieren • vatandaşlıktan çıkarmak

Mesleki Terimler Sözlüğü

Denaturierung f • malın belli maksatlar için kullanılmaz hale getirilmesi
denken • düşünmek
Denken n • düşünme
Denkfreiheit f • fikir hürriyeti
Denkkraft f • zihin gücü
Denkmal n • abide; anıt; heykel
Denkschrift f • memorandum; muhtıra
Denominativum n • addan türeme biçim
Denotation f • düzanlam
dental • dişsil
Deontologie f • ödevbilim
Departement n • departman; idari bölge
Dependenz f • bağımlı; bağımlılık
Dependenzgrammatik f • bağımsal dilbilgisi
Depersonalisierung f • benlik yitimi
Deponent m • bankaya para yatıran kimse; depo eden; mevduat sahibi; mudi; yatıran
deponieren • yatırmak; yediemine teslim etmek
Deport m • gecikme tazminatı; depor
Deportation f • sürgün; techir
Deportgeschäft n • depor
deportieren • sürmek
Deportsatz m • vade iskontosu
Depositar m • bir şey emanet edilen kişi; müstevdi
Depositen pl. n • depozito; mevduat
Depositenbank f • mevduat üzerinden çalışan banka
Depositeneinlage f • hesaba yatırılan mevduat
Depositenheft n • mevduat cüzdanı
Depositenkonto n • mevduat hesabı
Depositenschein m • mevduat makbuz senedi; tevdiat makbuzu
Depositen-Sparen n • mevduat hesabında tasarruf
Depositenversicherung f • mevduat sigortası
Depositenzins m • mevduat faizi
Depositum n • emanet bırakılan şey; vedia
Depot n • ambar; antrepo; ardiye; arşiv; depo; emanet hesabı; menkul kıymetler emanet hesabı; teminat akçesi; vedia
Depotaktien f • bankada muhafaza edilen hisse senetleri

Depotbank f • depo bankası; emanet bankası
Depotgebühr f • depo ücreti; muhafaza ücreti; saklama ücreti; emanet; saklama
Depotgesetz n • mevduat kanunu
Depotschein m • depozito makbuzu
Depotstelle f • müstevda; vedia alan
Depotwechsel m • teminat olarak verilen bono; teminat senedi
Depotzinsen pl. m • mevduat faizi
Depression f • konjonktürün düşmesi; piyasada durgunluk
Deputatlohn m • mal olarak ödenen ücret
der laufende Monat m • içinde bulunulan ay
Derelikation f • yedin inkıtaı
Derivat n • türev
derivater Erwerb m • feri iktisap
Derivation f • türetme
Derogation f • kanunun yürürlükten kaldırılması; sınırlama
derogieren • iptal etmek; sınırlamak
Deserteur m • asker kaçağı
desertieren • askerlikten kaçmak
desiderat • özendirici
Desiderativum n • dilek-koşul kipi
Design n • tasarım
Designation f • tarif; tayin
designatus • önceden belirlenmiş; öngörülmüş
designieren • belirlemek; öngörmek
Desinflation f • dezenflasyon
Deskription f • betimleme
deskriptiv • betimsel; betimlemeli
deskriptive Forschung f • betimsel araştırma
deskriptive Linguistik f • betimsel dilbilim
Deskriptivismus m • betimleyicilik
Despot m • despot; zorba
despotisch • despotça; zorbaca
Despotismus m • despotluk
Destinatär m • alıcı; malı alan
deswegen • bundan dolayı
Deszendent m • altsoy; füru
Detail n • ayrıntı; detay
Detailhandel m • perakendecilik
Detailverkauf m • perakende satış
Detente f • detant; yumuşama

Fachwörterbuch

Detentor m • elkoyan; vazıülyet
Determinant m • belirleyen; tamlayan
Determinat n • belirlenen; tamlanan
Determination f • belirleme
Determinismus m • gerekircilik
deuten • göstermek; izah etmek; işaret etmek
deutlich • açık; sarih
Deutlichkeit f • açıklık; sarahat
Deutsche Demokratische Republik f • Demokratik Alman Cumhuriyeti
Deutsche Industrie-Normen pl. f • Alman Endüstri Normları
Deutscher Gewerkschaftsbund n • Alman Sendikalar Birliği
Deutscher Industrie- und Handelstag m • Alman Endüstri ve Ticaret Kongresi
Deutscher Industriestandard m • Alman Endüstri Standardı
Deutsches Institut n für Rechtswissenschaft f • Alman Hukuk Enstitüsü
Deutung f • açıklama; tefsir; yorum
devalorisieren • paranın kıymetini düşürmek
Devaluation f • devalüasyon; para kıymetinin düşürülmesi; paranın dış değerinin düşürülmesi
deverbal • eylemden türeme biçim
Deverbativum n • eylemden türeme biçim
Devise f • döviz; yabancı memleket parası; yabancı para
Devisenarbitrage f • döviz arbitrajı; kur arbitrajı
Devisenbeschränkungen pl. f • döviz takyidatı
Devisenbestand m • döviz ihtiyatı; döviz rezervi; rezerv para
Devisenbewirtschaftung f • döviz kontrolü; dış ödeme ve döviz mevzuatı; kambiyo kontrolu; kambiyo murakabesi
Devisenbezugsrecht n • döviz opsiyonu
Devisenbilanz f • net döviz durumu
Devisengenehmigung f • döviz müsaadesi; döviz permisi
Devisengeschäfte pl. n • kambiyo işlemleri
Devisenhandel m • döviz muameleleri
Devisenhaushalt m • döviz durumu
Devisenhoheit f • döviz konularında yetki

Devisenkassahandel m • mahalli döviz alışverişi
Devisenkontingentierung f • dövizin tahsise tabi tutulması
Devisenkontrolle f • kambiyo kontrolu
Devisenkurs m • cari kur; döviz kuru; döviz rayici; gerçek kur; kambiyo kuru
Devisenkursliste f • kur listesi
Devisenlombard m • döviz karşılığı avans
Devisenmakler m • kambiyo acentesi
Devisenmarkt m • döviz piyasası; kambiyo piyasası
Devisenoption f • döviz opsiyonu
Devisenordnung f • kambiyo rejimi
Devisenplafond m • döviz limiti
Devisenpolitik f • kambiyo politikası
Devisenposition f • döviz pozisyonu
Devisenrestriktionen pl. • kambiyo sınırlamaları
Devisensperre f • döviz üzerine ambargo
Devisenstelle f • döviz kontrol dairesi
Devisentermingeschäft n • vadeli döviz muamelesi; vadeli kambiyo işlemleri; vadeli olarak döviz alım veya satımı
Devisenterminhandel m • vadeli kambiyo işlemleri
Devisenterminmarkt m • vadeli döviz piyasası
Devisenüberwachung f • kambiyo murakabesi
Devisenverkehr m • döviz alışverişi
Devisenvorleistung f • döviz olarak ödenen avans
Devisenvorrat m • döviz rezervi; rezerv para
Devisenzuteilung f • döviz tahsisi
Devisenzwangswirtschaft f • döviz kontrolu
Dezennium n • on yıllık süre
dezentral • ademi merkezi
Dezentralisation f • ademi merkeziyet sistemi; ademi merkeziyetçilik; desantralizasyon
dezentralisieren • desantralize etmek; yetki ve görevleri mahalli makamlara dağıtmak
Dezernat n • görev ve yetki alanı
Dezernent m • şube amiri
Dia n • slayt

Mesleki Terimler Sözlüğü

Diachronie f • artsürem; artsüremlilik
diachronisch • artsüremli
diachronische Sprachwissenschaft f • artsüremli dilbilim
Diagnosetest m • tanısal testler
diagnostische Technik f • tanısal teknik
diagnostische Techniken pl. f zum Kennenlernen n des Individuums n • bireyi tanıma teknikleri
diagonal lesen • çok hızlı okuma
Dialekt m • lehçe
Dialektik f • eytişim
dialektische Methode f • eytişimsel yöntem
Dialektologie f • lehçebilim
Dialog m • diyalog; görüşme; tartışma
Diareihe f • film şeridi
Diärese f • ikilenme
Diaskop n • slayt gösterici
Diathese f • çatı
Dichotomie f • ikili bölü
Didaktik f • öğretim bilgisi
didaktisch • öğretici
die Staatsangehörigkeit f absprechen • vatandaşlıktan çıkartmak
Dieb m • hırsız
Dieb m ergreifen • hırsızı yakalamak
Dieb m festhalten • hırsızı yakalamak
Diebesgut n • çalınmış mal; hırsızlık ganimeti
Diebesgut n hehlen • çalıntı malı gizlemek
Diebstahl m • hırsızlık
Diebstahl m aufdecken • hırsızlığı ortaya çıkarmak
Diebstahl m begehen • hırsızlık etmek
Diebstahlsversicherung f • hırsızlığa karşı sigorta; hırsızlık sigortası; şirket sigortası
dienen • hizmette bulunmak
Dienst m • görev; hizmet; memuriyet; yükümlülük
Dienst m antreten • göreve başlamak
Dienstalter n • kıdem
Dienstanweisung f • hizmet yönetmeliği; talimat
Dienstaufsicht f • memurlar üzerinde murakabe
Dienstbarkeit f • irtifak hakkı

Dienstbefehl m • emir
Dienstdirektive f • talimatname
Diensteid m • memuriyete başlarken edilen yemin
Diensteid m leisten • görev yemini etmek
Dienstentlassung f • memuriyetten çıkarılma; memuriyetten ihraç
Dienstflüchtiger m • bakaya
Dienstgeheimnis n • memuriyet sırrı
Dienstgrad m • hizmet derecesi
Dienstherr m • iş sahibi; işveren
Dienstleistung f • hizmet
Dienstleistungen pl. f • hizmetlerin verilmesi
Dienstleistungsgeschäft n • hizmet arzı; yapılan hizmetler
Dienstleistungsgewerbe f • hizmet endüstrisi
dienstlich • resmi
Dienstlohn m • hizmet ücreti
Dienstmädchen n • hizmetçi; vazife
Dienstobliegenheiten pl. f • görev; sorumluluk
Dienstobliegenheiten pl. f nachgehen • görev yapmak
Dienstordnung f • nizamname
Dienstpersonal n • hizmetçi
Dienstpflicht f • mecburi hizmet
Dienststelle f • görev yeri; resmi daire
Dienststempel m • resmi mühür
Dienststrafe f • disiplin cezası
Dienststrafgericht n • disiplin cezaları mahkemesi
Dienstvergehen n • görev suçu
Dienstverhältnis n • hizmet ilişkisi; hizmet münasebeti
Dienstvertrag m • hizmet akdi; hizmet mukavelesi
Dienstvorschrift f • görev talimatnamesi
Dienstweg m • hiyerarşi
dienstwidrig • göreve aykırı
Dienstzeugnis n • bonservis; iş şehadetnamesi
Dienstzulage f • kıdem tazminatı; kıdem zammı
Differantialzölle pl. m • farklılaştırılmış gümrük vergisi; eşyanın menşeine göre gümrük resmi
different • değişik; farklı

Fachwörterbuch

Differentialkosten pl. • tefazuli maliyet
Differentialtarif m • farklı tarifeler
differentiell • ayrımsal
differentielle Linguistik f • ayrımsal dilbilim
Differenz f • fark; fiyat farkı; komisyon; maliyet ile satış arasındaki fark; marj; uyuşmazlık
Differenzgeschäft n • vadeli alış veriş; vadeli satışlarda spekülasyon
Differenzierung f • ayrımlaşma
Differenzierungskraft f • ayırdetme gücü
differieren • ayırmak; derecelendirmek; farklı olmak; sınıflandırmak
Diffession f • sahtelik iddiası
diffus • dağınık
Diglossie f • ikidillilik
Diktat n • dikte
Diktator m • diktatör
Diktatur f • diktatörlük
diktieren • dikte ettirmek
Dilemma n • ikilem
diminutiv • küçültmeli
Ding n • husus; nesne
dinglich • ayni; fiziksel; gerçek; maddi
dingliche Einigung f • ayni akit
dingliche Haftung f • ayni mesuliyet
dingliche Klage f • ayni dava
dingliche Rechte pl. n • ayni haklar
dingliche Sicherheiten pl. f • ayni teminat
dingliche Surrogation f • ayni halefiyet
dinglicher Anspruch m • ayni dava
dinglicher Arrest m • ihtiyati haciz
dinglicher Sicherheitsarrest m • ihtiyati haciz
dinglicher Vertrag m • ayni akit
dingliches Rechtsverhältnis n • ayni hukuki münasebet
Diphthong m • ikili ünlü
Diphthongierung f • ikili ünlüleşme
Diplom n • diploma
Diplomat m • diplomat
Diplomatie f • diplomasi
diplomatisch • diplomatik
diplomatische Beziehungen pl. f • diplomatik ilişkiler
diplomatische Exemption f • diplomasi dokunulmazlığı; diplomasi masuniyeti
diplomatische Immunität f • diplomasi dokunulmazlığı; diplomasi masuniyeti; diplomatik dokunulmazlık; diplomatik masuniyet
diplomatische Vertreter pl. m • diplomasi mümessilleri; diplomasi temsilcileri
diplomatische Vorrechte pl. n und Immunitäten pl. f • diplomasi imtiyaz ve muafiyetleri
diplomatischer Landesverrat m • casusluk
diplomatisches Korps n • diplomatların tümü; kordiplomatik
diplomatisches Zeremoniell n • diplomatik protokol
Diplom-Kaufmann m • üniversite mezunu ticaret memuru
Diplomliste f • diploma çizelgesi
Diplomsheft n • diploma defteri
Diplom-Volkswirt m • üniversite mezunu iktisatçı
Diplom-Wirtschaftsingenieur m • iktisatçı-mühendis
direkt • direkt; vasıtasız
Direktdiskont m • direkt iskonto
direkte Arbitrage f • basit arbitraj; doğrudan arbitraj
direkte Kosten pl. • direkt maliyet; dolaysız maliyet
direkte Methode f • direkt kur verme; doğru yöntem; doğrudan kur verme
direkte Notierung f • direkt kur verme
direkte Rede f • dolaysız anlatım
direkte Steuer f • vasıtasız vergi; dolaysız vergi
direkter Hypothekarkredit m • doğrudan ipotek vergisi
direkter Kurs m • doğrudan kambiyo
direktes Objekt n • dolaysız tümleç; nesne
Direktion f • müdüriiyet
Direktion f für Nationale Erziehung f • Milli Eğitim Müdürlüğü
Direktive f • direktif; talimat
Direkt-Kostenrechnung f • direkt maliyet sistemi
Direktkostenrechnung f • direkt maliyetleme
Direktkreditbrief m • özel itibar mektubu
Direktor m • müdür; yönetmen

437

Direktorat n • direktörlük makamı
Direktorium n • idare meclisi; müdürler kurulu
Dirigent m • kontrolör
Dirigismus m • güdümlü ekonomi; planlı ekonomi; resmi kontrol
Disagio n • disacyo; esham ve tahvilatın rayiç ve itibarı kıymeti arasındaki fark
Disagioertrag m • iskonto geliri
Disbargo n • dizbarko
discount broker • iskonto evleri
Disintermediation f • aracıların ortadan kalkması; aracılıktan çekilme
Diskont m • banka iskonto haddi; iskonto
Diskontant m • bonoyu iskonto için ibraz eden
Diskontbank f • bono kırarak kredi veren banka
Diskonterhöhung f • banka iskonto haddinin yükseltilmesi
diskontfähiges Papier n • sağlam ticari senet
Diskontgrenze f • iskonto limiti
diskontierbar • bankalarca geçerli ve iskonto için kabul edilebilir olma özelliği
diskontierbarer Wechsel m • bankabl senet; geçerli poliçe; geçerli senet; iskonto edilebilir poliçe; iskonto edilebilir senet
diskontieren • bono ve senet kırdırmak
diskontiert • indirgenmiş; iskontolu
diskontierte Besitzwechsel pl. m • iskonto ettirilmiş alacak senetleri; kırdırılmış alacak senetleri
diskontierte Forderungen pl. f • iskonto ettirilmiş alacak hesapları; kırdırılmış alacak hesapları
diskontierte Mittelbilanz f • indirgenmiş nakit akımı
diskontierter Geldumlauf m • iskonto edilmiş nakit akışı
Diskontierung f • iskonto ettirme
Diskontierung f der Forderungen pl. f • alacakların iskonto ettirilmesi
diskontinuierlich • kesintili
Diskontinuität f • kesintililik
Diskontkredit m • iskonto kredisi; bono karşılığı kredi
Diskontmarkt m • iskonto piyasası

Diskontpolitik f • iskonto politikası
Diskontrate f • banka iskonto oranı
Diskontsatz m • iskonto haddi; iskonto oranı
Diskontwechsel m • iskonto
Diskontwechselliste f • iskonto senetleri bordrosu
diskret • gizli; mahrem; sır saklayan; ayrık
Diskretion f • mahremiyet; sır saklama
diskriminieren • ayırmak; fark gözetmek; zarara sebep olacak bir olayda ısrar etmek
Diskurs m • söylem
Diskursanalyse f • söylem çözümlemesi
Diskussion f • tartışma; fikir tartışması; müzakere
Diskussionsforum n • tartışmalı oturum
Diskussionsgruppe f • tartışma kümesi
Diskussionsmethode f • tartışma yöntemi
diskutieren • görüşmek; tartışmak
Dispache f • büyük avaryada zarar ve ziyanın bölüşülmesi; dispeç
Dispacheur m • dispaşör; dispeççi; hasar tespitcisi
Disparität f • dengesizlik; eşitsizlik
Dispens m • muafiyet; özel müsaade
Dispens m einholen • özel müsaade sağlamak
dispensieren • izin vermek; muaf tutmak
Dispensionsrecht n • muafiyet hakkı
Dispensionsschein m • ruhsatname
Disponibilität f • disponibilite; hazır para; ihtiyat para; mevcut para
disponieren • düzenlemek; sipariş plase etmek; tertip etmek
Disposition f • düzenleme; hazırlama; ödemelerin ayarlanması; planlama; sipariş etme; tanzim; tertip
Dispositionsdokument n • emtia senedi
Dispositionsreserve f • kullanılabilecek rezerve
dispositiv • tanzim edilmiş
dispositive Rechtsnormen pl. f • ihtiyari hükümler
dispositives Recht n • tefsiri hükümler
Dissertation f • doktora tezi
Dissimilation f • ayrılım
Distanz • mesafe; aralık
Distanzfracht f • mesafe navlunu

Fachwörterbuch

Distanzkauf m • başka bir yere gönderilmek üzere mal alımı
distinktiv • ayırıcı
distinktives Merkmal n • ayırıcı özellik; sesbirimcik
Distribution f • dağılım
Distributionalismus m • dağılımcılık
Distributionalist m • dağılımcı
distributionell • dağılımsal
distributionelle Lingustik f • dağılımsal dilbilim
Distributionsanalyse f • dağılımsal çözümleme
Distrikt m • idari bölge; ilçe
Disziplin f • disiplin; düzen
Disziplinarausschüsse pl. m • disiplin komisyonları; inzibat komisyonları
Disziplinargericht n • disiplin mahkemesi
Disziplinargesetz n • Disiplin Cezaları Kanunu
Disziplinarkammern pl. f • disiplin komisyonları; inzibat komisyonları
Disziplinarkommissionen pl. f • disiplin komisyonları; inzibat komisyonları
Disziplinarordnung f • disiplin yönetmeliği
Disziplinarräte pl. m • disiplin komisyonları; inzıbat komisyonları
Disziplinarrecht n • disiplin cezaları hukuku
Disziplinarstrafe f • disiplin cezası
Disziplinarstrafordnung f • disiplin cezaları yönetmeliği
Disziplinarstrafrecht n • disiplin ceza hukuku
Disziplinarverfahren n • disiplin cezaları usulü
diverse Fonds pl. m • çeşitlendirilmiş fonlar
diverse Gläubiger pl. m • muhtelif alacaklılar
diverse Schuldner pl. m • muhtelif borçlular
Diversifikation f • çeşitlendirme
Diversifikation f des Risikos n • riskin çeşitlendirilmesi
Dividende f • dividant; hisselere dağıtılan kar; kar payı; temettü; temettü hissesi
Dividende f in Form f eigener Aktien pl. f • hisse senedi verilmesi şeklindeki kar payı
Dividendenausfall m • kar paylarının ödenmemesi
Dividendenausschüttung f • kar dağıtımı
Dividendenauszahlungsschein m • temettü ödeme emri
Dividendencoupon m • temettü kuponu
Dividendendeckung f • temettü karşılığı
Dividendenertrag m • kar payı getirisi; temettü getirisi; temettü verimi
Dividendenfonds m • bono fonu
Dividendenpapier n • hisse senedi
Dividendenpolitik f • kar dağıtım politikası
Dividendenscheck m • temettü çeki; kar payı kuponu
Dividendenschein m • kupon
Dividendensperre f • temettü blokajı
Dividendenwert m • değişken faiz oranlı menkul kıymet
Divisionskalkulation f • safha maliyeti sistemi
Dock n • dok
Dockempfangsschein m • rıhtım alındısı; yük teslim belgesi
Dogma n • akide; doğma
Dogmatik f • inakçı
dogmatisch • inakçı
Doktor m • doktor
Doktorgrad m • doktora derecesi
Doktrin f • öğreti
Doktrin f • doktrin; ilmi içtihat; nazariye
Dokument n • belge; evrak; senet; sözleşme; vesika; yazılı belge; doküman; evrakı müsbite
Dokumentarakkreditiv n • vesikalı kredi
Dokumentarfilm m • belgesel film
Dokumentarinkasso n • vesikalı tahsil
dokumentarische Forschung f • belgesel araştırma
Dokumentartratte f • vesikalı poliçe
Dokumente pl. n gegen Akzept n • vesaik karşılığı kabul
Dokumente pl. n gegen Zahlung f • vesaik karşılığı ödeme

Mesleki Terimler Sözlüğü

Dokumenten-Akkreditiv m • teminatlı akreditif; vesaik akreditifi; vesaik ibrazında ödenen akreditif; vesikalı kredi
Dokumentenklausel f • belge kaydı; belge şartı
Dokumententratte f • vesaik poliçesi; vesikalı poliçe
dokumentieren • belgelere dayanarak ispat etmek; bildirmek; göstermek; ispat etmek
Dollarknappheit f • dolar kıtlığı
Dollar-Raum m • dolar bölgesi
Dollarüberschuss m • dolar bolluğu
Dolmetscher m • çevirmen; mütercim; tercüman
dolos • art niyetli; hileli
Dolus m • art niyet; hile
Domäne f • derebeylik arazisi
Dominion f • dominyon
Domizil n • bononun ödeneceği yer; çekin ödeneceği yer; ikametgah; ödeyici acente
domizilieren • ikamet etmek
domizilierter Scheck m • yerel çek; şehir içi çek
Domizilscheck m • ikametgahlı çek
Domizilvermerk m • ödeme yeri; ödemenin yapılacağı yer
Domizilwechsel m • adresli poliçe; ikametgahlı poliçe; yerel poliçe; yerel senet
Donau f • Tuna
Dontgeschäft n • primli işlem
Doppel n • ikinci nüsha
Doppelbesteuerung f • çifte vergilendirme; mükerrer vergileme
Doppelbesteuerungsabkommen n • çifte vergilendirme anlaşması
Doppelbuchung f • çifte kayıt; mükerrer kayıt
Doppelehe f • bigami; birden fazla kadınla evlenme; çok karılılık
Doppelform f • eşil
Doppelgliederung f • çift eklemlilik
Doppelkapazität f • çift kapasite
Doppelkonsonant m • ikiz ünsüz
Doppeloption f • çift opsiyon
Doppelprämiengeschäft n • çift opsiyon
Doppelsinn m • belirsizlik

doppelte Abhaltung f des Lehrbetriebs m (nicht nur vormittags wie bisher) • ikinci öğretim
doppelte Buchführung f • çift girişli defter tutma; çift girişli muhasebe sistemi; çift taraflı defter tutma; çift taraflı kayıt yöntemi; muzaaf defter tutma; muzaaf usulü muhasebe
doppeltes Buchführungsprinzip n • çift taraflılık ilkesi; muzaaflık prensibi
Doppelversicherung f • çifte sigorta
Doppelwährung f • bimetalism; çift mikyasa dayanan para; çifte standart; madeni paralar için çifte değer usulü; muvazi para standardı
Doppelwährungsanleihe f • çift döviz kredisi
Doppelwaise f • yetim ve öksüz
Dorf n • köy
Dorfgemeinde f • köy idare heyeti
Dorfschule f • köy okulu
Dorfvorsteher m • köy muhtarı
Dorsal m • dil üstü ünsüzü
Dotalvertragssystem n • cihaz usulü anlaşma
Dotation f • hibe; vakıf
Dotationskapital n • kuruluş sermayesi
dotieren • hibe etmek; vakfetmek
Dotierung f • tahsis
Dow Jones Index m • Dow Jones Endeksi
Downtick • öncekinden daha düşük bir fiyatla yapılmış olan borsa işlemi
Doyen m • duayen
Dozent m • doçent
Dragodoktrin f • Drago prensibi
Dragoman m • tercüman
Drahtanschrift f • telgraf adresi
Drahtantwort f • telgraf cevabı; telgrafla cevap
dramatische Methode f • oyunsal yöntemler
dramatisches Spiel n • canlandırıcı oyun
Dramatisierung f • oyunlaştırma
Draufgabe f • kaparo; pey akçesi
Draufgeld n • pey akçesi
dreidimensionale Mittel pl. n • üçboyutlu araçlar
Dreiecksarbitrage f • üçlü arbitraj

Fachwörterbuch

Dreiecksgeschäft n • üç taraflı ticaret; üçlü muamele
dringen • ısrar etmek
dringend • acele; ivedi; zaruri
dringende Notwendigkeit f • kesin zaruret
dringender Verdacht m • ağır şüphe
dringlich • acele; ivedi; zaruri
Dringlichkeitsantrag m • ivedi görüşme teklifi
Dringlichkeitsbeschluss m • ivedi görüşme kararı; ivedilik kararı; müstaceliyet kararı
Dringlichkeitsdebatte f • öncelikle görüşme; takdimen müzakere
dritte Person f • üçüncü şahıs
Dritter m • üçüncü taraf; üçüncü şahıs
Drittintervention f • müdahale yoluyla dava
Drittland n • dış ülkelerden biri
Drittmarkt m • dış piyasa; ihracat piyasası
Drittperson f • üçüncü şahıs
Drittvermögen n • üçüncü şahsın mülkü
Drive in-Schalter m • otobank
Drohbrief m • tehdit mektubu
drohen • tehditetmek
Drohender m • amiri mücbir
Drohung f • ikrah; ikrah ve tehdit; tehdit
drosseln • kesmek; sözleşme yapmak
Druck m • icbar; zorlama
Druckakzent m • vurgu
Druckereien pl. f • matbaalar
Drucksache f • matbu gönderi; matbua
Druckschriften pl. f • matbua
Dual m • ikil
dubiose Debitoren pl. m • şüpheli alacaklar
dubiose Forderungen pl. f • şüpheli alacaklar
Dublette f • eşil
Duell n • düello
dulden • beklemek; katlanmak; sabretmek
Duldung f • katlanma; sabır
Dumping n • damping; malı değerinden aşağı satma
dunkel • pes
duopolie • duopoli
Duplik f • cevaba cevap; cevap; cevap aleccevap
Duplikat n • ikinci nüsha; kopya; suret
Duplikatfrachtbrief m • konşimentonun ikinci nüshası
duplizieren • cevaba cevap vermek
durative Aktionsart f • sürerlik görünüşü
durch Bank f bestätigter Scheck m • provizyonlu çek; tasdikli çek
durch Eid m bekräftigen • yeminle teyit etmek
durch Hypothek f gesichertes Darlehen n • taşınmaz mal ipoteği karşılığı kredi
durch rechtliche Mittel pl. n • yasal yollara başvurarak
durch Urkunden pl. f beweisen • belgelerle ispat etmek
durchbrechen • ihlal etmek
Durchfahrt f • transit
Durchfinanzierung f • tamamen finanse etme
Durchfracht f • aktarma navlunu
Durchfrachtkonnossement n • doğrudan konşimento; götürü konşimento; tek konşimento
Durchfuhr f • transit
Durchfuhrhandel m • transit ticareti
Durchfuhrware f • transit eşya
Durchfuhrzoll m • transit eşyaya ait gümrük resmi; transit malın gümrüğü
durchführbar • icra edilebilir; uygulanabilir; yapılabilir; yapılması mümkün
Durchführbarkeit f • fizibilite; tatbik ve icra kabiliyeti; yapılabilirlik
durchführen • tatbik etmek; uygulamak
Durchführung f • icra; ifa; tatbik; uygulama; yürütme
Durchführungsbestimmung f • mevzuat; tüzük; uygulama esası; uygulama talimatı
Durchführungskonzept n • uygulama tasarısı
Durchführungsvereinbarung f • uygulama mutabakatı
Durchführungsverordnung f • nizamname; tebliğ; tüzük; yönetmelik
Durchgangsgut n • transit mal
Durchgangskonnossement n • transit konşimentosu

Mesleki Terimler Sözlüğü

Durchgangskonto n • aktarma hesabı; virman hesabı
Durchgangsrecht n • transit hakkı
Durchgangsschein m • transit tezkeresi
Durchgangsverkehr n • transit işleri; transit ticareti
Durchkonnossement n • tek konşimento; transit konşimentosu
Durchleitung f • mecra
Durchreise f • transit
Durchreisevisum n • transit vizesi
Durchschlag m • kopya; nüsha
durchschmuggeln • gümrükten mal kaçırmak
Durchschnitt m • orta; ortalama; vasat
durchschnittlich • ortalama; vasati
durchschnittliche Nutzungsdauer f • ortalama ömür
durchschnittliche Stückkosten pl. • ortalama birim maliyet
durchschnittlicher Wert m • ortalama değer
durchschnittliches Einkommen n • ortalama gelir
Durchschnittsbetrag m • ortalama tutar
Durchschnittseinkommen n • ortalama gelir
Durchschnittsertrag m • ortalama hasıla; ortalama verim
Durchschnittskapazität f • ortalama kapasite
Durchschnittskosten pl. • ortalama maliyet
Durchschnittspreis m • ortalama fiyat
Durchschnittswert m • ortalama değer
Durchschreibebuch n • ikinci nüsha defter
durchschreiben • kopyayla çoğaltmak
Durchschrift f • kopya; nüsha
durchsetzen • başarmak; icra etmek; kabul ettirmek
Durchsicht f • gözden geçirme; kontrol; revizyon; teftiş
durchsuchen • arama yapmak
Durchsucher m • muayeneci; yoklama memuru
Durchsuchung f • arama
Durchsuchungsbefehl f • arama emri
Durchsuchungsrecht n • arama yapma hakkı; yoklama veya muayene hakkı
Durch-Transport m • doğrudan nakliye; doğrudan sevkiyat
Durchzoll m • transit gümrüğü
Durchzugsrecht n • geçiş hakkı
dürftig • muhtaç; zavallı
Dürftigkeit f • fakirlik; zaruret
dynamisch • atılımcı; devimsel
dynamische Bilanz f • dinamik bilanço
Dysgraphie f • yazma güçlüğü

E

Ebenbild n • görüntü; imge
ebenbürtig • aynı durumda; aynı kökten; aynı kıymette
Ebenbürtigkeit f • aynı derecede olma; aynı durumdan olma; aynı kökenli olma
Ebene f • düzey
Ecart • marj
Echolalie f • yankınca
echt • gerçek; hakiki
echte Rücklage f • gerçek yedek; karşılığında fon bulunan yedek
echte Vermögen pl. n • gerçek varlıklar
echtes Konnossement n • temiz konşimento; özürsüz konşimento
Echtheit f • gerçeklik; ihticaca salih olma; inandırıcılık; vüsuk
Ecklohn m • esas ücret; yevmiyenin aslı
Eckzins m • esas faiz oranı
Effekt m • etki; sonuç; tesir; ürün
Effekten pl. m • esham ve tahvilat; hisse senedi; hisse senetleri ve tahviller; menkul değerler; menkul kıymetler; tahvil; tahvil ve hisse senetleri; vadeli muameleler
Effektenabrechnung f • menkul kıymetler hesap dekontu
Effektenbevorschussung f • senet karşılığı avans
Effektenbörse f • menkul değerler borsası; menkul kıymetler borsası
Effekten-Differenzgeschäft n • fiyat farklılıkları üzerine yapılan işlemler
Effektengiroverkehr m • menkul kıymetlerin takas sistemi; muamelelerde esham ve tahvilatın kliring sistemi olarak kullanılması
Effektenhandel m • menkul değerler ticareti
Effektenhändler m • aracı kurum; borsa acentesi; borsa ajanı; borsa bankeri; borsa komisyoncusu; borsa simsarı; menkul değerler ticareti yapan

Effektenkredit m • esham ve tahvilat karşılığı kredi
Effektenmakler m • menkul değer alıp satan komisyoncu
Effektenmarkt m • menkul kıymetler piyasası
Effektensektor m • esham ve tahvilat işleri
Effektensparen n • esham ve tahvilata yatırım yaparak tasarruf etme; tasarrufun esham ve tahvilata yatırılması
Effektenvorschuss m • senet karşılığı avans
effektiv • aktüel; fiili; gerçek; hakiki; reel
Effektivbestand m • hakiki sermaye; hakiki varlık
effektiver Wechselkurs m • efektif döviz kuru
effektiver Zins m • efektif faiz oranı
effektives Kauf- und Verkaufskonto n • efektif alım satım hesabı
Effektivität f • etkililik
Effektivklausel f • aynen ödemek kaydı
Effektivlohn m • aktüel ücret
Effektivpreis m • gerçek fiyat
Effektivverzinsung f • gerçek getiri; karın yatırımın piyasa oranı
Effektivzins m • cari verim; tahvil getirisi
effektuieren • ifa etmek; yapmak; yerine getirmek
Egalitarismus m • eşitçilik
eGmuH • sınırsız mesuliyetli tescilli kooperatif şirket
Egoismus m • bencillik; egoizm
egoistisch • bencilce
Egozentrismus m • beniçincilik
Ehe f • evlenme; evlilik
Ehe f brechen • zina yapmak
Ehe f eingehen • evlenmek
Ehe f scheiden • boşanma suretiyle evliliğe son vermek
Ehe f schliessen • evlenmek
Eheband n • evlenme; evlilik bağı

Mesleki Terimler Sözlüğü

Eheberatung f • evlilik sorunlarında danışmanlık
Ehebetrug m • evlenme memnuiyetini kasten gizleyerek evlenme
ehebrechen • eşini aldatmak; zina işlemek
Ehebrecher m • eşini aldatan; zani
ehebrecherisch • evlilik sadakatini bozucu
Ehebruch m • zina
Ehebund m • evlilik; izdivaç
Eheerlaubnis f • evlenme müsaadesi
ehefähig • evlenmeye ehil olan
Ehefähigkeit f • evlenme ehliyeti
Ehefähigkeitszeugnis n • evlenmeye ehliyet belgesi
Ehefrau f • evli kadın; kadın eş; zevce
Ehegatte m • erkek eş; eş; koca
Ehegatten pl. • karı koca
Ehegattin f • eş; kadın eş; karı; zevce
Ehegelöbnis n • evlenme vaadi
Ehegemeinschaft f • evlilik birliği
Ehegericht n • evlilik mahkemesi
Ehegesetz n • Evlilik Kanunu
Ehehindernisse pl. n • evlenmeye maniler
Ehekonsens m • evlenme müsaadesi
Ehekontrakt m • evlenme akdi
Ehekrach m • evli çiftler arasındaki şiddetli geçimsizlik
Eheleute pl. • evli çift; eşler; karı koca
ehelich • evliliğe ait
ehelich anerkanntes Kind n • nesebi sahih kabul edilen çocuk
ehelich erklärtes Kind n • meşruluğu kabul edilmiş çocuk
eheliche Abstammung f • sahih nesep; salih nesep
eheliche Gemeinschaft f • evlilik birliği
eheliche Lebensgemeinschaft f • evlilik birliği
eheliche Pflichten pl. f • evlilik görevleri
eheliche Rechte pl. n • evlilik hakları
eheliche Treue f • eşlere düşen karşılıklı riayet ve iffet borcu; sadakat; sadakat borcu
eheliche Verbindung f • evlilik birliği
ehelicher Güterstand m • karı koca mallarının idaresi usulü
eheliches Güterrecht n • karı koca mal münasebetini düzenleyen hukuk; karı koca mallarının idaresini düzenleyen kanun
eheliches Kind n • meşru çocuk; nesebi sahih çocuk
Ehelichkeit f • sahih nesep
Ehelichkeitserklärung f • nesebin tashihi
Ehemakler m • evlenme tellallığı
Ehemann m • erkek eş; koca
ehemündig • evlenme yaşına gelmiş
Ehemündigkeit f • evlenme yaşı
Ehename m • evlilik soyadı
Ehepaar n • evli çift; karı koca
Ehepartner m • eş
Ehepflicht f • evlilik görevi
Eherecht n • evlilik hukuku
Ehesache f • evlilikle ilgili dava
Ehescheidung f • boşanma
Ehescheidungsgründe pl. m • boşanma sebepleri
Ehescheidungsklage f • boşanma davası
Eheschliessung f • evlenme akdi
Ehesteuer-System n • cihaz usulü
Ehetrennung f • ayrılma; ayrılık
Eheverbot n • evlenme yasağı
Ehevermittlung f • evlenmeye aracılık etme
Eheversprechen n • evlenme vaadi
Ehevertrag m • evlenme akdi; evlenme mukavelesi
ehrbar • haysiyetli; şerefli
Ehre f • haysiyet; namus; şeref
ehren • hürmet etmek; saygı göstermek
Ehrenakzept n • hatır kabulü
Ehrenamt n • fahri görev
ehrenamtlich • fahri; fahri görevli; ücret karşılığı olmaksızın
ehrenamtlicher Richter m • fahri hakim
Ehrenannahme f • bittavassut kabul
Ehrenbürger m • fahri hemşehri
Ehrenbürgerrecht n • fahri hemşerilik hakkı
Ehreneintritt m • tavassut
Ehrenerklärung f • resmen özür dileme
Ehrengericht n • haysiyet divanı
ehrenhaft • haysiyetli; şerefli
Ehrenhaftigkeit f • haysiyetli tutum ve davranış
ehrenhalber • fahri; ücret karşılığı olmaksızın

Fachwörterbuch

Ehrenkonsul m • fahri konsolos
Ehrenkränkung f • aşağılama; hakaret; namusu ihlal; tahkir
Ehrenmitglied n • fahri üye
Ehrenmitgliedschaft f • fahri üyelik
Ehrenname m • şeref ünvanı
Ehrenrat m • haysiyet divanı
Ehrenrechte pl. n • medeni haklar; medeni siyasi haklar; siyasi haklar
Ehrenrichter m • haysiyet davaları hakimi
Ehrentitel m • şeref ünvanı
Ehrenzahlung f • bittavassut tediye
ehrlich • haysiyetli; şerefli
ehrverletzend • aşağılayıcı; tahkir edici
Ehrverletzung f • aşağılama; hakaret; tahkir
Ehrverlust m • medeni haklardan ıskat
ehrwürdig • saygıdeğer
Ehrwürdigkeit f • saygıdeğer nitelik
Eichamt n • ölçü ve ayarlar dairesi
Eichen n • kalibrasyon
Eichmass n • ayar; ölçü
Eichung f • ölçüleri ayar edip damgalama
Eid m • ant; yemin
Eid m ablegen • yemin etmek
Eid m ableisten • yemin etmek
Eid m abnehmen • yemin ettirmek
Eid m brechen • yemini bozmak; yeminini bozmak
Eid m leisten • yemin etmek
Eid m verweigern • yeminden imtina etmek
Eid m verweigern • yeminden imtina etmek
Eidbruch m • yemini bozma
eidbrüchig • yemini bozar tarzda
Eidbrüchiger m • yeminini bozan
Eidesablehnung f • yemini reddetme
Eidesbelehrung f • yeminin anlamı hakkında yapılan açıklama
Eidesfähigkeit f • ant içme ehliyeti; yemine ehliyet yaşı
Eidesform f • yemin şekli
Eidesformel f • yemin şekli
Eidesleistung f • ant içme; yemin etme
Eidesmündigkeit f • ant içme ehliyeti
Eidespflicht f • yemin etme mükellefiyeti
eidesstattlich • yemin yerine kaim

eidesstattliche Erklärung f • yemin yerine kaim beyan; yeminli ifade yerine kaim beyan
Eidesverweigerung f • yeminden imtina; yeminden istinkaf; yeminden kaçınma
Eideszuschiebung f • yemin ettirme; yemin teklifi; yemin tevcihi; yemine davet
eidlich bestätigen • yeminle tasdik etmek
eidlich erhärten • yemin ederek doğrulamak
Eigen- und Fremdkapital n • öz ve yabancı sermaye
Eigenansicht f • şahsi görüş
Eigenart f • hususilik; özgünlük
eigenartig • hususi; özel
Eigenbedarf m • şahsi ihtiyaç
Eigenbesitz m • asli zilyetlik
Eigenbesitzer m • asli zilyet
eigene Aktien pl. f • şirketin kendi nam ve hesabına tanzim ettiği hisse senedi
eigene Mittel pl. n • öz kaynaklar
eigener Mängel pl. m • malların bozulma riski
eigener Wechsel m • bono; emre muharrer senet; poliçelerin birinci nüshası
Eigenerzeugung f • dahili üretim
Eigenfinanzierung f • iç borçlanma; kendi kendini finanse etme; otofinansman
Eigengeschäft n • kendi hesabına muamele
Eigenhandel m • kendi hesabına ticaret
eigenhändig • el yazısı ile
eigenhändige Unterschrift f • elle atılan imza
Eigeninvestition f • kendi sermayesinden yatırım
Eigenkapital n • esas sermaye; net değer; net varlık; öz kaynaklar; öz sermaye rantabilitesi; özsermaye; özvarlık; şahsın veya kuruluşun kendi sermayesi
Eigenkapitalkonto n • özsermaye hesabı
eigenmächtig • keyfi; yetkisi olmaksızın
eigenmächtiges Handeln n • keyfi davranış
Eigenmächtigkeit f • keyfi davranış
Eigenmittel pl. n • özkaynak; özvarlık
Eigenname m • özel ad; özel isim
Eigennutz m • kişisel çıkar; şahsi menfaat
eigennützig • bencil; çıkarcı

445

Mesleki Terimler Sözlüğü

Eigennützigkeit f • bencillik, çıkarcılık
Eigenregie f • emaneten idare; işaatın emaneten idaresi
Eigenschaft f • hususiyet; özellik; vasıf
Eigenschaftswort n • sıfat
eigensüchtig • bencil; egoist; asıl
eigentlich • gerçek
eigentliche Bedeutung f • gerçek anlam; hakiki mana
Eigentum n • mal; mülk; mülkiyet; sahiplik
Eigentum n an beweglichen Sachen • menkul mülkiyeti
Eigentum n an Grundstücken pl. n • gayri menkul mülkiyeti
Eigentum n nach Bruchteilen pl. m • müşterek mülkiyet
Eigentumsentsetzung f • istimlak
Eigentumsindossament n • temliki ciro
Eigentumsinteresse n • mülkiyet sahibinin çıkarı; mülkiyet sahibinin hakkı
Eigentumsnachweis m • mülkiyetin kaynağının ispatı
Eigentumsrecht n • mülkiyet hakkı
Eigentumsstörung f • gayri menkule tecavüz; mülkiyete tecavüz
Eigentumsübergabe f • mülkiyetin nakli
Eigentumsübertragung f • mülkiyetin devir ve temliki
Eigentumsvergehen n • mülkiyete tecavüz fiili
Eigentumsvorbehalt m • mülkiyeti muhafaza kaydı; mülkiyeti muhafaza mukavelesi
Eigentumswechsel m • mülkiyetin el değiştirmesi
Eigentümer m • malik; sahip
eigentümlich • mahsus; özel
Eigentümlichkeit f • nitelik; vasıf
Eigenwechsel m • bono; emre muharrer senet; emre yazılı senet
Eigenwille m • şahsi irade
eigenwillig • dik kafalı; inatçı; kendi iradesiyle
Eignung f • anıklık
Eignungstests pl. m • anıklık testleri
Eilbestellung f • acele sipariş
Eilgut n • seyri seri sevkedilen eşya
ein Konto n abrechnen • hesabı ödemek

einbehalten • alıkoymak; tevkif etmek
einbehaltene Gewinne pl. m • dağıtılmamış karlar; işletmede bırakılan karlar
einbehaltene Steuer f • kaynakta kesilen vergi; stopaj vergisi
Einbehaltungsrecht n • hapis hakkı; tevkif hakkı
einberufen • çağırmak; davet etmek
Einberufung f • çağrı; çağırma; davet
Einberufung f des Parlaments n • parlamentonun toplantıya çağrılması
Einberufung f einer Versammlung f • davet
Einbettung f • yerleşim; yerleşme
einbeziehen • kapsamına almak; cebren açmak
Einbilden n • imgeleme
Einbildungskraft f • imgelem
einbrechen • kırmak; zor kullanarak açmak
Einbrecher m • zor kullanarak açan
einbringen • sunmak; takrir vermek
Einbruch m • zorla kırarak girme
Einbruch- und Diebstahlsversicherung f • şirket sigortası
Einbruchsdiebstahl m • zorla girilerek yapılan hırsızlık
Einbruchsdiebstahlsversicherung f • hırsızlığa karşı sigorta
Einbruchsversicherung f • hırsızlığa karşı sigorta; hırsızlık sigortası
Einbusse f • kayıp; zarar
einbürgern • vatandaşlığa kabul etmek
Einbürgerung f • vatandaşlığa kabul
einbüssen • kaybetmek; zarara uğramak
eindeutig • açık; belirgin; tek anlamlı
eindringen • nüfuz etmek; zorla girmek
eindringlich • etkili; tesirli
Eindruck m • iz; tesir
Einehe f • monogami; tek evlilik
einem Vertrag m zuwiderhandeln • sözleşmeye aykırı davranmak
einen Preis m quotieren • fiyat saptamak
einen Überschuss m aufweisen • fazlalık göstermek
einfach • adi; basit; sade
einfache Arbitrage f • basit arbitraj; doğrudan arbitraj

Fachwörterbuch

einfache Beschwerde f • adi itiraz; basit itiraz
einfache Buchführung f • tek girişli muhasebe sistemi
einfache Bürgschaft f • adi garanti
einfache Gesellschaft f • adi ortaklık; adi şirket
einfache Havarie f • küçük avarya
einfache Kommanditgesellschaft f • adi komandit şirket
einfache Konkursforderung f • adi alacak; adi iflastan alacak
einfache Stimmenmehrheit f • mutlak oy çoğunluğu
einfache Währung f • tek maden standardı
einfacher Bankrott m • taksiratlı iflas
einfacher Bürge m • adi kefil
einfacher Diebstahl m • basit hırsızlık
einfacher Durchschnitt m • basit ortalama
einfacher Konkurs m • adi iflas
einfacher Kreditbrief m • basit akreditif
einfacher Satz m • yalın tümce
einfacher Wechsel m • adi senet
einfacher Zins m • basit faiz
einfaches Inkasso n • vesikasız tahsil
einfaches Journal n • basit yevmiye defteri
einfaches Tempus n • yalın zaman
Einfluss m • nüfus; tesir
Einfluss m habend • etkili
einfordern • tahsil etmek; talebetmek
Einforderung f • tahsil; talep
Einforderungskosten pl. • apel hesapları
Einfriedigung f • çit; hail
Einfuhr f • dışalım; ithalat
Einfuhrabgabe f • ithalat vergisi
Einfuhranrecht n • ithal hakkı
Einfuhrartikel m • ithal malı
Einfuhrbeschränkung f • ithalat sınırlaması; ithalatın sınırlandırılması
Einfuhrbewilligung f • ithal lisansı; ithal müsaadesi; ithalat lisansı
Einfuhrdrosselung f • ithalat sınırlaması
Einfuhreinheit f • ithal malının ünitesi
Einfuhrerklärung f • ithalat bildirimi
Einfuhrerlaubnis f • ithalat lisansı; ithalatçı belgesi

Einfuhrfreigabe f • ithal lisansı
Einfuhrgebühren pl. • ithalat rüsumu
Einfuhrgenehmigung f • ithal müsaadesi
Einfuhrhandel m • ithalatçılık
Einfuhrpotential n • ithalat kapasitesi
Einfuhrprämie f • ithal primi
Einfuhrquote f • ithal kotası; ithalat kotası
Einfuhrregelung f • ithalat rejimi
Einfuhrsperre f • ithalat yasağı
Einfuhrsteuer f • ithalat vergisi
Einfuhrtarif m • ithal tarifesi
Einfuhrverbot n • ithal yasağı; ithalat memnuiyeti; ithalat yasağı
Einfuhrzoll m • ithal resmi; ithalat eşyasına ait gümrük resmi; ithalat gümrük resmi; ithalat resmi; ithalat rüsumu; ithalat vergisi
einfügen • ilave etmek; katmak
einführen • ithal etmek; memuriyete yerleştirmek; resmen tanıştırmak
Einführung f • giriş; ithal; takdim
Einführungsgesetz n • kanunun uygulamasını düzenleyen kanun
Eingabe f • dilekçe
Eingang m • alım; evrak girişi; giriş; ödeme; tahsil
Eingang m auf uneinbringliche Forderungen pl. f • değersiz alacakların tahsil edilmesi
Eingang m buchen • giriş kaydı yapmak
Eingang m vorbehalten • tahsil edilmek şartıyla
Eingangsbestätigung f • evraka giriş tasdiki
Eingangsdatum n • evraka giriş tarihi
Eingangsdurchschnittspreise f • günlük fiyat ortalamaları
Eingangsfracht f • gelen mallar navlunu; giriş navlunu
Eingangshafen m • gümrük giriş limanı; varış limanı
eingeben • arz etmek; sunmak
Eingeborener m • yerli
eingebracht • içeriye getirilmiş olan
eingebrachte Aktie f • kurucu hisse senetleri
eingebrachtes Grundkapital n • oluşturulan sermaye

Mesleki Terimler Sözlüğü

eingebrachtes Gut n • evlenmeyle getirilen şahsi mallar; şahsi mallar
eingefordertes Kapital n • apel yapılmış sermaye; hissedarlardan ödenmesi istenen sermaye; ödeme çağrısı yapılmış sermaye
eingehen • akdetmek; ulaşmak
eingehend • ayrıntılı; tafsilatlı
eingelöster Scheck m • bankaya ibraz edilmiş çek
eingelöster Wechsel m • ödenmiş poliçe
eingenommen • ön yargılı
Eingenommenheit f • ön yargılı olma; tarafsız olmama
eingerechnet • dahil olmak üzere
eingeschränktes Indossament n • sınırlı ciro
eingesetzter Erbe m • mansup mirasçı
eingesetztes Kapital n • yatırılan sermaye
Eingeständnis n • itiraf; kabul
eingestehen • itiraf etmek; kabul etmek
eingetragene Obligation f • nama yazılı tahvil
eingetragener Verein m • dernekler sicilinde kayıtlı dernek
eingetragenes Warenzeichen n • tescil edilmiş marka; tescil edilmiş ticari marka
eingezahlt • ödenmiş
eingezahlte Aktien pl. f • ödenmiş hisse senetleri
eingezahltes Gesellschaftskapital n • ödenmiş sermaye
eingezahltes Kapital n • ödenmiş sermaye
Eingliederung f • birleştirme; katma
eingreifen • müdahale etmek; tecavüz etmek
Eingrenzung f • sınırlandırma
Eingriff m • müdahale; tecavüz
Einhalt m • durdurma; mani olma
einhalten • riayet etmek
einhandeln • pazarlıkla satın almak
einheimisch • yerli
Einheimischer m • yerli; yerli halkından olan
Einheirat f • içgüvey girme
einheiraten • içgüvey girmek
Einheit f • ünite; birim; birlik;eşitlik

einheitlich • aynı tarzda; homojen; müşterek
einheitliche Buchführung f • tek düzen muhasebe
einheitliche Richtlinien pl. f • yeknesak kurallar
einheitlicher Satz m • tek fiyat
Einheitlichkeit f • birlik; koordinasyon; merkeziyet
Einheitsbilanz f • tek bilanço
Einheitskostenrechnung f • tekdüzen maliyetleme
Einheitspreis m • yalın fiyat
Einheitspreisgeschäft n • çeşitli eşyayı aynı fiyatla satan büyük mağaza
Einheitsprinzip n • bütçede vahdet
Einheitsstaat m • totaliter devlet
Einheitszoll m • yeknesak gümrük
Einheitszolltarif m • umumi tarife
einholen • almak; talepetmek
einig • uygun; uzlaşılmış
einigen • birleştirmek; uzlaştırmak
einigermassen • kısmen; oldukça
Einigkeit f • birlik; uyum
Einigung f • akit; birleşme; rıza; uzlaşma
einkalkulieren • hesaba katmak
Einkammersystem n • tek meclisli hükümet sistemi
einkassieren • tahsil etmek; toplamak
Einkassieren n • tahsil
Einkassierer m • tahsildar
Einkassierung f • ahzukabz; tahsilat
Einkauf m • alış; elde etme; mübayaa; satın alma; tedarik
einkaufen • mübayaa etmek; satın almak
Einkäufer m • alıcı; müşteri
Einkaufsbuch n • alış defteri
Einkaufsermächtigung f • satın alma yetkisi
Einkaufsgenossenschaft f • satın alma kooperatifi
Einkaufskommission f • alım komisyonu; mübayaat komisyonu
Einkaufskommissionsausschuss m • mübayaat komisyonu
Einkaufskonto n • alışlar hesabı
Einkaufsland n • alıcı memleket
Einkaufsorder f • satın alma emri
Einkaufspreis m • maliyet fiyatı

Fachwörterbuch

Einkaufsskonto n • alış iskontosu
Einkaufsvereinigung f • satın alma birliği
Einkaufszentrale f • satın alma merkezi
einkommen • başvurmak; müracaat etmek
Einkommen n • gelir; hasıla; hasılat; irat
Einkommens- und Körperschaftssteuer f • gelir ve kurumlar vergisi
Einkommensausgleich m • gelir dengelemesi
Einkommensentstehung f • gelir kaynağı
Einkommensentwicklung f • gelirlerde hareket
Einkommensgruppe f • gelir grubu
Einkommenskreislauf m • gelirin dolaşımı
Einkommensniveau n • gelir düzeyi
Einkommensschicht f • gelir grubu
Einkommensschichtung f • gelirlerin tabakalaşması
Einkommensschwelle f • gelir seviyesi
Einkommensteuer f • gelir vergisi; kazanç vergisi
Einkommensteuererklärung f • gelir vergisi beyannamesi; gelir vergisi beyanı; gelir vergisi bildirimi
Einkommensteuergesetz n • Gelir Vergisi Kanunu
Einkommensübertragung f • gelirin transferi
Einkünfte pl. f • gelir; gelirin nevi; gelirler; hasıla; irat; semere
Einkünfte pl. f aus Nachlass m • taşınmaz mal geliri; tereme geliri
Einkünfte pl. f aus Wertpapieren pl. n • menkul değerlerden sağlanan gelir
Einkünfte pl. f des Staates m • varidat
einladen • çağırmak; davet etmek; yüklemek
Einladung f • davet; davetiye
Einlage f • aidat; bağış; depozito; katkı; mevduat; pay; peşin ödeme; sermaye; yatırma; yatırım hissesi için ödenen para
Einlageheft n • mevduat cüzdanı
Einlagekapital n • iştirak sermayesi
Einlagenbestand m • depozito toplamı
Einlagenkonto n • mevduat hesabı
Einlagenzertifikat n • mevduat sertifikası
Einlagerer m • mudi
einlagern • stok etmek

Einlagerung f • ambarlama; depolama; depolama ve teslim; karaya çıkarma; stok etme
Einlagerungskredit m • stoklama finansmanı kredisi
Einlagerungswechsel m • stok poliçesi
Einlassung f zur Hauptsache f • davanın esasına cevap
einlegen • katmak; yerleştirmek
einleiten • açmak; başlamak
Einleitung f • başlangıç; ikame; önsöz
Einleitung f oder Durchführung f eines Strafverfahrens n gegen Beamte pl. m • memurun muhakematı usulü
Einlieferer m • teslimatçı
einliefern • sevk etmek; teslim etmek; yerine teslim etmek
Einlieferung f • sevkiyat; teslimat
Einlieferungsschein m • makbuz senedi; ödeme makbuzu; teslimat makbuzu
einliegen • eklemek; iliştirmek
einliegend • ek olarak; ilişki olarak
einlösbar • paraya tahvil edilebilir
einlösen • ödemek; ödemek için kabul etmek; poliçeyi ödemek
Einlösung f • ödeme; tediye
Einlösung f von Obligationen pl. f • tahvillerin geri ödenmesi
Einlösungskommission f • tahsil komisyonu
Einlösungsrendite f • itfa getirisi; itfa verimi
einmalig • bir defalık
einmalige Rückzahlung f • defaten geri ödeme
Einmalprämie f • tek prim
Einmanngesellschaft f • tek adam şirketi; tek kişilik şirket; tek şahıslı şirket
einmischen • karışmak; müdahale etmek
Einmischung f • karışma; müdahale
einmonatig • aylık
einmütig • birlikte; oybirliği ile
Einmütigkeit f • oybirliği
Einnahme f • gelir; hasılat; irat; kazanç; tahsilat
Einnahmebuch n • gelir defteri
Einnahmekasse f • tahsilat veznesi
Einnahmen- und Ausgabenrechnung f • nakit esasına göre muhasebeleştirme

Mesleki Terimler Sözlüğü

Einnahmequelle f • gelir kaynağı
Einnahmerecht n • gelir kanunu
Einnahmestelle f • vergi dairesi
Einnahmestrom m • nakit girişi
Einnahmevakuum n • gelirlerde açık
einnehmen • elde etmek; kazanmak; tahsil etmek
Einnehmer m • tahsildar
einordnen • dosyalamak; tanzim etmek
Einordnung f • dosyalama; tanzim
einplanen • plana katmak; planlamada göz önünde bulundurmak; planlamak
einräumen • devir ve temlik etmek; düzeltmek; tanımak; vermek
einrechnen • dikkate almak; hesaba dahil etmek; hesaba katmak
Einrede f • defi; itiraz
Einrede f der Vorausklage f • adi kefilin haiz olduğu ön dava itirazı
Einrede f des nichterfüllten Vertrages m • akdin icra edilmemiş olması
Einrede f zur Sache f • esasa itiraz
einreden • defi ileri sürmek
einreichen • ibraz etmek; ikame etmek; ödemek; sunmak; teslim etmek; vermek
Einreicher m • ibraz eden; iskonto ettiren
Einreicher-Bank f • tahsilatçı banka; gönderen banka
Einreise f • ülkeye giriş
Einreiseerlaubnis f • ülkeye giriş müsaadesi
einreisen • ülkeye girmek
Einreiserecht n • duhul hakkı
Einreisesichtvermerk m • giriş vizesi
Einreisevisum n • giriş vizesi
einrichten • tanzim etmek; tesis etmek; yapmak
Einrichtung f • bölüm; düzenleme; kuruluş; kurum; müessese; organizasyon; sistem; teçhizat; tesisat; şube
Einrichtungsgegenstände pl. m • demirbaşlar
Einsatz m • depozito; eylem; gelen; harekete geçirme; istihdam; kullanma; uygulama
einsatzbereit • faaliyete hazır; yardıma hazır
Einsatzbereitschaft f • faaliyete hazır olma; yardıma hazır olma

Einsatzform f • kullanma metodu
Einsatzwert m • defter değeri; giriş değeri
einschätzen • tahmin etmek; takdir etmek
Einschlag m • disacyo
einschliessen • kapatmak; kapsamına almak; muhafaza etmek; dahil olarak
einschliesslich Bezugsrecht n • rüçhan haklarıyla birlikte
einschmuggeln • gümrükten mal kaçırmak
einschränkend • sınırlayıcı
einschränkende Vorschriften pl. f • tahdidi hükümler
Einschränkung f • kaydı ihtirazı; saklı tutma; sınırlama; tahdit etme
Einschränkung f des Bestätigungsvermerks m • denetim görüşünün sınırlandırılması; denetim raporunun sınırlandırılması
Einschreibebrief m • taahhütlü mektup
einschreiben • kaydetmek; yazmak
Einschreiben n mit Rückschein m • iadeli taahhütlü
Einschreibesendung f • taahhütlü gönderi
einschreiten • teşebbüs etmek
Einschreiten n • karışma; müdahale
Einschub m • içtüreme
einschulen • okula yazdırmak
Einschulung f • okula kayıt
Einschuss m • farklılık; marj
Einschusskapital n • ödenmiş sermaye
Einschusskonto n • kredi hesabı
einsehen • gözden geçirmek; tetkik etmek
einseitig • tek taraflı
einseitig bindender Vertrag m • tek taraflı sözleşme
einseitig verpflichtender Vertrage m • tek taraflı akit
einseitige Erklärung f • tek taraflı irade beyanı
einseitige Übertragungen pl. f • tek taraflı transferler
einseitiger Vertrag m • karşılıksız sözleşme; tek taraflı sözleşme; tek taraflı akit
einseitiges Rechtsgeschäft n • tek taraflı hukuki muamele
einsenden • göndermek; sunmak
Einsender m • gönderen
Einsendung f • gönderme; gönderi

Fachwörterbuch

einsetzen • eklemek; tayin etmek; tesis etmek; yerleştirmek
Einsetzung f • atama; göreve alınma; tayin
Einsicht f • araştırma; teftiş; yoklama
Einsichtnahme f • inceleme; tetkik
einsilbige Sprachen pl. f • tekseslemli diller
einsparen • tasarruf etmek
Einsparung f • masrafların azaltılması; tasarruf
einsperren • hapsetmek; kapatmak; kullanmaktan alıkoymak
Einspruch erheben m • itiraz ileri sürmek; itirazda bulunmak
Einspruch m • istinaf; itiraz
Einspruch m gegen die Eheschliessung f • evlenmeye itiraz
Einspruch m gegen Steuerbescheid m • takdir edilen vergiye itiraz etme
Einspruch m zurückweisen • itirazı reddetmek
Einspruchsfrist f • itiraz süresi
Einspruchsrecht n • itiraz hakkı; veto hakkı
Einstand m • işe koyulma
Einstandsberechnung f • maliyetin hesaplanması
Einstandsgeld n • giriş parası
Einstandskosten pl. • satın alma maliyeti
Einstandspreis m • maliyet fiyatı
Einstandsrechnung f • maliyet hesabı
Einstandsrecht n • önalım hakkı; şufa hakkı
Einstandswert m • maliyet değeri
einstehen • kefil olmak; sorumluluğu üstlenmek; tekeffül etmek; zamin olmak
einstellen • işe yerleştirmek; tatil etmek
Einstellung f • tutum; durdurma; tatil etme
Einstellung f der Feindseligkeiten pl. f • muhasamatın tatili
Einstellung f des Strafverfahrens n • muhakemenin men'i kararı
Einstellung f des Verfahrens n • davanın düşmesi; davanın sukutu
Einstellungsbeschluss m • tahkikatın durdurulması kararı
Einstellungstest m • tutum testi
einstimmen • razı olmak
einstimmig beschliessen • oybirliği ile karar vermek
Einstimmigkeit f • oybirliği
einstufen • derecelendirmek; sınıflara ayırmak
einstweilig • geçici; muvakkat
einstweilige Anordnung f • geçici düzenleme
einstweilige Massregeln pl. f • muvakkat tedbirler
einstweilige Verfügung f • ihtiyati tedbir
einstweilige Verfügung f erlassen • ihtiyati tedbir kararı vermek
einstweiliger Bescheid m • muvakkat karar
Eintausch m • değiş tokuş; mübadele
einteilen • bölmek; kısımlara ayırmak
Einteilung f • bölme
Eintrag m • gelir; kayıt; tescil
eintragen • kaydetmek; tescil etmek
einträglich • gelir getirici; karlı; verimli
Eintragung f • kayıt; tescil
Eintragung f ins Grundbuch n vornehmen • tapu siciline şerh koydurmak
eintreten • başlamak; girmek; kayırmak; mükellefiyet yüklenmek
Eintritt m • giriş; katılma; kayıt
Eintritt m eines Dritten m • şahsi halefiyet
Einübung f • alıştırma
einverleiben • ilhak etmek
Einverleibung f • ilhak; katılma
Einvernahme f • mahkeme huzurunda ifade verme
einvernehmen • ifade almak; anlaşma; rıza; uyuşma
Einverständnis n • anlaşma; rıza; uyuşma
Einverständniserklärung n • bağlayıcı rıza beyanı
Einwand m • itiraz
Einwand m erheben • itiraz etmek
Einwand m zurückweisen • itirazı reddetmek
Einwanderer m • göçmen; muhacir
einwandern • göç etmek
Einwanderung f • göç; göçmenlik; muhaceret

Mesleki Terimler Sözlüğü

Einwanderungsbehörde f • muhaceret bürosu
einwandfrei • kesin; şüphesiz; kusursuz
einwandfreier Wechsel m • eksiz poliçe; temiz poliçe
Einweihung f • erginleme
einwenden • itiraz etmek; karşı çıkmak
Einwendung f • itiraz
Einwendung f vorbringen • itiraz etmek
einwilligen • müsaade etmek; razı olmak
Einwilligung f • izin; muvafakat; rıza; rıza muvafakat
einwirken • nüfuz etmek; tesir etmek
Einwirkung f • etki; eylem; nüfuz; tesir
einwohnen • ikamet etmek
Einwohner m • mukim; nüfus; sakin
Einwohnermeldeamt n • ikametgah kayıt dairesi; nüfus müdürlüğü
Einwohnermeldestelle f • ikametgah kayıt mercii; nüfus müdürlüğü
Einwohnerschaft f • nüfus; nüfus sayısı
Einwurf m • ara mülahaza; itiraz
einzahlen • ödemek; tediye etmek
Einzahler m • bankaya para yatıran kimse; mevduat sahibi; mudi; ödeyen; tediye eden
Einzahlung f • ödeme; tediye
Einzahlung f machen • ödemede bulunmak
Einzahlungsbeleg m • ödeme fişi
Einzahlungsschein m • ödeme fişi
Einzahlungsüberschuss m • ödeme fazlalığı
Einzäunung f • çit; hail
einzeichnen • kaydetmek; şekil çizerek göstermek
Einzeichnung f • kaydetme; şekil çizme
einzel • teker teker
Einzelabkommen n • özel sözleşme
Einzelanleger m • şahsi yatırımcı
Einzelarbeitsstreitigkeit f • tek başlı iş ihtilafı
Einzelbericht m • teferruatlı rapor
Einzelbilanz f • aylık bilanço; onbeş günlük bilanço
Einzelersparnisse pl. n • bireysel tasarruflar
Einzelexistenzgründung f • bireysel işletme kurma

Einzelfertigung f • müşteri şartnamesine göre imalat
Einzelfinanzierungssystem n • bireysel finans etme sistemi
Einzelfirma f • kişisel tasarruftaki firma; kişisel tasarruftaki şirket; şahıs şirketi
Einzelhaft f • hücre hapsi
Einzelhaftsystem n • hücre hapsi sistemi
Einzelhandel m • perakende ticaret
Einzelhändler m • perakendeci
Einzelheit f • ayrıntı; detay
Einzelheiten pl. • teferruat
Einzelkosten pl. • direkt hammadde ve direkt işçilikten oluşan maliyet; direkt maliyet; dolaysız maliyet; primer maliyet
Einzelladenpreis m • perakende fiyatı
Einzelnachweis m • detaylı beyan
Einzelpreis m • birim fiyat
Einzelrechtsnachfolge f • cüzi halefiyet
Einzelspiel n • bireysel oyun
Einzelstaat m • aza devlet
Einzelstraferlass m durch Gnadenakt m • hususi af; özel affedilme
Einzelunternehmen n • kişisel girişim; tek ortaklı işletme
Einzelunternehmer m • tek başına işletme kuran kişi
Einzelunternehmung f • tek kişinin yaptığı ticaret
Einzelverkauf m • perakende; perakende satış
Einzelversicherung f • tek bir konu üzerinde sigorta işlemi
Einzelversteuerung f • vergilerin tek tek tahsili
Einzelwertberichtigung f • şüpheli alacaklar için özel karşılık
einziehen • müsadere etmek; soruşturmak; toplamak
Einziehung f • ahzukabz; müsadere; paraya dönüştürme; tahsil etme; toplama
einzigartig • kendine has
Einzugsgebiet n • satın alma piyasa bölgesi
Einzugsstelle f • tahsilat acentesi
Einzugsverfahren n • tahsilat işlemi
Einzugsverkehr m • banka tahsilatı
Einzugswechsel m • tahsilat poliçesi; tahsile verilen senet

Fachwörterbuch

einzulösender Wechsel m • alacak senetleri
Eisenbahnfrachtbrief m • demiryolu konsinyasyon bordrosu
Eisenbahnfrachtgeschäft n • demiryolu yük nakliyeciliği
Eisenbahnverladebescheinigung f • demiryolu konşimentosu
eiserne Bestandsmethode f • temel stok değerlendirme yöntemi
eiserner Bestand m • demirbaş eşya
Ekart m • fiyat farkı; marj
eklatant • açık seçik; sansasyonel
Eklektion f • seçme
eklektische Methode f • seçmeci yöntem
eklektisches Urteilen n • seçmeci usavurma
Eklektizismus m • seçmecilik
Elativ m • çıkış durumu
Electronic Fund Transfer at the Point of Sale • satış anında elektronik fon transferi
Elektion f • tercih
elektiv • seçilen; tercih edilen
Elektromarkt m • elektrik teçhizatı piyasası
Elektronenrechengerät n • elektrikli hesap makinesi
elektronische Zahlkarte f • hafızalı kart
Elektroscheck m • elektro çek
Element n • eleman; öğe; unsur
elementar • esaslı; mühim
elend • sefil; yoksul
Elend n • sefalet; yoksulluk
Eliminierung f • eliminasyon; mahsup
Elision f • sonünlü silinmesi
Elite f • güzide; seçme
Ellipse f • eksilti
elliptisch • eksiltili
elterlich • ebeveyne ait
elterliche Gewalt f • velayet
elterliche Sorge f • velayet
elterlicher Gewaltinhaber m • veli
Eltern pl. • veliler; ebeveyn
Elternbeirat m • okul aile birliği; okul aile kurulu
Elternbildung f • ana-baba eğitimi
Elternschulen pl. f • ana baba okulları
Elternteil m • ana veya baba

Emanzipation f • eşit haklar; hukuki eşitlik
emanzipieren • aynı haklara sahip kılmak
emanzipiert • bağımsız; serbest
Embargo n • ambargo
Emigrant m • göçmen; mülteci
Emigration f • göç; iltica
emigrieren • göç etmek; iltica etmek
Emission f • emisyon; ihraç; tedavüle çıkarma; tertip
Emissionsaggio n • hisse senedi ihraç premi
Emissionsangebot n für Publikum n • halka arz
Emissionsbank f • çıkarımcı kuruluş; emisyon bankası; emisyon kuruluşu; tedavül bankası
Emissionsbank f für Effekten pl. n • yatırım bankası
Emissionsbedingungen pl. f • çıkarım şartları
Emissionsgeschäft n • esham ve tahvilat çıkaran müessese
Emissionsgesellschaft f • menkul değer ihraç eden şirket
Emissionsgesetz n • emisyon kanunu
Emissionshaus n • çıkarımcı kuruluş; emisyon kuruluşu
Emissionsinstitut n • merkez bankası; ulusal banka
Emissionskonsortium n • aracılık yüklenimi sendikası
Emissionskosten pl. • hisse senedi çıkarma maliyeti; tahvil çıkarma maliyeti
Emissionskurs m • çıkarım fiyatı; ihraç fiyatı
Emissionspreis m • çıkarım fiyatı; ihraç fiyatı
Emissionsprospekt m • ihraç prospektüsü; izahname
Emissionsrecht n • emisyon hakkı
Emissionssyndikat n • aracılık yüklenimi sendikası; borçlanan; halka menkul kıymet arz eden kuruluş
Emittent m • halka menkul kıymet arz eden şirket
emittieren • ihraç etmek; tedavüle çıkarmak
Emotion f • heyecan
emotional • duygusal

Mesleki Terimler Sözlüğü

Empfang m • ahzukabz; alma; kabul; karşılama
empfangen • almak; gebe kalmak; kabul etmek; karşılamak; teslim almak
Empfänger m • adına gönderilen; alacaklı; alıcı; konsinyatör; lehdar; lehine akreditif açılan ihracatçı; senedi ciro yolu ile devralan; senedin emrine ödendiği kişi; teslim alan
Empfangnahme f • karşılama; tesellüm; teslim alma
Empfängnis f • gebe kalma
Empfängniszeit f • gebelik müddeti
Empfangsanzeige f • tesellüm teyidi; vusül iş'ar mektubu
empfangsbedürftige Willenserklärung f • vusulü gerekli irade beyanı
Empfangsbescheinigung f • tesellüm makbuzu
Empfangsbestätigung f • vusül iş'ar mektubu
Empfangskonnossement n • tesellüm konşimentosu
Empfangsschein m • alındı; makbuz
Empfangsspediteur m • nakliye acentesi
empfehlen • önermek; tavsiye etmek; teslim etmek
Empfehlung f • referans; tasviye
Empfehlungsbrief m • referans mektubu; tavsiye mektubu
Empfehlungsschreiben n • tavsiye mektubu
Empfindlichkeitsuntersuchung f • duyarlılık analizi
Empfindung f • duyum
Empfindungswort n • ünlem
Emphase f • tumturak
empirisch • görgül
empirisches Wissen n • görgül bilgi
Empirismus m • görgücülük
e-n Tarifvertrag m haben • sözleşmeli olmak
Enallage f • değişikleme
Endabnehmer m • nihai alıcı
Endabrechnung f • kesin hesap
Endabsatz m • nihai alıcıya yapılan satış
Ende n • netice; nihayet; son; sonuç
Ende n des Geschäftjahres n • dönem sonu

enden • bitmek; sona ermek
Endergebnis n • kati netice; kesin sonuç
Enderzeugnis n • tamamen işlenmiş mal
Endfabrikat n • tamamen imalattan geçmiş mal
endgültig • kati; kesin
endgültige Entscheidung f • kati hüküm; kati karar
endgültige Obligation f • kesin sertifika; kesin tahvil
endgültige Rechtskraft f • kesin hüküm
endgültige Sicherheit f • kati teminat; kesin teminat
endgültiges Urteil n • kati hüküm
Endgültigkeit f • katiyet; kesinlik
endozentrisch • içözeksel
Endprodukt n • işlenmiş mal; mamul; nihai ürün
Endsaldo m • nihai bilanço
Endstand m • kapanış bilançosu; nihai durum
Endtermin m • nihai süre; son müddet
Endung f • bitim; çekim eki
Endurteil n • kesin karar; nihai karar; son mahkemenin verdiği karar
Endzweck m • asıl maksat
Energiemarkt m • enerji maddeleri piyasası
Energieversorgung f • elektrik enerjisi temini
Energiewirtschaft f • enerji üretimi
eng • dar; samimi; sıkı
Engagement n • angajman; taahhüt; yükümlülük
engagieren • angaje etmek; yükümlülük altına almak
Enge f • daraltı
Engelaut m • daraltılı
enger Vokal m • dar ünlü
Engpass m • darboğaz
Enkel m • erkek torun; torun
Enkelkind n • erkek torun
Enkeltochter f • kız torun
enklitisch • sonasığınık
Entähnlichung f • ayrılım
Entäusserung f • devir ve ferağ; vazgeçme
Entäusserung f von Vermögensstücken pl. n • mal kaçırmak

Fachwörterbuch

Entäusserungsrecht n • devir ve ferağ hakkı
entbehren • mahrum olmak
entbehrlich • zaruri olmayan
Entbehrung f • mahrumiyet
entbinden • doğurmak; muaf tutmak
Entbindung f • ibra
Entbindungsanstalt f • doğumevi
entdecken • keşfetmek; meydana çıkarmak
Entdecker m • kaşif; meydana çıkaran
Entdeckung f • buluş; keşif
entehren • namusunu lekelemek; şerefini düşürmek
entehrend • haysiyete dokunan; terzil edici
entehrende Strafe f • haysiyeti lekeleyici ceza
entehrendes Verbrechen n • terzil edici suç
Entehrung f • namusunu lekeleme; şerefini düşürme
enteignen • kamulaştırmak
Enteignung f • istimlak; kamulaştırma
Enteignung f von beweglichen Sachen pl. f • istimlak; istimval; kamulaştırma
Enteignung f von Grundeigentum n • istimlak; kamulaştırma
Enteignungsrecht n • kamulaştırma hukuku
Enteignungsverfahren n • kamulaştırma usulü
Entente f • itilaf
enterben • mirastan mahrum etmek
Enterbung f • mirastan mahrum etme; mirastan ıskat
Enterbungsrecht n • mirastan ıskat hakkı
entfallen • hatırdan çıkmak; hissesine düşmek; tatbik edilmemek
Entfaltung f • oluşum; gelişme
entfernen • uzaklaştırmak
Entfernung f • ihraç; tard; uzaklaşma; uzaklaştırma
Entfernung f aus dem Amt n • görevden çıkarılma; memuriyetten ihraç; memurluktan çıkarılma
entfliehen • firar etmek; kaçmak
entfremden • yabancılaştırmak
entführen • kaçırmak; zorla kaçırmak
Entführer m • zorla kaçıran

Entführung f • adam kaldırma; kaçırma; kaçırılma
entgegen • aksine; karşı; zıt olarak
entgegen sein • karşısında olmak
entgegenarbeiten • karşı koymak; önlemeye çalışmak
entgegenbringen • belli etmek; göstermek
entgegenhalten • itiraz etmek; mukayese etmek
entgegenhandeln • çiğnemek; karşı davranmak
entgegenkommen • karşılamak; kolaylık göstermek
Entgegennahme f • alma; kabul
entgegennehmen • almak; kabul etmek
entgegensetzen • itiraz etmek; karşı koymak
Entgegensetzung f • itiraz; karşı koyma
entgegenstehen • karşı düşmek; karşısında olmak; zıt düşmek
entgegenstellen • itiraz etmek; kıyaslamak
entgegentreten • karşı durmak; önlemeye çalışmak
entgegnen • cevaplandırmak; mukabele etmek
Entgelt n • bedel; değer; ivaz; karşılık; kıymet; masraf; tazminat; ücret
entgelten • ödemek; tanzim etmek
entgeltlich • ivazlı; karşılıklı
entgeltlicher Erwerb m • ivazlı iktisap
entgeltlicher Vertrag m • ivazlı akit
enthaften • masraftan kurtarmak; salıvermek
Enthaftung f • salıverme
enthalten • içermek; ihtiva etmek
Enthaltung f • çekinseme; geri durma; istinkaf
Enthaltung f aus dem Amt n • azil
entheben • el çektirmek; kurtarmak; muaf tutmak
Enthebung f • azil; muaf tutma
enthüllen • açmak; açıklamak; ifşa etmek
entkleiden • mahrum bırakmak
entkommen • kaçmak; kurtulmak
entkräften • aksini ispat etmek; çürütmek
Entladehafen m • yükleme limanı
Entladung f • boşaltma
entlassen • azletmek; işten çıkarmak; işten el çektirmek; serbest bırakmak; taburcu

etmek; tahliye etmek; terhis etmek; yol vermek
Entlassung f • kovma; azil; azledilme; ibra; işten çıkarma; tahliye; terhis; yol verilme; yükümlülükten kurtarma
Entlassung f vom Militär n • terhis
Entlassungsgesuch n • istifa mektubu
entlasten • aklamak; beraat ettirmek; hafifletmek; ibra etmek; kaldırmak; serbest bırakmak
Entlastung f • aklama; beraat; sorumluluktan kurtulma
Entlastung f des Vormunds m • vasinin ibrası
Entlastungszeuge m • sanık lehinde şahitlik yapan; savunma şahidi
entlehnen • iktibas etmek; ödünç almak
Entlehnung f • aktarım; aktarma
entleihen • borçlanmak; istikraz etmek; ödünç almak
Entleiher m • ariyet alan; müstekriz; ödünç alan
entlohnen • ücretini ödemek
Entmannung f • hadımlaştırma
entmilitarisieren • askerden arındırmak
entmilitarisiert • askerden arındırılmış
entmilitarisierte Zone f • askerden arındırılmış bölge; askerlikten tecrit edilmiş mıntıka; gayri askeri mıntıka
Entmilitarisierung f • askerden arındırma; askerlikten tecrit
entmündigen • hacir altına almak; kısıtlamak
Entmündigter m • kısıtlı; mahcur
Entmündigung f • hacir; kısıtlanma; kısıtlılık; mahcuriyet
Entmündigung f auf eigenes Begehren n • ihtiyari hacir
Entnahme f • alma; alınma; çekilme; çıkma; para çekişleri
Entnahmekonto n • her an para çekilebilir hesap
entnehmen • almak; geri çekmek; iktibas etmek
entrechten • haklarından mahrum bırakmak
Entrechtung f • haklarından mahrum bırakma
Entrepot m • antrepo; depo
entrichten • ödemek; tediye etmek

Entrundung f • düzleşme
entschädigen • tazmin etmek
Entschädigung f • ödenek; tazmin etme; tazminat; zararı karşılama
Entschädigungsanspruch m • tazminat talebi
Entschädigungsforderung f • tazminat talebi
Entschädigungsklage f • tazminat davası
Entschädigungsleistung f • tazminat ödeme
Entschädigungssumme f • tazminat miktarı
Entscheid m • hüküm; karar
entscheiden • belirlemek; hüküm vermek; karar vermek; karara bağlamak
Entscheiden n • karar verme
entscheidend • kati; kesin
Entscheidung f • hakemlik kararı; hüküm; karar
Entscheidung f auf Grund m mündlicher Verhandlung f • vicahi hüküm
Entscheidung f der Vereinigten Senate pl. m • içtihat birleştirme kararı; tevhid'i içtihat kararı
Entscheidung f fällen • karar vermek
Entscheidung f nach Lage f der Akten pl. f • evrak üzerinde hüküm
Entscheidung f treffen • karar vermek
Entscheidung f über Eigenfertigung f oder Fremdbezug m • satın alma veya imal etme kararı
Entscheidung f von Amts n wegen • resen karar
Entscheidungsbaum m • karar ağacı
Entscheidungsfreiheit f • karar verme hürriyeti
Entscheidungsgrund m • karar gerekçesi; hüküm sebepleri
Entscheidungsrecht n • hakemlik hakkı
entschieden • kati; kesin
Entschliessung f • karar alma
Entschluss m • karar
Entschluss m fassen • karar vermek
entschulden • borçtan kurtarmak
entschuldigen • affetmek
Entschuldigung f • mazeret; özür

Fachwörterbuch

Entschuldigungsgründe pl. m • esbab'ı mazeret; mazeret sebepleri
Entschuldigungsschreiben n • özür mektubu
Entschuldung f • borçların tenzili
Entspannen n • tasarrufların harcanması
entsprechen • benzemek; uymak
entsprechend • benzer; ilgili; uygun
entstammen • soyundan gelmek
entstehen • husule gelmek; ortaya çıkmak
Entstehung f • oluş; teşekkül
Entstehungsgründe pl. m der Schuldverhältnisse pl. n • borç kaynakları
Entthronung f • hali
entwerfen • hazırlamak; tanzim etmek; taslağını çizmek
entwerten • iptal etmek
entwerteter Scheck m • iptal edilmiş çek
Entwertung f • paranın değer kaybetmesi
Entwertungsrücklage f • amortisman karşılığı; birikmiş amortisman
Entwicklung f • evrim; gelişim
Entwicklung f • gelişme; kalkınma
Entwicklungsbank f • Kalkınma Bankası
Entwicklungsfonds m • Kalkınma Fonu
Entwicklungshilfe f • az gelişmiş ülkelere yapılan yardım; kalkınma yardımı
Entwicklungskosten pl. • geliştirme maliyetleri
Entwicklungskredit m • kalkınma kredisi
Entwicklungsländer pl. n • az gelişmiş ülkeler
Entwicklungslinie f • gelişme çizgisi; gelişme durumu
Entwicklungspsychologie f • gelişim ruhbilimi
Entwurf m • layiha; proje; tasarı; taslak
entwürdigen • aşağılamak; tahkir etmek
entziehen • alıkoymak; elinden almak; mahrum bırakmak
Entziehung f • alıkoyma; elinden alma; mahrum bırakma
Entziehung f der bürgerlichen Ehren pl. f • kamu hizmetlerinden yasaklık; siyasi haklardan ıskat; medeni haklardan ıskat
Enzyklopädismus m • ansiklopedicilik
Epenthese f • içtüreme
Epithese f • sontüreme

Epitheton n • belgeç; sanlık
Equity-Methode f • net yatırım değeri yöntemi; yaratılmış hak yöntemi
erachten • addetmek; telakki etmek
erarbeitetes Einkommen n • kazanılmış gelir
Erbanfall m • intikal; mirasın iktisabı; tevarüs
Erbanfalls- und Schenkungssteuer f • veraset ve intikal vergisi
Erbanfallssteuer f • veraset ve intikal vergisi
Erbanspruch m • miras hakkı; miras talebi
Erbanteil m • miras hissesi
Erbauseinandersetzung f • terekenin tasfiyesi
Erbauskauf m • mirastan feragat mukavelesi
Erbausschlagung f • mirasın reddi
Erbbaurecht n • üst hakkı
erbberechtigt • mirasta hak sahibi olan
Erbberechtigung f • mirasta hak sahibi olma
Erbbesitz m • miras ile intikal edebilen haklar; veraset yoluyla intikal eden mülk
Erbe m • mirasçı
Erbe m ernennen • mirasçı tayin etmek
Erbe n • miras; tereke
Erbeigentum n • veraset yoluyla intikal eden mülk
Erbeinsetzung f • mirasçı nasbı; mirasçı tayini
erben • miras yoluyla kazanmak
Erbengemeinschaft f • miras şirketi
erbfähig • mirasa ehil
Erbfähigkeit f • mirasa ehliyet
Erbfall m • miras hadisesi
erbfällig • miras yoluyla intikal eden
Erbfolge f • veraset sırası
Erbgang m • tevarüs
Erbgut n • tereke varlığı
Erbin f • mirasçı
Erbkrankheit f • irsi hastalık
Erblassen n • vasiyete miras bırakma
Erblassenschaft f • tereke
Erblasser m • mal vasiyet eden; miras bırakan; muris; vasiyet eden; vasiyetçi
Erblassung f • miras bırakma

Mesleki Terimler Sözlüğü

erblich • irsi; kalıtım yoluyla geçen
Erblichkeit f • irsiyet; soya çekim
erblos • mirasçı olmayan; mirasçısız tereke
Erbmasse f • tereke
Erbmonarchie f • ırsi monarşi
Erbrecht n • defter tutma; miras hukuku
Erbschaft f • miras; tereke; veraset
Erbschaft f abweisen • mirası reddetmek
Erbschaftsanfall m • mirasın iktisabı
Erbschaftsannahme f • mirasın kabulü
Erbschaftsanteil m • tereke hissesi
Erbschaftsinventar n • terekenin tahriri; terekenin yazılması
Erbschaftsklage f • miras sebebiyle istihkak davası
Erbschaftsmasse f • tereke
Erbschaftssteuer f • intikal vergisi; veraset vergisi
Erbschaftssteuergesetz n • Veraset Vergisi Kanunu
Erbschaftsübergang m • mirasın intikali
Erbschein m • veraset ilamı; veraset senedi
Erbschuld f • miras yoluyla intikal eden borç
Erbteil m abschichten • miras hissesini ayırmak
Erbteil n • miras hissesi
Erbteilung f • mirasin taksimi
Erbtum n • miras yoluyla kazanılan mal
erbunwürdig • mirastan mahrum bırakılan
Erbunwürdigkeit f • mirastan mahrumiyet
Erbvermächtnis n • muayyen mal vasiyeti
Erbvertrag m • miras mukavelesi
Erbverzicht m • mirastan feragat
Erbverzichtsvertrag m • mirastan feragat mukavelesi
Erdboden m • toprak; yer
Erdkunde f • coğrafya
Erdölsteuer f • akaryakıt tüketim vergisi
Ereignis n • hadise; olay
ererben • miras yoluyla kazanmak
erfahren • haber almak; öğrenmek; tecrübe etmek
Erfahrung f • birikim; deney; tasarruf
Erfahrung f • deneyim; tecrübe
Erfassung f von Kosten pl. • sorumluluk muhasebesi

Erfassung f von Leistungen pl. f • sorumluluk muhasebesi
Erfassungsformular n • envanter formu
erfinden • bulmak; icat etmek
Erfinder m • mucit; buluş; icat
Erfindungsgeheimnis n • ihtira sırları
Erfindungspatent n • ihtira beratı; patent
Erfolg m • başarı; etki; sonuç
erfolgen • meydana gelmek; olmak; vuku bulmak
erfolglos • başarısız
erfolgreich • başarılı
erfolgreiches Erledigen n • beceri
Erfolgsplan m • performans planı
Erfolgsrechnung f • kar ve zarar hesabı; performans değerlendirmesi
Erfolgsstelle f • kar merkezi
erforderlich • gerekli; lüzumlu
erfordern • gerektirmek; icap etmek
Erfordernis n • gereklilik; şart
erforschen • araştırmak; tetkik etmek
Erforschung f • araştırma; tetkik
erfragen • sorarak öğrenmek
erfüllen • ifa etmek; ödemek; ödemek için kabul etmek; yerine getirmek
erfüllte Verpflichtungen pl. f • yerine getirilmiş yükümlülükler
Erfüllung f • aktin ifası; edim; ifa; ödeme; tediye
Erfüllungsdatum n • ifa tarihi
Erfüllungsgarantie f • kesin taminat mektubu
Erfüllungsgehilfe m • muavin şahıs
Erfüllungsinteresse n • müspet ziyan
Erfüllungsort m • ifa yeri; ifa mahalli
Erfüllungstag m • ifa günü; ifa tarihi; ifa zamanı
Erfüllungsübernahme f • borcun nakli
Erfüllungsvermutung f • ifa karinesi
Erfüllungszeit f • ifa vadesi; ifa zamanı
ergänzen • ikmal etmek; tamamlamak
ergänzend • tamamlayan
Ergänzung f • tümleç; ek; ilave
Ergänzungsberichte pl. m • destekleyici tablolar; ek tablolar
Ergänzungseid m • mütemmim yemin
Ergänzungsgesetz n • tamamlayıcı kanun

Fachwörterbuch

Ergänzungsprogramme und -unterricht pl. m • tamamlama programları ve eğitimleri
Ergänzungssteuer f • munzam vergi
Ergativ m • eden durumu
ergeben • göstermek; ispat etmek
Ergebnis n • netice; sonuç; tesir
Ergebnisrechnung f • kar ve zarar hesabı
ergehen • çıkmak; yayınlamak
Ergiebigkeit f • verim kapasitesi; verimlilik
Ergreifung f • el koyma; gasp etme
ergründen • aslını araştırmak; ortaya çıkarmak
Erhalt m • alma; karşılama
erhalten • almak; bakmak; kazanmak; saklamak
Erhalter m • muhafaza eden; muin; yardımcı
Erhaltung f • bakma; muhafaza; saklama
Erhaltungsaufwand m • tamir ve bakım giderleri
Erhaltungsmassnahme f • muhafaza tedbiri
Erhaltungsmassnahmen pl. f • muhafaza tedbirleri
erhängen • idam etmek
erhärten • doğrulamak; tasdik etmek
Erhärtung f • doğrulama; tasdik
erheben • dava açmak; haczetmek; tahsil etmek; tarhetmek
erheblich • oldukça önemli
erhebliche Einwendungen pl. f • tutarlı itirazlar
erheblicher Schaden m • ağır hasar
Erheblichkeit f • ehemmiyet; önem
Erhebung f • tarama araştırması
Erhebung f • araştırma; delil tesbiti; istatistik; sayım; soruşturma; tahkikat; tahsilat
Erhebung f der Berufe pl. m • meslek taraması
Erhebung f und Übernahme f • tahsilat ve teslim alma
Erhebungskosten pl. • tahsilat giderleri; tahsilat maliyeti
Erhebungsmonat m • istatistiklerin toplandığı ay

erhellen • açıklamak; aydınlığa kavuşturmak
erhöhen • artırmak; yükseltmek
erhöhte Abschreibung f • hızlandırılmış amortisman
Erhöhung f • artırma; yükseltme
Erhöhung f in Passiva pl. • pasifteki artma
Erinnerung f • anımsama
erkennbar • tanınabilir; teşhis edilebilir
erkennen • hesaba alacak geçirmek; tanımak; teşhis etmek
Erkenntnis f • bilgi
Erkenntnis f • hüküm; ilam; karar
Erkenntnistheorie f • bilgi kuramı
Erkenntniswert m • informatif değer
erklären • açıklamak; anlatmak; izah etmek
erklärende Methode f • açıklama yöntemi
Erklärer m • açıklayan; anlatan; yorumlayan
erklärlich • anlaşılır; izah edilebilir
erklärte Dividende f • dağıtılacağı açıklanan kar payı
erklärter Wert m • açıklanan değer; belirtilen değer
Erklärung f • açıklama; beyan; beyanname; izah; izah etme; tefsir; yorum
Erklärung f der Bürgerrechte pl. n • Hukuku Beşer Beyannamesi
Erklärung f der Menschen- und Bürgerrechte pl. n • İnsan ve Vatandaş Hakları Beyannamesi
Erklärung f der Menschenrechte pl. n • Hukuku Beşer Beyannamesi
Erklärung f über Entwicklung f des Eigenkapitals n • özsermayedeki gelişmeler tablosu
Erklärungstheorie f • irade beyanı nazariyesi
Erklärungsurkunde f • beyanname
Erklärungsverfahren n • beyan işlemi
erlangen • elde etmek; kazanmak
Erlass m • af; borçtan af; borcun ödenmesi; emir; feragat; genelge; ibra; kararname; muafiyet; tamim; vazgeçme; vergi borcunun veya bir cezanın affedilmesi
Erlass m der Forderung m • alacağın ibrası

Mesleki Terimler Sözlüğü

Erlass m des Gesetzes n • kanunun yayınlanması
erlassen • affetmek; ibra etmek; yayınlamak
Erlassung f • af
erlauben • izin vermek; müsaade etmek
Erlaubnis einholen f • müsaade almak
Erlaubnis f • izin; lisans; müsaade; ruhsat
Erlaubnisbrief m • izin mektubu
Erlaubnisschein m • izin; lisans; permi; ruhsat
Erlaubnisurkunde f • ruhsatiye; ruhsatname
erlaubt • meşru; yasal
erläutern • açıklamak; izah etmek; yorumlamak
Erläuterung f • açıklama; tefsir; yorum
Erläuterungsschrift f • açıklama; şerh
Erlebensfallversicherung f • hayat halinde sigorta
Erlebnis n • yaşantı
erledigen • bitirmek; halletmek
Erledigung f • bitirme; borcun tasfiyesi; hesabın kapatılması; sonuçlandırma
erlegen • ödemek; yatırmak
erleichtern • hafifletmek; kolaylaştırmak
Erleichterung f • hafifletme; kolaylık
erleiden • başına gelmek; katlanmak
erlisten • hile ile elde etmek
Erlös m • hasıla; hasılat; kazanç; satış gelirleri; satıştan ele geçen para
erlöschen • hükmünü kaybetmek; sona ermek
Erlöschen n • hakkın düşmesi; hükümden düşme; sukut
Erlöschen n der Strafe f • cezanın düşmesi; cezanın sukutu
Erlöschen n der Vollmacht f • vekaletin sona ermesi
Erlöschensgründe pl. m • düşme sebepleri; sukut sebepleri
Erlöse pl. m aus der Betriebstätigkeit f • faaliyet hasılatı
Erlöspreisbildung f • satış fiyatlarının teşekkülü
Erlösschmälerung f • satışlardan çeşitli nedenlerle yapılan indirimler
ermächtigen • izin vermek; vekalet vermek; yetki vermek
ermächtigte Bank f • yetkili banka
Ermächtigung f • izin; salahiyet; vekalet; yetki; yetki belgesi
Ermächtigungsgesetz n • yasama yetkisini geçici olarak yürütme organına veren kanun
ermahnen • ihtar etmek; ikaz etmek
Ermahnung f • dikkat çekme
Ermahnungsschreiben n • ihtar mektubu
ermässigen • indirmek; tenzil etmek
ermässigter Zolltarif m • farklı tarifeler
Ermässigung f • indirim; tenkis; tenzil; tenzilat
ermessen • anlamak; mülahaza etmek; takdir etmek
Ermessen n • takdir hakkı; takdir salahiyeti; takdir yetkisi
Ermessensakt m • takdire bağlı muamele
Ermessenshandlung f • takdire bağlı muamele
ermitteln • bulmak; soruşturmak; tahkikat yapmak
Ermittlung f • soruşturma; tahkikat
Ermittlungsverfahren n • hazırlık tahkikatı
ermöglichen • mümkün kılmak
Ermüdungserscheinung f • piyasada durgunluk belirtisi
ernähren • geçindirmek
Ernährer m • aile yardımcısı; muin
Ernährung f • bakım; gıda; iaşe; infak
Ernährungsaufwand m • yiyecek için yapılan sarfiyat
Ernährungserzieher m • beslenme eğitimcisi
Ernährungserziehung f • beslenme eğitimi
Ernährungsgüter pl. n • gıda maddeleri
Ernährungsstandard m • beslenme standardı
Ernährungswirtschaft f • gıda sanayi
ernennen • atamak; tayin etmek
Ernennung f • atama; atanma; tayin
Ernennungsbrief m • tayin tezkeresi
Ernennungsrecht n • tayin hakkı
erneuern • tazelemek; yenilemek
erneuerter Standard m • güncelleştirilmiş standart

Fachwörterbuch

Erneuerung f • yenileşme; revizyon; yenileme
Erneuerungsfonds m • yenileme fonu
Erneuerungskosten pl. • yenileme maliyeti
Erneuerungsrückstellung f • varlıkların yenilenmesi için pasifte ayrılan karşılık; yenileme fonu karşılığı
Erneuerungsschein m • talon; yenileme kuponu
ernst • ciddi; resmi
ernsthaft • ağırbaşlı; ciddi
Ernteeinlagerung f • hububat stoku
Erntestützungskredit m • ürün destekleme kredisi
erobern • fethetmek; zapt etmek
Eroberungsrecht n • fetih hakkı
eröffnen • açmak; başlamak; bildirmek; tebliğ etmek
eröffnende Bank f • akreditifi açan banka
Eröffnung f • açılış; başlangıç; bildiri; tebliğ
Eröffnung f des Erbgangs m • mirasın açılması
Eröffnung f eines Urteils n • hüküm ilânı; hükmün ilanı
Eröffnungsbefehl m • açılış emri
Eröffnungsbeschluss m • son tahkikatın açılması kararı
Eröffnungsbeschlussverfahren n • ara tahkikat
Eröffnungsbilanz f • açılış bilançosu; ilk tesis bilançosu; önceki dönemden devredilen hesap bakiyelerinin listesi
Eröffnungsbuchung f • açılış kaydı
Eröffnungskurs m • açılış fiyatı
Eröffnungssaldo m • açılış bakiyesi
erörtern • görüşmek; müzakere etmek
Erörterung f • açıklama; görüşme; müzakere
erpressen • şantaj yapmak
Erpresser m • amiri mücbir; şantajcı
Erpressung f • şantaj
Erpressungsversuch m • şantaj
erproben • denemek; uygulamak
erregen • sebep olmak; tahrik ve teşvik etmek
erreichbarer Standart m • erişilebilir standart

errichten • kurmak; tanzim etmek; tesis etmek
Errichtung f • kuruluş; tanzim; tesis
Errichtung f des Testaments n • vasiyetname tanzimi
Ersatz m • giderim; ikame; tazminat;
Ersatz m beantragen • tazminat talep etmek
Ersatz m für Nichtvermögensschaden m • manevi tazminat
Ersatz m für Sachschaden m • maddi tazminat
Ersatz m für Vermögensschaden m • maddi tazminat
Ersatz m leisten • tazmin etmek
Ersatz m von Verwendungen pl. f • masrafların tazmini
Ersatzanspruch m • tazminat talebi
Ersatzanspruch m aus dem Mietverhältnis n • kira münasebetinden doğan tazminat talebi
Ersatzausstattung f • yedek teçhizat
Ersatzbefriedigung f • karşılama; tazmin
Ersatzerbe m • ikame mirasçı; yedek mirasçı
Ersatzerbeneinsetzung f • alelade ikame
Ersatzforderung f • tazmin alacağı
Ersatzfreiheitsstrafe f • para cezası yerine geçen hapis cezası
Ersatzlehrer m • vekil öğretmen
Ersatzleistung f • giderim değeri; karşılık meblağ; ödeme; tazminat; tazminat tutarı
Ersatzpflicht f • tazmin mükellefiyeti
Ersatzsumme f • tazmin bedeli
Ersatzteil m • yedek parça
Ersatzvermächtnis n • yedek vasiyetname
Ersatzwert m • tazminat konusunun bedeli
erscheinen • görünmek; hazır bulunmak; yayınlamak
Erscheinung f • görüngü; görünme; hazır bulunma; yayınlanma
erschiessen • kurşuna dizmek
erschlagen • darbeyle öldürmek
Erschliessung f • geliştirme; işletmeye açma
erschüttern • müteessir etmek; sarsmak
Erschütterung f • sarsıntı; teessür

Mesleki Terimler Sözlüğü

Erschütterung f der Geschäftsgrundlage f • beklenilmeyen hal şartı; beklenilmeyen vaziyet
erschweren • ağırlaştırmak
erschwerende Umstände pl. m • cezayı ağırlaştırıcı sebepler
ersetzbar • karşılanabilir; telafi edilebilir
ersetzen • karşılamak; tazminat vermek; yerine geçmek
Ersetzung f • karşılama; tazmin; yerine geçme
Ersetzungsbefugnis f • muhayyerlik; serbestlik
ersitzen • uzun zaman tasarrufu altında bulundurmak suretiyle iktisap etmek
Ersitzung f • iktisabi mürûru zaman; kazandırıcı zamanaşımı yoluyla iktisap
Ersparnis n • biriktirilen para; tasarruf; birikim
erst • birinci; ilk
erst später fällig • müeccel
Erstabsatz m • başlangıç satışı
erstatten • bedelini ödemek; geri vermek; karşılamak; tazminat ödemek
Erstattung f • geri verme; iade; karşılama
erste Dividende f • ilk temettü
erste gesetzliche Rücklage f • birinci tertip kanuni yedek akçe; birinci yasal yedekler
erste Gliederung f • birinci eklemlilik
Erste Hilfe f • ilkyardım
erste Hypothek f • birinci derece ipotek
erste Instanz f • ilk merci
erstehelich • ilk evliliğe ait
ersteheliches Kind n • ilk evlilikten doğan çocuk
erster Liquidationstag m • ilk tasfiye günü
Erstfinanzierung f • ilk finansman
Erstgeburtsrecht n • ekber evlat hakkı
Erstgutschrift f • ilk matlup
erstklassiger Wechsel m • güvenilir senet; sağlam senet
erstklassiges Papier n • birinci sınıf kıymetli evrak; ödenmeme riski olmayan poliçe; ödenmeme riski olmayan senet; sağlam ticari senet
erstrangig • birinci sınıf
Erstschrift f • vesaikin orijinali

Erstschuldner m • birinci borçlu
Erstversicherung f • direkt sigorta
ersuchen • istemek; rica etmek
Ersuchen n • başvurma; başvuru; dilekçe; müracaat talep
ertappen • suçüstü yakalamak
erteilen • müsaade etmek; vermek
Erteilung f • müsaade etme; verme
Ertrag m • bedel; gelir; getiri; hasıla; hasılat; irat; kazanç; randıman; semere; ürün; vergi sonrası; verim
ertragbringend • karlı; kazançlı; verimli
Erträge pl. m • semereler
ertragen • katlanmak; tahammül etmek
Erträgnisse pl. n • semereler
Erträgnistransfer m • yatırım gelirinin transferi
ertragreich • karlı
Ertragsbeteiligung f • gelirden pay alma
Ertragskraft f • gelir sağlayabilme gücü; rantabilite
Ertragsrealisation f • gelirin tanınması; hasılatın gerçekleşmesi
Ertragsrealisation f zum Zeitpunkt m der Fertigung f • üretimin tamamlandığı anda hasılatın gerçekleşmesi
Ertragsrealisation f zum Zeitpunkt m der Lieferung f • malın gönderildiği anda satışın gerçekleşmesi
Ertragsrechnung f • kar ve zarar hesabı
Ertragssteuer f • gelir vergisi; hasılat vergisi; irat vergisi
Ertragswert m • bugünkü değer; faaliyetteki işletme değeri; hasıla değeri; randıman değeri; şimdiki değer
eruieren • ortaya çıkarmak; tahkik etmek
Erwachsenenalter n • yetişkinlik çağı
Erwachsenenbildung f • yetişkin eğitimi; yetişkinler eğitimi
Erwachsener m • yetişkin
erwachsener Student m • yetişkin öğrenci
erwägen • mülahaza etmek; tetkik etmek
Erwägung f • mülahaza; tetkik
Erwägungen pl. f • gerekçe; mucip sebepler
erwähnen • anmak; zikretmek
Erwähnung f • anma; zikretme
erwarten • beklemek; ummak
Erweichung f • yumuşama

Fachwörterbuch

erweisen • göstermek; ispat etmek
erweitern • artırmak; genişletmek
Erweiterung f • yayılım
Erweiterung f • genişleme
Erweiterungsinvestition f • tevsi yatırımı
Erwerb m • elde etme; iktisap; kazanç; kazanma; ücret
Erwerb m der Erbschaft f • mirasın iktisabı
Erwerb m durch Kauf m • satın alma yoluyla elde etme
Erwerb m durch Schenkung f • bağış yoluyla elde etme
erwerben • elde etmek; iktisap etmek; kazanmak; sahip olmak
Erwerber m • alıcı; devralan; iktisap eden; kendisine devredilen
Erwerbs- und Wirtschaftsgenossenschaft f • ticari kooperatif
Erwerbsarten pl. f • iktisap yolları
Erwerbsbeschränkter m • sakatlık nedeniyle çalışma gücü sınırlı olan
Erwerbsbeschränkung f • sakatlık nedeniyle çalışma gücünün sınırlı olması
erwerbsfähig • çalışabilir durumda
Erwerbsfähigkeit f • çalışabilir durumda olma
Erwerbsgemeinschaft f • evlilikte gelir ortaklığı
Erwerbsgenossenschaft f • endüstri kooperatifi
Erwerbslosenquote f • işsizlik oranı
Erwerbsminderung f • çalışma gücünün azalması; kazanç kapasitesinde azalma
Erwerbsrecht n • iştira hakkı; satın alma hakkı
erwerbstätig • çalışan; meslek sahibi
erwerbsunfähig • malul
Erwerbsunfähigkeit f • maluliyet
Erwerbszweig m • iş meslek; zanaat
Erwerbung f • elde etme; iktisap; kazanma
erwidern • cevap vermek; karşılık vermek
Erwiderung f • cevap; karşılık
Erwiderungsschrift f • cevap layihası
erwirtschaften • elde etmek; kazanmak; üretmek
erwischen • ele geçirmek; yakalamak

erworben • edinsel
erworben • kazanılmış; müktesep
erworbene Rechte pl. n • kazanılmış haklar
erwürgen • boğmak
erzählen • anlatmak; nakletmek
erzeigen • göstermek; meydana çıkarmak
erzeugen • istihsal etmek; meydana getirmek
Erzeuger m • üretici
Erzeugnis n • mamul; semere; üretim; ürün
Erzeugniskosten pl. • mamul maliyeti
Erzeugnisse pl. n der Buchdruckpresse f • matbua
Erzeugung f • üretim
erziehen • eğitmek; yetiştirmek
Erzieher m • eğitimci; eğitmen
Erzieher m • eğiten; mürebbiye; yetiştiren
erzieherisch • eğitici; eğitimsel
erzieherisch • eğitimle ilgili
erzieherische Massnahmen pl. f treffen • eğitimle ilgili tedbirler almak
Erziehung f • eğitim; terbiye; tersiye
Erziehung f betreffend • eğitimsel
Erziehungsanstalt f • yetiştirme yurdu
Erziehungsbeihilfe f • burs
Erziehungsberechtigte pl. m • veliler
Erziehungsberechtigter m • veli
Erziehungsphilosophie f • eğitim felsefesi
Erziehungswissenschaft f • eğitbilim
erzielen • elde etmek; kazanmak
erzwingen • mecbur etmek; zorlamak
eskomptieren • iskonto etmek
Eskontsatz m • iskonto oranı
Essivus m • koşul durumu
Etat m • bütçe; devlet bütçesi
Etatausgleichsprinzip n • bütçenin gider ve gelirlerinin denk olması ilkesi
etatisieren • bütçeye sokmak
Etatismus m • devletçilik
Etatjahr n • mali yıl
etatmässig • bütçeye uygun olarak
Ethik f • törebilim
Ethik f • ahlakbilim
ethisch • ahlaki; töresel
ethische Entwicklung f • ahlâk gelişimi
ethische Norm f • ahlak kaidesi
ethische Pädagogik f • ahlâk eğitbilimi

Mesleki Terimler Sözlüğü

ethnisch • milli; ırki
Ethnographie f • budunbetim
Ethnolinguistik f • budundilbilim
Ethnologie f • budunbilim
Ethymologie f • nedenbilim
Etikett n • etiket
Etikettpreis m • etiket fiyatı
etwaig • muhtemel
Etymologie f • kökenbilim
Etymon n • köken
Euphemismus m • örtmece
Euphonie f • akışma
Eurobond m • euro-tahvil; Euro tahvil
Euro-clear • euro-takas
Eurogeldmarkt m • Avrupa para piyasası
Eurokapitalmarkt m • Avrupa sermaye piyasası
Eurokredit m • euro-döviz cinsinden verilen kredi
Eurokreditmarkt m • euro-kredi piyasası
Euromarkt m • Avrupa piyasası
europäische Freihandelszone f • Avrupa Serbest Ticaret Birliği
Europäische Gemeinschaft f für Kohle f und Stahl m • Avrupa Kömür ve Çelik Birliği
Europäische Investitionsbank f • Avrupa Yatırım Bankası
Europäische Produktivitätszentrale f • Avrupa Prodüktivite Merkezi
europäische Rechnungseinheit f • Avrupa Hesap Birimi
europäische Währungseinheit f • Avrupa Para Birimi
europäische Währungsschlange f • Avrupa para yılanı
Europäische Wirtschaftsgemeinschaft f • Avrupa Ekonomik Birliği; Avrupa Ekonomik Topluluğu
Europäische Zollunion f • Avrupa Gümrük Birliği
europäischer Monetär Fond m • Avrupa Para Fonu
Europäischer Niederlassungsfonds m • Avrupa İskân Fonu
europäisches Währungssystem n • Avrupa Para Sistemi
Europarat m • Avrupa Konseyi

European Reconstruction Fonds • Avrupa İskan Fonu
Euroscheck m • euroçek
Eurowährung f • euro-döviz
Evaluation f • değerlendirme; iş değerlendirmesi
evaluieren • değerlendirmek
Evaluierung f • değerlendirme
evangelisch • Protestan
Eventualantrag m • ihtimali talep
Eventualfall m • tesadüfi olay
Eventualität f • ihtimal; imkan dahilinde
Eventualverbindlichkeit f • olası borç
Eventualverpflichtungen pl. f • şarta bağlı borçlar
eventuell • muhtemel; olası
Eviktion f • zapt; zoralım
Evokation f • celp; davet
Evokation f des Beklagten m • davalının mahkeme celbi
Evolution f • evrim
Evolutionismus m • evrimcilik
evolutiv • evrimsel
evolutive Sprachwissenschaft f • evrimsel dilbilim
ex Anrecht n • rüçhan hakkı olmadan
ex Coupon • kuponsuz
exakt • doğru; tam
Exaktheit f • doğruluk
Examen n • sınav
Exarchat n • ekzarhlık
exekutieren • icra etmek; infaz etmek
Exekution f • icra; infaz; yerine getirme
exekutiv • icra edici; infaz edici
Exekutive f • icra kuvveti
Exekutor m • icra memuru
Exemplar n • örnek; suret
Exil n • sürgün
exilieren • sürgün etmek
Existentialismus m • varoluşçuluk
Existenz f • maişet; mevcudiyet; nafaka; varlık
Existenzberechtigung f • yaşama hakkı
Existenzpsychologie f • varoluşçu ruhbilim
existieren • mevcut olmak; varolmak
Exotenfonds m • off shore fonları
exozentrisch • dışözeksel
Expansion f • yayılım; genişleme

Fachwörterbuch

Experiment n • deney
Experimentalismus m • deneyselcilik
experimentelle Forschung f • deneysel araştırma
experimentelle Pädagogik f • deneysel eğitim
experimentelle Untersuchung f • deneysel inceleme
experimentelle Wissenschaft f • deneysel bilim
experimentelles Lernen n • deneysel öğrenme
Experte m • bilirkişi; eksper
Expertenpool m • uzmanlar havuzu
Expertise f • ekspertiz
Expiration f • soluk verme
expletiv • dolgu
Explosion f • dış patlama
explosiv m • dış patlamalı
Explosivlaut m • dış patlamalı
Export m • dışsatım; ihraç; ihracat
Exportagent m • ihracat mümessili
Exportberatungsstelle f • ihracat danışma servisi
Exportbonus m • ihracat primi
Exporteur m • ihracatçı
Exportfinanzierung f • ihracat finansmanı
Exportförderung f • ihracatın teşviki
Exportgruppe f • ihracat birliği
Exportinvestition f • ihracatı artırıcı proje yatırımı
Exportkredit m • ihracat kredisi

Exportland n • ihracatın yapıldığı memleket
Export-Tatte f • ihracatçı poliçesi
Exportwirtschaft f • ihracatçılık
expressiv • anlatımsal
Expromission f • gönüllü olarak üstlenme
Expropriation f • devletleştirme
expropriieren • devletleştirmek
Extension f • kaplam
extensives Lesen n • kapsamlı okuma
extern • dış; harici
Externer m • gündüzlü öğrenci
externer Schüler m • yatısız öğrenci
Exterritorialität f • dokunulmazlık; hariç ez memleket imtiyazı; hariç ez memleket kaidesi
Exterritorialität f der Diplomaten pl. m • diplomatik dokunulmazlık; diplomatik masuniyet
Extinktivverjährung f • ıskat müruru zamanı; ıskat zamanaşımı
extra • hususi; özel
Extraarbeit f • ek iş
Extradividende f • ek temettü; ikramiye
Extrakommission f • ek komisyon
Extraordinarium n • olağanüstü bütçe
Extrapolation f • dışulama
extrem • aşırı; radikal
Exzedentenversicherung f • aşkın hasar noktası
Exzess m • ifrat; ölçüsüzlük; taşkınlık

F

Fabrik f • fabrika; imalathane
Fabrikanlage f • fabrika tesisi; sınai müesese
Fabrikant m • fabrikatör
Fabrikarbeiter m • fabrika işçisi
Fabrikat n • mal; mamulat; marka
Fabrikation f • fabrikasyon; imalat
Fabrikationsgeheimnis n • fabrikasyon sırrı; imalat sırrı
Fabrikationssteuer f • imalat vergisi
Fabrikbetrieb m • fabrika işletmesi; sınai müessese
Fabrikgelände f • fabrika sahası
Fabrikklausel f • fabrika teslim şartı
Fabrikmarke f • alameti fabrika; marka
Fabriksabgabepreis m • fabrika teslimi satış fiyatı
Fabriksystem n • fabrika sistemi
Fabrikzeichen n • alameti fabrika; imalat markası; marka
fabrizieren • fabrikada üretmek; imal etmek; yapmak
Fach n • branş; ders; ilim sahası; meslek kolu; uzmanlık
Facharbeiter m • kalifiye işçi
Facharzt m • mütehassıs doktor; mütehassıs hekim
Fachausbildung f • ihtisas eğitimi
Fachausdruck m • bilim dili; terim
Fachberater m • danışman
Fachbereich m • alan
Fachbereich m • uzmanlık alanı
Fachbildung f • mesleki eğitim ve öğretim
Fachgebiet n • uzmanlık dalı
Fachgymnasium n für Hotelwesen n und Tourismus m • otelcilik turizm meslek lisesi
Fachhochschule f • meslek yüksek okulu
Fachhochschulstudium n • mesleki yüksek öğretim
Fachkenntnisse pl. • mesleki bilgi
Fachkraft f • meslek elemanı; kalifiye işgücü; kalifiye eleman
fachkundig • mütehassıs; uzman
Fachlehrer m • dal öğretmeni
fachlich • uzmanlık hakkında

Fachmann m • eksper; mütehaasıs; uzman
fachmännisch • uzman olarak
Fachpersonal n • meslek elemanı
Fachschau f • özel sergi; ticari sergi
Fachverband m • mesleki bilgi
Fachwelt f • mesleki çevreler
Fachzeitschrift f • mesleki dergi
Faconwert m eines Geschäftes n • peştemallık
Factoring n • alacakların devredilmesi; alcakların satılması; faktoring
fähig • ehil; yeterli
Fähigkeit f • yetenek; ehliyet; yeterlik
Fahne f • bayrak; sancak
Fahnenflucht f • firar
Fahrer m • sürücü; şoför
Fahrerflucht f • şoförün kaza yerinden kaçması
Fahrerlaubnis f • ehliyetname
Fahrgast m • yolcu
fahrlässig • dikkatsiz; ihmalkar
fahrlässige Strafen pl. f • taksirli suçlar
Fahrlässigkeit f • ihmal; kusur
Fahrlässigkeitsdelikte pl. n • taksirli suçlar
Fahrnis f • menkul mal; menkul mallar
Fahrniseigentum n • menkul mülkiyeti
Fahrnisgemeinschaft f • karı koca arasında menkul mallarda ortaklık; mahdut ortaklık
Fahrnispfandrecht n • menkul rehni
Fahrt f • rota; seyahat; seyrüsefer
Fahrverbot n • taşıt girme yasağı
Fahrvorschrift f • seyrüsefer talimatnamesi
Fahrzeug n • taşıt
Fahrzeugbrief m • taşıt ruhsatnamesi
Fair Credit Reporting Act (ABD) 1971 • Tarafsız Kredi Raporu Yasası
Faksimile eines Druckes m • baskının aslına uygun kopyası
Faksimile n • el yazısı; faks; resim veya matbu bir kağıdın kopyası; aslına uygun kopya
Faksimile n einer Handschrift f • elyazısının aslına uygun kopyası

Fachwörterbuch

Faksimilestempel m • imza mühürü
faksimilieren • kopyasını çıkarmak
faksimilierte Unterschrift f • mühür
Faktion f • aşırı suç; gizli cemiyet; hizip
faktisch • gerçek; hakiki
faktitiv • ettirgen çatı
Faktitiv n • ettirgen eylem
Faktitivum n • ettirgen çatı
Faktizität f • gerçek; realite
Faktor m • etmen
Faktor m • amil; sebep
Faktorenanalyse f • etmen çözümlemesi
Faktum n • olgu
Faktum n • hakikat; mevcut olan
Faktura f • fatura
Fakturensaldo m • fatura bakiyesi
fakturieren • fatura etmek; fatura tanzim etmek
Fakturist m • fatura memuru
Fakultät f • fakülte
fakultativ • ihtiyari; ihtiyari olarak; isteğe bağlı; seçime bağlı
fakultative Transformation f • seçimlik dönüşüm
Fall m • dava; hadise; örnekolay
fallen • düşmek; sukut etmek
fallen lassen • düşürmek
fallende Abschreibung f • azalan tutarlar ile amortisman ayırma
fallenlassen • feragat etmek; vazgeçmek
fällig • muaccel; ödenecek; vadesi gelen
fällig werden • vadesi gelmek
fällige Beiträge pl. m • vadesi gelen primler
fällige Obligationen pl. f • vadesi gelmiş tahviller
fällige Schuld f • vadesi gelmiş borç
fällige Zinsen pl. m • ödenecek faiz; vadesi gelmiş faiz
fälliger Wechsel m • borç senetleri; vadesi gelmiş senet
Fälligkeit f • muacceliyet; ödeme günü; vade; vade hulûlü
Fälligkeitsdatum n • ödeme tarihi; vade tarihi
Fälligkeitstermin m • alacağın muaccel olduğu zaman; ödeme günü; ödeme tarihi; ödeme zamanı; vade; vade günü; vade tarihi

Fälligkeitsverzeichnis n • borçların vadelerini gösteren dosya
Fälligkeitswert m • vade sonundaki değer
Falliment n • iflas
Fallissement n • iflas
Fallstudie f • örnekolay incelemesi
falsch • sahte; yalan; yanlış
falsch datieren • hatalı tarih atmak
Falschaussage f • yalan ifade
Falschbuchung f • hatalı kayıt
falsche Angabe f • yalan beyan
falsche Anschuldigung f • iftira; suç tasnii
falsche Darstellung f • yalan beyan
falsche Unterschrift f • sahte imza
falsche Verdächtigung f • haksız itham
Falscheid m • yalan yere yemin
fälschen • aldatmak niyetiyle taklit etmek; sahte para basmak; tahrif etmek; taklit etmek
falscher Eid m • yalan yere yemin
Fälscher m • kalpazan; sahtekar
falscher Scheck m • sahte çek; üzerinde tahrifat yapılmış çek
falsches Zeugnis n • yalan yere tanıklık; yalan yere şahadet; yalancı şahitlik
Falschgeld n • kalp para; sahte para
Falschheit f • sahtelik; yalan
Falschmeldung f • doğru olmayan haber
Falschmünzer m • kalpazan
Falschmünzerei f • kalpazanlık
Fälschung f • sahtecilik; sahtekarlık; sahtesini yapma; tahrif
Fälschungseinrede f • sahtelik iddiası
Fälschungsklage f • sahtelik iddiası
Falsifikat n • sahtekarlık; tahrifat
Familenbeihilfe f • aile yardımı
familiär • ailevi; teklifsiz
Familie f • aile
Familienangehöriger m • aile ferdi
Familienarbeitskräfte pl. f • çalışan aile üyeleri
Familienbetrieb m • aile işletmesi
Familienbuch n • nüfus aile kütüğü
Familienerziehung f • aile eğitimi
Familienfürsorge f • aile yardımı
Familiengesellschaft f • aile şirketi
Familiengründung f • aile şirketi

Mesleki Terimler Sözlüğü

Familienintegrationsprogramme pl. n • aile katılım programları
Familienkunde f • aile bilgisi
Familienname m • soy adı; soyadı
Familienoberhaupt n • aile reisi; ev reisi
Familienrat m • aile meclisi
Familienrecht n • aile hukuku
Familienstammbuch n • nüfus aile kütüğü
Familienstand m • medeni hal
Familienstandsbescheinigung f • medeni hal belgesi
Familienstiftung f • aile vakfı
Familienvermögen n • aile malları
Familienvormundschaft f • aile vesayeti
Familienwirtschaft f • aile çiftliği
Familienzulage f • aile yardımı
Familienzusammenführung f • ailelerin birleştirilmesi
Familienzusammenführungsgesetz n • Ailelerin Birleştirilmesi Kanunu
Farbenblindheit f • renk körlüğü
Farbsektor m • boya üreticileri
fassen • anlamak; ele geçirmek; kavramak; yakalamak
Fassung f • metin; şekil
Fatalismus m • yazgıcılık
Faust f • yumruk
Faustpfand n • rehin; teslim şartlı rehin; teslimi meşrut şekilde rehin
Faustpfandkredit m • menkul kıymet rehni karşılığı avans
Fautfracht f • geminin yanında teslim şartı; pişmanlık navlunu; yükün eksik verilmesinden dolayı gemi sahibine ödenen tazminat
Federal Reserve System • federal rezerv sistemi
federführende Bank f • lider banka
Federführung f • liderlik; merkezi yönetim
Feedback n • geridönüm
Fehlbedarf m • karşılanmayan talep
Fehlbestand m • açık
Fehlbetrag m • açık; eksiklik; fire; yetersizlik
fehlen • eksik olmak; hazır bulunmamak
Fehlentwicklung f • arzu edilmeyen gelişme

Fehler m • ayıp; hata; kusur; noksanlık; yanlış; yanılgı
Fehlergrenze f • hakkı nar; hata marjı
fehlerhaft • ayıplı; hatalı; kusurlu
Fehlfracht f • pişmanlık navlunu
Fehlinvestition f • yersiz ya da gereksiz yatırım
Fehlmenge f • eksiklik
Fehlspruch m • hatalı karar
Fehlurteil n • yanlış hüküm
Feiertag m • bayram günü; tatil günü
Feiertage pl. m • genel tatiller
feil • satılık
feilbieten • satlığa çıkarmak
feilhalten • satılığa çıkarmak
feilschen • pazarlık etmek
Feilschen n • pazarlık
Feind m • düşman; hasım
feindlich • düşmanca
feindliches Verhalten n • düşmanca davranış; hasmane hareket
Feindschaft f • düşmanlık; husumet
Feindseligkeiten pl. f • muhasamat
feiner Wechsel m • birinci sınıf kıymetli evrak
Feingehalt m • ayar; paradaki kıymetli maden muhtevası
Feingewicht n • ayar
Feinheit f • ayar; madeni paranın ayarı
Feld n • sahra; tarla; şube; alan
Feldhüter m • bekçi; kır bekçisi
Feldschützer m • kır bekçisi
Feldstudie f • alan araştırması; alan etüdü
Feldtheorie f • alan kuramı
Felduntersuchung f • alan incelemesi
Feldzug m • sefer
Femininum n • dişil
Ferien pl. • izin; mezuniyet
Ferienanspruch m • ücretli izin
Ferienlager n • tatil kampları
Ferman m • ferman
Fernbelastung f • başka bir yerden tahsil etme
Ferngymnasium n • açık lise
Fernhochschulstudium n • açık yüksek öğretim
Fernmeldewesen n • telekominikasyon
Fernschreiben n • teleprint veya teleks
Fernsehen n • televizyon

Fachwörterbuch

Fernsprecher m • telefon
Fernsprechgeheimnis n • muhabere hürriyeti; muhavere hürriyeti; telefon sır saklama yükümlülüğü
Fernstudium n • açıköğretim
Fernuniversität f • açıköğretim
Fernunterricht m • uzaktan öğretim
Fernübertragung f • başka şehire transfer
Fernziel n • uzun vadeli hedef
fertig • hazır; tamam
fertigen • düzenlemek; hazırlamak; imal etmek; tanzim etmek; yapmak
Fertigerzeugnis n • mamul
Fertigerzeugnisse pl. n • mamul mallar
Fertigfabrikate pl. n • mamul mallar
Fertigkeit f • beceri
Fertigprodukt n • mamul
Fertigung f • fabrikasyon; imalat; tanzim; tasdik
Fertigungsbereitschaften pl. f • imalatı tamamlama işlemleri
Fertigungseinrichtung f • imalat tesisi
Fertigungsfrist f • yapım müddeti
Fertigungsgemeinkosten pl. • genel imalat maliyetleri
Fertigungskosten pl. • imalat masrafları
Fertigungslohn m • direkt işçilik; imalat işçiliği; üretici işçilik
Fertigungsmaterial n • direkt malzeme
Fertigungsverfahren n • üretim yöntemi
Fertigwaren pl. f • mamul mallar
Fertigwarenbestand m • mamul stoku
fest • katı; sağlam
feste Aktiven pl. • sabit varlıklar
feste Anlagen pl. f • duran varlıklar
feste Schuld f • konsolide borç
fester Preis m • sabit fiyat
fester Wechselkurs m • sabit döviz kuru
festes Akkreditiv n • adi akreditif
festes Angebot n • kesin öneri
festes Kapital n • sabit sermaye
Festgeld n • vadeli mevduat; vadeli yatırılan para
Festgeldanlage f • vadeli para yatırma
festgesetzter Preis m • hesaplanmış fiyat
festgesetzter Wert m • açıklanan değer; belirtilen değer
festhalten • yakalamak
Festkonto n • bloke hesap; vadeli hesap

festlegen • belirlemek; karar vermek; tayin etmek; tespit etmek
Festlegung f • tespit
festliegendes Kapital n • sabit sermaye
Festnahme f • tevkif; tutma; yakalama
festnehmen • yakalamak
Festpreis m • maktu fiyat; pazarlıksız; sabit fiyat
Festratensystem n • sabit tarife sistemi
festsetzen • hapsetmek; kapatmak; tayin etmek; tespit etmek
Festsetzung f • tespit; yakalama
Festsetzung f der Lohnsätze pl. m • ücret hadlerinin saptanması
feststellen • tayin etmek; tespit etmek
Feststellung f • tayin; tespit
Feststellung f der Vaterschaft f • babalığın tespiti
Feststellungsklage f • tespit davası
Festung f • müstahkem mevki
Festungshaft f • kalebentlik
Festübernahme f • doğrudan aracılık yüklenimi
festverzinsliche Wertpapiere pl. n • hisse senedi; kıymetli evrak; menkul kıymetler; sabit faizli menkul kıymetler
feudal • feodal
Feudalismus m • derebeylik; feodalite
Feuer n • yangın
Feuerversicherung f • yangın sigortası
FIATA Konnossement n des kombinierten Transports m • FIATA birleşik nakliye konşimentosu
Fibel f • temel okuma kitabı
Fibelunterricht m • abece öğretimi
FIBOR Frankfurt Interbank Offered Rate • FIBOR Alman Bankaları tarafından uygulanan interbank faiz oran
Fiduziär m • güvenilir kişi; mutemet; yediemin
fiduziarische Rechtsgeschäfte pl. n • güvenli hukuki muamele; itimada müstenid hukuki muamele
Fifo-Verfahren n • ilk giren çıkar stok değerleme yöntemi
Figur f • beti; değişmece
figurativ • değişmeceli
Fiktion f • fiksiyon; mevhume; varsayım
fiktiv • farazi; varsayımsal

fiktive Aktiva pl. • gerçek değeri olmayan varlık; itibari varlık
fiktive Dividende f • fiktif temettü; gayri hakiki temettü
fiktive Vermögenswerte pl. m • gerçek değeri olmayan varlık; itibari varlık
fiktiver Gewinn m • enflasyon karı; fiktif kar, zahiri kar
fiktiver Zahlungsempfänger m • fiktif lehdar
Fiktivkonto n • fiktif mevduat
Filiale f • şube
Filialgeschäft n • ticarethane şubesi
Filialkonten pl. n • şube hesapları
Filialnetz n • bankanın şube teşkilatı
Filmrecht n • film hukuku
finance company • finansman evi
finance house • finansman evi
Finanz f • finansman; kamu geliri ve harcamalarını yönetme bilimi; maliye; para temini; para yönetimi
Finanzamt n • maliye; maliye vergi dairesi; vergi dairesi
Finanzaufkommen n • bütçe gelirleri
Finanzbehörde f • defterdarlık; mal müdürlüğü
Finanzbericht m • finansal rapor;
Finanzberichte pl. m • finansal tablolar; mali tablolar; muhasebe raporları
Finanzbuchhaltung f • finansal muhasebe; genel muhasebe; mali muhasebe
Finanzdaten pl. • mali göstergeler
Finanzdirektor m einer Provinz f • defterdar
Finanzen pl. • finans; finanslama
Finanzenstaffelform f • rapor şeklinde sunulan finansal tablo
Finanzflussrechnung f • nakit akışı tablosu
Finanzgericht n • vergi mahkemesi
Finanzgesellschaft f • yatırım şirketi
Finanzgesetz n • vergi kanunu
Finanzgesetze pl. n • mali kanunlar; mali yasalar
Finanzhoheit f • mali bağımsızlık
finanziell • mali; parasal
finanzielle Hilfe f • mali yardım
finanzielle Hilfsquelle f • mali kaynak
finanzielle Unterstützung f • para yardımı

finanzielle Vermittler pl. m • finansal aracılar; para simsarı
finanzielle Verpflichtungen pl. f • parasal yükümlülükler
finanzieller Aufbau m • finansal yapı
Finanzier m • maliyeci; para temini ve para yönetimi
finanzieren • finanse etmek
Finanzierung f • finanslama; finansman; fon temini
Finanzierungsgesellschaft f • finansman şirketi
Finanzierungskosten pl. • finansman giderleri
Finanzierungsmittel pl. n • mali kaynak
Finanzierungsquelle f • finansal kaynak; mali imkan
Finanzinvestition f • menkul değerlere yapılan yatırım
Finanzjahr n • mali yıl
Finanzkapital n • finansman sermayesi
Finanzkasse f • mal sandığı
Finanzkompetenz f • mali sorumluluk
Finanzkredit m • finansman kredisi
Finanzlage f • finansal yapı; mali durum
Finanzmacht f • mali güç
Finanzmann m • maliyeci
Finanzmarkt m • finansal pazar; sermaye piyasası
Finanzministerium n • Maliye Bakanlığı; Maliye Vekaleti
Finanzmonopol n • mali monopol
Finanzoperationen pl. f • finansal işlemler
Finanzperiode f • mali dönem
Finanzplan m • finansman bütçesi; mali merkez
Finanzpolitik f • mali politika; maliye politikası; maliye siyaseti
Finanzposition f • finansal yapı; mali durum
Finanzquelle f • mali kaynak
Finanzsystem n • mali sistem; mali usul
Finanzverwaltung f • maliye; maliye dairesi; maliye şubesi
Finanzwechsel m • finansman senedi
Finanzwesen n • finans; finanslama; finansman; kamu geliri ve harcamalarını

Fachwörterbuch

yönetme bilimi; maliye; para temini; para yönetimi
Finanzwirtschaft f • finansman mekanizması; finansman
finanzwirtschaftliche Verhältniszahl f • finansal oran
Finanzwissenschaftler m • maliye uzmanı
Finanzzoll m • gelir tahsil harcı
finden • bulmak; tesadüf etmek
Finder m • bulan; komisyoncu; lukatayı bulan kişi
Finderlohn m • bulup getirene kanunen öngörülen mükafat
Finger m • parmak
Fingerabdruck m • parmak izi
Fingerfarben pl. f • parmak boyası
fingierte Faktur f • proforma fatura
Firma f • firma; işletme; ortaklık; ticarethane; şirket
Firmenbezeichnung f • firma ismi
Firmenname m • ticaret ünvanı
Firmenprofil n • şirket bilgi formu
Firmenrembourse f • firmalar tarafından açılan vesaik kredisi
Firmenschutz m • ticaret ünvanının himayesi
Firmentitel m • ticaret ünvanı
Firmenwert m • firma değeri; peştamallık
Firmenzeichen n • üreticinin işareti veya markası
firmieren • firma adına imzalamak
Firmierung f • firma adı
Fischereirecht n • balıkçılık hukuku
Fischwirtschaft f • balık sanayii
fiskalisch • devlet gelirleri ile ilgili; devlet hazinesi ile ilgili
Fiskalpolitik f • hükümet politikası
Fiskalprozesse pl. m • devlet davaları
Fiskus m • devlet hazinesi; hazine; mali makamlar; İngiltere'de Maliye Bakanlığı
fix • değişmez; sabit
fixe Abzüge pl. m • sabit indirimler; sabit kesintiler
fixe Aufwendungen pl. f • değişmeyen giderler; sabit giderler
fixe Gewinnausschüttung f • sabit oranda kar payı dağıtımı
fixe Idee f • saplantı

fixe Kosten pl. • kapasite maliyetleri; sabit giderler; sabit maliyet
fixe Rendite f • sabit verim
Fixen n • açıktan satış; alivre satış
Fixer m • açıktan satış yapan; alivre satış yapan; borsa oyuncusu
fixes Einkommen n • sabit gelir
Fixgeschäft n • vadeli iş mukavelesi; zamanla mukayyet akit
fixieren • tayin etmek; tespit etmek
Fixkosten pl. • sabit giderler; sabit maliyet
Fixture • vadeli
Flagge f • bayrak; sancak
Flaggenattest n • bayrak tasdiknamesi
Flaggenprinzip n • bayrak esası; sancak esası
Flaggenzeugnis n • bayrak tasdiknamesi
flankierende Massnahmen pl. f • destek hizmet
Flanneltafel f • kumaş kaplı tahta
Flaute f • ticarette hareketsizlik veya durgunluk
flektierende Sprachen pl. f • bükünlü diller
flexibel • hareketli
Flexibilität f • esneklik
flexibler Wechselkurs m • dalgalı döviz kuru; serbest kur
flexibles Budget n • esnek bütçe
Flexion f • bükün
Flexionsendung f • çekim eki
Fliessband m • seri fabrikasyon tezgahı
Fliessbandarbeit f • seri fabrikasyon işçiliği veya mamulatı
Float • tahsil sürecindeki çekler
Floating n • dalgalanma
Flotte f • donanma; filo
Flottenabkommen n • savaş gemileri hakkında uluslararası sözleşme
Flucht f • firar; kaçma
Fluchthelfer m • firara yardım eden
Fluchthilfe f • firara yardımcı olma
Fluchtkapital n • kaçan sermaye
Fluchtverdacht m • firari şüphesi; kaçma şüphesi
Fluchtversuch m • firar teşebbüsü
Flughafen m • hava limanı; hava meydanı
Flugplatz m • tayyare meydanı, uçak meydanı

Mesleki Terimler Sözlüğü

Flugzeug n • tayyare; uçak
Flugzeugentführung f • uçak kaçırma
Fluktuation f • akış; dalgalama; dalgalanma; işçi giriş çıkışları; tahavvül
Flur f • köy arazisi; tarla ve meralar
Flurbuch n • köy arazisi kayıt kütüğü; tapu sicili
Flusschema n • akım şeması
Flusschiffahrt f • nehir gemi işletmeciliği
flüchten • firar etmek; kaçmak
flüchtig • firari; kaçak
Flüchtling m • kaçak; mülteci
Flüchtlingslager n • mülteci kampı
flüssige Mittel pl. n • disponibilite; eldeki parasal olanaklar; likiditesi yüksek varlıklar; likit varlıklar; nakit kaynaklar; paraya dönüştürülebilir varlıklar
flüssige Vermögenswerte pl. m • dönen varlıklar
FOB Flughafen m • FOB Hava limanı
FOB-Kauf m • fob satışlar
FOB-Verkauf m • fob satışlar
Fokus m • odak
Fokussierung f • odaklaştırma
Folge f • devam; sonuç
Folgeleisten n • ittiba; uyma
folgen • riayet etmek; takip etmek; uymak; yerine geçmek
folgerichtig • planlı; tutarlı
Folgerichtigkeit f • makuliyet; tutarlılık
Folgestudie f • izleme araştırması
folgewidrig • mantıksız; tutarsız
Folgewidrigkeit f • mantıksızlık; tutarsızlık
Folio n • folyo; yaprak
Folklore f • halkbilim
Folter f • işkence
foltern • işkence etmek
Fond m • esas; temel
Fonds m • akçe; amaca yönelik ayrılan para; devlet tahvili; fon; para; para ve mal mevcudu; sermaye
Fonds m aus Betriebsfähigkeit f • işletme faaliyetleri sonucunda yaratılmış fon
Fonds m für Entwicklung f und Ausweitung f der Lehrlings- und Berufsausbildung f • Çıraklık ve Meslek Eğitimi Geliştirme ve Yaygınlaştırma Fonu

Fondsbörse f • esham ve tahvilat borsası
Fondsbörsen pl. f • kıymetler ve kambiyo borsaları
fondsgebundene Lebensversicherungspolice f • değişken değerli hayat sigortası poliçesi
Fondskonto n • fon hesabı
Fondsmakler m • borsa simsarı
Fondsvermögen n • fona ait varlık
forcieren • çabuklaştırmak
forcieren • icbar etmek; zorlamak
Forderer m • alacaklı; müddei
fordern • istemek
Forderung f • alacak; hak; matlup; talep
Forderungen pl. f • alacaklar; senetsiz alacak hesapları
Forderungsabtretung f • alacağın temliki
Forderungsberechtiger m • alacaklı; lehdar alacaklı
Forderungsklage f • alacak davası; şahsi dava
Forderungsniessbrauch m • alacak üzerinde intifa hakkı
Forderungspfandrecht n • alacak üzerinde rehin hakkı
Forderungspfändungsbeschluss m • alacağın haciz emri
Forderungsrecht n • alacak; dava; mutalebe; mutalebe hakkı; talep hakkı
Forderungssaldo m • net alacak
Forderungsübergang m • alacağın intikali
Forderungsübergang m kraft Gesetzes n • kanuni temlik
Forderungsübergang m kraft Richterspruch m • kazai temlik
Forfaitierung f • forfaiting
Form f • biçim
Form f • kalıp; tarz; şekil
formal • biçimsel
formal • şekli
Formaldelikt n • şekli suç
formale Grammatik f • biçimsel dilbilgisi
Formalisierung f • biçimselleştirme
Formalismus m • biçimcilik
Formalität f • formalite; resmi işlem
formalrechtlich • kanun lafzına göre; sözel olarak
Formans n • yapım eki

Fachwörterbuch

Formant m • biçimlendirici
Formation f • oluşum
formativ • oluşturucu
Formblatt n • formül; formüler
Formel f • düstur; formül
formell • resmi; şekli
formelle Buchprüfung f • fiziki denetim; kayıt doğruluğunun denetlenmesi; kayıtların doğruluğunun denetlenmesi; maddi denetim
formelle Erziehung f • örgün eğitim
formelle Gesetze pl. n • mahsus kanunlar
formelle Rechtskraft f • kesin hüküm; şekli kaziyyei muhkeme
Formenlehre f • biçimbilim
Formfehler m • şekilde hata
formgebunden • şekle bağlı
formgebundene Verträge pl. m • şekle bağlı akitler
Formgebung f • endüstri ressamlığı
Formgestalter m • endüstri ressamı
formlos • şekle bağlı olmayan
formlose Verträge pl. m • isteğe bağlı akitler; rızaya bağlı akitler
Formmangel m • şekil noksanlığı; şekilde noksanlık
Formsprachen pl. f • biçimleyici diller
Formular n • basılı örnek; formül; formüler
formulieren • formülleştirmek
Formvorschrift f • hukuki meselede uyulması gereken şekil
formwidrig • şekle aykırı
forschen • araştırma yapmak; araştırmak; soruşturmak
Forscher m • araştırmacı
Forscher m • araştırıcı; kaşif
Forschung f • araştırma; tetkik
Forschung f und Entwicklung f • araştırma ve geliştirme
Forschungs- und Entwicklungskosten pl. • araştırma ve geliştirme harcamaları; araştırma ve geliştirme maliyetleri
Forschungs- und Entwicklungszentrum n **für Berufs- und technische Ausbildung** f • Mesleki ve Teknik Eğitimi Araştırma ve Geliştirme Merkezi (METARGEM)
Forschungsbericht m • araştırma raporu
Forschungsbibliothek f • araştırma kitaplığı
Forschungsfilm m • araştırma filmi
Forschungskosten pl. • araştırma giderleri
Forschungsmethode f • araştırma yöntemi
Forschungsmethoden pl. f • araştırma teknikleri
Forst m • koru; orman
Forstamt n • orman dairesi
Forstbewirtschaftungsplan m • orman işletme planı
Forsteinrichtung f • amenajman
Forstfrevel m • orman suçları
Forstrecht n • orman hukuku
Forstverwaltung f • orman idaresi
Forstwirtschaft f • ormancılık
Fortbildung f • hizmet içi eğitim; ileri eğitim; tekamül eğitimi
Fortdauer f • devam; sürek
Fortentwicklung f • gelişmede süreklilik
Fortfall m • düşme; ortadan kalkma
fortfallen • ortadan kalkmak
fortgesetzt • müteselsil; sürekli
fortgesetzte Gütergemeinschaft f • mal ortaklığının uzatılması
fortgesetztes Verbrechen n • müteselsil suç
Fortis f • sert ünsüz
fortschreitend • artan oranlı; müterakki
Fortschritt m • ilerleme
Fortschrittler m • ilerici
fortschrittlich • artan oranlı; müterakki
Fortschrittlichkeit f • ilericilik
Fortschrittskontrolle f • gelişim kontrölü
Fortschrittsrate f • gelişme oranı
Fortschrittstempo n • ilerleme hızı
fortsetzen • devam etmek
Fortsetzung f • devam
Forum n • toplutartışma; yetki
Forumsdiskussion f • açıkoturum
Fotokopie f • fotokopi
fotokopieren • fotokopisini çekmek
Förderausfall m • üretimde azalma
Fördererergebnis n • üretim
Förderklasse f • yetiştirici sınıf
fördern • korumak; talep etmek; teşvik etmek; yardım etmek
Förderung f • gelir; teşvik; üretim; yardım
Förderungsgebiet n • gelişme bölgesi

473

Mesleki Terimler Sözlüğü

Förderungsplan m • hedef
Förderunterricht m • yetiştirici öğretim
Förderurkunde f • teşvik belgesi
Förderziffern pl. f • üretim rakamları
förmlich • resmi; şekli
Fracht f • mal bedeli; nakledilen yük; nakliye ücreti; navlun; sigorta ve navlun; taşıma gideri; taşınan mal; yük
Fracht f aller Art f • her türlü mala ilişkin navlun ücreti
Fracht f im voraus bezahlt • navlun peşin olarak ödenmiştir
Fracht f zahlbar am Bestimmungsort m • navlun varış yerinde ödenecektir
Fracht- und Kostenrechnung f • navlun ve masraf faturası
Fracht- und Wechselkursschwankungen pl. f • kur farklılıkları
Frachtabschluss m • navlun tesbiti
Frachtbedingungen pl. f • taşıma koşulları
Frachtbrief m • hamule senedi; irsaliye; konşimento; nakliye senedi; taşıma senedi; yük senedi
Frachtdampfer m • yük gemisi; şilep
Frachtempfänger m • alıcı
frachten • nakliyeci sıfatıyla mal taşımak
Frachtfaktura f • navlun faturası
frachtfrei • taşıma ücreti ödenmiş olarak teslim
frachtfrei bis • navlun ödenmiştir
Frachtführer m • nakliyeci; taşıyıcı
Frachtgebühr f • nakliye ücreti; navlun
Frachtgeld n • navlun
Frachtgeschäft f • nakliyat; emanetçilik; nakliyecilik
Frachtgut n • hamule; nakledilecek yük
Frachtkonto n • navlun hesabı
Frachtliste f • navlun ücreti
Frachtlohn m • navlun
Frachtnachlass m • navlun indirimi
Frachtnachname f • varış yerinde ödenecek navlun
Frachtrabatt m • navlun indirimi
Frachtrate f • navlun fiyat ve tarifesi
Frachtraum m • yük yeri
Frachtrechnung f • navlun faturası
Frachtsatz m • navlun ücret haddi; navlun tarifesi
Frachtschiff n • yük gemisi; şilep
Frachtschiffer m • şilepçi
Frachtstück n • koli; paket; yük
Frachttarif m • navlun tarifesi
Frachttransportpreis m • navlun taşıma gideri
Frachtüberweisung f • navlun havalesi
Frachtvertrag m • navlun mukavelesi
Frachtvorschuss m • navlun avansı
Frachtzahlung f • navlun ödemesi
Frachtzettel m • navlun belgesi
Frachtzoll m • tonaj resmi
Frachtzuschlag m • primaj
Frage f • mesele; soru; sual
Frage-Antwort-Methode f • soru-yanıt yöntemi
Fragebogen m • soru kağıdı
Fragebogen m • sual listesi; sual varakası
fragen • sormak
Fragepartikel f • soru eki
Fragepronomen n • soru adılı
Fragerecht n • soru sorma hakkı; sual sorma hakkı
Fragesatz m • soru tümcesi
Fragewort n • soru sıfatı
fraglich • kesin olmayan; sözkonusu
fragliche Sachen pl. f • sözkonusu şeyler
fragwürdig • şüphe uyandıran
Fraktion f • fraksiyon; grup
Franchise f • muafiyet
franco • bütün masrafları ödenmiş
franco Lastwagen m • vagonda teslim
franco Waggon m • vagonda teslim
Frankatur f • posta veya navlun ücretinin peşinen ödenmesi
Frankaturvermerk m • nakliye ücretinin ödendiğini beyan etme
frankieren • mektubu pullamak; posta veya nakliye ücretini ödemek
franko • masrafsız; parasız; ücretsiz
Frau f • eş; kadın; karı; zevce
Frauenausbildung f • kadın eğitimi
Frauenemanzipation f • kadınların eşit haklara sahip olması
Frauengefängnis n • kadınlar cezaevi
Frauengut n • şahsi mallar
Frauenschutz m • kadın işçileri koruyucu özel tedbirler

Fachwörterbuch

Frauenstimmrecht n • kadınların seçme hakkı
frei • bağımsız; boş; franko; muaf; münhal; serbest; ücretsiz
frei an Bord m • güvertede teslim
frei Bahn • trende teslim
frei deutscher Grenze f • Almanya sınırında teslim
frei Frachtführer m • taşıyıcıya teslim
frei Lager n • depoda teslim
frei Lastkraftwagen m • kamyonda teslim
Frei Lastwagen m • Vagonda teslim
frei schwebender Kurs m • dalgalı döviz kuru; serbest kur
frei von besonderer Havarie f • özel avarya hariç; genel avarya hariç
frei von jedem Schaden m • avarya hariç
frei Waggon m • vagonda teslim
Freibetrag m • vergiden muaf meblağ
freibleibend • hiçbir taahhüdü tazammun etmiyerek; ihtiyari; isteğe bağlı
freie Arbeit f • serbest çalışma
freie Arbeitsgruppe f • serbest çalışma kümesi
freie Beweiswürdigung f • serbest beyyine sistemi
freie Form f • bağımsız biçim
freie Lesung f • serbest okuma
freie Münzprägung f • serbest darp
freie Prägung f • serbest darp
freie Rücklage f • kullanımı işletme yönetim organının kararına bağlı ihtiyatlar; serbest yedekler
freie Stelle f • açık iş
freie Variante f • özgür değişke
freier Grundbesitz m • malikinin üzerinde mutlak mülkiyeti olan mülk
freier Kurs m • serbest kur
freier Markt m • serbest piyasa
freier Preis m • serbest fiyat
freier Vokal m • engelsiz ünlü
freies Ermessen n • ihtiyar
freies Kapital n • atıl para
freies Spiel n • serbest oyun
freies Umlaufvermögen n • net çalışma sermayesi; net işletme sermayesi
Freigabe f • serbest bırakma; serbest bırakılan meblağ; serbest bırakılma
Freigabe f des Pfandes n • rehin fekki

freigeben • kaldırmak; serbest bırakmak; tahliye etmek
Freigepäck n • yolcunun yanında ücretsiz götüreceği eşya
Freight note • navlun faturası; navlun pusulası
freigiebige Schenkung f • teberru
Freigrenze f • istisna limiti; serbest kota
Freigut n • gümrükten muaf mal; vergiden muaf mülk
Freihafen m • serbest liman
Freihandel m • liberal ticaret; serbest ticaret; uluslararası serbest ticareti
Freihandelssystem n • uluslararası serbest ticaret sistemi
Freihandelszone f • serbest ticaret bölgesi
freihändiger Verkauf m • doğrudan doğruya satış; pazarlıklı alışveriş
Freiheit der selbständigen Wahl f • ihtiyar
Freiheit f • hürriyet; muafiyet; serbesti
Freiheit f der Berufswahl f • meslek seçme hürriyeti
Freiheit f der Meere pl. n • denizlerin serbestisi
Freiheitsberaubung f • hürriyet gaspı
Freiheitsdelikt n • hürriyet aleyhine suç
Freiheitsentziehung f • hürriyeti bağlama
Freiheitsstrafe f • hürriyeti bağlayıcı ceza
Freiladeverkehr m • döküm halinde nakliyat
Freilager n • serbest gümrük bölgesi antreposu
freilassen • serbest bırakmak; tahliye etmek
Freilassung f • serbest bırakma; tahliye
Freiliste f • gümrük vergisine tabi olmayan mallar listesi
Freiluftschule f • açıkhava okulu
freimachen • azat etmek; kurtarmak; pullamak
Freimachung f • gümrük giriş ve çıkış işlemleri
Freimarke f • posta pulu
freisprechen • beraatine karar vermek
Freisprechung f • beraat
Freispruch m • beraat kararı
Freistaat m • cumhuriyet
freistehen • kendi takdirinde olmak

Mesleki Terimler Sözlüğü

freistellen • kendi takdirine bırakmak; muaf tutmak
Freistellung f • bağışıklık; muafiyet
Freistunde f • serbest saat
Freiverkehr m • borsa dışı; gayri resmi borsa piyasası; serbest muamele; serbest ticaret
Freiverkehrsbörse f • borsa dışı piyasa; sokak piyasası
Freiverkehrskurs m • serbest piyasa rayici
freiwillig • ihtiyari; istemli; kendi arzusu ile; mecburi olmayan
freiwillige Gerichtsbarkeit f • ihtilafsız kaza; nizasız kaza
freiwillige Kartelle pl. n • serbest karteller
freiwillige Leistung f • lütuf olarak ödeme
freiwillige Liquidation f • ihtiyari tasfiye
freiwillige Reserven pl. f • akdi yedek akçe; ihtiyari yedek akçe
freiwillige Strandung f • karaya oturtma
freiwillige Streitgenossenschaft f • tarafları ihtiyari taaddüdü
freiwillige Versicherung f • ihtiyari sigorta; isteğe bağlı sigorta
freiwillige Versteigerung f • ihtiyari artırma
Freiwilliger m • gönüllü
freiwilliger Vertrag m • rızaya bağlı sözleşme
freiwirtschaftlich • serbest teşebbüs ekonomisi gereğince
freizeichnen • şartlı olarak imza etmek
Freizeichnungsklausel f • sorumluluk kabul etmeyen şart
Freizeit f • boş zaman
Freizeiterziehung f • boş zaman eğitimi
Freizeitinteresse n • boş zaman ilgisi
Freizone f • gümrük mıntıkası; serbest gümrük bölgesi; serbest mıntıka
freizügig • hareket serbestisi
Freizügigkeit f • serbest dolaşım; seyahat hürriyeti; yerleşme ve seyahat etme hürriyeti
fremd • bilinmeyen; yabancı
Fremdarbeitskraft f • yabancı işgücü
Fremdbesitz m • feri zilyetlik
Fremde f • ecnebi; gurbet

Fremdenpolizei f • yabancılar polisi
Fremdenprivilegien pl. n • kapitülasyon
Fremdenrecht n • ecnebilerin hak ve vazifeleri; yabancılar hukuku; yabancıların hak ve vazifeleri
Fremdenverkehr m • turizm
Fremdenverkehrsgemeinde f • turist merkezi
Fremdenverkehrsgewerbe n • turizm işletmeciliği
Fremdenverkehrsort m • turist merkezi
Fremder m • yabancı
Fremdfabrikat n • yabancı mamul
Fremdfinanzierung f • dış kaynaklardan alınan para ile finansman
Fremdfinanzierungsmittel n • dış kaynaklardan alınan borç para
Fremdgelder pl. n • yabancı kaynaklar
Fremdgut n • başkasına ait mülk; yabancı mal
Fremdkapital n • borç alınan sermaye; ödünç alınmış para; yabancı kaynak; yabancı kaynaklar; yabancı sermaye
Fremdleistungen pl. f • dışarıdan alınan hizmetler
Fremdmittel n • yabancı kaynak
Fremdsprache f • yabancı dil
Fremdwährung f • döviz
Fremdwährungsforderungen pl. f • döviz
Fremdwährungsklausel f • kambiyo şartı
Fremdwährungskonto n • döviz tevdiat hesabı
Frequenz f • sıklık
Frequenzverteilung f • sıklık dağılımı
Frequenzzunahme f • otelcilikte müşteri sayısının artması
Freundschaft f • arkadaşlık; dostluk
Freundschaftsabkommen n • dostluk muahedesi
Friede m • barış; sulh
Frieden m • barış; sulh
Frieden m schliessen • barış yapmak; sulh yapmak
Frieden m stiften • arabuluculuk yapmak
Friedensabschluss m • sulh akdi
Friedensantrag m • sulh teklifi
Friedensartikel pl. m • barış antlaşması maddeleri; sulh şartları

Fachwörterbuch

Friedensbedingungen pl. f • sulh şartları
Friedensbruch m • barışın ihlali
Friedensgefährdung f • barışı tehlikeye sokma
Friedensrichter m • sulh hakimi
Friedensschluss m • sulh akdi
Friedensstifter m • arabulucu
Friedensstiftung f • arabuluculuk
Friedensstörer m • barışı bozan
Friedensverhandlungen pl. f • barış görüşmeleri
Friedensvermittlung f • arabuluculuk
Friedensvertrag m • barış antlaşması; sulh muahedesi
Friedensvorschlag m • barış teklifi
Friedenswille m • barış istemi; sulh arzusu
Friedenszeit f • barış hali; barış zamanı; hazar
Friedenszustand m • barış hali
Friedhof m • mezarlık
friedlich • barışçıl; sulhen
friedliche Lösung f • sulh yoluyla çözüm
friedlicher Vergleich m • sulh olma
frikativ • sürtüşmeli
frisch • taze; yeni
frisch begangene Straftat f • meşhut suç
frische Tat f • cürmü meşhut; meşhut suç
Frist f • ecel; mehil; müddet; mühlet; süre; vade
Frist f bestimmen • süre tayin etmek
Frist f bewilligen • mehil vermek
Frist f einhalten • süreye riayet etmek
Frist f einräumen • süre vermek
Frist f stellen • süre tayin etmek
Frist f verlängern • süreyi uzatmak
Frist f versäumen • süreyi geçirmek
Fristablauf m • vade hulûlu; vadenin sonu
Fristbeginn m • sürenin başlangıcı
Fristbewilligung f • süre verme
fristen • ertelemek; tehir etmek
fristgebundene Schuld f • muaccel borç; vadesi gelmemiş olan borç
fristgerecht • süresinde; vade içinde; vadesinde
Fristgesuch n • vadenin uzatılması dilekçesi
Fristgewährung f • mehil verme
Fristigkeit f • müddet
fristlos • süresiz
fristlose Kündigung f • bildirimsiz işten çıkarma; bildirimsiz işten çıkma; iş akdinin bildirimsiz feshi
Fristung f • erteleme; tehir; temdit; uzatma; vade temdidi; vade uzatılması; vadenin uzatılması
Fristüberschreitung f • vadenin geçirilmesi
Fristversäumnis f • vadenin kaçırılması
Fristzahlung f • taksitle ödeme
fristzeitig • süresinde; vadesinde
Fronarbeit f • angarya
Frondienst m • angarya
Frucht f • semere; ürün
früh • erken
Frühkindheit f • ilk çocukluk
Fuge f • kavşak
Fuhrmann m • arabacı
Fuhrunternehmer m • nakliyeci
Fund m • bulunan eşya; lukata
Fundament n • esas; temel esas
fundamental • ciddi; esas olan
Fundbüro n • kayıp eşya bürosu
Fundgegenstand m • bulunan eşya; lukata
fundieren • kurmak; parasal yönden sağlama bağlamak; tesis etmek
fundiert • konsolide; kurulu; sağlam; temelli
fundierte Schuld f • konsolide borç; uzun vadeli borç
Fundierung f • konsolidasyon; kuruluş; temel
Fundierung f der Staatsschulden pl. f • konsolidasyon
Fundort m • kaybolan şeyin bulunduğu yer
Fundrecht n • lukata hukuku
Fundsache f • bulunan eşya; lukata
Fundstelle f • bulunduğu yer; kaynak
Fundunterschlagung f • bulunan eşyayı gizleme; • lukatayı haksız surette kendine maletme
fungibel • işleyebilen; kapsayabilen
Fungibilität f • işleme kabiliyeti; işleyebilme
Funktion f • işlev
Funktion f • fonksiyon; görev; iş; memuriyet; mevki; vazife

funktional • görevsel; işlevsel
Funktionalismus m • görevselcilik; işlevselcilik
Funktionalist m • görevselci; işlevselci
Funktionär m • görevli; memur
funktionell • etkisi bakımından; fonksiyonel
funktionelle Alphabetisierung f • işlevsel okur-yazarlık
funktionelle Linguistik f • görevsel dilbilim; işlevsel dilbilim
funktionelles Programm n • işlevsel program
funktionieren • görevini yapmak
Funktionsdauer f • görev süresi
Funktionsmangel m • etki eksikliği
funktionsschwach • yetersiz
Furcht f • endişe; korku
Furcht f vor Strafe f • ceza korkusu
furchterregend • dehşet verici
Furchterreger m • amiri mücbir
Furchterregung f • ikrah; ikrah ve tehdit; tehdit
Fusion f • kaynaşma; birkaç teşebbüsün tek teşebbüs halinde birleşmesi; birleşme; füzyon; iltihak tarikiyle birleşme
Futter n • yem
Futterkosten pl. • yem masrafları
Futur n • gelecek zaman
fügen • eklemek; tamamlamak
führen • idare etmek; kumanda etmek; sevk etmek; sürmek; yürütmek
Führer m • kumandan; rehber
Führerschein m • şoför ehliyetinamesi
Führung f • güdüm; önderlik; sevk ve idare
Führungsakademie f • harp akademisi
Führungsinstrument n • kontrol mekanizması

Führungszeugnis n • iyi hal belgesi
füllen • doldurmak
Fünfjahresplan m • beş yıllık kalkınma planı
Fünfprozentklausel f • en az yüzde beş oranında oy alan partilerin parlamentoda temsil edilebilmesi kuralı
für • için; lehine; yerine
für erklären • hükümsüz kılmak
für etwas stimmen • lehte oy kullanmak
für immer • temelli
für mündig erklären • mahkeme kararıyla reşit saymak
für rechtsgültig erklären • geçerli kılmak; onaylamak
für schuldig befinden • suçlu bulmak
Fürbitte f • başkası için ricada bulunma
fürbitten • başkası için ricada bulunmak
fürchten • endişe etmek; korkmak
Fürsorge f • sosyal yardım; yardım
Fürsorgeeinrichtung f • kamu sosyal yardım örgütü
Fürsorgeerziehung f • düzeltici eğitim; gençlerin devlet yurtlarında ıslahı
Fürsorgelast f • bakım masrafı
Fürsorgepflicht f • yardım vazifesi
Fürsorgerente f • yardım olarak ödenen emeklilik
fürsorgerisch • sosyal yardımla ilgili
Fürsorgestiftung f • sosyal yardım fonu
Fürsorgeverband m • sosyal yardım derneği
Fürsorgewesen n • sosyal yardım işleri
Fürsprache f • lehte konuşma; tasviye
Fürsprecher m • sözcü; tasviye eden
Fürst m • bey; prens
Fürstentum n • beylik; prenslik

Fachwörterbuch

G

G/U-Diagramm n • kar-hacim grafiği
Gabe f • bağış; hediye
Gage f • sanatkarlara ödenen ücret; ücret;
Galgen m • darağacı; idam sehpası
galoppierende Inflation f • hiperenflasyon
gängig • alışagelmiş; geçerli; mutat
Gant f • açık artırma; açık eksiltme; iflas; müflis malının açık artırma ile satılması; aleni artırma; aleni eksiltme
Gantrecht n • iflas hukuku
Gantschuldner m • müflis
Ganzheit f • bütünlük
Ganzheitsprinzip n • bütünlük ilkesi
ganzjährig • tam yıl
ganztägig • tam gün
ganztägige Arbeit f • tam gün çalışma
Ganztagsschule f • ikili öğretim
Garant m • garantör; güvence veren; kefil; sorumlu
Garantie f • garanti; güvence; kefalet; teminat
Garantie f für Exportrisiken pl. n • ihracat riski garantisi
Garantiebrief m • garanti mektubu; teminat mektubu
Garantiedeckungsbetrag m • garanti karşılığı meblağ
Garantiedepot n • kefilin teminat olarak ödediği para
Garantieeinbehalt m • pey
Garantiefall m • garantiyi işleten olay
Garantiefonds m • teminat fonu
Garantiefrist f • garanti süresi
Garantieprovision f • kefalet komisyonu
garantieren • garanti etmek; tekeffül etmek
Garantieschein m • garanti belgesi; garanti kartı; garanti mektubu; kefalet bonosu; kefalet senedi; teminat senedi
Garantieschreiben n • garanti mektubu; tazminat mektubu
Garantieversicherung f • emniyeti kötüye kullanma sigortası
Garantievertrag m • güvence bağıtı; tekeffül akdi

Garnisonsort m • garnizon
Gasdarbietung f • gaz arzı
Gast m • ziyaretçi
Gastarbeiter m • yabancı işçi
Gastgewerbe n • otel ve lokantacılık
Gasthörer m • dinleyici öğrenci
Gaststättengewerbe n • otel ve lokanta işletmeciliği
Gaststättenwesen n • otel ve lokantalar
Gastwirt m • lokantacı; otelci
Gatte m • erkek eş; eş
Gattin f • eş; kadın eş
Gattung f • cins; nevi; sınıf; tür
Gattungskauf m • belli tür malın alım satımı; çeşit üzerinden alım
Gattungsname m • cins adı; tür adı
Gattungsschuld f • neviyle tayin olunan borç; çeşit borcu
Gaumenlaut m • damaksıl
Gaumensegellaut m • artdamaksıl
Gaunersprache f • argo
Gebarungserfolg m • bütçe sonuçları
Gebarungsperiode f • hesap devresi
Gebäude n • bina
Gebäude pl. n und Einrichtungen pl. f • binalar ve donanım
Gebäudebuch n • bina kayıtları
Gebäudekosten pl. • bina giderleri
Gebäudesteuer f • bina vergisi
geben • teslim etmek; tevdi etmek; vermek
Geber m • devreden; veren
Gebiet n • arazi; bölge; saha; toprak; ülke
Gebietsabtretung f • arazi terki
Gebietskörperschaft f • yöresel kamu tüzel kişiliği
Gebot n • emir; kanun; öneri; teklif
Gebotsvorschrift f • emredici hüküm
Gebrauch m • istimal; kullanma; kullanım; örf; teamül;
gebrauchen • istifade etmek; kullanmak
gebräuchlich • alışagelmiş; mutaden; mutat; örfen
Gebrauchsabschreibung f • fiziki yıpranmalara göre ayrılan amortisman
Gebrauchsartikel m • tüketim malı

479

Mesleki Terimler Sözlüğü

Gebrauchsleihe f • ariyet; malı bedelsiz olarak ödünç verme
Gebrauchsmuster n • faydalı model
Gebrechen n • kusur; sakatlık
gebrechlich • kusurlu; sakat
Gebrechlichkeit f • kusur; sakatlık
gebunden • bağlı
gebundene Aktie f • devri yasa hükümlerine bağlanmış hisse senedi; devri yönetmelik hükümlerine bağlanmış hisse senedi
gebundene Form f • bağımlı biçim
Geburt f • doğum
Geburtenbeschränkung f • doğum kontrolü; doğumların sınırlandırılması
Geburtenregelung f • doğum kontrolü
Geburtsanzeige f • doğumun nüfus dairesine bildirilmesi; gazetelere verilen doğum ilanı
Geburtsdatum n • doğum tarihi
Geburtsort m • doğum yeri
Geburtsrecht n • doğumla kazanılan hak
Geburtsregister n • doğum kütüğü; nüfus kütüğü
Geburtsschein m • doğum belgesi
Geburtsurkunde f • doğum belgesi
Gebühr f • harç; mükellefiyet; ödeme; resim; ücret; vergi
Gebühr f für Zusatzunterricht m • ek ders ücreti
gebühren • layık olmak; yakışmak
Gebührenerlass m • harçtan muaf tutma
gebührenfrei • harçtan muaf; masrafsız; ücretsiz; vergi veya resimden muaf
Gebührenordnung f • harç tarifesi
gebührenpflichtig • harca tabi
Gebührentarif m • harç tarifesi
Gebührenvorschuss m • vekalet
Gedächtnis n • bellek; zihin
Gedächtnisstörung f • bellek bozukluğu
Gedächtnisvermögen n • bellek genişliği
Gedanke m • düşünce; fikir
Gedankenaustausch m • fikir alışverişi
Gedankenfreiheit f • düşünce hürriyeti; düşünce özgürlüğü; tefekkür hürriyeti
gedeckte Anleihe f • teminatlı tahvil
gedeckter Kredit m • karşılığı bulunan kredi; teminatlı kredi
gedeckter Vokal m • engelli ünlü

gedrängte Zusammenfassung f eines n Verhörs • fezleke
gedruckter Namenszug m • mühür
gedrucktes Dokument n • basılı kağıt ve matbu evrak; emprime
Gefahr f • risk; riziko; tehlike
gefährden • tehlikeye sokmak
Gefährdung f • tehlikeye atma
Gefahrenrückversicherung f • riskin reasüransı
Gefahrensonderrücklage f • olağanüstü zararlar karşılığı; olağanüstü zararlar yedeği
Gefahrentarif m • sigorta riziko tarifesi
Gefahrenübergang m • riskin devri
Gefahrenzulage f • iş riski tazminatı
gefährlich • rizikolu; tehlikeli
Gefälligkeit f • hatır; mücamele; muvazaa senedi
Gefälligkeitsakzept n • hatır bonosu
Gefälligkeitsgiro n • hatır cirosu
Gefälligkeitsindossament n • hatır cirosu
Gefälligkeitswechsel m • finansman senedi; hatır senedi
gefälscht • sahte
gefälschter Scheck m • değiştirilmiş çek; sahte çek; tahrif edilmiş çek; üzerinde tahrifat yapılmış çek
gefangen setzen • hapse atmak
Gefangenenaufseher m • cezaevi müfettişi; gardiyan
Gefangenenfürsorge f • mahkumları koruma ve gözetme; mahkumların himayesi; patronaj
Gefangenenlager n • esir kampı
Gefangenenwärter m • gardiyan
Gefangener m • esir; mahkum
gefangenhalten • mahpus tutmak
Gefangennahme f • tevkif; tutuklama
gefangennehmen • tevkif etmek; tutuklamak
gefangensetzen • tutuklamak
Gefängnis n • cezaevi; hapis; hapishane
Gefängnisrecht n • ceza ve tevkif evleri hukuku
Gefängnisstrafe f • hapis; hapis cezası; hapse mahkûm etme
Gefolgschaft f • müstahdemler; personel
geforderter Preis m • asgari satış fiyatı

Fachwörterbuch

Gefüge f • yapı
Gefühl n • duygu; his
Gefühlsäusserungen pl. f • hislerin izharı
Gefühlsentwicklung f • duygusal gelişim
gefühlslmässig • duygusal
gegebene Besitzwechsel pl. m • tahsildeki alacak senetleri
gegen • aleyhine; aykırı; karşı
gegen alle Risiken pl. n • bütün risklere karşı
gegen das Urteil n Berufung f einlegen • kararı temyiz etmek
gegen eine Vorschrift f verstossen • talimata aykırı davranmak
gegen Empfangsbescheinigung f • teslim alma makbuzu karşılığında; teslim makbuzu mukabilinde
gegen etwas sein • muhalif olmak
gegen etwas stimmen • aleyhte oy kullanmak
gegen Kaution f freilassen f • kefaletle tahliye etmek
gegen Nachnahme f • teslim alındığında ödeme; teslimde tahsil etme
gegen Pfand n verleihen • rehin karşılığı borç vermek
gegen Verschiffung f • sevk tarihinde ödeme
gegen Vorauszahlung f • peşin ödeme karşılığında
Gegenangebot n • karşı teklif
Gegenaussage f • karşı ifade
Gegenbedingung f • karşı şart
Gegenbehauptung f • karşı iddia
Gegenbeschuldigung f • karşı suçlama
Gegenbeweis m • karşı delil
Gegenbuchung f • daha önceki kaydı silen kayıt; ters kayıt
Gegenbürge m • ikinci derecede kefil; kefilin kefili
Gegenbürgschaft f • ikinci derecede kefalet
Gegend f • bölge; semt
Gegenforderung f • mukabil alacak; mukabil talep
Gegengeschäft n • mukabil muamele
Gegenhandel m • karşılıklı ticaret
Gegenklage f • karşı dava; mütekabil dava
Gegenkläger m • karşı davacı

Gegenkonto n • kontra hesap; ters bakiyeli hesap
Gegenläufigkeit f • mukabil hareket; ters yön
Gegenleistung f • ivaz; karşılık; mukabil eda; mukabil ödeme
Gegenmassnahme f • karşı tedbir
Gegenmassnahmen pl. f ergreifen • karşı tedbirler almak
Gegenmassregel f • karşı tedbir
Gegenmassregel f treffen • karşı tedbir almak
Gegenmeinung f • karşı fikir
Gegenpartei f • hasım taraf; karşı taraf
Gegenpfand n • mukabil rehin
Gegenrechnung f • hesapların karşılıklı tetkiki; mukabil hesap; tenzil edilecek meblağ
Gegenrecht n • mukabil hak
Gegenrede f • cevaba cevap; itiraz
Gegensatz m • aksi; tezat; zıt
gegensätzlich • aksine; zıddına
Gegenschrift f • hasım tarafa yazılan cevap
Gegenschuld f • karşı borç
Gegenseite f • hasım taraf; karşı taraf
gegenseitig • karşılıklı; mütekabil
gegenseitig verantwortlich • müteselsilen sorumlu
gegenseitige Unterstützung f • mütekabil yardım
gegenseitiger Kontrakt m • ikili anlaşma
gegenseitiger Vertrag m • karşılıklı akit; tam karşılıklı akit; tam karşılıklı yardım
gegenseitiges Interesse n • karşılıklı çıkar; karşılıklı menfaat
Gegenseitigkeit f • karşılıklı davranış; karşılıklılık; mütekabiliyet
Gegenseitigkeitsausfuhr f • takas yoluyla ihracat
Gegenseitigkeitsgeschäft n • takas muamelesi
Gegenseitigkeitsgrundsatz m • karşılık esası; mütekabiliyet esası
Gegenseitigkeitsversicherung f • karşılık sigorta; karşılıklı sigorta; mütekabil sigorta
Gegenseitigkeitsvertrag m • karşılıklı akit

Mesleki Terimler Sözlüğü

Gegenstand m • nesne; iş; konu; madde; mal; malzemenin cinsi; mesele; mevzu; obje
gegenständlich • maddi; somut
gegenstandslos • asılsız; boş
Gegenstandswort n • ad
Gegentausch m • değişme; trampa
Gegenteil n • aksi; mukabil; zıt
gegenteilig • aksi; zıddı
gegenüber • aksine; karşısında; kıyasla
Gegenüberstellung f • müvacehe; yüzleştirme
Gegenverkauf m • mükerrer satış
Gegenverpflichtung f • karşı taahhüt; mukabil taahhüt
Gegenverschreibung f • karşılık bono; mukabil garanti
Gegenversicherung f • reasürans
Gegenvertrag m • mukabil anlaşma
Gegenvormund m • yardımcı vasi
Gegenwart f • şimdiki zaman
Gegenwart f • hazır; mevcut
gegenwärtig • halihazırda; şimdi
gegenwärtiger Netto-Wert m • bugünkü net değer
gegenwärtiger Wert m • bugünkü net değer
Gegenwartswert m • bugünkü değer; halihazır değer; şimdiki değer
Gegenwert m • bedel; değer; karşılık; muadil; piyasa değeri; semen; trampa değeri
Gegenwert m auf Konto n • hesapta gözüken değer
Gegenwert m eines diskontierten Wechsels m • senedin iskonto edilmiş değeri
gegenwertlos • bedelsiz
gegenwertloser Import m • bedelsiz ithalat
gegenzeichnen • mukabil imza etmek
Gegner m • hasım; hasım taraf; karşı taraf
Gegnerschaft f • karşıtlar; muhalifler
Gehalt m • kapsam; muhteviyat
Gehalt n • aylık; hizmet karşılığı alınan ücret; maaş; memur ve hizmetli maaşı; ücret
Gehaltsabrechnung f • maaş hesaplaması
Gehaltsansatz m • aylık oranı

Gehaltsanspruch m • maaş hakkı; ücret alacağı
Gehaltsaufbesserung f • maaş zammı
Gehaltsempfänger m • maaş alan
Gehaltserhöhung f • maaş artışı
Gehaltsforderung f • maaş alacağı; maaş talebi
Gehaltskonto n • maaş hesabı
Gehaltskürzung f • maaş indirimi
Gehaltsliste f • bordro; maaş bordrosu; ücret bordrosu
Gehaltspfändung f • ücretin haczi
Gehaltstarif m • maaş baremi
Gehaltsvorschuss m • maaş avansı, ücret avansı
Gehaltszulage f • maaş zammı
gehandelter Marktpreis m • pazarlık sonucu saptanan fiyat
gehandelter Preis m • pazarlık sonucu saptanan fiyat; pazarlıkla üzerinde anlaşmaya varılmış fiyat
geheim • gizli; saklı
Geheimbuchführungshauptbuch n • gizli bilgilerin izlendiği defter; özel defter
Geheimbuchhaltung f • gizli defter tutma
Geheimbund m • gizli cemiyet
Geheimdienst m • gizli istihbarat servisi
geheime Sitzung f • gizli celse; gizli oturum; hafi celse; kapalı oturum
geheime Wahl f • gizli seçim
geheimer Vorbehalt m • zihni takyit
geheimes Wahlrecht n • gizli oy kullanma hakkı
geheimhalten • gizli tutmak; saklamak
Geheimhaltender m • sır saklayan
Geheimhaltung f • gizli tutma; saklama
Geheimkonto n • gizli hesap
Geheimnis n • sır
Geheimnisbewahrer m • sır saklayan
Geheimnisverrat m • ifşa
Geheimschrift f • şifreli yazı
Geheimvorbehalt m • zihni takyit
Geheiss n • sözlü talimat
gehemmt • engelli
Gehilfe m • feri fail; yardımcı; şerik
Gehilfe m bei einer Straftat f • feri fail
gehorchen • baş eğmek; itaat etmek
gehorsam • itaatli
gehören • ait olmak

Fachwörterbuch

gehörig • ait; müteallik
Gehörlosigkeit f • sağırlık
Geisel f • rehine
Geiselnahme f • rehine alma
Geist m • ruh; zihin
Geist m des Gesetzes n • kanunun ruhu; metnin ruhu
Geisteskraft f • zihin gücü
Geisteskräfte pl. f • zihin yetileri
Geisteskrankheit f • akıl hastalığı
Geistesschwäche f • akıl zayıflığı
Geistesstörung f • akli dengesizlik
Geisteszustand m • ruh hali
geistig • akli; zihinsel
geistige Aktivität f • zihinsel etkinlik
geistige Entwicklung f • zihinsel gelişim
geistige Fähigkeit f • yeti
geistiger Abbau m • zihinsel çöküntü
geistiger Verfall m • zihinsel çöküntü
geistiges Eigentum n • edebi mülkiyet hakları; telif hakkı
geistig-schwerst-mehrfach Behinderte pl. m • ileri derecede geri zekalılar
gekreuzter Scheck m • çizgili çek
Gelände n • arazi; arsa; toprak
Geld n • para
Geld n auf Zinsen pl. m geben • faizle borç vermek
Geld n festlegen • parayı bloke etmek
Geld n haben • parası olmak
Geld n in der Zirkulation f • dolaşımdaki para
Geld- und Münzrecht n • para hukuku
Geldabschöpfung f • parayı tedavülden çekme
Geldanlage f • para yatırma
Geldansammlung f • para birikimi
Geldanweisung f • havale; ödeme emri
Geldaufnahme f • borçlanma; kredi alma
Geldaufwertung f • paranın itibarını kazanması
Geldausgabeautomat m • otomatik para veren makine
Geldausgleich m • ödemelerin tesviyesi
Geldautomat m • bankomat
Geldbestand m • para olarak mevcutlar
Geldbetrag m ohne Bruchteile pl. m • küsuratsız tutar; yuvarlaklaştırılmış tutar

Geldbewilligungsantrag m • ödenek istemi
Geldbewilligungsantrag m • tahsisat talebi
Geldbusse f • para cezası
Geldeinlagen pl. • mevduat
Geldempfänger m • parayı alacak olan
Geldentwertung f • enflasyon; para erozyonu; paranın değer kaybetmesi; paranın değer yitirmesi
Geldentzug m • fonlarda azalma
Geldersatz m • kasa tazminatı
Geldeswert m • parasal karşılık
Geldfach n • para çekmecesi
Geldforderung f • alacak; nakdi alacak
Geldgeber m • ödünç veren
Geldgeschäft n • para piyasası muamelesi
Geldinstitut n • mali müessese
Geldkapital n • para olarak sermaye
Geldkapitalbildung f • para sermayesinin teşekkülü
Geldkassette f • kasa; para çekmecesi
Geldknappheit f • para darlığı
Geldkredit m • nakdi kredi
Geldkreislauf m • para sirkülasyonu
Geldkurs m • alış fiyatı; alış kuru; nukut fiyatı; satın alma fiyatı; satın alma kuru
Geldleistung f • para yardımı
geldlich • maddi; moneter; parasal; paraya ilişkin
Geldmakler m • para simsarı
Geldmarkt m • para piyasası
Geldmarktpapiere pl. n • para piyasası kağıtları
Geldmenge f • para arzı
Geldmittel n • fon; kaynak; para
Geldnachfrage f • para talebi
Geldpolitik f • para politikası
Geldrecht n • para hukuku
Geldreform f • para reformu
Geldsammlung f • paranın belirli bir kesim veya sektörde toplanması
Geldschein m • banknot; kağıt para
Geldschöpfung f • para sağlama
Geldschöpfungskredit m • para sağlama hedefi güden kredi
Geldschöpfungsmultiplikator m • mevduat çarpanı
Geldschuld f • nakdi borç; para borcu

Mesleki Terimler Sözlüğü

Geldschwemme f • para fazlalığı
Geldstrafe f • para cezası
Geldstrom m • nakit akımı
Geldumlauf m • para tedavülü
Geldübersender m • para havalesi gönderen
Geldverfassung n • para sistemi
Geldverleiher m • faizle ödünç para veren kimse
Geldvermögen n • para olarak mevcutlar
Geldversorgung f • para sağlama
Geldvolumen n • para arzı
Geldwechsel m • kambiyo; para bozdurma
Geldwechselgeschäfte pl. n • kambiyo muameleleri
Geldwechsler m • sarraf
Geldwertstalibität f • para değerinde istikrar
Geldwesen n • para sistemi
Geldzins m • para üzerinden faiz oranı
Gelegenheit f • fırsat; vesile
Gelegenheitsarbeit f • geçici iş
Gelegenheitsgesellschaft f • ortak girişim
Gelegenheitsgesellschaftsbuchführung f • ortak girişim muhasebesi
Gelegenheitskauf m • kelepir satın alma
Gelegenheitsunterricht m • fırsat öğretimi
geleistete Anzahlungen pl. f • mal alış avansları; satıcılara verilen avanslar
geleistete Arbeitsstunden pl. f • çalışılan saatlar
Geleit n • refakat
geleiten • refakat etmek
Geleitzug m • refakat
gelenkte Arbeit f • güdümlü çalışma
gelenkte Zinsen pl. m • gözetimli faiz
gelenktes Interview f • güdümlü görüşme
gelenktes Lernen n • güdümlü öğrenme
gelernte Arbeitskraft f • vasıflı iş gücü
gelernter Arbeiter m • kalifiye işçi; vasıflı işçi
gelieferte Grenze f • sınırda teslim
gelten • geçerli olmak; meri olmak
geltend machen • iddia etmek; ileri sürmek; talep etmek
Geltendmachung f • iddia etme
Geltung f • değer; geçerlik; geçerlilik; itibar; meriyet; rayiç

Geltungsbereich m • meriyet alanı; uygulama ve geçerlik bölgesi
Geltungsdauer f • geçerlilik süresi
Geltungsdauer f der Arbeitserlaubnis f • çalışma müsaadesinin geçerlilik süresi
Gemahl m • erkek eş; koca
Gemahlin f • kadın eş
gemäss • gereğince; göre; uygun olarak
gemein • alelade; alışagelmiş; genel; müşterek; umumi
Gemeinde f • belediye; komün
Gemeindeabgaben pl. f • belediye resim ve vergileri
Gemeindebezirk m • belediye hudutları; belediye sınırları
Gemeindebrauchsrecht n • genel yararlanma hakkı
Gemeindeordnung f • belediye mevzuatı
Gemeindepolizei f • belediye zabıtası
Gemeinderat m • belediye meclisi
Gemeinderschaft f • aile şirketi malları
Gemeindesteuer f • mahalli vergi
Gemeindeverbände pl. m • belediye birlikleri
Gemeindeversammlung f • belediye meclisi toplantısı
Gemeindevorstand m • belediye başkanlığı; belediye idare meclisi
Gemeindevorsteher m • belediye reisi; muhtar
Gemeindewahl f • mahalli seçim
Gemeiner m • er
gemeiner Nutzen m • amme menfaatleri
gemeines Recht n • Pandekt Hukuku
Gemeingebrauchsrecht n • umumi istifade hakkı
gemeingefährlich • toplum için tehlikeli
gemeingefährliche Straftaten pl. f • toplumu tehdit eden suçlar
Gemeingläubiger m • müflisin alacaklıları
Gemeingut n • kamu malı
Gemeinkapitalien pl. n • ortak hisseler
Gemeinkosten pl. • dolaylı maliyet; endirekt maliyet; fazla masraflar; genel giderler; genel imalat maliyetleri
Gemeinkostenlohn m • bilfiil üretimle uğraşmayan işçilik

Fachwörterbuch

Gemeinkostenlohn m • dolaylı işçilik; endirekt işçilik; genel imalat maliyeti yükleme haddi
Gemeinnutz m • amme menfaati; kamu yararı
gemeinnützig • kamu yararına olan
gemeinnütziger Verein m • genel menfaatlere yarar dernek; kamu yararlı dernek; kamuya faydalı dernek; topluma yararlı dernek; umumi menfaatlere hadim cemiyet
gemeinnütziges Unternehmen n • kar amaçsız işletme
Gemeinnützigkeit f • kamu faydası; kamu yararı, menafii umumiye
Gemeinrecht n • umumi hukuk
gemeinsame Agrarpolitik f • ortak tarım politikası
gemeinsame Kosten pl. • birlikte üretilen mamullere ait ortak maliyet; ortak maliyet
gemeinsame Planung f • birlikte planlama
gemeinsamer Besitz m • iştirak halinde mülkiyet
gemeinsamer Markt m • Ortak Pazar
gemeinsamer Unterricht m • takım öğretimi
gemeinsamer Vertrag m • müşterek akit
gemeinsamer Zolltarif m • ortak gümrük tarifesi
gemeinsames Konto n • müşterek hesap; ortak hesap
gemeinsames Spiel n • birlikte oyun
gemeinschädlich • kamu zararına olan
Gemeinschaft f • şuyu hali
Gemeinschaft f nach Bruchteilen pl. m • müşterek mülkiyet
Gemeinschaft f zur gesamten Hand f • iştirak halinde mülkiyet
gemeinschaftlich • kolektif; müşterek; ortaklaşa
gemeinschaftliche Havarie f • büyük avarya; müşterek avarya
gemeinschaftliche Klage f • müşterek davası; müşterek hak davası
gemeinschaftliche Versicherung f • birlikte sigorta
gemeinschaftliche Verwaltung f des Gesamtgutes n • karı koca mallarının müştereken idaresi
gemeinschaftlicher Vormund m • müşterek vasi
gemeinschaftliches Bankkonto n • ortak banka hesabı; ortak hesap
gemeinschaftliches Testament n • eşlerin birlikte hazırladığı müşterek vasiyetname
Gemeinschaftsanlage f • kolektif mülkiyet tesisi
Gemeinschaftsarbeit f • ekip çalışması; kolektif çalışma
Gemeinschaftsdepot n • müşterek depo
Gemeinschaftskonto n • müşterek hesap
Gemeinschaftsunternehmen n • müşterek teşebbüs
Gemeinschuld f • müflisin genel borcu
Gemeinschuldner m • müflis
Gemeinsprache f • ortak dil
Gemeinwirtschaft f • kolektif ekonomi; sosyal ekonomi
gemeinwirtschaftlicher Betrieb m • kamu işletmesi
Gemeinwohl n • amme menfaatı; kamu yararı
Gemination f • ikileme
gemischte Rücklagen pl. f • karma yedekler; karışık ihtiyatlar
gemischte Vorräte pl. m • karma stok; malların bir arada bulunduğu stok
gemischtes Konto n • karma hesap
gemischtes Schiedsgericht n • muhtelit hakem mahkemesi
Gemischtwaren pl. f • bakkaliye emtiyası
Gemischtwarenhändler m • bakkal
gemünztes Geld n • meskukat
Gemüt n • ruh durumu
Gemütszustand m • heyecan
genau • doğru; kesin; tam
genaue Anschrift f • tam açık adres
Genauigkeit f • doğruluk
Gendarm m • jandarma
genehmigen • icazet vermek; müsaade etmek; onaylamak; tasdik etmek
genehmigt • onanmış; tasdikli; yetkili
genehmigtes Kapital n • nominal sermaye

Genehmigung f • icazet; izin; lisans; müsaade; onama; onay; onaylama; permi; ruhsat; tasdik
Genehmigung f der Jahresrechnung f • yıllık finansal tabloların onaylanması
Genehmigungsbescheid m • lisans; permi
genehmigungsfrei • lisansa tabi olmayan
Genehmigungsverfahren n • lisans işlemi
Generalagentur f • genel acentelik
Generalamnestie f • genel af
Generalbevollmächtigter m • baş müdür; tam yetkili vekil; umumi vekil
Generaldirektion f für psychologische Betreuung f und Beratung f im Sonderschulunterricht m • Özel Eğitim Rehberlik ve Danışma Hizmetleri Genel Müdürlüğü
Generaldirektor m • genel müdür
Generalfragen pl. f • mahkemede hüviyet tesbiti için yöneltilen sorular
Generalgläubiger m • adi alacaklı
Generalgouvernement n • genel idari bölge
Generalgouverneur m • genel vali
Generalinspektion f • umumi müfettişlik
Generalisierung f • genelleşme
Generalkonsul m • başkonsolos
Generalkonsulat n • başkonsolosluk
Generalpolice f • genel poliçe
Generalprokura f • umumi vekaletname
Generalrat m • müdür; müdürler kurulu
Generalsekretär m • genel sekreter
Generalsekretariat n des Bildungsrates m • Şura Genel Sekreterliği
Generalstreik m • genel grev
Generalversammlung f • genel kurul; genel toplantı; içtima; toplantı; umumi heyet
Generalversammlungsabkommen n • genel acentelik anlaşması
Generalvertreter m • bölge genel temsilcisi
Generalvertrieb m • genel satış acentesi
Generalvollmacht f • genel vekaletname; umumi vekalet; umumi vekaletname
Generation f • kuşak; nesil
generativ • üretici
generative Grammatik f • üretici dilbilgisi

generative Phonologie f • üretici sesbilim
generative Semantik f • üretici anlambilim
generative Transformationsgrammatik f • üretici-dönüşümsel dilbilgisi
generell • genel; umumi
generelle Debitorenzession f • beyaz temlik; genel temlik
Genetik f • genetik
genetische Psychology f • genetik ruhbilim
Genfer Abkommen n • Cenevre Mukabelesi
Genfer Konvention f • Cenevre Mukavelesi
Genitiv m • tamlayan durumu
Genossenschaft f • kooperatif; kooperatif şirketi
Genossenschaftsbank f • kooperatif bankası
Genossenschaftsregister n • kooperatifler sicili
Genossenschaftsverband m • kooperatifler birliği
Genossenschaftswesen n • kooperatif sistemi
Genossenschaftverbände pl. m • kooperatif birlikleri
genugtun • tazmin etmek
Genugtuung f • manevi tazminat
Genugtuung f leisten • manevi tazminat vermek
Genus n • cins
Genus n verbi • çatı
Genussaktie f • intifa senedi
Genussmittel f • keyif verici maddeler
Genussrecht n • intifa hakkı
Genussschein m • intifa senedi; yararlanma senedi
Geologie f • yerbilim
Geometrie f • geometri
Gepäck n • bagaj
Gepäckschein m • bagaj bileti
gepfänder Gegenstand m • mahcuz; haczedilen mal
geplante Kosten pl. • bütçelenmiş maliyet
geprägtes Geld n • meskukat
geprüfter Beleg m • denetlenmiş belge
Geräusch n • gürültü

Fachwörterbuch

Gerberei f • deri fabrikası; tabağcılık
gerecht • adil; haklı
gerecht verteilen • eşit oranlarda paylaştırmak
gerechte Steuer f • adil vergisi
gerechter Preis m • değer paha
gerechtfertigt • hukuken haklı
Gerechtigkeit f • adalet; haklılık
Gericht n • mahkeme
Gericht n anrufen • mahkemeye başvurmak
Gericht n erster Instanz f • bidayet mahkemesi
Gerichte pl. n für bürgerliche Rechtsstreitigkeiten pl. f • hukuk mahkemeleri
gerichtlich • adli; kazai; mahkemece
gerichtlich anerkannte Schuld f • ilamlı borç
gerichtlich anerkannter Gläubiger m • ilamlı alacaklı
gerichtlich beglaubigte Urkunde f • tasdikli senet
gerichtlich belangen • dava etmek
gerichtlich bestätigen • mahkemece tasdik etmek
gerichtlich einschreiten • dava açmak
gerichtlich untersuchen • adli tahkikat yapmak
gerichtlich verfolgen • adli takibat yapmak
gerichtlich verhandeln • mahkemede iddia ve savunmada bulunmak
gerichtliche Anordnung f • mahkeme talimatı
gerichtliche Entscheidungen pl. f • kazai kararlar; yargılama kararları
gerichtliche Exekution f • mahkeme kararının icrası
gerichtliche Feststellung f der Vaterschaft f • mahkemece babalığa hükmedilmesi
gerichtliche Handlung f • kazai muamele; yargı işlemi
gerichtliche Ladung f • celp; celpname
gerichtliche Liquidation f • adli tasfiye
gerichtliche Mahnung f • mahkemece yapılan ihtar
gerichtliche Medizin f • adli tıp

gerichtliche Untersuchung f • adli tahkikat
gerichtliche Verfolgung f • adli takibat
gerichtliche Voruntersuchung f • ilk tahkikat
gerichtlicher Augenschein m • keşif ve muayene; mahkemece yerinde keşif
gerichtlicher Beschluss m • mahkeme kararı
gerichtlicher Rechtsübergang m • kazai temlik
gerichtlicher Verweis m • tevbihi adli
gerichtliches Geständnis n • mahkeme önünde ikrar
gerichtliches Urteil n • mahkeme kararı
Gerichtsakten pl. f • mahkeme dosyası
Gerichtsarzt m • adli tabip; tabibi adli
gerichtsärztliches Gutachten n • adli tabip raporu; ihtibar
Gerichtsassessor m • hakim muavini
Gerichtsbarkeit f • kaza; yargı
Gerichtsbefehl m • mahkeme emri
Gerichtsbezirk m • kazai mıntıka; yargı bölgesi
Gerichtsbote m • mahkeme kuryesi
Gerichtsdiener m • mübaşir
Gerichtsferien pl. • adli tatil; mahkemelerin tatili
Gerichtsgebühren pl. f • adli harçlar; mahkeme harçları
Gerichtsherr m • adli amir
Gerichtshof m • mahkeme; mahkeme heyeti; mahkeme salonu
Gerichtskosten pl. • mahkeme giderleri; mahkeme masrafları; muhakeme masrafları
Gerichtsmedizin f • adli tıp
gerichtsmedizinische Untersuchung f • adli tıp soruşturması
Gerichtsoffizier m • adli subay
Gerichtsrat m • mahkeme üyesi
Gerichtsreferendar m • hakim namzedi; stajyer;
Gerichtsschreiber m • mahkeme katibi; tutanak yazmanı; zabıt katibi
Gerichtssitzung f • celse
Gerichtssprengel m • kaza mıntıka
Gerichtsstand m • salahiyet; yetki; yetkili mahkeme

Mesleki Terimler Sözlüğü

Gerichtstermin m • duruşma günü
Gerichtsverfahren n • muhakeme usulü
Gerichtsverfassung f • yargı usulü; mahkemeler teşkilatı
Gerichtsverhandlung f (einer) beiwohnen • duruşmada hazır bulunmak
Gerichtsverhandlung f • celse; duruşma
Gerichtsverhandlung f beiwohnen • duruşmada hazır bulunmak
Gerichtsvollzieher m • icra memuru
Gerichtsweibel m • mübaşir
Gerontologie f • yaşlılık bilimi
gerundeter Vokal m • yuvarlak ünlü
Gerundium n • ulaç
gesamt • bütün; toplam; umumi
Gesamtarbeitsstreitigkeit f • toplu iş ihtilafı; toplulukla iş ihtilafı
Gesamtarbeitsvertrag m • toplu iş sözleşmesi; umumi mukavele
Gesamtbetrag m • genel toplam; toplam;
Gesamtbudget n • ana bütçe; genel bütçe
Gesamteigentum n • iştirak halinde mülkiyet; müşterek mülkiyet; ortak mülkiyet
Gesamtentwicklung f • topyekün gelişim
Gesamtentwicklung f • genel sonuç; genel temayül
Gesamtgenehmigung f • blok lisans
Gesamtgläubiger m • müteselsil alacaklı
Gesamtgrundpfandrecht n • toplu rehin
Gesamtgut n • karı kocanın müşterek malları
Gesamthaftung f • müteselsil kefalet; müteselsil mesuliyet; zincirleme sorumluluk
Gesamthandeigentum n • iştirak halinde mülkiyet
Gesamthypothek f • toplu ipotek
Gesamtkapital n • toplam sermaye
Gesamtklage f • müşterek davası; müşterek hak davası
Gesamtkonnossement n • kolektif konşimento
Gesamtkosten pl. • toplam maliyet
Gesamtministerium n • kabine
Gesamtpfandrecht n • toplu rehin
Gesamtprokura f • genel vekalet
Gesamtrechtsnachfolge f • külli halefiyet
Gesamtschuld f • müteselsil borç; müşterek borç

Gesamtschuldner m • müteselsil borçlu
gesamtschuldnerisch • müteselsil; zincirleme
gesamtschuldnerische Haftung f • müteselsil mesuliyet; müteselsil sorumluluk; teselsül; zincirleme yükümlülük
Gesamtschuldverhältnis n • müteselsil borç münasebeti
Gesamtschule f • çokamaçlı okul
Gesamtunterricht m • topluöğretim
Gesamtverbindlichkeit f • müteselsil sorumluluk; müşterek sorumluluk
Gesamtversicherung f • müşterek sigorta; ortak sigorta
Gesamtwert m • genel değer
Gesandter m • elçi; orta elçi
Gesandtschaft f • elçilik binası
Gesandtschaftshotel n • elçilik binası
Gesandtschaftspersonal n • diplomasi memurları
geschädigt • zarar görmüş; zarara uğramış
Geschädigter m • zarara uğrayan
Geschäft n • iş; iş muamele; işlem; işletme; işyeri; mağaza; muamele; ticaret; ticarethane
geschäftliche Tätigkeit f • şirket faaliyeti
Geschäftsauflösung f • işyerinin tasviyesi
Geschäftsbedingung f • ticari şart
Geschäftsbedingungen pl. f • ticari şartlar
Geschäftsbereich m • faaliyet sahası; yetki alanı; faaliyet raporu; yıllık rapor; şirketin yıllık raporu
Geschäftsbesorgung f • ticari işlem
Geschäftsbetrieb m • ticarethanenin işletme kısmı
Geschäftsbücher pl. n • muhasebe defterleri
Geschäftseinkommen n • ticari gelir
geschäftsfähig • medeni hakları kullanmaya ehil
Geschäftsfähigkeit f • hukuki işlem yeteneği; medeni hakları kullanma ehliyeti
Geschäftsführer m • yönetici; şirket müdürü
Geschäftsführung f ohne Auftrag m • vekaleti olmadan başkası hesabına tasarruf
Geschäftsgang m • işlem
Geschäftsgebarung f • iş idaresi

Fachwörterbuch

Geschäftsgebäude pl. n • işletmenin idari binaları ve bağlı üniteleri
Geschäftsherr m • iş sahibi; işveren
Geschäftsinhaber m • ortak
Geschäftsirrtum m • akdin zatında hata
Geschäftsjahr n • faaliyet yılı; hesap yılı; iş yılı; mali dönem; mali yıl
Geschäftsleitung f • idare; yönetim bürosu; yönetim kurulu
Geschäftslosigkeit f • işsizlik
Geschäftsordnung f • dahili nizamname; içtüzük
Geschäftspapier n • ticari belge
Geschäftspolitik f • işletme politikası
Geschäftsstelle f • büro; ilgili daire
Geschäftsstockung f • işlerin kesat olması; ticari durgunluk
Geschäftsstruktur f • işin mahiyeti; işin yapısı
Geschäftstagebuch n • günlük defter; yevmiye defteri
Geschäftstitel m • ticaret ünvanı
Geschäftsträger m • maslahatgüzar
geschäftsunfähig • medeni hakları kullanmaya ehliyetsiz; medeni hakları kullanma ehliyetsizliği
Geschäftsübergabe f • devir ve teslim
Geschäftsvorfall m • işlem; muamele; muhasebe işlemi
Geschäftswelt f • ticaret alemi
Geschäftswert m • firmanın genel durumu
Geschäftszeichen n • dosya numarası; referans
Geschäftszeit f • çalışma saatleri
Geschäftszweig m • ticari branş
geschätzte Einkommenssteuer f • tahmini gelir vergisi
geschätzte Kosten pl. • tahmini maliyetler
geschätzte Nutzungsdauer f • tahmini ömür
geschehen • gerçekleşmek; vuku bulmak
Geschehen n • hadise; olay
Geschehnis n • hadise
Geschenk n • hediye
Geschichte f • tarih
Geschicklichkeit f • beceri
geschieden • boşanmış
Geschlecht n • cinsiyet
Geschlechtskrankheit f • zührevi hastalık
Geschlechtsname m • soyadı
Geschlechtsverkehr m • cinsi münasebet
geschlossen • kapalı
geschlossene Investmentgesellschaft f • kapalı uçlu yatırım ortaklığı
geschlossener Anlagefonds m • kapalı uçlu menkul kıymet yatırım ortaklığı
geschlossenes Depot n • mühürlü emanet hesabı
geschlossenes Meer n • kapalı deniz
Geschlossenheit f • bütünlük
geschriebene Sprache f • yazı dili
geschriebenes Recht n • yazılı hukuk
geschuldeter Betrag m • ödenecek tutar
Geschwister pl. • kardeşler
Geschworene pl. m • jüri
Geschworenenbank f • jüri
Geschworenenspruch m • jüri kararı
Geschworener m • jüri üyesi
Gesellschaft f • kuruluş; kurum; cemaat; ortaklık; toplum; şirket
Gesellschaft f des bürgerlichen Rechtes n • adi şirket
Gesellschaft f für die Aufstellung f von Berufsstandards pl. m • Meslek Standartları Oluşturma Kurumu
Gesellschaft f für weltweiten Telexverkehr m zwischen Interbanken pl. f • Dünya Bankalararası Finansal Telekomünikasyon Topluluğu
Gesellschaft f mit beschränkter Haftung f • limited şirket; mahdut mesuliyetli şirket; özel şirket;
Gesellschaft f mit mehreren Aktionären pl. m • çok ortaklı şirket
Gesellschafter m • hissedar; işte ortak çıkarı olan; mülkte ortak çıkarı olan; ortak; şerik
gesellschaftlich • toplumsal
Gesellschaftsanteil m • hisse; pay; şirket hissesi
Gesellschaftsfirma f • ticaret ünvanı
Gesellschaftskapital n • esas sermaye; nominal sermaye; ortaklık sermayesi; sermaye
Gesellschaftsschuld f • şirket borcu
Gesellschaftssitz m • şirket merkezi
Gesellschaftsstatuten pl. n • ortaklık sözleşmesi; şirket sözleşmesi

Mesleki Terimler Sözlüğü

Gesellschaftssteuer f • sermaye muamele vergisi
Gesellschaftsstruktur f • ortaklık yapısı
Gesellschaftsvermögen n • şirket varlığı; şirketin mevcudu
Gesellschaftsversammlung f • genel kurul toplantısı
Gesellschaftsvertrag m • ana sözleşme; ortaklık sözleşmesi; şirket esas sözleşmesi
Gesellschaftsvertrag m • şirket mukavelenamesi; şirket mukavelesi; şirket sözleşmesi
Gesetz n • kanun; yasa; yönetmelik
Gesetz n befolgen • kanuna riayet etmek
Gesetz n durchbrechen • kanunu çiğnemek
Gesetz n ergehen lassen • kanun çıkarmak
Gesetz n erlassen • kanun çıkarmak
Gesetz n für die Einkünfte pl. f der Stadtverwaltung f • Belediye Gelirleri Kanunu
Gesetz n für Primarstufenausbildung f und -erziehung f • İlköğretim ve Eğitim Kanunu
Gesetz n für ungültig erklären • kanununu hükümsüz kılmak
Gesetz n üben • kanunu tatbik etmek
Gesetz n über die freiwillige Kastration f • isteğe bağlı hadımlaştırılma kanunu
Gesetz n überschreiten • kanunu çiğnemek
Gesetz n verabschieden • kanun çıkarmak
Gesetz n zum Schutz m der Republik f • cumhuriyeti koruma kanunu
Gesetz n zur Lehrlings- und Berufsausbildung f • Çıraklık ve Meslek Eğitimi Kanunu
Gesetzauslegung f • kanunun yorumu
Gesetzbuch n • kanunname
Gesetze pl. n achten • kanunlara uymak
Gesetze pl. n im formellen Sinne • mahsus kanunlar
Gesetzentwurf m einbringen • kanun teklifi sunmak
Gesetzesartikel m • başabaş; kanun maddesi; madde pari
Gesetzesbestimmung f • kanun değişikliği
Gesetzesentwurf m • kanun layihası; kanun tasarısı
Gesetzeskollision f • kanunlar ihtilafı; kanunların çatışması
Gesetzeskonflikt f • kanunlar ihtilafı; kanunların çatışması
Gesetzeskraft f • kanunun geçerliliği
gesetzeskundig • kanunlara vakıf olma
Gesetzeslücke f • kanunda boşluk
Gesetzesnovelle f • kanuna ilave; kanunların değiştirilmesi; kanunu değiştiren ilave; kanunu tamamlayan ilave
Gesetzestext m • kanun metni
Gesetzesumgehung f • kanuna karşı; kanuna karşı hile
Gesetzesübertretung f • kanunları çiğneme; yasalara karşı gelme
Gesetzesvorlage f • kanun teklifi
Gesetzesvorlage f unterbreiten • kanun teklifi sunmak
Gesetzesvorschlag m • kanun teklifi
Gesetzeswidrigkeit f • kanuna aykırılık
gesetzgebend • teşrii; yasama üzerine
gesetzgebende Gewalt f • teşrii kuvvet; yasama erki
gesetzgebende Körperschaft f • yasama organı
Gesetzgeber m • kanun koyan; kanun koyucu; kanun vazı
Gesetzgebung f • kanun koyma; kanun vazı; mevzuat; tevdin; yürürlükteki yasalar
Gesetzgebungskompetenz f • kanun koyma yetkisi
gesetzlich • kanuni; meşru; yasal
gesetzlich anerkannte Feiertage pl. m • genel tatiller
gesetzlich festgelegte Arbeitszeit f • kanuni mesai saatleri
gesetzlich vorgeschriebene Bücher pl. n • kanuni defterler
gesetzliche Bestimmungen pl. f • yasal hükümler
gesetzliche Beweisregel f • kanuni beyyine sistemi
gesetzliche Bücher pl. n • kanuni yasal defterler
gesetzliche Erben pl. m • kanuni mirasçılar

gesetzliche Erfordernisse pl. n • kanuni şartlar
gesetzliche Frist f • kanuni süre
gesetzliche Haftpflichtversicherung f • kanuni mesuliyet sigortası
gesetzliche Hypothek f • kanuni ipotek; yasal ipotek
gesetzliche Kurantmünzen pl. f • yasal ödeme aracı
gesetzliche Rechtsnachfolge f • şahsi halefiyet
gesetzliche Regelung f • kanunla düzenleme
gesetzliche Reserven pl. f • statü yedekleri; kanuni yedek akçeler
gesetzliche Rücklagen pl. • kanuni yedek akçe; kanuni ihtiyatlar; kanuni karşılıklar; yasal yedek akçeler
gesetzliche Schuld f • yasal borç; yasal yükümlülükten doğan borç
gesetzliche Schuldverhältnisse pl. n • kanundan doğan borçlar
gesetzliche Schuldverpflichtung f • kanundan doğan borçlar
gesetzliche Unterstützung f • kanuni yardım
gesetzliche Vermutung f • kanuni karine
gesetzliche Versicherung f • kanuni sigorta
gesetzliche Voraussetzungen pl. f • kanuni şartlar
gesetzliche Vorschriften pl. f • kanuni hüküm; yasal gerekler; yasal koşullar
gesetzlicher Erbe m • kanuni mirasçı
gesetzlicher Rechtsübergang m • kanuni temlik; yasal temlik
gesetzlicher Rücklagensatz m • yasal yedek oranı; kanuni ihtiyat nisbeti
gesetzlicher Vertreter m • kanuni mümessil; kanuni temsilci; temsilci
gesetzlicher Zins m • kanuni faiz
gesetzlicher Zinsfuss m • kanuni faiz nispeti
gesetzliches Grund- oder Stammkapital n • yasal çerçeve gereğince konulması zorunlu sermaye; yasal sermaye
gesetzliches Grundpfand n • kanuni ipotek
gesetzliches Pfandrecht n • kanuni rehin hakkı

gesetzliches Vermögen n • vasal varlık
gesetzliches Vorkaufsrecht n • kanuni şufa hakkı
gesetzliches Zahlungsmittel n • ulusal para; yasal ödeme aracı
Gesetzlichkeit f • kanunlara uygunluk; meşruiyet; yasallık
gesetzlos • kanunsuz
Gesetzlosigkeit f • anarşi; kanunsuzluk
gesetzmässig • kanuna uygun; yasal
gesetzwidrig • kanuna aykırı
gesetzwidriger Vertrag m • kanuna aykırı akit
gesichert • güvence altına alınmış; sigortalı
gesicherte Schuldverschreibung f • güvenceli tahvil; teminatlı tahvil
gesicherter Gläubiger m • alacağı güvenceye alınmış kişi
gesichertes Darlehen n • güvenli borç
gesichertes Konto n • karşılığında güvence verilerek açılmış hesap; teminatlı hesap
gespannt • gergin
gesperrt • koşullu; sınırlı; şartlı
gesperrter Scheck m • üzerinde bankanın adı ve imzası olan çek; vizeli çek
gesperrtes Konto n • hacizli hesap
Gesprächspartner m • muhatap
gesprochene Sprache f • konuşma dili; sözlü dil
Gestalt f • durum; şekil
gestalten • teşkil etmek
Gestaltpsychologie f • Geştalt ruhbilimi
Gestalt-Theorie f • Geştalt (öğrenme) kuramı
Gestaltung f • biçim; biçim verme; durum; düzenleme; görünüş; şekil verme
Gestaltungsrecht n • hukuki imkan hakkı; ihdas hakkı; kullanma hakkı
Geständnis n • ikrar; itiraf
Geständnis n ablegen • itiraf etmek
Geständnis n mit Vorbehalten pl. m • mevsuf ikrar
Geständnis n und Eid m • ikrar ve yemin
gestehen • ikrar etmek; itiraf etmek
Gestehungskosten pl. • maliyet; maliyet masrafları

Mesleki Terimler Sözlüğü

Gestehungskosten pl. der verkauften Ware f • satılan malın maliyeti
Gestellung f • sağlama
Gestellungspflicht f • mükellefiyet
gestempelter Namenszug m • mühür
gesteuerte Inflation f • baskı altında tutulan enflasyon
gestohlene Sachen pl. f • çalınan mallar
Gesuch n • dilekçe; istida
Gesuch n eingeben • dilekçe vermek
Gesuch n stellen • dilekçe vermek
Gesundheitsattest n • sağlık kartı; sağlık raporu
Gesundheitserziehung f • sağlık eğitimi
Gesundheitslehre f • sağlık bilgisi
Gesundheitspass m • sağlık kartı
Gesundwert m • net değer
Getränkesteuer f • ispirtolu içki vergisi
Getreidewirtschaft f • hububat ticareti
getrennt leben • ayrı yaşamak
gewagter Vertrag m • tesadüfe bağlı mukavele
Gewähr f • garanti; tekeffül; teminat
gewähren • bahşetmek; garanti etmek; müsaade etmek; tanımak; vermek
Gewährfrist f • garanti süresi
gewährleisten • garanti etmek; tekeffül etmek
Gewährleistung f • garanti; güvence; tekeffül
Gewährleistung f des veräusserten Rechts n • zapta karşı teminat
Gewährleistung f wegen Rechtsmängel pl. m • zapta karşı güvence
Gewährleistung f wegen Sach- und Rechtsmängel pl. m • ayıba karşı tekeffül
Gewährleistung f wegen Sachmängel pl. m • ayıba karşı güvence
Gewährleistungsvertrag m • garanti; garanti anlaşması; tazminat
Gewahrsam m • emanet
Gewährsmann m • garantör; mutemet
Gewährsträger m • garantör
Gewährung f • ifa etme; ita; verme
Gewährung f von Unterhalt m • nafaka verme
Gewalt f • cebir; hakimiyet; kuvvet; otorite; yetki; zorlama

Gewaltaktion f • şiddet tedbiri
Gewaltenteilung f • kuvvetlerin ayrılığı
Gewaltenübertragung f • salahiyet teffizi
Gewaltenverbindung f • kuvvetlerin birleşmesi
Gewaltherrschaft f • diktatörlük
Gewaltmassregeln pl. f • zorlayıcı tedbir
Gewaltmissbrauch m • memuriyet ve mevki nüfuzunu suistimal; yetkiyi kötüye kullanma
gewaltsam • cebren; zorla
gewaltsame Unzucht f • cebren ırza geçme; ırza geçme
Gewalttat f • zorbalık
Gewalttäter m • zorba
gewalttätig • zorbaca
Gewalttätigkeit f • zor kullanma; zorbalık
Gewässer pl. • sular
Gewerbe n • esnaflık; küçük sanayi; sanayi; ticaret; zanaat
Gewerbeaufsicht f • işgüvenliği kontrolü
Gewerbeaufsichtsamt m • işgüvenliği dairesi
Gewerbebank f • esnaf bankası
Gewerbeberechtigung f • ticaret lisansı
Gewerbebetrieb m • kazançlı faaliyet; küçük sınai işletme; sanayi işletmesi
Gewerbeertrag m • ticari gelir
Gewerbefreiheit f • sanayi ve ticaret serbestisi; zanaat serbestisi
Gewerbegericht n • iş mahkemesi
Gewerbegruppe f • meslek; ticaret veya meslek grubu
Gewerbekammer f • esnaf loncası; esnaf odası
Gewerbekrankheit f • meslek hastalığı
Gewerbemonopolrecht n • gedik
Gewerbeordnung f • meslek nizamnamesi
Gewerberecht n • zanaat ve el sanatları hukuku
Gewerbesteuer f • küşat vergisi; sanayi vergisi
gewerblich • mesleki
gewerbliche Berufsbildung f • endüstri eğitimi
gewerbliche Schutzrechte pl. n • sınai haklar; ticari haklar; ticari markaya ilişkin yasal haklar
gewerblicher Betrieb m • sınai muessese

Fachwörterbuch

gewerbliches Eigentum n • sınai mülkiyet
gewerbsmässig • mesleki; sınai
gewerbsmässige Schutzrechte pl. n • sınai haklar
gewerbsmässiger Frachtführer m • kamu taşıyıcısı; umumi taşıyıcı
Gewerkschaft f • sendika
Gewerkschaftler m • sendika üyesi
gewerkschaftlich • sendikal
Gewerkschaftsbund m • sendika federasyonu; sendikalar birliği
Gewerkschaftswesen n • sendikacılık
Gewichtseinheit f • ayar
Gewichtsfinalabrechnung f • nihai ağırlık beyanı
Gewichtswert m • ağırlık ünitesi değeri
Gewichtszoll m • sıklete müstenit gümrük resmi
Gewinn m • gelir; kar; kazanç; prim; temettü; vergi sonrası
Gewinn m erzielen • gelir sağlamak
Gewinn m nach Abzug m von Steuern pl. f (Nettogewinn m) • vergi düşüldükten sonraki kar
Gewinn m pro Aktie f • hisse başına kazanç; hisse senedi başına düşen kar
Gewinn m und Verlust m • kar ve zarar
Gewinn m vor Steuerabzug m • muhasebede çeşitli kullanım amaçlarıyla vergisi düşülmeden saptanan gelir
Gewinn- und Verlustkonto n • kar ve zarar hesabı;
Gewinn- und Verlustrechnung f • çok basamaklı gelir tablosu; gelir tablosu; kar ve zarar hesabı; kar ve zarar tablosu; kar-zarar hesabı; kar-zarar tablosu; net gelir-gider tablosu
Gewinnanteil m • dividant; kar hissesi; kar payı; temettü; temettü hissesi
Gewinnanteil m des Genossenschaftsteilhabers m • kooperatif ortaklarına verilen para
Gewinnanteil m in einer Genossenschaft f • kooperatif ortaklarına iade edilen para
Gewinnanteilschein m • intifa senedi kuponu; kar payı kuponu; kupon; temettü kuponu
Gewinnausschüttung f • kar dağıtımı; kar payı dağıtımı; kar payı dağıtım politikası

gewinnbeteiligte Obligation f • kara iştirakli tahvil
Gewinnbeteiligung f • kar komisyonu; kar ortaklığı; kara iştirak; kara katılma; kardan pay alma
Gewinnbeteiligungsplan m • kar dağıtım planı
Gewinnbeteiligungsrecht n • kara katılma hakkı; kardan pay alma hakkı
gewinnen • kazanmak
Gewinnmarge f • verim oranı
Gewinnmitnahme f • borsada kar etme
Gewinnobligation f • faizli hisse senedi
Gewinnplanung f • kar planlaması
Gewinnpräzipuum n • yasal olarak dağıtılması zorunlu kar payı
Gewinnquote f • kar marjı
Gewinnrate f • kar oranı
Gewinnrealisation f • kar alma
Gewinnrealisierung f • karın gerçekleşmesi
Gewinnrendite f • kazanç getirisi; kazanç verimi
Gewinnrücklage f • kardan doğan ve ortaklarca çekilebilen özsermaye unsuru
Gewinnschuldverschreibung f • faizli hisse senedi; gelir tahvili; işletmenin kar etmesi koşuluyla faizi ödenecek tahvil; kara bağlı tahvil; kardan pay alan tahvil
Gewinnschwelle f • başabaş noktası
Gewinnschwellen-Diagramm n • başabaş grafiği; kar grafiği
Gewinnspanne f • kar marjı
Gewinnsteuer f • kazanç vergisi
Gewinnverteilung f • kar dağıtımı
Gewinnverwendung f • karın belli amaçlar için kullanılması
Gewinnvortrag m • devredilen kar; ertesi yıla aktarılan; dağıtılmamış işletme karı
Gewinnvortrag m des Vorjahres n • önceki yıllardan devredilmiş kar
gewiss • muhakkak; şüphesiz
gewisse Grundrechte pl. n • mutlak temel haklar
Gewissen n • bulunç; vicdan
Gewissensfreiheit f • vicdan hürriyeti
Gewissenszwang m • manevi baskı
Gewissheit f • sağlam bilgi
gewogene Mittel pl. n • ağırlıklı ortalama

Mesleki Terimler Sözlüğü

Gewohnheit f • alışkanlık; görenek; gelenek; örf ve adet; teamül
gewohnheitsmässig • alışagelmiş; mutat
Gewohnheitsrecht • örf ve adet hukuku; örfü adet hukuku; teamül hukuku
Gewohnheitsverbrechen n • itiyadi suç
Gewohnheitsverbrecher m • suç işlemeyi alışkanlık haline getirmiş olan
gewöhnlich • adi; alışagelmiş; mutat
gewöhnliche Gesellschaft f • adi ortaklık; adi şirket
gewöhnlicher Konkurs m • adi iflas
Gewöhnung f • alıştırma
gezeichnetes Kapital n • taahhüt edilmiş sermaye
gezogene Obligation f • keşide tahvili
gezogener Wechsel m • poliçe
Gift n • zehir
Giftmord m • tesmin; zehirleme
Giftmörder m • zehirlemek suretiyle cinayet işleyen
Gilden pl. f • esnaf cemiyetleri
gipfelbildende Funktion f • yücelim işlevi
Gipfelwert m • tepedeğer
giral • ciro ile ilgili; transfer yoluyla
Giralgeld n • banka parası; hesap parası; hesaptaki para; virman parası; yatırılan para
Girant m • ciranta; ciro eden; ciro edilen
Girat m • hamil; kendisine ciro edilen; ciro edilen
girieren • çekmek; ciro etmek
Giro n • ciro; banka havalesi
Girobank f • kliring bankası; takas bankası
Girokonto n • cari hesap
Giroprovision f • ciro komisyonu
Girosystem n • ciro muameleleri
glattes Akkreditiv n • basit akreditif
glattstellen • çözümlemek; işlemi bitirmek
Glaube m • din; inanç; mezhep; niyet
glauben • inanmak; itimat etmek; zannetmek
Glaubensfreiheit f • din hürriyeti; inanç serbestisi
Glaubenszwang m • dini inançlara baskı yapma
glaubhaft • ikna edici; inandırıcı

Glaubhaftmachung f • inandırma; kanıtlama
Gläubiger m • alacaklı; kreditör
Gläubigerabkommen n • alacaklılarla anlaşma
Gläubigerausschuss m • iflas bürosu
Gläubigerbegünstigung f • alacaklının avantajlı duruma getirilmesi
Gläubigerland n • alacaklı ülke
Gläubigerschaft f • alacaklılar
Gläubigervereinbarung f • alacaklılarla anlaşma
Gläubigerversammlung f • alacaklı toplantısı; alacaklılar toplantısı
Gläubigerverzug m • alacaklının temerrüdü
glaubwürdig • inandırıcı; kanaat verici
glaubwürdiger Grund m • inandırıcı sebep
Glaubwürdigkeit f; ihticaca salih olma; kanaat verici olma
gleich • aynı; eşit
gleichartig • aynı türden
gleichbedeutend • aynı anlamda
gleichberechtigt • aynı haklara sahip
Gleichberechtigung f • eşit haklara sahip olma; eşitlik; müsavat
Gleichberechtigung f der Rassen pl. f • ırk eşitliği
gleichbleibend • değişmez; devamlı; müstakar
gleichgerichtet • aynı sırada; aynı yönde
gleichgewichtig • dengeli
Gleichgewichtszins m • denge faiz oranı
Gleichheit f • benzerlik; eşitlik; kanun önünde eşitlik
Gleichheit f vor dem Gesetz n • hukuki müsavat; kanun önünde eşitlik
Gleichheitsgrundsatz m • eşitlik ilkesi
Gleichheitslehre f • eşitlik öğretisi
gleichlaufend • eşit değerde
Gleichnis n • benzetme; kıyas
gleichsetzen • eşit saymak
gleichstellen • benzetmek; kıyas etmek
Gleichstellung f • hukuki eşitlik
gleichwertig • aynı işleme tabi; aynı kalitede; eşit olarak
gleichzeitig • eşit değerde

Fachwörterbuch

gleichziehen • başkasının seviyesine çıkarmak
gleitende Lohnskala f • düzeyi belirli bir indekse bağlanmış ücret; eşelmobil ücret sistemi
gleitender Wechselkurs m • dalgalı döviz kuru; serbest kur
Gleitklausel f • eskalasyon şartı; eşelmobil; intibak ettirme esası; endeksleme şartı
Gleitpreis m • mütehavvil fiyat
Gliederung f • klasifikasyon; örnek; tertip; yapı
Gliederungsvorschriften pl. f • sınıflandırma şartları
global • blok halde; global; özet olarak; toptan olarak; yuvarlak hesap
globalisieren • global hale getirmek
Globalkontingent n • global kota
Globalzession f • beyaz temlik; genel temlik
Glossem n • dilbirim
Glossematik f • glosematik
glottal • gırtlaksıl
Glottochronologie f • dil tarihlemesi
Glück n • mutluluk
Glücksspiel n • kumar
Gnadenakt m • af
Gold n • altın
Gold- und Devisenreserven pl. f • altın ve döviz rezervleri
Gold- und Silberbarren m • külçe
Goldanleihe f • karşılığı altınla ödenecek tahvil
Golddeckung f • altın karşılığı
Golddeckungsprinzip n • currency prensibi
Golddevisenwährung f • altın kambiyo standardı
golden parachute • altın paraşüt
Goldkernwährung f • altın külçe standardı
Goldklausel f • altın kaydı; altın şartı
Goldminenaktien pl. f • altın madeni şirketleri hisse senetleri
Goldmünzklausel f • hakki altın para şartı
Goldmünzwährung f • altın sikke standardı
Goldoption f • altın opsiyonu

Goldpool m • altın havuzu
Goldprämie f • altın primi
Goldpunkt m • altın noktaları
Goldreserven pl. f • altın ankesi; altın rezervi
Goldstandard m • altın standardı
Goldstück n • nominal değeri 1 Sterlin olan İngiliz altın parası
Goldvorrat m • altın ankesi; altın rezervi
Goldwährung f • altın standardı
Goldwertklausel f • altın kıymeti şartı
Goodwill m • firma değeri; peştamallık
Gott m • Allah; Tanrı
Gotteshaus n • ibadethane
Gouvernement n • valilik; vilayet; vali
Government broker • borsadaki hükümet temsilcisi
göttlich • dini; ilahi
göttliches Recht n • dini hukuk; ilahi hukuk; kitabi hukuk
Grabungen pl. f • hafriyat
Grad m • derece; rütbe
Grade pl. m der Unfallgefahr f • tehlike sınıfları
Gradmesser m • indikatör; ölçü
Grammatik f • dilbilgisi
grammatikalische Auslegung f • filolojik tefsir; lafzi tefsir
Grammatikalisierung f • dilbilgiselleşme
Grammatikalität f • dilbilgisellik
grammatisch • dilbilgisel
Grammem n • dilbilgisibirimi
Graphem n • yazıbirim
Graphemvariante f • yazısal değişke
Gratifikation f • ikramiye; nakdi mükafat; tazminat; yılbaşı ikramiyesi
gratis • bedava; karşılıksız; parasız; ücretsiz
Gratisaktie f • hisse senedi biçiminde kar payı; bedelsiz hisse senedi; hisse senedi olarak verilen kar payı; hisse senedi; verilmesi şeklindeki kar payı dağıtımı; kar karşılığı verilen hisse
green clause Akkreditiv n • yeşil şartlı akreditif
greifbare Aktiven pl. f • maddi varlıklar
greifbare Mittel pl. n • disponibilite
greiflich • belirgin
Gremium n • grup; komite; organ; şirket

Mesleki Terimler Sözlüğü

Grenzabmarkung f • sınırların işaretlenmesi
Grenzanalyse f • marjinal analiz
Grenze f • hudut; limit; marj; sınır
Grenzertrag m • marjinal gelir
Grenzerzeugnis n • marjinal ürün
Grenzfestsetzung f • sınır tespiti; tahdit
Grenzgraben m • çit
Grenzhecke f • çit
Grenzkosten pl. • marjinal maliyet; üretilen son birimin getirdiği maliyet
Grenzkostenrechnung f • direkt maliyet sistemi; direkt maliyetleme
Grenzmauer f • çit
Grenznutzen m • marjinal fayda
Grenzproduktivität f • marjinal verimlilik
Grenzrecht n • devletler hususi hukuku
Grenzsignal n • sınırlayıcı
Grenzverkehr m • sınır trafiği
Grenzverletzung f • snır tecavüzü
Grenzvorrichtung f • hail
Greshamsches Gesetz n • Gresham Kanunu
grob • ağır; aşırı
grobe Fahrlässigkeit f • ağır ihmal; ağır kusur
grobe Pflichtverletzung f • ağır kusur
grobe Schätzung f • kaba tahmin
grober Unfug m • toplum huzurunu bozucu davranış; uygunsuz davranışla toplumun huzurunu bozma
gross • büyük
Grossbetrieb m • büyük işletme
grosse Havarie f • büyük avarya; genel avarya; müşterek avarya
Grosse Nationalversammlung f • Büyük Millet Meclisi
grosse Stückelungen pl. f • menkul değerlerde büyük değerli kupürler
Grosseltern pl. • büyük ebeveyn
grosses Geschäftsbuch n • kalamazo
Grossgrundbesitzer m • büyük arazi sahibi
Grosshandel m • toptan; toptan ticaret; toptancılık
Grosshändler m • toptancı
Grossist m • borsa komisyoncusu; cober; toptancı
grossjährig • ergin; reşit

Grossjährigkeit f • erginlik; rüşt
Grossmächte pl. f • büyük devletler
Grossmutter f • büyükanne
Grossvater m • büyükbaba
Grund m • arazi; arsa; emlak; esas; saik; sebep; temel
Grund m und Boden m • gayri menkul mallar
Grundanalyse f • esas analiz
Grundbedeutung f • esas anlam
Grundbedingung f • esas şart
Grundbedürfnisse pl. n • temel gereksinimler
Grundbesitz m • gayri menkul; gayri menkuller; mülk; taşınmaz; mülk sahibi
Grundbetrag m • esas meblağ
Grundbildung f • temel eğitim
Grundbuch n • tapu sicili
Grundbuchamt n • tapu dairesi
Grundbuchauszug m • tapu kaydı; tapu senedi
Grundbuchblatt n • kat irtifakı tapusu
Grundbuchordnung f • tapu kayıt yönetmeliği
Grundbuchung f • asıl kayıtlar; orijinal kayıtlar
Grunddaten pl. • temel veri
Grunddienstbarkeit f • gayri menkul mükellefiyeti; irtifak hakkı; kullanma hakkı
Grundeigentum n • gayri menkul; gayri menkul mülkiyeti
Grundeigentumsrecht n • gayri menkul mülkiyet hakkı
Grundeigentümer m • gayri menkul sahibi
Grunderwerb m • gayri menkul iktisabı
Grunderwerbssteuer f • gayri menkul alım vergisi
Grunderziehung f • temel eğitim
Grundfähigkeiten pl. f • temel beceriler
Grundgebühr f • sabit harç
Grundgehalt n • asli maaş
Grundgericht n • asliye mahkemesi
Grundgesetz n • anayasa
Grundgesetz n für Nationale Erziehung f • Milli Eğitim Temel Kanunu
Grundindustrie f • temel sanayi

Fachwörterbuch

Grundkapital n • açıklanan sermaye; ana sermaye; esas sermaye; şirket sermayesi
Grundkosten pl. • kuruluş giderleri
Grundkredit m • gayri menkul ipoteği karşılığı kredi; ipotek karşılığı avans
Grundlage f • esas
Grundlagenforschung f • temel araştırma
Grundlast f • gayri menkul mükellefiyeti
Grundlohn m • esas ücret; temel ücret
Grundpfand n • gayri menkul rehni
Grundpfandverschreibung f • ipotek
Grundpreis m • baz fiyat; esas fiyat
Grundquelle f • temel kaynak
Grundrechte pl. n • amme hakları; asli haklar; kamu hakları; temel haklar
Grundrechte pl. n der Staaten pl. m • devletlerin esas hakları
Grundregel f • temel kural; arazi rantı
Grundrente f • toprak rantı
Grundsatz m • ilke
Grundsatz m • düstur; esas; prensip
Grundsatz m der Periodenabgrenzung f • dönemsellik ilkesi; gerçekleşme ilkesi; gerçekleşme kavramı; tahakkuk prensıbi
Grundsatz m der relativen Bedeutung f • göreceli önem ilkesi
Grundsätze pl. m ordnungsmässiger Buchführung f • genel kabul görmüş muhasebe ilkeleri; muhasebe ilkeleri; muhasebe prensipleri
grundsätzlich • esas itibariyle
Grundschuld f • ipotekli borç senedi; kanuni ipotek
Grundschule f • ilkokul
Grundschulgesetz n • İlköğretim Yasası
Grundschullehrer m • temel eğitim devresi öğretmeni
Grundschulzwang m • ilk öğretim mecburiyeti
Grundsteuer f • arazi ve emlak vergisi; arazi vergisi; emlak vergisi
Grundstoff m • temel madde
Grundstufe f • temel öğretim
Grundstück n • arazi; arsa; gayri menkul; maddi duran varlık; taşınmaz; taşınmaz varlık
Grundstücksabtretung f • gayri menkul ferağı
Grundstücksgesellschaft f • arsa alım satım şirketi
Grundstücksklage f • gayri menkul davası
Grundvermögen n • duran varlıklar; gayri menkul
Grundwissenschaften pl. f • temel bilimler
Grundwortschatz m • temel sözcük dağarcığı
Grundzeitraum m • temel alınan dönem
Gruppe f • küme; öbek; grup; topluluk
Gruppenabschreibungsmethode f • grup amortismanı
Gruppenarbeit f • küme çalışması
Gruppenarbeitsaufgabe f • küme ödevi
Gruppenarbeitsvertrag m • takım mukavelesi
Gruppenberatung f • küme danışmanlığı; küme kılavuzluğu
Gruppendiskussion f • küme tartışması
Gruppendynamik f • küme dirikliği
Gruppentests pl. m • küme testleri
Gruppentherapie f • kümeyle iyileştirme
Gruppenunfallversicherung f • kazaya karşı grup sigortası;
Gruppenunterricht m • küme öğretimi
Gruppenverhalten n • küme davranışı
Gruppenversicherung f • grup sigortası; toplu sigorta
Gründe pl. m • gerekçe; mucip sebepler
gründen • dayandırmak; istinat ettirmek; kurmak; tesis etmek
Gründer m • kurucu; müessis
Gründeraktie f • kurucu intifa senedi; kurucu hisse senedi
Gründeranteilschein m • müessis hisse senedi
Gründung f • işletme; kuruluş; oluşum; tesis
Gründungsaktie f • kurucu hisse senetleri
Gründungsgeneralversammlung f • tesis umumi heyeti
Gründungskosten pl. • ilk tesis maliyeti; kuruluş giderleri; kuruluş maliyeti; kuruluş masrafları
Gründungsurkunde f • tescil belgesi
Grünlandwirtschaft f • çayır hayvancılığı; mera hayvancılığı
Guichet-Kommission f • satış komisyonu

gut • hoş; iyi; müsait
Gut n • çiftlik; emtia; mal; mülk; servet, yük
Gutachten n • bilirkişi incelemesi; bilirkişi raporu; ekspertiz; görüş; rapor
Gutachter m • bilirkişi; ehlihibre; ehlivukuf; eksper; hakim
gute Lieferung f • şartlara uygun teslim
gute Sitten pl. f • ahlak ve adap
guter Dienste m • dostane teşebbüs; tavassut
guter Glaube m • hüsnüniyet; iyi niyet; sübjektif hüsnüniyet
gutgläubig • hüsnüniyetle; iyi niyetli
gutgläubiger Besitzer m • iyi niyetli hamil
gutgläubiger Inhaber m • iyi niyetli hamil
Gutgläubiger m • iyi niyetli
Guthaben n • alacak; bakiye; büyük defter hesabının sağ tarafı; matlup; alacaklar
Guthabensaldo f • net alacak bakiyesi
Gutschein m • alacak senedi; alındı; ispat edici vesika; makbuz; sarf belgesi
gutschreiben • kredilendirmek
gutschreiben • alacak kaydetmek
Gutschrift f • matlup; hesabın alacak tarafına düşen kayıt
Gutschriftanzeige f • alacak dekontu; kredi notası
Guttural m • boğazsıl
gutwillig • iyi niyetli; kendi arzusu ile
Gutwilligkeit f • iyi niyet; serbest irade
Gült f • irat senedi

gültig • cari; geçerli; meri; muteber
Gültigkeit f • geçerlilik; meriyet; muteberiyet; sıhhat
Gültigkeitsdauer f • geçerlilik süresi
Gültigkeitserklärung f • onama; onaylama; tanıma; tastik etme
günstig • müsait; uygun
günstige Abweichung f • lehte sapma; olumlu fark
Güteaufpreis m • ek fiyat; kalite fiyatı
Güteklasse f • kalite sınıfı
Güter pl. n • mallar
Güter pl. n und Dienstleistungen pl. f • mal ve hizmetler
Güterdienst m • yük ulaştırma
Güterfernverkehr m • uzun mesafe yük trafiği
Gütergemeinschaft f • mal ortaklığı
Güterhalle f • yük ambarı
Gütermesse f • ticaret panayırı
Güterrecht n • karı koca malları hakkındaki usul
Güterrechtsregister n • karı koca malları hakkındaki usule dair sicil
Güterstand m • evlilikte mal durumu
Gütertrennung f • mal ayrılığı
Güterverbindung f • mal birliği; mal sigortası
Güterwagen m • yük vagonu
Güterzug m • yük treni
Güteverfahren n • sulh teşebbüsü
Gütezeichen n • kalite işareti
Gymnasium n • lise
Gymnastik f • jimnastik

Fachwörterbuch

H

Haager Abkommen n • Lahey Mukavelesi
Haager Konventionen pl. f • Lahey Mukaveleleri
Haager Regeln pl. f • Lahey Kaideleri
Habe f • mal; matlup; menkul mallar; varlık
Haben n • alacak; büyük defter hesabının sağ tarafı; matlup
Habenbuchung f • alacak kaydı
Habensaldo m • alacak bakiyesi
Habenzins m • alacaklı faizi
Habilitationsprüfung f • doçentlik sınavı
Hafen m • liman
Hafenabgabe f • liman resmi
Hafenamt n • liman idaresi
Hafenbehörde f • liman idaresi
Hafendienstleistung f • liman hizmeti
Hafengebühren pl. f • dok rüsumu; dok ücreti; liman resmi
Hafengelder pl. n • liman resmi
Hafenkonnossement n • liman konşimentosu
Hafenpolizei f • liman polisi
Hafenumschlag m • liman trafiği
Haft f • hafif hapis; tevkif; tutma; tutuklama
Haftanstalt f • hapishane; tutukevi
Haftaussetzung f • geçici tahliye
haftbar • mesul; mükellef kılan; sorumlu; şarta bağlı
Haftbarkeit f • mesuliyet; sorumluluk; yükümlülük
Haftbefehl m • tevkif müzekkeresi; tutuklama emri
Haftbefehl m erlassen • tutuklama emri çıkarmak
Haftbeschwerde f • tutuklamaya itiraz dilekçesi
haften • garanti etmek; kefil olmak; mesul olmak; mükellef olmak; yükümlü olmak
haftend • bağlı
Haftender m • mükellef
Haftentlassung f • salıverme; tahliye
Haftentschädigung f • haksız tevkifen dolayı ödenen tazminat

Haftfrist f • güvence süresi; tekeffül süresi
Haftgeld n • teminat akçesi
Häftling m • mevkuf; tutuklu
Haftlokal n • tevkifhane
Haftpflicht f • mesuliyet; sorumluluk
haftpflichtig • sorumlu
Haftpflichtversicherung f • mali mesuliyet sigortası; mali sigorta; mesuliyet sigortası; sigortalının üçüncü şahıslara verdiği zararları tazmin eden sigorta; tazmin mükellefiyetine karşı sigorta; üçüncü şahıs hesabına sigorta; üçüncü şahıs sigortası
Haftstrafe f • hapis cezası
Haftsumme f • kefil olunan meblağ
Haftung f • garanti; güvence verme; kefil olma; mesuliyet; mükellefiyet; sorumluluk; tekeffül
Haftung f der Verwaltung f • idarenin mesuliyeti
Haftung f des Reeders m • donatanın sorumluluğu
Haftung f des Vormunds m • vasinin sorumluluğu
Haftung f für Dritte pl. m • üçüncü şahıslara karşı sorumluluk
Haftung f für Verschulden n Dritter pl. m • üçüncü şahsın kusurundan doğan mesuliyet
Haftung f übernehmen • sorumluluğu üstlenmek
Haftungsausschluss m • ademi mesuliyet; sorumlu olmama
Haftungsfreistellung f • mükellefiyetten kurtarma
Haftungskapital n • garanti sermayesi fonu
Haftungsschuld f • ikinci dereceden borç; kefillik yükümlülüğü
Haftungsträger m • mükellef taraf
Hafturlaub f • tutukluya verilen izin
Hagelversicherung f • doluya karşı sigorta
halbamtlich • yarı resmi

Mesleki Terimler Sözlüğü

Halbbruder m • yalnız anne veya babası bir olan erkek kardeş
halbbürtig • yalnız anne veya babası bir
halbbürtige Geschwister pl. • yalnız anne veya babası bir olan kardeşler
Halberzeugnisse pl. n • yarı mamuller
Halbfabrikat n • yarı mamul madde; imalat sürecindeki mallar; yarı mamuller
Halbfabrikate-Bestand m • yarı mamul stoku
Halbfertigprodukt n • yarı mamul
Halbschwester f • yalnız anne veya babası bir olan kız kardeş
Halbtagsarbeit f • yarım gün çalışma
Halbvokal m • yarıünlü
Halbwaren pl. f • yarı mamul mallar
Halbzeug n • yarı mamul maddeler
Hälfteaktie f • nominal değeri normal hisse senetlerinin yarısı kadar hisse senedi
halsabschneiderische Konkurrenz f • kıyasıya rekabet
haltbare Güter pl. n • dayanıklı mallar
haltbare Verbrauchsgüter pl. n • dayanıklı tüketim malları
halten • muhafaza etmek; riayet etmek; telakki etmek; tutmak
Halter m • işletici; kullanan; sahip
Haltung f • duralama; davranış; durum; vaziyet
Hamstern n • gömüleme
Hand f • el; malik
Handänderung f • gayri menkulun el değiştirmesi
Handarbeit f • elle yapılan iş
Handbuch n für Kontenrahmen m • tekdüzen hesap sistemi yönetmeliği
Handel m • dava; iş; işletme; mesele; ticaret
handelbar • muamele yapılabilir
handeln • davranmak; ticaret yapmak
Handels- und Gewerbefreiheit f • ticaret ve sanayi hürriyeti
Handelsabkommen n • ticaret anlaşması; ticaret muahedesi; ticaret sözleşmesi
Handelsagent m • acente; faktör; komisyoncu; ticari vekil
Handelsakzept n • ticari kabul
Handelsattaché m • ticaret ataşesi

Handelsauftrag m • ticari vekalet
Handelsbank f • ticari banka; ticaret bankaları
Handelsbedingungen pl. f • ticari şartlar
Handelsbereich m • iştigal mevzuu; iştigal sahası
Handelsbeschränkung f • ticaretin sınırlandırılması
Handelsbeziehungen pl. f • ticari ilişkiler
Handelsbilanz f • dış ticaret bilançosu
Handelsblatt n • ticaret gazetesi
Handelsbörse f • emtia borsası; ticaret borsası; ticari borsaları
Handelsbrauch m • adet; teamül; ticari örf; ticari teamül; ticari yapılageliş
Handelsbräuche pl. m • ticari adetler; ticari örf ve adetler
Handelsbücher pl. n • muhasebe defterleri; ticari defterler
Handelsdeposition f • ticari mevduat
Handelsdünger m • ticari gübreler
Handelseinlage f • ticari mevduat
Handelsfachgymnasien pl. n • ticaret meslek lisesi
handelsfähig • ticari ehliyete sahip
Handelsfähigkeit f • ticari ehliyet
Handelsfirma f • ticaret ünvanı
Handelsforderungen pl. f • ticari alacak hesapları
Handelsfreiheit f • ticaret yapma hürriyeti
Handelsgebräuche pl. m • ticari teammüller
Handelsgenossenschaft f • ticaret kooperatifi
Handelsgericht n • ticaret mahkemesi
Handelsgeschäft n • mağaza; ticarethane; ticari işlem; ticari işletme; ticari muamele
Handelsgesellschaft f • ticaret işletmesi; ticaret şirketi; ticari ortaklık; ticari şirket; ticari şirketler
Handelsgesetz n • ticaret kanunu
Handelsgesetzbuch n • ticaret kanunu
Handelsgewerbe n • ticari iş veya sanat; ticaret; ticari meslek; ticari sanat
Handelsgewerbebetrieb m • ticari işletme
Handelsgut n • ticari eşya; ticari mal
Handelsherkommen n • teammüller; ticari gelenekler; yapılageliler

Fachwörterbuch

Handelskammer f • ticaret dairesi; Ticaret Odası
Handelskauf m • ticari satış
Handelskonto n • ticari hesap
Handelskorrespondenz f • ticari muhabere veya mektuplaşma
Handelskredit m • ticaret kredisi; ticari kredi
Handelskreditbrief m • ticari akreditif
Handelsmakler m • simsar; ticaret tellalı
Handelsmarine f • ticaret donanması
Handelsmarke f • alameti farika; marka; ticari marka
Handelsministerium n • Ticaret Bakanlığı
Handelsname m • ticaret ünvanı
Handelspapier n • finansman bonosu; ciro edilebilir ve devredilebilir finansal araçlar; kıymetli evrak; ticari belgeler; ticari senetler; ticari vesaik
Handelspartner m • ticari partner
Handelspfand n • ticari rehin
Handelspolitik f • ticaret politikası
Handelsrechnung f • ticari fatura
Handelsrecht n • ticaret hukuku
handelsrechtlich • ticaret hukuku ile ilgili
handelsrechtliche Institutionalisierung f • kurumlaşmak
handelsrechtliche Verträge pl. m • ticari akitler
handelsrechtliche Wertpapiere pl. n • ticari senetler
Handelsregister n • ticaret sicili; ticari defter
Handelsrichter m • ticaret mahkemesi bilirkişi hakimi
Handelssache f • ticari dava; ticari mesele
Handelssachen pl. f • ticari işler
Handelsschuld f • ticari borç
Handelsschulden pl. f • ticari borç hesapları
Handelssitten pl. f • ticari adetler; ticari teammüller;
Handelsspanne f • brüt kar; kar marjı
Handelssperre f • ticari abluka; ticari ambargo
Handelssperre f verhängen • ticari ambargo koymak
Handelsstufe f • pazarlama safhası
Handelstitel m • ticaret ünvanı
Handelsumsatz m • üretim dışı satış
Handelsunternehmung f • ticari teşebbüs
handelsüblich • ticarette mutad olduğu şekilde; ticari örf gereğince
Handelsverbot n • ticaret yapma yasağı; ticaretten men
Handelsverkehr m • alışveriş; ticaret; ticari münasebetler
Handelsvertrag m • ticaret anlaşması; ticaret muahedesi; ticari mukavele; uluslararası ticaret sözleşmesi
Handelsvertreter m • acente; ticari acente; ticari mümessil; ticari temsilci
Handelsware f • emtia; endüstri şirketinin sattığı tali mal; ticari eşya; ticari mal
Handelswarenbestand m • emtia stoku
Handelswechsel m • kambiyo senedi; poliçe; ticari poliçe; ticari senet; piyasa değeri
Handelswesen n • ticaret bilimi
Handfertigkeit f • el becerisi
Handgeld n • avans; eldeki nakit; kaparo; kaparo; pey akçesi
Handhabe f • imkan; ispat; sebep; vesile
handhaben • icra etmek; tatbik etmek
Handkauf m • reel satış
Händlerrabatt m • aracılara tanınan iskonto; ticaret iskontosu; ticari iskonto
Handlung f • eylem; fiil; icraat; iş
Handlungsagent m • acente; ajan; ticari acente
Handlungsbevollmächtigter m • ticari vekil; yetkili memur
handlungsfähig • medeni hakları kullanmaya ehil
Handlungsfähigkeit f • medeni hakları kullanma ehliyeti
Handlungsfreiheit f • hür irade
Handlungsgehilfe m • ticarethane memuru; tüccar memuru
Handlungslehrling m • ticarethane çırağı
handlungsorientierte Empfehlungen pl. f • icraata yönelik öneriler
Handlungsreisender m • seyyar ticaret memuru
Handlungsunkosten pl. • işletme masrafları

Mesleki Terimler Sözlüğü

Handlungsvollmacht f • ticaret vekaletnamesi; ticari işlemlerin yürütülmesi amacıyla verilen vekaletname
Handlungsweise f • hareket tarzı
Handschenkung f • elden hibe
Handschrift f • elyazısı
handschriftlich • elyazısı ile yazılmış
handschriftlicher Gläubiger m • adi senetli alacaklı
Handschuldschein m • borçlu olunduğunu bildiren belge
Handwerk n • elişi
Handwerk n • küçük esnaf; küçük sanatlar; meslek; zanaat; zanaat erbabı
Handwerker m • zanaatçı
Handwerksbetrieb m • zanaatçı işletmesi
Handwerkschaft f • zanaat
Handwerksgenossenschaft f • zanaatçılar kooperatifi
Handwerkskammer f • esnaf odası
Handwerkszweig m • elişi; zanaat
Handzeichen n • okuryazar olmayanların imza yerine kullandıkları işaret; el ile yapılmış bir alamet; imza makamına kaim olacak işaret
Handzettel m • tanıtıcı belge
Hang Seng Index m • Hang Seng Endeksi
hängig • askıda
Haplologie f • seslem yutumu
Hardware f • bilgisayar donanım sistemi; donanım
Harmonie f • uyum
harte Arbitrage f • katı arbitraj
Härte f • ciddi zarar verme; mağduriyete sebep olma
harte Währung f • katı döviz; sağlam döviz
Härtefall m • ağır mağduriyet durumu
Härteklausel f • ağır mağduriyet şartı
Härteparagraph m • ağır mağduriyeti önleyici özel hüküm
Hartgeld n • madeni para; meskukat; metal para; nakit para
Haschisch n • esrar
Hass m • garaz; kin
hassen • garaz gütmek; kin beslemek
Häufigkeit f • sıklık
Häufigkeitsverteilung f • sıklık dağılımı
Haupt n • asli; esas

Hauptanspruch m • asli dava
Hauptausschuss m • ana komite; genel komite
Hauptbilanz f • genel bilanço
Hauptbuch n • büyük defter; defteri kebir
Hauptbuchhalter m • muhasebe şefi
Hauptbuchkonto n • ana hesap
Hauptbuchsammelkonto n • ana hesap; kontrol hesabı
Hauptdienstleistungsabteilung f • ana hizmet birimi
Hauptentschädigung f • asli tazminat
Haupterbe m • esas mirasçı; kendisine en büyük hisse düşen mirasçı
Hauptfächer pl. n • içerik dersleri; temel dersler
Hauptfiliale f • merkez şube,
Hauptintervention f • asli müdahale
Hauptjournal n • genel yevmiye defteri
Hauptklage f • asli dava
Hauptkläger m • esas davacı
Hauptlehrer m • başöğretmen
Hauptmangel m • malın özünde kayıp
Hauptmieter m • esas kiracı
Hauptniederlassung f • idare merkezi; merkez
Hauptplatz m • ana bankacılık merkezi
Hauptposition f • esas pozisyon
Hauptprodukt n • esas ürün
Hauptrechte pl. n • asli haklar
Hauptregel f • ana kural
Hauptrücklage f • ana ihtiyat fonu
Hauptsache f • asıl mesele
hauptsächlich • asli; başlıca
Hauptsatz m • temel tümce
Hauptschuld m • ana borç
Hauptschuldner m • ana borçlu; esas borçlu
Hauptsicherheit f • birinci garanti
Hauptsitz m • merkez
Hauptsitz m der Bank f • banka merkezi
Hauptstadt f • başkent; devlet merkezi; hükümet merkezi
Hauptstelle f • ana şube
Hauptstrafe f • asli ceza
Hauptsumme f • ana meblağ; ana para
Haupttäter m • asli fail
Haupttermin m • esas duruşma günü

Fachwörterbuch

Hauptverfahren n • son soruşturma; son tahkikat
Hauptverhandlung f • duruşma; esas duruşma
Hauptversammlung f • genel kurul; genel toplantı; içtima; umumi heyet;
Hauptverwaltung f • idare merkezi; merkezi idare; üst yönetim
Hauptzug m • ana temayül
Haus n • ev; ticarethane
Hausarrest m • oda hapsi
Hausarzt m • aile doktoru
Hausaufgabe f • ev ödevi
Hausbank f • kuruluşun iş yaptığı banka
Hausbesitzer m • ev sahibi
Hausbesuch m • ev ziyareti
Hausdurchsuchung f • arama
Hausdurchsuchung f • meskenin polis tarafından aranması
Hauserziehung f • ev eğitimi
Hausfrieden m • konut dokunulmazlığı; mesken masuniyeti
Hausfriedensbruch n • konut dokunulmazlığını çiğneme; mesken masuniyetini ihlal
Hausgenosse m • ailenin yanında ikamet eden
Hausgewalt f • ev reisliği
Hausgewerbe n • ev sanatları
Haushalt m • bütçe; ev idaresi; ev işleri; hane; makam
Haushaltsansatz m • bütçe tahmini
Haushaltsartikel m • ev eşyası
Haushaltsbewilligung f • bütçe oylaması; saptama
Haushaltsdebatte f • parlamentoda bütçe müzakereleri
Haushaltseinkommen n • bireylerin gelirleri
haushaltsfremd • bütçe dışı
Haushaltsführung f • ev işlerinin idaresi
Haushaltsgesetz n • bütçe kanunu
Haushaltsjahr n • mali yıl
Haushaltskosten pl. • ev idaresi masrafları
Haushaltslage f • bütçe hesaplarının durumu
Haushaltsmittel pl. • bütçe parası
Haushaltsordnung f • bütçe mevzuatı
Haushaltsplan m • bütçe; devlet bütçesi
Haushaltsrechnung f • aile bütçesi; bütçe hesabı
Haushaltsrest m • bütçe bakiyesi
Haushaltung f • aile bütçesi; bütçe; ev idaresi; hane; kişisel; kuruluş; makam
Haushaltungsbudget n • aile bütçesi
Haushaltungskunde f • ev yönetimi
Haushaltungsvorstand m • aile reisi
hausieren • seyyar satıcılık yapmak
Hausierer m • seyyar satıcı
Hausiergewerbe n • gezginci esnaf
Hausindustrie f • el sanatları; ev sanatları
Hausmarke f • alameti farika; ticari marka
Hausmeister m • kapıcı
Hausordnung f • dahili nizamname; iç tüzük; mesken yönetim talimatı
Hausrat m • ev eşyası
Hausratsersatzbeschaffung f • eskiyen ev eşyasının yenilenmesi
Hausratsverteilung f • ev eşyalarının taksimi
Hausse f • borsa fiyatlarının yükselmesi
Hausseeinfluss m • fiyat yükselmesine sebep olan faktör
Haussemarkt f • yükselen piyasa
Hausseneigung f • fiyat yükselme eğilimi
Haussespekulant m • boğa; spekülatör
Haussestimmung f • fiyatların yükselme durumu
Haussier m • boğa
haussierende Kurse pl. m • fiyatları yükselen menkul kıymetler
Hausstand m • aile ve ev idaresi
Hausverwalter m • bina yöneticisi
Hauswerk n • ev işleri
Hauswirt m • ev sahibi
Hauswirtschaft f • ev idaresi
Hauswirtschaftslehre f • ev ekonomisi
Hauszins m • ev kirası
Havarie f • avarya; gemi hasarı; gemi ya da yükündeki hasar; uçak hasarı
Havarieaktie f • müşterek avarya teminatı
Havarieaufmachung f • dispeç
Havariegarantie f • müşterek avarya teminatı
Havarie-grosse-Einschuss m • büyük avaryaya katılma

Mesleki Terimler Sözlüğü

Havarie-grosse-Schaden m • büyük avarya zararı
Havarie-Komissar m • avarya komiseri
havariert • hasar görmüş
havariertes Schiff n • hasar görmüş gemi
Havarieverteilung f • avarya garamesi; dispeç
Havarist m • hasar gören geminin sahibi
Haverei f • avarya
Hedgegeschäft n • hedging
Hedonismus m • hazcılık
Heer n • kara kuvvetleri; ordu
Heeresbefehl m • ordu emri
Heften n • dosyalama
Hegemonie f • hegemonya
hehlen • gizlemek; saklamak; suçluya yataklık etmek
Hehler m • suçluya yataklık eden
Hehlerei f • yataklık
Heil n • sağlık
Heilanstalt f • sağlık kuruluşu; sanatoryum
heilen • eksikliği gidermek; iyileştirmek
Heilfürsorge f • ücretsiz muayene ve tedavi
Heiliger Stuhl m • papalık
Heilmassnahmen pl. f • sağlık tedbirleri
Heilung f • eksikliği tamamlama; tedavi
Heilverfahren n • düzeltme usulü; tedavi usulü
Heim n • ev; pansiyon; yurt
Heimarbeit f • ev sanatları; evlerde yapılmak üzere verilen fabrika işi
Heimarbeiter m • evinde çalışarak parça başına ücret alan işçi
Heimat f • memleket; vatan; yurt
Heimatberechtigung f • ikamet hakkı; oturma hakkı
Heimatdienst m • vatani görev
Heimathafen m • anayurt limanı; bağlama limanı; geminin kayıtlı olduğu liman
heimatlos • vatansız
Heimatlosigkeit f • tabiiyetsizlik; vatansızlık
Heimatprinzip n • devletin yurt dışında suç işleyen vatandaşını iade etmeyip kendi kanunlarına göre cezalandırma prensibi
Heimatstaat m • vatan

Heimfall m • eski sahibine geri geçme; mirasın devlete intikali
Heimfall m an den Staat m • mirasçısız ölen kimsenin mallarının devlete intikali
heimfallen • devlete kalmak
heimfällig • devlete kalacak durumda olan
Heimfallsrecht n • devletin miras hakkı
heimisch • ailevi; yerli
heimlich • gizli; saklı
Heimlichkeit f • gizlilik; sır
Heimstätte f • aile yurdu
Heirat f • evlenme; izdivaç
heiraten • evlenmek
Heiratsalter n • evlenme yaşı
heiratsfähig • evlenmeye ehil
Heiratsfähigkeit f • evlenme ehliyeti
Heiratsgut n • çeyiz; cihaz
Heiratsmündigkeit f • evlenme ehliyeti
Heiratsregister n • evlenme kütüğü
Heiratsurkunde f • evlenme cüzdanı
Heiratsvermittlung f • evlenme tellallığı
Heiratsversprechen n • evlenme vaadi
heissen • adlandırmak; isimlendirmek
heisses Geld n • sıcak para
Hektar n • hektar
helfen • kolaylaştırmak; yararı dokunmak; yardım etmek
Helfer m • yardımcı
Helfershelfer m • müşterek fail; suç ortağı
hell • tiz
hemmen • ara vermek; durdurmak; engel olmak
Hemmung f • ket vurma
Hemmung f • ara verme; inkıta; tatil
Hemmung f der Verjährung f • zamanaşımının durması
herabgesetzt • indirgenmiş
herabschleusen • düşürmek; indirmek
herabsetzen • azaltmak; eksiltmek; indirmek
Herabsetzung f • azaltma;
Herabsetzung f der Vertragsstrafe f • cezai şartın indirilmesi
herabwürdigen • aşağılamak; hakaret etmek
Herabwürdigung f • aşağılama; hakaret
herantragen • sunmak; vermek
Herausgabe f • iade

Fachwörterbuch

Herausgabe f der Fundsache f • bulunan malın iadesi
Herausgabe f des Pfandes n • rehnin iadesi
Herausgabe f von Geschenken pl. n • hediyelerin iadesi
Herausgabeanspruch m • hakediş davası; istihkak davası; istihkak talebi
Herausgabepflicht f • iade mükellefiyeti; iade yükümlülüğü
heraushandeln • pazarlık yapmak; pazarlıkla elde etmek
herauslegen • ödemek; vermek
herauswirtschaften • elde etmek; kazanmak
herbeiführen • mucip olmak; sebebiyet vermek
Herbstultimo m • dokuzuncu ayın son günü
hereinnehmen • almak; kabul etmek
herkommen • doğmak; hasıl olmak; meydana gelmek
Herkommen n • anane; örf
Herkunft f • kaynak; menşe
Herkunftsland n • ihracatçı memleket; menşe memleket
Herkunftszeichen n • menşe işaretleri
herrenlos • sahipsiz
herrenlose Güter pl. • sahipsiz şeyler
herrenlose Sache f • enkaz; sahipsiz mal; sahipsiz mallar
Herrschaft f • erk; hakimiyet
herrschende Gesellschaft f • kontrol eden şirket
Herrscher m • hükümdar
herstellen • imal etmek; üretmek
Herstellung f • imal; imalat; üretim
Herstellungskosten pl. • çıktı maliyeti; imalat maliyeti; imalat masrafları; sınai maliyet; üretim maliyeti
Herstellungsland n • üretici memleket
Herstellungspreis m • maliyet fiyatı
heterogene Gruppe f • ayrışık küme
Heteronomie f • yaderlik
Heuer f • gemici ücreti; ücret
Heuervertrag m • tayfa mukavelesi
heute gültig • gün içinde geçerli
Hiat m • ünlü boşluğu

Hierarchie f • aşama sırası; hiyerarşi; mertebeler silsilesi
Hilfe f • destek; yardım
Hilfe f leisten • yardım etmek
Hilfeleistung f • yardım etme
Hilfeleistung f in Seenot f • denizde yardım ve kurtarma
Hilfeleistungen pl. • yardım olarak sarfedilen paralar
hilflos • çaresiz; yardıma muhtaç
Hilflosigkeit f • çaresizlik; yardıma muhtaç olma
hilfreich • yararlı
Hilfsabteilung f • yardımcı departman; kalifiye olmayan işçi
Hilfsarbeiter m • vasıfsız işçi; yardımcı işçi
Hilfsausstattung f • yardımcı donatım; yardımcı teçhizat; yedek teçhizat
hilfsbedürftig • düşkün; yardıma muhtaç
Hilfsbedürftigkeit f • yardıma muhtaç olma
Hilfsbetrieb m • üretim dairelerine hizmet sağlayan yardımcı departman
Hilfsbuch n • yardımcı defter
Hilfsjournal n • yardımcı günlük defter
Hilfskonto n • tali hesap; yardımcı hesap
Hilfskraft f • kalifiye olmayan işçi
Hilfslieferung f • yardım teslimatı
Hilfslohn m • bilfiil üretimle uğraşmayan işçilik; dolaylı işçilik; endirekt işçilik; üretici olmayan işçilik; yardımcı işçi ücreti
Hilfsrichter m • hakim muavini; yardımcı hakim
Hilfsstoff m • yardımcı malzeme; yardımcı madde
Hilfstätigkeiten pl. f • yardımcı faaliyetler
Hilfsverb f • yardımcı eylem
hinausgeschobene Zahlung f • ertelenmiş ödeme
hinauslegen • tanzim veya tesis etmek
hinausschieben • ertelemek; tehir etmek
Hinausschiebung f • erteleme; tehir
hinauswerfen • işten atmak
hinderlich • engel olan; mani teşkil eden
hindern • engellemek; mani olmak; rahatsız etmek

Mesleki Terimler Sözlüğü

Hindernis n • engel; mani; müşkülat; zorluk
Hinderung f • engel olma; mani olma
Hinderungsgrund m • engelleyici sebep; mazeret; özür
Hingabe f an Zahlungs f statt f • eda yerini tutan ifa
hinkende Währung f • topal çift maden standardı
Hinlänglichkeit f • yeterlilik
hinrichten • idam etmek
Hinrichtung f • idam cezasının infazı; ölüm cezasının infazı
hinter • art
Hinterbliebene pl. m • ölenin geride kalan yakınları
Hinterbliebenenfürsorge f • ölenin geride kalan yakınlarına yapılan yardım
Hinterbliebenenrente f • ölenin geride kalan yakınlarına bağlanan sigorta aylığı
Hinterhalt m • pusu
hinterhältig • art niyetli
hinterlassen • geride bırakmak; miras bırakmak
Hinterlassenschaft f • miras; tereke
hinterlegen • emanet bırakmak; rehin bırakmak
Hinterleger m • emanet bırakan; emanet eden; mudi; rehin bırakan; vedia veren
hinterlegtes Gut n • vedia
Hinterlegung f • depozito; emanet bırakma; emaneten tevdi; rehin bırakma; tevdi
Hinterlegungsgelder pl. n • depozito paralar
Hinterlegungsstelle f • ardiye; depozito yatırma yeri; emanet yeri
Hinterlegungsvertrag m • emanet hakkı; vedia akdi; emanet akdi
Hinterlist f • desise; hile
hinterlistig • hilekar
hinterziehen • bildirmemek; zimmetine geçirmek
Hinterziehung f • kaçakçılık; kaçırma; zimmetine geçirme
Hinwegschaffen n • bertaraf etme; kaldırma
Hinweis m • beyan; ikaz; işaret
hinweisen • dikkatini çekmek; ikaz etmek

hinweisender Ausdruck m • gösterici
hinzufügen • ilave etmek; katmak
hinzusetzen • ilave etmek; katmak
hire purchase company • finansman evi
historisch • tarihsel
historische Forschung f • tarihsel araştırma
historische Methode f • tarihsel yöntem
historische Rechtsschule f • tarihçi hukuk mektebi
historische Sprachwissenschaft f • tarihsel dilbilim
historisch-vergleichende Sprachwissenschaft f • tarihsel karşılaştırmalı dilbilim
hoch • ağır; yüksek
Hochbetrieb m • çok işleklik
hochintelligente Kinder pl. n • üstün zekalı çocuklar
Hochkonjunktur f • ekonomik durumun çok iyi olması; konjonktür yüksekliği; piyasadaki canlılık; yüksek faaliyet dönemi; yüksek konjunktur
hochqualifiziert • yüksek nitelikli
Hochschule f • yüksekokul
Hochschuleinrichtungen pl. f • yüksek öğretim kurumları
Hochschullehrer m • öğretim üyesi
Hochschulrat m • Yüksek Öğretim Kurulu (YÖK)
Hochschulstudium n • yükseköğrenim
Hochschulwesen n • yükseköğretim
Hochverrat m • ağır hıyanet
Hochverräter m • vatan haini
Hochverratsdelikt n • devletin şahsına karşı işlenen suç
Hochwassergeschädigter m • su baskınından zarar gören
Hochzeit f • düğün; evlenme
Hochzeitsgeschenke pl. n • düğün hediyeleri
Hofwirtschaft f • çiftçilik
Hohe Pforte f • Babıali
hohe See f • açık deniz
hohe Strafe f • ağır ceza
Hoheit f • egemenlik; hükümranlık
Hoheitsakte pl. m • egemenlik tasarrufları; hakimiyet muameleleri
Hoheitsverwaltung f • hükümran idare

Fachwörterbuch

hoher Vokal m • yüksek ünlü
Hoher Wehrrat m • ali asker şura; yüksek askeri şura
Holdinggesellschaft f • ana şirket; holding şirket; şirketlerin hisse senetlerini elde bulunduran şirket
Holschuld f • borçlu nezdinde tahsili gereken borç
Holzarbeiten pl. f • ağaç işleri
Holzgerechtigkeit f • ormandan istifade hakkı
Holzrecht n • baltalık hakkı
Holzungsrecht n • baltalık hakkı; ormandan istifade hakkı
homogen • homojen
homogene Gruppe f • türdeş küme
homograph • eşyazımlı
Homographie f • eşyazımlılık
homonym • eşadlı
Homonymie f • eşadlılık
homophon • eşsesli
Homophonie f • eşseslilik
Honorar n • serbest meslek erbabına ödenen ücret; ücret
honorieren • ödemek; ödemek için kabul etmek
horizontale Unternehmensintegration f • yatay birleşme; faaliyet bazında birleşme; yatay büyüme
horizontale Verflechtung f • faaliyet bazında birleşme; yatay büyüme
horten • istif etmek; yığmak
Horten n • gömüleme
Hortung f • gömüleme; stok yapma
Höchstbetrags-Hypothek f • maksimum ipotek
Höchstfall m • azami seviye
Höchstlademarke f • plimsoll hattı
höchstpersönliche Leistung f • şahsi eda
höchstpersönliche Rechte pl. n • temlik edilemeyen haklar; şahsa bağlı haklar
Höchstpreis m • en yüksek fiyat; narh; resmi olarak saptanmış en yüksek fiyat; tavan fiyatı
Höchststand m • rekor seviye; zirve
Höchstverkaufspreis m • azami satış fiyatı
Höhe f • miktar; yükseklik
Höherbewertung f • değer takdiri

höhere Gewalt f • elde olmıyan sebepler; kaçınılmaz durum; mücbir sebep
höheres islamisches Institut n • Yüksek İslam Enstitüsü
Höhergruppierung f • aşağıdan yukarı doğru sınıflandırma
Höherversicherung f • isteğe bağlı ek sigorta
Hörer m • dinleyici
Hörstörung f • işitme özürü
human • insancıl
Humanismus m • insancıllık; hümanizm
humanistische Erziehung f • insancı eğitim
humanitär • insancıl
Hüter m • bekçi; koruyucu
Hygiene f • sağlık bilgisi
Hypallage f • değişleme
Hyperbaton n • aşırı devriklik
Hyperbel f • abartma
Hypermnesie f • aşırı bellem
hyperonym • üstanlamlı
Hyperonymie f • üstanlamlılık
hypokoristisch • okşamalı
hyponym • altanlamlı
Hyponymie f • altanlamlılık
Hypotaxe f • bağlılık
Hypothek (eine) f für verfallen erklären • ipoteği kaldırma hakkını kaybetmek
Hypothek f • ipotek
Hypothek f aufnehmen • ipotek tesis etmek
Hypothek f ersten Ranges m • birinci derecede ipotek
Hypothekar m • ipotek alan; ipotekli alacak sahibi
Hypothekaranlage f • ipotek karşılığı istikraz
Hypothekargläubiger m • ipotek alan; ipotekli alacak sahibi
Hypothekarinstitut f • ipotek kuruluşu
hypothekarisch belastetes Wirtschaftsgut n • ipotek edilmiş varlık; ipotekli varlık
hypothekarische Verpfändung f • ipotek etme işlemi
Hypothekarkredit m • ipotek karşılığı kredi; ipotekli kredi
Hypothekarschuld f • ipotekli borç

Mesleki Terimler Sözlüğü

Hypothekarschuldner m • ipotek tesis eden borçlu; ipotek veren
Hypothekenablösungsrecht n • vefa hakkı
Hypothekenanleihe f • ipotekli tahvil
Hypothekenbank f • gayri menkul kredisi veren banka; ipotek bankası
Hypothekenbestellung f • ipotek tesisi
Hypothekenbrief m • ipotek senedi; ipotek sertifikası; ipotekli borç senedi; ipotekli borsa senedi
Hypothekenforderung f • ipotekli alacak
Hypothekengeld n auf die Schiffsladung f • deniz ödüncü
Hypothekengläubiger m • ipotekli alacağın sahibi; ipotekli alacaklı
Hypothekenkredit m • ipotek karşılığı avans
Hypothekennehmer m • ipotekle para alan kimse
Hypothekenpfandbrief m • ipotekli borç senedi
Hypothekenrecht n • ipotek hukuku
Hypothekenschuldner m • ipotek borçlusu; ipotekli borcu olan
Hypothekentilgungsversicherung f • amortisman sigortası
Hypothekenverkehr m • ipotek işlemleri
Hypothekenversicherung f • ipotek sigortası
Hypothekenzinsen pl. m • ipotek faizi
Hypothese f • faraziye; hipotez
hypothetisch • varsayımlı tenkis

Fachwörterbuch

I

IBFG (Internationaler Bund m Freier Gewerkschaften) pl. f • Dünya Hür Sendikalar Konfederasyonu
Ideal n • ideal; ülkü
idealer Sprecher m - Hörer m • ülküsel konuşucu-dinleyici
Idealismus m • idealizm; ülkücülük
Idealist m • idealist
Idealkonkurrenz f • fikri içtima
Idealverein m • fikir derneği
Idee f • fikir; tasavvur
ideell • fikri; manevi
ideeller Schaden m • manevi zarar
Identifikation f • belirleme; özdeşleme; hüviyet tespiti
identifizieren • hüviyetini tespit etmek
Identifizierung f • hüviyet tespiti
identisch • aynı; eşit; mutabık
Identität f • aynılık; hüviyet; hüviyetin ispatı; özdeşlik
Identitätsausweis m • nüfus cüzdanı
Identitätsirrtum m • aktin ilgili olduğu şeyde hata
Identitätskarte f • hüviyet cüzdanı; kimlik kartı
Identitätsnachweis f • kimliğin ispatı
Ideographie f • kavramsal yazı
Idiolekt m • bireysel dil
Ikon n • görüntüsel gösterge
Illativus m • giriş durumu
illegal • illegal; kanun dışı; kanuna aykırı; kanunsuz; yasal olmayan
illegaler Arbeiter m • kaçak işçi
Illegalität f • kanuna karşı gelme; kanunsuzluk
illegitim • gayri meşru; yasal olmayan
Illegitimität f • haksızlık; kanunsuzluk
Illegitimitätsklage f • babalığın reddi davası
Illiquidität f • likidite azlığı
Illokution f • edimsöz
Illoyalität f • kanuni olmayan
Illusion f • yanılsama
im Auftrag m • adına
im Falle m • durumunda; halinde
im nächsten Monat m • gelecek ay içinde
im Namen m des Gesetzes n • kanun namına
im Namen m von • adına; namına
im Rahmen m der Rechte pl. n einer juristischen Person f • yetki çerçevesi içinde
im Sinne m des Gesetzes n • kanunun ruhuna uygun olarak
im Verhältnis n • oranında
im Verhältnis n von • nispetinde
im voraus bezahlen • peşin ödemek
im Wege m der Rechtshilfe f • istinabe yolu ile
im Zweifel m • tereddüt halinde
immanent • içkin
Immanenz f • içkinlik
Immaterialgut n • fikri eser; gayri maddi mal
Immaterialgüterrechte pl. n • fikri haklar
immateriell • manevi; soyut
immaterielle Aktiva pl. • maddi olmayan varlıklar
immaterielle Anlagewerte pl. m • gayrimaddi varlıklar; maddi olmayan varlıklar
immaterielle Güter pl. n • fikri eserler; gayri maddi mallar
immaterielle Vermögensgegenstände pl. m • maddi olmayan duran varlıklar
immaterieller Schaden m • manevi zarar
immaterielles Wirtschaftsgut n • gayrimaddi varlıklar; maddi olmayan varlıklar
Immatrikulation f • yazılma-alınma
Immediate order • hemen emri
Immigrant m • göçmen
Immigration f • göç
immigrieren • başka bir ülkeye yerleşmek; göç etmek
Immission f • komşu gayri menkulü taciz etme
immobil • hareketsiz; sabit
Immobiliarklage f • gayri menkul davası
Immobiliarkredit m • gayri menkul karşılığı açılan kredi; gayri menkul kredisi
Immobiliarpfand n • gayri menkul rehni

Mesleki Terimler Sözlüğü

Immobiliarvermögen n • duran varlıklar; gayri menkul servet; gayri menkul varlık
Immobiliarversicherung f • gayri menkul yangın sigortası
Immobilien pl. f • gayri menkul; gayri menkul mallar; gayrı menkuller; maddi duran varlık; maddi sabit aktif; taşınmaz; taşınmaz mal; taşınmaz mallar; taşınmaz varlık; taşınmaz varlıklar
Immobilienfond m • gayri menkul yatırım ortaklığı
Immobiliensteuer f • emlak vergisi
Immobilientrust m • gayri menkul yatırım ortaklığı
immobilisieren • gayri menkul gibi işlem yapmak; gayri menkulleştirmek
Immunität f • dokunulmazlık; masuniyet, muafiyet
Imperativ m • buyrum kipi
Imperativsatz m • buyrum tümcesi
imperfektive Aktionsart f • bitmemişlik görünüşü
Imperialismus m • emperyalizm
Imperium n • imparatorluk
Impfung f • aşı
Implementierung f • uygulama
Implosion f • iç patlama
implosiv • iç patlamalı
Import m • dış alım; dışalım; ithal; ithalat
Importakkreditiv n • ithalat akreditifi
Importartikel m • ithal malı
Importbewilligungsantrag m • ithal permisi müracaatı
Importeur m • ithalatçı
importieren • ithal etmek
importierte Inflation f • ithal edilmiş enflasyon
Importkonnossement n • ithal konşimentosu
Importkredit m • ithalat kredisi
Importschonfrist f • ithal yasağı devresi
Impuls m • içtepi
in absentia • gıyaben; yokluğunda
in Abwesenheit f • gıyaben
in Abzug m bringen • çıkarma yapmak; indirim yapmak
in andere Hände pl. f übergehen • el değiştirmek
in Anspruch m nehmen • talep etmek

in Besitz m nehmen • tasarrufu altına almak
in Bewegung f setzen • harekete geçirme
in den Besitz m des Staates m übergehen • devlete intikal etmek
in der Ehe f erworbenes Eigentum n • evlenmeyle kazanılan mallar
in der Verfassung f verankern • anayasa ile teminat altına almak
in dubio • kesin olmayan durumda; şüpheli halde
in eigener Person f • kendi namına; asaleten; şahsen
in eine Partei f eintreten • partiye girmek
in Geld n • nakit olarak
in Haft f behalten • mevkuf bulundurmak
in Haft f nehmen • tevkif etmek
in Konkurs m gehen • iflas etmek
in Konsignation f • emaneten; konsinye olarak
in Kraft f • yürürlükte bulunan
in Kraft f treten • yürürlüğe girmek
in Kürze fälliger Wechsel m • vadesinin bitimine çok az kalan senet
in Liquidation f • tasfiye halinde
in natura • ayni
in Pacht f nehmen • kiralamak
in Partien pl. f • partiler halinde
in Raten pl. f bezahlen • taksitle ödemek
in Raten pl. f zahlen • taksitle ödeme
in Reihenfolge f • birbirini izleyen; sıralı
in Rente f gehen • emekliye ayrılmak
in Vertretung f • namına; vekaleten
in Vollmacht f • namına; vekaleten
in Zukunft f • gelecekte
Inaktivierung f • sterilizasyon
Inanspruchnahme f • haktan yararlanma
inchoativ • başlamalı
indefinit • belgisiz; belirsiz
Indemnität f • tazminat
independent broker • bağımsız borsa simsarı
Indeterminismus m • yadgerekircilik
Index m • belirti; dizin; endeks
Indexanleihe f • endeksli tahvil; indekse bağlanmış tahvil; indeksli tahvil
Indexierung f • endeksleme
Indexobligation f • indeksli tahvil
Indexpreis m • endeks fiyatı

Fachwörterbuch

Indexwährung f • endeks para sistemi
Indexziffer f • endeks
Indienststellung f • idari tahsis
indifferentes Bankgeschäft n • nötr bankacılık işlemi
Indikativ m • bildirme kipi
Indikator m • gösterge
indirekt • bağımlı; dolaylı
indirekte Arbitrage f • dolaylı arbitraj
indirekte Notierung f • serten
indirekte Rede f • dolaylı anlatım
indirekte Steuer f • dolaylı vergi; vasıtalı vergi
indirekter Hypothekarkredit m • dolaylı ipotek kredisi
indirekter Kurs m • dolaylı kambiyo
indirektes Objekt n • dolaylı tümleç
individualisieren • bireyselleştirmek; münferiden dikkate almak
individualisierter Unterricht m • bireyselleştirilmiş öğretim
Individualisierung f • bireyselleştirme
Individualisierung f des Unterrichts m • öğretimin bireyselleştirilmesi
Individualismus m • bireycilik; ferdiyetçilik
Individualität f • bireylik; ferdiyet; şahsiyet
Individualpsychologie f • bireysel ruhbilim
Individualrecht n • kişisel hak
Individualunterricht m • bireysel öğretim
individuell • bireysel; ferdi
individuelle Anpassung f • bireysel uyum
individuelle Beratung f • bireysel danışmanlık
individuelle Differenz f • bireysel ayrılıklar
individuelle Tests pl. m • bireysel testler
individuelle Variante f • bireysel değişke
individuelles Interview n • bireysel görüşme
individuelles Programm n • bireysel program
Individuenvariable f • bireysel değişke
Individuum n • birey; fert
Indiz n • belirtici; beyyine başlangıcı; emare; ipucu; mukaddemei beyyine

Indizienbeweis m • emarelere istinaden sübut bulma
Indoktrinierung f • aşılama
indossabel • ciro edilebilir
Indossament n • ciro
Indossament n mit Weitergabeverbot n • tekrar ciro edilme sınırlaması getiren ciro
Indossant m • ciranta; ciro eden; ciro edilen; hamil
Indossatar m • ciro edilen; ciro edilen kimse
indossieren • ciro etmek; onaylamak; tasdik etmek
indossierte Schuldverschreibung f • faiz ve ana paranın ödeneceği garanti edilmiş tahvil
Induktion f • genelleme
induktive Methode f • tümevarım yöntemi
industrial banker • finansman evi
industrialisieren • sanayileştirmek
Industrialisierung f • sanayileştirme
Industrialismus m • endüstriyalizm
Industrie f • endüstri; sanayi
Industrie- und Gewerberecht n • sanayi hukuku
Industrie- und Handelskammer f • sanayi ve ticaret odası
Industriearbeiter m • sanayi işçisi
Industrieaufstellung f • sanayi tesis etme
Industriebank f • sanayi bankası
Industrieerzeugnis n • sanayi mamulu
Industrieförderung f • teşviki sanayi
Industriegewerbe n • endüstri sanatları
Industriegewerkschaft f • sanayi işkolu sendikası
Industriekammer f • sanayi odası
Industriekredit m • sanayi kredisi; sınai borçlanmalar; sınai kredi
industriell • endüstriyel; sınai
industrielle Ausbildung f • endüstri eğitimi
Industrieller m • sanayici
industrielles Eigentumsrecht n • sınai mülkiyet
industrielles Fachgymnasium n • endüstri meslek lisesi
industrielles Werk n • sınai müessese

Mesleki Terimler Sözlüğü

Industrieobligationen pl. f • sanayi işletmelerinin çıkardığı tahviller
industrieschwaches Land n • sanayide gelişmemiş memleket
Industriespionage f • sınai casusluk
Industrieunternehmen n • sınai girişim
Industriewerk n • sınai müessese
Industriewirtschaft f • sanayi; sanayi sektörü
Industriezweig m • sanayi kolu
ineinander modulare Ausbildung f • modüler eğitim
ineinander modulare Lehrpläne pl. m • modüler eğitim programları
ineinander verknüpft • eklemeli; modüler
ineinander verknüpfte Ausbildung f • eklemeli eğitim
ineinander verknüpfte Lehrpläne pl. m • eklemeli eğitim programları
Inessivus m • içindelik durumu
Infinitiv m • eylemlik
Infix n • içek
Inflation f • enflasyon
Inflationsgewinn m • enflasyon karı; fiktif kar; zahiri kar
inflationsorientiert • enflasyona doğru giden
Inflationsrate f • enflasyon oranı
Inflationsrechnungslegung f • enflasyon muhasebesi
Informant m • denek
Informatik f • bilgi işlem; elektronik bilgi işlem
Information f • bilgi; enformasyon; haber; istihbarat; malumat
Informationsablauf m • bilgi akışı
Informationsdienst m • bilgi edinme bürosu
Informationsfluß m • bilgi akışı
Informationsfreiheit f • bilgi toplama hürriyeti
Informationsrecht n • bilgi alma hakkı
Informationssystem n • bilgi sistemi
informell • formalitesiz; tesadüfi; şekle tabi olmayan
informelle Bildungsinstitut n • Yaygın Eğitim Enstitüsü
informellers Test m • resmi olmayan test
informelles Bildungszentrum n • yaygın eğitim merkezi

informieren • bilgi vermek
Infrastruktur f • altyapı
Infrastruktur m • enfrastrüktür
Ingenieur-Büro m • mühendislik bürosu
ingressive Aktionsart f • başlangıç görünüşü
Inhaber m • hamil; hamile yazılı; mutasarrıf; patron; sahip; sahip olan; vaziülyet; zilliyetliğinde bulunduran; zilyed
Inhaber m der elterlichen Gewalt f • veli
Inhaberaktie f • hamiline yazılı hisse senedi
Inhaberobligation f • hamiline yazılmış borç senedi; hamiline yazılı tahvil
Inhaberpapier n • hamiline muharrer evrak; hamiline yazılı kıymetli evrak; hamiline yazılı kıymetli kağıt; hamiline yazılı senet; hamiline yazılı ticari senet; hamile muharrer senetler; hamile yazılı senetler
Inhaberscheck m • hamiline yazılı çek
Inhaberschuldverschreibung f • hamiline muharrer bono; hamiline muharrer tahvil; hamiline yazılı tahvil
Inhaberwechsel m • hamiline yazılı poliçe
inhaftieren • hapsetmek; tevkif etmek; hapis; tevkif
Inhaftnahme f • tevkif; tutuklama
Inhalt m • içerik
Inhalt m • içindekiler; muhteviyat
Inhaltsanalyse f • içerik çözümlemesi
inhärent • içsel
inhärente Mängel pl. m • malların bozulma riski
initiativ • girişimci
Initiativantrag m • kanun teklifi teşebbüsü
Initiative f • insiyatif; teşebbüs
Initiativrecht n • kanun teklif hakkı; kanun teklifi hakkı
Initiator n • başlatan; harekete geçiren
Injuriant m • aşağılayan; tahkir eden
Injuriat m • aşağılanan; hakaret edilen
Injurie f • aşağılama; hakaret
injuriös • aşağılayıcı; horlayıcı
Inkasso n • tahsilat; ahzukabz; alma; paraya dönüştürme; tahsil; tahsil etme
Inkassobank f • tahsil bankası

Fachwörterbuch

Inkassobeamter m • tahsilat veznedarı
Inkassobeauftragter m • tahsile yetkili taraf
Inkassogeschäft n • tahsil muamelesi
Inkassoindossament n • tahsil için ciro; tevkili ciro
Inkassokommission f • tahsil komisyonu
Inkassopapier n • tahsile verilen poliçe; tahsile verilen senetler
Inkassovollmacht f • ahzukabz vekaletnamesi; kabza salahiyet
Inkassowechsel m • tahsile verilen senetler
inklusive • dahil olarak
inkognito • adını gizleyerek; başka ad altında
Inkognito n • adını gizleme; başka ad kullanma
Inkompatibilität f • bağdaşmazlık
inkompetent • ehliyetsiz; yetkili olmayan
Inkompetenz f • yetkili olmama
inkonsequent • istikrarsız; kararsız; mantıksız
Inkonsequenz f • istikrarsızlık; kararsızlık; mantıksızlık
inkorporierende Sprachen pl. f • gövdeleyici diller
In-Kraft-Sein n • yürürlükte olmak; meriyette
Inkraftsetzung f • yürürlüğe koyma
Inkrafttreten n • yürürlüğe girme
inkriminieren • itham etmek; suçlamak
Inland n • memleket içi; yurtiçi
Inlandanleihe f • iç kredi
inländische Währung f • mahalli para
inländischer Wechsel m • ülke içi poliçe
inländisches Erzeugnis n • yerli mal
Inlandsabsatz m • iç piyasa satışları
Inlandsbestellung f • iç piyasa siparişi
Inlandseinkommen n • net milli hasıla
Inlandshandel m • iç ticaret
Inlandskapitalmittel pl. n • memleket içi kapital kaynakları
Inlandspreis m • iç piyasa fiyatı
Inlandsproduktion f • iç üretim
Inlandswechsel m • yurtiçi poliçe; ülke içi poliçe
Inlaut m • içses

Innenfinanzierungspotential n • iç borçlanma gücü; iç finansman gücü
Innenkonzern-Verrechnungspreis m • firma içi fiyatlama; transfer fiyatlaması
Innenministerium n • Dahiliye Vekaleti; İçişleri Bakanlığı
Innenpolitik f • iç politika
Innenrevision f • işletme içi denetim
inner • memleket içi; yerli
innerbetriebliche Preisfestsetzung f • firma içi fiyatlama
innerer Wert m • gerçek değer; içsel değer; net aktif değer
innerliche Motivation f • içsel güdülenme
innerstaatlich • eyalet içinde
innerwirtschaftlich • memleket ekonomisi ile ilgili
Innovation f • yenileştirme
Innung f • esnaf cemiyeti
Innungskrankenkasse f • hastalık sigortası kurumu
inoffiziell • gayri resmi; şahsa özel
Input m • girdi
Inquisitionsprinzip n • engizisyon sistemi
ins Gefängnis n einliefern • hapse atmak
ins Geheimnis n eindringen • sırrına varmak
ins Verhör n nehmen • sorguya çekmek
Insasse m • içinde oturan; yolcu
Insassenversicherung f • yolcu sigortası
insbesondere • hususiyle
Inserat n • gazete ilanı; iş ilanı
inserieren • basın yoluyla ilan vermek
Insider m • içten gelen
insolvent • aciz; borçlarını ödemeyecek durumda olma
Insolvent m • aciz; borçlarını ödeyemeyen kimse
Insolvenz f • aciz; aciz hali; borçları ödememe durumu; gerçek kişinin borçlarını ödeyememesi; iflas; tüzel kişinin borçlarını ödeyememesi
Inspekteur m • müfettiş
Inspektion f • daire; denetim; kontrol; makam; muayene; teftiş
Inspektions- und Aufsichtssystem n • teftiş ve denetim sistemi
Inspektionszertifikat n • ekspertiz raporu; ekspertiz sertifikası

513

Mesleki Terimler Sözlüğü

Inspektor m • müfettiş
Inspektor m • denetci; kontrolör
Instabilität f • kararsızlık
Installation f • teçhiz
installiert • kurulu
installierte Kapazität f • kurulu kapasite
Instandhaltung f • bakım; koruyucu planlı bakım; planlı bakım
Instandhaltungskosten pl. • bakım maliyeti; bakım masrafları
Instandsetzungsarbeit f • tamir veya bakım işi
Instanz f • yetkili makamlar; mahkemelerin dereceleri
Instanzenweg m • makamların dereceleri
Instinkt m • içgüdü
instinktiv • içgüdüsel
Institut n • enstitü; kurum; müessese; sistem; enstitü
Institut n für informelle Erziehung f • yaygın eğitim
Institution f • kuruluş; kurum; müessese; resmi daire
institutionelle Investoren pl. m • kurumsal yatırımcılar
Instruktion f • direktif; talimat
Instrument n • alet; araç; cihaz; silah
Instrumentalis m • araç durumu
Instrumentarium n • işlemi kanıtlayan yazılı belge; senet
Integration f • bütünleşme
Integrationsunterricht m • kaynaştırma eğitimi
integriert • bütünleşmiş
Intellekt n • anlık; zihin
Intellektualismus m • anlıkçılık
intellektuelle Reife f • anlıksal olgunluk
Intelligenz f • zeka
Intelligenzalter n • zeka yaşı
Intelligenzquotient m • zeka bölümü
Intelligenzretardierung f • zeka geriliği
Intelligenztests pl. m • zeka testleri
Intendant m • genel müdür
Intension f • içlem
Intensität f • yeğinlik
Intensitätsbetonung f • vurgu
intensiv • büyük; geniş; yoğun
intensives Lesen n • yoğun okuma

intensivieren • artırmak; güçlendirmek; yoğunlaştırmak
Intensivum n • pekiştirmeli
intentionales Lernen n • amaçlı öğrenme
interaktiv • etkileşimli
Interamerikanische Entwicklungsbank f • Amerikalararası Kalkınma Bankası
Interbankmarkt m • Interbank piyasası
Interbanksatz m • Interbank kuru
Interdentalis f • dişsil; peltek
Interesse n • çıkar; hak ve menfaatler; ilgi; kar; menfaat
Interessen pl. n der Allgemeinheit f • toplum menfaati
Interessen pl. n wahrnehmen • menfaatlerini korumak
Interessengebiet n • ilgi alanı
Interessengemeinschaft f • çıkar birliği; menfaat grubu
Interessengruppe f • baskı kümesi; ilgi kümesi
Interessengruppe f • baskı grubu; çıkar grubu; menfaat grubu
Interessenkauf m • destek alımı
Interessenkollision f • menfaatlerin çatışması
Interessenlehre f • ilgi öğretisi
Interessent m • çıkarı olan; • ilgili
Interessentests pl. m • ilgi testleri
Interessenvertretung f • menfaatleri temsil eden organ; menfaatlerin temsili
Interessenzentrum n • ilgi merkezi
Interferenz f • girişim
Interim n • ara zaman; geçici durum
interimistisch • geçici; muvakkat; vekaleten
Interimsbescheid m • ara karar
Interimskonto n • ara hesap; geçici hesap; kaydın yapıldığı anda yeterli bilgi bulunmaması nedeniyle geçici olarak kullanılan hesap; süspan hesap
Interimsschein m • geçici belge; geçici ilmuhaber; geçici sertifika; muvakkat hisse senedi; muvakkat makbuz; geçici ilmuhaber; muvakkat ilmühaber
Interjektion f • ünlem
interkulturelle Erziehung f • kültürlerarası eğitim
Intermediärstruktur f • arayapı
intern • dahili; iç

Fachwörterbuch

Internat n • yatılı okul
international • devletlerarası; milletlerarası; uluslararası; beynelmilel
International Monetary Fund • Miletlerarası Para Fonu
Internationale Atomenergie-Organisation f • Milletlerarası Atom Enerjisi Teşkilatı
internationale Ausstellung f • milletlerarası sergi
Internationale Bank f für Wiederaufbau m und Wirtschaftliche Entwicklung f • Uluslararası Yeniden Yapılanma ve Ekonomik Kalkınma Bankası
internationale Erziehung f • uluslararası eğitim
Internationale Finanz-Corporation f • Uluslararası Finansman Kurumu
internationale Gerichte pl. n • milletlerarası mahkemeler
internationale Handelskammer f • Milletlerarası Ticaret Odası; Uluslararası Ticaret Odası
internationale Höflichkeit f • devletlerarası centilmenlik; mücamele
internationale Liquidität f • Uluslararası likidite
internationale Schiedsgerichtbarkeit f • devletlerarası tahkim; devletlerarası yargı
internationale Ströme pl. m • milletlerarası nehirler
internationale Union f • milletlerarası birlik
internationale Währung f • Uluslararası Para
internationaler Brauch m • milletlerarası; milletlerarası örf ve adet
Internationaler Entwicklungsverband m • Uluslararası Kalkınma Birliği
internationaler Schiedsgerichtshof m • devletlerarası hakem mahkemesi; hakem mahkemesi; uluslararası hakem mahkemesi
internationaler Verband m • milletlerarası birlik
internationaler Währungsfonds m • Milletlerarası Para Fonu; Uluslararası Para Fonu

Internationaler Zuckerrat m • Milletlerarası Şeker Konseyi
Internationales Arbeitsamt n • Milletlerarası Çalışma Teşkilatı
internationales Arbeitsrecht n • milletlerarası iş hukuku; uluslararası iş hukuku
internationales Handelsrecht n • milletlerarası ticaret hukuku; uluslararası ticaret hukuku
internationales phonetisches Alphabet n • uluslararası sesçil abece
internationales Privatrecht n • devletler hususi hukuku; devletler özel hukuku
internationales Prozessrecht n • uluslararası yargı usulü
internationales Recht n • devletler hukuku; milletlerarası hukuk
internationales Übereinkommen n über den Eisenbahn-, Personen- und Gepäckverkehr m • Milletlerarası Demiryolu Yolcu ve Yük Nakliyatı Anlaşması
Internationales Übereinkommen n über den Eisenbahn-Frachtverkehr m • Milletlerarası Demiryolu Yük Nakliyatı Anlaşması
Internationales Verwaltungsrecht n • devletlerarası idare hukuku; milletlerarası idare hukuku
Internationalismus m • beynelmilelcilik; enternasyonalizm
Internatsschüler m • yatılı öğrenci
interne Kontrolle f • iç kontrol
Interne Schuld f • iç borç
interne Verzinsung f • iç karlılık; mali iç karlılık
Interner m • yatılı öğrenci
interner Zinsfuss m • iç verim oranı
internes Berichtswesen n • iç raporlama sistemi
internes Recht n • iç hukuk; milli hukuk
internieren • gözaltına almak
Internierter m • gözaltına alınan
Internierung f • gözaltına alınma
Internierungslager n • temerküz kampı; toplama kampı
Internuntius m • ikinci sınıf papa elçisi
Interpellation f • gensoru; istizah; soru; sual
interpellieren • hükümete gensoru vermek

Mesleki Terimler Sözlüğü

Interpolation f • iç ulama
Interpretation f • tefsir; yorum
interpretierbar • yorumlanabilir
interpretieren • tefsir etmek; yorumlamak
Interpretieren f • yorumlama
Interpunktion f • noktalama
Interrogativadverb n • soru belirteci
intertemporales Recht n • intikal devresi hukuku
Intervallskala f • aralıklı ölçek
intervalutarisch • çeşitli paralar arasında
intervenieren • araya girmek; karışmak; müdahale etmek; tavassut etmek
Intervention f • aracılık etme; destekleme; müdahale; müdahale etme; tavassut
Interventionismus m • ekonomide devlet müdahaleciliği
Interventionskauf m • destek alımı; müdahale alımı; destekleme satın alımı
Interventionsklage f • istihkak iddiası davası
Interventionspunkte pl. m • müdahale noktaları
Interview n • görüşme
intervokalisch • ünlülerarası
intestabel • mahkemede şahitlik yapma ehliyeti olmayan; vasiyetname tanzim etme ehliyeti olmayan
Intestaterbe m • kanuni mirasçı
Intestaterben pl. m • kanuni mirasçılar
Intonation f • entonasyon; titremleme
Intonem n • titremlemebirim
intransitiv • geçişsiz
Intriskonto n • geçici hesap
Introversion f • içedönüş
Intuition f • sezgi
Intuitionismus m • sezgicilik
Invalide m • malul; sakat
Invalidenrente f • maluliyet emekliliği; maluliyet tazminatı; malullük aylığı; sakatlık emekliliği
Invalidenversicherung f • malullük sigortası
Invalidität f • maluliyet; malullük; sakatlık
Invaliditätsversicherung f • maluliyet sigortası
Invantererrichtung f • defter tutma
Invasion f • istila; işgal

Invasor m • işgalci; saldırgan
Inventar n • demirbaş; demirbaş eşya; envanter; stok; tereke defteri
Inventar- und Bilanzbuch n • envanter ve bilanço defteri; mevcudat ve muvazene defteri
Inventarerbe m • defter tutmakla yükümlü mirasçı
Inventarfrist f • tereke mahkemesince mirasçıya tanınan defter tutma süresi
inventarisieren • envanter almak; sayım yapmak
Inventarkredit m • envanter kredisi; stok kredisi
Inventarkurs m • envanter değeri
Inventarrecht n • defter tutulmasını talep hakkı
Inventarstücke pl. n • demirbaş eşya
Inventarverzeichnis n Jagdzeit f • av mevsimi
Jahr n • sene; yıl
Jahr n der Hedschra f • hicri sene
JahInventur f • envanter; envanter alma; mal sayımı; sayım; stok sayımı; stok sayımı yapma
Inventur f machen • mal sayımı yapmak
Inventurbewertung f • stok değerleme
Inventurdifferenz f • fiziki sayım ile kayıtlar arasındaki fark; mevcut ile kayıtlı stok değer arasındaki fark; sayım farkı; stok farkı; stok sayım farkı
Inventurverkauf m • tasviye satışı
Inversion f • devriklik
inversive Sprachen pl. f • tersinir diller
investieren • sermaye koymak; yatırım yapmak
Investierung f • plasman; yatırım sermayesi
Investierungsgesellschaft f • yatırım ortaklığı
Investition f • yatırım
Investitionsaufgabe f • sermaye projesi
Investitionsaufwendung f • yatırımla ilgili giderler
Investitionsausgabe f • yatırım gideri
Investitionsbank f • yatırım bankası
Investitionsbedarf m • yatırım gideri ihtiyacı
Investitionsbedingungen pl. f • yatırım koşulları
Investitionsbereich m • yatırım alanı

Fachwörterbuch

Investitionsbudget n • yatırım bütçesi
Investitionsdisposition f • sermaye yatırımı
Investitionsentscheidung f • yatırım kararı
Investitionsfähigkeit f • yatırım yapma gücü
Investitionsfinanzierung f • yatırım projelerinin finansmanı
Investitionsfreudigkeit f • yatırım isteği
Investitionsgesellschaft f • yatırım şirketi
Investitionsgüter pl. n • sabit varlıklar; sermaye malları; üretimde kullanılan ekonomik varlıklar; yatırım malları
Investitionsgüterindustrie f • yatırım malı çıkaran sanayi
Investitionshaushalt m • olağanüstü bütçe; yatırım bütçesi
Investitionshilfe f • sermaye yardımı; yatırım indirimi; yatırım kolaylıkları; yatırım özendirmesi; yatırım teşviki; yatırım yardımı
Investitionskapital n • yatırım sermayesi
Investitionskosten pl. • yatırım masrafı; yatırım projesi masrafı
Investitionskredit m • yatırım kredisi
Investitionskriterium n • yatırım kriteri; yatırım kıstası
Investitionsmittel pl. n • yatırılabilir paralar
Investitionsmüdigkeit f • yatırım isteksizliği
Investitionsnachfrage f • yatırım malları için talep
investitionsorientiert • yatırıma yönelmiş
Investitionsplan m • yatırım projesi
Investitionsprojekt n • yatırım planı
Investitionsrechnung f • sermaye bütçelemesi; yatırım planlaması
Investitionsrisikogarantie f • yatırım riski garantisi
Investitionsträger m • yatırımı taahhüt eden taraf
Investitionsvorgang m • sermaye yatırım faaliyeti
Investitionsvorhaben n • sermaye projesi
Investitionszertifikat n • yatırım sertifikası

investive Ausgaben pl. f • yatırım harcamaları
investment banker • yatırım bankeri
Investment n • yatırım
Investmentbank f • yatırım bankası
Investmentfonds m • yatırım fonu
Investmentgesellschaft f • menkul kıymet yatırım ortaklığı; yatırım ortaklığı; yatırım şirketi
Investmentgesellschaft f mit variabler Anzahl f von Anteilen pl. m • açık uçlu yatırım ortaklığı
Investmenttrust m • yatırım ortaklığı
Investor m • yatırımcı
Inzidentklage f • hadis dava
irreführend • yanıltıcı
irregulär • usulsüz
irreguläres Depot n • usulsüz tevdi
irren • hata etmek; yanılmak
Irrigation f • sulama
Irrtum m • yanılma; hata; yanlış; yanlışlık; yanılgı
Irrtümer pl. m und Auslassungen pl. f vorbehalten • net hata ve noksanlar hariçtir
irrtümlich • sehven; yanlışlıkla
irrtümliches Urteil n • adli hata
Islam m • İslam
islamisch • İslamiyetle ilgili
islamisches Recht n • İslam hukuku
isoglosse Linie f • eşdillilik çizgisi
isolierbar • yalıtılabilir
isolierende Sprachen pl.f • ayrışkan diller
isolierte Opposition f • tekil karşıtlık
isomorph • eşbiçimli
Isomorphie f • eşbiçimlilik
Isotopie f • yerdeşlik
Ist n • fiili
Ist-Aufnahme f • durum tespiti
Istausgabe f • cari gider
Isteinnahme f • cari gelir
Istgemeinkosten pl. • fiilen katlanılan genel imalat
Ist-Kosten pl. • fiili maliyet
Ist-Zustand m • fiili durum
Itemanalyse f • madde çözümlemesi
iterativ • yinelemesel

J

Jagd f • av
Jagdberechtigung f • avlanma yetkisi
Jagdrecht n • av hukuku; avlanma hakkı
Jagdrevier n • avlanma bölgesi
Jagdverbot n • avlanma yasağı
Jagdvergehen n • av kanununa karşı işlenen suç
Jagdzeit f • av mevsimi
Jahr n • sene; yıl
Jahr n der Hedschra f • hicri sene
Jahrbuch n • yıllık
Jahresabrechnung f • yıllık hesap çıkarma
Jahresabschluss m • bilanço; finansal raporlar; finansal tablolar; gelir tablosu ve ekleri; sene sonu hesabı; yıl sonu bilançosu ve yıllık gelir tablosu; yıl sonu hesapları; yıl sonunda hesapların kapanışı
Jahresabschlussbilanz f • kapanış bilançosu
Jahresabschlussprüfung f • finansal tabloların yıllık denetimi; yıllık denetim
Jahresbericht m • faaliyet raporu; yıllık rapor
Jahresbilanz f • yıl sonu bilançosu; yıllık bilanço
Jahresdividende f • yıl sonu kar payı
Jahresdurchschnitt m • yıllık ortalama
Jahreseinkommen n • dönem karı; yıllık gelir
Jahresempfänger m • sürekli gelir bağlanmış kimse
Jahresende n • yıl sonu
Jahresertrag m • yıllık getiri
Jahresfrist f • yıllık süre
Jahresgewinn m • dönem karı
Jahreshauptversammlung f • yıllık genel kurul toplantısı
Jahresplan m • yıllık plan
Jahresprämie f • yıllık prim
Jahresprüfung f • dönem sonu sınavı
Jahresrente f • anüite; yıllık rant

Jahresrentenempfänger m • anüiteyi alan kimse
Jahressatz m • yıllık oran
Jahresschlussbilanz f • yıl sonu bilançosu
Jahressummenabschreibung f • yıl sayılarının toplam amortisman yöntemi
Jahresumsätze pl. m • yıllık satışlar
Jahresurlaub m • yıllık izin
Jahresüberschuss m • dönemin net geliri
Jahresverdienst m • yıllık kazanç
Jahreswert m • yıllık değer
Jahreszeitraum m • oniki aylık devre; yıllık devre
Jahreszinsen pl. m • normal faiz; yıllık faiz
jährlich • yıllık
jährliche Abschreibungsrate f • yıllık amortisman gideri
jährliche Police f • yıllık bilanço; yıllık poliçe
jährliche Rente f • anüite
jährliche Umsätze pl. m • yıllık satışlar
Jahrmarkt m • panayır; sergi
Jahrtonnen pl. f • yıl başına ton
Jahrzehnt n • on yıllık süre
Jamaika-Abkommen n • Jamaika Anlaşması
jemanden steckbrieflich verfolgen • birisi hakkında tevkif müzakeresi çıkarmak
J-Kurve f • J Eğrisi
Jobber m • borsa komisyoncusu; cober; hisse senedi alıp satan komisyoncu
Joint bond • şirketlerin ortaklaşa çıkardıkları tahvil
Joint-Venture • müşterek teşebbüs
Jouissance • temettüye hak kazanma
Journal n • günlük defter; yevmiye defteri
Journalbuchung f • yevmiye kaydı
journalisieren • yevmiye defterine kaydetmek
Journal-Sammelbuchung f • bileşik yevmiye kaydı
Jubiläum n • jübile

Fachwörterbuch

Jubiläumsgabe f • jübile ikramiyesi; jübile primi
Jugend f • gençlik
Jugendamt n • gençlik sosyal yardım dairesi
Jugendarbeit f • gençlerin çalışabileceği işler
Jugendarbeitsschutz m • gençlerin çalıştırılma şartlarının düzenlenmesi
Jugendarbeitsschutzgesetz n • gençlerin işgücü koruma kanunu
Jugendarrest m • gençlerce işlenen hafif suçlara uygulanan hapis cezası
Jugendbande f • gençlik çetesi
Jugendfürsorge f • düşkün çocuk ve gençlerin devletçe bakım ve eğitimi
jugendgefährdend • gençlik ahlakını bozacak şekilde
Jugendgerichte pl. n • çocuk mahkemeleri; gençlik mahkemesi
Jugendgerichtsgesetz n • gençlik mahkemeleri kanunu
Jugendhilfe f • gençler için sosyal yardım ve bakım
Jugendkriminalität f • gençlik suçluluğu; gençlerce işlenen ağır suçlar
jugendlich • genç; gençliğe has
jugendlicher Verbrecher m • ağır suç işleyen çocuk
Jugendrecht n • çocuk hukuku; gençlik hukuku
Jugendrichter m • gençlik mahkemesi hakimi
Jugendschutz m • gençlerin ahlaki ve fiziki tehlikelere karşı korunması
Jugendschutzgesetz n • gençliğin korunması kanunu
Jugendstrafe f • ıslahevinde hapis cezası
Jugendstrafrecht n • gençlik ceza hukuku
Jugendwohlfahrtspflege f • gençliğin eğitim ve korunması
junge Aktien pl. f • yeni hisse senetleri
Junge m • genç
Junggrammatiker pl. m • yenidilbilgiciler
Junk bond • çürük tahvil
Junktion f • bağlama
Junktiv n • bağlayıcı
Junktur f • kavşak
Jura pl. • hukuk

Jurisdiktion f • kaza hakkı; kazai içtihat; yargı hakkı
Jurisprudenz f • ilmi içtihat
Jurist m • hukuk şinas; hukukçu
juristisch • hukuki
juristische Anerkennung f • hukuki tanınma
juristische Auslegung f • hukuki tefsir; hukuki yorum
juristische Fakultät f • hukuk fakültesi
juristische Handlung f • hukuki eylem; hukuki fiil
juristische Person f • tüzelkişi
juristische Personen pl. f • hükmi şahıslar
juristische Personen pl. f des öffentlichen Rechts n • amme hükmi şahısları; kamu tüzel kişileri
juristische Persönlichkeit f als Rechnungseinheit f • işletmenin tüzel kişiliği
juristische Seite f der Angelegenheit f • işin hukuki cephesi
juristischer Grund m • hukuksal temel
Jury f • jüri
Jus soli n • toprak esası
Justifikation f • doğruluğunu tetkik ve tasdik etme; haklı çıkarma
justifizieren • doğruluğunu tetkik ve tasdik etmek; haklı çıkarmak; hesabı tasfiye etmek; hesap kesmek
Justitiar m • hukuk müşaviri
Justiz f • kaza hakkı; yargı hakkı
Justizakt m • kazai muamele; yargı işlemi
Justizangestellter m • adliye memuru
Justizbeamter m • hukuk eğitimi görmüş memur
Justizbehörde f • adli merci
Justizirrtum m • adli hata
Justizjahr n • adli yıl
Justizminister m • adalet bakanı
Justizministerium n • Adalet Bakanlığı; Adliye Vekaleti
Justizmord m • adli hata sonucu verilen ölüm cezası
Justizrat m • hukuk müşaviri
Juwel m • mücevher
juxtaposierter Satz m • bağımsız sıralı tümce

J

519

K

Kabinett n • bakanlar kurulu; kabine
Kabinettsbeschluss m • bakanlar kurulu kararı
Kabinettsjustiz f • tutuk yargı
Kabinettssitzung f • bakanlar kurulu toplantısı
Kabotage f • kabotaj
Kader m • kadro
Kaduzierung f • hisse senetlerinin iptali
Kai m • rıhtım
Kaigebühren pl. f • rıhtım aracı; rıhtım resmi
Kaiserreich n • imparatorluk
Kaiübernahmebescheinigung f • dok makbuzu
Kakophonie f • kakışma
Kalender m • takvim
Kalenderjahr n • takvim yılı
Kalenderquartal n • takvim yılının çeyreği
kalendertäglich • her takvim günü için
Kalkulation f • hesap etme; kalkülasyon; maliyet hesabı
Kalkulationsirrtum m • kemiyette hata; miktarda hata
Kalkulationsnorm f • maliyet hesabı esası; maliyet hesabı standardı
Kalkulator m • hesap tutan; kalkülatör; maliyet muhasibi
kalkulatorische Abschreibung f • maliyetleme ve istatistik amaçlarla hesaplanan amortisman
kalkulatorische Kosten pl. • farazi maliyet
kalkulieren • hesap etmek; hesaplamak; kalkülasyon yapmak; masraf hesabı tutmak
Kambist m • kambist
Kammer f • çalışanların birliği; daire; işverenlerin birliği; mahkeme; oda
Kammeranlage f • kasa odası; trezor
Kammergericht n • Berlin Eyalet Yüksek Mahkemesi
Kampagne f • kampanya
Kampagnekredit m • kampanya kredisi

Kampfofferte f • rekabet teklifi
Kanal m • oluk; kanal
Kandidat m • aday; namzet
Kandidatur f • adaylık; namzetlik
kandidieren • adaylığını koymak
Kann-Vorschrift f • toleranslı şart
kanonisches Recht n • kanonik hukuk
Kanton m • aza devlet; eyalet; kanton
Kantonsverfassung f • kanton anayasası
Kanzlei f • büro; daire
Kanzler m • başbakan
Kanzlerkandidat m • başbakan adayı
Kapazität f • kapasite
Kapazitätsabweichung f • kapasite farkı
Kapazitätsauslastung f • kapasite kullanımı
Kapazitätsausnutzungsrate f • fiili üretim miktarının üretim kapasitesine oranı
Kapazitätseffekt m • kapasite etkeni
Kapazitätskosten pl. • sabit kıymet maliyetleri
Kaperei f • korsanlık
Kapital n • ana para; fon; kapital; sermaye
Kapitalabsicherung f • sermayenin teminat altına alınması
Kapitalabwanderung f • sermayenin yer değiştirmesi
Kapitalanleger m • yatırım; yatırımcı
Kapitalansammlung f • sermaye birikimi
Kapitalanteil m • sermaye payı
Kapitalaufbau m • sermaye yapısı
Kapitalaufbringer m • sermaye sağlıyan; yatırımcı
Kapitalaufnahme f • borç alma
Kapitalaufstockung f • sermaye artırımı
Kapitalausstattung f • sermaye sağlama
Kapitalbereitstellung f • sermaye teklifi
Kapitalbereitstellungsprovision f • taahhüt komisyonu
Kapitalbeschaffung f • sermaye teşekkülü
Kapitalbeteiligung f • sermayeye katılma
Kapitalbetrag m • özsermaye toplamı
Kapitalbilanz f • sermaye işlemleri bilançosu

Fachwörterbuch

Kapitalbildung f • sermaye oluşumu; sermaye teşekkülü veya terakümü
Kapitaldienst m • sermaye hareketi
Kapitaleinlage f • sermaye
Kapitalerhöhung f • sermaye artırımı; sermayenin artırılması; sermayenin yükseltilmesi
Kapitalertrag m • sermaye karı veya geliri; sermaye kazancı; sermayenin getirisi; yatırım geliri; yatırım kazancı
Kapitalertragssteuer f • dağıtılan kar paylarından kesilen vergi; değer artış vergisi; kapitalin sağladığı kar üzerinden alınan vergi; kar payı ve faiz gelirinden kesilen vergi; sermaye geliri vergisi; sermaye kazançları vergisi
Kapitalfehlleitung f • yanlış yere yapılan yatırım
Kapitalflucht f • sermaye kaçırma; sermayenin dışarı kaçırılması
Kapitalfluss m • nakit akımı
Kapitalflussrechnung f • finansal durumdaki değişmeler tablosu; fonların akış tablosu; fonların kaynak ve kullanım tablosu
Kapitalgeber m • girişimci; kurucu
Kapitalgesellschaft f • sermaye şirketi
Kapitalgewinn m • sermaye karı; sermaye kazancı
Kapitalgüter pl. n • sabit varlıklar; sermaye malları; üretimde kullanılan ekonomik varlıklar; yatırım malları
Kapitalherabsetzung f • sermaye indirimi; sermayenin azaltılması
Kapitalinvestition f • sermaye yatırımı
kapitalisieren • sermaye meydana getirmek; sermayenin değerini hesaplamak
kapitalisierte Kosten pl. • aktifleştirilmiş maliyet
Kapitalisierung f • aktifleştirme; kapitalizasyon; piyasa kapitalizasyonu
Kapitalismus m • anamalcılık; kapitalizm
Kapitalist m • sermayedar
Kapitalkonto n • sermaye hesabı
Kapitalkosten pl. • sermaye maliyeti
Kapitalleistung f • sermayenin ödenmesi; yatırımların kontrolü
Kapitallenkung f • yatırımların yönlendirilmesi

Kapitalmarkt m • hisse senedi ve tahvillerin alınıp satıldığı yer; sermaye piyasası
Kapitalmarktausschuss m • Sermaye Piyasası Kurulu
Kapitalmarktdirigismus m • sermaye piyasasını yönetme
Kapitalmarktklima n • sermaye piyasasının durumu
Kapitalmarktpublikum n • yatırımcılar
Kapitalmehrheit f • sermaye çoğunluğu
Kapitalminderung f • sermayenin azalması
Kapitalrationierung f • ödeneğin sınırlandırılması; sermaye kısıtlaması
Kapitalreduzierung f • sermayenin azaltılması
Kapitalrendite f • özsermaye karlılığı; özsermaye karlılık oranı
Kapitalreserve f • ihtiyat; yedek; yedek akçe; sermaye ihtiyatı
Kapitalrückzahlung f • sermayenin geri ödenmesi
Kapitalsachen pl. f • ağır ceza işleri
Kapitalsteuer f • sermaye vergisi; sermayeden alınan vergi; servet vergisi
Kapitaltransfer m • sermayenin transferi
Kapitalumsatz m • sermaye kullanma
Kapitalüberschuss m • sermaye üstesi
Kapitalverbrechen n • ağır suç
Kapitalverkehr m • mali işlemler; sermaye hareketi
Kapitalverkehrssteuer f • sermaye muamele vergisi
Kapitalvermehrung f • sermaye artırımı; sermayenin yükseltilmesi
Kapitalvermittlung f • sermaye aracılığı
Kapitalvermögen n • sabit varlık; sermayenin tutarı veya tamamı
Kapitalvermögenseinkommen n • kazanılmamış gelir; yatırım geliri
Kapitalwert m • sabit varlıklara yapılan yatırım değeri; sermaye değeri
Kapitalwertmethode f • net bugünkü değer yöntemi
Kapitalwirtschaft f • sermaye sağlama ve dağıtma
Kapitalzins m • sermaye faizi; sermaye üzerine faiz oranı; kapital faizi; resülmal faizi

Mesleki Terimler Sözlüğü

Kapitalzinspolitik f • faiz politikası
Kapitalzufluss m • sermaye akını
Kapitalzufuhr f • sermaye ithali
Kapitalzusammenlegung f • sermaye indirimi; sermayenin azaltılması
Kapitän m • gemi kaptanı; kaptan
Kapitel n • ünite
Kapitel n • bölüm; fasıl
Kapitulation f • düşman ile teslim mukavelesi; teslim olma
Kapitulationen pl. • kapitülasyonlar
Kaplaken n • prim
Kardinallaut m • asal ses
Kargo m • gemi yükü
Kartei f • kartoteks
Karteikarte f • kartoteks kartı
Kartell n • kartel; karteller; ticaret birliği
kartellieren • kartel içinde birleşmek; kartelleşmek
Kartellierung f • karteller meydana getirme
Kartellvertrag m • kartel mukavelesi
Kartenwirtschaft f • vesikaya bağlama
Kartothek f • kartoteks
Kaskoversicherung f • kasko sigorta; tekne sigortası; her türlü kazaya karşı yapılan sigorta
Kassabuch n • yevmiye defteri
Kassageschäft n • peşin işlem; peşin satış; spot işlem; vadesiz işlem
Kassageschäfte pl. n • peşin muameleler
Kassakonto n • erken ödeme iskontosu; nakit iskontosu; nakit ödeme iskontosu
Kassakurs m • peşin fiyat, peşin muameleler için tespit edilen fiyat; spot fiyat; spot kur
Kassapreis m • peşin fiyat
Kassation f • bozma; hükümsüz kılma; kararın daha yüksek mahkeme tarafından bozulması
Kassationsausschuss m • temyiz komisyonu
Kassationsgerichtshof m • temyiz mahkemesi; Yargıtay
Kasse f • gişe; kasa; peşin satış; vezne
Kassenabschluss m • veznenin kapanması
Kassenarzt m • hastalık kasası doktoru
Kassenausgänge pl. m • kasa çıkışları; nakit ödemeleri
Kassenausgangsbuch n • kasa çıkış defteri
Kassenauszahlungen pl. f • nakit ödemeleri
Kassenbeleg m • kasa fişi
Kassenbericht m • kasa durumu; nakit tablosu
Kassenbestand m • ankes; eldeki nakit;kasa mevcudu
Kassenbote m • tahsildar
Kassenbuch n • kasa defteri; kasa yevmiyesi
Kassendefizit n • kasa açığı; kasa sayım noksanı
Kasseneingang m • kasa girişi; tahsilat;
Kasseneingangsbuch n • kasa giriş defteri; tahsilat defteri
Kasseneingangsjournal n • kasa giriş günlük defteri
Kassenfehlbetrag m • kasa açığı; kasa sayım noksanı
Kassenführer m • kasadar; veznedar
Kassenklade f • icmal; primanota; yevmiye defteri
Kassenkonto n • kasa hesabı; nakit hesabı; peşin hesabı
Kassenkredit m • peşin avans; peşin ödeme
Kassenkreditzusage f • kasa avansı; kasa kolaylığı
Kassenkurs m • spot fiyat; spot kur
Kassenleistung f • hastalık kasası tarafından sağlanan yardım
Kassenmanko n • kasa açığı
Kassenobligation f • bankaca ihraç edilen orta vadeli borç senedi
Kassenprotokoll n • kasa tutanağı
Kassenquittung f • borçlu olunduğunu bildiren belge
Kassenraum m • bankanın ana rolü
Kassenschein m • bankaca ihraç edilen orta vadeli borç senedi; kasa fişi; kasa makbuzu; tasarruf bonosu
Kassenstatus m • kasa durumu
Kassenstunden pl. • bankacılık saatleri; vezne saatleri
Kassenüberschuss m • kasa fazlası; kasa sayım fazlası
Kassenverkehr m • ödeme ve tahsilat; peşin avans

Fachwörterbuch

Kassette f • çekmece; kutu
kassieren • bozmak; iptal etmek; para tahsil etmek; tahsil etmek
Kassierer m • kasadar; kasiyer; veznedar
Kassierer m für Auszahlungen pl. f • ödeme veznedarı
Kassierung f • bozma; hükümsüz kılma; tahsisatın kaldırılması
Kassierung f eines Urteils n • bozma; kararın bozulması
Kastrat m • hadım edilmiş erkek
Kastration f • hadımlaştırma
kastrieren • hadımlaştırmak
Kasus m • durum
Kasusgrammatik f • durum dilbilgisi
Katachrese f • kaydırma
Katalog m • katalog; prospektüs
Katalog-Geschäft n • posta siparişi yoluyla ticaret
Katapher • önyinelem
Kataster m • kadastro; tapu sicili
Katasteramt n • kadastro dairesi; tapu sicil muhafızlığı
Katasteraufnahme f • gayrı menkul planını çıkarma
Katasterbeamter m • kadastro memuru; tapu sicil memuru
Katastergesetz n • tapu kadastro kanunu
Katasterplan m • çap
katastrieren • kadastro kütüğüne kaydetmek
kategorial • ulamsal
kategoriale Komponente f • ulamsal bileşen
Kategorie f • ulam
Kauf m • alım satım; alış; satın alma; satın alma
Kauf m auf Abzahlung f • taksitle satış
Kauf m auf Kredit m • kredili satış
Kauf m auf Probe f • deneme şartıyla satış
Kauf m auf Raten pl. f • taksitle alış; taksitle satın alma
Kauf m in Bausch m und Bogen m • götürü satın alma; götürü satış
Kauf m nach Muster n • numune üzerine satış; numuneye göre satış; örnek üzerine satış

Kauf m nach Probe f • numuneye göre satın alma; örneğe göre satın alma
Kaufandrang m • talep fazlalığı
Kaufanwärter m • muhtemel müşteri
Kaufbrief m • satış senedi
Kaufcharter-Vertrag m • satın alma çarter muvakelesi
kaufen • satın almak
Käufer m • alıcı; müşteri; satın alan
Käuferkredit f • alıcı kredisi
Käuferland n • satın alan memleket
Käufermarkt m • alıcı piyasası
Käuferschicht f • alıcılar
Kauffahrteischiff n • ticaret gemisi; ticari gemi
Kaufhandel m • alışveriş
Kaufhaus n • büyük satış mağazası; mağaza
Kaufinteressent m • alıcı
Kaufkraft f • iştira kuvveti; paranın iştira gücü; satın alma gücü
Kaufkraftparität f • satın alma gücü paritesi
Kaufkredit m • satın almaları finanse için kredi
Kaufkurs m • alış fiyatı; alış kuru
käuflich • satın alınabilir
Kaufmann m • tacir; tüccar
kaufmännisch • ticari
kaufmännische Bildung f • ticaret eğitimi
kaufmännische Übung f • ticari teamül; ticari yapılageliş
kaufmännisches Unternehmen n • ticarethane; ticari işletme
Kaufmittel n • satın alma aracı
Kaufoption f • satın alma opsiyonu
Kaufpotential n • satın alma gücü
Kaufpreis m • alış fiyatı; satış bedeli; semen
Kaufrecht n • satın alma hakkı; iştira hakkı
Kaufsteuer f • mübayaa vergisi
Kaufvertrag m • alım satım akdi; alım satım sözleşmesi; satın alma mukayesesi; satış senedi; satış sözleşmesi
Kaufwert m • iştira kıymeti; satın alma değeri
Kaufzwang m • iştira mecburiyeti; satın alma yükümlülüğü

Mesleki Terimler Sözlüğü

kausal • illi; nedensel
Kausalität f • illiyet
Kausalzusammenhang m • illiyet rabıtası; nedensellik
Kausativ n • ettirgen çatı; ettirgen eylem
Kautel f • emniyet tedbiri; ihtiyat kaydı
Kaution f • depozito; emanet hakkı; garanti; karşılık; kefalet; teminat; teminat akçesi
Kautionskredit m • kefalet kredisi; teminat kredisi
Kautionswechsel m • teminat senedi; hatır senedi
Kehlkopfverschluss m • gırtlak vuruşu
Kehllaut m • gırtlaksıl
Kenem n • boşbirim
kennen • bilmek; tanımak
Kennkarte f • hüviyet cüzdanı
Kenn-Nummer f • referans numarası
Kenntnis f • bilgi; malumat; vukuf
Kennzahl f • gösterge; kod numarası; referans numarası
Kennzeichen n • alameti farika; işaret; karakteristik; marka; özellik
Kennzeichnung f des Partnerlands n • partner ülkenin tanımlanması
Kennziffer f • indeks numarası; kod numarası; oran
Kern m • çekirdek
Kerngesellschaft f • merkezi şirket
Kernlehrplan m • çekirdek program
Kernposten m • asli madde
Kernsatz m • çekirdek tümce
Kettengeschäft n • birçok şubesi bulunan ticarethane
Kettenhandel m • zincirleme ticaret
Kettenladen m • merkezden tedarik sistemine ait mağaza
Keynes-Plan m • Keynes Planı
Khediviat n • hıdiviyet
Kickback m • kanun dışı ödeme
Kinästhesie f • devinduyum
Kind n • çocuk; küçük
Kind n abtreiben • kürtaj yaptırmak
Kind n anerkennen • çocuğu tanımak
Kind n aus erster Ehe f • ilk evlilikten doğan çocuk
Kind n aussetzen • çocuğu terketmek
Kind n des Bruders m • yeğen

Kind n unterschieben • çocuğu başkasının gibi göstermek
Kinderarzt m • çocuk doktoru
Kinderbeihilfe f • çocuk yardımı; çocuk zammı
Kinderbibliothek f • çocuk kitaplığı
Kinderbuch n • çocuk kitabı
Kinderentwicklung f • çocuk gelişimi
Kinderenzyklopädie f • çocuk ansiklopedisi
Kinderermässigung f • çocuk indirimi
Kinderfilm m • çocuk filmi
Kinderfürsorge f • fakir ve sakat çocuklara devlet yardımı
Kindergarten m • anaokulu; çocuk bahçesi; kreş
Kindergeld n • çocuk parası; çocuk tazminatı; çocuk zammı
Kindergeldgesetz n • Çocuk Parası Kanunu
Kinderkrankheiten pl. f • bulaşıcı çocuk hastalıkları
Kinderliteratur f • çocuk edebiyatı
Kindermusik f • çocuk müziği
Kinderpflege f • çocuk bakımı
Kinderpsychiatrie f • çocuk ruh hekimliği
Kinderpsychologie f • çocuk ruhbilim
Kinderschutz m • çocukların korunması
Kinderspiele pl. n • çocuk oyunları
Kindersprache f • çocuk dili
Kindertheater n • çocuk tiyatrosu
Kinderzeitalter m • çocukluk çağı
Kinderzeitung f • çocuk gazetesi
Kinderzeltlager n • çocuk kampları
Kinderzulage f • çocuk zammı
Kinderzuschuss m • çocuk zammı
Kindesalter n • çocukluk yaşı
Kindesannahme f • evlat edinme
Kindesaussetzung f • yeni doğan çocuğun terkedilmesi
Kindesentführung f • çocuk kaçırma; çocuk kaçırma
Kindeskind n • torun
Kindesteil m • çocuğun saklı miras hissesi
Kindesunterschiebung f • çocuğun nesebini gizleme; çocuk değiştirme; gayri meşru çocuğu meşru gibi nüfusa kaydettirme

Fachwörterbuch

Kindesunterschlagung f • çocuğun nesebini gizleme
Kindesvermögen n • çocuğun malları; çocuk malları
Kindesverwechselung f • çocuğun nesebini gizleme
Kindheit f • çocukluk çağı
kindliche Sprache f • çocuksu konuşma
Kindschaft f • nesep
Kindschaftsprozesse pl. m • nesep davaları
Kinosteuer f • sinema resmi
Kiosk m • büfe; meşrubat ve gazete satan kulübe
Kirche f • kilise
Kirchenrecht n • kanonik hukuk; kilise hukuku
Kirchensteuer f • kilise vergisi
Kirchensteuerpflicht f • kilise vergisi mükellefiyeti
kirchliche Trauung f • dini evlenme; imam nikahı
Kladde f • ajanda; günlük; günlük defter
klagbar • dava konusu olabilir
klagbarer Anspruch m • dava
Klagbarkeit f • dava konusu olma
Klage f • dava
Klage f anhängig machen • mahkemede dava açmak
Klage f auf Anfechtung f der Ehelichkeit f • nesebin reddi davası
Klage f auf Aufhebung f • iptal davası
Klage f auf Aufhebung f der Gütergemeinschaft f • mal ortaklığının kaldırılması davası
Klage f auf Erbunwürdigkeit f • mirastan mahrumiyet davası
Klage f auf Nichtigkeit f der Ehe f • evliliğin butlanı davası
Klage f auf Trennung f • ayrılık davası
Klage f auf Unterlassung f • müdahalenin meni davası
Klage f aus dem Besitz m • zilyetlik davası
Klage f einreichen • dava açmak
Klage f erheben • dava açmak
Klage f zurückziehen • davayı geri almak
Klageabweisung f • davanın reddi

Klageänderung f • davanın düzeltilmesi; davanın ıslahı; tashih
Klageanspruch m • dava; dava hakkı; dava talebi; iddia olunan şey
Klagebeantwortung f • cevap; davaya cevap
Klagebeantwortungsschrift f • cevap layihası; davaya cevap dilekçesi
Klagebeantwortungsschriftsatz m • cevap layihası
Klagebegehren n • iddia olunan şey
Klageerhebung f • dava açma
Klagegrund m • hukuki sebep
klagen • dava açmak; dava etmek
klagende Partei f • davacı taraf
klagender Teil m • davacı taraf
Klagenhäufung f • davaların içtimaı; davaların toplanması; hakların içtimaı
Klagentrennung f • davaların ayrılması
Klagenverbindung f • davaların birleştirilmesi
Kläger m • dava eden; davacı; şikayetçi taraf
Klagerecht n • dava hakkı; ödeme istemi
Klagerücknahme f • davayı geri alma
Klagesache f • dava konusu
Klageschrift f • dava arzuhali; dava dilekçesi
Klageverbesserung f • davanın ıslahı
Klageverjährung f • davanın zamanaşımı; davanın zamanaşımına tabi olması
Klageverzicht m • davadan vazgeçme
Klammerdarstellung f • ayraçlama
Klammerung f • ayraçlama
Klangfarbe f • tını
klar • açık; belli
Kläranlage f • arındırma tesisi
klären • açıklamak; aydınlatmak
Klarheitsprinzip n • açıklık ilkesi; açıklık kavramı; finansal tablolarda sunulan bilgilerin anlaşılır olması
Klärung f • açıklama; aydınlatma
Klasse f • derslik; sınıf; derece; klasifikasyon acentesi; mevki; zümre
Klassem n • sınıfbirim
Klassenatmosphäre f • sınıf ortamı
Klassenaufgabe f • sınıf ödevi
Klassenausstellung f • sınıf sergisi

Mesleki Terimler Sözlüğü

Klassenbibliothek f • sınıf kitaplığı
Klassengesellschaft f • sınıflara ayrılmış toplum
klasseninterne Tests pl. m • sınıfiçi testleri
Klassenkampf m • sınıf mücadelesi
Klassenlehrer m • sınıf öğretmeni
Klassenleitung f • sınıf yönetimi
Klassenversetzung f • sınıf geçme
Klassenversetzungsverordnung f • Sınıf Geçme Yönetmeliği
Klassenzimmer n • derslik
Klassifikation f • sınıflandırma
Klassifikationsgesellschaft f • gemileri sınıflarına göre tescil şirketi
Klassifizierung f • derecelendirme; sınıflama; sınıflandırma; tasnif etme
klassisch • klasik; konvansiyonel
klassische Schule f • klasik okul
klassische Werke pl. n für Kinder pl. n • çocuk klasikleri
klassischer Humanismus m • klasik insancıllık
klassisches Programm n • klasik program
Klausel f • hususi hüküm; kayıt; sözleşme maddesi; şart
klausulieren • şart koşmak
Klein- und mittelständische Unternehmen pl. n• küçük ve orta ölçekli işletmeler
Kleinaktien pl. f • düşük fiyatlı menkul kıymetler
Kleinarbeit f • tali iş
Kleinbahn f • dekovil hattı
Kleinbetrieb m • küçük işletme
kleine Ausgaben pl. f • düşük tutardaki giderler; ufak tefek giderler
kleine Havarie f • küçük avarya; özel avarya
kleine Kasse f • eldeki para; küçük kasa
Kleingewerbe n • küçük el sanatları; küçük esnaf; küçük sanatlar
Kleinhandel m • küçük ticaret; perakende; perakende ticaret
Kleinhändler m • perakendeci
Kleinkredit m • kişisel kredi; özel kredi
Kleinverkauf m • küçük miktarlarda satış
Kleinviehsteuer f • ağnam vergisi
Klemme f • çıkmaz; güçlük

Klient m • müşteri
klingende Münze f • meskukat
klinische Psychologie f • klinik ruhbilim
Knacklaut m • gırtlak vuruşu
knappe Vorgabe f • sıkı standart
knappes Geld n • para sıkıntısı; sıkı para; yetersiz para
Knappheit f • nedret
Knappheitserscheinung f • kesatlık
Knappschaft f • maden işçileri birliği
knappschaftliche Rentenversicherung f • maden işçilerinin sosyal sigortaları
Knappschaftskasse f • maden işçilerinin sosyal sigortalar kurumu
Knappschaftsrente f • maden işçilerine bağlanan sigorta aylığı
Knochenalter n • kemik yaşı
Knochenwachstum n • kemiksel gelişim
Knoten m • düğüm
Koalition f • birlik; ittifak
Koalitionsfreiheit f • mesleki birlikler halinde birleşme hürriyeti
Kode m • düzgü
Kodex m • kanunlar bütünü; kanunlar külliyatı
kodieren • kodlamak; sisteme göre düzenlemek
Kodierung f • düzgüleme
Kodifikation f • kanunların kodlanarak biraraya getirilmesi; kodifikasyon; tedvin
kodifizieren • kanunları bir külliyatta toplamak
kodifiziert • kodlanmış; sisteme göre düzenlenmiş; yazılı
kodifiziertes Recht n • yazılı hukuk
Koedukation f • karma eğitim
Koedukationsschule f • karma okul
Koeffizient m • katsayı; oran; rasyo
Kognition f • biliş
kognitiv • bilişsel
kognitive Entwicklung f • bilişsel gelişim
kognitive Intelligenz f • bilişsel zeka
kognitives Lernen n • bilişsel öğrenme
Kohärenz f • tutarlılık
Kohäsion f • uyumluluk
Kolchos n • kolektif çiftlik
Kollaborateurs pl. m • borsa muhabirleri
Kollege m • meslektaş

Fachwörterbuch

Kollegenrabatt m • kitap yayıncısının başka yayıncıya yaptığı tenzilat
Kollegialgericht n • birden fazla hakimin karar verdiği mahkeme
Kollegialprinzip m • kolektif sorumluluk prensibi
Kollegialsystem n • kolektif sistem
Kollegium n • birlik; cemiyet; meclis
Kollekte f • bağış toplama; cemi ianat
Kollektion f • tam takım numune
kollektiv • kolektif; müşterek
Kollektiv n • çalışma birlikleri; çalışma postaları
Kollektivarbeit f • birlikte çalışma
Kollektivarbeitsvertrag m • toplu iş sözleşmesi; umumi mukavele
kollektive Forschung f • takım araştırması
kollektive Sicherheit f • kolektif emniyet
kollektive Wohnanlage f • toplu konut alanı
kollektiver Arbeitsvertrag m • toplu iş sözleşmesi
Kollektivgesellschaft f • kolektif şirket
Kollektivkonto n • müşterek hesap
Kollektivprokura f • birlikte temsil
Kollektivum n • topluluk adı
Kollektivversicherung f • grup sigortası; müşterek sigorta; ortak sigorta
Kollektivwirtschaft f • kolektivizm
kollidieren • çarpışmak; çatışmak
Kollision f • anlaşmazlık; çatışma; ihtilaf
Kollisionsrecht n • devletler hususi hukuku; kanunlar ihtilafı
Kollokation f • eşdizimlilik
Kolloqium n • bilimsel tartışma
kolludieren • gizlice anlaşmak
Kollusion f • hileli anlaşma; hileli itilaf
Kolonialhandel m • sömürgelerle yapılan ticaret
Kolonialreich n • imparatorluk
Kolonialwaren pl. f • bakkaliye emtiası
Kolonialwarenhändler m • bakkal
Kolonialzucker f • kamış şekeri
Kolonie f • müstemleke; sömürge
kolonisieren • sömürgeleştirmek
Kombattant m • muharip
Kombination f • birleşim
kombinatorische Variante f • birleşimsel değişke

kombinierter Transport m • birleşik taşıma
Komitativus m • birliktelik durumu
Kommandant m • komutan
Kommanditaktiengesellschaft f • komandit ortaklık
Kommanditär m • komanditer ortak; komanditer
Kommanditgesellschaft f • komandit ortaklık; komandit şirket
Kommanditgesellschaft f auf Aktien pl. f • sermayesi eshama münkasem komandit şirket; sermayesi hisse senedine bölünmüş komandit şirket; sermayesi paylara bölünmüş komandit şirket
Kommanditist m • komanditer; komanditer ortak; sınırlı sorumlu ortak
Kommentar m • açımlama; tefsir; yorum
kommentieren • tefsir etmek; yorumlamak
kommerziell • ticari
kommerzieller Kredit m • ticari kredi
kommerzieller Wechsel m • kambiyo senedi; ticari senet
Kommissar m • komiser
kommissarisch • komiserce icra edilen
kommissarische Beweisaufnahme f • istinabe
Kommission f • encümen; heyet; komisyon; komisyon ücreti; komisyonculuk; komite; sipariş; tellallık
Kommissionär m • aracı; faktör; komisyoncu
Kommissionärware f • komisyoncu malı
Kommissionsgebühr f • komisyon ücreti; komisyon
Kommissionsgeschäfte pl. n • komisyonculuk
Kommissionslager m • konsinye stoku
Kommissionsvertrag m • komisyon mukavelesi
Kommissionsware f • komisyona alınan mal; komisyona verilen mal
kommissionsweise Plazierung f • komisyon ile plasman
kommissionsweiser Verkauf m • aracılı satış; konsinye satış
Kommittent m • müvekkil
Kommorienten pl. • birlikte ölmüş sayılanlar
kommunal • mahalli; yerel

Mesleki Terimler Sözlüğü

Kommunalabgabe f • belediye resmi
kommunale Körperschaften pl. f • mahalli kurumlar
Kommunalobligationen pl. f • yerel yönetim tahvilleri
Kommunalverband m • komünler birliği
Kommunalverwaltung f • mahalli idare
Kommune f • topluluk
Kommunikation f • bildirim; bildirişim; iletişim
Kommunikationsfähigkeit f • iletişim becerisi
Kommunismus m • komünizm
Kommutation f • değişim; değiştirim
kompakt • yoğun
Kompanie f • ticari şirket
Komparation f • karşılaştırma
Komparatist m • karşılaştırmacı
Komparatistik f • karşılaştırmacılık
komparativ • karşılaştırmalı
Komparativ m • artıklık derecesi
kompatibel • bağdaşık
Kompatibilität f • bağdaşma
Kompensation f • ödünleme
Kompensation f • cezayı azaltıcı nitelikte değerlendirme; cezayı tamamen kaldırıcı nitelikte değerlendirme; hesaplaşma; ödeşme; takas; tazmin
Kompensationsgeschäft n • takas muamelesi; takas işlemi
kompensieren • dengelemek; ödeştirmek; takas etmek; tanzim etmek
kompetent • selahiyetli; sorumlu; yetkili
Kompetenz f • edinç; yeterlilik
Kompetenz f • selahiyet; sorumluluk; yetki
Kompetenzkonflikt m • görev ve yetki uyuşmazlığı; görev yetki uyuşmazlığı; salahiyet ihtilafı; uyuşmazlık; vazife ihtilafı; vazife ve salahiyet ihtilafı
Kompetenzkonfliktsgerichtshof m • ihtilaf mahkemesi; uyuşmazlık mahkemesi
Kompetenzstreitigkeit f • görev ve yetki ihtilafı
komplementär • komandite
Komplementär m • komandite ortak; sınırsız sorumlu ortaklık
komplementäre Distribution f • bütünleyici dağılım

komplex • karmaşık
Komplex m • karmaşa
Komplize m • suç ortağı
komplizieren • güçleştirmek; karmaşık hale getirmek
kompliziert • karmaşık
Komplott n • fesat; ittifak; komplo
komplottieren • komplo hazırlamak; suikast tertip etmek
Komponente f • bileşen
Komponente f • aksam
Komponentenanalyse f • bileşen çözümlemesi
Kompositum n • bileşik sözcük
Kompromiss m • sulh; uyuşma; uzlaşma
Kompromiss m schliessen • uzlaşmaya varmak
kompromißbereit • uzlaşıcı
Kompromisslosigkeit f • anlaşmazlık; uzlaşmazlık
Kompromisslösung f • sulh yoluyla çözüm
kompromittieren • leke sürmek; zor duruma düşürmek
Komptangeschäft n • peşin işlem; spot işlem; vadesiz işlem
konative Funktion f • çağrı işlevi
Kondemnierung f • mahkumiyet
Kondition f • şart
Kondominium n • müşterek hakimiyet
Konferenz f • konferans; müzakere; toplantı
konferieren • görüşmek; müzakere etmek
Konfession f • mezhep
konfessionell • mezheple ilgili
Konfessionsfreiheit f • mezhep hürriyeti
Konfessionsgruppe f • dini cemaat
Konfiskation f • müsadere; zapt; zoralım
konfiszieren • müsadere etmek; zapt etmek
Konfix • saltek
Konfixation f • saltekleme
Konflikt m • çatışma; ihtilaf; münazaa; uyuşmazlık
Konfliktsituation f • münazaalı durum; uyuşmazlık hali
Konformität f • uyarlık
Konföderation f • devletler arası birlik; konfederasyon

Fachwörterbuch

Konfrontation f • muvacehe; yüzleştirme
konfrontieren • yüzleştirmek
Konfusion f • alacaklı ve borçlu sıfatının birleşmesi
Kongress m • kongre; müzakere
Kongruenz f • uyum
Konjugation f • çekim; eylem çekimi
Konjunkt n • bitişke
Konjunktion f • bağlaç; birleştirme
Konjunktiv m • isteme kipi
Konjunktur f • ekonomik durum; konjonktür; konjoktür; piyasada hareketlilik
Konjunkturbewegungen pl. f • konjonktür hareketleri
Konjunkturbild n • piyasanın hareket durumu
Konjunkturdiagnose f • ekonomik gelişme analizi
Konjunktureinbruch m • ekonomik faaliyetin yavaşlaması
Konjunkturentwicklung f • ekonomik eğilim
Konjunkturfaktor m • ekonomik durumu etkileyen faktör
Konjunkturflaute f • ekonomik durgunluk
Konjunkturgewinn m • fırsat karı
Konjunkturinstitut n • ekonomik araştırma enstitüsü
Konjunkturlage f • ekonomik durum; piyasa durumu
Konjunkturpolitik f • ekonomik siyaset
Konjunkturrückgang m • ekonomik faaliyetlerin durgunlaşması
Konjunkturschwankungen pl. f • konjonktür dalgalanmaları
Konjunkturstockung f • ekonomik faaliyetin yavaşlaması
Konjunktur-Test m • piyasa araştırması
Konjunkturtief n • depresyon
Konjunkturverlauf m • ekonomik faaliyetin eğilimi; ekonomik faaliyetin yönü
Konjunkturziffer f • ekonomik indeks
Konkatenation f • zincirlenme
konkludent • isteğin hal ile ifadesi; isteğin tavırla ifadesi
konkludente Willenserklärung f • zımni irade izharı
Konklusion f • sonuç çıkarma; vargı

Konkordanz f • bağlamlı dizin; uygunluk
Konkordat n • konkordato
konkret • açık; belirli; gerçek; müşahhas; sağlam; somut
Konkretum n • somut ad
Konkurrent m • rakip
Konkurrenz f • birliktelik
Konkurrenz f • birleşme; rekabet; telahuk
Konkurrenz f von Rechten pl. n • hakların telahuku; hakların birleşmesi
konkurrenzfähig • rekabet edebilecek durumda
Konkurrenzklausel f • mukavele ile kararlaştırılmış rekabet yasağı
Konkurrenzverbot n • rekabet yasağı; rekabet memnuiyeti
konkurrieren • özde birleşmek; rekabet etmek; telahuk etmek
konkurrierende Ansprüche pl. m • hakların telahuku
konkurrierende Rechte pl. n • hakların telahuku
konkurrierendes Verschulden f • meydana gelen zararda zarara uğrayanın da kusurlu olması hali
Konkurs m • iflas
Konkurs m anmelden • iflas bildirmek; mahkemeye iflasını bildirmek
Konkurs m erklären • iflas bildirmek
Konkurs m machen • iflas etmek
Konkursamt n • iflas dairesi
Konkursanmeldung f • iflas ihbarı
Konkurserklärung f • iflas kararı; iflasın ilanı
Konkurseröffnung f • iflasın açılması
Konkursforderungen pl. f • adi alacaklar; iflasta alacaklar
Konkursgericht n • iflas mahkemesi
Konkursgläubiger m • iflas alacaklısı; müflisin alacaklısı
Konkursit m • müflis
Konkursmasse f • iflas masası; tereke
Konkursordnung f • iflas kanunu
Konkursprivileg f • iflas bakiyesinin dağıtımında öncelik
Konkursrecht n • iflas hukuku
konkursrechtlich • iflas hukuku ile ilgili
konkursrechtliche Anfechtungsklage f • iflasta iptal davası; iptal davası iflasta

529

Konkursschuldner m • iflas borçlusu; müflis
Konkursstrafrecht n • iflasa ait ceza hükümleri
Konkurstabelle f • sıra cetveli
Konkursverfahren n • iflas muamelesi; iflasın kaldırılması
Konkursverwalter m • iflas masası başkanı; iflas masası memuru; iflası idare eden; tasfiye memuru
Konkursverwaltung f • iflas idaresi
Konnektiv n • bağıntılayan
Konnex m • bağlantı; ilişki
Konnexion f • bağıntılama
Konnexität f • yakınlık; irtibat
konnivent • hoşgörülü; müsamahakar
Konnivenz f • cezayı gerektiren davranışlara karşı hoşgörü gösterme
Konnossement mit Vorbehalt m • kirli konşimento
Konnossement n • hamule senedi; konşimento; konşimento
Konnossement n mit Vorbehalt m • şerhli konşimento
Konnossement n zur Verschiffung f empfangen • tesellüm konşimentosu
Konnossementsladung f • konşimento ile yüklenen yük
Konnotation f • yananlam
Konsens m • kabul; onay; rıza
Konsensualkontrakt m • isteğe bağlı akit
Konsensualverträge pl. m • rızaya bağlı akitler
konsequent • tutarlı; ilişkili; mantıki
Konsequenz f • ilişki; mantık; netice
Konsequenzen pl. f tragen • sonucuna katlanmak
konservativ • muhafazakar; tutucu
Konservativismus m • muhafazakarlık; tutuculuk
Konservatorium n • konservatuar
Konsignale m • konsinye satış için mal gönderilen kimse
Konsignant m • gönderen; konsinyatör
Konsignatar m • alıcı
Konsignation f • gönderilen mallar; konsinasyon
Konsignationsgeschäft n • ankonsinyasyon satış

Konsignationshandel m • konsinye ticaret
Konsignationslager n • konsinye mal deposu
Konsignationsrechnung f • gönderilen mal hesabı
Konsignator m • konsinyatör; konsinye satış için malı gönderen kişi
Konsol m • konsolide tahvil
Konsolidation f • birleşme; garanti altına alma; konsolidasyon; kısa vadeli borçların uzun vadeli borca dönüştürülmesi
konsolidieren • birleştirmek; garanti altına almak; konsolide etmek; tahkim etmek
konsolidierte Anleihe f • muhakkem istikraz
konsolidierte Bilanz f • birleştirilmiş bilanço; konsolide bilanço
konsolidierte Finanzausweise pl. m • konsolide finan tabloları
konsolidierte Staatspapiere pl. n • konsolide tahvil
konsolidierter Jahresabschluss m • konsolide finans tabloları; konsolide hesaplar
Konsolidierung f • konsolidasyon
Konsolidierung f der schwebenden Schulden pl. f • kısa vadeli borçların uzun vadeli borca dönüştürülmesi
Konsolidierung f einer Schuld f • borç ertelemesi
Konsolidierungsbogen m • konsolidasyon çalışma tablosu
Konsolidierungskredit m • konsolidasyon kredisi
Konsolidierungsüberschuss m • işletmelerin birleşmesi sonucunda oluşan artık değer; şerefiye
Konsonant m • selensiz; ünsüz
Konsonantenharmonie f • ünsüz uyumu
konsonantisch • ünsüz
Konsortialgeschäft n • konsorsiyum bankaları tarafından yapılan işler
Konsortialkredit m • bankalar topluluğunca verilen kredi; konsorsiyum kredisi; sendikasyon kredisi
Konsortium n • sendika; konsorsiyum; mali grup; ticari grup
Konspirant m • bozguncu; kışkırtıcı
Konspiration f • bozgunculuk; fesat
konspirieren • fesat çıkarmak; kışkırtmak

Fachwörterbuch

konstante Opposition f • sürekli karşıtlık
Konstanz f • istikrar; sağlamlık
konstativ • betimleyici; gözlemleyici
Konstellation f • durum; ilişki; münasebet
Konstituente f • kurucu
Konstituentensatz m • kurucu tümce
konstituieren • kurumsallaştırmak; kurmak; tesis etmek
Konstitution f • anayasa; meşrutiyet
Konstitutionalismus m • meşrutiyet
konstitutionell • meşruti
konstitutionelle Monarchie f • meşruti monarşi
Konstriktion f • daraltı
konstriktiv • daraltılı
Konstruktion f • kuruluş
Konstruktionsfehler m • temel yanlışlık; yapı hatası
Konsul m • konsolos
Konsulargebühr f • konsolosluk ücreti
Konsularvertrag m • konsolosluk mukavelesi
Konsulat n • konsoloshane; konsolosluk
Konsulatsfaktur f • konsolosluk faturası
Konsulatskanzlei f • kançılarya
Konsulatsrechnung f • konsolosluk faturası
Konsultationsgesellschaft f • istişare hizmeti yapan şirket
Konsum m • istihlak; tüketim
Konsumartikel m • tüketim malı
Konsum-Ausgaben pl. f • tüketim harcamaları
Konsument m • tüketici
Konsumentengeld n • tüketicilerin elinde bulunan para
Konsumentenkredit m • tüketici kredisi
Konsumentenpreis m • tüketiciye satış fiyatı
Konsumgenossenschaft f • tüketim kooperatifi; istihlak kooperatifi
Konsumgüter pl. n • tüketim malları
Konsumkraft f • tüketim gücü veya kapasitesi
Konsumkredit m • tüketici kredisi
Konsumquote f • milli gelirin tüketime giden payı
Konsumsteuer f • tüketim vergisi
Konsumtion f • tüketim

Konsumverein m • tüketim kooperatifi; istihlak kooperatifleri
Kontakt m • ilişki; irtibat; münasebet; temas
Kontamination f • bulaşma
Konten pl. n abstimmen • hesaplarda uyum sağlamak
Konten pl. n überprüfen • hesapları gözden geçirmek
Kontenabschluss m • yıl sonu kapanış kayıtları; yıllık hesap özeti
Kontenabstimmung f • hesapların mutabakatı
Kontenaufteilung f • hesabın iki veya daha fazla alt hesaba bölünmesi
Kontenbezeichnung f • hesap başlığı
Kontenbuch n • hesap defteri
Kontenentnahmen pl. f • hesaptan para çekişler
Kontenführer m • büyük defter hesaplarını tutan
Kontengliederung f • hesap sınıflanması; hesapları sınıflandırma
Kontenklasse f • hesap grubu; hesap sınıfı
Kontenrahmen m • hesap çerçevesi; hesapların sınıflandırılması; muhasebe çerçevesi; tekdüzen hesap sistemi
Kontensaldo m • hesap bakiyesi
Kontensparen n • bankaya para yatırarak biriktirme
Kontenstand m • hesap durumu
Kontenüberprüfung f • hesapları gözden geçirme
Kontenübertrag m • hesaba nakil
konter • karşı; kontra
Konterbande f • harp kaçağı
Konterrevolution f • karşı ihtilal
Kontext m • bağlam
kontextabhängig • bağlama bağlı
kontextfrei • bağlamdan bağımsız
kontextsensitiv • bağlama bağımlı
kontextunabhängig • bağlamdan bağımsız
Kontingent n • kontenjan; kota
kontingentieren • kontenjan tesbit etmek; kontenjana bağlamak; sınırlandırmak
Kontingentierung f • kontenjana bağlama
Kontingentierungssystem n • kontenjan usulü
Kontinuität f • sebat

Kontinuitätsprinzip n • bağdaşım ilkesi; insicam prensibi
Konto n • banka hesabı; defteri kebir hesabı; gider hesabı; hesap
Konto n abschliessen • hesabı kapatmak
Konto n eröffnen • hesap açtırmak
Konto n sperren • hesabı dondurmak
Kontoabschluss m • hesabın kapatılması
Kontoaufstellung f machen • hesap düzenlemek
Kontoauszug m • dekont; ekstre; hesap cüzdanı; hesap hulasası; hesap özeti; pasbuk; tasarruf cüzdanı
Kontobestand m • hesap bakiyesi
Kontobewegungen pl. f • hesaptaki değişmeler; hesaptaki hareketler
Kontobezeichnung f • hesap ismi
Kontoblatt n • hesap kartonu; hesap kartı
Kontobuch n • hesap cüzdanı
Kontoeröffnung f • hesap açma
Kontoeröffnungsantrag m • hesap açma dilekçesi
Kontoform f • hesap şekli
Kontoinhaber m • hesap sahibi
Kontokarte f • hesap kartonu
Kontokorrent n • firma hesabı; cari hesap; hesabı cari
Kontokorrentkredit m • cari hesap kredisi
Kontokorrentvorschuss m • cari hesap avansı; cari hesap kredisi
Kontonummer f • hesap numarası
Konto-pro-Diverse f • geçici hesap
Kontor n • büro; işyeri; yazıhane
Kontoüberziehung f • hesabı aşma; hesabın kredi sınırını aşması; hesapta olduğundan daha fazla para çekme
Kontra n • karşıt; kontra
Kontradiktion f • çelişki; zıddiyet
kontradiktorisch • karşıt; zıt
kontradiktorisches Urteil n • vicahi hüküm
Kontrahent m • akit; sözleşmeci
kontrahieren • akdetmek; anlaşmak
Kontrahierungszwang m • akit mecburiyeti; akit yapma mecburiyeti
Kontrakt m • akit; kontrat; mukavele; sözleşme

Kontraktbruch m • akdi ihlal; mukaveleyi bozma
Kontraktfrist f • mukavelede saptanan süre
Kontraktion f • derilme
konträr • karşıt
Kontrast m • aykırılık
Kontrast m • tezat; zıtlık
kontrastieren • tezat teşkil etmek
kontrastiv • karşıtsal
kontrastive Linguistik f • karşıtsal dilbilim
Kontrollamt n • denetim kurulu
Kontrolle f • denetim; denetleme; kontrol; murakabe
Kontrolle f der Vorräte pl. m • stok kontrolü
Kontrolleur m • denetici; denetçi; kontrolör; müfettiş; murakıp
Kontrollgebiet n • kontrol alanı
Kontrollgruppe f • denetleme kümesi
kontrollierbare Kosten pl. • denetlenebilir maliyet; kontrol edilebilir maliyet
kontrollieren • denetlemek; kontrol etmek
Kontrolliste f • denetleme listesi
Kontrollkonto n • ana hesap; kontrol hesabı
kontrovers • münazaalı; tartışmalı
Kontroverse f • fikir ayrılığı; münazaa; tartışma
Kontumazialverfahren n • gaiplerin muhakemesi
Konvention f • uzlaşım; anlaşma; antlaşma; teamül
Konvention f zum Schutze m der Menschenrechte pl. n und Grundfreiheiten pl. f • İnsan Temel Hak ve Özgürlüklerinin Korunması Sözleşmesi
konventional • saymaca; uzlaşımsal
konventional • klasik
Konventionalstrafe f • cezai şart
Konventionaltarif m • ahdi tarife; imtiyazlı gümrük tarifesi
konventionell • saymaca; uzlaşımsal
konventionell • alışagelmiş; antlaşma şartlarına uygun; konvansiyonel; mutat
Konventionen pl. f • teamüller; yapılagelişler

Fachwörterbuch

Konvergenz f • yöneşme
konvers • evrişik
Konversion f • evrişim; değiştirme; istibdal; konversiyon; tahvili düyun
Konversionssoulte f • değişim ayarlaması; değiştirme farkı; konversiyon farkı
konvertibel • değişebilir; konvertibl
Konvertibilität f • konvertibilite; tahvil edilebilme
konvertierbar • konvertibl; tahvil edilebilir
konvertierbare Vorzugsaktie f • konvertibl öncelikli hisse senedi
konvertierbare Währung f • konvertibl para; serbest döviz
konvertieren • borcu paraya tahvil etmek; değiştirmek; tahvil etmek
Konvertierung f • dönüşüm; istihale; tahvili düyun
Konzentration f • çeşitli teşebbüslerin birleştirilmesi; toplama; toplanma; yoğunlaştırma
konzentrieren • biraraya toplamak; merkezileştirmek
konzentriert • yoğunlaştırılmış
Konzept n • plan; taslak
Konzern m • birleşme; büyük şirket; grup; işletmelerin birbirleriyle kaynaşması; konsern; müşterek idare altında birleşmiş ticari ve sınai kuruluşlar
Konzernbank f • büyük bir şirketin sahip olduğu banka
Konzerngesellschaft f • bağlı şirket
Konzession f • ayrıcalık hakkı; imtiyaz; müsaade; ruhsat
Konzessionär m • imtiyaz sahibi; ruhsat sahibi
konzessionieren • imtiyaz vermek
Konzessionsurkunde f • ruhsatiye; ruhsatname
Kooperation f • işbirliği
kooperativ • paylaşımcı
kooperieren • işbirliği yapmak
Koordination f • eşbağımlılık; eşgüdüm; koordinasyon
koordinieren • koordine etmek
koordinierter Satz m • eşbağımlı tümce
Kopfarbeiter m • zihnen çalışan işçi
Kopffiliale f • merkez şube

Kopf-Produktivität m • şahıs başına üretim
Kopfquote f • şahıs başına düşen miktar
Kopie f • kopya; suret
Kopierbuch n • kopya defteri
Kopula f • koşaç
Koreferenz f • eşgönderim
Korporation f • birlik; cemiyet; korporasyon; tüzelkişi
Korporationsrecht n • cemiyetler hukuku; dernekler hukuku; korporasyonlar hukuku
Korps n • heyet; topluluk; gövde; vücut
Korpus m • bütünce
korrekt • doğru; hatasız
Korrektion f • düzeltme; ıslah
Korrektionsanstalt f • cezaevi; ıslahevi
Korrektur f • düzeltme; tashih
Korrelat n • bağlaşık
Korrelation f • bağlaşım
Korrelationskoeffizient m • bağlılaşım katsayısı
korrelativ • bağlılaşık
Korrespondenreeder m • gemi müdürü
Korrespondent m • gemi müdürü; muhabir
Korrespondenz f • haberleşme; mektuplaşma; muhaberat
Korrespondenzbank f • muhabir banka
Korrespondenzscheck m • muhaberat çeki
korrespondieren • haberleşmek; mektuplaşmak
korrumpieren • ahlaken çökertmek; rüşvet vermek
Kosmologie f • evrenbilim
Kosmos m • evren
Kost f und Fracht f • mal bedeli ve navlun
Kostbarkeiten pl. f • kıymetli eşya
Kosten pl. • gider; giderler; harç; mal bedeli; maliyet; masraf; masraflar; navlun; sigorta; sigorta ve navlun
Kosten pl. auferlegen • masrafları yüklemek
Kosten pl. decken. • masrafları karşılamak
Kosten pl. der Bekanntmachung f • tebligat masrafları

Mesleki Terimler Sözlüğü

Kosten pl. der Unterbeschäftigung f • olumsuz hacim farkı
Kosten pl. der verkauften Erzeugnisse pl. n • satışların maliyeti
Kosten pl. der Versorgungsdienste pl. m • kamu hizmetleri maliyeti
Kosten pl. der Vorräte pl. m • stok maliyeti
Kosten pl. der Waren pl. f • emtia maliyeti
Kosten pl. einer Dienstleistung f • hizmetin maliyeti
Kosten pl. für den ersten Fertigungsdurchlauf m • faaliyete geçme maliyeti
Kosten pl. für eine Klasseneinheit f • sınıf birimi maliyeti; sınıf maliyeti
Kosten pl. tragen. • masrafları ödemek
Kosten pl. übernehmen • masrafları üstlenmek
Kosten- und Ertragsanalyse f • maliyet-fayda analizi
Kostenanalyse f • maliyet analizi; maliyet incelemeleri
Kostenanschlag m • keşifname
Kostenart f • gider türü; giderlerin türleri
Kostenaufwand m • harcama; masraf
Kostenausgleichsbetrag m • fiyat ayarlama ödemesi
Kostenausgleichszuschlag m • fiyat ayarlama zammı
Kostenberechnung f • maliyetleme
Kostenbericht m • maliyet raporu
Kostenbestandteil m • maliyet faktörü; maliyet unsuru
Kostenbuchführung f • maliyet muhasebesi
Kostendeckung f • maliyeti kurtarma; maliyetlerin dönem gelirleriyle karşılanması; satış hasılatıyla maliyeti karşılama
Kostendeckungsbeitrag m • maliyet katkı payı
Kosteneinsparung f • maliyet tasarrufu
Kostenelement n • maliyet unsuru; maliyet bulma
Kostenerfassung f • maliyet hesaplama
Kostenermittlung f • maliyetleme; giderleri kısma
Kostenersparnis f • maliyet bilinci

Kostenerstattung f • masrafların iadesi
Kostenfaktor m • fiyat faktörü
Kostenfluss m • maliyet akışı
Kostenflusskonzept n • maliyet akışı kavramı
kostenfrei • gidersiz; masrafsız; ücretsiz
Kostenfreiheit f • masraftan muaf olma
Kostenfunktion f • maliyet fonksiyonu; maliyet enflasyonu
Kosten-Gewinn-Umsatzanalyse f • maliyet-hacim-kar analizi
Kostenkalkulationsverfahren n • maliyetleme süreci
Kostenkonten pl. n • maliyet hesapları
Kostenkontrolle f • maliyet kontrolü
Kostenkurve f • maliyet eğrisi
kostenlos • masrafsız; ücretsiz
Kostenminimierung f • maliyetleri asgarileştirme
Kosten-Nutzanalyse f • fayda-maliyet analizi; maliyet-fayda analizi
Kostenplan m • hesap planı
Kostenpreis m • maliyet fiyatı
Kostenprinzip n • cari maliyetlerin cari hasılat ile karşılaştırılması
Kostenrate f • maliyet oranı
Kostenrechner m • maliyet muhasebecisi
Kostenrechnung f • maliyet; maliyet muhasebesi; masraf pusulası
Kostenrechnung f für Massenfertigung f • safha maliyeti sistemi
Kostenrechnungssystem n • maliyet sistemi
Kostenreflektierungsstellen pl. f • gider yansıtma hesapları
Kostensammelbogen m • maliyet tablosu
Kostensenkung f • maliyeti düşürme
Kostenstandard m • olması gereken maliyet; maliyet standardı
Kostenstelle f • gider hesabı; gider merkezi; gider yeri; maliyet merkezi
Kostenstellenplan m • gider yeri planı
Kostenstruktur f • maliyet yapısı
Kostenteil m • gider payı; katlanılan maliyetin herhangi bir parçası
Kostenträger m • gider taşıyıcı; maliyet birimi
Kostenträgerplan m • gider yeri planı; hesap planı

Fachwörterbuch

Kostenunterlagen pl. f • maliyete ilişkin tüm belgeler
Kostenveranlagung f • gider tahakkuku
Kostenverhalten n • maliyet davranışı
Kostenverteilung f • maliyet dağıtımı
Kostenverteilungsplan m • gider dağıtım planı
Kostenvoranschlag m • maliyet tahmini; masraf tahmini; muvakkat hesap
Kostenvorschuss m • masrafa mahsuben avans
Kostenzentren pl. n • ana hesaplar
Kostenzurechnung f • maliyet dağıtımı
Kostenzurechnung f nach Verantwortlichen pl. m • maliyetlerin sorumluluk birimlerine göre izlenmesi
Kostenzuteilung f • maliyet dağıtımı
Kostgeschäft n • borsada devir muamelesi; depor; repor muamelesi
kostspielig • pahalı
Kovarianz f • eşdeğişirlik
Königreich n • krallık
Körper m • cisim; gövde; vücut
Körperbehinderter m • malul; sakat
körperbehindertes Kind n • beden özürlü çocuk
Körperbehinderung f • beden özürlü
Körperersatzstück n • takma uzuv
körperlich • bedeni, fiziki; fiziksel; maddi
körperliche Bestandsaufnahme f • fiziki envanter; stokların fiziki olarak sayımı
körperliche Entwicklung f • bedensel gelişim
körperliche Gegenstände pl. m • maddi mallar
körperliche Inventaraufnahme f • stok sayımı
körperliche Reife f • bedensel olgunluk
körperliche Sache f • ayni; şey
körperliche Schädigung f • bedeni zarar; cismani zarar
körperliche Wirtschaftsgüter pl. n • fiziki varlıklar
körperliche Züchtigung f • beden cezası
körperlicher Eid m • el basarak yemin etme; el kaldırarak yemin etme
körperlicher Schaden m • cismani zarar

Körperschaft f • birlik; kurum; tüzelkişi; tüzelkişilik; tüzük
Körperschaften pl. f des öffentlichen Rechts n • amme hükmi şahısları; kamu tüzel kişileri
körperschaftlich • tüzelkişiliği ilgilendiren
Körperschaftsbeschlüsse pl. m • statü kararları
Körperschaftssteuer f • kurumlar vergisi
Körperstrafe f • bedeni ceza; cismani ceza
Körperverletzung f • bedeni zarar; cismani zarar; müeesir fiil; müessir fiil
kraft • dolayısiyle; sebebiyle; güç
Kraft f • kuvvet; meriyet; yürürlük; erk
Kräftemangel m • işçi azlığı
Kraftfahrzeug n • motorlu nakil vasıtası; motorlu taşıt aracı
Kraftfahrzeugbrief m • motorlu taşıt ruhsatnamesi
Kraftfahrzeugkennzeichen n • motorlu taşıt plakası
Kraftfahrzeugsteuer f • motorlu nakil araçları vergisi; motorlu taşıt vergisi
Kraftfahrzeugversicherung f • nakil aracı sigortası
kraftlos • hükümsüz
Kraftloserklärung f • hükümsüz kılma; iptal
Kraftloserklärung f der Vollmachtsurkunde f • vekaletnamenin iptali
Kraftstoffindustrie f • akaryakıt endüstrisi
Krafttests pl. m • güç testleri
krank • hasta
kränkeln • hastalıklı olmak
kranken • mustarip olmak
kränken • rencide etmek
Krankenanstalt f • sağlık yurdu
Krankenbericht m • hastalık raporu
Krankenfahrstuhl m • hasta arabası
Krankenfürsorge f • hastalara tıbbi yardım
Krankenfürsorgepflicht f • sağlık yardımı yükümlülüğü
Krankenfürsorgepflicht f des Reeders m • donatanın sağlık yardımı yükümlülüğü

Mesleki Terimler Sözlüğü

Krankengeld n • geçici işgörmezlik ödeneği; hastalık için ödenen sigorta parası; hastalık parası
Krankengeschichte f • hastalığın seyri
Krankenhaus n • hastane
Krankenhauspflege f • hastanede bakım
Krankenhilfe f • hastaya sağlanan sağlık ve para yardımları
Krankenkasse f • hastalık sigortası kurumu; sağlık sigortası sandığı
Krankenordnung f • hastalık sigortaları yönetmeliği
Krankenschein m • sağlık karnesi
Krankenschwester f • hastabakıcı
Krankenüberwachung f • raporlu sigortalıyı kontrol etmek amacıyla yapılan ziyaret
Krankenversicherung f • hastalığa karşı sigorta; hastalık sigortası; sağlık sigortası
Krankenversicherungsbeitrag m • hastalık sigortası primi
Krankenversicherungsträger m • hastalık sigortası merci
Krankheit f • hastalık
Krankheitsbericht m • hastalık raporu
Krankheitszeiten pl. f • hasta olarak geçen sigortalılık süreleri
Krankmeldung f • hastalığın bildirilmesi
Krankwert m • hasarlı malın değeri
kreative Tätigkeit f • yaratıcı etkinlikler
kreatives Denken n • yaratıcı düşünme
Kreativität f • yaratıcılık
Kredit m • avans; borç; ikraz; itibar; kredi; öğrenim ödencesi
Kredit m gegen Bürgschaft f • imzaya mukabil avans; kefalet karşılığı avans; kefalete mukabil avans
Kredit m gegen dingliche Sicherheiten pl. f • ipotek karşılığı avans; gayrı menkul karşılığı avans
Kredit m gegen Sicherheit f • karşılıklı avans
Kredit m sperren • krediyi kesmek
Kredit m überschreiten • kredisini aşmak
Kreditanstalten f • gayri menkul kredi müessesesi; ikraz müessesesi
Kreditaufnahme f • borçlanma; kredi alma; ödünç alma

Kreditaufnahmefähigkeit f • borçlanma gücü
Kreditauftrag m • akreditif; itibar emri
Kreditbank f • kredi bankası; ticari banka
Kreditbetrug m • kredi sahtekarlığı
Kreditbeziehung f • borçlu-alacaklı münasebeti
Kreditbrief m • akreditif; itibar mektubu; kredi mektubu
Kreditbrief m ohne Dokumentensicherung f • temiz akreditif
Kreditdirigismus m • kredi kontrolü
Krediteinsatz m • verilen veya kullanılan kredi miktarı
Krediteinschätzung f • kredi değerliliğinin belirlenmesi
Kreditengagement n • kredi taahhüdü
Kreditfähigkeit f • kredi değerliliği
Kreditfinanzierung f • istikraz
Kreditgeber m • borç veren; mukriz; ödünç veren
Kreditgefährdung f • itibarını sarsma; kredisini sarsma
Kreditgenossenschaft f • kredi kooperatifi
Kreditgeschäft n • kredi işlemleri
Kreditgrenze f • kredi limiti; kredi marjı; kredi sınırı
Kreditinstitut n • banka; kredi kuruluşları; kredi veren kuruluş; gayri menkul kredi müessesesi
Kreditkarte f • kredi kartı
Kreditkauf m • kredi ile satın alma; kredili alış; kredili satın alma
Kreditkommission f • kredi komisyonu
Kreditkonto n • alacaklı hesap
Kreditkontrolle f • kredi kontrolü
Kreditkosten pl. • istikraz masrafları
Kreditkunde m • kredi müşterisi
Kreditlaufzeit f • kredi süresi
Kreditlimit n • kredi sınırı; kredi tavanı
Kreditmarkt m • kredi piyasası
Kreditmittel pl. • istikraz paraları
Kreditmultiplikator m • kredi çarpanı
Kreditnachfrage f • krediye karşı talep
Kreditnehmer m • borç alan; müstakriz; ödünç alan
Kreditor m • alacaklı; borç veren kişi; borç veren kuruluş; kreditör

Fachwörterbuch

Kreditoren pl. m • senetsiz borç hesabı
Kreditoren pl. m auf Sicht f • ihbarsız mevduat; vadesiz mevduat
Kreditorenkonto n • borçlular hesabı
Kreditorenrechnung f • kredi hesabı
Kreditplafond m • kredi limiti; kredi plafonu; kredi sınırı; kredi tavanı
Kreditprotokoll n • kredi protokolu
Kreditrahmen m • kredi değerliliği; kredi limiti
Kreditrestriktion f • kredi sınırlaması; kredilerin dondurulması; kredilerin sınırlandırılması
Kreditrisiko n • kredi riski
Kreditrückführung f • kredi geri ödemesi
Kreditsaldo m • alacak bakiyesi; alacaklı bakiye
Kreditschnitt m • kredi indirimi
Kreditschöpfung f • kredi meydana getirme
Kreditsonderfonds m • kredi özel fonu
Kreditsperre f • kredilerin durdurulması
Kredittilgung f • alınan kredinin ödenmesi
kreditunwürdig • itibarsız; kredisi olmayan
Krediturkunde f • kredi belgesi
Kreditüberschreitung f • kredi depasmanı
Kreditüberwachung f • kredi denetimi; kredi incelemesi
Kreditüberziehung f • kredi depasmanı
Kreditverkauf m • kredili satın alma; kredili satış
Kreditversicherung f • itibar sigortası; kredi sigortası
Kreditversorgung f • kredi sağlama
Kreditwesen n • bankacılık sistemi; kredi sistemi
Kreditwirtschaft f • bankacılık; kredi işleri
Kreditwucher m • tefecilik
kreditwürdig • kredisi olan; saygın
Kreditwürdigkeit f • kredi değerliliği
Kreditzuwachsbegrenzung f • kredi sınırı
Kreditzügel pl. m • kredi tahditleri
Kreis m • bölge; kaza; muhit; saha
Kreisamt n • kaymakamlık

Kreisgericht n • bidayet mahkemesi; ilk mahkeme
Kreislauf m • çevrim; sirkülasyon; tedavül
kreuzende Wechselkurse pl. m • çapraz kur
kreuzende Wechselkursrisiken pl. n • çapraz kur riski
Kreuzverhör n • şahide davalı ve davacı taraflarca soru sorulması
Kridar m • müflis
Krieg m • harp; savaş
kriegführend • muharip
Kriegsbeschädigter m • harp malulü; savaş malulü
Kriegsdienst m • harp görevi
Kriegsdienstverweigerung f • harp görevinden kaçınma
Kriegsentschädigung f • harp tazminatı; savaş tazminatı
Kriegserklärung f • harp ilanı; savaş ilanı
Kriegsgefangener m • harp esiri; savaş esiri; savaş tutsağı
Kriegsgericht n • harp divanı; divanıharp
Kriegsgerichtsrat m • askeri adli hakim
Kriegsgesetze pl. n • harp hükümleri; savaş hükümleri
Kriegsgewinnsteuer f • harp kazançları vergisi; savaş kazançları vergisi
Kriegsgrund m • harp sebebi; savaş nedeni
Kriegshäfen pl. m • harp limanları; savaş limanları
Kriegshetze f • savaş kışkırtıcılığı
Kriegsmarine f • donanma
Kriegsministerium n • Harbiye Nezareti; Milli Savunma Bakanlığı
Kriegsrecht n • harp hukuku; harp kanunları; savaş hükümleri; savaş kanunları
Kriegsschaden m • savaş zararları; harp zararları
Kriegsschiffe pl. n • harp gemileri; savaş gemileri
Kriegsschule f • harp okulu
Kriegsverbrecher m • savaş suçlusu
Kriegsverletzter m • harp malulü; savaş malulü
Kriegsverrat m • harp hıyaneti; savaş hıyaneti

Kriegsversehrter m • harp malulü; savaş malulü
Kriegsversicherung f • harp sigortası; savaş sigortası
Kriegszustand m • harp hali; savaş hali; sefer; seferberlik
Kriminalabteilung f • cinayet masası
Kriminalbeamter m • cinayet masası polisi
Kriminalgericht n • ağır ceza mahkemesi
Kriminalistik f • suçbilim; kriminoloji; suçbilim
Kriminalität f • suç eğilimi
Kriminalpolitik f • ceza politikası; ceza siyaseti
Kriminalpolizei f • cinayet masası; kriminal polis
Kriminalpsychologie f • ceza ruhbilimi; ceza psikolojisi
Kriminalsache f • ağır suç konusu
kriminell • ağır ceza konusu olan; kriminal
Kriminologie f • kriminoloji; suçbilim
Krippe f • bebek bakımevi
Krise f • buhran; kriz
Krisenfrachtzuschlag m • ilave navlun masrafı
Krisensteuer f • buhran vergisi
Kriterium n • ölçüt
Kritik f • eleştiri; görüş; hüküm; kritik
Kritiker m • eleştirmen
kritisches Denken n • eleştirici düşünme
kritisieren • değerlendirmek; eleştirmek
Kritizismus m • eleştirimcilik
Kult m • din işleri
Kultbauten pl. m • İbadethane
Kultur f • hars; kültür
Kulturanthropologie f • kültürel insanbilim
Kulturbau n • toprak ıslahı
kulturell • kültürel; medeni
kultureller Verein m • kültür derneği
Kulturministerium n • maarif
Kulturpolitik f • kültür politikası
Kulturrevolution f • kültür devrimi
Kultursprache f • uygarlık dili
Kulturwandel m • kültür değişmesi
Kultusfreiheit f • din hürriyeti
Kultusministerium n • Kültür Bakanlığı

kumulativ • birikmiş; kümülatif; toplu
Kumulativdividende f • ilk toplu temettü
kumulative Aktien pl. f • kar payları birikmiş hisse senedi
kumulative Dividende f • birikimli temettü; birikmiş kar payları
kumulative Stammaktie f • birikimli adi hisse
kumulative Tilgung f • birikmiş amortisman
kumulative Vorzugsaktie f • kar payı birikimli öncelikli hisse senedi
kumulatives Stimmrecht n • birikmeli oylama
Kumulierung m • kümülasyon; yığılma
Kunde f • bilim; malumat
Kunde m • alıcı; müşteri
Kundenbetreuung f • müşteri servisi
Kundenbuchführung f • müşteriler muhasebesi
Kundendienstabteilung f • müşterilere satılan mallar için bakım-onarım hizmetleri veren departman
Kundenkredit m • tüketim kredisi
Kundgabe f • beyan; beyanname; bildirim; ihbar
kundgeben • beyan etmek; ihzar etmek
Kundgebung f • beyan; gösteri; ihzar; nümayiş
Kundschaft f • işletmenin bütün müşterileri; müşteri çevresi; müşteriler
Kunst f • sanat
Kunsterziehung f • sanat eğitimi
Kuppelei f • fuhuşa tahrik; fuhşiyata tahrik
kuppeln • fuhuşa tahrik etmek
Kuppelprodukt n • birleşik ürün
Kuppelproduktion f • birleşik üretim
Kur f • kür; rejim; tedavi
Kurantgeld n • ulusal para
Kurator m • kayyım; vasi
Kuratorium n • kurul
Kurier m • kurye
Kurpfuscher m • mutatabbip
Kurs m • borsa fiyatı; değer; kur; kurs; oran; para kuru; piyasa rayici; politika; rota
Kursabschlag m • depor; iskonto
Kursbefehl m • rota emri

Fachwörterbuch

Kursberechnung f der Anleihen pl. f • tahvil değerinin saptanması
Kursbericht m • borsa raporu
Kursbeständigkeit f • fiyatlarda istikrar
Kursblatt n • kotasyon listesi
Kurseinbruch m • fiyatlarda düşme
Kursgestaltung f • borsa fiyatlarının durumu
Kursgewinn m • kambiyo karı
Kurs-Gewinn-Verhältnis n • fiyat-kazanç oranı
Kursindex m • fiyat endeksi
Kursmakler m • borsa tellalı; borsa acentesi
Kursnotierung f • borsa fiyat cetveli
Kurspflege f • fiyatlara müdahale
Kursregulierung f • fiyatları destekleme
Kursrisiko n • kur riski
Kursschwankung f • dalgalanma
Kurssicherung f • hedging
Kurssteigerung f • borsada fiyat yükselmesi
Kursteilnehmer m • kursiyer
Kurstreiberei f • suni fiyat düşüşlerinin yaratılması; suni fiyat yükselişlerinin yaratılması
Kursübersteigerung f • fiyatlarda aşırı yükselme
Kurswert m • borsa değeri; esham ve tahvilatın borsa fiyatı; piyasa değeri; piyasa fiyatı; tahvil fiyatı
Kurszettel f • kambiyo bülteni
kurz • kısa
Kurzarbeit f • çalışma süresinin kısalması; kısa mesai; part time çalışma
kurze Arbeitszeit f • büroda alışılmış çalışma süresinden daha kısa çalışma; kısa süre
kurze Frist f • kısa süre
kurze Silbe f • kısa seslem
kurzfristig • kısa vade; kısa vadeli
kurzfristig abnutzbares Wirtschaftsgut n • kısa sürede faydası biten varlık; kısa sürede faydası tükenen varlık
kurzfristige Anleihe f • kısa vadeli istikraz
kurzfristige Investition f • kısa vadeli yatırım
kurzfristige Schuld f • kısa vadeli borç

kurzfristige Verbindlichkeit f • kısa vadeli borç; cari borç
kurzfristige Vermögenswerte pl. m • cari aktifler; dönen varlıklar
kurzfristiger Kredit m • kısa vadeli kredi
kurzfristiger Vertrag m • kısa süreli sözleşme
kurzfristiger Wechsel m • kısa vadeli poliçe; kısa vadeli senet
Kurzkredit m • kısa vadeli kredi
Kurzschrift f • steno
Kurzwort m • kısaltma
Kux m • madencilik şirketlerinin hisse senetleri
kündbar • feshi kabil; iptal edilebilir; vadesiz
kündbare Obligationen pl. f • itfaya tabi tahvil; vadesinden önce ödenebilen tahvil
kündigen • feshini ihbar etmek; iptalini bildirmek; işine son verildiğini ihbar etmek; işten çıkacağını bildirmek
Kündigung f • dağıtılma; feshi ihbar; fesih; fesih bildirimi; iptalini bildirme; istifa; işine son verildiğini ihbar etme; işten çıkacağını bildirme
Kündigungsfrist f • feshi ihbar müddeti; ihbar süresi
Kündigungsgeld n • ihbarlı mevduat
Kündigungsrate f • işçi giriş çıkışları
Kündigungsrecht m • fesih hakkı; iptal hakkı
Kündigungsschutz m • feshi ihbar bakımından himaye; işten çıkarılmaya karşı koruma
Kündigungsschutzgesetz n • haksız işten çıkarılmaya karşı korunma kanunu
Kündigungsschutzklage f • haksız işten çıkarılma davası
Kündigungstermin m • ihbarın yapılacağı son gün
künftig • gelecekte; istikbalde
Künstler m • sanatçı
künstliche Sprache f • yapay dil
Kürze f • azlık; kısalık
kürzen • azaltmak; çıkarmak; indirim yapmak; kısaltmak; kısmak
Kürzung f • azaltma; kısaltma
Küste f • kıyı; sahil
Küstenfischerei f • kıyı balıkçılığı

Küstengewässer pl. n • karasuları
Küstenschiffahrt f • kabotaj; karasuları taşımacılığı
Küstenschutz m • kıyıların tabii afetlere karşı korunması
Kybernetik f • güdümbilim

L

Labial m • dudaksıl
Labialassimilation f • küçük ünlü uyumu
Labialharmonie f • küçük ünlü uyumu
Labialisierung f • dudaksıllaşma; dudaksıllaştırma
labiler Wechselkurs m • dalgalı döviz kuru; serbest kur
Labiodental m • dişsil-dudaksıl
Labiopalatal m • dudaksıl-damaksıl
Labiovelar m • dudaksıl-artdamaksıl
Labor nLabor • deney odası
Labormethode f • deneysel yöntem
Laborverfahren n • deneysel yöntem
Lade f • çekmece; sanık
Ladefähigkeit f • tonaj; yük alma kapasitesi
Ladefrist f • yükleme mühleti
Ladegebühr f • yükleme resmi
Ladehafen m • boşaltma limanı; yükleme limanı
Ladekosten pl. • yükleme giderleri
Ladelinie f • geminin yükleme sınırını gösteren çizgi
laden • çağırmak; celbetmek; yüklemek
Laden m • dükkan; mağaza
Ladenangestellter m • satış memuru
Ladengehilfe m • satış memuru
Ladenpreis m • net fiyat; sabit perakende satış fiyatı
Ladenschild n • mağaza tabelası; ticarethane levhası
Ladenverkäufer m • satış memuru
Ladeplatz m • yükleme limanı; yükleme yeri
Laderampe f • yükleme iskelesi veya rampası
Laderaum m • ambar; yük kapasitesi
Ladeschein m • hamule senedi; konşimento; nakliye senedi; taşıma senedi; yükleme senedi
Ladestelle f • yükleme limanı

Ladezeit f • yükleme müddeti
lädieren • yaralamak; zarar vermek
Ladung f • celp; davet; davetiye; hamule; kargo; yük; yükleme
Ladung f zur Testamentseröffnung f • vasiyetnamenin açılması için tereke mahkemesince yapılan davet
Ladungsaufkommen n • yüklenen tonaj
Ladungsbeteiligte pl. m • yükle alakalılar
Ladungsgebühren pl. f • yükleme giderleri; yükleme işlemi için alınan vergiler
Ladungsgläubiger m • yükle alacaklıları
Ladungsinteressenten pl. m • yükle alakalılar
Ladungskosten pl. • yükleme giderleri
Ladungspapiere pl. n • yükle ilgili vesaik
Ladungsquittung f • deniz taşıma senedi; taşıma makbuzu
Ladungstüchtigkeit f • yüke elverişlilik
Ladungsurkunde f • celpname; davetiye
Lage f • durum; hal; vaziyet; örnek olay
Lager n • ambar; antrepo; ardiye; depo; stok
Lagerabbau m • stokların azaltılması
Lagerbestand m • ambar mevcudu; stok; stok mevcudu
Lagerei f • ardiyeci; depolama firması
Lagereigentumsschein m • makbuz senedi; resepise; makbuz senedi; resepise
Lagerfachkarte f • stok kartı
lagerfähig • depo edilebilir
Lagergebühren pl. f • ambar ücretleri
Lagergeld n • ambar ücretleri; ardiye ücreti
Lagergeschäft n • ardiyecilik
Lagerhalter m • ardiye idarecisi; ardiye sahibi; ardiyeci
Lagerhalterkonnossement n • muhafaza konşimentosu
Lagerhaus n • ambar; antrepo; ardiye; depo; umumi mağaza

Fachwörterbuch

Lagerinvestition f • stoklara yatırım
Lagerkarte f • stok kartı
Lagerkosten pl. • depolama maliyeti
lagern • depo etmek; stok etmek
Lagerpfandschein m • rehin senedi; varant
Lagerschein m • ambar makbuzu; ambar senedi; antrepo senedi; ardiye makbuzu; depo makbuzu; depo senedi; makbuz senedi; rehin senedi; resepise; varant
Lagerumschlag m • stokların dönme çabukluğu
Lager-Umschlagshäufigkeit f • stok devir hızı
Lagerung f • depolama
Lagerverwalter m • ambar memuru
Laie m • mesleki eğitim almamış kişi
Laienrichter m • iş mahkemesi fahri hakimi
Laizismus m • laiklik
laizistisch • laik
laizistische Bildung f • laik eğitim
Lame duck • sakat ördek
Land n • arazi; arsa; aza devlet; devlet; eyalet; toprak; ülke
Landarbeit f • çiftçilik
Landarbeiter m • tarım işçisi
Landbau m • tarım; ziraat
Landbeschädigung f • kıyı hasarı
Landbesitz m • arazi mülkiyeti
Landbesitzer m • arazi sahibi
Landbevölkerung f • köy nüfusu
Länderrisiko n • ülke riski
Landesarbeitsgericht n • eyalet iş mahkemesi
Landesgericht n • eyalet mahkemesi
Landesgesetz n • eyalet kanunu
Landesjustizminister m • eyalet adalet bakanı
Landesjustizministerium n • eyalet adalet bakanlığı
Landesrecht n • milli hukuk
Landesregierung f • eyalet hükümeti
Landessozialgericht n • eyalet sosyal mahkemesi
Landessteuer f • özel idare vergisi
Landesverfassung f • eyalet anayasası
Landesverrat m • vatana ihanet; yurda hiyanet

Landesverräter m • vatan haini
landesverräterische Begünstigung f • casusluk
Landesversicherungsanstalt f • işçi sosyal sigortaları kurumu
Landesverwaltungsgericht n • eyalet idari mahkemesi
Landesverweisung f • sınır dışı etme
Landeswährung f • milli para; ulusal para
Landeszentralbank f • eyalet merkez bankası
Landfahrzeug n • kara nakil aracı
Landfracht f • kara nakliyatı navlunu
Landfrachtgesellschaft f • kara nakliyatı
Landfriedensbruch m • toplum barışını bozma
Landgemeinde f • köy
Landgemeinderecht n • köy hukuku
Landgericht n • asliye mahkemesi
Landgut n • çiftlik; zirai işletme
Landhandelsrecht n • kara ticareti hukuku
Landkartenlesen n • harita okuma
Landkreis m • ilçe
Landkreis m • kaza
Landkrieg m • kara savaşı
Landkriegsrecht n • kara harbi hukuku; kara savaşı hukuku
ländlich • bölgesel
ländliche Erziehung f • kırsal eğitim
Landrat m • kaymakam
Landratsamt n • kaymakamlık
Landschaden m • kıyı hasarı
Landstreicher m • serseri
Landtag m • eyalet parlamentosu
Landvermögen n • kara serveti
Landwirt m • çiftçi
Landwirtschaft f • çiftçilik; tarım; ziraat
landwirtschaftlich • zırai
landwirtschaftliche Absatzgenossenschaften pl. f • tarım satış kooperatifleri
landwirtschaftliche Genossenschaft f • tarım kooperatifi
landwirtschaftliche Kreditgenossenschaften pl. f • tarım satış kooperatifleri
landwirtschaftliche Unfallversicherung f • tarım işçileri kaza sigortası

Mesleki Terimler Sözlüğü

landwirtschaftliche Versicherung f • tarım sigortası; zirai sigorta
landwirtschaftlicher Betrieb m • tarım işletmesi; zirai işletme
landwirtschaftliches Gewerbe n • zirai işletme
Landwirtschaftsbank f • Ziraat Bankası
Landwirtschaftsbrief m • tarım ipotek senedi
Landwirtschaftskammer f • tarım odası; ziraat odası
Landwirtschaftsministerium n • Tarım Bakanlığı; Ziraat Bakanlığı; Ziraat Vekaleti
lang • uzun
Länge f • süre; uzunluk
lange Silbe f • uzun seslem
längerfristig • uzun vadeli devrede; uzun dönemli
langfristig • uzun süreli; uzun vadeli
langfristige Anleihe f • uzun vadeli borçlanma; uzun vadeli istikraz
langfristige Investition f • uzun vadeli yatırım
langfristige Schuld f • uzun vadeli borç
langfristige Verbindlichkeit f • uzun vadeli borç; uzun vadeli yükümlülük
langfristige Verbindlichkeiten pl. f • uzun vadeli borçlar
langfristiger Vertrag m • uzun süreli akit; uzun süreli sözleşme; uzun vadeli sözleşme
langfristiger Wechsel m • uzun vadeli senet veya poliçe
langlebige Güter pl. n • dayanıklı mallar
langlebiges Wirtschaftsgut n • uzun ömürlü varlık
langsamer Lerner m • ağır öğrenen (çocuk)
Längsschnitt-Forschung f • boylamsal araştırma
Längung f • uzama
Laryngal m • gırtlaksıl
Laryngalisierung f • gırtlaksıllaşma; gırtlaksıllaştırma
lassen • bırakmak
Last f • hamule; külfet; mükellefiyet; mükellifiyet; vergi; yük; yükümlülük
Last f der Beweise pl. m • ispat külfeti
lasten (auf) • ağır gelmek

Lastenausgleich m • masrafların denkleştirilmesi; yükümlülüğün denkleştirilmesi
lastenfrei • borçsuz; harçtan muaf; masrafsız; vergiden muaf; vergisiz
Lastenheft n • şartname
Laster n • fena; kötü
lasterhaft • ahlaksız; terbiyesiz
lasterhafter Lebenswandel m • suihal
lästerlich • kötüleyen; küfürbaz; namusa leke süren
lästern • aleyhine konuşmak; çekiştirmek; küfretmek
Lästerung f • aşağılama; hakaret; küfür
Lastfahrzeuge pl. n • yük taşıtları
lästig • cansıkıcı; üzücü
lästiger Vertrag m • ivazlı sözleşme
Lastkraftwagen m • kamyon
Lastschrift f • borç kaydı; zimmet kaydı
Lastschriftanzeige f • borç belgesi; borç dekontu; zimmet bildirimi
Lastschriftverfahren n • borç kaydı
Lastschriftzettel m • borç makbuzu
Lastzug m • yük treni
latente Steuern pl. f • ertelenmiş vergiler
Lateral m • yanünsüz
Lauf m • gelişme; hareket; hız
laufen • devir yapmak; dönmek; geçerli olmak; gelişmek
laufend • cari; düzenli olarak; istikrarlı; müeccel; muntazam; sürekli; şimdiki
laufende Nummer f • seri numarası; sıra numarası
laufende Periode f • cari dönem
laufende Police f • dalgalı sigorta poliçesi
laufende Rechnung f • cari hesap; hesabı cari
laufende Rendite f • cari getiri; cari verim
laufende Verbindlichkeit f • kısa vadeli borç; cari borçlar
laufende Versicherung f • dalgalı sigorta
laufende Wechsel pl. m • dolaşımdaki senetler; tedavüldeki senetler
laufende Zinsen pl. m • cari faiz; işleyen faiz; nakde kolayca dönüştürülebilir olanaklar
laufender Ertrag m • cari getiri; cari verim; düz verim
laufender Kurs m • rayiç fiyat
laufender Monat m • cari ay

Fachwörterbuch

laufender Preis m • rayiç fiyat
laufendes Jahr n • cari yıl
laufendes Konto n • cari hesap
Lauffrist f eines Wechsels m • poliçenin keşide edildiği tarih ile vade tarihi arasındaki süre
Laufzeit f • süre; geçerlik; mehil; müddet; vade
Laufzettel m • evrak fişi; sevk pusulası
Laune f • ruh durumu
Lausanner Friedensvertrag m • Lozan Sulh Anlaşması; Lozan Sulh Muhadesi
laut • gereğince; göre; mucibince; nazaran
laut Avis n • yapılan ihbara göre
Laut m • ses
laut Vertrag m • mukaveleye göre
Lautbildung f • sesleme
lauten • anlamında olmak; ifade etmek
lauter • berrak; gerçek; hakiki; saf
läutern • arıtmak; temizlemek; ıslah etmek
Läuterung f • arıtma; temizleme; ıslah
Läuterungseid m • kati yemin
lautes Lesen n • sesli okuma
Lautkette f • söz zinciri
Lautlehre f • ses bilgisi
Lautmalerei f • yansıma
Lautrohr n • ses yolu
Lautschrift f • sesçil yazı
Lautverschiebung f • ünsüz değişimi
Lautversetzung f • göçüşme
Lautwandel m • ses değişimi
Lautwechsel m • almaşma; ses değişimi
Lay-out • düzenleme
Leasing n • dayanıklı tüketim mallarının uzun süreli kiralanması; finansal kiralama; leasing; yatırım mallarının uzun süreli kiralanması
Leasinggeber m • kiralayan
Leasingnehmer m • kiracı
leben • hayatta olmak; ikamet etmek; oturmak
Leben n • faaliyet; hareket; hayat; ömür
lebend • canlı; hayatta olan; yaşayan
lebende Sprache f • yaşayan dil
lebendig • hayatta; sağ
Lebendigkeit f • canlılık; dirilik
Lebensalter n • çağ; yaş
Lebensbedingungen pl. f • hayat şartları
lebensbegleitendes Lernen n • hayat boyu öğrenim
Lebensdauer f • hayat müddeti
Lebenserfahrung f • hayat tecrübesi
Lebensfrage f • hayati mesele
Lebensgefahr f • ölüm tehlikesi
lebensgefährlich • çok tehlikeli; vahim
Lebensgemeinschaft f • müşterek yaşam
Lebenshaltung f • hayat standardı
Lebenshaltungsindex m • hayat standardı endeksi
Lebenshaltungskosten pl. • geçim masrafları
Lebenshaltungskostenindex m • geçinme indeksi
Lebenskunde f • yaşam bilgisi
lebenslang • müebbet; ömür boyu
lebenslange Freiheitsstrafe f • ömür boyu hapis cezası
lebenslänglich • müebbet; ömür boyu
lebenslängliche Gefangenschaft f • ömür boyu hapis
lebenslänglicher Niessbrauch m • ömür boyu intifa hakkı
Lebensmittel pl. • gıda maddeleri
Lebensmittelbevorratung f • yiyecek maddeleri stok etme
Lebensmittelgesetz n • gıda maddeleri kanunu
Lebensmittelkarte f • yiyecek karnesi
Lebensmittelvergiftung f • gıda maddesinden zehirlenme
Lebensnachstellung f • cana kast
lebensnotwendig • hayati önemi olan
Lebensstandard m • hayat standardı
Lebensunterhalt m • geçim; nafaka
Lebensunterhaltungskosten pl. • nafaka masrafları
Lebensversicherung f • hayat sigortası; yaşam sigortası
Lebensversicherung f auf den Erlebensfall m • yaşama koşulunu içeren sigorta poliçesi
Lebensversicherungspolice f • hayat sigortası poliçesi
Lebensweise f • yaşam tarzı
lebenswichtig • hayati ehemiyeti olan
Lebenszeit f • hayat süresi
leblos • cansız

Mesleki Terimler Sözlüğü

Leckage f • fire
ledig • bekar
lediglich • sadece; yalnızca
Leeman's Act • Leeman Yasası
leer • boş; boşaltılmış; tahliye edilmiş
leere Pfandstelle f • boş derece
leeren • boşaltmak; tahliye etmek
Leergewicht n • dara; taşıtın boş ağırlığı
Leergut n • boş ambalaj yükü
Leerkapazität f • atıl kapasite; aylak kapasite; boş kapasite; kullanılmayan kapasite
Leerlaufkapazität f • atıl kapasite
Leerlaufzeit f • boşa giden zaman
Leerrabatt m • boş gemi için tenzilat
Leerstelle f • boş alan
Leerverkauf m • açıktan satış; alivre satış; satıcının henüz kendi mülkiyetinde olmayan malları satması; satıcının henüz kendi mülkiyetinde olmayan menkul değerleri satması
legal • kanuna uygun; kanuni; meşru; yasal
Legalinterpretation f • teşrii tefsir
Legalisation f • tasdik; yasal kılma
legalisieren • resmen tasdik etmek; tasdik etmek; yasallaştırmak
legalisierte Abschrift f • tasdikli suret
Legalisierung f • yasallaştırma
Legalität f • meşruiyet; yasalara uygunluk
Legalitätsprinzip n • dava ikamesi mecburiyeti prensibi; kamu davası açma zorunluluğu prensibi
Legalkurs m • paranın kanuni satın alma gücü
Legalobligationen pl. f • kanundan doğan borçlar
Legat m • Papanın fevkalade murahhası
Legat n • belirli mal vasiyeti; muayyen mal vasiyeti; teberru
Legatar m • lehine mal bırakılan; lehine gayri menkul vasiyet olunan; lehine mal vasiyeti olunan kimse; muayyen mal musalehi; musaleh
Legation f • elçilik
legen • koymak; vazetmek
Legierung f • alaşım
legislativ • teşrii; yasama ile ilgili
Legislative f • teşrii kuvvet; yasama erki
legislatorisch • kanun koyan; teşrii

legitim • kanuna uygun; meşru; yasal
Legitimation f • evlenme ile nesebin tashihi; husumet ehliyeti; kimliğini ispat; yetki belgesi
Legitimation f der Person f • şahıs kimliğinin ispatı
Legitimation f durch nachfolgende Ehe f • evlenme ile nesebin tashihi
Legitimationskarte f • hüviyet varakası; kimlik belgesi; kimlik cüzdanı
Legitimationspapiere pl. n • evrakı müsbite; salahiyeti ispat edici evrakı; ispat edici belgeler
Legitimationswirkung f • senedin kime ait olduğunu gösteren özellik
legitimes Kind n • meşru çocuk
legitimieren • tasdik etmek; yasallaştırmak; yetki vermek
Legitimismus m • meşruiyet
Legitimität f • kanuna uygun olma; meşruiyet; yasalara uygunluk
Lehen n • feodal emlak; tımar
Lehenswesen n • derebeylik; feodalite
Lehngut n • aktarım; aktarma
Lehnübersetzung f • öyküntü
Lehnwort n • aktarma; aktarma sözcü
Lehramtskandidat m • öğretmen adayı
Lehramtsstudent m • eğitim bölümü öğrencisi
Lehrbuch n • ders kitabı
Lehre f • çıraklık; ders; doktrin; kaide; öğretim
Lehreinheit f • öğretim birimi
lehren • ders vermek; öğretmek
Lehrer m • öğretmen
Lehrer m für Sonderpädagogik f • özel eğitim öğretmeni
Lehrerberufsausbildungsprogramme pl. n • Öğretmenlik Meslek Eğitimi Programları
Lehrerbibliothek f • öğretmen kitaplığı
Lehrerbildung f • öğretmen yetiştirme
Lehrerbildungsanstalt f • öğretmen yetiştirme
Lehrerin f • öğretmen
Lehrerkonferenz f • öğretmenler toplantısı
Lehrernotenheft n • öğretmen not defteri

Fachwörterbuch

Lehrer-Schüler-Verhältnis n • öğretmen-öğrenci oranı
Lehrerverein m • öğretmenler derneği
Lehrervertreter m • vekil öğretmen
Lehrervertreterkader m • vekil öğretmen kadrosu
Lehrerwohnung f • öğretmen konutu
Lehrfilm m • eğitim filmi; öğretim filmi
Lehrfreiheit f • eğitim serbestisi; eğitim-öğretim özgürlüğü; öğretim hürriyeti; tedris hürriyeti
Lehrgang m • kurs devresi; öğretim devresi
Lehrkörper m • öğretim kurulu; öğretmenler kurulu
Lehrling m • çırak
Lehrlingsausbildung f • çırak eğitimi; çıraklık eğitimi
Lehrlingsschulen pl. f • çırak okulları
Lehrmaschine f • öğretim makinesi
Lehrmittel pl. n • ders gereçleri; öğretim gereci
Lehrpersonalgesetz n • Öğretmen Personel Kanunu
Lehrpersonalgesetz n für die nationale Erziehung f • Milli Eğitim Personel Kanunu
Lehrplan m • müfredat; öğretim programı
Lehrplanentwicklung f • program geliştirme
Lehrvertrag m • çıraklık anlaşması; çıraklık mukavelesi
Lehrzeit f • çıraklık süresi; eğitim süresi
Leib m • beden; vücut
Leibeserbe m • öz evlat mirasçı
Leibeserziehung f • beden eğitimi
Leibesfrucht f • ana rahmindeki çocuk; cenin
Leibesstrafe f • beden cezası
Leibesübungen pl. f • beden eğitimi
Leibgedinge n • ölünceye kadar bakma akti
leiblich • kan hısımlığından; öz
leibliche Erben pl. m • birinci dereceden mirasçılar
leibliches Kind n • öz evlat
Leibpachtrente f • kaydı hayat şartıyla toprak kirası

Leibrente f • annüite; hayatta olma şartı ile bağlanan sürekli gelir; kaydı hayat şartıyla irat
Leibrentenvertrag m • kaydı hayatla irat akdi; ömür boyunca gelir akdi
Leibzuchtsvertrag m • ölünceye kadar bakma akti
Leiche f • ceset; ölü
Leichenhalle f • morg
Leichenöffnung f • otopsi
Leichenschau f • otopsi
Leichenschauhaus n • morg
leicht • ehemmiyetsiz; hafif; kolay
leichte Fahrlässigkeit f • hafif kusur
Leichter • şat
Leichter m • mavna
leichtfertig • dikkatsiz; sathi
leichtfertiger Bankrott m • kusurlu iflas; taksiratlı iflas
Leichtsinn m • dikkatsizlik; düşüncesizlik; kayıtsızlık
leichtsinnig • dikkatsiz; düşüncesiz
Leid n • dert; felaket; zarar
leiden • acı çekmek; mustarip olmak
Leidenschaft f • ihtiras; iptila; tutku
leidenschaftlich • haris; hırslı; tutkulu
Leiharbeitnehmer m • kiralanan işçi
Leihe f • ariyet; bedelsiz olarak ödünç verme; ödünç
leihen • borç vermek; borçlanmak; istikraz etmek; kiraya vermek; ödünç almak; ödünç vermek
Leiher m • kiraya veren; ödünç veren
Leihergesetz n • ödünç para verme kanunu
Leihgebühr f • kira bedeli
Leihgeld n • ödünç para; sermaye
Leihhaus n • rehin karşılığı ödünç para veren müessese; ikraz müessesesi
Leihzins m • istikraz faizi
Leinwand f • beyazperde
leisten • icra etmek; ödemek; yapmak
Leistung f • başarı; eda; edim; elde edilen sonuç; icra; ödem; ödeme; randıman; teslim; yerine getirme
Leistung f an Dritte pl. m • üçüncü şahsa eda
Leistungsalter n • başarı yaşı
Leistungsbericht m • başarı raporu

Mesleki Terimler Sözlüğü

Leistungsbilanz f • cari işlemler hesabı; cari işlemlerin bakiyesi
Leistungseinheit f • yapılan işin ünitesi
Leistungserstellung f • mal ve hizmet üretimi
Leistungsfächer pl. n • beceri dersleri
leistungsfähig • taahhütlerini yerine getirmeye muktedir; verimli
Leistungsfähigkeit f • kapasite; üretim gücü; üretim potansiyeli; varılması planlanan amaca en az fedakarlıkla varılma derecesi; verimlilik
Leistungsfrist f • borcun edası içi tanınan süre
Leistungsgarantie f • performans garantisi
Leistungsgradabweichung f • verim farkı
Leistungsinteresse n • müspet zarar
Leistungsklage f • eda davası; taahhüdün yerine getirilmesi için açılan dava
Leistungslohn m • akord ücret sistemi; başarıya göre ücret ödeme sistemi
Leistungslohn m • ücret
Leistungslohnsystem n • özendirici ücret sistemi; teşvikli ücret sistemi
Leistungsort m • eda mahalli; ödeme yeri
Leistungssatz m • tediyat oranı
Leistungsschau f • ticaret sergisi
Leistungstests pl. m • başarı testleri
Leistungsunmöglichkeit f • edanın imkansızlığı
Leistungsüberschuss m • mal ve hizmetlerde fazlalık
Leistungsverlust m • müspet zarar ziyan
Leistungsverordnung f • tediyat yönetmeliği
Leistungsverweigerung f • edadan imtina
Leistungsverzug f • eda temerrüdü
Leistungsverzug m • borcun gecikmesi; ödemenin gecikmesi
Leistungszeit f • borcun eda kabiliyetini iktisap etmesi; borcun ödeneceği zaman; eda zamanı
leiten • sevk ve idare etmek; yönetmek
Leiter m • idareci; müdür; yönetici; şef
Leiter m der Finanzabteilung f • haznedar; mali işler müdürü; veznadar
Leitkurs m • merkezi kur
Leitstelle f • genel merkez

Leitung f • kanal; merci; müdürlük; sevk ve idare; yönetim; mecra; güdüm
Leitungsmessung f • ölçme
Leitvermerk m • evraklara konulan sevk notu
Lektion f • ders
Lektor m • okutman
Lektürenliste f • okuma listesi
Lender of Last Resort • son ödünç verme mercii
Lenis f • yumuşak ünsüz
Lenkung f • kontrol; rehberlik; yönetme; güdüm
Lenkungsmassnahme f • kontrol tedbiri
lernbehinderte Kinder pl. n • güç eğitilebilir çocuklar
lernbehinderte Kinder pl. n • öğrenme engelli çocuklar
lernbehinderter Schüler m • engelli öğrenci
Lernbereitschaft f • öğrenme hazırlığı
Lernen n • öğrenme
Lernen n durch Pauken n • ezberleyerek öğrenme
Lernen n durch Versuch m und Irrtum m • sınama-yanılma yoluyla öğrenme
Lernfähigkeit f • öğrenme anıklığı
Lernkredit m • öğrenim değeri
Lernkurve f • öğrenim eğrisi
Lernmaschine f • öğretim makinesi
Lernmilieu n • öğrenme çevresi
Lernplateau n • öğrenme düzlüğü
Lernstrategie f • öğrenme stratejisi
Lerntransfer m • öğrenmede geçiş
Lernvermögen n • öğrenme gücü
Lesbarkeit f • okunabilirlik
Lesealter n • okuma yaşı
Leseberater m • okuma danışmanı
Lesebuch n • okuma kitabı
Leseeignung f • okuma anıklığı
Lesefähigkeit f • okuma yeteneği
Lesefilm m • okuma film
Lesegeschicklichkeit f • okuma becerisi
Lesegeschwindigkeit f • okuma hızı
Lesemethode f • okuma yöntemi
Lesen n • okuma
Lesereife f • okuma hazırlığı
leserlich • okunaklı

Fachwörterbuch

Lesesaal m • çalışma salonu; okuma salonu
Leseschwierigkeit f • okuma güçlüğü
Leseskala f • okuma ölçeği
letzt • son; sonuncu
Letztbegünstigter m • nihai müteneffi
letzte Instanz f • son merci
letzter Wille m • vasiyet
letztwillig • vasiyetle ilgili
letztwillige Verfügungen pl. f • ölüm sebebiyle tasarruflar; ölüme bağlı tasarruflar; vasiyet
letztwillige Zuwendung f • ölüme bağlı temliki muamele
Leuchtfeuer n • fener
Leuchtfeuergeld n • fenerler resmi
Leuchtturm m • fener
leugnen • inkar etmek; itiraz etmek; kabul etmemek
Leugner m • inkar eden; itiraz eden
Leumund m • lakap; ünvan
Leumundszeugnis n • hüsnühal şehadetnamesi; iyi hal kağıdı
Leute pl. • cemaat; halk
Leverage f • kaldıraç
leveraged buy out • işletmenin borçlanılarak satın alınması
lex fori • mahkemin kanunu
lex loci actus • akit yeri kanunu
Lexem n • sözlükbirim
lexikalische Einheit f • sözlüksel birim
Lexikalisierung f • sözlükselleşme
Lexikographie f • sözlükbilgisi
Lexikologie f • sözlükbilim
Lexikon n • sözlük
liberal • liberal
liberale Erziehung f • ergin eğitim
liberalisieren • liberalize etmek
Liberalisierung f • liberasyon; ticaretin serbestleşmesi
Liberalismus m • liberalizm; erkincilik
Liberierung f • suskripsiyon ödemesi
liberty bonds • özgürlük tahvilleri
licenced deposit taking institutions • lisanslı mevduat kabul eden kuruluşlar
Liederschatz m • şarkı dağarcığı
Lieferant m • bayi; müteahhit; satıcı; teslimatçı müteahhit
Lieferantenkredit m • satıcı kredisi

Lieferbedingungen pl. f • teslim şartları; teslimat şartları
Lieferfähigkeit f • teslimat veya ihracat kabiliyeti
Lieferfrist f • teslim müddeti; teslim süresi
Liefergeschäft n • teslim işlemi
liefern • sevk etmek; taahhüdü yerine getirmek; temin etmek; teslim etmek; vermek
Lieferschein m • geçici sertifika; teslim belgesi; teslim emri
Liefertermin m • teslim tarihi; teslimat günü
Lieferung f • dağıtım; sevkiyat; tedarik; teslim; teslimat
Lieferung f ab Werk n • fabrika teslimi
Lieferung f ins Haus n • adrese teslim; eve teslim
Lieferungsbedingungen pl. f • teslim şartları; teslimat şartları
Lieferungsgarantie f • teslimat garantisi
Lieferungsgeschäft n • vadeli alış veriş; vadeli muamele
Lieferungskauf m • alivre satış
Lieferungsschein m • teslim emri; teslimat makbuzu
Lieferungstermin m • teslimat tarihi
Lieferungsverkauf m • vadeli satış
Lieferungsvertrag m • teslimat mukavelesi
Lieferungsverzögerung f • teslimatın gecikmesi
Lieferungszeit f • teslimat süresi
Lieferwagen m • kamyonet
Lieferwert m • teslim edilen malların değeri
Lieferzeit f • teslim müddeti
Liegegeld n • ardiye ücreti; sürastarya tazminatı
Liegenschaften pl. f • araziler; gayri menkul mallar; gayri menkul mallar
Liegeplatz m • geminin rıhtımda demirleme yeri
Lieger m • hizmet dışı bekleyen gemi
Liegetage pl. m • starya
Liegezeit f • geminin limanda bekleme süresi; sürastarya
Lifo-Verfahren n • son giren ilk çıkar stok değerleme yöntemi

Mesleki Terimler Sözlüğü

Limit n • limit; sınır
Limitation f • sınırlandırma; tahdit
limited • sınırlı sorumlu
limitieren • sınırlandırmak; tahdit etmek
limitierter Börsenauftrag m • limit emir; sınırlı emir
linear • çizgisel
linear • doğrusal
lineare Abschreibung f • eşit paylı amortisman yöntemi
lineare Programmierung f • doğrusal programlama
Linearität f • çizgisellik
Linguistik f • dilbilim
linguistisch • dilbilimsel
Linie f • çizgi; eğilim; hat; politika; sınır; yön
Linienfahrt f • hat işletmesi
Linienschiff n • düzgün hat gemisi; layner
Linienschiffahrt f • belli hat üzerinde denizcilik işletmesi; düzgün hat taşımacılığı; layner taşımacılığı; muntazam posta seferleri; tarifeli gemi seferleri
Linienverkehr m • layner ticareti; tarifeli seferler
Linkshändigkeit f • solaklık
Linksunterzeichneter m • birinci imza sahibi
Lippenlaut m • dudaksıl
Lippenlesen n • dudaktan okuma
Lippenzahnlaut m • dişsil-dudaksıl
Liquida f • akıcı
Liquidation f • borcun ödenmesi; işletmenin tasfiye edilmesi; likidasyon; ödeme; paraya çevirme; takas; tasfiye; varlığın paraya dönüştürülmesi
Liquidation f des Konkurses m • iflasın tasfiyesi
Liquidation f des Vereins m • derneğin tasfiyesi
Liquidationsanalyse f • bilanço likidite analizi
Liquidationsanteil m • tasfiye karından ortaklara verilen pay
Liquidationsantrag m • dava açma; dilekçe; dilekçe verme; takip talebi
Liquidationseröffnungsbilanz f • tasfiye öncesi bilanço
Liquidationsguthaben n • kliring bakiyesi

Liquidationskonto n • tasfiye hesabı
Liquidationsschlussbilanz f • tasfiye sonrası bilançosu
Liquidationstag m • tasfiye günü
Liquidationsverfahren n • tasfiye muamelesi
Liquidationswert m • tasfiye değeri
Liquidatoren pl. m • tasfiye memurları
liquidieren • likidite etmek; tasfiye etmek
liquidierte Schuld f • likidite edilmiş borç
Liquidierung f • borcun ödenmesi; işletmenin tasfiye edilmesi; tasfiye; varlığın paraya dönüştürülmesi
Liquidität f • likid kaynakları; likidite; nakdi ödeme gücü; seyyaliyet
Liquiditätsgrad m • cari oran; likidite oranı; likiditesi yüksek varlıkların kısa vadeli borçlara oranı; nakit oranı
Liquiditätskennzahl f • cari oran
Liquiditätspräferenz f • likidite tercihi
List f • aldatma; desise; hile; kandırma
Listbild n • rapordaki basılı bilgilerin grafik düzenlemesi
Liste f aufstellen • liste tanzim etmek
Liste f • bordro; cetvel; çizelge; liste; tablo
Liste f der Inkassowechsel pl. m • tahsil senetleri bordrosu
Listenpreis m • katalog fiyatı
listig • hilekar; sahtekar
Literatursprache f • yazın dili
Litotes f • arıksayış
Lizenz f • izin; lisans; marka, patent ve benzeri varlıkları kullanma hakkı; müsaade; permi; ruhsat
Lizenzgebühr f • lisans hakkının kullanılması için ödenen para; lisans harcı; royalty
lizenzieren • lisans vermek
Lizenznehmer m • lisans sahibi
Lizitation f • artırma
Lobby banking • lobi bankacılığı
Lockpreis m • cazip fiyat; cezbedici fiyat
Loco • teslim veya satış yerinde
loco Berlin • Berlin'de teslim edilmek üzere
loco citato • kararlaştırılan yerde
Locogeschäfte pl. n • peşin muameleler
Logbuch n • gemi jurnali; geminin yevmiye defteri

Fachwörterbuch

Logik f • mantık
logisch • mantıki
logische Methode f • mantıklı yöntem
logischer Aufbau m • mantıklı düzenleme
logischer Positivismus m • mantıklı olguculuk
logisches Gedächtnis n • mantıklı bellek
Logopäde m • konuşma özürü uzmanı
Lohn m • gündelik; işçi ücreti; navlun; ücret; yevmiye
Lohn- und Gehaltsabrechnung f • maaş ve ücretlere ilişkin kayıtlar; maaş ve ücretlerin hesaplanması
Lohnabrechnung f • ücret bordrosu; ücret hesaplamaları
Lohnabschläge pl. m • ücretten yapılan kesintiler
Lohnabweichung f • standart işçilik maliyeti ile fiili işçilik maliyeti arasındaki fark
Lohnabzug m • ücretten yapılan kesinti
Lohnabzugsverfahren n • ücret kesintisi işlemi
Lohnanspruch m • ücret alacağı; ücret hakkı
Lohnarbeit f • fason; fasonaj
Lohnauftrag m • fason; fasonaj
Lohnauftrieb m • ücretlerde yükselme eğilimi
Lohnauseinandersetzung f • ücret anlaşmazlığı
Lohnausgleich m • net ücretle hastalık parası arasındaki farkın işverence ödenmesi; ücret ayarlaması; ücret denkleştirmesi
Lohnbewegung f • ücret hareketleri
Lohnbüro n • ücret tahakkuk servisi
lohnen • ödemek
lohnend • karlı; kazançlı; verimli
Lohnforderung f • ücret alacağı; ücret talebi
Lohnfortzahlung f • ücretin devam etmesi
Lohngruppe f • toplu iş sözleşmelerindeki ücret grupları; ücret grubu
lohnintensiv • emek yoğun; yoğun emek
Lohnkosten pl. • işçilik maliyeti
Lohnkostenbudget n • işgücü bütçesi
Lohnliste f • bordro; maaş bordrosu; ücret bordrosu

Lohnnachweis m • ücret karnesi
Lohnnachzahlung f • bakiye ücretin ödenmesi
Lohnnebenleistungen pl. f • yan ödemeler
Lohnniveau n • ücret düzeyi
Lohnpfändung f • maaşın haczi; ücret haczi; ücretin haczi
Lohnrunde f • genel ücret yükselmesi
Lohnsatz m • ücret haddi
Lohnsatzabweichung f • işçilik ücret farkı
Lohnsteuer f • gelir vergisi; kazanç vergisi; ücret vergisi
Lohnsteuerabzug m • ücretten vergi indirimi
Lohnsteuerbescheinigung f • gelir vergisi bildirgesi
Lohnsteuererstattung f • ücret vergisi iadesi
Lohnsteuergesetz n • ücret vergisi kanunu
Lohnsteuerjahresausgleich m • ücret vergisi denkleştirimi
Lohnsteuerkarte f • gelir vergisi kartı; vergi karnesi
Lohnstruktur f • ücret yapısı
Lohntag m • ücret ödeme günü
Lohnverpfändung f • ücret alacağının rehni
Lohnvorschuss m • ücret avansı
Lohnwelle f • ücretlerde yükselme hareketleri
Loi Monory • Monory Yasası
lokal • bölgesel; mahalli
Lokal n • mahal
Lokaladverb n • yer belirteci
Lokalbank f • mahalli banka
lokalisieren • sınırlandırmak; yayılmasına engel
Lokalsprache f • ağız
Lokalverwaltung f • yerel yönetim; mahalli idare
Lokativ m • kalma durumu
Lokogeschäft n • lokal ticaret
Lokomarkt m • mahalli piyasa
Lokopreis m • lokal piyasa fiyatı
Lokution f • düzsöz
Lombard n • rehin
Lombarddarlehen n • karşılıklı avans
Lombardgesellschaft f • lombard muamelesi

Mesleki Terimler Sözlüğü

lombardieren • rehin mukabili kredi vermek
Lombardierung f • avans
Lombardkredit m • lombard kredisi; menkul değer kredisi
Lombardkreditzins m • lombard kredisi faizi
Lombardpfand m • avansa karşılık rehin
Lombardzinssatz m • lombard faiz oranı
London Interbank Bid Rate • Londra bankalararası alış kuru
London Interbank Offered Rate • Londra bankalararası satış kuru
Londoner Seerechtsdeklaration f • Londra Beyannamesi
Loro-Konto n • loro hesap; üçüncü bir tarafın hesabı
Los n • kura; piyango bileti
Losanleihe f • faizsiz tahvil
lose • ambalajsız
Lose-Blatt-Buchführung f • oynar yapraklar üzerinde tutulan muhasebe sistemi
Lose-Blatt-Journal n • oynar yapraklı yevmiye defteri
Lose-Blatt-Ordner m • yardımcı hesap föyü; kalamazo
Loseblattsammlung f • föylerden oluşan yevmiye defteri
Loseware f • döküm halinde ambalajlanmamış yük
loskaufen • para ile kurtulmak
Loskaufsrecht n • fidye
Loskaufsrecht n von der Wehrpflicht f • bedeli nakti
Loskurs m • kura fiyatı
Losung f • günlük hasılat
Lot n • borsada kota alabilmek için asgari şirket sermayesi
Lotse m • klavuz
lotsen • klavuzluk
Lotterie f • piyango; piyango bileti
Lotusfall m • Lotus meselesi
Löhne pl. m • işçilik maliyeti; ücretler
Löhne pl. m und Gehälter pl. n • maaş ve ücretler

löhnen • ücretini ödemek
Löhnung f • ücretlerin ödenmesi
löschen • boşaltmak; gemiyi boşaltmak; itfa etmek; kapatmak; ödemek; söndürmek
Löschende n • boşaltmanın bitmesi
Löschplatz m • boşaltma rıhtımı
Löschung f • boşaltma; depolama ve teslim; kaldırma; karaya çıkarma; silme; terkin
Löschung f der Hypothek f • ipoteğin kaldırılması
Löschung f einer Eintragung f • kaydın terkini; kayıttan düşme
Löschung f einer Schuld f • borcun ödenmesi
Löschungshafen m • boşaltma limanı
Löschungszeit f • boşaltma müddeti; starya
Löschzeit f • boşaltma müddeti
Lösegeld n • fidye; fidyei necat, kurtulma parası; kurtuluş parası
lösen • çözmek; feshetmek; halletmek; kura çekmek; vazgeçmek
Lösen n des Siegelsz n • mühür fekki
Lösungshafen m • yükleme limanı
Luftfahrt f • hava taşımacılığı
Luftfahrzeug n • hava ulaşım aracı; hava nakil vasıtaları
Luftfracht f • hava navlunu; hava yoluyla taşınacak yük
Luftkorridor f • hava koridoru
Luftkrieg m • hava harbi
Luftpolizei f • hava zabıtası
Luftpost f • hava postaları; uçak postası
Luftposteinlieferungsschein m • hava posta makbuzu
Luftraum m • hava sahası
Luftrecht n • hava hukuku
Luftschiff n • hava gemisi
Lufttransport m • hava nakliyatı
Lufttransportbrief m • hava taşıma senedi
Luftverkehr m • hava trafiği; hava ulaştırması
Luftverkehrsrecht n • hava hukuku
Luftversicherung f • hava sigortaları

Fachwörterbuch

Luftwaffe f • hava kuvvetleri
Luftwege pl. m • havayolları
Luxus m • israf; lüks; süs
Luxusgegenstände pl. m • lüks eşyalar
Luxussteuer f • lüks vergisi
Lücke f • aralık; boş derece; boşluk; eksiklik; noksanlık
Lücke f im Gesetz n • kanunda boşluk
lückenlose Prüfung f • tam denetim
Lüge f • bahane; yalan
lügen • kandırmak; yalan söylemek
Lügner m • yalancı

M

machen • yapmak
Machenschaften pl. • entrika
Macher m • sebep olan; tahrik eden; yapan
Macht f • erk; güç; kuvvet; otorite; salahiyet; yetki
Machtbefugnis n • otorite; yekti
Machtbereich m • yetki alanı
Machtgruppe f • baskı grubu
Machthaber f • diktatör; iktidarı elinde bulunduran
mächtig • kudretli; kuvvetli; önemli
machtlos • aciz; kuvvetsiz
Machtlosigkeit f • acizlik; iktidarsızlık; kuvvetsizlik
Machtpolitik f • emperyalizm; sömürgecilik
Machtstellung f • etkili durumda olma; kuvvet ve itibar durumu
Machtvollkommenheit f • tam iktidar
Mädchen n • genç kız; hizmetçi
Mädchenhandel n • beyaz kadın ticareti
Mädchenmittelschule f • kız ortaokulu
Mädchenname m • kadının evlenmeden önceki soyadı; kızlık soyadı
Mäeutik f • doğurtuculuk
Magazin n • ambar; antrepo; ardiye; depo; hangar
Magazinverwalter m • ambar memuru; ambar müdürü
Magisterniveau n • lisans üstü
Magistrat m • belediye; belediye encümeni; şehir idaresi
Mahnbescheid m • ilamsız takip kararı
Mahnbrief m • ihtar mektubu; protesto
mahnen • bildirmek; haber vermek; hatırlatmak; ihtar etmek

Mahnschreiben n • ihtarname
Mahnspesen pl. • ihtar masrafları
Mahnung f • ihtar; protesto
Mahnverfahren n • ilamsız takip usulü; ilamsız takip; ödeme emrinin tebliği
Majorisierung f • fazladan müracaat
Makler m • borsa simsarı; broker; dellal; simsar; tellal
Maklerei f • simsarlık; tellallık
Maklergebühr f • komisyon; komisyonculuk ücreti; kurtaj; simsariye; tellal ücreti
Maklergeschäft n • simsarlık; tellallık
Maklervertrag m • tellallık mukavelesi
managed floating • gözetimli dalgalanma
Management Accounting • muhasebe verilerinin yönetime yardımcı olacak şekilde toplanması ve analiz edilmesi
Management n • sevk ve idare
Manager m • idareci; manajer; yönetici
Mandant m • müvekkil; vekalet veren
Mandat n • vekalet; emir; görevlendirme; manda; talimat; tevkil; vekalet
Mandatar m • temsilci; vekil
Mandatenbuchführung f • müşteriler muhasebesi
Mangel m • ayıp; azlık; eksiklik; fire; kusur; noksan; noksanlık; yetersizlik
Mangel m an Deckung f • hesapta para yoktur; karşılığı yoktur
Mangel m der Form f • şekilde noksanlık
Mangel m der Hauptsache f • esasta kayıp
Mängel pl. m der Eheschliessung f • evlenmede eksiklikler
Mangelanzeige f • maldaki ayıbın ihbarı
Mängelgarantie f • garanti; teminat

551

Mesleki Terimler Sözlüğü

Mangelgewähr f • ayıba karşı sorumluluk
Mangelgewährleistungsklage f • ayıp davası
mangelhaft • ayıplı; kusurlu
Mangellage f • noksanlık
mangeln • eksik olmak
mangelnde Offenlegung f • açıklamama
Mängelrüge f • ayıbın ihbarı; maldaki ayıbın ihbarı
Mangelware f • az bulunan mal; piyasada kıt olan mal
Manifest n • beyanname; manifesto; navlun manifestosu
manifestieren • açıklamak; bildirmek; göstermek; mal beyanında bulunmak
Manipulation f • kayıtları tahrif etme; kötü kullanma; manipulasyon
Manko n • açık; eksiklik; kasa açığı; noksan; zarar
Mankohaftung f • kasa açığından sorumluluk; mal açığından sorumluluk
Mann m • erkek
Mannesgut n • şahsi mallar
Mannschaft f • ekip; grup; takım; tim
Mantel m • anonim şirketin bütün eshamı
Mantelgesetz n • uygulanmasındaki detaylar özel kanunlarla belirlenen geniş kapsamlı kanun
Manteltarif m • toplu iş sözleşmesi
Mantisse f • logaritmanın ondalık kısmı
Marchzins m • ara faiz
Marge f • farklılık; ihtiyat payı; marj
Margenrisiko n • fiyat farklılıkları riski; kur farklılıkları riski
Marginalanalyse f • marjinal analiz
Marinekonnossement n • deniz konşimentosu
Mark f • Alman parası; mark
Marke f • fiş; işaret; marka; posta pulu; pul; tescilli marka; ticari marka
Markenartikel m • belli bir firmanın çıkardığı mal; markalı ürün; tescilli marka
Markenfirma f • tanınmış firma
Markenname m • ticari isim
Markenrecht n • alameti farika hukuku
Markenrechte pl. n • ticari markaya ilişkin yasal haklar
Markenregister n • alameti farika sicili

Markenschutz m • tescilli markanın korunması
Markenzeichen n • alameti farika
Marketing n • pazarlama
markieren • işaret koymak; işaretlemek
markiert • belirtili
Markt m • pazar; piyasa
Markt m der unnotierten Werte pl. m • resmi olmayan piyasa; tezgah üstü piyasa
Marktbeschickung f • piyasaya gelen mallar
Marktbilanz f • net piyasa durumu
Marktenge f • piyasanın darlığı
marktfähig • ciro edilebilir ve devredilebilir; tedavülü mümkün
marktfähiges Wertpapier n • borsada kolaylıkla satılabilen menkul kıymetler
Marktforschung f • piyasa araştırması
Marktgeschäft n • pazar alışverişi
Markthalle f • sebze ve meyva hali
Marktjahr n • piyasa yılı
Marktklima f • piyasa şartları
Marktlage f • piyasa durumu
Marktleistung f • piyasaya yapılan teslimat
Marktordnung f • piyasa yönetmeliği
Marktpflege f • piyasayı destekleme
Marktpreis m • pazar fiyatı; piyasa değeri; piyasa fiyatı; piyasa rayici
Marktspaltung f • piyasanın çözülmesi
Marktuntersuchung f • pazar araştırması
Marktwert m • piyasa değeri; piyasa fiyatı
Marktwirtschaft f • piyasa ekonomisi; piyasa faiz oranı
Marodieren n • çapulculuk
Marxismus m • Marksizm
Maschinen pl. f • makineler
Maschinenbuchführung f • makineli muhasebe; mekanize muhasebe
Maschinenindustrie f • makine sanayii
Maschinenversicherung f • makine sigortası
Maskulinum n • eril
Mass n • birim; nispet; ölçü
Mass- und Gewichtsrecht n • ölçü ve ayar mevzuatı
Masse f • iflas masası; kütle; kütle yığın; madde; mal varlığı

Fachwörterbuch

Masseforderungen pl. f • iflas masası alacakları
Massegläubiger m • iflas masasından imtiyazlı alacaklı
Masseinheit f • ayar; ölçü birimi
Massenankauf m • döküm olarak satın alma
Massenbildung f • kitle eğitimi
Masseneinkommen n • kütlelerin gelirleri
Massenentlassung f • toplu işten çıkarma
Massengut n • dökme kargo
Massengutschiff n • dökme mal taşıyan gemi
Massengüter pl. n • çok miktarda üretilen mallar; dökme mal
Massenkauf m • toptan satın alma
Massenkaufkraft f • halkın satın alma gücü
Massenkonsum m • genel tüketim
Massenmedien pl. n • kitle iletişim araçları
Massenmord m • katliam; toplu kıyım
Massennahrungsmittel pl. • dökme gıda maddeleri
Massenproduktion f • kitle üretimi
Massenpsychologie f • kütle psikolojisi
Massenstreik m • toplu grev
Masseschulden pl. • iflas masası borçları
Masseschuldner m • iflas masasına borçlu olan
Masseverwalter m • iflas masası başkanı
Massgabe f • nispet; ölçü; oran
massgebend • emsal; esas olan; yetkili
massgebendes Urteil n • emsal karar
Massierung f • yoğunlaşma; yığılma
mässig • vasat; ılımlı
mässigen • azaltmak; indirgemek
Mässigung f • azaltma; indirgeme
Massnahme f • önlem; tedbir
Massnahmen pl. f ergreifen • önlem almak
Massnahmen pl. f treffen • tedbir almak
Massregel f • direktif; kural; önlem; tedbir
massregeln • disiplin cezası vermek
Massstab m • cetvel; mikyas; ölçek; ölçü
Material n • ispat vesikası; madde; materyal; yazılı belge
Materialabfluss m • madde akışı; madde balansı

Materialaufbaubogen m • malzeme nitelik ve nicelik şartnamesi
Materialbezugsschein m • malzeme verme belgesi
Materialentnahmeschein m • malzeme verme belgesi
Materialismus m • maddecilik; materyalizm
materialistische Epistomologie f • özdekçi bilgi kuramı
Materialkosten pl. • malzeme maliyeti; malzeme masrafları
Materiallager n • malzeme deposu; levazım anbarı
Materialliste f • malzeme döküm listesi; malzeme listesi
Materialpreisabweichung f • malzeme fiyat farkı; malzeme fiyat sapması
Materialverbrauch m • malzeme tüketimi
Materialverbrauchsabweichung f • malzeme kullanım farkı
Materialwaren pl. f • bakkaliye eşyası; bakkaliye malı
materiell • maddi; somut
materielle Buchprüfung f • fiziki denetim; maddi denetim
materielle Rechtskraft f • kesin hüküm; maddi kaziyyei muhakeme
materielle Ursache f • maddi sebep
materielles Recht n • maddi hukuk
Matesreceipt n • ordino
Mathematik f • matematik
mathematische Reserven pl. f • riyazi ihtiyatlar
Matriarchat n • maderşahilik
Matrixbilanz f • hesapların satır ve sütunlarda gösterildiği çalışma tablosu
Matrix-Buchhaltung f • matris tekniği ile kayıt tutma
Matrixsatz m • anatümce
Matrose m • tayfa
Maturant m • lise mezunu
Maximalhypothek f • maksimum ipotek
Maximum n • azami had; maksimum
Mechanik f • mekanik
mechanisch • mekanik
mechanisch hergestellte Unterschrift f • mühür
mechanische Eignung f • mekanik anıklık

553

Mesleki Terimler Sözlüğü

mechanische Fähigkeit f • mekanik yetenek
mechanische Intelligenz f • mekanik zeka
mechanisches Lesen n • mekanik okuma
Mechanisierung f • mekanizasyon
Mechanismus m • mekanikçilik
Median m • medyan; serinin ortasındaki değer
Medianwert m • ortanca
Medikament n • ilaç
Medio m • yılın veya başka bir devrenin, ortası
Medioliquidation f • onbeş günde bir hesap tasfiyesi
Medizin f • tıp
medizinisch • tıbbi
medizinische Fakultät f • tıp fakültesi
Meer n • deniz
Meerenge f • deniz boğazı
Meerengen pl. f • boğazlar
Meerengenstatut n • boğazlar rejimi
mehr • daha çok; daha fazla
Mehranfall m • üretimde artış
Mehrarbeit f • fazla mesai
Mehrarbeitsvergütung f • fazla mesai ücreti
Mehrarbeitszuschlag m • fazla mesai ücreti
Mehraufwand m • ilave masraf
Mehrausgabe f • ek harcama
Mehrbelastung f • ek maliyet; surşarj
Mehrbeschäftigung f • yüksek istihdam seviyesi
Mehrbetrag m • üste
mehrdeutig • çokanlamlı
mehrdeutig • açıkça olmayan
Mehrdeutigkeit f • çokanlamlılık
Mehreinnahme f • gelirlerde fazlalık
Mehrexport m • ek ihracat; ihracatta artış
mehrfach • mükerrer
Mehrfachbeschäftigung f • birden fazla işyerinde çalışma
mehrfache Versicherung f • kısmi sigorta; müşterek sigorta
Mehrförderung f • üretimde fazlalık
Mehrheit f • çoğunluk; çokluk; ekseriyet
Mehrheitsanteil m • çoğunluk çıkarları
Mehrheitsbeschluss m • çoğunluk kararı
Mehrheitsbeteiligung f • kontrol hissesi

Mehrheitsprinzip n • çoğunluk prensibi; ekseriyet prensibi
Mehrheitswahlrecht n • oyların çoğunu alanın seçilme hakkı
Mehrleistung f • ek verim; ek yardım
Mehrschichtenbetrieb m • vardiyalı çalışma
mehrseitig • çok taraflı
mehrseitiger Vertrag m • çok taraflı akit
Mehrversicherung f • malı değerinden fazlaya sigorta ettirme
Mehrwert m • artık değer; eklenmiş değer; katkı; katma değer
Mehrwertsteuer f • katma değer vergisi
meiden • çekinmek; sakınmak
Meile f • mil
Meineid m • yalan yere yemin
Meineidiger m • yalan yere yemin eden
meinen • fikrinde olmak; tasarlamak; zannetmek
Meinung f • düşünce; fikir; görüş
Meinungsaustausch m • fikir alışverişi
Meinungsforschung f • kamuoyu yoklaması
Meinungsfreiheit f • fikir hürriyeti
Meinungsverschiedenheit f • fikir ayrılığı
Meistbegünstigungsklausel f • en ziyade mazharı müsaade devlet şartı; en ziyade müsaade şartı
Meistbietender m • açık artırmada en yüksek veren; en çok veren
meistens • ekseriyetle; umumiyetle
Meister m • ustabaşı
Meistergrad m • usta seviyesi
Meistgebot n • açık artırmada en yüksek teklif
Meldeamt n • kayıt ve bildirim dairesi
Meldebogen m • bildirim formu
Meldefrist f • haber verme müddeti
melden • bildirmek; ihbar etmek
Meldepflicht f • adres değişikliğini bildirme zorunluluğu
meldepflichtig • ihbarı gerekli
meldepflichtige Krankheit f • ihbarı zorunlu olan bulaşıcı hastalık
Meldestelle f • bildirim dairesi; müracaat bürosu
Meldewesen n • bildirme işlem

Fachwörterbuch

Meldung f • bildirme; bilgi verme; haber verme; ihbar etme
Meldung f über Nichtakzeptieren n • ademi kabul
Meldung f über Nichtakzeptierung f • kabul etmeme ihbarı
Meldung f über Nichtzahlung f • ademi tediye; ödememe ihbarı
Melioration f • toprağın ıslahı
meliorativ • yükseltici
Melodie f • ezgi
Memorandum n • memorandum; muhtıra
Memorial n • yevmiye defteri
Mendant m • kasadar
Menge f • çokluk; miktar; parti; sayı
Mengenabsatz m • miktar üzerinden satış; satış miktarı
Mengenabschreibung f • üretim birimine göre amortisman yöntemi
Mengenabweichung f • miktar farkı
Mengenbescheinigung f • miktar belgesi
Mengenbonus m • miktar iskontosu
Mengen-Budget n • fiziki miktarları gösteren bütçe
Mengengerüst n • madde akışı; madde balansı
Mengenkontrolle f • miktar kontrolü
mengenmässig • nicel; sayısal
Mengennotierung f • serten
Mengenrabatt m • büyük miktardaki alımlarda yapılan iskonto; miktar iskontosu
Menschenhandel m • insan ticareti
Menschenpotential n • insangücü
Menschenraub m • adam kaldırma
Menschenrechte pl. n • insan hakları
Menschenwürde f • insan haysiyeti
menschlich • insanca; insani
Mentalismus m • anlıkçılık
Mentalität f • anlayış; düşünce şekli; zihniyet
Mentalreservation f • zihni takyit
merkantil • ticaretle ilgili; ticari
Merkantilbank f • tacir banka
Merkblatt n • açıklamalar sayfası; not; not pusulası; pusula

merken • dikkat etmek; farkına varmak; not almak
Merkmal n • belirti; alamet; işaret; özellik; unsur; vasıf
merkmallos • belirtisiz
merkmaltragend • belirtili
Merkwürdigkeit f • fevkaladelik
messbar • ölçülebilir
Messbrief m • ölçü belgesi
Messe f • panayır
messen • ölçmek
Messung f • ölçme; ölçüm
Messungsverfahren n • ölçme işlemi
Metageschäft n • kar ve zararın bölüşüldüğü bir iş; kar ve zararın paylaşılması
Metalepse f • öteleme
Metall n • maden; metal
Metallarbeiter m • metal işkolunda çalışan işçi
Metallgeld n • madeni para; meskukat
Metallindustrie f • metal endüstrisi; metal sanayii
Metallprobe f • ayar bulma
Metapher f • eğretileme
metaphorisch • eğretilemeli
Metaphysik f • metafizik
Metapsychologie f • deneyüstü ruhbilim
Metasprache f • üstdil
metasprachliche Funktion f • üstdil işlevi
Metathese f • göçüşme
Meter n/m • metre
Methode f • usul; yöntem
Methodenlehre f • yöntembilim
Methodologie f • yöntembilim
Metist m • kar ve zararın bölüşüldüğü işi yapan
Metonymie f • düzdeğişmece
metonymisch • düzdeğişmeceli
Metrik f • ölçübilim
Metrum n • ölçü
Meuterei f • askeri fesat; ayaklanma; başkaldırma
Meuterer m • asi
meutern • ayaklanmak; başkaldırmak
Mietbesitz m • kira ilişkisi
Miete f • adi icar; adi kira; ev kirası; hasılat kirası; kira; kira bedeli; kira sözleşmesi; kiralama
mieten • kiralamak

Mesleki Terimler Sözlüğü

Mieter m • kiracı
Mieterschutz m • kira kontrolü; kiracıyı koruma
Mieterschutzgesetz n • kıracıları koruma kanunu
Mietertrag m • kira geliri
mietfrei • kira ödemeden; kirasız
Mietkauf m • alıcının mala belli bir kira süresi uyguladıktan sonra sahip olması; taksitle satın alma
Mietkontrakt m • kira kontratı
Mietnebenkosten pl. • kira dışı giderler
Mietpreis m • kira bedeli
Mietpreiskontrolle f • kira fiyatlarının kontrolü
Mietregelung f • kira üzerinde anlaşma
Mietsache f • kira konusu; kiralanan şey; mecur
Mietsaufkommen n • kira geliri defteri
Mietskosten pl. • kira gideri
Mietsteigerung f • kira artırımı
Mietstreitigkeiten pl. f • kira anlaşmazlıkları
Mietverhältnis n • kira ilişkisi
Mietvertrag m • kira mukavelesi
Mietvertrag m auf Lebenszeit f • ömür boyu kiralama akdi
Mietwert m • kira değeri
Mietzeit f • kira süresi
Mietzins m • kira bedeli
Mietzuschuss m • mesken zammı
Mikrofilm m • mikrofilm
Mikrokarte f • mikrokart
Milchwirtschaft f • sütçülük
mild • hafif; yumuşak; boğuk
mildern • azaltmak; tenzil etmek; yumuşatmak
mildernde Umstände pl. m • cezayı hafifletici sebepler; hafifletici sebepler
Milderung f des Schadenersatzes m • tazminatın hafifletilmesi
Milderungsgrund m • hafifletici sebep
Milieu n • çevre; ortam
Milieutheorie f • çevre kuramı
Militär n • silahlı kuvvetler
Militär-Ausbildung f • askerlik eğitimi
Militärbezirk m • askerlik dairesi
Militärdelikt n • askeri suç
Militärdienst m • askerlik hizmeti

Militärgefängnis n • askeri cezaevi
Militärgericht n • askeri mahkeme
Militärgerichtsbarkeit f • askeri yargı
Militärgesetze pl. n • askeri kanunlar
Militärgymnasium n • askeri lise
militärisch • askeri
militärische Anlagen pl. f • askeri tesisler
militärische Dienstpflicht f • askerlik mükellefiyeti; askerlik yükümlülüğü
militärische Straftaten pl. f • askeri suçlar
militärischer Rang m • rütbe
militärisches Geheimnis n • askeri sır
militärisches Verbrechen n • askeri suç
Militärjustiz f • askerlik adliyesi
Militärjustizbeamter m • askeri adli hakim
Militärkassationshof m • askeri temyiz mahkemesi
Militärperson f • askeri şahıs
Militärpflicht f • askerlik yükümlülüğü
Militär-Psychologie f • askerlik ruhbilimi
Militär-Schule f • askeri okul
Militärstrafgesetzbuch n • askeri ceza kanunu
Militärstrafprozessrecht n • askeri ceza usulü hukuku
Militärstrafrecht n • askeri ceza hukuku
Militärverwaltungsrecht n • askeri idare hukuku
Militärwache f • askeri karakol
Militärzeit f • askerlik süresi
Militärzone f • askeri bölge; askeri mıntıka; memnu mıntıka; yasak bölge
Milliarde f • milyar
Million f • milyon
Minderausgabe f • masrafların azaltılması
Minderneinnahme f • gelir açığı
Minderheit f • azınlık; azınlık grubu; ekalliyet
Minderheitenrecht n • azınlık çıkarları; azınlık hissesi; azınlıklar hukuku
Minderheitsanteile pl. m • azınlık çıkarları
Minderheitsbeteiligung f • azınlık çıkarları; azınlık hissesi
Minderheitsinteresse n • azınlık çıkarları; azınlık hissesi

Minderheitsrechte pl. n • akalliyetler hakları; akalliyetler hukuku; azınlık hakları
minderjährig • ergin olmayan; reşit olmayan
Minderjähriger m • küçük; reşit olmayan; reşit olmayan kişi
Minderjährigkeit f • reşit olmama
Minderkaufmann m • kücük tacir; küçük tüccar
mindern • eksiltmek; indirmek
Minderung f • azaltma; değerini düşürme; tenzilat
Minderungsklage f • ayıp davası
Minderwert m • asgari değer; değerin azalması; değerin azaltılması
minderwertig • aşağı değerde; kalitesiz
Mindestarbeitsbedingungen pl. f • çalışma şartlarının alt sınırı
Mindestbeitrag m • asgari prim; en düşük aidat; asgari meblağ
Mindesteinkommen n • asgari gelir
Mindesteinlage f • asgari depozito
Mindesteinlagensoll n • gerekli asgari depozito
Mindestgehalt n • asgari ücret
Mindestkosten pl. • asgari maliyet; en düşük maliyet
Mindestlohn m • asgari ücret
Mindestlohnsatz m • asgari ücret haddi
Mindestpreis m • asgari fiyat; reserv fiyatı
Mindestreserven pl. f • mevduat munzam karşılıkları
Mindestsatz m • asgari oran; en düşük oran
Mindestzahl f • gerekli olan en az sayı
Mindestzahl f der Mitglieder pl. n • asgari üye sayısı
Mindestzahl f zur Beschlussfassung f • nisap; yetersayı
Minimallohn m • asgari ücret
Minimalpaar n • en küçük çift
Minimalpreis m • en düşük fiyat
Minimum Lending Rate • asgari ödünç verme oranı
Minimum n • asgari miktar; en düşük miktar
Minister m • bakan; vekil
Minister m des Inneren n • içişleri bakanı

ministerial • bakanlıkça
Ministerialerlass m • kararname
Ministerialrat m • bakanlık müşaviri
ministerielle Anweisung f • yazılı emir
Ministerium n • bakanlık; vekalet
Ministerium n der Öffentlichen Arbeiten pl. f • Nafia Vekaleti
Ministerium n des Inneren n • İçişleri Bakanlığı
Ministerium n für Arbeit f und Sozialordnung f • Çalışma ve Sosyal Güvenlik Bakanlığı
Ministerium n für Auswärtige Angelegenheiten pl. f • Dışişleri Bakanlığı
Ministerium n für(Finanzen pl. f • Maliye Bakanlığı
Ministerium n für Gesundheit f und soziale Fürsorge f • Sağlık ve Sosyal Yardım Bakanlığı; Sıhhat ve İçtimai Muavenet Vekaleti
Ministerium n für nationale Bildung f • Milli Eğitim Bakanlığı
Ministerium n für Nationale Erziehung f • Milli Eğitim Bakanlığı
Ministerium n für nationale Verteidigung f • Milli Müdafaa Vekaleti; Milli Savunma Bakanlığı
Ministerium n für wirtschaftliche Zusammenarbeit f • Ekonomik İşbirliği Bakanlığı
Ministerium n für Zölle pl. m und Monopole pl. n • Gümrük ve Tekel Bakanlığı; Gümrük ve İnhisarlar Vekaleti
Ministerpräsident m • başbakan
Ministerpräsidium n • başbakanlık; başvekalet
Ministerrat m • Bakanlar Kurulu; icra vekilleri heyeti
Ministerratsbeschluss m • bakanlar kurulu kararı; kararname
Ministerresident m • mukim elçi
Minorität f • azınlık; azınlık grubu; ekalliyet; azınlıklar hukuku
Minoritätenrechte pl. n • akalliyetler hukuku
minus • eksi
Minus n • açık; eksik; noksan
Mischgeldsystem n • karışık para sistemi
Mischkredit m • karışık kredi

Mesleki Terimler Sözlüğü

Mischpreis m • ortalama fiyat
Mischsprache f • karma dil
Missbrauch m • haksız kullanma; kötüye kullanma; suiistimal
Missbrauch m der Amtsgewalt f • memuriyet ve mevki nüfuzunu suiistimal; selahiyet tecavüzü; yetkiyi suiistimal
Missbrauch m der elterlichen Gewalt f • velayet hakkının kötüye kullanılması
missbrauchen • kötüye kullanmak; suiistimal etmek
missbräuchliche Verwendung f • haksız kullanma
missdeuten • kasten yanlış yorumlamak
Missetat f • suç
Missetäter m • suçlu
misshandeln • kötü muamele etmek
Misshandlung f • fena muamele; kötü muamele; müessir fiil
Misshandlung f und Ehrenkränkung f • pek fena muamele
Misstrauen n • güvensizlik; itimatsızlık
Misstrauensantrag m • güvensizlik önergesi
Misstrauensvotum n • ademi itimat; güvensizlik; hükümete verilen güvensizlik oyu
Missverhältnis n • dengesizlik; eşitsizlik
mit Absicht • kasıtlı
mit anderen Worten pl. n • başka bir deyimle
mit Arrest m belegen • ihtiyati haciz koymak
mit Beschlag m belegen • müsadere etmek; haciz koymak; haczetmek
mit Bodmerei f belasten • deniz ödüncü mukavelesi akdetmek
mit Rückgriff m • rücu hakkı saklı olarak
mit Schulden pl. f belasten • borç yüklemek; borca sokmak
mit Strafe f belegen • cezaya çarptırmak
mit theoretischem Schwerpunkt m • teori ağırlıklı
mit Überlegung f • taammüden
Mitarbeit f • işbirliği
Mitarbeiter m • iş arkadaşı
Mitarbeiteraktien pl. f • şirket personeline dağıtılan hisse senetleri
Mitbenutzungsrecht n • birlikte kullanma hakkı

Mitberechtigter m • ortak müteneffii
Mitbesitz m • müşterek sahiplik; zilyetlikte ortaklık; müşterek zilyetlik
mitbesitzen • müştereken sahip olmak
Mitbesitzer m • müşterek sahip; müşterek zilyed; karara katılma
Mitbestimmung f • kararda söz sahibi olma; oy sahibi olma
Mitbestimmungsgesetz n • işçilerin işyeri yönetiminde söz sahibi olma hakkı
Mitbestimmungsrecht n • birlikte oy kullanma hakkı
Mitbeteiligter m • hissedar; ortak; şerik
Mitbewohner m • birlikte ikamet eden
Mitbürge m • birlikte kefil; müteselsil kefil
Mitbürger m • hemşeri; vatandaş
Mitbürgschaft f • müşterek kefalet
Miteigentum n • müşterek mülkiyet; ortak mülkiyet
Miteigentumsgemeinschaft f nach Bruchteilen pl. m • şuyu hali
Miteigentümer m • müşterek malik
Miterbe m • mirasta ortak; müşterek mirasçı
Miterbschaft f • iştirak halinde mülkiyet
mitfinanzieren • finansmana katılmak
Mitgift f • çeyiz; cihaz
Mitgläubiger m • müşterek alacaklı
Mitglied n • aza; ortak; üye; şerik
Mitglied n der bewaffneten Macht f • muharip
Mitglied n des Staatsrates m • danıştay üyesi
Mitgliederversammlung f • genel kurul; genel kurul toplantısı; umumi heyet
Mitgliederzahl f • üye sayısı
Mitgliedsbeitrag m • aidat; üye aidatı
Mitgliedschaft f • azalık; üyelik
Mitgliedsstaat m • üye devlet
mithaften • taahhüde iştirak etmek
Mithaftung f • ortak taahhüt
Mitinhaber m • birlikte ortak; müşterek ortak; müşterek sahip; ortak
Mitinhaberschaft f • ortaklık
Mitkläger m • müşterek davacı
Mitreeder m • müşterek donatan
Mitschreiben n • not tutma

Fachwörterbuch

Mitschuld f • müşterek borç; müşterek kusur; suç ortaklığı
mitschuldig • suç ortaklığı olan
Mitschuldiger m • suç ortağı
Mitschuldner m • müşterek borçlu
Mitspracherecht n haben • söz sahibi olmak
Mittäter m • hemfiil; müşterek fail; suç ortağı; şerik
Mittäterschaft f • suç ortaklığı
Mitte f • ara; orta
mitteilen • bildirmek; ihbar etmek; tebliğ etmek
Mitteilung f • bildiri; bildirim; haber; ihbar; tebliğ
Mitteilungsblatt n • tebliğler dergisi
Mitteilungspflicht f • haber verme zorunluluğu; ihbar külfeti; ihbar mecburiyeti
mittel • orta; vasat
Mittel n • araç; çare; orta
Mittel pl. n • finansal kaynak; fon; fonlar; gelir kaynakları; kaynaklar; mali imkan; paralar; sermayeler; vasıta
Mittelansammlung f • fonların yığılması
mittelbar • dolaylı; vasıtalı
mittelbare Täterschaft f • teşvik üzerine suç işleme
mittelbarer Besitz m • dolaylı zilyetlik; dolayısıyla zilyetlik
Mittelbeschaffung f • ödünç alma
Mittelbetrieb m • orta büyüklükte işletme
Mittelbewegungsbilanz f • finansal durumdaki değişmeler tablosu; fonların akış tablosu
Mittelbilanz f • nakit akımı
Mitteleinsatz m • fonların kullanılması
Mittelfluss m • nakit akımı
mittelfristig • orta süreli; orta vadeli
mittelfristige Verbindlichkeit f • orta vadeli borç
mittelfristiger Kredit m • orta vadeli kredi
Mittelkurs m • ortalama kur
Mittelschule f • ortaokul
Mittelschule f • ortaokul
Mittelsmann m • aracı
Mittelsperson f • arabulucu; aracı; mutavassıt
Mittelstand m • orta sınıf; orta tabaka
Mittelstufe f • orta kademe
Mittelüberlassung f • istikraz; ödünç verme
Mittelverwendung f • fonları kullanım
Mittelwert m • ortalama değer
Mittelwohnung f • orta büyüklükte ev
Mittler m • arabulucu; mutavassıt
mittlerer • orta; ortalama
mittlerer Verfall m • ortalama vade tarihi
Mittlertätigkeit f • aracılık rolü
mitunterschreiben • birlikte imzalamak
Mitunterschrift f • ikinci imza
mitverantwortlich • birlikte sorumlu; müşterek mesul
Mitverantwortung f • birlikte sorumluluk; müşterek mesuliyet
Mitverbrecher m • müşterek fail; müşterek suçlu
Mitverpflichteter m • müşterek borçlu
Mitverschulden n • karşı kusur; müşterek kusur
Mitversicherung f • müşterek sigorta; birlikte sigorta olma; ortak sigorta
Mitvormund m • ikinci vasi
mitwirken • birlikte uğraş vermek; işbirliği yapmak
Mitwirkender m • işbirliği yapan; iştirak eden
mobil • aktif; hareketli
mobil machen • seferberlik ilan etmek
Mobilbank f • yürüyen banka
mobile Ausbildung f • gezici eğitim
mobile Ausbildung f • taşımalı eğitim
Mobiliar n • ev eşyası
Mobiliar n eines Unternehmens n • eklenti; teferruat
Mobiliarhypothek f • menkul kıymet rehni
Mobiliarklage f • menkul davası
Mobiliarkredit m • menkul mal mukabilinde kredi
Mobiliarvermögen n • menkul mallar; taşınabilir mallar
Mobilien pl. f • kişisel mülk; menkul mal; menkul mallar; menkuller; taşınır mal; taşınır mallar; taşınır menkuller; taşınır varlıklar
Mobilienkonto n • demirbaş eşya hesabı

Mesleki Terimler Sözlüğü

Mobilienportefeuille n • menkul değerler cüzdanı; menkul kıymetler portföyü
mobilisieren • seferber hale getirmek; seferberlik ilan etmek
Mobilisierung f • seferberlik
Mobilmachung f • savaş hali; seferberlik
modal • kipsel
Modaladverb n • niteleme belirteci
Modalisator • kipselleştirici
Modalisierung f • kipselleştirme
Modalität f • kiplik; tarz; usul
Modell n • örnekçe
Modell n • faydalı model
moderne Erziehung f • çağdaş eğitim
moderne Schule f • çağdaş okul
Modifikation f • azaltma; değiştirme; sınırlama
Modifikator m • değiştirici
modifizieren • azaltmak; değiştirmek; sınırlamak; tadil etmek
Modifizierung f • değişiklik; değişme
Modul n • modül
modular • eklemeli; modüler
Modus m • kip; tepedeğer
Modus m Vivendi • muvakkat anlaşma
Molkerei f • süthane
Molkereiabgabepreis m • süt mamullerinin süthanede satış fiyatı
Molkereibetrieb m • sütçülük
Moment n • eleman; etken; iddia; illet; sebep
Monarchie f • monarşi
monatlich • ayda; aylık
monatliches Einkommen n • aylık gelir
Monatsabschnitt m • aylık dönem
Monatsende n • ay sonu
Monatsfrist f • aylık süre
Monatsgeld n • aylık ücret
Monatskompensation f • aylık tesviye
Monatslohn m • aylık ücret
Monatsultimo n • ayın son günü
Monatsverdienst m • aylık kazanç
Monattonnen pl. f • ay başına ton olarak
Monem n • anlambirim
monetär • moneter; para ile ilgili; parasal
monetäre Basis f • parasal taban
monetäre Vermögen pl. n • parasal varlıklar

Monetarismus m • monetarizm; parasalcılık
monetisieren • paraya çevirmek
Money Market Fund • Para Piyasası Fonu
monieren • tekid etmek
Monokultur m • tek ürün üzerinde çiftçilik
Monolingualismus m • tekdillilik
Monometallismus m • monometalizm; tek maden sistemi
Monopol n • inhisar; monopol; tekel
monopolisieren • tekel altına almak; tekelleştirmek
Monopolprodukte pl. n • inhisar maddeleri; tekel maddeleri
Monopthongierung f • tekünlüleşme
Monosemie f • tekanlamlılık
monosemisch • tekanlamlı
Monroedoktrin f • Monroe kaidesi
Montagefirma f • montaj firması
Montanbereich m • demir ve çelik sanayileri; kömür sahası
Montangemeinschaft f • Kömür ve Çelik Birliği
Montangesellschaft f • demir ve çelik şirketi; kömür işletmesi
Montanindustrie f • demir ve çelik sanayii; kömür sanayi
Montanländer pl. n • Avrupa Kömür ve Çelik Birliği'ne üye ülkeler
Montanunion f • Avrupa Kömür ve Çelik Birliği
Montanwerte pl. m • kömür demir ve çelik hisseleri
Montessori-Methode f • Montessori yöntemi
montieren • monte etmek; teçhiz etmek
Monument n • abide; anıt
Moral f • ahlak; ahlak bilimi; maneviyat
moralisch • ahlaki; manevi
moralische Erziehung f • içgücü eğitimi
moralische Reife f • ahlâk olgunluğu
moralischer Zwang m • manevi cebir; manevi zorlama
Moralismus m • ahlâkcılık
Moralist m • ahlâkçı
Moralprinzip n • ahlak prensibi
Moralregel f • ahlak kaidesi

Fachwörterbuch

Moratorium n • borçların kanunla ertelenmesi; borcun tehiri; gecikme; moratoryum
Mord m • adam öldürme; cinayet
Mord m begehen • cinayet işlemek
Mordabsicht f • cinayet kastı
Mordanschlag m • hayata kastetme; suikast
morden • adam öldürmek; cinayet işlemek
Mordkommission f • cinayet masası
Mordtat f • adam öldürme; cinayet
Mordversuch m • cinayete teşebbüs
More f • seslemaltı
Morph n • biçim
Morphem n • biçimbirim
Morphologie f • biçimbilgisi; biçimbilim; yapıbilgisi
morphologisch • biçimbilimsel
Morphophonemik f • biçimbilimsel sesbilim
Morphophonologie f • biçimbilimsel sesbilim
Mosaiktest m • mozaik testi
Motiv n • güdü; gerekçe; mucip sebep; saik
Motivation f • güdülenme
motivieren • gerekçe göstermek; sebep göstermek
Motivieren n • güdüleme
motivierend • özendirici
motiviert • nedenli
Motiviertheit f • nedenlilik
Motivierung f • gerekçe gösterme; sebep gösterme
Motivirrtum m • saikte hata
Motorik f • devinsel etkinlik
motorische Entwicklung f • devinsel gelişim
motorische Fertigkeit f • devinsel yetenek
motorisieren • motorize etmek
Mouillierung f • damaksıllaşma; damaksıllaştırma
Möbel pl. n • döşeme; mefruşat; mobilya
möglich • kabil; mümkün
Möglichkeit f • ihtimal; imkan
Mörder m • adam öldüren; cani
multilaterale Opposition f • çokyanlı karşıtlık
Multilateralismus m • çok taraflılık; multilateralizm
Multilateralität f • çok taraflılık
Multilingualismus m • çokdillilik
multimodaler Transport m • birden fazla taşıyıcı ile yapılan nakliye
multinationale Bank f • çok uluslu banka
Mundart f • ağız
Mundhöhle f • ağız boşluğu
Mundraub m • az miktarda tüketim malı hırsızlığı
Mundraum m • ağız boşluğu
Museum n • müze
Musik f • müzik
musikalisches Gedächtnis n • müzik belleği
Musikologie f • müzikbilim
Musiktherapie f • müzikle iyileştirme
Musikwissenschaft f • müzikbilim
musisch interessiert • sanata yönelmiş
musische Erziehung f • sanatsal eğitim
Muslim m • Müslüman
Muster n • numune; numune; örnek
Musterbetrieb m • numune işletmesi; örnek işletme
Musterbuch n • model dergisi
mustern • muayene etmek; teftiş etmek; yoklamak
Musterprojekt n • örnek uygulama
Musterprozess m • deneme davası; emsal dava; kazai içtihat
Mustersammlung f • numune kolleksiyonu
Musterung f • deneme; muayene; seçme
Musterwirtschaft f • örnek çiftlik
Mut m • cesaret
mutmassen • ihtimal vermek; tahmin emek
mutmasslicher Beweis m • karine kuvvetindeki delil
Mutmassung f • ihtimal; tahmin
Mutter f • anne
Muttergesellschaft f • ana şirket; holding şirketi
Muttergesellschaftsrechnungswesen n • ana şirket muhasebesi
Mutterland n • anavatan
Mutterrecht n • maderşahilik
Mutterschaft f • analık

Mesleki Terimler Sözlüğü

Mutterschaftsgeld n • analık parası; doğum yardımı
Mutterschaftshilfe f • hamilelik ve doğumdan sonra yapılan yardımlar
Mutterschaftsversicherung f • analık sigortası
Mutterschutz m • çalışma hayatında hamile kadının korunması
Mutterschutzgesetz n • Analığın Korunması Kanunu
Muttersprache f • anadili
Mutual Savings Bank • Tasarruf Yardımlaşma Bankası
Mutung f • maden imtiyazı istemi
Mutwille m • maksat; niyet; bilerek; maksatlı
mutwilligerweise • bilerek; kasten
Mühe f • çaba; emek; gayret; külfet
mühelos • emeksiz; kolay; zahmetsiz
mühen • zahmet vermek
mühevoll • eziyetli; zahmetli; zor
Mühewaltung f • yardım; zahmet
mühsam • yorucu; zahmetli
Müllabgabe f • tanzifat vergisi
Mündel n • kısıtlı; mahcur; vesayet altına alınan
Mündelgelder pl. n • vesayet altında bulunanların paraları; vesayet altındaki kimsenin paraları
mündelsicher • kuvvetli teminatlı
Mündelsicherheit f • vesayet altındaki kişiye ait varlıkların emniyete alınması
Mündelstand m • kaasırlık; vesayet altında olma
mündig • ergin; reşit
Mündiger m • reşit
Mündigkeit f • erginlik; rüşt
Mündigkeit f kraft Richterspruch m • kazai rüşt
Mündigkeitserklärung f • kazai rüşt; yargısal erginlik
mündlich • sözlü; şifahi
mündliche Prüfung f • sözlü yoklama
mündliche Vereinbarung f • sözlü anlaşma
mündliche Verhandlung f • duruşma; mürafaa
mündliches Examen n • sözlü sınav
mündliches Verfahren n • sözlü muhakeme usulü; şifahi muhakeme usulü
Mündlichkeitsprinzip n • duruşmanın sözlü yapılması prensibi
Münze f • madeni para; para; sikke
Münzfälscher m • kalpazan
Münzfälschung f • kalpazanlık
Münzgeld n • madeni para; meskukat
Münzmonopol n • madeni para çıkarma tekeli
Münzparität f • darphane paritesi
Münzprägung f • sikke
Münzprüfer m • ayar memuru
Münzrecht n • para basma yetkisi
Münzstätte f • darphane
Münzstempel m • sikke
Münzunion f • para birliği
Münzverbrechen n • devletin itibarı malisini ihlal
Münzvergehen n • devletin itibarı malisini ihlal
Münzwert m • madeni paranın altın ayarı; madeni paranın gümüş ayarı
Mytilene n • Midilli

Fachwörterbuch

N

nach • ardı sıra; göre; nazaran; sonra
nach dem Wert m • değere göre; kıymet üzerinden
nach geltendem Recht n • yürürlükteki kanunlara göre
nach Recht und Billigkeit • kanun ve vicdana uygun olarak
nach türkischem Recht n • Türk mevzuatına göre
nachaddieren • toplamayı kontrol etmek
Nacharbeiten n • finisaj; son işlem
Nachbar m • komşu
Nachbarrecht n • komşuluk hakkı
Nachbarschaft f • komşuluk
Nachbarstaat m • komşu ülke
Nachbestellung f • yeniden sipariş etme
Nachbewilligung f • ek ödeneğin kabulü
nachbezahlen • borç bakiyesini ödemek
Nachbörse f • borsa kapanışından sonraki işlemler; serbest esham muameleleri
Nachbörsekurs m • borsa sonrası piyasa fiyatı
Nachbuchung f • gecikmiş kayıt; sonradan kayda geçme
Nachbürge m • kefile kefil
Nachdeckungspflicht f • ek teminat verme yükümlülüğü
Nacherbe m • mirasçı adayı; namzet; namzet mirasçı
Nacherbeneinsetzung m • fevkalade ikame
Nachfinanzierung f • ek mali yardım
Nachfolge f • ardıllık; halefiyet
nachfolgen • halef olmak; yerine geçmek
Nachfolger m • ardıl; halef
Nachfolger m bestimmen • halef tayin etmek
Nachfolger m designieren • görevi devralacak kişiyi belirlemek
nachforschen • araştırmak
Nachfrage f • araştırma; soruşturma; talep
Nachfragebelebung f • talep artışı
Nachfrageeffekt m • talep etkeni
Nachfrageentwicklung f • talep hareketi
Nachfrageinflation f • talep enflasyonu
nachfragen • bilgi almak

nachfragen • soruşturmak; talepte bulunmak
Nachfragepreis m • alıcının fiyatı; önerilen fiyat
Nachfrager m • müşteri
Nachfragesog m • talep baskısı veya gücü
Nachfragestau m • talebin yığılması
Nachfragestoss m • ani talep; talepte ani artış
Nachfragewelle f • talep dalgası
Nachfrist f • alacaklının borçluya tanıdığı ek müddet; borçluya tanınan ek süre
Nachfrist f • mehil; mühlet
Nachgangshypothek f • ikinci derecede ipotek
Nachgericht n • tereke mahkemesi
nachgiebige Rechtsnormen pl. f • ihtiyari hükümler; tefsiri hükümler
nachhaltig • süreklilik
Nachhilfeunterricht m • özel ders
Nachholbedarf m • yedek olarak saklanacak mallar için talep
Nachholprogramme und pl. n • tamamlama programları
Nachkalkulation f • gerçek maliyet
nachkalkulierte Kosten pl. • fiili maliyet
Nachkomme m • altsoy; füru
Nachkommenschaft f • altsoydan olan hısımların tümü; füru
Nachkonjunktur f • geciken piyasa hareketliliği
Nachlass m • azalma; azaltma; gevşeme; ikram; indirim; iskonto; miras; tenzil; tenzilat; tereke
Nachlass m vom Verkaufspreis m • satış fiyatında yapılan indirim
Nachlassanspruch m • miras hakkı; miras talebi
nachlassen • arkada bırakmak; azaltmak
Nachlasser m • miras bırakan; muris
Nachlassforderung f • miras alacağı; miras talebi
Nachlassgegenstand m • tereke malı
Nachlassgläubiger m • muristen alacaklı olan; tereke alacaklısı
nachlässig • dikkatsiz; ihmalkar; kayıtsız

Mesleki Terimler Sözlüğü

Nachlässigkeit f • görevi ihmal etme; ihmal; teseyyüp
Nachlassinventar n • terekenin tahriri; terekenin yazılması
Nachlasskonkurs m • terekenin iflası
Nachlasspfleger m • terekeyi idare eden kayyım
Nachlasspflegeschaft f • tereke kayımlığı
Nachlassregulierung f • terekenin tanzimi
Nachlasssteuer f • veraset vergisi
Nachlassverbindlichkeiten pl. f • tereke borçları
Nachlassvertrag m • konkordato
Nachlassverwalter m • terekenin idaresiyle görevlendirilen
Nachlassverwaltung f • terekenin idaresi
Nachlassverzeichnis n • tereke defteri
Nachmieter m • ikinci kiracı; kiracının kiracısı
Nachnahme f • malın tesellümünde bedelinin ödenmesi şartı; ödeme şartlı; ödemeli
Nachnahmebetrag m • tesellümde ödenecek meblağ
Nachnahmesendung f • ödemeli gönderi
Nachname m • soyadı
nachnehmen • parasını teslimde almak
nachprüfen • yeniden incelemek
Nachprüfung f • bütünleme sınavı
Nachprüfung f • işlem sonrası denetim; tekrar kontrol; yeniden inceleme
nachrangige Anleihe f • ikincil kredi; tali kredi
nachrangige Anleihen pl. f • ikincil menkul kıymetler; tali menkul kıymetler
nachrangige Verbindlichkeiten pl. f • bilahare ödenecek borçlar
Nachrede f • arkadan konuşma
Nachricht f • bildiri; ileti
Nachricht f • haber; havadis; rapor
Nachrichtenagentur f • haber ajansı
Nachrichtendienst m • haber alma servisi; istihbarat
Nachrichtenwesen n • haberleşme sistemi
nachschiessen • meblağ tamamlamak; tekrar sermaye yatırmak
Nachschlagewerk n • başvuru kitabı
Nachschluss m • ek sermaye koyma

Nachschlusspflicht f • ek sermaye koyma mükellefiyeti
Nachschub m • ikmal; yeni irsalat
Nachschuss m • yeniden para yatırma
Nachschusspflicht f • sermayedarların munzam para yatırma mükellefiyeti
nachschüssige Annuität f • dönemin sonunda ödenen anüite
Nachsichtwechsel m • görüldükten belli bir süre sonra ödenecek olan poliçe; hatır bonosu
nachstellige Hypothek f • ikinci derece ipotek
nachstellige Obligation f • ikinci derecede teminatlı tahvil
Nachstellung f • ilgeç
Nachsteuer f • ek vergi
Nacht f • gece
Nachtarbeit f • gece vardiyası
Nachtdienst m • gece görevi; gece hizmeti
Nachteil m • mahzur; zarar
nachteilig • mahsurlu; zararlı
Nächtigung f • geceleme
Nachtrag m • ek; ilave; not; sonradan icra edilen veya elde edilen; zeyil
nachtragen • ilave etmek; tamamlamak
nachträglich • ek; sonradan; sonradan yapılan; tamamlayıcı
nachträgliche Unmöglichkeit f • akit yapıldıktan sonra hasıl olan imkansızlık; sonradan ortaya çıkan imkansızlık
nachträgliche Zahlung f machen • ek ödemede bulunmak
nachträgliche Zustimmung f • icazet
Nachtragsartikel m • ek madde
Nachtragsbudget n • katma bütçe
Nachtragshaushalt m • ek bütçe; katma bütçe
Nachtschicht f • gece postası; gece vardiyası
Nachttresor m • gece kasası
Nachtwächter m • bekçi; gece bekçisi
Nachtzeit f • gece vakti
Nachversicherung f • geriye borçlanılan sigorta; ilave sigorta
Nachversicherungszeiten pl. f • geriye borçlanılan sigorta süreleri
Nachversteuerung f • vergi eksiklerinin ödenmesi

Fachwörterbuch

nachverzollen • ikinci defa gümrük resmi verdirmek
Nachweis liefern m • delil ibraz etmek
Nachweis m • delil; ispat; kanıt; tevsik
nachweisbar • ispatı mümkün; tevsik edilebilir
nachweisen • ibraz etmek; ispat etmek; kanıtlamak
Nachwuchs m • genç elemanlar; stajyerler; yeni kuşak
Nachwuchskräfte pl. f • stajyerler; genç işçiler
nachzahlen • ilaveten ödemek; sonradan ödemek
Nachzahlung f • ek ödeme; geç ödeme; nihai ödeme
nachziehen • ardından sürüklemek; sonucu vermek
Nachzugsaktie f • geciktirmeli hisse senedi; temettü alma hakkı ertelenmiş hisse senedi
nackt • açık; çıplak
nacktes Eigentum n • çıplak mülkiyet
nahestehen • uygun olmak; yakından ilgili olmak
Nahezu-Bargeld n • sözde peşin para
Nahrung f • besin; geçim; gıda; nafaka
Nahrungs- und Genussmittel pl. n • lüks yiyecek ve keyif verici madde; yiyecek
Nahrungsmittel n • yiyecek ve içecek maddesi; gıda maddeleri
Nahrungsmittelgesetz n • Gıda Maddeleri Kanunu
Nahrungsmittelgrundstoff m • temel yiyecek
Nahrungsmittelkontrolle f • gıda maddeleri kontrolü
Nahrungsmittelmaschine f • yiyecek maddesi işleyen makine
Nahrungsmittelrohstoff m • yiyecek üretiminde kullanılan hammadde
Naked debenture • teminatsız borç senedi
Name m • ad; isim; soyad
Namenpapier n • isme muharrer senet
Namensaktie f • isme muharrer hisse senedi; nama yazılı senet; tescilli hisse
Namensaktien pl. f • nama yazılı hisse senedi
Namensänderung f • ad değişmesi; adın değişmesi

Namensanmassung f • adın gaspı; isim gaspı; ismin gaspı
Namenskonnossement n • nama yazılı konşimento
Namenskunde m • özeladbilim
Namensobligation f • nama yazılı tahvil
Namenspapier n • nama yazılı menkul kıymet
Namenspapiere pl. n • nama yazılı senetler
Namenspfandbrief m • tescilli ipotek senedi
Namensrecht n • ad üzerindeki hak; isim üzerindeki hak
Namensschuldverschreibung f • nama yazılı tahvil; tescilli tahvil veya bono
Namensschutz m • adın himayesi; ismin himayesi
Namensschutz m • ismin korunması
Namensstempel m • mühürlü imza
Namensunterschrift f • imza
Namenszeichen n • paraf
Namenszeichnung f • imza
Napoleon • nominal değeri 20 Frank olan altın para
Narzissmus m • özseverlik
Nasal m • genizsil
Nasalierung f • genizsilleşme; genizsilleştirme
Näseln n • hımhımlık
Nasenlaut m • genizsil
Nation f • millet; ulus
national • milli; ulusal
Nationalbank f • ulusal banka
Nationale Bildungsratsversammlung f • Milli Eğitim Şurâsı
nationale Unabhängigkeit f • egemenlik; milli hakimiyet egemenlik; ulusal egemenlik
Nationaleinkommen n • milli gelir
Nationaler Bildungsrat m • Milli Eğitim Şurâsı
nationales Recht n • iç hukuk; milli hukuk
Nationalfeiertag m • ulusal bayram
Nationalfest n • ulusal bayram
nationalisieren • millileştirmek
Nationalisierung f • kamulaştırma; millileştirme

Mesleki Terimler Sözlüğü

Nationalismus m • milliyetçilik
Nationalität f • milliyet; tabiiyet; vatandaşlık
Nationalökonom m • iktisatçı
Nationalökonomie • iktisat
Nationalprodukt m • milli hasıla
Nationalsozialprodukt n • milli gelir
Nationalsprache f • ulusal dil
Nativismus m • doğuştancılık
Natur f • doğa; karakter; mizaç; tabiat
Naturaleinkommen n • ayni gelir
Naturalersatz m • ayni tazmin
Naturalform f • ayni olarak
Naturalherstellung f • eski haline getirme
Naturalismus m • doğalcılık
Naturalleistung f • aynen eda
Naturallohn m • ayni olarak ödenen ücret
Naturalobligation f • eksik borç; eksik borçlar
Naturalobligationen pl. f • nakıs borçlar; tabii borçlar
Naturalrestitution f • eski hale getirme; eski halin iadesi; eski halinin iadesi
Naturalwert m • ayni değer
Naturalwirtschaft f • ayni mübadele ekonomisi
Naturismus m • doğalcılık
Naturkatastrophen pl. f • tabii afetler
Naturkunde f • doğa bilgisi
Naturprodukt m • tabii ürün
Naturrecht n • tabii hukuk
Naturschätze f • tabii zenginlikler
Naturschutz m • çevre koruma
Naturwissenschaften pl. f • doğa bilimleri
Naturwissenschaften pl. f • fen bilimleri
natürlich • gerçek; hakiki; muhakkak; tabii
natürliche Früchte pl. f • tabii semereler
natürliche Person f • gerçek kişi; hakiki şahıs; özel kişi; tabii kişi
natürliche Personen pl. f • gerçek kişiler
natürliche Rechte pl. n • asli haklar
natürliche Sprache f • doğal dil
natürliche Verbindlichkeiten pl. f • tabii borçlar
natürlicher Tod m • tabii ölüm
natürlicher Wasserablauf m • akarsular; suların kendi kendine akması

natürliches Beschäftigungsjahr n • doğal faaliyet dönemi
Navigation f • gemicilik
Nebenabgabe f • tali resim
Nebenabrede f • ek anlaşma
Nebenanspruch m • feri dava
Nebenarbeit f • ek iş; ikinci işi
Nebenartikel m • ek madde
Nebenbedeutung f • yananlam
Nebenberuf m • ikinci meslek
Nebenbeschäftigung f • ara sıra yapılan iş; boş zamanlarda yapılan iş
Nebenbuch n • tali defter; yardımcı büyük defter
Nebenbuchkonto n • tali hesap
Nebeneinkommen n • arizi gelir
Nebeneinkünfte pl. f • ek ödenekler
Nebenerwerb m • ek gelir; ek iş
Nebenerzeugnis n • tali mamul; tali ürün; yan ürün
Nebengebäude n • eklenti; müştemilat
Nebengewerbe f • tali ticaret veya sanayi
Nebengewinn m • tali kazanç
Nebenintervention f • feri müdahale; feri müdahele
Nebenklage f • amme davasına iltihak; davaya müdahale; feri dava; müdahale yoluyla dava
Nebenkläger m • müdahil; şahsı hak davacısı
Nebenkosten pl. • arizi gider; feri masraflar; yan masraflar
Nebenleistung f • ek; ek ödeme; ek teslimat; ek yardım; feri eda
Nebenprodukt n • tali ürün
Nebenrechte pl. n • feri haklar; yan haklar
Nebensache f • ayrıntı; teferruat
nebensächlich • arizi; ikinci derecede önemli; tali
Nebensatz m • yantümce
Nebenstrafe f • feri ceza
Nebenursache f • feri sebep; tali sebep
Nebenverdienst m • ek kazanç; tesadüfi kazanç
Nebenversicherung f • ek sigorta
Nebenvormund m • ikinci vasi
Nebenwerte pl. m • ikinci sınıf hisse senetleri
Nebenwirkung f • ikinci dereceden etki

Fachwörterbuch

Neffe m • erkek yeğen
Negation f • olumsuzluk
Negation f • inkar; ret
negativ • menfi; olumsuz
negative Anpassung f • olumsuz uyum
negative Bedingung f • menfi şart
negative Feststellung f • borçtan kurtulma davası
negative Feststellungsklage f • borçtan kurtulma davası
negative Hypothekenklausel f • olumsuz ipotek şartı
negative Verpfändungsklausel f • olumsuz rehin şartı
negativer Kompetenzkonflikt m • selbi uyuşmazlık
negativer Satz m • olumsuz tümce
negativer Transfer m • olumsuz geçiş
negativer Ursprungszeugnis n • olumsuz menşe şehadetnamesi
Negativerklärung f • olumsuz bildirim
negatives Interesse n • menfi zarar ziyan
negatives Vertragsinteresse n • menfi zarar
Negativismus m • olumsuzluk
Negativklausel f • olumsuzluk şartı
Negativklausel f • yasaklayıcı madde
negativs Kompetenzkonflikt m • selbi ihtilaf
Negativzins m • negatif faiz
negoziierbar • ciro edilebilir ve devredilebilir; tedavülü mümkün
negoziierende Bank f • iştira bankası
Negoziierung f • iştira; kıymetli bir evrakın ciro ve devri
Negoziierungskredit m • iştira akreditifi
nehmen • almak; kabul etmek
Nehmer m • alan; alıcı; müşteri
Nennbetrag m • itibari meblağ
nennen • ad koyma; zikretmek
nennenswert • kayda değer
Nennkapital n • nominal sermaye
Nennung f • adlandırma; tarif etme; zikretme
Nennwert m • başabaş; itibari; itibari değer; itibari kıymet; nominal değer; senet üzerinde yazılı olan değer
Nennwertaktie f • itibari hisse senedi

nennwertlose Aktie f • bedelsiz hisse senedi; nominal değeri olmayan hisse senedi
nennwertlose Aktien pl. f • nominal değeri olmayan hisse senetleri
Neoliberalismus m • yeni liberalizm
Neologismus m • yeni sözcük
nervöser Charakter m • sinirceli karakter
nervöses Kind n • sinirceli çocuk
netto • bütün masraflar çıktıktan sonra; net; saf; safi
netto nass • net ıslak ağırlık
netto trocken • kuru net ağırlık
Nettoaktiva pl. • net aktif değer; net varlık değeri
Nettobuchwert m • net defter değeri
Nettoeinkommen n • safi gelir
Nettoerlös m • net hasılat
Nettoertrag m • net getiri; net verim; safi hasılat
Nettogewicht n • net ağırlık
Nettogewinn m • net gelir; net kar; net kar; net kazanç
Nettoguthaben n • alacak bakiyesi
Nettoinvestition f • net yatırım
Nettolohn m • net ücret
Nettopreis m • net fiyat; satış fiyatı
Nettopreisverfahren n • net fiyat yöntemi
Nettoproduktion f • net üretim
Nettoregistertonnen pl. f • safi tonaj
Nettosozialprodukt n • net milli hasıla; safi milli hasıla
Nettosparzins m • tasarruf için net faiz
Nettoumlaufsvermögen n • net çalışma sermayesi
Nettoverdienst m • net kazanç
Nettovergütung f • sigorta primi ve vergi düşüldükten sonra ödenen net ücret
Netto-Verkaufserlöse pl. m • net satışlar
Nettovermögen n • net aktif değer; net değer; net varlık; net varlık değeri; safi servet
Nettoverzinsung f • net faiz
Netto-Volkseinkommen n • net milli gelir
Nettozins m • net faiz
Neuaufbau m des Kapitals n • sermaye yapısını yeniden düzenleme
Neuausgabe f • yeni menkul kıymet ihracı
Neuberechnung f • yeniden hesaplama

Mesleki Terimler Sözlüğü

Neubewertung f • yeniden değerleme; yeniden değerlendirme
Neubewertungsfond m • değer artış fonu
Neubewertungsrücklage f • yeniden değerleme karşılığı
Neubildung f • yeni sözcük
Neueinteilung f • yeniden sınıflandırma
Neuemission f • yeni menkul kıymet ihracı
Neuerung f • tecdit; yenileme
Neufassung f • revizyondan geçmiş nüsha; yeni şekil
Neufestsetzung f • yeniden tespit
Neujahr n • yılbaşı
Neujahrstag m • yılbaşı günü
Neukapitalisierung f • sermaye yapısının yeniden düzenlenmesi
Neuordnung f • düzenleme; reform; yeniden kurma
Neuorganisierung f • yeniden düzenleme
Neuregelung f • reorganizasyon; yeniden düzenleme
Neurolinguistik f • sinirdilbilim
Neurologie f • sinirbilim
Neuschätzung f • yeniden değer biçme
Neustrukturierung f • yeniden yapılanma
neutral • tarafsız
neutrale Erträge pl. m • çeşitli giderler; diğer gelirler
neutrale Zone f • bitaraf mıntıka
neutrales Bankgeschäft n • nötr bankacılık işlemi
neutrales Geld n • satın alma gücü değişmeyen para
Neutralisation f • daimi bitaraflık; daimi tarafsız
neutralisierbare Opposition f • yansızlaşabilir karşıtlık
Neutralisierung f • yansızlaşma
Neutralität f • bitaraflık; tarafsızlık
Neutralitätsabkommen n • uluslararası tarafsızlık anlaşması
Neutrum n • yansız
Neuzusammenschluss m • yeniden birleştirme
nicht abgehoben • istenmemiş
nicht abgeholte Löhne pl. m • istenmemiş ücretler
nicht akzeptieren • kabul etmemek; ödememek

nicht ausgegebene Aktie f • ihraç edilmemiş hisse senedi
nicht ausgegebenes Aktienkapital n • ihraç edilmemiş hisse senedi
nicht ausgegebenes Kapital n • çıkarılmamış sermaye
nicht ausgeglichen • dengelenmemiş hesap; tutturulmamış hesap
nicht beansprucht • istenmemiş
nicht beeinflussbare Kosten pl. • denetlenemeyen maliyetler; kontrol edilemeyen maliyetler
nicht begebene Aktie f • henüz ihraç edilmemiş hisse senedi
nicht betrügerischer Bankrott m • hileli olmayan iflas
nicht bezahlen • kabul etmemek; ödememek
nicht bezahlte Schuld f • ödenmemiş borç; tasfiye edilmemiş borç
nicht der Verjährung f unterliegende Ansprüche pl. m • zamanaşımına tabi olmayan haklar
nicht eingelöster Wechsel m • ödenmemiş poliçe; ödenmemiş senet
nicht entnommener Gewinn m • dağıtılmamış kar
nicht gedeckt • çekin karşılıksız olduğunu belirten ifade; karşılıksız
nicht greifbare Aktiva pl. • maddi olmayan varlıklar
nicht honorieren • kabul etmemek; ödememek
nicht kumulative Dividende f. • birikimsiz temettü
nicht kurzfristige Schulden pl. f • cari olmayan borçlar
nicht negozierbar • devredilemez; ciro edilemez
nicht negoziierbares Konnossement n • işlem görmez konşimento
nicht öffentliche Versteigerung f • mahdut artırma
nicht realisierter Ertrag m • gerçekleşmemiş gelir
nicht realisierter Gewinn m • itibari kar
nicht rückzahlbare Schulden pl. f • ödenemeyen borçlar

Fachwörterbuch

nicht rückzahlbare Schuldverschreibung f • itfası mümkün olmayan tahvil
nicht übertragbarer Ladeschein m • nama yazılı konşimento
nicht voll eingezahltes Kapital n • apel yapılmamış sermaye
nicht voll gezahlte Aktie f • kısmen ödenmiş hisse senedi
nicht wichtig • ehemmiyetsiz
Nichtachtung f • sözleşmelere uymama; uyuşmazlık
Nichtakzeptierung f • kabul etmeme
nichtamtlich • gayri resmi
Nichtanerkennung f • ret; tanımama
Nichtangriffspakt m • saldırmazlık paktı
Nichtannahme f • ademi kabul; kabul etmeme; kabulden imtina
Nichtbefolgung f • ihmal; riayet etmeme
Nichtbezahlung f • ödemezlik
Nichte f • kız yeğen
nichtehelich • evlilik dışı; gayri meşru
nichteheliches Kind n • gayri meşru çocuk
Nichteinhaltung f • riayetsizlik
Nichteinlösbarkeit f • konvertibl olmayan
Nichteinmischung f • ademi müdahale; konuşmama
Nichterfüllung f • yerine getirmeme
Nichterfüllungsschaden m • müspet zarar; müspet ziyan
Nichterscheinen n • gıyap; hazır bulunmama
nichtexistent • batıl
Nichthaftung f • ademi mesuliyet; sorumlu olmama
nichtig • batıl; geçersiz; hukuki değeri olmayan; hükümsüz
Nichtigerklärung f • iptal
Nichtigkeit f • butlan; hükümsüzlük
Nichtigkeit f der Ehe f • evliliğin butlanı
Nichtigkeit f der Willenserklärung f • irade beyanının butlanı
Nichtigkeit f eines Vertrages m • akdin butlanı
Nichtigkeit f wegen Mangels m der Form f • şekil noksanlığı nedeniyle butlan
Nichtigkeitserklärung f • butlan kararı; evliliğin iptali kararı; hükümsüzlük

Nichtigkeitsgründe pl. m • mutlak butlan sebepleri
Nichtigkeitsklage f • butlan davası
Nichtigkeitsurteil n • butlan kararı; iptal kararı
nichtintegriert • bütünleşmemiş
nichtkommerziell • ticari olmayan
nichtkonsonantisch • ünsüz olmayan
nichtmarkiert • belirtisiz
Nicht-Pariwert m • nominal değeri olmayan
nichtrechtsfähig • hukuki ehliyeti olmayan
nichtrechtsfähiger Verein n • hukuki tasarrufta bulunmaya yetkili olmayan dernek
nichtspitz • diyezleşmemiş
nichtstreitig • çekişmesiz; ihtilafsız; nizasız
nichtstreitige Gerichtsbarkeit f • ihtilafsız kaza; nizasız kaza
Nichtteilnehmerland n • üye olmayan memleket
nichttief • bemolleşmemiş
Nichtunterbrechungsprinzip n • duruşmada aranın kesilmemesi prensibi
Nichtunternehmen n • müteşebbisler dışındaki taraflardan biri
Nichtverantwortlichkeit f • ademi mesuliyet; sorumsuzluk
nichtvertretbar • vekaleten yapılamayan; yeri doldurulamayan
nichtvertretbare Sache f • gayri misli eşya
nicht-vokalisch • ünlü olmayan
nichtvollendet • eksik; tamamlanmamış
nichtvollendeter Versuch m • eksik teşebbüs; nakis teşebbüs
Nichtwissen n • bilmezlik; cehil; ademi tediye; ödememe
Nichtzuständigkeit f • yetkisizlik
nichtzwingend • ihtiyari; isteğe bağlı
nichtzwingende Rechtsnormen pl. f • ihtiyari hükümler
Niedergelassener m • etabli
Niederlage f • ambar; antrepo; ardiye; depo
Niederlageschein m • depo makbuzu

569

Mesleki Terimler Sözlüğü

niederlassen • geçici olarak yerleşmek; sürekli olarak yerleşmek
Niederlassung f • banka şubesi; büro; ikamet; kuruluş; yerleşme; şube
Niederlassungsabkommen n • ikamet antlaşması; ikamet muahedesi
Niederlassungsnetz n • şube teşkilatı
Niederlassungsrecht n • ikamet hakkı; yerleşme hakkı
Niederlegung f • istifa
Niederlegung f eines Amtes n • çekilme
niederschlagen • durdurmak; vazgeçmek
Niederschlagung f • durdurma; vazgeçme
Niederschlagung f des Strafverfahrens n • ceza kovuşturmasından vazgeçme; ceza takibatından vaz geçme; cezai takibatın kaldırılması
Niederschrift f • protokol; tutanak; zabıt; zabıtname
niedriger Vokal m • alçak ünlü
Niessbrauch m • intifa hakkı; yararlanma hakkı
Niessbrauch m an der Erbschaft f • tereke üzerinde intifa hakkı
niessbrauchen • kullanmak; yararlanmak
Niessbraucher m • intifa hakkı sahibi; yararlanan
Niessbrauchnutzer m • intifa hakkı sahibi
Niessnutz m • faydalanma hakkı; intifa hakkı
niessnutzen • faydalanmak; kullanmak
Niessnutzer m • faydalanan; intifa hakkı sahibi
Nihilismus m • yokçuluk
Niveau n • düzey; seviye
Niveaugruppe f • düzey kümesi
Nivellierungskauf m • tesviye mübayaası
noch nicht abgerechnete Leistungen pl. f • bağlı değerler
noch nicht eingefordertes Kapital n • apel yapılmamış sermaye; apel yapılmamış sermaye
noch nicht fällig • vadesi gelmemiş
Nochgeschäft n • katlı opsiyon; muhayyer muamele; yenileme opsiyonu
nochmals überprüfen • tekrar gözden geçirmek
Nomade m • göçebe
Nomen egentis n • eden adı

Nomen n • ad
nominal • itibari; kaydi; nominal; saymaca
Nominalbetrag m • ana para; itibari değer; itibari meblağ; nominal değer; saymaca değer
nominaler Wechselkurs m • nominal döviz kuru
nominaler Zinsfuss m • nominal faiz oranı
Nominalertrag m • nominal değer üzerinden hesaplanan faiz; nominal değer üzerinden hesaplanan kar
Nominalertrag m • nominal getiri; nominal verim
Nominalisierung f • adlaşma; adlaştırma
Nominalisierungssuffix n • adlaştırıcı
Nominalkapital n • itibari sermaye
Nominallohn m • nakdi ücret; nominal ücret; satın alma gücü sabit olmayan ücret
Nominalpreis m • nominal fiyat
Nominalsatz m • ad tümcesi
Nominalskala f • sınıflama ölçeği
Nominalstamm m • ad gövdesi
Nominalwert m • itibari değer; itibari kıymet; nominal değer
Nominalwurzel f • ad kökü
Nominativ m • yalın durum
nominell • adına; itibari; namına; sözde
Non-Profit-Organisation f • kar amaçsız işletme
non-verbale Intelligenz f • sözsüz zeka
non-verbale Kommunikation f • sözsüz iletişim
Norm f • düzgü
Norm f • düstur; kaide; kural; norm; örnek; standart
Norm m • varılması bilimsel olarak saptanmış amaç
normal • doğal; normal
normale Kurve f • düzgülü eğri
normaler Fortschritt m • olağan ilerleme
normalintelligente Kinder pl. n • olağan zekalı çocuklar
Normalisation f • standardizasyon
Normalkalkulation f • normal maliyet hesaplaması
Normalkapazität f • normal kapasite
Normalverteilung f • düzgülü dağılım

Fachwörterbuch

normativ • kuralcı
normieren • norm saptamak; standardize etmek
Normkontingent n • standart kota veya kontenjan
Normung f • normlama; standardizasyon
Nostrogeschäft n • kendi hesabımıza yapılan iş
Nostroguthaben n • diğer bankalarda alacaklarımız
Nostrokonto n • işletmenin başka bir işletme nezdindeki hesabı; nostro hesap
Nostroverbindlichkeit f • mükellefiyetimiz
Not f • aciliyet; azlık; gereklilik; ihtiyaç; mahrumiyet; yokluk; zaruret
Notadresse f • borçlusu ödemediği takdirde poliçeyi ödemeyi üstlenen; ihbar adresi; ikinci adres; kefil
Notalgeld n • banknot para
Notar m • noter
Notargebühr f • noter harcı
Notariat n • noterlik
Notariatsgesetz n • noterlik kanunu
notariell • noterlikçe
notariell beglaubigte Abschrift f • noterden tasdikli suret
notariell beglaubigte Urkunde f • tasdikli senet
notarielle Beurkundung f • noter marifetiyle tanzim ve tasdik
Notbedarf m • zaruri ihtiyaç
Notbetrug m • yoksulluk nedeniyle dolandırıcılık
Note f • not
Note f • banknot; belirti; etki; hesap pusulası; kayıt; not; nota; ültimatom
Notenausgabe f • banknot ihracı
Notenbank f • emisyon bankası; kağıt para çıkaran banka; merkez bankası; para basmaya yetkili olan banka; tedavül bankası
Notenbankwesen n • merkez bankacılığı
Notenmonopol n • banknot basma yetkisi; emisyon yetkisi
Notenumlauf m • dolaşımdaki kağıt paralar; tedavüldeki banknotlar
Notetat m • geçici bütçe
Notfall m • aciliyet durumu; zaruret hali

Notfrist f • kesin mehil
Notgesetz n • fevkalade hal kanunu
Nothafelung f • geminin limana zaruri girişi
Nothafen m • barınma limanı
Nothilfe f • acil yardım; zaruret halinde zarar verme
notieren • borsada tescil etmek; kabul etmeme şerhi; kaydetmek; not etmek; ödememe şerhi
notierte Aktie f • borsaya kayıtlı hisse senedi
notierte Werte pl. m • borsada kayıtlı hisse senetleri; borsada kayıtlı tahviller
notierte Wertpapiere pl. n • borsaya kayıtlı menkul değerler
Notierung f • borsada fiyatlar; kotasyon
Notifikation f • ihbar
Notifikationsurkunde f • tevsik vesaiki
Notizbuch n • ajanda
Notklausel f • kaçamak maddesi
Notlage f • ihtiyaç hali; müzayaka hali; sıkıntı; zor durum
Notlandung f • mecburi iniş
notleidend • ödenmesi gecikmiş; vadesi geçmiş
notleidende Anleihe f • temerrüde uğramış tahviller
notleidender Wechsel m • kabul edilmemiş poliçe; ödenmemiş poliçe; vadesinde ödenmemiş olan poliçe
notorische Tatsache f • maruf ve meşhur olan husus
Notrecht n • kamu yararı için devletin kişisel haklara müdahale yetkisi
Notrücklage f • karşılık; muhtemel zararlar için bulundurulan yedek; olağanüstü yedek; olası zararlar için bulundurulan yedek
Notstand m • buhran; kriz; meşru müdafaa; ıstırar hali; ıztırar hali; zaruret hali
Notstandsgesetz n • Sıkıyönetim Kanunu
Nottestament n • acil durumlarda yapılan sözlü vasiyet
Notverkauf m • mecburi satış
Notverordnung f • geçici kararname; kanunu muvakkat; kararname
Notwehr f • meşru müdafaa
Notwehrrecht n • meşru müdafaa hakkı
notwendig • gerekli; zaruri

Mesleki Terimler Sözlüğü

notwendige Aufwendungen pl. f • zorunlu gider
notwendige Streitgenossenschaft f • tarafların mecburi taaddüdü
notwendige Verwendungen pl. f • zaruri masraflar
Notwendigkeit f • gereksinim
Notwendigkeitsform f • gereklilik kipi
Notzucht f • cebren ırza geçmek; ırza tecavüz
Novation f • borcun nakli; borcun yenilenmesi; tecdit; yenileme
Novelle f • kanunu değiştiren ilave; kanunu tamamlayan ilave
nötig • gerekli; zaruri
nötigen • icbar etmek; zorlamak
Nötigung f • ikrah ve tehdit; ikrar ve tehdit; şantaj
Nötigungsnotstand m • cebir
Nukleus m • çekirdek
Null f • sıfır
null und nichtig • batıl; geçerliliği olmayan; hükümsüz
Null-Coupon-Bond • sıfır kuponlu tahvil
Nullmorphem n • sıfır biçimbirim
Nullphonem n • sıfır sesbirim
Numerale n • sayı adı
Numerus m • sayı
Numismatik f • numismatik
Nummer f • numara
Nummernkonto n • numaralı hesap
Nummernschild n • plaka
Nummerstempel m • numara damgası
Nuntius m • Papanın daimi murahhası
nur zur Verrechnung f • yalnız hesaba geçirilmek üzere
Nutzanwendung f • pratik uygulama
nutzbar • faydalı; karlı; kazançlı; kullanılabilir; yararlanılabilir

Nutzen m • çıkar; fayda; menfaat; semere
Nutzen m abwerfen • kazanç getirmek
Nutzfahrzeug n • ticari taşıt aracı
Nutzfläche f • işlenen saha
Nutzlast f • saf hamule; yükleme kapasitesi
Nutzlastfahrzeug n • yük taşıt aracı
nutzniessen • faydalanmak; kullanmak; yararlanmak
Nutzniesser m • intifa hakkı sahibi; yararlanan
Nutzniessung f • aile hukukuna dayanan intifa hakkı; intifa hakkı; yararlanma hakkı
Nutzung f • faydalanma; istifade etme; yararlanma
Nutzungsdauer f • hizmet ömrü; kullanış süresi; yararlanma süresi
Nutzungsgrad m • verim; verimlilik derecesi
Nutzungsgüter pl. • dayanıklı tüketim malları
Nutzungspfand n • istifade hakkı veren rehin
Nutzungsrecht n • intifa hakkı; istifade hakkı; kullanma hakkı; yararlanma hakkı
Nutzungsschaden m • kullanmaz hale getiren hasar
Nutzungsverlust f • intifanın kaybı
Nutzwerttheorie f • fayda kuramı
Nutzwerttheorie f • fayda teorisi
nützen • fayda sağlamak; kullanmak; yaramak; yararlanmak
nützlich • faydalı; yararlı
nützliche Verwendungen pl. f • faydalı masraflar
Nützlichkeit f • fayda; istifade; yarar

Fachwörterbuch

O

Obdach n • mesken; sığınak
obdachlos • bakımsız
Obduktion f • otopsi
obduzieren • otopsi yapmak
Oberaufseher m • başmüfettiş
Oberaufsicht f • başmüfettişlik; genel müfettişlik
Oberbefehl m über die Streitkräfte pl. • başkomutanlık
Oberbefehlshaber m der Streitkräfte pl. • başkomutanlık
Oberbürgermeister m • belediye başkanı
oberes Verwaltungsgericht n • üst idari mahkeme
Oberfläche f • saha; satıh; yüz; yüzey
Oberflächenstruktur f • yüzeysel yapı
Obergericht n • İsviçre Kantonal Mahkemesi
Obergerichtshof m • yüksek istinaf mahkemesi
Obergesellschaft f • ana şirket
Oberlandesgericht n • eyalet yüksek mahkemesi
Oberpräsident m • vali
Oberrechnungshof m • Divanımuhasebat; Sayıştay
Oberrechnungskammer f • Divanı muhasebat; Sayıştay
Oberrichter m • eyalet mahkemesi hakimi
oberst • en üst; en yüksek
Oberstaatsanwalt m • eyalet mahkemesi savcısı
Obersteuerinspektor m • vergi başkontrolörü
Oberversicherungsamt n • bölge sigorta dairesi
Oberverwaltungsgericht n • Danıştay; devlet şûrası; yüksek idari mahkeme
Obhut f • himaye; koruma; muhafaza
Objekt n • nesne; tümleç
Objekt n • işlem; konu; madde; mevzu; nesne; proje
objektiv • nesnel
objektiv • maddi; objektif; tarafsız
objektive Methode f • nesnel yöntem
objektive Prüfung f • nesnel sınav

objektive Unmöglichkeit f • objektif imkansızlık
objektiver Sansualismus m • nesnel duyumculuk
objektiver Wert m • kişisel yargılardan uzak; tarafsız değer; tarafsız ölçülere göre belirlenmiş değer
objektives Recht n • objektif hukuk
objektives Strafverfahren n • suç unsuru eşyalara yönelik cezai takibat
objektives Urteil n • tarafsız hüküm
Objektivierung f • nesnelleştirme
Objektivität f • nesnellik
Objektkredit m • belli garanti karşılığında kredi
Objektsprache f • konudil
Oblat m • teklif alan
Obliegenheit f • görev; külfet; vazife; yükümlülük
obligat • mecburi; vazgeçilmez
Obligation f • bağıt; bono; borç; borç ilişkisi; borç vecibe; tahvil; vecibe; yükümlülük
Obligation f mit festem Ertrag m • sabit gelirli tahvil
Obligation f ohne Sicherstellung f • teminatsız tahvil
Obligationär • tahvili elinde bulunduran kişi
Obligationär m • tahvil hamili; tahvil sahibi
Obligationen pl. f • borç senetleri; tahvilat; tahviller
Obligationen pl. f ohne Konversionsrecht n • düz tahviller
Obligationenfonds m • tahvil fonu; tahvil yatırım ortaklığı
Obligationenrecht n • borçlar hukuku; borçlar kanunu
obligationenrechtliches Rechtsverhältnis n • şahsi hukuki münasebet
Obligationenrendite f • itfa getirisi; itfa verimi
Obligationenring f • borsada tahvil alım satımının yapıldığı yer

Obligationenzertifikat n • tahvil sertifikası
Obligationsagio n • tahvil primi
Obligationsdisagio n • tahvil iskontosu
Obligationsgläubiger m • tahvilat alacaklısı
Obligationsinhaber m • tahvil hamili
Obligationsschuld f • tahvil borcu
Obligationsschulden pl. f • borç senetleri; ödenecek tahviller
obligatorisch • bağlayıcı; mecburi; zorunlu
obligatorische Versicherung f • mecburi sigorta; zorunlu sigorta
obligatorischer Anspruch m • şahsi dava
Obligatorium n • borç mükellefiyeti
Obligo n • garanti; kefalet; taahhüt; yüklem
Obrigkeit f • icra makamı; otorite; yürütme organı
obrigkeitlich • yürütme ile ilgili
obrigkeitliche Gewalt f • yürütme organının güç ve nüfuzu
Obrigkeitsstaat m • otoriter devlet
Observanzen pl. • idari teamüller
Obsthändler m • manav; yemişçi
obstruieren • engellemek; geciktirmek
Obstruktion f • geciktirme; parlamentoda engelleme
Obzervanzen pl. f • idari teamüller
off shore banking • off shore bankacılığı
offen • açık; aleni
offenbar • açık; bariz
offenbaren • ifşa etmek; meydana çıkarmak
Offenbarungseid m • yeminli mal beyanı
offene Handelsgesellschaft f • kolektif şirket; sınırsız ortaklık
offene Hypothek f • açık ipotek
offene Pfandstelle f • ipotekte boş derece
offene Police f • açık poliçe; dalgalı sigorta poliçesi
offene Position f • açık pozisyon
offene Posten-Buchführung f • çeşitli hesaplara kayıt yapılmaksızın belgelerin sınıflandırılarak izlendiği muhasebe sistemi
offene Rechnung f • açık hesap
offene Reserven pl. f • beyan edilmiş ihtiyatlar
offene Rücklagen pl. f • açıklanan yedekler; bilançoda sunulan yedekler
offene Stadt f • açık şehir
offene Verwahrung f • serbest tevdiat
offener Anlagefond m • açık uçlu fon
offener Dissens m • açık fikir ayrılığı
offener Kredit m • açık kredi; karşılıksız kredi
offener Scheck m • açık çek; çizgisiz çek; isimsiz çek
offenes Akkreditiv n • basit akreditif
offenes Bankdepot n • serbest tevdiat
offenes Depot n • açık emanet hesabı; adi emanet hesabı
offenes Kreditkonto n • açık kredi hesabı; açık kredi sağlayan cari hesap
offenes Meer n • açık deniz
Offenheit f • doğruluk; samimiyet
offenkundig • herkesçe bilinen; maruf; maruf ve meşhur
Offenlegung f • açıkça belirtme; açıklama; finansal tabloların kamuya açıklanması
Offenmarkt m • açık piyasa
Offenmarktpolitik f • açık piyasa işlemleri; açık piyasa politikası; açık piyasa siyaseti
offensichtlich • aşikar; belli
Offerent m • teklifi yapan
offerieren • icap etmek; sunmak; teklif etmek
Offerte f • arz; fiyat vermek; icap; teklif; teklif
Offertenskizze f • teklife ekli resim
Offertgarantie f • geçici teminat mektubu
Office n • büro; daire
official list • resmi liste
Offizialdelikt n • kamu suçu
Offizialmaxime f • re'sen hareket usulü
Offizialprinzip n • re'sen hakaret usulü
Offizialvergehen n • kamu suçu
Offizialverteidiger m • mahkemece tayin edilen avukat
offiziell • resmen; resmi
offizielle Sprache f • resmi dil
offizieller Diskontsatz m • resmi iskonto oranı
offizieller Kurs m • resmi döviz kuru
offiziös • yarı resmi

Fachwörterbuch

ohne böse Absicht f • kötü niyet olmaksızın
ohne Coupon • kuponsuz
ohne Deckung f • hesapta para yoktur; karşılığı yoktur
ohne Dividende f • temettüsüz
ohne Gegenleistung f • ivazsız
ohne Gewähr f • garanti verilmeksizin
ohne Kosten pl. • masraflar hariç
ohne Obligo n • sorumluluk almadan
ohne Obligo n • yükümlülük dışında
ohne Rückgriff m • gayri kabili rücu
ohne Testament n • yazılı vasiyet bırakmadan ölen kimse
ohne unsere Verantwortung f • sorumluluğumuz dışında
ohne unseres Obligon • taahhüdü tazammun etmeksizin
Okkasion f • fırsat; kelepir mal
Okkupation f • işgal
Oktroi n • duhuliye resmi; oktruva
Oligarchie f • oligarşi
Oligopol m • az sayıda satıcının fiyatları ayarladığı piyasa; oligopol
one stop banking • tek durak bankacılık
on-line • on line
Onomasiologie f • adbilim
Onomastik f • özeladbilim
Onomatopöie f • yansıma
open account trading • açık hesap esasına dayanan ticaret
operationale Ausgaben pl. f • faaliyet giderleri
Opportunitätskosten pl. • fırsat maliyeti
Opportunitätsprinzip n • dava açma muhtariyeti prensibi; dava ikamesi muhtariyeti prensipi
Opposition f • itiraz; muhalefet; karşıtlık
Oppositionsliste f • çalınmış menkul kıymetlerin listesi; kaybolmuş menkul kıymetlerin listesi; muhalefet partisi
Optant m • seçme hakkını kullanma
Optativ m • istek kipi
Optimalstandard m • ideal standart; optimal standart
option dealer • opsiyon alıcısı; opsiyon satıcısı
Option f • opsiyon; seçme hakkı; tercih hakkı
option writer • opsiyon sözleşmesi yapan yatırımcı
Optionenbörse f • opsiyon borsası
Optionsanleihe f • opsiyonlu tahvil; varantılı tahvil
Optionsrecht n • iştira hakkı
Optionsschein m • hisse senedi satın alma varantı; varant
Optionszertifikat n • hisse senedi satın alma varantı
oral • ağızsıl
Oratio obliqua f • dolaylı anlatım
Oratio recta f • dolaysız anlatım
Orden pl. m und Konfessionen pl. f • tarikatlar ve mezhepler
ordentlich • doğru
ordentlich • düzenli
ordentlich • muntazam
ordentlich • normal
ordentlich • olağan
ordentlich • usul ve nizama uygun
ordentliche Abschreibung f • normal amortisman
ordentliche Ersitzung f • adi müruru zaman; zamanaşımı
ordentliche Generalversammlung f • adi genel kurul; adi genel kurul toplantısı; adi umumi heyet; genel kurul
ordentliche Gerichte pl. n • adalet mahkemeleri; adliye mahkemeleri
ordentliche Gerichtsbarkeit f • adi kaza
ordentlicher Kaufmann m • basiretli tacir
ordentlicher Rechtsweg m • adi kaza yolu
ordentliches Einkommen n • normal gelir; olağan gelir
ordentliches Prozessverfahren n • adi muhakeme usulü; adi yargılama usulü; yargılama usulü
Order f • ciroda mütenefinin adı; emir; talimat
Orderbrief m • sipariş mektubu
Orderbuch n • sipariş defteri
Orderhafen m • emir limanı
Orderklausel f • emrine kaydı; havale kaydı
Orderkonnossement n • emre yazılı konşimento; yükleyen adına düzenlenen ve ciro edilebilir konşimento

Orderlagerschein m • ciro edilebilir depo makbuzu; kabili ciro depo makbuzu
Orderpapier n • emre muharrer senet; emre yazılı kıymetli evrak; emre yazılı senet
Orderpapiere pl. n • yazılı senetler
Orderscheck m • emre muharrer çek; emre yazılı çek
Orderschuldverschreibung f • isme tescilli tahvil
Order-Teilschuldverschreibung f • tescilli tahvil
Ordinalskala f • sıralama ölçeği
ordnen • tanzim etmek; tertip etmek
Ordner m • dosya; klasör; organizatör
Ordnung f • düzen; nizam; sistem; statü; sıra; talimatname; tertip; tüzük
Ordnungsamt n • emniyet müdürlüğü
Ordnungsbusse f • idari ceza
ordnungsgemäss • öngörüldüğü üzere; usul ve kaideye uygun; usulü dairesinde
Ordnungsmassnahme f • organizasyon tedbiri
Ordnungsprinzip m • kurallarla ilgili ilke
Ordnungsstrafe f • disiplin cezası
ordnungswidrig • nizama aykırı
Ordnungswidrigkeit f • kamu nizamına aykırı davranış
Ordonnateur m • ita amiri
ordre public • amme nizamı; kamu düzeni
Ordre-lie f • şartlı emir
Organ m • cihaz; daire; makam; organ; uzuv
Organe pl. n der Staatsgewalt f • devletin organları
Organfirma f • ortak şirket
Organgesellschaft f • bağlı şirket; tali şirket
Organisation f • birlik; kurum; organizasyon; örgüt; teşkilat
Organisation f der Erdölexportierenden Länder pl. n (OEEL) • Petrol İhracatçısı Ülkeler Örgütü
Organisation f der Verwaltung f • yönetim örgütü
Organisation f für Wirtschaftliche Zusammenarbeit f und Entwicklung f • Ekonomik İşbirliği ve Kalkınma Örgütü

Organisationsberatung f • yönetim danışmanlığı
Organisationskosten pl. • kuruluş giderleri
Organisator m • düzenleyici; organizatör; • örgütçü
organisatorisch • düzenleyici; organik; organize edici; sağlam; tabii; temel; teşkilatlandırıcı
organische Bilanz f • organik bilanço
organische Tageswertbilanz f • organik bilanço
organisieren • organize etmek; teşkilatlandırmak
organisiertes Spiel n • düzenli oyun
Organismus m • organizma; sistem; uzuv
Organschaft f • iki bağımsız şirket arasındaki ilişki
Organschaftsverrechnung f • dahili muhasebe
orientieren • yöneltmek; yönlendirmek; bilgi vermek; dayanmak
Orientiertheit f • yöneltilmiş olma
Orientierung f • yönelim; yönelme; biçim verme; yöneltme; yönetme
Orientierungsklasse f • yönlendirme eğitimi sınıfı
Orientierungskurse pl. m • yönlendirme çalışmaları
Orientierungsunterricht m • yönlendirme eğitimi
original • asıl; hakiki
Original n • asli nüsha
Originaltext m • asıl metin; asıl nüsha
Originalwechsel m • ciro edilmeden satılan poliçe
Originalzahl f • esas rakam
originär • asli
originärer Erwerb m • asli iktisap
Oronymie f • dağ adları bilimi
Ort m • mahal; mevki; yer
Ort m der Tat f • olay mahalli
Orthographie f • yazım
orthopädisch Beschädigte pl. m • ortopedik özürlüler
Orthophonie f • sözdüzeltim; sözsöyleyiş
Ortsadverb n • yer belirteci
Ortsbeschäftigung f • mahallinde keşif
Ortsbesichtigung f • keşif ve muayene

Fachwörterbuch

Ortschaft f • köy; mahalle; yerleşim yeri
Ortsgebrauch m • mahalli adet
Ortskrankenkasse f • hastalık sigortası kurumu
Ortslohn m • bölgelere göre tespit edilen ücret; yöresel ücret
Ortspolizei f • belediye zabıtası; mahalli polis
Ortsüblichkeit f • bölgesel adet; yöresel görenek
Ortsveränderung f • adres değiştirme; yer değiştirme
Ortsverbrauch m • lokal tüketim
Ortsverwaltung f • mahalli idare
Ortsvorsteher m • köy muhtarı; muhtar
Oskurantismus m • bilmesinlercilik
Ottomanbank f • Osmanlı Bankası
overheads • dolaylı maliyetler
öffentlich • açık; aleni; kamusal; resmi
öffentlich beglaubigte Urkunde f • tasdikli senet
öffentlich beurkundetes Schriftstück n • resen yapılan senet
öffentlich festgesetzter Preis m • devletçe saptanmış fiyat
öffentlich rechtliche Eigentumsbeschränkungen pl. f • idari irtifak
öffentliche Anleihen pl. f • devlet tahvilleri
öffentliche Anstalten pl. f • amme müesseseleri; kamu kurumları
öffentliche Arbeiten pl. f • nafia işleri
öffentliche Bank f • kamu bankası
öffentliche Beglaubigung f • resmi tasdik
öffentliche Beurkundung f • resmi hizmet; resmi şekil
öffentliche Bildung f • resmi eğitim
öffentliche Gewalt f • amme iktidarı; kamu erki
öffentliche Hand f • idari makam; kamu kesimi
öffentliche Kasse f • mal sandığı
öffentliche Klage f • amme davası; kamu davası
öffentliche Meinung f • kamu oyu; kamunun düşüncesi; kamuoyu
öffentliche Mittel pl. n • kamu kaynakları

öffentliche Ordnung f • amme nizamı; kamu düzeni
öffentliche Ordnung f und Sicherheit f • emniyet ve asayiş kanunları
öffentliche Partnerschaftverwaltung f für Kollektivwohnungen pl. f • Toplu Konut ve Kamu Ortaklığı
öffentliche Rüge f • aleni tevbih
öffentliche Sachen pl. f • amme hükmi şahıslarının malları; kamu malları; kamu tüzel kişilerinin malları
öffentliche Sammlung f • bağış toplama; cemi ianat; iane toplama
öffentliche Schuld f • kamu borcu
öffentliche Sicherheit f • genel asayiş; genel güvenlik; umumi emniyet
öffentliche Submission f • açık eksiltme
öffentliche Unternehmung f • kamu iktisadi teşebbüsleri; kamu işletmesi
öffentliche Urkunde f • resmi senet
öffentliche Verhandlung f • açık duruşma
öffentliche Versicherung f • amme sigortası
öffentliche Versteigerung f • açık artırma; aleni artırma; aleni eksiltme; aleni müzayede
öffentliche Zustellung f • ilan yoluyla tebliğ
öffentlicher Ankläger m • savcı
öffentlicher Betrieb m • kamu işletmesi; kamu teşebbüsü
öffentlicher Dienst m • amme hizmeti; kamu hizmeti; resmi görev
öffentlicher Frieden m • toplum barışı
öffentlicher Glaube m • amme itimadı
öffentlicher Notar m • resmi noter
öffentlicher Ort m • umuma açık yer
öffentlicher Verkauf m an den Meistbietenden m • aleni satış; müzayede ile satış
öffentliches Eigentum n • amme hükmi şahıslarının malları; kamu malları; kamu tüzel kişilerinin malları
öffentliches Gebrauchsrecht • genel yararlanma hakkı; umumi istifade hakkı
öffentliches Gelände n • kamu arazisi
öffentliches Interesse n • kamu yararı; amme menfaati; kamu çıkarı; kamu menfaati

Mesleki Terimler Sözlüğü

öffentliches Lesezentrum n • halka açık okuma merkezi
öffentliches Lokal n • umuma açık yer
öffentliches Recht n • amme hakkı; amme hukuku; kamu hakkı; kamu hukuku
öffentliches Register n • resmi sicil
öffentliches Testament n • resmi vasiyetname
öffentliches Verfahren n • resmi işlem
öffentliches Vertrauen n • amme itimadı
öffentliches Wohl n • toplum yararı
Öffentlichkeit des Vereinsregisters n • dernek kayıt sicilinin açıklığı
Öffentlichkeit f • açıklık; aleniyet; halk; kamu; kamuoyu
Öffentlichkeit f der Gerichtsverhandlungen pl. f • muhakemelerin aleniyeti; yargılamanın açıklığı
Öffentlichkeit f des Grundbuchs n • tapu sicilinin aleniyeti
Öffentlichkeitsprinzip n • açıklık prensibi; aleniyet prensibi; duruşmanın aleni olması prensibi
öffentlich-sozial • kamu yararına
Öffnung f • açıklık; açılma
Öffnungsgrad m • açıklık derecesi
Ökologie f • çevrebilim
Ökonom m • çiftçi; işletmeci; kahya; yönetici
Ökonomie f • ekonomi
Ökonomie f • çiftçilik; iktisat; tarım
ökonomisch • ekonomik, idareli; iktisadi; iktisatlı; tutumlu
örtlich • bölgesel; lokal; mahalli
örtliche Zuständigkeit f • salahiyet; yetki; yetki bölgesi
örtlicher Scheck m • yerel çek; şehir içi çek

Fachwörterbuch

P

Pacht f • hasılat icarı; hasılat icarı; hasılat kirası; hasılat kirası; kira; kira bedeli; kira sözleşmesi; kiralanmış çiftlik
Pachtaktivierung f • kiranın aktifleştirilmesi
pachtbar • kiraya verebilir
Pachtbedingungen pl. f • kira şartları
Pachtbesitz m • kira ilişkisi; kiralanmış maddi varlık; kiralanmış mal
Pachtbetrieb m • kira yoluyla işletme
pachten • hasılat kirası ile tutmak; uzun dönem için kiralamak
Pächter m • hasılat kiracısı; kiracı
Pachtgeld n • kira bedeli
Pachtgrundstück n • kiralanmış arsa
Pachtgut n • kiraya verilen zirai işletme
Pachtung f • hasılat kirasıyla tutma; kira ile işletilen arazi; kiralama
Pachtverhältnis n • hasılat kira münasebeti; kira ilişkisi
Pachtvermögen n • kiralanmış varlık
Pachtvertrag m • hasılat kira mukavelesi; kira mukavelesi; uzun vadeli kira sözleşmesi
Pachtwert m • icar değeri; kira değeri
Pachtzeit f • hasılat kira müddeti; hasılat kira süresi
Pachtzins m • hasılat kira bedeli; kira bedeli
Packer m • ambalajcı
Packliste f • koli müfredat listesi
Packpapier n • ambalaj kağıdı
Packträger m • yük hamalı
Packung f • ambalaj
Packung f • paket
pacta sunt servanda • ahde vefa
Pädagoge m • eğitimci
Pädagogik f • eğitbilim
pädagogisch • eğitbilimsel; eğitsel
pädagogische Cinematographie f • eğitim sineması
pädagogische Fakultät f • eğitim fakültesi
pädagogische Kurzlehrgänge pl. m (für Absolventen pl. m anderer Studienrichtungen f) • pedagojik formasyon kursu
pädagogische Psychologie f • eğitim ruhbilim
pädagogische Universitäten pl. f • öğretmen üniversiteleri
pädagogisches Gymnasium n • Öğretmen Lisesi
pädagogisches Institut n • eğitim enstitüsü
Pädologik f • çocukbilim
Paket n • koli; paket; posta paketi; yük
Paketausgabe f • paket gişesi
Paketbegleitadresse f • irsaliye varakası
Paketsendung f • paket gönderme
Pakt m • anlaşma; antlaşma; pakt
Pakt m schliessen • anlaşma imzalamak
Palatal m • damaksıl
Palatalharmonie f • büyük ünlü uyumu
Palatalisierung f • damaksıllaşma; damaksıllaştırma
Panchronie f • tümsürem
panchronisch • tümsüremli
Pandektenrecht n • pandekt hukuku
Paneldiskusion f • açıkoturum
Panik f • bozgun; panik; arıza
Panne f • bozukluk
Papier n • kağıt; kıymetli evrak; vesika
Papiergeld n • banknot; kağıt para
Papierwährung f • kağıt para standardı
Papsttum n • papalık
Paradigma n • dizi; paradigma
Paradigmatik • dizibilim
paradigmatisch • dizisel
paradigmatische Relation f • dizisel bağıntı
paradox • aykırı düşen; çelişkili; zıt
Paradoxon n • çelişkili iddia; çelişkili ifade
Paragraph m • başabaş; bent; fıkra; kanun maddesi; madde pari; paragraf
Paragraph m eines Gesetzes n • kanun paragrafı
Parallelismus m • koşutçuluk
Parallelität f • genel benzerlik; paralellik

Mesleki Terimler Sözlüğü

Parallelmarkt m • paralel piyasa; üçüncü piyasa
Parallelverkehr m • rakip trafik
paralles Spiel n • koşut oyun
Paraphrase f • açımlama
Paraphrasierungstransformation f • açımlamalı dönüşüm
Parataxe f • yanaşık sıralam
pari • başabaş; eşit değerde; nominal değer
Pari m • başabaş
Pari-Emission f • başabaş emisyon
Parigrenze f • parite
Parinthese f • ayraç
Pariobligation f • nominal değeri üzerinden ihraç edilen tahvil
Pariser Seerechtsdeklaration f • Paris Deniz Harbi Hukuku Beyannamesi
Parität f • değer eşitliği; değişim oranı; eşitlik; gerçek değer; müsavat; parite
paritätisch • eşdeğerde; eşit şartlar altında; eşitlik ilkesine dayanan
Paritätspreis m • indeks rakamına göre saptanan; parite fiyatı
Paritätspreissystem n • parite fiyat sistemi
Pariwert m • başa baş değer; nominal değer; senet üzerinde yazılı olan değer
parken • park etmek
Parkettmann m • pazar düzenleyicisi; pazar yapıcısı
Parkplatz m • depo yeri; park yeri
Parkplatzversicherung f • otomobil park sigortası
Parlament n • parlamento
Parlamentär m • mükaleme memuru; parlamenter
parlamentarisch • parlamento ile ilgili
parlamentarische Immunität f • milletvekilliği dokunulmazlığı; teşrii masuniyet; yasama dokunulmazlığı
parlamentarische Kontrolle f • devletin teftiş ve murakabesi
parlamentarische Monarchie f • parlamentolu monarşi
parlamentarische Untersuchung f • meclis soruşturması; meclis tahkikatı
parlamentarischer Antrag m • önerge; takrir

parlamentarischer Unterstaatssekretär m • siyasi müsteşar
parlamentarisches Regierungssystem n • parlamenter rejim; parlamento rejimi
Parlamentarismus m • demokratik parlamenter sistem
Parlamentsbeschluss m • parlamento kararı
Parlamentsjahr n • meclis toplantı yılı
Parlamentsmitglied m • parlamento üyesi
Parole f • parola; slogan
Paronomasie f • sesbenzeşimi
Paronymie f • okşarlık
Paronymon n • okşar
Parquet • Paris Borsasının diğer adı
Part m • hisse; kısım; pay
Partei f • parti; taraf
Parteien pl. f • iki taraf; taraflar
Parteifähigkeit f • adli muamele yapabilme kabiliyeti; davada taraf olma ehliyeti; husumet ehliyeti
parteiisch • taraf tutan; taraflı
parteilos • bağımsız; tarafsız
Parteitag m • parti kurultayı
Partenreederei f • donatma iştiraki; gemicilik ortaklığı
Partie f • koli; paket; parti
partiell • izole; kısmen; lokalize edilmiş
partielles Lernen n • bölümsel öğrenme
Partikel f • ilgeç
partikulare Havarie f • özel avarya
Partikulierschiffahrt f • özel gemicilik işletmesi
Partizip n • ortaç
Partizipationsgeschäft n • birçok kimsenin ortaklaşa yaptığı iş
Partizipationsschein m • katılma belgesi
Partner m • ortak; taraf
Partnerland n • üye veya katılan memleket
Partnerschaft f • ortaklık
Partnerschaftskapital n • ortaklık sermayesi
Parzelle f • parsel
parzellieren • ifraz etmek; parsellemek
Parzellierung f • ayırma; ifraz; parselleme
Pass m • pasaport; pasaport
Passage f • geçit; geçme; yol
Passagier m • yolcu

Fachwörterbuch

Passagiergepäck n • baraj; yolcu eşyası
Passagierschiff n • yolcu gemisi
Passamt n • pasaport dairesi
Passbehörde f • pasaport dairesi
Passbild n • vesikalık fotoğraf
passieren • geçmek; vuku bulmak
Passierschein m • pasavan
passiv • hareketsiz; pasif
Passiv n • edilgen çatı; edilgen eylem
Passiva pl. • pasifler; zimmet
Passiva pl. eines Vermögens n • borçlar; düyunat; pasifler
Passiva pl. n • bilançonun borçlar ve öz kaynakları gösteren tarafı; pasif
Passivbürger m • seçme ve seçilme hakkı olmayan vatandaş
passive Handelsbilanz f • dış ticaret açığı
passive Legitimation f • menfi husumet ehliyeti
passive Wahlfähigkeit f • seçilme ehliyeti; seçilme hakkı
Passiven pl. • pasif
passiver Widerstand m • pasif mukavemet; sıra pasif mukavemet
passiver Wortschatz m • edilgin sözcük dağarcığı
passives Lernen n • edilgin öğrenme
passives Wahlrecht n • seçilme hakkı
Passivgelder pl. n • taahhütler
Passivgeschäft n • mevduat işlemleri
Passivgeschäfte pl. n • pasif muameleler
Passivhandel m • yabancıların elinde bulunan dış ticaret
Passivierung f • borçların artması; durumun kötüleşmesi; ticaret dengesinin bozulması
Passivierungstendenz f • açık verme eğilimi
Passivität f • boyun eğme; hareketsizlik
Passivkonto n • bilançonun pasif tarafında gösterilen hesap; pasif hesap
Passivlegung f • menfi husumet ehliyeti
Passivposten m • açık madde
Passivsaldo m • borç bakiyesi
Passivwechsel m • borç senetleri
Passivzinsen pl. m • faiz borçları; ödenecek faiz
Passivzinsen pl. m • ödenecek faizler; ödenen faizler

Passwesen n • pasaport işleri
Patent n • ihtira beratı; patent
Patentgesetz n • Patent Kanunu
Patentgewährung f • ihtira beratı verme; patent verme
patentieren • patent vermek
Patentrecht n • patent hakkı
Patentschutz m • ihtira beratlarının korunması; patentin korunması
Patentverletzung f • patent hakkının çiğnenmesi
Pathologie f • hastalıklar bilimi
Patriarchat n • Patriklik; pederşahilik
Patronanzbank f • destekleyici banka; himayeci banka
Patronatserklärung f • bankaya verilen teminat mektubu
patronisieren • himaye etmek; korumak
Patrouille f • askeri devriye
Paukerei f • ezbercilik
pauschal • götürü; toptan
Pauschalbesteuerung f • götürü vergileme
Pauschalbetrag m • götürü; götürü meblağ; götürü tutar
Pauschalcharter m • götürü çarter
Pauschale f • götürü; götürü tutar
Pauschal-Genehmigung f • yuvarlak bir meblağ için lisans
pauschalieren • yuvarlak meblağ olarak ifade etmek
Pauschalkauf m • götürü satın alma; götürü satış; toptan satın alma
Pauschalkosten pl. • götürü maliyet
Pauschalpreis m • götürü fiyat
Pauschalsteuer f • götürü vergi
Pauschalsumme f • götürü; götürü olarak tutarı, yuvarlak meblağ
Pauschalversicherung f • toptan sigorta
Pauschalzahlung f • toptan ödeme
Pauschalzuwendung f • götürü tahsisat
Pauschbesteuerung f • götürü vergileme
Pauschbetrag m • götürü; götürü tutar
Pauschsatz m • yuvarlak hesap ödeme
Pause f • aralık; durma; yakın; yakın mevsim veya dönem; durak
Pay-back-Periode f • geri ödeme süresi
pejorativ • aşağılayıcı

581

Mesleki Terimler Sözlüğü

Pendelmechanismus m • değiştirici mekanizma
Pendelrhythmus m • düzenli değişme
Penny bank • Penny bankası
Penny stocks • düşük fiyatlı spekülatif nitelikte hisse senetleri
Pension f • emekli aylığı; emeklilik aylığı; öğrenci evi
Pensionär m • emekli
pensioniert werden • emekliye ayrılmak
Pensionierung f • emeklilik; hastalık nedeniyle ödenen emekli aylığı; hastalık nedeniyle ödenen emekli aylığı; tekaütlük; yaşlılık nedeniyle ödenen emekli aylığı
Pensionsanspruch m • emeklilik hakları
Pensionsfond m • emeklilik fonu
Pensionskasse f • emekli sandığı; emeklilik fonu; emeklilik kasası; tekaüt sandığı
Pensionsplan m • emeklilik ödemeleri için kabul edilmiş yöntem; emeklilik planı
Pensionsrückstellung f • emeklilik fonu karşılığı
Pensionsversicherung f • sosyal sigortalar kurumu
Pensum n • başına; iş; ödev; vasıtasıyla; verilen iş
Per • ile
per Adresse f • nezdinde
per Einschreiben n • taahhütlü
per Prokura f • namına; vekaleten
perfekt • eksiksiz; kusursuz; tam
Perfekt n • belirli geçmiş zaman
perfektionismus m • mükemmellik ilkesi
perfektive Aktionsart f • bitmişlik görünüşü
Performanz f • edim
performativ • gerçekleştirici; edimsel
Periode f • devre; dönem; süre
Periodenabgrenzung f • gerçekleşme esası
periodenechte Rechnungslegung f • gerçekleşme esasına dayalı muhasebe
Periodenfolgsprinzip n • dönemsellik ilkesi
periodenfremde Erträge pl. m • geçmiş yıl gelirleri; önceki yıl gelirleri

periodengerechte Ertrags- und Aufwandsabgrenzung f • gerçekleşme ilkesi; gerçekleşme kavramı
Periodenkosten pl. • dönem gideri; dönem maliyeti
periodisch • çevrimsel; devreler halinde; dönemsel; periyodik
peripatetisch • gezimcilik
peripatetische Schule f • Gezimci Okul
Periphrase f • dolaylama
Perlokution f • etkisöz
permanente Inventur f • sürekli envanter
Permutation f • değişi; değiştiri
Person f • kişi; şahıs
Person f des Soldatenstandes m • asker
Personal finance company • kişisel finansman şirketi
Personal n • personel
Personalakte f • memur sicili; sicil dosyası; şahsi dosya
Personalakte f des Schülers m • öğrenci toplu dosyası
Personalaufwendungen pl. f • personel masrafları
Personalausweis m • hüviyet cüzdanı
Personalbericht m • sicil raporu
Personalbeschreibung f • eşgal tarifi
Personaleinsparung f • personel sayısını azaltma
Personalendung f • kişi eki
Personalgarantie f • kefalet; şahsi teminat
Personalgeschäft n • şahıs adına olan firma
Personalgesellschaft f • şahıs şirketi
Personalien pl. f • şahıs hakkında bilgiler; hususi eşgal
Personalismus m • kişiselcilik
Personalität f • kişilik; ferdiyet; şahsiyet
Personalitätsprinzip n • kanunların şahsiliği
Personalkosten pl. • personel giderleri
Personalkredit m • rehinsiz kredi; şahsi kredi
Personalnachweise pl. m der Beamten pl. m • memur sicili
Personalnebenkosten pl. • personel yan giderleri
Personalplanung f • personel planlaması
Personalpolitik f • personel politikası

Fachwörterbuch

Personalprinzip n • kanunların şahsiliği
Personalpronomen n • kişi adılı
Personalstand m • personel sayısı
Personalstatut n • ahkamı şahsiye; şahsi statü
Personalunion f • şahsi birleşme
Personalwesen n • özlük işleri
Personenhehlerei f • suçluyu barındırma; yataklık
Personenirrtum m • kişide yanılma; şahısta hata
Personenkonto n • kişi cari hesabı; kişisel hesap; şahsi hesap; şahıs cari hesabı
Personenrecht n • şahsın hukuku
Personenstand m • medeni hal; şahsi hal
Personenstandsbeamter m • ahvali şahsiye memuru; • nüfus memuru
Personenstandsregister n • ahvali şahsiye sicili; nüfus kütüğü; şahsi haller kütüğü
Personenversicherung f • can sigortası; şahıs sigortası
persönlich • asaleten; bireysel; bizzat; kendi namına; şahsen; şahsi
persönlich haftender Gesellschafter m • komandite; komandite ortak
persönliche Beratung f • kişisel danışmanlık; kişisel kılavuzluk
persönliche Dienstbarkeit f • şahsi irtifak hakkı
persönliche Effekten pl. n • zati eşyalar
persönliche Ehre f • kişi haysiyeti
persönliche Errichtung f • bizzat tanzim
persönliche Freiheit f • kişisel hürriyet
persönliche Gewähr f • kişisel teminat; şahsi teminat
persönliche Haftung f • kişisel sorumluluk; şahsi sorumluluk
persönliche Schuld f • şahsi borç
persönliche Sicherheit f • kişisel teminat
persönliche Sicherheiten pl. f • şahsi teminat
persönliche Surrogation f • şahsi halefiyet
persönliche Unantastbarkeit f • diplomatik dokunulmazlık; diplomatik masuniyet
persönliche Verhältnisse pl. n • şahsi menfaatler

persönliche Verpflichtungen pl. f • şahsi taahhütler
persönliche Vorteile pl. m • şahsi menfaatler
persönlicher Anspruch m • şahsi dava
persönlicher Ausbildungsweg m • eğitim özgeçmişi
persönlicher Bericht m • kişisel rapor
persönlicher Bildungsverlauf m • eğitim özgeçmişi
persönlicher Bildungsweg m • eğitim özgeçmişi
persönlicher Sicherheitsarrest m • ihtiyati tevkif
persönliches Darlehen n • kişisel kredi; özel kredi
persönliches Gespräch n • kişisel görüşme
persönliches Verschulden n des Beamten m • memurun şahsi kusuru
Persönlichkeit f • kişilik; ferdiyet; şahsiyet
Persönlichkeitsentwicklung f • kişilik gelişimi
Persönlichkeitsrecht n • şahsiyet hakkı
Persönlichkeitsstörung f • kişilik bozukluğu
Persönlichkeitstests pl. m • kişilik testleri
pervers • sapkın
Perversität f • sapkınlık
Petition f • dilekçe; istida
Petitionsausschuss m • arzuhal encümeni; dilekçe komisyonu
Petitionsrecht n • arzuhal hakkı; dilekçe hakkı; şikayet hakkı
Petitum n • dilek; istek; talep
Petschaft f • mühür; damga
Pfadfinderei f • izcilik
Pfand n • rehin; teminat; merhun; rehnedilen eşya; rehnedilen mal
Pfand n ablösen • rehni kaldırmak; rehni kurtarmak
Pfand n einlösen • rehinden kurtarmak
pfändbar • ipotek edilebilir özellikte; rehnedilebilir mallar
Pfandbrief m • ipotek teminatlı tahvil; ipotekli borç senedi; rehinli tahvil
Pfandbriefanstalt f • ipotek bankası
Pfandbriefhypothek f • ipotek kredisi

pfänden • haczetmek; tarhetmek
Pfänder m • haciz memuru
Pfandfreigabe f • rehinden kurtarma
Pfandgeber m • aldığı borç karşılığı rehin veren; rehin veren kişi
Pfandgläubiger m • hapis hakkı sahibi; rehin alan; rehin hakkı olan
Pfandgut n • merhun; rehnedilen mal
Pfandhaus n • emniyet sandığı; rehin mukabilinde ikraz ile meşgul müessese
Pfandindossament n • rehin cirosu; terhini ciro
Pfandleihanstalt f • emniyet sandığı; rehin mukabilinde ikraz ile meşgul müessese
Pfandleiher m • rehin karşılığı yüksek faizle ödünç para veren kimse; rehinci; tefeci
Pfandlösung f • rehin fekki; rehinden kurtarma
Pfandnehmer m • rehin alan; rehin alan kişi; rehin karşılığı ödünç para veren
Pfandrecht n • hapis hakkı; rehin hakkı
Pfandrecht n an beweglichen Sachen pl. f • menkul rehni
Pfandschein m • rehin senedi
Pfandschuld f • rehin borçu
Pfandschuldner m • malları üzerinde alacaklının hapis hakkı olan borçlu; rehin borçlusu; rehin veren
Pfandstelle f • ipotek derecesi
Pfändung f • el koyma; haciz; mahkemece haciz
Pfändung f von Forderungen pl. f • alacakların rehnedilmesi
Pfändungsbefehl m • haciz emri
Pfändungsbeschluss m • haciz emri; haciz kararı
Pfändungsrecht n • haciz hakkı
Pfändungsschutz m • haciz muafiyeti
Pfandverkauf m • rehnedilen malın satışı
Pfandversteigerung f • merhunun açık artırmaya çıkarılması
Pfandverwertung f • merhunun paraya çevrilmesi; paraya çevirme
Pfennig m • fenik
Pflege f • bakım; dikkat; himaye; idare; ihtimam; itina; muhafaza
Pflegeamt n • kayyımlık dairesi

Pflegeeltern pl. • koruyucu aile; çocuğun bakımını üstlenen karı koca
Pflegekind n • bakımı üstlenilen çocuk
Pflegemutter f • koruyucu anne
pflegen • bakmak; himaye etmek; korumak
Pfleger m • kayyım
Pflegeschaft f • kayyımlık
Pflicht f • görev; mükellefiyet; vazife
Pflicht f verletzen • görevini ihmal etmek
Pflichtauswahl f • zorunlu seçme maddesi
Pflichtbeitrag m • mecburi sigorta primi
Pflichtbekanntmachung f • mecburi ilan
pflichtberechtigter Erbe m • mahfuz hisse sahibi mirasçı
Pflichtdienst m • mecburi hizmet
Pflichtenheft n • görev tanımı; şartname
Pflichtenlehre f • ödevbilim
Pflichtfächer pl. n • zorunlu dersler
pflichtig • mükellefiyet taşıyan
Pflichtlager n • mecburi stok
Pflichtlehrangebot n • öğretim yükü
Pflichtleistung f • kanunen öngörülmüş sosyal sigorta yardımı; mecburi ödeme
Pflichtprüfung f • yasal denetim
Pflichtreserve f • gerekli ihtiyat
Pflichtteil m • mahfuz hisse
Pflichtteilsanspruch m • mahfuz hisse talebi
Pflichtteilsberechtigter m • mahfuz hisse sahibi
Pflichtteilslast f • mahfuz hisseden doğan yükümlülük
Pflichtverletzung f • görevin yerine getirilmemesi
Pflichtversäumnis n • görevin geciktirilmesi
Pflichtversicherung f • mecburi sigorta; zorunlu sigorta
Pflichtwidrigkeit f • göreve aykırı davranış
Pfründe f • arpalık
Pfund n • libre; lira; İngiliz lirası
Pfund-Lücke f • sterlin açığı
Phänomen n • görüngü; olay
Phänomenalismus m • görüngücülük
Phänomenologie f • görgüngübilim
Pharaphasie f • sözcük karışıklığı
Pharyngal m • boğazsıl

Fachwörterbuch

Pharyngalisierung f • boğazsıllaşma; boğazsıllaştırma
phatische Funktion f • ilişki işlevi
Philologie f • betikbilim; filoloji
Philosophie f • felsefe
philosophische Methode f • felsefe yöntemi
Phon n • ses
Phonation f • sesleme
Phonem n • sesbirim
Phonematik f • sesbirimbilim
Phonemik f • sesbirimbilim
Phonetik f • sesbilgisi
phonetisch • sesbilgisel; sesçil
phonetische Transkription f • sesçil çevriyazı
phonetische Umschrift f • sesçil yazı
phonetisches Alphabet n • sesçil abece
Phonologie f • sesbilim
phonologisch • sesbilimsel
phonologische Komponente f • sesbilimsel bileşen
phonologische Transkription f • sesbilimsel çevriyazı
phrastisch • tümcesel
Phrenologie f • kafatası bilimi
Physik f • fizik bilimleri; fizik
Physiologie f • fizyoloji
physiologische Entwicklung f • fizyolojik gelişim
physiologische Grenzen pl. f • fizyolojik sınır
physiologische Psychologie f • fizyolojik ruhbilim
physiologische Reaktion f • fizyolojik tekpi
physiologisches Alter n • fizyolojik yaş
physisch • fiziki; fiziksel
physische Person f • gerçek kişi
Pilot m • gemi kılavuzu; pilot
pink form • pembe form
Pirat m • deniz haydutu; korsan
Piraterie f • deniz haydutluğu
Placement n • plasman
Placierung f • plase etme
plädieren • iddia makamı olarak ileri sürmek
Plädoyer n • iddianame
Plafond m • limit; plafon; tavan

Plafond m der Zinsen pl. m • faiz tavanı
Plagiat n • fikir eserini kendine mal etme; intihal; sanat eserini kendine mal etme
Plagiat n begehen • ihmal suçu işlemek
Plagiator m • fikri eseri kendine mal eden; müntahil
Plakat n • afiş; ilan
Plan m • bütçe tahmini; plan; proje; taslak
Planbeschäftigung f • planlanan kapasite
Plandefizit n • bütçe açığı; tahmini açık
planen • planlamak; tasarlamak
plangemäss • plana uygun
plangerecht • plana veya planlamaya uygun
Plankosten pl. • önceden saptanan maliyet; standart maliyet
Plankostenrechnung f • standart maliyet sistemi
planlos • düzensiz; plansız
planmässig • plana göre; planlandığı gibi; planlandığı şekilde; planlı
Planrechnung f • bütçe tahmini
Planstelle f • kadro
Plantage f • sömürge çiftliği
Planung f • planlama
Planungsinstanz f • planlama ile sorumlu makam
Planungszeitraum m • planlama süresi
Planwirtschaft f • planlı ekonomi
Planwirtschaftler m • planlı ekonomiyi savunan kimse
Planziel n • plan hedefi
Platt n • taşra ağzı
Platz m • mahal; merkez; mevki; piyasa; yer
Platzübertragung f • lokal transfer
Platzwechsel m • keşide ve tediye yeri bir olan poliçe
Plazierung f • plasman
Plazierungsgruppe f bei Emissionen pl. f • satıcı grubu
Plebiszit n • arayı umumiye; halk oylaması; halkın reyine müracaat; plebisit
Plenarentscheidung f • içtihat birleştirme kararı; tevhidi içtihat kararı
Plenum n • Tevhidi İçtihat Heyeti; İçtihat Birleştirme Kurulu
Pleonasmus m • söz uzatımı
Plerem n • dolubirim

Mesleki Terimler Sözlüğü

Plombe f • kurşun mühür
plombieren • kurşunla mühürlemek
Plosiv m • patlamalı
Plural m • çoğul
Pluralismus m • çokçuluk
Plurilingualismus m • çokdillilik
plus • artı
Plus n • artanı; artış; fazlası
Plutokratie f • plütokrasi
plündern • yağma etmek
Plünderung f • yağma; yağmacılık
Poetik f • yazınbilim
poetische Funktion f • yazın işlevi; yazınsal işlev
Polemik f • polemik; tartışma
polemisieren • polemik yapmak; tartışmak
Police f • poliçe; sigorta poliçesi
Police f mit Wertangabe f • takselenmiş sigorta poliçesi
Police ohne Wertangabe f • değerlendirilmemiş sigorta poliçesi
Policeinhaber m • poliçe hamili
Policendarlehen pl. n • poliçe karşılığı verilen krediler
Politik f • politika; siyaset; tutum
Politikum n • politik konu; siyasal hareket
politisch • politik; siyasi
politisch Verfolgter m • siyasi suçlu
politische Anschauung f • siyasi görüş
politische Erziehung f • siyasal eğitim
politische Freiheit f • siyasi hürriyet
politische Gleichberechtigung f • siyasi eşitlik; siyasi müsavat
politische Partei f • parti; siyasi parti
politische Rechte pl. n • siyasi haklar
politische Wissenschaften pl. f • siyasal bilimler
politischer Flüchtling m • siyasi mülteci
politisches Delikt n • siyasi suç
politisches Verbrechen n • siyasi suç
politisches Vergehen n • siyasi suç
Polizei f • kolluk; kolluk kuvveti; polis; zabıta
Polizeibeamter m • polis memuru
Polizeigewalt f • polisin güç kullanma yetkisi
polizeilich • inzibati; polisçe
polizeiliche Abmeldung f • resmi makama adresinden ayrılacağını bildirme

polizeiliche Anmeldung f • ikamet beyannamesi
polizeiliche Massnahmen pl. f • inzibati tedbirler
Polizeipräsident m • emniyet müdürü
Polizeipräsidium n • emniyet müdürlüğü
Polizeirevier n • polis merkezi; polisin görev bölgesi
Polizeistaat m • polis devleti
Polizeistrafen pl. f • idari cezalar; zabıta cezaları
Polizeiwache f • karakol
Polyandrie f • çok kocalılık
Polygamie f • çok eşlilik; çok kadınla evlenme
polysem • çokanlamlı
Polysemie f • çokanlamlılık
Polysyndeton n • çokbağlaçlılık
polysynthetische Sprachen pl. f • çokbireşimli diller
Polytechnikum n • politeknik okul
polytechnisch • politeknik
Pool n • faaliyet ve çıkarların birleştirilmesi
Pool n • stok
Poolvertrag m • faaliyet ve çıkarların birleştirilmesi sözleşmesi
populär • popüler
pornographisch • müstehcen
pornographische Schriften pl. f • müstehcen yazılar
Portefeuille n • cüzdan; menkul değerlerin tümü; evrak cüzdanı; portföy; senedat cüzdanı
Portefeuilleinvestition f • portföy yatırımı
Porto n • posta ücreti
portofrei • posta ücretinden muaf
Portokasse f • eldeki para; küçük kasa
Portotarif m • posta ücretleri tarifesi
Position f • durum; hal; pozisyon
positiv • müspet; olumlu; pozitif
positive Anpassung f • olumlu uyum
positiver Kompetenzkonflikt m • icabı ihtilaf; icasi ihtilaf
positiver Transfer m • olumlu geçiş
positives Interesse n • müspet zarar ziyan; müspet zarar ziyan
positives Recht n • mevzu hukuk; müspet hukuk

Fachwörterbuch

Positivismus m • olguculuk; pozitivizm; zilyetlik
Possesiv n • iyelik öğesi
Possesivsuffix n • iyelik eki
possessorisch • zilyetlikle ilgili
Post f • posta
Postamt n • postahane
Postanweisung f • havale emri; posta havalesi
Postauftrag m • posta ile tahsil emri
Postbeamter m • postacı
Postbestellung f • posta ile mal alım satımı
Postbriefkasten m • posta mektup kutusu
Postdampfer m • posta vapuru
Posteinlieferungsschein m • posta makbuzu
Posteinzahlung f • posta havalesi
Posten m • görev; hesap; iş; kalem; kayıt; madde; memuriyet
Posten pl. m unter dem Strich n • nazım hesaplar
Postfach n • posta kutusu
Postgebühren pl. f • posta ücretleri
Postgeheimnis n • haberleşmenin gizliliği; muhaberat sırrı; muhabere hürriyeti
Postkreditbrief m • posta idaresi kredi mektubu
postlagernd • postrestan
Postlaufkredit m • kurye kredisi
Postleitzahl f • bölge posta numarası; posta kodu
Postliminium n • postlimini
Postmarke f • posta pulu
Postnachnahme f • ödemeli irsalat
postnumerando • dönem sonunda ödenebilir
Postpaket n • posta paketi
Postpalatal m • artdamaksıl
Postposition f • ilgeç
Postscheck m • posta çeki
Postscheckamt n • posta çeki dairesi
Postscheckkonto n • posta çeki hesabı
Postscheckverkehr m • posta çekleri ile ödeme veya havale
Postschliessfach n • posta kutusu
postsekundäre Bildung f • ortaöğrenim sonrası eğitim

Postskriptum n • mektuba yapılan ekleme; not
Postsparkasse f • posta biriktirme sandığı
Posttarif m • posta tarifesi
Postulat n • iddia; istem; kabulü gerekli olan esas; poslulat; postülat; talep
Postverkehr m • posta ulaştırması
Postverwaltung f • posta idaresi
Postzahlungsverkehr m • posta çeki ile transfer sistemi
Potential n • güç; kapasite; potansiyel
potenzieren • güçlendirmek; takviye etmek
Potestativbedingung f • iradi şart
Powel n • güç satılan mal
Prädikat n • yüklem
Prädikation f • yüklemleme
Präfekt m • vali
Präferenz f • öncelik; tercihli işlem
Präferenzzoll m • imtiyazlı gümrük resmi
Präfix n • önek
Pragmalinguistik f • edimdilbilim
Pragmatik f • edimbilim
pragmatische Komponente f • edimsel bileşen
Pragmatismus m • pragmacılık
Prägung f • damgalama; karakter; para basma; tip
Präjudiz n • kazai içtihat
präjudiziell • esas davayı etkileyecek ehemmiyette
präjudizielles Rechtsverhältnis n • meselei müstehhire
präjudizieren • kararı etkilemek
Präjudizierung f • hakkın düşmesi; hakkın sukutu
Präjudizierungsfrist f • müddet; ıskat edici
Präklusion f • hakkın düşmesi; hakkın sukutu
Präklusivfrist f • hakkı düşüren müddet; ıskat edici müddet
Praktik f • kılgı
Praktikant m • stajyer
Praktiker m • pratisyen, uygulayıcı
Praktikum n • staj
praktisch • kılgısal
praktische Fächer pl. n • uygulamalı dersler

587

Mesleki Terimler Sözlüğü

praktische Intelligenz f • kılgın zeka
praktischer Kindergarten m • uygulama anaokulu
praktisches Gewerbe n • uygulamalı sanatlar
Präliminarfrieden m • ön barış
Präliminarien pl. n • diplomatik ön görüşmeler
präliminieren • bütçe tahmini yapmak
Prämie f • dış ticarette kur farkı; ikramiye; prim; prim kazancı; tazminat; ücretlerde ikramiye
Prämie f für schnelle Löschung f • hızlı yükleme pirimi
Prämienanleihe f • primli tahvil
Prämienanteil m • prim hissesi
Prämienerklärungstag m • ilk tasfiye günü
prämienfrei • prim ödenmeyen sigorta; primden muaf
Prämienfreiheit f • prim hakkından vazgeçme
Prämiengeschäft n • primli işlem; primli muamele
Prämiengeschäft n • vadeli işlerde prim usulü
Prämiengutschrift f • prim tenzilatı
Prämienjäger m • ihtiyaçtan fazla menkul kıymet alan
Prämienlohn m • çalışma primi
Prämienquittung f • prim makbuzu
Prämienreservefonds pl. m • riyazi ihtiyatlar
Prämiensatz m • prim haddi
Prämienschein m • prim hissesi; primli tahvil
Prämiensparvertrag m • primli tassaruf hesabı
Prämienüberträge m pl. • cari muhataralar ihtiyatı
prämieren • ikramiye vermek
prämiieren • prim vermek
Pranger m • teşhir
pränumerando • vade başında ödenebilir
Präposition f • ilgeç
Präsens n • şimdiki zaman
Präsentant m • ibraz eden
Präsentation f • arz; ibraz; teklif

Präsentation f zum Akzept n • kabul için ibraz
Präsentation f zur Zahlung f • ödeme için ibraz
Präsentationsfrist f • ibraz süresi
präsentieren • arz etmek; sunmak; teklif etmek
Präsident m • başkan
Präsidialgewalt m • devlet başkanının hak ve yetkileri
Präsidialregierung f • reislik hükümeti
präsidieren • başkanlık etmek; reislik etmek
Präsidium n • başkanlık; başkanlık makamı
präskriptiv • kuralcı
Präsupposition f • önvarsayım
Präterition f • sözaçmazlık
Prävention f • önleme; tedbir alma
präventiv • ihtiyati; önleyici
Präventivakkord m • konkordato
Präventivhaft f • ihtiyati tevkif
Präventivmassnahme f • ihtiyati tedbir
Praxis f • pratik; tecrübe; uygulama; kılgı
Präzedenz n • misal; örnek
Präzedenzfall m • emsal; olay
Preis m • bedel; fiyat; kıymet; piyasa rayici; semen; ücret
Preis m bei sofortiger Lieferung f • ani alım fiyatı
Preis m der für eine vorzeitig kündbare Anleihe f zu entrichten ist • tahvil itfasına esas olan değer
Preisabschätzung f • fiyat biçme; fiyat takdiri
Preisabschlag m • fiyat indirimi
Preisabschöpfung f • fiyat ayarlaması
Preisabweichung f • fiyat farkı; standart fiyatla fiili fiyat arasındaki fark
Preisanhebung f • fiyatları yükseltme
Preisaufschlag m • fiyat ilavesi
Preisauftrieb m • fiyatlarda yükselme eğilimi
Preisberuhigung f • fiyatlarda istikrar eğilimi
Preisbildung f • fiyat oluşumu; fiyat oluşumu
Preisbindung f • fiyat istikrarı; fiyat kararlılığı; fiyat kontrolü; fiyat tespiti

Fachwörterbuch

Preisdifferenz f • fiyat farkı
Preisdiskriminierung f • farklı fiyatlar isteme; fiyat farklılaştırması
Preisdruck m • fiyatların düşmesine yardım baskı
Preiseinbruch m • geniş ölçüde fiyat indirimi
Preisentwicklung f • fiyat teşekkülü
Preisermässigung f • fiyat indirimi
Preisfestsetzung f • fiyat tespiti; fiyatlama
Preisführer m • fiyat lideri; fiyat öncüsü
Preisgabe f • açıklama; ifşa
Preisgabe f von Staatsgeheimnissen pl. n • devlet sırlarını açıklama
preisgeben • ifşa etmek
Preisgefälle n • fiyat farkı
Preisgefüge f • fiyat yapısı
Preisgestaltung f • fiyat oluşumu; fiyat teşekkülü
Preisgestellung f • fiyatlandırma
Preisgleitklausel f • değişken fiyat; fiyat değişkenleri şartı; mütehavvil fiyat
preisgünstig • ucuz
Preisindex m • fiyat endeksi; fiyat indeksi
Preiskartelle pl. n • tek fiyat bağlantısına dayanan karteller
Preisklima f • fiyat atmosferi; fiyat şartları
preislich • fiyatla ilgili
Preisnachlass m • fiyat indirimi; fiyat tenzili
Preisnachlass m • fiyatın düşürülmesi; iskonto
Preisniveau n • fiyat düzeyi
Preisnotierung f • borsada kaydolunan fiyatlar
Preispolitik f • fiyat politikası
Preisquotierung f • fiyat saptaması
Preisquotierungssystem n • fiyat kotasyonu sistemi
Preisruhe f • fiyat ıstıkrarı
Preisrückgang m • fiyatlarda düşme
Preisschwankung f • dalgalanma
Preisschwankungen pl. f • fiyat dalgalanmaları
Preissenkung f • fiyatların düşmesi
Preisspiegel m • fiyat seviyesi
Preisstellung f • fiyat beyanı; fiyat tespiti; fiyatlandırma
Preisstop m • fiyatları dondurma

Preistaxe f • resmi makamlarca tespit edilen fiyat
Preistreiberei f • fiyatları aşırı olarak yükseltme
Preisunterbietung f • fiyat düşürme; fiyatları kırma
Preisüberwachung f • fiyat denetimi; fiyat kontrolü
Preisüberwachungsstelle f • fiyat kontrol dairesi
Preisverdienst-Relation f • fiyat-kazanç oranı
Preisvereinbarung f • fiyat anlaşması; fiyat sözleşmesi
Preiswelle f • fiyat yükselme dalgası
Preiswucher m • ihtikar; tefecilik; vurgunculuk
Premierminister m • başbakan
Presse f • basın; basın yayın; matbuat
Presseerzeugnisse pl. n • matbua
Pressefreiheit f • basın hürriyeti; matbuat hürriyeti
Pressegeheimnis n • basın sırrı
Pressegesetz n • Basın Kanunu
Pressekonferenz f • basın toplantısı
Presserecht n • basın hukuku; basın yayın hukuku; matbuat hukuku
Pressevergehen n • basın suçları; matbuat cürümleri
Pressewesen n • basın ve yayıncılık
Pressezwang m • basın hürriyetine konulan sınırlamalar
Prestige n • onur; prestij
Primanota f • icmal; primanota
Primärbereich m • esas faaliyetler
Primarbildung f • ilköğretim
Primärdistribution f • birinci dağıtım
Primärenergie f • esas enerji
primärer Zinssatz m • ana faiz oranı
Primärkosten pl. • direkt maliyet; dolaysız maliyet
Primärmarkt m • birinci piyasa
Primarschule f • ilkokul
Primarstufe f • ilköğretim
Primarstufeninspektion f • ilköğretim müfettişliği
Primarstufenlehrer m • ilköğretim öğretmeni
Primat n • öncelik; priorite; rüçhan

Mesleki Terimler Sözlüğü

Primawechsel m • esas poliçe
primitiv • ilkel; iptidai
primitive Erziehung f • ilkel eğitim
Prinzip n • ilke
Prinzip n • esas kural; prensip
Prinzip n der freien Beweiswürdigung f • serbest beyyine sistemi; takdiri delil sistemi
Prinzip n der gesetzlichen Beweisregeln pl. f • kanuni beyyine sistemi
Prinzip n des geringsten Aufwandes m • en az çaba ilkesi
Prinzip n: baue, betreibe, übergebe • yap, işlet, devret ilkesi
prinzipiell • esas itibariyle; prensip olarak
Priorität f • priorite; rüçhan; üstünlük
Prioritätsaktie f • imtiyazlı hisse senedi; öncelikli hisse senedi
Prioritätsanleihe f • öncelikli tahvil
Prioritätsanleihen pl. f • öncelikle ödenecek borçlar; rüçhanlı borçlar
Prioritätsgläubiger m • imtiyazlı alacaklı
Prioritätsrecht n • öncelik hakkı; rüçhan hakkı
Prioritätsrecht n • üstünlük hakkı
Prioritätsstreit m • öncelik ihtilafı
Prisengerichte pl. n • deniz muhakeme mahkemeleri
Prisenrecht n • denizde zabıt ve müsadere
privat • hususi; kişisel; özel; şahsi
Privatangelegenheit f • özel iş; özel mesele
Privatautonomie f • irade muhtariyeti
Privatautonomie f • iradenin muhtariyeti
Privatbank f • özel banka; ticari banka
Privatbankgeschäft n • özel bankacılık
Privatbuchführung f • kişinin özel işlemlerinin izlendiği kayıt tutma sistemi; özel muhasebe
Privatdiskontsatz m • özel iskonto oranı
private Vorschulerziehungseinrichtungen pl. f • Okulöncesi Özel Eğitim Kurumları
Privateigentum n • hususi mülkiyet; özel mülkiyet
Privatentnahmen pl. f • işletme sahibinin kasadan çektiği nakit
Privatgesellschaft f • özel teşebbüs; özel şirket

Privathaftpflichtversicherung f • kişisel sorumluluk sigortası
Privatindustrie f • özel teşebbüs sanayii
Privatinitiative f • özel insiyatif
Privatinteresse f • özel çıkar; şahsi menfaat
privatisieren • özel teşebbüse devretmek
Privatisierung f • özelleştirme
privative Opposition f • eksiköğeli karşıtlık
Privatklage f • şahsi dava
Privatkläger m • şahsi davada davacı
Privatkonto n • ortaklar cari hesabı; özel hesap
Privatkredit m • kişisel kredi; özel kredi
Privatperson f • özel kişi
Privatplazierung f • özel plasman
Privatrecht n • hususi hukuk; medeni hukuk
Privatrechte pl. n • medeni haklar; medeni haklar
Privatrechtsgesetzbücher pl. n • medeni kanunlar
Privatschule f • özel okul
Privatsektor m • özel sektör
Privatunternehmung f • şirket veya firma
Privatunterricht m • özel ders
Privaturkunde f • adi senet
Privatvermögen n • kişisel varlık; şahsi servet
Privatwirtschaft f • özel sektör
Privatwirtschaftslehre f • ticari işletme ekonomisi
Privileg n • ayrıcalık; imtiyaz; rüçhan hakkı
privilegieren • imtiyaz tanımak; imtiyaz vermek; imtiyaz vermek
privilegierten Gläubiger m • rüçhanlı alacaklı
prix sur place • işletme fiyatı
pro anno • yıllık
pro Einheit • birim başına
pro Hundert • yüzde
pro Jahr • yıllık
pro Kopf • insan başına; kişi başına
pro rata • hisseye göre
pro Stück n • birim başına
pro Tag m • gün başına; günlük
Probabilismus m • olasıcılık

Fachwörterbuch

Probe f • deneme; geçici; numune; numune; örnek; tecrübe; test
Probeanlage f • pilot tesis
Probeauftrag m • deneme siparişi
Probebilanz f • geçici bilanço; kati mizan; kesin mizan; mizan
Probebilanz f nach Abschluss m der Erfolgskonten pl. n • kapanış sonrası mizanı
Probebilanz f vor Abschluss der Erfolgskonten pl. n • geçici mizan muvakkat mizan
Probestellung f • deneme siparişi
Probestunde f • uygulama dersi
Probezeit f • deneme süresi
probieren • denemek; tecrübe etmek
Problem n • dava; mesele; problem; sorun
Problemkind n • sorunlu çocuk
Problemlösung f • sorun çözme
Problemlösungsmethode f • sorun çözme yöntemi
producta et instrumenta sceleris • suç eşyası
Produkt n • mahsul; mamul; mamul; ürün; verim
Produktenbörsen pl. f • emtia borsaları
Produktenhandel m • toprak ürünleri ticareti
Produktion f • çıktı; istihsal; işletmenin ürettiği mal ve hizmetler; üretim; ürün
Produktionnsspitze f • verim rekoru
produktionsabhängiges Abschreibungsverfahren n • üretim miktarına göre amortisman ayırma yöntemi
Produktionsapparat • üretim cihazı
Produktionsbericht m • üretim raporu
Produktionsbetrieb m • üretici işletme
Produktionsbudget n • üretim bütçesi
Produktionseinrichtung f • üretici donatım
Produktionsentfaltung f • üretimin yayginlaşması
Produktionsentwicklung f • üretim hareketi
Produktionsergebnis n • hasıla; üretim
Produktionsfaktor m • üretim faktörü
Produktionsgenossenschaft f • üretim kooperatifi
Produktionsgenossenschaften pl. f • istihsal kooperatifleri
Produktionsgesamtkosten pl. • sınai maliyet
Produktionsgut m • üretim malı
Produktionsgüter pl. n • üretimde kullanılan yatırım malları
Produktionskapazität f • makinenin belirli bir sürede verebileceği hizmet; üretim gücü; üretim kapasitesi
Produktionskapazität f • üretim potansiyeli
Produktionskapital n • üretici sermaye; üretim sermayesi
Produktionspotential n • üretim kapasitesi
Produktionsregeln pl. f • yeniden yazım kuralları
Produktionsreserve f • üretim kapasitesi rezervi
Produktionssteuer f • istihsal vergisi; üreticinin ödediği üretim vergisi; üretim vergisi
Produktionsstop m • üretimin sınırlandırılması
Produktionsstrasse f • üretim hattı
Produktionsumstellung f • üretim şeklinin değiştirilmesi
Produktionswirtschaft f • üretim malları sektörü
Produktivität f • üretkenlik; prodüktivite; verimlilik
Produktivkapital n • üretim sermayesi
Produktivkredit m • verimlilik kredisi
Produktpalette f • ürün çeşitliliği
Produzentenbereich m • üreticiler; üretim
produzieren • göstermek; ibraz etmek; istihsal etmek; üretmek
Professor m • profesör
Profil n • yanay
profilieren • belirlemek; belli çizgilerle anlatmak
Profit m • fayda; kar; kazanç
profitieren • kazanç sağlamak; yararlanmak
Profitrate f • kazanç; temettü
proforma • proforma; tahmini
Proformaabrechnung f • proforma hesap durumu
Proformafaktur f • proforma fatura

Mesleki Terimler Sözlüğü

Proformafaktura f • geçici fatura; proforma fatura
Proforma-Finanzberichte pl. m • proforma finansal tablolar; tahmini finansal tablolar
Proforma-Rechnung f • proforma fatura
Prognose f • istidlal; tahmin
Prognosetests pl. m • kestirim testleri
Programm n • program; sıra; tertip
Programmablauf m • rutin
Programmführer m • program kılavuzu
programmieren • proglamlaştırmak; programa koymak
programmiertes Lernen n • Programlı Öğrenim
Programminhalt m • program içeriği
Progression f • müterakki sistem
progressiv • artan; artan oranlı; gelişen; müterakki
progressive Erziehung f • ilerici eğitim
progressive Kosten pl. • artan maliyet; artan oranlı maliyetler
progressive Schule f • ilerici okul
progressive Steuer f • artan oranda vergi; müterakki vergi; mütezayit vergi
Progressivismus m • ilericilik
Progressivsteuer f • müterakki vergi
prohibitiv • yasaklayıcı
Prohibitivnormen pl. f • nehyedici hükümler
Projekt n • plan; proje; tasarı
Projektgruppe f • proje ekibi
Projektierung f • projeksiyon
Projektionsregeln pl. f • izdüşüm kuralları
projektive Technik f • yansıtıcı teknik
projektive Tests pl. m • yansıtıcı testler
Projektmethode f • tasarı yöntemi
Projektor m • gösterici
Projektvorschlag m • proje teklifi
Proklamation f • beyanname; resmi ilan; ticari mümesil
proklamieren • resmen ilan etmek
proklitisch • önesığınık
Prokura f • imza yetkisi; tevkil; ticari temsil; vekalet; vekaletname
Prokuraindossament n • tevkili ciro
Prokurist m • imza yetkilisi; ticari mümessil; vekil

Prolepse f • önleme
Proletariat n • proletarya
Prolongation f • erteleme; tehir; temdit; uzatma; vadenin uzatılması; vadeyi uzatma; yenileme
Prolongation f einer Forderung f • alacağın tehiri
Prolongation f eines Wechsels m • senedin yenilenmesi; vadenin uzatılması
Prolongation f im Reportgeschäft n • kontango işlemi; röpor
Prolongationsgebühr f • tehir faizi
Prolongationsgeschäft n • vadeli muamelelerden vadenin uzatılması; repor muamelesi
Prolongationswechsel m • temdit senedi; vadesi uzatılmış senet
prolongieren • temdit etmek; uzatmak
prolongierte Obligation f • sürekli tahvil
Promille n • binde
prompt • derhal
Promptgeschäft n • derhal teslim muamelesi
Promulgation f • resmen ilan
Promulgation f eines Gesetzes n • kanunun resmen ilanı
promulgieren • açıklamak; resmen ilan etmek
Pronomen n • adıl
Pronominalisierung f • adıllaşma; adıllaştırma
Propaganda f • yaymaca
Propaganda f • propaganda
propagieren • propaganda yapmak
Properhändler m • kendi adına ticaret yapan kimse
proportionale Kosten pl. • değişken maliyet
Proportionalwahlrecht n • akalliyetlerin temsili; nispi temsil
proportionelle Opposition f • orantılı karşıtlık
Proporzsystem n • akalliyetlerin temsili sistemi; nispi temsil
Proposition f • önerme
Pro-Rata-Zins m • ara faiz
Prorogation f • erteleme; tehir etme
prorogieren • ertelemek; tehir etmek
Prosodem n • bürünbirim

Fachwörterbuch

Prosodie f • bürün; bürünbilim
prosodisch • bürünbilimsel; bürünsel
Prospekt m • katalog; prospektüs
Prospekthaftung f • prospektüs sorumluluğu
prospektiv • öngörümlü
Prosperität f • gelişme
Prostitution f • fahişelik; fuhuş
Protektion f • himaye; koruma
Protektionismus m • himayecilik; koruma sistemi
Protektorat n • himaye altında devlet; mahmi
Protektoratsstaat m • himaye altında devlet; mahmi
Protest m • itiraz; protesto; protesto
Protest m einlegen • protesto etmek
Protest m erheben • itiraz etmek
Protest m mangels Annahme f • ademi kabul protestosu
Protest m mangels Zahlung m • ademi tediye protestosu
Protest m über Nichtzahlung f • ademi tediye protestosu; ödememe protestosu
Protestant m • Protestan
Protestgebühren pl. f • protesto giderleri
protestieren • itiraz etmek; protesto etmek
Protestkosten pl. • protesto masrafları
Protestler m • protesto eden
Protestspesen f • protesto masrafları
Prothese f • öntüreme
Protokoll n • kayıt; memorandum; protokol; rapor; tutanak; zabıtname
Protokoll n aufnehmen • protokol tanzim etmek; zapta geçirmek
Protokoll n führen • zabıt tutmak
protokollarisch • zapta geçirilmiş
protokollarisch vernehmen • sözlü ifadeyi zapta geçirmek
Protokollbuch n • protokol defteri; tutanak defteri
Protokollführer m • zabıt katibi
protokollieren • zabıt varakası tanzim etmek
Provenienz f • çıkış yeri; menşe
Provinz f • il; vilayet
Provinzdirektion f • il bayındırlık müdürlüğü
Provinzdirektion f für staatliche Erziehung f und Bildung f • il milli eğitim müdürlüğü
Provinzetat m • vilayet bütçesi
Provinzialausschuss m • vilayet daimi encümeni
Provinzialversammlung f • vilayet umumi meclisi
Provinzialverwaltung f • vilayet hususi idaresi
Provinz-Internatsschule f für die Primarstufe • Yatılı İlköğretim Bölge Okulu (YİBO)
Provinzsonderverwaltungsbudget n • il özel idaresi bütçesi
Provision f • komisyon; provizyon
Provision f aus Konsortialbeteiligung f • aracılık yüklenimi komisyonu
Provisionsguthaben n • komisyon alacakları
Provisionsvertreter m • komisyon üzerine çalışan temsilci
provisorisch • geçici; muvakkat
provisorische Police f • geçici ilmuhaber; geçici sigorta poliçesi
provisorische Sichtung f • ön seçim
provisorischer Zuteilungsbrief m • geçici tahsis mektubu
provisorisches Konto n • geçici hesap
Provokateur m • kışkırtan; müşevvik; provokatör; tahrik eden; teşvik edici
Provokation f • kışkırtma; tahrik
provozieren • kışkırmak; tahrik etmek
Prozedur f • muamele; prosedür; usul
Prozent m • yüzdelik; yüzde
Prozentsatz m • yüzde nispeti; yüzde oranı; yüzdelik
prozentual • orantılı; yüzde olarak; yüzdeli
Prozess m • süreç; dava; ihtilaf; ihtilafı
Prozess m anstrengen • dava açmak
Prozess m einleiten • dava açmak
Prozess m erneuern • davayı yenilemek
Prozess m führen • dava açmak
Prozess m niederschlagen • davayı durdurmak
Prozessabweisung f • davanın reddi
Prozessagent m • dava vekili
Prozessakten pl. • dava dosyası

Mesleki Terimler Sözlüğü

Prozessbevollmächtigter m • dava takibine yetkili vekil; temsilci; vekil
Prozessfähigkeit f • dava açma ehliyeti; dava ikamesi ehliyeti; davaya ehliyet
Prozessführer m • davayı takip eden avukat; muhakeme usulü
Prozessführungsbefugnis f • husumet
Prozessführungsrecht n • husumet
Prozesshandlung f • adli muamele
Prozesshandlungsfähigkeit f • dava açma ehliyeti; dava ikamesi ehliyeti
prozesshindernde Einrede f • beyanın değiştirilmesini yasaklayan hukuki ilke
prozesshindernde Einreden pl. • itirazatı iptidaiye; iptidai itirazlar
prozessieren • dava açmak
Prozesskosten pl. • dava masafları
Prozessordnung f • muhakeme usulü kanunu
Prozessparteien pl. f • davada taraflar; iki taraf; taraflar
Prozessrecht n • usul hukuku
Prozessrechtsfähigkeit f • adli muamele yapabilme ehliyeti
Prozessrechtsfähigkeit f • adli muamele yapabilme kabiliyeti
Prozesssache f • dava konusu
Prozessstandschaft f • davaya ehliyet
Prozessunfähigkeit f • dava açma ehliyetsizliği
Prozessverfahren n • muhakeme usulü
Prozessvergleich m • davada uzlaşma; sulh
Prozessvertreter m • dava vekili
Prozessvollmacht f • dava vekaletnamesi
Prozesszins f • nakdi davalarda faiz
Prüfattest n • muayene sertifikası
prüfen • imtihan etmek; tahkik etmek; tetkik etmek
Prüfer m • denetçi; eksper; müfettiş; mümeyyiz; murakıp; ayırtman; denetici
Prüfstelle f • muayene bürosu
Prüfung f • sınav; denetim; doğruluğunu onaylama; imtihan; kontrol; muayene; murakabe; tetkik
Prüfungsausschuss m • imtihan komisyonu; teftiş kurulu; tetkik komisyonu
Prüfungsbeihilfe f • denetim faaliyetine yardım; denetim yardımı

Prüfungsbericht m • denetçi raporu; denetim raporu
Prüfungsberichtskritik f • denetim raporunun incelenmesi
Prüfungsbestätigung f • denetim raporu
Prüfungsgehilfe m • denetim yardımcısı
Prüfungsgrundsätze pl. m • denetim ilke ve kuralları; denetim standartları
Prüfungskomission f • sınav kurulu
Prüfungsleiter m • denetim yöneticisi
Prüfungsprogramm n • sınav programı; denetim programı
Prüfungssystem n • sınav dizgesi
Prüfungswesen n • muhasebe denetimi
Prüfungszeitraum m • denetim dönemi
Pseudonym n • ismi müstear; lakap; namı müstear; takma ad
Psittakose f • papağanlık
Psychasthenie f • ruh argınlığı
Psychiatrie f • ruh hekimliği
psychisch • psikolojik; ruhi
Psychismus m • ruhsallık
Psychoanalyse f • ruh çözümlemesi
Psychodrama n • ruhsal oyun
Psychographie f • ruh yazımı
Psychohygiene f • ruh sağlığı
Psycholinguistik f • ruhdilbilim
Psychologe m • ruhbilimci
Psychologie f • ruhbilim
psychologische Betreuung f und Beratung f • rehberlik ve psikolojik danışma
psychologische Depression f • ruhsal çöküntü
psychologische Einwirkung f • manevi cebir
psychologische Klinik f • ruhbilim kliniği
psychologische Tests pl. m • psikolojik ölçme araçları; ruhsal testler
psychologischer Betreuungsdienst m • rehberlik hizmeti
psychologischer Determinismus m • ruhbilimsel gerekircilik
Psychologismus m • ruhbilimcilik
Psychometrie f • ruh ölçümü
Psychometrist m • ruh ölçümcüsü
psychomotorisch • psiko-motor
Psychopath m • ruh hastası
Psychopathie f • ruh hastalığı

Fachwörterbuch

Psychopathologie f • ruh hastalıkları bilimi
psychosexual • ruhsal-cinsel
Pubertät f • erginlik; son çocukluk
publik • aleni; herkesçe bilinen
Publikation f • ilan; yayın
Publikationsverbot n • yayın yasağı
Publikum n • efkarı umumiye; toplum
Publikumsangebot n • halka arz; satış için arz
Publikumsgesellschaft f • halka açık şirket
publikumswirksam • toplumu etkileyici
publizieren • neşretmek
publizieren • yayınlamak
Publizität f • açıklama; açıklık; aleniyet; ilan; kamuyu aydınlatma; reklam; yayınlama
Publizität f des Vereinsregisters n • dernekler kütüğü aleniyeti
Publizitätspflicht f • basın yoluyla açıklamaları zorunluluğu; bilançoları yayınlama zorunluğu
Publizitätsprinzip n • aleniyeti prensibi
Punkt m • husus; madde; nokta; puan
Punktation f • bağlayıcı olmayan ön anlaşma
punktivieren • puanlama
putativ • hukuki bir yanılgıya dayanan
Putativehe f • eşlerce geçerli sanılmasına rağmen batıl olan evlilik
Putativnotwehr f • mevhum meşru müdafaa
Put-Option f • satma opsiyonu
Putsch m • darbei hükümet; hükümet darbesi
putschen • hükümet darbesi girişiminde bulunmak
Pyrotechnik f • piroteknik

Q

Quacksalber m • doktorluk taslayan; mutatabbip; sahte doktor
Qual f • eziyet; işkence; ıstırap
quälen • işkence etmek; ıstırap çekmek
Quälerei f • ehliyet; eziyet; işkence; liyakat
Qualifikation f • beceriklilik; kalifiye olma; nitelik; vasıflandırma
qualifikatives Beiwort n • niteleme sıfatı
qualifizieren • niteliğini belirtmek; vasıflandırmak
qualifiziert • gerekli özelliğe sahip
qualifizierte Mehrheit f • mevsuf; mevsuf ekseriyet; mukayyet ekseriyet; şartlı çoğunluk
qualifizierte Stimmenmehrheit f • şartlı oy çokluğu
qualifizierte Vergehen pl. n • mevsuf suçlar
qualifiziertes Geständnis n • muhtelit ikrar; mürekkep ikrar
Qualität f • cins; kalite; nitelik
qualitativ • kaliteye ve niteliğe dair; niteliğe dair
Qualitätsbezeichnung f • kalite işareti
Qualitätszertifikat n • kalite belgesi
Qualitätszuschlag m • kalite ilavesi
Quantifikator m • niceleyici
Quantität f • kantite; miktar; nicelik
quantitativ • kantitatif; miktarla ilgili; miktarla ilgili; sayıyla ilgili
Quantitätsadverb n • ölçü belirteci
Quantitätsirrtum m • kemiyette hata; miktarda hata
Quantitätstheorie f • kemiyet teorisi
Quantitätstheorie f des Geldes n • paranın miktar teorisi
quantitave Linguistik f • nicel dilbilim
Quantor m • niceleyici
Quarantäne f • karantina
Quartal n • üç aylık süre; yılın üç aylık dönemi
Quartalsabonnement n • üç aylık abone
Quartalsdividende f • ara temettü
Quartier n • ikametgah; mesken
quasi • adeta; sanki; takriben
Quasi n • şibih cürüm

Quasidelikt n • şibih cürüm
Quasi-Geld n • para benzeri
Quasikontrakt m • şibih akit
quasi-öffentlicher Betrieb m • özel olmakla birlikte kamu yararına çalışan işletme
Quasiususfruktus n • şibih intifa
Quelle f • kaynak; memba
Quellenangabe f • başvuru kaynaklarının belirtilmesi; iktibas kaynaklarının belirtilmesi
Quellenbesteuerung f • kaynaktan vergi kesme; tahakkuk anında vergi kesilmesi
Quellensteuer f • kaynaktan kesilen vergi
Quersumme f • çapraz toplam
Quintessenz f • ana nokta; öz
quittieren • alındığını tasdik etmek; makbuz vermek; tepki göstermek
Quittung f • alındı; belge; borcun ödendiğine ilişkin belge; dekont; ibraname; makbuz

Quittungsduplikat n • makbuz koçanı
Quittungsformular n • matbu makbuz
Quittungsstempel m • senet pulu
Quorum n • nisap; yetersayı
quotal • kotaya göre; orantılı
Quotation f • kotasyon
Quote f • kota; nispet; oran; pay hisse
Quotenaktie f • nominal değerleri yazılı olmayan hisse senedi
Quotensystem n • kota sistemi
Quotenträger m • kota almış kimse
quotieren • açıklamak; bildirmek
Quotierung f • borsaya kayıtlı menkul değerlere fiyat saptanması; kota alınma; kotasyon
quotisieren • hisseleri paylaştırmak

Fachwörterbuch

R

Rabatt m • indirim; iskonto; tenzilat
Rabattmarken pl. f • alıcıya belli bir indirim sağlayan kuponlar; indirim kuponu
Rabbinat n • hahamlık
Rache f • intikam; öç
Rädelsführer m • müşevvik; sergerde
radikal • aşırı; radikal
Radikalismus m • köktencilik; radikalizm
Rahmen m • çerçeve
Rahmenabkommen n • ana anlaşma
Rahmenbedingungen pl. f • genel çerçeve koşulları
Rahmengesetz n • ana kanun; çerçeve kanun
Rahmenkredit m • blok kredi; kredi sınırı; toptan kredi
Rahmentarifvertrag m • genel toplu iş sözleşmesi; çerçeve anlaşması
Rahmenvertrag m • iskelet anlaşması
Rampe f • yükleme ve boşaltma iskelesi
Ramsch m • kaelot; mezat malı; tapon mal
ramschen • çeşitli malı götürü satın almak
Ramschmarkt m • bit pazarı
Ramschverkauf m • ucuz tasfiye satışı
Ramschware f • döküntü mallar; hurda mallar
Rand m • kenar; sınır
Randbemerkung f • derkenar; dipnot
Randtitel m • matlap
Rang m • derece; ipotekte öncelik sırası; rütbe
Rang m eines Rechts n • derece
Rangfolge f • sıra
rangmässige Einordnung f • sıralama
Rangordnung f • mertebeler silsilesi
Raritätenhändler m • kelepir ve nadir bulunan mal satıcısı
Rasse f • boy; cins; ırk
Rassenhass m • ırklar arasında kin duygusu
Rat m • danışma; heyet; konsey; kurul; meclis; müzakere; müşavir
Rat m für gegenseitige Wirtschaftshilfe f • Karşılıklı Ekonomik Yardım Konseyi
Ratazins m • ara faiz
Rate f • had; hisse; oran; pay; taksit
raten • fikir vermek; nasihat vermek; öğüt vermek
Ratenbezahlung f • taksitle ödeme
Rateneinkauf m • taksitle satın alma
Ratenkauf m • taksitle satış
Ratenkredit m • taksitle satış kredisi
Ratenrechnungen pl. f • taksit hesapları
Ratensparvertrag m • taksitle tasarruf anlaşması
Ratenvereinbarung f • taksitle ödeme anlaşması
Ratenzahlung • taksitle ödeme
Ratenzahlung f • belirli aralıklarla yapılan ödeme; taksitle ödeme
Ratenzahlungsgeschäft n • taksitle satış yapan mağaza
Ratenzahlungskredit m • taksitle satın alma kredisi
Ratgeber m • müşavir
Rathaus n • belediye
Ratifikation f • ratifikasyon; tasdik
ratifizieren • onaylamak; tasdik etmek
Ratifizierung f • ratifikasyon; tasdik
Ratio f • katsayı; oran; rasyo
Ration f • miktar; pay
rational • mantık; rasyonel
rationaler Humanismus m • ussal insancıllık
rationalisieren • rasyonelleştirmek; verimli kılmak
Rationalisierung f • ussallaştırma; rasyonalizasyon; rasyonelleştirme; üretimin rasyonelleştirilmesi
Rationalismus m • usçuluk; akılcılık; rasyonalizm
rationell • ekonomik; maksada uygun; rasyonel; verimli
Ratsversammlung f • belediye meclis toplantısı
Raub m • gasp; soygun; şaiklik; şakavet
Raubbau m • doğal kaynakların sömürülerek işletilmesi; doğal kaynakların sömürülmesi
rauben • gaspetmek
Räuber m • haydut; şaki

Mesleki Terimler Sözlüğü

Räuberbande f • eşkıya çetesi
Räuberei f • haydutluk; soygunculuk; yağma; şakavet
Raubmord m • soygun yaparken cinayet işleme
Raum m • depo; yer
Raumcharter m • geminin muayyen yerinin kiralanması; kısmi çarter
räumen • boşaltmak; tahliye temek
Raumforschung f • uzay araştırması
Raumfrachtvertrag m • çarter mukavelesi
Raumgehalt m • istiap hacmi; istiap haddi; tonaj
Räumung f • boşaltma; tahliye; tasfiye
Räumungsausverkauf m • tasfiye satışı
Räumungsfrist f • boşaltma süresi; tahliye için verilen süre
Räumungsklage f • tahliye davası
Raumwahrnehmungstests pl. m • yer algısı testleri
Rauschgift n • uyuşturucu madde
Rauschgifthandel n • uyuşturucu madde ticareti
Rauschgiftsucht f • uyuşturucu madde kullanma alışkanlığı
Rauschgiftsüchtiger m • uyuşturucu madde müptelası
Rayon f • daire; mağazada şube; reyon
reagieren • karşı gelmek; muhalefet etmek
Reaktion f • karşı koyma; tepki
real • ayni; fiili; gerçek; hakiki; maddi
Real Bill Doktrin • gerçek senet doktrini
Realakt m • fiili irade ihzarı
Realakte pl. m • fiili irade izharları
reale Vermögensgüter pl. n • maddi varlıklar
Realeinkommen n • gerçek gelir; gerçek kazanç; reel gelir
realer Devisenkurs m • reel döviz kuru
realer Punkt m • gerçek puan
Realerlös m • gerçek verim
reales Volkseinkommen n • reel milli gelir
Realinjurie f • fiili tecavüzle hareket
Realisation f • paraya çevirme
realisierbar • gerçekleştirilebilir; paraya çevrilebilir; tahakkuk ettirilebilir
realisieren • gerçekleştirmek; paraya çevirmek; tahakkuk ettirmek
realisierter Ertrag m • gerçekleşmiş hasılat
realisierter Gewinn m • gerçekleşmiş kar; realize olmuş kar
Realisierung f • gerçekleşme; tahakkuk
Realisierungsprinzip n • gerçekleşme ilkesi; tahakkuk ilkesi
Realismus m • gerçekçilik
realistische Erziehung f • gerçekçi eğitim
Realität f • gerçek; hakikat; realite
Realkapital n • hakiki sermaye
Realkauf m • hakiki satış
Realkonkurrenz f • hakiki içtima
Realkontrakt m • ayni akit
Realkontrakte pl. m • ayni akitler
Realkosten pl. • gerçek maliyet
Realkredit m • ayni kredi; ayni mallara dayanan kredi; teminatlı kredi
Realkreditinstitut n • ipotek bankası
Reallast f • gayri menkul mükellefiyeti; gayri menkul mükellefiyeti
Reallohn m • gerçek ücret; real ücret; reel ücret
Realstatut n • ayni statü
Realunion f • hakiki birleşme
Realvermögen n • gayri menkul; maddi duran varlık; taşınmaz varlık
Realvertrag m • ayni akit
Realverträge pl. m • ayni akitler
Realwert m • gerçek değer; hakiki kıymet
Realzins m • reel faiz oranı
Rechendefizit n • istatistik açık
Rechenmaschine f • hesap makinesi
Rechenschaft f • bilgi verme; hesap verme
Rechenschaft f ablegen • hesap vermek; hesaplaşmak; mesul olmak
Rechenschaftsbericht m • hesap raporu; yıllık rapor
Rechenschaftspflicht f • hesap sorumluluğu; hesap verme yükümlülüğü; mali sorumluluk
rechenschaftspflichtig • mali yönden sorumlu
Rechenschaftspflichtiger m • mali yönden sorumlu kişi
Rechentabelle f • barem
Rechenwerk n • muhasebe

Fachwörterbuch

rechnen • hesap etmek; hesaplamak; tahmin etmek
Rechnung f • fatura; hesap
Rechnung f abschliessen • hesabı kapatmak; tasfiye etmek
Rechnung f aufstellen • fatura düzenlemek; hesap düzenlemek
Rechnung f begleichen • hesabı kapatmak; tasfiye etmek
Rechnung f führen • hesap tutmak
Rechnungsabgrenzungen pl. f • yıl sonu ayarlamaları
Rechnungsabgrenzungsposten m • nazım hesap
Rechnungsabschluss m • hesabın kapatılması; hesap kesimi
Rechnungsabschluss m • yıllık hesap beyanı
Rechnungsabschnitt m • hesap dönemi; mali dönem
Rechnungsausschreibung f • faturalama
Rechnungsauszug m • dekont; hesap hulasası; hesap özeti; mizan
Rechnungsbetrag m • fatura tutarı
Rechnungsbetrag m bezahlen • makbuz tutarını ödemek
Rechnungsbuch n • fatura defteri; hesap defteri
Rechnungsdefizit n • hesap açığı
Rechnungseinheit f • hesap birimi
Rechnungseintragung f • hesapların deftere geçirilmesi
Rechnungsführung f • muhasebe
Rechnungsgeld n • hesap parası
Rechnungshof m • Divanı muhasebat; Sayıştay
Rechnungsjahr n • hesap senesi; hesap yılı; mali yıl; muhasebe yılı
Rechnungslegung f • hesap verme
Rechnungslegungsgrundsätze pl. m • muhasebe ilkeleri; muhasebe standartları
Rechnungslegungspflicht f • hesap sorumluluğu; mali sorumluluk
Rechnungsperiode f • hesap devresi
Rechnungsposition f • hesap durumu
Rechnungspreis m • fatura maliyeti
Rechnungsprüfer m • denetçi; kontrolör; muhasebeci; mürakip; murakıp
Rechnungsprüfung f • denetleme; hesapların murakabesi; muhasebe denetimi
Rechnungsprüfungsausschuss m • denetçiler kurulu; denetleme kurulu
Rechnungsrat m • sayıştay mürakibi
Rechnungsrevisor m • denetçi
Rechnungsstelle f • muhasebe dairesi
Rechnungsüberschuss m • hesap fazlası
Rechnungsübersicht f • hesapların cetveli
Rechnungsvortrag m • bakiye
Rechnungswährung f • hesap parası
Rechnungswert m • fatura edilen değer
Rechnungswesen n • hesap işleri; muhasebe; muhasebe kuramı ve uygulaması; muhasebecilik
recht • doğru; gerçek; haklı; uygun
Recht n • adalet; hak; hukuk; kanun; yasa; yetki
Recht n auf abgesonderte Befriedigung f • tercih hakkı
Recht n auf Achtung f • mütekabil riayet hakkı
Recht n auf freie Entwicklung f • serbestçe inkişaf hakkı
Recht n auf freie Meinungsäusserung f • düşünce hürriyeti; düşünce özgürlüğü; tefekkür hürriyeti
Recht n auf freien Handel m • ticaret hakkı
Recht n auf gegenseitige Achtung f • mütekabil hürmet hakkı
Recht n auf Gleichbehandlung f • müsavat hakkı
Recht n auf körperliche Unversehrtheit f • sağlık dokunulmazlığı hakkı
Recht n auf Unabhängigkeit f • hakimiyet hakkı
Recht n auf Verteidigung f • müdafaa hakkı
Recht n auf Waffengebrauch m • silah kullanma hakkı
Recht n beugen • hakkı ihlal etmek
Recht n der Flagge f • bayrak esası
Recht n der internationalen Verwaltung f • devletler arası idare hukuku
Recht n der Schuldverhältnisse pl. n • borçlar hukuku
Recht n des Prozessgerichtes n • mahkemenin kanunu

Recht n des Vertragsabschussortes m • akit yeri kanunu
Recht n sprechen • karar vermek
Recht n und Billigkeit f • nasafet kaideleri
Recht n wahrnehmen • hak iddia etmek
Recht n zubilligen • haktan yararlandırmak
Recht n zuerkennen • haktan yararlandırmak
Recht n zum Selbsthilfeverkauf m • satma hakkı
Rechte pl. n • haklar
Rechte pl. n des Kindes n • çocuğun hakları; çocuk hakları
Rechte pl. n verwirken • hakları kaybetmek
rechtens • hukuken; yasal olarak
rechtfertigen • haklı çıkarmak
rechtfertigende Gründe pl. m • muhik sebepler
Rechtfertigung f • doğrulama; haklı çıkarma; haklılığını ispat etme; meşruiyet; suçsuzluğunu ispat etme; yasallık
Rechtfertigungsgründe pl. m • esbabı mazeret; mazeret sebepleri
rechtlich • haklı; hukuki; yasal
rechtlich erhebliche Tatsache f • hukuki fiil; hukuki hadise
rechtlicher Zusammenhang m • hukuki ittisal
Rechtlichkeit f • hakkaniyet
rechtlos • haksız; kanuni haklardan mahrum edilmiş kimse; yasal haklardan mahrum; yolsuz
Rechtlosigkeit f • anarşi; haksızlık; kanuni haklardan mahrumiyet; yasal haklardan mahrumiyet; yolsuzluk
rechtmässig • haklı; meşru; yasal
rechtmässiger Anspruch m • meşru talep
Rechtmässigkeit f • kanuniyet; meşruiyet; meşrutiyet; yasallık
Rechts und Handlungsfähigkeit f • medeni ehliyet
Rechtsabteilung f • hukuk müşavirliği
Rechtsabteilung f einer Behörde f • muhakemat müdürlüğü
Rechtsangelegenheit f • dava konusu; hukuki mesele
Rechtsansicht f • ilmi içtihat

Rechtsanspruch m • hukuki talep
Rechtsanwalt m • avukat; hukuki danışman
Rechtsanwaltskammer f • baro
Rechtsanwaltsliste f • avukatlar levhası
Rechtsanwaltsordnung f • Avukatlık Kanunu
Rechtsanwendung f • kanunun tatbiki; kanunun uygulanması
Rechtsauskunft f • hukuki danışma
Rechtsausschluss m • hakkın düşmesi; hakkın sukutu
Rechtsbedingung f • yasal şart
Rechtsbegriff m • hukuki kavram
Rechtsbehelfsbelehrung f • kanuni itiraz yolları hakkında bilgi verme
Rechtsbeirat m • hukuk müşaviri
Rechtsbeistand m • hukuk danışmanı
Rechtsbelehrung f • hukuki konularda bilgi verme
Rechtsberater m • hukuk danışmanı; hukuk müşaviri
Rechtsbeugung f • kanun maddelerinin kasten yanlış tatbiki
Rechtsbrecher m • yasaları ihlal eden
Rechtsbruch m • yasaların çiğnenmesi
rechtschaftliche Willensäusserung f • hukuki tasarrufta bulunmak amacıyla yapılan irade beyanı
Rechtschreibung f • yazım
rechtsetzende Staatsakte pl. m • tanzim edici devlet muameleleri; tanzim edici devlet tasarrufları
rechtsfähig • medeni haklardan istifade edebilir
rechtsfähiger Verein m • hukuki ehliyeti olan dernek
Rechtsfähigkeit f • hukuki ehliyet; hukuki işlem yapabilme ehliyeti; medeni haklardan istifade ehliyeti
Rechtsfähigkeit f juristischer Personen pl. f • hükmü şahısların medeni haklardan istifade ehliyeti
Rechtsfähigkeit f natürlicher Personen pl. f • hakiki şahısların medeni haklardan istifade ehliyeti
Rechtsfall m • hukuki mesele; ihtilaf
Rechtsfolge f • hukuki netice; hukuki sonuç; hukuki statü
Rechtsfrage f • hukuki mesele

Fachwörterbuch

Rechtsgegenstand m • hak konusu
Rechtsgesamtheit f • hukuki bütünlük
Rechtsgeschäft n • hukuki; hukuki muamele; kanuna aykırı hukuki muamele; muamele
rechtsgeschäftlich • hukuki muamele ile ilgili
rechtsgeschäftliche Verfügung f • hukuki tasarruflar
rechtsgeschäftliche Willensäusserungen pl. f • hukuki muameleyi istihdaf eden irade tezahürleri
Rechtsgeschäftsfähigkeit f • mukavele ehliyeti
Rechtsgeschichte f • hukuk tarihi; hukuki eştlik
Rechtsgleichheit f • hukuki müsavat
Rechtsgrund m • hukuki neden; sebep
Rechtsgrundsatz m • hukuki prensip
Rechtsgutachten n • hukuki rapor
rechtsgültig • hukuken geçerli
Rechtsgültigkeit f • hukuka uygunluk; hukuki geçerlik; muteberiyet
Rechtshandlung f • hukuki eylem; hukuki fiil
Rechtshängigkeit f • davada muallakiyet; davanın hakim tarafından incelenmekte olması; davanın ikamesi; davanın rüyeti
Rechtshilfe f • adli yardım
Rechtsinbegriff m • hukuki bütünlük
Rechtsinhaber m • hak sahibi
Rechtsinhalt m • hakkın muhtevası
Rechtsinstitut n • hukuki müessese
Rechtsirrtum m • hukuki hata
Rechtskonflikt m • hak uyuşmazlığı
Rechtskraft f • katiyet; kaziyyei muhkeme; kesin hüküm
rechtskräftig • hukuken kesinleşmiş; kesinleşmiş
rechtskräftige Entscheidung f • katileşmiş karar; kesinleşmiş karar
rechtskräftiges Urteil n • kesin karar; kesinleşmiş hüküm
Rechtskunde f • hukuk bilgisi
Rechtslage f • hukuki durum; hukuki vaziyet
Rechtslehre f • ilmi içtihat
Rechtsmängel pl. m • hukuki ayıplar

Rechtsmängelhaftung f wegen Eviktion f • zapta karşı teminat
Rechtsmissbrauch m • hakkı kötüye kullanma; hakkın suiistimali
Rechtsmittel n • kanun yolları; temyiz; yasal yollar
Rechtsmittel pl. n • kanuni yollar
Rechtsmittelbelehrung f • kanuni itiraz yolları hakkında bilgi verme
Rechtsnachfolge f • hakta halefiyet; halefiyet
Rechtsnachfolger m • halef
Rechtsnorm f • hukuk kaidesi; hukuk kuralı
Rechtsnormenkollision f • hakların telahuku
Rechtsobjekt n • hakkın konusu; hakkın mevzuu; mal
Rechtsordnung f • hukuk düzeni; hukuk nizamı
Rechtspflege f • kaza; yargı
Rechtsphilosophie f • hukuk felsefesi
rechtsprechende Gewalt f • kaza fonksiyonu; kaza kuvveti; yargı erki
Rechtsprechung f • kazai içtihat; yargı
Rechtsquellen pl. f • hukukun kaynakları
Rechtssache f • dava konusu; hukuk işi; hukuki mesele
Rechtssache f dem Rechtsanwalt m übergeben • hukuki bir meseleyi avukata vermek
Rechtssatz m • hukuk kaidesi; hukuk kuralı; hukuki kaide; hüküm
Rechtsschutz m • hukuki himaye
Rechtsschutzanspruch m • dava hakkı
Rechtsschutzversicherung f • hukuki yardım sigortası
Rechtsspruch m • ilam
Rechtsspruch m • kararın tefhimi
Rechtsstaat m • hukuk devleti
Rechtsstellung f • hukuki durum
Rechtsstreit m • dava; hukuki mesele
Rechtssubjekt n • hak sahibi; hukuk süjesi; süjesi
Rechtssystem n • hukuk sistemi
Rechtstatsache f • hukuki fiil; hukuki hadise
Rechtstatsachenforschung f • hukuki hadisenin tahkiki

Mesleki Terimler Sözlüğü

Rechtstheorie f • ilmi içtihat
Rechtsunfähigkeit f • hukuki ehliyetsizlik
rechtsungültig • geçersiz; hukuken hükümsüz olan
Rechtsungültigkeit f • hükümsüzlük
Rechtsübergang m • hakkın intikali
Rechtsübergang m kraft Richterspruch m • kazai temlik
Rechtsübergang m von Gesetzes n wegen • intikal
rechtsverbindlich • kanunen bağlayıcı
Rechtsverbindlichkeit f • hukuki taahhüt
Rechtsverdrehung f • kanunsuz muameleyi kanuni yoiiarla örtbas etmeye çalışma
Rechtsverfahren n • muhakeme usulü
Rechtsvergleichung f • mukayeseli hukuk
Rechtsverhältnis n • hukuki ilişki; hukuki münasebet
Rechtsverletzung f • bozma; hakkı ihlal etme; hukukun ihlali; yasaların çiğnenmesi
Rechtsvermutung f • kati karine
Rechtsverordnung f • nizamname; tüzük
Rechtsvertreter m • hukuki temsilci
Rechtsverweigerung f • ihkakı haktan çekinme; ihkakı haktan imtina
Rechtsverwirkung f • hakkın düşmesi; hakkın sukutu
Rechtsvorbehalt m • kanunlara uygunluğu saklı tutma
Rechtsvorgänger m • öncel; selef
Rechtsvorschlag m • itiraz
Rechtsvorschrift f • hüküm; kanun hükmü
Rechtsweg m • yasal yol
rechtswidrig • gayrimeşru; illegal; yasal olmayan; yasalara aykırı
rechtswidrige Absicht f • hile
rechtswidrige Beschlagnahme f • haksız olarak el koyma
rechtswidrige Handlung f • yasadışı davranış
rechtswidriger Waffengebrauch m • kanunsuz silah kullanma
rechtswidriges Handeln n • kanuna aykırı işler yapma; kötüye kullanma
Rechtswidrigkeit f • hukuka aykırılık
Rechtswirkung f • hukuki netice
Rechtswissenschaft f • hukuk ilmi

rechtswissenschaftliche Fakultät f • hukuk fakültesi
Rechtszustand f • hukuki durum
Rechtszwang m • hukuki zorlama
rechtzeitig • tam zamanında; uygun zamanda
red clause Akkreditiv n • kırmızı kayıtlı akreditif
Rede f • söylem; hitap; ifade; müzakere; söz
Redeerwähnung f • dolaylı
Redefreiheit f • fikrini açıklama hürriyeti
Redekunst f • söyleyim
reden • beyan etmek; ifade etmek; müzakere etmek; söylemek
Redensart f • deyim
Rediskont m • reeskont; yeniden iskonto
rediskontieren • reeskont etmek
Rediskontierung f • mükerrer iskonto; reeskont; reeskont etme; yeniden iskonto etme
Rediskontierungskredit m • reeskont kredisi
Rediskontierungskurs m • reeskont oranı
Rediskontkredit m • reeskont kredisi
Rediskontpapier n • reeskont edilebilir senet veya bono
Rediskonttitel m • reeskont edilmiş bono
Rediskontzusage f • reeskont taahhüdü veya kolaylığı
redlich • itimat edilir; namuslu
Redner m • konuşmacı
Reduktion f • azaltma; indirgeme
Redundanz f • artıkbilgi
Reduplikation f • ikileme
reduzierbar • azaltılabilir; indirgenebilir
reduzieren • azaltmak; indirgemek
Reeder m • armatör; donatan; gemi sahibi
Reederei f • donatma; donatma iştiraki; gemi donatma; gemi sahibi firma; gemicilik; gemicilik şirketi
Reedereiagent m • gemicilik acentesi; nakliye acentesi; sevkiyat acentesi
Reedereigewerbe n • donatma
Reederhaftung f • donatanın mesuliyeti; donatanın sorumluluğu
reell • doğru; gerçek; güvenilir
Reexport m • reeksport
Refaktie f • tenzili paha

Fachwörterbuch

Referat n • rapor
Referendum n • halk oylaması; referandum
Referent m • eksper; rapor sunan; raportör; gönderge
referentiell • göndergesel
referentielle Funktion f • gönderge işlevi; gösterim işlevi
Referenz f • referans; tavsiye; gönderme
Referenzbank f • referans bankası
Referenzeinheit f • kaynak ünite
Referenzjahr n • esas; esas alınan yıl
Referenzmaterial n • kaynak gereç
Referenzperson f • kaynak kişi
referieren • rapor vermek
refinanzieren • finansmanı karşılamak için finansman sağlamak; finansman ile etme
Refinanzierung f • mevcut borcu ödemek için hisse senedi çıkarma; mevcut borcu ödemek için tahvil çıkarma; yeniden finansman
Refinanzierung f zur Schuldablösung f • borcu ödemek için yeniden borçlanma; tahvil borcunu ödemek için yeniden tahvil çıkarma
Refinanzierungsgeschäft n • merkez bankası reeskont işlemi
Refinanzierungshilfe f • merkez bankası mali yardımı; reeskont yolu ile yapılan yardım
Refinanzierungskredit m • reeskont kredisi
Reflation f • reflasyon
Reflektant m • muhtemel alıcı
Reflexiv n • dönüşlü çatı
reflexives Verb n • dönüşlü eylem
Reflexivierung f • dönüşlüleşme; dönüşlüleştirme
Reflexivpronomen n • dönüşlü adıl
Reform f • düzenleme; reform; ıslah
reformieren • düzeltmek; ıslah etmek
Reformismus m • iyileştirmecilik
Regel der Sittlichkeit f • ahlak kaidesi
Regel f • kaide; kural; usul
Regelbedarf m • yasaların ön gördüğü hayat standardı
Regelfall m • mevzuata uygun durum; normal durum

Regelleistung f • sigorta kurumunca yapılması gereken asgari yardımlar
Regellohn m • işgörmezlik durumunda işverence ödenen ücret
regellos • intizamsız; kaidesiz; kuralsız; usulsüz
regelmässig • kurallı
regelmässig • düzgün; muntazam; periyodik
regelmässige Prüfung f • belirli aralıklarla gerçekleştirilen denetim; periyodik denetim
regelmässige Verjährungsfrist f • içtihadi zamanaşımı
regelmässiger Verjährungsbeginn m • içtihadi zamanaşımı başlangıcı
regelmässiges Einkommen n • periyodik gelir
Regelmässigkeit f • kaide ve nizama uygunluk
regeln • ayarlamak; düzenlemek; tanzim etmek; tesviye etmek
regelrecht • hakiki; kusursuz
Regelung f • çözümleme; düzenleme; kanunla düzenleme; tanzim
Regelunterhalt m • yasal nafaka
regelwidrig • anormal; aykırı; kurallara uymayan; usulsüz; yanlış
Regelwidrigkeit f • usulsüzlük
Regens m • yönetici
Regent m • naip
Regentschaft f • niyabet
Regentschaftsrat m • niyabet meclisi
Regie f • kontrol; reji; tekel; yönetim
Regiebetrieb m • tekel; tekel işletmesi
regieren • hükmetmek; idare etmek; yönetmek
Regierenden pl. m • idare edenler; idare edilenler
Regierung f • hukümet; idare; yönetim
Regierung f als Träger m der Verwaltung f • idare edenler
Regierungsakte pl. m • hükümet muameleleri; hükümet tasarrufları
Regierungsbeschluss m • kararname
Regierungsbezirk m • il; vilayet
Regierungsblatt n • Resmi Gazete
Regierungserklärung f • hükümet programı

Mesleki Terimler Sözlüğü

Regierungserlass m • kanun hükmünde kararname
Regierungsform f • hükümet şekli; rejim
Regierungsgewalt f • hükümetin icra kuvveti
Regierungskauf m • devlet satın alması
Regierungskommissar m • komiser
Regierungslosigkeit f • anarşi; hükümetsizlik
Regierungspartei f • iktidar partisi
Regierungspräsident m • vali
Regierungsrat m • hükümet müşaviri
Regierungssitz m • başkent; devlet merkezi; hükümet merkezi
Regierungssprecher m • hükümet sözcüsü
Regierungsstelle f • resmi makam
Regierungsvorlage f • hükümet tarafından sunulan kanun tasarısı
Regierungswechsel m • hükümet değişmesi
Regieverwaltung f • müşterekül menfaa idare
Regime n • hükümet şekli; rejim
Region f • bölge; mıntıka; saha
regional • bölgesel
Regionalbank f • bölgesel banka
regionale Schule f • bölge okulu
Register n • kütük; sicil
Registeramt n • sicil müdürlüğü
registered representative • kayıtlı temsilci
registered trader • kayıtlı tüccar
Registerführer m • kayıt memuru
Registergericht n • sicil mahkemesi; sicilli ticaret mahkemesi
Registerkonto n • bloke hesap
Registerpfandrecht n • tescilli rehin
Registertonnengehalt m • tescilli tonilato hacmi
Registrator m • tescil memuru
Registratur f • kayıt ve tescil; sicil kalemi
Registratursystem n • belgelendirme sistemi
registrieren • işaret etmek; kaydetmek; tescil etmek
Registrierhafen m • bağlama limanı; sicil limanı
registriert • tescil edilmiş

Registrierung f • kayıt; tescil
Reglement n • talimatname; yönetmelik
reglementarisch • yönetmeliğe uygun olarak
reglementieren • düzenlemek; yönetmelikle düzenlemek; yönetmelikte kontrol etmek
Reglementierung f • resmi makamlarca denetim ve gözetim
Regress m • rücu; tazmin talebi
Regressanspruch m • borcu kefil veya cirantadan isteme hakkı; rücu hakkı; rücu istemi; rücu talebi
Regressat m • kendisine rücu edilen borçlu
Regression f • gerileme
regressive Abschreibung f • azalan tutarlar ile amortisman ayırma
regressive Kosten pl. • üretim arttıkça azalan maliyet
regressive Steuer f • azalan oranlı vergi; matrah arttıkça oranı aynı kalan vergi; matrah arttıkça oranı azalan vergi
Regressklage f • rücu davası
Regresspflicht f • tazmin yükümlülüğü
Regressrecht n • rücu; rücu hakkı
regulär • düzgün; kaide ve kurallara uygun; nizama uygun
Regulativ n • dahili nizamname; iç tüzük
regulierbar • düzenlenebilir; tanzim edilebilir; düzeltmek
regulieren • tanzim etmek
Regulierungsabkommen n • tasviye anlaşması
Rehabilitation f • rehabilitasyon
Rehabilitation f des Gemeinschuldners m • itibarın yerine gelmesi
rehabilitieren • eski durumuna getirmek; yasaklanmış haklarını iade etmek
rehabilitierter Konkursschuldner m • itibarını geri almış olan müflis
Rehabilitierung f • eski durumuna getirme; memnu hakları iadesi; yasaklanmış hakların iadesi
Rehabilitierungsbeschluss m bei Amtsverlust m • cevazı istihdam kararı
Reibelaut m • sürtüşmeli
reich • zengin
Reich n • imparatorluk
reichlich • bol bol; çok fazlasıyla

Fachwörterbuch

reichliche Vorgabe f • gevşek standart
Reichsmilitärgericht n • askeri temyiz mahkemesi
Reichtum m • servet; varlık; zenginlik
reif • hazır; olgun; olmuş
reif werden • olgunlaşma
Reife f • olgunluk
reifen • olgunlaşma
Reifeprüfung f • olgunluk sınavı
Reifeprüfung f • olgunluk imtihanı
Reifung f • olgunlaşma
Reihe f • dizi; düzen; kol; nöbet; seri; silsile; sıra
reihen • sıraya koymak
Reihenfolge f • peşisıra gelme; teselsül
Reihenfolgeverfahren n • sıraya göre yapılan işlem
Reim m • uyak
rein • arı; gerçek; hakiki; halis; hatasız; net; saf; temiz
reine Transportdokumente pl. n • temiz nakliye vesikası
Reineinkommen n • net gelir
Reinertrag m • safi hasıla; safi hasılat
reines Konnossement n • özürsüz konşimento; temiz konşimento
Reingewicht n • net ağırlık
Reingewinn m • net gelir; net kar; safi kar
Reingold n • saf altın
Reinheit f • hakikilik; saflık; temizlik
Reininvestition f • net yatırım
Reinverlust m • net zarar
Reinvermögen n • net varlıklar; safi servet
reinzeichnen • konşimentoya temiz imza atmak
Reise f • seyahat; yolculuk
Reise- f und Zeitpolice f • karma sigorta poliçesi; sefer ve zaman poliçesi
Reise- und Aufenthaltskosten pl. • seyahat gideri
Reisebeteiligte pl. m • yolculukla alakalılar
Reisebüro n • seyahat acentesi
Reisecharter m • sefer üzerine çarter; trip çarter; yolculuk üzerine çarter; seyahat için gemi kiralama anlaşması
Reisechartervertrag m • yolculuk üzerine çarter

Reiseentschädigung f für Beamte m • harcırah; yolluk
Reisefreiheit f • seyahat hürriyeti
Reisegepäck n • bagaj; yolcu eşyası
Reisekosten pl. • harcırah; seyahat masrafları
Reisekosten pl. und Tagegelder pl. n • harcırah; yolluk
Reisekreditbrief m • yolcu için kredi mektubu
Reisemuster n • tüccar yolcunun numunesi
reisen • seyahat etmek; yolculuk etmek
Reisender m • yolcu
Reisepass m • pasaport
Reisepolice f • seyahat poliçesi
Reisescheck m • seyahat çeki
Reisespesen pl. • yolculuk masrafları
Reisetüchtigkeit f • yola elverişlilik; yolculuğa elverişlilik
Reiseverkehr m • turizm trafiği
Reiseversicherung f • seyahat sigortası
Reisevertreter m • seyyar temsilci veya mümessil
Reisewesen n • turizm işleri
Reisezeit f • turizm mevsimi
Reitwechsel m • sahte senet
Reklamation f • reklamasyon; şikayet
Reklame f • ilan; reklam
Reklamebüro n • reklam bürosu
Reklamekalender m • reklam için dağıtılan takvim
Reklamemacher m • reklamcı
Reklamepreis m • reklam fiyatı
Reklameverkauf m • reklam satışı; ucuz satış
reklamieren • geri istemek; reklame etmek; şikayet etmek
Rekonstruktion f • yeniden oluşturum
Rektaindossament n • poliçenin emre muharrer olmaması kaydıyla ciro edilmesi; sınırlı ciro
Rektaklausel f • emre değil şartı; poliçede "emre muharrer değildir" kaydı
Rektapapier n • nama yazılı menkul kıymet
Rektapapiere pl. n • nama yazılı senetler
Rektascheck m • ciro edilemez çek

Mesleki Terimler Sözlüğü

Rektawechsel m • ciro edilemeyen devredilemeyen poliçe; ciro edilemiyen poliçe
Rektion f • yönetme
Rektor m • rektör
Rektus m • istinaf; itiraz; temyiz
rekursiv • yinelemeli
Relation f • bağıntı; durum; ilişki; münasebet
relativ • görece
relativ • bağıntılı; izafi; nispi
relativ unerlaubte Handlung f • nispi haksız fiil
relative Konterbande f • meşrut harp kaçağı
relative Mehrheit f • nispi çoğunluk; nispi ekseriyet
relative Nichtigkeit f • nispi butlan
relative Rechte pl. n • izafi haklar; nispi haklar
relative Stimmenmehrheit f • nispi oy çokluğu
relative Unwirksamkeit f • izafi hükümsüzlük
Relativismus m • görecilik
Relativitätstheorie f • görelilik kuramı
Relativpronomen n • ilgi adılı
Relegation f • okuldan tart
relegieren • okuldan tardetmek
relevant • belirgin
relevante Kosten pl. • uygun kavramı; uygun maliyet
Relevanz f • belirginlik
Reliabilität f • güvenirlik
Religion f • din
Religion f und Ethik f • Din Kültürü ve Ahlâk Bilgisi
Religionsfreiheit f • din hürriyeti
Religionsgemeinschaften pl. f • cemaatler
Religionsgesellschaft f • dini cemaat
Religionsgesellschaften pl. • cemaatler
Religionskunde f • din bilgisi
Religionswissenschaft f • ilahiyat; teoloji
Religiosität f • dindarlık
religiös • dini
religiöse Anschauung f • dini görüş
religiöse Eidesformel f • dini yemin şekli
religiöse Erziehung f • din eğitimi
religiöse Stiftung f • dini vakıf; diyani tesis; vakıf

religiöse Trauung f • dini evlenme; dini nikah; imam nikahı
religiöser Verein m • dini dernek
religiöses Recht n • dini hukuk
Rembours m • havale; ödeme; rambursman
Remboursauftrag m • vesaik akreditifi açış talimatı
Remboursbank f • rambursman bankası
Remboursbenachrichtigung f • vesaik kredisi ihbarı
Remboursermächtigung f • vesaik kredisi açma yetkisi
Remboursgeschäft n • vesikalı muamele
Rembourskredit m • vesikalı kabul kredisi; dış ticarette sevk vesaikine karşı açılan kredi; vesikalı kredi
Remboursschuldner m • vesaik kredisinin borçlusu
Remboursstelle f • poliçelerin ödendiği banka
Remedium n • hakkı nar
Remittent m • lehdar; muhatap; ödeme emrini verip havaleyi gönderen; poliçede ilk hamil; poliçedeki birinci hamil
Remontagekredit m • sökülen tesisin yeniden kurulması için verilen kredi
Remontageobject n • yeniden kurulacak fabrika
Remuneration f • mükafat olarak verilen ücret
remunerieren • fazla ücret vermek
Rendant m • veznedar
Rendement n • randıman
Rendite f • bedel; faiz; getiri; iç verim oranı; randıman; semere; verim
Rendite f auf Verfall m • vadeye kadar olan verim
Renditenlage f • kazanç durumu
rentabel • karlı
rentabel • karançlı; verimli
Rentabilität f • karlılık; öz sermaye rantabilitesi; rantabilite; rantabilite; sermaye karlılığı; verim oranı; verimlilik
Rentabilitätsgrenze f • verimlilik sınırı
Rentabilitätsindex m • karlılık indeksi
Rentabilitätsinteresse n • belli bir verimi sağlama ihtiyacı
Rentabilitätsschwelle f • başabaş noktası; verimliliğin alt sınırı

Fachwörterbuch

Rente f • emeklilik; gelir; irat; kira; kira bedeli; rant; sigorta aylığı; sosyal sigorta aylığı
Rente f auf Zeit f • emeklilik; süre ile sınırlı sigorta aylığı
Renten pl. • iratlar; gelirler
Rentenablösung f • gelirin itfası
Rentenanleihe f • devlet tahvilleri; sürekli hükümet borcu
Rentenanspruch m • sigorta aylığı hakkı
Rentenantrag m • sigorta aylığı istemi
Rentenbank f • gayri menkul ipoteği bankası
Rentenbrief m • irat senedi
Rentenempfänger m • emeklilik maaşı alan; sigorta aylığı alan; sürekli gelir bağlanmış kimse
Rentengläubiger m • irat alacaklısı
Rentengut n • irat getiren; irat getiren mülk; mülk
Rentenleistung f • ödenen sigorta aylığı
Rentenmarkt m • esham piyasası
Rentenschuld f • irat borcu; irat senedi
Rentenschuldner m • irat borçlusu
Rentenversicherung f • irat sigortası; sosyal sigorta fonu; sosyal sigortalar
Rentenversicherungsanstalt f • sosyal sigortalar kurumu
Rentenversicherungsträger m • sosyal sigortalar mercii
rentieren • irat getirmek; kar bırakmak
Rentner m • emekli; kira geliri sağlayan kişi; özel geliri ile geçinen kişi; rantiye
Rentnerkrankenversicherung f • emeklilerin hastalık sigortası
Reorganisation f • reorganizasyon; yeniden düzenleme; yeniden örgütleme
reorganisieren • yeniden düzenlemek
Reparation f • savaş tazminatı; tamirat, tazminat
Reparatur f • onarım; tamir
Reparaturkosten pl. • tamir maliyeti; tamir masrafları
reparaturunfähiges Schiff n • tamir kabul etmez gemi
reparaturunwürdiges Schiff n • tamire değmez gemi
reparieren • tamir etmek
repartieren • bölmek; dağıtmak

Replik f • cevaba cevap; cevap aleccevap
replizieren • cevaba cevap vermek
Report m • haber; malumat
Reportage f • röportaj
Reporter m • muhabir
Reportgeschäft n • repor muamelesi
Repräsentant m • mümessil; temsilci
Repräsentanz f • mümessilik; temsilcilik
Repräsentation f • temsil
Repräsentationskosten pl. • temsil masrafları
Repräsentativ-Erhebung f • istatistik numune
repräsentieren • temsil etmek
Repressalie f • zararla mukabele
Repressalien pl. • misilleme
Repressmassregeln pl. f • zorlayıcı tedbirler
Reprise f • fiyatların tekrar yükselmesi; menkul kıymetlerin ikinci okunuşu
Reprivatisierung f • millileştirilmiş teşebbüsü özel teşebbüse devretme
reproduzieren • kopye etmek, yeniden basmak
Republik f • cumhuriyet
Republikanische Volkspartei f • Cumhuriyet Halk Partisi
Republikanismus m • cumhuriyetçilik
requirieren • el koymak; hukuki yardım talep etmek; zapt etmek
Requirierung f • el koyma; istimval
Requisition f • el koyma; hukuki yardım talebi; tekalifi harbiye; vazı yed; zapt etme
Reservat n • ihtirazi kayıt; itiraz kaydı; kayıt; mahfuz hak; önkoşul
Reserve f • ihtiyat; yedek; yedekler
Reservefähigkeit f • yedeklerin yeterliği
Reservefonds m • ihtiyat akçesi; yedek akçesi
Reserven pl. f • ihtiyatlar; karşılıklar; reservler
Reservenerhöhung f • ihtiyatlarda artış
Reservensatz m • bankaların mevduatlarının Merkez Bankasına yatırmakla yükümlü oldukları nispeti; kanuni karşılık oranı
Reservensoll n • bankaların mevduatlarının Merkez Bankasına yatırmakla yükümlü

Mesleki Terimler Sözlüğü

oldukları nispeti; kanuni karşılık oranı
Reservesatz m • mevduat munzam karşılık oranı
Reserve-Soll n • asgari rezerve meblağı; gerekli ihtiyat
Reservestellung f • ihtiyat fonuna ayırma; ihtiyat fonuna tahsis
reservieren • ihtiyat olarak saklamak; saklı tutmak
Resolutivbedingung f • infisahi şart
Resonator m • tınlatıcı
Respekt m • hürmet; itibar; saygı
respektabel • hatırı sayılır; hürmete değer
Respektfrist f • ödemeye ilişkin tanınan ek süre
respektieren • hürmet etmek; saygı göstermek
Respekttage pl. m • atifet günleri
Ressort n • daire; görev sahası; makam; yetki alanı; şube
ressortieren • sorumlu olmak
Rest m • artan miktar; bakiye; kalan
Restant m • hesap bakiyesi; satılmayan mallar
Restbestand m • artan; bakiye; bakiye stok; kalan
Restbetrag m • artan; bakiye; bakiye meblağ; kalan
Restbetrag m einer Rechnung f • fatura bakiyesi
Restbuchwert m • artık değer; net defter değeri
Restforderung f • bakiye alacak
restituieren • iade etmek
Restitution f • iade
Restitutionsklage f • istirdat davası; yenileme davası
Restkaufgeld n • alım parasının bakiyesi
Restkaufgeldhypothek f • alım parası bakiyesi için konulan ipotek
Restlager n • bakiye mal deposu
restlich • bakiye; kalan
Restquote f • garame hissesi; konkordato alacaklılarına tanınan bakiye
Restriktion f • darlaştırma; saklı tutma; sınırlama; tahdit
Reststimmenverwertung f • akalliyetlerin temsili

Restsumme f • paranın bakiyesi
Restzahlung f • bakiyenin ödenmesi
Resultat n • netice; sonuç
resultative Aktionsart f • sonuç görünüşü
retail banking • perakende bankacılık
retardiertes Kind n • geri çocuk
Retentionsrecht n • haciz
Retentionsrecht n • hapis hakkı; rehin hakkı
Retorsion f • karşı tedbir; misilleme tedbiri; misliyle mukabele; mukabele
Retourwechsel m • kabul edilmemiş poliçe; ödenmemiş poliçe
Retroflex m • üstdamaksıl
retrospektiv • artgörümlü
retten • korumak; kurtarmak
Rettung f • koruma; kurtarma
Rettungsboot n • filika
Reue f • cayma; pişmanlık
Reuegeld n • cayma akçesi; cayma tazminatı; zamanı rücu; pişmanlık akçesi; sözleşmeden cayma tazminatı
Reukauf m • cayma hakkı olan satış
Revanche f • misilleme; öç
Revenuen pl. f • gelirler
Revers m • mukabil tazminat
Revers n • tazminat mektubu
revidieren • yeniden incelemek veya gözden geçirmek; yeniden tetkik etmek
Revidierung f • değişiklik; tadil
Revier n • alan; bölge; çevre; karakol; revir
revisibel • temyizi mümkün
Revision f • gözden geçirme; ikinci temyiz; revizyon; teftiş ve murakabe; temyiz; teshihi karar
Revisionsfrist f • temyiz müddeti
Revisionsgericht n • temyiz mahkemesi; Yargıtay
Revisor m • denetçi; müfettiş; murakıp
Revolte f • ayaklanma; isyan
Revolution f • ihtilal
revolvierendes Akkreditiv n • döner akreditif; rotatif akreditif
Rezepisse f • makbuz senedi
Rezeption f • alma; iktibas etme
Rezeption f der Gesetze pl. n • kanunların alınması; kanunların iktibası
Rezession f • resesyon

Fachwörterbuch

reziprokes Medium n • işteş çatı
reziprokes Verb n • işteş eylem
Rhema n • yorum
Rhetorik f • sözbilim
Rhythmus m • dizem
Ricambio n • retret
Richter m • hakim; yargıç
Richteramt n • hakimlik görevi
Richteranwärter m • hakim namzedi
Richterkommissar m • naip
richterlich • adli; kazai
richterliche Auslegung f • kazai tefsir
richterliche Beschlüsse m pl. • kazai kararlar
richterliche Entscheidung f • adli karar
richterliche Entscheidungen pl. f • kazai kararlar; yargılama kararları
richterliche Gewalt f • kaza fonksiyonu; kaza kuvveti; yargı erki
richterliche Rechtsfindung f • yargıcın hukuk yapıcılığı
richterliche Urteile pl. n • kazai kararlar
richterliche Verfügung f • yargılama kararları
richterliche Verfügungen pl. f • kazai kararlar
richterlicher Augenschein m • mahallinde keşif
richterlicher Beschluss m • yargılama kararları
richterlicher Eid m • resen teklif olunan yemin; resen yemin
richterlicher Haftbefehl m • mahkemece çıkartılan tutuklama emri
richterliches Ermessen n • hakimin takdir hakkı; hakimin takdiri
richterliches Ermessen n • yargıcın takdir hakkı
richterliches Prüfungsrecht n • hakimlerin kanunları murakabe hakkı
richterliches Urteil n • kazai hüküm; yargılama kararları
Richterspruch m • hüküm; karar
Richterverantwortlichkeit f • hakimlerin mesuliyeti; yargıçların mesuliyeti
richtig • doğru; hatasız
richtiger Preis m • adil fiyat
Richtig-Falsch-Antworttest m • doğru-yanlış testi

Richtigkeit f • doğruluk
Richtigkeitsbefundsanzeige f • mutabakat mektubu
Richtigkeitsprinzip n des Budgets n • bütçenin doğruluğu ilkesi
richtigstellen • düzeltmek; tashih etmek
Richtigstellung f • düzeltme; tashih
Richtkurs m • referans kuru
Richtlinie f • direktif; esas; prensip
Richtlinien pl. f • talimat
Richtlinien pl. f beachten • talimatlara uymak
Richtlinien pl. f erlassen • talimat ve direktif vermek
Richtmenge f • hedef alınan miktar; hedef alınan rakam
Richtpreis m • ortalama fiyat; standart fiyat
Richtsatz m • kriter; prensip; standart
Richttafel f • esas cetvel
Richtung f • akım; görüş; istikamet; yön
Richtwert m • kıstas; standart değer
Richtzahl f • kriter; kılavuz rakkam
Rimesse f • alacak karşılığı gönderilen poliçe; havale; poliçe
Ringverkehr m • çok taraflı işlemler
Risiko n • hasar; muhatara; riziko; risk; tehlike; zarar olasılığı
Risiko n eingehen • riske girmek
Risiko n übernehmen • riski üstlenmek
Risikoausgleich m • portföy dengelemesi; rizikonun taksimi
Risikomarge f • riziko marjı
Risikoprämie f • risk pirimi
Risikoverteilung f • riskin çeşitlendirilmesi; riskin dağıtımı
riskant • riskli; rizikolu; tehlikeli; zarar ve ziyan getirebilir
riskieren • tehlikeyi göze almak
Ristorno n • ristorno; rısturn
Rittratte f • retret
Ro Ro-Schiff n • Ro-ro gemisi
Robe f • kisve
roh • brüt
Rohbau m • kaba inşaat
Rohbilanz f • tahmini bilanço
Roheinnahme f • brüt tahsilat; gayrisafi hasılat
Rohenergie f • temel enerji

Mesleki Terimler Sözlüğü

Rohentwurf m • ön taslak
roher Punkt m • ham puan
Rohertrag m • brüt hasılat; brüt verim; gayri safi hasıla
Rohgewicht n • brüt ağırlık
Rohgewinn m • brüt kar; net satış karı; satış karı
Rohmaterial n • hammadde; işlenmemiş madde
Rohmaterialkosten pl. • hammadde maliyeti
Rohprodukt n • hammadde
Rohstahl m • ham çelik
Rohstoff m • hammadde
Rohstoffkosten pl. • hammade maliyeti
Rohtabak m • işlenmemiş tütün
Rohüberschuss m • gayri safi fazlalık
Rohverlust m • brüt zarar
Rohzucker m • ham şeker
rollendes Budget n • döner bütçe; sürekli olarak yeniden gözden geçirilen bütçe
Rollenspiel n • rol yaptırma
Rollgeld n • nakliye parası
Roll-over-Kredit m • döner kredi
Rollstuhl m • hasta arabası
Roter Halbmond m • Kızılay Cemiyeti
Rotes Kreuz n • Kızıl Haç; Kızılhaç Teşkilatı
Route f • güzergah; rota
Royalty • edavans
Rubrik f • hane; sütun
rubrizieren • tasnif etmek
rubriziert • yukarda belirtilmiş
Rubrum n • başlık; kategori
Ruf m • çağırma; celp; tayin
Rufname m • önad; öz ad; san
Ruhe f • asayiş; hareketsizlik; huzur; istikrar; istirahat; sessizlik; sükun
Ruhegehalt n • emekli aylığı; hastalık nedeniyle ödenen emekli aylığı; hastalık nedeniyle ödenen emekli aylığı; memur emekli maaşı, yaşlılık nedeniyle ödenen emekli aylığı
Ruhegehaltskasse f • tekaüt sandığı
Ruhegeld n • emeklilik maaşı; memur ve hizmetlerin emekli aylığı
Ruhegeldordnung f • emeklilik baremi
Ruhegenüsse pl. m • emeklilik menfaatleri

ruhen • durmak; işlememek
Ruhen n • durma; erteleme; talik
Ruhen n der elterlichen Gewalt f • velayet hakkının durdurulması
Ruhen n der Verjährung f • zamanaşımının durması
Ruhen n des Verfahrens n • talik
ruhende Gesellschaft f • faaliyet göstermeyen şirket
Ruhestand m • emeklilik; tekaütlük
Ruhestandsbeamter m • emekli memur
Ruhetag m • tatil günü
rule of idem sonans • idem sonans kuralı
Rumpfrechnungsjahr n • mali yılın bir kısmı
Run m • akma; gelme
rund • ortalama
runde Zahl f • yuvarlak rakam
Runderlass m • genelge; genelge şeklindeki emir; tamim
Rundfunkrecht n • radyo istasyonu çalıştırma hakkı
Rundreise f • teftiş veya müşterileri ziyaret gezisi
Rundreisekarte f • turist bileti
Rundschreiben n • sirküler; tamim
Rundung f • yuvarlaklaşım
Rückanspruch m • rücu hakkı
Rückäusserung f • cevap verme; görüş bildirme
Rückbehaltung f • alıkoyma; elinde tutma
Rückbehaltungsrecht n • hapis hakkı
rückbezügliches Fürwort n • dönüşlü adıl
Rückbildung f • azalma; düşme; iniş
Rückbuchung f • ristorno; ters kayıtla düzeltme
Rückbürge m • caymaya karşı kefil; rücua kefil
Rückbürgschaft f • kontragaranti; kontrgaranti; rücua kefalet
Rückbürgschaft f • tazminat mektubu
rückdatieren • eski tarih atmak
rückdecken • garanti etmek; kapamak; karşılamak
Rückdeckung f • karşılama; reasürans
Rückentwicklung f • düşme eğilimi
Rückersatz m • geri havale; tazmin
rückerstatten • geri vermek; iade etmek

Fachwörterbuch

Rückerstattung f • geri ödeme; iade; para iadesi
Rückerstattungsklage f • istirdat davası
Rückerstattungskonto n • iade hesabı
Rückfall m • aynı suçun tekrar işlenmesi; eski sahibine geri geçme; tekerrür; tekrar intikal
rückfällig • tekrar eden
rückfälliger Verbrecher m • sabıkalı suçlu
Rückfallrecht n • eski sahibine geri geçme
Rückfluss m • geriye akış; yeniden satın alma
Rückforderung f • geri isteme; yeniden isteme
Rückforderung f der Schenkung f • hibenin geri istenmesi
Rückforderungsklage f • hakediş davası; istihkak davası; geri alma hakkı
Rückforderungsrecht n • istirdat hakkı
Rückfracht f • dönüş navlunu; dönüş yükü; geri dönüş navlunu
Rückfrage f • karşı soru yönelterek bilgi isteme
rückfragen • sorarak bilgi istemek
Rückführung f • düşme; yeniden ödeme
Rückgabe f • geri verme; iade
Rückgabe f der Geschenke pl. n • hediyelerin iadesi
Rückgabe f des Pfandes n • rehnin iadesi
Rückgang m • geri dönme; azalma; düşme, resesyon
rückgängig • geriye yönelik
rückgängig machen • iptal etmek
rückgängig werden • hükmünü kaybetmek
Rückgängigmachung f • fesih; geri alma; iptal; kaldırma
Rückgängigmachung f der Betreibung f der Zwangsvollstreckung f • icranın iadesi
Rückgängigmachung f der Zwangsvollstreckung f • icranın iadesi
Rückgarantie f • kontrgaranti
rückgestellte Verbindlichkeiten pl. f • müeccel borç; süreli borç; uzun vadeli borçlar
rückgestellte Verbindlichkeiten pl. f • vadeli ödeme

Rückgewähr f • geri verme; iade
rückgliedern • eski durumuna getirmek
Rückgriff m • cayma; çekme; geri dönme; ödünç verme; rücu
Rückgriffsrecht n • rücu hakkı
Rückhalt m • dayanılacak yer; destek; ihtiyat
Rückkauf m • geri satın alma; iştira
rückkaufbare Aktie f • geri alınabilir hisse senedi
Rückkaufprämie f • itfa primi
Rückkaufsrecht n • geri alma hakkı; iştira hakkı; vefa hakkı
Rückkaufsvertrag m • vefa mukavelesi
Rückkaufswert m • iştira kıymeti; satın alma değeri
Rückkoppelung f • geridönüm
Rücklage f • genel yedekler; ihtiyat; ihtiyat akçesi; ihtiyat paralar; yedek; yedek akçesi
Rücklage f für zweifelhafte Forderungen pl. f • şüpheli alacaklar karşılığı
Rücklagekonto n • ihtiyat hesabı; yedek hesabı
Rücklagen pl. • ihtiyati sermaye; ihtiyatlar; yedek sermaye; yedekler; karşılıklar; reservler
Rücklagenfähigkeit f • yedeklerin yeterliliği
Rücklauf m von Aktien pl. f • hisse senetlerinin geri satın alınması
rückläufig • düşen
rückläufige Konjunktur f • düşen konjunktür
Rücklieferung f • iade
Rücklieferungen pl. f • satış iadeleri
Rücklieferungen pl. f und Abzüge pl. m • iade ve indirimler
Rücknahme f • geri alma; geri satın alma sözleşmesi; istirdat; röpor
Rücknahme f des Testaments n • vasiyetnamenin geri alınması
Rücknahmepreis m • geri ödeme fiyatı; itfa fiyatı
Rücknahmerecht n • geri alma hakkı; istirdat hakkı
Rücknahmeverpflichtung f • geri satın alma yükümlülüğü
Rückprämie f • iade primi

Rückrechnung f • iade hesabı
Rückschein m • iade kartı
Rückschlag m • boşanma halinde malların tasfiyesinde ortaya çıkan eksiklik; fiyatların yükseldikten sonra düşmeye başlaması
Rückschreiben n • yazılı cevap
rückschreitende Methode f • dolaylı yöntem
Rückschritt m • gericilik; irtica
rückschrittlich • gerici; irticai
Rückseite f • arka sayfa; arka yüz
rückseitig • arka tarafta bulunan
rückseits • arka taraftaki
rücksenden • geri göndermek; iade etmek
Rücksendung f • geri yollama; iade
Rücksicht f • itibar; riayet; saygı
Rücksichtnahme f • riayet etme; saygı gösterme
Rückstand m • azlık; eksiklik; gecikme; tedahülde kalma; yetersizlik
Rückstände pl. m • vadesi gelmiş ödenmemiş borçlar
rückständig • arta kalan; bakaya; geri kalan; geride kalan; henüz ödenmemiş; kaptılmamış
rückständige Dividende f • birikmiş kar payları
rückständige Steuern pl. f • bakaya; geçmiş dönemlere ait ödenmemiş vergiler; mütedahil vergi
rückständige Zahlung f • geçi'miş ödemeler; vadesi geçmiş ödeme
rückständige Zinsen pl. m • zamanında ödenmemiş faiz
Rückstau m • yığılma
Rückstellung f • ihtiyat; yedek olarak ayrılan meblağ; şüpheli alacaklar karşılığı
Rückstellung f für dubiose Forderungen pl. f • şüpheli alacaklar karşılığı
Rückstellung f für Risiken pl. n • muhtemel zararlar karşılığı; olağanüstü zararlar karşılığı
Rückstellung f für Selbstversicherung f • dahili sigorta karşılığı; işletmenin kendisinin ayırdığı sigorta karşılığı
Rückstellungen pl. f • karşılık
Rückstellungskonto n • ödenekler hesabı
Rückstellungssatz m • karşılık oranı

Rücktratte f • karşıt poliçe
Rücktritt m • cayma; çekilme; fesih; istifa; rücu; vazgeçme
Rücktritt m • çekilme; istifa
Rücktritt m vom Amt n • çekilme; feragat; istifa
Rücktritt m vom Vertrag m • akitten rücu
Rücktrittsfrist f • cayma süresi
Rücktrittsgesuch n • istifa dilekçesi
Rücktrittsklausel f • cayma şartı
Rücktrittsrecht n • cayma hakkı; rücu hakkı
Rückvergütung f • iade
rückversichern • tekrar sigorta ettirmek
Rückversicherung f • mükerrer sigorta; reasürans; tekrar sigorta
Rückversicherungsgesellschaft f • reasürans şirketi
rückverweisen • atıfta bulunmak
Rückverweisung f • atıf; iki dereceli atıf
Rückwaren pl. f • alış iadeleri; iade edilen mallar
rückwärts • geriye doğru
Rückwärtsversicherung f • geriye yönelik sigorta
Rückwechsel m • mukabil poliçe; retret
rückwirken • makabiline şamil olmak; tepki yapmak
rückwirkend • geriye dönük; makabline şamil olan; öncesini etkileyen
Rückwirkung f • makable şumul; öncesine etki
rückzahlbar • nakden iadesi mümkün olan
rückzahlbare Obligationen pl. f • itfaya tabi tahvil
rückzahlbare Vorzugsaktie f • itfaya tabi öncelikli hisse senedi
rückzahlen • geri ödemek
Rückzahlung f • geri ödeme; itfa; ödeme; para iadesi
Rückzahlungsquotient m • faiz karşılama oranı
Rückzahlungstermin m • geri ödeme tarihi; itfa tarihi
Rückzahlungswert m • geri ödeme değeri
Rückzoll m • drawback; gümrük resminin iadesi; reddi rüsum
Rückzug m • geri çekilme

Fachwörterbuch

Rüge f • azarlama; ihtar; tevbih
Rügefrist f • İtiraz süresi
rügen • azarlamak; tevbih etmek
Rügepflicht f • ayıbı ihbar külfeti
Rükkaufswert m • geri satın alma değeri; iştira değeri
rüsten • hazırlamak; teçhiz etmek
Rüstung f • silahlanma; teçhizat
Rüstungbetrieb m • silahlanma tesisi veya fabrikası
Rüstungsbegrenzung f • silahlanma tahdidi
Rüstungsindustrie f • harp sanayii; silah endüstrisi
Rüstungswirtschaft f • silahlanma endüstrisi

S

Saal m • salon
Sab otagetätigkeit f • sabotaj faaliyeti
Sabotage f • sabotaj
Sabotageakt m • sabotaj eylemi
Saboteur m • sabotajcı
sabotieren • sabote etmek
Sachanlagen pl. f • duran varlıklar; işletmenin ayni değerleri; maddi duran varlıklar; sabit kıymet
Sachanlagevermögen n • duran varlıklar; fiziki varlık; maddi varlık; sabit varlıklar
Sachaufwendung f • ayni gider
Sachausgaben pl. f • ayni giderler; ayni masraflar; malzeme için sarfiyat
Sachausschüttung f • ayni dağıtım
Sachbearbeiter m • kısım şefi
Sachbefugnis f • husumet ehliyeti
Sachbemerkung f • esas hakkında görüş
Sachbeschädigung f • mal tahribatı; mala yapılan zarar
Sachbeweis m • maddi delil
Sachbezüge pl. • ayni irat; ayni ücret
sachdienlich • maksada uygun
Sache f • ayni; dava; ihtilaf; iş; mesele; nesne
Sacheinlage f • ayni; ayni olarak konulan sermaye; ayni olarak ödenen ortaklık payı; mal olarak koyulan sermaye
Sacheinlagen pl. f • ayni kıymetler
Sachenrecht n • ayni hak; nesnel hak
Sachenrechte pl. n • ayni haklar
Sacherklärung f • olayın açıklanması
sachfällig • mahkeme kararı ile kaybedilen
Sachform f • maddi şekil
Sachgebiet n • görev alanı
sachgemäss • faydalı; gerektiği gibi; hakikate uygun; pratik; uygun; uygun şekilde
sachgerecht • faydalı; gerceğe uygun; pratik
Sachgesamtheit f • maddi bütünlük
Sachgeschädigter m • maddi zarara uğrayan kimse
Sachgründung f • ayni katılma ile firma kurulması
Sachgüter pl. n • maddi mallar
Sachhaftung f • ayni mesuliyet; nesnel sorumluluk
Sachinvestition f • ayni malla yatırım
Sachkapital n • ayni; ayni sermaye; hakiki sermaye; malzeme olarak sermaye
Sachkapitalbildung f • hakiki sermayenin teşekkülü
Sachkenner m • eksper; mütehassıs
Sachkenntnis f • eksperlik; ihtisas
Sachkonten pl. n • değer hesapları; kişilere ilişkin olmayan hesaplar
Sachkonto n • ayniyat hesabı; kişisel olmayan hesap; sonuç hesabı
Sachkunde f • eksperlik; ihtisas
sachkundig • anlıyan; bılgılı; eksper tarafından; kompetan; uzmanca
Sachkundiger m • eksper; mütehassıs
sachkundiges Urteil n • uzman raporu
Sachlage f • durum; hal; vaziyet
Sachlegitimation f • husumet ehliyeti
Sachleistung f • ayni eda; ayni ödeme; maddi eda
sachlich • amaca uygun; doğru; hakiki; maddi; objektif; olumlu
sachliche Einrede f • esasa itiraz

Mesleki Terimler Sözlüğü

sachliche Hilfe f • ayni yardım
sachliche Leistung f • maddi eda
sachliche Zuständigkeit f • görev; konu hakkında yetki; vazife
sachlicher Schaden m • maddi zarar
sachliches Kapital n • ayni sermaye
Sachlichkeit f • gerçeğe uygunluk
Sachlieferung f • ayni ödeme; ayni teslimat
Sachlohn m • ayni olarak ödenen ücret
Sachmangel m • ayıp; malda kusur
Sachmängel pl. m • ayıplar
Sachmittel pl. n • araç gereç donanım
Sachregister n • fihrist
Sachschaden m • maddi zarar; maddi zarar ve ziyan
Sachstatut n • ayni statü
Sachverhalt m • davayla ilgili olaylar; durum; gerçekler; mevcut şartlar; vakıalar; vaziyet
Sachvermögen n • maddi mallar
Sachvermögen pl. n • maddi varlıklar
Sachversicherung f • mal sigortası; mal ve mülk sigortası
Sachverständigengutachten n • bilirkişi raporu
Sachverständiger m • bilirkişi; ehlihibre; ehlivukuf; eksper; uzman
Sachverzeichnis n • mal listesi
Sachwalter m • avukat; vekil
Sachwert m • ayni değer; fiili kıymet; gerçek değer; maddi değer; nesnel değer
Sachwertklausel f • maddi değer şartı
Sachwucher m • ihtikar; vurgunculuk
Sadismus m • sadizm
Sadist m • sadist
sadistisch • hunharca; sadistçe
Safe m • kasa; kiralık kasa
Saison f • mevsim; sezon
saisonabhängig • mevsime bağlı olan
Saisonabschlag m • fiyatlarda mevsim dolayısıyla düşme
Saisonabweichung f • mevsimden ileri gelen satış farkı
Saisonarbeit f • mevsimlik iş
Saisonarbeiter m • mevsim işçisi; mevsimlik işçi
Saisonartikel m • mevsim yılı
Saisonausverkauf m • mevsim sonu satışı

Saisonbetrieb m • mevsimlik işletme
Saisonkredit m • çevirme kredisi; mevsimlik kredi
Saisonschlussverkauf m • mevsim sonu satışı; tasviye satışı
Saisonschwankung f • mevsim dalgalanması; mevsim değişikliği; mevsim değişikliği
Salär n • aylık; maaş; ücret
Salärkonto n • maaş hesabı
Saldenbestätigung f • bakiyelerin doğrulanması
Saldenbilanz f • genel mizan; mizan
Saldenliste f • yardımcı hesaplar mizanı
saldieren • bakiyesini çıkarmak; denkleştirmek; hesabı kapatmak; hesap bakiyesini ödemek; kapatmak; tasfiye etmek; tevazün ettirmek
Saldo m • hesap bakiyesi; kalan; kalıntı; net sonuç
Saldo n • artan; bakiye
Saldoanzeige f • bakiye beyanı
Saldobetrag m • bakiye meblağı
Saldoübertrag m • bakiyenin yeni hesaba nakli
Saldovertrag m • bakiyenin devri; devreden bakiye; nakli yekün
Saldowechsel m • hesap bakiyesi ile çekilen poliçe
sale and lease back • satıp yeniden kiralama
Sammelanleihe f • müşterek ikraz
Sammelauftrag m • kolektif emir
Sammelbegriff m • topluluk adı
Sammelbuchung f • bileşik kayıt; birden fazla işlemi içeren kayıt; birleşik kayıt
Sammeldepot n • müşterek depozito
Sammeldepotkonto n • müşterek depozito hesabı
Sammelinkasso n • merkezi tahsil
Sammelkauf m • satın almanın merkezileştirilmesi
Sammelkonto n • ana hesap; ayrıntı hesaplarını özetleyen hesap; kontrol hesabı; tahsilat hesabı
Sammelladung f • beraber sevkedilecek yük; grup halinde nakliyat; konsolide nakliyat
Sammelladungsspediteur m • grupaj acenteleri

Fachwörterbuch

sammeln • toplamak
Sammelnummer f • çok hatlı santral numarası; çok hatlı telefon numarası
Sammelstelle f • tahsilat bürosu veya merkezi
Sammelstück n • müşterek hisse sertifikası
Sammeltransport m • birarada nakletme
Sammelvergehen n • müteselsil suç; zincirleme suç
Sammlung f • koleksiyon; toplama
sämtlich • bütün; tekmil
Samurai-Bonds pl. • samurai tahvilleri
Sanatorium n • sanatoryum
Sandkasten m • kum masası
Sandspiel n • kum oyunu
sanieren • iyileştirmek; yeniden teşkilatlandırmak
Sanierung f • durumun düzelmesi; düzeltme; reform; rehabilitasyon; reorganizasyon; sağlam bir duruma yeniden kavuşma; yeniden örgütleme; yeniden teşkilatlandırma
Sanierungskonzept n • rehabilitasyon tasarısı
sanitär • sıhhi; sıhhi temizlikle ilgili; sıhhat; sıhhi yardım
Sanktion f • cezai düzenleme; kabul; müeyyide; tasdik; yaptırım
sanktionieren • izin vermek; kabul etmek; müeyyideye bağlamak; tanımak; tasdik etmek; teyid etmek
Sanktionierung f • müeyyide
Satellit m • uydu
Satz m • cümle; kur; layiha; nispet; oran; tasarı; tümce
Satzanalyse f • dilbilgisel çözümleme
Satzaussage f • yüklem
Satzgegenstand m • özne
Satzglied n • önerme
Satzlehre f • tümcebilim
Satzteil m • önerme
Satzung des Vereins f • dernek tüzüğü
Satzung f • ana sözleşme; esas nizamname; iç tüzük; nizamname; statü; talimatname; tüzük; yasa; yönetmelik
Satzungsänderung f • tüzük değişikliği
satzungsgemäss • tüzüğe uygun; yönetmeliğe göre

satzungswidrig • tüzüğe aykırı
Sauglaut m • şaklamalı
Säugling m • bebek; süt çocuğu
Säuglingsalter n • bebeklik çağı
säumen • gecikmek; temerrüde düşmek
säumig • geciken; mütemerrit
Savings and Loan Associations • Tasarruf ve Kredi Birlikleri
scale order • ölçek emri
schachern • pazarlık etmek; pazarlık
Schachtelbeteiligung f • bir şirketin başka bir şirkete ortak olması; karşılıklı iştirak
Schachtelgesellschaft f • çok sayıda şirkete hakim olmak için kurulan şirket
schaden • hasar vermek; zarar vermek; hasar; kayıp; zarar; zarar ve ziyan; ziyan
Schaden m anrichten • zararı dokunmak
Schaden m decken • hasarı tazmin etmek
Schaden m erleiden • zarara uğramak
Schaden m ersetzen • zararı tazmin etmek
Schaden m verursachen • zarara sebep olmak
Schadenersatz m • tazlinat; tazminat; zarar tazminatı; zararın tazmini
Schadenersatz m durch Naturalherstellung f • eski haline getirmek suretiyle tazmin
Schadenersatzanspruch m • tazminat talebi
Schadenersatzerklärung f • tazminat mektubu
Schadenersatzklage f • tazminat davası
Schadenersatzpflicht f • tazmin mükellefiyeti
schadenersatzpflichtig • zararı tazminle yükümlü
Schadenersatzschätzung f • hasarın takdiri
Schadensanzeige f • zarar ve ziyan beyanı; zararın ihbarı
Schadensersatz m • hasar karşılığı ödenen tazminat; makdu zarar ziyan; tazminat
Schadensfall m • zarar ve ziyan hadisesi
Schadensfeststellung f • zarar ve ziyan tespiti
Schadensfreiheitsrabatt m • hasarsızlık indirimi
Schadensreserven pl. f • muallak tazminat ihtiyatları

Schadensversicherung f • zarara karşı sigorta
schädigen • zarara vermek; zararı dokunmak
Schädigung f • gabin; zarar verme
schädlich • zararlı
Schadloserklärung f • tazminat mektubu
Schadloshaltung f • tazminat; uğranılmış hasar ve kayıba ödenen maddi karşılık
schaffen • meydana getirmek; ortaya koymak; üretmek; varetmek; yaratmak
Schaffung f von Arbeitsplätzen pl. m • istihdam yaratmak
Schallnachahmung f • yansıma
schalten • bağlamak; bağıntılı yapmak; birleştirmek; bilet gişesi
Schalterbeamte m • bilet satan görevli
Schalterbeamter m • gişe memuru
Schalterdienst m • gişelerin açık bulunduğu zaman
Schalterfach n • posta kutusu
Schaltergeschäft n • gişe muamelesi
Schaltsatz m • aratümce
Schaluppe f • filika
Schankgeschäft n • içki satan dükkan
Schanksteuer f • içki resmi
scharf • keskin
Schattenkapital n • şirketin her türlü yedekleri
Schatz m • define; hazine
Schatzamt n • devlet hazinesi; hazine; hazine dairesi; İngiltere'de Maliye Bakanlığı
Schatzanleihen pl. f • hazine bonosu
Schatzanweisung f • devlet tahvili; hazine bonosu
Schatzanweisungen pl. f • devlet borçlanmaları; devlet istikrazı
schätzen • değerini takdir etmek; kıymet biçmek
Schätzer m • kıymet takdir eden memur; muhammin
Schatzfund m • define bulma
Schatzgräberei f • define arama
Schatzkammer f • devlet hazinesi
Schatzmeister m • haznedar; mali işler müdürü; veznadar
Schatzministerium n • hazine bakanlığı

Schätzpreis m • muhammen fiyat; tahmini fiyat
Schatzschein m • hazine bonosu; hazine bonosu; hazine sertifikası
Schatzschein m • hazine tahvili
Schätzung f • değerlendirme; derecelendirme; kıymet takdiri; sınıflandırma; tahmin
schätzungsweise • takriben; yaklaşık olarak
Schätzungswert m • tahmini değer
Schätzungswert m des Nachlasses m • terekenin tahmini değeri
Schatzwechsel m • hazine bonosu; hazine poliçesi
Schätzwert m • takdir edilen değer
Scheck m • çek
Scheck m mit besonderer Kreuzung f • özel çizgili çek; genel çizgili çek
Scheck m nicht an Order f • ciro edilemez çek
Scheck m ohne Deckung f • karşılıksız çek; provizyonsuz çek
Scheckbetrag m • çekte yazılı meblağ; karşılıksız çekle dolandırıcılık
Scheckbuch n • çek defteri; çek karnesi
Scheckfälschung f • sahte çek tanzim etme
Scheckheft n • çek defteri; çek karnesi
Scheckinhaber m • çek hamili
Scheckkarte f • çek kartı; kredili çek kartı
Scheckkonto n • çek hesabı
Schecksentwertung f • çek iptali
Schecksumme f • çekte yazılı meblağ
Scheckverkehr m • çekle yapılan havaleler; çekle yapılan muameleler
Scheckzahlung f • çek ile ödeme
Scheidebrief m • boşanma evrakı
Scheidegeld n • bozuk para; ufaklık para
Scheidemünze f • itibari para; ufaklık para
Scheidemünzen pl. f • bozuk para; ufaklık para
scheiden • ayırmak; boşandırmak
Scheidung f • boşanma
Scheidung f • evli çiftin ayrılması
Scheidungsgrund m • boşanma sebebi
Scheidungsklage f • boşanma davası
Scheidungsklage f einreichen • boşanma davası açmak

Fachwörterbuch

Scheidungsurteil n • boşanma kararı
Schein • sahte
Schein m • belge; ilmühaber; makbuz; senet; vesika
scheinbar • görünürdeki; görünürdeki; görünüşte; zahiri; zahiri
Scheinbeweis m • aldatıcı delil; muvazaalı delil
Scheindividende f • fiktif kar payı; gerçek olmayan kar payı
Scheinehe m • aldatıcı evlilik; muvazalı evlilik
scheinen • görünmek
Scheinexport m • hayali ihracat
Scheinfaktur f • proforma fatura
Scheinfirma f • kayıtlarda göründüğü halde gerçekte faaliyette bulunmayan firma
Scheingeschäft n • gerçek olmayan işlem; hayali işlem; muvazaa; muvazaalı işlem
Scheingewinn m • aldatıcı kar; enflasyon karı; fiktif kar; gerçek olmayan kar; kağıt üzerindeki kar; zahiri kar
Scheingrund m • aldatıcı sebep
Scheinverkauf m • gerçek olmayan satış; muazaalı satış
Scheinvertrag m • muvazaalı akit; yalancı mukavele
Scheinwechsel m • hatır bonosu
Scheitelpunkt m • en yüksek nokta
scheitern • başarısızlıkla neticelenmek
Scheitern n • karaya oturma
Schema n • taslak
Schema n • diyagram; kroki; örnek; tablo; şema
schenken • bağışlamak; hibe etmek
Schenker m • bağışta bulunan; hibe eden; yardım yapan
Schenkung f • bağış; bağışlama; hibe; teberru
Schenkungssteuer f • bağış vergisi; hibe resmi; intikal vergisi
Schenkungsurkunde f • bağış sözleşmesi; bağışlama senedi
Schenkungsversprechen n • bağışlama vaadi
Schenkungsvertrag m • bağış akdi
Schenkwirtschaft f • kabare işletmek; meyhane işletmek

Schere f • açık; boşluk
Schicht f • çalışma grubu; çalışma zamanı; ekip; sınıf; vardiya; zümre
Schichtarbeit f • belli iş zamanında ekip çalışması; posta; vardiya
Schichtarbeiter m • vardiya işçisi
Schichtleistung f • vardiya başına verim
Schichtlöhner m • vardiya işçisi
Schichtmeister m • hesap memuru
Schichtung f • düzenleme; sınıflandırma
Schichtwechsel m • ekip değişmesi; posta değişr.
Schichtzeit • - vardiya süresi
Schichtzuschlag m • vardiya ücreti farkı
Schicksalsfrage f • çok önemli mesele; hayati mesele
Schiebung f • ihtikar; ticarette sahtekarlık; vurgun
Schiedsabkommen n • hakem antlaşması
Schiedsabrede f • tahkimname
Schiedsgericht n • hakem mahkemesi
schiedsgerichtliches Verfahren n • tahkim usulü
Schiedsgerichtsbarkeit f • tahkim
Schiedsgerichtshof n • hakem mahkemesi
Schiedsgerichtsklausel f • tahkim şartı
Schiedsklausel f • tahkim kaydı veya şartı; tahkim şartı
Schiedskommission f • hakem kurulu;
Schiedskommission f im Enteignungsverfahren n • hakem encümeni
Schiedsmann m • hakem
schiedsrichten • hakem karar vermek
Schiedsrichter m • hakem; ödeme için kefil; tarafsız aracı
schiedsrichterlich • hakemce; hakeme dair
schiedsrichterliche Entscheidung f • hakem kararı
Schiedsspruch m • hakem kararı; hakemlik kararı
Schiedsurteil n • hakem kararı
Schiedsverfahren n • tahkim; tahkim usulü
Schiedsvertrag m • hakem antlaşması; hakem muahedesi; tahkimname
Schienennetz n • demiryolu şebekesi
Schiff n • gemi

Schiff verankern n • gemiyi demirlemek
Schiffahrt f • gemi seyrüseferi; gemicilik; seyrüsefer
Schiffahrtsgesellschaft f • gemi işletme şirketi; gemicilik şirketi
Schiffahrtskonferenz f • denizcilik konferansı
Schiffahrtsunternehmen n • donanma; donatma
Schiffahrtsversicherung f • deniz sigortası
schiffbar • gemi seferine elverişli
Schiffbruch m • deniz kasası
Schiffe pl. n • ambargo
Schiffer m • gemi kaptanı; gemi sahibi; gemici ücreti; gemicilik şirketi; kaptan; süvari
Schiffsbank f • gemi ipotek bankası
Schiffsbefrachter m • deniz nakliyatında kiracı
Schiffsbefrachtung f • gemi kiralama
Schiffsbesatzung f • gemi adamları; gemi mürettebatı
Schiffsbesichtiger m • gemi nezaretçisi
Schiffsboot n • filika
Schiffsdirektor m • gemi müdürü
Schiffseigentum n • gemi mülkiyeti
Schiffseigentümer m • armatör; donatan
Schiffseigner m • gemi maliki
Schiffsenterung f • gemi bordasında teslim
Schiffsfracht f • gemi hamulesi; hamule; navlun
Schiffsfrachtbrief m • konşimento
Schiffsgläubiger m • gemi alacaklısı
Schiffshypothek f • gemi ipoteği
Schiffsjournal n • gemi jurnali
Schiffskapitän m • gemi kaptanı
Schiffsladung f • gemi hamulesi; hamule; yük
Schiffsleute pl. • gemi adamları; gemi mürettebatı
Schiffsmakler m • gemi komisyoncusu; gemi simsarı
Schiffsmann m • tayfa
Schiffsmannschaft f • gemi mürettebatı; mürettebat; tayfa
Schiffsmatrikel f • gemi sicili
Schiffsmiete f • gemi kira bedeli; gemi kirası; gemi kirası; müddet üzere çarter
Schiffsoffiziere pl. m • gemi zabitleri
Schiffspapiere pl. n • gemi evrakı; gemi vesikaları
Schiffspark m • filo; gemilerin tonaj toplamı; gemi payı
Schiffspfandbrief m • gemi ipotek senedi
Schiffspfandrecht n • gemi ipoteği hakkı; gemi rehni
Schiffsrat m • gemi meclisi
Schiffsraum m • tonaj
Schiffsreeder m • gemi armatörü
Schiffsregister n • gemi sicili
Schiffsrüstung f • gemi teçhizatı
Schiffstagebuch n • gemi jurnalı
Schiffstonnage f • gemi tonajı
Schiffsunfall m • deniz kasası
Schiffsvermessung f • gemi ölçümü
Schiffsvermessungsurkunde f • mesaha şahadetnamesi
Schiffsvermieter m • gemi kiralayan
Schiffsvermietung f • gemi kiralama
Schiffsvermögen n • deniz serveti
Schiffswerft f • gemi inşa tezgahı; tersane
Schiffszertifikat n • gemi senedi; gemi tasdiknamesi
Schiffszettel m • yükleme emri
Schiffszusammenstoss m • çatma; gemilerin çarpışması
Schikane f • hakkı kötüye kullanma; hakkın suiistimali
schikanieren • kötü niyetle zorluk çıkarmak
Schild n • etiket; işaret; levha; tabela
Schildwache f • nöbetçi
Schlacht f • muharebe
Schlachthaus n • salhane
schlagen • dövmek; vurmak
Schlägerei f • dövüşme; kavga
schlecht • fena; kötü
schlechte Aufführung f • kötü hal; suihal
schlechte Forderung f • tahsili mümkün olmayan alacak
schlechte Lieferung f • hasarlı teslim
schlechter Glaube m • kötü niyet; sui niyet
Schlechterfüllung f • noksan ifa

Fachwörterbuch

Schlechtwettergeld n • havaların kötü gitmesinden dolayı inşaat işçileri için ödenen ücret tazminatı; kötü hava parası
Schleichhandel m • kaçakçılık; karaborsa
Schleichhändler m • kaçakçı; karaborsacı
Schleichware f • kaçak mal
Schleppschiff n • römorkör
Schleppschiffahrt f • römorkaj; yedekte çekerek gemi işletmeciliği
Schleuderausfuhr f • düşük fiyatla mal ihracı
Schleuderer m • malını yok pahasına satan
Schleuderpreis m • çok düşük fiyat
Schleuderware f • çok ucuza sürülen mal
schlichten • arabuluculuk etmek; düzeltmek
Schlichter m • arabulucu; hakem; mutavvasıt
Schlichtung f • borcun tasfiyesi; hesabın kapatılması; uzlaşma
Schlichtungsausschuss m • hakem kurulu
Schlichtungsversuch m • tahkim teşebbüsü
schliessen • akdetmek; bitirmek; kapamak
Schliessfach n • kiralık kasa
schliesslich • nihai; son
Schliessung f • kapalılık; kapanma; akdetme; bitirme; kapama
Schliessung f eines Bündnisses n • ittifak kurma
Schluss m • kapanış; nihayet; son
Schlussbilanz f • hesap bakiyelerinin listesi; kapanış bilançosu; nihai bilanço
Schlussdividende f • son temettü
Schlussergebnis n • kati netice
Schlussfolgerung f • yargı
Schlusskurs m • kapanış fiyatı
Schlussnote f • alım satım bordrosu; bordro; borsa işlemleri bordrosu; borsa makbuzu
Schlussnotierung f • kapanış fiyatı
Schlussprotokoll n • kapanış protokolü
Schlussrechnung f • nihai hesap
Schlussschein m • alım satım bordrosu; bordro; borsa makbuzu
Schlussverkauf m • tasfiye satışı
Schlussverkaufspreis m • indirimli satış fiyatı

Schlüssel m • anahtar; formül; kod; kriter; oran
Schlüsselgewalt f • kadının evlilik birliğini temsil yetkisi; karının birliği temsil salahiyeti
Schlüsselindustrie f • ana sanayi
Schlüsselkräfte pl. f • anahtar yerlerindeki personel
Schlüsselwort n • anahtar sözcük
Schmerz m • acı; ağrı
schmerzen • acımak; ağrımak; gücendirmek; incitmek
Schmerzensgeld n • manevi tazminat; manevi zarar için tazminat
Schmiergeld n • rüşvet
Schmuck m • mücevherat; süs; ziynet
Schmucksachen pl. f • mücevherat; süs eşyaları
Schmuckwaren pl. f • mücevherat
Schmuggel m • kaçakçılık
Schmuggelei f • kaçakçılık
schmuggeln • kaçakçılık yapmak
Schmuggelware f • kaçak eşya; kaçak mal
Schmuggler m • kaçakçı
schmutzig • kirli
schmutziger float • kirli dalgalanma
schmücken • süslemek
Schnalzlaut m • şaklamalı
Schnalzlautsprachen pl. f • şaklamalı diller
schnell • çabuk; süratli
Schnellbericht m • yüzeysel rapor
Schnellgericht n • suçüstü mahkemesi
Schnellkurs m • hızlandırılmış öğrenim
Schnellrichter m • suçüstü mahkemesi hakimi
Schnelltestverfahren n • numune kontrol işlemi
Schnellverfahren n • seri muhakeme usulü
Schnitt m • kesit; kesme
Scholastik f • skolastik
scholastisch • okulsal
schonen • esirgemek; idareli kullanmak; korumak; riayet etmek
Schonfrist f • faaliyetsiz dönem; kapalı mevsim
Schonung f • esirgeme; idareli kullanma; koruma; riayet; tutumlu olma

Mesleki Terimler Sözlüğü

Schonzeit f • avlanmanın yasak olduğu mevsim
Schöffe m • jüri üyesi
schöffenbar • jüri üyeliğine seçilebilir
Schöffengericht n • jüri mahkemesi
Schrankfach n • kasa
Schrebergartensystem n • küçük sebze ve meyva bahçeleri sistemi
schreiben • not etmek; yazmak; yazıyla bildirmek
Schreiben n • mektup; yazı
Schreiber m • sekreter; zabıt katibi
Schreibfehler m • kayıt hatası; yazı hatası
Schreibschrift f • el yazısı
Schreibunterricht m • yazı dersi
Schreibwarenhandlung f • kırtasiye mağazası
Schrift f • yazma; el yazısı; metin; yazı
Schriftenreihe f • yayın serisi
Schriftenvergleich m • imza tatbiki; yazı tatbiki
Schriftenvergleichung f • imza tatbiki; yazı tatbiki
Schriftexperte m • yazı bilirkişisi; yazı uzmanı; yazı taklit eden
Schriftform f • yazılı şekil
Schriftführer m • sekreter; zabıt katibi
Schriftleiter m • yazı işleri müdürü
Schriftleitung f • yazı işleri müdürlüğü
schriftlich • yazılı
schriftliche Fassung f • yazılı şekil
schriftliche Information f • yazılı haberleşme
schriftliche Prüfung f • yazılı yoklama
schriftliche Zustimmung f • yazılı onay
schriftlicher Antrag m • arzuhal; dilekçe; istida
schriftliches Verfahren n • dosya üzerinde karar verme usulü
Schriftsachverständiger m • yazı bilirkişisi
Schriftsatz m • layiha; tasarı
Schriftschild m • mağazanın önündeki isim levhası
Schriftsprache f • yazı dili
Schriftsteller m • yazar
Schriftstellerei f • yazarlık
Schriftstück n • döküman; senet; vesika; yazı
Schriftverfälscher m • yazıyı taklit eden sahtekar
Schriftverfälschung f • yazı sahtekarlığı; istiktap; karşılaştırılmak üzere sanığa yazı yazdırma
Schriftwechsel m • gönderilen yazı
Schrittmacher m • esas faktör; yol açan
Schrott n • hurda
Schrottwert m • hurda değeri; hurda satış değeri
Schulabgang m • okuldan ayrılma
Schulamt n • milli eğitim müdürlüğü
Schulangst f • okul korkusu
Schularbeit f • ödev
Schularchitekt m • okul mimarı
Schularchitektur f • okul mimarlığı
Schularzt m • okul doktoru
Schulaufsichtsbeamter m • denetmen; müfettiş
Schulausbildung f • okul eğitimi
Schulbank f • sıra
Schulbeispiel n • iyi örnek; örnek durum
Schulbesuch m • okullaşma
Schulbesuchsquote f • okullaşma oranı
Schulbevölkerung f • okul nüfusu
Schulbewerber m • aday öğrenci
Schulbücherei f • okul kitaplığı
Schuld ablösen f • borcu ödemek
Schuld f • borç; kusur; mesuliyet; ödenmesi gereken; suç; vecibe; yükümlülük
Schuldanerkenntnis f • borç sertifikası; borcu kabullenme; borcu tanıma; kabul
Schuldaufnahme f • borç alma
Schuldbefreiung f • borçtan kurtulma
Schuldbekenntnis f • borcun tanınması
Schuldbekenntnis n • suçun itirafı
Schuldbetrag m • borç miktarı
Schuldbetreibung f • cebri icra
Schuldbeweis m • suçun ispatı
schuldbewusst • suçun bilincinde
Schuldbrief m • ipotekli borç senedi
Schuldbuch n • borçlar defteri
Schuldeintritt m • borcun nakli
schulden • borçlu olmak
Schulden pl. f • borçlar; düyunat; passif
Schulden pl. f haben • borçlu olmak
Schulden pl. f und Gegenschulden pl. f • borçlar ve karşı borçlar
Schuldenart f • borcun nevi

Fachwörterbuch

Schuldenbedarf m des öffentlichen Sektors m • kamu sektörü borçlanma gereği
Schuldendeckungsquote f • borç ödeme payı; ödeme gücü
Schuldendienst m • borç ödeme; borç servisi; borçların ödeneceği fon
schuldenfrei • borçsuz; borcu olmayan; ipoteksiz
Schuldenhaftung f • borçlardan mesuliyet
Schuldenlast f • borç yükü
Schuldenmacher m • borç yapan; müsrif
Schuldenmasse f • iflas masasının borçları
Schuldenpfändung f • borçların haczi
Schuldenstreichung f • borç tenzili
Schuldentilgung f • borçun iflası; borcun ödenmesi
Schuldentilgungsfonds m • borç itfa fonu
Schulderlass m • borçtan ibra
Schuldforderung f • alacak; matlup
Schuldforderungsklage f • alacak davası
schuldfrei • suçsuz
Schuldgefühl n • suçluluk duygusu
Schuldhaft f • borç için hapis; hapsen tazyik
schuldhaftes Verhalten n • kusur
Schuldhaftigkeit f • cezai ehliyet
schuldig • borçlu; kabahatli; suçlu
schuldig sprechen • suçluluğuna karar vermek
schuldiger Teil m • suçlu taraf
Schuldigerklärung f • suçluluk kararı
schuldiges Kind n • suçlu çocuk
Schuldigkeit f • borç; vazife; yükümlülük
Schuldirektor m • okul yöneticisi
schuldlos • kabahatsiz; suçsuz
Schuldnachlass m • alacaktan vazgeçme
Schuldner m • borçlu
Schuldnerland n • borçlu ülke
Schuldnerschaft f • borçlunun durumu
Schuldnerskonto n • borçlular hesabı
Schuldnerversetzung m • borçlunun temerrüdü
Schuldnerverzug m • borçlunun temerrüdü
Schuldposten m • borç faslı
Schuldrecht n • borçlar hukuku
schuldrechtlich • borçlar hukukuna dair

schuldrechtliches Rechtsverhältnis n • şahsi hukuki münasebet
Schuldschein m • borç belgesi; borç senedi; borcu gösteren belge; senet
Schuldscheindarlehen n • senetli kredi
Schuldtitel m • icra senedi
Schuldurkunde f • borç senedi; borçla ilgili vesika
Schuldübernahme f • borcun nakli; borcun yüklenilmesi
Schuldüberschreibung f • borç dev; ferağ
Schuldübertragung f • borcun devri
Schuldverbindlichkeit f • borç; mükellefiyet
Schuldverhältnis n • borç; borç münasebeti; borçlu ve alacaklı ilişkisi
Schuldverhältnisse pl. n aus Verträgen pl. n • akitten doğan borçlar
Schuldverschreibung f • bono; borç devri; borç senedi; borç sertifikası; ferağ; ferağ borç devri; tahvil; tahvilat; teminatlı tahvil
Schuldverschreibungen pl. f • tahviller
Schuldverschreibungsgläubiger m • tahvil sahibi veya alacaklısı
Schuldversprechen n • borcun kabul edilmesi; vaat
Schuldvertrag m • kişisel mükellefiyet anlaşması
Schuldvertragung f • borç erteleme
Schuldwechsel m • borç senedi; ödenecek ticari senet
Schuldwechsel pl. m • borç senetleri; ödenecek senetler
Schule f • mektep; okul
Schule f für Unteroffiziere pl. m • astsubay okulu
Schule f mit Internat n • pansiyonlu okul
Schule f ohne Klassen pl. f • sınıfsız okul
Schuleintrittsalter n • okul yaşı
Schul-Eltern-Verband m • okul-aile birliği
Schulerziehung f • okul eğitimi
Schulexkursion f • okul gezisi
Schulfall m • iyi örnek
Schulferien pl. • okul tatili
Schulgeld n • okul ücreti
Schulgesetz n • Eğitim Kanunu
Schulhof m • oyun alanı

621

Mesleki Terimler Sözlüğü

schulintern • okul içi
schulisch • okulsal
Schuljahr n • öğretim yılı; ders yılı; tedris yılı
Schulkamerad m • okuldaş
Schulkind n • okul çocuğu
Schulkosten pl. • okul maliyeti
Schulleiter m • okul yöneticisi; okul müdürü
Schullieder pl. n • okul şarkıları
Schulmedien pl. n • okul araç ve gereçleri
Schulmedizin f • okul doktoru
Schulmuseum n • okul müzesi
Schulmusik f • okul müziği
Schulordnung f • okul yönetmeliği
Schulorganisation f • okul örgütü
Schulpflicht f • zorunlu öğrenim
Schulpflicht f • eğitim mecburiyeti; okula gitmekle yükümlü
Schulpsychologe f • okul ruhbilimcisi
Schulsozialarbeiter m • okul sosyal yardımcısı
Schulsozialdienst m • okul sosyal yardım hizmetleri
Schulsystem n • okul dizgesi
Schultage pl. f • eğitim-öğretim iş günü
Schultyp m • okul türü
Schulung f • çalıştırma; eğitim; öğretim; talim; terbiye
Schulunterricht m • okul tedrisatı
Schulversäumnis n • okula devamsızlık
Schulverwalter m • okul yöneticisi
Schulverwaltung f • okul idaresi
Schulzeugnis n • okul karnesi
Schussnote f • satış bordrosu
Schutz m • himaye; koruma; muhafaza
Schutz m der Jugend f • gençliğin korunması
Schutz m des Gesetzes n • kanunun koruyuculuğu
Schutz- und Trutzbündnis n • tedafui ve tecavüzi ittifak
Schutzfrist f • fikri eserlerin himaye edilme süresi; himaye süresi; telif hakkı süresi
Schutzgesetz n der türkischen Währung f • Türk parasını koruma mevzuatı
Schutzhaft f • ihtiyati tevkif

Schutzklausel f • himaye maddesi; himaye şartı
schutzlos • himayeden mahrum; korunmasız
Schutzmarke f • alameti farika; fabrika markası; marka; tescilli marka; ticari marka
Schutzmassnahme f • önleyici tedbir
Schutzrecht n • patent hakkı; hami; himaye eden devlet
Schutzstaat m • koruyan devlet
Schutzvorschriften pl. • koruyucu hükümler
Schutzzeuge m • savunma şahidi
Schutzzoll m • himaye gümrüğü; koruyucu gümrük vergisi
Schutzzollpolitik f • himayecilik
Schutzzollsystem n • himaye gümrük resmi sistemi
Schutzzöllner m • himayeci
Schüler m • okullu
Schüler m • öğrenci; talebe
Schülerberatung f • eğitsel kılavuzluk
Schülerheim n • öğrenci yurdu
Schülerin f • kız öğrenci
Schülerjahrgänge pl. m • öğrenci yaşıt kümeler
Schülerschaft f • öğrencilik
Schülerstrom m • öğrenci akışı
schützen • himaye etmek; korumak; muhafaza etmek
schwach • az; düşük; kuvvetsiz; zayıf
schwache Leistung f • düşük verim
schwächen • kuvvetten düşürmek; zayıflatmak
Schwachsinn m • akıl zayıflığı
schwachsinnig • akli melekeleri zayıf
Schwächung f • silinme
Schwager m • enişte; kayınbirader
Schwägerin f • baldız; görümce; yenge
Schwägerschaft f • kayın hısımlığı; sıhri hısımlık; sıhriyet hısımlığı
schwanger • hamile
Schwangere f • hamile kadın
schwangere Frau f • gebe kadın
Schwangerenfürsorge f • hamile kadınlara sağlanan yardımlar
schwängern • hamile bırakmak
Schwangerschaft f • gebelik; hamilelik

Fachwörterbuch

schwankender Wechselkurs m • dalgalı döviz kuru; serbest kur
Schwankung f • dalgalanma; değişme; istikrarsızlık
Schwankungsbreite f • değişme alanı; değişme hacmi
Schwankungsspitze f • dalgalanma marjı
schwarz • kara
Schwarzarbeit f • kaçak yapılan iş; vergi ödemeksizin kaçak çalışma
schwarze Börse f • karaborsa
schwarze Liste f • kara liste; karaliste
schwarzer Freitag m • kara cuma
schwarzer Markt m • karaborsa
Schwarzhandel m • karaborsa; karaborsa ticaret
Schwarzhändler m • karaborsacı
Schwarzmarkt m • karaborsa
Schwebe f • sallantıda olma
schweben • karara bağlanmamış olmak; muallakta durmak
schwebend • sallantıda; sürüncemede; şartlı
schwebende Geschäfte pl. n • karara bağlanmamış muameleler; muallakta olan muameleler
schwebende Schuld f • dalgalanan borç; dalgalı borç; kısa vadeli borç; kısa vadeli devlet borcu
schwebendes Verfahren n • karara bağlanmamış dava
Schwebezeit f • kararsızlık durumunda geçen süre
Schwebezustand m • kararsız durum; muallak durum
Schweigegeld n • hakkı sükut; sus payı; susma parası
schweigen • sükut etmek; susmak
Schweigen n • sükût
Schweigepflicht f • sır saklama mükellefiyeti
Schwemme f • dolma; fazlalaşma; şişkinlik; şişme
schwer • ağır; ehemmiyetli; güç; tehlikeli; vahim; zor
Schwerarbeit f • ağır iş
Schwerarbeiter m • ağır işçi
schwerbehindert • ağır malul; sakat
schwerbeschädigt • ağır malul

Schwerbeschädigter m • ağır malul
schwere Misshandlungen pl. f und Ehrenkränkung f • pek fena muamele
schwere Papiere pl. n • yüksek fiyatlı hisse senetleri
schwere Strafe f • ağır ceza
schwere Strafsachen pl. f • ağır ceza işleri
schwere Verfehlung f • ağır kabahat; ağır yaralanma
schwerer Diebstahl m • ağır hırsızlık
schwerer Markt m • ağır piyasa
schweres Verbrechen n • ağır suç
Schwergewicht n • ağırlık yeri; ana nokta; en önemli kısım
schwerkrank • ağır hasta
Schwerkranker m • ağır hasta
Schwerkriegsbeschädigter m • ağır harp malulü
Schwerpunkt m • ağırlık
Schwerpunkt m • ağırlık noktası
Schwerpunktländer pl. n • en ciddi sorunları olan memleketler
Schwerverbrecher m • ağır suçlu; cani
schwerverletzt • ağır yaralı
schwerverwundet • ağır yaralı
Schwerverwundeter m • ağır yaralı
schwerwiegend • ağır basan; önemli
Schwester f • hastabakıcı; kız kardeş
Schwesterbank f • ortak banka
Schwestergesellschaft f • bağlı şirket
Schwesterinstitut n • bağlı kuruluş
Schwesterorganisation f • bağlı kuruluş; bağlı kurum
Schwesterunternehmen n • ortak
Schwiegereltern pl. • kayınvalide ve kayınpeder
Schwiegermutter f • kayınvalide
Schwiegersohn m • damat
Schwiegertochter f • gelin
Schwiegervater m • kayınpeder
schwierig • güç; müşkül; zor
schwieriges Kind n • sorunlu çocuk
Schwierigkeit f • güçlük; zorluk
Schwierigkeiten pl. f • müşküller
Schwimmkraft f • piyasada canlılık
Schwindel m • dolandırıcılık; yalan
Schwindelfirma f • dolandırıcı firma
Schwindelgeschäft n • dalaveralı iş

schwindeln • aldatmak; yalan söylemek
Schwindler m • dolandırıcı; hilekar
schwören • ant içmek; yemin etmek
Schwund m • ses düşmesi
Schwund m • azalma; fire; kuruma; yok olma
Schwundsatz m • azalma oranı
Schwungkraft f • canlılık; enerji; güç; itici
Schwur m • ant; yemin
Schwurgericht n • ağır ceza mahkemesi; jürili ağır ceza mahkemesi
Scientismus m • bilimcilik
secondary bank • finansman evi
See f • deniz
Seeamt n • deniz mahkemesi
Seeausnahmetarif m • deniz nakliyatı indirimli tarifesi
seebeschädigt • denizde hasar görmüş
Seefahrt f • deniz seyrüseferi; deniz yolculuğu
Seefahrtsbuch n • gemici cüzdanı
Seefahrzeuge pl. n • deniz nakil vasıtaları; deniz ulaşım araçları
Seefischerei f • deniz balıkçılığı
Seefracht f • deniz navlunu; navlun
Seefrachtbrief m • deniz taşıma senedi; konşimento; konşimento; taşıma makbuzu
Seefrachten f • deniz navlun tarifesi
Seefrachtvertrag m • çarter mukavelesi; denizde mal taşıma mukavelesi; navlun mukavelesi
Seegefahr f • deniz rizikosu; deniz tehlikeleri
Seegesetzbuch n • Deniz Kanunnamesi
Seehafen m • deniz limanı
Seehandel m • deniz ticareti
Seehandelsrecht n • deniz ticareti hukuku
Seekasse f • denizcilerin sosyal sigortalar kurumu
Seekonnossement n • deniz yoluyla taşıma sözleşmesi
Seekrankenkasse f • denizcilerin hastalık sigortası kurumu
Seekrieg m • deniz savaşı
Seekriegsrecht n • deniz muharebeleri hukuku; deniz savaşı hukuku
Seele f • ruh

Seelenblindheit f • tanısızlık
Seelenkrankheitslehre f • ruh hastalıkları bilimi
Seeleute pl. • denizciler
seelische Störung f • ruh hastalığı
seelisches Hindernis n • ruhsal engel
Seemann m • denizci; gemi adami
Seemannsamt n • denizcileri gözetim ve koruma dairesi
Seemannsordnung f • denizciler yönetmeliği
Seemeile f • deniz mili
Seenot f • geminin tehlike hali
Seeordnung f • uluslararası deniz trafiği tüzüğü
Seepass m • gemici cüzdanı; gemici pasaportu
Seepolizei f • deniz polisi; deniz zabıtası
Seeräuberei f • deniz haydutluğu
Seeräuberei f • korsanlık
Seerecht n • deniz hukuku; deniz ticareti hukuku
Seerisiko n • deniz rizikosu
Seeschaden m • avarya; deniz hasarı; gemi ya da yükündeki hasar
Seeschadenberechnung f • avaryanın tespiti; dispeç
Seeschiedsgericht n • deniz hakem mahkemesi
Seeschiff n • deniz gemisi; gemi
Seeschiffahrt f • deniz gemiciliği; deniz gemisi seyrüseferi
Seeschiffsverkehr m • deniz ulaştırması
Seesperre f • abluka
Seestrasse f • gemi rotası
Seestrassenordnung f • Uluslararası Deniz Trafiği Yönetmeliği
Seetransport m • deniz nakliyatı; deniz taşımacılığı; denizde mal ve yolcu taşıma işleri
Seetransportversicherung f • deniz nakliyat sigortası; deniz sigortası
Seetüchtigkeit f • denize elverişlilik
Seeverkehr m • deniz trafiği; deniz ulaştırması
Seevermögen n • deniz serveti
Seeversicherung f • deniz nakliyat sigortası; deniz sigortası
Seeweg m • deniz yolu; rota

Fachwörterbuch

Seewesen n • denizcilik
Seewurf m • denize gemiden eşya atma; denizin attığı enkaz
segelfertiges Schiff n • yola hazır gemi
Segelflugzeug n • planör
Segment n • parça
segmental • parçasal
Segmentierung f • bölümleme; kesitleme
Sehbehinderter m • görsel özürlü
Sehbehinderung f • görme özürü
Sehschwierigkeit f • görme güçlüğü
seine Unterschrift f verleugnen • imzasını inkar etmek
Seite f • sahife; sayfa; taraf; yön
Seitenerbe m • civar hısmı olan mirasçı
Seitenerbschaft f • civar hısımlığında miras
Seitenlaut m • yanünsüz
Seitenlinie f • civar hısımlığı
Seitennumerierung f • sayfaları numaralama
Seitennummer f • sayfa numarası
Seitenverwandter m • civar hısmı
Seitenverwandtschaft f • civar hısımlığı
Sekretär m • katip; kısım şefi; müdür; sekreter
Sekretariat n • katiplik; sekreterlik
Sektion f • kısım; otopsi; şube
Sektionsbefund m • otopsi bulgusu
Sektionsbericht m • otopsi raporu
Sektor m • alan; saha; sektör
sekundär • ikinci; ikinci derece; ikinci derecede; ikinci derecede olan; ikinci elden; tali
Sekundärbank f • ikincil banka
Sekundärbereich m • ikinci dereceden sanayiler
Sekundärbildung f • ortaöğrenim
Sekundärdistribution f • ikincil dağıtım
sekundäre Motive pl. n • ikincil güdüler
sekundäre Quelle f • ikincil kaynak
sekundäre Reserven pl. f • tali yedekeler
sekundäres Ziel n • ikincil amaç
Sekundärkosten pl. • dolaylı maliyet; endirekt maliyet
Sekundärmarkt m • ikinci piyasa
Sekundärschule f • orta dereceli okul
Sekundarstufe f • ortaokul

Sekundarstufeneinrichtungen pl. f • ortaöğretim kurumları
Sekundarwechsel m • poliçenin ikinci kopyası; senedin ikinci kopyası
Sekundärwirkung f • ikinci dereceden etki
selbst • bizzat; kendisi; şahsen
selbständig • bağımsız; kendi başına; müstakil
selbständiger Besitz m • asli zilyetlik
Selbständigkeit f • bağımsızlık; istiklal; muhtariyet; özerklik
Selbstausdruck m • özanlatım
Selbstbedienungsladen m • selfservis mağazası
Selbstbeköstigung f • iaşesi kendisine ait olma; otonomi; özerklik
Selbstbeobachtung f • içebakış
Selbstbestimmungsrecht n • kendi geleceğini bizzat tayin etme hakkı; özerklik hakkı
Selbstbeteiligung f • sigortalının hasarın tazminine katılması
Selbstbewertung f • özdeğerlendirme
Selbstbild n • özkavram
Selbsterziehung f • kendini eğitme
selbstfinanzieren • kendi kaynaklarından finanse olmak
Selbstfinanzierung f • iç borçlanma; kendi kendini finanse etme; oto finansman; otofinansman
Selbstgenügsamkeit f • kendi kendine yeterli olma
Selbsthilfe f • hakkını cebren vikaye; hakkını kuvvet kullanarak alma; kendi hakkını cebren vikaye
Selbsthilfeverkauf m • kendi başına satma
Selbstkäufer m • direkt alıcı
Selbstkontrahent m • kendi adına mukavele yapan taraf
Selbstkorrektur f • otomatik düzeltme
Selbstkosten pl. • maliyet; maliyet masrafları
Selbstkostenpreis m • maliyet fiyatı
Selbstkostenrechnung f • maliyet muhasebesi
Selbstliebe f • bencillik
Selbstmord m • intihar
Selbstmord m begehen • intihar etmek

Mesleki Terimler Sözlüğü

Selbstmordversuch m • intihara teşebbüs
Selbstorientierung f • özyöneltim
Selbstrisiko n • muaflık
Selbstschuldner m • kendi namına borçlu; müteselsil kefil
selbstschuldnerisch • müteselsil borçla ilgili
selbstschuldnerische Bürgerschaft f • müteselsil kefalet
selbstschuldnerischer Bürge m • müteselsil kefil
selbstständige Arbeit f • bağımsız çalışma
Selbststeigerung f • otomatik yükselme
Selbstverbrauch m • özel tüketim
Selbstversicherung f • isteğe bağlı sosyal sigorta; sigortalının hasarın tazminine katılması
Selbstversicherungsreserve f • sigorta edilmemiş riskler için ayrılan karşılıklar
Selbstversorgung f • kendi kendine yeterlilik
Selbstverstümmelung f • kasten kendini sakatlama; kendisini sakatlama
Selbstverteidigung f • kendini savunma
Selbstvertrauen n • kendine güven
Selbstverwaltung f • özyönetim
Selbstverwaltung f • ademi merkeziyet sistemi; kendi kendine yönetme; muhtariyet; özerklik
Selbstverwaltungskörper m • mahalli idareler; özerk kuruluşlar
Selbstverwirklichung f • özgerçekleştirim
Selbstwähler m • otomatik telefon
Selbstzweck m • asıl hedef
Selektion f • ayıklama; ayırma; seçme
Selektionsbeschränkung f • seçme kısıtlaması
Selektionsregeln pl. f • seçme kuralları
self regulation • kendi kendini denetim
Sem • anlambirimcik
Semanalyse f • anlambirimcik çözümlemesi
Semantem n • kavrambirim
Semantik f • anlambilim
semantisch • anlambilimsel; anlamsal
semantische Komponente f • anlamsal bileşen
semantisches Feld n • anlamsal alan

Semasiologie f • kavrambilim
Semem n • anlambirimcik demeti
Semester n • yarıyıl; sömestr
Semesterende-Prüfung f • dönem sonu sınavı
Seminar n • toplu çalışma; seminer
Semiologie f • göstergebilim
semiologisch • göstergebilimsel
Semiotik f • göstergebilim
semiotischsemiologisch • göstergebilimsel; göstergesel
Semivokal m • yarıünlü
Senat m • kaza dairesi; senato
Senator m • senatör
senden • göndermek; yayımlamak
Sender m • verici
Senderecht n • radyo ile yayın hakkı
Sendung f • gönderilen mal; gönderme; sevkiyat; yayım
Seniorexperte m • kıdemli uzman
Sensal m • borsa simsarı; broker; dellal; sarraf; simsar
Sensation f • heyecan; sansasyon
sensationell • heyecan verici; sansasyonel
Sensibilität f • duyarlık; hassasiyet
Sensibilitätsanalyse f • duyarlılık analizi
sensorisch • duyumsal
Sensualismus m • duyumculuk
separat • ayrı; ayrılmış; özel
Separatfriede m • münferit sulh
Separatkonto n • özel hesap
Separatvertrag m • özel anlaşma
separieren • ayırmak; ilişkiyi kesmek; tefrik etmek
Sequenz f • diziliş
Sequenzanalyse f • sıraya göre analiz
Sequester m • yediadil; ihtilaflı malın idaresi için görevlendirilen kişi
Sequester n • ihtilaflı malın saklanması için görevlendirilen kişi
Sequestration f • ihtiyati haciz; malların yedi adil tarafından idaresi; malların yedi adil tarafından korunması
Sequestrationsurteil n • haciz emri
Serie f • dizi; seri; sıra
Serienanleihen pl. f • seri tahvil ihracı
Serienarbeit f • seri halinde yapılan iş
Serienfertigung f • seri imalat
Seriengüter pl. n • seri halde imal edilmiş mallar

Fachwörterbuch

Seriennummer f • seri numarası
Serienverkauf m • takım halinde satış
seriös • ciddi; düzgün; itimat edilir; iyi yönetilmiş; temiz
Service-Büro n • işletme haricinde bulunan bir bilgisayardan yararlanma; servis-büro
Servitut n • irtifak hakkı
Session f • oturum; toplantı deveresi
sexual • cinsel; cinsi
Sexualdelikte pl. • cinsi münasebet suçları; cinsiyetle ilgili suçlar
Sexualerziehung f • cinsel eğitim
Sexualverbrechen n • cinsiyet suçları
sexuell • cinsi; cinsiyetle ilgili
sexuelle Nötigung f • cinsi münasebete icbar
sexuelle Reife f • cinsel olgunluk
sexuelle Unterschiede pl. m • cinsel ayrılıklar
sexuelles Interesse n • cinsel ilgi
short form Konnossement n • kısa konşimento; muhtasar konşimento
Sibilant m • ıslıklı
SIBOR • SIBOR
sich abmelden • ayrılacağını bildirmek
sich abnutzen • yıpranmak
sich absondern • ayrılmak
sich abwenden • vazgeçmek
sich an den Dienstweg m halten • hiyerarşiye riayet etmek
sich an seinem Einsatzort m befinden • görev başında olmak
sich ändern • değişmek
sich aneignen • ihraz etmek; işgal etmek; kendine maletmek
sich angewöhnen • alışmak
sich ängstigen • korkmak
sich anmassen • gaspetmek
sich annähern • yaklaşmak
sich anpassen • uymak
sich ansiedeln • yerleşmek
sich anstrengen • uğraş vermek
sich aufregen • heyecanlanmak
sich ausdrücken • fikrini ifade etmek
sich auseinandersetzen • uzlaşmak
sich ausruhen • dinlenmek
sich aussöhnen • uzlaşmak
sich ausweisen • hüviyetini ispat etmek
sich auswirken • netice vermek
sich befinden • bulunmak
sich begeben • el çekmek; meydana gelmek; terketmek; vuku bulmak
sich beim Einwohnermeldeamt n melden • adresini ikametgah bildirim dairesine kaydettirmek
sich beklagen • şikayet etmek; şikayette bulunmak
sich benehmen • davranmak
sich beraten • istişare etmek
sich bereichern • zenginleşmek
sich berufen • delil ve şahit olarak göstermek
sich beschäftigen • çalışmak; inhisar etmek
sich beschweren • şikayet etmek
sich besprechen • anlaşmak
sich betätigen • çalışmak
sich beteiligen • iştirak etmek
sich betragen • davranmak
sich beunruhigen • endişelenmek
sich bewaffnen • silahlanmak
sich bewähren • doğruluğu sabit olmak
sich bewegen • hareket etmek
sich bewerben • talip olmak
sich beziehen • ilgilendirmek; ilgili olmak
sich bezwingen • nefsine hakim olmak
sich bilden • teşekkül etmek
sich binden • taahhüt altına girmek
sich borgen • ödünç almak
sich darbieten • zuhur etmek
sich dem Gericht n stellen • mahkemeye çıkmak
sich der Polizei f stellen • polise teslim olmak
sich einigen • birleşmek; uzlaşmak
sich einschreiben lassen • kaydolmak
sich einstellen • meydana çıkmak
sich entäussern • devir ve ferağ etmek; elden çıkarmak; vazgeçmek
sich entfernen • uzaklaşmak
sich enthalten • istinkat etmek
sich entschliessen • karar vermek
sich entschuldigen • özür dilemek
sich ereignen • vukua gelmek
sich erhängen • kendini asarak intihar etmek
sich erkundigen • bilgi almak

Mesleki Terimler Sözlüğü

sich ernähren • geçinmek
sich erweisen • sübut bulmak
sich erweitern • genişlemek
sich etwas auf unrechtmässige Weise f verschaffen • haksız olarak elde etme
sich etwas ausdenken • tasarlamak
sich festlegen • taahüt altına girmek
sich festsetzen • yerleşmek
sich flüchten • sığınmak
sich freimachen • kurtulmak
sich fügen • itaat etmek
sich gegen das Gesetz n vergehen • kanunu çiğnemek
sich gründen • istinat etmek
sich informieren • malumat almak
sich krank melden • hastalığı dolayısıyla çalışamayacağını bildirmek
sich legitimieren • hüviyetini ispat etmek
sich massieren • ağırlaşmak; yayılmak; yığılmak
sich mühen • yormak; zahmet çekmek
sich niederlassen • bir yerde oturmak
sich polizeilich anmelden • ikametgah dairesine adresini bildirmek
sich polizeilich ummelden • polise mesken değişikliğini bildirmek
sich rechtfertigen • haklı olduğunu ispat etmek
sich sammeln • toplanmak
sich scheiden lassen • boşanmak
sich schlagen • dövüşmek
sich schmücken • süslenmek
sich schuldig bekennen • suçunu itiraf etmek
sich schuldig erklären • suçlu olduğunu kabul etmek
sich selbständig machen • kendi işini kurmak
sich sorgen • endişelenmek
sich täuschen • yanılmak
sich trauen lassen • evlenmek
sich trennen von • ayrılmak
sich verändern • değişmek
sich verbergen • saklamak
sich verbessern • düzelmek
sich verehelichen • evlenmek
sich vereinigen • birleşmek
sich vergehen • suç işlemek
sich vergleichen • uzlaşmak

sich verhalten • davranmak
sich verheiraten • evlenmek
sich verlieren • kaybolmak
sich verloben • nişanlanmak
sich vermehren • çoğalmak
sich vermischen • karışmak
sich verpflichten • taahhüt etmek
sich verrechnen • yanlış hesap etmek
sich versammeln • bir araya gelmek; içtima etmek; toplanmak
sich verschaffen • elde etmek
sich verschlechtern • kötüleşmek
sich verschlimmern • kötüleşmek
sich versöhnen • uzlaşmak
sich verspäten • gecikmek
sich verstecken • saklanmak
sich verstehen • imtizaç etmek
sich verwahren • karşı çıkmak
sich verwandeln • değişmek
sich verwirklichen • gerçekleşmek
sich verzinsen • faiz getirmek
sich verzögern • gecikmek
sich von einer Schuld f befreien • borçtan kurtulmak
sich von Verpflichtung f freimachen • kendini yükümlülükten kurtarmak
sich vorbereiten • hazırlanmak
sich vorstellen • tasavvur etmek
sich wehren • kendini savunmak
sich widersprechen • ifadesinde çelişkiye düşmek
sich wiederholen • tekerrür etmek
sich wiederverheiraten • yeniden evlenmek
sich zeigen • görünmek; ortaya çıkmak
sich zurückbilden • azalmak; düşmek; inmek
sich zusammenschliessen • birleşmek
sich zusammensetzen • biraraya gelmek
sicher • emin; güvence altına alınmış; kesin; sağlam; sigortalı
sichergestellter Gläubiger m • teminatlı alacaklı
Sicherheit f • depozito; doğruluk; garanti; güvenlik; karşılık; kuvertür; munzam teminat; rehin; sağlamlık; teminat; teminat akçesi; üçüncü kişinin verdiği teminat
Sicherheit f geben • güvence vermek

Fachwörterbuch

Sicherheitsarrest m • ihtiyaten emniyet altına alma
Sicherheits-Depot n • garanti fonu; prim rezervi
Sicherheitsgrenze f • güven sınırı
Sicherheitsleistung f • garanti gösterme; teminat; teminat verme
Sicherheitsmarge f • teminat marjı
Sicherheitsmassnahmen pl. f • emniyet tedbirleri
Sicherheitsmassregeln pl. f • ihtiyati tedbirler
Sicherheitspolizei f • emniyet teşkilatı
Sicherheitsquantität f • emniyet stoku
Sicherheitsrat m • Birleşmiş Milletler Güvenlik Konseyi
Sicherheitsreserve f • garanti rezervi
sichern • emniyet altına almak; emniyete almak; sağlamak; temin etmek
sicherstellen • emniyete almak; garanti etmek; sağlamak
Sicherstellung f • emniyet altına alma; garanti; muhafaza; teminat
Sicherung f • emniyet altına alma; garanti; tahkim; teminat
Sicherungsgeschäft n • kuvertür işlemi
Sicherungshypothek f • gayri menkul rehni; teminat ipoteği
Sicherungsklausel f • cayma şartı; güvenlik şartı
Sicherungsmassregeln pl. f • korunma tedbirleri; muhafaza tedbirleri
Sicherungsmittel pl. n • teminat karşılıkları
Sicherungssumme f • depozito
Sicherungsübereignung f • garanti yolu ile transfer; teminat altına almak üzere temlik
Sicherungsübereignung f • teminat vermek üzere temlik
Sicherungsverwahrung f • ihtiyati tevkif
Sicherungswechsel m • teminat senedi
Sicht f • görüldüğünde; görüş; rüyet
Sichtanweisung f • ibrazında ödenecek havale
sichtbar • açıklanmış; aşikar; görülebilen; görünen; yayınlanmış
sichtbare Posten pl. m • görünen kalemler

Sichteinlage f • ihbarda ödenecek mevduat
Sichteinlagen pl. f • vadesiz mevduat
sichten • ayırmak; gözden geçirmek; muayene etmek; tasnif etmek; tetkik etmek
Sichtgelder pl. n • vadesiz banka mevduatı
Sichtgeschäft n • vadeli alış veriş
Sichtguthaben n • ihbarsız banka mevduatı; vadesi gelen matlup
Sichtpapier n • görüldüğünde ödenmesi gereken senet
Sichttratte f • görüldüğünde ödenecek poliçe; görüldüğünde ödenmesi gereken poliçe
Sichtvermerk m • pasaport vizesi; vize
Sichtwechsel m • görüldüğünde ödenecek poliçe; görüldüğünde ödenmek üzere keşide olunan poliçe; görüldüğünde ödenmesi gereken bono; ibrazında ödenecek poliçe; ibrazında tediyeli poliçe; istendiğinde ödenen senet; vadesiz senet
Sichtzahlung f • görüldüğünde ödeme
Siechtum n • malullük
siedeln • yerleşmek
Siedler m • sömürgeci; yeni yerleşen
Siedlung f • barınak; ev; iskan mahalli; mesken; yerleşim yeri
Siedlungsbank f • mesken bankası
Siedlungsgesellschaft f • ev inşa şirketi
Siedlungskredit m • mesken kredisi
Siegel n • damga; mühür
Siegelbruch m • mühür fekki; yetkisi olmadan mührü açma
Siegellack m • mühür mumu
siegeln • altını mühürlemek; mühürlemek
Signal n • belirtke; gösterge; işaret; sinyal
signalisieren • işaretle bildirmek; sinyal vermek
Signatur f • imza; işaret; marka; paraf
signieren • imzalamak; işaretlemek
Signierung f • ticari marka
signifikant • önemli
Signifikant m • gösteren
Signifikat n • gösterilen
Signifikation f • anlamlama
Signum n • belirti; işaret; nitelik
Silbe f • seslem

Mesleki Terimler Sözlüğü

Silbenschichtung f • seslem yutumu
Silbenschrift f • seslemsel yazı
Silberbarren m • gümüş külçe
Silbergehalt m • gümüş ayarı
Silbergeld n • gümüş para
Silbermünze f • gümüş para
Silberwährung f • gümüş para
silbisch • seslemsel
Silo m • ambar; silo
simpel • basit; düz; kolay; pürüzsüz
Simplex n • yalın sözcük
Simulation f • muvazaa; sahte tavır takınma
simulieren • kendisini hasta gibi göstermek; temaruz etmek
simultan • aynı zamanda; müşterek
Simultangründung f • ani kuruluş; ani teşekkül
Singular m • tekil
Singularsukzession f • cüzi halefiyet
Sinn m • duyu
Sinn m • anlam; duyarlılık; his; mana; meal
Sinn m des Gesetzes n • metnin ruhu
Sinnesart f • anlayış
sinngemäss • anlamına uygun olarak
sistieren • celp etmek; durdurmak; iptal etmek; tevkif etmek
Sitte f • töre; anane; gelenek; örf
Sitten pl. f • adap; ahlak
Sittenpädagogik f • ahlâk eğitbilimi
Sittenpolizei f • ahlak sabıtası
Sittenregel f • ahlak kuralı
Sittenverstoss m • adaba aykırı davranma; ahlaka aykırı davranma
sittenwidrig • adaba aykırı; ahlaka aykırı
sittenwidriges Rechtsgeschäft n • ahlaka aykırı hukuki muamele
sittlich • ahlaki
sittliche Pflicht f • ahlaki görev
Sittlichkeit f • ahlak
Sittlichkeitsdelikte pl. n • genel ahlaka aykırı eylemler; umumi adaba mugayir fiiller
Sittlichkeitsverbrechen n • adabı umumiye aleyhine suçlar; genel ahlaka karşı işlenen suçlar; ırza tecavüz
Sittlichkeitsverbrecher m • ahlak suçu işleyen

Situation f • durum; hal; vaziyet
Sitz m • hükmi şahısların ikametgahı; ikametgah; kanuni ikametgah; mahal; makam; merkez; oturma yeri; tescilli büro; yer; şirketin resmi ikametgahı
Sitz m der Firma f • şirket merkezi
Sitz m der Gesellschaft f • şirket merkezi
Sitz m des Vereins m • derneğin merkezi
Sitz m einer Gesellschaft f • şirket ikametgahı
Sitzung f • birleşim; oturum; toplantı
Sitzung f abschliessen • oturumu kapatmak
Sitzung f einberufen • toplantıya çağırmak
Sitzung f unter Ausschliessung f der Öffentlichkeit f • gizli celse
Sitzung f unter Ausschluss m der Öffentlichkeit f • gizli celse
Sitzungsbericht m • toplantı zaptı
Sitzungsgeld n • hakkı huzur; huzur hakkı; kurul toplantılarında üyelere verilen tazminat; oturum parası; yönetim kurulu üyelerine ödenen para
Sitzungsjahr n • meclis toplantı yılı; yasama yılı
Sitzungsperiode f • içtima; meclis yılı; toplantı; toplantı dönemi
Sitzungsprotokoll n • toplantı protokolü
Skala f • ölçek
Skandal m • rezalet; skandal
Skepsis f • itimatsızlık; şüphecilik
skeptisch • septik; şüpheci
Skeptizismus m • kuşkuculuk
Skizze f • kroki; taslak
skizzieren • kroki çizerek göstermek
Skizzierung f • krokide gösterme; taslak çizme
Sklave m • esir; köle
Sklavenhandel m • esir ticareti
Sklaverei f • esaret; esirlik; kölelik
Skonto n • iskonto
Skonto-Aufwendungen pl. f • iskonto giderleri; satış iskontosu
Skontogewinn m • yararlanılmış iskonto
Skontoverlust m • yararlanılmamış iskonto
Skontration f • hesap tesviyesi; kliring; takas

Fachwörterbuch

skontrieren • hesapları devretmek
Social Accounting • sosyal muhasebe
sofort • nakit; peşin; spot; vadesiz
sofort per Kasse f • emre hazır para; peşin para
Sofortgeschäfte pl. n • peşin muameleler
Soforthilfe f • acil yardım
sofortig • derhal; ivedi
sofortige Beschwerde f • acele itiraz; ivedi itiraz
Software f • bilgisayar yazılım sistemi; yazılım
Sog m • baskı; çekme; çekme gücü; ilk hareket
Sohn m • erkek evlat; oğul
Solawechsel m • bono; emre muharrer senet
Soldat m • asker; er; nefer
Soldat m der sich der Dienstpflicht f entzieht • saklı asker
Solidarbürge m • müteselsil kefil
Solidarbürgschaft f • müteselsil kefalet; müşterek kefalet
Solidargläubiger m • müteselsil alacaklı
Solidarhaftung f • müteselsil mesuliyet; müteselsil sorumluluk
solidarisch • müteselsil
solidarische Haftpflicht f • müteselsil mesuliyet
Solidarität f • dayanışma; tesanüt; teselsül
Solidarobligation f • müstelsil borç; müteselsil borç
Solidarschuld f • müteselsil borç
Solidarschuldner m • müteselsil borçlu
Solipsismus m • tekbencilik
Soll n • borç; bulunması gereken meblağ; büyük defter hesabının sol tarafı; hedef; hesabın borç tarafına düşülen kayıt; tahmin; zimmet
Sollbestand m • bulunması gereken mevcut
Sollbilanz f • olması gereken bilanço; teorik bilanço
Sollbuchung f • borç kaydı; hesabın borç tarafına düşülen kayıt
Sollgewicht n • standart ağırlık
Sollgrösse f • teorik değer; şarj miktarı
Sollkaufmann m • tüccardan sayılan iş adamı

Sollmenge f • üretim hedefi; şart koşulan miktar
Sollposten m • borç kaydı; hesabın borç tarafına düşülen kayıt
Sollsaldo m • borç bakiyesi; borçlu bakiye; negatif bakiye
Sollwert m • gerekli meblağ; gerekli miktar
Sollzins m • borçlu faiz oranı; borçluya zimmet olarak geçirilecek faiz oranı
Sollzinsen pl. m • borç faizi
Solözismus m • sözdizimsel yadsınlık
solvent • ödemeye muktedir; ödeyebilir
Solvenz f • mali güç; mali kudret; ödeme gücü
solvieren • ödemek; tediye etmek
Sommerbevorratung f • yazın stokların yığılması
Sommerfahrplan m • yaz tarifesi
Sommerhalbjahr n • yılın ikinci ve üçüncü çeyreği
Sommerpause f • ölü yaz mevsimi
Sommerschule f • yaz okulu
Sonant m • selenli
sonder • hususi; özel
Sonderabgabe f • olağanüstü ödeme; olağanüstü vergi
Sonderarbeit f • fazladan iş; ilave iş; özel iş
Sonderausgabe f • ek masraf; olağanüstü masraf; özel nüsha
Sonderausschuss m • özel komisyon
Sonderbearbeitung f • özel muamele
Sonderbedarf m • fevkalade ihtiyaç
Sonderbelastung f • munzam mükellefiyet
Sonderbericht m • özel rapor
Sondereinnahme f • olağanüstü gelir
Sondererhebung f • özel araştırma
Sonderermächtigung f • özel yetki
Sonderermässigung f • özel tenzilat
Sondererträge pl. m und Verluste pl. m • olağanüstü kazanç ve kayıplar
Sonderfall m • istisnai durum; özel hal
Sonderfonds m • özel fon
Sonderfrieden m • münferit sulh
Sondergehaltszahlung f • ek maaş ödemesi
Sondergericht n • hususi mahkeme; istisnai mahkeme

631

Mesleki Terimler Sözlüğü

Sondergeschäftsjahr n • özel muhasebe dönemi
Sondergesetz n • hususi kanunlar; özel kanun
Sondergut n • mahfuz mal
Sonderinstitut n • uzmanlık kurumu
Sonderinteressen pl. n • ayrı menfaatler
Sonderklasse f • özel derslik
Sonderkontingent n • özel kota; özel tahsis
Sonderkonto n • özel hesap
Sonderkosten pl. • arizi gider; faaliyet dışı giderler; olağanüstü masraflar
Sondernachfolge f • cüzi halefiyet
Sonderniederschrift f • özel kayıt
sonderpädagogische Institution f • özel eğitim kurumları
Sonderrecht n • mahsus hak
Sonderrechte pl. n • özel haklar
Sonderreparaturen pl. f • olağanüstü tamirat
Sonderschuldienste pl. m • Özel Eğitim Hizmetleri
Sonderschule f • özel eğitim okulu
Sonderschule f für Blinde pl. m • körler okulu
Sonderschule f für Gehörlose pl. m • sağırlar okulu
Sonderschulklasse f • özel eğitim sınıfı
Sonderschulunterricht m • özel eğitim
Sonderschulwesen n • özel eğitim
Sondersprache f • ağız; özel dil
Sondertarif m • özel tarife
Sonderverkauf m • tenzilatlı satış
Sonderverluste pl. m • faaliyet dışı zararlar; olağanüstü zararlar
Sondervermögen n • hususi mamelek; özel fon; özel mamelek
Sondervollmacht f • hususi vekaletname
Sondervorteile pl. m • mahsus menfaatler; özel çıkarlar
Sonderzahlung f • ök ödeme
Sonderziehungsrecht n • özel çekme hakkı
Sonderziehungsrechte pl. n • özel çekiliş hakları
Sonderzulage f • ek ödeme; ikramiye; olağanüstü maaş zammı
Sonntage pl. m • genel tatiller

Sonntagsruhe f • hafta tatili
Sonoriät f • ötümlülük
Sonorisierung f • ötümlüleşme; titreşimlileşme
Sonorität f • titreşimlilik
sonstige Aufwendungen pl. f • diğer giderler
sonstige Erträge pl. m • çeşitli gelirler; diğer gelirler
Sophismus m • bilgicilik
Sorge f • bakım; endişe; ihtimam; tasa
Sorgeberechtigter m • veli
sorgen • bakımını sağlamak; özen göstermek
Sorgerecht n • bakım hakkı; velayet hakkı
Sorgfalt f • basiret; ihtimam; ihtimam ve takayyüt; özen
sorglos • düşüncesiz; ihmalkar
Sorte f • çeşit; cins; nevi; sınıf; tür
Sorte pl. n • yabancı paralar
Sortenhandel m • yabancı paralar üzerinde yapılan muamele
Sortenkasse f • yabancı paralar gişesi
Sortennummer f • menkul kıymet numarası
Sortenproblem n • istenilen tipte mal sağlama güçlüğü
Sortenwahl f • cinslere ayırma; çeşit sayısı
sortieren • ayırmak; tanzim etmek; tasnif etmek; tertip etmek
Sortiermaschine f • ayırma makinesi
Sortierung f • sınıflandırma; tasnif etme
Sortiment n • çeşit seçimi; mal çeşitleri
Sortiments-Buchhandlung f • perakende kitapçı
Sortimentshandel m • toptancılık
Souche f • koçan
Souveränität f • bağımsızlık; egemenlik; hakimiyet; milli hakimiyet
Souveränitätsrechte pl. n • egemenlik hakları
sozial • sosyal; toplumsal
sozial benachteiligt • toplumsal özürlü
Sozialabgaben pl. f • sosyal vergiler
Sozialarbeit f • sosyal çalışma
Sozialaufwand m • sosyal maksatlar için yapılan giderler
Sozialausgaben pl. f • sosyal giderler
Sozialdemokratie f • sosyal demokrasi

Fachwörterbuch

Sozialdruck m • toplumsal baskı
soziale Abgaben pl. f • sosyal sigorta primi işveren payı; sosyal yardım giderleri
soziale Anpassung f • toplumsal uyum
soziale Aufwendungen pl. f • personel sosyal yardımları
soziale Bedürfnisse pl. n • toplumsal gereksinimler
soziale Betreuung f • sosyal yardım
soziale Fähigkeiten pl. f • toplumsal beceriler
soziale Fürsorge f • sosyal yardım
soziale Hilfeleistung f • sosyal yardım
soziale Intelligenz f • toplumsal zeka
soziale Kontrolle f • toplumsal denetim
soziale Leistungen pl. f • sosyal yardımlar
soziale Mobilität f • toplumsal devingenlik
soziale Motive pl. n • toplumsal güdüler
soziale Reife f • toplumsal olgunluk
soziale Sicherheit f • sosyal güvenlik
soziale Umwelt f • toplumsal çevre
soziale Verhältnisse pl. n • sosyal ilişkiler
Sozialeinrichtung f • sosyal yardım kurumu
sozialer Rechtsstaat m • sosyal hukuk devleti
sozialer Wandel m • toplumsal değişme
soziales Fürsorgerecht n • içtimai sıhhat ve muavenet hukuku
soziales Gesundheits- und Fürsorgerecht n • sosyal sağlık ve yardım hukuku; umumi hıfzısıhha hukuku
soziales Gesundheitsrecht n • içtimai sıhhat ve muavenet hukuku
soziales Verhalten n • toplumsal davranış
Sozialgericht n • sosyal mahkeme
Sozialgerichtsbarkeit f • sosyal kaza; sosyal yargı
Sozialgerichtsverfahren n • sosyal davalar muhakemeleri
Sozialgesetzbuch n • sosyal güvenlik yasası
Sozialhilfe f • sosyal yardım
Sozialhilfegesetz n • sosyal yardım kanunu
Sozialisation f • toplumsallaştırma
Sozialisierung f • millileştirme
Sozialismus m • toplumculuk
Sozialismus m • sosyalizm
Sozialkosten pl. • sosyal maliyet; toplumun katlandığı maliyet
Sozialkunde f • toplumsal bilgiler
Sozialleistung f • sosyal gider
Sozialneigung f • toplumsal eğilim
Sozialordnung f • sosyal konuların düzenlenmesi
Sozialpartner m • işverenler ve işçiler; işçi ve işveren tarafları
Sozialphilosophie f • toplum felsefesi
Sozialplan m • sosyal plan
Sozialpolitik f • sosyal politika
Sozialprodukt f • milli hasıla
Sozialpsychologie f • toplum ruhbilimi
Sozialrecht n • sosyal hukuk
Sozialrechte pl. n • özlük hakları
Sozialreform f • sosyal reform
Sozialrentner m • sosyal sigorta emeklisi
Sozialstatus m • toplumsal durum
Sozialversicherung f • içtimai sigorta; sosyal sigorta; sosyal sigortalar
Sozialversicherungsabgabe f • sosyal sigorta primi
Sozialversicherungsabkommen n • sosyal güvenlik antlaşması
Sozialversicherungsbeitrag m • sosyal sigortalar primi
Sozialversicherungsträger m • sosyal sigortalar mercii
Sozialwerte pl. m • toplumsal değerler
Sozialwesen n • sosyal hizmetler
Sozialwissenschaften pl. f • toplumsal bilimler
Sozietät f • firma; ortaklık; şirket
Soziodrama n • toplumsal oyun
Soziogram n • toplumsal ilişki çizelgesi
Soziolekt m • topluluk dili
Soziolinguistik f • toplumdilbilim
Soziologie f • toplumbilim
Soziometrie f • toplumsal ilişki ölçümü
Spalte f • hane; sütun
spalten • bölmek; parçalamak
Spanne f • marj; pay
Spannung f • gerilme; gerginlik; gerilim; uyuşmazlık
Sparanlage f • biriktirme sandığı
Sparbank f • tasarruf bankası
Sparbuch n • banka hesap cüzdanı; hesap cüzdanı; pasbuk; tasarruf cüzdanı

Mesleki Terimler Sözlüğü

Spareinlage f • tasarruf mevduatı
sparen • biriktirmek; tasarruf etmek; tutumlu olmak
Sparen n • tasarruf
Sparer m • hesap sahibi; mudi
Sparguthaben n • banka tasarruf hesabında alacak; tasarruf hesabı
Sparheft n • hesap cüzdanı; pasbuk; tasarruf cüzdanı
Sparkapitalbildung f • tasarruf yolu ile sermaye birikimi
Sparkasse f • tasarruf bankası; tasarruf bankası; tasarruf bankası veya sandığı; tasarruf sandığı
Sparkassenbuch n • banka defteri; tasarruf cüzdanı
Sparkonto n • tasarruf; tasarruf hesabı
Sparleistung f • biriktirme; biriktirmek için ödeme
Sparmassnahme f • tasarruf tedbiri
Sparmenge f • tasarruf miktarı
Sparmittel n • birikmiş paralar; tasarruflar
sparsam • idareli; tutumlu
Sparsamkeit f • idareli kullanma; idareli olma; tasarruf; tutumluluk
Sparte f • alan; kısım; ticaret kolu veya sektörü; şube
Sparverkehr m • biriktirme işlemleri;biriktirme sistemi
Sparvertrag m • tasarruf mukavelesi
Sparwerbung f • tasarruf için yapılan propaganda
spedieren • göndermek; sevk etmek; taşımak
Spediteur m • nakliyat acentesi; nakliyat komisyoncusu; nakliyeci; nakliyeci acentesi; navlun komisyoncusu; sevkiyatçı; taşıyıcı
Spediteurempfangsschein m • sevkiyatçı makbuzu
Spedition f • nakliyat; nakliye işleri; sevkiyat; taşımacılık
Speditionsbüro n • nakliyat acenteliği
Speditionsfirma f • nakliyat firması
Speditionsgeschäft n • nakliyat firması
Speditionsgewerbe n • nakliyatçılık
Speditionskosten pl. • nakliye masrafları
Speicher m • ambar; antrepo; ardiye; depo; mağaza; silo

Speicherbuchführung f • bilgisayarla tutulan muhasebe
Spekulant m • borsa spekülatörü; spekülatör
Spekulation f • borsa oyunu; ihtikar; spekülasyon
Spekulationskapital n • risk sermayesi
Spekulationsmarkt m • spekülasyon piyasası
spekulativ • spekülatif
Spende f • bağış; hediye; teberru
spenden • bağışlamak; hediye etmek
Spender m • bağışlayan
Sperre f • abluka; ambargo; boykot; durdurma; kapatma; yasaklama
sperren • ambargo koymak; bloke etmek; dondurmak; durdurmak; yasaklamak
Sperrfrist f • blokaj süresi
Sperrguthaben n • bloke hesap
Sperrjahr n • bloke süresi
Sperrkonto n • bloke hesap
Sperrstücke pl. n • bloke menkul kıymetler
Sperrsystem n • tahdit sistemi
Sperrzeit f • bloke süresi; işsizlik parası ödenmeyen ceza süresi
Spesen pl. • gider; giderler; masraf; masraflar
spesenfrei • masrafsız; ücretsiz
Spesenrechnung f • masraf hesabı
Spezialbank f • ticaret bankası
Spezialbanken pl. f • ihtisas bankaları
Spezialfach n • ihtisas
Spezialgericht n • hususi mahkeme
Spezialgesetz n • özel kanun
Spezialinstitut n • özel kurum
Spezialisierung f • özelleşme
Spezialist m • mütehassıs; uzman
spezialistisch • uzmanca
Spezialvollmacht f • hususi vekaletname
speziell • ayrı; hususi
spezielle Begabung f • özel yetenek
spezielle Gewinnbeteiligung f • özel katılma
spezieller Brauch m • hususi adet
Spezies f • cins; nevi
Spezieskauf m • nevi ile belirlenmiş satış
Speziessache f • ferdiyle muayyen mal; nevi ile muayyen mal

Fachwörterbuch

Speziesschuld f • nevi ile tayin olunan borç
Spezifikation f • cinsini belirtme; özellikleri kapsayan belge; spesifikasyon; şartname
Spezifikationskauf m • tahsis kaydile alım satım; şartnameye göre satın alma
spezifische Ziele pl. n • özel amaçlar
spezifizieren • cinslere ayırmak; detaylandırmak
Spezimen n • numune; örnek
spicken • kopyacılık
Spiegelbildkonten pl. n • karşılıklı hesaplar
Spiel n • oyun; kumar
Spiel n unter Aufsicht f • gözetimli oyun
Spielgruppe f • oyun kümesi
Spielraum m • alan; faaliyet alanı; marj
Spielraum m lassen • açık kapı bırakmak
Spielstunde f • oyun saati
Spieltherapie f • oyunla iyileştirme
Spielzeug n • oyun araçları
Spielzimmer n • oyun odası
Spion m • casus
Spionage f • casusluk
spionieren • casusluk etmek
Spirans m • sızıcı
Spirantisierung f • sızıcılaşma
spitz • diyezleşmiş
Spitzenbedarf m • acil ihtiyaç; peşin açık
Spitzenbelastung f • azami oran; azami yük
Spitzenbetrag m • azami meblağ
Spitzeneinkommen n • çok fazla gelir
Spitzenergebnis n • rekor seviye
Spitzenfabrikat n • birinci sınıf mamul
Spitzengruppe f • öncü grup
Spitzeninstitut n • merkezi kuruluş
Spitzenklasse f • birinci sınıf
Spitzenlohn m • çok yüksek ücret
Spitzennachfrage f • azami talep
Spitzenorganisation f • merkezi birlik; merkezi kuruluş
Spitzenqualität f • en iyi kalite
Spitzensatz m • azami oran
Spitzenverband m • merkezi birlik
Spitzenwert m • rekor meblağ; zirve
spontan • kendiliğinden
Spontaneität f • kendiliğindelik
Sport m • beden eğitimi
Spottpreis m • çok düşük fiyat
Sprachatlas m • dil atlası
Sprachbehinderte pl. m • konuşma özürlü
Sprache f • konuşma; dil; dilyetisi
Sprachebene f • dil düzeyi
Sprachentwicklung f • dil gelişimi
Spracherziehung f • konuşma eğitimi
Sprachfähigkeit f • dilyetisi
Sprachfamilie f • dil ailesi
Sprachfehler m • pelteklik
Sprachgebrauch m • kullanım
Sprachgemeinschaft f • dilsel topluluk
Sprachgeographie f • dilbilimsel coğrafya; uzamsal dilbilim
Sprachgruppe f • dil öbeği
Sprachkarte f • dil haritası
Sprachlehre f • dilbilgisi
sprachlich • dilsel
Sprachökonomie f • dilsel tutumluluk
Sprachrevolution f • dil evrimi
Sprachstörung f • konuşma bozukluğu; konuşma özürü
Sprachwissenschaft f • dilbilim
Sprechakt m • söz edimi
Sprechapparat m • ses aygıtı
sprechen • konuşma
sprechen • ifade etmek; konuşmak; sohbet etmek
Sprechen n • söz
Sprecher m • konuşucu
Sprechorgane pl. n • ses örgenleri
Sprechtakt m • dizem
Sprengstoff m • patlayıcı madde
Spruch m • hüküm; karar
Spur f • ipucu; iz
Staat m • devlet; hükümet
Staatenbund m • devletler konfederasyo
staatenlos • tabiiyetsiz; vatansız
Staatenlosigkeit f • tabiiyetsizlik
staatlich • devletçe; milli; resmi; siyasi
staatliche Genehmigung f • devlet müsaadesi
staatliche Schule f • resmi okul
staatliche Verleihung f • meclis kararıy tevcih etme

staatliche
Vorschulerziehungseinrichtungen pl. f • Okulöncesi Resmi Eğitim Kurumları
staatlicherseits • devlet tarafından; resmi
Staatliches Planungsamt n • Devlet Planlama Teşkilatı (DPT)
staatliches Unternehmen n • devlet işletmesi
staatliches Unternehmen n mit Handelsrecht n • KİT (Kamu İktisadi Teşekkülü)
staatliches Vergabegesetz n • Devlet İhale Kanunu
staatliches Wirtschaftsunternehmen n • kamu iktisadi teşebbüsleri
Staatsabgaben pl. • devlete ödenen vergi ve resimler
Staatsakte pl. • devlet muameleleri
Staatsakte pl. m • devlet tasarrufları
Staatsangehöriger m • tebaa; vatandaş
Staatsangehörigkeit f • tabiiyet; vatandaşlık
Staatsanleihe f • devlet istikrazı; devlet tahvili; hazine bonosu
Staatsanleihen pl. f • devlet borçlanması; devlet borcu; devlet tahvilleri
Staatsanwalt m • savcı
Staatsanwaltschaft f • müddeiumumilik; savcılık
Staatsanweisung f • hazine üzerine çekilen bono
Staatsanzeiger m • Resmi Gazete
Staatsarchiv n • arşiv; devlet arşivi
Staatsaufsicht f • devlet denetimi; devlet murakabesi; devlet murakabesi; idari vesayet
Staatsausgaben pl. f • devlet harcamaları; devlet masrafları
Staatsautorität f • amme iktidarı
Staatsbank f • devlet bankası
Staatsbeamter m • devlet memuru
Staatsbehörde f • resmi makam
Staatsbesitz m • kamu işletmesi
Staatsbürger m • vatandaş; yurttaş
staatsbürgerliche Rechte pl. n und Pflichten pl. f • vatandaşlık hak ve görevleri
Staatsbürgerrechte pl. n • vatandaşlık hakları
Staatsbürgschaft f • devlet güvencesi

Staatsdarlehen n • devlet ikrazı
Staatsdienst m • devlet hizmeti
Staatsdomäne f • kamu malı; kamu mülkü
staatseigen • devlete ait
Staatseigentum n • devlet mülkü; kamu malı; kamunun sahip olduğu mal
Staatseinkünfte pl. f • devlet gelirleri; gelirler; varidat
Staatseinnahmen pl. f • devlet gelirleri; devlet varidatı
Staatseinrichtung f • devlet müessesesi
Staatsexamen n • devlet imtihanı
Staatsfehlbetrag m • bütçe açığı
Staatsfinanzwirtschaft f • devlet finansmanı
Staatsfonds m • devlet menkul kıymetleri
Staatsform f • devlet şekli
Staatsführung f • devlet yönetimi
Staatsgebiet n • ülke
Staatsgefährdung f • devletin güvenliğini tehlikeye düşürme
Staatsgeheimnis n • devlet sırrı
Staatsgerichtshof m • divanıali; yüce divan
Staatsgesetz n • devlet kanunu
Staatsgewalt f • egemenlik; hakimiyet; otorite
Staatsgläubiger m • devlet alacaklısı
Staatsgrundgesetz n • devlet anayasası
Staatsgrundgesetze pl. n • esas teşkilat kanunları
Staatsgut n • devlet malı; milli emlak
Staatsgüter pl. n • kamu malları
Staathaftung f • devletin sorumluluğu
Staatshandel m • devlet ithalatı; devlet ticareti; ticaretin devlet tekelinde bulunması
Staatshandlungen pl. f • devlet muameleleri; devlet tasarrufları
Staatshaupt n • devlet başkanı
Staatshaushalt m • bütçe; devlet bütçesi
Staatshaushaltsgesetz n • hesabı kati kanunu; kesin hesap kanunu
Staatshoheit f • egemenlik; hakimiyet
Staatshoheitsakt m • hakimiyet tasarrufu
Staatsinteresse n • devlet çıkarı
Staatskasse f • hazine; İngiltere'de Maliye Bakanlığı

Fachwörterbuch

Staatskommissar m • ajan; devlet komiseri
Staatskosten pl. • devletin üstlendiği masraflar
Staatsleistung f • kamu tüketimi
Staatslieferung f • devlet teslimatı
Staatsmann m • devlet adamı
Staatsminister m • bakan; devlet bakanı; vekil
Staatsmonopol n • devlet tekeli
Staatsoberhaupt n • devlet başkanı; devlet reisi
Staatsobligationen pl. f • devlet hazine tahvilatı; devlet tahvilleri; hazine tahvilatı
Staatsorgan n • devlet organı
Staatsorganisation f • devlet teşkilatı
Staatsökonomie f • devlet ekonomisi
Staatspapiere pl. n • devlet istikrazı; devlet menkul kıymetleri; hazine bonoları
Staatspräsident m • cumhurbaşkanı; devlet başkanı
Staatsrat m • Danıştay; Devlet Şûrası
Staatsrechnung f • devlet bütçe hesapları
Staatsrecht n • amme hukuku; anayasa hukuku; esas teşkilat hukuku; kamu hukuku
Staatsregierung f • hükümet
Staatsreligion f • resmi din
Staatsrente f • devlet tarafından ödenen emekli aylığı
Staatsschatz m • devlet hazinesi; hazine
Staatsschulden pl. f • devlet borçları; devlet borcu
Staatsschuldverschreibungen pl. f • devlet tahvilatı; devlet tahvilleri
Staatsschuldverschreibungen pl. f • hazine tahvilatı
Staatssekretär m • bakan; bakanlık müsteşarı; müsteşar; vekil
Staatssicherheit f • devlet emniyeti; devlet güvenliği
Staatssozialismus m • devletçilik
Staatssprache f • resmi dil
Staatsstreich m • darbei hükümet; hükümet darbesi; hükümetin çekilmesi
Staatsunternehmen n • devlet sektörü
Staatsverbrauch m • devlet tüketimi
Staatsverbrechen n • devlet aleyhine işlenen suç
Staatsverfassung f • devlet anayasası
Staatsvermögen n • milli servet
Staatsvertrag m • antlaşma; muahede; uluslararası antlaşma
Staatsverwaltung f • devlet idaresi
Staatsverwaltungen pl. f • devlet idari makamları
Staatsvoranschlag m • bütçe tahmini
Staatswirtschaft f • devlet ekonomisi; ekonominin kamu sektörü
Staatswissenschaften pl. f • siyasi ilimler
Staatswohl n • amme menfaati; kamu yararı
Stabdiagramm n • sütunlu grafik
Stabgold n • külçe altın
stabil • dayanıklı; istikrarlı; sağlam
stabile Währung f • istikrarlı para
stabilisieren • istikrarlı hale gelmek
Stabilisierung f • istikrar; istikrarlı duruma getirme; kararlılık; stabilizasyon
Stabilität f • dayanıklılık; istikrar; sağlamlık
Stadium n • devre; dönem; safha
Stadt f • belediye; il; komün; vilayet; şehir
Stadtbauplan m • şehir imar planı
Stadtbezirk m • bucak; mahalle; nahiye; semt
städtebauliche Planung f • şehir planlaması
Städteordnung f • belediye nizamnamesi
Städtewesen n • şehircilik
Stadtgemeinde f • belediye
Stadtgemeinde f • il belediyesi
Stadtgut n • belediye emlakı
städtische Abgabe f • duhuliye resmi; oktruva
Stadtkasse f • belediye kasası
Stadtrat m • belediye meclişi; belediye meclisi üyesi
Stadtrecht n • belediye hukuku
Stadtschule f • kent okulu
Stadtstaat m • şehir devlet
Stadtsteuer f • belediye resmi
Stadtteil m • mahalle; semt
Stadtverordnetenversammlung f • belediye meclisi; belediye meclisi toplantısı

Mesleki Terimler Sözlüğü

Stadtverordneter m • belediye meclisi üyesi
Stadtverwaltung f • belediye; şehir idaresi
Stadtviertel n • mahalle; semt
Stadtzweigstelle f • bankanın şehir içindeki tali şubesi
Staffel f • basamak; derece; kademe
Staffelanleihe f • kademeli faizli ikraz
Staffelbesteuerung f • artan oranlı vergileme; müterakki vergileme
Staffelgewinnanteil m • gelir kademesine göre verilen komisyon
Staffelmethode f • Hamburg yönetimi
staffeln • derecelendirmek; kademelere ayırmak
Staffelsteuer f • artan oranlı vergi
Staffelung f • derecelendirme; kademelendirme
Staffelzinsrechnung f • kademeli faiz hesabı
Stagflation f • stagflasyon; durgunluk
Stahlbezieher m • çelik alıcısı; çelik kullanıcısı
Stahlformguss m • çelik döküm
Stahlkammer f • kasa dairesi; şambr fort
Stahlkonjunktur f • çelik sanayiinde durum
Stahlkontingentierung f • çelik üretiminin sınırlandırılması
Stahlverarbeiter m • çelik kullanan sanayici
Stamm m • gövde
Stamm m • aşiret; esas; esas kadro; kabile; nesil; soy; temel
Stammabschnitt m • dip koçanı; koçan
Stammaktie f • adi hisse senedi; ilk hisse; normal hisse senedi; şirketin adi hisse senetleri
Stammarbeiter m • daimi işçi
Stammdaten pl. • sabit bilgiler; sürekli olarak değişmeyen ve aynı kalan bilgiler
Stammeinlage f • bir şirkete katılma
stammeln • pepemelik
stammen • kökenli olmak
stammen aus • soyundan gelmek
stammen von • soyundan gelmek
Stammfirma f • ana firma; esas firma

Stammgesellschaft f • ana şirket; holding şirketi
Stammkapital n • ana sermaye; başlangıç sermayesi; esas sermaye; sermaye
Stammnummer f • sicil numarası
Stammorders pl. f • daimi müşteri siparişleri
Stammpersonal n • daimi personel
Stammregister n • ana kütük; esas sicil defteri
Stammrolle f • askerlik kütüğü
Stammunternehmen n • sigortalının devamlı çalıştığı işyeri
Stammverwandtschaft f • yakın nesilden olan akrabalık
Stammwort n • köken
Stampiglie f • lastik damga
stampiglieren • damgalamak
Stand m • durum; meslek; mevki; miktar; rütbe; seviye; sınıf; toplam; vasıf; şahsi hal
Stand m des Inkassos n • tahsilin akıbeti
Standard m • ölçün
Standard m • gerekli ölçüde; norm; normal; standart; varılması bilimsel olarak saptanmış amaç
Standardabweichung f • ölçünlü sapma
Standardabweichung f • standart sapma
Standardaktien pl. f • başta gelen ortaklık payları; birinci derecedeki ortaklık payları
Standardfehler m • ölçünlü yanlış
standardisieren • ölçünleştirme
standardisieren • standartlaştırmak
standardisierter Leistungstest m • standart başarı testi
standardisierter Punkt m • ölçünlü puan
standardisierter Test m • ölçünlü test
Standardisierung f • standardizasyon
Standardkosten pl. • standart maliyet
Standardkostenrechnung f • standart maliyet sistemi
Standardpersonal n • standart kadrosu
Standardsprache f • ölçünlü dil
Standardwaren pl. f • kalite mallar; standard mallar
Stand-by-Kredit m • Stand-by Kredisi; teminat akreditifi

Fachwörterbuch

Stände pl. m • devletçe tanınmış sınıfların temsilcilerinden kurulan meclis
Standesamt n • nüfus dairesi
standesamtlich • nüfus memurluğunca
standesamtliche Trauung f • resmi nikah
Standesbeamter m • evlendirme memuru; nikah memuru; nüfus memuru
standesgemäss • sosyal durumuna uygun
standesgemässer Unterhalt m • mükellef olanın içtimai vaziyetine göre tesbit edilen nafaka; mükellefin sosyal durumuna göre tesbit edilen nafaka
Standesregister n • nüfus kütüğü
Standgericht n • divanıharp; harp divanı
ständig • daimi; devamlı; sabit; sürekli
ständige Akte f • sürekli tutulan dosya
ständige Weiterbildung f • sürekli eğitim
ständiger Auftrag m • sürekli ödeme emri
ständiger Ausschuss m • daimi encümen
Ständiger Internationaler Gerichtshof m in Den Haag n • Lahey Milletlerarası Daimi Adalet Divanı
ständiger Schiedsgerichtshof m • daimi hakem divanı
Ständiger Schiedsgerichtshof m im Haag • Lahey Daimi Hakem Mahkemesi
Standort m • kuruluş yeri; tesis yeri
Standort m von Truppen pl. f • garnizon
Standrecht n • örfi idare; sıkıyönetim
standrechtlich • sıkıyönetimle ilgili
Stapelgut n • antrepo malı
stark • kuvvetli; sağlam; sert; şiddetli; donuk; hareketsiz; katı
starres Budget n • sabit bütçe
Starrheit f • donukluk; katılık
Station f • hastane koğuşu; istasyon
stationär • sabit
stationäre Behandlung f • yataklı hastanede tedavi; yatakta tedavi
statisch • dural
statische Bilanz f • istatistiki bilanço; statik bilanço
statische Sprachwissenschaft f • dural dilbilim
Statistik f • sayıbilim; istatistik
Statistiker m • istatistikçi
statistisch • istatistiksel
statistische Methode f • sayılama yöntemi

statistisches Geheimnis n • istatistik sırları
Statt f • yer
Stätte f • mahal
stattgeben • izin vermek; kabul etmek; rıza göstermek
statthaft • caiz; geçerli
Statthalter m • vali
statuieren • düzenlemek; yoluna koymak
staturische Rücklage f • sözleşme gereği ayrılan yedek
Status m • durum; hal; hukuki durum; iflas bilançosu; mali durumun beyanı; vaziyet; yasa
Status quo m • statüko
Statusklage f • şahsi hak davası
Statusklagen pl. f • şahsi hal davaları
Statut n • kanun; nizamname; statü; tüzük; yönetmelik
statutarisch • nizamnameye göre; tüzüğe uygun
statutarische Rücklage f • şirket sözleşmesi gereği ayrılması zorunlu yedek
Statuten pl. n • esas nizamname; iç tüzük; şirket mukavelenamesi
Statutenkollision f • kanunlar ihtilafı; kanunların çatışması
Statutentheorie f • statü nazariyesi
Stau m • durma; toplanma; yığılma; istif etmek; istifçi
Stauung f • gemi yükünün istif edilmesi
Steckbrief m • tevkif müzekkeresi; tutuklama yazısı
steckbrieflich • tevkif müzakeresiyle
steckbrieflich verfolgen • tevkif müzekkeresi çıkarmak
stehlen • çalmak
Stehlsucht f • çalma hastalığı; kleptomani
Stehlsüchtiger m • çalma hastası
Stehlsüchtiger m • kleptoman
steigend • artarak; yükselen
steigende Abschreibung f • artan paylı amortisman
steigende Produktivität f • artan verimlilik
Steigerung f • yükselme
Steigerungsfähigkeit f • yükselme ihtimali
Stellage f • çift ikramiyeli muamele

639

Mesleki Terimler Sözlüğü

Stellagegeschäft n • çift opsiyon; çift taraflı işlem; primli işlem
Stellageschäft n • alım satım opsiyonu
Stelle f • acente; büro; daire; iş; makam; memuriyet; mevki; taraf; yer
Stelle f besetzen • memuriyete tayin etmek
stellen • koymak; vazetmek
Stellenangebot n • açık işler; insan kaynakları; iş arzı; iş teklifi
Stellenanwärter m • aday; namzet
Stellenausschreibung f • boş işyeri için ilan
Stellenbesetzung f • istihdam
Stellenbesetzungsplan m • istihdam planı
Stellengemeinkosten pl. • departman genel gideri
Stellengesuch n • iş müracaatı; iş talebi; işe talip olma
Stellenmarkt m • iş piyasası
Stellentausch m • becayiş
Stellenvermittlung f • iş ve işçi bulma
Stellgeschäft n • çift ikramiyeli muamele
Stellung f • durum; görev; iş; makam; memuriyet; mevki; rütbe; tahsis; vaziyet; yer
Stellung f unter Polizeiaufsicht f • emniyeti umumiye nezareti altına alınmak
Stellungnahme f • cevap verme; görüş bildirme
Stellvertreter m • muavin; mümessil; temsilci; vekil; yardımcı
Stellvertretung f • temsil; vekalet
Stellvertretung f ohne Ermächtigung f • salahiyetsiz temsil
Stellvertretung f ohne Vertretungsmacht f • salahiyetsiz temsil
Stempel m • damga; marka; mühür; pul
Stempelabgabe f • damga resmi
Stempelabgaben pl. f • damga vergisi
stempelfrei • damga resmine tabi olmayan
Stempelgebühr f • damga vergisi
Stempelgeld n • damga resmi; işsizlik tazminatı
Stempelmarke f • damga pulu
stempeln • damgalamak; mühürlemek; pul yapıştırmak
Stempelsteuer f • damga resmi; damga vergisi

Stempeluhr f • fabrika kontrol saati
Stenogramm n • stenografik yazı
Stenographie f • stenografi
stenographisch • steno ile yazılmış
Sterbedatum n • ölüm tarihi
Sterbefall m • ölüm; ölüm hali
Sterbegeld n • cenaze yardımı
Sterbegeld n aus der Krankenversicherung f • hastalık sigortası tarafından ödenen ölüm yardımı
Sterbekasse f • cenaze yardım sandığı
sterben • ölmek; vefat etmek
Sterbeort m • ölüm yeri
Sterberegister n • ölüm kütüğü
Sterbeurkunde f • ölüm ilmühaberi; vefat ilmühaberi
Sterilisation f • kısırlaştırma
Sterilisierungsreskriptionen pl. f • sterilizasyon kağıtları
Sterlingblock m • sterlin bölgesine dahil memleketler
Sterlingzone f • Sterling alanı
stetig • devamlı; istikrarlı; sürekli
Stetigung f • istikrarlı yapma; konsolidasyon
stets • daima; herzaman
Steuer f • resim; vergi
Steuer f erheben • vergi koymak; vergi tarhetmek
Steuer f zahlen • vergi ödemek
Steuerabzug m • vergi indirimi
Steueraufkommen n • vergi gelirleri
Steueraufschlag m • munzam vergi
Steueraufsicht f • vergi kontrolü; yasal yetkililerin vergi incelemesi yapma hakkı
Steueraufwendungen pl. f • vergi giderleri
steuerbares Einkommen n • vergiye tabi gelir
Steuerbeamter m • vergi memuru; vergi tahsildarı
Steuerbefreiung f • vergi bağışıklığı; vergi istisnası; vergi muafiyeti; vergiden muafiyet
steuerbegünstigt • vergi bakımından himaye edilmiş
Steuerbehörde f • vergi dairesi
Steuerbelastung f • vergi yükü

Fachwörterbuch

Steuerbemessungsgrundlage f • vergi matrahı
Steuerberater m • vergi danışmanı; vergi müşaviri
Steuerbescheid m • vergi tebligatı
Steuerbetrug m • vergi kaçırma
Steuerbilanz f • mali bilanço
Steuerbuchhaltung f • vergi muhasebesi
Steuereinnehmer m • vergi tahsildarı
Steuererhebung f • vergi tarhı
Steuererklärung f • vergi beyanı
Steuererklärungspflicht f • vergi beyanı mükellefiyeti
Steuerermässigung f • vergi iadesi
Steuerersparnis f • vergi tasarrufu
Steuerfestsetzung f • vergi tahakkuku
Steuerflucht f • vergi kaçırma
steuerfrei • vergiden muaf; vergisiz
Steuerfreibeträge pl. m • vergiden muaf tutar
steuerfreier Gewinn m • vergiden muaf olan kar
Steuerfreiheit f • vergi bağışıklığı; vergi istisnası; vergi muafiyeti
Steuergeheimnis n • vergi memurlarının sır saklama mükellefiyeti
Steuergesetz n • vergi kanunu; vergi yasası
Steuergesetzgebung f • vergi hukuku
Steuerhinterziehung f • kaçakçılık; vergi kaçakcılığı; vergi kaçırma
Steuerjahr n • vergi yılı
Steuerklasse f • vergi sınıfı
Steuerkonflikt m • vergi ihtilafı
Steuerlast f • vergi yükü
steuerlich zulässige Abschreibung f • vergi açısından tanınan amortisman
steuerlicher Wohnsitz m • vergi açısından gösterilen adres
Steuermann m • ikinci kaptan
Steuermannsquittung f • ordino
Steuern pl. f hinterziehen • vergi kaçırmak
Steuernachlass m • affedilen vergi miktarı
Steuerordnung f • vergi nizamnamesi
Steuerpacht f • verginin emaneten idaresi
Steuerpflicht f • vergi ödeme yükümlülüğü; vergi yükümlülüğü
steuerpflichtig • mükellef; vergiye tabi

steuerpflichtiger Bruttoarbeitslohn m • vergiye tabi brüt ücret
steuerpflichtiger Gewinn m • vergilendirilecek kar
Steuerpflichtiger m • vergi mükellefi; vergi sorumlusu; vergi yükümlüsü
steuerpflichtiges Einkommen n • vergilenebilir gelir; vergiye tabi gelir
Steuerplanung f • vergi planlaması
Steuerpolitik f • vergi politikası
Steuerrecht n • vergi hukuku
Steuerrevision f • vergi denetimi; vergi kontrolü
Steuerrückerstattung f • vergi iadesi
Steuerrückstände pl. m • bakaya; mütedahil vergi
Steuerrückzahlung f • vergi iadesi
Steuersatz m • vergi nispeti; vergi oranı
Steuerschuld f • vergi borcu
Steuerschuldner m • vergi borçlusu
Steuerstrafen pl. f • vergi cezaları
Steuertabelle f • vergi cetveli
Steuertarif m • vergi cetveli
Steuerträger m • vergi dairesi veya makamı
Steuerumgehung f • vergiden kaçınma
Steuerung f • güdüm; yöneltim
Steuerveranlagung f • matrah saptanması; vergi için değer biçme; vergi matrahı; vergi tahakkuku; vergi tarhı
Steuervergünstigung f • vergi desteği
Steuervergünstigung f • vergi indirimi; vergi istisnası
Steuervorauszahlung f • peşin vergi ödemesi
Steuervorteil m • vergi avantajı
Steuerwert m • vergi değeri
Steuerwesen n • vergi sistemi
Steuerzahler m • vergi mükellefi
Steuerzuschlag m • ek vergi; munzam vergi
Steuerzuschläge pl. m • munzam kesir
Stichprobe f • örneklem; numune; numune alma; örnek
Stichprobenerhebung f • örnekleme
Stichprobenprüfung f • örnekleme testi; örnekleme yoluyla denetim
Stichprobenverteilung f • örnekleme dağılımı

Mesleki Terimler Sözlüğü

Stichtag m • itibariyle; seçilen gün; tasfiye günü; tespit edilmiş gün
Stiefbruder m • üvey erkek kardeş
Stiefeltern pl. • üvey ebeveyn
Stiefgeschwister pl. • üvey kardeşler
Stiefkind n • üvey çocuk
Stiefmutter f • üvey anne
Stiefschwester f • üvey kız kardeş
Stiefsohn m • üvey oğul
Stieftochter f • üvey kız evlat
Stiefvater m • üvey baba
Stiefverwandtschaft f • üveylik
stiften • bağışlamak; hediye etmek; kurmak; meydana getirmek; sebep olmak; tesis etmek
Stifter m • bağışlayan; kurucu; müsebbip
Stifterfirma f • kurucu firma
Stiftung f • bağış; bağışlanan fon; tesis; vakıf; yardım fonu
Stiftungsuniversität f • vakıf üniversitesi
Stil m • biçem; deyiş
Stilistik f • biçembilim; deyişbilim
still • durgun; gizli; sakin
stille Gesellschaft f • hususi şirket
stille Reserve f • bilançoda görülmeyen özsermaye unsuru; gizli yedek; gizli yedek akçe
stille Reserven pl. f • beyan edilmemiş ihtiyatlar; gizli ihtiyat akçeleri; örtülü ihtiyatlar; saklı rezerler
stille Rücklagen pl. f • gizli yedekler
stille Übereinkunft f • zımni anlaşma
stillegen • faaliyetini durdurmak
Stillegung f • faaliyeti durdurma
stiller Gesellschafter m • aktif olmayan ortak
stiller Teilhaber m • aktif olarak görev almayan ortak; komanditer ortak
stiller Vorbehalt m • zihni takyit
stilles Lesen n • sessiz okuma
stilles Pfandindossament n • gizli terhini ciro
stilles Prokuraindossament n • gizli tevkili ciro
Stillgeld n • hastalık ve analık sigortasınca ödenen emzirme yardımı
Stillhalteabkommen n • borçların ertelenmesi; moratoryum
Stillhalten n • çift opsiyon satışı

stilliegen • kullanılmadan durmak; kullanılmadan kalmak
stilliegende Gesellschaft f • faaliyet göstermeyen şirket
stilliegendes Geld n • atıl para; işletilmeyen
stillschweigen • sükut etmek; susmak
Stillschweigen n • sükût; susma
stillschweigend • açıkca olmayan; zımni
stillschweigend geschlossener Vertrag m • zımni sözleşme
stillschweigende Verlängerung f • zımni temdit
stillschweigende Willenserklärung f • zımni irade beyanı; zımni irade izharı
stillschweigender Vertrag m • zimmi sözleşme
Stillstand m • durma
Stillstand m des Prozesses m • davanın müracaata kalması
Stillstandskosten pl. • işletme faaliyetini durdurduktan sonra da devam eden masraflar
Stimmabgabe f • oy verme; oy vermek; rey vermek
stimmberechtigt • oy verme hakkına sahip
stimmberechtigte Aktie f • oy imtiyazlı hisse senedi; oy verme hakkı taşıyan hisse senedi
stimmberechtigtes Mitglied n • oy hakkına sahip üye
Stimmberechtigung f • oy verme hakkı
Stimme f • ses; oy; rey
Stimme f abgeben • oy kullanmak
stimmen • doğru olmak; oy vermek; uymak
Stimmenanzahl f • oy sayısı
Stimmengleichheit f • oy eşitliği
Stimmenmehrheit f • oy çokluğu
Stimmenminderheit f • oy azlığı
Stimmenprüfung f • verilen oyların kontrolü
Stimmenrechtsaktien pl. f • oy kullanma bakımından imtiyazlı hisse senedi
Stimmenstörung f • ses bozukluğu
Stimmenteilung f • oyların dağılımı
Stimmenthalter m • çekimser; müstenkif
Stimmenthaltung f • oy vermekten istinkaf; oylamaya katılmama

Fachwörterbuch

Stimmenzählung f • oyların sayılması
Stimmerziehung f • ses eğitimi
stimmfähig • oy vermeye ehil
Stimmfähigkeit f • oy verme ehliyeti
stimmhaft • ötümlü; titreşimli
Stimmlippenverschluss m • gırtlak vuruşu
stimmlos • ötümsüz; titreşimsiz
Stimmrecht n • oy hakkı; oy verme hakkı; rey hakkı
stimmrechtlose Aktie f • oy hakkından yoksun hisse senedi
Stimmrechtsaktie f • oy imtiyazlı hisse senedi; rey bakımından imtiyazlı hisse senedi
Stimmrechtsbeauftragung f • vekalet
Stimmung f • ruh durumu
Stimmverstärkung f • yeğinlik
Stimmzettel m • oy pusulası; rey puslası
Stimulus m • uyaran
Stipendiat m • burslu öğrenci
Stipendiat m • burs alan öğrenci
Stipendium n • burs
Stipulation f • sözlü akit
stipulieren • akdetmek; kararlaştırmak
stochastisch • stokastik
Stock m • holding; portföy; stok mal
Stockbildung f • stok yapma
Stockdividende f • hisse temettü
stocken • durmak; kesilmek
Stockmakler m • borsa simsarı
Stockung f • durgunluk; durma; düşme; hareketsizlik; kesilme; yavaşlama
Stockwerkseigentum n • kat mülkiyeti
Stoff m • töz; cevher; madde; mevzu; süje
stofflich • maddi; somut
Stoffname m • somut ad
Stopp m • durdurma; durma; kontrol; yasaklama
stoppen • durdurmak; kontrol etmek
Stoppreis m • kontrole tabi fiyat
stornieren • geri vermek; iptal etmek; muhasebede ters kayıt işleyerek hatayı düzeltmek
Stornierung f • iptal; kaydın iptali
Storno m • düzeltme; iade; iptal; mukabil kayıt; tashih

Stornobuchung f • iptal; kaydın iptali; muhasebe kaydının iptali; muhasebe kaydının ters kayıtla iptali
Stossauftrag m • acil sipariş
Stossbedarf m • acil talep
Stosswirkung f • ani tesir
stottern • kekemelik; pepemelik
stören • düzenini bozmak; ihlal etmek; rahatsız etmek
Störung f • gürültü
Störung f • ihlal; rahatsız etme ;taciz
Störung f des öffentlichen Friedens m • toplum barışını bozma
Störung f im Besitz m • zilyetliğin ihlali
Strafandrohung f • ceza ve tehdit
Strafanstalt f • cezaevi; hapishane
Strafantrag m • ceza talebi
Strafantrag m stellen • ceza talebinde bulunmak
Strafantrag m zurückziehen • ceza talebini geri almak
Strafanzeige f • polise veya savcılığa ihbar etme
Strafarrest m • kışlada hapis cezası
Strafaufhebung f • cezayı kaldırma
Strafaufhebungsgründe pl. m • cezayı kaldıran sebepler
Strafaufschub m • cezaların tecili
Strafausschliessungsgründe pl. m • cezaya mani sebepler; cezayı kaldıran sebepler
Strafaussetzung f • cezaların tecili
Strafausstand m • cezaların tecili
strafbar • cezayı gerektiren
strafbare Handlung f • cezayı gerektiren eylem; suç
Strafbarkeit f • cezayı gerektiren durum
Strafbefehl m • ceza kararnamesi
Strafbefugnis f • ceza verme yetkisi
Strafbemessung f • cezaların takdiri
Strafbescheid m • idari makamlarca verilen ceza kararı
Strafbestimmung f • cezai hüküm
Strafe aufschieben f • cezayı tecil etmek
Strafe f • cayma akçesi; cayma tazminatı; ceza
Strafe mildern f • cezayı hafifletmek
Strafe verhängen f • cezaya çaptırmak

Mesleki Terimler Sözlüğü

Strafe verschärfen f • cezayı ağırlaştırmak
Strafe vollziehen f • cezayı infaz etmek
Strafeklausel f • ceza şartı
strafen • ceza vermek; cezalandırmak
Strafenhäufung f • cezaların cemi; cezaların toplanması
Straferhöhung f • cezayı ağırlaştırma
Straferhöhungsgründe pl. m • cezayı ağırlaştırıcı sebepler
Straferlass m • cezanın affı
Straferlassung f • cezanın affı
Straffall m • ceza gerektiren hadise
straffällig • cezayı gerektiren
Straffälligkeit f • suçluluk
straffrei • cezadan muaf
Straffreiheit f • cezadan muafiyet
Strafgefangener m • mahkum; mahpus
Strafgericht n • ceza mahkemesi
Strafgerichtsbarkeit f • cezai yargı
Strafgerichtsordnung f • ceza muhakemeleri kanunu
Strafgesetz n • Ceza Kanunu
Strafgesetzbuch n • ceza kanunu
Strafgesetzgebung f • cezai mevzuat
Strafgewalt f • cezayı uygulama yetkisi
Strafhaft f • mevkufiyet; tutukluluk
Strafkammer f • ceza dairesi; ceza mahkemesi
Sträfling m • mahkum; mahpus
Strafmass n • ceza
Strafmassnahme f • müeyyide; yaptırım
Strafmassnahmen pl. f • ceza tedbirleri
strafmildernd • cezayı hafifletici
strafmildernde Umstände pl. m • cezayı hafifletici sebepler
Strafmilderung f • cezanın hafifletilmesi
Strafmilderungsgründe pl. m • cezayı hafifletici sebepler
strafmündig • cezai ehliyete sahip
Strafmündigkeit f • cezai ehliyet; cezaya ehliyet
Strafprozess m • ceza davası
Strafprozessordnung f • ceza muhakemeleri usulü kanunu
Strafrecht n • ceza hukuku; ceza verme yetkisi; müessir fiil
strafrechtlich verfolgen • cezai takibat yapmak; cezai takibatta bulunmak

Strafrechtswissenschaft f • ceza doğmatiği
Strafregister n • adli sicil
Strafrichter m • ceza hakimi
Strafsache f • ceza davası konusu
Strafschärfung f • cezanın artırılması
Strafschärfungsgründe pl. • cezayı artırıcı sebepler
Straftat f • cezai fiil; suç
Strafumwandlung f • cezaların tebdili; cezanın başka bir cezaya çevrilmesi
Strafumwandlung f • cezanın tebdili
Strafurteil n • ceza kararı
Strafvereitelung f • mahkemeyi yanıltarak hüküm verilmesini engelleme; mahkemeyi yanıltarak hüküm verilmesini geciktirme
Strafverfahren n • ceza davası; ceza muhakemesi usulü
Strafverfahren n **gegen Abwesende** • gaiplerin muhakemesi
Strafverfolgung f • adli kovuşturma; cezai kovuşturma; cezai takibat
strafverschärfend • cezayı ağırlaştırıcı
strafverschärfende Umstände pl. • cezayı ağırlaştırıcı sebepler
Strafverschärfung f • cezanın ağırlaştırılması; cezanın artırılması; hukuki içtima
Strafverschärfungsgründe pl. m • cezayı ağırlaştırıcı sebepler
Strafversetzung f • cezaen tayin
Strafvollstreckung f • cezanın infazı
Strafvollzug m • cezanın infazı
Strafvorschriften pl. f • cezai hükümler
Strafwürdigkeit f • cezai ehliyet
Strafzins m • ceza faizi
Strafzumessung f • cezanın takdiri
Strand m • kıyı; sahil
stranden • karaya oturmak
Strandgut n • denizin sahile attığı mallar; enkaz
Strandraub m • deniz enkazı hırsızlığı
Strandrecht n • deniz enkazının kurtarılması hukuku; deniz kazazedelerine yardım hukuku
strandtriftige Gegenstände pl. m • denizin attığı enkaz

Fachwörterbuch

Strandung f • geminin karaya oturması; karaya oturma; karaya oturma
Strandungsordnung f • karaya oturan gemilerin nizamnamesi
Strasse f • cadde; yol
Strassenbeleuchtungsabgabe f • tenvirat resmi
Strassenhandel m • işportacılık
Strassenraub m • eşkiyalık; yol kesme; şekavet
Strassenreinigungsabgabe f • tanzifat vergisi
Strassenschild n • sokak levhası
Strassentransport m • kara taşımacılığı
Strassentransportunternehmer m • kara taşımacısı
Strassenverkehr m • karayolu trafiği
Strassenverkehrsgesetz n • Karayolları Trafik Kanunu
Strassenverkehrsordnung f • Karayolları Trafik Nizamnamesi
Stratifikationsgrammaktik f • katmansal dilbilgisi
Strazze • yevmiye defteri
streben • yönseme
Streckengeschäft n • komisyonculuk
Street broker • resmi bir borsa üyesi olmayan menkul kıymetler tüccarı
streichen • çizmek; iptal etmek
Streifwache f • askeri devriye
Streik m • grev
streiken • grev yapmak
Streikender m • grevci
Streiklohn m • grev yevmiyesi
Streikposten m • grev gözcüsü
Streikrecht n • grev hakkı
Streikverbot n • grev yasağı
Streikversicherung f • greve karşı sigorta
Streit m • dava; ihtilaf; münakaşa
streiten • dava etmek; münakaşa etmek
streitende Parteien pl. f • davada hasım taraflar; hasım taraflar
Streitfall m • dava konusu; ihtilaf; ihtilaf mevzuu
Streitfrage f • anlaşmazlık konusu
Streitgegenstand m • dava konusu olan hak; dava konusu olan mal; dava mevzuu; dava olunan şey; iddia olunan şey; müddeabıh; münaziünfih

Streitgenossenschaft f • birlikte dava
streitig • ihtilafi mesele
streitige Gerichtsbarkeit f • itilaflı kaza
Streitigkeit f • anlaşmazlık; ihtilaf
Streitkräfte pl. • silahlı kuvvetler
Streitobjekt n • dava konusu olan hak; dava konusu olan mal; dava mevzuu
Streitsache f • dava; itilaflı mesele
Streitverkündung f • davanın ihbarı; davanın üçüncü şahsa ihbarı
Streitwert m • dava değeri; müddeabihin miktarı
Streuung f • dağılma; varyasyon; yayılma
Stromdarbietung f • elektrik akımı sağlama
Stromverbrauch m • elektrik tüketimi
Strömung f • Akım
Struktur f • bünye; karakter; sistem; yapı
Strukturalismus m • yapısalcılık
Strukturalist m • yapısal
Strukturbild n • yapısal gürünüş
strukturell • yapısal
strukturelle Gültigkeit f • yapı geçerliği
strukturelle Linguistik f • yapısal dilbilim
Strukturwandel m • yapı değişimi
Stubenarrest m • göz hapsi; oda hapsi
Student m • öğrenci; üniversiteli
Student m • üniversite öğrencisi
Studentenheim n • öğrenci yurdu
Studentenlokal n • öğrenci dinlenme yeri
Studentenschaft f • öğrencilik
Studentenverein m • öğrenci derneği
Studentin f • üniversiteli
Studie f • etüt
Studie f über Kinder pl. n • çocuk incelenmesi
Studienbeihilfe f • öğrenim kredisi
Studienbewerber m • aday öğrenci
Studiengebüren pl. f • öğrenim ücreti
Studienjahr n • akademik yıl; üniversite yılı
Studienkommission f • araştırma grubu; inceleme grubu
studieren • yüksek tahsil yapmak
Studium n • öğrenim; yüksek tahsil
Stufe f • basamak; derece; kademe; seviye
Stufengründung f • tedrici kuruluş; tedrici teşekkül

Mesleki Terimler Sözlüğü

Stufenrabatt m • kademeli iskonto
Stufenstrafvollzug m • tedrici serbesti sistemi;
Stufenstrafvollzug n • cezanın kademeli olarak infazı
stumm • dilsiz
Stummheit f • dilsizlik
stunden • ertelemek; süre vermek; tecil etmek; uzatmak
Stundentafel f • ders dağılım çizelgesi
Stundung f • dinlenme süresi; erteleme; mühlet; mühlet verme; tecil
Stundungsfrist f • erteleme müddeti; tecil süresi
Stundungsgesuch n • erteleme dilekçesi
Sturzgüter pl. n • döküm halinde ambalajlanmamış yük
Stück n • adet; birim; bölüm; kısım; madde; parça
Stückarbeit f • parça başına iş
Stückelung f • kupür
Stückerlös m • parça başına satış hasılatı
Stückgeld n • kağıt ve madeni para
Stückguttarif m • genel eşya tarifesi
Stückgüter f • parça eşya
Stückgüter pl. n • parça mal
Stückgütervertrag m • kırkambar
Stückkauf m • nevi ile belirlenmiş satış
Stückkosten pl. • birim fiyatı; mal başına maliyet; mamul maliyeti; üretim birimi maliyeti
Stückliste f • malzeme döküm listesi; parça listesi
Stücklohn m • parça başına işçilik ücreti; parça başına ücret
Stücklohnsatz m • parça başına ücret haddi
Stückverkauf m • perakende satış
Stückzahl f • parça sayısı
Stückzins m • ara faiz
Stürzen der Preise pl. m • fiyatların düşmesi
Stützpunkt m • üs
Stützungsangebot n • destekleme satın alımı
Stützungskäufe pl. m • destekleme satın alımı
Stützungskredit m • acil kredi

Stützungspreis m • destek fiyatı; destekleme fiyatı
Subjekt n • denek; konu; özne
Subjekt n • süje; şahıs
subjektiv • öznel; sübjektif; şahsi
subjektiv dingliche Rechte pl. n • sübjektif ayni haklar
subjektive Klagenhäufung f • birlikte dava
subjektiver Fehler m • öznel yanlış
subjektiver Wert m • sübjektif değer
subjektives Recht n • sübjektif hukuk
Subjektivismus m • öznelcilik
Subjunktiv m • isteme kipi
Subkategorie f • altulam
Subkultur f • altkültür
Sublativus m • yükselme durumu
Sublimierung f • yüceltme
Submission f • eksiltme; münakaşa
Submission f bei versiegeltem Angebot n • kapalı zarf usuliyle artırma
Submissionsbedingungen pl. f • şartname
Submissionsofferte f • teklif
Subordination f • bağımlanma
Subrogation f • alacaklıya halef olmak; halefiyet
subsidiär • alternatif
Subsidiär m • ihtiyati; ikinci derecede
Subsidien pl. • para yardımı
Subskription f • abone olma
Subskription f Abonnement n • iştirak taahhüdü
Substantiv n • ad
Substanz f • töz
Substanz f • cevher; gerçek değer; maddi varlık; öz
Substanzvermögen n • öz varlıklar
Substanzverzehr m • doğal varlıkların tüketilmesi; tükenme
Substanzwert m • aktif değer; gerçek değer; içsel değer; işletmenin varlıklarının cari piyasa değeri; net aktif değer; öz varlıklar **Subsumption f unter das Gesetz n** • kanunun tatbiki
Substitution f • değiştirim; ornatma
Substrat n • altkatman
Subsumption f unter das Gesetz n • kanunun uygulanması
Subunternehmer m • taşeron

Fachwörterbuch

Subvention f • ödenek
Subvention f • destekleme; para yardımı; subvansiyon; sübvansiyon; yardım
subventionieren • para yardımı yapmak; tahsisat vermek
Suchaktion f • geniş çapta arama faaliyeti
Suche f • arama
suchen • aramak; tahkikat yapmak
Suchliste f • arananlar listesi
Suchmeldung f • arama ilanı
Sucht f • düşkünlük; iptila
Suffix n • sonek
Suffix n des Kasus m • takı
Suggestivfrage f • ana mesele
Sukzession f • halefiyet
Sukzessivgründung f • tedrici teşekkül
Sukzessivlieferungsvertrag m • mütevali teslim mukavelesi
Sultanat n • saltanat
Sultanswürde f • saltanat
summarisch • özet; yüzeysel
summarisches Verfahren n • basit muhakeme usulü
Summe f • meblağ; miktar; toplam; yekün
Summendepot n • usulsüz tevdi
Summenkontrolle f • toplamların kontrolü
Summenversicherung f • belli meblağ üzerinden yapılan sigorta
Summenversicherung f • sermaye sigortası
Summeversicherung f • ödenecek tazminatın sabit miktarı önceden tespit edilmiş sigorta
Superdividende f • ek kar payı; ikinci temettü
Superessivus m • üstündelik durumu
Superkargo n • sevkiyatçının limanda kontrolörü
Superlativ m • üstünlük derecesi
Superstrat n • üstkatman
supervised loans • gözetim altına alınmış krediler
suprasegmental • parçaüstü
Surrogat n • ikame mal
Surrogation f • halefiyet; ikame; yerini alma
suspendieren • ertelemek; geçici olarak işten el çektirmek; muvakkaten durdurmak

Suspendierung f • geçici olarak işten el çektirme; ödemenin durdurulması
Suspension f • durdurma
suspensiv • durdurucu; erteleyici; talik edici
Suspensivbedingung f • taliki şart
Suspensiveffekt m • icrayı durdurucu etki
suspensives Rechtsmittel n • icrayı durduran temyiz
süchtig • müptela; vazgeçemez
Süchtigkeit f • alışkanlık; müptela
Südostanatolien-Projekt n • GAP (Güney Doğu Anadolu Projesi)
Sühne f • barışma; sulh
Sühneversuch m • sulh teşebbüsü
Sünde f • günah; kabahat; suç
Swap • swap
Swapgeschäft n • swap
Switchgeschäft n • aracı bir ülke yolu ile ihracat yapmak; aracı bir ülke yolu ile ithalat yapmak; değiştirme anlamına gelir
Syllabierung f • seslemleme
Syllemma n • dizimbirim
Syllepse f • çiftleme
Symbol n • simge; alamet; işaret; sembol
Symbolik f • simgebilim
symbolisch • simgesel
symbolische Logik f • simgesel mantık
Symbolismus m • simgecilik
Symmetallismus m • symmetalizm
Symposium n • sunulu tartışma
Symptom n • belirti; gösterge
synallagmatischer Vertrag m • tam karşılıklı akit
Synäresis f • birlenme
Synchronie f • eşsürem; eşsüremlilik
synchronisch • eşsüremli
synchronische Sprachwissenschaft f • eşsüremli dilbilim
Syndikat n • garantörden gelen gelir; sendika
Syndikatsführer m • lider yönetici; lider yönetici
Syndikatshaftung f • idarenin mesuliyeti
Syndikus m • firma hukuk müşaviri; hukuk müşaviri; iflas masası memuru
Synekdoche f • kapsamlayış
Synkope f • içses düşmesi

synkretisches Denken n • birleştirimci düşünce
Synkretismus m • ayrımsızlaşma; birleştirimcilik
synonym • eşanlamlı
Synonymie f • eşanlamlılık
Syntagma n • dizim; sentagma
Syntagmatik f • dizimbilim
syntagmatisch • dizimsel
syntagmatische Analyse f • dizimsel çözümleme
syntagmatische Markierung f • dizimsel belirtici
syntagmatische Relation f • dizimsel bağıntı
syntaktisch • sözdizimsel; tümcebilimsel
syntaktische Komponente f • sözdizimsel bileşen
Syntax f • sözdizim; tümcebilim

Synthem n • birleşkebirim
Synthematik f • birleşkebilim
Synthese f • bireşim
Synthesis f • bireşim
synthetisch • bireşimli
synthetische Methode f • bireşimsel yöntem
synthetische Sprachen pl. f • bireşimli diller
System n • dizge; doktrin; rejim; sistem; yöntem
Systemanalyse f • sistem analizi
Systematik f • düzenleme; sistem
systematisch • düzenli; sistematik
systematisieren • kaideye bağlamak; sistematize etmek
systemgerecht • sisteme uygun
systemisch • dizgesel

Fachwörterbuch

T

Tabakhandel m • tütün ticareti
Tabakmonopol n • tütün tekeli
Tabakregie f • tütün tekeli idaresi
Tabakwaren pl. f • tütün ürünleri veya mamulleri
Tabelle f • cetvel; fihrist; liste; tabela; tablo
Tabelliermaschine f • tabülatör
Tabellierung f • tablolama; tabloya dökme
Tabularersitzung f • iktisabi müruru zaman
Tachistoskop n • algılama aygıtı
Tadel m • azarlama; tevbih
tadeln • azarlamak; tevbih etmek
Tadelsantrag m • tevbih önergesi
Tadelsvotum n • tevbih reyi
Tafelgeschäft n • gişe muameleleri
Tag m • gün; meclis; tarih
Tagarbeiter m • gündelik işçi
Tagdienst m • gündüz işi
Tageberichtsbuch n • günlük defter; günlük hesapların kaydedildiği defter
Tagebuch n • gündelik hesapları içeren defter; günlük; günlük defter; yevmiye defteri
Tagegeld n • günü gününe ödenen ücret; hakkı huzur; harcırah; yolluk; yönetim kurulu üyelerine verilen toplantı tazminatı
Tagelohn m • gündelik; gündelik ücret; yevmiye
Tagelöhner m • gündelik işçi
tagen • müzakerede bulunmak; toplanmak
Tagesarbeit f • gündüz vardiyası
Tagesauszug m • günlük beyan
Tagesgeld n • günlük para
Tagesgeldzinssatz m • günlük para faizi
Tageskauf m • günlük alım; cari kur
Tageskurs m • günün kambiyo fiyatları
Tagesordnung f • gündem; ruzname
Tagesordnung f festlegen • gündemi tayin etmek
Tagesordnungspunkt m • gündem maddesi
Tagesplan m • günlük plan

Tagespreis m • cari piyasa değeri; günlük fiyat; varlığın belirli bir tarihteki Pazar değeri
Tagessatz m • gündelik ücret oranı
Tagessäuglingsheim n • bebek bakımevi
Tagestonnen pl. f • gün başına ton olarak
Tageswert m • cari değer; cari maliyet
tageweise • gün hesabıyla; gün olarak
tagfertig • güncel
täglich • günlük; her günkü; gün başına;
täglich fällig • vadesiz
täglich fälliges Geld n • günlük kredi
täglich kündbares Darlehen n • istendiğinde ödenen borç; vadesiz borç
tägliche Rechnung f • günlük hesap
tägliche Zins m • günlük kur
Tagmem n • dizilimbirim
Tagmemik f • dizilimbilim
Tagschicht f • gündüz vardiyası
Tagtonnen f • günlük ton
Tagung f • içtima; inikat; konferans; kongre; toplantı
Tagungsort m • toplantı yeri
Takt m • dizem
taktiles Lesen n • parmakla okuma
Talar m • cüppe; kisve
Talion m • cezad mümaselet; kısas
Talon m • dip koçanı; koçan; talon
Talsperre f • baraj; su bendi
Talweg m • talveg hattı
tangieren • dokunmak; etkilemek
Tankerfahrt f • tanker ulaştırması
Tante f • hala; yenge
Tantieme f • ek temettü; ikramiye; kar paylaşımı; kara iştirak payı; prim; yıllık kar hissesi
Tara f • dara
Taravergütung f • dara tenzilatı
Tarif m • cetvel; maaş cetveli; tarif; tarife; ücret cetveli
Tarifabkommen n • toplu sözleşme
Tarifabschluss m • toplu sözleşme akdi
Tarifansätze pl. m • toplu sözleşme ücret nisbetleri
Tarifautonomie f • toplu iş sözleşmesi serbestisi

Mesleki Terimler Sözlüğü

Tarifbruch m • ücret tarifesinin ihlali
Tariferhöhung f • ücret tarifesinin yükseltilmesi
Tarifermässigung f • ücretlerin indirilmesi
Tarifgehalt n • toplu sözleşmeye göre ödenecek aylık
Tarifgruppe f • toplu iş sözleşmesine göre belirlenen ücret grupları
Tarifkonkurrenz f • sözleşme rekabeti
tariflich • tarifeye göre; toplu iş sözleşmesine göre
Tariflohn m • toplu iş sözleşmesine göre tespit edilen ücret; toplu sözleşmeye göre standart ücret
Tariflohnvereinbarung f • toplu ücret sözleşmesi
tarifmässig • tarifeye göre; toplu iş sözleşmesi uyarınca
Tarifpartner f • toplu pazarlıkta taraflar
Tarifpartner pl. m • işçi ve işveren kuruluşları; toplu iş sözleşmesine iştirak eden taraflar
Tarifrecht n • toplu iş sözleşmesi hukuku
Tarifvertrag m • iş sözleşmesi; toplu iş sözleşmesi; toplu ücret sözleşmesi; umumi mukavele
Tarifwesen n • toplu ücret sözleşmesi sistemi
Tasche f • çanta; cep
Taschendieb m • yankesici
Taschendiebstahl m • yankesicilik
Taschengeld n • harçlık
Tat f • eylem; fiil
Tatbestand m • hadise; hadisenin unsurları; vakıa
Tatbestand m aufnehmen • hadiseyi tespit etmek
Tatbestandsaufnahme f • vakıanın tespiti
Tatbestandsbeweis m • vakıa ile ispat
Tatbestandsmerkmale pl. n • kanuni unsurlar; kanuni şartlar
Tateinheit f • tek fiile birden fazla cezai mevzuatın ihlali
Täter m • fail
Täterschaft f • faillik; mücrimlik
Täterschaft f leugnen • suçu inkar etmek
Täterschaft f zuschieben • suçu başkasına atmak

Tatfrage f • maddi mesele
Tathandlungen pl. f • fiili irade izharları
tätig • çalışan; faal
tätige Reue f • fiili pişmanlık
tätigen • akdetmek; icra etmek; yapmak
tätiger Teilhaber m • çalışan ortak; faal ortak
Tätigkeit f • etkinlik; çalışma; faaliyet; iş; meslek
Tätigkeitsbereich m • çalışma alanı; fonksiyon; ilgil alanı; faaliyet raporu
Tätigkeitsbeschreibung f • iş şartnamesi
Tätigkeitsrechnung faaliyet hesabı
tätlich • fiili; tecavüzi
tätliche Beleidigung f • tecavüzi hakaret
tätlicher Angriff m • müessir fiil
Tätlichkeit f • fiili tecavüz
Tatmehrheit f • değişik fiillerle birden fazla cezai mevzuatın ihlali
Tatort m • olay yeri
Tatsache f • gerçek; hakikat; olay; vakıa
Tatsachenirrtum m • maddi hata
tatsächlich • fiili; hakiki; maddi
tatsächlich bezahlter Lohn m • fiilen ödenen ücret
tatsächliche Arbeitsstunden pl. f • fiilen çalışılan saatler
tatsächliche Kosten pl. • fiili maliyet
tatsächliche Produktionsmenge f • fiili üretim miktarı; halihazırdaki çıktı; üretim miktarı
tatsächliche Vermutung f • maddi karine
tatsächlicher Besitzer m • vazıülyet
tatsächlicher Materialverbrauch m • fiili malzeme kullanımı
Tatsächlichkeit f • gerçeklik; realite
Tatverdacht m • suç şüphesi
taub • sağır
taubblind • sağır-kör
Taubheit f • sağırlık
Taubstummer m • sağır ve dilsiz
Taufname m • öz ad; vaftiz adı
taugen • elverişli olmak; yaramak
tauglich • elverişli; uygun; yararlı
Tauglichkeit f • elverişlilik; yeterlik; yeterlilik
Tausch m • değiş tokuş; değişme; malın diğer bir malla değişimi; mübadele; takas; trampa

Fachwörterbuch

täuschen • aldatmak; değişmek; dolandırmak; iğfal etmek; trampa etmek
täuschendes Warenzeichen n • aldatıcı marka
Tauschgemeinschaft f • serbest mübadele sistemi
Tauschgeschäft n • trampa ticareti; trampa muamelesi
Tauschhandel m • malın diğer bir malla değişimi; takas; trampa
Tauschmittel n • değişim aracı; mübadele vasıtası
Tauschobjekt n • trampa mevzuu
Täuschung f • yanılsama; aldatma; iğfal
Tauschwert m • değişim değeri; kıymet; mübadele değeri; piyasa değeri; trampa değeri
tausend • bin sayısı
Tautologie f • eşsöz
Taxation f • tahmin
Taxe f • fiyat; kıymet takdiri; narh; rayiç bedel; resim; takse; teklif
Taxem n • düzenbirim
taxieren • tahmin etmek
taxierte Police f • değerlendirilmiş sigorta poliçesi; takselenmiş poliçe;takselenmiş sigorta poliçesi
Taxkurs m • tahmini kur;
Taxonomie f • sınıflandırma
taxonomisch • sınıflandırmacı
Taxpreis m • narh; sabit fiyat
Taxwert m • muhammen değer; tahmini bedel veya değer; tahmini kıymet
Technik f • fen; teknik
Technikerausbildung f • teknisyenlik eğitimi
technisch • teknik
technische Analyse f • teknik analiz
technische Bildung f • teknik öğretim
technische Nutzungsdauer f • teknik ömür
technische Reserven pl. f • teknik ihtiyatlar
technische Schule f • teknik okul
Technokratie f • teknokrasi
Technologie f • teknoloji
technologische Ausbildung f • teknolojik eğitim
Teil m • bölüm; hisse; kısım; parça; pay

Teilabladung f • kısmi yükleme
Teilabschnitt m • taksit
Teilakzept n • kısmi kabul
Teil-arbeitskräfte f • part-time çalışan işçiler
Teilausführung f • kısmi icra
Teilausgabe f • tranş
teilbar • bölünebilir; taksimi kabil
Teilbescheid m • geçici karar
Teilbesitz m • kısmi zilyetlik
Teilbesitzer m • kısmi zilyet; ortak
Teilbetrag m • meblağın bir kısmı; taksit; tranş
Teilbilanz f • ödeme bilançosunun bir bölümü
Teilcharter m • geminin kısmen kiralanması
Teil-Containerladung f • konteynerin tamamını doldurmayan yük
Teileigentum n • kısmi mülkiyet; kısmi tasarruf
Teileigentümer m • kısmi malik
teilen • bölmek; taksim etmek
Teilerhebung f • kısmi bilgiler; örnek istatistikler
Teilgebiet n • lokalize bölge
teilhaben • hissedar olmak; katılmak; ortak olmak
Teilhaber m • hissedar; işte ortak çıkarı olan; mülkte ortak çıkarı olan; ortak; şerik
Teilhaberkapitalkonto n • ortakların sermaye hesabı
Teilhaberschaft f • iştirak; ortaklık
Teilhaftung f • kısmi taahhüt
Teilhypothek f • kısmi ipotek
Teilinvalide m • kısmi malûl
Teilkostenrechnung f • değişken maliyetleme
Teilleistung f • kısmen ifa; kısmi eda; kısmi icra; kısmi teslimat; eksik rapor; geçici rapor; geçici rapor
Teilnahme f • iştirak; iştirak etme; katılma
Teilnahme f an Diebstahl m • hırsızlığa iştirak
Teilnahme f an einer strafbaren Handlung f • suçta iştirak

teilnehmen • iştirak etmek; katılmak; ortak olmak
Teilnehmer m • ortak; şerik
Teilpacht f • iştiraklı icar; yarıcılık mukavelesi
teilproportionale Kosten pl. • satış miktarı ile değişen, değişim oranı aynı kalmayan maliyetler; üretim miktarı ile değişen fakat değişim oranı aynı kalmayan maliyetler; yarı değişken maliyet
Teilprüfung f • faaliyetlerin yalnızca bir kısmını denetleme; kısmi denetim
Teilrecht n • rüçhanlı hisse senedi ihracı
Teilschaden m • kısmi hasar
Teilschein m • teslim emri
Teilschuldschein m • kısmi borç senedi
Teilschuldverschreibung f • kısmi taahhüt
Teilschuldverschreibung f • tahvil
Teilsektor m • bölüm
Teilsendung f • kısmi sevkiyat
Teilstreik m • lokal grev
Teilung f • bölme; taksim; tevzi
Teilung f der elterlichen Gewalt f • velayet hakkının taksimi
Teilung f der Erbschaft f • mirasın taksimi
Teilung f des Staates m • devletin bölünmesi; devletin parçalanması
Teilungsklage f • izalei şüyu davası; taksim davası
Teilurteil n • kısmi hüküm
Teilverkauf m • taksitli satış
Teilverladung f • kısmi sevkiyat
Teilverschiffung f • kısmi sevkiyat; kısmi yükleme
Teilversicherung f • kısmi sigorta; kısım kısım sigorta
teilweise • bazı yönden; kısmen; kısmi; lokal
teilweise Erfüllung f • kısmi ifa
teilweise Nichtigkeit f • kısmi butlan
teilweise Unmöglichkeit f • kısmi imkansızlık
Teilzahlung f • kısmen ödeme; kısmen tediye; kısmi ödeme; kısmi tediye; taksit; taksitle ödeme
Teilzahlungsfinanzierung f • taksitli satışların finansmanı

Teilzahlungsverkauf m • kiralama-satın alma işlemi; taksitle satış
Teilzeitbeschäftigung f • yarım mesai çalışma
Telefon n • telefon
Telefonat n • telefon etme; telefon haberi
telefonieren • telefonla konuşmak
Telefonverkehr m • borsa dışı piyasa; telefonla yapılan işlemler
Telegraphengeheimnis n • muhabere hürriyeti
telegraphische Auszahlung f • telgraf havalesi
telegraphische Postanweisung f • telgraf havalesi
Teleologie f • teleoloji
teleologische Auslegung f • teleolojik tefsir
Telex m • teleks
Temparament n • yaradılış
Temparamentum n • huy
Tempel m • ibadethane
Temporaladverb n • zaman belirteci
Tempus n • zaman
Tendenz f • yönseme; eğilim; temayül; yön
tendenziell • eğilim gösteren
Tenderanleihen pl. f • ihale yolu ile satış
Tendersystem n • ihale sistemi
Termin m • duruşma günü; ecel; gün; kararlaştırılmış gün; mehil; mühlet; süre; vade
Termin m anberaumen • duruşma günü tayin etmek; duruşma günü tespit etmek
Termin m vereinbaren • gün kararlaştırmak
Terminativus m • varış durumu
terminbedingt • vadeli; zamana bağlı
Terminbörse f • vadeli satışlar borsası
Termineinlage f • vadeli mevduat
Terminfestsetzung f • gün tespiti; vade tespiti
termingebunden • vadeli
Termingeld n • vadeli mevduat
termingerecht • süresi içinde; vadesi gereğince; vadesinde; zamanında
Termingeschäft n • vadeli alım - satım işlemi; vadeli alış veriş; vadeli borsa muamelesi; vadeli işlem; vadeli muamele; vadeli teslim

Fachwörterbuch

Termingeschäfte pl. n • vadeli muameleler
Terminhandel m • vadeli teslim muameleleri
terminieren • analiz etmek; araştırmak; vade tespit etmek; vadelendirmek
Terminkalender m • senetler defteri
Terminkauf m • alivre satın alma; alivre satış
Terminkontrakt m • vadeli sözleşme
Terminkurs m • vadeli kur
Terminlieferung f • vadeli teslim
Terminliste f • alacaklıların yaşlandırılması tablosu
Terminmarkt m • gelecekteki pazar; vadeli satış piyasası; vadeli sözleşmeler piyasası
Terminnotierung f • vadeli fiyat
Terminologie f • terimbilim; terimce
Terminoption f • vadeli opsiyon
Terminpreis m • vadeli fiyat
Terminschuld f • vadeli borç
Terminus m • terim
Terminverkauf m • alivre satış; termine bağlı satış; vadeli satış
Terminwaren pl. f • vadeli satılmış mallar
Terminwechsel m • vadeli poliçe; vadeli senet
Terminzahlung f • vadeli ödeme
Terrainspekulant m • arazi ve arsa spekülatörü
territorial • ülke ile ilgili
Territorialgewässer n • karasuları
Territorialgewässer pl. n • kara suları
Territorialitätsprinzip n • kanunların mülkiliği
Territorium n • devlet toprağı; ülke
Terror m • tedhiş; terör
terrorisieren • terör yaratmak
Terrorismus m • terörizm
Terrorist m • terörist
terroristisch • terörle ilgili
terroristische Vereinigung f • tedhiş örgütü
Tertiawechsel m • poliçelerin üçüncü nüshası; poliçenin üçüncü nüshası
Test m • deneme; tecrübe; test
Test m für Leseeignung f • okuma anıklığı testi
Test m mit Kurzantwort f • kısa yanıtlı test
Testament n • vasiyet; vasiyetname
Testament n anfechten • vasiyetnameyi iptal etmek
testamentarisch • vasiyetname gereğince
testamentarisch als Erben m einsetzen • vasiyetname ile mirasçı tayin etmek
Testamentserbe m • lehine mal bırakılan; mansup mirasçı; vasiyetname ile tayin edilen mirasçı
Testamentserbin f • mansup mirasçı
Testamentseröffnung f • mirasın açılması; vasiyetnamenin açılması
Testamentsvollstrecker m • kayyım; murisin vasiyetnamenin icrası ile görevlendirdiği kişi; tasfiye memuru; tereke idare memuru; vasiyeti tenfiz memuru
Testamentszusatz m • vasiyetnameye yapılan ilave
Testator m • mal vasiyet eden; miras bırakan; muris; vasiyet eden; vasiyetçi
Testbatterie f • test takımı
testen • incelemek
Testerhebung f • ön araştırma
testieren • vasiyet etmek; vasiyetname tanzim etmek
Testierfähigkeit f • vasiyet tarikiyle tasarrufa ehliyet; vasiyetname tanzim etme ehliyeti
Testitem n • test maddesi
Testplan m • test planı
Tests pl. m für spezielle Begabungen pl. f • özel yetenek testleri
teuer • pahalı
Teuerungszulage f • pahalılık zammı
teures Geld n • pahalı para; yüksek faizli para
Text m • betik
Text m • metin
Text m des Gesetzes n • kanun metni
Textfälschung f • metni tahrif etme
Textilwirtschaft f • tekstil endüstrisi ve ticareti
Textlinguistik f • betiksel dilbilim
Thema n • konu; tema
Thema n • konu; mevzu

Mesleki Terimler Sözlüğü

Theologie f • Tanrıbilim
theologische Fakultät f • ilahiyat fakültesi
theoretisch • kuramsal; nazari; teorik
theoretische Fächer pl. n • kuramsal dersler
Theorie f • kuram; nazariye; teori
Therapie f • buhranı giderme; düzeltme
Thronentsagung f • terki saltanat
Ticker • kayan yazı bandı
tief • bemolleşmiş
Tiefbau m • yeraltı inşaat işleri; yol ve köprü yapımı
Tiefenstruktur f • derin yapı
tiefer Vokal m • alçak ünlü
Tiefstwert m • en düşük nokta
Tier n • hayvan
Tieraufseher m • hayvanın bakım ve gözetimini üstlenen kişi
Tierhalter m • hayvan sahibi; hayvan yetiştirici
Tierhalterhaftung f • hayvan sahibinin mesuliyeti; hayvanlar tarafından yapılan zararlardan mesuliyet
Tierpsychologie f • hayvan ruhbilimi
Tierschutz m • hayvanların korunması
Tierschutzgesetz n • hayvanları koruma kanunu
Tierschutzverein m • hayvanları koruma derneği
Tierversicherung f • hayvan sigortası
Tierzucht f • hayvancılık
Tierzüchter m • hayvan yetiştirici
tilgbar • geri ödenebilir; itfa edilebilir; itfası mümkün
tilgbare Schuldverschreibung f • geri ödenebilir tahvil; itfa edilebilir tahvil
tilgen • itfa etmek; ödemek; yürürlükten kaldırmak
Tilgung f • amortisman; amortizasyon; geri ödeme; itfa; ödeme; tasfiye; silme
Tilgung f der Schuld f • borcun ödenmesi
Tilgungsanleihe f • itfa kabiliyetli istikraz
Tilgungsanleihen pl. f • tahvillerin itfası amacıyla yeniden ihraç edilen tahviller
Tilgungsbetrag m • itfa parası
Tilgungsfälligkeit f • itfa vadesi
Tilgungsfonds m • itfa fonu; ödenim fonu
Tilgungsfondskasse f • amortisman sandığı

tilgungsfreie Periode f • ödemesiz süre
Tilgungsleistung f • itfa ödemesi
Tilgungsplan m • itfa planı; ödeme planı
Tilgungsrücklage f • itfa fonu karşılığı; itfa için ayrılan yedek akçe; ödenim fonu
Tilgungsschein m • itfa senedi
Tilgungssoll n • amortizasyon için ödenecek meblağ
tippen • daktilo etmek
Tippfehler m • daktilo hatası
Titel m • ad; başlık; borç senedi; değerli kağıt; hukuki sebep; ilam; isim; senet; ünvan
Titeldepot n • değerli vesaik depozitosu; menkul kıymetler emanet hesabı
Titular m • asil; fahri; ücret karşılığı olmaksızın
T-Konto n • büyük defter hesabının T harfi ile sembolize edilmiş biçimi; t hesabı
Tochter f • kız evlat
Tochtergesellschaft f • bağlı şirket; büyük şirkete bağlı şirket; ortak şirket; tali şirket; yan şirket kuruluşu; yavru şirket; şirket şubesi
Tochterinstitut n • şube
Tod m • ölüm
Todesart f • ölüm tarzı
Todesdatum n • ölüm tarihi
Todeserklärung f • gaiplik kararı; kayıplık kararı
Todesfall m • ölüm
Todesfallversicherung f • ölüm sigortası
Todesfolge f • ölümle neticelenme
Todesjahr n • ölüm yılı
Todesstrafe f • idam cezası; ölüm cezası
Todesstrafe verhängen • ölüm cezasına çarptırmak
Todesursache f • ölüm sebebi
Todesurteil n • idam kararı
Toleranz f • hakkı narateş payı; ihtiyati payı; tolerans; tolerans payı; yanılma payı
Toleranzgrenze f • tolerans sınırı
tolerieren • tolerans payı bırakmak
Ton m • titrem
Tonbandgerät n • sesalıcı
Tonem n • titrembirim
Tonhöhe f • yükseklik

Fachwörterbuch

Tonnage f • tonaj
Tonne f • ton; tonilato
Tonnengehalt m • tonilato
Tonstärke m • yeğinlik
Tontine f • tontin
Tontinenversicherung f • tontin
Topikalisierung f • konulaştırım
Toponymie f • yer adları bilimi
tot • ölmüş; ölü
total • bütün; tamamiyle; toplam; totaliter
Totalbetrag m • genel toplam; umumi yekûn
Totalisator m • karşılıklı bahis; müşterek bahis; müşterek bahis
totalitär • totaliter
totalitäres Regime n • totaliter rejim
Totalitarismus m • totaliterizm
Totalsumme f • genel toplam
Totalverlust f • tam hasar
tote Kapazität f • kullanılmayan kapasite
tote Sprache f • ölü dil
Totenrecht n • ölüler hukuku
Totenschein m • ölüm ilmühaberi; vefat ilmühaberi
Toter m • ölü
toter Punkt m • başabaş noktası
totes Kapital n • atıl sermaye; gelir getirmeyen yatırım; kullanılmayan kapasite; kullanılmayan varlıklar aktifler; ölü para; ölü sermaye; ölü yatırım; üretici olmayan sermaye
totes Konto n • kişisel olmayan hesap; sonuç hesabı
totgeboren • ölü doğmak
totgeborenes Kind n • ölü doğan çocuk
Totgeburt f • ölü doğan çocuk
Totschlag m • adam öldürme
totschlagen • adam öldürmek
Totschläger m • adam öldüren
Touristenverkehr m • turist trafiği
tödlich • öldürücü
töten • öldürmek
Tötung f • adam öldürme
Tradition f • anane; devir; gelenek; teslim
Traditionalismus m • gelenekçilik
traditionell • geleneksel
traditionelles Programm n • geleneksel program

Traditionspapiere pl. n • emtia senetleri; emtiayı temsil eden senetler
tragen • destek olmak; kurmak; sağlamak; sorumlu olmak; taşımak; yüklenmek
Träger f • destek; sorumlu kişi veya kuruluş; hamil; taşıyan
Tragfähigkeit f • istiap hacmi; istiap haddi; taşıma kabiliyeti
Traktande f • acente
Tramp m • tarifesiz gemi
Trampfahrt f • gemicilikte rastgele yük alma
Trampschiff n • tarifesiz gemi; tramp gemisi; yük şilebi
Trampschiffahrt f • tarifesiz deniz taşımacılığı; şilepçilik
Trampverkehr m • rastgele yük alarak çalışma
Tranche f • bölüm; kısım; tranş
Transaktion f • işlem; mali işlem
Transfer m • havale; transfer
Transferbegünstigter m • transfer mütenefii
transferfähig • transfer edilebilir
transferierbar • transfer edilebilir
transferieren • havale etmek; transfer etmek
Transferierung f • transfer; transfer edilme
Transferkommission f • havale komisyonu
Transferkredit m • kredi sınırı
Transferleistung f • transfer; transfer etme
Transferrisiko n • transfer riski
Transfersperre f • transferlerin durdurulması
Transfersteuer f • intikal vergisi
Transfervertreter m • devir acentesi
Transformation f • dönüştürüm; dönüşüm; zorunlu dönüşüm
Transformationalismus m • dönüşümcülük
Transformationalist m • dönüşümcü
transformationell • dönüşümsel
transformationelle Komponente f • dönüşümsel bileşen
Transformationsgrammatik f • dönüşümsel dilbilgisi

Mesleki Terimler Sözlüğü

Transformationsteil m • dönüşümsel bileşen
Transit m • transit
Transitausfuhr f • üçüncü ülkeler yoluyla ihracat; üçüncü ülkeler yoluyla ithalat
Transiteur m • transit ticareti yapan
Transitgeschäft n • transit muamelesi
Transitgut n • transit mal
Transitgüter pl. n • aktarma eşyası; transit mallar
Transithandel m • transit ticaret
Transithandelsland n • ticaretçi memleket
Transithändler m • transit ticareti yapan tüccar
transitiv • geçişli
Transitlager n • transit eşya deposu
transitorisch • geçici
transitorische Abgrenzung f • erteleme
transitorische Aktiva pl. • önceden ödenmiş giderler; peşin ödenmiş giderler
transitorische Passiva pl. • önceden tahsil edilmiş gelirler; önceden ödenmiş giderler; tahakkuk etmiş giderler
transitorisches Konto n • geçici hesap; tranzituar hesap
transitorisches Passivum n • önceden tahsil edilmiş gelir
Transitpreis m • transit fiyatı
Transitverbot m • transit ticaret yasağı
Transitverkauf m • üçüncü ülke aracılığı ile bir ülkeye yapılan satış
Transitverkehr m • transit ulaştırması
Transitwaren pl. f • aktarma eşyası
Transitweg m • transit yolu
Transitzoll m • transit gümrüğü
Transkription f • çevriyazı
Translation f • aktarma
Translativ m • aktarıcı; oluş durumu
Transliteration f • yazaç çevrisi
Translokation f • malın yerini değiştirme
transphrastisch • tümceötesi
transponieren • başka bir şekle girmek; değişmek
Transport m • nakliyat; nakliye; taşıma; transport
Transportanstalten pl. f • nakliyat idareleri; nakliyat müesseseleri
Transportbilanz f • nakliyat durumu
Transportdokumente pl. n • nakliye vesaiki; taşıma belgeleri
Transporteinrichtungen pl. f • taşıma teçhizatı
Transporteur m • nakliyeci
transportfähig • nakledilebilir
Transportfahrzeuge pl. n • nakil araçları; nakil vasıtaları
Transportgeschäft n • nakliyecilik
transportieren • nakletmek; sevk etmek; taşımak; ulaştırmak
transportierendes Schiff n • taşıyıcı gemi
Transportkosten pl. • nakliyat masrafları; nakliye masrafları; taşıma maliyetleri; ulaştırma maliyetleri; yol kullanma ücreti
Transportmittel n • nakil aracı
Transportmittel pl. • nakil vasıtaları
Transportmittel pl. n • taşıt araçları
Transportraum m • yük hacmi
Transportschiff n • ticaret gemisi; şilep
Transportsteuer f • nakliyat resmi
Transportversicherung f • kargo sigortası; nakliyat sigortası; nakliye sigortası
Transportweg m • nakliye güzergahı; sefer; yolculuk
Transportwesen n • nakliye işleri
Transzendentalismus m • deneyüstücülük
Trassant m • keşideci
Trassat m • muhatap
trassieren • keşide etmek; poliçe çekmek; poliçe tanzim etmek
Trassierungskredit m • kabul kredisi; poliçeli kredi
Tratte f • kabul şartına bağlı senet; poliçe
Trattenanzeige f • poliçenin keşide ihbarı
Trattenaufstellung f • poliçe düzenlenmesi
Trattenavis n • poliçenin keşide ihbarı
trauen • evlendirmek; itimat etmek
Trauschein m • evlenme kağıdı
Trauung f • evlenme akdi
Trauzeuge m • nikah şahidi
Travellerscheck m • seyahat çeki
treffen • icra mevkiine koymak; isabet etmek; rastlamak
treiben • fiyatları yükselmeye zorlamak; hayvan harekete getirmek; itmek

Fachwörterbuch

Treibgut n • atılan mallar; kaybolmuş mallar
Trend m • eğilim; gelişme; gelişme yönü
Trendverlagerung f • eğilimde temel değişme
trennbare Kosten pl. • faaliyetlere göre ayırdedilebilir maliyet; ürünlere göre ayırdedilebilir maliyet
trennen • ayırmak
Trennpunkt m bei Kuppelproduktion n • birleşik üretimde ayırım noktası
Trennung f • ayrılma; ayrılık
Trennung f der Ehegatten pl. m • evli çiftin ayrılması
Trennung f von Prozessen pl. m • davaların ayrılması
Trennung f von Tisch m und Bett n • ayrılık
Trennung von Staat und Kirche f • laiklik
Trennungsentschädigung f • ailesinden uzak kalan işçiye ödenen tazminat
Trennungsentschädigung f • işten ayrılma tazminatı; kıdem tazminatı
Trennungsgründe pl. m • ayrılık sebepleri
Trennungsklage f • ayrılma davası; ayrılık davası
Tresor m • banka kasası; çelik kasa; devlet hazinesi; hazine; kasa; para kasası
Tresoranlagen f • kasa dairesi
treten • girmek
treu • doğru; emin; sadık; vefakar
Treubruch m • aldatma; ihanet; sadakatsizlik
Treue f • bağlılık; sadakat
Treue f und Glauben m • doğruluk ve inan; objektif hüsnüniyet
Treueid m • göreve bağlılık yemini; sadakat yemini
Treuepflicht f • bağlılık borcu; sadakat borcu
Treugut n • yediemine aktarılan mal
Treuhand f • yediemin
Treuhänder m • yediadil; yediemin
Treuhanderrichtungsurkunde f • vekalet senedi
Treuhandfonds m • tröst şirketinin para ve benzeri varlıkları
Treuhandgeld n • itibari para
Treuhandgeschäft n • itimada dayanan hukuki muamele; konsinye; yediadil vasıtasıyla gördürülen iş
Treuhandgeschäfte pl. n • güvenli hukuki muamele; itimada müstenit hukuki muamele
Treuhandgesellschaft f • muhasebe ve murakabe şirketi; tröst şirketi; vekaleten başkalarının işini gören şirket
Treuhandkredit m • teminata dayanan kredi
Treuhandvermögen n • teminat fonu; yediemin tarafından yönetilen mallar
Treuhandvertrag m • teminat anlaşması; trust senedi; yediemin senedi
Trieb m • iti
Triebkraft f • illet; itici güç; sebep
triftig • inandırıcı
triftiger Grund m • inandırıcı sebep
Triftigkeit f • inandırıcılık; tutarlık
Trinkgeld n • bahşiş
Triplik f • davacının davalının cevabına verdiği cevap
Triptik n • triptik
Triptyk n • triptik
trockener Wechsel m • bono; emre muharrer senet
Trockenladung f • kuru yük
Tropus m • değişmece
trotzdem • buna rağmen; bununla beraber
Trödelhandel m • eskicilik ticareti
Trug m • aldatma; iğfal
Trunkenheit f • sarhoşluk
Trunksucht f • alkol iptilası; ayyaşlık
trunksüchtig • alkolik; ayyaş
Trust m • tröst
Trust-Anteilschein m • katılma belgesi
Trustbank f • finansman bankası
Trustpapiere pl. n • holding ve finansman şirketlerinin hisse senetleri
Trustvertrag m • trust senedi; yediemin senedi
Trustzertifikat n • tröst sertifikası
Truth in Lending Act • Ödünç Vermede Doğruluk Yasası
trügen • aldatmak; iğfal etmek
Trümmer pl. • enkaz; harabe
Trümmer pl. eines Hauses n • enkaz

Mesleki Terimler Sözlüğü

Trümmerbeseitigung f • enkazın kaldırılması
Tugend f • fazilet; meziyet
Tunnel m • altgeçit; tünel
Turnen n • jimnastik
Turnhalle f • jimnastik salonu
Turnus m • nöbet
Turnus n • devre; dönem
tüchtig • ehliyetli; liyakatli
Tücke f • aksilik; hile; talihsizlik
Türkisch n • Türkçe
türkische Gesetze pl. n • Türk kanunları
türkische Staatsangehörigkeit f • Türk vatandaşlığı
türkische Verfassung f • Türkiye Cumhuriyeti Anayasası
türkische Währung f • Türk parası
türkisches nationales Erziehungssytem n • Türk Milli Eğitim Sistemi
türkisches Recht n • Türk hukuku
Typ m • cins; model; nevi; tip
Typenbeschränkung f • cins sayısının sınırlandırılması
Typenreihe f • üretim serisi veya dizisi
typisieren • standart tipleri tespit etmek
Typologie f • tipbilimsel sınıflandırma

U

Ufer n • kıyı; sahil
Uhrzeit f • zaman
ultimativ • nihai; ültimatom niteliğinde
Ultimatum n • ültimatom
Ultimo m • ay sonu kapanışı; ayın son günü; geçen ay; son
Ultimoanforderung f • ay sonu tasfiyesi için gerekli meblağ
Ultimogeld n • ay sonu hesaplaşma parası
Ultimowechsel m • ayın son günü ödenen poliçe
umadressieren • adres değiştirmek
umändern • değiştirmek; tebdil etmek
umbasieren • başka bir esasa dayandırmak
Umbau m • binada tadilat yapma; değiştirme; kalkındırma; yeniden yapma
umbauen • binada değişiklik yapmak
umbenennen • yeniden belirtmek veya nitelendirmek
umbilden • değişiklik yapmak; reorganize etmek
Umbildung f • değişiklik; reorganizasyon
umbringen • öldürmek
Umbruch f • devrim
Umbruch m • çökme; kökten değişme
umbuchen • başka hesaba geçirmek; hesaptan hesaba geçirmek; hesaptan hesaba geçirmek
Umbuchung f • başka hesaba devir; defter nakli; hesap nakli
umdeuten • başka şekilde yorumlamak
Umdeutung f • başka şekilde yorumlama
umdisponieren • değiştirmek; nakletmek
Umdisposition f • yeniden düzenleme
umfassen • kapsamına almak
Umfirmierung f • firma adının değiştirilmesi
Umformung f • dönüştürüm; dönüşüm
Umfrage durchführen f • anket yapmak
Umfrage f • anket
Umgangssprache f • gündelik dil
Umgebung f • çevre; civar; muhit
umgehend • acele; derhal
Umgehung f des Gesetzes n • kanuna karşı hile
umgekehrt • aksi; ters; zıt
umgliedern • durumunu değiştirmek; yerini değiştirmek
umgruppieren • yeniden sınıflamak
Umgründung f • yeniden organize etme
umherziehendes Gewerbe n • gezginci esnaf
Umkehr f • avdet; dönüş
umkehren • avdet etmek; dönmek
Umkehrung f • devriklik
Umkreis m • civar; muhit
umladen • aktarmak
Umladung f • aktarma; yük aktarması

Fachwörterbuch

Umlagerung f • depodan depoya aktarma; nakletme; pozisyonu değiştirme; yön verme
Umlauf m • devir; dolaşım; tedavül
Umlauf m von ungedeckten Schecks pl. m • karşılıksız çeklerin tedavüle sürülmesi
umlaufen • tedavül etmek
umlauffähig • tedavüle uygun olma
Umlaufgeschwindigkeit f • devir hızı; dolaşım hızı; paranın dolaşım hızı; tedavül hızı; tedavül hızı
Umlaufkapital n • döner sermaye; mütedavil sermaye
Umlaufmittel pl. n • para ve paraya çevrilebilir varlıklar; tedavüldeki değer
Umlaufsfähigkeit f • tedavül kabiliyeti
Umlaufsgeld n • tedavüldeki para
Umlaufvermögen pl. n • cari aktifler; cari varlıklar; dönen varlıklar; döner sermaye; döner sermaye malları
Umlaufzeit f • devir süresi
Umlaut m • tını değişimi
umleiten • yeni yön vermek; yönünü değiştirmek
ummelden • resmi makama ikametgah değişikliğini bildirmek
Ummeldung f • ikametgah değişikliğini bildirme
Umprogrammierung f • programı yeniden düzenleme
umrechnen • değiştirmek; tahvil etmek; yeniden hesaplamak
Umrechnung f • değiştirme; tahvil değiştirme
Umrechnungskurs m • değiştirme kuru; tahvil rayici
Umrechnungssatz m • tahvil oranı veya kuru
Umsatz m • ciro; hasılat; iş hacmi; satış; satış hasılatı; satış tutarı; sürüm; tedavül; ticari işlem
Umsatzabweichung f • bütçelenen satış hasılatı ile fiili satış hasılatı arasındaki fark; satış farkı; satış varyansı
Umsatzausfall m • satış sonuçları
Umsatzbilanz f • alım satım bilançosu
Umsatzerträge pl. m • satış hasılatı; satışlar
Umsatzgebühr f • muamele masrafı

Umsatzgewinn m • brüt kar; satış karı
Umsatzindex m • satış indeksi
Umsatz-Kapazität f • satış kapasitesi
Umsatzkapital n • döner sermaye
umsatzloses Konto n • atıl hesap; işlem görmeyen hesap
Umsatzprovision f • muamele komisyonu
Umsatzrentabilität f • toplam satış rantabilitesi
Umsatzschwund m • muamelelerde azalma
Umsatzstempel m • muamele resmi
Umsatzsteuer f • muamele vergisi; satış hasılatı üzerinden alınan vergi; satış vergisi
Umsatzwelle f • satın alma hareketi; satışlarda artma
umschalten • değiştirme anlamına gelir
Umschichtung f • araya katma; değiştirme
Umschlag der Arbeitskräfte pl. f • işgücü devri
Umschlag m • aktarma; değişme; değiştirme; hareket
Umschlagplatz m • dağıtım merkezi
Umschlagsbahnhof m • aktarma istasyonu
Umschlagsfirma f • aktarmacı firma
Umschlagsgeschwindigkeit f • devir hızı; dönme çabukluğu
Umschlagsgeschwindigkeit f der Forderungen pl. f • alacakların dönme çabukluğu
Umschlagshäufigkeit f • devir hızı; devir katsayısı; devir oranı; dönme hızı oranı
Umschlagskredit m • mal finansman kredisi
Umschliessung f • kap
umschreiben • ciroyu değiştirmek; devretmek; kaydetmek; kayıt değiştirmek; nakletmek; suret çıkarmak; temlik etmek
Umschreibestelle f • nakil ve devir acentesi
Umschreibung f • devir ve temlik; kaydın değiştirilmesi; açımlama
Umschrift f • para üzerindeki yazı
umschulden • borcu bir boçludan diğerine aktarmak; borcun şeklini değiştirmek
Umschuldung f • borç erteleme; borca ilişkin yeni ödeme planı yapılması
Umschuldungskredit m • erteleme kredisi

Mesleki Terimler Sözlüğü

umschulen • başka meslek için yetiştirmek
Umschulung f • yeni meslek için yetiştirme; yeniden yetiştirme
Umsicht f • basiret; dikkat; ihtiyat
umsichtig • basiretli; dikkatli; ihtiyatlı
umsiedeln • başka yere yerleşmek
Umsiedlung f • başka yere yerleşme; göç
Umstand m • cihet; husus; realite; vakıa
Umstände pl. m • hal ve şartlar; sebepler
umständehalber • değişik koşullar nedeniyle
umständlich • geniş; tafsilatlı
Umstandswort n • belirteç
umsteigen • aktarma yapmak
Umsteigen n • aktarma
umstellen • değiştirmek
Umstellung f • değiştirme; nakletme; yeniden düzenleme
Umstellungskosten pl. • değiştirme masrafları
Umstellungsrechnung f • döviz hesabı
Umstellungsverhältnis n • dönüştürme oranı
umstempeln • damgasını değiştirmek
umstossen • feshetmek
umstossen • geçersiz kılmak
umstritten • ihtilaflı; münakaşalı
Umsturz m • ihtilal
umstürzen • devirmek; devrilmek
Umstürzler m • ihtilalci
Umtausch m • değiştirme; mübadele; takas
umtauschen • değiştirmek; mübadele etmek
Umtauschpreis m • dönüştürme fiyatı
Umtauschrecht n • değiştirme hakkı
Umtauschtransaktion f • mübadele işlemi; takas
Umtauschverhältnis n • çapraz kur
umwandeln • değiştirmek; tahvil etmek
Umwandelung f • konsolidasyon
Umwandlung f • değiştirme; dönüşüm; istihale; mübadele; tahvil
Umwandlung f der Staatsschulden pl. f • konsolidasyon
Umwandlung f der Strafe f • cezanın tahvili

Umwandlung f von Staatspapieren pl. f • tahvili düyun
Umwandlungskredit m • dönüştürme kredisi
Umwechselung f • kambiyo
Umweg-Transaktion f • dolambaçlı muamele
Umweg-Verkehr m • dolambaçlı ticaret
Umwelt f • çevre; muhit; ortam
Umwelt- und Müllabfuhrsteuer f • çevre ve temizlik vergisi
Umweltbefragung f • çevre taraması
Umweltbelastung f • çevre kirlenmesi; çevre kirliliği
Umwelterziehung f • çevresel eğitim
Umweltforschung f • çevre incelemesi
Umweltschäden pl. m • çevreye zarar verme
Umweltschutz m • çevre koruma
Umweltverschmutzung f • çevre kirlenmesi; çevre kirliliği
umwerten • başka kıymet takdir etmek; kıymetini değiştirmek; tahvil etmek
umziehen • taşınmak
Umzug m • taşınma
Umzugsgut n • ev eşyası; mobilya vs
Umzugskosten pl. • taşınma masrafları
Umzugsvergütung f • taşınma tazminatı
UN (United Nations) • Birleşmiş Milletler Teşkilatı
unabänderlich • değişmez; rücu edilemez
Unabdingbarkeit f • bertaraf edilememezlik; esas mukavelenin özel sözleşme ile ortadan kaldırılamazlığı
unabhängig • bağımsız; müstakil
unabhängige Prüfung f • bağımsız denetim
unabhängige Rechnungseinheit f • bağımsız muhasebe birimi
unabhängiger Buchsachverständiger m • bağımsız muhasebeci
unabhängiger Rechnungsprüfer m • bağımsız denetici
unabhängiger Satz m • bağımsız tümce
unabhängiger Staat m • bağımsız devlet
Unabhängigkeit f • bağımlı olmama; bağımsızlık; istiklal
unabsehbar • kestirilemez; sonsuz

Fachwörterbuch

unabsetzbar • azledilemez; görevinden alınamaz
Unabsetzbarkeit f • layenazilik
Unabsetzbarkeit f des Richters m • hakimlerin azlolunamazlığı
unabsichtlich • istemeyerek; kasıtsız
unabtretbar • terkolunamaz; vazgeçilemez
unabtretbare Rechte pl. n • devredilmeyen haklar; temlik edilemeyen haklar
unabweisbar • mecburi; reddolunamaz
unabwendbar • önüne geçilemez
unamortisierte Schuldverschreibung f • itfa edilmemiş tahvil
unanfechtbar • kaçınılmaz; kati; kesin
unanfechtbare Entscheidung f • kati karar; kesin karar
unanfechtbarer Beweis m • kati delil
unanfechtbares Urteil n • kesin hüküm
unangefochten • itiraza uğramamış
unangemessen • uygun olmayan
unannehmbar • kabul edilmez
unantastbar • dokunulamaz; haciz edilemez
Unantastbarkeit f • dokunulmazlık; masuniyet
Unantastbarkeit f der Person f • kişi dokunulmazlığı; masuniyeti şahsiye
unaufgefordert • kendiliğinden; talep edilmeksizin
unaufgeklärt • aydınlatılmamış; müphem
unausführbar • icra edilemeyen; yürürlüğe konulamayan
Unausführbarkeit f • icra mevkiine koyma imkansızlığı
unausgefertigt • işlem görmemiş; tanzim edilmemiş
unbeabsichtigt • istemeyerek; kasıtsız
unbeanstandet • itirazsız
unbebauter Grund m • arsa; üzerine inşaat yapılmamış toprak parçası
unbedenklich • itirazsız; tehlikesiz; tereddütsüz
Unbedenklichkeitsbescheinigung f • itirazsızlık veikası
Unbedenklichkeitserklärung f • mahzursuzluk beyanı
unbedingt • kayıtsız; şartsız
Unbedingtheit f • katiyet; mutlakiyet

unbefristet • süresiz vadeli; vadesiz
unbefristeter Kredit m • istenildiği zaman iptal edilebilen kredi türü
unbefugt • salahiyetsiz; yetkisiz
Unbefugtheit f • salahiyetsizlik; yetkisizlik
unbegrenzt • sınırsız
unbegrenzte Versicherung f • hudutsuz sigorta
unbegründet • asılsız; esassız; mesnetsiz; temelsiz
unbekannt • meçhul; tanınmayan
unbelastet • borçsuz; ipoteksiz
unbelasteter Vermögenswert m • eldeki kullanılabilir varlık
unbelebtes Genus n • cansız
unbenutztes Kapital n • atıl sermaye
unberechtigt • haksız; salahiyetsiz; yetkisiz
unberechtigte Bereicherung f • haksız kazanç
unberechtigter Einwand m • haksız itiraz
unberechtigter Krieg m • gayri meşru harp
unberücksichtigt • dikkate alınmamış; hesaba katılmamış; nazara alınmayan
unbescholten • iyi niyetli; namuslu
Unbescholtenheit f • hüsnühal; iyi niyet
unbeschränkt • sınırsız
unbeschränkt haftender Teilhaber m • komandit şirketlerde sınırsız sorumlu ortak; komandite; komanditer; sınırsız sorumlu ortak
unbeschränkt steuerpflichtig • sınırsız vergi mükellefi
unbeschränkte Haftung f • gayri mahdut mesuliyet; sınırsız sorumluluk
unbeschränkte Vollmacht f • tam yetki
unbestätigt • doğrulanmamış; onaylanmamış; tasdiksiz; teyit edilmemiş
unbestätigtes Akkreditiv n • kabul edilmemiş akreditif; teyitsiz akreditif
unbestimmt • belgisiz
unbestimmt • belirsiz; müphem
unbestimmte Lebensdauer f • belirsiz ömür
unbestimmte Vergangenheit f • belirsiz geçmiş zaman
unbestimmtes Beiwort n • belgisiz sıfat

Mesleki Terimler Sözlüğü

unbestimmtes Fürwort n • belgisiz adıl
unbestimmtes Pronomen n • belgisiz adıl
Unbestimmtheit f • belirsizlik; müphemlik
unbestraft • cezadan muaf; cezasız
unbestreitbar • inkar kabul etmez; tartışılmaz
unbetonte Silbe f • vurgusuz seslem
unbeweglich • hareketsiz; sabit
unbewegliche Güter pl. n • gayri menkul mallar
unbewegliche Habe pl. f • gayri menkul mallar
unbewegliche Vermögen pl. n • hareketsiz varlıklar; kolayca paraya çevrilemeyen varlıklar
unbewegliches Konto n • hareketsiz hesap
unbewegliches Pfand n • gayri menkul ipoteği
unbewegliches Vermögen n • gayri menkul
unbeweisbar • ispat edilemeyen
unbewiesen • ispat edilmemiş
unbewusst • bilinçsiz; şuursuz
Unbewußtsein n • bilinçdışı
unbezahlbar • ödenemez
unbezahlt • henüz ödenmemiş; kapatılmamış; ödenmemiş; tediye edilmemiş
unbezahlte Ausfuhr f • bedelsiz ithalat
unbezahlter Betrag m • ödenmemiş bakiye
unbezahlter Scheck m • ödenmemiş çek
unbezahlter Urlaub m • ücretsiz izin
unbezahlter Wechsel m • kabul edilmemiş poliçe; ödenmemiş poliçe; ödenmemiş senet
unbezahltes Kapital n • ödenmemiş sermaye
unbezweifelt • muhakkak; şüphe edilmez
Unbildung f • kültür eksikliği
unbillig • adaletsiz; hakkaniyete aykırı; haksız
Unbilligkeit f • adaletsizlik; haksızlık
unbrauchbar • değersiz; işe yaramaz; kullanılmaz
Unbrauchbarmachung f • imha; kullanılmaz hale getirme
Undank m • nankörlük
undatiert • tarih konulmamış

undeklinierbar • çekimsiz
Underwriter m • aracılık yüklenimcisi
undeutig • açıkça olmayan
undeutlich • açık olmayan; müphem
unecht • doğru olmayan; hakiki olmayan; sahte; taklit edilmiş; yanlış
unehelich • evlilik dışı; gayri meşru
uneheliche Abstammung f • gayri sahih nesep
uneheliches Kind n • gayri meşru çocuk; nesebi sahih olmayan çocuk
Unehelichkeit f • gayri meşruluk
Unehre f • haysiyetsizlik; namussuzluk
unehrenhaft • lekeli; namussuz
unehrenhafter Lebenswandel m • haysiyetsiz ve şerefsiz bir hayat sürme
unehrenhaftes Verhalten n • haysiyetsiz davranış
Unehrenhaftigkeit f • haysiyetsizlik; namussuzluk; şerefsizlik
unehrlich • hilekar; namussuz
Unehrlichkeit f • hilekarlık; namussuzluk
uneidlich • yeminsiz
uneidliche Aussage f • yeminsiz ifade
uneinbringliche Forderung f • değersiz alacak; tahsil edilemeyen alacak; tahsil edilemeyen borç
uneinbringliche Schuld f • tahsili mümkün olmayan alacak
uneingeschränkt • kayıtsız şartsız; sınırsız; tahditsiz
uneingeschränktes Geständnis n • basit ikrar
uneinig • anlaşmamış; uyuşmamış
Uneinigkeit f • anlaşmazlık; ihtilaf; uyuşmazlık
uneinlösbar • karşılıksız; ödenmesi mümkün olmayan
uneinträglich • kazanç getirmeyen
Uneinträglichkeit f • verimsizlik
unendlich • sonsuz
unentbehrlich • vazgeçilemez; zaruri
unentgeltlich • bedava; ivazsız; karşılıksız; meccanen; parasız
unentgeltliche Verfügung f • ivazsız tasarruf
unentgeltliche Zuwendung f • bağış; teberru

Fachwörterbuch

unentgeltlicher Erwerb m • ivazsız iktisap
unentgeltlicher Vertrag m • ivazsız akit; ivazsız sözleşme
Unentschlossenheit f • tereddüt
unentschuldigt • mazur görülemez
unerfahren • acemi; tecrübesiz
unerfahrener Arbeiter m • deneyimsiz işçi
Unerfahrenheit f • tecrübesizlik
unerfüllbar • icrası mümkün olmayan; tahakkuk ettirilemez
Unergiebigkeit f • verimsizlik
unerheblich • az; ehemmiyetsiz
unerhoben • tahsil edilmemiş; talep edilmeyen
unerlässlich • vazgeçilemez; zaruri
unerlaubt • haksız; yetkisiz
unerlaubte Handlung f • haksız fiil; yanlış işlem; yasal olmayan işlem
unerlaubte Mittel pl. n • yasal olmayan yollar
unerlaubter Krieg m • gayri meşru harp
unerlaubter Waffenbesitz m • izinsiz silah bulundurma
unerlaubter Wettbewerb m • gayri kanuni; haksız rekabet
Unerlaubtheit f • hukuka aykırılık; hukuka mugayeret
unerledigt • askıda; halledilmemiş
unersetzlich • ikame edilemez; yeri doldurulamaz
unerträglich • çekilmez; tahammül edilemez
unerwartet • beklenilmeyen; umulmadık
unerwarteter Gewinn m • beklenmedik kar
unerwünscht • arzu edilmeyen; istenilmeyen
unfähig • ehliyetsiz
Unfähigkeit f • ehliyetsizlik; yetersizlik
Unfähigkeit f zur Bekleidung f öffentlicher Ämter pl. n • hidemati ammeden mahrumiyet; kamu hizmetlerinden yasaklık
Unfähigkeit f zur Vormundschaft f • vasi olmaya ehliyetsizlik
Unfall m • kaza
Unfallanzeige f • kazanın ihbarı

Unfallentschädigung f • kaza tazminatı
Unfallflucht f • kaza yerini terk
Unfallgefahr f • kaza tehlikesi
Unfallrente f • kaza aylığı
Unfallschutz m • kazalardan korunma
Unfalluntersuchung f • kazaların tahkiki
Unfallverhütung f • kazaları önleme tedbirleri
Unfallversicherung f • kaza sigortası; kazaya karşı sigorta
Unfallversicherungspflicht f • kaza sigortası mükellefiyeti
unfertig • süreç içersinde; tamamlanmamış
unfrankiert • masraflar alıcıdan tahsil edilecektir; pulsuz; ücretsiz
unfrei • bedelsiz; masraflar alıcıdan tahsil edilecektir; navlun varış yerinde ödenecektir; ücreti ödenmemiş
unfreiwillig • isteğe bağlı olmayan; mecburi
unfreiwilliger Besitzverlust m • yeddin intikatı
Unfrieden m • geçimsizlik; uyuşmazlık
unfruchtbar • kısır; verimsiz
Unfruchtbarmachung f • kısırlaştırma
Unfug m • toplumun huzurunu bozan davranış
ungebildet • kültürsüz
Ungebildetsein n • cehalet; kültür eksikliği
ungebundene Barmittel pl. • derhal kullanılabilir
Ungebühr f • haksızlık; uygunsuzluk
ungebührlich • uygunsuz; yakışıksız
ungedeckt • karşılıksız
ungedeckte Anleihe f • teminatsız kredi
ungedeckte Notenausgabe f • karşılıksız kağıt para ihracı
ungedeckter Kredit m • açık kredi; karşılıksız avans; teminatsız kredi
ungedeckter Scheck m • karşılıksız çek; provizyonsuz çek
ungedecktes Konto n • açık hesap
ungeeignet • elverişsiz; uygun düşmeyen
ungefähr • tahmini; takriben; takribi; yaklaşık olarak
ungehemmt • engelsiz
ungehorsam • itaatsiz

Ungehorsam m • itaatsizlik
ungehörig • uygunsuz; yakışıksız
ungeklärt • açıklanmamış; vuzuha kavuşmamış
ungelenktes Interview n • güdümsüz görüşme
ungelernter Arbeiter m • niteliksiz işçi; vasıfsız işçi
ungenau • hatalı; tam olmayan; yanlış
ungenaue Darstellung f • yalan beyan
Ungenauigkeit f • eksiklik; hata
ungenutzte Kapazität f • atıl kapasite; aylak kapasite; boş kapasite; kullanılmayan kapasite
ungenügend • kifayetsiz; yetersiz
ungerecht • haksız; insafsız; yasal olmayan
ungerechter Preis m • fahiş fiyat
ungerechtes Urteil n • haksız karar
ungerechtfertigt • haklı sebebe dayanmayan
ungerechtfertigte Bereicherung f • haksız iktisap; haksız iktisap; haksız kazanç; sebepsiz iktisap; sebepsiz zenginleşme
ungerechtfertigter Krieg m • gayri meşru harp
ungerechtfertigter Preis m • fahiş fiyat
Ungerechtigkeit f • haksızlık
ungeregelt • tanzim edilmemiş
ungerundeter Vokal m • düz ünlü
ungesetzlich • gayri meşru; gayrimeşru; illegal; kanuna aykırı; yasal olmayan
ungesetzliche Kündigung f • haksız fesih
ungesetzlicher Wettbewerb m • gayri kanuni rekabet
ungesicherte Anleihe f • teminatsız kredi
ungesicherte Forderung f • açık kredi
ungesicherte Schuld f • teminatsız borç
ungesicherte Schuldverschreibung f • teminatsız tahvil
ungesicherter Gläubiger m • teminatsız alacaklı
ungesicherter Kredit m • teminatsız kredi
ungesichertes Konto n • güvencesiz hesap; teminatsız hesap
ungespannt • gevşek
ungestraft • cezalandırılmamış; cezasız

ungeteilt • taksim edilmemiş
ungeteilte Erbengemeinschaft f • miras şirketi
ungeteilte Gemeinschaft f • şuyu hali
ungewiss • emin olmayan; şüpheli
Ungewissheit f • belirsizlik; müphemlik
Ungewissheitsanalyse f • belirsizlik analizi
ungezwungen • kendiliğinden; zorlamaksızın
unglaubwürdig • inandırıcı olmayan
Ungleichgewicht n • dengesizlik
Ungleichheit f • eşitsizlik; farklılık
ungleichmässig zweiseitiger Vertrag m • nakıs karşılıklı akit
Unglück n • felaket; kaza; talihsizlik
Unglücksfall m • kaza
ungültig • batıl; geçersiz; hükümsüz
ungültig erklären • hükümsüz kılmak
Ungültigkeit f • butlan; geçersizlik; hükümsüzlük; meriyetsizlik
Ungültigkeitserklärung f • butlan kararı
Ungültigkeitsklage f • iptal davası mirasta
Ungültigmachung f • bozma; geçersiz kılma; silme
ungünstig • aleyhte; müsait olmayan
ungünstige Abweichung f • fark; olumsuz fark; varyans
unheilbar • tedavi edilemez; telafi edilemez
unhygienisch • sıhhi olmayan
Uniform f • üniforma
Unilingualismus m • tekdillilik
Union f • birleşme; birlik; ittihat
Unionsland n • üye memleket
universal • genel; toplam
Universalbank f • çok amaçlı bankalar; çok çeşitli iş yapan banka
Universalerbe m • tek mirasçı
Universalien pl. f • tümeller
Universalsukzession f • külli halefiyet; topyekün halefiyet
Universalversammlung f • genel heyet toplantısı
Universität f • üniversite
Universitätsabschluß m • lisans
Universitätsaufnahmeprüfung (1. Stufe) f • Öğrenci Seçme Sınavı (ÖSS)

Fachwörterbuch

Universitätsaufnahmeprüfung (2. Stufe) f • Öğrenci Yerleştirme Sınavı (ÖYS)
Universitätsbibliothek f • üniversite kitaplığı
Universitätssenat m • senato
Universitätsviertel n • eğitim sitesi
Universum n • evren
unkenntlich • tanınmaz
Unkenntnis f • bilgisizlik; cehil
Unkenntnis f schützt vor Strafe f nicht • bilgisizlik cezayı engellemez; kanunu bilmemek mazeret değildir
Unklagbarkeit f • alacağın dava edilememesi
unkompliziert • basit; karmaşık olmayan
UN-Konferenz f für Handel m und Entwicklung f • Birleşmiş Milletler Ticaret ve Kalkınma Örgütü
unkontrollierbare Kosten pl. • denetlenemeyen maliyet; kontrol edilemeyen maliyet
Unkosten pl. • çeşitli giderler; giderler; masraflar
Unkostenbeitrag m • katkı payı
unkörperlich • gayri maddi; soyut
unkörperliche Gegenstände pl. m • gayri maddi mallar
unkultiviert • işlenmemiş; kültürsüz
unkumulative Vorzugsaktie f • kar payı birikimsiz öncelikli hisse senedi
unkundig • bilmeyen; habersiz
unkurante Hinterlage f • borsada listeye alınmamış olan menkul kıymetler
unkündbar • daimi; feshedilemez
unkündbare Obligation f • itfası mümkün olmayan tahvil
unkündbare Wertpapiere pl. n • tahvil
unlauter • dürüst olmayan; hileli
unlauter Wettbewerb m • haksız rekabet
unlautere Marktbeeinflussung f • suni fiyat düşüşlerinin yaratılması; suni fiyat yükselişlerinin yaratılması
unlauterer Wettbewerb m • gayri kanuni rekabet; hileli rekabet
unleugbar • inkar edilemez
unlimitiert • sınırsız
unlimitierter Auftrag m • sınırsız emir
unmässig • itidalsiz; ölçüsüz

unmittelbar • direkt; doğrudan doğruya; dolaysız; vasıtasız
unmittelbare Klage f • doğrudan dava; doğrudan doğruya dava
unmittelbare Konstituente f • dolaysız kurucu
unmittelbarer Besitz m • doğrudan doğruya zilyetlik; doğrudan zilyetlik
unmittelbares Klagerecht n • doğrudan doğruya dava hakkı
Unmittelbarkeitsprinzip n • duruşmanın söz ile yapılması prensibi
Unmoral f • ahlak düşüklüğü
unmoralisch • ahlaksız
unmotiviert • nedensiz; haksız; sebepsiz
unmöglich • imkansız
Unmöglichkeit f • imkansızlık
Unmöglichkeit f der Leistung f • edanın imkansızlığı
unmündig • ergin olmayan; reşit olmayan
Unmündige m • küçük
Unmündiger m • reşit olmayan; reşit olmayan kimse
Unmündigkeit f • reşit olmama
unparteiisch • tarafsız
Unparteilichkeit f • tarafsızlık
unpersönlich • kişisiz; gayri şahsi
unpfändbar • haczolunamaz
unpfändbare Gegenstände pl. m • haczi caiz olmayan mallar
unpolitisch • politik olmayan
unproduktives Kapital n • kullanılmayan kapasite; kullanılmayan varlıklar aktifler; üretici olmayan sermaye
Unproduktivität f • verimsizlik
unqotierte Wertpapiere pl. n • kota alınmamış menkul kıymetler
unqotierter Wertpapiermarkt m • kot dışı Pazar
unrecht • haksız; yanlış
Unrecht n • haksızlık; yanlışlık
unrechtmässig • haksız; illegal; yasal olmayan
unrechtmässiger Besitz m • haksız zilyetlik
Unrechtshandlung f • haksız fiil
unredlich • hileli
Unredlichkeit f • hilekarlık; sadakatsizlik

665

Mesleki Terimler Sözlüğü

unregelmässig • sapkın; intizamsız; kuralsız
unregelmässiger Verwahrungsvertrag m • usulsüz tevdi
Unregelmässigkeit f • intizamsızlık; işe devamsızlık; kuralsızlık; usulsüzlük
unrehabilitierter Konkursschuldner m • itibari iade edilmemiş olan müflis
unreines Konnossement n • şerhli konşimento
unrentabel • verimli olmayan
unrichtig • yanlış
unrichtige Aussage f • yanlış beyan
unrichtige Buchung f • hatalı kayıt
Unrichtigkeit f • yanlışlık
Unruhe f • huzursuzluk; kargaşalık
unruhig • gürültülü; huzursuz
unsachlich • subjektif; şahsi
Unschuld f • masumiyet; suçsuzluk
unschuldig • masum; suçsuz
unselbständig • bağımlı; bağımsız olmayan; müstakil olmayan
unselbständiger Besitz m • feri zilyetlik
Unsicherheit f • belirsizlik
unsichtbare Ausfuhren pl. f • görünmeyen işlemler
unsichtbare Posten m • görünmeyen kalemler
unsichtbare Reserven pl. f • beyan edilmemiş ihtiyatlar; örtülü ihtiyatlar
Unsitte f • kötü alışkanlık
unsittlich • adaba aykırı; ahlaka aykırı
unsittliches Verhalten n • ahlaka aykırı davranış
Unsittlichkeit f • ahlaksızlık
unstatthaft • caiz olmayan; yasal olmayan
unstimmig • uymayan
Unstimmigkeit f • ihtilaf; uyumsuzluk
unstreitig • ihtilafsız; itirazsız
unstreitige Tatsachen pl. f • münazaalı olmayan hususlar
Untat f • cürüm
untätiges Kapital n • atıl sermaye
Untätigkeit f • görevi ihmal etme
untauglich • elverişsiz; liyakatsız
Untauglichkeit f • elverişsizlik; liyakatsizlik
Untauglichkeit f zum Vormund m • vasi olmaya liyakatsizlik

unteilbar • bölünmez; taksim edilemez
Unteilbarkeit f • bölünemezlik; tecezzi etmemek
unter Androhung f von Strafe f • cezaya çarptırılacağı ihtar olunarak
unter Anklage f stellen • itham etmek
unter Bezugnahme f • istinaden
unter Deck n • güvertenin altında
unter den Fahnen pl. f • silah altı
unter den Waffen pl. f • silah altı
unter Eid m aussagen • yeminli ifade vermek
unter Nachnahme f • ödemeli
unter pari • başabaşın altında; paritenin altında
unter polizeilicher Aufsicht f • genel gözetim altında olma
unter polizeilicher Bewachung f • polis kontrolü altında
unter Selbstkosten pl. verkaufen • düşük fiyatla satmak; yok pahasına satmak
unter Siegel n nehmen • mühürlemek
unter Tatverdacht m stehen • suç şüphesi altında bulunmak
unter üblichem Vorbehalt m • mutat ihtirazi kayıtla
unter Vorbehalt m aller Rechte pl. n • bütün haklar saklı kalmak şartıyla
unter Vormundschaft f stehen • vesayet altında bulunmak
unter Vormundschaft f stellen • vesayet altına almak
unter Wechselkurs m • döviz kurundan aşağı bir değerde
unter Zollverschluss m • gümrük deposunda tutulan
unter Zubilligung f mildernder Umstände pl. m • hafifletici sebeplerden yararlandırılarak
Unterabteilung f • kol; şube
Unteraktionär m • dolaylı ortak
Unterauftrag m • müteahhit siparişi
Unterbau m • altyapı
Unterbeschäftigung f • eksik kapasite kullanımı; kapasitenin altında çalışma
Unterbeteiligung f • alt katılım; tali iştirak
Unterbewertung f • değerini düşük tutma; düşük değerlendirme; düşük tahmin etme; eksik değerlendirme

Fachwörterbuch

Unterbewußtsein n • bilinçaltı
Unterbilanz f • açık; açık hesap; açıkla kapanan bilanço; bilançoda açık
Unterbindung f • durdurma; önleme
unterbrechen • ara vermek; kesmek
Unterbrechung f • ara verme; inkita
Unterbrechung f der Ersitzung f • kazandırıcı zamanaşımının kesilmesi
Unterbrechung f der Verjährung f • müruru zamanın katı; zamanaşımının kesilmesi
Unterbrechung f der Verjährung f durch Klage f • zamanaşımının dava yoluyla kesilmesi
unterbreiten • arz etmek; sunmak
unterbringen • koruma altına almak; yerleştirmek
Unterdeckung f • açık; karşılık azlığı; yetersiz karşılık
unterdisponieren • normalin altında sipariş vermek
unterdrücken • gizlemek; örtbas etmek
unterentwickelte Länder pl. n • az gelişmiş ülkeler
Unterernährung f • beslenme bozukluğu
Untergang f des Rechts n • düşme
Untergang m • batma; düşme; sukut; ziya
untergeben • emri altına vermek
Untergebener m • ast; madun
Untergesellschaft f • tali şirket
Untergewicht n • ağırlık noksanı
untergliedern • kategorilere ayırmak; sınıflandırmak
Untergliederung f • bölümlere ayırma; sınıflandırma
Unterhalt m • nafaka
unterhalten • bakımını sağlamak; nafakasını karşılamak
Unterhaltsanspruch m • nafaka hakkı; nafaka talebi
Unterhaltsbeitrag m • nafaka
unterhaltsberechtigt • nafaka almaya hakkı olan
Unterhaltsberechtigter m • nafaka alacaklısı
Unterhaltsklage f • nafaka davası
Unterhaltskosten pl. • bakım masrafları; geçim masrafları; nafaka masrafları
Unterhaltspflicht f • nafaka mükellefiyeti
unterhaltspflichtig • nafaka ödemekle mükellef
Unterhaltspflichtiger m • aile yardımcısı
Unterhaltung f • bakım; muhafaza
unterhandeln • müzakere etmek
Unterhändler m • mükaleme memuru; murahhas
Unterhandlung f • müzakere
Unterkalkulation f • maliyeti düşürme; masrafları azaltma
Unterkonto n • alt hesap; tali hesap; tali hesap; yardımcı hesap
Unterkunft f • ikametgah; mesken
Unterlage f • evrakı müsbite; mesnet; temel; vesika
Unterlagen pl. f • dokümanlar; evrakı müsbite
Unterlagen pl. f einreichen • belgeleri ibraz etmek
Unterlagen pl. f einsenden • dökümanları göndermek
unterlassen • ihmal etmek; yapmamak
Unterlassung f • ihmal; imtina; iradi olan imtina; karçınma; unutma; vazgeçme
Unterlassung f der Zahlung f • ademi tediye
Unterlassung f einer Handlung f • yasal sorumluluğu yerine getirmeme
Unterlassungsfall m • ihmal hadisesi
Unterlassungsklage f • müdahalenin meni davası
Untermiete • kiracı tarafından kiralama; kiracının kiralaması
Untermieter m • ikinci kiracı; ikinci müstecir; kiracının kiracısı
Untermietsverhältnis n • kiracı ile ikinci kiracı arasındaki hukuki münasebet
unternehmen • teşebbüs etmek
Unternehmen n • işletme; kurum; müessese; teşebbüs; ticarethane
Unternehmensbeteiligung f • iştirak
Unternehmensforschung f • yöneylem araştırması
Unternehmenskonzentration f • işletmelerin birleşmesi
Unternehmensspiel n • işletme oyunu
Unternehmens-Zusammenschlüsse pl. n • işletme birleşmeleri
Unternehmer des multimodalen Transports m • birleşik taşıma işleticisi

Unternehmer m • girişimci; iş adamı; işveren; müteahhit; müteşebbis; taahhüt eden kişi; yüklenici
Unternehmer m des kombinierten Transports m • birleşik nakliye işletmecisi
unternehmerische Fähigkeiten pl. f • teşebbüs yeteneği
Unternehmerwirtschaft f • ekonomik taahhütler
Unternehmung f • firma; işletme; müessese; ortaklık; taahhüt; teşebbüs; şirket
Unternehmungsforschung f • yöneylem araştırması
Unternehmungsgewinn m • teşebbüs karı
Unternehmungskapital n • müteahhit sermayesi
Unternehmungslust f • teşebbüs isteği veya şevki
Unternehmungsplanspiel n • işletme oyunu
Unternehmungswert m • varlık değeri
Unternehmungswirtschaft f • iş taahhütleri
Unteroffizier m • gedikli erbaş
Unterpacht f • ikinci elden kiralama; kiralanan arazinin üçüncü şahsa kiralanması
Unterpächter m • araziyi kiralayanın kiracısı; hasılat kirasında ikinci kiracı
Unterpfand n • rehin
Unterposition f • tali pozisyon veya madde
Unterredung f • görüşme; müzakere
Unterricht m • ders; öğretim
Unterricht m durch Fernsehen n • televizyonla eğitim
Unterricht m mit Hörfunk m • radyo ile eğitim
unterrichten • ders vermek; haberdar etmek; öğretmek
Unterrichtsanstalt f • eğitim kurumu
Unterrichtsaufsicht f • ders denetimi
Unterrichtsbeispiel n • örnek ders
Unterrichtsexkursion f • ders gezisi
Unterrichtsfach n • ders
Unterrichtsgebühr f • ders ücreti
Unterrichtsgrundsätze pl. m • öğretim ilkeleri
Unterrichtsmethode f • öğretim yöntemi

Unterrichtspause f • ders arası
Unterrichtsplan m • ders planı
Unterrichtsstunde f • ders saati
Unterrichtstafel f • ders levhası
Unterrichtsverfahren n • öğretim tekniği
untersagen • yasak etmek
Untersagen n • hacir
Untersagung f • memnuiyet; yasak; yasaklama
unterschätzen • düşük değer takdir etmek
Unterschätzung f • eksik tahmin etme
unterscheiden • ayırmak; tefrik etmek
Unterscheidung f • ayırma; tefrik
Unterscheidungskraft f • temyiz erki; temyiz kabiliyeti
Unterscheidungsmerkmal n • tescilli marka
unterschieben • birinin üstüne atmak; değiştirmek; ikame etmek
Unterschiebung f • değiştirme; ikame; üstüne atma
Unterschied m • ayrılık; eşitsizlik; fark
unterschiedlich • farklı
unterschlagen • saklamak; zimmetine geçirmek
Unterschlagung f • güveni kötüye kullanmak; ihtilas; irtikap; zimmete geçirme; zimmetine geçirme
Unterschlagung f im Amt n • zimmete para geçirmek
Unterschleif m • baratarya
unterschreiben • imzalamak
Unterschrift f • imza
Unterschrift f beglaubigen • imzayı tasdik etmek
Unterschriftsbeglaubigung f • imza spesimeni; tatbik imza
Unterschriftskarte f • imza kartı
Unterschriftsstempel m • imza yerine kullanılan mühür
Unterschriftsvollmacht f • imza yetkisi
Unterseite f • alt taraf; arka taraf
Unterstaatssekretär m • müsteşar
unterstehen • emrinde bulunmak
unterstellen • emrine vermek; farz etmek; üstüne atmak; varsaymak
Unterstellung f • emrine verme; üstüne atma; varsaymak

Fachwörterbuch

unterstreichen • altını çizmek; önemle vurgulamak
unterstützen • desteklemek; himaye etmek; yardım etmek
Unterstützung f • destek; himaye; sübvansiyon; yardım
Unterstützung f des Feindes m • hasmane himaye ve yardım
unterstützungsbedürftig • yardıma muhtaç
Unterstützungsempfänger m • yardım alan
Unterstützungskasse f • yardım sandığı
Unterstützungspflichtiger m • aile yardımcısı; ailenin geçimini sağlayan kişi
untersuchen • araştırmak; muayene etmek; soruşturmak; tahkikat yapmak
Untersuchung f • inceleme; etüd; muayene; soruşturma; tahkikat
Untersuchungsakten pl. f • soruşturma dosyası; tahkikat dosyası
Untersuchungsausschuss m • tahkikat komisyonu
Untersuchungsgefangener m • mevkuf; tutuklu
Untersuchungsgefängnis n • tevkifhane; tutukevi
Untersuchungsgericht n • soruşturma mahkemesi
Untersuchungshaft f • tevkif; tutma
Untersuchungspflicht f • keşif ve muayene külfeti
Untersuchungspflicht f des Käufers m • alıcının keşif ve muayene külfeti
Untersuchungsrichter m • sorgu hakimi; soruşturma hakimi; soruşturma yargıcı; tahkikat hakimi
Untertagearbeiter m • maden işçisi; yer altında çalışan işçi
Untertan m • tebaa; vatandaş
Untertanen pl. m • idare edilenler
Untertyp m • tali kategori
untervermieten • kiracının kiraya vermesi; kiralanan bir şeyi kiracının başka birine kiralaması
Untervermieter m • kiraya veren kiracı
unterverpachten • kiralanan bir şeyi kiracının başka birine kiralaması
unterversichern • hakiki değerinin altında sigortalamak

Unterversicherung f • değerinden aşağıya sigortalama; menfaat değeri altında sigorta; sigorta değerinin altında sigortalama
Unterversorgung f • arzda eksiklik
Untervertreter m • tali acente veya mümessil
Unterwegswaren pl. f • yoldaki mallar
unterwerfen • tabi kılmak
Unterwürfigkeit f • uysallık
unterzeichnen • imzalamak
Unterzeichner m • belgeye imzasını koyan kişi; imzalayan
Unterzeichneter m • imzalayan
Unterzeichnung f • imza ile tasdik; imzalama
unterziehen • tabi kılmak
untilgbar • itfa olunamaz
untilgbare Schuldverschreibung f • itfası mümkün olmayan tahvil
Untrennbarkeit f • ayrılmazlık
untreu • sadakatsız
Untreue f • emniyeti suiistimal; inancı kötüye kullanma; itimadı kötüye kullanma; kötüye kullanma; suistimal
untüchtig • kabiliyetsiz; yetersiz
unumstösslich • kaçınılmaz
ununterbrochen • aralıksız; fasılasız
unübertragbar • devrolunamaz
unübertragbare Rechte pl. n • devrolunamayan haklar
unübertragbare Wechsel pl. m • cirosu olanaksız değerli kağıtlar; cirosu olanaksız senetler; tedavül yeteneği olmayan senet
unübertragbares Recht n • devredilmez ve vazgeçilmez hak
unveränderlich • değişimsiz; değişmez; değiştirilemez; sabit
unverantwortlich • sorumsuz
Unverantwortlichkeit f • ademi mesuliyet; sorumsuzluk
unveräusserlich • devredilemez
unveräusserliche Rechte pl. n • devredilemeyen haklar; temlik edilemeyen haklar
unverbindlich • bağlayıcı olmayan
Unverbindlichkeit f • yükümsüzlük
unverbürgt • tasdik edilmemiş; teyit edilmemiş

unverdächtig • süphe altında bulunmayan; zanlı olmayan
unverdientes Einkommen n • kazanılmamış gelir
unverehelicht • bekar
unvereinbar • ayrı; bağdaşmaz; uzlaşmaz
unvereinbare Ämter pl. • birleşmeyen işler
unvereinbare Funktionen pl. • birleşmeyen işler
Unvereinbarkeit f • ayrılık; mübayenet; uyuşmazlık
unvergleichbar • mukayesesi mümkün olmayan
unverheiratet • bekar; evlenmemiş
unverheiratete Frau f • evlenmemiş bayan
unverjährbar • zamanaşımına tabi olmayan
unverjährbarer Anspruch m • zamanaşımına tabi olmayan hak
unverjährbares Recht n • müruru zamana tabi olmayan hak; zamanaşımına tabi olmayan hak; zamanaşımına uğramayan hak
Unverjährbarkeit f • zamanaşımına tabi olmama
unverjährt • zamanaşımına uğramamış
unverkennbar • açık; aşikar; belli
unverletzlich • dokunulmaz; masum
Unverletzlichkeit f • dokunulmazlık; masuniyet
Unverletzlichkeit f der Menschenrechte pl. n • insan haklarının dokunulmazlığı
Unverletzlichkeit f der Person f • kişi dokunulmazlığı; masuniyeti şahsiye
Unverletzlichkeit f der Wohnung f • konut dokunulmazlığı; mesken masuniyeti
unvermeidbar • kaçınılmaz
unvermeidbare Kosten pl. • kaçınılmaz maliyet
unvermeidlich • kaçınılmaz; mukadder
unvermittelt • direkt; doğrudan
Unvermögen n • aciz; iktidarsızlık; imkansızlık
Unvermögen n des Schuldners m • borçlunun aczi
Unvermögen n zur Leistung f • edanın imkansızlığı

unveröffentlicht • yayınlanmamış
unverschuldet • borçlanmamış; borçsuz; ipoteksiz; suçsuz
unversichert • teminatsız
unversteuert • vergilendirilmemiş
unverteilter Gewinn m • dağıtılmamış kar
unverträglich • anlaşmaz; uyuşmaz
Unverträglichkeit f • geçimsizlik; imtizaçsızlık
unverwendbarer Fonds m • kullanılmayan fon
unverzichtbar • feragat edilemez; vazgeçilemez
unverzichtbare Rechte pl. n • ferağı caiz olmayan haklar; feragatı caiz olmayan haklar
unverzinslich • faizden muaf; faizsiz
unverzinsliche Schatzanweisung f • faizsiz hazine bonosu
unverzinsliche Schuld f • faizsiz borç
unverzinsliche Schuldverschreibung f • faiz getirmeyen tahvil
unverzinsliches Konto n • faiz getirmeyen hesap
unverzollt • gümrüğü ödenmemiş
unverzollte Waren pl. f • gümrükten geçmemiş mallar
unverzüglich • derhal; hemen
unvollendet • tamamlanmamış
unvollkommen • eksik
unvollkommen • tam olmayan
unvollkommene Verbindlichkeit f • eksik borç
unvollkommene Verbindlichkeiten pl. f • nakıs borçlar
unvollständig • bitmemiş; tamamlanmamış
unvollstreckbar • icrası mümkün olmayan
unvollstreckt • icra edilmemiş; infaz olunmamış
unvollziehbar • infazı kabil olmayan
unvorhergesehen • beklenmedik; umulmayan
unvorhergesehene Schuld f • ileride doğabilecek borç
unvorhergesehene Schwierigkeiten pl. f • beklenmedik zorluklar
unvorhergesehenes Ereignis n • kaza; umulmayan hal

Fachwörterbuch

unvorsätzlich • istemeden; kasıtsız
unvorschriftsmässig • nizamsız; usule aykırı
unvorsichtig • dikkatsiz; ihtiyatsız
Unvorsichtigkeit f • dikkatsizlik; ihtiyatsızlık
Unvorsichtigkeitsdelikte pl. n • taksirli suçlar
unwahr • gerçek dışı; yalan
unwesentlich • asli olmayan; feri; tali
unwichtig • ehemmiyetsiz
unwidergleichbarer Kredit m • donmuş kredi
unwiderlegbar • çürütülemez; kati
unwiderlegbare Vermutung f • kati karine
unwiderlegbarer Beweis m • kati delil
unwiderleglich • çürütülemez; kati
unwiderruflich • değiştirilemez; geri alınamaz; rücu edilemez; tahsil edilemez
unwiderrufliches Akkreditiv n • gayri kabili rücu akreditif; geri alınamaz akreditif; geri dönülemez akreditif
unwiederbringlich • telafisi mümkün olmayan
unwillkürlich • irade dışı
unwirklich • gerçek olmayan
unwirksam • hükümsüz; tesirsiz
Unwirksamkeit f • etkisizlik; hükümsüzlük
unwürdig • layık olmayan
Unwürdigkeit f • layık olmama
Unzucht f • cebren ırza geçme
unzulänglich • kifayetsiz; yetersiz
unzulängliche Deckung f • provizyon yeterli değildir
unzulässig • caiz olmayan; kabul edilemez
unzulässiger Zins m • fahiş faiz
Unzulässigkeit f der Klage f • davanın dinlenmemesi
unzumutbar • beklenilmez; umulmaz
unzurechnungsfähig • mümeyyiz olmayan
Unzurechnungsfähigkeit f • temyiz kudretinden yoksunluk; temyiz kudretine sahip olmama
unzureichend • yetersiz
unzuständig • ehliyetsiz; salahiyetsiz; yetkisiz
Unzuständigkeit f • salahiyetsizlik; yetkisizlik
unzuverlässig • güvenilmez; itimat edilmez
unzüchtig • ahlaka aykırı; müstehcen
unzüchtige Handlung f • iffete tecavüz; ırza tasaddi; ırza tecavüz
unzüchtige Schriften pl. • müstehcen yayınlar
unzüchtige Schriften pl. f und Darstellungen pl. f • müstehçen neşriyat
unzüchtiger Lebenswandel m • iffetsizlik; suihal
unzweckmässig • maksada uygun olamayan
Uptick • öncekinden daha yüksek bir fiyattan yapılan borsa işlemi
Urbanismus m • şehircilik
Urgrund m • asli sebep
Urheber eines Geisteswerks m • müellif
Urheber m • asli fail; yazar
Urheber m einer Straftat f • asli fail; suçun asli faili
Urheber m eines Geisteswerks n • eser sahibi
Urheberrecht n • telif hakkı
Urheberrechte pl. • fikri haklar
Urheberschutz m • telif hakkının korunması
Urkunde f • belge; döküman; evrak; ilmühaber; senet; sözleşme; tevsik; vesika; yazılı belge
Urkundenbeweis m • tahriri beyyine; yazılı ispat belgesi
Urkundenfälscher m • evrakta sahtekarlık yapan
Urkundenfälschung f • evrakta sahtekarlık; sahtecilik; sahtekarlık
urkundlich • belgelere dayanarak
Urkundsbeamter m • evrak memuru
Urkundspapiere pl. n • vesaik
Urlaub m • izin; mezuniyet; tatil izni
Urlaubsanspruch m • ücretli izin
Urlaubsbescheinigung f • izin belgesi
Urlaubsgeld n • izin parası; izin süresi için verilen ücret; ücretli izin ödentisi
Urlaubsgesetz n • İzin Kanunu
Urlaubskosten pl. • tatil gideri

Mesleki Terimler Sözlüğü

Urlaubsüberschreitung f • izin süresini aşmak
Urproduktion f • temel üretim
Ursache f • illet; neden; sebep
Ursachen pl. f ergründen • nedenlerini araştırmak
ursächlich • illi; nedensel
ursächlicher Zusammenhang m • illiyet rabıtası
Ursächlichkeit f • illiyet; nedensellik
Urschrift f • asli nüsha; asıl; orjinal nüsha
Ursprache f • anadil
Ursprung m • kaynak; köken; menşe
Ursprungsbezeichnung f • menşe markası
Ursprungsland n • menşe memleket; menşe ülkesi
Ursprungswert m • esas değer; ilk değer
Ursprungszeichen n • mahreç işaretleri; menşe işaretleri
Ursprungszeugnis n • menşe şahadetnamesi
ursprünglich • asli; esasen
ursprünglicher Erwerb m • asli iktisap
Urteil anfechten n • karara itiraz etmek
Urteil n • hüküm; ilam; karar; takdir; yargı
Urteil n anfechten • kararı iptal etmek
Urteil n aussprechen • hüküm vermek
Urteil n fällen • hüküm vermek; karar vermek
Urteil n verkünden • kararı tefhim etmek
Urteil n vollstrecken • kararı infaz etmek
Urteil n vollziehen • kararı infaz etmek
Urteilen n • usavurma
Urteilsausfertigung f • ilam; karar sureti
Urteilsberichtigung f • hükümlerin tavzihi
urteilsfähig • mümeyyiz; temyiz kudretini haiz
Urteilsfähigkeit f • temyiz kudreti
Urteilsform f • hüküm fıkrası
Urteilsformel f • hüküm fıkrası
Urteilsgrund m • hüküm gerekçesi
Urteilsgründe pl. m • hüküm sebepleri
Urteilskraft f • temyiz kudreti
Urteilsspruch m • hüküm; karar
Urteilsverkündung f • kararın tefhimi
Urteilsvermögen n • temyiz kudreti
Urteilsvollstreckung f • kararın tenfizi
Urtext m • asıl metin

Urzeit f • vakit
Usance f • ticari teamül; ticari yapılageliş
Utilitarismus m • yararcılık
Uvular m • küçükdil ünsüzü
übel • fena; kötü
Übel n • fenalık; kötülük; şer
Übelstand m • uygunsuzluk
Übeltat f • cürüm; suç
üben • icra etmek; tatbik etmek
über Deck n • güvertenin üstünde
über dem Nennwert m • başabaşın üstünde; paritenin üstünde
über pari • başabaşın üstünde; paritenin üstünde
Überangebot n • arz fazlalığı
überantworten • bırakmak; teslim etmek
überarbeiten • yeniden ele almak
Überarbeitung f • gözden geçirme; revizyon
Überbau m • üstyapı; kasıt ve kusur olmaksızın arsa sınırını aşarak inşaat yapma
überbauen • kasıt ve kusur olmaksızın arsa sınırını aşarak inşaat yapmak
Überbaurecht n • üst hakkı
Überbaurente f • sınırı geçilen arsanın sahibine ödenen irat
überbeanspruchen • aşırı talepte bulunmak
Überbeanspruchung f • aşırı talepte bulunma; fazla yük koyma; fazla yıpratma
überbelegen • kapasitesinden fazla kişi almak
Überbeschäftigung f • aşırı istihdam; fazla işyeri
Überbewertung f • aşırı değer biçme; aşırı değerlenme
überbieten • artırmak
Überbietung f • müzayedede artırma
Überbordwerfen n der Ladung f • yükün denize atılması
überbringen • göndermek; taşımak
Überbringer m • getiren; hamil; hamile yazılı; teslim eden
Überbringerscheck m • hamiline yazılı çek
Überbrückung f • geçici yardım; intikal yardımı
Überbrückungsbeihilfe f • intikal yardımı

Fachwörterbuch

Überbrückungsdarlehen n • köprü kredisi
Überbrückungshilfe f • intikal aylığı
Überbrückungskredit m • geçici kredi; intikal kredisi; köprü kredisi; köprü kredisi
Überdeckung f • karşılık fazlalığı
Überdosierung f • yüksek tutma
Überdruck m • fazla basınç
übereignen • devir ve ferağ etmek; temlik etmek
Übereignung f • devir; temlik
übereinkommen • anlaşmak; mutabık olmak; uyuşmak; uzlaşmak
Übereinkommen n • anlaşma; uzlaşma
Übereinkunft f • akit; anlaşma; uyuşma; uzlaşma
übereinstimmen • mutabık kalmak; uymak
Übereinstimmung f • iki tarafın muvafakatı; mutabakat; mutabakat sağlama; rızaların birleşmesi; uygunluk; uyum
Übererlös m • gelir fazlası
Überersparnis n • aşırı tasarruf
Überfahrtsgelder pl. n • yolcu ücreti
Überfall m • baskın; soygun maksadıyla silahlı tecavüz
überfallen • baskın yapmak
überfällig • zamanaşımına uğramış
überfälliger Scheck m • vadesi geçmiş çek
Überfluss m • bereket; bolluk; fazlalık
überfordern • fazla talepte bulunmak; fazla yük koymak; yüksek fiyat istemek
Überfracht f • fazla; yük; yük fazlası
überfrachten • fazla yük yükletmek; kapasitesinden fazla yüklemek
überführen • suçunu ispat etmek
Überführung f • suçun ispat edilmesi
Übergabe f • teslim; teslim etme; tevdi
Übergabebescheinigung f • teslim emri
Übergabevertrag m • düşman ile teslim mukavelesi
Übergang f der Forderung f kraft Gesetzes m • alacağın kanuni temliki
Übergang m • geçiş; intikal
Übergang m des Niessbrauchs m • intifa hakkının intikali

Übergang m kraft Gesetzes n • kanuni temlik
Übergang m zur neutralen Flagge f • bitaraf bayrağa geçiş; tarafsız bayrağa geçış
Übergangsartikel f • geçici madde
Übergangsbestimmung f • geçici hüküm; geçici mevzuat; intikal mevzuatı
Übergangsgesetz n • geçici kanun
Übergangshaushalt m • geçici bütçe; intikal bütçesi
Übergangskredit m f • köprü kredisi
Übergangslösung f • geçici çözüm
Übergangsvertrag m • geçici ön sözleşme
Übergangsvorschriften pl. f • intikal devresi hukuku
Übergangszeit f • intikal devresi
übergeben • teslim etmek; tevdi etmek
Übergebot n • artırma
Übergebungsvertrag m • düşman ile teslim mukavelesi
übergehen • dikkate almamak; intikal etmek
übergeordnet • üst
übergeordnete Verwaltungsbehörde f • idare amiri
Übergeordneter m • amir
Übergewinn m • aşırı kazanç; fazla kazanç
Überhangsrecht n • gayri menkul sahibinin gayri menkulden taşan dal ve çalıları kesme hakkı
überholen • geçmek; geride bırakmak; sollamak
Überholung f • revizyon
Überholungsarbeit f • telafi çalışması
Überholverbot n • sollama yasağı; taşıt geçme yasağı
Überkapitalisierung f • aşırı kapitalizasyon
überladen • aktarma etmek; fazla yük koymak
Überladung f • aktarma; ek maliyeti; şurşarj
Überlandstrom m • uzun mesafeden elektrik sağlama
Überlappung f • binişiklik
überlassen • bırakmak; devir ve ferağ etmek; devretmek; satmak; terketmek
Überlasser m • devreden; vazgeçen

Mesleki Terimler Sözlüğü

Überlassung f • bırakma; devir ve ferağ; terketme; vazgeçme
überlegen • düşünmek; mülahaza etmek
Überlegenheitsgefühl n • üstünlük duygusu
Überlegung f • düşünme; mülahaza; taammüt
Überleitungsgesetz n • intikal kanunu
überliefern • malı teslim etmek; teslim etmek; tevdi etmek
Überlieferung f • anane; gelenek
Überliegegeld n • sürastarya; sürastarya parası
überliegen • geminin tespit edilen süreden fazla limanda kalması
Überliegetage pl. m • süristarya
Überliegezeit f • sürastarya; sürastarya süresi
Überliquidität f • fazla likidite; likidite fazlalığı
Übermass n • bakiye; fazlalık; ölçüyü aşan miktar
übermässig • aşırı; fahiş
übermässig hoch • aşırı yüksek
übermässig hohe Vertragsstrafe f • fahiş cezai şart
übermässig hoher Aufwand m • aşırı yüksek gider
übermässig hoher Preis m • aşırı yüksek fiyat; fahiş fiyat
übermässig hoher Zins m • fahiş faiz
übermässiger Preis m • fahiş fiyat
übermitteln • bildirmek; göndermek; teslim etmek; tevdi etmek
Übermittlung f • bildirme; gönderme; tevdi
Übernachfrage f • aşırı talep; mübalağa edilmiş talep
Übernachtung f • geceleme
Übernahme f • iltihak tarikiyle birleşme; kabul; taahhüt; tesellüm; yüklenme; şirket ele geçirme
Übernahme f der Erbschaft f • mirasın kabulü
Übernahme f durch den Vormund m • vasi tarafından kabul
Übernahmeangebot n gegen Barzahlung f • halktan talep
Übernahmeangebot n mit Aktientausch m • halktan talep

Übernahmebedingungen pl. f • kabul şartları
Übernahmekonnossement n • tesellüm konşimentosu
Übernahmekonsortium n • aracılık yüklenimi sendikası
Übernahmepreis m • kabul fiyatı
Übernahmeprovision f • aracılık yüklenimi komisyonu; müteahhit komisyonu
Übernahmeregister n • tesellüm kaydı; teslim alma kaydı
Übernahmerisiko f • malın kabul edilmeme riski
Übernahmevertrag m • aracılık yüklenimi anlaşması
Übernaturismus m • doğaüstücülük
übernehmen • kabul etmek; teslim almak; üstlenmek
Übernehmer m • devralan; kabul eden; kendisine devredilen; üstlenen
übernommene Schuld f • üstlenilen borç
überparteilich • partilerüstü
Überpreis m • fahiş fiyat; fazla fiyat; fiyat fazlası
Überproduktion f • fazla üretim
überprüfen • kontrol etmek
Überprüfung f • gözden geçirme; yeniden tetkik
überrechnen • hesabı gözden geçirmek; hesap yapmak
Überrest m • artık; bakiye; döküntü; küsurat
überschätzen • fazla değer biçmek
Überschätzung f der Kosten pl. • maliyetleri olduğundan yüksek tahmin etme
Überschicht f • ek vardiya; fazla çalışma saatleri; fazla mesai
Überschlag m • keşif; tahmini hesap
überschlägige Berechnung f • kabaca tahmin etme; takribi hesaplama; yaklaşık hesaplama
überschreiben • devir ve ferağ etmek; etiket koymak; kayda geçmek
Überschreibung f • devir ve ferağ; tescil
überschreiten • çiğnemek; ihlal etmek
Überschreitung f • aşma; tecavüz
Überschreitung f der Amtsbefugnis f • salahiyet tecavüzü; yetki tecavüzü
Überschrift f • başlık; ünvan
überschulden • aşırı borçlu olmak

Fachwörterbuch

Überschuldung f • aşırı borçlanma; borçların mevcuttan fazla olması
Überschuss m • bakiye; fazla; fazlalık; kar; temettü; üste
Überschuss m aufweisen • aşmak
Überschussgebiet n • mal fazlası çıkaran bölge
Überschussgüter pl. n • mal fazlalıkları
Überschussreserve f • fazla mal ihtiyatı
Übersee • denizaşırı memleketler
Überseebank f • denizaşırı banka
Überseehandel m • denizaşırı ülkelerle yapılan ticaret
Überseekauf m • denizaşırı alım satım
Überseeverkehr m • denizaşırı ulaştırma
übersenden • göndermek; sevk etmek
Übersender m • gönderen; ödeme emrini verip havaleyi gönderen
Übersendung f • gönderme; havale
übersetzen • fazla doldurmak; fazla yüklemek
Übersetzer m • çevirici; çevirmen; mütercim
Übersetzung f • çeviri; tercüme
Übersetzungsfehler m • tercüme hatası
Übersetzungswissenschaft f • çeviribilim
Übersicht f • finansal tablo; genel bakış; özet; tablo
übersichtlich • görülebilen; önceden anlaşılan
übersteigern • fiyatları yükseltmek
Übersteigerung f • yükseltme; fazla vergileme
Überstunde f • fazla mesai; fazla çalışma; ek vardiya; fazla çalışma saati
Überstundenlohn m • fazla çalışma ücreti; fazla mesai ücreti
Überstundenvergütung f • fazla mesai ödemesi
Überstundenzulage f • fazla mesai primi
Überstundenzuschlag m • fazla mesai primi
Übertrag m • ciro; devir; devir toplamı; devir ve temlik; devretme; münakale; nakil; nakli yekun; transfer; yekûn nakli; yeni hesaba devir
übertragbar • ciro edilebilir; ciro edilebilir ve devredilebilir; devri kabil; tedavülü mümkün; temliki mümkün
übertragbarer Kredit f • devredilebilir kredi
übertragbarer Ladeschein m • devredilebilir konşimento
übertragbares Akkreditiv n • devredilebilir akreditif
übertragbares Wertpapier n • borsada kolaylıkla satılabilen menkul kıymetler
Übertragbarkeit f • temlik kabiliyeti
übertragen • bakiyeyi devretmek; ciro etmek; devretmek; geçirmek; hesaba geçirmek; hesaba ödemek; hesaba ödemek; kaydetmek; nakletmek; temlik etmek; toplamı devretmek; toplamı devretmek; transfer etmek
Übertragen n • aktarma
übertragende Bank f • devreden banka
Übertragender m • borcu üçüncü şahsa devreden; devreden; gönderen; hakkı üçüncü şahsa devreden; hakkı üçüncü şahsa devreden; havale eden
Übertragung f • aktarma; bankalarda hesaptan hesaba para nakli; belge ve kayıtların aktarılması; devir; devir ve temlik; ferağ; hak ve alacağın başka kimseye devri; münakale; temlik; transfer; virman; yekûn nakli
Übertragung f der elterlichen Gewalt f • velayetin tevdii
Übertragung f der Forderung f • alacağın devir ve temliki
Übertragung f des Eigentums n an beweglichen Sachen f • menkul mal mülkiyetinin devir ve temliki
Übertragung f eines Rechtes n • devir ve temlik
Übertragung f von Befugnissen pl. f • salahiyet teffizi
Übertragungsurkunde f • devir belgesi
Übertragungsvermerk m • ciro kaydı
Übertragungsvertrag m • devir anlaşması; temlik senedi
übertreten • çiğnemek; ihlal etmek
Übertretung f • çiğneme; ihlal etme; kabahat
Übertretung f des Gesetzes n • kanunun ihlali
Übertretung f ortspolizeilicher Vorschriften pl. f • belediye suçları
Überverdienst m • kazanç fazlası

Mesleki Terimler Sözlüğü

überversichern • hakiki değerinin üstünde sigortalamak
Überversicherung f • aşkın sigorta
übervorteilen • haksız menfaat sağlamak; istismar etmek
Übervorteilung f • aşırı yararlanma; gabin
überwachen • gözetmek; kontrol etmek
Überwachung f • denetim; denetleme; gözetim; gözetme; kontrol; murakabe; nezaret; teftiş ve murakabe
Überwachungsmassnahme f • gözetme tedbiri
überwälzen • başkasına yüklemek
überweisen • havale etmek; havale etmek; nakletmek; transfer etmek
Überweisung f • havale; nakil; transfer
Überweisung f der Sache f an ein anderes Gericht n • davanın nakli
Überweisungsabteilung f • havale servisi
Überweisungsanzeige f • havaleye eklenen açıklayıcı belge
Überweisungsauftrag m • havale emri
Überweisungsmöglichkeit f • transfer kabiliyeti
Überweisungsträger m • transfer vesaiki
Überweisungsverkehr m • para transfer işleri
überwiegen • ağır basmak; üstün olmak; büyük; ehemmiyetli
überwiegende Mehrheit f • büyük ekseriyet

Überzahl f • fazlalık
überzahlen • fazla ödemek
Überzahligkeit f • bakiye; fazlalık
Überzahlung f • fazla ödeme
Überzeichnung f • fazladan müracaat; talep fazlalığı
überzeugen • ikna etmek; inandırmak
Überzeugung f • inanç; kanaat
Überzeugungstäter m • inanç ve görüşleri nedeniyle suç işleyen
überziehen • bankalardaki hesabı aşan çek yazmak
Überziehung f • cari hesap kredisi
Überziehungskredit m • ek kredi
überzogenes Bankkonto n • fazla para çekilmiş banka hesabı
überzogenes Konto n • borçlu hesap; hesapta olan miktardan daha fazla para çekilmiş olan hesap
üble Nachrede f • iftira
üblich • alışagelmiş; müstamel; mutaden; mutat; örfen
Üblichkeit f • mutat olan
übrig • artan; bakiye; geriye kalan
Übung f • alıştırma; egzersiz; tatbikat
Übungen pl. f zur Lesereife f • okuma hazırlığı etkinlikleri
Übungsbuch n • alıştırma kitabı
Übungsheft n • alıştırma kitabı

Fachwörterbuch

V

Vakanz f • münhal yer
Valenz f • birleşim değeri
Validation f • geçerleme
validieren • geçerli yapmak; talep etmek
Validität f • geçerlik
Valoren pl. • hisseler
Valorennummer f • menkul kıymet numarası
Valuta f • değer; döviz; karşılık; para; sürenin başladığı gün; toplam meblağ; valör; yabancı para
Valuta-Exporttratte f • yabancı parada ihracat poliçesi
Valutaforderung f • döviz olarak alacak talebi
Valutaklausel f • kambiyo kaydı; kambiyo şartı
Valutakredit m • döviz kredisi
valutarisch • altın ve döviz olarak
Valutarisiko n • kur riski
Valutaspekulation f • döviz spekülasyonu
Valutawechsel m • döviz poliçesi; yabancı poliçe
Valutengeschäft n • döviz işi
valutieren • baliğ olmak; değerini tespit etmek; süre başlangıcını tespit etmek
Valutierungsdatum n • valör
Valutierungstag m • valör
variabel • değişken
Variable f • değişken
variable Kosten pl. • değişken giderler; değişken maliyet
Variante f • değişke
Variation f • değişkenlik
Varibilität f • değişkenlik
variieren • değişmek
Vasallenschaft f • vassallık
Vater m • baba
väterlich • babaya ait
väterliche Gewalt f • babanın velayet hakkı; velayet
Vaterrecht n • ailede baba hakimiyeti; pederşahilik
Vaterschaft f • babalık
Vaterschaftsbestimmung f • babalığın tespiti

Vaterschaftsklage f • babalık davası
Vaterschaftsvermutung f • babalık varsayımı
vegabundierende Gelder pl. n • sıcak para
Velar m • artdamaksıl
verabreden • kararlaştırmak
Verabredung f zur Begehung f eines Verbrechens m • İttifak
verabschieden • çıkarmak; işine son vermek
Verabschiedung f • tekaüde sevketme; terhis
verachten • hor görmek; önem vermemek
verächtlich • küçük düşürücü
verächtlich machen • aşağılamak
Verallgemeinerung f • genelleme
Veralterung f • ekonomik değerin yitirilmesi; güncelliğini yitirme
veränderbar • değiştirilebilir
veränderlich • değişken; istikrarsız
veränderliche Währung f • dalgalı para
veränderliches Budget n • değiştirilebilir bütçe; esnek bütçe
verändern • değiştirmek
veränderte Umstände pl. m • evvelce tahmin olunamayan haller
Veränderung f • değişiklik; tahrifat
verankern • bağlamak; demir atmak; demirlemek; kurmak; sağlama bağlamak
veranlagte Steuer f • takdir edilmiş vergi
Veranlagter m • vergi ödeyen
Veranlagung f • tahakkuk
veranlassen • etken olmak; sebebiyet vermek
veranlassende Ursache f • amil
Veranlassung f • sebep; vesile
veranschlagen • tahmin etmek; takdir etmek; takdir ve tahmin etmek
veranstalten • organize etmek; tertip etmek
Veranstaltung f • festival; konferans; müsabaka; toplantı
verantworten • sorumluluğu üstlenmek
verantwortlich • mesul; sorumlu

677

Mesleki Terimler Sözlüğü

verantwortlicher Buchhalter m • sorumlu muhasebeci
Verantwortlichkeit f • mesuliyet; sorum; sorumluluk
Verantwortlichkeit f der Richter pl. • hakimlerin mesuliyeti; yargıçların mesuliyeti; yargıçların sorumluluğu
Verantwortlichkeitsführung f • borç yönetimi
Verantwortung f • mesuliyet; sorum; sorumluluk
Verantwortung f tragen • sorumlu olmak
Verantwortung f übernehmen • sorumluluğu üstlenmek
verantwortungsbewusst • sorumluluğun bilincinde
Verantwortungseinheit f • mali sorumluluk birimi
Verantwortungsgefühl n • sorumluluk duygusu
verantwortungslos • sorumsuz
Verantwortungslosigkeit f • sorumsuzluk
Verantwortungsversicherung f • sorumluluk sigortası
verarbeiten • imal etmek; işlemek; kullanmak
verarbeitende Industrie f • imalat sanayi
Verarbeiter m • imalatçı
Verarbeitung f • hukuki tağyir; imal etme; işleme
Verarbeitungsbestand m • eldeki iş; işlenecek stok
Verarbeitungsbetrieb m • imalat tesisi; imalat teşebbüsü
Verarbeitungskosten pl. • işçilik
Verarbeitungsstufe f • imalat kademesi
verauktionieren • açık artırma ile satmak
Verauktionierung f • açık artırma
verausgaben • gider göstermek; sarfetmek
veräusserlich • ferağ edilebilir
veräusserliche Rechte pl. n • ferağ edilebilir haklar
veräussern • ferağ etmek
Veräusserung f • devir; elden çıkarma; ferağ; hak ve alacağın başka kimseye devri; hakların hukuki biçimde devri; mülkiyetin hukuki biçimde devri; temlik
Veräusserungsgewinn m • sabit varlık satış karı; sermaye kazancı

Veräusserungssperre f • devir ve satış yasağı
Veräusserungsverbot n • temlik edilmeme şartı
Veräusserungsverlust m • sermaye kaybı
Verb n • eylem
Verbaffigierungstransformation f • eksel dönüşüm
Verbalabstraktum n • eylemden türeme biçim
verbaler Satz m • eylem tümcesi
verbales Lernen n • sözel öğrenme
Verbalinjurie f • sövme; sözle hakaret
Verbalismus m • boşsözcülük
Verbalstamm m • eylem gövdesi
Verbalwurzel f • eylem kökü
Verband m • birlik; dernek; konfederasyon
verbannen • sürgüne göndermek
Verbannung f • sürgün
Verbannungsort m • sürgün yeri
verbergen • gizlemek; saklamak
verbessern • düzeltmek; tashih etmek; ıslah etmek
Verbesserung f • düzeltme; tashih; ıslah
Verbesserung f der Fehler pl. m • yanlışları düzeltme
Verbesserungskosten pl. • düzeltme gideri; geliştirme gideri; iyileştirme gideri
verbieten • men etmek; yasaklamak
Verbieten n • hacir
Verbilligung f • fiyatı indirme; ucuzlatma
Verbilligungsbeitrag m • fiyatı indirme yardımı
Verbilligungsschein m • tenzilat sertifikası
Verbilligungszuschuss m • destek; yardım
verbinden • bağlamak; birleştirmek
verbindlich • bağlayıcı
verbindlicher Vertrag m • bağlayıcı sözleşme; kesin sözleşme
verbindliches Abkommen n • bağlayıcı sözleşme
Verbindlichkeit f • bağıt; borç; mecburiyet; mükellefiyet; taahhüt; yükümlülük
Verbindlichkeiten pl. f • senetsiz borç hesapları
Verbindung f • birleşme; birleştirme; birlik; irtibat; ittifak

Verbindung f mehrerer Prozesse pl. m • davaların birleştirilmesi
Verbindung f und Vermischung f • birleşme ve karışma; iki malın birbirleriyle karışma ve birleşmesi
verbodmen • deniz ödüncü mukavelesi akdetmek
Verbodmung f • deniz ödüncü alma; deniz ödüncü mukavelesi
verborgen • gizli; ödünç vermek
verborgener Mangel m • gizli ayıp
Verborgenheit f • gizlilik; mahremiyet
Verbot n • memnuniyet; yasak
Verbote pl. n • nehyedici hükümler; yasaklayıcı hükümler
verboten • yasaklanmış
verbotene Berufsausübung f • yasaklanmış mesleklerin icrası
verbotene Eigenmacht f • fuzuli işgal; gayri menkule tecavüz
verbotene Waffen pl. • memnu silahlar
verbotene Zone f • memnu mıntıka
Verbotsvorschriften pl. f • nehyedici hükümler; yasaklayıcı hükümler
Verbrauch m • istihlak; kullanma; tüketim
verbrauchbar • tüketilebilir özellikte
verbrauchen • istihlak etmek; tükenmek
Verbraucher m • kullanıcı; tüketici
Verbrauchererziehung f • tüketici eğitimi
Verbrauchergenossenschaft f • tüketim kooperatifi
Verbrauchergruppe f • tüketici grubu; tüketici kategorisi
Verbraucherpreisindex m • tüketici fiyat endeksi; tüketim maddeleri fiyat endeksi
Verbraucherschicht f • tüketici kategorisi
Verbrauchsaufwendung f • tüketime giden meblağ
Verbrauchsausgabe f • tüketim masrafı
Verbrauchsgüter pl. n • tüketim malları
Verbrauchsgüterindustrie f • tüketim malı çıkaran sanayi
Verbrauchsgüterpreis m • tüketim mal fiyatı
Verbrauchsland n • tüketici memleket
Verbrauchsnachfrage f • tüketicilerden gelen talep

Verbrauchssteuer f • istihlak vergisi; tüketim vergisi
Verbrauchswirtschaft f • iktisatta tüketim malları sektörü
verbrauchte Rohstoffe pl. m • kullanılmış hammaddeler
verbrechen • cürüm işlemek
Verbrechen begehen n • cürüm işlemek
Verbrechen n • ağır suç; cinayet; cürüm; suç
Verbrechen n aus Unvorsichtigkeit f • taksirli suçlar
Verbrechen n begehen • cinayet işlemek
Verbrecher m • cani; mücrim
verbrecherisch • caniyane
verbreiten • neşretmek; yaymak; yayınlamak
Verbreitung f • çerçeve; faaliyetin kapsayacağı alan; genişleme; işaa; neşir; yayılma; yayım; yayın
verbriefen • kabul etmek; tevsik etmek
Verbum n • eylem
Verbum n durativum • sürerlik eylemi
Verbum n prädikativum • ekeylem
Verbum n substantivum • ekeylem
Verbund m • bağıntı; birlik; irtibat
verbunden • bağlı; birleşik
verbundener Befehl m • şartlı emir
Verbundwirtschaft f • bileşik ekonomi
verbürgen • garanti etmek; garanti vermek; kefil olmak; tekeffül etmek; teminat vermek
Verbürgung f • kefil olma
verbüssen • cezasını çekmek
Verdacht m • zan; şüphe
verdächtig • maznun; zanlı
verdächtigen • itham etmek; suçlamak
Verdächtigung f • itham; suçlama
verdecken • gizlemek; örtmek
verdeckte Gewinnausschüttung f • örtülü kazanç
verdecktes Kapital n • örtülü sermaye
verdecktes Pfandindossament n • gizli terhini ciro
verdecktes Prokuraindossament n • gizli tevkili ciro
Verderb m • bozulma; değer ifade etmeyen fire; döküntü; tegayyür; telef; telef olma

Mesleki Terimler Sözlüğü

verdienen • kazanmak
Verdienst m • gelir; hizmet karşılığı alınan ücret; kazanç; ücret
Verdienstbescheinigung f • kazanç belgesi
Verdienstspanne f • kar marjı
verdient • kazanılmış
Verdingung f • götürü pazar; münakaşa
Verdoppelung f • ikileme
verdrehen • tahrif etmek
verdunkeln • gizlemek; örtbas etmek
Verdunkelung f • olayları gizleme; örtbas etme
Verdunkelungsgefahr f • sanığın suç izlerini örtbas etme tehlikesi
Veredelung f • islah etme; işleme
Veredelungserzeugnisse pl. n • işlenmiş ürünler
Veredelungswert m • işlenme ile eklenen değer
verehelichen • evlendirmek
vereidigen • yemin ettirmek
vereidigt • yeminli
vereidigter Buchprüfer m • fermanlı muhasebe uzmanı
vereidigter Sachverständiger m • yeminli bilirkişi
Vereidigung f • ant içirilme; ant içirme; tahlif; yemin ettirme
Verein m • birlik; cemiyet; dernek; kooperatif
Verein m ohne Persönlichkeit f • bilirkişiliği olmayan cemiyet
Verein m ohne Persönlichkeit f • Kişiliği olmayan dernek; şahsiyeti olmayan cemiyet
vereinbar • bağdaşabilir; birleştirilebilir
vereinbarte Vergütung f • ecri müsemma; taraflarca kararlaştırılan ücret
vereinbarter Preis m • ecri müsemma
vereinbarter Zins m • akdi faiz; mukaveleye bağlı faiz
Vereinbarung f • akit; sözleşme
Vereinbarung f treffen • anlaşmaya varmak
Vereinbarung f zwischen Ehrenmännern pl. m • centilmenlik anlaşması

vereinbarungsgemäss • kararlaştırıldığı üzere
vereinen • birleştirmek
vereinfachen • basitleştirmek; sadeleştirmek
vereinfachte Zinsberechnung f • basit faiz hesabı
vereinfachtes Verfahren n • basit muhakeme usulü
vereinheitlichen • birleştirmek; tevhid etmek
vereinigen • birleştirmek
vereinigt • birleşik; birleştirilmiş
Vereinigte Strafsenate pl. m • Ceza Heyeti Umumiyesi
vereinigte Zivilsenate pl. m • Hukuk Heyeti Umumiyesi
Vereinigung f • birleşme; birlik; dernek; uzlaşma
Vereinigung f von Geschäften pl. n • birleşme
Vereinigung f von Schuld f und Forderung f • alacak ve borcun birleşmesi
vereinnahmen • tahsil etmek
Vereinsbeitritt m • derneğe üye olmak
Vereinsfreiheit f • cemiyet hürriyeti; dernek hürriyeti
Vereinsgesetz n • Dernekler Kanunu
Vereinsmitglied n • dernek üyesi
Vereinsorgane pl. • derneğin organları
Vereinsrecht n • cemiyetler hukuku; dernekler hukuku
Vereinsregister n • dernekler sicili
Vereinsverbot n • dernek yasağı
Vereinsvermögen n • dernek malları
Vereinsvorstand m • dernek yönetim kurulu
vereinzelt • ara sıra; bazı hallerde
vereiteln • boşa çıkarmak; engellemek
Vereitelung f • engelleme; mani olma
vererben • miras olarak bırakmak
vererblich • tevarüsü kabil; veraset yoluyla intikali mümkün
Vererblichkeit f • veraset yoluyla intikal etme
verfahren • davranmak; muamele etmek

Fachwörterbuch

Verfahren n • dava; işlem; işlem tarzı; muhakeme usulü; prosedür; usul; yöntem
Verfahren n aussetzen • davayı ertelemek
Verfahren n einleiten • dava açmak
Verfahren n einstellen • davayı tatil etmek
Verfahren n wiederaufnehmen • muhakemeyi yeniden görmek
Verfahrensänderung f • usul değişikliği
Verfahrensart f • usul
Verfahrensrecht n • usul hukuku
Verfall m • düşme; hakkın düşmesi; hakkın yitirilmesi; hükümden düşme; sukut; tamamlanma; vade; vade sonu; vadenin gelmesi
Verfall m des Rechtes n • hakkın düşmesi
Verfall m des Wechsels m • poliçenin vadesi
Verfall m eines Rechtes n • düşme
Verfallbuch n • senetler defteri
Verfalldatum n • geçerlilik tarihi; sona erme tarihi; vade tarihi
verfallen • düşmek; sukut etmek; vadesi gelmek
Verfallen n • hakkın başkasına geçmesi; hakkın düşmesi
verfallene Dividenden pl. f • zamanaşımına uğramış kar payları
verfallener Scheck m • geçersiz çek; vadesi geçmiş çek
Verfallsfrist f • hakkı düşüren müddet
Verfallsklausel f • ivedilik şartı; merhuna temellük şartı; muacceliyet şartı
Verfallsliste f • alacaklıların yaşlandırılması tablosu
Verfallsvertrag m • merhuna temellük şartı
Verfalltag m • ödeme vadesi; vade; vade günü; vade tarihi
Verfalltag m eines Wechsels m • senedin vadesi
Verfalltermin m • vadenin bitiş günü
Verfallzeit f • ödeme zamanı; vade tarihi
verfälschen • evrakta sahtekarlık yapmak; kalitesini bozmak
verfälschen • tahrif etmek
Verfälschung f • değiştirme; kalitesini bozma; sahtekarlık; tağşiş; tahrif; tahrifat

verfassen • kaleme almak; yazmak
Verfasser m • müellif; yazar
Verfassung f • anayasa; durum; Teşkilatı Esasiye Kanunu; yapı
Verfassungsänderung f • anayasa değişikliği
Verfassungsbruch m • anayasa ihlali
Verfassungsgericht n • Anayasa Mahkemesi
Verfassungsgesetz n • anayasa; esas teşkilat kanunları; Teşkilatı Esasiye Kanunu
Verfassungsgrundsätze pl. m • anayasa esasları
verfassungsmässig • anayasal; anayasaya göre
verfassungsmässige Ordnung f • anayasal düzen
Verfassungsorgan n • anayasal organ
Verfassungsrecht n • anayasa hukuku
Verfassungsschutz m • anayasal düzenin korunması
Verfassungsstaat m • anayasal devlet
Verfassungstreue f • anayasaya bağlılık
verfassungswidrig • anayasaya aykırı
verfassungswidrige Handlung f • anayasaya aykırı davranış
verfassungswidrige Partei f • anayasaya aykırı parti
Verfassungswidrigkeit f • anayasaya aykırılık
Verfassungswidrigkeit f der Gesetze pl. n • kanunların anayasaya aykırılığı
Verfassungswidrigkeit f eines Gesetzes n • kanunun anayasaya aykırılığı
Verfehlung f • kabahat
Verflauung f • gevşeklik; piyasada hareketsizlik
Verflechtung f • birleşme; dolaşma; giriftleşme; ilişki
verfrachten • gemiyi kiraya vermek
verfolgen • peşine düşmek; takip etmek
Verfolgter m • hakkında takibat yapılan kişi
Verfolgung f • kovuşturma; takibat
Verfolgung f abbrechen • takibatı durdurmak
Verfolgung f aufnehmen • takibata başlamak

Mesleki Terimler Sözlüğü

Verfolgungsrecht n • takip hakkı
Verfolgungsrecht n des Eigentümers m • malikin takip hakkı
Verfolgungsverjährung f • takibatın zamanaşımı
Verfolgungszwang m • dava açma zorunluluğu; dava ikamesi mecburiyeti prensibi
verfrachten • gemi kiraya vermek
Verfrachter m • gemi kiralayan; gemiyi kiraya veren gemi sahibi; kiralayan; nakliyeci; taşıyıcı
verfügbar • elde edilebilir; elde mevcut; elden çıkabilir; emre hazır; üzerinde tasarruf edilebilir
verfügbare Quote f • tasarruf nisabı
verfügbare Zahlungsmittel pl. n • eldeki parasal olanaklar
Verfügbarkeit f • kullanılabilirlik
verfügen • emretmek; karar vermek; tanzim etmek; üzerinde tasarruf etmek
Verfügung f • emir; karar; tanzim; tasarruf
Verfügung f von hoher Hand f • en yüksek makamca verilen emir
Verfügungen pl. f des Nichtberechtigten n • fuzuli tasarruflar
Verfügungen pl. f von Todes m wegen • ölüm sebebiyle tasarruflar; ölüme bağlı tasarruflar
Verfügungsbefugnis f • tasarruf ehliyeti; tasarruf mezuniyeti
verfügungsberechtigt • tasarruf hakkına sahip
Verfügungsbeschränkung f • transfer tahdidi
Verfügungsfähigkeit f • tasarruf ehliyeti
Verfügungsfreiheit f • tasarruf serbestisi
Verfügungsfreiheit f des Erblassers m • tasarruf nisabı
Verfügungsgeschäfte pl. n • tasarruf muameleleri
Verfügungsmacht f • tasarruf hakkı; tasarruf salahiyeti; tasarruf yetkisi
Verfügungsrecht n • tasarruf hakkı
verführen • baştan çıkarmak
Verführung f • baştan çıkarma; kandırma
Vergabe f • devretme; plase etme; tahsis; verme
Vergangenheit f • geçmiş zaman

Vergantung f • açık artırma; açık artırma; açık eksiltme; aleni artırma; aleni eksiltme
vergeben • bahşetmek; devretmek; plase etmek; tahsis etmek; vermek
vergebühren • harç vermek
vergehen • dinmek; geçmek; kaybolmak
Vergehen n • cünha; cürüm; suç
vergelten • karşılığını vermek; mukabelede bulunmak
Vergeltung f • cezada mümaselet; kısas; misliyle mukabele; zararla mukabele
vergesellschaften • kamulaştırmak; sosyalleştirmek
Vergesellschaftung f • kamulaştırma; sosyalleştirme
vergessen • unutmak
Vergessen n • unutma
Vergeudung f • savurganlık
vergewaltigen • iğfal etmek; ırzına geçmek
Vergewaltigung f • tecavüz; ırza tecavüz
vergiften • zehirlemek
Vergiftung f • zehirleme
Vergleich m • karşılaştırma; konkordato; kıyas; mukayese; sulh; uzlaşma
Vergleich m schliessen • uzlaşma akdetmek
Vergleich m stiften • uzlaştırmak
vergleichbare Kosten pl. • karşılaştırmalı maliyet
vergleichen • kıyaslamak; mukayese etmek
vergleichende Erziehungswissenschaft f • karşılaştırmalı eğitim
vergleichende Gewinn- und Verlustrechnung f • karşılaştırmalı gelir tablosu
vergleichende Grammatik f • karşılaştırmalı dilbilgisi
vergleichende Rechtswissenschaft f • mukayeseli hukuk
Vergleichsbasis f • karşılaştırma bazı
Vergleichsbilanz f • karşılaştırmalı bilanço
Vergleichsdaten pl. n • karşılaştırmalı veri
Vergleichsurkunde f • alacaklılarla anlaşma

Fachwörterbuch

Vergleichsübersicht f • karşılaştırmalı tablo
Vergleichsverfahren n • iflasta adli tasfiye
Vergleichsverfahren n zur Abwendung f des Konkurses m • adli tasfiye
Vergleichsverwalter m • konkardato komiseri
Vergleichszahlen pl. f • karşılaştırmalı rakamlar
Vergnügungssteuer f • eğlence resmi; eğlence vergisi
vergrössernd • büyültmeli
Vergrösserungssuffix n • büyültme eki
vergünstigen • daha uygun hale getirmek
Vergünstigung f • imtiyaz; müsaade; özel muamele; tercihli muamele
vergüten • alacak geçirmek; iade etmek; ödemek; tanzim etmek; tazmin etmek
Vergütung f • alacak geçirme; havale; hizmetin bedeli; işin bedeli; karşılık; nemalandırmak; tazminat; uğranılmış hasar ve kayıba ödenen maddi karşılık
Vergütungsorder • ödeme emri
verhaften • mükellef kılmak; sorumlu kılmak; tevkif etmek; tutuklamak
Verhaftete m • mevkuf
Verhafteter m • tutuklu
Verhaftung f • tevkif; tutma
Verhaftungsbefehl m • tevkif emri; tutuklama emri
verhalten • alıkoymak; gizlemek; tutmak
Verhalten n • davranış; hareket tarzı; muamele;
Verhaltensforschung f • davranışçılık
Verhaltensmuster n • davranış örüntüsü
Verhaltenspattern n • davranış örüntüsü
Verhaltensstörung f • davranış bozukluğu
Verhältnis n • ilişki; katsayı; münasebet; nispet; oran; rasyo; şart
Verhältnisanteil m • hisse; pay
verhältnismässig • nispi; orantılı
Verhältnisse pl. n • ahval ve şerait; hal ve şartlar
Verhältniswahl f • nispi temsil
Verhaltungsart f • muamele ve hareket tarzı
Verhaltungsbefehl m • talimat
Verhaltungsmassregel f • direktif; talimat

Verhaltungsregel f • hareket ve muamele usul ve kaidesi; muamele ve hareket tarzı
verhandeln • görüşmek; müzakere etmek
Verhandlung f • celse; dava; duruşma; görüşme; müzakere
Verhandlung f abbrechen • oturuma ara vermek
Verhandlung f eröffnen • duruşmayı açmak
Verhandlung f schliessen • oturumu kapatmak
verhängen • karar vermek; tespit etmek
Verhängung f • karar; tespit
Verhängung f einer Gesamtstrafe f • hukuki içtima
verharmlosen • zararsız gibi göstermek
Verharmlosung f • zararsız gibi gösterme
Verharmlosung f der Gewalttätigkeit f • zor kullanmayı zararsız gibi gösterme
verheimlichen • gizlemek; mal kaçırmak; saklamak
Verheimlichen n von Vermögensstücken pl. n • mal kaçırma
verheiraten • evlendirmek
verheiratet • evli
verheiratete Frau f • evli kadın; karı
Verheiratung f • evlenme; izdivaç
verherrlichen • överek teşvik etmek
Verherrlichung f • överek ödüllendirme
Verherrlichung f von Gewalt f • zor kullanmayı överek teşvik etme
verhindern • engel olmak; engellemek; mani olmak; önlemek
Verhinderung f • engelleme; mani olma
Verhör n • istintak; sorgu
verhören • ifade almak; sorguya çekmek
verhüten • korumak; önlemek
Verhütung f • koruma; önleme
Verhütungsmassregel f • önleme tedbiri
Verifikation f • doğrulama
verifizieren • tasdik veya teyid etmek
verjähren • zamanaşımına uğramak
verjährt • güncelliğini yitirmiş; modası geçmiş
verjährter Scheck m • geçersiz çek; zamanaşımına uğramış çek
verjährter Standard m • güncelliğini yitirmiş standart

Mesleki Terimler Sözlüğü

Verjährung f • müruru zaman; zamanaşımı
Verjährung f beim Niessbrauch m • intifa hakkında zamanaşımı
Verjährung f der Nachlassforderung f • tereke alacağında zamanaşımı
Verjährung f des Anspruchs f • hakkın zamanaşımı
Verjährungsbeginn m • zamanaşımı süresinin başlangıcı
Verjährungsfrist f • hakkın düşme süresi; zamanaşımı süresi
Verkauf im Wege der Zwangsvollstreckung m • cebri icra yoluyla satış
Verkauf m • satış
Verkauf m ab Lager n • depoda satış
Verkauf m auf Beschreibung f • tanımlama üzerine satış
Verkauf m auf Kredit m • kredili satış; vadeli satış
Verkauf m auf Terminzahlung f • taksitle satış
Verkauf m auf Ziel n • kredi ile satış; vadeli satış; veresiye satış
Verkauf m durch Versteigerung f • artırma ile satış; müzayede ile satış; açık artırma ile satış
Verkauf m für Rechnung f eines anderen • başkası hesabına satış
Verkauf m gegen sofortige Barzahlung f • nakit karşılığı derhal yapılan satış
Verkauf m im Wege m der Versteigerung f • açık artırma ile satış; müzayede ile satış
Verkauf m mit Laufzeit f • vadeli satış
Verkauf m mit Rückkaufsrecht n • geri satın alma hakkı saklı kalmak şartıyla satış; iade edilebilme şartıyla satış
Verkauf m nach Muster n • numune üzerine satış
Verkauf m unter Selbstkosten pl. • maliyetinin altında satış
Verkauf m zur Probe f • deneme şartıyla satış
Verkäufe pl. m • ciro; satış hasılatı
verkaufen • satmak
Verkäufer m • bayi; satıcı
Verkäufergehälter pl. n • satışçı aylıkları
Verkäufermarkt m • satıcı piyasası

verkäuflich • satılabilir; satılık
Verkaufsabrechnung f • satılmış mallar hesabı
Verkaufsauftrag m • satış emri
Verkaufsbedingung f • satış şartı
Verkaufsbedingungen pl. f • satış koşulları
Verkaufsberater m • satış müşaviri
Verkaufserlös m • satış hasılatı
Verkaufserlöse pl. m • satışlar
Verkaufsgemeinschaft f • ortak satış acenteliği
Verkaufsgenossenschaften pl. f • istihsal kooperatifleri; satış kooperatifleri
Verkaufsjournal n • satış defteri; satışlar yevmiyesi
Verkaufskommission f • satış komisyonu
Verkaufskontrakt m • satış sözleşmesi
Verkaufskosten pl. • satış faaliyetleri nedeniyle ortaya çıkan giderler
Verkaufskosten pl. • satış giderleri
Verkaufskurs m • satış kuru
Verkaufsofferte f • halka arz; satış için arz
Verkaufsoption f • satma opsiyonu
Verkaufspreis m • satış fiyatı
Verkaufsprovision f • satış üzerinden alınan komisyon
Verkaufsrechnung f • satılmış mallar hesabı; satış hesabı
Verkaufsskonto m • satış iskontosu
Verkaufssollsumme f • satış hedefi
Verkaufsstelle f • perakende satış yeri
Verkaufstermin m • satış süresi
Verkaufsveranstaltung f • ticaret fuarı
Verkaufsvolumenabweichung f • satışlarda miktar farkı
Verkaufsvorschätzung f • satış tahmini
Verkaufswerbung f • satış reklamı
Verkaufswert m • piyasa değeri; satış değeri; satış fiyatı değeri; varlığın satılabileceği fiyat
Verkehr m • cinsi münasebet; muamele; nakliyat; nakliye; taşıma işleri; ticaret; ticari ilişki; trafik; ulaştırma
verkehren • cinsi münasebette bulunmak; tarifeli sefer yapmak; ticaret yapmak
Verkehrsamt n • trafik dairesi
Verkehrsapparat m • nakliye sistemi

Fachwörterbuch

Verkehrsbetrieb m • nakliyat işletmesi
Verkehrsbetriebe pl. m • toplu taşımacılık
Verkehrsdelikte pl. n • trafik suçları
verkehrsfähig • ciro edilebilir; piyasaya sürülebilir
Verkehrsgefährdung f • trafiği tehlikeye sokma
Verkehrsgewerbe n • nakliyat işletmeciliği; nakliyatçılık
Verkehrshypothek f • borç senedi; ipotek; ipotekli; ipotekli borç senedi
Verkehrsleistung f • nakliyat hizmeti; trafik; trafik hacmi
Verkehrsministerium n • Münakalat Vekaleti; Ulaştırma Bakanlığı
Verkehrsmittel n • nakil vasıtası
Verkehrsordnung f • Trafik Nizamnamesi
Verkehrspolizei f • trafik polisi
Verkehrsprüfung f • çok sık ortaya çıkan muhasebe işlemlerinin denetimi
Verkehrsrecht n • trafikle ilgili hukuki esaslar
Verkehrsregel f • trafik kuralı
Verkehrsschild n • trafik levhası
Verkehrssicherheit f • trafik emniyeti
Verkehrssitte f • örf ve adet
Verkehrssitten pl. f • umumi adetler
Verkehrssteuer f • işlem vergisi; muamele vergisi; nakliyat resmi; nakliyat vergisi; nakliye vergisi; tescil harçları
Verkehrsträger m • nakliyat teşebbüsü; taşıyıcı
Verkehrsunfall m • trafik kazası
Verkehrsunfallflucht f • kaza yerinden kaçma
Verkehrsvorschrift f • trafik kuralı
Verkehrswert m • cari ticari; piyasa değeri
Verkehrswesen n • ulaştırma işleri
verkehrswidrig • trafik kurallarına aykırı
verkehrswidriges Verhalten n • trafik kurallarına aykırı davranış
Verkehrswirtschaft f • serbest iktisat; trafik; ulaştırma
Verkehrszeichen n • trafik işareti
verkennen • teşhis edememek; yanlış değerlendirmek

Verkennung f • teşhis edememe; yanlış değerlendirme
Verkettung f • zincirlenme
verklagen • dava açmak
verklaren • avarya protokolü tanzim etmek
Verklarung f • avarya protokolü; deniz raporu
verklausulieren • kayıt ve şartla sınırlamak
Verkleinerungssuffix n • küçültme eki
Verknappungserscheinung f • azlık; darlık
Verknüpfung f • bağlama; birleştirme; kombinasyon
verkörpern • ihtiva etmek; kapsamak
verkünden • açıklamak; bildirmek; ilan etmek; tefhim etmek
Verkündung f • bildirme; tefhim
Verkündung f der Gesetze pl. n • kanunların ilanı
Verkündung f eines Urteils n • tefhim
verkürzen • kısaltmak
Verladebescheinigung f der Eisenbahn f • demiryolu konşimentosu
Verladedokument n • yükleme vesaiki
Verladedokumente pl. n • sevk vesaiki
Verladekosten pl. • yükleme giderleri
verladen • sevk etmek; yüklemek
Verlader m • nakliyeci; sevk eden; sevkeden; yükleten
Verladestation f • yükleme yeri
Verladung f • yükleme
Verladungskosten pl. • yükleme masrafları
Verladungsschein m • konşimento; yükleme senedi
Verlag m • yayınevi
verlagern • transfer etmek; yerini değiştirmek
Verlagern n • aktarma
Verlagerung f • değiştirme; transfer; yerini değiştirme
Verlagsrecht n • yayın hakkı
Verlagsvertrag m • neşir mukavelesi; yayın mukavelesi; yayın sözleşmesi
verlangen • arzu etmek; istemek; talep etmek
Verlangen n • arzu; arzu etme; istek; isteme; talep; talep etme

verlängern • temdit etmek; uzatmak
verlängerte Schuldverschreibung f • vadesi uzatılmış tahvil
Verlängerung f • temdit; uzatma
Verlängerung f der Frist f • vadenin uzatılması
Verlängerung f der Verjährungsfrist f • zamanaşımı süresinin uzatılması
Verlängerung f des Mietvertrags m • kira mukavelesinin uzatılması
verlassen • bırakmak; terketmek
Verlassen n • terk
Verlassenschaft f • miras; tereke
verlässlich • güvenilir; itimat edilir
Verlauf m • cereyan; geçme; gelişme; mürur; seyir; zamanın geçmesi
verlaufen • cereyan etmek; geçmek; mürur etmek
verlegen • ertelemek; yayınlamak; yerini değiştirmek
Verleger m • naşir; yayımcı
Verlegung f • erteleme; yayınlama; yerini değiştirme
verleihen • ariyet vermek; borç vermek; ödünç vermek; tanımak; tevcih etmek
Verleiher m • ariyet veren; borç veren; ödünç veren
Verleihung f • ariyet verme; ödünç verme; tanıma; tevcih etme
verleiten • baştan çıkarmak; tahrik etmek; teşvik etmek
Verleitung f • tahrik; teşvik
Verleitung f zur Unzucht f • fuhuşa teşvik; fuhşiyata tahrik
verletzen • aykırı davranmak; hasara uğratmak; ihlal etmek; ihmal etmek; yaralamak
Verletztengeld n • kaza sigortasınca ödenen geçici işgörmezlik parası
Verletztenrente f • kaza sigortasınca sigortalıya bağlanan aylık
Verletzter m • mağdur; zarar gören
Verletzung f • ihlal etme; ihmal etme; yara; yaralanma
Verletzung f des Gesetzes n • kanunu çiğneme
Verletzung f mit Todesfolge f • ölümle sonuçlanan yaralanma
verleugnen • inkar etmek; reddetmek
verleumden • iftira etmek

Verleumder m • iftira eden
Verleumdung f • hakaret; iftira
Verleumdung f und Beleidigung f • hakaret ve sövme
verlieren • kaybetmek
verloben • nişanlamak
Verlobte f • nişanlı
Verlobter m • nişanlı
Verlobung f • nişan; nişanlanma
Verlobung lösen f • nişanı bozmak
verloren • kayıp; zayi
verloren gehen • kaybolmak
verlorene Gegenstände pl. m • kaybolan mallar
verlorene Sachen pl. f • kayıp mallar
Verlöbnis n • nişanlanma
Verlöbnisbruch m • nişanı bozma
Verlust (einen) m erleiden • zarar uğramak
Verlust m • hasar; kayıp; zarar; ziya; ziyan
Verlust m der Staatsangehörigkeit f • vatandaşlığın kaybı
Verlust m der Stimmhaftigkeit f • ötümsüzleşme; titreşimsizleşme
Verlust m der Wählbarkeit f • seçilme hakkının kaybı
Verlust m des Besitzes m • zilyetliğin sona ermesi
Verlust m durch Effektenverkauf m • menkul değer satışından doğan zarar
Verlust m ersetzen • zararı karşılamak
Verlustabzug m • zararın gelecek yıl karlarından mahsup edilmesi
Verluste pl. m wieder ausgleichen • zararları karşılamak
Verlustgeschäft n • zararına iş
Verlustkonto n • zarar hesabı
Verlustrückertrag m • zararın geçmiş yıl karlarından mahsup edilmesi
Verlustschein m • aciz vesikası
Verlustvortrag m • geçmiş yıllardan nakledilen zarar; zarar nakli
vermachter Besitz m • gayri menkul üzerinde ölüme bağlı tasarruf; gayri menkul vasiyeti
Vermächtnis n • belli mal vasiyeti; muayyen mal musalehi; muayyen mal vasiyeti; teberru; vasiyet ile intikal eden mülk; vasiyetname

Fachwörterbuch

Vermächtnisnehmer m • lehine gayri menkul vasiyet olunan; lehine mal bırakılan; lehine mal vasiyet edilen; musaleh; musaleh
vermählen • evlendirmek; ölçümlemek
Vermarktung f • pazarlama
Vermarkung f • ölçümleme
vermehren • artırmak; çoğaltmak
Vermehrung f • artma; çoğalma
vermeidbar • sakınılabilir
vermeidbare Kosten f • kaçınılabilir sabit maliyetler; kaçınılabilir maliyet
vermeidbare Verzögerung f • önüne geçilebilir gecikme
Vermeidbarkeitsklausel f • fesih şartı
vermeiden • kaçınmak; sakınmak
vermengen • karıştırmak
Vermengung f • karışma
Vermerk m • haşiye; not; şerh
vermerken • not etmek; şerh koymak
vermessen • ölçmek
Vermessung f • ölçme
vermietbarer Vermögensgegenstand m • kiralanabilir varlık
vermieten • kiraya vermek
Vermieter m • kiralayan; kiraya veren
Vermieterpfandrecht n • kiralayanın hapis hakkı
Vermietung f • finansal kiralama; kiraya verme; leasing
vermindern • azaltmak; tenzil etmek
verminderter Ertrag m • azalan verim
Verminderung f • azaltma; tenzil
Verminderung f der Disziplinarstrafe f • sınıf tenzili
Verminderung f des Diensteinkommens f • sınıf tenzili
Verminderung f in Passiva pl. • pasifte azalma
vermischen • karıştırmak
Vermischung f • iki malın birbiriyle karışması; karışma
Vermischung f von Sachen pl. f • malların birbirine karışması
vermitteln • aracılık etmek; çözümlemek; düzenlemek; tavassut etmek
Vermittler m • aracı; mutavassıt; mütevvasıt

Vermittlung f • aracılık; düzenleme; sağlama; tahkim; tavassut; uzlaşma
Vermittlungen pl. f • dostane teşebbüs
Vermittlungsausschuss m • Meclis Hazırlık Komisyonu
Vermittlungsgebühr f • komisyon
Vermittlungsstelle f • irtibat merkezi; irtibat yeri
Vermögen n • kaynaklar; mal varlığı; mamelek; mülk; sermaye; servet; varlık; zenginlik; yeti
Vermögensabgabe f • servet vergisi; üretici yatırım
Vermögensanlage f • yatırım
Vermögensaufstellung f • iflas bilançosu
Vermögensbestand m • mülk mevcudu
Vermögensbewegung f • sermaye muameleleri
Vermögensbewertung f • varlık değerlendirme
Vermögensbildung f • işçi tasarruflarının devletçe özendirilmesi; sermaye oluşumu
Vermögensbildungsgesetz n • Tasarrufu Teşvik Kanunu
Vermögenserklärung f • mal beyanı; servet beyanı
Vermögenserwerb m • mal iktisabı
Vermögenslage f • mal durumu; mali vaziyet
Vermögensnachweis m • servet beyanı
Vermögensrechte pl. n • mamelek hakları
Vermögensschaden m • maddi hasar
Vermögenssteuer f • servet vergisi; varlık vergisi
Vermögensstock m • sermaye ihtiyatı
Vermögensträger m • mülk sahibi
Vermögensübertragung f • mamelekin temliki
Vermögensverfügung f • mamelek üzerinde tasarruf
Vermögensverhältnisse pl. n • servet durumu
Vermögensverwalter m • üçüncü kişilerin varlıklarının yönetimi için yasal olarak atanmış kişi; yediemin
Vermögensverwaltung f • malların idaresi
Vermögensverwaltungsdepot n • menkul kıymetler emanet hesabı

Mesleki Terimler Sözlüğü

Vermögensverzeichnis n • mal beyannamesi
Vermögensvorteil m • sermaye karı
Vermögenswert m • varlık; varlık değeri
Vermögenszuwachssteuer f • sermaye kazançları vergisi
vermuten • ihtimal vermek; netice çıkarmak
vermutlich • muhtemel; olabilir
Vermutung f • belirti; karine
vernachlässigen • ihmal etmek
vernachlässigtes Kind n • ilgiden yoksun çocuk
Vernachlässigung f • ihmal
Vernachlässigung f des Kindes n • çocuğun ihmali
vernehmen • sorguya çekmek
Vernehmung f • dinleme; istima; istintak; sorgu
vernehmungsfähig • ifadesi alınabilir durumda; sorguya çekilebilir durumda
verneinen • kabul etmemek; reddetmek
Verneinung f • olumsuzluk; inkar; ret
Verneinungspartikel f • olumsuzluk öğesi
Vernichtbarkeit f • iptali kabil
vernichten • imha etmek; iptal etmek; yok etmek
Vernichtung f • imha; iptal
Vernichtungsprotokoll n • itfa edilen tahvillerin yokedildiğini gösteren belge
Vernunft f • akıl; idrak kabiliyeti; us
vernünftig • akla uygun; elverişli; makul
vernünftiger Wert m • makul değer
verordnen • emretmek; talimat vermek; tanzim etmek
Verordnung f • emir; kararname; nizamname; talimat; talimatname; yönetmelik
veröffentlichen • umuma bildirmek; yayımlamak
Veröffentlichung f • ilan; yayın; yayınlamak
Veröffentlichung f der Gesetze f • kanunların neşri
verpachten • hasılat kirası yoluyla kiraya vermek
Verpächter m • hasılat kirasına veren; kiralayan; kiraya veren
Verpachtung f • hasılat kirası
verpacken • ambalajlamak; paketlemek
Verpackung f • ambalaj; ambalajlama
Verpackungsgewicht n • dara
verpfänden • rehin olarak vermek; rehin vermek; rehnetmek; aldığı borç karşılığı rehin veren
Verpfänder m • rahin; rehin borçlusu; rehin veren; rehine veren; rehneden
verpfändetes Wirtschaftsgut n • rehine verilmiş varlık
Verpfändung f • rehin; rehin etme; rehnetme; terhin
Verpfändungsbrief m • rehin mektubu
Verpfändungsdokument n • rehin verilen vesaik
verpflegen • bakmak; geçimini sağlamak
Verpflegung f • bakım; iaşe
Verpflegungskosten pl. • bakım masrafları
verpflichten • görev yüklemek
Verpflichteter m • mükellef
Verpflichtung f • borç; görev; mükellefiyet; ödev; sorumluluk; taahhüt; yükümlülük
Verpflichtungsgeschäft n • borç doğuran muamele
Verpflichtungsgrund m • borç sebebi
Verpflichtungskredit m • kefalet kredisi; teminat kredisi
Verpflichtungsschein m • bono; borç vaadi; kefalet senedi; taahhütname
verpfründen • irat olarak tahsis etmek
Verpfründungsvertrag m • ölünceyee kadar bakma akti
verplanen • planlama bakımından kabul etmek
Verplanung f • planlama
Verrat m • hıyanet; ihanet
verraten • ifşa etmek; ihanet etmek
Verräter m • gammaz; hain
Verräterei f • gammazlık; hıyanet
verrechnen • halletmek; hesaba geçirmek; takas etmek; tasfiye etmek; yanlış hesaplamak
verrechnete Erträge pl. m • farazi tahsilat
verrechnete Gemeinkosten pl. • imalata yüklenen genel imalat maliyeti
verrechnete Kosten pl. • emilmiş maliyet

Fachwörterbuch

Verrechnung f • karşılıklı alacakların anlaşmalar gereğince birbirlerine mahsup edilmesi; karşılıklı alacakların anlaşmalar gereğince netleştirilmesi
Verrechnung f • karşılıklı alacakların yasalar gereğince birbirlerine mahsup edilmesi; karşılıklı alacakların yasalar gereğince netleştirilmesi; kliring; mahsup etme; takas
Verrechnungsabkommen n • kliring anlaşması
Verrechnungsausland n • kliring memleketleri
Verrechnungsbilanz f • kliring bakiyesi
Verrechnungsdefizit n • kliring açığı
Verrechnungsdevise f • kliring dövizi; kliring parası
Verrechnungsdollar m • kliring doları
Verrechnungseinheit f • eşdeğer birim
Verrechnungskonto n • kliring hesabı; tasfiye hesabı
Verrechnungskosten pl. • fark hesapları; varyans hesapları
Verrechnungskurs m • kliring kuru
Verrechnungsland n • anlaşmalı memleket
Verrechnungspreisdifferenzen pl. f • giren ve çıkan stokun farklı değerlendirilmesinden kaynaklanan farklar
Verrechnungsraum m • kliring bölgesi
Verrechnungsscheck m • çizgili çek; mahsup çeki; takas ve mahsup çeki
Verrechnungsschuld m • kliring açığı; kliring borcu
Verrechnungsspitze f • kliring bakiyesi
Verrechnungsstelle f • kliring dairesi; takas odası
Verrechnungssteuer f • kaynaktan kesilen vergi
Verrechnungsverkehr m • kliring; kliring muameleleri
Verrechnungswährung f • anlaşmalı dövizi
verrichten • icra etmek; yapmak
Verrichtung f • görev; icra; vazife; yerine getirme
verringern • azaltmak; düşürmek; indirmek
versagen • reddetmek
Versagung f • yoksundurma

versammeln • birleştirmek; toplamak
Versammlung f • heyet; içtima; oturum; toplanma; toplantı
Versammlung f der Aktienzeichner pl. m • tesis umumi heyeti
Versammlung f einberufen • toplantıya çağırmak
Versammlung f eröffnen • toplantıyı açmak
Versammlung leiten f • toplantıyı idare etmek
Versammlung schliessen f • toplantıyı kapatmak
Versammlungsfreiheit f • içtima hürriyeti; toplanma hürriyeti; toplantı hürriyeti
Versammlungsleiter m • heyet başkanı
Versammlungsort m • toplantı yeri
Versammlungsraum m • toplantı salonu
Versammlungsrecht n • içtima hürriyeti; toplanma hürriyeti; toplantı hakkı
Versand m • gönderme; sevk; yollama
Versandanzeige f • gönderme belgesi; gönderme haberi; irsaliye; sevk ihbarnamesi; sevk ihbarı
Versanddatum n • gönderme tarihi
Versandhaus n • nakliyat firması; sevkiyat acentesi
Versandkosten pl. • nakliye giderleri
Versandkostenersparnis f • navlun kazancı
Versandland m • malları gönderen ülke
Versandweg m • güzergah; sevk yolu
Versatz m • rehin; terhin
Versatzamt n • rehin karşılığı borç veren kuruluş
Versatzanstalt f • rehin mukabilinde ikraz ile meşgul müessese
Versäumen • ihmal
versäumen • ihmal etmek
Versäumnis n • gecikme; gelmeme; gıyap; ihmal; temerrüd
Versäumnisurteil n • gıyabi hüküm; gıyap kararı
Versäumnisverfahren n • davaya gelmeme halinde uygulanan usul; gıyap; gıyap usulü
Versäumung f • ihmal; kaçırma
Versäumung f der Frist f • süreyi geçme
verschaffen • tedarik etmek; temin etmek

Mesleki Terimler Sözlüğü

Verschaffung f • tedarik; temin
verschärfen • artırmak; güçleştirmek; hızlandırmak; sıkılaştırmak; şiddetlendirmek
verschenken • bağışlamak; hediye etmek; hibe etmek
Verschenkung f • bağış; hediye; hibe
verschicken • göndermek; sevk etmek; sürgüne göndermek
Verschickung f • sürgün; techir
verschieben • ertelemek; tehir etmek
Verschiebung f • erteleme; fark; geciktirme; talik; tehir; yerini değiştirme
verschieden • ayrı; çeşitli; farklı
verschiedene Gemeinkosten pl. • çeşitli giderler
verschiedene Lebensversicherungen pl. f • muhtelit hayat sigortası
Verschiedenheit f • farklılık; uyuşmazlık
verschiffen • gemi ile göndermek; gemi ile nakletmek; gemiye yüklemek; yüklemek
Verschiffung f • gemi ile sevkiyat; gemiye yükleme; yükleme
Verschiffungsdatum n • sevk tarihi; yükleme tarihi
Verschiffungsdokument n • tesellüm konşimentosu
Verschiffungskonnossement n • sevk konşimentosu; tesellüm konşimentosu; yükleme konşimentosu
Verschiffungsmuster n • sevkedilen mala ait numune
verschlechtern • bozmak; kalitesini düşürmek; kötüleştirmek; tağşiş etmek
Verschlechterung f • bozma; kalitesini düşürme; kötüleşme; tağşiş
Verschleiss m • kağıt paranın eskimesi; yıpranması
verschleppen • kaçırmak; sürüncemede bırakmak; zorla götürmek
Verschleppung f • kaçırma; sürüncemede bırakma; zorla götürme
verschleudern • damping yapmak; israf etmek
verschliessen • kilit altında muhafaza etmek; kilitlemek; mühürle kapatmak
Verschliessung f • kilitleyerek muhafaza altına alma
Verschliessung f des Testaments n • vasiyetnamenin kilit altında muhafazası

verschlimmern • kötüleştirmek; vahimleştirmek
Verschluss m • kapalılık; kapantı; kilitleyerek muhafaza altına alma
Verschlussdauer f • duralama
Verschlusslaut m • dış patlamalı; kapantılı
verschlüsseln • kodlamak; şifrelemek
Verschmelzung f • karışım
Verschmelzung f • birleşme; sermayenin birleşmesi; şirketlerarası birleşmeler
verschollen • gaip; kayıp
Verschollenerklärung f • gaiplik kararı
Verschollenheit f • gaiplik; kayıplık; yitiklik
Verschollenheitserklärung f • gaiplik kararı
verschreiben • reçete yazmak; senetle devretmek; senetle temin etmek; yanlış yazmak
Verschreibung f • borç senedi; borç vaadi; taahütname
verschreibungspflichtig • reçeteye tabi
verschulden • borca düşmek; kusur işlemek
Verschulden n • kusur
Verschulden n beim Vertragsschluss m • akit yapılırken işlenen kusur
Verschulden n des Schuldners m • borçlunun kusuru
Verschuldung f • borçlanma; borçluluk
Verschuldungskoeffizient m • borçlanma katsayısı; özkaynak oranı; yabancı kaynak
verschwägern • sıhri hısım olmak
verschwägert • sıhri hısım
Verschwägerung f • sıhri hısımlık
verschweigen • gizlemek; söylememek
verschwenden • israf etmek
Verschwender m • müsrif
Verschwendung f • savurganlık
Verschwendung f • israf
Verschwiegenheit f • ketumiyet; sır saklama
Verschwörung f • suikast
versehen • görev icra etmek; hata etmek; teçhiz etmek;
Versehen n • dikkatsizlik; hata; yanılma
versehentlich • sehven; yanlışlıkla

Fachwörterbuch

versehren • hasara uğratmak
Versehrter m • malul; sakat
Versehrtheit f • malullük; sakatlık
Verselbständigung f • kendi kendine yeter hale gelme
versenden • göndermek; sevk etmek
Versenden n • gönderme; nakletme; gönderen; malları gönderen; mürsil; sevkeden;
Versendung f • gönderme; sevk etmek; sevkiyat
Versendungskauf m • başka yerde teslim edilmek üzere satış
Versendungsland n • malın sevkedildiği memleket; menşe memleket
Versendungsverkauf m • başka yere gönderilecek malın satımı
versetzen • rehin olarak vermek; tayin etmek; terfi ettirmek
Versetzung f • tedviren görevlendirme
Versetzung f • becayiş; nakil; rehin; rehnetme; tayin; terfi; terhin;
Versetzung f der Arbeiter pl. m • işçilerin atanması; işçilerin yerlerinin belirlenmesi
Versetzung f in den einstweiligen Ruhestand f • açığa çıkarma
versicherbar • sigortalanabilir
versicherbarer Wert m • sigorta değeri
versicherbares Interesse n • sigorta menfaati; sigortalanabilir çıkar
Versicherer m • aracılık yüklenimcisi; sigortacı
versichern • sigorta etmek; sigorta etmek veya olmak
versichert • güvence altına alınmış
versicherte Anleihe f • teminatlı tahvil
Versicherter m • sigorta ettiren; sigortalı
versichertes Interesse n • sigorta edilen menfaat
Versicherung f • güvence; mal bedeli; navlun; sigorta; sigorta ve navlun; sigorta şirketi
Versicherung f an Eides m statt • yeminle teyit etme
Versicherung f auf Gegenseitigkeit f • karşılıklı sigorta
Versicherung f der Prämie f • prim sigortası
Versicherung f für fremde Rechnung f • başkası hesabına sigorta

Versicherung f zugunsten Dritter f • başkası lehine sigorta
Versicherungsagent m • sigorta acentesi
Versicherungsanstalt f • sigorta kurumu
Versicherungsaufsicht f • sigorta şirketlerinin denetimi
Versicherungsbedingungen pl. f • sigorta şartları
Versicherungsbeitrag m • sigorta harcı; sigorta primi; sigorta bedeli
Versicherungsbetrag m • sigorta tazminatı
Versicherungsbetrug m • sigorta şirketini dolandırma
Versicherungsdeckung f • sigorta kuvertürü
Versicherungsdokumente pl. n • sigorta vesaiki
Versicherungsfachmann m • aktüer; sigorta eksperi; sigorta uzmanı
Versicherungsfall m • sigorta edilen rizikonun gerçekleşmesi; sigortanın dayandığı olay
Versicherungsfreiheit f • sigorta serbestisi
Versicherungsgeber m • sigorta eden
Versicherungsgebühr f • sigorta harcı
Versicherungsgefahr f • riziko; sigorta edilen riziko
Versicherungsgeschäft n • aracılık yüklenimi
Versicherungsgesellschaft f • sigorta şirketi
Versicherungsgewerbe f • sigortacılık
Versicherungsinteresse n • sigorta menfaati
Versicherungskarte f • sosyal sigorta kartı
Versicherungskosten pl. • sigorta giderleri
Versicherungskredit m • sigorta şirketinden alınan kredi
Versicherungsleistung f • sigortanın yaptığı ödeme
Versicherungsmakler m • sigorta prodüktörü
Versicherungsmathematik f • sigorta matematiği

Versicherungsmathematiker m • aktüer
Versicherungsnachtrag m • zeyilname
Versicherungsnehmer m • poliçe hamili; sigorta ettiren; sigortalı
Versicherungsnummer f • sosyal sigorta sicil numarası
Versicherungspflicht f • sigorta mükellefiyeti
versicherungspflichtig • sigortaya tabi
Versicherungspolice f • hamile muharrer sigorta poliçesi; poliçe
Versicherungspolice f • sigorta poliçesi
Versicherungspolizze f • sigorta mukavelenamesi
Versicherungsprämie f • sigorta primi
Versicherungsrechner m • aktüerya hesabı yapan kişi
Versicherungssatz m • sigorta oranı
Versicherungsschein m • hamile muharrer sigorta poliçesi; sigorta poliçesi
Versicherungsschutz m • sigortalıya ödenecek para
Versicherungsstatistiker m • aktüer
Versicherungssumme f • sigorta bedeli; sigorta tazminatı; sigortalanan meblağ tutarı
Versicherungsträger m • sigorta kurumu; sosyal sigorta mercii
Versicherungsunternehmen n • sigorta müessesesi
Versicherungsverhältnis n • sigorta ilişkisi
Versicherungsverständiger m • sigorta eksperi
Versicherungsvertrag m • sigorta sözleşmesi
Versicherungsvertreter m • sigorta temsilcisi
Versicherungswert m • sigorta değeri
Versicherungswert m • sigortalanan değer
Versicherungswesen n • sigortacılık
Versicherungswirtschaft f • sigorta teşebbüsleri
Versicherungszeiten pl. f • sigortalılık süreleri
Versicherungszertifikat n • sigorta ilmühaberi; sigorta şahadetnamesi
versiegeln • mühürlemek
Versilberung f • paraya çevirme

Versmass n • ölçü
versorgen • bakmak; geçimini sağlamak; sağlamak
Versorger m • aile yardımcısı
Versorgung f • bakma; bakım; geçimini sağlama; himaye etme; sağlama; tedarik
Versorgungsausgleich m • boşanan eşler arasında evlilik süresi içinde kazanılan hakların denkleştirilmesi
Versorgungsbetrieb m • kamu hizmeti görme
Versorgungsbetriebe pl. m • su, gaz, elektrik hizmetleri veren kamu işletmeleri
Versorgungsempfänger m • emekli
Versorgungsindustrie f • elektrik, gaz vs endüstrisi
Versorgungsklemme f • sıkıntı; tedarik güçlükleri
Versorgungsnotlage f • tedarik güçlükleri
versöhnen • barıştırmak; uzlaştırmak
Versöhnung f • barışma; uzlaşma
verspäten • geciktirmek
Verspätung f • gecikme; teahhür
Verspätungsschaden m • gecikme zararı
versprechen • söz vermek; taahhüt etmek; vaat etmek
Versprechen n • taahhüt; vaat
Versprechen n einhalten • sözünde durmak
Versprechung f • söz verme
verstaatlichen • kamulaştırmak
Verstaatlichung f • devletleştirme; kamulaştırma; millileştirme
Verstädterung f • şehirleşme
Verstand m • anlık; zihin; idrak; muhakeme
verständigen • bildirmek; haberdar etmek
Verständigung f • anlaşma; bildirme; haber verme; ihtilaf
Verständigung f • uzlaşma
verständlich • anlaşılır
Verständlichkeit f • anlaşılabilirlik
Verständnis n • içlem
Verständnis n • anlayış; idrak
Verstärkung f • pekiştirme
Versteck n • saklanılan yer
verstecken • gizlemek; saklamak
versteckt • gizli; kapalı

Fachwörterbuch

versteckter Dissens m • gizli uzlaşmazlık
verstehen • anlamak; idrak etmek
Versteigerer m • açık artırma ile satış yapmaya yetkili kişi
versteigern • açık artırmaya çıkarmak; artırmaya çıkarmak
Versteigerung f • açık artırma; açık artırma; artırma ve eksiltme; müzayede
Versteigerungsort m • müzayede yeri
Versteigerungstermin m • müzayede günü
versteuern • vergi veya resim ödemek; vergisini ödemek
Verstoss m • ihlal; muhalefet; tecavüz
Verstoss m gegen die guten Sitten pl. f • adaba aykırılık; ahlaka aykırılık
Verstoss m gegen die Sittlichkeit f • genel ahlaka aykırı fiil
Verstoss m gegen Treu und Glauben • kötü niyet; suiniyet
verstossen • aykırı davranmak; ihlal etmek
Verstösse pl. m gegen die Sittlichkeit f. • umumi adaba mugayir fiiller
Verstummen n • silinme
Versuch m • cürüme teşebbüs; deneme; tecrübe; teşebbüs
Versuch m und Irrtum m • sınama-yanılma
versuchen • denemek; teşebbüs etmek
Versuchsgruppe f • deneme kümesi
Versuchsklasse f • deneme sınıfı
Versuchsschule f • deneme okulu; uygulama okulu
vertagen • ertelemek; geciktirmek; tehir etmek
Vertagung f • erteleme; geciktirme; talik; tehir
vertauschen • değiştirmek; mübadele etmek
verteidigen • müdafaa etmek; savunmak
Verteidiger m • müdafi
Verteidigung f • müdafaa; savunma
Verteidigung in Notwehr f • meşru müdafaa
Verteidigungskrieg m • savunma savaşı; tedafüi harp
Verteidigungsmechanismus m • savunma düzeneği
Verteidigungsministerium n • Savunma Bakanlığı
Verteidigungsnotstand m • ıztırar hali
Verteidigungsrecht n • müdafaa hakkı
Verteidigungsrecht n des Angeklagten m • müdafaa hakkı
verteilen • dağıtmak; tevzi etmek
Verteilsatz m • yükleme oranı
Verteilung f • dağılım
Verteilung f • dağıtma; dağıtım; ödenek ayırma; pay verme; tevzi
Verteilung f durch das Los n • kura yoluyla taksim
Verteilung f pro rata • garameten tevzi
Verteilung m • taksim
Verteilungsbrief m • tahsis mektubu
Verteilungsmasstab m • maliyet birimi
Verteilungsstelle f • perakende mağazası
Verterinärrecht n • baytarlık hukuku
verteuern • fiyatını artırmak; pahalılaştırmak
vertikale Unternehmenskonzentration f • işletmelerin dikey birleşmesi
vertikale Verflechtung f • dikey büyüme
vertilgen • imha etmek; yoketmek
Vertrag m • akit; anlaşma; antlaşma; güvence; kontrat; mukavele; sözleşme; yazılı sözleşme
Vertrag m abschliessen • mukavele akdetmek
Vertrag m befristen • akdi müddetle sınırlamak
Vertrag m kündigen • mukavelenin feshini ihbar etmek
Vertrag m lösen • mukaveleyi feshetmek
Vertrag m mit monatlicher Kündigung f • ihbar süresi bir ay olan mukavele
Vertrag m schliessen • mukavele imzalamak; sözleşme akdetmek
Vertrag m unterzeichnen • sözleşme imzalamak
Vertrag m zu Lasten f Dritter m • başkasının fiilini taahhüt
Vertrag m zugunsten Dritter m • üçüncü şahıs lehine akit
Vertrag n ausfertigen • mukavele tanzim etmek
vertraglich • akdi; sözleşme gereği
vertraglich vereinbarter Gerichtsstand m • mukavelede taraflarca kararlaştırılan yetkili mahkeme

Mesleki Terimler Sözlüğü

vertragliche Schuldverhältnisse pl. n • akitten doğan borçlar
vertragliche Verpflichtung f • akitten doğan mükellefiyet
vertraglicher Frachtführer m • sözleşmeli taşıyıcı
vertraglicher Zins m • akdi faiz; bağlı faiz; mukaveleye bağlı faiz
Vertragsabschluss m • akit yapma
Vertragsanfechtung f • sözleşmenin feshi
Vertragsartikel m • akit maddesi
Vertragsbedingung f • akdi şart; kayıt; şart
Vertragsbedingung f • sözleşme koşulu
Vertragsbestimmung f • mukavele şartı; sözleşme maddesi
Vertragsbruch m • akdin ihlali; sözleşmenin bozulması; sözleşmenin ihlali
Vertragserbe m • vasiyetname ile tayin edilen mirasçı
Vertragsfreiheit f • akit serbestisi
Vertragsgegner m • akit; diğer taraf
vertragsgemäss • sözleşmeye uygun olarak
Vertragshändler m • yetkili satıcı
Vertragsinteresse n • müspet zarar ziyan
Vertragslohnzahlung f • sözleşmeye göre ücret ödenmesi
vertragsmässig • sözleşmeye uygun olarak
Vertragspartei f • akit; akit taraf
Vertragsparteien pl. f • iki taraf; taraflar
Vertragspartner m • akit taraf; aktin diğer tarafı
Vertragspreis m • sözleşme fiyatı
Vertragsschliessung f • akit yapma
Vertragsschluss m • akdin inikadı; akdin teşekkülü; mukavelenin akdi; mukavelenin inikadı
Vertragsstrafe f • ceza; cezai şart; cezai şart; sözleşmenin öngördüğü ceza
Vertragsurkunde f • mukavelename; sözleşme
Vertragsverletzung f • akdin ihlali; sözleşmenin ihlali
Vertragsversprechen n • akit yapma vaadi
vertragswidrig • akde aykırı
Vertragszoll m • anlaşma ile saptanan gümrük resmi

vertrauen • güvenmek; itimat etmek
Vertrauen missbrauchen n • itimadı kötüye kullanma
Vertrauen n • güven; itimat
Vertrauensarzt m • hastalık sigortası kurumunun kontrol doktoru
Vertrauensbrief m • güven mektubu
Vertrauensbruch m • emniyeti suiistimal; itimadı kötüye kullanma
Vertrauensfrage f • hükümetin güvenoyuna müracaatı
Vertrauenslehrer m • rehber öğretmen
Vertrauensmissbrauch m • emniyeti suiistimal; inancı kötüye kullanma
Vertrauensperson f • mutemet
Vertrauensschaden m • menfi zarar ziyan
vertrauensvoll • tam güvenilir
Vertrauensvotum n • güven; güvenoyu; itimat
vertrauenswürdig • güvenilir; itimat edilir
vertraulich • gizli; mahrem
Vertraulichkeit f • gizlilik; mahremiyet
Vertrautheit f • yatkınlık
vertreiben • kovmak; satılığa çıkarmak; uzaklaştırmak
Vertreibung f • kovma; satış; sürüm; ülke dışına çıkarma
vertretbar • dengi sayılabilir; kabul edilebilir; savunulabilir
vertretbare Leistung f • mislen eda
vertretbare Sachen pl. f • misli şeyler
vertreten • savunmak; sorumluluk yüklemek; temsil etmek; vekalet etmek
Vertretener m • temsil olunan
Vertreter m • acente; ajan; başkası namına işlem yapan kişi; iş görevlisi; mümessil; temsilci; vekil
Vertretervertrag m • mümessillik anlaşması
Vertretung f • acente; heyet; temsil; temsilciler; temsilcilik; vekalet
Vertretung f ohne Vertretungsmacht f • salahiyetsiz temsil; yetkisiz temsil
Vertretungsbefugnis f • temsil salahiyeti; temsil yetkisi
Vertretungsmacht f • temsil erki; temsil kudreti; yetki
Vertretungsvollmacht f • vekalet

Fachwörterbuch

Vertrieb m • dağıtım; satış; sürüm
Vertriebener m • memleketinden sürülen kişi
Vertriebs- und Verwaltungskosten pl. • satış ve yöntem giderleri
Vertriebsgesellschaft f • satış teşkilatı
Vertriebskosten pl. • dağıtım giderleri; pazarlama giderleri; satış giderleri
verunglimpfen • hakaret etmek; lekelemek
Verunglimpfung f • hakaret; lekeleme
verunglücken • kazaya uğramak
Verunglückter m • kazazede
veruntreuen • zimmete geçirmek
Veruntreuung f • emniyeti suiistimal; ihtilas; inancı kötüye kullanma; zimmete geçirme
Veruntreuungsgarantie f • emniyeti kötüye kullanma sigortası
Veruntreuungsversicherung f • ihtilas sigortası
verursachen • sebebiyet vermek
Verursachung f • illiyet
verurteilen • hüküm giydirmek; mahkum etmek
Verurteilter m • hükümlü; mahkum
Verurteilung f • mahkumiyet
Verurteilung f des Angeklagten m in Absenz f • sanığın gıyabında mahkûm edilmesi
vervielfältigen • çoğaltmak; teksir etmek
Vervielfältigungsrecht n • eseri çoğaltma hakkı
vervollständigen • ikmal etmek; tamamlamak
Vervollständigung f • ikmal; tamamlama
Vervollständigung f des Pflichtteils m • mahfuz hissenin ikmali
verwahren • muhafaza etmek; saklamak
Verwahrer m • depo memuru; emanet alan; emanetçi; muhafaza eden; muhafız; müstevda; vedia alan
verwahrlosen • bakımsız kalmak; ihmal etmek
Verwahrung f • ida; itiraza karşı çıkma; muhafaza
Verwahrung f einlegen • itiraz etmek
Verwahrungsbruch m • vediaya zarar verme

Verwahrungskonnossement n • muhafaza konşimentosu
Verwahrungsvertrag m • saklama sözleşmesi; vedia; vedia akdi
verwalten • idare etmek
Verwalter m • idareci; kayyım; tasfiye memuru; tereke idare memuru; yönetici
Verwaltung f • amme idaresi; daire; faal idare; idare; idare etme; işe yön verme; işletme; makam; tereke idaresi; yönetim
Verwaltung f der liquiden Mittel pl. n • fon yönetimi; nakit yönetimi
Verwaltungs- und Nutzniessungsgemeinschaft f • mal birliği
Verwaltungsakt m • fiil-şart; idari muamele; idari tasarruf; temşiyet muamelesi; yürütme işlemi; şart-muamele; şart-tasarruf
Verwaltungsanweisung f • tamim
Verwaltungsaufsicht f • idari kontrol; idari murakabe
Verwaltungsausschuss m • yönetim kurulu; idare komitesi
Verwaltungsbehörde f • idari makam
Verwaltungsbehörden pl. f • idare makamları
Verwaltungsbeschwerde f • itiraz
Verwaltungsbezirk m • idari bölge; idari mıntıka
Verwaltungsbrauch m • idari örf ve adet; idari teamül
Verwaltungsdepot n • menkul kıymetler emanet hesabı
Verwaltungsentscheide pl. m • idari kararlar
Verwaltungsgebühr f • idari harç; yönetim komisyonu
Verwaltungsgemeinkosten pl. • satış ve yönetim giderleri; ticari giderler
Verwaltungsgericht n • idari mahkeme
Verwaltungsgerichtsbarkeit f • idari kaza; idari yargı
Verwaltungsgesetz n • idari kanun
Verwaltungsgesetze pl. n • idare kanunları
Verwaltungsgruppe f • yönetim grubu
Verwaltungshandlung f • idari fiil
Verwaltungsklage f • idari dava

Mesleki Terimler Sözlüğü

Verwaltungsklagen pl. • tam kaza davaları; icra gideri; idari masraflar; yönetim giderleri
Verwaltungskontrolle f • yönetimsel denetleme
Verwaltungskostenbudget n • yönetim ileri bütçesi
Verwaltungskräfte pl. f • yönetici personel
Verwaltungsmechanismus m • yönetim düzeneği
Verwaltungsorganisation f • idare teşkilatı; idari teşkilat
Verwaltungspolitik f • yönetim siyaseti
Verwaltungspolizei f • idari zabıta
Verwaltungspräsidium n für die Entwicklung f und Förderung f industrieller Klein- und Mittelbetriebe pl. m • Küçük ve Orta Ölçekli Sanayi Geliştirme ve Destekleme İdaresi Başkanlığı (KOSGEB)
Verwaltungsrat m • idare heyeti; idare meclisi; müdürler kurulu; yönetim kurulu
Verwaltungsratssitzung f • yönetim kurulu toplantısı
Verwaltungsrecht n • emaneten idare; idare hukuku; işaatın emaneten idaresi
verwaltungsrechtliche Interpretationsklage f • tefsir davası
verwaltungsrechtliche Klage f • tam kaza davası
verwaltungsrechtliche Klagen pl. • tam kaza davaları
Verwaltungssitz f • idare merkezi
Verwaltungsstelle f • yönetim bürosu veya yeri
Verwaltungsstreitigkeit f • idari ihtilaf; idari uyuşmazlık
Verwaltungsübung f • idari teamül
Verwaltungsverfahren n • idari işlem
Verwaltungsverfügung f • icrai karar; idari muamele; idari tasarruf
Verwaltungsverfügungen pl. f • temşiyet tasarrufları
Verwaltungsverordnung f • talimatname; yönetmelik
Verwaltungsvollmacht f • yönetim yetkisi
verwandeln • değiştirmek
Verwandlung f • değiştirme

verwandt • hısım
verwandte Sprachen pl. f • akraba diller
Verwandtenehe f • akraba evliliği
Verwandter m • hısım
Verwandtschaft f • hısımlık
Verwandtschaft f in der Seitenlinie f • civar hısımlığı
Verwandtschaft f in gerader Linie f • usul ve füru hısımlığı
Verwandtschaftsgrad m • hısımlık derecesi
verwarnen • ihtar etmek
Verwarnung f • ihtar; ihtar cezası
Verwarnungsgeld n • ihtar mahiyetinde kesilen para cezası
verwässert • sulandırılmış
verwässertes Grundkapital n • şişirilmiş sermaye
verwässertes Kapital n • sulandırılmış sermaye
Verwässerung f • sulandırma
Verwässerung f des Aktienkapitals n • sulandırma
verwechseln • karıştırmak; yanılmak; zannetmek
Verwechselung f • karıştırma; yanılma
Verwechslungsgefahr f • iltibas tehlikesi
verwehren • engel olmak; yasaklamak
verweigern • kaçınmak; reddetmek
Verweigerung f • kaçınma; reddetme
Verweis anbringen m • atıf yapmak
Verweis m • atıf; azarlama; ihtar cezası; not; tekdir; tevbih
Verweis m erteilen • ihtar cezası vermek
verweisen • atıf yapmak; azarlamak; göndermek; havale etmek; ihtar cezası vermek; sınırdışı etmek; tard etmek; yasaklamak
Verweisung f • atıf; azarlama; gönderme; havale; ihtar; not; sınırdışı etme; tard
verwenden • kullanmak; sarfetmek
Verwendung f • faydalanma; harcama; istihdam; kullanma; uygulama
Verwendungen pl. f • masraflar
Verwendungen pl. f bei Gütergemeinschaft f • mal ortaklığındaki masraflar
verwendungsfähig • elverişli; kullanışlı
verwertbar • gerçekleştirilebilir; paraya çevrilebilir;

Fachwörterbuch

verwerten • değerlendirmek
Verwertung f • değerlendirme; faydalanma; kullanma; paraya çevirme
verwirken • kaybetmek; mahrum kalmak; müstahak olmak
verwirklichen • gerçekleştirmek
Verwirkung f • hakkın düşmesi; hakkın sukutu; kaybetme; mahrum kalma; müstahak olma
Verwirkung f der elterlichen Gewalt f • velayet hakkının ıskatı
Verwirkungsfrist f • edici müddet; hak düşürücü süre; ıskat; ıskat edici müddet
Verwirkungsklausel f • ıskat şartı
verwirtschaften • israf etmek
verwitwet • dul
verwunden • yaralamak
Verzehr m • tüketim
verzeichnen • kaydetmek; tescil etmek
Verzeichnis n • bordro; cetvel; çizelge; fihrist; kütük; liste; sicil; tablo
Verzeichnis n des Nachlasses m • tereke listesi
Verzeihung f • af; mazur görme
verzerren • tahrif etmek
Verzicht m • feragat; vazgeçme; vazgeçmek
Verzicht m auf Erbrecht n • miras hakkından feragat
verzichten • feragat etmek; vaz geçmek; vazgeçmek
Verzichtleistung f • feragat etme; haktan vazgeçme
Verzichtserklärung f • feragat bildirimi
verzinsen • faizini ödemek
verzinslich • faiz getiren
Verzinsung f • iç verim oranı
verzollen • gümrük vergisini ödemek
verzollt geliefert • gümrük resmi ödenmiş olarak teslim
verzollt ohne Untersuchung f • muayenesiz gümrükten çekme
Verzollung f • gümrük resmi verme
verzögern • geciktirmek; tehir etmek
verzögernde Einrede f • kati defi; muvakkat defi
Verzögerung f • gecikme; geciktirme; tehir

Verzug des Mieters m • kiracının temerrüdü
Verzug des Schuldners m • borçlunun temerrüdü
Verzug m • gecikme; geri ödememe; muaccel; temerrüd; temerrüt
Verzug m bei gegenseitigen Verträgen pl. m • karşılıklı akitlerde temerrüd
Verzug m der Annahme f • kabulün temerrüdü
Verzug m des Gläubigers m • alacaklının temerrüdü
Verzug m des Vermieters m • kiralayanın temerrüdü
Verzugsschaden m • gecikmeden dolayı doğan zarar
Verzugsschuldner m • mütemerrit
Verzugszins m • gecikme faizi; temerrüt faizi
Veto n • itiraz; veto
Veto n einlegen • veto etmek
Vetorecht n • veto hakkı
Vetter m • yeğen
Vibrant m • titrek
Vieh n • hayvan
Viehdiebstahl m • hayvan hırsızlığı
Viehgewährschaft f • hayvan satışında tekeffül
Viehkauf m • hayvan alım satımı
Viehmängel pl. m • hayvan satımında ayıplar
Viehpacht f • hayvan icarı; hayvanlar vergisi
Viehverkauf m • hayvan alım satımı
Viehverpfändung f • hayvan rehni;
Viehversicherung f • hayvan sigortası
Viehverstellung f • hayvan icarı
Viehwirtschaft f • hayvancılık
vielfache Versicherung f • birden çok sigorta; müdeaddit sigorta
Vielmännerei f • çok erkekle evlilik; çok kocalılık; poliandri
Vielweiberei f • çok kadınla evlilik; çok karılılık; poligami
Vierteljahr n • yılın üç aylık dönemi
vierter Markt m • dördüncü piyasa
Vindikation f • mülkiyetin iadesi talebi
vindizieren • mülkiyetini iddia ve talep etmek

Mesleki Terimler Sözlüğü

Vinkulation f • hisse senetlerinin izinsiz devredilememesi
vinkulierte Namensaktie f • sınırlı olarak devredilebilen nama yazılı hisse senedi
visieren • işaretlemek; tasdik etmek; vize etmek
Visitation f • muayene; teftiş
Visite f • muayene amacıyla ziyaret
Visitenkarte f • kartvizit
visitieren • muayene etmek; teftiş etmek
visuell • görsel
visuelle Erfassung f • gözlem
visuelle Erziehung f • görsel eğitim
visueller Typ m • görsel tip
Visum n • pasaport vizesi; vize
Vizekönigtum n • hıdiviyet
Voivode m • Voyvoda
Vokal m • ünlü
Vokalharmonie f • ünlü uyumu
vokalisch • ünlü
Vokalisierung f • ünlüleşme
Vokativ m • seslenme durumu
Volk n • millet; ulus
Volksabstimmung f • arayı umumiye; halk oylaması; halkın reyine müracaat; plebisit
Volksaktionär m • küçük hissedar
Volksbefragung f • referandum
volkseigener Betrieb m • millileştirilmiş işletme
Volkseinkommen n • milli gelir
Volkseinkommen n in konstanten Preisen pl. m • reel milli gelir
Volksentscheid m • referandum
Volksetymologie f • halk kökenbilimi; köken yakıştırma; yerlileştirme
Volksherrschaft f • demokrasi; halkçılık
Volkshochschule f • halk eğitim merkezi
Volksinitiative f • halkın teşebbüsü
Volkskunde f • halkbilim
Volksmeinung f • kamuoyu
volksoffene Gesellschaft f • halka açık şirket
Volksschule f • ilkokul
Volksschulgesetz n • İlköğretim Kanunu
Volksschulzwang m • ilk öğretim mecburiyeti; ilköğretim mecburiyeti
Volkssouveränität f • demokrasi; halk egemenliği

Volksstamm m • aşiret
Volkstum n • milliyet
volkstümlich • milli
Volksverhetzung f • halkı kışkırtma
Volksvermögen n • milli servet
Volksversicherung f • halk sigortası
Volksvertreter m • milletvekili
Volksvertretung f • parlament; parlamento
Volkswirtschaft f • ekonomi; milli ekonomi; siyasal ekonomi; ulusal ekonomi
volkswirtschaftliche Gesamtrechnung f • milli muhasebe; ulusal muhasebe
volkswirtschaftliches Kreditvolumen n • kredi stoku
Volkswirtschaftslehre f • ekonomi
Volkswohlstand m • milli refah
Volkszählung f • nüfus sayımı
voll eingezahlt • tamamen ödenmiş
voll eingezahlte Aktie f • bedeli ödenmiş hisse senedi; tamamen ödenmiş hisse senedi; tamamen ödenmiş sermaye payı
voll eingezahltes Kapital n • tamamı ödenmiş sermaye
Vollaktie f • bedeli tamamen ödenmiş hisse senedi; bütün haklara sahip hisse senedi
Vollakzept f • genel kabul
Vollakzept n • tam kabul
vollberechtigt • tam yetkili
Vollbeschäftigung f • tam gün çalışma; tam istihdam; tam istihdam durumu
Vollbesitz m • tam zilyetlik
vollbringen • icra etmek; ifa etmek; tamamlamak
Vollcharter m • geminin tamamının kiralanması; tam çarter; toptan çarter
Voll-Containerladung f • konteynerin tamamını dolduran yük
Volleinzahlung f • toptan ödeme
vollenden • bitirmek; tamamlamak
vollendet • bitirilmiş
vollendeter Versuch m • neticesiz kalan cürüm; tam teşebbüs
Vollendung f • bitirme; tamamlama
voller Satz m des Konnossements n • tam takım konşimento
volles Indossament n • tam ciro
Vollgiro n • tam ciro

Fachwörterbuch

vollgültig • tam geçerli
vollgültiger Beweis m • kati delil
Vollindossament n • tam ciro
volljährig • ergin; reşit
Volljähriger m • ergin; rüştünü elde etmiş
Volljährigkeit f • erginlik; rüşt
Volljährigkeitserklärung f • kazai rüşt; yargısal erginlik
Vollkasko n • tam kasko
Vollkaufmann m • tacir
Vollkosten pl. • değişken giderler toplamı; sabit değişken giderler toplamı; tam maliyet
Vollkostenrechnung f • tam maliyetleme
Vollmacht f • emir; salahiyet; talimat; vekalet; vekaletname; yetki
Vollmacht f erteilen • vekalet vermek
Vollmachtgeber m • müvekkil; yetki veren
Vollmachthaber m • vekil
Vollmachtinhaber m • yetki verilen
Vollmachtsindossament n • tahsil cirosu; tevkili ciro
Vollmachtsurkunde f • temsil; vekaletname; vekil; yetki belgesi
Vollmachtsübertragung f • yetkinin devri
vollständig • noksansız; tam
Vollständigkeit f • noksansızlık; tam
Vollständigkeitserklärung f • yetki belgesi
vollstreckbar • icrası mümkün; vacibülicra; yapılabilir
vollstreckbarer • ilam
vollstreckbarer Verwaltungsakt m • icrai karar
Vollstreckbarkeit f • icrası mümkün olma
Vollstreckbarkeitserklärung f • tenfiz kararı
vollstrecken • icra etmek; infaz etmek
Vollstreckung f • icra; takip; tenfiz
Vollstreckungsamt n • icra dairesi
Vollstreckungsauftrag m • icra emri
Vollstreckungsbeamter m • icra memuru
Vollstreckungsbefehl m • icra emri
Vollstreckungsbehörde f • icra dairesi
Vollstreckungsgläubiger m • ilamlı alacaklı
Vollstreckungspfändung f • icrai haciz
Vollstreckungsurteil m • icra kararı

Vollstreckungsvereitelung f • hacizden mal kaçırma; icrayı engelleme
Vollversammlung f • genel kurul toplantısı
Vollverschlusslaut m • kapantılı
Vollwaise f • öksüz ve yetim
Vollwertversicherung f • tam değer üzerinden yapılan sigorta
Vollzahlung f • tam ödeme
vollziehen • icra etmek; infaz etmek
vollziehende Gewalt f • icra kuvveti; yürütme erki
vollziehende Verwaltungsbehörde f • icra eden idare
Vollziehung f • eda; icra; ifa
Vollzug m • icra; infaz
Volumen n • hacim; kapasite
Voluntarismus m • istençcilik
vom Amt n absetzen • memuriyetten azletmek
vom Hundert • yüzde
vom Verdacht entlasten • ithamdan kurtarmak
von Amts wegen • rèsen
von der Steuer f absetzen • vergiden indirmek
von einer Verpflichtung f degagieren • yükümlülükten muaf tutmak
von einer Verpflichtung f entbinden • mükellefiyetten muaf tutmak
von Nutzen sein • işe yaramak
von Rechts wegen n • kanunen
von Strafe f absehen • ceza vermemek
vor Gericht aussagen • mahkemede müzakere etmek
vor Gericht n aussagen • mahkeme önünde ifade vermek
vor Gericht n bekunden • mahkemede şahadet etmek
vor Gericht n bescheiden • mahkemeye celbetmek
vor Gericht n darlegen • mahkeme önünde anlatmak
vor Gericht n fordern • mahkemeye davet etmek
vor Gericht n laden • mahkemeye davet etmek
vor Gericht n Plädoyer n halten • mahkeme huzurunda iddianameyi okumak

Mesleki Terimler Sözlüğü

vor Gericht n schwören • mahkeme huzurunda yemin etmek
vor Gericht n streiten • mahkemede iddia ve müdafaada bulunmak
vor Gericht n zitieren • mahkemeye çağırmak
Voranschlag m • bütçe tahmini; tahmin; tahmini bütçe
voraus • önceden; peşinen
Voraus m • presipü
vorausbedingen • önceden şart koşmak
Vorausberechnung f • önceden hesaplama
vorausbestimmen • önceden kararlaştırmak
vorausbezahlen • peşin ödemek
vorausbezahlte Miete f • peşin ödenmiş kira
vorausbezahlte Versicherungskosten pl. • önceden ödenmiş sigorta
vorausbezahlte Zinsen pl. m • peşin ödenmiş faiz
vorausdatieren • sonraki tarihi atmak
vorausdisponieren • önceden satın almak; peşinen sipariş etmek
vorausempfangene Miete f • önceden tahsil edilmiş kira
vorausgezahltes Einkommen n • önceden tahsil edilmiş gelir
Vorauskasse f • peşin ödeme
Vorausleistung f • defaten ödeme
Vorausrechnung f • proforma fatura
Voraussage f • tahmin
voraussehen • beklemek; ummak
voraussetzen • farzetmek; varsaymak
Voraussetzung f • gereklilik; unsur; varsayım; şart
voraussichtlich • muhtemel; olası
Vorausverfügung f • önceden tasarruf hakkı
Vorausverfügung f über Pachtzins m • icar bedeli üzerinde önceden tasarruf
Vorausvermächtnis n • ön vasiyet; önvasiyet; presipü
vorauszahlen • peşin ödemek
Vorauszahlung f • avans; malın teslim alınmasından önce yapılan ödeme; peşin ödeme; peşinat
Vorauszahlungsgarantie f • avans garantisi

Vorbedacht m • önceden tasarlama; taammüt
Vorbehalt m • ihtirazi kayıt; önkoşul
Vorbehalt m bei Annahme f der Leistung f • edanın kabulünde ihtirazi kayıt
vorbehalten • mahfuz tutmak; saklı tutmak
vorbehaltene Gerichtsbarkeit f • tutuk yargı
Vorbehaltsgut n • mahfuz mal; saklı mal
Vorbehaltsgut n bei Gütergemeinschaft f • mal ortaklığında mahfuz mallar
Vorbehaltsklausel f • amme nizamı
Vorbemerkung f • ön mütalaa; önsöz
vorbereiten • hazırlamak
vorbereitendes Verfahren n • hazırlık soruşturması; hazırlık tahkikatı
Vorbereitung f • hazırlık
Vorbereitung f der Hauptverhandlung f • duruşma hazırlığı
Vorbereitung f der öffentlichen Klage f • hazırlık tahkikatı
Vorbereitung f Hochverrat m • devletin şahsına karşı fesat
Vorbereitung f zum Hochverrat m • fesat
Vorbereitungsausbildung f • hazırlık eğitimi
Vorbereitungsdienst m • staj
Vorbereitungshandlungen pl. • izhari hareketler
Vorbereitungshandlungen pl. f • ihzari hareketler
Vorbereitungsklasse f • hazırlık eğitimi sınıfı; hazırlık sınıfı
Vorbereitungskosten pl. • hazırlık maliyetleri
Vorbereitungsunterricht m • hazırlık eğitimi
Vorbereitungszeit f • hazırlık süresi
Vorbescheid m • ön karar
Vorbesprechung f • öngörüşme
vorbestraft • sabıkalı
vorbeugen • önlemek
vorbeugend • ihtiyati
vorbeugende Massnahme f • önleyici tedbir
Vorbeugung f • önleme; tedbir alma

Fachwörterbuch

Vorbeugungshaft f • suç işlenmesini önlemek amacıyla gözaltına alma
Vorbeugungsmassnahmen pl. f • önleyici tedbirler
Vorbild n • numune; örnek
Vorbildung f • hazırlayıcı öneğitim; önceden şeklini belirleme
Vorbörse f • borsa öncesi ticaret
vorbörslicher Handel m • borsa öncesi ticaret
vorbringen • dermeyan etmek; iddia etmek; leri sürmek
vordatieren • önceki bir tarihin verilmesi
vordatierter Scheck m • vadeli çek
vorder • ince; ön
Vorderpalatal m • öndamaksıl
Vordividende f • ilk temettü
Vordruck m • formüler
vorehelich • evlilik öncesi
Voreindeckung f • gelecekteki ihtiyaç için önceden satın alma
Vorempfangenes n • mirasta iade mükellefiyetine tabi olan teberrular
vorenthalten • haksız olarak vermemek; mahrum bırakmak
Vorenthaltung f • haksız olarak vermeme; mahrum bırakma; önceden elde etme
Vorentscheidung f • ara karar; emsal
Vorerbe m • ön mirasçı
Vorerbschaft f • ön mirasçıya düşen miras
Vorfahr m • cet; usulden kan hısımları
Vorfahrt f • geçiş üstünlüğü
Vorfaktur f • proforma fatura
Vorfall m • hadise; rastlantı; vaka; vakıa
vorfallen • vuku bulmak
Vorfinanzierung f • önfinansman; prefinansman
Vorfrage f • meselei müstehhire; ön mesele; önceden halli lazım gelen mesele
vorfristige Auszahlung f • vade gelmeden önce ödeme
vorführen • getirmek; göstermek; sevk etmek
Vorführung f • gösterme; önüne getirme
Vorführungsbefehl m • ihzar müzekkeresi; izhar müzekkeresi
Vorgang m • emsal; hadise; işlem tarzı; muamele; vaka; oluş
Vorgänger m • öncel; selef

Vorgangsschreiben n • önceki yazı; son mektup
vorgeben • gerçek dışı iddia etmek; muamele etmek; vuku bulmak
Vorgesellschaft f • başka şirkete devredilen şirket
vorgesetzte Verwaltungsbehörde f • idare amiri
Vorgesetzter m • amir; idare amiri; mafevk; üst
vorgreifen • vaktinden evvel davranmak
vorhaben • niyetinde olmak; tasarlamak
Vorhaben n • maksat; niyet
Vorhaftung f • ilk mükellefiyet
Vorhalt m • gecikme; rötar
vorhalten • ihtar etme
Vorhand f • rüçhan; şufa hakkı
vorhanden • hazır; mevcut
vorhanden sein • mevcut olmak
vorherrschen • hüküm sürmek; yürürlükte olmak
vorherrschender Lohnsatz m • yürürlükteki cari ücret
voriger Monat m • geçen ay
Vorindustrie f • başka bir sanayi kolu için imalat yapan sanayi
vorkalkulierte Kosten pl. • önceden tahmin edilmiş maliyet; tahmini maliyetler
Vorkasse f • peşin ödeme
Vorkauf m • önalım; şufa
Vorkaufsrecht n • önalım hakkı; öncelik hakkı; rüçhan hakkı; satın alma öncelik hakkı; şuf'a hakkı
Vorkehrung f • önleyici tedbir
vorkommen • mevcut olmak; ortaya çıkmak; vuku bulmak
Vorkommnis n • hadise; vaka
Vorkonto n • geçici hesap
Vorkosten pl. • ilk masraflar
vorladen • celbetmek; davet etmek
Vorladung f • celpname; davetiye
Vorladungsurkunde f • celpname; davetiye
Vorlage f • avans; ibraz; kanun teklifi; sunma; teklif
Vorlage f zum Akzept n • kabul için ibraz
Vorlage f zur Zahlung f • ödeme için ibraz
vorlagern • önceden plase etmek

701

Mesleki Terimler Sözlüğü

Vorlagetermin m • gemi sağlama vadesi
vorläufig • geçici; muvakkat
vorläufige Bilanz f • geçici bilanço
vorläufige Dividende f • ara temettü
vorläufige Eintragung f • muvakkat tescil; kefaletle tahliye
vorläufige Entlassung f • meşruten tahliye
vorläufige Entscheidung f • geçici karar
vorläufige Festnahme f • yakalama
vorläufige Haftentlassung f • geçici tahliye
vorläufige Investitionen pl. f • geçici yatırımlar
vorläufige Polizze f • muvakkat sigorta ilmühaberi
vorläufige Rechnung f • geçici fatura; proforma fatura
vorläufige Schuldverschreibung f • geçici tahvil
vorläufige Sicherheit f • geçici teminat; muvakkat teminat
vorläufige Untersagung f der Amtsausübung f • işten el çektirme
vorläufige Verfügung f • ihtiyati tedbir
vorläufige Vollstreckung f • muvakkat icra
vorläufige Vormundschaft f • geçici vesayet
vorläufiger Eintrag m • muvakkat kayıt
vorläufiger Empfangsschein m • ordino
vorläufiger Staatshaushaltsplan m • bütçe tahmini
vorläufiger Versicherungsschein m • kuvertür notları; muvakkat sigorta ilmühaberi
vorläufiger Vertrag m • geçici anlaşma
vorläufiges Abkommen n • geçici sözleşme; muvakkat anlaşma
vorläufiges Urteil n • muvakkat karar
vorlegen • belli gün ve yerde gemi sağlamak; ibraz etmek; sunmak
Vorlegen n • sunma; takdim
vorlegende Bank f • ibraz bankası
Vorlegung f • ibraz
Vorlegungsbescheinigung f • ibraz sertifikası
Vorlegungsfrist f • ibraz süresi
Vorleistung f • avans; önceden yapılan iş; önyatırım; peşin ödeme

Vorlieferant m • birinci teslimatçı; ilk satıcı
Vorlizenz f • geçici lisans
Vormaterial n • birinci ürün; temel ürün
vormerken • kaydetmek; tescil etmek; şerh vermek
Vormerkung f • şerh
Vormerkung f ins Grundbuch eintragen n • tapu siciline şerh vermek
Vormonat m • geçen ay
Vormund m • veli; vasi
Vormundschaft f • vesayet
Vormundschaftsgericht n • vesayet dairesi olan sulh veya asliye hukuk mahkemesi; vesayet mahkemesi
Vormundschaftsrichter m • vesayet hakimi
Vornahme f • ele alma; teşebbüs etme
Vorname m • önad; öz ad
vornehmen • ele almak; icra etmek; teşebbüs etmek; yapmak
Vorprodukt n • ilk ürün; tekrar işlenecek mamul
Vorprüfung f • öndenetim
Vorpubertät f • orta çocukluk
Vorrang m • ön derece; takaddüm; üstünlük
vorrangig • öncelik
Vorrangseinräumung f • ön derece şartı
Vorrat m • ambar mevcudu; ihtiyat; stok
Vorrat nm • yedek
Vorräte pl. m • emtia stoku; envanter; mal stoku; satışa hazır mal stoku; stoklar
Vorrätebewertung f • stok değerleme
Vorratsaktie f • henüz ihraç edilmemiş hisse senedi
Vorratsansammlung f • stokların yığılması
Vorratsinvestition f • mal stokuna yapılan yatırım
Vorratskauf m • stok için satın alma
Vorratskonto n • rezerve hesabı
Vorrecht n • ayrıcalık; imtiyaz; priorite; tercih hakkı
Vorrichtung f • düzenek; tedbir; tertibat
Vorsatz m • kasıt
vorsätzlich • kasıtlı; taammüden
vorsätzlicher Mord m • kasten adam öldürme; taammüden adam öldürme

Fachwörterbuch

Vorschau f • tahmin
Vorschlag m • önerge; öneri; takrir; tavsiye; teklif
vorschlagen • önermek; tavsiye etmek
Vorschlagsrecht n • kanun teklif hakkı
vorschreiben • tespit etmek
Vorschrift f • emir; hüküm; kaide; talimat
vorschriftsgemäss • talimata uygun
vorschriftswidrig • talimata aykırı
Vorschub m • himaye; yardım
Vorschub m leisten • art niyetle himaye ve yardım etmek
Vorschubleisten n • hasmane himaye ve yardım
Vorschulalter n • okulöncesi çağı
Vorschule f • okulöncesi; anaokulu
Vorschulerziehung f • okulöncesi eğitim
Vorschulinstitutionen pl. f • okulöncesi kurumları
Vorschulkind n • okulöncesi çocuğu
Vorschullehrer m • okulöncesi öğretmen
Vorschuss m • avans
Vorschuss m auf Wertpapiere pl. n • emtia karşılığı avans; mal karşılığı avans; menkul değerler karşılığı avans
Vorschuss m gegen Bürgschaft m • kefalet mukabili avans
Vorschuss m gegen Dokumente pl. n • vesaik karşılığı avans
Vorschuss m gegen Exportdokumente pl. n • ihracat vesaiki karşılığı avans
Vorschuss m gegen Sicherheit f • karşılıklı avans
vorsehen • öngörmek; planlamak; tespit etmek
Vorsicht f • dikkat; ihtiyat
vorsichtig • dikkatli; tedbirli
Vorsichtsmassregeln pl. f • emniyet tedbirleri
Vorsichtsprinzip f • muhafazakarlık ilkesi; tutuculuk ilkesi; tutuculuk kavramı; muhafazakarlık prensibi
Vorsitz m • başkanlık; reislik
vorsitzen • başkanlık etmek
Vorsitzender m • başkan
Vorsorge f • bakım; ihtimam; muhafaza
vorsorglich • ihtiyati; ihtiyatlı; tedbirli
vorsorgliche Anordnungen pl. f • muhafaza tedbirleri
vorsorgliche Massnahmen pl. f • muhafaza tedbirleri
vorsorgliche Massregeln pl. f • ihtiyati tedbirler; önleyici tedbirler
Vorstand m • idare heyeti; idare meclisi; müdüriyet; müdürler kurulu; yönetim kurulu
Vorstandsmitglied n • yönetim kurulu üyesi
Vorsteher m • başkan; müdür; muhtar; reis
vorstellen • anlam ifade etmek
Vorstellung f • kavram; tasarım
Vorstellung f • itiraz; tasavvur
Vorstellungsäusserung f • tasavvurun izharı
Vorstrafe f • sabıka
Vorstrafenakte f • sabıka dosyası
Vorstrafenregister n • sabıka dosyası; sabıka sicili
vortäuschen • kasten yanıltmak; yalandan yapmak
Vorteil m • çıkar; fayda; kar; kazanç
vorteilhaft • karlı; kazançlı
Vorteilsannahme f • menfaat temini; rüşvet alma
Vorteilsgewährung f • menfaat sağlama; rüşvet verme
Vortest m • öntest
Vortrag • nakil; anlatma
Vortrag m • devir; devretme; hesaba nakil; konferans; nakli yekun; rapor; toplam devri; yekûn nakli
vortragen • bakiyeyi devretmek; konferans vermek; rapor vermek; toplamı devretmek; toplamı devretmek; yekûnu nakletmek
Vortragsmethode f • anlatma yöntemi
Voruntersuchung f • ilk tahkikat
Vorurteil n • peşin hüküm
vorübergehend • geçici
vorübergehende Stillegung f • geçici olarak faaliyeti durdurma
Vorübung f • önalıştırma
Vorverfahren n • hazırlık tahkikatı; tahkikatı evveliye
Vorverkauf m • önceden satış
Vorverkaufsvertrag m • alivre satış mukavelesi

703

Vorvertrag m • akit yapma vaadi
vorwärts • ileri
vorweggenommene Kosten pl. • gelecekte gerçekleşmesi beklenen maliyet
vorweggenommener Gewinn m • gelecekte gerçekleşmesi beklenen kar
Vorweggewinn m • yasal olarak dağıtılması zorunlu kar payı
vorwegnehmen • beklemek; kabul etmek; peşinen iskonto etmek; ummak
vorweisen • göstermek; ibraz etmek
Vorwurf m • azarlama; tekdir
vorzeigen • göstermek; ibraz etmek
Vorzeigen n • sunma; takdim
Vorzeigung f • ibraz
vorzeitig • vaktinden önce
vorzeitig rückkaufbar • vadesinden önce ödenebilir
vorzeitig rückkaufbare Schuldverschreibung f • ihbarlı bono
vorzeitige Zahlung f • vadesinden önce ödeme
vorziehen • öne almak; tercih etmek; vadesinden önce ödemede bulunmak
Vorzug m • fayda, imtiyaz; öncelik; tercih
Vorzugsaktie f • imtiyazlı hisse senedi; öncelikli hisse senedi; tercihli hisse senedi
Vorzugsaktie f • üstün hisse senedi
Vorzugsaktie f ohne Stimmrecht n • oy hakkından yoksun öncelikli hisse senedi
Vorzugsdividende f • ilk temettü; öncelikli hisse senetlerine verilen kar payı; öncelikli temettü
Vorzugsgläubiger m • öncelik hakkı olan alacaklı; rüçhanlı alacaklı
Vorzugsrecht n • ayrıcalık; imtiyaz; öncelik hakkı; rüçhan hakkı
Vorzugstarif m • rüçhanlı tarife
Vostro-Konto • sizin hesabınız
Vostro-Konto n • vostro hesap
Votum n • hüküm; kanaat; oy
Völkerbund m • Milletler Cemiyeti
Völkerfrieden m • uluslararası barış
Völkermord m • katliam; soykırım
Völkerrecht n • devletler hukuku; devletler umumi hukuku; devletlerarası hukuk
völkerrechtlich • devlet hukukuyla ilgili
völkerrechtliche Verträge pl. m • uluslarararsı anlaşmalar
völkerrechtlicher Vertrag m • anlaşma; antlaşma; muahede

Fachwörterbuch

W

Waage f • denge; terazi
Wachdienst m • nöbet görevi
Wache f • karakol; nöbet
Wache f ablösen • nöbeti değişmek
Wachstum n • büyüme; gelişme
Wachstumskurve f • büyüme eğrisi
Wachstumsrate f • büyüme oranı
Wachtposten m • karakol; nöbetçi
Wachverfehlung f • nöbet suçu işlemek
Waffe f • silah
Waffenbesitz m • silah bulundurma
Waffengebrauch m • silah kullanma; silah kullanma hakkı
Waffenrecht n • silahlarla ilgili mevzuat
Waffenschein m • silah ruhsatnamesi
Waffenstillstand m • mütareke
Waffenvergehen n • silahla ilgili mevzuatın ihlali
wagen • göze almak; tehlikeye atmak
Wagen m • araba; vagon
Wagenstandgeld n • demiryolu vagonu süristarya masrafı
Waggonzettel m • vagon puslası
Wagnis n • cüret; riziko
Wagniskapital n • risk sermayesi
Wahl f • intihap; seçim; tercih
Wahl f des Käufers m • alıcının seçimi
Wahl f des Vorstandes m • yönetim kurulunun seçimi
Wahlakt m • oy verme işlemi
Wahlalter n • seçilme yaşı; seçme yaşı
Wahlausschuss m • divan heyeti; sandık kurulu; teftiş heyeti
wählbar • seçilme hakkına sahip
Wählbarkeit f • seçilebilirlik
Wahlbeeinflussung f • hür iradeyi gerçek dışı iddialarla etkileme
Wahlbehörde f • seçim kurulu
wahlberechtigt • seçme hakkına sahip
Wahlberechtigung f • intihap ehliyeti; seçim yeterliği; seçme hakkı
Wahlbezirk m • seçim bölgesi
wählen • oy vermek; seçmek
Wähler m • seçmen
Wählerbestechung f • çıkar sağlayarak seçmen iradesini etkileme

Wahlergebnis n • seçim sonucu
Wählerinitiative f • seçmen iradesi
Wählerliste f • seçmen listesi
Wählernötigung f • tehditle seçim iradesini etkileme
Wählerschaft f • seçmen grubu
Wählertäuschung f • seçmeni yanıltma
Wahlfach n • seçmeli ders
Wahlfächer pl. f • seçmeli dersler
Wahlfähigkeit f • intihap ehliyeti; seçim yeterliği
Wahlgeheimnis n • seçimin gizliliği
Wahlgesetz n • seçim kanunu
Wahlhandlung f • oy verme işlemi
Wahlkampf m • seçim kampanyası
Wahlkonsul m • fahri konsolos
Wahlkreis m • intihap dairesi; seçim bölgesi; seçim çevresi
Wahlliste f • aday listesi
Wahlmonarchie f • intihaplı monarşi
Wahlperiode f • intihap devresi; seçim dönemi
Wahlpflicht f • seçime katılma görevi
Wahlprotokoll n • seçim tutanağı
Wahlprotokolle pl. n • intihap mazbataları; seçim mazbataları
Wahlprüfungsausschuss m • tetkik encümeni; tutanakları inceleme komisyonu
Wahlrecht n • seçilmek hakkı; seçme hakkı; seçme ve seçilme hakkı
Wahlschuld f • alternatif borç
Wahlurne f • oy sandığı; rey sandığı
Wahlvergehen n • seçim suçları
Wahlvermächtnis n • mallar içinden seçme hakkı tanıyan vasiyetname
Wahlvorstand m • sandık kurulu
Wahlvorsteher m • divan başkanı; sandık başkanı
wahlweise • ihtiyari; isteğe bağlı
Wahlzelle f • kapalı oy kabini
wahr • gerçek; hakiki
wahren • korumak; muhafaza etmek; savunmak
wahrhaft • gerçek; hakikate uygun
Wahrheit f • gerçek; hakikat

Mesleki Terimler Sözlüğü

Wahrheit f verfälschen • gerçekleri tahrif etmek
Wahrheitsbeweis m • hakikilik beyyinesi
wahrheitsgemäss • gerçeğe uygun olarak
wahrheitswidrig • gerçek dışı
wahrnehmen • farkına varmak; korumak; yararlanmak
Wahrnehmen n • algılama
Wahrnehmung f • algı; koruma; müşahade; yararlanma; yerine getirme
wahrscheinlich • muhtemel; olası
Wahrscheinlichkeit f • ihtimal; olasılık
Wahrscheinlichkeitsbeweis m • ihtimale dayanan sübut
Wahrscheinlichkeitsrechnung f • ihtimali hesap
Währung f • döviz; koruma; memlekette kullanılan para ve para birimi sistemi; para; para birimi
Wahrung f • savunma
Währung f • tedavül aracı; yabancı para
Währungsabteilung f • döviz servisi
Währungsabwertung f • para erozyonu
Währungsbank f • merkez bankası
Währungsdifferenz f • kur farkı
Währungseinheit f • para birimi
Währungsgesundung f • paranın eski kıymetini bulması
Währungsillusion f • para aldanması; kambiyo kaydı
Währungskorb m • para sepeti
Währungskredit m • nakdi kredi
Währungsparität f • döviz kurları paritesi; kambiyo paritesi
Währungspolitik f • para politikası
Währungsrecht n • para hukuku
Währungsreform f • para reformu
Währungsreserve f • altın ve döviz ihtiyatı
Währungsrisiko n • kur riski
Währungsstabilisierungsfonds m • kambiyo istikrar fonu
Währungssystem n • para sistemi
Währungsumtauschkurs m • döviz kuru; kur paritesi
Waise f • öksüz; yetim
Waisenhaus n • yetiştirme yurdu
Waisenkasse f • eytam sandığı
Waisenkind n • öksüz; yetim

Waisenrente f • yetim aylığı
Waldbrand m • orman yangını
Wandel m • değişim; evrim
Wandelobligation f • hisse senetleriyle değiştirilebilir tahvil; konvertibl tahvil
Wandelparität f • değiştirme fiyatı; konversiyon fiyatı
Wandelpön f • borçlunun cezai şartı ödemekle akitten cayma hakkı
Wandelprämie f • değiştirme primi; konversiyon primi
Wandelpreis m • değiştirme fiyatı; konversiyon fiyatı
Wandelrecht n • değiştirme hakkı; konversiyon hakkı
Wandelschuldverschreibung f • hisse senetleriyle değiştirilebilir tahvil; konvertibl tahvil
Wandelung f • tahvil
Wandelungsklage f • ayıp davası; fesih davası
Wandergewerbe n • ayak satıcılığı; gezginci esnaf; işportacılık
Wanderlehrer m • gezici öğretmen
Wanderung f • göçmenlik
Wanderversicherung f • birden fazla sigortalılık
Wandlung f • değişiklik; değiştirme; tahavvül
Wandtafel f • kara tahta
Wandzeitung f • duvar gazetesi
Wappen n • arma
Ware f • emtia; mal; ticarete söz konusu olan mallar; ticari mal
Ware f auf Lager n • ambar mevcudu; stok
Waren pl. f gegen Barzahlung f • peşin paraya satılan mallar
Warenabkommen n • ticaret anlaşması
Warenbegleitschein m • sevkedilen malla gönderilen vesaik
Warenbestand m • mal mevcudu; stok
Warenbevorschussung f • emtia karşılığı avans; mal karşılığı avans
Warenbörse f • borsa; emtia borsası; mal borsası; ticaret borsası
Warenbörsen pl. f • emtia borsaları
Warenbörsengebühren pl. f • emtia borsalarındaki işlem harçları

Fachwörterbuch

Warendokumentkredit m • mal mukabili kredi
Warenfälschung f • tağşiş
Warenfonds m • emtia fonu
Warengewinn m • ticari kar
Warenkonto n • emtia hesabı
Warenkredit m • ayni kredi; ticari kredi
Warenlager n • mal deposu
Warenlagerschein m • ayniyat makbuzu
Warenlombard m • emtia karşılığı avans
Warenmarkt m • mal borsası
Warenpapier n • emtia senedi
Warenpapiere pl. n • emtia senetleri
Warenrechnung f • fatura
Warenschuld f • mal borcu
Warentermingeschäft n • alivre mal satışı; vadeli satış
Warenterminverkauf m • kredili satış; vadeli satış
Warenverkehr m • mal nakliyatı
Warenversicherung f • mal sigortası
Warenverzeichnis n • barname; yük listesi
Warenvorrat m • stok
Warenwechsel m • finansman bonosu; kambiyo senedi; mal makbuzu; ticari bono; ticari senet
Warenwucher m • ihtikar; vurgunculuk
Warenzeichen n • alameti farika; marka; tescilli marka
warnen • ihtar etmek; uyarmak
Warnschild n • ikaz levhası
Warnstreik m • ihtar grevi
Warnung f • ihtar cezası; uyarı
Warnzeichen n • trafik ikaz işareti
Warrant m • rehin senedi; varant
Warrant n • antrepo makbuzu
Warrantkredit m • antrepo makbuzu karşılığında verilen kredi
Wartefrist f • iddet müddeti
Wartegeld n • açığa alınan memura ödenen maaş; açık maaşı
warten • beklemek
Wärter m • bakıcı; bekçi
Wartestand m • geçici olarak açığa alma
Wartezeit f • bekleme dönemi; bekleme müddeti; bekleme süresi; iddet müddeti
Wartung f • bakım; ihtimam
Wässer pl. n • sular

Wasserablauf m • mecralar
Wasserbehälter m • su deposu
Wasserkrafterzeugung f • hidro elektrik üretimi
Wasserkraftwerk n • hidro elektrik enerji santralı
Wasserläufe pl. m • sular
Wasserrecht n • sular hukuku
Wasserweg m • taşımacılığa elverişli su yolu
Wechsel m • adi senet; bono; borç senedi; değişiklik; değişme; emre muharrer senet; emre yazılı senet; kambiyo; para değiştirme; poliçe; senet
Wechsel m akzeptieren • poliçeyi kabul etmek
Wechsel m auf kurze Sicht f • kısa vadeli senet
Wechsel m ausstellen • poliçe keşide etmek
Wechsel m der Regierung f • hükümet değişikliği
Wechsel m einlösen • poliçenin bedelini ödemek; poliçenin ödenmesi
Wechsel m girieren • poliçeyi tedavüle çıkarmak
Wechsel m honorieren • poliçenin ödenmesi
Wechsel m in ausländischer Währung f • yabancı poliçe
Wechsel m ziehen • keşide etmek
Wechselabschnitt m • poliçe
Wechselabschrift f • poliçe sureti
Wechselabteilung f • senetler departmanı; senetler servisi
Wechselagent m • kambiyo acentesi
Wechselakzept m • kabul şerhi
Wechselakzept n • poliçenin kabulü
Wechselanhang m • alonj
Wechselarbitrage f • döviz arbitrajı
Wechselausstellung f • senet düzenleme
Wechselbegebung f • poliçeyi tedavüle çıkarma
Wechselbestand m • senedat cüzdanı
Wechselbetrag m • poliçedeki meblağ
Wechselblankett n • açık bono
Wechselbörsen pl. f • kambiyo borsaları
Wechselbuch n • alacak senetlerinin kaydedildiği defter

Wechselbuch n • borç senetlerinin kaydedildiği defter; senetler defteri
Wechselbürge m • aval veren
Wechselbürgschaft f • aval; poliçeye dayanan garanti
Wechseldeckung f • karşılık
Wechseldiskontierung f • iştira; satın alma
Wechseldiskontkredit m • iskonto kredisi; poliçenin iskonto edilmesi ile alınan kredi
Wechselerklärung f • kambiyo taahhüdü
Wechselfähigkeit f • kambiyo taahüdlerine ehliyet
Wechselfälschung f • poliçe sahtekarlığı; poliçeden doğan alacak
Wechselfrist f • poliçenin vadesi
Wechselgeber m • poliçe keşidecisi
Wechselgeschäfte pl. n • kambiyo muameleleri
Wechselgläubiger m • poliçe alacaklısı
Wechselintervention f • tavassut
Wechselklage f • poliçe davası
Wechselkredit m • poliçe çekilerek sağlanan kredi; senet karşılığı kredi; ; senetler karşılığı avans; senetli kredi
Wechselkurs m • cari kur; döviz kuru; gerçek kur; kambiyo kuru; kambiyo kuru; kambiyo paritesi
Wechselmakler m • kambiyo acentesi; para simsarı
wechseln • değiştirmek
Wechselnehmer m • lehdar
Wechselpapier n • ticari senet
Wechselpapiere pl. n • ciro edilebilir ticari belgeler; ciro edilebilir ve devredilebilir finansal araçlar; kambiyo senetleri; kıymetli evrak
Wechselparität f • değişim oranı; kambiyo paritesi; parite
Wechselpension f • poliçe rehni karşılığı kredi
Wechselportefeuille f • senetler cüzdanı
Wechselportefeuille n • poliçe cüzdanı veya portföyü
Wechselprotest m • senet protestosu
Wechselprozess m • poliçe davası
Wechselrecht n • kambiyo hukuku; poliçe mevzuatı
Wechselreiterei f • hatır senedi

Wechselrembours m • vesaik karşılığı çekilen poliçe için kredi
Wechselschuld f • senetten doğan borç
Wechselschuld m • poliçe veya bono borcu
Wechselschuldner m • poliçe borçlusu
wechselseitig • karşılıklı; mütekabil
wechselseitig verpflichtender Vertrag m • iki taraflı sözleşme
wechselseitige Beleidigungen pl. f und Körperverletzungen pl. f • karşılıklı hakaret ve yaralama
wechselseitige Beteiligung f • karşılıklı iştirak
wechselseitige Verfügungen pl. f • karşılıklı tasarruflar
wechselseitige Versicherung f • karşılıklı sigorta; mütekabil sigorta
Wechselspesen pl. • senet giderleri
Wechselspiel n • karşılıklı etki; karşıt hareket
Wechselstelle f • kambiyo bürosu
Wechselsteuer f • poliçe harcı ve pulu; poliçe vergisi
Wechselstube f • kambiyo bürosu; şanj bürosu
Wechselverbindlichkeit f • kambiyo taahhütü; kambiyo taahhüdü
Weg m • yol
Wegebaulast f • yol mükellefiyeti
Wegebaupflicht f • yol mükellefiyeti
Wegegeld n • geçiş ücreti
Wegelast f • yol mükellefiyeti
wegen Begünstigung f verurteilen • yataklık etmekten dolayı mahkûm etmek
wegen Diebstahl m bestrafen • hırsızlıktan dolayı cezalandırmak
wegen Meineids m verurteilen • yalan yere yemin etmekten dolayı mahkûm etmek
Wegerecht n • geçit hakkı; mürur hakkı
Wegeunfall m • yol kazası
Wegfall m • fesih; yürürlükten kaldırma
wegfallen • feshetmek; ilga etmek; iptal etmek; kaldırmak; yürürlükten kaldırılmak
Wegleitung f • talimat
Wegnahme f • müsadere; zapt; zoralım
wegnehmen • müsadere etmek

Fachwörterbuch

Wehrdienst m • askerlik hizmeti
Wehrdienst m ableisten • askerlik görevini bitirmek
wehrdienstpflichtig • askerlik görevini yapmakla yükümlü
wehren • önlemek
wehrfähig • askerlik hizmetine elverişli
Wehrgesetz n • askerlik kanunu
Wehrkreis m • askerlik dairesi; askerlik şubesi
Wehrloser m • kendini korumaktan yoksun kişi
Wehrministerium n • Milli Müdafaa Vekalet; Milli Savunma Bakanlığı
Wehrpflicht f • askerlik görevi; askerlik mükellefiyeti
Wehrpflicht f ableisten • askerlik görevini tamamlamak
Wehrrecht n • milli müdafaa hukuku; milli savunma hukuku
Wehrsteuer f • müdafaa vergisi
Wehrstrafgericht n • askeri ceza mahkemesi
Wehrstrafgesetz n • askeri ceza kanunu
Wehrstrafrecht n • askeri ceza hukuku
Weibel m • mübaşir
weiblich • dişi
weiche Währung f • yumuşak para; zayıf para
weicher Konsonant m • yumuşak ünsüz
weicher Kredit f • yumuşak kredi
Weide f • mera
Weideland n • mera
Weihnachtsgratifikation f • işveren tarafından ödenen yılbaşı ikramiyesi
Weimarer Verfassung f • Weimar Anayasası
Weise f • tarz; usul
Weisszuckerwert m • beyaz şeker değeri
Weisung f • direktif; emir; havale; ödeme emri; talimat
weisungsgemäss • talimata uygun
weiterbefördern • daha uzağa sevk etmek
Weiterberechnung f • masraf olarak geçirme
Weiterbildung f • hizmet içi eğitim; tekamül eğitimi
Weitergabe f • ilgisi nedeniyle sevk etme

weitergegebener Wechsel m • reeskont edilmiş poliçe
weiterleiten • havale etmek; iletmek; ilgisi nedeniyle iletmek; nakletmek
Weiterlieferant m • ikinci el teslimatçı; ikinci satıcı
weiterplacieren • dağıtmak
weiterverarbeiten • imal etmek; işlemek
Weiterverarbeiter m • imalatçı firma; işleyici
weiterverkaufen • satın alınan malı tekrar başkasına satmak
Weiterverladung f • aracıdan nihai teslim yerine sevketme; ikinci sevkiyat için yükleme
weitervermieten • tekrar kiraya vermek
weiterverpachten • kiracının kiraya vermesi
Weiterwälzung f • maliyet artışlarını başkasına yükletme
weitgehend • geniş ölçüde
Wellentheorie f • dalga kuramı
Welt f • dünya
Weltanschauung f • dünya görüşü; milletlerarası sergi
Weltbank f • Dünya Bankası
Weltfriede f • dünya barışı
Weltgerichtshof m • Lahey Uluslararası Adalet Divanı
Welthandelswaren pl. f • dünya piyasası malları
Weltkonjunktur f • dünyanın ekonomik durumu
Weltpostverein m • Dünya Posta Birliği; milletlerarası posta ittihadı
Weltreich n • imparatorluk
Weltrohstoffe pl. m • dünya piyasası ham maddeleri
Weltspartag m • dünya tasarruf günü
Weltwährungsfonds m • Dünya Para Fonu
Weltwirtschaft f • dünya ekonomisi
Weltwirtschaftssystem n • dünya ekonomik sistemi
Werbeaktion f • reklam kampanyası
Werbeaufwand m • reklam gideri
Werbebudget n • reklam bütçesi
Werbefunk m • reklam yayınları; ticari radyo yayını

Mesleki Terimler Sözlüğü

Werbegeschenke pl. • reklam hediyeleri
Werbegespräch n • satış görüşmesi
Werbekosten pl. • reklam maliyeti; tutundurma giderleri
Werbeleiter m • reklam müdürü veya yöneticisi
Werbemittel m • tanıtıcı belge
werben • propaganda yapmak; reklam yapmak
werbend • kazanç getirici; prodüktif
Werbeplan m • reklam programı
Werbezettel m • tanıtma broşürü
Werbung f • halkla ilişkiler; propaganda; reklam; reklamcılık; tanıtma; tutundurma
Werbungskosten pl. • giderleri
Werbungsmittler m • reklam acentesi
Werft f • tersane
Werftarbeiter m • tersane işçisi
Werk n • atölye; eser; faaliyet; fabrika; iş; tesis; teşebbüs
Werkfernverkehr m • uzak yol ulaştırması
Werkkonsum m • ekonoma
Werklieferungsvertrag m • imal edilecek şeyler hakkındaki satım sözleşmesi; sipariş üzerine imalat ve satış
Werkmeister m • ustabaşı
Werkraum m • işlik
Werksanlage f • sanayi tesisi
Werksauftrag m • iş emri
werkseigen • fabrikaya ait; firmaya ait
Werksgelände n • işyeri mıntıkası
Werksgemeinschaftsversicherung f • grup sigortası
Werksgüterprüfdienst m • mamul maddeler kontrol servisi
Werkshafen m • fabrikaya ait özel liman
Werkstatt f • işlik; atölye; tamirhane
Werkstattstunden pl. f • çalışılmış iş saatleri
Werkstoff m • hammadde; malzeme
Werkswohnung f • işyeri lojmanı
Werktag m • çalışma günü; iş günü; mesai günü
werktätig • işgünü olarak
Werktätigkeit f • mesleki faaliyet
Werkunternehmer m • müteahhit
Werkunterricht m • iş eğitimi

Werkverkehr m • işletme tarafından yapılan nakliyat
Werkvertrag m • istisna akti; yapma sözleşmesi
Werkzeitung f • fabrika gazetesi; firma gazetesi
Werkzeug n • alet; araç gereç; kalıp; takım
Werkzeuge pl. n • alet edevat
Wert abschätzen m • değer biçmek
Wert m • bedel; değer; hisse; kıymet; rakkam; valör
Wert m der Anleihen pl. f • tahvil fiyatı
Wertabschlag m • değer kaybı
Wertanlagen pl. f • çeşitli duran varlıklar
Wertansatz m • bilançoda değerlendirme; defter değeri
Wertaufschlag m • değer artışı
Wertberichtigung f • amortisman karşılığı; birikmiş amortisman; değer ayarlaması; değer tashisi
Wertbeständigkeit f • değer istikrarı
Wertbestimmung f • değerlendirme; varlığın değerini belirleme
Wertbrief m • değer konulmuş mektup
werten • değerlendirmek; takdir etmek
Werterhalten n • elde edilen değer
Werterhöhung f • değer artışı
Wertesystem n • değerler dizgesi
Wertigkeit f • birleşim değeri
wertlos • değersiz
Wertpapier n • kağıt; kıymetli senet
Wertpapierbestand m • menkul değerler portföyü; portföy; senedat cüzdanı; tahvil ve hisse senedi varlığı
Wertpapierbörse f • menkul değerler borsası; menkul kıymetler borsası; nukut borsası
Wertpapierbörsen pl. f • kıymetler ve kambiyo borsaları
Wertpapierdepot n • kıymetli evrak depozitosu; menkul kıymetler emanet hesabı
Wertpapiere pl. n • ciro edilebilir ve devredilebilir finansal araçlar; hisse senedi; kıymetli evrak; menkul değerler; menkul kıymetler
Wertpapiere pl. n öffentlichen Glaubens pl. • itibarı amme kağıtları

Fachwörterbuch

Wertpapierertrag m • menkul sermaye iradı
Wertpapierhändler m • cober; hisse senedi ve tahvil alıp satan kişi
Wertsachen pl. f • kıymetli eşya; kıymetli mallar
Wertschätzung f • değer tahmini; değer takdiri; katma değer
Wertschöpfung f • sağlanan servet; servet yapma
Wertschrift f • emtia senedi
Wertschriftenanalyse f • mali analiz; menkul kıymet analizi
Wertschriftenclearing n • menkul kıymetler takası
Wertschriftendepot n • menkul kıymetler emanet hesabı
Wertschriftenportefeuille n • menkul değerler cüzdanı; menkul kıymetler portföyü
Wertschriftentrust m • menkul kıymet yatırım fonu; menkul kıymet yatırım ortaklığı
Wertschriftenverwaltung f • menkul kıymetler birimi
Wertstellung f • geçerlik günü; yürürlük günü
Wertunterschied m • değer farkı
Werturteil n • değer yargısı; değere ilişkin karar
Wertverlust m • değer kaybı; değerden kaybetme
Wertverminderung f • değer kaybı; değerden kaybetme
Wertzoll m • değer üzerinden alınan gümrük resmi; kıymet üzerinden gümrük resmi
Wertzuwachs m • değer artışı; katma değer
Wertzuwachssteuer f • değer artış vergisi; katma değer vergisi; şerefiye
Wesen n • esas; hususiyet; işlem; öz; sistem; teşkilat; usül; varlık; vasıf
wesentlich • esaslı; önemli
wesentlicher Bestandteil m • mütemmim cüz
wesentlicher Betrag m • kayda değer tutar; önemli tutar
Wettbewerb m • müsabaka; rekabet
Wettbewerbsbedingungen pl. f • rekabet şartları
Wettbewerbsbeschränkung f • rekabetin sınırlandırılması
Wettbewerbsklausel f • rekabet memnuiyeti
Wettbewerbsprüfung f • yarışma sınavı
Wettbewerbsstellung f • rekabet gücü veya kapasitesi
Wettbewerbswirtschaft f • rakip ekonomi alanı; rekabet ekonomisi
Wette abschliessen f • bahis tutuşmak
Wette f • bahis
wetten • bahis tutuşmak; bahse girmek
Wetterversicherung f • hava sigortası
wichtig • mühim; önemli
wichtiger Grund m • muhik sebep
Wichtigkeit f • ehemmiyet; önem
wider • aykırı; karşı
wider Treu und Glauben • kötü niyet; suiniyet
Widerklage f • karşı dava; mütekabil dava
Widerkläger m • karşı davacı
widerlegbar • çürütülebilir
widerlegbare Vermutung f • kati olmayan karine
widerlegen • aksini ispat etmek; çürütmek
widernatürlich • tabiata aykırı
widernatürliche Unzucht f • gayri tabi mukarenet; tabii mukarenet
widerrechtlich • haksız; hukuka aykırı; kanuna aykırı
Widerrechtlichkeit f • haksızlık; hukuka aykırılık; hukuka mugayeret
Widerrede f • itiraz
Widerruf der Schenkung m • hibeden cayma
Widerruf m • azil; cayma; geri alma; iptal; ödemenin durdurulması emri; vazgeçme
Widerruf m der Ausreihung f • tahsisin kaldırılması
Widerruf m der Kassierung f • tahsisin kaldırılması
Widerruf m der Strafaussetzung f • ceza tecilinin kaldırılması
Widerruf m der Vollmacht f • vekaletten azil

Mesleki Terimler Sözlüğü

Widerruf m der Widmung f • tahsisatın kaldırılması; tahsisin kaldırılması
widerrufen • azletmek; /iptal etmek; vazgeçmek; yalanlamak
widerrufgültiger Börsenauftrag m • iptal edilinceye kadar geçerli olan borsa emri
widerruflich • kabili rücu; vazgeçilebilir
widerrufliches Akkreditiv n • dönülebilir akreditif; kabili rücu akreditif
Widerrufsklage f • iptal davası
Widersacher m • hasım taraf
widersprechen • itirazda bulunmak
widersprechend • birbirini tutmayan; çelişkili
Widerspruch m • anlaşmazlık; çelişki; itiraz; mübayenet; protesto; zıtlık
Widerspruch m gegen die Hypothek f • ipoteğe itiraz
Widerspruchsklage f • istihkak davası
widerspruchslos • itirazsız
Widerspruchsrecht n • itiraz hakkı
Widerstand m • karşı koyma; mukavemet
Widerstand m gegen Vollstreckungsbeamte m • icra memuruna karşı koyma
Widerstandsgrenze f • rezistans sınırı
widerstehen • karşı koymak; mukavemet etmek
Widerstreit m • fikir mücadelesi
widmen • tahsis etmek; vakfetmek
Widmung f • idari tahsis
widrig • aksi; karşı
Widrigkeit f • aksilik; zıtlık
wieder • tekrar; yeniden
wieder abrechnen • yeniden hesaplaşmak
wieder verwenden • yeniden kullanmak
wieder vorlegen • tekrar ibraz ediniz
Wiederanlage f • yeniden yatırım
Wiederanlage f der Gewinne pl. m • karların yeniden yatırıma aktarılması
Wiederanlagerabatt m • yeniden yatırım iskontosu
Wiederaufbau m • kalkındırma; reorganizosyon; yeniden inşa etme; yeniden kurma; yeniden başlama
Wiederaufnahme f des Verfahrens n • muhakemenin iadesi
Wiederaufnahmeverfahren n • muhakemenin iadesi; muhakemenin yeniden görülmesi

wiederaufnehmen • yeniden başlamak
Wiederaufschwung m • ekonomik alanda düzelme; kendine gelme
Wiederausfuhr f • reeksport
Wiederbeschaffung f • eksiği sağlama; yerine koyma
Wiederbeschaffungskosten pl. • yerine koyma maliyeti; yeniden imal etme maliyeti; yenileme maliyeti
Wiederbeschaffungspreis m • yenileme fiyatı
wiedereinräumen • iade etmek
Wiedereinräumung f • iade
Wiedereinräumung f des Besitzes m • zilyetliğin iadesi
Wiedereinschleusung f • geri getirme; tekrar kabul etme
wiedereinsetzen • eski durumuna getirmek
Wiedereinsetzung f • eski durumuna getirme
Wiedereinsetzung f in den vorigen Stand m • eski hale getirme
Wiedereinsetzung in frühere Rechte pl. n • memnu hakların iadesi
Wiedereinsetzungsanspruch m • kaldırtma hakkı; ref'iyet hakkı; refiyed hakkı
Wiedererkennen n • tanıma
Wiedergabe f • iade
wiedergeben • iade etmek
Wiedergutmachung f • tamir; tazminat; telafi
wiederherstellen • eski haline getirmek
Wiederherstellung f • eski haline getirme
Wiederherstellung f des früheren Zustandes m • eski halin iadesi
wiederholen • tekrar etmek
Wiederholung f • tekerrür; tekrar
Wiederholungsprüfung f • bütünleme sınavı
Wiederinstandsetzung f • bozuklukları düzeltme; yeniden elden geçirme
Wiederinstandsetzungskosten pl. • yeniden elden geçirme maliyeti
Wiederkauf m • beyi bilvefa; geri alma şartıyla satış; yeniden satın alma
Wiederkaufsrecht n • geri alma hakkı; tekrar satın alma hakkı; vefa hakkı
Wiederkehr f • avdet; dönüş
wiederkehren • avdet etmek; geri dönmek

Fachwörterbuch

wiederkehrend • devri; periyodik
wiederkehrende Leistungen pl. f • belli zamanda yapılacak edalar
wiederpfänden • yeniden haczetmek; yeniden rehin vermek
Wiederübertragung f • tekrar devir
Wiederveräusserung f • yeniden devir
wiederverheiraten • yeniden evlendirmek
Wiederverheiratung f • tekrar evlenme
Wiederverkäufer m • aracı; ikinci satıcı; komisyoncu
Wiederversicherung f • mükerrer sigorta; reasürans
Wiederwahl f • yeniden seçilme
Wiederzusammenfassung f • yeniden düzenleme
wild • vahşi
Wild n • av hayvanı
Wilddieb m • ruhsatsız avlanan şahıs
Wilddieberei f • ruhsatsız avlanma
wilde Tiere pl. n • vahşi hayvanlar
Wille m • istenç; irade; istek; rıza
Willensäusserung f • irade izharı; irade tezahürü; rıza beyanı
Willensbereich m • kontrol alanı
Willensbestimmung f • ihtiyar; tercih
Willenserklärung f • irade izharı; irade tezahürü; rıza beyanı
Willensfreiheit f • hür irade
Willenslähmung f • istenç yitimi
Willensmangel m • irade fesadı; iradenin bozulması
Willensorgan m • icra organı
Willensträger f • kamusal makamlar
Willensübereinstimmung f • rızaların birleşmesi
Willensvollstrecker m • vasiyeti tenfiz memuru
Willkür f • keyfilik
Willkürakt m • keyfi hareket; keyfi muamele
willkürlich • iradi; kendi iradesiyle; keyfi
willkürliche Bedingung f • iradi şart
willkürliche Handlung f • keyfi muamele
Willkürlichkeit f • keyfi muamele
wirken • netice vermek; tesir etmek
wirklich • gerçek; hakiki
Wirklichkeit f • gerçeklik; hakikat

wirksam • etkileyen; etkili; tesirli; yürürlükte
Wirksamkeit f • etkinlik
Wirkung f • etki; hüküm; netice; tesir
Wirkungskreis m • etki alanı; tesir sahası
wirkungsvoll • etkili
Wirtschaft f • ekonomi; ekonomik faaliyet; iktisat; iş; işletme; meslek; meslek topluluğu
wirtschaften • işletmek; yönetmek
Wirtschaftler m • iktisatçı; iş adamı
wirtschaftlich • ekonomik; idareli; iktisadi
wirtschaftliche Integration f • ekonomik bütünleşme
wirtschaftliche Lebensdauer f • ekonomik ömür
wirtschaftliche Losgrösse f • ekonomik sipariş miktarı
wirtschaftliche Nutzungsdauer f • ekonomik ömür
wirtschaftlicher Verein m • iktisadi amaçlı dernek
wirtschaftlicher Verschleiss m • ekonomik değerin yitirilmesi
wirtschaftliches Interesse n • ekonomik çıkar
Wirtschaftlichkeit f • ekonomik verim; ekonomik yeterlik; gelir kapasitesi; kar ve zarar durumu; verimlilik
Wirtschaftlichkeitsberechnung f • gelir hesabı; verimliliğin hesaplanması
Wirtschaftlichkeitsfaktor m • verimlilik faktörü
Wirtschafts- und Handelsakademie f • iktisadi ve ticari ilimler akademisi
Wirtschaftsablauf m • ekonomik vetire; iktisadi gelişim yönü
Wirtschaftsanstieg m • ekonomik faaliyetlerin gelişmesi
Wirtschaftsbelebung f • ekonomik faaliyetin canlanması
Wirtschaftsbereich m • ekonomik alan; ekonomik faaliyet kolu; ekonomik sektör; üretim kolu
Wirtschaftsführung f • ekonomik alanda liderlik; ekonomik alanda öncülük
Wirtschaftsgenossenschaft f • sanayi kooperatifi

Mesleki Terimler Sözlüğü

Wirtschaftsgeschehen n • ekonomik vetire; ekonomik yapı
Wirtschaftsgruppe f • ekonomik faaliyet kolu; meslek grubu
Wirtschaftsgut n • varlık
Wirtschaftsgüter pl. n • mallar; satılabilen mallar
Wirtschaftshilfe f • ekonomik yardım
Wirtschaftsjahr n • hesap yılı; iş yılı; ürün yılı
Wirtschaftskreise pl. m • iş çevreleri
Wirtschaftskreislauf m • ekonomik devir sistemi
Wirtschaftskrieg m • ekonomik savaş; iktisadi harp
Wirtschaftslage f • ekonomik durum
Wirtschaftsleben n • ekonomi alanı; iktisadi faaliyet
Wirtschaftsleistung f • ekonomik çaba; üretim
Wirtschaftslenkung f • planlı ekonomi
Wirtschaftsministerium n • Ekonomi Bakanlığı
Wirtschaftsministerium n • İktisat Vekaleti
Wirtschaftsordnung f • ekonomik düzen
Wirtschaftsperiode f • muhasebe dönemi
Wirtschaftspolitik f • ekonomi politikası; ekonomik politika
Wirtschaftsprodukt n • ekonomik ürün
Wirtschaftsprozess m • üretim sistemi; üretim vetiresi
Wirtschaftsprüfer m • bağımsız muhasebe denetçisi; bağımsız muhasebe uzmanı; denetim kuruluşu; hesap uzmanı; kamu muhasebecisi; yeminli muhasip; yetkili mürakip veya kontrolör
Wirtschaftspsychologie f • ekonomik psikoloji
Wirtschaftsraum m • ekonomik alan; Pazar
Wirtschaftsrecht m • ekonomi hukuku; iktisat hukuku
Wirtschaftsschrifttum n • ekonomik literatür; endüstriyel literatür; ticari
Wirtschaftsstockung f • ekonomik durgunluk
Wirtschaftsstruktur f • ekonomik yapı
Wirtschaftsunion f • ekonomik birlik

Wirtschaftsunternehmen n • ticaret veya sanayi teşebbüsü
Wirtschaftsverkehr m • ticaret
Wirtschaftsvolumen n • ekonomik faaliyetin bütünü
Wirtschaftswerbung f • ticari reklamcılık
Wirtschaftswissenschaft f • ekonomi; iktisat; ilmi
Wirtschaftszweig m • ekonomi sektörü
Wissen n • bilgi
Wissenschaft f • bilim; ilim
wissenschaftlich • bilimsel; ilmi
wissenschaftliche Auslegung f • ilmi tefsir
wissenschaftliche Methode f • bilimsel yöntem
wissenschaftlicher Film m • bilimsel film
wissenschaftlicher Humanismus m • bilimsel insancılık
wissenschaftlicher Verdacht m • bilimsel kuşku
wissenschaftliches Urteilen n • bilimsel usavurma
Wissenschaftsphilosophie f • bilim felsefesi
Wissenschaftssprache f • bilim dili
Wissensproduktion f • bilgi üretimi
wissentlich • bilerek; kasten
Witwe f • dul kadın
Witwenrente f • dul aylığı
Witwer m • dul erkek
Wochenarbeitszeit f • haftalık çalışma saati
Wochengeld n • gebelik tahsisatı
Wochenhilfe f • analık yardımı
Wochenstunde f • ders saati
Wochenstundenplan m • haftalık ders programı
Wohl m des Staates m • devlet menfaati
Wohl n • fayda; iyilik; menfaat; sıhhat
Wohl n der Allgemeinheit f • kamu yararı
wohlerworbene Rechte pl. n • müktesep haklar
wohlerworbenes Recht n • kazanılmış hak; müktesep hak
Wohlfahrt f • sosyal yardım
Wohlfahrtseinrichtung f • hayır kurumu
Wohlfahrtseinrichtungen pl. f • hayır müesseseleri

Fachwörterbuch

Wohlfahrtsstaat m • refah devleti; sosyal refah devleti
Wohlfahrtsunternehmungen pl. f • hayır müesseseleri
Wohlklang f • uyum
Wohlstandsstaat m • refah devleti
Wohltat f • hayır; iyilik
wohltätig • hayır işleriyle uğraşan
wohltätiger Verein m • hayır cemiyeti
Wohnbaudarlehen n • mesken kredisi
wohnen • ikamet etmek; oturmak
Wohngebäude n • ikametgah amacıyla kullanılan bina
Wohngeld n • kira yardımı; mesken tazminatı
Wohngeldzuschuss m • konut zammı; mesken zammı
wohnhaft • ikamet eden; mukim; oturan
Wohnheim n für Schüler pl. m bzw. Stundenten pl. m • yurt
Wohnort m • ikamet yeri
Wohnrecht n • sükna hakkı
Wohnsitz m • ikametgah
Wohnsitzwechsel m • ikametgah değişikliği
Wohnung f • konut; mesken
Wohnungsamt n • mesken dairesi
Wohnungsbau m • konut yapımı
Wohnungsbaugenossenschaft f • yapı kooperatifi
Wohnungsbaugesellschaft f • mesken inşaat şirketi
Wohnungseigentum n • mesken mülkiyeti
Wohnungskredit m • konut kredisi
Wohnungsmakler m • emlak komisyoncusu
Wort n • sözcük; kelime; söz; tabir
Wortart f • sözcük türü

Wortassoziationstest m • sözcük çağrışım testi
Wortbildung f • sözcük yapımı
Worterkennungstest m • sözcük tanıma testi
Wortfamilie f • sözcük ailesi
Wortfeld n • sözlüksel alan
Wortfügung f • kuruluş
Wortironisierung f • karşıtlama
Wortlaut m • lafız; metin; söz
Wortlaut m des Gesetzes n • kanunun lafzı
Wortschatz m • sözcük dağarcığı; sözlük
Wortschatztest m • sözdağarcığı testi
Wortspiel n • ündeş
Wöchnerin f • loğusa
Wörterbuch n • sözlük
wörtlich • lafzi; söze bağlı
wörtliche Auslegung f • filolojik tefsir; lafzi tefsir
Wrack n • enkaz; gemi enkazı
Wucher m • faiz; ihtikar; kar; kazanç; murabaha; tefecilik
Wucherer m • murabahacı; tefeci; tefeci
wucherischer Zins m • fahiş faiz
wuchern • tefecilik yapmak
Wucherzins m • fahiş faiz
Wunsch m • arzu; istek; müracaat
Wurzel f • kök; köken
Wurzelsprachen pl. f • tekseslemli diller
Wutanfall m • kızgınlık nöbeti
wünschen • arzu etmek; istemek
Würde f • haysiyet; paye; rütbe; şeref
Würde f des Menschen m • insan şeref ve haysiyeti
würdigen • değer vermek: takdir etmek
Würdigkeit f • değer; liyakat; meziyet

Mesleki Terimler Sözlüğü

Y

York-Antwerpener Regeln pl. • York-Anvers Kuralları

Z

Zahl f • rakam; sayı
Zahladjektiv n • sayı sıfatı
zahlbar • ödenebilir; ödenecek
zahlbar bei Präsentation f • ibrazında ödenebilir
zahlbar bei Sicht f • talep edildiğinde ödenebilir
zahlbar nach Ablauf m der Frist f • dönem sonunda ödenebilir
zählen • baliğ olmak; ehemmiyeti olmak; ödemek; saymak
zahlen • tediye etmek
zahlen bei Fälligkeit f • vadesinde ödeme
zahlen bei Verfall m • vadesinde ödeme
Zahlen pl. f prüfen • rakamları denetlemek
zahlen Sie an den Inhaber m • hamiline ödeyiniz
zahlen Sie an die Order f • emrine ödeyiniz
zahlende Bank f • ödeyen banka
Zahlender m • ödeyen
Zahlenverdrehung f • rakamların takdim tehiri; rakamların yer değiştirmesi
Zahler m • muhatap; ödeyen; tediye eden
Zahlschalter m • vezne
Zahlstelle f • ikametgah; ödeme yeri; tali şube; vezne
Zahlstellenwechsel m • adresli poliçe
Zahltag m • maaş ödeme günü; ödeme günü; ücret ödeme günü
Zahlung f • eda; itfa; ödeme; tediye
Zahlung f bei Lieferung f • teslimde ödeme
Zahlung f einer Nichtschuld f • borç olmayan şeyin ödenmesi
Zahlung f einstellen • tediyeyi durdurmak

Zahlung f erfüllungshalber • tediye yerinde yapılan eda
Zahlung f gegen eine Tratte f • poliçe karşılığı ödeme
Zahlung f in Monatsraten pl. f • aylık taksitlerle ödeme
Zahlung f in Raten pl. f • taksitle ödeme
Zahlung f leisten • tediye etmek
Zahlung f mit Intervention f • araya girerek ödeme
Zahlungsabkommen n • ödeme anlaşması
Zahlungsabkommen pl. n • tediye anlaşmaları
Zahlungsangebot n • ödeme teklifi
Zahlungsanweisung f • havale; havale emri; ita emri; ödeme emri; ödeme talimatı; ödeme yetkisi
Zahlungsaufforderung f • apel; ödeme emri; ödeme istemi; tediye talebi
Zahlungsaufschub m • borçların ertelenmesi; moratoryum; ödeme tehiri; temdid
Zahlungsauftrag m • banka ödeme emri; bankaya verilen ödeme talimatı; ödeme emri
Zahlungsausgang m • yapılan ödeme
Zahlungsbedingungen pl. f • ödeme şartları
Zahlungsbefehl m • ödeme emri; ödeme ihbarı
Zahlungsbefehlsverfahren n • ilamsız takip
Zahlungsbeleg m • ödeme belgesi; ödeme makbuzu
Zahlungsbevollmächtiger m • ita amiri; ödetimci
Zahlungsbewilligung f • ödeme müsaadesi

Fachwörterbuch

Zahlungsbilanz f • ödeme bilançosu; ödemeler dengesi
Zahlungsbilanzüberschuss m • ödeme bilançosu bakiyesi; ödeme bilançosu fazlası
Zahlungsbüro n • banka tali şubesi
Zahlungsdefizit n • ödeme açığı
Zahlungseingang m • tahsilat
Zahlungseinstellung f • ödemelerin tatili; ödemenin durdurulması; tediyeyi durdurma
Zahlungsempfänger m • havale alıcısı; lehdar; müteneffi; ödemeyi alan; tahsil edecek kişi
Zahlungserinnerung pl. f • ödeme ihtarı
Zahlungserleichterung f • ödeme kolaylığı
zahlungsfähig • ödeme kabiliyeti olan; ödeme vadesi gelmiş
Zahlungsfähiger m • mütemerrit
Zahlungsfähigkeit f • borçlarını ödeyebilme gücü; ödeme gücü; ödeme kabiliyeti; ödeyebilirlik
Zahlungsfähigkeitsverhältnis n • ödeme gücü oranı
Zahlungsfrist f • ecel; ödeme süresi; ödeme vadesi; temdid
Zahlungsland n • ödemenin yapılacağı memleket
Zahlungsleistung f • her çeşit para; ödeme; ödeme aracı
Zahlungsmandat n • ödeme yetkisi
Zahlungsmittel pl. n • ödeme aracı; ödeme vasıtaları; tediye vasıtaları
Zahlungsmodalitäten pl. f • ödeme şartları
Zahlungsort m • ifa yeri; ikametgah; ödeme yeri
Zahlungspapiere pl. n • mali vesaik
Zahlungspflichtiger m • borçlu; ödemeyi yapacak olan
Zahlungsplan m • nakit bütçesi; ödeme planı; tasfiye planı
Zahlungsprotest m • ademi tediye protestosu
Zahlungsraum m • para bölgesi
Zahlungsreserve f • ödemelere ayrılan ihtiyat
Zahlungsscheck m • peşin ödeme çeki

Zahlungsschwierigkeiten pl. f • ödeme güçlükleri
Zahlungssperre f • ödemenin durdurulması
Zahlungsstrom m • nakit akışı
Zahlungstermin m • ödeme günü; ödeme vadesi; vade
zahlungsunfähig • aciz
Zahlungsunfähiger m • borçlarını ödemeyen kimse; borçlarını ödemeyen kimse
Zahlungsunfähigkeit f • aciz hali; acizlik; borçlarını ödeyecek durumda olma; gerçek kişinin borçlarını ödeyememesi; iflas; ödeme yetersizliği; ödeyememe; tüzel kişinin borçlarını ödeyememesi
Zahlungsüberschuss m • ödeme fazlalığı; ödemelerde fazlalık
Zahlungsüberweisung f • havale
Zahlungsverbot n • muhalefet varakası
Zahlungsvereinbarung f • garame **Zahlungsverkehr m** • ödeme işlemleri; ödemeler
Zahlungsverspätung f • ödemeyi geciktirme
Zahlungsverweigerung f • ademi tediye; ödemeden kaçınma; vadesi gelen borcu ödememe
Zahlungsverzug m • ödemenin gecikmesi
Zahlungsvorgang m • ödeme; ödeme işlemi
Zahlungsweg m • ödeme kanalı; ödeme şekli
Zahlungszeit f • ödeme zamanı
Zahlungsziel n • ödeme vadesi
Zahlwort n • sayı adı
Zahnlaut m • dişsil
Zäsur f • aralık; azalma; kesiklik; kesilme
Zaun m • çit
Zedent m • borcu üçüncü şahsa devreden; ciro eden; devreden, gönderen; hakkı üçüncü şahsa devreden; hakkı üçüncü şahsa devreden; havale eden
zedieren • devir ve temlik etmek
Zehnerklub m • onlar grubu
Zehnt m • öşür
Zeichen n • gösterge; alameti farika; işaret; marka
Zeichenkürzung f • kısaltma
Zeichenmünze f • itibari para

Mesleki Terimler Sözlüğü

Zeichenprache f • parmakla konuşma
Zeichenschutz m • tecilli markanın kanunla korunması
Zeichensetzung f • noktalama
zeichnen • abone olmak; çizmek; imzalamak; işaretlemek; taahhüt etmek
Zeichner m • abonman; suskriptör
Zeichnung f • iştirak taahhüdü; resim; taslak
Zeichnungsfrist f • hisse senedi alma süresi; suskripsiyon süresi
Zeichnungspreis m • emisyon fiyatı
Zeichnungsschein m • başvuru formu; iştirak taahhütnamesi
Zeigefürwort n • gösterme adılı
zeigen • göstermek; ispat etmek; işaret etmek
Zeit f • ecel; mehil; müddet; mühlet; süre; vade; zaman
Zeit f bemessen • zaman tayin etmek
Zeitabstand m • zaman aralığı
Zeitadverb n • zaman belirteci
zeitbedingt • zamana bağlı
Zeitbestimmung f • zaman tayini
Zeitcharter f • geminin belli süre için kiralanması; süre üzere çarter; taym çarter; zaman üzerine çarter
Zeitchartervertrag m • zaman üzerine çarter
Zeitform f • zaman
Zeitfrachtvertrag m • zaman üzerine çarter
Zeitgeld n • vadeli mevduat
Zeitgeschäft n • vadeli alış veriş
Zeitgeschäfte pl. n • vadeli muameleler
Zeitkauf m • alivre satış
Zeitkontrolle f • çalışılan zamanın saptanması
zeitlich • zaman olarak; zamanla ilgili
zeitlich befristete Police f • zaman poliçesi
Zeitlohn m • saat ücreti
Zeitpolice f • zaman poliçesi
Zeitpunkt m • an; zaman
Zeitpunkt m des Eintritts m der Bedingung f • şartın tahakkuk zamanı
Zeitraum m • devre; dönem; müddet; süre
Zeitrente f • belirli dönemlerde ödenecek anüite; geçici anuite; geçici irat

Zeitschrift f • dergi; mecmua
Zeitschrift f für amtliche Mitteilungen pl. f • Tebliğler Dergisi
Zeitung f • gazete
Zeitwechsel m • vadeli poliçe
zeitweilig • geçici; muvakkat
Zeitwert m • cari değer
Zeitwert m der Options f • opsiyonun vade değeri; opsiyônun zaman değeri
Zeitwort n • eylem
Zelle f • hücre
Zellenhaft f • hücre hapsi
Zellenhaftsystem n • hücre hapsi sistemi
zementieren • konsolide etmek; sabitleştirmek
zensieren • sansür etmek
Zensur f • sansür
Zensur f passieren • sansürden geçmek
zentral • merkezi
Zentralbank f • Merkez Bankası
Zentralbanksystem n • merkez bankacılığı
Zentralbehörde f • merkezi makam
Zentrale f • genel merkez; merkez; yönetim merkezi
zentrale Verwaltung f • merkezden yönetim
zentraler Verwaltungsapparat m • merkezi yönetim
zentrales Tendenzmass n • merkez eğilimi
zentralgesteuert • merkezden kontrol edilen
Zentralisation f • merkezileştirme
zentralisieren • merkezileştirmek
Zentralisierung f • merkezileştirme
Zentralismus m • merkezcilik
Zentralismus m • merkeziyetçilik
Zentralleitung f • yönetim merkezi
Zentralorganisation f des Ministeriums n für Nationale Erziehung f • Milli Eğitim Bakanlığı Merkez Teşkilâtı
Zentralstelle f • merkez dairesi
Zentralverband m • cemiyet birlikleri
Zentralverwaltungswirtschaft f • merkezden yönetilen kontrollü ekonomi sistemi; planlı ekonomi
Zentralwert m • medyan; serinin ortasındaki değer

Fachwörterbuch

Zentrum n • faaliyet alanı; merkez
zerebral • üstdamaksıl
Zeremonie f • merasim
Zeremoniell n • merasim; protokol
Zero-Bonds • sıfır kuponlu tahvil
zerrütten • bozmak; temelinden sarsmak
Zerrüttung f • bozulma; sarsılma; şiddetli geçimsizlik
Zerrüttung f der Ehe f • şiddetli geçimsizlik
Zerrüttung f des ehelichen Verhältnisses f • imtizaçsızlık
Zersplitterung f • dağıtma; israf; parçalama
zerstören • imha etmek; mahvetmek; tahrip etmek
zerstörende Einrede f • kati defi
Zerstörung f • imha; tahrip; yoketme
Zerstückelung f von Staaten m • devletin parçalanması
Zertifikat n • öğrenim belgesi; belge; sertifika; tasdikname; şahadetname
Zertifikationssystem n • sertifikasyon sistemi
Zession f • alacağın devri; alacağın temliki; alacağın temliki; çıkarların bir başkasına devri; devir ve temlik; hakların bir başkasına devri; temlik
Zessionar m • para, kıymetli evrak veya herhangi bir hak devredilen kişi
Zessionskredit m • alacağın devri karşılığı avans
Zettel m • formüler; not; pusula; tanık
Zeuge m • şahit
zeugen • tanıklık etmek; şahit olarak ifade vermek
Zeugenaussage f • şahit ifadesi
Zeugenbeeinflussung f • şahite lehte ifade vermesi için tesir etme
Zeugenbeweis m • şahadet; şahsi beyyine; şahsi ispat
Zeugenschaft f • tanıklık; şahitlik
Zeugenvernehmung f • tanıkların sorguya çekilmesi; şahitlerin dinlenmesi
Zeugma n • ilişkilendirme
Zeugnis n • belge; bonservis; iş şahadetnamesi; onay belgesi; tanıklık; tasdikname; şahitlik
Zeugnis n ablegen • şahadette bulunmak

Zeugnisverweigerung f • tanıklıktan çekinme; şahadetten imtina; şehadetten imtina
Zeugnisverweigerungsrecht n • şahadetten imtina hakkı
Zeugnisverweigerungsrecht n der Abgeordneten pl. m • milletvekillerinin şahadetten imtina hakkı
Ziegelindustrie f • tuğla ve kiremit endüstrisi
Ziehung f • adçekme; çekme; keşide; kura
Ziehung f eines Wechsels • poliçe keşidesi
Ziel n • hedef
Ziel n • amaç; gaye; hedef; limit; ödeme vadesi; vade
Zielbasis f • ileride yapılacak ödeme karşılığında
zielen • hedef almak
zielgerichtet • amaca yönelik; hedefler doğrultusunda
Zielgewährung f • belli bir ödeme vadesi verme
Zielkauf m • kredi ile satış; kredili satış; veresiye
Zielsetzung f • amaç; hedef
Zielsprache f • erek dil
Zielübereinstimmung f • amaç birliği
ziemlich • oldukça
ziemlich wichtig • oldukça önemli
Ziffer f • adet; bent; esas nokta; rakam; sayı
Ziffernmaterial n • istatistikler; rakamlar; faiz; kira
Zinsarbitrage f • faiz arbitrajı
Zinsausstattung f • faiz oranı
Zinsberechnung f • faizin hesaplanması
zinsbringend • faiz getiren
Zinscoupon m • faiz kuponu
Zinsdegression f • faiz oranlarının düşmesi
Zinsdirigismus m • faiz oranlarının resmi olarak tespiti
Zinsdivisor m • faiz sabit böleni
Zinsen m der Terminverkäufe pl. m • vade farkı
Zinsen pl. m • faiz ve kira bedelleri
Zinsen pl. m abwerfen • faiz getirmek
Zinsen pl. m bringen • faiz getirmek

Mesleki Terimler Sözlüğü

Zinsenauszahlungsschein m • faiz varantı
Zinsendifferenzierung f • faiz farklılığı
Zinsenkonto n • faiz hesabı
Zinserneuerungsschein m • talon
Zinserträge pl. m und Zinsaufwand m • faiz gelir ve gideri
Zinserträgnis n • alınan faiz; faiz geliri
Zinseszins m • bileşik faiz; faize faiz yürütülmesi; faizin faizi
Zinseszinsen pl. m • faiz gelirine faiz yürütülmesi; mürekkep faiz
Zinsfaktor m • faiz faktörü
Zinsforderungen pl. f • faiz alacağı; tahsil edilecek faiz
Zinsformel f • faiz formülü
Zinsfuss m • faiz nispeti; faiz oranı
Zinsgrundstücke pl. n • kiralanmış arazi ve binalar
Zinsgutschrift f • faiz olarak hesaba geçen meblağ; kredi faizi
Zinskonditionen pl. f • faiz oranları; faiz şartları
Zinsmarge f • faiz marjı
Zinsmehrertrag m • alınan net faiz
Zinsnummer f • adat
Zinspapier n • faiz getiren tahvil
Zinspolitik f • faiz politikası
Zinsrechnung f • bileşik faiz hesaplaması
Zinssatz m • faiz nispeti; faiz oranı
Zinsschein m • faiz kuponu; kupon
Zinsspaltung f • faiz bölüşümü
Zinsspanne f • borçlu ve alacaklı faizleri arasındaki marj; faiz marjı
Zinsspiegel n • faiz oranı seviyesi
Zinstabelle f • faiz tablosu
Zinstyp m • faiz kategorisi
Zinsveranlagung f • faiz tahakkuku
Zinswucher m • fahiş faiz alma; murabaha
Zinswuchergeschäft n • murabaha
Zinszahl f • adat
Zirka-Auftrag m • limit emir; sınırlı emir; yakın emir
Zirkapreis m • takribi fiyat
Zirkular n • genelge; sirküler; tamim
Zirkularkreditbrief m • genel itibar mektubu
Zirkulation f • dolaşım
Zirkulationsfähigkeit f • tedavül kabiliyeti
Zirkulationsgeld n • tedavüldeki para
Zirkulationszertifikat n • dolaşım belgesi
Zischlaut m • hışırtılı
Zitat n • başka eserden alınan metin
zitieren • celbetmek; davet etmek; zikretmek
Zitterlaut m • titrek
zivil • sivil
Zivilbevölkerung f • sivil halk
zivile Früchte pl. f • medeni semereler
Zivilehe f • medeni nikah; resmi nikah
Zivilgericht n • hukuk mahkemesi
Zivilgesetzbuch n • İsviçre Medeni Kanunu
Zivilgesetze pl. • medeni kanunlar
Zivilisation f • medeniyet
Zivilkammer f • eyalet mahkemesi hukuk dairesi
Zivilklage f • hukuk davası
Zivilliste f • hazinei hassa
Zivilprozess m • hukuk muhakemeleri usulü
Zivilprozessordnung f • hukuk muhakemeleri usulü kanunu
Zivilprozessrecht n • hukuk muhakemeleri usulü hukuku
Zivilrecht n • medeni hukuk
Zivilrichter m • hukuk mahkemesi hakimi
Zivilsache f • hukuk davası konusu
Zivilstand m • medeni hal; şahsi hal
Zivilstandsamt n • nüfus dairesi
Zivilstandsbeamter m • ahvali şahsiye memuru; nüfus memuru
Zivilstandsregister n • ahval i şahsiye sicili; nüfus kütüğü; nüfus sicili; şahsi haller kütüğü
Ziviltrauung f • resmi nikah
Zoll m • gümrük; gümrük idaresi; gümrük vergisi; parmak; pus
Zoll- und Handelsabkommen n • Gümrük ve Ticaret Anlaşması
Zoll- und Monopolministerium n • Gümrük ve Tekel Bakanlığı
Zollabfertigung f • gümrük formaliteleri; gümrük giriş ve çıkış işlemleri
Zollabgaben pl. f • gümrük resmi
Zollager m • gümrük ambarı
Zollager n • gümrük antreposu; gümrük deposu

Fachwörterbuch

Zollamt n • gümrük; gümrük dairesi; gümrük idaresi
Zollanmeldung f • gümrük bildirisi; gümrük giriş beyannamesi
Zollansatz m • gümrük resmi nispeti; gümrük resmi oranı
Zollbeamter m • gümrük memuru
Zollbegleitschein m • gümrük antrepo makbuzu
Zollbegünstigungsliste f • özel gümrük tarife listesi; tercihli gümrük tarife listesi
Zollbehörde f • gümrük dairesi
Zollbewilligung f • gümrük izni
Zolldeklaration f • barname; gümrük beyannamesi; gümrük beyanı; gümrük bildirisi; yük listesi
Zolldienst m • gümrük örgütü
zollen • gümrük resmini ödemek
Zollerklärung f • gümrük beyannamesi; gümrük bildirisi; gümrük giriş beyannamesi; gümrük suçlarının takip ve kovuşturulması
Zollfahndungsstelle f • gümrük suçlarını takip ve kovuşturma dairesi
zollfrei • gümrüğe tabi olmayan; gümrüksüz; gümrükten muaf
zollfreie Einfuhr f • gümrük vergisine tabi olmayan dışalım
Zollfreizone f • gümrük resminden muaf bölge
Zollgebiet n • gümrük bölgesi
Zollgebühr f • gümrük vergisi
Zollgesetz n • gümrük kanunu
Zollgrenze f • gümrük hattı
Zollgut n • gümrüğe tabi mal; gümrük kontrolüne tabi madde
Zollgutbesichtigungsschein m • muayene izni
Zollhafen m • gümrük limanı
Zollhinterziehung f • kaçakçılık
Zollkasse f • gümrük tahsilat dairesi
Zollkontrolle f • gümrük kontrolü
Zollpapiere f n • gümrük vesaiki
zollpflichtig • gümrüğe tabi
Zollpolitik f • gümrük politikası
Zollrecht n • gümrük hukuku; gümrük mevzuatı
Zollspediteur m • gümrük komisyoncusu

Zollspeicher m • antrepo
Zollstation f • gümrük kapısı
Zollstelle f • gümrük dairesi; gümrük makamı
Zollstrafe f • gümrük cezası
Zolltarif m • gümrük tarifesi
Zollunion f • gümrük birliği
Zollverein m • gümrük birliği
Zollverfahren n • gümrük işlemi
Zollvergünstigungen pl. f • düşük gümrük tarifesi
Zollverwaltung f • gümrük idaresi
Zollwert m • gümrük değeri
Zollzweigstelle f • gümrük idaresinin şubesi
Zone f • bölge; mıntıka
Zonen-Preissystem n • bölgesel fiyat saptama sistemi
Zoologie f • hayvanbilim
zögern • karar verememek; tereddüt etmek
Zögern n • tereddüt
zu beseitigen • bertaraf edilebilir
zu einem Termin m wahrnehmen • duruşmada hazır bulunmak
zu Geld n machen • paraya çevirmek
zu Gunsten von • lehine
zu Recht beständig • kanun nazarında geçerli
zu Unrecht n einbehalten • haksız olarak alıkoymak
zu versteuern • vergiye tabi
zu versteuernder Wert m • vergiye tabi değer
Zubehör n • aksesuar; ayrıntılar; eklenti; ilave; müştemilat; teferruat; yedek; yedek parça
zubilligen • bahşetmek; tanımak; yararlandırmak
Zubilligung f • bahşetme; tanıma
Zubilligung f von Bewährungsfrist f • cezaların tecili
Zucht f • disiplin; itaat; terbiye etme; yetiştirme
Zuchthaus n • ağır hapis; cezaevi; hapishane
Zuchthauserziehung f • cezaevi eğitimi
Zuchthauslehrer m • cezaevi öğretmeni
Zuchthausschule f • cezaevi okulu
Zuchthausstrafe f • ağır hapis cezası

Mesleki Terimler Sözlüğü

Zuchtmittel n • terbiye ve yetiştirme yöntemi
Zuckerausbeute f • şeker ürünü
Zuckerbilanz f • şeker üretimi ve tüketimi
Zuckerwirtschaftsjahr n • şeker kampanyası yılı
zueignen • ithaf etmek
zuerkennen • bahşetmek; tanımak; yararlandırmak
Zufall m • tesadüf; umulmayan hal
Zufallauswahl m • tesadüfi değişken
zufällig • tesadüfi
zufällige Bedingung f • tesadüfi şart
zufällige Unmöglichkeit f • beklenmeyen imkansızlık
zufällige Variable f • tesadüfi değişken
zufällige Zahlen pl. f • tesadüfi sayılar
zufälliges Verfahren n • tesadüfi prosedür; tesadüfi süreç
Zufallsauswahl f • rastgele örnek seçimi
Zufallsstichprobe f • rastgele örnekleme
Zufallsstichprobe f • ihtimaliyet numunesi
Zufallsstichproben-Untersuchung f • tesadüfi örnekleme
Zufluss m • girdi
zufügen • eklemek
Zuführung f • enkaz; mecralar
Zug m • çizgi; hareket; hat; katar; nitelik
Zugabe f • fazlalık; ilave
Zugang m • artış; giriş
Zugangstheorie f • vusul nazariyesi
Zugartikel m • katar malı; trende taşınan mal
zugeben • fazladan vermek; ilave etmek
zugeführte Sachen pl. f • enkaz
Zugehör n • teferruat
zugehören • ait olmak
zugehörig • ait; ilgili; mensup
Zugehörigkeit f • aidiyet; azalık
Zugehörigkeitspfandrecht n • teferruat
zugesicherte Eigenschaften pl. f • vadedilen vasıflar
Zugeständnis n • ikrar; muvafakat
zugestehen • müsaade etmek; muvafakat etmek; tanımak
zugleich • aynı zamanda
zugrunde • temelde
zugrunde legen • esas almak

zugrunde liegen • esas olmak
zugrunde liegend • esasta
zugunsten • emrine; lehine; menfaatine
Zuhälter m • beyaz kadın ticareti yapan
Zuhälterei f • beyaz kadın ticareti
zuhören • dinlemek
Zuhörerschaft f • dinleyiciler
Zukaufbedarf m • ilaveten satın alma ihtiyacı
Zukunft f • gelecek; istikbal
zukünftig • gelecekte; istikbalde
Zulage f • ilave; yan ödeme; zam
zulänglich • yeterli
zulassen • izin vermek; kabul etmek; müsaade etmek
zulässig • caiz; meşru; yasal
zulässige Beanspruchung f • yasal talep
Zulässigkeit f • meşruiyet; yasallık
Zulassung f • izin; kabul; müsaade; permi; tescil
Zulassungsbedingung f • giriş koşulları
Zulassungsschein m • izin; izin belgesi; permi; permi belgesi; ruhsat
Zulassungsstelle f • ruhsat vermeye yetkili daire
Zulauf m • izdiham; rağbet
Zulieferant m • teslimatçı
Zulieferer m • ikinci müteahhit; tali teslimatçı
Zulieferindustrie f • yardımcı endüstri
Zulieferungen pl. • yardımcı sanayi kolları
zum Erben m einsetzen • mirasçı olarak göstermek
zum Faustpfand n geben • rehin koymak; rehine vermek
zum Meineid m verleiten • yalan yemine teşvik etmek
zum Nennwert m • başabaş
zum Pfand n einsetzen • rehine vermek
zum Richter m bestellen • hakimlik tevcih etmek
zum Vormund m bestellen • vasi tayin etmek; vasiliğe tayin etmek
zum Wehrdienst m tauglich • askerlik yapmaya elverişli
zum Zeugen m anrufen • şahit olarak göstermek
zumuten • beklemek; talebetmek; ummak

Fachwörterbuch

Zumutung f • haksız beklenti; haksız talep
zunächst • evvela; ilk olarak
Zuname m • soy adı; soyadı
zur Disposition f stellen • geçici olarak işten el çektirmek
zur Einsicht f vorlegen • tetkik için vermek
zur Einsichtnahme f • tetkik edilmek üzere
zur Sache f Stellung f nehmen • konuda fikrini açıklamak
zur Sache f vernehmen • olay hakkında ifadesine başvurmak
zur Versammlung f einberufen • toplantıya çağırmak
zur Versteuerung heranziehen • vergiye tabi kılmak
zur Zeit f • bu zamana kadar; halihazırda
Zurechenbarkeit f • isnat edilebilme; isnat kabiliyeti
zurechnen • dayandırmak; hesaba ilave etmek; müsebbibi olarak görmek
zurechnungsfähig • cezai ehliyeti olan
Zurechnungsfähigkeit f • cezai ehliyet; cezai yeterlilik; mümeyyiz; temyiz kudreti
zurecht • doğru; uygun
zurechtweisen • azarlamak; tekdir etmek
Zurechtweisung f • azarlama; tekdir
zureden • ikna etmeye çalışmak; teşvik etmek
Zurichten n • finisaj; son işlem
zurückbehalten • alıkoymak; geri vermemek
zurückbehaltener Gewinn m • dağıtılmamış kar
Zurückbehaltungsrecht n • haciz; hapis hakkı
Zurückbehaltungsrecht n des Besitzers m • zilyedin hapis hakkı
zurückberechnen • tekrar hesaba geçirmek
zurückdatieren • eski tarih atmak; geçmiş
zurückerstatten • geri vermek; iade etmek
Zurückerstattung f • iade
zurückfordern • iadesini talep etmek; yeniden talep etmek
Zurückgabe f • geri verme; iade

zurückgeben • geri satmak; geri vermek; iade etmek
zurückgekaufte Aktie f • işletmece geri alınan hisse senedi
zurückgestaute Inflation f • baskı altında tutulan enflasyon
zurückgewiesener Scheck m • iade edilmiş çek
Zurückhaltungsberechtigter m • hapis hakkı sahibi; rehin hakkı olan
zurückkaufen • geri satın almak
zurückkehren • avdet etmek; dönmek
Zurücknahme f • geri alma; kaldırma
Zurücknahme f der Klage f • davanın geri alınması
Zurücknahme f des Strafantrags m • ceza talebinin geri alınması
zurücknehmen • geri almak; kaldırmak
zurückstellen • geri bırakmak; yedeğe ayırmak
Zurückstellen n • geri bırakma
Zurücksweisung f des Eides m • yemini ret
zurücktreten • rücu
zurückverfolgen • bulup çıkarmak; izlemek
Zurückverweisung f des Urteils n • bozma
zurückweisen • reddetmek
Zurückweisung f • reddetme; ret
Zurückweisung f des Urteils n • kararı bozma
zurückzahlen • geri ödeme; geri ödemek; geri almak
zurückziehen • vazgeçmek
Zusage f • garantileme; muvafakat; onaylama; rıza; söz verme; taahhüt; tasvip; vaad; vaat
zusagen • garanti vermek; vaadetmek
Zusageprovision f • taahhüt komisyonu
Zusammenarbeit f • eşgüdüm
Zusammenarbeit f • ekip çalışması; işbirliği
zusammenarbeiten • işbirliği yapmak
zusammenfassen • birleştirmek; ünite haline getirmek
Zusammenfassung f • özet
zusammenfügen • birleştirmek

Mesleki Terimler Sözlüğü

zusammengefasste Bilanz f • özet bilanço; özetlenmiş bilanço
zusammengefasste Gewinn- und Verlustrechnung f • özet gelir tablosu
zusammengehen • birlikte hareket etmek
zusammengesetzte Arbitrage f • dolaylı arbitraj
zusammengesetzte Klasse f • birleştirilmiş sınıf
zusammengesetzter Satz m • bileşik tümce
zusammengesetzter Staat m • mürekkep devlet
zusammengesetztes Tempus n • bileşik zaman
zusammengesetztes Wort n • bileşik sözcük
Zusammenhang m • alaka; bağ; ilişki; irtibat; münasebet
zusammenhängen • birbiriyle irtibatlı olmak
zusammenhängende Straftaten pl. f • murtabıt suçlar
zusammenkaufen • toptan satın almak
Zusammenleben n • müşterek yaşam
zusammenlegen • bir araya getirmek; birleştirmek
Zusammenlegung f von Aktien pl. f • hisse senetlerini konsolide etme
zusammenrechnen • eklemek; ilave etmek; toplamak
Zusammenrottung f • tecemmu; tecemmuat
zusammenschliessen • birleştirmek
Zusammenschluss m • birleşme; birleştirme; füzyon
Zusammenschluss m von Banken pl. f • grup bankacılığı
zusammensetzen • biraraya getirmek
Zusammensetzung f • bileştirme; tamlama; biraraya gelme; toplanma
Zusammenstoss m • çarpışma; çatma
zusammenstossen • çarpışmak; çatışmak
zusammentreffen • çakışmak; rastlamak
Zusammentreffen n • bir araya gelme; çakışma; içtima; toplantı
Zusammentreffen n strafbarer Handlungen pl. f • hakiki içtima
Zusammentreffen n von Rechten pl. n • hakların içtimaı

Zusammenziehung f • derilme
Zusatz m • değiştirme; derkenar; ek; ilave; not; tadil
Zusatzabkommen n • ek sözleşme
Zusatzantrag m • değişiklik önergesi; ek önerge
Zusatzartikel m • ek madde
Zusatzbestimmung f • ek kayıt
Zusatzbildungssteuer f • ek eğitim vergisi
Zusatzbudget n • katma bütçe
Zusatzdividende f • ek temettü
Zusatzdokument n • ek belge
Zusätze pl. m • eklemeler; ilaveler
Zusatzkonto n • tamamlayıcı hesap
Zusatzkredite pl. m • munzam tahsisat
Zusatzlehrbuch n • yardımcı ders kitabı
zusätzlich • ek olarak; ilave
zusätzliche Dienstleistungsstellen pl. f • yardım birimleri; destek birimleri
zusätzliche Garantie f • munzam teminat
Zusatzprotokoll n • ek protokol
Zusatzsteuer f • ek vergi; ek ceza
Zusatzstrafe f • mütemmim ceza
Zusatzunterricht m • ek dersler
Zuschlag m • genel imalat maliyeti yükleme haddi; ihale; zam
zuschlagen • artırmak; ihale etmek
Zuschlagzahlung f • ek ödeme
zuschreiben • adına kaydettirmek; hesabına geçirmek
Zuschrift f • mektup; yazı
Zuschuss m • aidat; bağış; ek; ek tahsisat; hibe; katkı; nakdi yardım; tahsisat; yardım; zam
Zuschussland n • ithalata ihtiyacı olan memleket
zusichern • garanti etmek
Zusicherung f • garanti; teminat
zusprechen • bahşetmek; tanımak
zusprechen Versteigerungen pl. f • vermek
Zustand m • durum; hal; vaziyet
Zustand m der Nichtkriegführung f • harp dışı olmaklık
Zustandekommen n eines Vertrags m • inikat
zuständig • salahiyetli; sorumlu; yetkili
zuständige Behörde f • yetkili makam

Fachwörterbuch

zuständige Krankenkasse f • yetkili hastalık sigortası kurumu
zuständiger Richter m • yetkili hakim
Zuständigkeit f • görev; otorite; salahiyet; sorumluluk; yetki
Zustandskredit m • ek kredi
zustehen • ait olmak; hakkı olmak; tebliğ etmek
Zustellung f • tebliğ; tebligat
Zustellungsurkunde f • tebliğ mazbatası
zustimmen • katılmak; mutabık olmak; muvafakat etmek; razı olmak; uyuşmak
Zustimmung f • izin; muvafakat; muvafakat; onay; razı olma; rıza
zuteilen • dağıtmak; pay olarak vermek
Zuteilung f • dağıtma; dağıtım; paylaştırma; tahsis; tahsis etme; tahsisat; tevzi
Zuteilungsmitteilung f • tahsis mektubu
Zuteilungsschein m • tahsis mektubu
Zuteilungsverfahren n • vesikaya bağlama
zutreffen • doğru olmak; hakikat olmak
zutreffend • doğru; isabetli
Zutritt m • duhul; giriş
zuungunsten • aleyhine; zararına
zuverlässig • güvenilir; itimat edilir
Zuverlässigkeit f • güvenirlik
Zuversicht f • güven; itimat
Zuviel n • fazlalık; ifrat
zuvorkommen • önce davranmak; önlemek; takaddüm etmek
Zuwachs m • artma; büyüme; gelişme
Zuwachsrate f • artış oranı; gelişme oranı; gelişme oranı
Zuweisung f • tahsis; verme
zuwenden • kazandırmak; tevcih etmek
Zuwendung f • temliki muamele
Zuwendungsgeschäfte pl. n • temliki muameleler
zuwider • aykırı; zıt
zuwiderhandeln • aykırı davranmak
Zuwiderhandelnder m • aykırı davranan
Zuwiderhandlung f • aykırı davranış; aykırı hareket
Zuzug m • hariçten gelip yerleşme
zuzüglich • eklenerek; ilavesiyle
züchtigen • cezalandırmak; tedip etmek
Züchtigungsrecht n • tedip hakkı

Zündwarensteuer f • kibrit ve çakmak resmi; kibrit ve çakmak vergisi
Zünfte pl. f • esnaf cemiyetleri
Zwang m • baskı; cebir; zecir; zorlama; zorunluluk
Zwangsablieferung f • mecburi teslimat
Zwangsanleihe f • mecburi borçlanma; mecburi istikraz; zorunlu borçlanma
Zwangsarbeit f • ağır hizmet; hidematı şakka; kürek cezası
Zwangsbetreibung f • cebri icra; takip; cebren gönderme
Zwangseinziehung f • şirket ortaklığından ihraç
Zwangsenteignung f • kamulaştırma
Zwangshaft f • hapsen tazyik
Zwangshypothek f • kanuni ipotek
Zwangskartelle pl. • mecburi karteller
Zwangskonversion f • zorunlu değişim; zorunlu konversiyon
Zwangskurs m • fiyat kontrolü; narh
Zwangslage f • ıstırar hali; zaruret hali; zorlayıcı durum
Zwangsliquidation f • zorunlu tasfiye
Zwangsmassnahme f • zecri tedbir; zorlayıcı tedbir
Zwangsmittel n • zecri vasıta; zorlama vasıtası
Zwangspreis m • narh
Zwangsrecht n • gedik
Zwangssparen n • zorunlu tasarruf
Zwangsvergleich m • konkordato
Zwangsverkauf m • cebri satış; icra yolu ile satış; zorla satış; zorunlu veya acele satış
Zwangsverkaufswert m • acele satışta elde edilebilecek değer
Zwangsverschickung f • sürgün; kanuni sigorta; mecburi sigorta; cebri artırma
Zwangsverwalter m • güvenilir kişi; mala el koyan; mecburi idareci; yediadil
Zwangsverwaltung f • elkoyma; haciz; yediadile teslim; yediemin; yediemine teslim
Zwangsvollstreckung f • cebri icra; icra; takip
Zwangsvollstreckungsrecht n • icra hukuku; takip hukuku
zwangsweise • cebren; zorla

Mesleki Terimler Sözlüğü

Zwangswirtschaft f • devletçe kontrol edilen ekonomi
Zwanzig-Prozent Prinzip n • yüzde yirmi ilkesi
Zweck des Vereins m • derneğin amacı
Zweck m • erek; amaç; gaye; maksat
zweckgebunden • belli maksada yöneltilmiş
zweckgebundene Quittung f • amaca yönelik makbuz
zweckgebundene Reserve f • özel bir amaçla ayrılmış ihtiyat
zweckgebundene Rücklage f • dağıtılmamış karların özel amaçla tutulması; mahsus ihtiyat; özel yedek
zweckgebundener Fonds m • kullanım alanı sınırlandırılmış olan fon
zweckgebundener Geldstand m • amaca yönelik nakit; şarta bağlı kullanılabilen nakit
zweckmässig • amaca uygun; maksada uygun; makul; yerinde
zwecks • amacıyla; maksadıyla
Zweckvermögen n • amaca tahsis edilen servet
zweckwidrig • gayeye aykırı
Zweideutigkeit f • ikizleme
Zweidrittelmehrheit f • üçte iki çoğunluk
Zweifel m • tereddüt; şüphe
zweifelhafte Forderungen pl. f • şüpheli alacaklar
zweifelhafter Wechsel m • tahsili şüpheli senet
zweifeln • şüphe etmek
Zweig m • dal; şube
Zweigniederlassung f • şube
Zweigstelle f • şube
zweijährige Verjährungsfrist f • iki yıllık zamanaşımı süreleri
Zweikammersystem n • çift meclis sistemi; çifte meclis sistemi
Zweikampf m • düello
Zweischeinsystem n • çift senet usulü
zweiseitig • iki taraflı
zweiseitiger Vertrag m • iki taraflı akit
zweiseitiges Rechtsgeschäft n • iki taraflı hukuki muamele
Zweisprachigkeit f • ikidillilik

Zweitausfertigung f • ikinci nüsha; kopya; suret
zweite Gliederung f • ikinci eklemlilik
zweite Hypothek f • ikinci derece ipotek; ikinci derecede ipotek
zweitrangige Obligation f • ikinci dereceden borç; kefalet
zweitrangige Sicherheit f • ikinci derecede teminat
Zweitschrift f • kopya; nüsha
Zweitschuldner m • ikinci borçlu
Zwergbetrieb m • küçük işletme
Zwergenschule f • tek öğretmenli okul
Zwillingsaktien pl. f • ikiz hisse senetleri
zwingen • cebretmek; zorlamak
zwingend • amir; cebri; mecburi
zwingende Gründe pl. m • zorlayıcı nedenler
zwingende Rückzahlung f • zorunlu ödenim
zwingende Vorschriften pl. f • amir hükümler
zwingender Grund m • mücbir sebep
zwingendes Recht n • amir hükümler
Zwischenabschluss m • hesapların geçici olarak kapatılması
Zwischenbericht m • ara rapor
Zwischenbescheid m • ara karar
zwischenbetriebliche Beziehungen pl. f • işletmelerarası ilişkiler
zwischenbetriebliche Investitionen pl. f • işletmelerarası yatırımlar
zwischenbetrieblicher Gewinn m innerhalb eines Konzerns m • işletmelerarası kar
Zwischenbilanz f • ara bilanço; geçici bilanço; mizan
Zwischendividende f • ara dividant dağıtımı; yıl sonu kar dağıtımından önce yapılan kar payı ödemesi
Zwischenentscheidung f • ara karar
Zwischenfall m • hadise; vaka
Zwischenfeststellungsklage f • hadis dava
Zwischenfinanzbericht m • ara rapor; geçici finansal tablo
Zwischenhafen m • ara liman; uğrak limanı
Zwischenhandel m • antrepo ticareti; toptancılar; transit ticareti
Zwischenhändler m • aracı

Fachwörterbuch

Zwischenhändler pl. m • aracılar
Zwischenkonto n • ara hesap; geçici hesap; geçici ve aracı hesap; muvakkat ve mutavassıt hesap; süspan hesap
Zwischenkredit m • avans; geçici kredi
Zwischenlösung f • ara çözüm
Zwischenmakler m • cober
Zwischenprivatrecht n • devletler hususi hukuku
Zwischenprodukt n • ara ürünü; kısmen işlenmiş ürün
Zwischenprüfung f • ara denetim; hesap döneminin tamamını kapsamayan denetim
Zwischenschein m • geçici belge; geçici ilmuhaber; geçici sertifika
zwischenstaatlich • devletlerarası; eyaletlerarası; milletlerarası; uluslararası
zwischenstaatliche Beziehungen pl. f • devletlerarası ilişkiler
zwischenstaatliche Gerichte pl. • milletlerarası mahkemeler
zwischenstaatliche Gerichte pl. n • devletlerarası mahkemeler
zwischenstaatlicher Vertrag m • devletlerarası antlaşma
zwischenstaatliches Abkommen n • uluslararası sözleşme
zwischenstaatliches Privatrecht n • devletler hususi hukuku
zwischenstaatliches Recht n • devletlerarası hukuk; milletlerarası hukuku
zwischenstaatliches Sozialversicherungsabkommen n • devletlerarası sosyal güvenlik sözleşmesi
Zwischenstreit m • hadise
Zwischenstruktur f • arayapı
Zwischenumsatz m • iç satışlar; ortak firmalar arası satış
Zwischenurteil n • ara karar
Zwischenzeit f • ara zaman
Zwischenzins m • ara faiz; aracı faizi
Zwist m • ihtilaf; kavga; niza
Zyklus m • çevrim

Mesleki Terimler Sözlüğü

Abkürzungen / Kısaltmalar

A

a.B. = auf Befehl • emir üzerine
auf Bestellung • sipariş üzerine
ausser Betrieb • hizmet dışı
a.D. = Ausser Dienst • hizmet harici, kadro dışı, emekli
a.d.D. = an diesem Datum • bu tarihte
a.K., a.Kr. = auf Kredit • kredi üzerine
a.L. = auf Lieferung • teslimat üzerine
a.W. = ab Werk • fabrika çıkış fiyatı
ABC-Staaten = Argantinien, Brasillien, Chile • Arjantin, Brezilya, Şili
ABD = African Development Bank • Afrikanische Entwicklungsbank • Afrika Kalkınma Bankası
Abs. = Absender • gönderen
Absatz • paragraf
Absicht • maksat
Abschn. = Abschnitt • kupon, koçan
Abschr. = Abschrift • kopye, suret
Abtlg. = Abteilung • bölüm, kısım
ABVT = Allgemeine Bedingungen für die Versicherung von Gütertransporten • eşya • nakliye sigortasının genel şartları
Acc. = Akzept • kabul
ADAC = Allgemeiner Deutscher Automobilclub • Genel Alman Otomobil Kurumu
Adr. = Adressat • alacak olan
Adresse • adres
AFG = Arbeitsförderungsgesetz • Çalışmayı Teşvik Kanunu
AG = Aktiengesellschaft • Anonim Şirket
Amtsgericht • Sulh Mahkemesi
Arbeitgeber • İş veren
AGB = Allgemeine Geschäftsbedingungen • Genel Ticari Şartlar
Arbeitsgesetzbuch • İş Kanunu
Agt., Agtr. = Agentur • acentelik, şube
AH = Aussenhandel • Dış Ticaret
AHA = Aussenhandelsausschuss • Dış Ticaret Komisyonu
AHO = Aussenhandelsorganisation • Dış Ticaret Organizasyonu

AK = Aktienkapital • hisse sermayesi
Akkr. = Akkreditiv • akreditif
Akt. = Aktion • aksiyon
Aktionär • aksiyoner, hisse senedi sahibi
Akt.-Nr. = Aktennummer • dosya numarası
AktG = Aktiengesellschaft • Anonim Ortaklık
Akz.-Kr. = Akzeptkredit • kabul kredisi
AL = Abteilungsleiter • Şube Müdürü
alj. = alljährlich • her sene, yıldan yıla, yıllık
AllgVersBed. = Allgemeine Versicherungsbedingungen • Genel Sigorta Şartları
ALV = Arbeitslosenversicherung • İşsizlik sigortası
amtl. = amtlich • resmi
AN = Arbeitnehmer • İşçi
Anf. = Anfang • başlangıç
Angekl. = Angeklagte • sanık
Ank. = Ankauf • satın alma
Ankl. = Anklage • iddia
Ankläger • savcı
Anl. = Anlage • ek
Anm. = Anmerkung • not
ANr. = Aktennummer • dosya numarası
Antr. = Antrag • talep, teklif
Antw. = Antwort • cevap
Anw. = Anweisung • havale
AOK = Allgemeine Ortskrankenkasse • genel hastalık sigortası
Arb. = Arbeit • iş
Arbeiter • işçi
Arb.-Geb. = Arbeitsgebiet • iş sahası
ArbA • A.A = Arbeitsamt • iş ve işçi bulma kurumu
ArbG = Arbeitsgericht • iş mahkemesi
Arbeitsgesetz • iş kanunu
ArbG., Arbg = Arbeitgeber • iş veren
ArbN, Arbn = Arbeitnehmer • işçi
ArbR = Arbeitsrecht • iş hukuku
Arbz = Arbeitszeit • iş saati

Fachwörterbuch

Art. = Artikel • madde
Auftr. = Auftrag • sipariş
Auftr.-Best. = Auftragsbestätigung • sipariş teyidi
Auftr.-Nr. = Auftragsnummer • sipariş numarası
Ausf. = Ausfuhr • İhracat
Ausf.-Gar. = Ausfuhrgarantie • ihracat garantisi
AusfG, Ausf.-Ges. = Ausfuhrgesetz • ihracat kanunu
Ausg. = Ausgabe • baskı, emisyon, nüsha
Ausl. = Ausland • dış ülke
AuslG = Ausländergesetz • yabancılar kanunu
AuslPAnw. = Auslandspostanweisung • dış ülke posta havalesi
AWG = Aussenwirtschaftsgesetz • Dış Ticaret Kanunu
AWV = Aussenwirtschaftsverordnung • Dış Ticaret Tüzüğü
Az. = Aktenzeichen • dosya işareti

B

b.u. = bis unten • aşağıya kadar
B.a.W. = bis auf weiteres • yeni bir emre kadar
B/L = Konossement • konşimento
BA = Bezirksanwaltschaft • bölge savcısı
BAG = Bundesarbeitsgericht • federal iş mahkemesi
Bed. = Bedarf • ihtiyaç
Bedeutung • anlam
Bedingungen • şartlar
BEI = (bak EIB)
BEI-EIB = Europäische Investitionsbank • Avrupa Yatırım Bankası
Bekl. = Beklagte • davalı
Betr. = Betrag • meblağ
Betreff • birşeye dair
betr. = betreffend • hakkında, dair, özü
betreffs • hakkında, dair, özü
Bev. = Bevollmächtigter • Yetkili Vekil, Temsilci
Bez. = Bezug • hakkında
Bf. = Brief • mektup
BfG. = Bank für Gemeinwirtschaft • Almanya'da bir Banka adı
Bfk. = Briefkasten • posta kutusu
Bfm. = Briefmarke • pul
BGB = Bürgerliches Gesetzbuch • Alman Medeni ve Borçlar Kanunu
BGBl. = Bundesgesetzblatt • Resmi Gazete
BGH = Bundesgerichtshof • Federal Hakimler Heyeti
Bil. = Bilanz • bilanço
Bj. = Betriebsjahr • işletme yılı
Bk. = Bank • Banka
Bk.-Bed. = Bankbedingungen • Banka şartları
Bk.-Guth. = Bankguthaben • Banka matlubatı, banka hesabı
Bk.-K., Bk,-Kto. = Bankkonto • Banka hesabı
Bk.-Kr. = Bankkredit • Banka kredisi
BKK = Betriebskrankenkasse • firma hastalık kasası
Bkm. = Bekanntmachung • ilan
Bl.-Nr. = Blattnummer • sayfa, yaprak numarası
BMJ = Bundesministerium der Justiz • Federal Adalet Bakanlığı
bo = brutto • brüt
Botsch. = Botschaft/Botschafter • büyükelçilik/büyükelçi
BörsG = Börsengesetz • Borsa Kanunu
BP = Bundespost • Federal Posta Teşkilatı
Br.-Vers. = Brandversicherung • yangına karşı sigorta, yangın sigortası
BRD = Bundesrepublik Deutschland • Almanya Federal Cumhuriyeti
brt. = brutto • brüt
Bs. = Besitzer • sahip, mal sahibi, hamil
bsd.bsds. = besonders • özellikle
BSG = Bundessozialgericht • Federal Mahkeme
Bsp. = Beispiel • misal
Bstg. = Bestellung • sipariş
bto. = brutto • brüt
Btr. = Beitrag • iştirak, hisse
Betrag • meblağ;

Mesleki Terimler Sözlüğü

Betreff • ilgi
Betrieb • müessese • ticarethane, işletme
btto = brutto • brüt
Bü. = Büro • büro
BVerfG = Bundesverfassungsgericht • Federal Anayasa Mahkemesi
BVerwG = Bundesverwaltungsgericht • Federal İdari Mahkeme
BWahlG = Bundeswahlgesetz • Federal Seçim Kanunu
bzw. = beziehungsweise • veya, hususi hallerde, daha doğrusu

C

c/o = care of • eliyle
ca = circa • ungefähr • takriben, yaklaşık
CC = Caribbean Commission • Karibische Komission • Karayipler Komisyonu
CCTA = Commission de Coopération Technique en Afrique au Sud du Sahara • Kommission für technische Zusammenarbeit in Afrika südlich der Sahara • Güney Büyük Sahra İçin Afrika Teknik İşbirliği Komisyonu
CD = Corps diplomatique • kordiplomatik
CEB = Central Electricity Board • Elektrik Merkez Kurulu
CECA = (bak EGKS)
CEE = (bak EWG)
CEPES = Comité Européen pour le Progrés Economique et Social • Europäische Vereinigung für wirtschaftliche und soziale Entwicklung • Avrupa Ekonomik ve Sosyal Kalkınma Birliği
cf = Preis und Fracht • Fiyat ve Navlun
CH = Schweiz • İsviçre
CIF = Preis, Versicherung, Fracht • Fiyat, Sigorta, Navlun
CIS = Internationales Informationszentrum für Arbeitsschutz • İş Güvenliği için Uluslararası Haberleşme Merkezi
Co = Gesellschaft • Şirket
Cor consulaire • konsolosluk görevlileri
Corp.jur. = Corpus juris • kanunlar mecmuu
cr = currentis • des laufenden Monats • cari ay

D

D = Datum • tarih
D. = Diskont • iskonto
d.Bl. = dieses Blattes • bu yaprağın, bu sayfanın
d.G. = des Gesetzes • kanun durch Gesetz • kanunen
d.h. = das heisst • bu demektir ki
d.i. = das ist • bu'dur
d.J. = diesen Jahres • bu yılın
d.j.J. = des jetzigen Jahres • içinde bulunduğumuz yılın
d.M. = des/dieses Monats • bu ayın
d.Mts. = des/ dieses Monats • bu ayın
d.v.J. = des vorigen Jahres • geçen yılın
d.W. = dieser Woche • bu haftanın
DAC = Development Assistance Committee • Entwicklungshilfeausschuss der OECD • OECD Gelişme Yardım Komitesi
Dat. = Datum • tarih
DB = Deutsche Bank • Almanya'da bir Banka
Deutsche Bundesbahn • Federal Almanya Demir Yolları
Dresdner Bank • Almanya'da bir Banka
DBB = Deutsche Bundesbahn • Federal Almanya Demir Yolları
DBP. = Deutsche Bundespost • Federal Almanya Posta Teşkilatı
DDR = Deutsche Demokratische Republik • Demokratik Alman Cumhuriyeti
DGB = Deutsche Gewerkschaftsbund • Alman Sendikalar Birliği
DHG = Deutsche Handelsgesellschaft • Alman Ticaret Şirketi
diesj. = diesjährig • bu yıllık
Diff. = Differenz • fark
DIHT = Deutscher Industrie- und Handelstag • Alman Sanayi ve Ticaret Kongresi

Fachwörterbuch

DIN = Deutsche Industrienorm • Alman Endüstri Standartı
Dipl.Kaufm., Dipl.Kfm. = Diplomkaufmann • iktisatçı, ekonomist
DIR = Deutsche Institut für Rechtswissenschaft • Alman Hukuk Enstitüsü
Dir. = Direktion • Müdürlük
DM = Deutsche Mark • Alman Parası
D-Mark = Deutsche Mark • Alman Parası
do. = dito (dasselbe, ebenso) • aynen, yukarıdaki gibi
Do. = Donnerstag • Perşembe Doppel • çift
dr. = dringend • acil
Ds. = Drucksache • Matbua
ds.J.-ds.Js. = des/dieses Jahres • bu yılın
ds.M.-ds.Mts = des/dieses Monats • bu ayın
dt. = Deutsch • Almanca
dt.Vertr. = deutscher Vertreter • Alman Temsilci
Dtz.Dtzd. = Dutzend • düzine
Dzd. = Dutzend • düzine

E

E = Einfuhr • İthalat
e.U., E.U. = eigenhändige Unterschrift • kendi eliyle imza
e.V. = eingetragener Verein • dernekler kütüğünde kayıtlı tüzelkişiliği olan dernek
EAG = Einfuhr- und Ausfuhrhandelsgesellschaft • İthalat ve İhracat Ticaret Şirketi
ebf. = ebenfalls • aynı zamanda
ECA = Economic Commission for Africa • Wirtschaftkommission für Afrika • Birleşmiş Milletler Afrika Ekonomik Komisyonu
ECAFE = Economic Commission for Asia and Far East • Wirtschaftskommission für Asien und den Fernen Osten • Asya ve Uzak Doğu Ekonomik Komisyonu
ECE = Economic Commission for Europe • Wirtschaftskommission für Europa • Avrupa Ekonomik Komisyonu
ECLA = Economic Commission for Latin-Amerika • Wirtschaftskommission für Lateinamerika • Birleşmiş Milletler Latin Amerika Ekonomik Komisyonu
ECOSOC = Economic and Social Council • Wirtschafts- und Sozialrat der Vereinten Nationen • Birleşmiş Milletler Ekonomik ve Sosyal Konseyi
EDI = Economic Development Institute • Institut für wirtschaftliche Entwicklung • Ekonomik Kalkınma Enstitüsü
EEF = Europäischer Entwicklungsfonds • Avrupa Gelişme Fonu
Eff. = Effekten • menkul kıymetler
EGKS = Europäische Gemeinschaft für Kohle und Stahl • Avrupa Kömür ve Çelik Birliği
EH = Einzelhandel • perakendecilik
EheG = Ehegesetz • Evlilik Kanunu
ehel. = ehelich • evlilik içi
EhrG = Ehrengericht • haysiyet divanı
EIB = Europäische Investitionsbank • Avrupa Yatırım Bankası Export-Import Bank • İhracat-İthalat Bankası
EIB = Europäische Investitionsbank • Avrupa Yatırım Bankası
eig. = eigentlich • esasen
eigt. = Eigentum • mal, mülk, mülkiyet
EPTA = Expanded Program of Technical Assistance • Erweitertes Technisches Hilfsprogramm der Vereinten Nationen • Birleşmiş Milletler Teknik Yardım Tevzi Programı
ErbR = Erbrecht • miras hukuku
ErbStG = Erbschaftssteuergesetz • Veraset Vergisi Kanunu
EStG = Einkommensteuergesetz • Gelir Vergisi Kanunu
etc. = et cetera (und so weiter) • ve saire
etw. = etwas • bir şey
evgl. = evangelisch • Protestan
evt., evtl. = eventuel • muhtemelen, olası

Mesleki Terimler Sözlüğü

EWA = Europäisches Währungsabkommen • Avrupa Para Anlaşması
EWF = Europäisches Währungsfonds • Avrupa Para Fonu
EWG = Europäische Wirtschaftsgemeinschaft • Avrupa Ekonomik Birliği
Ex. = Exemplar • nüsha, suret, örnek
Exkl. = exklusiv • özel, münhasıran exklusive • hariç

F

f.a.B. = frei an Bord • güvertede teslim
f.a.F. = frei ab Fabrik • Fabrikada teslim
f.a.W. = frei ab Werk • işletmede teslim, fabrikada teslim
f.d.J. = für das/dieses Jahr • bu yıl için
f.e.B. = für den eigenen Bedarf • kendi ihtiyacı için
Fa. = Firma • Firma
Fa.-Kat. = Firmenkatalog • firma kataloğu
Fabr. = Fabrik • fabrika
Fabrikat • marka
Fakt. = Faktur • fatura
FAO = Food and Agriculture Organization • Ernährungs- und Landwirtschaftsorganisation • Birleşmiş Milletler Gıda ve Tarım Teşkilatı
Fb. = Fabrik • fabrika
Fernschr. = Fernschreiben • teleks

ff. = fort folgende Seiten • bundan sonraki sayfalar
fort folgende Paragraphen • bundan sonraki paragraflar
Fil. = Filiale • Banka şubesi, şube
FinA = Finanzamt • Maliye Dairesi, maliye
FinG = Finanzgericht • vergi mahkemesi
FinJ = Finanzjahr • Mali Yıl
FJP = Fünfjahresplan • beş yıllık plan
fllg. = fällig; vadesi dolmuş
Fn. = Fussnote • dipnot
fob., f.o.b. = frei an Bord • güvertede teslim
folg. = folgende • takip eden
frko = franko (Postfrei) • masrafsız
Fs.-Nr. = Fernschreibnummer • teleks numarası

G

Gar. = Garantie; garanti
GATT = General Agreement on Tariffs and Trade • Allgemeines Zoll- und Handelsabkommen • Gümrük Tarifeleri ve Ticaret Genel Anlaşması
Gb. = Gebühr • harç, masraf, gider
GD. = Generaldirektion • Genel Müdürlük
Geb.bez. = Gebühr bezahlt • harç ödenmiştir
Geb.-J. = Geburtsjahr • doğum yılı
GebO = Gebührenordnung • harç tarifesi
gelt. = geltend • geçerli
Gen.-Bev., Gen.,-Bevollm = Generalbevollmächtigter • Genel Yetkili
Gen.-Sekr. = Generalsekräter • Genel Sekreter
Generalsekretariat • Genel Sekreterlik

Gen.-Vertr. = Generalvertrag • Genel Mukavele, sözleşme, akit, anlaşma
Gen.Vollm. = Generalvollmacht • Genel Yetki
Generalvertreter • Genel Mümessil
Generalvertretung • Genel Mümesillik
Ger.-Med. = Gerichtsmedizin • adli tıp
Ger.-Schr. = Gerichtsschreiber • mahkeme katibi
Ger.-Verf. = Gerichtsverfahren • muhakeme usulü
Ger.-Vollz. = Gerichtsvollzieher • icra memuru
Ges.-Bl. = Gesetzblatt • resmi gazete
ges.Vertr. = gesetzlicher Vertreter • kanuni temsilci
Gesch. = Geschäft • Ticarethane, iş yeri

Fachwörterbuch

GewO = Gewerbeordnung • meslek nizamnamesi
gez = gezeichnet • imzalanmış
gfl. = gefälligst • lütfen, Sayın
GG = Grundgesetz • Anayasa
Gütergemeinschaft • mal ortaklığı
ggbfs. = Gegebenenfalls • gerektiğinde
GH = Grosshandel • toptancılık
GiKo = Girokonto • ciro hesabı
glt. = gültig; geçerli
GmbH = Gesellschaft mit beschränkter Haftung • Sınırlı Sorumlu Şirket, Limited Şirket
gms. = gemeinsam • müşterek
GPA = Generalpostamt • Genel Posta Merkezi
Guth. = Guthaben • alacak
gzj. = ganzjährig • bütün yıllık

H

H = Handel; ticaret
H.-Ber. = Handelsbericht • Ticaret Raporu
H.-Br. = Handelsbrief • Ticari Mektup
Ha.-Bil. = Handelsbilanz • ticaret bilançosu
Halbj. = Halbjahr • yarım yıl
halbjährig • yarım yıllık
HBl. = Handelsblatt • ticaret gazetesi
Herk. = Herkunft • menşe
Herk.-L. = Herkunftsland • menşe ülke
Herst. = Hersteller • İmalatçı
HG = Handelsgericht • ticaret mahkemesi
Haushaltgesetz • bütçe kanunu
HGB = Handelsgesetzbuch • Ticaret Kanunu
HK = Handelskammer • Ticaret Odası
HO = Handelsorganisation • Ticari Teşkilat
höchst. = höchstens • en yüksek
höchstpr. = Höchstpreise • en yüksek fiyat
Hpt.-Vertr. = Hauptvertrag • Ana Anlaşma
HReg. = Handelsregister • Ticaret Sicili
Hyp.-B., Hyp.-Bk. = Hypothekenbank • İpotek Bankası, Emlak Bankası
Hypothek • ipotek
Hyp.-Br. = Hypothekenbrief • ipotekli borç senedi

I

i. = in • içinde
I. = Industrie • Endüstri
i.a. = im allgemeinen • genellikle
i.A., I.A. = im Auftrage • biri namına, birinin emriyle, adına
i.a.W. = in anderen Worten • başka ifadeyle
i.g. = im ganzen • tümüyle
i.H.v. = in Höhe von • bu miktar, ...kadar
i.J. = im Jahr(e) • yıl içinde
i.M. = im Monat • ay içinde
im Mittel • ortalama
i.N. = im Namen • namına, adına
i.N.d. = im Namen des/der • ...nın adına
i.O. = in Ordnung • düzenli, tamam
i.S. = im Sinne • fikren, zihnen, uyarınca
im Sommer • yazın, yaz içinde
in Sachen • ... konularında
i.ü. = im übrigen • fazla olarak, ayrıca
i.V. = in Vertretung • vekaleten
in Vollmacht • vekaleten
i.v.O. = in verschiedenen Orten • çeşitli yerlerde
i.Vm. = im Vormonat • bundan evvelki ay içinde
i.w. = im wesentlichen • esas itibariyle
i.W. = in Worten • yazı ile
i.W.v. = im Wert(e) von • «\»değerinde
IAA = Internationales Arbeitsamt • Milletlerarası İşçi Bulma Kurumu
IADB = Inter-American Development Bank • Inter-Amerikanische Entwicklungsbank • Amerika Kıtası Amerikalılararası Kalkınma Bankası
IAEA = International Atomic Energy Agency • Internationale

Mesleki Terimler Sözlüğü

Atomenergiekommission • Milletlerarası Atom Enerjisi Komisyonu
IAO = (bak ILO)
IAO = Internationale Arbeitsorganisation • Milletlerarası Ticaret Teşkilatı
IBFG = (bak ICFTU)
IBRD = International Bank for Reconstruction and Development • Internationale Bank für Wiederaufbau und Entwicklung • Milletlerarası Kalkınma Bankası (Dünya Bankası)
ICA = (bak IGB)
ICAO = International Civil Aviation Organization • Internationale Organisation für Zivilluftfahrt • Milletlerarası Sivil Havacılık Teşkilatı
ICFTU = International Confederation of Free Trade Unions • Internationaler Bund freier Gewerkschaften • Milletlerarası Hür Sendikalar Konfederasyonu
IDA = International Development Agency • Internationale Entwicklungs-organisation • Milletlerarası Kalkınma Teşkilatı
IFA = International Fiscal Association • Internationale Vereinigung für Finanz- und Steuerrecht • Milletlerarası Maliye ve Vergi Hukuku Birliği
IFC = International Finance-Corporation • Internationale Finanz-Corporation • Milletlerarası Finansman Birliği
IG = Industriegewerkschaft • sanayi işkolu sendikası
IGB = Internationaler Gewerkschaftsbund • Milletlerarası Sendikalar Birliği
IGB = Internationaler Gewerkschaftsbund • Milletlerarası Sendikalar Birliği
IHK = Industrie- und Handelskammer • Sanayi ve Ticaret Odası
Internationale Handelskammer • Milletlerarası Ticaret Odası
IHK = Industrie- und Handelskammer • Sanayi ve Ticaret Odası
IHK = Internationale Handelskammer • Milletlerarası Ticaret Odası
IKK = Innungskrankenkasse • zanaatkarlar hastalık sandığı
ILO = International Labour organization • Internationale Arbeits-Organisation • Milletlerarası Çalışma Teşkilatı
im.bes. = im besonderen • özellikle
IMF = International Monetary Fund • Internationale Währungsfonds • Milletlerarası Para Fonu
Inh. = Inhaber • hamil, sahip
Inhaberin • hamil, sahip
inkl. = inklusive • dahil
innerhalb • içinde, zarfında
ITU = International Telecommunication Union • Internationaler Fernmeldeverein • Milletlerarası Telekominikasyon Birliği
IVss = Internationale Vereinigung für Soziale Sicherheit • Milletlerarası Sosyal Güvenlik Birliği
IWF = internationaler Währungsfonds • Milletlerarası Para Fonu

J

J. = Jahr • yıl
j. = jährlich • yıllık
jetzt • şimdi
J.-Bil. = Jahresbilanz • Yıllık bilanço
j.J. = jedes Jahr • her yıl
j.M. = jeden Monat • her ay
j.P. = juristische Person • tüzelkişi
Jahrb. = Jahrbuch • yıllık
Jahrh. = Jahrhundert • asır
Jber., JBer., J.-Ber. = Jahresbericht • yıllık rapor
Jahresberichte • yıllık raporlar
jem. = jemand • bir kimse
JGG = Jugendgerichtsgesetz • Gençlik Mahkemeleri Kanunu
JSchG = Jugendschutzgesetz • Gençliğin Korunması Kanunu
Jub. = Jubiläum • jübile, yıldönümü
Jur. = Jurist • hukukçu
jur. = juristisch • hukuki
jur.P. = juristische Person • tüzelkişi

Fachwörterbuch

JustM. = Justizministerium • Adalet Bakanlığı

K

K. = Kapitel • fasıl, bölüm
  Konto • hesap
k.M. = kommenden Monats • gelecek ay
k.W. = kommende Woche • gelecek hafta
  kommender Woche • gelecek haftanın
KatA = Katasteramt • tapu sicil muhafızlığı
KatG = Katastergesetz • Tapu ve Kadastro Kanunu
Kath. = katholisch • Katolik
Kaufm. = Kaufmann • tacir, iş adamı, tüccar
Kf.-Pr. = Kaufpreis • alış fiyatı
Kfz. = Kraftfahrzeug • motorlu taşıt aracı
KG = Kammergericht • Yüksek Mahkeme
  Kassationsgericht • temyiz • mahkemesi
  Kindergeld • çocuk parası
  Kommanditgesellschaft • komandit şirket
KGG = Kindergeldgesetz • Çocuk Parası Kanunu

Kj. = Kalenderjahr • takvim yılı
KKB = Kundenkreditbank • Müşteri Kredi Bankası
Kl. = Klage • dava
  Kläger • davacı
Ko.-Nr. = Kontonummer • hesap numarası
Korresp. = Korrespondent • Muhabir
  Korrespondenz • muhabere, mektuplaşma
Kr. = Kredit • kredi
KSchG = Kündigungsschutzgesetz • İşten Çıkarılmaya Karşı Koruma Kanunu
Kto. = Konto • hesap
Kto.-St. = Kontostand • hesap durumu
Ktr.-Nr. = Kontrollnummer • kontrol numarası
kurzfr. = kurzfristig • kısa vadeli
kz. = kurz • kısa
kzfr. = kurzfristig • kısa vadeli

L

l.J. = laufendes Jahr • cari yıl
langfr. = langfristig • uzun vadeli
langj. = langjährig • uzun yıllık
LarbG = Landesarbeitsgericht • eyalet iş mahkemesi
Lf.-Fr. = Lieferfrist • teslimat vadesi
lfd.M. = laufender Monat • cari ay
Lfd.Nr. = Laufende Nummer • sıra no
Lfg. = Lieferung • teslimat
LG = Landesgesetz • eyalet kanunu
  Landesgericht • eyalet mahkemesi
Lief. = Lieferant • Müteahhit
  Liter; litre
Lief.-Bed. = Lieferbedingungen • teslimat şartları

  Lieferungsbedingungen • teslimat şartları
LohnStG = Lohnsteuergesetz • Ücret Vergisi Kanunu
Lp. = Luftpost • uçak postası
LSG = Landessozialgericht • eyalet sosyal mahkemesi
Ltq = türkisches Pfund • Türk Lirası
Ltr. = Leiter • Müdür
LVA = Landesversicherungsanstalt • işçi sosyal sigortaları kurumu
LverwG = Landesverwaltungsgericht • eyalet idari mahkemesi

M

M = Menge • miktar
M. = Monat • ay
m.a. = mit anderen • biri ile

m.a.W. = mit anderen Worten • diğer bir deyişle

Mesleki Terimler Sözlüğü

m.l.Schr. = mein letztes Schreiben • benim son mektubum
m.o.w. = mehr oder weniger • daha çok veya daha az, şöyle veya böyle, aşağı yukarı
max. = Maximum • maksimum
Mehrw. = Mehrwert • fazla kıymet, katma değer
Mehrw.-St. = Mehrwertsteuer • katma değer vergisi
Mgl. = Mitglied • üye, aza
miderj. = minderjährig • reşit olmayan
MilStGB = Militärstrafgesetzbuch • Askeri Ceza Kanunu
MinErl. = Ministerialerlass • kararname
moh. = mohammedanisch • Müslüman
Ms., MS = Manuskript • el yazısı, müsvedde
MSchG = Mieterschutzgesetz • Kiracıları Koruma Kanunu
mtl. = monatlich • aylık
MuSchG = Mutterschutzgesetz • Analığın Korunması Kanunu
Mw.-St., MwSt. = Mehrwertsteuer • katma değer vergisi
MWS = Mehrwertsteuer • katma değer vergisi

N

N = Nostrokonto • nostro hesaplar
n.A. = nach Antrag • teklife göre
n.J. = nächsten Jahres • gelecek yıl
n.ö. = nicht öffentlich • kamuya kapalı
n.R. = neue Rechnung • yeni hesap
Nachl.- Ger. = Nachlassgericht • tereke mahkemesi
Nachl.- Verw. = Nachlassverwalter • tereke idarecisi
Nachlassverwaltung • terekenin idarecisi
Nachr. = Nachricht • haber
Nachr. = Nachrichten • haberler
Nbk. = Nebenkosten • yan masraflar
Nbk. = Nebenkosten • yan masraflar
NotG = Notariatgesetz • Noterlik Kanunu
Nr. = Nummer • Numara
nto. = netto • net

O

o. = ohne • -siz, -sız
  oder • veya
o.A. = ohne Adresse • adressiz
o.D. = ohne Datum • tarihsiz
o.g. = oben genannt • yukarıda belirtilmiştir
o.G. = ohne Garantie • garantisiz
o.N. = ohne Namen • isimsiz
  ohne nummer • sayısız
o.S. = ohne Sack • çuvalsız
o.Z. = ohne Zahlung • ödemeksizin
OAS = Organization of American States • Organisation der Amerikanischen Staaten • Amerikan Devletleri Teşkilatı
od. = oder • veya
OECD = Organization for Economic Cooperation and Development • Organisation für wirtschaftliche Zusammenarbeit und Entwicklung • Ekonomik İşbirliği ve Kalkınma Teşkilatı
offiz. = offiziell • resmen
OG = Obergericht • İsviçre eyalet mahkemesi
OHG = offene Handelsgesellschaft • Halka açık şirket
OLG = Oberlandesgericht • eyalet yüksek mahkemesi
OrdA = Ordnungsamt • emniyet ve asayiş dairesi
orig. = original • orijinal, aslı
ORZ. = Organisations- und Rechenzentrum • Organizasyon ve Hesaplama Merkezi
OVG = Oberverwaltungsgericht • yüksek idari mahkeme
oZw. = ohne Zweifel • şüphesiz, elbet

Fachwörterbuch

ÖGB = Österreichischer Gewerkschaftsbund • Avusturya Sendikalar Birliği
Ök. = Ökonomie • ekonomi

P

p.A. = per Adresse • adres vasıtasıyla
p.a. = pro Jahr • her yıl için
p.p. = porto bezahlt • posta ücreti ödenmiştir
portofrei • posta ücreti ödenmiştir
p.s. = Post scriptum • not
pa. = prima • birinci kalite
Paragr. = Paragraph • paragraf
Parz. = Parzelle • parsel
PatG = Patentgesetz • Patent Kanunu
PatR = Patentrecht • patent hakkı
Pf.-Bef. = Pfändungsbefehl • haciz emri
Pf.-Br. = Pfandbrief • ipotekli borç senedi
PLZ = Postleitzahl • posta kot numarası
Pn = Päkchen • küçük paket
Pol.Kennz. = Polizeiliches Kennzeichen • taşıt plaka numarası
Pol.-Präs. = Polizeipräsident • emniyet müdürü
Polizeipräsidium • emniyet müdürlüğü
Postf. = Postfach • posta kutusu

pp. • p.p. = paginae (Seiten) • sayfalar
perge, perge (und so weiter) • vesaire
per procura (in Vollmacht) • vekâleten, yerine
ppa., p.pa. = per procura • vekâleten, yerine
Pr.-K. = Privatkonto • özel hesap
Pr.-L. = Preisliste • fiyat listesi
PreisG = Preisgesetz • fiyat kanunu
Prok. = Prokurist • Ticari Mümessil
Prov = Provision • Komisyon
Proz.-Bev. = Prozessbevollmächtigter • davaya girmeye yetkili vekil
PSchA = Postscheckamt • Posta Çeki Dairesi
PSchK = Postscheckkonto • postaçeki hesabı
PSchk, PSchKto = Postscheckkonto • Posta Çeki Hesabı

Q

Qual. = Qualität • kalite
quant = quantitativ • miktar

Quitt = Quittung • makbuz

R

R = Rabatt • iskonto, indirim
RA = Rechtsanwalt • avukat
RAnw. = Rechtsanwalt • avukat
Rb. = Rechnungsbüro • hesaplama bürosu, muhasebe bürosu
Rbl. = Regierungsblatt • resmi gazete
Rd.-Schr., Rdschr. = Rundschreiben • sirküler yazı

Rechn. = Rechnung • fatura, hesap
Rechtsw. = Rechtswidrig • gayri kanuni, kanuna aykırı
Repr. = Repräsentant • temsilci
rglm. = regelmässig • muntazam
Rj. = Rechnungsjahr • hesaplama yılı
RVO = Reichsversicherungsordnung • Alman Sosyal Sigortalar Kanunu

S

s. = Saldo • bakiye
S. = Sommer • yaz
S.g. = Sehr geehrte(r) • Çok sayın

s.h. = siehe hinten • arkaya bak
s.R. = siehe Rückseite • arka sayfaya bak
SB, Sb. = Sonderbericht • özel haber

Mesleki Terimler Sözlüğü

SchenkSt. = Schenkungssteuer • bağış vergisi
Schiedsr. = Schiedsrichter • hakem
SchwG = Schwurgericht • ağır ceza mahkemesi
SEATO = Southeast Asia Collective Defense Treaty Organization • Südostasien-Kollektiv-Verteidigungspaktorganisation • Güneydoğu Asya Kollektif Savunma Anlaşması Teşkilatı
SGB = Schweizerischer Gewerkschaftsbund • İsviçre Sendikalar Birliği
Sig. = Signatur • imza
Sk. = Skonto • Tenzilat, indirim
SozG = Sozialgericht • sosyal mahkeme
Spark. = Sparkasse • Tasaruf Sandığı Sparkasse • Almanya'da bir banka adı Sparkonto • tasarruf hesabı
SPC = South Pacific Commission • Süd-Pazifik-Kommission • Güney Pasifik Komisyonu
St.-Ang. = Staatsangehörige • Vatandaş Staatsangehörigkeit • tabiiyet
St.-Anw. = Staatsanwalt • savcı Staatsanwaltschaft • savcılık
St.Pr. = Staatspreis • Devletçe konan fiyat
StandA = Standesamt • nüfus dairesi
Stckpr. = Stückpreis • tane fiyatı, birim fiyatı
stf. = Steuerfrei • vergiden muaf
StGB = Strafgesetzbuch • Ceza kanunu
StPO = Strafprozessordnung • Ceza Muhakemeleri Usulü Kanunu
Str.-Reg. = Strafregister • adli sicil
StVG = Strassenverkehrsgesetz • Karayolları Trafik Kanunu
StVO = Strassenverkehrsordnung • Karayolları Trafik Nizamnamesi

T

TAB = Technical Assistance Board • Amt für Technische Hilfe • Birleşmiş Milletler Teknik Yardım Dairesi
TAC = Technical Assistance Committee • Komitte für Technische Hilfe • Birleşmiş Milletler Teknik Yardım Komitesi
tägl. = Täglich • her günkü, her gün
teilw. = teilweise • kısmen
teilz. = Teilzahlung • taksit
Tel. = Telefon • telefon Telegramm • telgraf
Tel.-Nr. = Telefonnummer • telefon numarası
telegr. = telegrafisch • telegrafla
TestG = Testamentsgesetz • Vasiyet Kanunu
Tf. = Telefon • telefon
tgl. = täglich • günlük, her günkü
TierSchG = Tierschutzgesetz • Hayvanları Koruma Kanunu
trk. = türkisch • Türkçe, Türke ait
TÜV = Technischer Überwachungsverein • Teknik Muayene Kurumu
TVG = Tarifvertragsgesetz • Toplu İş Sözleşmesi Kanunu
Tx. = Telex • teleks

U

u. = und • ve unten • altında
u.dgl. = und diesgleichen • ve buna benzerleri
u.V. = unter Vorbehalt • saklı tutarak
Ums.-St. = Umsatzsteuer • sürüm vergisi
UNCTAD = United Nations Conference on Trade and Development • Konferenz der Vereinten Nationen über Handel und Entwicklung • Birleşmiş Milletler Ticaret ve Kalkınma Konferansı
unehel. = unehelich • evlilik dışı
UNESCO = United Nations Educational, Scientific and Cultural Organization • Organisation der Vereinten Nationen für Erziehung, Wissenschaft und Kultur • Birleşmiş Milletler Bilim, Eğitim ve Kültür Teşkilatı

Fachwörterbuch

UNICEF = United Nations International Children's Emergency Fund • Birleşmiş Milletler Uluslararası Çocuklara Yardım Fonu
UNO = United Nations Organization • Organisation der UN • Birleşmiş Milletler Teşkilatı

UrlG = Urlaubsgesetz • İzin Kanunu
USt. = Umsatzsteuer • muamele vergisi, satış vergisi
usw. = und so weiter • ve saire

V

V. = Vertrag • anlaşma
v.C. = vor Cristus • Milattan önce
v.J. = voriges Jahr • evvelki yıl
v.M. = vorigen Monats • geçen yıl
VerG = Vereinsgesetz • Dernekler Kanunu
Verj.-Fr. = Verjährungsfrist • zamanaşımı süresi
Verk.-Pr. = Verkaufspreise • satış fiyatları
VermBG = Vermögensbildungsgesetz • Tasarrufu Teşvik Kanunu
Vers.-Nr. = Versicherungsnummer • sosyal sigortalar sicil numarası

Verw.-Geb. = Verwaltungsgebühr • idari harç
VerwG = Verwaltungsgericht • idari mahkeme
Vj. = Vierteljahr • çeyrek yıl
VormG = Vormundschaftsgericht • vesayet mahkemesi
VschulG = Volksschulgesetz • İlköğretim Yasası
Vtrg. = Vertretung • Temsilcilik

W

w.ü. = wie üblich • alışılageldiği şekilde
WaffG = Waffengesetz • Ateşli Silahlar Kanunu
WährG = Währungsgesetz • para kanunu
WAY = World Assembly of Youth • Weltvereinigung der Jugend • Dünya Gençlik Teşkilatı
WdKl. = Widerklage • karşı dava
WFUNA = World Federation of United Nations Associations • Weltverband der Gesellschaften für die Vereinten Nationen • Birleşmiş Milletler Kuruluşları Dünya Federasyonu
WHO = World Health Organization • Weltgesundheitsorganisation • Dünya Sağlık Teşkilatı

wktgs. = werktags • iş günleri
WKW = Warenkreditverkauf • ticari kredili satış
WMO = World Meteorological Organization • Meteorologische Weltorganisation • Dünya Meteoroloji Teşkilatı
WPfG = Wehrpflichtgesetz • Askerlik Kanunu
WPV = Weltpostverein • Dünya Posta Birliği
WUS = World University Service • internationales studentisches Hilfswerk • Dünya Öğrenci Yardım Teşkilatı
WZ, Wz., Wz = Warenzeichen • alameti farika, fabrika işareti

Z

Z = Zollamt • Gümrük idaresi
Z. = Zahlung • ödeme

Z. = Zeugnis • vesika, sertifika
z.B. = zum Beispiel • örnek olarak, örneğin

Mesleki Terimler Sözlüğü

z.H., z.Hd. = zu Händen • eliyle, vasıtasıyla
z.K. = zur Kenntnis • malumat kabilinden
z.T. = zum Teil • kısmen
z.Z. = zur Zeit • halihazırda, şu anda
Zahl.-Bef. = Zahlungsbefehl • ödeme emri
Zfr. = zinsfrei • faizsiz
ZGB = Zivilgesetzbuch (Schweiz) • Medeni Kanunu (İsviçre)
Zk. = Zahlkarte • ödeme kartı
zollfrei • gümrüksüz
ZollG = Zollgesetz • Gümrük Kanunu
ZPO = Zivilprozessordnung • Hukuk Muhakemeleri Usulü Kanunu
Zwgst. = Zweigstelle • şube
ZwVollstr. = Zwangsvollstreckung • haciz, zoralım

Fachwörterbuch

Liste starker und unregelmäßiger Verben

Infinitiv	Türkisch	Präteritum	Partizip Perfekt
backen/bäckt(!)	fırında pişirmek	buk	gebacken
befehlen/befiehlt	emretmek	befahl	befohlen
beginnen	başlamak	begann	begonnen
beißen	ısırmak	biß	gebissen
bergen/birgt	çıkarmak, kurtarmak	barg	geborgen
betrügen	aldatmak	betrog	betrogen
bewegen(!)	hareket etmek	bewog	bewogen
biegen	bükmek	bog	gebogen
bieten	sunmak	bot	geboten
binden	bağlamak	band	gebunden
bitten	rica etmek	bat	gebeten
blasen/bläst	üfürmek	blies	geblasen
bleiben	kalmak	blieb	(ist) geblieben
bleichen(!)	solmak	blich	(ist) geblichen
braten/brät	kızartmak	briet	gebraten
brechen/bricht	kırmak	brach	gebrochen
brennen	yanmak	brannte	gebrannt
bringen	getirmek, götürmek	brachte	gebracht
denken	düşünmek	dachte	gedacht
dreschen/drischt	harman dövmek	drosch	gedroschen
dringen/drängt	zorla girmek, zorlamak	drang	ist/hat gedrungen
dürfen/darf	izinli olmak	durfte	gedurft
empfehlen/empfiehlt	tavsiye etmek	empfahl	empfohlen
erlöschen/erlischt	sönmek	erlosch	(ist) erloschen
erschrecken/erschrickt	korkutmak	erschrak	erschrocken
essen/ißt	yemek	aß	gegessen
fahren/fährt	gitmek, sürmek	fuhr	(hat/ist) gefahren
fallen/fällt	düşmek	fiel	(ist) gefallen
fangen/fängt	yakalamak	fing	gefangen
fechten/ficht	eskrim yapmak	focht	gefochten
finden	bulmak	fand	gefunden
fliegen	uçmak, uçakla gitmek	flog	(hat/ist) geflogen
fliehen	kaçmak	floh	(ist) geflohen
fließen	akmak	floß	(ist) geflossen
fressen/frißt	yemek (hayvan için)	fraß	gefressen
frieren(!)	üşümek	fror	gefroren
gebären	doğurmak	gebar	geboren
geben/gibt	vermek	gab	gegeben
gedeihen	gelişmek	gedieh	(ist) gediehen
gehen	gitmek	ging	(ist) gegangen

Mesleki Terimler Sözlüğü

Infinitiv	Türkisch	Präteritum	Partizip Perfekt
gelingen/es gelingt	başarılı olmak	gelang	(ist) gelungen
gelten/es gilt	geçerli olmak	galt	gegolten
genießen	tadını çıkarmak	genoß	genossen
geschehen/geschieht	meydana gelmek	geschah	(ist) geschehen
gewinnen	başarmak, kazanmak	gewann	gewonnen
gießen	dökmek	goß	gegossen
gleichen	benzemek	glich	geglichen
graben/gräbt	elemek, kazmak	grub	gegraben
greifen	tutmak, sarılmak	griff	gegriffen
haben/hat	olmak, sahip olmak	hatte	gehabt
halten/hält	tutmak, durmak	hielt	gehalten
hängen/hängt(!)	asılı durmak	hing	gehangen
hauen(!)	vurmak, dövmek	haute / hieb	gehauen
heben	kaldırmak	hob	gehoben
heißen	adlandırmak	hieß	geheißen
helfen/hilft	yardım etmek	half	geholfen
kennen	tanımak	kannte	gekannt
klingen	çınlamak, çalmak	klang	geklungen
kneifen	çimdiklemek	kniff	gekniffen
kommen	gelmek	kam	(ist) gekommen
können/kann	-e bilmek	konnte	gekonnt
kriechen	sürünmek	kroch	(ist) gekrochen
laden/lädt	yüklemek	lud	geladen
lassen/läßt	-tırmak, bırakmak	ließ	gelassen
laufen/läuft	koşmak	lief	(ist) gelaufen
leiden	acı çekmek	litt	gelitten
leihen	ödünç vermek	lieh	geliehen
lesen/liest	okumak	las	gelesen
liegen	durmak(yatık)	lag	gelegen
lügen	yalan söylemek	log	gelogen
meiden	kaçınmak	mied	gemieden
melken	sağmak	molk	gemolken
messen/mißt	ölçmek	maß	gemessen
mißlingen	başaramamak	mißlang	(ist) mißlungen
mögen/mag	istemek, hoşlanmak	mochte	gemocht
müssen/muß	mecbur olmak	mußte	gemußt
nehmen/nimmt	almak	nahm	genommen
nennen	adlandırmak	nannte	genannt
pfeifen	ıslık çalmak	pfiff	gepfiffen
raten/rät	öğüt vermek	riet	geraten
reiben	sürtmek, oğuşturmak	rieb	gerieben
reißen	yırtmak, parçalamak	riß	(hat/ist) gerissen
reiten	ata binmek	ritt	(hat/ist) geritten

Fachwörterbuch

Infinitiv	Türkisch	Präteritum	Partizip Perfekt
rennen	koşmak	rannte	(ist) gerannt
riechen	kokmak	roch	gerochen
ringen	güreşmek	rang	gerungen
rufen	çağırmak, bağırmak	rief	gerufen
salzen	tuzlamak	salzte	gesalzen
saufen/säuft	fazla içmek	soff	gesoffen
saugen	emmek, çekmek	sog	gesogen
schaffen(!)	yaratmak	schuf	geschaffen
scheiden	ayırmak, boşandırmak	schied	geschieden
scheinen	görünmek, parlamak	schien	geschienen
schieben	itmek, kaydırmak	schob	geschoben
schießen	ateş etmek, vurmak	schoß	geschossen
schlafen/schläft	uyumak	schlief	geschlafen
schlagen	vurmak, dövmek	schlug	geschlagen
schließen	kapatmak	schloß	geschlossen
schmeißen	atmak	schmiß	geschmissen
schmelzen/schmilzt	erimek	schmolz	(hat/ist) geschmolzen
schneiden	kesmek	schnitt	geschnitten
schreiben	yazmak	schrieb	geschrieben
schreien	bağırmak	schrie	geschrien
schreiten	adım atmak	schritt	geschritten
schweigen	susmak	schwieg	geschwiegen
schwellen/schwillt	şişmek	schwoll	(ist) geschwollen
schwimmen	yüzmek	schwamm	(hat/ist) geschwommen
schwören(!)	yemin etmek	schwor	geschworen
sehen/sieht	görmek	sah	gesehen
sein	olmak	war	gewesen
senden(!)	yollamak	sandte	gesandt
singen	şarkı söylemek	sang	gesungen
sinken	batmak	sank	(ist) gesunken
sitzen	oturmak	saß	gesessen
sollen/soll	gerekmek	sollte	(gesollt)
spalten	yarmak	spaltete	gespalten (gespaltet)
spinnen	örmek	spann	gesponnen
sprechen	konuşmak	sprach	gesprochen
springen	atlamak, sıçramak	sprang	(ist) gesprungen
stechen	sokmak	stach	gestochen
stecken(!)	sokmak	steckte	(hat/ist) gesteckt
stehen	ayakta durmak	stand	gestanden
stehlen/stiehlt	çalmak	stahl	gestohlen
steigen	yükselmek	stieg	(ist) gestiegen
sterben/stirbt	ölmek	starb	(ist) gestorben
stinken	kötü kokmak	stank	gestunken

Mesleki Terimler Sözlüğü

Infinitiv	Türkisch	Präteritum	Partizip Perfekt
stoßen/stößt	çarpmak	stieß	gestoßen
streichen	sürmek	strich	gestrichen
streiten	kavga etmek	stritt	gestritten
tragen/trägt	taşımak	trug	getragen
treffen/trifft	buluşmak, rastlamak	traf	getroffen
treiben	harekete geçirmek, itmek	trieb	(hat/ist) getrieben
treten/tritt	ayak basmak, çiğnemek	trat	(hat/ist) getreten
trinken	içmek	trank	getrunken
trügen	aldatmak	trog	getrogen
tun/tut	yapmak	tat	getan
verderben/verdirbt	bozmak	verdarb	(hat/ist) verdorben
vergessen/vergißt	unutmak	vergaß	vergessen
verlieren	kaybetmek	verlor	verloren
verschwinden	kaybolmak	verschwand	verschwunden
verzeihen	bağışlamak, affetmek	verzieh	verziehen
wachsen	büyümek	wuchs	gewachsen
waschen/wäscht	yıkamak	wusch	gewaschen
weben(!)	dokumak	wob	gewoben
weisen	işaret etmek, değinmek	wies	gewiesen
wenden	yöneltmek, çevirmek	wandte	gewandt
werben/wirbt	reklam yapmak	warb	geworben
werden/wird	olmak	wurde	(ist) geworden
werfen/wirft	fırlatmak, atmak	warf	geworfen
wiegen(!)	tartmak	wog	gewogen
wissen/weiß	bilmek	wußte	gewußt
wollen/will	istemek	wollte	gewollt
ziehen	çekmek	zog	(hat/ist) gezogen
zwingen	zorlamak	zwang	(hat/ist) gezwungen

Yararlanılan Kaynaklar

Altay, Şakir / Keskin, Veli: Hukuki ve Sosyal Terimler Sözlüğü, 1. Baskı, Ankara 1969

Avrupa Topluluğu Sözlüğü, 2. Baskı, Ankara

Aytemiz Kitabevi: Hukuk İktisat ve Ticaret Lügati, Ankara 1963

Ceyhan, Ayşe: Avrupa Topluluğu Terimleri Sözlüğü, AFA Yayınları

Coşkun, Hasan / Deveci, Tahir: Almanca Dilbilgisi ve Testler, İkinci Basım, Hacettepe Taş, Ankara 1997

*Demirel, Özcan: Eğitim terimleri Sözlüğü, USEM Yayınları-10, Ankara 1993

Erelmalı, A. Sait: Sigortacılık Sözlüğü, Ankara 1983

Evcimen, Orhan: Almanca-Türkçe İktisat Ticaret Maliye-Para-Banka Terimler Sözlüğü, Ankara 1972

MEB Yayınları:Türk Hukuk Lügati, Ankara 1943

Oğuzkan, A. Ferhan: Eğitim Terimleri Sözlüğü, Genişletilmiş Üçüncü Baskı, Ankara 1993

Onur, Kamil: Dış Ticaret Sözlüğü, Ankara 1981

Özcan Hüseyin: Ansiklopedik Hukuk Sözlüğü, 6. Baskı, Seçkin Kitabevi, Ankara 1985

Özön, Mustafa Nihat: Osmanlıca - Türkçe Sözlük, 5. Basım, İnkilap ve Aka Kitabevleri, Istanbul 1973

Steuerwald, Karl: Deutsch-Türkisches Wörterbuch, 2. Auflage, Wiesbaden 1987

Şafak, Ali: Ansiklopedik Hukuk Sölüğü, Temel yayınları Yayın No 85, 2. Baskı, Istanbul 1996

Uslu, T. Azmi: Yeni Hukuk Lügatı ve Hukuk Terimleri Sözlüğü, Site Yayınları, Hukuk Dizisi No.1, Istanbul 1964

Vardar, Berke vd:. Açıklamalı Dilbilim Terimler Sözlüğü, 1. Baskı, ABC Kitabevi, Istanbul 1988

Yalvaç, Faruk: Bankacılık Terimleri Sözlüğü, Ekonomik Araştırma Merkezi yayınları: 5, Üçüncü Basım, Ankara 1996

Yürüten, Mehmet Naim / Kesmen, İsmail Osman: Almanca-Türkçe Hukuk terimleri Sözlüğü, Norda Yayınevi, Istanbul 1983

Yazarın Özgeçmişi

* Dr. Hasan Coşkun, 01.01.1952 tarihinde Ankara/Bala ilçesinin Eğribasan köyünde doğdu. İlkokula Ankara'da başlayıp, köyünde bitirdi. Ortaokul ve lise öğrenimini Ankara'da yaptı. 1971 yılında Yıldırım Beyazıt Lisesi'nden mezun olduktan sonra, yüksek öğrenim için Almanya'ya gitti.
* 1971/72 yıllarında Almanya'da, Almanca kurslarına katıldı.
* 1973 yılında Lüneburg kentinde Yüksek Öğretmen Okulunda öğrenime başladı.
* 1974/84 yılları arasında Almanya'nın Lüneburg kentinde karma sınıflarda öğretmenlik yaptı.
* 1978 yılında Eğitim Bilimcisi olarak mezun oldu.
  Ek alanı Almanca ve Almanca'nın öğretim bilgisi idi.
* 1980 yılında Almanca ve Coğrafya Öğretmenliği Sertifikasını aldı.
* Eğitim Bilimcisi olarak mezun olduktan sonra öğretmen yetiştiren Lüneburg Yüksek Okulunda ve yine aynı kentte sosyal danışman yetiştiren Meslek Yüksek Okulunda ek öğretim görevliliği yaptı.
* 1984/85 yıllarında Almanya'nın Braunschweig kentinde bulunan Uluslararası Kitap Araştırma Enstitüsü nezdinde çalışan komisyonun seminerlerine katıldı.
* 1985 yılında Alman Kültür Merkezinde Sayın Emmert'in yanında Alman Dili Eğitimi ile Alman Dili ve Edebiyatı alanında öğrenim gören öğrencilere danışmanlık hizmeti verdi.
* 1986-1991 yılları arası T.C. Merkez Bankası'nın Eğitim Merkezinde, hizmetiçi eğitimi alanında Almanca ve mesleki Almanca dersleri verdi.
* 1986/87 öğretim döneminde Başbakanlık Hazine ve Dış Ticaret Müsteşarlığı'nın Yabancı Dil Merkezi'nde Almanca kursları çerçevesinde Almanca ve mesleki Almanca kursları verdi.
* 1987/88 güz döneminden beri Hacettepe Üniversitesi Eğitim Fakültesi Alman Dili Eğitimi Anabilim Dalında Ek Öğretim Görevlisi olarak çalışmaktadır.
* 04.02.1987 tarihinde Hamburg Üniversitesi'nin Eğitim Bilimleri Bölümünde doktorasını yaptı.
* Kasım 1988 yılında doçentlik için yabancı dil sınavını (Almanca) başarıyla verdi.
* 1990 yılından beri Hacettepe Üniversitesi Eğitim Fakültesi, Eğitim Bilimleri Bölümü, Program Geliştirme ve Öğretim Anabilim Dalında Ek Öğr. Gör. olarak çalışmaktadır.
* 1990 - 1992 yılları arasında ODTÜ'de çalıştı.
* 1995/96 Öğretim yılından beri G.Ü. Endüstriyel Sanatlar Eğitim Fakültesi Eğitim Bilimleri Bölümünde Eğitim Teknolojisi, Eğitim Ortamlarının İncelenmesi ve Mikro-Öğretim derslerini vermektedir.